आर. गुप्ता® कृत

पॉपुलर मास्टर गाइड

SSC-CHSL

संयुक्त हायर सेकेन्डरी लेवल (10+2)

डाटा एन्ट्री ऑपरेटर (DEO)

लोअर डिवीजन क्लर्क (LDC)

जूनियर सेक्रेटेरियल असिस्टेंट (JSA)

TIER-I

भर्ती परीक्षा

2027
EDITION

रमेश पब्लिशिंग हाउस, नई दिल्ली

प्रकाशकः ओ.पी. गुप्ता, **रमेश पब्लिशिंग हाउस**

प्रशासनिक कार्यालय

12-H, न्यू दरियागंज रोड, ऑफिसर्स मेस के सामने,

नई दिल्ली-110002 ✆ 23275224, 23245124

E-mail: info@rameshpublishinghouse.com

For Online Shopping: www.rameshpublishinghouse.com

विक्रय केन्द्र

- बालाजी मार्किट, नई सड़क, दिल्ली-110006 ✆ 23282525 📱 9354373464
- 4457, नई सड़क, दिल्ली-110006

Book Code: R-1332

ISBN: 978-93-5012-023-1

मूल्यः ₹ 490

मुद्रकः दीपक ऑफसैट, दिल्ली

अनुक्रमणिका

SCHEME OF EXAMINATION

The Computer Based Examination will be conducted in two tiers as Tier-I & Tier-II.

TIER-I

Part	Subject	No. of Questions	Maximum Marks	Total Duration/Timing
I	English Language (Basic Knowledge)	25	50	
II	General Intelligence	25	50	60 Minutes
III	Quantitative Aptitude (Basic Arithmetic Skill)	25	50	
IV	General Awareness	25	50	

- The Tier-I Examination will consists of Objective Type Multiple Choice Questions only. The questions will be set in English, Hindi and any language opted by the candidate in the application form, for Part-II, III & IV of Tier-I examination.
- There will be negative marking of 0.50 marks for each wrong answer.

TIER-II

Session	Subject	Number of Questions	Maximum Marks	Time allowed
Session-I	**Section I:**			
	Module-I: Mathematical Abilities	30	60 × 3	1 hour
	Module-II: Reasoning and General Intelligence	30	= 180	(for each
	Section-II:			section)
	Module-I: English Language and Comprehension	40	60 × 3	
	Module-II: General Awareness	20	= 180	
	Section-III:			15 Minutes
	Module-I: Computer Knowledge Module	15	15 × 3 = 45	
Session-II	**Section-III**			
	Module-II: Skill Test/Typing Test Module			
	Part A & B: Skill Test for DEOs			15 Minutes
	Part C: Typing Test for LDC/JSA			10 Minutes

Note—• It will be mandatory for the candidate to qualify all the sections of Tier-II. Tier-II will consist of Objective Type, Multiple Choice Questions, except for Module-II of Section-III. The questions will be set in English and Hindi except for Module-II (*i.e.,* English Language and Comprehension module) in Section-II. • There will be negative marking of 1 mark for each wrong answer in Section-I, Section-II and Module-I of Section-III. • Module-I of Section-III i.e., Computer Knowledge Test is mandatory but qualifying in nature. • Skill Test/Typing Test will be of qualifying nature. • Errors in the Skill Test will be calculated up to 2 decimal places.

पिछले प्रश्न-पत्र

SSC—संयुक्त हायर सेकेन्डरी लेवल (CHSL : 10 + 2)

डाटा एन्ट्री ऑपरेटर (DEO)/लोअर डिवीजन क्लर्क (LDC)/ जूनियर सेक्रेटेरियल असिस्टेंट (JSA)

Tier-I, भर्ती परीक्षा-2025

(Exam held on 13-11-2025)

English Language

1. Identify the part of the sentence that contains a grammatical error.

The new manager / is responsible of / the entire marketing / campaign.

A. The new manager
B. is responsible of
C. the entire marketing
D. campaign

2. Fill in the blank with the most appropriate phrase:

As the deadline approached, the team was working ____ to finalize the report.

A. under wraps B. around the corner
C. against the clock D. in high spirits

3. Select the most appropriate synonym of the word :

Hapless

A. Fortunate B. Lucky
C. Unlucky D. Successful

4. Fill in the blank with the most appropriate idiom :

She took the criticism _______ and used it to improve her performance.

A. at face value B. with a grain of salt
C. in stride D. out of context

5. Which of the following sentences uses the word "saw" with the **same meaning** as in the following sentence?

"He saw the car coming too late"

A. She used a hand saw to cut the plank in half.
B. We needed a power saw to cut through the thick branch.
C. I saw a beautiful sunset last night.
D. The lumberjack's saw was very loud.

Directions (Qs.No. 6-10): *Read the following passage and answer the questions based on it :*

Online purchasing, which combines unmatched ease with a distinct set of disadvantages, has completely changed how consumers behave. Accessibility is its main benefit; customers may explore and buy things from almost anywhere at any time, and there is frequently a greater selection than in physical stores. Important lures include competitive pricing, made possible by internet retailer' reduced overhead, and the simplicity of comparing prices from several

1. B	2. C	3. C	4. C	5. C

providers. However, there are significant drawbacks to online shopping's virtual nature. Delivery-related discontent may result from the inability to personally inspect things before purchase. Concerns over shipping delays, unstated expenses, and the effects of packaging and transportation on the environment are becoming more widespread. Additionally, the individualised customer service experience may be weakened by a lack of human interaction.

6. What is the primary advantage of online purchasing according to the text?
A. It allows for in-person inspection of products
B. It provides easy access to a wider selection of items from anywhere at any time
C. It offers higher prices than physical stores
D. It eliminates the need for shipping

7. What is one of the key benefits of online shopping in terms of pricing?
A. Higher prices due to store overhead costs
B. Competitive pricing due to lower overhead costs for online retailers
C. Fixed prices with no possibility of comparison
D. Prices that remain constant across all platforms

8. What is a significant drawback of online shopping mentioned in the text?
A. Lack of variety in products
B. The inability to inspect products before purchasing
C. Higher prices for shipping
D. Limited access to the internet

9. What are some growing concerns related to the environmental impact of online shopping?
A. Increased store visits
B. Concerns over shipping delays
C. Higher fuel consumption from physical stores
D. Limited product availability

10. What aspect of the customer experience may be weakened by online shopping?
A. The ability to compare prices easily
B. Personalized customer service due to lack of human interaction
C. The variety of products available
D. Convenience of purchasing from anywhere

11. Choose the correctly spelt word :
A. Beaurocrat B. Burocrat
C. Bureaucrat D. Buroucrat

12. Choose the correctly spelt word:
A. Iresistible B. Irresistable
C. Irresistible D. Irresistble

13. Choose the correct meaning of the idiom :
As thick as thieves
A. Very close and loyal
B. Very secretive
C. Very sneaky
D. Very quiet

14. Choose the correct one-word substitute for :
A person who studies birds
A. Biologist B. Ornithologist
C. Ecologist D. Zoologist

15. Select the most appropriate antonym of the word :
Felicity
A. Misery B. Despair
C. Sorrow D. Anger

16. Select the most appropriate antonym of the word :
Repudiate
A. Reject B. Disown
C. Deny D. Accept

6. B	**7.** B	**8.** B	**9.** B	**10.** B	**11.** C
12. C	**13.** A	**14.** B	**15.** A	**16.** D	

17. Choose the correct one-word substitute for :

A place where records and documents are stored

A. Archive B. Library
C. Storage D. Depository

18. Change the following sentence into the Active form.

Let the emergency meeting be convened at 10 AM without delay.

A. Convene the emergency meeting at 10 AM without delay.
B. The emergency meeting should be convened at 10 AM without delay.
C. They will convene the emergency meeting at 10 AM without delay.
D. An emergency meeting is convened at 10 AM without delay.

19. Select the option that expresses the given sentence in indirect voice.

The company CEO announced, "We will not be able to meet the deadli[illegible] for this quarter, which is a great disappointment for all of us, but we will have to work harder next time."

A. The company CEO announced that they will not be able to meet the deadline for this quarter, which is a great disappointment for all of us, but that they will have to work harder next time.
B. The company CEO announced that they would not be able to meet the deadline for this quarter, which was a great disappointment for all of them, but that they would have to work harder the next time.
C. The company CEO announced that they would not be able to meet the deadline for that quarter, which was a great disappointment for all of them, but that they would have to work harder next time.
D. The company CEO announced that they would not be able to meet the deadline for that quarter, which was a great disappointment for all of them, but that they would have to work harder the next time.

20. Choose the most suitable option to replace the highlighted part of the sentence :

I am not one of these people who <u>believes</u> in rumours.

A. believer B. believe
C. believing D. to believe

21. Choose the most suitable option to replace the highlighted part of the sentence :

The organized sellers with the ability to control their price-lines, or pass on any increase in cost to customers, <u>should be able to maintain or improve profit margin</u>.

A. should be able to maintain or improve profit margins
B. will be able to maintains or improve profit margin
C. will be able to maintain or improves profit margin
D. will be abled to maintain or improve profit margin

22. Choose the correct passive voice transformation of the sentence:

The students are completing their assignments.

A. The assignments are being completed by the students.
B. The assignments are completed by the students.
C. The assignments were completed by the students.
D. The assignments have been completed by the students.

17. A	**18.** A	**19.** D	**20.** B	**21.** A	**22.** A

23. Select the option that expresses the given sentence in direct voice.

The captain explained that the ship had been sailing for three weeks and they had faced a severe storm the previous night.

A. The captain explained, "The ship was sailing for three weeks, and we faced as severe storm last night."
B. The captain explained, "The ship has been sailing for three weeks, and we had faced a severe storm last night."
C. The captain explained, "The ship has been sailing for three weeks, and we faced a severe storm last night."
D. The captain explained, "The ship had been sailing for three weeks, and we faced a severe storm last night."

24. Rearrange the following sentence parts to form a meaningful and grammatically correct paragraph :

P. But the fleet was caught off guard as a sudden, strong storm blew in from the sea.
Q. Confident in their strategy to blockade the enemy port, the admiral gave the order for the ships to proceed.
R. The conflict became a desperate struggle for survival due to the unanticipated weather.
S. Without firing a shot, they were to cut off supplies and compel a surrender.

A. P, S, Q, R B. S, R, P, Q
C. Q, S, P, R D. R, S, P, Q

25. Rearrange the following sentence parts to form a meaningful and grammatically correct paragraph :

P. However, as the Empire grew, a series of internal and external pressures began to mount.
Q. The Roman Empire was the most powerful civilisation in history at its height.
R. Its gradual decline was caused by a confluence of political corruption, military overstretch, and economic instability.
S. Its vast network of roads, laws, and military outposts brought a period of peace and prosperity.

A. R, S, P, Q B. P, S, Q, R
C. R, P, S, Q D. Q, S, P, R

सामान्य बुद्धिमत्ता

26. यदि HARMONY को KDUPRQB के रूप में कोडित किया गया है, तो BALANCE को क्या लिखा जाएगा?

A. EDODQFH B. EDLDQFH
C. EDLDQGI D. EDFDRFH

27. एक विशेष कोड भाषा में, यदि ARCHAEOLOGICAL को BSDIBFPMPHJDBM और ANTHROPOLOGICAL को BOUISPQPMPHJDBM के रूप में कोडित किया जाता है, तो PSYCHOLOGICAL का कोड क्या होगा?

A. QTZDIPMPHJDBM
B. QSZDIPMPHJDBM
C. QTZDIPMPHJCBM
D. QTZDIPMPGJDBM

28. एक विशिष्ट कोडिंग प्रणाली में, यदि MATHEMATICS को NBUIFNBUJDT और GEOGRAPHY को HFPHSBQIZ के रूप में कोडित किया जता है, तो CHEMISTRY को कोड क्या होगा?

A. DIFNJTUSZ B. DIFNJTVRZ
C. DIFNJTRSZ D. DIFNJTTRZ

23. C	24. C	25. D	26. B	27. A	28. A

29. यहाँ आपको कथन में किसी समस्या या उसके समाधान के बारे में दिया गया है, आपको दिये गए कथन के लिए उपयुक्त तार्किक निष्कर्ष चुनना है।

कथन :

निगरानी तकनीक में प्रगति ने राष्ट्रीय सुरक्षा और अपराध रोकथाम में सुधार किया है। हालांकि, व्यापक निगरानी और गोपनीयता के उल्लंघन की चिंताओं ने नैतिक सीमाओं और सरकारी अतिक्रमण पर बहस छेड़ दी है। आलोचक पारदर्शी नीतियों और सार्वजनिक निगरानी की माँग करते हैं।

निष्कर्ष :

I. निगरानी तकनीक के लाभ और जोखिम दोनों हैं।

II. गोपनीयता और सुरक्षा के बीच संतुलन बनाने के लिए सार्वजनिक निगरानी और स्पष्ट नीतियों की आवश्यकता है।

III. व्यक्तिगत स्वतंत्रता की रक्षा के लिए निगरानी पर पूरी तरह से प्रतिबंध लगा देना चाहिए।

कौन-सा निष्कर्ष अनिवार्य रूप से निकलता है?

A. केवल I अनुसरण करता है

B. I और II अनुसरण करते हैं

C. केवल III अनुसरण करता है

D. सभी अनुसरण करते हैं

30. प्रत्येक वस्तु में एक स्थिति का वर्णन किया गया है और उसके बाद चार संभावित उत्तर दिए गए हैं। उस उत्तर का संकेत करें जिसे आप सबसे उपयुक्त पाते हैं। प्रत्येक वस्तु के लिए केवल एक उत्तर चुनें। प्रतिक्रियाओं का मूल्यांकन दी गई स्थिति के लिए उपयुक्तता के स्तर के आधार पर किया जाएगा।

एक छात्रा की परीक्षा में केवल 3 दिन शेष हैं। उसने आधा पाठ्यक्रम भी पूरा नहीं किया है। सबसे अच्छी रणनीति क्या होनी चाहिए?

A. घबराहट शांत करने के लिए प्रेरणादायक वीडियो देखना

B. कम सोकर सभी विषयों को कवर करना

C. अधिक अंकभार वाले और परिचित विषयों पर ध्यान केंद्रित करना

D. हार मानकर परीक्षा छोड़ देना

31. इस प्रकार के प्रश्नों में, विभिन्न गणितीय प्रतीकों के प्रतिस्थापन दिए जाते हैं, जिसके बाद एक अभिव्यक्ति की गणना या सही/गलत समीकरण चुनने से संबंधित एक प्रश्न आता है। आपको दिए गए समीकरण में वास्तविक चिह्न लगाने होंगे और फिर आवश्यकतानुसार प्रश्नों को हल करना होगा।

यदि '^' का अर्थ '×', '%' का अर्थ '–', '&' का अर्थ '÷', '*' का अर्थ '+', तो मान ज्ञात कीजिए : 13%9*12%14 = ?

A. 5

B. 2

C. 3

D. 1

32. इस प्रकार के प्रश्नों में, विभिन्न गणितीय प्रतीकों के प्रतिस्थापन दिए जाते हैं, जिसके बाद एक अभिव्यक्ति की गणना या सही/गलत समीकरण चुनने से संबंधित एक प्रश्न आता है। आपको दिए गए समीकरण में वास्तविक चिह्न लगाने होंगे और फिर आवश्यकतानुसार प्रश्नों को हल करना होगा।

यदि '–' का अर्थ '÷', '?' का अर्थ '+', '%' का अर्थ '–', '$' का अर्थ '×', तो मान ज्ञात कीजिए : 4%13?9$14 = ?

A. 117

B. 114

C. 118

D. 116

29. B	**30.** C	**31.** B	**32.** A

33. आपका सहकर्मी व्यक्तिगत समस्याएँ साक्षा करता है जो उनके काम को प्रभावित कर रही हैं। आप उनके प्रबंधक नहीं है। सबसे अच्छी सामाजिक बुद्धिमत्ता वाली प्रतिक्रिया क्या है?

A. उनके मुद्दों को कार्यालय गपशप के रूप में फैलाएं ताकि सहानुभूति मिले

B. उन्हें कार्यों को प्राथमिकता देने में मदद करें और एचआर या सुपरवाइजर से बात करने का सुझाव दें

C. उन्हें काम को घर पर छोड़ने के लिए कहे

D. चूंकि यह आपकी चिंता नहीं है, नजरअंदाज करें

34. 40 बच्चों की एक पंक्ति में, सीता शुरू से 15वें स्थान पर है और रीता अंत से 18वें स्थान पर है। सीता और रीता के बीच कितने बच्चे हैं?

A. 6 B. 7
C. 8 D. 9

35. एक मंदिर में एक पंक्ति में 25 तेल के दीपक जलाए गए हैं। दाईं ओर से गिनने पर बाईं ओर से 9वें दीपक का स्थान क्या है?

A. 16th B. 17th
C. 18th D. 15th

36. प्रत्येक प्रश्न के नीचे एक कथन दिया गया है जिसके बाद दो कार्यविधियों क्रमांक I और II दी गई हैं। आपको कथन में दी गई हर बात को सत्य मानना है और कथन में दी गई जानकारी के आधार पर, यह तय करना है कि दी गई कौन-सी कार्यविधि तार्किक रूप से अनुसरण करती है?

कथन :

उचित सिग्नलिंग प्रणाली की कमी के कारण रेलवे क्रॉसिंग पर बड़ी संख्या में दुर्घटनाएँ हो रही हैं।

कार्यवाही :

I. क्रॉसिंग पर तुरंत स्वचालित सिग्नलिंग प्रणाली स्थापित करें।

II. उस मार्ग पर ट्रेन सेवाओं पर स्थायी रूप से प्रतिबंध लगाएँ।

A. केवल I अनुसरण करता है

B. केवल II अनुसरण करता है

C. दोनों लागू होते हैं

D. या तो I या II अनुसरण करता है

37. नीचे दिए गए प्रत्येक प्रश्न में एक कथन शामिल है, जिसके बाद दो तर्क क्रमांक I और II दिए गए हैं। आपको तय करना है कि कौन-सा तर्क एक 'मजबूत' तर्क है और कौन-सा 'कमजोर' तर्क है।

कथनः क्या वोटिंग को अनिवार्य बनाना चाहिए?

तर्कः

I. हाँ, यह बेहतर प्रतिनिधित्व सुनिश्चित करता है।

II. नहीं, लोगों को चुनाव की स्वतंत्रता होनी चाहिए।

A. केवल I मजबूत है

B. केवल II मजबूत है

C. दोनों I और II मजबूत हैं

D. ना तो I और ना ही II मजबूत है

38. कुछ अक्षर दिए गए हैं जिनके बाद प्रश्नवाचक चिह्न (?) है, ये अक्षर किसी विशिष्ट क्रम का पालन कर रहे हैं, आपको सही विकल्प देना है जो प्रश्नवाचक चिह्न को प्रतिस्थापित कर सके।

अगला पद क्या आएगा : C, G, L, R, ?

A. Y B. Z
C. A D. B

39. कुछ अक्षर दिए गए हैं जिनके बाद प्रश्नवाचक चिह्न (?) है, ये अक्षर किसी विशिष्ट क्रम का पालन कर रहे हैं, आपकों सही विकल्प देना है जो प्रश्नवाचक चिह्न को प्रतिस्थापित कर सकें।

अनुक्रम में अगला पद : U, Q, M, I, ?

A. D B. E
C. F D. G

33. B **34.** B **35.** B **36.** A **37.** C **38.** A **39.** B

40. इस प्रश्न में आपको कुछ शर्तें या परिस्थितियाँ दी गई हैं, आपको उल्लिखित परिस्थितियों के अनुसार तर्कसंगत निर्णय लेना है और प्रश्न के लिए सही निर्णय अंकित करना है।

एक नगर परिषद को बुनियादी ढांचे के लिए सीमित बजट आवंटित करना होता है। परिषद के पास एक पुराने पुल की मरम्मत, एक नया पार्क बनाने, जल आपूर्ति में सुधार, या स्थानीय परिवहन को बेहतर बनाने का विकल्प है। यदि शहर को हाल ही में पानी की कमी का सामना करना पड़ा है, तो सबसे उचित कदम क्या होगा?

A. पुराने पुल की मरम्मत करें
B. एक नया पार्क बनाएं
C. जल आपूर्ति में सुधार करें
D. स्थानीय परिवहन को बेहतर बनाएँ।

41. विकल्पों में चार सार्थक शब्द दिए गए हैं, आपको जांचना है कि निम्नलिखित में से कौन-सा शब्द अक्षरों से नहीं बनाया जा सकता है?

'MANAGEMENT'

A. AGENT
B. MEANT
C. MANGE
D. MANTLE

42. इस प्रकार के प्रश्नों में, कथन के साथ कुछ मुद्दे/विवाद/समस्या प्रदान की जाती है, जिसके बाद समस्या को हल करने के लिए कुछ विधियाँ दी जाती हैं, उस उचित समस्या समाधान विधि का चयन करें जिसे लागू किया जा सकता है।

एक कर्मचारी का दावा है कि एक सहकर्मी ने उसके विचार का श्रेय ले लिया। एचआर को हल करना होगा। सबसे अच्छा कदम क्या है?

A. दोनों पक्षों से सबूत एकत्र करके जांच करें
B. टकराव से बचने के लिए नजरअंदाज करें
C. दावेदार को खुश करने के लिए पदोन्नति दें
D. सहकर्मी को तुरंत बर्खास्त करें

43. निम्नलिखित प्रत्येक प्रश्न में, (::) के एक तरफ दिए गए दो अक्षर-युग्मों के बीच एक निश्चित संबंध होता है और (::) के दूसरी तरफ एक युग्म दिया जाता है, जहाँ दिए गए विकल्पों में से एक अन्य युग्म ज्ञात करना है, जिसका इस युग्म के साथ वही संबंध हो जो दिए गए युग्म के युग्मों के बीच है। सर्वोत्तम विकल्प चुनें।

UV : ST :: QR : ?

A. OO
B. OP
C. ON
D. PP

44. निम्नलिखित प्रत्येक प्रश्न में, (::) के एक तरफ दिए गए दो अक्षर-युग्मों के बीच एक निश्चित संबंध होता है और (::) के दूसरी तरफ एक युग्म दिया जाता है, जहाँ दिए गए विकल्पों में से एक अन्य युग्म ज्ञात करना है, जिसका इस युग्म के साथ वही संबंध हों जो दिए गए युग्म के युग्मों के बीच है। सर्वोत्तम विकल्प चुनें।

AE : EI :: IO : ?

A. OS
B. OU
C. IU
D. OA

45. उस अगले तत्व को ज्ञात करें जो तार्किक रूप से ? को प्रतिस्थापित करता है।

56, 71, 88, 107, ?

A. 136
B. 123
C. 128
D. 143

46. उस अगले तत्व को ज्ञात करें जो तार्किक रूप से ? को प्रतिस्थापित करता है।

0, 7, 26, 63, ?

A. 131
B. 123
C. 124
D. 140

47. उस अगले तत्व को ज्ञात करें जो तार्किक रूप से ? को प्रातिस्थापित करता है।

14, 38, 86, ?

A. 182
B. 191
C. 194
D. 175

40. C	41. D	42. A	43. B	44. B	45. C	46. C	47. A

48. निम्नलिखित जोड़ियों में से तीन एक ही पैटर्न का पालन करती हैं, एक जोड़ी को छोड़कर। कौन-सी जोड़ी इस पैटर्न का पालन नहीं करती?

A. 18 : 27
B. 36 : 45
C. 54 : 63
D. 72 : 80

49. दिए गए शब्दों के सही क्रम को चुनें जैसे वे अंग्रेजी शब्दकोश में दिखाई देंगे।

1. Circulation
2. Circumference
3. Circumscribed
4. Circumstance
5. Circumstantial

A. 1, 2, 3, 4, 5
B. 2, 3, 1, 4, 5
C. 1, 2, 4, 3, 5
D. 2, 1, 3, 4, 5

50. दिए गए शब्दों के सही क्रम को चुनें जैसे वे अंग्रेजी शब्दकोश में दिखाई देंगे।

1. Memory
2. Method
3. Middle
4. Modern
5. Moment
6. Monday

A. 1, 2, 3, 4, 5, 6
B. 1, 3, 2, 4, 5, 6
C. 1, 2, 3, 4, 6, 5
D. 1, 3, 2, 4, 6, 5

संख्यात्मक अभियोग्यता

51. A, B और C एक साझेदारी में प्रवेश करते हैं। A ₹ 80,000 रुपये, B 60,000 रुपये और C 40,000 रुपये निवेश करता है। 6 महीने बाद, B अपनी पूँजी में 25% की वृद्धि करता है, जबकि C अपनी पूँजी में 10% की कमी करता है। 1 वर्ष के अंत में, कुल लाभ 1,20,000 रुपये होता है। लाभ में C का हिस्सा क्या है?

A. ₹ 20,000
B. ₹ 24,582
C. ₹ 30,000
D. ₹ 35,789

52. अगर $\sin A = \frac{7}{25}$ और $\cos B = \frac{24}{25}$, खोजो $\sin A \cos B + \cos A \sin B$:

A. $\frac{168}{625}$
B. $\frac{13}{25}$
C. $\frac{336}{625}$
D. $\frac{24}{25}$

53. एक व्यापारी 50 किलो चावल ₹ 50 प्रति किलो की दर से और 30 किलो चावल एक अलग किस्म का ₹ 60 प्रति किलो की दर से खरीदता है। वह दोनों किस्मों को मिलाता है और पूरे मिश्रण को ₹ 55 प्रति किलो की दर से बेचता है। उसका कुल लाभ या हानि क्या है?

A. ₹ 100 लाभ
B. ₹ 100 हानि
C. ₹ 200 लाभ
D. ₹ 200 हानि

54. दो संख्याएँ एक तीसरी संख्या से क्रमशः 20% कम और 30% अधिक है। दोनों संख्याओं का अनुपात क्या है?

A. 8 : 13
B. 2 : 3
C. 4 : 5
D. 7 : 9

55. 8 संख्याओं का औसत 45 है। यदि प्रथम 4 संख्याओं में से प्रत्येक में 5 की वृद्धि की जाए तथा अंतिम 4 संख्याओं में से प्रत्येक में 3 की कमी की जाए, तो नया औसत क्या होगा?

A. 45
B. 47
C. 46
D. 48

48. D **49.** A **50.** A **51.** B **52.** C **53.** A **54.** A **55.** C

56. $2^4 \times 3^2 \times 5^3 \times 7$ और $23 \times 5 \times 7 \times 11$ का HCF है :

A. 23 B. 5
C. 7 D. 35

57. एक कस्बे की जनसंख्या पहले वर्ष में 20% बढ़ती है, दूसरे वर्ष 10% घटती है और तीसरे वर्ष फिर 25% बढ़ जाती है। यदि शुरुआत में जनसंख्या 40,000 थी, तो 3 वर्ष बाद यह कितनी हो जाएगी?

A. 24,000 B. 43,200
C. 48,000 D. 54,000

58. एक चोर सुबह 10:00 बजे 20 किमी./घंटा की रफ्तार से बैंक से भाग जाता है। एक पुलिस कार सुबह 10:30 बजे 30 किमी./घंटा की रफ्तार से उसका पीछा करना शुरू करती है। पुलिस कार किस समय चोर को पकड़ लेगी?

A. 11:00 सुबह B. 11:30 सुबह
C. 12:00 शाम D. 12:30 शाम

59. A एक काम को 15 दिनों में और B 30 दिनों में कर सकता है। वे दोनों साथ मिलकर काम शुरू करते हैं, लेकिन A 5 दिन बाद काम छोड़ देता है। B शेष काम को कितने दिनों में पूरा करेगा?

A. 15 दिन B. 6 दिन
C. 7 दिन D. 8 दिन

60. एक जौहरी एक हार का अंकित मूल्य उसके क्रय मूल्य से 30% अधिक रखता है। वह अंकित मूल्य पर ₹ 150 की नकद छूट देता है। यदि हार ₹ 1800 में बेचा जाता है और उसे 20% का लाभ होता है, तो हार का क्रय मूल्य क्या है?

A. ₹ 1500 B. ₹ 1200
C. ₹ 1450 D. ₹ 1600

61. एक धनराशि साधारण ब्याज की एक निश्चित दर पर 8 वर्षों में दोगुनी हो जाती है। उसी दर पर कितने वर्षों में यह धनराशि अपनी पाँच गुनी हो जाएगी?

A. 16 वर्ष B. 24 वर्ष
C. 32 वर्ष D. 40 वर्ष

62. रोहन ₹ P की कुल राशि का एक भाग योजना A में 4 वर्षों के लिए और शेष राशि योजना B में 5 वर्षों के लिए निवेश करता है। योजना A पर $r\%$ प्रति वर्ष की साधारण ब्याज दर मिलती है, जबकि योजना B पर $(r+2)\%$ प्रति वर्ष की साधारण ब्याज दर मिलती है। योजना A में निवेश की गई राशि, योजना B में निवेश की गई राशि से 50% अधिक है। यदि दोनों योजनाओं से अर्जित कुल ब्याज ₹ 1,920 है और योजना A में निवेश की गई राशि ₹ 2,400 है, तो साधारण ब्याज दर (r) क्या है?

A. 10% B. 15%
C. 5% D. 12%

63. $a^2 + b^2 + c^2$ का मान क्या है यदि $a + b + c = 12$ और $ab + bc + ca = 40$?

A. 84 B. 64
C. 44 D. 144

64. निम्नलिखित में से कौन-सा संख्या संभवतः एक पूर्ण वर्ग हो सकता है?

A. 245982 B. 496838
C. 178343 D. 571536

65. एक दुकानदार 25% वसा वाले 4 लीटर दूध के घोल को 40% वसा वाले 6 लीटर अन्य दूध के घोल के साथ मिलाता है। अंतिम मिश्रण में वसा का प्रतिशत क्या है?

A. 30% B. 32%
C. 34% D. 35%

66. यदि किसी गोले की त्रिज्या 20 प्रतिशत बढ़ा दी जाए, तो उसका आयतन कितने प्रतिशत बढ़ जाएगा?

A. 76.6 B. 60.5
C. 72.8 D. 78.4

56. D	**57.** D	**58.** B	**59.** A	**60.** A	**61.** C
62. A	**63.** B	**64.** D	**65.** C	**66.** C	

67. एक ठोस अर्धगोले का कुल पृष्ठीय क्षेत्रफल 300π सेमी.^{2} है। इसका आयतन ज्ञात कीजिए।

A. 500π cm^3
B. 125π cm^3
C. $\frac{333}{2} \neq$ cm^3
D. $\frac{2000}{3} \neq$ cm^3

68. निम्नलिखित में से कौन-सा आरोही क्रम में है?

A. 1/2, 0.55, 3/5, 0.625
B. 1/2, 3/5, 0.55, 0.625
C. 0.55, 1/2, 0.625, 3/5
D. 1/2, 0.55, 0.625, 3/5

69. एक वृत्त का क्षेत्रफल 144π सेमी.^{2} है, वृत्त की परिधि की लंबाई क्या है?

A. 82.5 सेमी. B. 19.8 सेमी.
C. 22.5 सेमी. D. 75.4 सेमी.

70. यदि $27^3 \div 3^5 = 3^n$, तो n ज्ञात कीजिए।

A. 3 B. 6
C. 5 D. 4

71. यदि $x + y = 8$ और $xy = 5$, तो $x^3 - y^3 + 8(x + y)^2$ का मान क्या है?

A. 1256 B. 1304
C. 3456 D. 3245

72. सरल करें : $\frac{(\sin(x) + \cos(x))^2}{1 + \sin(x)\cos(x)}$

A. $\frac{6 + 5\sin(x)\cos(x)}{1 + \sin(x)\cos(x)}$ B. $\frac{7 + 8\sin(x)\cos(x)}{3 + \sin(x)\cos(x)}$
C. $\frac{9 + 2\sin(x)\cos(x)}{7 + \sin(x)\cos(x)}$ D. $\frac{1 + 2\sin(x)\cos(x)}{1 + \sin(x)\cos(x)}$

73. यदि $\sin A = \frac{5}{13}$, तो $\tan A$ ज्ञात कीजिए।

A. $\frac{7}{13}$ B. $\frac{5}{12}$
C. $\frac{8}{15}$ D. $\frac{9}{13}$

74. एक समकोण त्रिभुज ABC में, जिसका कोण B समकोण है, यदि $\tan A = \frac{1}{\sqrt{3}}$, तो $2 \sin A \cos A$ का मान क्या है?

A. $\frac{\sqrt{3}}{2}$ B. $\frac{\sqrt{3}}{5}$
C. $\frac{\sqrt{3}}{7}$ D. $\frac{\sqrt{3}}{8}$

75. एक रेखा का समीकरण $5x - 2y = 10$ है। इस रेखा के लंबवत रेखा का ढलान क्या है?

A. -8 B. $\frac{-2}{5}$
C. $\frac{6}{7}$ D. 7

सामान्य सचेतता

76. भारतीय पुरातत्व सर्वेक्षण की पहली महिला महानिदेशक कौन थी?

A. कमला दास B. देबाला मित्रा
C. अन्ना चांडी D. चित्रा रामकृष्ण

77. जून 2024 में आंध्र प्रदेश के मुख्यमंत्री के रूप में किसने शपथ ली थी?

A. रेवंत रेड्डी B. एन. चंद्रबाबू नायडू
C. मोहन यादव D. विष्णु देव साईं

67. D	**68.** A	**69.** D	**70.** D	**71.** B	**72.** D
73. B	**74.** A	**75.** B	**76.** B	**77.** B	

78. फरवरी 2025 में, किसने 'राज्यों और राज्य सार्वजनिक विश्वविद्यालयों के माध्यम से गुणवत्तापूर्ण उच्च शिक्षा का विस्तार' शीर्षक से एक नीति रिपोर्ट लॉन्च की?

A. नीति आयोग B. शिक्षा मंत्रालय
C. एन.जी.ओ. प्रथम D. आजाद फाउंडेशन

79. भारत में महिला उद्यमिता को बढ़ावा देने के लिए किस मंत्रालय ने मार्च 2025 में स्वावलंबिनी पहल शुरू की थी?

A. महिला एवं बाल विकास मंत्रालय
B. ग्रामीण विकास मंत्रालय
C. वाणिज्य और उद्योग मंत्रालय
D. कौशल विकास और उद्यमिता मंत्रालय

80. भारत में, निम्नलिखित में से कौन-सी रिपोर्ट मोएसपीआई (MoSPI) के तहत प्रकाशित की जाती है?

I. आवधिक श्रम बल सर्वेक्षण
II. मासिक अवसंरचना प्रदर्शन समीक्षा रिपोर्ट

A. केवल I B. केवल II
C. I और II दोनों D. न तो I और न ही II

81. सुदासरी ग्रेट इंडियन बस्टर्ड प्रजनन केंद्र निम्नलिखित में से किस राज्य में है?

A. राजस्थान B. तमिलनाडु
C. केरल D. कर्नाटक

82. थॉमस कुक ट्रेवल बुक अवार्ड जीतने वाली ट्रेवल पुस्तक 'फ्रॉम हेवन लेक : ट्रेवल्स थ्रू सिंकियांग एंड तिब्बत' के लेखक कौन है?

A. सारा जोसेफ B. रोहित लाल
C. कंचना बनर्जी D. विक्रम सेठ

83. तमिलनाडु का पारंपरिक वाद्य यंत्र 'वामसी' एक _____ है।

A. बांसुरी B. ड्रम
C. सरोद D. मंजिरा

84. 'स्वांग' नृत्य भारत के किस राज्य में किया जाता है?

A. गोवा B. केरल
C. कर्नाटक D. उत्तर प्रदेश

85. भारतीय उपग्रह के संदर्भ में, इन्सैट का उपयोग निम्नलिखित में से किस उद्देश्य के लिए किया जाता है?

I. टेलीविजन प्रसारण
II. मौसम पूर्वानूमान

A. केवल I B. केवल II
C. I और II दोनों D. न तो I और न ही II

86. न्यूटन के गति का तृतीय नियम कहता है कि _____

A. प्रत्येक क्रिया के लिए, ठीक उसके समान किंतु विपरीत दिशा में प्रतिक्रिया होती है
B. प्रत्येक क्रिया के लिए, प्रतिक्रिया विपरीत दिशा में होती है लेकिन परिमाण में अधिक होती है
C. किसी वस्तु के संवेग परिवर्तन की दर, उस पर लगाए गए असंतुलित बल की दिशा के समानुपाती होती है
D. गतिशील वस्तु तब तक गतिशील रहती है जब तक उस पर कोई बल न लगाया जाए

87. दाब का सूत्र क्या होता है?

A. दाब = बल / क्षेत्रफल
B. दाब = बल × क्षेत्रफल
C. दाब = क्षेत्रफल / बल
D. दाब = (बल × बल) / क्षेत्रफल

88. दिसंबर 2025 के लिए निर्धारित मानवरहित गगनयान-जी1 मिशन, मानव कार्यों और ऑनबोर्ड प्रणालियों का परीक्षण करने के लिए महिला जैसा दिखने वाला अर्ध-मानव रोबोट को ले जाएगा। इस रोबोट का नाम क्या है?

A. मानवी B. व्योममित्र
C. भूमिका D. रोकशक

78. A	**79.** D	**80.** C	**81.** A	**82.** D	**83.** A
84. D	**85.** C	**86.** A	**87.** A	**88.** B	

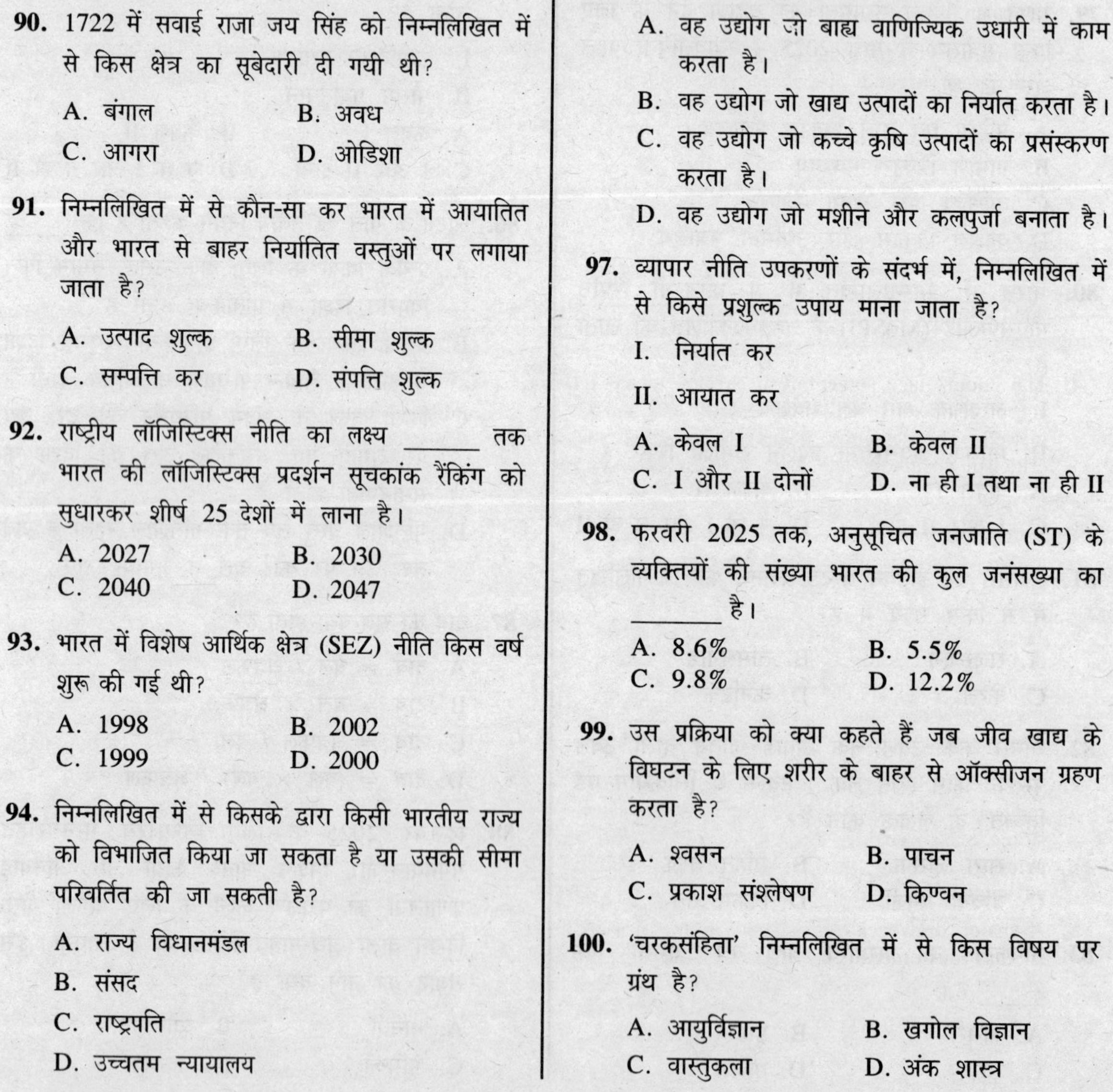

89. अगस्त 2025 में, किस संगठन को भारत सरकार से 97 LCA Mk1A लड़ाकू जेट के लिए 62000 करोड़ रुपये का ऑर्डर प्राप्त हुआ है?

A. एच.ए.एल. B. ए.डब्ल्यू. ई.डी
C. डी.आर.डी.ओ. D. अवनी

90. 1722 में सवाई राजा जय सिंह को निम्नलिखित में से किस क्षेत्र का सूबेदारी दी गयी थी?

A. बंगाल B. अवध
C. आगरा D. ओडिशा

91. निम्नलिखित में से कौन-सा कर भारत में आयातित और भारत से बाहर निर्यातित वस्तुओं पर लगाया जाता है?

A. उत्पाद शुल्क B. सीमा शुल्क
C. सम्पत्ति कर D. संपत्ति शुल्क

92. राष्ट्रीय लॉजिस्टिक्स नीति का लक्ष्य ______ तक भारत की लॉजिस्टिक्स प्रदर्शन सूचकांक रैंकिंग को सुधारकर शीर्ष 25 देशों में लाना है।

A. 2027 B. 2030
C. 2040 D. 2047

93. भारत में विशेष आर्थिक क्षेत्र (SEZ) नीति किस वर्ष शुरू की गई थी?

A. 1998 B. 2002
C. 1999 D. 2000

94. निम्नलिखित में से किसके द्वारा किसी भारतीय राज्य को विभाजित किया जा सकता है या उसकी सीमा परिवर्तित की जा सकती है?

A. राज्य विधानमंडल
B. संसद
C. राष्ट्रपति
D. उच्चतम न्यायालय

95. निम्नलिखित में से कौन-सा मर्मागाओ बंदरगाह का पृष्ठ प्रदेश नहीं है?

A. कर्नाटक B. गोवा
C. दक्षिणी महाराष्ट्र D. हिमाचल प्रदेश

96. पूँजीगत वस्तु उद्योग क्या होता है?

A. वह उद्योग जो बाह्य वाणिज्यिक उधारी में काम करता है।
B. वह उद्योग जो खाद्य उत्पादों का निर्यात करता है।
C. वह उद्योग जो कच्चे कृषि उत्पादों का प्रसंस्करण करता है।
D. वह उद्योग जो मशीने और कलपुर्जा बनाता है।

97. व्यापार नीति उपकरणों के संदर्भ में, निम्नलिखित में से किसे प्रशुल्क उपाय माना जाता है?

I. निर्यात कर
II. आयात कर

A. केवल I B. केवल II
C. I और II दोनों D. ना ही I तथा ना ही II

98. फरवरी 2025 तक, अनुसूचित जनजाति (ST) के व्यक्तियों की संख्या भारत की कुल जनसंख्या का ______ है।

A. 8.6% B. 5.5%
C. 9.8% D. 12.2%

99. उस प्रक्रिया को क्या कहते हैं जब जीव खाद्य के विघटन के लिए शरीर के बाहर से ऑक्सीजन ग्रहण करता है?

A. श्वसन B. पाचन
C. प्रकाश संश्लेषण D. किण्वन

100. 'चरकसंहिता' निम्नलिखित में से किस विषय पर ग्रंथ है?

A. आयुर्विज्ञान B. खगोल विज्ञान
C. वास्तुकला D. अंक शास्त्र

89. A	**90.** C	**91.** B	**92.** B	**93.** D	**94.** B
95. D	**96.** D	**97.** C	**98.** A	**99.** A	**100.** A

व्याख्यात्मक उत्तर

1. The error is the preposition used after "responsible." Standard usage is "responsible for" something, not "responsible of." So it should read: "The new manager is responsible for the entire marketing campaign."

2. The phrase "against the clock" means working with great urgency because time is limited. Since the sentence mentions that the deadline was approaching, it implies that the team was working quickly to finish before time ran out. The other options do not express urgency related to time pressure, so "against the clock" is the most appropriate choice.

3. "Hapless" means unfortunate, unlucky, or ill-fated. Among the options, Unlucky matches the meaning most accurately.

4. The idiom "take something in stride" means to accept criticism or difficulty calmly and handle it well. The sentence means she accepted the criticism positively and used it to improve.

5. In "He saw the car coming too late," "saw" means noticed/observed with the eyes. The matching usage is "I saw a beautiful sunset last night," where "saw" also means observed visually.

6. The passage clearly states that the main benefit of online purchasing is its accessibility, allowing customers to explore and buy products from almost anywhere at any time, often with a wider selection than physical stores.

7. The text explains that online retailers often have reduced overhead costs compared to physical stores, which enables them to offer competitive pricing, making this a key pricing-related advantage.

8. A major drawback highlighted in the passage is that customers cannot personally inspect products before buying them, which can lead to dissatisfaction related to delivery and product quality.

9. The passage mentions growing concerns linked to online shopping such as shipping delays, unstated expenses, and environmental effects of packaging and transportation, making shipping delays a valid concern mentioned in the text.

10. The passage notes that the absence of direct human interaction in online shopping can weaken the individualized customer service experience, making this the correct choice.

11. Among the given options, "Bureaucrat" is the only word spelled correctly. The others contain incorrect letter arrangements that do not conform to standard English spelling.

12. The correct spelling requires double *r* and double *s*, followed by -ible. All other options miss or misplace essential letters, making them incorrect.

13. The idiom "as thick as thieves" means that people share a very close bond, trust each other deeply, and are strongly loyal to one another. It does not primarily refer to secrecy, sneakiness, or silence.

14. An ornithologist is a specialist who studies birds. The other options refer to broader or different fields of biological study and therefore do not precisely match the definition.

15. Felicity means happiness or great joy. The most direct and accurate opposite among the given options is misery, which denotes extreme unhappiness.

16. The verb repudiate means to reject, deny, or refuse to accept something. Therefore, its most appropriate antonym is accept, which conveys the opposite sense of agreeing to or approving something.

17. An archive is specifically a place where historical records, documents, and official files are systematically stored and preserved. The other options are either broader or not precise one-word substitutes in this context.

18. The given sentence is in passive form using "Let ... be convened." Converting it into active voice requires a direct imperative form, which is correctly achieved by "Convene the emergency meeting at 10 AM without delay."

19. In indirect speech, future tense "will" changes to "would," "this quarter" changes to "that quarter," and present tense "is" changes to "was." Pronoun "us" changes to "them," and "next time" appropriately becomes "the next time." Option D correctly applies all these necessary changes.

20. The relative clause "who believes in rumours" refers to people, which is plural. Therefore, the verb must also be plural. Replacing the highlighted part with "believe" maintains grammatical agreement and correctness.

21. The noun "profit margin" in this context refers to the margins of organized sellers in general, so it should be in the plural form "profit margins." Option A corrects this by using the proper plural noun and keeps the verb structure grammatically correct. The other options contain verb form errors ("maintains," "improves") or incorrect usage ("abled"), making them grammatically unsuitable.

22. The active sentence is in the present continuous tense ("are completing"), so the correct passive transformation must also be in the present continuous form, which is accurately expressed by "are being completed."

23. In converting indirect to direct speech, past perfect continuous ("had been sailing") becomes present perfect continuous ("has been sailing"), and "the previous night" correctly changes to "last night." This option maintains correct tense and meaning.

24. The logical flow begins with the admiral's decision (Q), followed by the planned strategy (S). Then comes the unexpected storm (P), and finally the resulting struggle for survival (R), making this the most coherent sequence.

25. The paragraph logically starts with the Roman Empire at its height (Q), followed by its achievements and prosperity (S). Then the shift introduced by "However" signals rising pressures (P), concluding with the causes of its decline (R).

26. दिया गया है,

H	A	R	M	O	N	Y
+3↓	+3↓	+3↓	+3↓	+3↓	+3↓	+3↓
K	D	U	P	R	Q	B

इसी प्रकार,

B	A	L	A	N	C	E
+3↓	+3↓	+3↓	+3↓	+3↓	+3↓	+3↓
E	D	O	D	Q	F	H

अतः सही कोड EDODQFH होगा।

27. In ARCHAEOLOGICAL → BSDIBFPMPHJDBM में प्रत्येक अक्षर +1 से आगे बढ़ता है। (A→B, R→S, C→D, ..., L→M). यही +1 का नियम ANTHROPOLOGICAL → BOUISPQPMPHJDBM में मिलता है।

इसलिए, PSYCHOLOGICAL को +1 से कोडित करने पर यह P→Q, S→T, Y→Z, C→D, H→I, O→P, L→M, O→P, G→H, I→J, C→D, A→B, L→M = QTZDIPMPHJDBM हो जाएगा।

28. MATHEMATICS → NBUIFNBUJDT में प्रत्येक अक्षर +1 से आगे बढ़ता है। (M→N, A→B, T→U, ..., S→T). GEOGRAPHY → HFPHSBQUIZ भी इसी +1 पैटर्न को दर्शाता है (G→H, E→F, ..., Y→Z).

इसलिए CHEMISTRY भी इसी नियम का पालन करते हुए C→D, H→I, E→F, M→N, I→J, S→T, T→U, R→S, Y→Z = DIFNJTUSZ हो जाएगा।

29. कथन में स्पष्ट रूप से कहा गया है कि निगरानी सुरक्षा/अपराध की रोकथाम में सुधार करती है लेकिन गोपनीयता/नैतिक चिंताओं को भी बढ़ाती है, इसलिए मैं अनिवार्य रूप से इसका पालन करता हूँ (लाभ और जोखिम दोनों मौजूद हैं)। इसमें यह भी कहा गया है कि आलोचक पारदर्शी नीतियों और सार्वजनिक निरीक्षण की मांग करते हैं, इसलिए II अनिवार्य रूप से इसका पालन करता है (संतुलन के लिए निरीक्षण और स्पष्ट नियमों की आवश्यकता है)। III अनुसरण नहीं करता है क्योंकि परिच्छेद विनियमन और बहस पर चर्चा करता है, पूर्ण प्रतिबंध पर नहीं।

30. केवल 3 दिन बचे हैं और आधा पाठ्यक्रम लंबित है, सबसे उपयुक्त तरीका सब कुछ करने की कोशिश करने के बजाय स्मार्ट प्राथमिकता देना है। उच्च-वेटेज और परिचित क्षेत्र प्रति घंटे सर्वोत्तम स्कोर-रिटर्न देते हैं और घबराहट को कम करते हैं। इससे त्वरित पुनरीक्षण और अभ्यास के लिए भी कुछ समय मिल जाता है, जो परीक्षा के लिए महत्वपूर्ण है।

31. संकेतों को प्रश्नानुसार बदलने पर, % → –, * → +.

इसलिए, 13 % 9 * 12 % 14 = 13 – 9 + 12 – 14.

= 25 – 23

= 2

32. संकेतों को प्रश्नानुसार बदलने पर,
$\% \rightarrow -, ? \rightarrow +, \$ \rightarrow \times$.
इसलिए, $4\%13?9\$14 = 4 - 13 + 9 \times 14$.
$= 4 - 13 + 126$
$= 130 - 13 = 117$

33. यह प्रतिक्रिया गपशप के बिना सहानुभूति दिखाती है, काम के प्रभाव को प्रबंधित करने के लिए व्यावहारिक समर्थन देती है, और उन्हें सही औपचारिक सहायता चैनल (एचआर/पर्यवेक्षक) के लिए मार्गदर्शन करती है क्योंकि आप उनके प्रबंधक नहीं हैं।

34. सीता प्रारंभ से 15वीं है। रीता अंत से 18वें स्थान पर है, इसलिए शुरुआत से रीता का स्थान है :
$40 - 18 + 1 = 23$.
उनके बीच बच्चे :
$23 - 15 - 1 = 7$.

35. कुल दीपक = 25.
बाएं से 9वां दीपक दाएं से होगा :
$25 - 9 + 1 = 17$.

36. बताई गई समस्या उचित सिग्नलिंग की कमी के कारण दुर्घटनाएं हैं। स्वचालित सिग्नलिंग स्थापित करना प्रत्यक्ष रूप से कारण का समाधान करता है और एक व्यावहारिक निवारक उपाय है, इसलिए कार्यवाही I तार्किक रूप से अनुसरण करता है। ट्रेन सेवाओं पर स्थायी रूप से प्रतिबंध लगाना एक चरम कदम है, जिसकी कथन में आवश्यकता नहीं है, और यह तार्किक रूप से आवश्यक कार्रवाई के रूप में पालन नहीं करता है जब समस्या को सुरक्षा उन्नयन के माध्यम से हल किया जा सकता है।

37. तर्क I मजबूत है क्योंकि अनिवार्य मतदान से भागीदारी बढ़ सकती है और चुनाव परिणामों में जनसंख्या का बेहतर प्रतिनिधित्व हो सकता है। तर्क II भी मजबूत है क्योंकि मतदान में व्यक्तिगत स्वतंत्रता शामिल है, और इसे मजबूर करने को पसंद की स्वतंत्रता का उल्लंघन करने के रूप में देखा जा सकता है। दोनों तर्क प्रासंगिक, तार्किक हैं और प्रत्यक्ष रूप से प्रश्न का समाधान करते हैं।

38. दिया गया है,

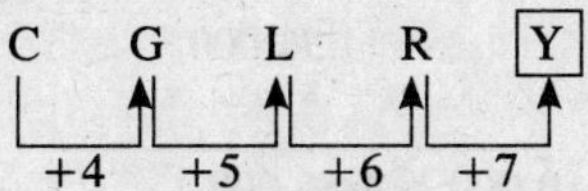

अतः अगला पद Y है।

39. दिया गया है,

U Q M I [E]
−4 −4 −4 −4

अतः अगला पद E है।

40. चूंकि शहर को हाल ही में पानी की कमी का सामना करना पड़ा है, इसलिए सबसे उचित बजट आवंटन वह है जो स्वास्थ्य और दैनिक जीवन को प्रभावित करने वाली तत्काल आवश्यक आवश्यकता को संबोधित करता है। जल आपूर्ति में सुधार सीधे तौर पर गंभीर कमी की समस्या का समाधान करता है, जिससे यह विकल्पों में से सबसे तार्किक और उचित विकल्प बन जाता है।

41. शब्द "MANAGEMENT" में अक्षरों की संख्या इस प्रकार है : M(2), A(2), N(2), G(1), E(2), T(1). इसमें अक्षर 'L' उपलब्ध नहीं है। इसलिए MANTLE शब्द नहीं बनया जा सकता क्योंकि इसके लिए 'L' की आवश्यकता है जो अनुपस्थित है। अन्य शब्द (AGENT, MEANT, MANGE) उपलब्ध अक्षरों से बनाये जा सकते हैं।

42. यह एक कार्यस्थल विवाद है जिसमें किसी विचार के क्रेडिट/स्वामित्व से जुड़ा मामला है, इसलिए एचआर को एक निष्पक्ष प्रक्रिया का पालन करना चाहिए : दोनों पक्षों को सुनें, ईमेल/बैठक नोट्स/गवाहों की जांच करें, और फिर उचित निर्णय लें। उपेक्षा करना, तुष्टीकरण के लिए प्रचार करना, या तुरंत बर्खास्त करना अनुचित है और इससे संघर्ष बिगड़ सकता है या अनुचितता पैदा हो सकती है।

43. UV $\rightarrow$ ST का अर्थ है प्रत्येक अक्षर 2 (U$\rightarrow$S, V$\rightarrow$T) द्वारा पीछे स्थानांतरित हो गया है। इसे QR पर लागू करने पर यह Q$\rightarrow$O, R$\rightarrow$P हो जाएगा। अतः आवश्यक युग्म OP है।

44. AE $\rightarrow$ EI प्रत्येक अक्षर (A$\rightarrow$E, E$\rightarrow$I) के लिए +4 की आगे की स्थिति दिखाता है। इसे IO पर लागू करने पर यह I$\rightarrow$M और O$\rightarrow$S, MS देता है। चूंकि MS मौजूद नहीं है, इसके बजाय स्वर-अनुक्रम संबंध की जांच करें : AE लगातार स्वर (A, E) हैं और अगले दो लगातार स्वर (E, I) बन जाते हैं। इसी प्रकार IO लगातार स्वर (I, O) हैं और अगले दो लगातार स्वर (O, U) बनने चाहिए। इसलिए OU इच्छित पैटर्न पर फिट बैठता है।

45. दिया गया क्रम : 56, 71, 88, 107.

क्रमागत पदों के बीच अंतर ज्ञात करें :

71 − 56 = 15

88 − 71 = 17

107 − 88 = 19

हर बार अंतर 2 से बढ़ रहा है (15, 17, 19).

तो, अगला अंतर 21 होगा।

∴ अगला पद = 107 + 21 = 128

अतः श्रृंखला में सही अगला तत्व 128 है।

46. पैटर्न है : $n^3 - 1$.

$1^3 - 1 = 0$, $2^3 - 1 = 7$,

$3^3 - 1 = 26$, $4^3 - 1 = 63$.

अतः अगली संख्या होगी :

$5^3 - 1 = 125 - 1 = 124$.

47. पैटर्न है :

2 → 14 → 38 → 86 → [182]

(×2+10, ×2+10, ×2+10, ×2+10)

अतः अगली संख्या 182 होगी।

48. विकल्पों की जाँच करने पर,

A. 18 → 27 (+9) B. 36 → 45 (+9)

C. 54 → 63 (+9) D. 72 → 80 (+8)

अतः विकल्प (D) इस पैटर्न का अनुसरण नहीं करता है।

49. सभी शब्दों की शुरुआत "Circu..." से होती है। "Circu" के बाद, अगले अंक्षरों की तुलना करें :

Circulation (1), Circum... (*m*) से पहले आता है, इसलिए 1 पहले आएगा।

"Circum..." के बीच : Circumference (*f*), Circums... (*s*) से पहले आती है, इसलिए अगला शब्द 2 होगा।

फिर Circums... के बीचः Circumscribed (*c*), Circumst... (*t*) से पहले आता है, इसलिए शब्द 3 होगा।

Circumstance और Circumstantial के बीच : छोटा आधार शब्द पहले आता है, इसलिए 4 फिर 5 आएगा।

50. बाएं से दाएं अक्षरों की तुलना करके शब्दों को अंग्रेजी वर्णमाला क्रम में व्यवस्थित करें।

- सभी शब्द M से शुरू होते हैं।
- अगला अक्षर तुलना : Memory (Me...), Method (Me...), Middle (Mi...), Modern (Mo...),
- Moment (Mo...), Monday (Mo...).
- Memory और Method के बीच : memo और meth की तुलना करें : → *m*, *t* से पहले आता है, इसलिए Memory पहले आती है, उसके बाद Method.
- Middle (Mi...) शब्द Me... शब्दों के बाद आता है।
- Modern (Mod...), Moment (Mom...), Monday (Mon...) के बीच : $d < m < n$ है, इसलिए क्रम इस प्रकार होगा : Modern, फिर Moment, फिर Monday.

इस प्रकार सही शब्दकोश क्रम है :

Memory, Method, Middle, Modern, Moment, Monday = 1, 2, 3, 4, 5, 6.

51. A का 12 महीने के लिए निवेश

= 80,000 × 12 = 9,60,000

B का निवेश

पहले 6 महीने :

60,000 × 6 = 3,60,000

अगले 6 महीने (25% वृद्धि):

60,000 + 60,000 का 25% = 75,000

75,000 × 6 = 4,50,000

B के लिए कुल निवेश = 3,60,000 + 4,50,000

= 8,10,000

C का निवेश

पहले 6 महीने :

40,000 × 6 = 2,40,000

अगले 6 महीने (10% कमी):

40,000 − 40,000 का 10% = 36,000

36,000 × 6 = 2,16,000

C के लिए कुल निवेश = 2,40,000 + 2,16,000

= 4,56,000

पूंजी अनुपात

9,60,000 : 8,10,000 : 4,56,000

= 160 : 135 : 76

कुल अनुपात = 160 + 135 + 76
= 371

C का हिस्सा = 1,20,000 × 76/371
= 24,582 (लगभग)

52. $\sin A = \frac{7}{25} \Rightarrow \cos A = \frac{24}{25}$

$\cos B = \frac{24}{25} \Rightarrow \sin B = \frac{7}{25}$

$$\sin A \cos B + \cos A \sin B = \frac{7}{25}\cdot\frac{24}{25}+\frac{24}{25}\cdot\frac{7}{25}$$

$$= 2\times\frac{168}{625}=\frac{336}{625}$$

53. क्रय मूल्य

50 × 50 = 2,500
30 × 60 = 1,800

कुल क्रय मूल्य = 2,500 + 1,800 = 4,300

कुल मात्रा

50 + 30 = 80 किग्रा.

विक्रय मूल्य

80 × 55 = 4,400

लाभ

4,400 – 4,300 = 100

54. माना कि तीसरी संख्या = x

प्रथम संख्या = x का 80% = $0.8x$

द्वितीय संख्या = x का 130% = $1.3x$

अनुपात $0.8x : 1.3x$ = 0.8 : 1.3
= 8/10 : 13/10
= 8 : 13

55. वास्तविक योग = 8 × 45 = 360

प्रथम 4 अंकों में वृद्धि = 4 × 5 = 20

अंतिम 4 अंकों में कमी = 4 × 3 = 12

नया योग = 360 + 20 – 12 = 368

नया औसत = 368/8 = 46

56. **चरण 1:** अभाज्य गुणनखंड :

$24 = 2^3 \times 3$

अतः प्रथम संख्या :

$$24\times3^2\times5^3\times7 = (2^3\times3)\times3^2\times5^3\times7$$
$$= 2^3 \times 3^3 \times 5^3 \times 7$$

दूसरी संख्या : 23 × 5 × 7 × 11

(23 और 11 अभाज्य संख्याएं हैं)

चरण 2: उभयनिष्ठ अभाज्य गुणनखंड

तुलना : $2^3 \times 3^3 \times 5^3 \times 7$
23 × 5 × 7 × 11

उभयनिष्ठ अभाज्य संख्याएँ 5 और 7 हैं।

चरण 3: न्यूनतम घात लें

$5^{\min(3,1)} = 5$

$7^{\min(1,1)} = 7$

महत्तम समापवर्तक = 5 × 7 = 35

57. 40,000 × 1.20 = 48,000

48,000 × 0.90 = 43,200

43,200 × 1.25 = 54,000

58. आरंभ का समय = 10:30 – 10:00 = 0.5 h

आरंभिक दूरी = 20 × 0.5 = 10 किमी.

सापेक्षिक चाल = 30 – 20 = 10 किमी./घं.

10:30 के बाद पकड़ने का समय

$\frac{10}{10}$ = 1 घं.

10:30 + 1 घं. = 11:30 AM

59. A की दर = $\frac{1}{15}$

B की दर = $\frac{1}{30}$

एक साथ मिलकर 5 दिनों में किया गया कार्य

$$5\left(\frac{1}{15}+\frac{1}{30}\right) = 5\left(\frac{2}{30}+\frac{1}{30}\right) = 5\left(\frac{3}{30}\right)$$

$$= 5\left(\frac{1}{10}\right) = \frac{1}{2}$$

शेष कार्य

$$1-\frac{1}{2} = \frac{1}{2}$$

B के लिए समय :

$$\frac{1/2}{1/30} = 15$$

60. 1800 = CP × 1.20

$$CP = \frac{1800}{1.20} = 1500$$

61. 8 वर्षों में SI = P (क्योंकि P + SI = 2P)

5P के लिए SI = 5P − P = 4P

8 वर्षों SI ⇒ 4P

जब SI, P है, तो समय = 8 वर्ष

अतः जब SI, 4P है,

समय = 8 × 4 = 32 वर्ष।

62. A = 2400, A = 1.5B

⇒ B = 2400/1.5=1600

$$SI_A = \frac{2400 \times r \times 4}{100} = 96r$$

$$SI_B = \frac{1600 \times (r+2) \times 5}{100}$$

$$= 80(r + 2) = 80r + 160$$

$$96r + (80r + 160) = 1920$$

$$176r + 160 = 1920$$

$$176r = 1760$$

$$r = 10$$

63. $(a + b + c)^2$

$$= a^2 + b^2 + c^2 + 2(ab + bc + ca)$$

$$12^2 = a^2 + b^2 + c^2 + 2(40)$$

$$144 = a^2 + b^2 + c^2 + 80$$

$$a^2 + b^2 + c^2 = 144 - 80 = 64$$

64. $756^2 = 756 \times 756$

$$= 756(700 + 50 + 6)$$

$$= 756 \cdot 700 + 756 \cdot 50 + 756 \cdot 6$$

$$= 529200 + 37800 + 4536$$

$$= 571536$$

65. वसा = 4 × 25% + 6 × 40%

= 4 × 0.25 + 6 × 0.40

= 1 + 2.4 = 3.4

कुल आयतन = 4 + 6 = 10

वसा % $= \frac{3.4}{10} \times 100 = 34\%$.

66. $V = \frac{4}{3}\pi r^3$

$$r' = r + 0.20r = 1.2r$$

$$\frac{V'}{V} = \frac{\frac{4}{3}\pi(1.2r)^3}{\frac{4}{3}\pi r^3} = (1.2)^3 = 1.728$$

% वृद्धि = (1.728 − 1) × 100 = 72.8%

67. ठोस अर्द्धगोले का कुल पृष्ठीय क्षेत्रफल

$$3\pi r^2 = 300\pi$$

$$r^2 = 100$$

$$\Rightarrow \quad r = 10 \text{ cm}$$

अर्द्धगोले का आयतन

$$V = \frac{2}{3}\pi r^3$$

$$= \frac{2}{3}\pi(10^3) = \frac{2000}{3}\pi \text{ cm}^3$$

अतः अभीष्ठ आयतन $= \frac{2000}{3}\pi \text{ cm}^3$

68. उचित तुलना के लिए सभी संख्याओं को दशमलव रूप में बदलें

$$\frac{1}{2} = 0.50$$

$$0.55 = 0.55$$

$$\frac{3}{5} = 0.60$$

$$0.625 = 0.625$$

आरोही क्रम में व्यवस्थित करने पर,

$0.50 < 0.55 < 0.60 < 0.625$

इस प्रकार, सही आरोही क्रम है :

1/2, 0.55, 3/5, 0.625.

69. दिया गया है, वृत्त का क्षेत्रफल

$$\pi r^2 = 144\pi$$

$$r^2 = 144$$

$$r = 12 \text{ cm}$$

परिधि का सूत्र

$$C = 2\pi r$$

$$= 2\pi(12) = 24\pi$$

$\pi \approx 3.1416$ का प्रयोग करने पर,

$$C = 24 \times 3.1416$$

$$= 75.3984 \approx 75.4 \text{ cm}$$

अतः वृत्त की परिधि = 75.4 cm.

70. $27^3 \div 3^5 = 3^n$

$$27 = 3^3$$

$$(3^3)^3 \div 3^5 = 3^n$$

$$3^9 \div 3^5 = 3^n$$

$$3^{9-5} = 3^n$$

$$3^4 = 3^n$$

$$n = 4$$

71. दिया गया है, $x - y = 8$ और $xy = 5$.

$$(x + y)^2 = (x - y)^2 + 4xy = 8^2 + 4(5) = 64 + 20 = 84$$

$$x^2 + y^2 = (x + y)^2 - 2xy = 84 - 10 = 74$$

$$x^2 + xy + y^2 = 74 + 5 = 79$$

$$x^3 - y^3 = (x-y)(x^2+xy+y^2) = 8 \times 79 = 632$$

$$8(x + y)^2 = 8 \times 84 = 672$$

$$x^3 - y^3 + 8(x + y)^2 = 632 + 672 = 1304.$$

72. $$\frac{(\sin x + \cos x)^2}{1 + \sin x \cos x} = \frac{\sin^2 x + \cos^2 x + 2\sin x \cos x}{1 + \sin x \cos x} = \frac{1 + 2\sin x \cos x}{1 + \sin x \cos x}$$

73. $\sin A = \frac{5}{13}$

$$\cos A = \sqrt{1 - \sin^2 A} = \sqrt{1 - \left(\frac{5}{13}\right)^2} = \sqrt{\frac{169 - 25}{169}} = \frac{12}{13}$$

$$\tan A = \frac{\sin A}{\cos A} = \frac{\frac{5}{13}}{\frac{12}{13}} = \frac{5}{12}$$

74. $\tan A = \frac{1}{\sqrt{3}} \Rightarrow A = 30°$

$\sin A = \frac{1}{2}$, $\cos A = \frac{\sqrt{3}}{2}$

$$2\sin A \cos A = 2\left(\frac{1}{2}\right)\left(\frac{\sqrt{3}}{2}\right) = \frac{\sqrt{3}}{2}$$

75. $5x - 2y = 10$

$-2y = -5x + 10$

$y = \frac{5}{2}x - 5 \Rightarrow m = \frac{5}{2}$

$$m_{\perp} = -\frac{1}{m} = -\frac{1}{\frac{5}{2}} = -\frac{2}{5}$$

76. देबल मित्र भारतीय पुरातत्व सर्वेक्षण के महानिदेशक के रूप में सेवा करने वाली पहली महिला थीं। वह 1980 के दशक में इस पद पर रहीं और उन्हें भारतीय पुरातत्व और विरासत संरक्षण में उनके योगदान के लिए जाना जाता है।

77. राज्य विधानसभा चुनावों में तेलुगु देशम पार्टी की जीत के बाद जून 2024 में एन. चंद्रबाबू नायडू ने आंध्र प्रदेश के मुख्यमंत्री के रूप में शपथ ली।

78. नीति आयोग द्वारा फरवरी 2025 में "राज्यों और राज्य सार्वजनिक विश्वविद्यालयों के माध्यम से गुणवत्तापूर्ण उच्च शिक्षा का विस्तार" शीर्षक वाली नीति रिपोर्ट लॉन्च की गई थी, जो राज्य-स्तरीय उच्च शिक्षा प्रणालियों और सार्वजनिक विश्वविद्यालयों को मजबूत करने पर केंद्रित थी।

79. कौशल प्रशिक्षण, सलाह और उद्यम सहायता के माध्यम से महिला उद्यमिता को बढ़ावा देने के लिए कौशल विकास और उद्यमिता मंत्रालय द्वारा मार्च 2025 में शुरू की गई स्वावलंबिनी पहल शुरू की गई थी।

80. आवधिक श्रम बल सर्वेक्षण (PLFS) सांख्यिकी और कार्यक्रम कार्यान्वयन मंत्रालय (MoSPI) द्वारा प्रकाशित एक प्रमुख सांख्यिकीय रिपोर्ट है, जो भारत में रोजगार और बेरोजगारी संकेतकों पर नियमित अनुमान प्रदान करती है।

मासिक इन्फ्रास्ट्रक्चर प्रदर्शन समीक्षा रिपोर्ट (जिसे इन्फ्रास्ट्रक्चर इंडस्ट्रीज की समीक्षा भी कहा जाता है) भी MoSPI के तहत जारी की जाती है और कोयला, बिजली, इस्पात, सीमेंट और रिफाइनरी उत्पादों जैसे मुख्य बुनियादी ढांचा क्षेत्रों के प्रदर्शन और विकास के रुझान को ट्रैक करती है।

अतः, कथन I और II दोनों सही हैं।

81. सुदासारी ग्रेट इंडियन बस्टर्ड प्रजनन केंद्र राजस्थान में जैसलमेर जिले के डेजर्ट नेशनल पार्क के पास स्थित है, जो गंभीर रूप से लुप्तप्राय ग्रेट इंडियन बस्टर्ड का एक प्रमुख निवास स्थान है।

82. "ट्रैवेल्स थ्रु सिंकियांग एंड तिब्बत" विक्रम सेठ द्वारा लिखित एक प्रसिद्ध यात्रा पुस्तक है, और इसने प्रतिष्ठित थॉमस कुक ट्रैवल बुक अवार्ड जीता है।

83. वामसी एक पारंपरिक बांसुरी है, जो आमतौर पर तमिलनाडु और दक्षिण भारत के अन्य हिस्सों की संगीत परंपराओं से जुड़ी है।

84. स्वांग एक पारंपरिक लोक नृत्य-नाटक है जो मुख्य रूप से हरियाणा और पश्चिमी उत्तर प्रदेश से जुड़ा है। दिए गए विकल्पों में से उत्तर प्रदेश सही उत्तर है।

85. INSAT (भारतीय राष्ट्रीय उपग्रह प्रणाली) का उपयोग टेलीविजन प्रसारण और मौसम पूर्वानुमान सहित कई उद्देश्यों के लिए किया जाता है, जो दोनों कथनों को सही बनाता है।

86. न्यूटन की गति का तीसरा नियम कहता है कि प्रकृति में बल जोड़े (युग्म) में घटित होते हैं। जब एक वस्तु दूसरी वस्तु पर बल लगाती है, तो दूसरी वस्तु भी उसी परिमाण का बल पहली वस्तु पर विपरीत दिशा में लगाती है।

87. दबाव को प्रति इकाई क्षेत्र पर लगाए गए बल के रूप में परिभाषित किया जाता है। गणितीय रूप से, इसे $P = F/A$ के रूप में व्यक्त किया जाता है, जिसका अर्थ है कि समान बल के लिए, संपर्क का क्षेत्र घटने पर दबाव बढ़ता है।

88. इसरो (ISRO) द्वारा विकसित अर्ध-ह्यूमनॉइड रोबोट व्योममित्र को दिसंबर 2025 के लिए निर्धारित गगनयान-G1 मिशन सहित मानव रहित गगनयान मिशन के दौरान मानव कार्यों का अनुकरण करने और जीवन-समर्थन प्रणालियों का परीक्षण करने के लिए डिजाइन किया गया है।

89. 97 LCA Mk1A लड़ाकू विमानों के लिए ₹ 62,000 करोड़ रुपये का ऑर्डर हिंदुस्तान एयरोनॉटिक्स लिमिटेड (HAL) को दिया गया, जो भारत की प्रमुख एयरोस्पेस और रक्षा विनिर्माण कंपनी है और तेजस विमान के उत्पादन भी करती है।

90. 1722 में, जयपुर के शासक और एक प्रसिद्ध खगोलशास्त्री-प्रशासक सवाई राजा जय सिंह द्वितीय को मुगल सम्राट द्वारा आगरा का राज्यपाल नियुक्त किया गया था। इस पद से मुगल प्रशासन में उनका प्रभाव काफी बढ़ गया।

91. सीमा शुल्क वह कर है जो वस्तुओं पर तब लगाया जाता है जब उन्हें भारत में आयात या बाहर निर्यात किया जाता है। उत्पाद शुल्क देश के भीतर निर्मित वस्तुओं पर लागू होता है, जबकि संपत्ति कर और संपत्ति शुल्क संपत्ति और विरासत से संबंधित होते हैं, व्यापार से नहीं।

92. नेशनल लॉजिस्टिक्स पॉलिसी (NLP) का लक्ष्य लॉजिस्टिक्स लागत को कम करने और दक्षता में सुधार के साथ-साथ वर्ष 2030 तक भारत की लॉजिस्टिक्स परफॉर्मेंस इंडेक्स (एलपीआई) रैंकिंग को शीर्ष 25 देशों में सुधारना है।

93. भारत की विशेष आर्थिक क्षेत्र (SEZ) नीति निर्यात, निवेश और रोजगार को बढ़ावा देने के उद्देश्य से निर्यात-आयात (EXIM) नीति 2000–2001 के हिस्से के रूप में 2000 में शुरू की गई थी।

94. भारतीय संविधान के अनुच्छेद 3 के तहत, संसद को कुछ प्रक्रियात्मक आवश्यकताओं के अधीन नए राज्य बनाने, मौजूदा राज्यों की सीमाओं या नामों को बदलने या किसी राज्य को विभाजित करने की शक्ति है।

95. मार्मागाओ बंदरगाह के भीतरी इलाकों में गोवा, कर्नाटक और दक्षिणी महाराष्ट्र शामिल हैं। हिमाचल प्रदेश भौगोलिक रूप से दूर है और बंदरगाह के व्यापार प्रभाव से जुड़ा नहीं है, इसलिए यह इसके भीतरी इलाकों का हिस्सा नहीं है।

96. एक पूंजीगत वस्तु उद्योग मशीनों, औजारों, उपकरणों और संयंत्रों जैसे सामान का उत्पादन करता है ज़िनका उपयोग अन्य वस्तुओं के उत्पादन में किया जाता है। ये उद्योग औद्योगिक और आर्थिक विकास की रीढ़ हैं।

97. टैरिफ उपाय सीमा पार व्यापार पर लगाए गए कर हैं। निर्यात कर और आयात कर दोनों में वस्तुओं पर निर्यात या आयात किए जाने पर लगाए गए शुल्क शामिल होते हैं, इसलिए दोनों को टैरिफ उपाय माना जाता है।

98. आधिकारिक तौर पर इस्तेमाल किए गए (और 2023-25 तक संदर्भित) जनगणना-आधारित जनसांख्यिकीय डेटा के अनुसार, अनुसूचित जनजातियाँ भारत की कुल आबादी का लगभग 8.6% हैं।

99. श्वसन एक जैविक प्रक्रिया है जिसमें जीव बाहरी वातावरण से ऑक्सीजन लेते हैं और ऊर्जा मुक्त करने के लिए खाद्य पदार्थों के विघटन के लिए इसका उपयोग करते हैं।

100. चरक संहिता आयुर्वेद का एक मूलभूत प्राचीन भारतीय ग्रंथ है, जो मुख्य रूप से चिकित्सा से संबंधित है, जिसमें निदान, उपचार, औषध विज्ञान और स्वास्थ्य और रोग के सिद्धांत शामिल हैं।

पिछले प्रश्न-पत्र

SSC—संयुक्त हायर सेकेन्डरी लेवल (CHSL : 10 + 2)

डाटा एन्ट्री ऑपरेटर (DEO)/लोअर डिवीजन क्लर्क (LDC)/ जूनियर सेक्रेटेरियल असिस्टेंट (JSA)

Tier-I, भर्ती परीक्षा-2024

(Exam held on 10-07-2024)

English Language

1. The given sentence is divided into four segments. Select the option that has the segment with a grammatical error.

It was my niece / who was leaving college/ last year, and / not my son.

A. not my son.
B. It was my niece
C. who was leaving college
D. last year, and

2. Select the most appropriate option that can substitute the underlined segment in the given sentence.

UNICEF builds partnerships across the <u>global community on accelerate</u> gender equality.

A. global community with accelerate
B. global community till accelerate
C. global community in accelerate
D. global community to accelerate

3. Parts of the given sentence have been underlined. One of them contains an error. The underlined parts are given as options with some changes. Select the option that correctly rectifies the error.

<u>Raveena's daughter</u> Kavya is <u>most intelligent</u> student and <u>she consistently</u> achieves <u>top grades</u>.

A. she has consistently
B. an intelligent
C. Raveenas' daughter
D. topper grades

4. The given sentence is divided into three segments. Select the option that has the segment with a grammatical error. If there is no error, select 'No error'.

The volunteer gave on to / the food packets to the / children of the orphanage.

A. The volunteer gave on to
B. No error
C. children of the orphanage.
D. the food packets to the

Directions (Q.No. 5-9): *In the following passage, some words have been deleted. Select the most appropriate option for each blank.*

I was reading a book two days back. It was titled Charlie and the Chocolate Factory by Roland Dahl. It was fantastic. It has now become my

1. C	2. D	3. B	4. A

favourite ____(1)____. It is about a boy named Charlie who is ____(2)____ poor. He wins a golden ticket that ____(3)____ him to enter the most famous chocolate factory in the world. He ____(4)____it with his grandfather. But the other kids who accompany him are nasty. They are all spoilt. But you have to read the book to ____(5)____out more about them. The amazing part of the book is that it is like a dream come true.

5. Select the most appropriate option to fill in blank no. 1.

A. text B. guide
C. manual D. book

6. Select the most appropriate option to fill in blank no. 2.

A. very B. properly
C. finally D. nicely

7. Select the most appropriate option to fill in blank no. 3.

A. bears B. suffers
C. gets D. allows

8. Select the most appropriate option to fill in blank no. 4.

A. examines B. inspects
C. explores D. visits

9. Select the most appropriate option to fill in blank no. 5.

A. spot B. find
C. unlearn D. locate

10. Select the most appropriate ANTONYM of the given word.

Timid

A. Resolute B. Audacious
C. Assertive D. Blunt

11. Select the option that will improve the underlined part of the given sentence.

Allusive handwriting creates a poor impression.

A. Descriptive handwriting
B. Legal handwriting
C. Illegible handwriting
D. Eligible handwriting

12. Select the most appropriate option that can replace the bracketed word segment in the following sentence.

Classical buildings in ancient Greek and Roman times were (characteristically built) from marble or some other attractive, durable stone.

A. mainly having been built
B. fascinating to build
C. typically built
D. strange build

13. Select the most appropriate synonym of the given word.

Retract

A. Revoke B. Please
C. Disturb D. Implement

14. Select the most appropriate option to fill in the blank.

I find that students nowadays are not interested in ________ letters by hand.

A. writing B. righting
C. rioting D. rating

15. Select the option that will improve the underlined part of the given sentence. In case no improvement is needed, select No improvement required.

Although uncountable files stack up on the tables of government officials, they prefer doing their work at a more leisure pace.

A. No improvement needed
B. at a more leisure paced
C. at a more leisurely pace
D. at a more leisurely paced

5. D	6. A	7. D	8. D	9. B	10. B	11. C	12. C	13. A	14. A	15. C

16. Select the most appropriate ANTONYM of the given word.

Enormous

A. Monstrous B. Tremendous
C. Minute D. Strong

17. Select the sentence that brings out the most appropriate meaning of the idiom 'Dog in the manger'.

A. Rachit had some important work and so he cancelled the show tickets for everyone.
B. To prove this is not a trap, I want to check the credibility of your plan.
C. You are here just because you have recognised your hidden potential.
D. Mohit was so loyal and committed to his company that he rejected lucrative offers from different companies.

18. Select the INCORRECTLY spelt word in the given sentence.

The Chinese are believed to have a longer history than that of any other civilisation in the wolrd.

A. Civilisation
B. Wolrd
C. Believed
D. Chinese

19. Select the most appropriate option that can substitute the underlined segment in the given sentence.

The housing loan taken <u>by Ramesh effected</u> his daily expenses adversely.

A. by Ramesh affected
B. from Ramesh effected
C. for Ramesh effected
D. of Ramesh effected

20. Select the option that rectifies the spelling of the underlined word in the given sentence.

It was a <u>privvilege</u> to receive the award from the President.

A. privilege B. privillege
C. privilegge D. privileege

21. Select the most appropriate synonym of the underlined word.

For Rana, unable to see a thing, the <u>parade</u> seemed to last forever.

A. hiding B. procession
C. concealment D. darkness

22. Select the most appropriate synonym of the given word.

Alert

A. Inactive B. Smart
C. Dull D. Vigilant

23. Select the most appropriate ANTONYM of the given word.

Sluggish

A. Leisurely B. Lethargic
C. Rapid D. Hassled

24. Select the most appropriate option to correct the sentence by using the denotation of the underlined word.

Mr. Sen is <u>clever</u> enough to handle his professional hazards.

A. Bold B. Intelligent
C. Foolish D. Callous

25. Select the most appropriate meaning of the underlined idiom.

The technicians who were repairing the broken elevator <u>called it a day</u>.

A. Shouted with anger
B. Stopped work for the day
C. Stopped to take a short break
D. Felt unhappy

16. C	17. A	18. B	19. A	20. A	21. B	22. D	23. C	24. B	25. B

सामान्य बुद्धिमत्ता

26. दी गई श्रृंखला में प्रश्न चिह्न '?' के स्थान पर क्या आना चाहिए?

155 146 137 128 119 ?

A. 133 B. 111
C. 122 D. 110

27. दर्पण को MN पर रखे जाने पर दी गई आकृति का दर्पण में निर्मित सही प्रतिबिम्ब का चयन करें।

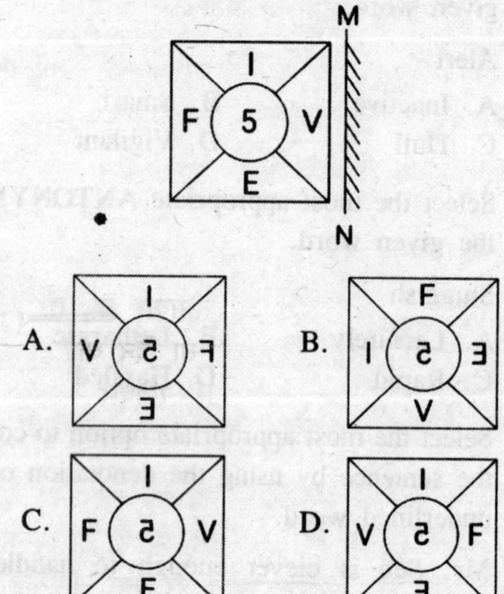

28. अंग्रेजी वर्णमाला क्रम के आधार पर दी गई श्रृंखला में '?' के स्थान पर क्या आना चाहिए?

BJR ? RTH MYC HDX

A. MOW B. WOM
C. OWM D. OMW

29. दी गई श्रृंखला को तार्किक रूप से पूरा करने के लिए निम्नलिखित में से कौन-सा अक्षर-समूह प्रश्न चिह्न '?' के स्थान पर आ सकता है?

AFK, ?, IXM, MTN, QPO

A. EBL B. EBC
C. FAE D. FAL

30. एक निश्चित कूट भाषा में 'strength to innovate' को '42 64 32' लिखा जाता है और 'strength to create' को '32 42 24' लिखा जाता है। तो उस कूट भाषा में 'create' को कैसे लिखा जाएगा?

A. 24 B. 32
C. 64 D. 42

31. यदि DOCUMENTARY शब्द के प्रत्येक अक्षर को बाएं से दाएं वर्णमाला क्रम में व्यवस्थित किया जाता है, तो कितने अक्षरों का स्थान परिवर्तित नहीं होगा?

A. तीन B. किसी का भी नहीं
C. एक D. दो

32. निम्नलिखित चार अक्षर-समूहों में से तीन अक्षर-समूह एक निश्चित प्रकार से समान हैं और इस प्रकार एक समूह बनाते हैं। वह कौन-सा अक्षर-समूह है जो उस समूह से संबंधित नहीं है?

(ध्यान दें : असंगत अक्षर-समूह, उस अक्षर-समूह में व्यंजनों/स्वरों की संख्या या उनके स्थान पर आधारित नहीं है।)

A. BCFKR B. JKNSZ
C. HIMQX D. EFINU

33. दी गई आकृति के उस सही दर्पण प्रतिबिम्ब को चुनिए, जो नीचे दर्शाए गए अनुसार दर्पण को MN पर रखने पर बनेगा।

M

T r d 4 2 b a

N

A. ɐ b Ƨ ᔭ b ɹ T B. ɒ d 2 ᔭ ρ ɿ T
C. ɒ d Ƨ ᔭ b ɿ T D. ɒ d Ƨ ᔭ ρ ɿ T

26. D **27.** A **28.** B **29.** A **30.** A **31.** D **32.** C **33.** C

34. एक निश्चित तर्क का अनुसरण करते हुए 92, 23 से संबंधित है। उसी तर्क का अनुसरण करते हुए, 136, 34 से संबंधित है। उसी तर्क का अनुसरण करते हुए, 224 निम्नलिखित में से किससे संबंधित है?

(ध्यान दें : संख्याओं को उनके घटक अंकों में अलग-अलग किए बिना पूर्ण संख्याओं पर संक्रियाएँ की जानी चाहिए। उदाहरण के लिए संख्या 13-संख्या 13 पर संक्रियाएँ जैसे 13 को जोड़ना/घटना/गुणा करना आदि किया जा सकता है। 13 को 1 और 3 में अलग-अलग करने की और फिर 1 और 3 पर गणितीय संक्रियाएँ करने की अनुमति नहीं है।)

A. 56 B. 54
C. 58 D. 52

35. उस अक्षर-समूह युग्म का चयन कीजिए जो नीचे दिए गए अक्षर-समूह युग्म में व्यक्त किए गए समान संबंध का सबसे अच्छा निरूपण करता है।

VPN : ZTR
SMK : WQO

A. KFD : OJK B. LFD : PJH
C. HDB : MIG D. PMK : TOL

36. उस समुच्चय का चयन कीजिए जिसमें संख्याएँ ठीक उसी प्रकार संबंधित हैं जिस प्रकार दिए गए समुच्चयों की संख्याएँ संबंधित हैं।

(ध्यान दें : संख्याओं को उनके घटक अंकों में अलग-अलग किए बिना पूर्ण संख्याओं पर संक्रियाएँ की जानी चाहिए। उदाहरण के लिए संख्या 13-संख्या 13 पर संक्रियाएँ जैसे 13 को जोड़ना/घटना/गुणा करना आदि किया जा सकता है। 13 को 1 और 3 में अलग-अलग करने की और फिर 1 और 3 पर गणितीय संक्रियाएँ करने की अनुमति नहीं है।)

(5, 4, 41)
(7, 2, 53)

A. (9, 3, 90) B. (11, 9, 204)
C. (13, 6, 208) D. (10, 5, 130)

37. एक निश्चित कूट भाषा में
A + B का अर्थ A, B की माता है
A – B का अर्थ A, B का भाई है
A × B का अर्थ A, B का पति है
A ÷ B का अर्थ A, B का पिता है
उपरोक्त के आधार पर, यदि K × Q + R – S ÷ L है, तो K का L से क्या संबंध है?

A. पिता के पिता
B. पिता का भाई
C. पिता के पिता का भाई
D. पिता की माता के पिता

38. निम्नलिखित में से कौन-सी संख्या दी गई शृंखला में प्रश्न चिह्न (?) के स्थान पर आएगी?

612 571 535 504 478 ?

A. 457 B. 435
C. 444 D. 468

39. यदि 23 जून 2008 को सोमवार था, तो 23 जून 2020 को सप्ताह का कौन-सा दिन था?

A. बुधवार B. रविवार
C. मंगलवार D. शनिवार

40. यदि 'A' का अर्थ '÷', 'B' का अर्थ '×', 'C' का अर्थ '+' और 'D' का अर्थ '–' है, तो निम्नलिखित में प्रश्न चिह्न (?) के स्थान पर क्या आएगा?

14 B 11 D 22 C 328 A 8 = ?

A. 173 B. 153
C. 163 D. 133

41. दी गई आकृति में कितने चतुर्भुज हैं?

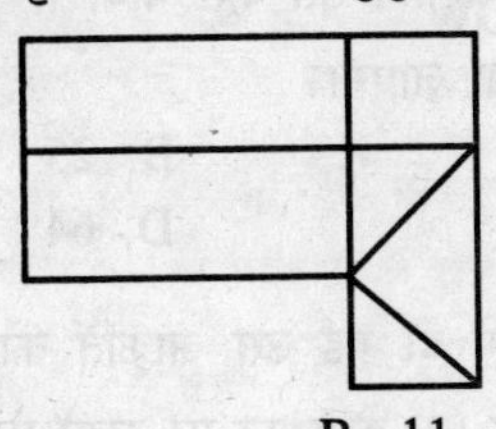

A. 12 B. 11
C. 7 D. 10

34. A **35.** B **36.** A **37.** A **38.** A **39.** C **40.** A **41.** B

42. यदि 'A' का अर्थ '÷', 'B' का अर्थ '×', 'C' का अर्थ '+' और 'D' का अर्थ '–' है, तो निम्नलिखित में से किसका परिणाम 218 होगा?

A. 32 C 8 D 160 A 2 B 42
B. 32 A 8 D 160 B 2 C 42
C. 32 B 8 D 160 C 2 A 42
D. 32 B 8 D 160 A 2 C 42

43. कागज की एक वर्गाकार शीट को दर्शाई गई दिशाओं में बिंदीदार रेखा पर अनुक्रमशः मोड़ा जाता है और आखिर में उसमें छेद किया जाता है। खोलने पर यह कागज कैसा दिखाई देगा?

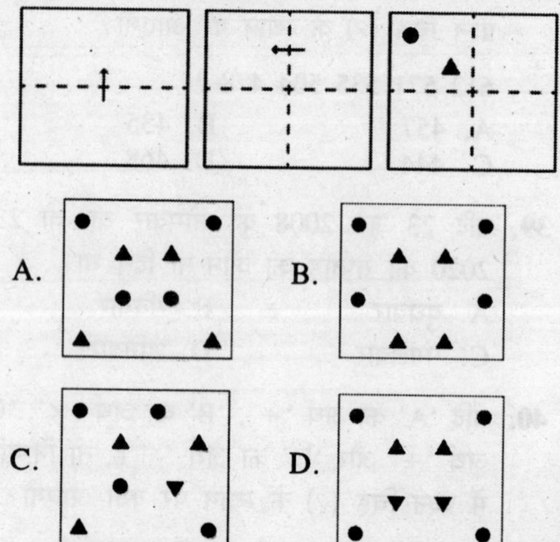

44. एक निश्चित कूट भाषा में, 'DIVERT' को '36' लिखा जाता है और 'DOLDRUMS' को '64' लिखा जाता है। उस कूट भाषा में 'DOGMA' को कैसे लिखा जाएगा?

A. 49　　B. 25
C. 36　　D. 64

45. विकल्पों में दी गई उस आकृति को पहचानिए जिसे प्रश्न चिह्न (?) के स्थान पर रखने पर शृंखला तार्किक रूप से पूरी हो जाएगी?

T = 9	O S T	T O S	9 ♡ T	?
R	=	V	O	
O S ♡	♡ R 9	9 ♡ R	R V S	

A. T 9 ♡ / 2 / S R V
B. R V 9 / 2 / S ♡ T
C. T 9 ♡ / 2 / V S R
D. ♡ T 9 / 2 / S R V

46. दिए गए समीकरण को सही बनाने के लिए किन दो संख्याओं को आपस में बदला जाना चाहिए?

$15 \times 5 - 75 + (300 \div 6) + 3 \times 19 = 115$

(ध्यान दें : संख्याओं को आपस में बदला जाना चाहिए और घटक अंकों को नहीं बदला जाना चाहिए। उदाहरण यदि समीकरण $43 \times 3 + 4 \div 2$ में 2 और 3 को आपस में बदलना है, तो बदला हुआ समीकरण $43 \times 2 + 4 \div 3$ होगा।)

A. 15 और 19　　B. 6 और 3
C. 15 और 6　　D. 6 और 5

47. उस शब्द-युग्म का चयन कीजिए जो नीचे दिए गए शब्दों के युग्म में व्यक्त किए गए समान संबंध का सबसे अच्छा निरूपण करता है।

(शब्दों को अर्थपूर्ण हिंदी शब्दों के रूप में माना जाना चाहिए और उन्हें शब्द में अक्षरों की संख्या/व्यंजन/स्वरों की संख्या के आधार पर एक-दूसरे से संबंधित नहीं किया जाना चाहिए।)

फूल-पंखुड़ी

A. घोड़ा-घोड़ी　　B. फल-बीज
C. छोटा-बड़ा　　D. स्पष्टीकरण-व्याख्या

42. D　**43.** D　**44.** B　**45.** A　**46.** A　**47.** B

48. दी गई आकृति के उस सही दर्पण प्रतिबिम्ब को चुनिए, जो नीचे दर्शाए गए अनुसार दर्पण को MN पर रखने पर बनेगा।

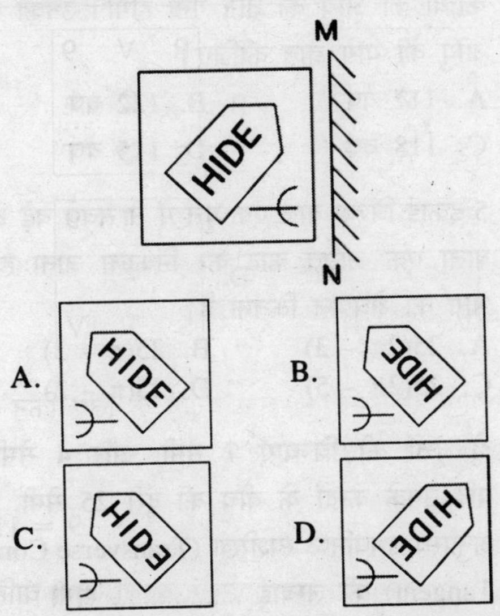

49. तीन कथनों के बाद I, II क्रमांकित निष्कर्ष दिए गए हैं। आपको इन कथनों को सत्य मानना होगा, चाहे वे सामान्यतः ज्ञात तथ्यों से अलग प्रतीत होते हों। आपको निश्चय करना है कि कौन-सा/से निष्कर्ष तार्किक रूप से दिए गए कथन/कथनों के अनुसार है/हैं।

कथन :
सभी घर, पेड़ हैं।
सभी पेड़, पत्थर हैं।
सभी पत्थर, चट्टानें हैं।

निष्कर्ष : I. कुछ पत्थर, पेड़ हैं।
II. सभी घर, चट्टानें हैं।

A. केवल निष्कर्ष I कथनों के अनुसार है
B. केवल निष्कर्ष II कथनों के अनुसार है
C. दोनों निष्कर्ष I और II कथनों के अनुसार हैं
D. न तो निष्कर्ष I और न ही II कथनों के अनुसार हैं

50. दी गई आकृति के उस सही दर्पण प्रतिबिम्ब को चुनिए, जो नीचे दर्शाए गए अनुसार दर्पण को MN पर रखने पर बनेगा।

A. TZJHBD
B. TJZHBD
C. TZJHBD
D. TZJBHD

संख्यात्मक अभियोग्यता

51. दो उम्मीदवारों के बीच एक चुनाव में, A को कुल वैध मतों का 63% प्राप्त होता है। यदि डाले गए कुल मत 8,750 थे, यदि कुल मतों का 20% अवैध घोषित किया गया था तो अन्य उम्मीदवार B को मिले वैध मतों की संख्या क्या है?

A. 4,410
B. 2,590
C. 3,560
D. 6,450

52. राजू और रामू के पास सोनू से क्रमशः 15% और 25% अधिक भूमि है। राजू और रामू के स्वामित्व वाली भूमि का अनुपात कितना है?

A. 21 : 23
B. 15 : 25
C. 25 : 23
D. 23 : 25

53. एक साइकिल चालक 10 किमी. की दूरी 15 किमी/घं. की औसत चाल से तय करता है और फिर अगले 15 किमी की दूरी 10 किमी./घं. की औसत चाल से तय करता है। पूरी यात्रा की औसत चाल ज्ञात कीजिए।

A. 12.5 किमी./घं.
B. 11.54 किमी./घं.
C. 10 किमी./घं.
D. 20 किमी./घं.

48. B **49.** C **50.** A **51.** B **52.** D **53.** B

54. एक दर्पण को जमीन पर ऊपर की ओर मुख करके रखा गया है। एक व्यक्ति को दर्पण में एक मीनार का शीर्ष दिखाई देता है जो दर्पण से 105 मी. की दूरी पर है। व्यक्ति, दर्पण से 0.5 मी. की दूरी पर है, और उसकी ऊँचाई 1.5 मी. है। मीनार की ऊँचाई (मीटर में) ज्ञात कीजिए।

A. 315 B. 210
C. 115 D. 280

55. निम्नलिखित पाई चार्ट का अध्ययन कीजिए और नीचे दिए गए प्रश्नों के उत्तर दीजिए।

विदेशी पर्यटकों का वितरण

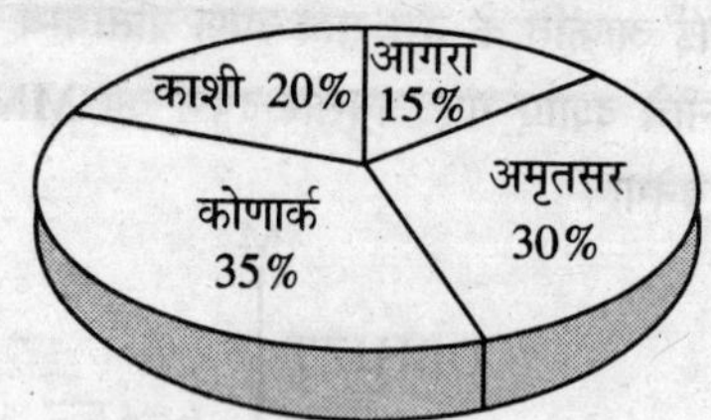

पर्यटकों की आयु

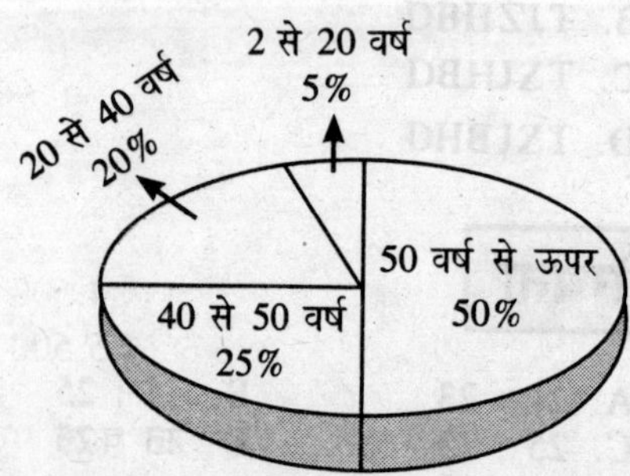

कितने प्रतिशत पर्यटक आगरा और काशी गए?

A. 15% B. 17.5%
C. 35% D. 20%

56. 55 श्रमिक एक काम को 16 दिनों में पूरा कर सकते हैं। उसी काम को 10 दिनों में पूरा करने के लिए कितने और श्रमिकों की आवश्यकता होगी?

A. 31 B. 68
C. 88 D. 33

57. चार वर्ष पूर्व, रवि की आयु, काव्या की आयु की चार गुनी थी। अब से सात वर्ष बाद, रवि की आयु, काव्या की आयु की तीन गुनी होगी। उनकी वर्तमान आयु का योग ज्ञात कीजिए।

A. 117 वर्ष B. 122 वर्ष
C. 118 वर्ष D. 115 वर्ष

58. 5 इकाई त्रिज्या वाले एक वृत्त में से सबसे बड़े क्षेत्रफल वाला एक आयत काट कर निकाला जाता है। शेष भाग का क्षेत्रफल कितना है?

A. $25(2\pi - 3)$ B. $25(\pi - 3)$
C. $25(2\pi - 5)$ D. $25(\pi - 2)$

59. दो वृत्तों की त्रिज्याएँ 7 सेमी. और 4 सेमी. हैं। यदि उनके केन्द्रों के बीच की दूरी 25 सेमी. है, तो अनुप्रस्थ उभयनिष्ठ स्पर्शरेखा (Transverse Common Tangent) की लम्बाई .... होगी।

A. $6\sqrt{12}$ सेमी.

B. $6\sqrt{11}$ सेमी.

C. $6\sqrt{14}$ सेमी.

D. $6\sqrt{13}$ सेमी.

60. ₹ 2,430 की धनराशि पर 3 वर्षों में ₹ 1,093.50 का साधारण ब्याज प्राप्त होता है। वार्षिक ब्याज दर कितनी है?

A. 15% B. 10%
C. 20% D. 25%

61. एक व्यक्ति 3 किमी./घं. की चाल से चलने पर अपने गंतव्य पर 30 मिनट देरी से पहुँचता है, और यदि उसकी चाल 4 किमी./घं. हो जाती है, तो वह समय से 30 मिनट पहले पहुँच जाता है। उसके आरंभिक बिंदु से उसके गंतव्य की दूरी ज्ञात कीजिए।

A. 14 किमी. B. 11 किमी.
C. 12 किमी. D. 13 किमी.

54. A **55.** C **56.** D **57.** C **58.** D **59.** C **60.** A **61.** C

62. एक परिवार की एक महीने में विभिन्न मदों में की गई बचत और व्यय को दिए गए पाई चार्ट में दर्शाया गया है। यह परिवार प्रति माह ₹ 8,000 की बचत करता है।

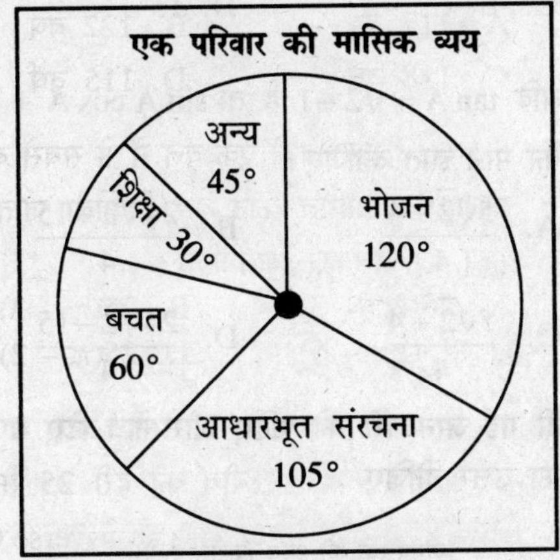

भोजन पर किए गए व्यय और बचत का अनुपात ज्ञात कीजिए।

A. 5 : 1 B. 3 : 1
C. 4 : 1 D. 2 : 1

63. एक महाविद्यालय के विभिन्न विषयों में छात्रों की कुल संख्या और बालिकाओं और बालकों का प्रतिशत नीचे दी गई तालिका में दिखाया गया है।

बालिका छात्राओं और बालक छात्रों ने एक से अधिक विषय नहीं लिए हैं।

विषय	छात्रों की संख्या	बालिकाएँ %	बालक %
गणित	840	40	60
रसायन विज्ञान	220	70	30
भौतिकी	450	30	70
जीव विज्ञान	200	80	20

महाविद्यालय में बालिका छात्राओं का प्रतिशत कितना है?

A. 45.9 B. 46.9
C. 42.9 D. 45.2

64. किसी अस्पताल में एक रोगी को प्रतिदिन 7 सेमी. व्यास वाले एक बेलनाकार कप में चाय दी जाती है। यदि कप को चाय से 4 सेमी. की ऊँचाई तक भरा जाता है, तो 180 रोगियों को चाय देने के लिए अस्पताल को प्रतिदिन कितनी चाय तैयार करनी होगी?
($\pi = \frac{22}{7}$ का प्रयोग करें)

A. 22.77 लीटर B. 22.27 लीटर
C. 27.72 लीटर D. 27.27 लीटर

65. R, दो इकाई और तीन इकाई त्रिज्या वाले दो वृत्तों की उभयनिष्ठ आंतरिक स्पर्श रेखा के रूप में 6 इकाई लम्बाई की एक छड़ी का उपयोग करना चाहता है। वृत्त के केन्द्रों के बीच अधिकतम दूरी कितनी हो सकती है?

A. $\sqrt{61}$ B. $\sqrt{33}$
C. $\sqrt{67}$ D. $\sqrt{37}$

66. राम अपने वेतन का 30% भोजन पर, 10% घर के किराए पर, 7% मनोरंजन पर और 6% परिवहन पर खर्च करता है। यदि एक महीने के अंत में उसकी बचत ₹ 1,880 है, तो उसके मासिक वेतन की गणना करें।

A. ₹ 4,000 B. ₹ 4,500
C. ₹ 5,000 D. ₹ 5,500

67. $(8^6 + 1)$ को 7 से विभाजित करने पर शेषफल के रूप में .... प्राप्त होगा।

A. 6 B. 2
C. 1 D. 4

68. यदि एक वृत्त की त्रिज्या 48 सेमी. है और चाप की लम्बाई 15 सेमी. है, तो उस चाप के संगत त्रिज्यखंड (sector) का क्षेत्रफल ज्ञात कीजिए।

A. 7200 मी.^{2} B. 720 सेमी.^{2}
C. 360 सेमी.^{2} D. 360 मी.^{2}

62. D **63.** A **64.** C **65.** A **66.** A **67.** B **68.** C

69. दो अंकों की एक संख्या के अंकों का योग 9 है। यदि अंकों को उलट दिया जाए, तो संख्या 27 बढ़ जाती है। संख्या ज्ञात कीजिए।

A. 54 B. 63
C. 45 D. 36

70. किसी काम को पूरा करने के लिए, Q को जितने दिन चाहिए, P उससे आधे दिन लेता है। यदि वे एक साथ मिलकर काम को 36 दिनों में पूरा कर सकते हैं, तो Q को अकेले काम पूरा करने में कितने दिन का समय लगेगा?

A. 84 B. 60
C. 24 D. 108

71. एक घनाभ के आकार के वॉटर प्यूरिफायर में 10 लीटर पानी आ सकता है। इसकी चौड़ाई, इसकी ऊँचाई की $\frac{1}{5}$ है तथा लम्बाई, चौड़ाई और ऊँचाई के योग की $\frac{1}{3}$ है। टैंक की ऊँचाई कितनी है?

A. 50 सेमी. B. 80 सेमी.
C. 20 सेमी. D. 10 सेमी.

72. एक विक्रेता वास्तविक भार वाले बाट से 19% कम भार के बाट का उपयोग करके माल बेचता है और 35% का लाभ अर्जित करता है। उसका निवल लाभ प्रतिशत (दशमलव के 2 स्थानों तक सन्निकट) क्या है?

A. 66.33% B. 81.67%
C. 81.33% D. 66.67%

73. निम्नलिखित को सरल कीजिए :

$12 \div 4 \text{ of } 3 \times 6 + 8 \div 16 \text{ of } 4 \times 8 - 4 \div 6 \times 9$

A. –1 B. 1
C. $6\frac{1}{4}$ D. 13

74. यदि $\tan A = \sqrt{2} - 1$ है, तो $\sin A \cos A + \tan A$ का मान ज्ञात कीजिए।

A. $\frac{5\sqrt{2}-4}{4}$ B. $\frac{24\sqrt{2}+15}{4}$
C. $\frac{5\sqrt{2}+4}{4}$ D. $\frac{24\sqrt{2}-15}{4}$

75. दी गई जानकारी को पढ़िए और नीचे दिए गए प्रश्न का उत्तर दीजिए :

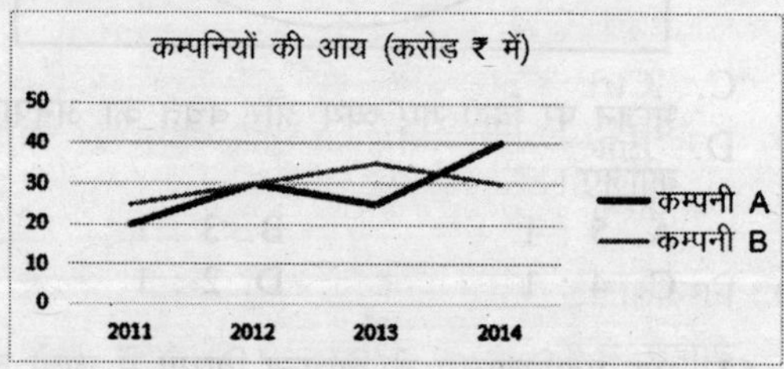

यदि कम्पनी A, 2014 में आय का 25% लाभ के रूप में अर्जित करती है, तो उस वर्ष में उसका व्यय क्या होगा?

A. ₹ 32 करोड़ B. ₹ 35 करोड़
C. ₹ 40 करोड़ D. ₹ 30 करोड़

सामान्य सचेतता

76. 1812 में, इस परिकल्पना का वर्णन किसने किया कि विभिन्न गैसों के समान आयतनों में समान संख्या में अणु होते हैं?

A. जॉन डाल्टन B. जेम्स वॉट
C. एमेडियो अवोगाद्रो D. अल्बर्ट आइंस्टीन

77. निम्नलिखित में से उस कार्बोहाइड्रेट की पहचान कीजिए जो कार्बोहाइड्रेट की परिभाषा के अनुरूप नहीं है।

A. रम्नोज (Rhamnose)
B. सुक्रोज (Sucrose)
C. फ्रक्टोज (Fructose)
D. माल्टोज (Maltose)

69. D	**70.** D	**71.** A	**72.** D	**73.** B	**74.** A	**75.** D	**76.** C	**77.** A

78. निम्नलिखित में से किस व्यक्ति को दूसरे राष्ट्रीय न्यायिक वेतन आयोग (Second National Judicial Pay Commission) का अध्यक्ष नियुक्त किया गया?

A. न्यायमूर्ति ए.एस. आनंद
B. न्यायमूर्ति पी.वी. रेड्डी
C. न्यायमूर्ति जे.एस. वर्मा
D. न्यायमूर्ति आर. बसंत

79. एरो कीज और माउस क्लिक का उपयोग करने के अलावा, माइक्रोसॉफ्ट वर्ड में किसी टेबल के चारों ओर मूव करने के लिए और किस विधि का उपयोग किया जा सकता है?

A. सेल पर राइट-क्लिक करना और 'Move to Next Cell' सेलेक्ट करना
B. 'Tab' कुंजी का उपयोग करना या सेल पर डबल-क्लिक करना
C. 'Ctrl' कुंजी दबाकर सेल पर क्लिक करना
D. 'Enter' कुंजी दबाना या स्क्रॉल व्हील का उपयोग करना

80. निम्नलिखित में से कौन-सा राज्य विजया दशमी का त्यौहार मनाने के लिए प्रसिद्ध है, जो दुर्गा पूजा की समाप्ति का प्रतीक है?

A. तेलंगाना B. पश्चिम बंगाल
C. छत्तीसगढ़ D. राजस्थान

81. निम्नलिखित में से किस संशोधन अधिनियम के द्वारा अनुच्छेद 21A को समाहित किया गया था?

A. 86वां संशोधन अधिनियम, 2002
B. 87वां संशोधन अधिनियम, 2003
C. 85वां संशोधन अधिनियम, 2002
D. 84वां संशोधन अधिनियम, 2002

82. विख्यात भातखंडे संगीत संस्थान (Bhatkhande Music Institute) कहाँ स्थित है?

A. चेन्नई B. मदुरै
C. लखनऊ D. सूरत

83. भारत में राष्ट्रीय मानवाधिकार आयोग की स्थापना किस वर्ष में हुई थी?

A. 1993 B. 2003
C. 1995 D. 2005

84. भोपाल गैस त्रासदी किस वर्ष में हुई थी?

A. 1988 B. 1984
C. 1982 D. 1985

85. निम्नलिखित में से किस राज्य में सांची स्तूप, UNESCO विश्व धरोहर स्थल स्थित है?

A. बिहार B. राजस्थान
C. मध्य प्रदेश D. पंजाब

86. 1928 में नई दिल्ली के फिरोज शाह कोटला में किस क्रांतिकारी संगठन की स्थापना की गई थी?

A. स्वदेश बंधब समिति
B. भारत नौजवान सभा
C. इंडियन होमरूल सोसायटी
D. हिंदुस्तान सोशलिस्ट रिपब्लिकन एसोसिएशन

87. निम्नलिखित में से किस टीम ने इंडियन सुपर लीग 2022-23 जीता?

A. बेंगलुरू एफ.सी.
B. हैदराबाद एफ.सी.
C. ए.के.टी. मोहन बागान
D. मुम्बई सिटी एफ.सी.

88. निम्नलिखित में से कौन-सा मौलिक अधिकार भारतीयों के साथ-साथ विदेशियों के लिए भी उपलब्ध है?

A. अल्पसंख्यकों की भाषा, लिपि और संस्कृति की सुरक्षा का अधिकार
B. सार्वजनिक रोजगार के मामलों में अवसर की समानता
C. शैक्षणिक संस्थानों की स्थापना और प्रशासन करने का अल्पसंख्यकों का अधिकार
D. प्रारंभिक शिक्षा का अधिकार

78. B	**79.** D	**80.** B	**81.** A	**82.** C	**83.** A
84. B	**85.** C	**86.** D	**87.** C	**88.** D	

89. पाँच चमकीले तारों के समूह द्वारा आसानी से पहचाना जाने वाला उत्तरी आकाश का एक तारामंडल, अनियमित 'W' आकार के रूप में दिखाई देता है, उसे क्या कहा जाता है?

A. कैसियोपिया (Cassiopeia)
B. ओरायन (Orion)
C. उर्सा मेजर (Ursa Major)
D. सिग्नस (Cygnus)

90. 2 मार्च 2023 को सर्वोच्च न्यायालय ने चुनाव आयोग की नियुक्तियों के मामले में एक आदेश जारी किया। इस आदेशानुसार, नियुक्तियाँ निम्नलिखित में से किन सदस्यों वाली समिति की सिफारिश के तहत की जाएंगी?

A. प्रधानमंत्री, भारत के मुख्य न्यायाधीश और लोकसभा अध्यक्ष
B. प्रधानमंत्री, विपक्ष के नेता और भारत के मुख्य न्यायाधीश
C. प्रधानमंत्री, विपक्ष के नेता और लोकसभा के अध्यक्ष
D. प्रधानमंत्री, विपक्ष के नेता और राज्यसभा के सभापति

91. राष्ट्रीय खेल दिवस .... के जन्मदिन पर मनाया जाता है।

A. मेजर ध्यानचंद
B. कपिल देव
C. एम.एस. धोनी
D. रूप सिंह

92. अंतर्राष्ट्रीय हॉकी मैच की अवधि क्या है?

A. 55 मिनट
B. 60 मिनट
C. 70 मिनट
D. 50 मिनट

93. निम्नलिखित में से कौन-सी भारत के राष्ट्रीय निवेश और विनिर्माण क्षेत्र (एनआईएमजेड) की विशेषता नहीं है?

A. राज्य सरकार बिजली आपूर्ति, पानी तथा अन्य विनिर्माण संबंधी सुविधाएँ प्रदान करेगी।
B. एन-आईएमजेड (NIMZs) के कामकाज की देख-रेख के लिए एक विशेष प्रयोजन वाहन का गठन किया जाएगा।
C. इसमें एनआईएमजेड (NIMZs) को स्थापित करने के लिए कम-से-कम 10000 हेक्टेयर का क्षेत्रफल उपलब्ध कराया जाता है।
D. एनआईएमजेड (NIMZs) के लिए प्रस्तावित क्षेत्र का कम-से-कम 30% क्षेत्र विनिर्माण इकाइयों के लिए उपयोग में लिया जाएगा।

94. हिमालय की सबसे बाहरी शृंखला (range) को .... कहा जाता है।

A. कंचनजंगा
B. धौलाधार
C. शिवालिक
D. पीर पंजाल

95. निम्नलिखित में से कौन-सा/से सार्वजनिक वस्तुओं का/के उदाहरण है/हैं?

(*a*) रक्षा
(*b*) घर

A. न तो (*a*) और न ही (*b*)
B. (*a*) और (*b*) दोनों
C. केवल (*a*)
D. केवल (*b*)

96. एमएस वर्ड (MS Word) में, मेनू बार के नीचे के आइकनों में से कौन-सा आइकन सामान्यतः मौजूदा डॉक्यूमेंट को सेव करने के लिए उपयोग किया जाता है?

A. एन्वेलप आइकन (The envelope icon)
B. फ्लॉपी डिस्क आइकन (The floppy disk icon)
C. प्रिंटर आइकन (The printer icon)
D. अनडू आइकन (The undo icon)

89. A	**90.** B	**91.** A	**92.** B	**93.** C	**94.** C	**95.** C	**96.** B

97. निम्नलिखित में कौन-सा कथन भारत के संगीत के बारे में गलत है?

A. श्रुति एक ग्राम या स्केल के भीतर विभिन्न लगातार पिचों (Pitches) के बीच माप या छोटे अंतर की एक इकाई है

B. संगीत वाद्ययंत्र कामाइचा (Kamaicha) का उपयोग प्रमुख रूप से मणिपुर के 'मांगणियार' (Manganiar) समुदाय द्वारा उनके गीतों की एक लोकप्रिय संगत के रूप में किया जाता है

C. माना जाता है कि राग की शुरुआत आदिवासी या लोक धुन के रूप में हुई थी

D. ताल समय इकाइयों की एक चक्रीय व्यवस्था (Cyclic arrangement) है

98. निम्नलिखित पर विचार करें :

निम्नलिखित में से कौन-से कारण भारत में प्रवास के लिए आकर्षण कारक माने जा सकते हैं?

1. श्रम मांग
2. प्राकृतिक आपदा
3. मानव एवं नागरिक अधिकारों का संरक्षण
4. उच्च उपभोग और जीवन स्तर

A. केवल 1, 3 और 4

B. 1 और 4 दोनों

C. केवल 2

D. केवल 2, 3 और 4

99. अकबर के बारे में से कौन-सा कथन सत्य है?

1. उसने मनसबदारी प्रणाली की शुरुआत की।
2. उसने बीजापुर राज्य को पराजित कर अपने साम्राज्य में मिला लिया।
3. उसने फतेहपुर सीकरी को अपनी राजधानी बनाया।

A. केवल 2 और 3 B. केवल 1 और 3

C. सभी 1, 2, 3 D. केवल 1 और 2

100. रुक्मिणी देवी अरुंडेल (Rukmini Devi Arundale) का संबंध किस कला शैली से है?

A. चित्रकारी B. मुरल

C. नृत्य D. कलारिपयट्टू

व्याख्यात्मक उत्तर

1. (C): The error in the sentence "It was my niece/who was leaving college/last year, and/ not my son." lies in the segment "who was leaving college." The use of "was leaving" implies an ongoing action in the past, which contradicts the timeline indicated by "last year." To correct the grammar, "who left college" would be more appropriate, as it specifies a completed action in the specified past time.

2. (D): In the sentence "UNICEF builds partnerships across the (global community on accelerate) gender equality," the correct preposition to use with "accelerate" is "to," indicating the purpose or intention of the partnerships. Thus, "global community to accelerate" is grammatically correct and logically fits the context of building partnerships for a specific purpose.

4. (A): The segment "The volunteer gave on to" contains a grammatical error. The phrase "gave on to" is incorrect and does not convey a clear meaning. The correct phrase should be "The volunteer gave out," which would correctly describe the action of distributing something.

5. (D): In the context of the passage, "It has now become my favourite (book)" is the

97. B	**98.** A	**99.** B	**100.** C

most appropriate completion because the passage discusses a specific book, "Charlie and the Chocolate Factory," and uses the word "book" to refer to it directly.

6. **(A):** "Very" is the appropriate word to fill in the blank in "He is (2) ________ poor," as it serves as an adverb modifying the adjective "poor" to intensify the degree of poverty described.

7. **(D):** The phrase "allows him to enter" is the correct choice for the blank, as it indicates permission or capability provided to Charlie to enter the chocolate factory, aligning with the context of winning a golden ticket which grants him access.

8. **(D):** "Visits" is the appropriate term to fill the blank in "He (4) ________ it with his grandfather." This verb correctly describes the action of going to see or spend time at a place, which in this context is the chocolate factory.

9. **(B):** "Find out more about them" is the suitable phrase for the blank, as it suggests discovering additional information, which aligns with the context of encouraging the reader to learn more by reading the book.

10. **(B):** The antonym for "timid," which means showing fear or lack of confidence, is "audacious." "Audacious" describes someone who is very bold or daring, especially in a way that shows an unusual willingness to take risks, directly contrasting the cautious or fearful characteristics of someone who is timid.

11. **(C):** The term "allusive handwriting" is incorrect as "allusive" pertains to allusion, not clarity of text. The correct term is "illegible handwriting," which accurately describes handwriting that is difficult to read, thus creating a poor impression.

12. **(C):** The phrase "characteristically built" in the context of classical buildings might imply a generalization but lacks the specificity that "typically built" offers. "Typically built" conveys a more precise general practice or tendency, especially relevant when referring to construction materials used commonly in Greek and Roman architecture.

13. **(A):** "Retract" means to draw back or withdraw a statement or belief. The most appropriate synonym is "revoke," which also implies the withdrawal of a statement, decision, or offer, aligning closely in meaning with "retract."

14. **(A):** The appropriate word to fill the blank in "I find that students nowadays are not interested in ________ letters by hand" is "writing." This verb directly relates to the action of composing letters manually, which fits the context of the sentence.

15. **(C):** The phrase "at a more leisure pace" is grammatically incorrect because "leisure" is a noun and needs to be used as an adjective in this context. "At a more leisurely pace" correctly uses "leisurely" as an adverb, modifying "pace" to describe the manner in which work is preferred to be done.

16. **(C):** "Enormous" means very large in size, quantity, or extent. The best antonym for "enormous" is "minute," which means extremely small, thus directly opposing the concept of large size.

17. **(A):** The idiom "dog in the manger" refers to someone who prevents others from using something even though they do not need or cannot use it themselves. Option A captures this essence, as Rachit cancels the show tickets for everyone, thereby preventing others from enjoying the show, even though he himself cannot attend.

18. (B): In the sentence, "The Chinese are believed to have a longer history than that of any other civilisation in the wolrd," the word "wolrd" is incorrectly spelled. The correct spelling is "world."

19. (A): The correct phrase to replace "by Ramesh effected" is "by Ramesh affected." The word "affected" is correctly used here to indicate that Ramesh's financial situation had a negative impact on his daily expenses, while "effected" would imply causing something to happen, which does not fit the context.

21. (B): The word "parade" in the given sentence can be contextually synonymous with "procession," which refers to a series of people moving along in an orderly, often ceremonial way. This aligns with the general meaning of "parade," used here metaphorically to describe something that feels prolonged and drawn-out.

22. (D): "Alert" primarily means being quick to notice and respond to potential danger or unusual conditions. The synonym "vigilant" accurately captures this sense, as it describes being watchful and attentive, especially to avoid danger, closely aligning with the meaning of "alert."

23. (C): The word "sluggish" describes something slow-moving or lacking energy. The appropriate antonym is "rapid," which means occurring within a short time or happening at a fast pace. This is directly opposite to the slow and lethargic nature suggested by "sluggish."

24. (B): In the sentence "Mr. Sen is (clever) enough to handle his professional hazards," using "intelligent" instead of "clever" provides a clearer and more direct connotation of being capable and mentally sharp, which is crucial for handling complex professional situations. While "clever" can sometimes imply cunning or trickery, "intelligent" directly refers to cognitive ability and aptitude.

25. (B): The idiom "called it a day" is commonly used to mean ending one's activities for the day, especially work-related tasks. This matches with option B, "Stopped work for the day," providing a straightforward interpretation of the idiom as used in the context of technicians finishing their work.

26. (D):

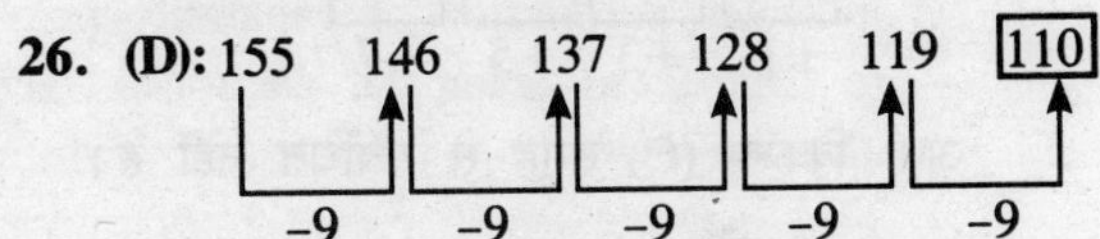

अतः प्रश्नचिह्न के स्थान पर 110 आएगा।

28. (B):

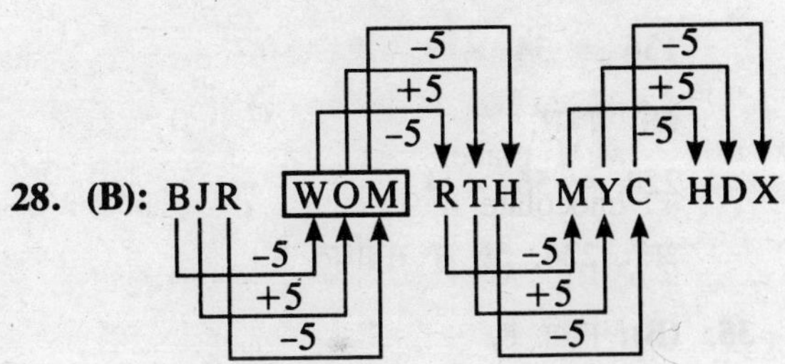

अतः प्रश्नचिह्न के स्थान पर WOM आएगा।

29. (A):

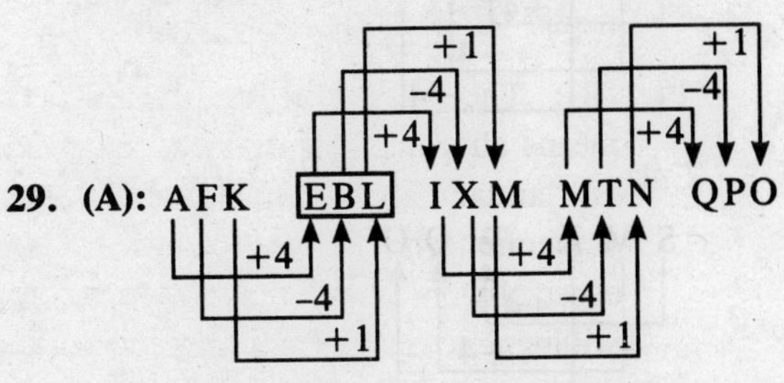

अतः प्रश्नचिह्न के स्थान पर EBL आएगा।

31. (D): दिया गया शब्द : DOCUMENTARY

वर्णमाला क्रम में : ACDEMNORTUY

अतः दो अक्षरों M और Y का स्थान परिवर्तित नहीं होगा।

32. (C): विकल्पों को जाँचने पर :

(A) B C F K R

(B) J K N S Z

+1 +3 +5 +7

(C) H I M Q X

+1 +4 +4 +7

(D) E F I N U

+1 +3 +5 +7

अतः विकल्प (C) समूह से संबंधित नहीं है।

34. (A): दिया है,

$92 = 23 \times 4$

$136 = 34 \times 4$

इसी प्रकार,

$224 = 56 \times 4$

अतः 224, 56 से संबंधित है।

35. (B): दिया है,

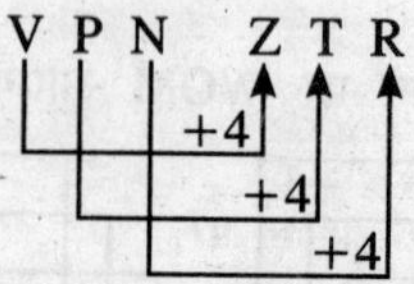

और

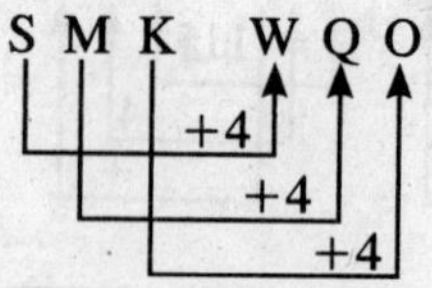

इसी प्रकार,

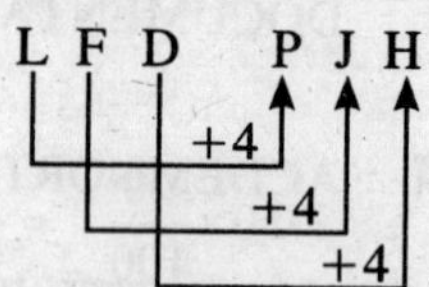

अतः LFD : PJH सबसे अच्छा निरूपण करता है।

36. (A): दिया है,

$(5, 4, 41) \Rightarrow 5^2 + 4^2 = 41$

$(7, 2, 53) \Rightarrow 7^2 + 2^2 = 53$

विकल्पों को जाँचने पर :

(A) (9, 3, 90)

$\Rightarrow 9^2 + 3^2 = 81 + 9 = 90$

(B) (11, 9, 204)

$\Rightarrow 11^2 + 9^2 = 121 + 81 = 202$

(C) (13, 6, 208)

$\Rightarrow 13^2 + 6^2 = 169 + 36 = 205$

(D) (10, 5, 130)

$\Rightarrow 10^2 + 5^2 = 100 + 25 = 125$

अतः विकल्प (A) सही है।

37. (A):

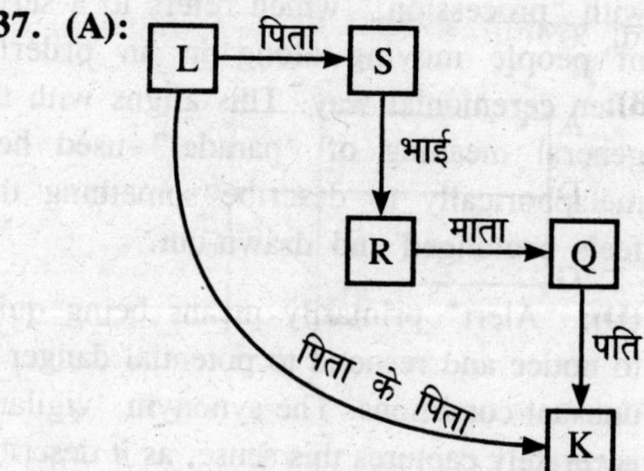

अतः K, L के पिता के पिता हैं।

38. (A): 612 571 535 504 478 457

−41 −36 −31 −26 −21

+5 +5 +5 +5

अतः प्रश्नचिह्न के स्थान पर 457 आएगा।

39. (C): दिया है, 23 जून 2008 को सोमवार था।

अब वर्ष 2009 से 2020 तक अतिरिक्त दिनों की संख्या

$= 1 + 1 + 1 + 2 + 1 + 1 + 1 + 2$
$+ 1 + 1 + 1 + 2$

$= 15$ दिन $= 7 \times 2 + 1 = 1$

∴ अतिरिक्त दिनों की संख्या = 1

∴ 23 जून 2020 = सोमवार + 1 दिन

= मंगलवार

अतः 23 जून 2020 को मंगलवार था।

40. (A): दिया है,

14 B 11 D 22 C 328 A 8 = ?

प्रश्नानुसार,

14 × 11 - 22 + 328 ÷ 8 = ?

⇒ 154 - 22 + 41 = ?

⇒ 195 - 22 = ?

⇒ ? = 173

अतः प्रश्नचिह्न के स्थान पर 173 आएगा।

41. (B):

A B C D E F G H I J

(1) □ ABED, (2) □ DEHG, (3) □ BEFC, (4) □ EFJI, (5) □ BCJI, (6) □ ABHG, (7) □ DFHG, (8) □ ACFD, (9) □ BCFH, (10) □ HFJI, (11) □ BCJH.

अतः दी गई आकृति में कुल 11 चतुर्भुज हैं।

42. (D): विकल्पों को जाँचने पर :

(A) 32 + 8 - 160 ÷ 2 × 42

$= 40 - 80 \times 42 \neq 218$

(B) 32 ÷ 8 - 160 × 2 + 42

$= 4 - 320 + 42 \neq 218$

(C) 32 × 8 - 160 + 2 ÷ 42

$= 256 - 160 + \frac{1}{21} \neq 218$

(D) 32 × 8 - 160 ÷ 2 + 42

= 256 - 80 + 42

= 298 - 80

= 218

अतः (D) का परिणाम 218 होगा।

44. (B): दिया है, DIVERT = 36

यहाँ, एक शब्द में अक्षरों की संख्या का वर्ग

अक्षरों की संख्या = 6

अक्षरों की संख्या का वर्ग = 6^2 = 36

और DOLDRUMS = 64

अक्षरों की संख्या = 8

अक्षरों की संख्या का वर्ग = 8^2 = 64

इसी प्रकार,

DOGMA

अक्षरों की संख्या = 5

अक्षरों की संख्या का वर्ग = 5^2 = 25

46. (A): दिया है,

15 × 5 - 75 + (300 ÷ 6) + 3 × 19 = 115

दो संख्याओं को आपस में बदलने पर,

19 × 5 - 75 + (300 ÷ 6) + 3 × 15 = 115

⇒ 95 - 75 + 50 + 45 = 115

⇒ 20 + 95 = 115

⇒ 115 = 115

अतः 15 और 19 को आपस में बदलने पर समीकरण सही हो जाएगा।

51. (B): 8750 का 20% = $8750 \times \frac{20}{100}$ = 1750

वैध मतों की संख्या = 8750 - 1750 = 7000

अन्य उम्मीदवार B को मिले वैध मतों की संख्या

= 7000 का 37%

$= 7000 \times \frac{37}{100}$

= 2590.

52. (D): राजू और रामू के स्वामित्व वाली भूमि का अनुपात

$= \frac{115}{100} : \frac{125}{100}$

$= \frac{115}{125}$

= 23 : 25.

53. (B): $t_1 = \frac{10}{15} = \frac{2}{3}$ घंटे

$t_2 = \frac{15}{10} = \frac{3}{2}$ घंटे

$t_1 + t_2 = \frac{2}{3} + \frac{3}{2}$

$= \frac{4+9}{6}$

$= \frac{13}{6}$ घंटे

पूरी यात्रा की औसत चाल $= \frac{\text{कुल दूरी}}{\text{कुल समय}}$

$= \frac{25}{\frac{13}{6}}$

$= \frac{25 \times 6}{13}$

$= \frac{150}{13}$

= 11.538

= 11.54 किमी./घं.।

54. (A): मीनार की ऊँचाई $= \frac{1.5 \times 105}{0.5}$

$= \frac{15 \times 105}{5}$

= 3 × 105 मी.

= 315 मी.

55. (C): आगरा जाने वाले पर्यटकों का प्रतिशत = 15%

काशी जाने वाले पर्यटकों का प्रतिशत = 20%

अतः अभीष्ट प्रतिशत = 15% + 20% = 35%.

56. (D): ∵ 55 श्रमिक 16 दिनों में एक काम पूरा करते हैं

∴ 1 दिन में काम पूरा करेंगे 55 × 16 श्रमिक

∴ 10 दिनों में काम पूरा करेंगे

$= \frac{55 \times 16}{10}$ श्रमिक

= 11 × 8

= 88 श्रमिक

अतः अभीष्ट श्रमिकों की संख्या = 88 – 55

= 33.

57. (C): माना कि रवि की वर्तमान आयु = x वर्ष तथा काव्या की वर्तमान आयु = y वर्ष

प्रश्नानुसार,

$x - 4 = 4(y - 4)$

$\Rightarrow \quad x - 4y = -12 \quad \ldots(i)$

तथा $\quad x + 7 = 3(y + 7)$

$\Rightarrow \quad x - 3y = 14 \quad \ldots(ii)$

समीकरण (*i*) और (*ii*) को हल करने पर,

$x = 92$ और $y = 26$

अतः दोनों की वर्तमान आयु का योग

= 92 + 26 वर्ष

= 118 वर्ष।

58. (D): 5 इकाई त्रिज्या वाले वृत्त का क्षेत्रफल

= 25π वर्ग इकाई

सबसे बड़े आयात का क्षेत्रफल

= 10×5

= 50 वर्ग इकाई

अतः शेष भाग का क्षेत्रफल

= $25(\pi - 2)$ वर्ग इकाई

59. (C): दो वृत्तों की त्रिज्याएँ क्रमशः 7 सेमी. तथा 4 सेमी. हैं।

उनके केंद्रों की बीच की दूरी = 25 सेमी.

अनुप्रस्थ स्पर्श रेखा की लम्बाई

$= \sqrt{(d)^2 - (r_1 + r_2)^2}$

$= \sqrt{(25)^2 - (7+4)^2}$

$= \sqrt{625 - 121}$

$= \sqrt{504}$

$= 6\sqrt{14}$ सेमी.।

60. (A): वार्षिक ब्याज दर $= \dfrac{1093.50 \times 100}{2430 \times 3}$

$= \dfrac{10935}{243 \times 3}$

$= \dfrac{3645}{243}$

$= 15\%$.

61. (C): माना कि उसके आरंभिक बिंदु से उसके गंतव्य की दूरी = x किमी.

समय का अन्तर = 30 – (–30)

= 60 मिनट

= 1 घंटा

$\dfrac{x}{3} - \dfrac{x}{4} = 1$

$\Rightarrow \dfrac{4x - 3}{12} = 1$

$\Rightarrow x = 12$

अतः अभीष्ट दूरी = 12 किमी.।

62. (D): भोजन का खर्च $= \dfrac{120}{360}$

$= \dfrac{1}{3}$

बचत $= 1 - \dfrac{1}{3}$

$= \dfrac{2}{3}$

अभीष्ट अनुपात $= \dfrac{2}{3} : \dfrac{1}{3}$

= 2 : 1.

63. (A): कुल बालिका छात्राओं की संख्या = 785

कुल छात्रों की संख्या = 1710

महाविद्यालय में बालिका छात्राओं का प्रतिशत

$= \dfrac{785}{1710} \times 100$

$= 45.9\%$.

64. (C): बेलनाकार कप का आयतन $= \pi r^2 h$

$= \dfrac{22}{7} \times \dfrac{7}{2} \times \dfrac{7}{2} \times 4$ सेमी.^{3}

= 154 सेमी.^{3}

$= \dfrac{154}{1000}$ लीटर

अतः अस्पताल में 180 रोगियों के लिए

$$= \frac{154 \times 180}{1000}$$

= 27.72 लीटर।

65. (A): दो वृत्तों की त्रिज्याएँ क्रमशः 2 इकाई तथा 3 इकाई हैं।

माना कि उनके केंद्रों के बीच की दूरी = x इकाई

अनुप्रस्थ स्पर्श रेखा की लम्बाई = 6 इकाई

∴ अनुप्रस्थ स्पर्श रेखा की लम्बाई

$$= \sqrt{(d)^2 - (r_1 + r_2)^2}$$

$$\Rightarrow 6 = \sqrt{(x)^2 - (2+3)^2}$$

$$\Rightarrow 6 = \sqrt{x^2 - 25}$$

$$\Rightarrow 36 = x^2 - 25$$

$$\Rightarrow x^2 = 61$$

$$\Rightarrow x = \sqrt{61}$$

अतः वृत्त के केन्द्रों के बीच अधिकतम दूरी = $\sqrt{61}$

66. (A): माना कि राम का मासिक वेतन = ₹ 100

खर्च = (30 + 10 + 7 + 6)% × 100

$$= \frac{53}{100} \times 100$$

= ₹ 53

बचत = 100 − 53

= ₹ 47

जब बचत ₹ 47 है तब मासिक वेतन = ₹ 100

जब बचत ₹ 1880 है तब मासिक वेतन

$$= \frac{100}{47} \times 1880$$

= ₹ 4000.

67. (B): $8^6 + 1 = 262145$

```
      37449
   7)262145(
     21
     ---
      52
      49
      ---
       31
       28
       ---
        34
        28
        ---
         65
         63
         ---
          2
```

अतः $8^6 + 1$ को 7 से भाग देने पर 2 शेष बचता है।

68. (C): $\because \theta = \frac{l}{r}$ रेडियन $\frac{15}{48} = \frac{5}{16}$ रेडियन

∵ π रेडियन = 180°

∵ $\frac{5}{16}$ रेडियन $= \frac{180°}{\pi} \times \frac{5}{16}$

$$= \frac{225°}{4\pi}$$

चाप के संगत त्रिज्यखंड का क्षेत्रफल

$$= \frac{\theta}{360}\pi r^2$$

$$= \frac{225}{4\pi \times 360} \times \pi \times 48 \times 48$$

= 360 सेमी.^{2}

69. (D): माना कि संख्या के दहाई का अंक x है तथा इकाई का अंक y है।

संख्या = $10x + y$

$$x + y = 9 \quad \ldots(i)$$

$$10x + y + 27 = 10y + x$$

$\Rightarrow 9x - 9y = -27$

$\Rightarrow 9(x - y) = -27$

$\Rightarrow x - y = -3$ ...(*ii*)

समीकरण (*i*) और (*ii*) को हल करने पर,

$x = 3,\ y = 6$

अतः संख्या $= 10x + y$

$= 10 \times 3 + 6$

$= 36.$

70. (D): माना कि Q अकेले x दिनों में काम पूरा करता है।

P अकेले उस कार्य को $\frac{x}{2}$ दिनों में पूरा करेगा

प्रश्नानुसार,

$$\frac{1}{x}+\frac{2}{x}=\frac{1}{36}$$

$$\Rightarrow \frac{1+2}{x}=\frac{1}{36}$$

$\Rightarrow x = 3 \times 36 = 108$

अतः Q अकेले उस काम को 108 दिनों में पूरा करेगा।

71. (A): माना कि ऊँचाई $= x$ सेमी., चौड़ाई $= \frac{x}{5}$ सेमी.

लम्बाई $= \left(x+\frac{x}{5}\right)\times\frac{1}{3}=\frac{2x}{5}$ सेमी.

$l \times b \times h = 10\ l$

$= 10 \times 1000$ सेमी.^{3}

$$\Rightarrow \frac{2x}{5}\times\frac{x}{5}\times x=10000$$

$\Rightarrow x^3 = 5000 \times 25$

$= 125 \times 1000$

$\Rightarrow x = 5 \times 10$

$= 50$

अतः टैंक की ऊँचाई = 50 सेमी.

72. (D): माना कि माल का क्रय मूल्य = ₹ x

विक्रय मूल्य $= x(1 + 35\%)$

$$= x\left(1+\frac{35}{100}\right)$$

$$= \frac{27x}{20}$$

दोषपूर्ण वजन वास्तविक भार वाले की तुलना में 19% कम है।

वास्तविक वजन = 1000 – 190 = 810 ग्राम

$\because$ 810 ग्राम माल का विक्रय मूल्य $= \frac{27x}{20}$

$\therefore$ 1 ग्राम माल का विक्रय मूल्य $= \frac{27x}{20\times810}$

$\therefore$ 1000 ग्राम माल का विक्रय मूल्य

$$= \frac{27x}{20\times810}\times1000$$

$$= \frac{10x}{3\times2}$$

$$= \frac{5x}{3}$$

लाभ $= \frac{5x}{3}-x$

$$= \frac{2x}{3}$$

लाभ % $= \frac{2x}{3x}\times100$

$$= \frac{200}{3}$$

$= 66.666\%$

$= 66.67\%$

73. (B): दिया है,

$12 \div 4$ of $3 \times 6 + 8 \div 16$ of $4 \times 8 - 4 \div 6 \times 9$

$\Rightarrow 12 \div 4 \times 3 \times 6 + 8 \div 16 \times 4 \times 8 - 4 \div 6 \times 9$

$= 1 \times 6 + 8 \div 16 \times 4 \times 8 - 4 \div 6 \times 9$

$= 6 + 1 - \frac{2}{3} \times 9$

$= 6 + 1 - 6$

$= 1.$

74. (A): $\because \tan A = \frac{\sqrt{2}-1}{1} = \frac{p}{b}$

$\therefore \quad h = \sqrt{\left(\sqrt{2}-1\right)^2 + (1)^2}$

$= \sqrt{2+1-2\sqrt{2}+1}$

$= \sqrt{4-2\sqrt{2}}$

sin A × cos A + tan A का मान

$= \frac{\sqrt{2}-1}{\sqrt{4-2\sqrt{2}}} \times \frac{1}{\sqrt{4-2\sqrt{2}}} + \frac{\sqrt{2}-1}{1}$

$= \frac{\sqrt{2}-1}{4-2\sqrt{2}} + \frac{\sqrt{2}-1}{1}$

$= \frac{\sqrt{2}-1}{2\sqrt{2}\left(\sqrt{2}-1\right)} + \frac{\sqrt{2}-1}{1}$

$= \frac{1}{2\sqrt{2}} + \frac{\sqrt{2}-1}{1}$

$= \frac{1+4-2\sqrt{2}}{2\sqrt{2}}$

$= \frac{5-2\sqrt{2}}{2\sqrt{2}} \times \frac{\sqrt{2}}{\sqrt{2}}$

$= \frac{5\sqrt{2}-4}{4}$

75. (D): कंपनी A की 2014 में आय = ₹ 40 करोड़

लाभ $= \frac{25}{100} \times 40$

= 10 करोड़

व्यय = आय – लाभ

= (40 – 10) करोड़

= 30 करोड़

अतः 2014 में कम्पनी A का व्यय = ₹ 30 करोड़ होगा।

76. (C): एमेडियो अवोगाद्रो ने 1812 में यह परिकल्पना दी थी कि सभी गैसों के समान आयतन में समान संख्या में अणु होते हैं, जिसे आज अवोगाद्रो का नियम कहा जाता है। यह परिकल्पना रासायनिक प्रतिक्रियाओं और मोल अवधारणा की समझ को गहराई से बढ़ाती है और मौलिक रूप से रसायन विज्ञान के कई नियमों का आधार बनती है।

77. (A): रम्नोज एक डिऑक्सी शुगर है जिसमें छह कार्बन की चेन नहीं होती है और इसे आमतौर पर कार्बोहाइड्रेट के सामान्य वर्गीकरण से अलग माना जाता है। यह कार्बोहाइड्रेट की परिभाषा से भिन्न होता है क्योंकि यह टिपिकल मोनोसैक्राइड संरचना से मेल नहीं खाता है।

78. (B): न्यायमूर्ति पी.वी. रेड्डी को दूसरे राष्ट्रीय न्यायिक वेतन आयोग का अध्यक्ष नियुक्त किया गया था। उन्होंने इस आयोग के माध्यम से भारत में न्यायिक सेवाओं के वेतनमान और सेवा शर्तों की समीक्षा और सुधार की दिशा में महत्वपूर्ण कार्य किया।

79. (D): माइक्रोसॉफ्ट वर्ड में टेबल के चारों ओर मूव करने के लिए 'Enter' कुंजी दबाना या स्क्रॉल व्हील का उपयोग करना एक प्रभावी विधि है। 'Enter' कुंजी विशेष रूप से नई पंक्ति में जाने के लिए उपयोगी होती है जबकि स्क्रॉल व्हील वर्टिकल नेविगेशन के लिए प्रयोग की जाती है।

80. (B): पश्चिम बंगाल विजया दशमी और दुर्गा पूजा के त्यौहार के लिए प्रसिद्ध है। यह त्यौहार दुर्गा पूजा की समाप्ति को दर्शाता है और इसे विशेष रूप से धूमधाम से मनाया जाता है, जिसमें पारंपरिक रीति-रिवाजों और सामूहिक उत्साह का विशेष स्थान होता है।

81. (A): अनुच्छेद 21A को 86वें संशोधन अधिनियम, 2002 के द्वारा भारतीय संविधान में समाहित किया गया था। यह संशोधन बालकों के लिए शिक्षा के अधिकार को मुफ्त और अनिवार्य बनाने का प्रावधान करता है, जो 6 से 14 वर्ष की आयु के बीच के बच्चों के लिए लागू होता है।

82. (C): विख्यात भातखंडे संगीत संस्थान भारत के लखनऊ शहर में स्थित है। यह संस्थान भारतीय संगीत शिक्षा के क्षेत्र में एक प्रमुख संस्थान है, जो विशेष रूप से हिन्दुस्तानी शास्त्रीय संगीत की पढ़ाई और प्रचार-प्रसार में सक्रिय है।

83. (A): भारत में राष्ट्रीय मानवाधिकार आयोग की स्थापना 1993 में की गई थी। इस आयोग का मुख्य उद्देश्य मानवाधिकारों की सुरक्षा करना और संबंधित उल्लंघनों पर कार्रवाई करना है, जिससे देश में मानवाधिकारों के संरक्षण को मजबूती मिली।

84. (B): भोपाल गैस त्रासदी, जिसे दुनिया की सबसे भीषण औद्योगिक दुर्घटना माना जाता है, 1984 में हुई थी। इस घटना में हजारों लोगों की मौत हो गई थी और कई लोग विकलांग हो गए थे, जब भोपाल में स्थित यूनियन कार्बाइड की कारखाने से मिथाइल आइसोसायनेट गैस का रिसाव हुआ था।

85. (C): सांची स्तूप, जो कि एक UNESCO विश्व धरोहर स्थल है, मध्य प्रदेश में स्थित है। यह स्तूप भारतीय वास्तुकला की प्राचीनतम और महत्वपूर्ण संरचनाओं में से एक है, जो बौद्ध धर्म के इतिहास और कला को दर्शाता है।

86. (D): हिंदुस्तान सोशलिस्ट रिपब्लिकन एसोसिएशन की स्थापना 1928 में नई दिल्ली के फिरोज शाह कोटला में की गई थी। यह संगठन भगत सिंह और अन्य क्रांतिकारियों द्वारा शुरू किया गया था, जो भारतीय स्वतंत्रता संग्राम में सशस्त्र क्रांति का समर्थन करते थे।

87. (C): ए.के.टी. मोहन बागान ने इंडियन सुपर लीग 2022-23 जीता था। यह टीम ने फाइनल मैच में प्रतिद्वंद्वी टीम को हराकर ट्रॉफी जीती, जिससे उनकी फुटबॉल में उत्कृष्टता का प्रमाण मिलता है।

88. (D): प्रारंभिक शिक्षा का अधिकार भारतीयों के साथ-साथ विदेशियों के लिए भी उपलब्ध है। यह मौलिक अधिकार अनुच्छेद 21A के तहत सभी बच्चों को 6 से 14 वर्ष की आयु के बीच मुफ्त और अनिवार्य शिक्षा प्रदान करता है।

89. (A): कैसियोपिया उत्तरी आकाश में एक तारामंडल है जो अनियमित 'W' आकार के रूप में दिखाई देता है। यह पाँच चमकीले तारों का समूह है जो इस विशिष्ट आकार के कारण आसानी से पहचाना जा सकता है।

90. (B): 2 मार्च 2023 को सर्वोच्च न्यायालय ने एक आदेश जारी किया, जिसके अनुसार चुनाव आयोग की नियुक्तियाँ प्रधानमंत्री, विपक्ष के नेता और भारत के मुख्य न्यायाधीश की सिफारिश के तहत की जाएंगी। यह आदेश चुनाव आयोग की स्वतंत्रता और पारदर्शिता को बढ़ाने के उद्देश्य से जारी किया गया था।

91. (A): राष्ट्रीय खेल दिवस मेजर ध्यानचंद के जन्मदिन पर मनाया जाता है, जो 29 अगस्त को पड़ता है। मेजर ध्यानचंद भारतीय हॉकी टीम के एक महान खिलाड़ी थे और उनकी उपलब्धियों को सम्मानित करने के लिए यह दिन चुना गया।

92. (B): अंतर्राष्ट्रीय हॉकी मैचों की अवधि 60 मिनट होती है। यह समय दो हाफ में विभाजित होता है, प्रत्येक हाफ 30 मिनट का होता है। यह नियम खेल के तेज और लगातार गति को बनाए रखने के लिए स्थापित किया गया है।

93. (C): एनआईएमजेड (NIMZs) के लिए 10000 हेक्टेयर का क्षेत्रफल उपलब्ध कराना उनकी विशेषता नहीं है। वास्तव में, NIMZs आम तौर पर छोटे क्षेत्रफल पर स्थापित किए जाते हैं और यह विवरण उनके मूल उद्देश्य और संचालन के ढांचे से मेल नहीं खाता।

94. (C): हिमालय की सबसे बाहरी शृंखला को शिवालिक कहा जाता है। ये पहाड़ियाँ हिमालय के तीन प्रमुख श्रेणियों में से सबसे निचली हैं और भारत के उत्तरी क्षेत्र में स्थित हैं, जो उनकी भौगोलिक विशेषताओं को दर्शाती हैं।

95. (C): रक्षा एक सार्वजनिक वस्तु का उदाहरण है क्योंकि यह ऐसी सेवा है जिसे देश के सभी नागरिक समान रूप से उपयोग कर सकते हैं और इसका उपभोग एक व्यक्ति द्वारा दूसरे के उपभोग को प्रभावित नहीं करता। घर को सार्वजनिक वस्तु नहीं माना जा सकता क्योंकि यह निजी स्वामित्व में होता है और इसके उपभोग से दूसरों का उपभोग प्रभावित होता है।

96. (B): MS Word में, मेनू बार के नीचे के आइकनों में से 'फ्लॉपी डिस्क आइकन' सामान्यतः मौजूदा डॉक्यूमेंट को सेव करने के लिए उपयोग किया जाता है। यह आइकन विश्वव्यापी रूप से डेटा सेव करने की क्रिया का प्रतीक है और इसका उपयोग दस्तावेजों को सहेजने के लिए किया जाता है।

97. (B): कामाइचा वाद्य यंत्र का उपयोग मुख्य रूप से राजस्थान के 'मांगणियार' समुदाय द्वारा किया जाता है, न कि मणिपुर के। यह गलत तथ्य है क्योंकि मणिपुर की संगीत शैली और वाद्य यंत्र उत्तरी भारतीय लोक और क्लासिकल संगीत से भिन्न होते हैं।

98. (A): भारत में प्रवास के लिए आकर्षण कारक श्रम मांग, मानव एवं नागरिक अधिकारों का संरक्षण, और उच्च उपभोग और जीवन स्तर हो सकते हैं। प्राकृतिक आपदा आमतौर पर पलायन का कारण बनती है, प्रवास का आकर्षण कारक नहीं।

99. (B): अकबर ने मनसबदारी प्रणाली की शुरुआत की और उसने फतेहपुर सीकरी को अपनी राजधानी बनाया। बीजापुर राज्य को पराजित करने का दावा गलत है क्योंकि बीजापुर का अधिग्रहण उसके बाद के मुगल सम्राटों के काल में हुआ था।

100. (C): रुक्मिणी देवी अरुंडेल का संबंध नृत्य कला से है। वह भारतीय क्लासिकल डांस फॉर्म भरतनाट्यम की प्रमुख प्रस्तोता और संवर्धक थीं। उन्होंने इस नृत्य शैली को नवीनीकृत किया और इसे अंतर्राष्ट्रीय मंच पर पहचान दिलाई।

पिछले प्रश्न-पत्र

SSC—संयुक्त हायर सेकेन्डरी लेवल (CHSL : 10 + 2)

डाटा एन्ट्री ऑपरेटर (DEO)/लोअर डिवीजन क्लर्क (LDC)/ जूनियर सेक्रेटेरियल असिस्टेंट (JSA)

Tier-I, भर्ती परीक्षा-2023

(Exam held on 14-08-2023)

English Language

1. Select the most appropriate option that can be used as a one-word substitute for the underlined segment in the following sentence.

After the scandal, the king was left with no choice but to announce his <u>act of renouncing the throne.</u>

A. exoneration
B. abdication
C. coronation
D. extradition

2. Select the option that expresses the given sentence in superlative degree of comparison.

It was probably the happy afternoon of her life.

A. It was an happier afternoon in their life before that.
B. No change needed
C. This afternoon of her life was the happy.
D. It was probably the happiest afternoon of her life.

3. Select the most appropriate option that can substitute the underlined words in the given sentence.

She's been <u>beating around the bush</u> all afternoon - I just wish she would come out and tell us what she really thinks.

A. denying to have her head in the clouds
B. there to give the cold shoulder
C. avoiding to talk directly about a topic or issue
D. trying to be overprotective

4. Parts of a sentence are given below in jumbled order. Select the option that arranges the parts in the correct order to form a meaningful sentence.

(*a*) Looks first to his own profit
(*b*) And then to the king's,
(*c*) Or destroys the king's gain altogether
(*d*) The chief collector of revenue

A. (*b*), (*d*), (*a*), (*c*)
B. (*d*), (*a*), (*b*), (*c*)
C. (*d*), (*c*), (*a*), (*b*)
D. (*a*), (*b*), (*c*), (*d*)

5. Select the most appropriate synonym of the given word.

Feasibility

A. Sustainability
B. Heavy
C. Impropriety
D. Probability

1. B	**2.** D	**3.** C	**4.** B	**5.** D

6. Select the most appropriate synonym of 'potential' in the given sentence.

I have seen Radhya growing in the last few years; she now has the capability to fight worse situations.

A. Growing B. Worse
C. Capability D. Situations

7. Select the most appropriate ANTONYM of the given word.

Ambivalent

A. Legitimate B. Unequivocal
C. Irresistible D. Unpredictable

8. Select the most appropriate synonym of the given word.

Elaborate

A. Complex B. Easy
C. Simple D. Plain

9. Select the option that can be used as a one-word substitute for the underlined segment.

The child was <u>not guilty of any wrongdoing and lacked knowledge or awareness of wrongdoing.</u>

A. innocent
B. inexperienced
C. cruel
D. ignorant

10. Select the most appropriate option that expresses the given sentence in active voice.

The package was delivered by the courier to the recipient's doorstep.

A. The package was being delivered by the courier to the recipient's doorstep.
B. The recipient received the package delivered by the courier.
C. The courier delivered the package to the recipient's doorstep.
D. The package was delivered to the recipient's doorstep by the courier.

11. Parts of the following sentence have been given as options. Select the option that contains an error.

The news is very good to be true.

A. The news B. is
C. to be true D. very good

12. Select the most appropriate synonym for the given word.

Strength

A. Recluse B. Power
C. Weakness D. Disability

13. The following sentence has been split into four segments. Identify the segment that contains a spelling error.

They need to / wave the participation / fees for people / with disabilities.

A. They need to
B. with disabilities.
C. wave the participation
D. fees for people

14. Select the most appropriate option to fill in the blank.

The ______ age for retirement is 65 years in India.

A. mendatory B. mandatory
C. mendetory D. mendaytory

15. Select the most appropriate option that can replace the underlined word in the following sentence.

The <u>incorrigible</u> optimism displayed by Aishwarya in difficult situations turned out her to be a favourite among her friends.

A. translucent
B. illustrious
C. unchanged
D. barefooted

6. C **7.** B **8.** A **9.** A **10.** C **11.** D **12.** B **13.** C **14.** B **15.** C

16. Select the most appropriate option that can substitute the underlined words in the given sentence.

It's not polite to blow your own trumpet in front of others.

A. brag one's own accomplishment
B. give someone a compliment
C. criticise someone unfairly
D. play a musical instrument

17. Select the word which means the same as the group of words underlined in the given sentence.

I can't believe that I am doing this ordinary and dull task.

A. immoral B. tenacious
C. mundane D. destitute

18. Parts of a sentence are given below in jumbled order. Arrange the parts in the correct order to form a meaningful sentence.

P. but results in widespread hunger, death and social unrest
Q. some of the causes of famine in that region
R. drought, floods, war and economic instability are
S. which not only causes severe shortage of food

A. RSQP B. RQSP
C. QRSP D. QPSR

19. Select the option that expresses the given sentence in active voice.

Would pizza or burger rather be eaten by you?

A. Would you rather ate pizza or burger?
B. Would you rather eaten pizza or burger?
C. Would you rather eat pizza or burger?
D. Would you eat pizza or burger?

20. Select the most appropriate option that can substitute the underlined words in the given sentence.

One of them who were hidings at the back of a rock fired at the villagers.

A. one of them who was hiding behind a rock
B. one of them who hiding behind a rock
C. one of them who were hiding behind a rock
D. one of them who was hide behind a rock

Directions (Qs. No. 21-25): *In the following passage, some words have been deleted. Read the passage carefully and select the most appropriate option to fill in each blank.*

Climatic disasters are _____(1)_____ increasingly common due to the effects of climate change. These disasters include extreme weather events such as hurricanes, tornadoes, floods and droughts. To mitigate the effects of these disasters, it is essential to invest in disaster preparedness and _____(2)_____. The impact of climatic disasters is not limited to the loss of life and property damage. For example, hurricanes can disrupt the oil and gas industry, leading to higher fuel prices and _____(3)_____. Floods can damage crops and infrastructure, leading to food shortages and disruptions to transportation systems. Rising temperatures can lead to more frequent heat waves, while changes in precipitation patterns can lead to more _____(4)_____ droughts and floods. Climatic disasters disproportionately affect vulnerable populations. Collaboration among governments, communities and businesses is crucial for effective disaster preparedness and response. This involves investing in early warning systems, improving infrastructure and emergency services and planning for post-disaster recovery. By taking a _____(5)_____ approach to disaster management, we can reduce the impacts of climatic disasters and build more resilient communities.

16. A	17. C	18. B	19. C	20. A

21. Select the most appropriate option to fill in blank 1.

A. became B. become
C. becomes D. becoming

22. Select the most appropriate option to fill in blank 2.

A. response B. manifestation
C. regeneration D. evaluation

23. Select the most appropriate option to fill in blank 3.

A. failure B. fatigue
C. shortages D. drought

24. Select the most appropriate option to fill in blank 4.

A. fast B. speedy
C. rare D. frequent

25. Select the most appropriate option to fill in blank 5.

A. proactive B. bioactive
C. inactive D. productivity

सामान्य बुद्धिमत्ता

26. उस विकल्प को चुनिए जिसमें अक्षर-समूह वही संबंध साझा करता है, जो नीचे दिए गए अक्षर-समूहों के युग्म द्वारा साझा किया जाता है।

NEZ : UIV
BIL : IOH

A. PIL : IOP B. IUN : PAJ
C. TAP : AET D. AOR : JUM

27. दी गई आकृति के उस सही दर्पण प्रतिबिंब को चुनिए, जो नीचे दर्शाए गए अनुसार दर्पण को MN पर रखने पर बनेगा।

M

kDr27Fa |

N

A. ɒꟻ72ɿDʞ B. ɘꟻ7ƧɿDʞ
C. ɒꟻ⅃Ƨ˩Dʞ D. ɒꟻ7ƧɿDʞ

28. नीचे दिए गए कथनों और निष्कर्षों को ध्यानपूर्वक पढ़िए। आपको मानना है कि दिए गए कथन सत्य हैं, चाहे वे सामान्यतः ज्ञात तथ्यों से अलग प्रतीत होते हों। आपको निश्चय करना है कि कौन-सा/कौन-से निष्कर्ष तार्किक रूप से दिए गए कथनों के अनुसार है/हैं?

कथन : कुछ नमक बाथ हैं।
सभी टब, ड्रम हैं।
कुछ बाथ, टब हैं।

निष्कर्ष : I. कुछ नमक, टब हैं।
II. कुछ ड्रम, बाँध हैं।

A. केवल निष्कर्ष I कथनों के अनुसार है।
B. न तो निष्कर्ष I और न ही II कथनों के अनुसार है।
C. केवल निष्कर्ष II कथनों के अनुसार है।
D. दोनों निष्कर्ष I और II कथनों के अनुसार हैं।

29. निम्नलिखित संख्या-त्रयों में से तीन किसी प्रकार से समान है और एक भिन्न है। उस संख्या-त्रय को चुनिए जो भिन्न है।

(ध्यान दें : दिए गए संख्या-त्रयों में युग्म की दूसरी और तीसरी संख्या पहली संख्या पर कुछ गणितीय संक्रिया करके प्राप्त की जाती है। केवल एक संख्या-त्रय को छोड़कर बाकी सभी संख्या-त्रयों पर समान संक्रिया की जाती है। उस भिन्न संख्या-त्रय को ज्ञात कीजिए।)

A. 15 : 225 : 210 B. 4 : 16 : 12
C. 11 : 121 : 110 D. 7 : 49 : 40

21. D	**22.** A	**23.** C	**24.** D	**25.** A	**26.** B	**27.** D	**28.** C	**29.** D

30. दी गई आकृति के उस सही दर्पण प्रतिबिंब को चुनिए, जो नीचे दर्शाए गए अनुसार दर्पण को MN पर रखने पर बनेगा।

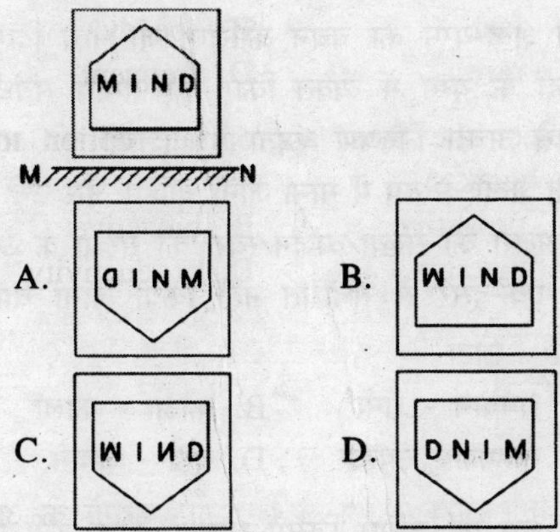

31. निम्नलिखित संख्या-त्रयों में से तीन किसी प्रकार से समान है और एक भिन्न है। उस संख्या-त्रय को चुनिए जो भिन्न है।

(ध्यान दें : दिए गए संख्या-त्रयों में युग्म की दूसरी और तीसरी संख्या पहली संख्या पर कुछ गणितीय संक्रिया करके प्राप्त की जाती है। केवल एक संख्या-त्रय को छोड़कर बाकी सभी संख्या-त्रयों पर समान संक्रिया की जाती है। उस भिन्न संख्या-त्रय को ज्ञात कीजिए।)

A. 3 : 21 : 147   B. 10 : 70 : 490
C. 1 : 7 : 49   D. 8 : 56 : 3100

32. अक्षरों के उस संयोजन को चुनिए जो दी गई श्रृंखला के रिक्त स्थानों में क्रमिक रूप से रखे जाने पर श्रृंखला को तार्किक रूप से पूरा कर देगा।

_TCUBH_VB_QWBJX_

A. BJVX   B. ADCB
C. VJBX   D. BOJY

33. दी गई श्रृंखला में प्रश्नचिह्न (?) के स्थान पर क्या आना चाहिए?

18, 72, ?, 1152, 4608

A. 274   B. 304
C. 218   D. 288

34. यदि '+' और '÷' को आपस में बदल दिया जाए तथा '–' और '×' को आपस में बदल दिया जाए तो निम्नलिखित समीकरण में (?) के स्थान पर क्या आएगा?

$14 \div 6 - 4 \times 15 + 5 = ?$

A. 25   B. 13
C. 35   D. 43

35. एक निश्चित कूट भाषा में, 'KARAN' को 'OCVCR' लिखा जाता है और 'STAPLE' को 'WVERPG' लिखा जाता है। कूट भाषा में 'JOYFUL' को कैसे लिखा जाएगा?

A. NQAHYN   B. NQCHYN
C. NQCHWN   D. NPCHYN

36. यदि 14 मार्च, 2007 को बुधवार है, तो 17 जून, 2013 को सप्ताह का कौन-सा दिन होगा?

A. सोमवार   B. शुक्रवार
C. गुरुवार   D. शनिवार

37. एक निश्चित कूट भाषा में,

A + B का अर्थ 'A, B की बहन है',

A – B का अर्थ 'A, B की माँ है',

A × B का अर्थ 'A, B का पति है', और

A ÷ B का अर्थ 'A, B का पिता है'।

उपरोक्त के आधार पर, यदि 'S + Q ÷ L × H – R' है, तो Q का R से क्या संबंध है?

A. पिता का बेटा   B. भाई का पिता
C. माँ के पिता   D. पिता के पिता

38. एक निश्चित कूट भाषा में, 'BROW' को '5064' लिखा जाता है और 'WORN' को '4705' लिखा जाता है। उस कूट भाषा में 'B' को कैसे लिखा जाएगा?

A. 0   B. 5
C. 6   D. 4

30. C   **31.** D   **32.** A   **33.** D   **34.** C   **35.** B   **36.** A   **37.** D   **38.** C

39. अंग्रेजी वर्णमाला क्रम के आधार पर DJM, BHK से एक निश्चित प्रकार से संबंधित है। उसी प्रकार, JNP, HLN से संबंधित है। समान तर्क का अनुसरण करते हुए, HFD निम्नलिखित में से किससे संबंधित है?

A. FDB B. JHF
C. DFH D. ECA

40. अंग्रेजी वर्णमाला क्रम के आधार पर, निम्नलिखित चार अक्षर-समूहों में से तीन किसी निश्चित प्रकार से समान हैं और इस प्रकार एक समूह बनाते हैं। निम्नलिखित में से कौन-सा अक्षर-समूह उस समूह से संबंधित नहीं है?

A. KML B. NQO
C. DGE D. SVT

41. दिए गए विकल्पों में से उस पद का चयन कीजिए, जो अंग्रेजी वर्णमाला क्रम के आधार पर निम्नलिखित शृंखला में प्रश्नचिह्न (?) के स्थान पर आ सकता है।

MVJ, OYN, QBR, SEV, ?

A. UGX B. TGY
C. UHZ D. THY

42. निम्नलिखित चार विकल्पों में से कौन-सा निम्नलिखित शृंखला में प्रश्नचिह्न (?) के स्थान पर आ सकता है?

66, 87, 110, ?, 162, 191

A. 125 B. 146
C. 120 D. 135

43. नीचे दिए गए कथनों और निष्कर्षों को ध्यानपूर्वक पढ़िए। आपको मानना है कि दिए गए कथन सत्य हैं, चाहे वे सामान्यतः ज्ञात तथ्यों से अलग प्रतीत होते हों। आपको निश्चय करना है कि कौन-सा/कौन-से निष्कर्ष तार्किक रूप से दिए गए कथनों के अनुसार है/हैं?

कथन : सभी जंगल, रेगिस्तान हैं।
कुछ रेगिस्तान, घाटियाँ हैं।
सभी घाटियाँ, पहाड़ियाँ हैं।

निष्कर्ष : I. कोई पहाड़ी, जंगल नहीं है।
II. कुछ रेगिस्तान, पहाड़ियाँ हैं।

A. दोनों निष्कर्ष I और II कथनों के अनुसार हैं।
B. केवल निष्कर्ष I कथनों के अनुसार है।
C. न तो निष्कर्ष I और न ही II कथनों के अनुसार है।
D. केवल निष्कर्ष II कथनों के अनुसार है।

44. उस शब्द-युग्म का चयन कीजिए, जो नीचे दिए गए शब्दों के युग्म में व्यक्त किए गए समान संबंध का सबसे अच्छा निरूपण करता है। (शब्दों को अर्थपूर्ण हिंदी शब्दों के रूप में माना जाना चाहिए और उन्हें शब्द में अक्षरों की संख्या/व्यंजन/स्वरों की संख्या के आधार पर एक-दूसरे से संबंधित नहीं किया जाना चाहिए।

बड़ा - छोटा

A. धनवान - धनी B. कौआ - काला
C. तोहफा - उपहार D. बूढ़ा - जवान

45. उस त्रय को चुनिए जिसमें संख्याएँ ठीक उसी प्रकार संबंधित हैं जिस प्रकार निम्नलिखित त्रयों की संख्याएँ संबंधित हैं।

3 - 4 - 24
4 - 7 - 56

(ध्यान दें : संख्याओं को उनके घटक अंकों में अलग-अलग किए बिना, पूर्ण संख्याओं पर संक्रियाएँ की जानी चाहिए। उदाहरण 13-संख्या 13 पर संक्रियाएँ जैसे 13 को जोड़ना/घटाना/गुणा करना आदि किया जा सकता है। 13 को 1 और 3 में अलग-अलग करने की और फिर 1 और 3 गणितीय संक्रियाएँ करने की अनुमति नहीं है।)

A. 5 - 8 - 80 B. 2 - 3 - 18
C. 8 - 7 - 53 D. 9 - 12 - 54

46. नीचे दी गई आकृति में कितने त्रिभुज हैं?

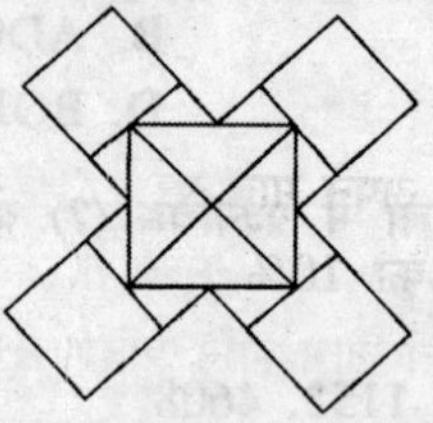

A. 15 B. 14
C. 12 D. 16

39. A	40. A	41. C	42. D	43. D	44. D	45. A	46. D

47. F, G के पिता का पिता है। G, H से विवाहित है। H, I की माँ है। J, G की बहन है। K, J का पिता है। J, L से विवाहित है, M, I का भाई है और N से विवाहित है। J का I से क्या संबंध है?

A. बहन B. माँ की माँ
C. पिता का भाई D. पिता की बहन

48. यदि '+' और '−' को आपस में बदल दिया जाए तथा '×' और '÷' को आपस में बदल दिया जाए तो निम्नलिखित समीकरण में '?' के स्थान पर क्या आएगा?

$300 + 242 \times 11 - 15 \div 9 = ?$

A. 413 B. 341
C. 324 D. 143

49. यदि '+' और '−' को क्रमशः '÷' और '×' से बदल दिया जाए तो निम्नलिखित समीकरण में (?) के स्थान पर क्या आएगा?

$24 - 3 \div 4 \times 45 + 5 = ?$

A. 67 B. 63
C. 72 D. 70

50. विकल्पों में दी गई उस आकृति को पहचानिए जिसे प्रश्नचिह्न (?) के स्थान पर रखने पर श्रृंखला तार्किक रूप से पूरी हो जाएगी।

□ C ↑	8 □ Z	Z D ↑	□ Z C	
D	↑	8	↑	?
Z 8	D C	C □	8 D	

A. ↑ D □ / C / Z 8
B. C D ↑ / □ / Z 8
C. D 8 Z / □ / C ↑
D. C 8 ↑ / □ / D Z

संख्यात्मक अभियोग्यता

51. यदि 3 cot A = 4 और A एक न्यूनकोण है, तो sec A का मान ज्ञात कीजिए।

A. $\frac{5}{3}$ B. $\frac{4}{5}$
C. $\frac{3}{4}$ D. $\frac{5}{4}$

52. एक वृत्त की त्रिज्या में 20% की वृद्धि की जाती है। वृत्त की परिधि में प्रतिशत वृद्धि ज्ञात कीजिए।

A. 30% B. 20%
C. 15% D. 40%

53. एक दुकानदार अपने माल पर 15% का लाभ कमाता है। वह माल का 10% मूल्य परिवहन में गंवा देता है। उसका कुल लाभ/हानि प्रतिशत क्या है?

A. हानि, 5% B. लाभ, 3.5%
C. हानि, 3.5% D. लाभ, 5%

54. सुहास, एक 3.15 मी. लंबा पेड़ और एक इमारत इस प्रकार अवस्थित (खड़े) हैं कि जमीन पर उनके आधार (feet) एक रेखस्थ हैं। तथा पेड़, इमारत और सुहास के बीच में स्थित है। पेड़, सुहास से 7.5 मी. की दूरी पर स्थित है। इसके अलावा, सुहास की आँखें, पेड़ का शीर्ष और इमारत का शीर्ष एक ही पंक्ति में हैं और सुहास की आँखें जमीन से 1.8 मी. की ऊँचाई पर हैं। इमारत की ऊँचाई (मी. में) ज्ञात कीजिए।

A. 11.50 B. 11.25
C. 10.25 D. 10.75

55. दो वृत्त एक-दूसरे को बाह्य रूप से बिंदु P पर स्पर्श करते हैं। AB दोनों वृत्तों पर एक सीधी उभयनिष्ठ स्पर्श रेखा है तथा A और B स्पर्श बिंदु हैं और ∠PAB = 22° है। ∠ABP की माप क्या है?

A. 68° B. 70°
C. 44° D. 72°

47. D **48.** A **49.** A **50.** D **51.** D **52.** B **53.** B **54.** B **55.** A

56. 6 सेमी. त्रिज्या और 8 सेमी. ऊँचाई वाले एक बेलन का कुल पृष्ठीय क्षेत्रफल ज्ञात कीजिए? ($\pi = 22/7$ का प्रयोग करें)

A. 575 सेमी.^{2} B. 528 सेमी.^{2}

C. 658 सेमी.^{2} D. 625 सेमी.^{2}

57. दो व्यक्ति A और B, 27 किमी./घं. की क्रमिक चाल के साथ 1200 मी. लंबे एक वृत्ताकार ट्रैक के चारों ओर दौड़ रहे हैं। वे एक ही समय पर एक ही बिंदु से शुरू करते हैं और एक ही दिशा में दौड़ रहे हैं। वे ट्रैक पर पहली बार (सेकंड में) कब मिलेंगे?

A. 480 B. 360

C. 420 D. 240

58. A से B की ओर जाने वाली एक कार की चाल 110 किमी./घं. है, जबकि वापस आते समय इसकी चाल 76 किमी./घं. है। पूरी यात्रा के दौरान कार की औसत चाल क्या है?

A. $87\frac{81}{99}$ किमी./घं. B. $82\frac{91}{97}$ किमी./घं.

C. $83\frac{89}{93}$ किमी./घं. D. $89\frac{83}{93}$ किमी./घं.

59. यदि $\sec\theta + \tan\theta = 4$, तो $\sec\theta - \tan\theta$ = ______ ।

A. $\frac{1}{4}$ B. 2

C. 4 D. $\frac{1}{2}$

60. वृत्त के केंद्र से एक 24 सेमी. लंबी जीवा पर 9 सेमी. लंबा लंब खींचा जाता है। वृत्त की त्रिज्या ज्ञात कीजिए।

A. 16 सेमी. B. 18 सेमी.

C. 15 सेमी. D. 17 सेमी.

61. निम्न आलेख में चार इकाई परीक्षाओं में चार छात्रों द्वारा गणित और अंग्रेजी में प्राप्त किए गए अंकों को दर्शाया गया है।

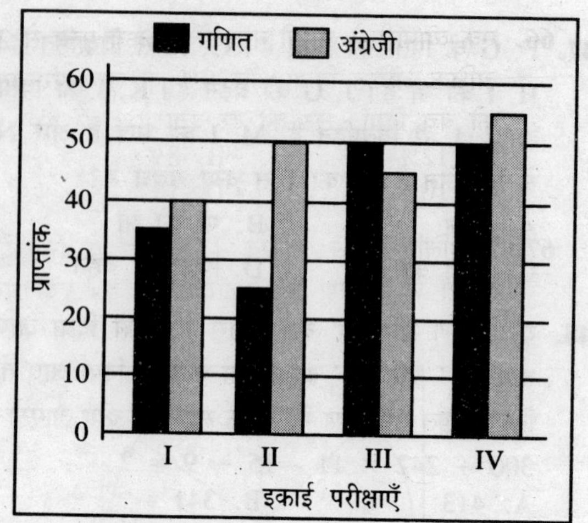

दोनों विषयों में सभी इकाई परीक्षाओं में प्राप्त किए गए औसत अंकों के बीच का अंतर क्या है?

A. 7.40 B. 7.75

C. 7.25 D. 7.50

62. एक फैंसी वस्तु पर अंकित मूल्य ₹ 250 है, लेकिन त्योहार के कारण 18% की छूट दी जाती है। छूट के बाद फैंसी वस्तु का मूल्य कितना है?

A. ₹ 208 B. ₹ 204

C. ₹ 202 D. ₹ 205

63. एक चुनाव में 73% मत प्राप्त करने वाला उम्मीदवार 1426 मतों के बहुमत से निर्वाचित होता है। यदि 20% मत अवैध हैं, तो डाले गए मतों की कुल संख्या ज्ञात कीजिए।

A. 1878 B. 4824

C. 3875 D. 2865

64. $2\sqrt{3}$ और $6\sqrt{5}$ का तृतीय समानुपाती क्या है?

A. $50\sqrt{6}$ B. $30\sqrt{3}$

C. $20\sqrt{6}$ D. $40\sqrt{3}$

65. सरल कीजिए : $\frac{(0.83)^3 - (0.1)^3}{(0.83)^2 + 0.083 + 0.01} = ?$

A. 0.93 B. 0.98

C. 0.27 D. 0.73

56. B **57.** A **58.** D **59.** A **60.** C **61.** D **62.** D **63.** C **64.** B **65.** D

66. एक व्यापारी ने अपनी वस्तुओं को क्रय मूल्य से 20% अधिक अंकित किया और 8% के लाभ पर वस्तुओं को बेच दिया। छूट की दर क्या है?
A. 12% B. 8%
C. 10% D. 15%

67. निम्नलिखित वृत्त आलेख में एक घर के निर्माण की लागत के विवरण को दर्शाया गया है। एक घर के निर्माण की कुल लागत ₹ 3,79,800 है।

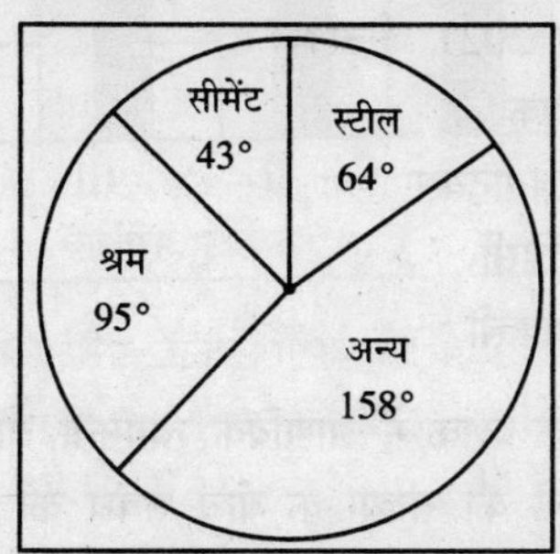

स्टील पर खर्च की गई धनराशि कितनी है?
A. ₹ 6,75,200 B. ₹ 67,520
C. ₹ 67,52,000 D. ₹ 1,36,728

68. संख्या 76050 निम्नलिखित संख्याओं में से किससे विभाज्य नहीं है?
A. 13 B. 3
C. 4 D. 9

69. यदि ₹ 20 प्रति किलोग्राम तथा ₹ 38 प्रति किलोग्राम वाले फल की दो गुणवत्ताओं को 5 : 4 के अनुपात में मिला दिया जाए, तो मिश्रण का प्रति किलोग्राम मूल्य (₹ में) ज्ञात कीजिए।
A. 31 B. 29
C. 28 D. 30

70. यदि $x + \frac{1}{x} = 2$, तो $x^5 + \frac{1}{x^5}$ का मान ज्ञात कीजिए।
A. 3 B. 4
C. 1 D. 2

71. नीचे दी गई तालिका में कुछ वर्षों में एक कंपनी द्वारा निर्मित वातित पेय–A, B, C, D–की संख्या को (हजारों में) दर्शाया गया है।

वर्ष	वातित पेय			
	A	B	C	D
2019	250	200	140	115
2020	200	230	170	120
2021	260	210	195	135
2022	275	175	190	155

2020 से 2022 तक किस वातित पेय की निर्माण संख्या में लगातार कमी देखी गई?
A. A B. D
C. C D. B

72. दिए गए व्यंजक को सरल कीजिए :
$$\frac{(4.2)^3 - 0.008}{(4.2)^2 + 0.84 + 0.04}$$
A. –4 B. 2
C. 4 D. –2

73. एक आदमी ने पहले तीन वर्षों के लिए 10% वार्षिक साधारण ब्याज की दर पर और तीन वर्षों से आगे की अवधि के लिए 15% वार्षिक साधारण ब्याज पर एक निश्चित धनराशि ऋण पर ली। यदि वह 7 वर्षों के अंत में ₹ 2,884.50 का कुल ब्याज चुकाता है, तो उसके द्वारा ऋण पर ली गई धनराशि (₹ में) कितनी है?
A. 3,090 B. 3,860
C. 4,550 D. 3,205

74. A एक काम को 25 दिनों में पूरा कर सकता है और B उसी काम को 15 दिनों में कर सकता है। B ने 10 दिनों तक काम करने के बाद काम छोड़ दिया। A अकेले शेष काम को कितने दिनों में पूरा कर सकता है?
A. $7\frac{1}{3}$ दिन B. $6\frac{1}{3}$ दिन
C. $5\frac{1}{3}$ दिन D. $8\frac{1}{3}$ दिन

75. sin 47° cos 33° – cos 43° sin 57° का मान ज्ञात कीजिए।
A. 1/2 B. –1
C. 1 D. 0

66. C **67.** B **68.** C **69.** C **70.** D **71.** D **72.** C **73.** D **74.** D **75.** D

सामान्य सचेतता

76. निम्नलिखित में से किस विश्वविद्यालय की स्थापना पाल शासकों ने की थी?

A. नालंदा B. विक्रमशिला

C. तक्षशिला D. वल्लभी

77. पढ़यनि (Padayani) किस राज्य का लोकनृत्य है?

A. कर्नाटक B. तमिलनाडु

C. केरल D. आंध्र प्रदेश

78. निम्न में से वह कौन-सा वंशानुगत रक्त विकार है, जो हीमोग्लोबिन जीन को प्रभावित करता है, और जिसके परिणामस्वरूप अप्रभावी रक्ताणु की उत्पत्ति होती है?

A. सोमेटोस्टेटिनोमा

B. वेनौस थ्राम्बोसिस

C. पॉलीसिथेमिया वेरा

D. थेलेसीमिया

79. निम्नलिखित लंबी कूद (long jump) खिलाड़ियों में से किसने कॉमनवेल्थ गेम्स 2022 में लंबी कूद में भारत के लिए पहला रजत पदक जीता?

A. सौरव घोषाल B. नीरज उपाध्याय

C. मुरली श्रीशंकर D. प्रश्रता साहू

80. गाद और धूल से बनी मिट्टी किस प्रकार की होती है?

A. लोएस (Loess) B. पॉडसॉल (Podsol)

C. मार्ल (Marl) D. लोम (Loam)

81. बल के आयाम _______ हैं।

A. $[ML^{-3}T^0]$ B. $[M^0LT^{-1}]$

C. $[MLT^{-2}]$ D. $[M^0L^3T^0]$

82. निम्नलिखित में से कौन-सा भारतीय संविधान में उल्लिखित एक मौलिक कर्तव्य नहीं है?

A. मानववाद का विकास करना

B. सद्भाव की भावना का विकास करना

C. ज्ञानार्जन की भावना का विकास करना

D. सुधार लाना

83. जयलक्ष्मी ईश्वर ने किस भारतीय शास्त्रीय नृत्य शैली में अपने योगदान के लिए संगीत नाटक अकादमी पुरस्कार 2021 जीता?

A. कथक

B. भरतनाट्यम

C. ओडिसी

D. कथकली

84. 1940 के दशक में आणविक ज्यामिती और संयोजकता इलेक्ट्रॉनों की संख्या के बीच संबंध का विचार सबसे पहले किसने प्रस्तुत किया था?

A. बेंट और न्योहोम (Bent and Nyholm)

B. हेंड्रिक्स और निकोल (Hendricus and Nicol)

C. हिटलर और गिलेस्पी (Heitler and Gillespie)

D. सिजविक और पॉवेल (Sidgwick and Powell)

85. टेबल टेनिस में टेबल की ऊपरी सतह की लंबाई _______ होती है।

A. 4.74 मी. B. 5.74 मी.

C. 3.74 मी. D. 2.74 मी.

86. दक्षिण-पश्चिम मानसून काल में जब एक दो या कई सप्ताह तक वर्षा न हो तो, इस परिघटना को क्या कहा जाता है?

A. मानसून में विच्छेद B. मानसून की वापसी

C. मानसून अवसाद D. एल-निनो

87. निम्नलिखित में से कौन 1876 में स्थापित इंडियन एसोसिएशन (Indian Association) के संस्थापकों में से एक थे?

A. शिशिर कुमार घोष B. दादाभाई नौरोजी

C. सुरेंद्रनाथ बनर्जी D. महादेव गोविन्द रानाडे

76. B **77.** C **78.** D **79.** C **80.** A **81.** C **82.** D **83.** B **84.** D **85.** D **86.** A **87.** C

88. भारत सरकार ने पहली बार अपने वक्तव्य में बजटीय आवंटन की लैंगिक संवेदनशीलता को कब शामिल किया?

A. 2004-05 B. 2005-06

C. 2007-08 D. 2006-07

89. भारतीय अंटार्कटिक अधिनियम, 2022 किस मंत्रालय के तहत आत्मनिर्भर और संबंधित पारिस्थितिक तंत्र के साथ-साथ अंटार्कटिक पर्यावरण की रक्षा के लिए भारत के अपने राष्ट्रीय उपाय करने का लक्ष्य रखता है और भारतीय अंटार्कटिका प्राधिकरण (IAA) स्थापित करने का प्रस्ताव करता है?

A. ऊर्जा मंत्रालय

B. विज्ञान और प्रौद्योगिकी मंत्रालय

C. पृथ्वी विज्ञान मंत्रालय

D. कपड़ा मंत्रालय

90. उस्ताद बिस्मिल्लाह खान का संबंध निम्नलिखित में से किस वाद्य यंत्र से है?

A. बांसुरी B. वायलिन

C. वीणा D. शहनाई

91. किस राज्य ने 2022 में रॉबिन उथप्पा को ब्रेन हेल्थ इनिशिएटिव (Brain Health Initiative) का ब्रांड एंबेसडर नियुक्त किया?

A. तमिलनाडु B. कर्नाटक

C. ओडिशा D. पश्चिम बंगाल

92. पाँच दिवसीय उत्सव गान-नगाई (Gaan-Ngai) मुख्य रूप से भारत के किस हिस्से में मनाया जाता है?

A. उत्तरी B. दक्षिणी

C. पश्चिमी D. उत्तर-पूर्वी

93. ________ वे पदार्थ हैं, जिसके लिए भारत में वस्तु एवं सेवा कर (GST) तथा केंद्रीय उत्पादन कर दोनों लगेंगे।

A. पेट्रोलियम पदार्थ

B. सभी कृषि पदार्थ

C. मानव उपयोग के लिए मादक पेय

D. तंबाकू तथा तंबाकू पदार्थ

94. भारत सरकार के विद्युत मंत्रालय के अनुसार, भारत का सबसे बड़ा ऊर्जा स्रोत कौन-सा है? (मार्च 2023 तक)

A. हाइड्रो पावर B. सौर ऊर्जा

C. ज्वारीय ऊर्जा D. कोयला

95. भारत में, वित्तीय वर्ष ________ से ________ तक चलता है।

A. 1 अप्रैल, 31 मार्च B. 1 जुलाई, 31 जून

C. 1 फरवरी, 31 जनवरी D. 1 जनवरी, 31 दिसंबर

96. भारतीय संविधान में उल्लेखित मौलिक अधिकारों का उद्देश्य क्या है?

A. राजनीतिक लोकतंत्र की स्थापना करना

B. संपूर्ण स्वतंत्रता प्राप्त करना

C. आर्थिक न्याय को बढ़ावा देना

D. कल्याणकारी राज्य की स्थापना करना

97. 2011 की जनगणना के अनुसार भारत के किस राज्य का लिंगानुपात सबसे कम था?

A. पंजाब B. राजस्थान

C. हरियाणा D. बिहार

98. जब ईस्ट इंडिया कंपनी द्वारा राजस्व संग्रहण के लिए बंगाल में स्थायी बंदोबस्त लागू किया गया था, तब निम्नलिखित में से भारत का गवर्नर जनरल कौन था?

A. लॉर्ड कैनिंग B. लॉर्ड वेलेजली

C. लॉर्ड डलहौजी D. लॉर्ड कॉर्नवालिस

99. मुद्रा की पूर्ति की इन मापों में से किसे समस्त मौद्रिक संसाधन कहा जाता है?

A. M1 B. M4

C. M3 D. M2

100. समाजशास्त्री जान ब्रेमन (Jan Breman) ने प्रबल वर्ग से संबंधित जमींदारों और निम्न जाति से संबंधित कृषि मजदूरों के बीच संबंधों की प्रकृति में बदलाव को ________ में बदलाव के रूप में वर्णित किया।

A. बंधुआ मजदूरी से मुफ्त मजदूरी

B. किराएदार से काश्तकार

C. संरक्षण से शोषण

D. शोषण से संरक्षण

88. B **89.** C **90.** D **91.** B **92.** D **93.** D **94.** D **95.** A **96.** A **97.** C **98.** D **99.** C **100.** C

व्याख्यात्मक उत्तर

1. **(B):** Abdication is the act of formally relinquishing a sovereign or high office, particularly by a monarch. In the context of the sentence, "abdication" precisely captures the king's act of renouncing the throne, making it the most appropriate choice.

2. **(D):** The superlative degree of comparison is used to describe the highest degree of a quality among three or more subjects or objects. "The happiest" is the superlative form of "happy," making the sentence express the highest degree of happiness in her life.

3. **(C):** "Beating around the bush" means to avoid talking directly about a topic or issue. Option C accurately substitutes this idiomatic expression, describing someone's evasion in addressing a matter directly.

4. **(B):** The correct sentence order presents a logical sequence: It introduces the subject "The chief collector of revenue," describes his prioritization of profit over the king's, and finally mentions the negative outcome for the king's gain.

5. **(D):** Feasibility refers to the practicality or possibility of something. "Probability" doesn't match this meaning exactly but is the closest option given. However, the correct synonym for "feasibility" in practical terms should be possibility or practicality, suggesting a mistake in the provided answers.

6. **(C):** In the context, "capability" refers to the potential or ability to do something. It directly substitutes "potential," reflecting Radhya's growing ability to handle adverse situations, making it the most appropriate synonym in this context.

7. **(B):** Ambivalent means having mixed or contradictory feelings about someone or something. "Unequivocal" means showing a clear, unambiguous position or attitude, making it an antonym as it signifies a lack of ambiguity or mixed feelings.

8. **(A):** Elaborate means involving many carefully arranged parts or details; detailed and complicated in design and planning. "Complex" is a synonym as it implies something composed of many interconnected parts, thereby being intricate and detailed.

9. **(A):** The description given matches the definition of "innocent," which means not guilty of a crime or offense and not aware of the existence or implications of wrongdoing. "Innocent" captures the essence of being free from guilt and unaware of wrongdoing.

10. **(C):** Active voice describes a sentence where the subject performs the action stated by the verb. Option C correctly shifts the sentence to active voice, with "the courier" (the subject) actively delivering (the verb) the package.

11. **(D):** The error is in "very good." The correct expression is "too good to be true," which means something is so good that it is hard to believe. The correct phrase uses "too," not "very."

12. **(B):** "Power" is the most appropriate synonym for "strength" as both words denote the capacity or ability to do something or act in a particular way.

13. **(C):** The spelling error is in "wave the participation." The correct spelling is "waive," which means to refrain from insisting on or using (a right or claim).

14. (B): "Mandatory" is the correct spelling for the word that means required by law or rules; compulsory. This is the correct option to fill in the blank regarding the retirement age.

15. (C): "Incorrigible" means not able to be corrected or changed. Among the given options, "unchanged" is the best fit as it conveys a similar sense of something that cannot be altered, though the precise nuance of incorrigibility is not captured.

16. (A): "Blow your own trumpet" is an idiomatic expression meaning to brag about one's own accomplishments. Option A, "brag one's own accomplishment," is a direct paraphrase of this idiom.

17. (C): "Mundane" means lacking interest or excitement; dull, which accurately describes something that is "ordinary and dull."

18. (B): The correct order to form a meaningful sentence discussing famine causes and effects is RQSP: "Drought, floods, war and economic instability are some of the causes of famine in that region, which not only causes severe shortage of food but results in widespread hunger, death and social unrest."

19. (C): The active voice for the given sentence is "Would you rather eat pizza or burger?" which correctly changes the structure from passive to active while maintaining the original meaning and grammatical correctness.

20. (A): The correct grammatical structure is "one of them who was hiding behind a rock," adjusting for singular subject agreement ("one") with the verb ("was hiding") and correcting the preposition to "behind" for clarity of location.

21. (D): "Becoming" is the correct option to fill in blank 1. The passage discusses an ongoing process, and "becoming" fits best to indicate that climatic disasters are increasingly becoming a common occurrence due to climate change.

22. (A): "Response" is the most appropriate option for blank 2, as it complements "disaster preparedness" in the context of actions taken to mitigate the effects of climatic disasters. "Response" implies the activities and measures that are planned and executed to deal with the aftermath of disasters.

23. (C): "Shortages" correctly fills in blank 3, referring to the consequences of disrupted industries and damaged infrastructure. It logically follows that hurricanes affecting the oil and gas industry would lead to "shortages," particularly of fuel.

24. (D): "Frequent" is the suitable choice for blank 4, emphasizing the increased occurrence of extreme weather events such as droughts and floods as a result of climate change. This word accurately reflects the passage's message about the changing patterns of such disasters.

25. (A): "Proactive" is the best fit for blank 5, indicating a forward-thinking and anticipatory approach to disaster management. This approach focuses on preparing and acting in advance to reduce the impacts of climatic disasters, aligning with the context of building more resilient communities.

26. (B): NEZ : UIV ⇒ N $\xrightarrow{+7}$ U, E $\rightarrow$ I, Z $\xrightarrow{-4}$ V

BIL : IOH ⇒ B $\xrightarrow{+7}$ I, I $\rightarrow$ O, Z $\xrightarrow{-4}$ V

[A → E → I → O → U → A]

इसी प्रकार,

(B) IUN : PAJ ⇒ I U N

+7 ↓ ↓ −4 ↓

P A J

अतः विकल्प (B) अभीष्ट उत्तर है।

28. (C): दिए गए कथन से :

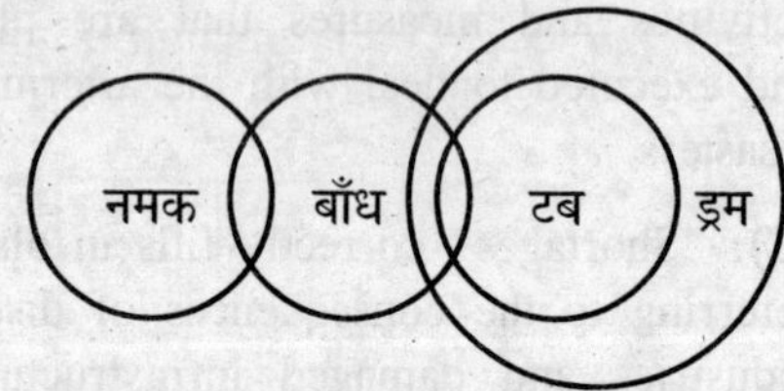

निष्कर्ष :

I. कुछ नमक, टब हैं। (असत्य)

II. कुछ ड्रम, बाँध हैं। (सत्य)

यहाँ केवल निष्कर्ष II कथनों के अनुसार है।

29. (D): (A) 15 : 225 : 210

⇒ $15^2 = 225$

$15 \times 14 = 210$

(B) 4 : 16 : 12

⇒ $4^2 = 16$

$4 \times 3 = 12$

(C) 11 : 121 : 110

⇒ $11^2 = 121$

$11 \times 10 = 110$

(D) 7 : 49 : 40

⇒ $7^2 = 49$

$7 \times 6 = \boxed{42}$

यहाँ, विकल्प (D) का संख्या-त्रय भिन्न है।

31. (D): (A) 3 : 21 : 147

$$\Rightarrow \left(\frac{21}{3}\right)^2 \times 3 = 49 \times 3 = 147$$

(B) 10 : 70 : 490

$$\Rightarrow \left(\frac{70}{10}\right)^2 \times 10 = 49 \times 10 = 490$$

(C) 1 : 7 : 49

$$\Rightarrow \left(\frac{7}{1}\right)^2 \times 1 = 49 \times 1 = 49$$

(D) 8 : 56 : 3100

$$\Rightarrow \left(\frac{56}{8}\right)^2 \times 8 = 49 \times 8 = \boxed{392}$$

यहाँ, विकल्प (D) का संख्या-त्रय भिन्न है।

33. (A): 18 72 [288] 1152 4608

+54 +216 +864 +3456

×4 ×4 ×4

अतः ? = लुप्त संख्या = 288.

34. (C): दिया है, + = ÷ , − = ×

∴ 14 ÷ 6 − 4 × 15 + 5

= 14 + 6 × 4 − 15 ÷ 5

= 14 + 6 × 4 − 3

= 14 + 24 − 3 = 38 − 3 = 35.

35. (B): दिया है, K A R A N

+4 +2 +4 +2 +4

O C V C R

और S T A P L E

+4 +2 +4 +2 +4 +2

W V E R P G

इसी प्रकार, J O Y F U L

+4 +2 +4 +2 +4 +2

N Q C H Y N

अतः कूट भाषा में JOYFUL को NQCHYN लिखा जाएगा।

36. (A): दिया है, 14 मार्च, 2007 = बुधवार

अब 14 मार्च, 2007 से 14 मार्च, 2013 तक अतिरिक्त दिनों की संख्या

= (2 लीप वर्ष + 4 साधारण वर्ष)

= 4 + 4 = 8 = 1 अतिरिक्त दिन

$\therefore$ 14 मार्च, 2013 = बुधवार + 1 = गुरुवार

और 15 मार्च से 17 जून, 2013 तक दिनों की संख्या

= 17 + 30 + 31 + 17 = 95

= 13 सप्ताह + 4 दिन = 4 अतिरिक्त दिन

अतः 17 जून, 2013 = गुरुवार + 4 दिन

= सोमवार।

37. (D): S + Q ÷ L × H – R

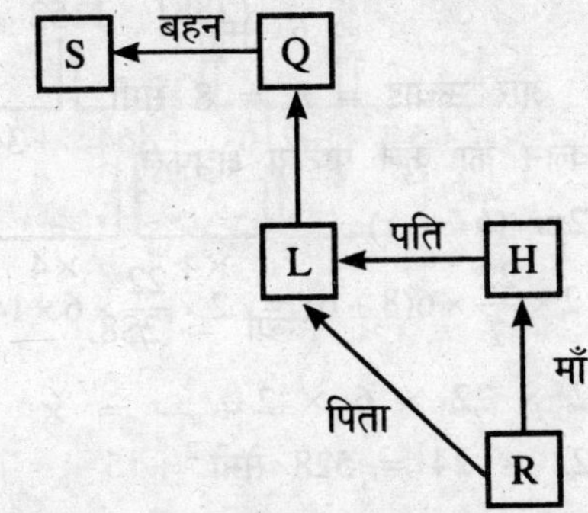

यहाँ Q, R के पिता का पिता है।

38. (C): दिया है,

BROW = 5064 ...(*i*)

और WORN = 4705 ...(*ii*)

(*i*) और (*ii*) से पाते हैं,

ROW = 504

B = 6 और N = 7

अतः उस कूट भाषा में B को 6 लिखा जाएगा।

39. (A): दिया है, D J M

–2 –2 –2

B H K

और J N P

–2 –2 –2

H L N

इसी प्रकार, H F D

–2 –2 –2

F D B

अतः HDF, FDB से संबंधित है।

40. (A):

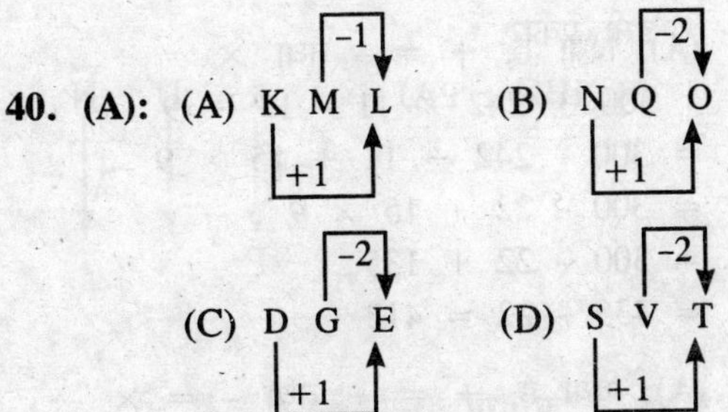

यहाँ विकल्प (A) समूह से संबंधित नहीं है।

41. (C):

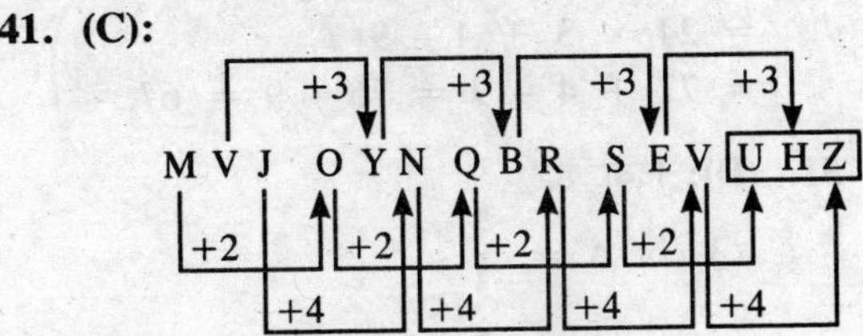

यहाँ, ? = अगला पद = UHZ.

42. (D):

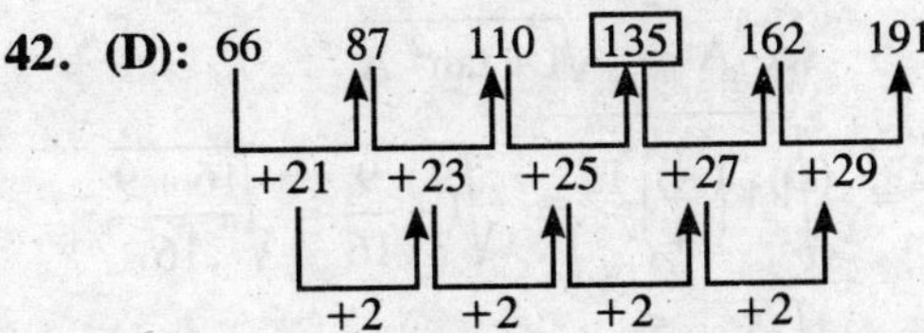

अतः, ? = लुप्त संख्या = 135.

45. (A): दिया है, त्रय :

3 – 4 – 24 ⇒ 3 × 4 × 2 = 4

4 – 7 – 56 ⇒ 4 × 7 × 2 = 56

इसी प्रकार,

(A) 5 – 8 – 80 ⇒ 5 × 8 × 2 = 80

अतः विकल्प (A) ठीक उसी प्रकार संबंधित है, जिस प्रकार दिए गए त्रयों की संख्याएँ संबंधित है।

47. (D):

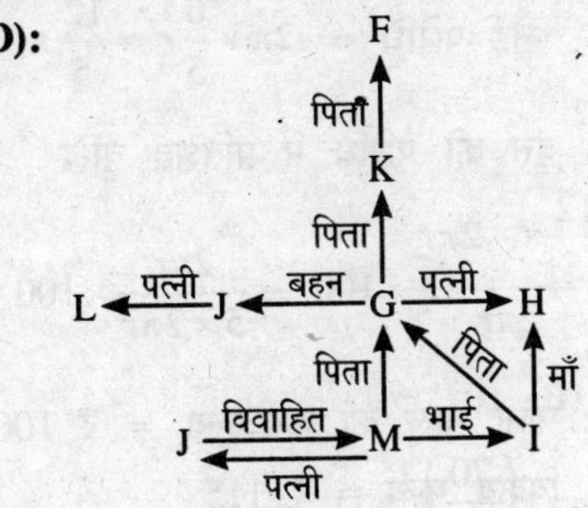

यहाँ, J, I के पिता की बहन है।

48. (A): दिया है, + = – तथा × = ÷

$\therefore$ 300 + 242 × 11 – 15 ÷ 9

= 300 – 242 ÷ 11 + 15 × 9

= 300 – 22 + 15 × 9

= 300 – 22 + 135

= 435 – 22 = 413.

49. (A): दिया है, + = ÷ तथा – = ×

$\therefore$ 24 – 3 ÷ 4 × 45 + 5

= 24 × 3 + 4 – 45 ÷ 5

= 24 × 3 + 4 – 9

= 72 + 4 – 9 = 76 – 9 = 67.

51. (D): दिया है,

$$3 \cot A = \frac{4}{3}$$

$$\Rightarrow \tan A = \frac{3}{4}$$

$$\therefore \sec A = \sqrt{1+\tan^2 A}$$

$$= \sqrt{1+\left(\frac{3}{4}\right)^2} = \sqrt{1+\frac{9}{16}} = \sqrt{\frac{16+9}{16}}$$

$$= \sqrt{\frac{25}{16}} = \frac{5}{4}$$

अतः $\sec A = \frac{5}{4}$.

52. (B): माना एक वृत्त की त्रिज्या = r

तब, परिधि = $2\pi r$

नई त्रिज्या = $r \times \frac{120}{100} = \frac{6}{5}r$

$\therefore$ नई परिधि = $2\pi \times \frac{6}{5}r = \frac{12}{5}\pi$

अतः वृत्त की परिधि में प्रतिशत वृद्धि

$$= \frac{\frac{12}{5}\pi - 2\pi r}{2\pi r} \times 100 = \frac{2\pi r}{5 \times 2\pi r} \times 100 = 20\%.$$

53. (B): माना माल का क्रय-मूल्य = ₹ 100

तब विक्रय मूल्य = ₹ 115

$\because$ माल का 10% मूल्य परिवहन में गंवा देता है।

$\therefore$ माल का शुद्ध विक्रय मूल्य

$$= 115 \times \frac{90}{100} = 23 \times \frac{9}{2} = \frac{207}{2} = 103.5$$

$\therefore$ लाभ = विक्रय मूल्य – क्रय मूल्य

= 103.5 – 100 = ₹ 3.5

अतः लाभ % = 3.5%.

56. (B): दिया है, एक बेलन की त्रिज्या = r

= 6 सेमी.

और ऊँचाई = h = 8 सेमी.

$\therefore$ बेलन का कुल पृष्ठीय क्षेत्रफल

$= 2\pi r\,(h + r)$

$$= 2 \times \frac{22}{7} \times 6(8+6) = 2 \times \frac{22}{7} \times 6 \times 14$$

= 2 × 22 × 6 × 2

= 22 × 24 = 528 सेमी.^{2}

57. (A): वृत्ताकार ट्रेक की परिधि = 1200 मी.

दो व्यक्ति A और B एक वृत्ताकार ट्रेक के चारों ओर एक ही दिशा में दौड़ रहे हैं।

$\therefore$ सापेक्षिक चाल = 36 – 27 = 9 किमी./घं.

$$= 9 \times \frac{5}{18} = \frac{5}{2} \text{ मी./से.}$$

$$\because \text{समय} = \frac{\text{दूरी}}{\text{चाल}} = \frac{1200}{5/2} = 480 \text{ सेकंड}$$

अतः वे ट्रेक पर पहली बार 480 सेकंड बाद मिलेंगे।

58. (D): औसत चाल = $\frac{2xy}{x+y}$

$$= \frac{2 \times 110 \times 76}{110+76} = \frac{2 \times 110 \times 76}{186}$$

$$= \frac{110 \times 76}{93} = \frac{8360}{93} = 89\frac{83}{93} \text{ किमी./घं.}$$

59. (A): दिया है, $\sec\theta + \tan\theta = 4$

$\because \sec^2\theta - \tan^2\theta = 1$

$\therefore (\sec\theta + \tan\theta)(\sec\theta - \tan\theta) = 1$

$\Rightarrow 4(\sec\theta - \tan\theta) = 1$

$\Rightarrow \sec\theta - \tan\theta = \frac{1}{4}$.

60. (C): माना एक वृत्त के केन्द्र O से एक 24 सेमी. लंबी जीवा AB पर 9 सेमी. लंबा, लंब OM खींचा।

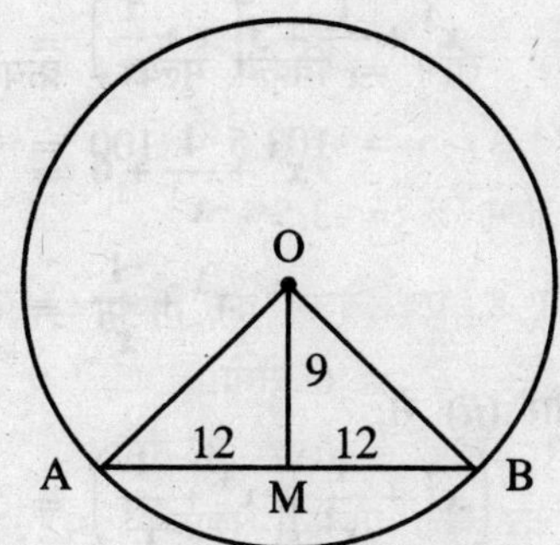

तब, $OA^2 = OM^2 + MA^2$

$= 9^2 + 12^2$

$= 81 + 144 = 225$

$\Rightarrow OA^2 = 15 \times 15 = 15^2$

$\Rightarrow OA = 15$ सेमी.

अतः OA = वृत्त की त्रिज्या = 15 सेमी.।

61. (D): दिए गए आलेख से,

गणित में सभी इकाई परीक्षाओं में प्राप्त औसत अंक

$= \frac{35+25+50+50}{4} = \frac{160}{4} = 40$

तथा अंग्रेजी में सभी इकाई परीक्षाओं में प्राप्त औसत अंक

$= \frac{40+50+45+55}{4} = \frac{190}{4} = 47.50$

अतः अभीष्ट अंतर $47.50 - 40 = 7.50$.

62. (D): दिया है, अंकित मूल्य = ₹ 250

छूट = 18%

$\therefore$ वस्तु का क्रय मूल्य = ₹ $250 \times \frac{100-18}{100}$

$= 250 \times \frac{82}{100} = \frac{5}{2} \times 82$

$= 5 \times 41 =$ ₹ 205.

63. (C): माना डाले गए मतों की संख्या x है।

तब, वैध मतों की संख्या $= x \times \frac{100-20}{100}$

$= x \times \frac{80}{100} = \frac{4}{5}x$

प्रश्नानुसार,

$$\frac{4}{5}x\left[\frac{73}{100} - \frac{(100-73)}{100}\right] = 1426$$

$$\Rightarrow \frac{4}{5}x\left[\frac{73}{100} - \frac{27}{100}\right] = 1426$$

$$\Rightarrow \frac{4}{5}x\left[\frac{73-27}{100}\right] = 1426$$

$$\Rightarrow \frac{4}{5}x\left[\frac{46}{100}\right] = 1426$$

$$\Rightarrow x = \frac{1426 \times 5 \times 100}{4 \times 46} = \frac{1426}{46} \times 5 \times 25$$

$$= 31 \times 125 \Rightarrow x = 3875$$

अतः डाले गए मतों की कुल संख्या

$= x = 3875.$

64. (B): माना तृतीय समानुपाती x है।

तब, $2\sqrt{3} : 6\sqrt{5} :: 6\sqrt{5} : x$

$$\Rightarrow x = \frac{6\sqrt{5} \times 6\sqrt{5}}{2\sqrt{3}}$$

$$\Rightarrow x = \frac{36 \times 5}{2\sqrt{3}} = \frac{18 \times 5}{\sqrt{3}}$$

$$= 6\sqrt{3} \times 5 = 30\sqrt{3}$$

अतः $x = 30\sqrt{3}$.

65. (D): $\frac{(0.83)^3 - (0.1)^3}{(0.83)^2 + 0.083 + 0.01}$

$[\because a^3 - b^3 = (a-b)(a^2 + ab + b^2)]$

$$= \frac{(0.83-0.1)[(0.83)^2 + 0.083 + 0.01]}{[(0.83)^2 + 0.083 + 0.01]}$$

$= (0.83 - 0.1) = 0.73.$

66. (C): माना वस्तु का क्र.मू. = ₹ 100

तब अंकित मूल्य = ₹ 120

माना छूट की दर $x\%$ है।

तब, $120 \times \frac{100-x}{100} = 108$

$\Rightarrow \frac{6}{5}(100-x) = 108$

$$\Rightarrow \quad 100 - x = 108 \times \frac{5}{6}$$
$$= 18 \times 5 = 90$$
$$\Rightarrow \quad 100 - x = 90$$
$$\Rightarrow \quad x = 100 - 90$$
$$\Rightarrow \quad x = 10\%.$$

67. (B): दिए गए वृत्त आलेख से :

एक घर के निर्माण की कुल लागत = ₹ 3,79,800

$$\Rightarrow \quad 360^\circ = 3{,}79{,}800$$
$$\Rightarrow \quad 1^\circ = ₹\ \frac{379800}{360}$$
$$\Rightarrow \quad 64^\circ = \frac{379800}{360} \times 64 = \frac{37980}{9} \times 16$$
$$= 4220 \times 16 = ₹\ 67520$$

अतः स्टील पर खर्च की गई धनराशि ₹ 67520 है।

68. (C):
$$76050 = 2 \times 38025$$
$$= 2 \times 3 \times 12675$$
$$= 2 \times 3 \times 3 \times 4225$$
$$= 2 \times 3 \times 3 \times 13 \times 325$$
$$= 2 \times 9 \times 13 \times 325$$

अतः संख्या 76050, 4 से विभाज्य नहीं है।

69. (C): मिश्रण का प्रति किलोग्राम मूल्य

$$= ₹\ \frac{20 \times 5 + 38 \times 4}{5 + 4}$$
$$= \frac{100 + 152}{9} = \frac{252}{9} = ₹\ 28.$$

70. (D): दिया है,

$$x + \frac{1}{x} = 2$$
$$\Rightarrow \quad \left(x + \frac{1}{x}\right)^2 = 4$$
$$\Rightarrow \quad x^2 + \frac{1}{x^2} + 2 = 4$$
$$\Rightarrow \quad x^2 + \frac{1}{x^2} = 2 \quad \ldots(i)$$

और
$$\left(x + \frac{1}{x}\right)^3 = (2)^3$$
$$\Rightarrow \quad x^3 + 3x^2.\frac{1}{x} + 3x.\frac{1}{x^2} + \frac{1}{x^3} = 8$$
$$\Rightarrow \quad x^3 + \frac{1}{x^3} + 3\left(x + \frac{1}{x}\right) = 8$$
$$\Rightarrow \quad x^3 + \frac{1}{x^3} + 6 = 8$$
$$\Rightarrow \quad x^3 + \frac{1}{x^3} = 2 \quad \ldots(ii)$$

(i) और (ii) से,

$$\Rightarrow \quad \left(x^2 + \frac{1}{x^2}\right)\left(x^3 + \frac{1}{x^3}\right) = 2 \times 2$$
$$\Rightarrow \quad x^5 + \frac{1}{x} + x + \frac{1}{x^5} = 4$$
$$\Rightarrow \quad \left(x^5 + \frac{1}{x^5}\right) + \left(x + \frac{1}{x}\right) = 4$$
$$\Rightarrow \quad \left(x^5 + \frac{1}{x^5}\right) + 2 = 4$$
$$\Rightarrow \quad x^5 + \frac{1}{x^5} = 2.$$

71. (D): दी गई तालिका से,

2020 से 2022 तक B वातित पेय की निर्माण संख्या में लगातार कमी देखी गई है।

$$\Rightarrow 230 > 210 > 175.$$

72. (C): $\because a^3 - b^3 = (a - b)(a^2 + ab + b^2)$

$$= \frac{(4.2)^3 - 0.008}{(4.2)^2 + 0.84 + 0.04}$$
$$= \frac{(4.2)^3 - (0.2)^3}{(4.2)^2 + 4.2 \times 0.2 + (0.2)^2}$$
$$= \frac{(4.2 - 0.2)[(4.2)^2 + 4.2 \times 0.2 + (0.2)^2]}{(4.2)^2 + 4.2 \times 0.2 + (0.2)^2}$$
$$= (4.2 - 0.2) = 4.$$

73. (D): माना ऋण पर ली गई धनराशि ₹ P है।

तब,
$$\frac{P \times 10 \times 3}{100} + \frac{P \times 15 \times 4}{100} = 2884.50$$
$$\Rightarrow \quad \frac{30\,P}{100} + \frac{60\,P}{100} = 2884.50$$

$\Rightarrow \quad 90P = 2884.50 \times 100$

$\Rightarrow \quad 90P = 288450$

$\Rightarrow \quad P = \frac{28845}{9}$

$\Rightarrow \quad P = 3205$

अतः ऋण पर ली गई धनराशि = P = ₹ 5205.

74. (A): A का 1 दिन का काम $= \frac{1}{25}$

और B का 1 दिन का काम $= \frac{1}{15}$

$\therefore$ B का 10 दिनों का काम $= \frac{10}{15} = \frac{2}{3}$

शेष काम $= 1 - \frac{2}{3} = \frac{1}{3}$

$\because$ A, $\frac{1}{25}$ काम करता है 1 दिन में

$\therefore$ A, $\frac{1}{3}$ काम करता है, $25 \times \frac{1}{3}$ दिन में

$= \frac{25}{3} = 8\frac{1}{3}$ दिन।

75. (D): sin 47° cos 33° – cos 43° sin 57°

= sin (90 – 43°) cos (90 – 57°) – cos 43° sin 57°

= cos 43° sin 57° – cos 43° sin 57°

= 0.

76. (B): विक्रमशिला विश्वविद्यालय की स्थापना पाल शासकों ने की थी। यह विश्वविद्यालय बिहार में स्थित था और बौद्ध शिक्षा का एक महत्वपूर्ण केंद्र था।

77. (C): पढ़यनि केरल राज्य का एक पारंपरिक लोकनृत्य है। यह विशेष रूप से केरल के कुछ भागों में मनाया जाता है और इसमें दैवीय और भूतिया चरित्रों की प्रस्तुतियाँ शामिल होती हैं।

78. (D): थेलेसीमिया एक वंशानुगत रक्त विकार है जो हीमोग्लोबिन जीन को प्रभावित करता है। यह असामान्य हीमोग्लोबिन के निर्माण के कारण अप्रभावी रक्ताणु उत्पत्ति का कारण बनता है।

79. (C): मुरली श्रीशंकर ने कॉमनवेल्थ गेम्स 2022 में लंबी कूद में भारत के लिए पहला रजत पदक जीता। उनकी उपलब्धि ने लंबी कूद में भारत की प्रतिस्पर्धात्मक क्षमता को उजागर किया।

80. (A): लोएस गाद और धूल से बनी मिट्टी का एक प्रकार है। यह उपजाऊ होती है और आमतौर पर पवन द्वारा जमा की जाती है, विशेष रूप से नदी के किनारों और पहाड़ी क्षेत्रों में।

81. (C): बल के आयाम $[MLT^{-2}]$ हैं। यह न्यूटन (N) में मापा जाता है जो कि द्रव्यमान (M) को लंबाई (L) में गुणा करके समय (T) के वर्ग के साथ विभाजित करने पर मिलता है, जो न्यूटन के दूसरे नियम के अनुसार बल की परिभाषा को दर्शाता है।

82. (D): 'सुधार लाना' भारतीय संविधान में उल्लिखित एक मौलिक कर्तव्य नहीं है। मौलिक कर्तव्यों में ऐसे उद्देश्यों का वर्णन होता है जो नागरिकों को समाज के प्रति अपनी जिम्मेदारियों का एहसास दिलाते हैं।

83. (B): जयलक्ष्मी ईश्वर ने भरतनाट्यम शास्त्रीय नृत्य शैली में अपने योगदान के लिए संगीत नाटक अकादमी पुरस्कार 2021 जीता। भरतनाट्यम दक्षिण भारतीय नृत्य की एक प्राचीन शैली है।

84. (D): 1940 के दशक में आणविक ज्यामिति और संयोजकता इलेक्ट्रॉनों की संख्या के बीच संबंध का विचार सिजविक और पॉवेल ने सबसे पहले प्रस्तुत किया था। उनका कार्य रासायनिक बंधों और आणविक संरचना की समझ में महत्वपूर्ण था।

85. (D): टेबल टेनिस में टेबल की ऊपरी सतह की लंबाई 2.74 मीटर होती है। यह अंतरराष्ट्रीय टेबल टेनिस फेडरेशन (ITTF) द्वारा निर्धारित मानक आकार है, जो खेल के लिए आवश्यक शर्तें प्रदान करता है।

86. (A): मानसून में विच्छेद उस स्थिति को कहा जाता है जब दक्षिण-पश्चिम मानसून काल में एक, दो या कई सप्ताह तक वर्षा नहीं होती। इस दौरान, बारिश की अनुपस्थिति के कारण खेती और जल संसाधनों पर व्यापक प्रभाव पड़ता है, जिससे कृषि और जलापूर्ति में संकट उत्पन्न होता है।

87. (C): सुरेंद्रनाथ बनर्जी 1876 में स्थापित इंडियन एसोसिएशन के संस्थापकों में से एक थे। इस संगठन का उद्देश्य भारतीय नागरिकों के बीच जागरूकता बढ़ाना और ब्रिटिश सरकार के सामने उनकी मांगों को प्रस्तुत करना था।

88. (B): भारत सरकार ने पहली बार 2005-06 के बजट में बजटीय आवंटन की लैंगिक संवेदनशीलता को शामिल किया। इस पहल का उद्देश्य वित्तीय निर्णयों में लैंगिक समानता को बढ़ावा देना और सामाजिक-आर्थिक नीतियों में महिलाओं के हितों को संरक्षित करना था।

89. (C): भारतीय अंटार्कटिक अधिनियम, 2022 पृथ्वी विज्ञान मंत्रालय के तहत आता है। इसका लक्ष्य अंटार्कटिका के पर्यावरण और उसके संबंधित पारिस्थितिक तंत्र की रक्षा करना और भारतीय अंटार्कटिका प्राधिकरण की स्थापना करना है, जो इस क्षेत्र में भारत की गतिविधियों का संचालन करेगा।

90. (D): उस्ताद बिस्मिल्लाह खान शहनाई के महान वादक थे। उन्होंने शहनाई को एक शास्त्रीय वाद्य यंत्र के रूप में विश्व स्तर पर मान्यता दिलाई और इस वाद्य यंत्र के माध्यम से भारतीय संगीत की अमिट छाप छोड़ी।

91. (B): 2022 में कर्नाटक राज्य ने रॉबिन उथप्पा को ब्रेन हेल्थ इनिशिएटिव का ब्रांड एंबेसडर नियुक्त किया। यह पहल मस्तिष्क स्वास्थ्य और जागरूकता को बढ़ावा देने के लिए थी, जिसमें उथप्पा की लोकप्रियता और प्रभाव का उपयोग किया गया।

92. (D): गान-नगाई उत्सव मुख्य रूप से भारत के उत्तर-पूर्वी हिस्से में मनाया जाता है, विशेष रूप से मणिपुर में। यह उत्सव जानजातीय समुदायों द्वारा मनाया जाता है और यह उनकी सांस्कृतिक विरासत और परंपराओं को दर्शाता है।

93. (D): तंबाकू और तंबाकू पदार्थ वे पदार्थ हैं, जिनके लिए भारत में वस्तु एवं सेवा कर (GST)और केंद्रीय उत्पादन कर दोनों लगेंगे। इससे इन पदार्थों पर कराधान की दोहरी प्रणाली स्थापित होती है।

94. (D): भारत सरकार के विद्युत मंत्रालय के अनुसार, मार्च 2023 तक भारत का सबसे बड़ा ऊर्जा स्रोत कोयला है। कोयला बिजली उत्पादन में प्रमुख ईंधन के रूप में कार्य करता है और देश की ऊर्जा जरूरतों का एक बड़ा हिस्सा पूरा करता है।

95. (A): भारत में, वित्तीय वर्ष 1 अप्रैल से 31 मार्च तक चलता है। यह अवधि सरकारी खातों और वित्तीय लेनदेन के लिए मानक समय फ्रेम है, जिसके दौरान वार्षिक बजट प्रस्तुत और क्रियान्वित किया जाता है।

96. (A): भारतीय संविधान में उल्लेखित मौलिक अधिकारों का उद्देश्य राजनीतिक लोकतंत्र की स्थापना करना है। मौलिक अधिकार नागरिकों को व्यक्तिगत स्वतंत्रता, समानता, और धर्म की स्वतंत्रता सहित अन्य अधिकार प्रदान करते हैं, जिससे लोकतांत्रिक सिद्धांतों का संरक्षण और संवर्धन होता है।

97. (C): 2011 की जनगणना के अनुसार, हरियाणा राज्य का लिंगानुपात सबसे कम था। हरियाणा में प्रति 1000 पुरुषों पर महिलाओं की संख्या अत्यंत कम थी, जो लिंग आधारित असमानता की ओर इशारा करता है।

98. (D): स्थायी बंदोबस्त जब बंगाल में ईस्ट इंडिया कंपनी द्वारा राजस्व संग्रहण के लिए लागू किया गया था, तब भारत के गवर्नर जनरल लॉर्ड कॉर्नवालिस थे। यह प्रणाली जमीन के मालिकों को तयशुदा राजस्व ब्रिटिश सरकार को देने की व्यवस्था थी।

99. (C): मुद्रा की पूर्ति के इन मापों में से M3 को समस्त मौद्रिक संसाधन कहा जाता है। M3 में M1 (नकद, डिमांड डिपॉजिट, और अन्य तत्काल निकासी योग्य जमाएं) और समय जमाएं शामिल होती हैं, जो व्यापक मौद्रिक आपूर्ति का संकेत देती हैं।

100. (C): समाजशास्त्री जान ब्रेमन ने प्रबल वर्ग से संबंधित जमींदारों और निम्न जाति से संबंधित कृषि मजदूरों के बीच संबंधों की प्रकृति में बदलाव को संरक्षण से शोषण के रूप में वर्णित किया। यह वर्णन सामाजिक और आर्थिक संबंधों में हुए परिवर्तनों को दर्शाता है।

पिछले प्रश्न-पत्र (हल सहित)

SSC-संयुक्त हायर सेकेन्डरी स्तर–CHSL (10+2) Tier–1, ऑनलाइन भर्ती परीक्षा–2022

(Exam held on 20-03-2023)

ENGLISH LANGUAGE

1. Choose the option that is the correct direct form of the sentence.

She said, since it was evening, she had to go for a run.

A. She said, "It is evening I must ran."
B. She said, "It is evening I must go for a run."
C. She said, "It is evening I should go for a run."
D. She said, "It is evening I might go for a run."

2. Some parts of one or more sentences have been jumbled up, and labelled (*a*), (*b*), (*c*) and (*d*). Select the option that gives the correct sequence in which these parts can be rearranged to form a meaningful and grammatically correct sentence.

Their approach sensitized
(*a*) of it. Similarly, behind them, in the halls,
(*b*) flicked on when they came within ten feet
(*c*) a switch somewhere and the nursery light
(*d*) lights went on and off as they left them behind, with a soft automaticity.

A. (*d*), (*c*), (*b*), (*a*) B. (*b*), (*a*), (*d*), (*c*)
C. (*c*), (*b*), (*a*), (*d*) D. (*b*), (*c*), (*a*), (*d*)

3. Fill in the blank with an appropriate option.

______ threats to elephants requires public and political will to take action.

A. Stagnating B. Addressing
C. Perplexing D. Dignifying

4. Choose the word that can substitute the given group of words.

One who does not express oneself freely

A. Pessimist B. Erudite
C. Introvert D. Skeptic

5. Choose the incorrectly spelt word.

A. FITTER B. COURSE
C. COURIER D. WASSE

6. Select the most appropriate meaning of the given idiom.

Save your breath

A. To be resentful
B. To hold one's anger
C. To work hard
D. To make an effort that will be futile

7. Some parts of a few sentences have been jumbled up, and labelled (*a*), (*b*), (*c*) and (*d*). Select the option that gives the correct sequence in which these parts can be rearranged to form a meaningful and grammatically correct sentence.

My years in my father's house
(*a*) would have been unbearable had
(*b*) the feel of his hand clutching mine, his
(*c*) I not had my brother. I never forgot
(*d*) refusal to abandon me. Perhaps he and I would have been close even otherwise.

A. (*b*), (*c*), (*d*), (*a*) B. (*a*), (*c*), (*b*), (*d*)
C. (*d*), (*b*), (*c*), (*a*) D. (*c*), (*b*), (*d*), (*a*)

8. Choose the word that can substitute the given group of words.

A person who has given up their beliefs

A. Crusade B. Misanthrope
C. Apostate D. Versatile

9. Choose the correctly spelt word.

A. CAMOFLAGUE B. PSEUDONYM
C. TABBOO D. TEMPORERY

10. Select the word that is closest in meaning (SYNONYM) to the word given below.

DEPRESSED

A. NOISY B. STURDY
C. DYNAMIC D. DOLEFUL

11. Parts of the following sentence are given as options. Identify the part that contains a grammatical error. If there is no error, select 'No error'.

That will truly/been a milestone to/celebrate.

A. been a milestone to
B. No error
C. celebrate.
D. That will truly

12. Parts of the following sentence are given as options. Identify the part that contains a grammatical error. If there is no error, select 'No error'.

Shyam, so good with weapons, fail to find the words/to tell him that everything he'd done/ so far, all the compromises he'd made, had been for love.

A. to tell him that everything he'd done
B. No error
C. Shyam, so good with weapons, fail to find the words
D. so far, all the compromises he'd made, had been for love.

13. Choose the word that is opposite in meaning to the given word.

Abduct

A. Hijack B. Impress
C. Sociable D. Redeem

14. Fill in the blank with an appropriate option.

Participants were ______ a meal of steak and French fries under dim light.

A. served B. cured
C. calmed D. nerved

15. The given sentence is in active voice. Change the voice of the sentence. Select the correct option from the sentences given in options.

Vasant has delivered the speech.

A. Vasant delivers the speech on time.
B. The speech was timely delivered by Vasant.
C. The speech was delivered by Vasant.
D. The speech has been delivered by Vasant.

16. Select the word that is closest in meaning (SYNONYM) to the word given below.

THRIFTY

A. GENEROUS B. WASTEFUL
C. EXTRAVAGANT D. PRUDENT

17. Choose the word that means the same as the given word.

Faddish

A. Phony B. Barge
C. Unpopular D. Fashionable

18. Select the most appropriate option to fill in the blank.

In the early autumn fierce fighting took place, the ______ Serbians bearing a prominent part.

A. unabashed B. gallant
C. cowardly D. bore

19. Select the most appropriate meaning of the given idiom.

Burn your bridges

A. To disclose a secret
B. To eliminate the possibility of return or retreat
C. To be puzzled
D. To have a fight

20. Select the most appropriate 'one word' for the expression given below.

A person who can speak multiple languages.

A. Spire B. Polyglot
C. Intestate D. Minaret

Directions (Qs. No. 21-25): *In the following passage some words have been deleted. Fill in the blanks with the help of the alternatives given. Select the most appropriate option for each number.*

The man with the shotgun __(1)__ the guard to his knees. He handed up the shotgun to his partner and yanked the guard's wrists up behind his back and locked __(2)__ together with a pair of handcuffs. He __(3)__ him onto the floor with a kick between the shoulder blades. Then he took his shotgun back and __(4)__ to the security gate at the end of the counter. He was short and heavy and moved with peculiar slowness. "Buzz him __(5)__," his partner said.

21. Select the most appropriate option to fill in the blank No. 1.

A. motivated B. pushed
C. swayed D. steered

22. Select the most appropriate option to fill in the blank No. 2.

A. them B. it
C. these D. that

23. Select the most appropriate option to fill in the blank No. 3.

A. placed B. ascended
C. toppled D. straightened

24. Select the most appropriate option to fill in the blank No. 4.

A. went over B. went under
C. went along D. went besides

25. Select the most appropriate option to fill in the blank No. 5.

A. to B. in
C. with D. on

सामान्य बुद्धिमत्ता

26. निम्नलिखित प्रश्न में, दी गई शृंखला से लुप्त संख्या को चुनिए।

46, 93, 187, 375, ?

A. 750 B. 749
C. 761 D. 751

27. उस आकृति को चुनिए जो निम्नलिखित आकृति शृंखला में अगले स्थान पर आएगी।

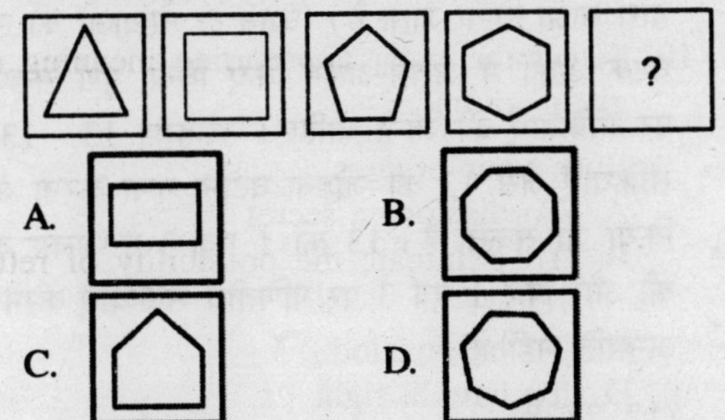

28. चार शब्द दिए गए हैं, जिनमें से तीन किसी प्रकार से समान हैं और एक अलग है। उस शब्द को चुनिए जो बाकियों से अलग है।

A. दार्जिलिंग
B. हिमाचल प्रदेश
C. मध्य प्रदेश
D. महाराष्ट्र

29. दिए गए कथनों और निष्कर्षों को ध्यानपूर्वक पढ़ें। यह मानते हुए कि कथनों में दी गई जानकारी सत्य है, चाहे वह ज्ञात तथ्यों से असंगत हो, निर्धारित करें कि कौन-सा/से निष्कर्ष कथनों का तर्किक रूप से अनुसरण करता/ते है/हैं?

I. सभी पुरुष स्त्री हैं।
II. कुछ स्त्रियाँ वृद्ध हैं।
I. सभी पुरुष वृद्ध हैं।
II. कुछ पुरुष वृद्ध हैं।

A. I और II दोनों अनुसरण करते हैं।
B. केवल I अनुसरण करता है।
C. न तो I न ही II अनुसरण करता है।
D. केवल II अनुसरण करता है।

30. निम्नलिखित प्रश्न में दिए गए विकल्पों में से संबंधित अक्षरों को चुनिए।

AGHL : CIJN :: DQMZ : ?

A. ESOB B. FSOB
C. FSBO D. XSOP

31. यदि एक दर्पण को रेखा AB पर रखा जाए, तो विकल्प आकृतियों में से कौन-सी आकृति प्रश्न आकृति का सही प्रतिबिंब होगी?

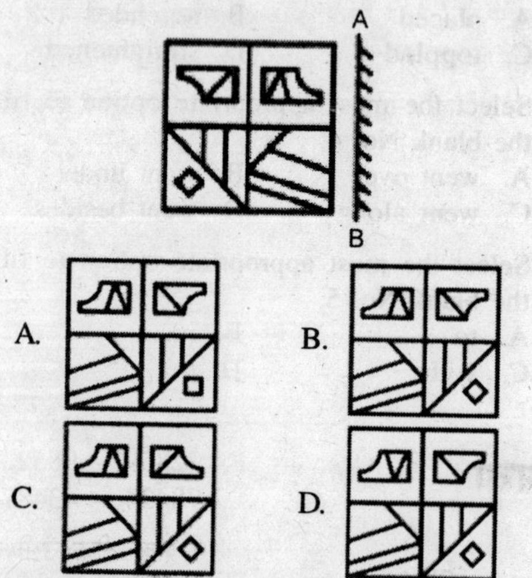

32. उस विकल्प का चयन करें जो चौथी संख्या से उसी प्रकार संबंधित है जैसे पहली संख्या दूसरी संख्या से संबंधित है और पांचवी संख्या छठी संख्या से संबंधित है।

432 : 111 :: ? : 320 :: 549 : 228

A. 591 B. 831
C. 641 D. 761

33. विकेटों की कुल संख्या कितनी है?

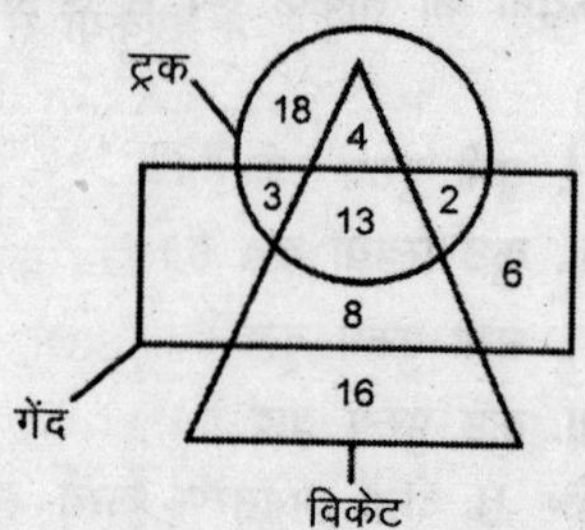

(Truck : ट्रक, Ball : गेंद, Wicket : विकेट)

A. 41 B. 17
C. 22 D. 21

34. यदि 12 @ 2 = 145 और 15 @ 2 = 226, तो 24 @ 2 = ?

A. 676 B. 577
C. 576 D. 575

35. एक खास कूट भाषा में, 'LANDS' को '10' और 'TRAM' को '13' लिखा जाता है। उस कूट भाषा में 'TASTE' को कैसे लिखा जाएगा?

A. 12 B. 15
C. 17 D. 13

36. दिए गए शब्दों को शब्दकोश के क्रमानुसार व्यवस्थित करें।

1. Flight 2. Fly
3. Fan 4. Finance
5. Fighter

A. 3, 5, 4, 2, 1
B. 3, 4, 5, 2, 1
C. 3, 4, 5, 1, 2
D. 3, 5, 4, 1, 2

37. (::) के बायीं ओर दिए गए शब्द आपस में किसी तर्क/नियम/संबंध द्वारा संबंधित हैं। समान तर्क/नियम/संबंध के आधार पर दिए गए विकल्पों में से (::) के दाईं ओर लुप्त शब्द/शब्द युग्म को चुनिए।

कार : वाहन :: ?

A. स्टेशनरी : कलम
B. पेशा : शिक्षक
C. टेबल : फर्नीचर
D. आकृति : त्रिभुज

38. उस विकल्प को चुनिए जिसमें समुच्चय की संख्याएँ वही संबंध साझा करती है जो दिए गए समुच्चय में संख्याओं द्वारा साझा किया जाता है। (ध्यान दें: संख्याओं को उनके घटक अंकों में अलग-अलग किए बिना, पूर्ण संख्याओं पर संक्रियाएँ की जानी चाहिए। उदाहरण 13 – 13 पर संक्रियाएँ जैसे 13 को जोड़ना/घटाना/गुणा करना आदि किया जा सकता है। 13 को 1 एवं 3 में अलग करने की और फिर 1 एवं 3 पर गणितीय संक्रियाएँ करने की अनुमति नहीं है)

(12, 28, 8)
(72, 48, 12)

A. (63, 36, 17) B. (97, 55, 24)
C. (119, 29, 55) D. (108, 58, 25)

39. दी गई आकृति में कितने चतुर्भुज हैं?

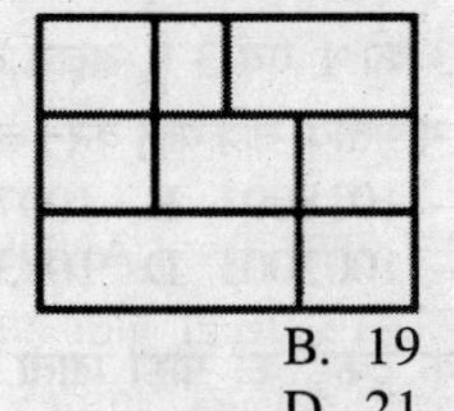

A. 18 B. 19
C. 22 D. 21

40. यदि T + U का अर्थ है T, U की माता है; T – U का अर्थ है T, U का पति है; T ÷ U का अर्थ है कि T, U का पुत्र है और T × U का अर्थ है T, U की बहन है।

तो M ÷ N + O – P, P के साथ N के किस संबंध को दर्शाता है?

A. ससुर B. बेटी
C. सास D. बहन

41. दी गई दो संख्याओं (अंकों को नहीं) को आपस में बदलने पर व्यंजक (I) और (II) के क्रमशः मान क्या होंगे?

6 और 9

I. 9 ÷ 3 × 4 – 6 + 5
II. 9 + 3 ÷ 2 × 4 – 6

A. 3 और 4 B. 9 और 10
C. 10 और 9 D. 4 और 3

42. यदि रेखा AB पर एक दर्पण रखा जाए, तो विकल्प आकृतियों में से कौन-सी आकृति प्रश्न आकृति का सही प्रतिबिंब होगी?

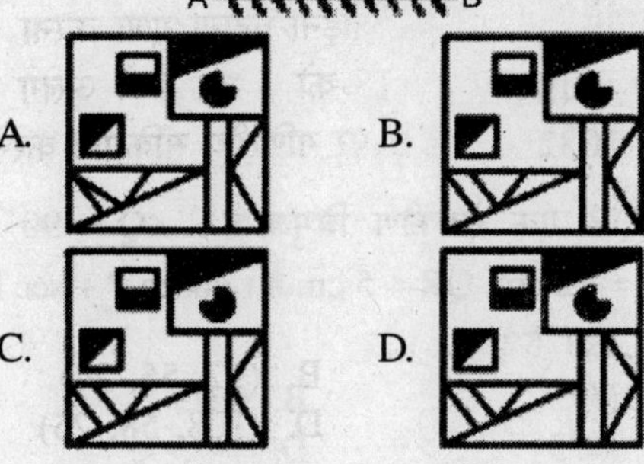

43. अक्षरों के उस संयोजन को चुनिए जिसे दी गई श्रृंखला के रिक्त स्थानों में क्रमिक रूप से रखने पर श्रृंखला पूरी हो जाएगी।

_ _ y x _ x x y _ z

A. xxzx B. xyzx
C. xyxy D. xxxy

44. निम्नलिखित प्रश्न में चार संख्या युग्म दिए गए हैं। प्रत्येक युग्म में (–) के बायीं ओर की संख्या (–) के दायीं ओर की संख्या से किसी तर्क/नियम/संबंध से संबंधित है। समान तर्क/नियम/संबंध के आधार पर तीन युग्म समान हैं। दिए गए विकल्पों में से अलग युग्म को चुनिए। (ध्यान दें: संख्याओं को उनके घटक अंकों में अलग-अलग किए बिना, पूर्ण संख्याओं पर संक्रियाएँ की जानी चाहिए। उदाहरण 13 – 13 पर संक्रियाएँ जैसे 13 को जोड़ना/घटाना/गुणा करना आदि किया जा सकता है। 13 को 1 एवं 3 में अलग करने की और फिर 1 एवं 3 पर गणितीय संक्रियाएँ करने की अनुमति नहीं है)

A. 58299 – 99285 B. 32859 – 98523
C. 63942 – 24936 D. 78434 – 43487

45. उस शब्द युग्म को चुनिए जिसमें शब्द ठीक उसी तरह संबंधित हैं जिस तरह नीचे दिए गए युग्म में शब्द एक-दूसरे से संबंधित हैं :

दही : दूध :: ?

A. फर्नीचर : लकड़ी B. लुगदी : कागज
C. बाल : काले D. अयस्क : धातु

46. दिए गए अक्षर-समूहों में से, तीन किसी प्रकार समान हैं। हालाँकि, एक अक्षर-समूह अन्य तीन के समान नहीं है। उस अक्षर-समूह को चुनिए जो बाकियों से अलग है।

A. AZ B. CX
C. MP D. FU

47. दी गई आकृति के सही दर्पण प्रतिबिंब को चुनिए जब दर्पण को उस आकृति के दाई ओर रखा जाता है।

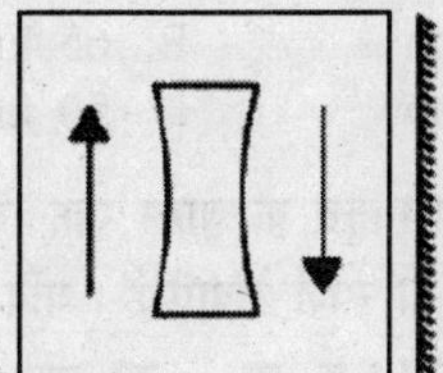

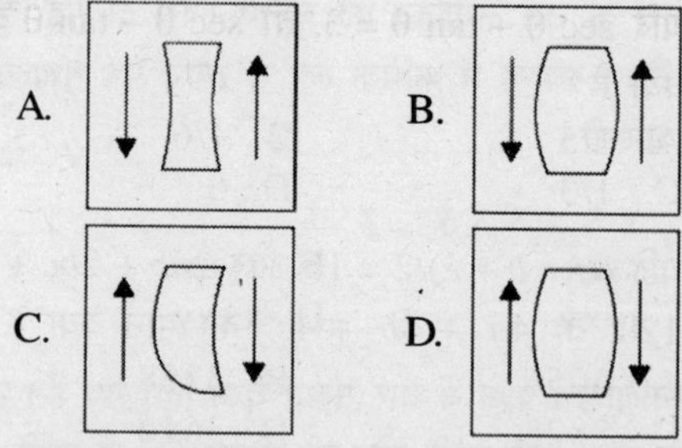

48. एक खास कूट भाषा में, 'LOVING' को 'HOJWPM' लिखा जाता है और 'EAGLE' को 'FMHBF' लिखा जाता है। उस भाषा में 'TRUTHFUL' को कैसे लिखा जाएगा?

A. SQTSGETK B. USVUIGVM
C. KTEGSTQS D. MVGIUVSU

49. निम्नलिखित प्रश्न में चार संख्यायुग्म दिए गए हैं। प्रत्येक युग्म में (–) के बायीं ओर की संख्या (–) के दायीं ओर की संख्या से कुछ तर्क/नियम/संबंध के आधार पर संबंधित है। इस समान तर्क/नियम/संबंध के आधार पर इनमें से तीन युग्म समान हैं। दिए गए विकल्पों में से अलग युग्म को चुनिए। (ध्यान दें: संख्याओं को उनके घटक अंकों में अलग-अलग किए बिना, पूर्ण संख्याओं पर संक्रियाएँ की जानी चाहिए। उदाहरण 13 – 13 पर संक्रियाएँ करना जैसे 13 को जोड़ना/घटाना/गुणा करना आदि किया जा सकता है। 13 को 1 एवं 3 में अलग करने की और फिर 1 एवं 3 पर गणितीय संक्रियाएँ करने की अनुमति नहीं है)

A. 1009 – 1018091 B. 1007 – 1014049
C. 1001 – 1002001 D. 1003 – 1006009

50. कागज के एक टुकड़े को मोड़ा जाता है और उसमें छेद किया जाता है, जैसा कि नीचे प्रश्न आकृतियों में दिखाया गया है। दी गई उत्तर आकृतियों में से बताइए कि खोले जाने के बाद वह किस उत्तर आकृति के समान दिखाई देगी?

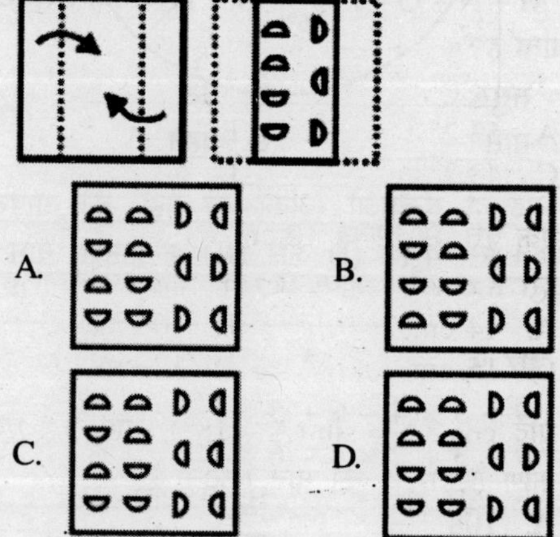

संख्यात्मक अभियोग्यता

51. यदि दो समरूप त्रिभुजों के क्षेत्रफल 36 : 121 के अनुपात में हैं, तो उनकी संगत भुजाओं का अनुपात क्या है?

A. 6 : 11 B. 6 : 5
C. 11 : 5 D. 5 : 12

52. दो कारों की चाल के बीच का अनुपात 5 : 7 है। यदि पहली कार 4 घंटे में 200 km गति करती है, तो दूसरी कार की चाल क्या है?

A. 70 kmph B. 65 kmph
C. 60 kmph D. 50 kmph

53. A, O केंद्र वाले वृत्त के बाहर एक बिंदु है। AP और AO वृत्त की दो स्पर्श रेखाएँ हैं। यदि $AP = a^2 + 14$ और AQ = 239 है, तो a का मान क्या है?

A. 13 B. 15
C. 22 D. 14

54. यदि $a - b = 8$ और $4ab = 84$, तो $3a^3 - 3b^3$ का मान क्या है?

A. 1018
B. 1016
C. 3048
D. 2032

55. ΔPQR एक समकोण त्रिभुज है। ∠Q = 90 डिग्री, PQ = 12 cm, QR = 5 cm है। cosec P + sec R का मान क्या है?

A. 26/5 B. 13/5
C. 18/5 D. 14/5

56. नीचे दिए गए वृत्त आलेख में राज्य के अनुसार किसी ऐप के उपयोगतर्काओं का प्रतिशत दर्शाया गया है। राजस्थान के लिए केंद्रीय कोण कितना है?

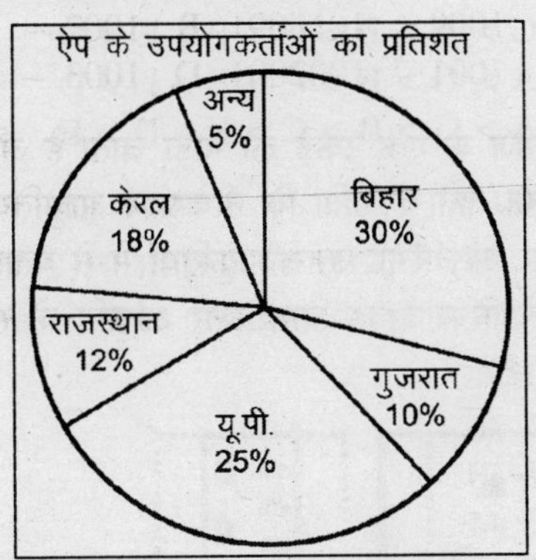

A. 53.2° B. 63.5°
C. 43.2° D. 44.2°

57. एक वृत्त की त्रिज्या 10 cm है। केंद्र से जीवा PQ की दूरी 8 cm है। जीवा PQ की लंबाई कितनी है?

A. 14 cm B. 16 cm
C. 15 cm D. 12 cm

58. यदि cos 3A = sin (A – 18°), जहाँ 3A एक न्यून कोण है, तो A का मान कितना है?

A. 108° B. 110°
C. 27° D. 54°

59. R, P और K का औसत भार 40 kg है। यदि P और K का औसत भार 45 kg है और R और K का औसत भार 35 kg है, तो K का भार कितना है?

A. 120 kg B. 70 kg
C. 40 kg D. 90 kg

60. दो संख्याओं का अनुपात 3 : 8 है और उनका योग 88 है। छोटी संख्या का मान क्या है?

A. 36 B. 24
C. 64 D. 11

61. $\left(2+\frac{1}{p}\right)^2$ का विस्तृत रूप क्या है?

A. $2+\frac{2}{p}+\frac{1}{p^2}$ B. $4+\frac{2}{p}+\frac{1}{p^2}$

C. $4+\frac{4}{p}+\frac{1}{p^2}$ D. $2+\frac{4}{p}+\frac{1}{p^2}$

62. यदि sec θ + tan θ = 3, तो sec θ – tan θ का मान क्या है?

A. 1/5 B. 1/6
C. 1/3 D. 6

63. यदि $(a + b + c)/2 = 16$ और $2ab + 2bc + 2ca = 120$, तो $4a^2 + 4b^2 + 4c^2$ का मान क्या है?

A. 3056 B. 3368
C. 2828 D. 3616

64. यदि किसी उत्पाद की कीमत में पहले 15% की वृद्धि हो जाती है और फिर 20% की कमी की जाती है, तो कीमत में कितने प्रतिशत परिवर्तन होता है?

A. 5% की कमी B. 8% की वृद्धि
C. 8% की कमी D. 5% की वृद्धि

65. नीचे दिए गए वृत्त आलेख में छः स्कूलों में लड़कियों की संख्या को दर्शाया गया है। इन सभी छः स्कूलों में लड़कियों की कुल संख्या 9000 है। एक विशिष्ट स्कूल में लड़कियों की संख्या को इन सभी छः स्कूलों में लड़कियों की कुल संख्या के प्रतिशत के रूप में दर्शाया गया है।

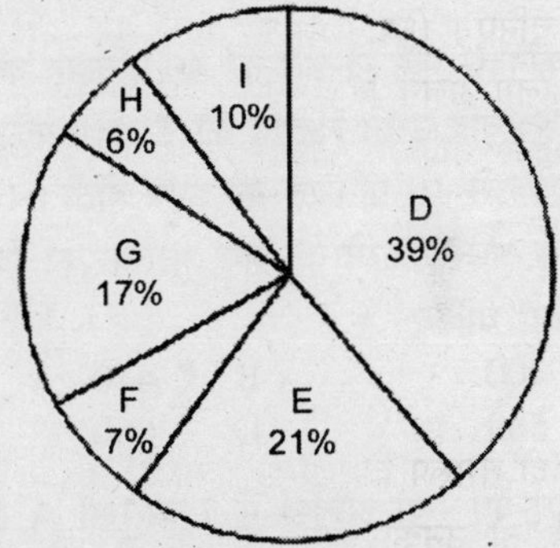

स्कूल D में लड़कियों की संख्या स्कूल I में लड़कियों की संख्या का कितना प्रतिशत है?

A. 39 प्रतिशत B. 29 प्रतिशत
C. 390 प्रतिशत D. 290 प्रतिशत

66. केंद्र O और व्यास 9.8 mm वाले एक वृत्त की परिधि की लंबाई कितनी है?

A. 4.9π mm B. 8.8π mm
C. 9.8π mm D. 4.8π mm

67. उस घनाभ का आयतन कितना है जिसकी भुजा की लंबाई 6 meter है?

A. 216 cubic meter
B. 36 cubic meter
C. 120 cubic meter
D. 208 cubic meter

68. एक कुर्सी का अंकित मूल्य ₹ 1600 है। 10 प्रतिशत और x प्रतिशत के दो क्रमागत बट्टे देने के पश्चात् कुर्सी ₹ 1368 में बेची जाती है। यहाँ x का मान क्या है?

A. 4 B. 8
C. 7 D. 5

69. यदि $\frac{1}{4}$ of $\frac{4}{5}+\frac{9}{2}$ of $\frac{17}{3}-\frac{3}{10}=p$, तो p का मान क्या है?

A. 255/2 B. 127/5
C. 177/5 D. 51/2

70. उन सभी तीन अंकों की संख्या का योग क्या है जो 20 से विभाज्य हैं?

A. 25800
B. 24300
C. 21400
D. 22500

71. एक दुकानदार एक किताब को 40 प्रतिशत की हानि पर बेचता है। यदि उसने किताब को ₹ 120 अधिक में बेचा होता, तो उसे 10 प्रतिशत की हानि होती। 10 प्रतिशत का लाभ अर्जित करने के लिए, पुस्तक का विक्रय मूल्य क्या होना चाहिए?

A. ₹ 400 B. ₹ 440
C. ₹ 500 D. ₹ 650

72. नीचे दिए गए रेखा आलेख में 7 वस्तुओं A, B, C, D, E, F और G के अंकित मूल्य (marked price) और बट्टे (discount) के मूल्य को दर्शाया गया है।

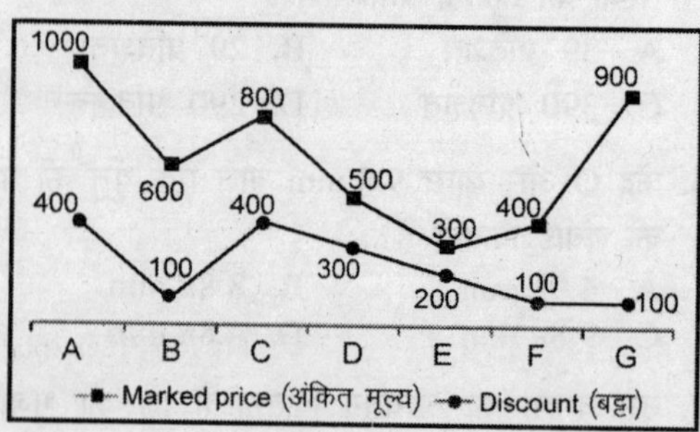

विक्रय मूल्य = अंकित मूल्य – बट्टा

वस्तु A, B, C, D, E, F और G के विक्रय मूल्य के संबंध में निम्नलिखित में से कौन-सा क्रम सही है?

A. G > A > B > C > F > D > E
B. G > A > B > C > F > E > D
C. A > G > B > C > F > E > D
D. A > G > B > C > F > D > E

73. ₹ 2000 की धनराशि पर 3 वर्ष के लिए 7% वार्षिक दर पर और ₹ 3200 की धनराशि पर 2 वर्ष के लिए 6% वार्षिक दर पर साधारण ब्याज के बीच कितना अंतर होगा?

A. ₹ 36
B. ₹ 30
C. ₹ 44
D. ₹ 40

74. एक निश्चित संख्या में कुछ व्यक्ति किसी कार्य को 90 दिनों में पूरा कर सकते हैं। यदि 10 व्यक्ति कम कर दिए जाएँ, तो कार्य पूरा होने में 10 दिन अधिक लगेंगे। शुरुआत में व्यक्तियों की कुल संख्या ज्ञात कीजिए।

A. 85
B. 100
C. 90
D. 110

75. एक चॉकलेट (Chocolate) कंपनी तीन अलग-अलग प्रकार की चॉकलेट (three different kind of chocolate) — X, Y और Z बनाती है। पाँच वर्षों (Years) की अवधि में X, Y और Z का उत्पादन (Production) दंड आलेख में दर्शाया गया है। वर्ष 2017 और 2018 में Z का कुल उत्पादन, वर्ष 2020 और 2021 में X के कुल उत्पादन का कितना प्रतिशत है?

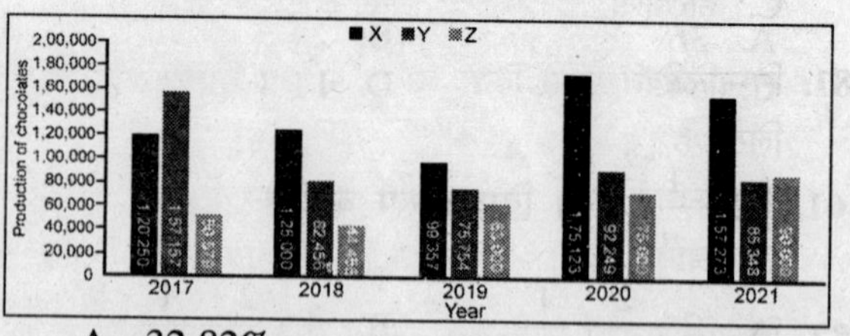

A. 32.82%
B. 45.68%
C. 28.59%
D. 86.67%

सामान्य सचेतता

76. निम्नलिखित में से किसने सर्वश्रेष्ठ ''डॉक्यूमेंट्री (फीचर)'' के लिए ऑस्कर 2022 जीता?
A. समर ऑफ सोल B. अट्टिका
C. राइटिंग विथ फायर D. फ्ली

77. फ्रेंच ओपन 2022 में पुरुष एकल का खिताब किसने जीता था?
A. राफेल नडाल B. नोवाक जोकोविच
C. स्टेन वावरिका D. कार्लोस अल्कराज

78. भारतीय नौसेना ने अक्टूबर 2022 में ______ की नौसेना के साथ जहाजों के बारे में जानकारी के आदान-प्रदान के लिए व्हाइट शिपिंग इंफामेंशन एक्सचेंज (व्हाइट शिपिंग सूचना विनिमय) के अनुबंध पर हस्ताक्षर किए।
A. इंग्लैंड B. ब्राजील
C. फ्रांस D. न्यूजीलैंड

79. 2022 की स्थिति के अनुसार, निम्नलिखित में से कौन-सा महाराष्ट्र का आधिकारिक खेल है?
A. मलखंब (Mallakhamb)
B. रेत की मूर्तियां (Sand sculptures)
C. दही-हांडी (Dhai-handi)
D. कलरीपायट्टू (Kalaripayattu)

80. केंद्रीय युवा कार्यक्रम एवं खेल मंत्री, श्री अनुराग सिंह ठाकुर ने अक्टूबर, 2022 में ______ में एक वाटर स्पोर्ट्स सेंटर का उद्घाटन किया है।
A. हिमाचल प्रदेश B. राजस्थान
C. हरियाणा D. आंध्र प्रदेश

81. निम्नलिखित में से किस लेखक ने ''द लिविंग माउंटेन'' लिखी है?
A. कबीर बेदी B. नितिन गोखले
C. अनिंद्य दत्ता D. अमिताव घोष

82. निम्नलिखित में से किसका उत्तरी भाग सह्याद्री के नाम से भी जाना जाता है?
A. सतपुड़ा पर्वतमाला B. विंध्य पर्वतमाला
C. पश्चिमी घाट D. पूर्वी घाट

83. एक बैंक जिसकी प्रदत्त पूंजी ______ और उससे अधिक है, वह आरबीआई अधिनियम 1934 (RBI Act 1934) में सूचीबद्ध किए अनुसार अनुसूचित बैंक श्रेणी के लिए अर्हता प्राप्त करता है।
A. ₹ 4 लाख B. ₹ 5 लाख
C. ₹ 2 लाख D. ₹ 1 लाख

84. हाइड्रा, जंतु जगत के निम्नलिखित में से किस संघ का उदाहरण है?
A. पोरिफेरा B. सीलेन्टरेटा
C. निमेटोडा D. प्लेटीहेल्मिन्थीज

85. टीपू सुल्तान के शासन के दौरान निम्नलिखित विकल्पों में से राजधानी कौन-सी थी?
A. नजाराबाद (Nazarabad)
B. मैसूर (Mysore)
C. मंगलौर (Mangalore)
D. श्रीरंगपट्टणम् (Seringapatam)

86. ______ नृत्य भारत के अधिकांश अन्य नृत्यों की तुलना में अंतर्मुखी और संयमित है– कलाकार कभी भी दर्शकों से सीधे आँखें नहीं मिलाता है।
A. कुचिपुड़ी B. कथकली
C. भरतनाट्यम D. मणिपुरी

87. ''एक्सरसाइज पिच ब्लैक 22'' नामक एक बहुपक्षीय रक्षा अभ्यास की मेजबानी ______ ने की है।
A. दक्षिण कोरिया B. जापान
C. ऑस्ट्रेलिया D. भारत

88. ''शाही स्नान' नाम का विशेष पारंपरिक स्नान निम्नलिखित में से किस त्योहार का एक प्रमुख कार्यक्रम है?
A. तीज B. होली
C. दिवाली D. कुंभ मेला

89. अंतरिक्ष से प्रवेश करने पर उल्कापिंड वायुमंडल की किस परत में जल जाते हैं?
A. मध्यमंडल (Mesosphere)
B. बाह्य वायुमंडल (Thermosphere)

C. समताप मंडल (Stratosphere)

D. बहिर्मंडल (Exosphere)

90. निम्नलिखित में से कौन-सा वसा में घुलनशील विटामिन है?

A. विटामिन D B. विटामिन B2

C. विटामिन B4 D. विटामिन C

91. हिमालय की नदियों के "प्रवाह के भाग– विशेषता" का निम्नलिखित में से कौन-सा युग्म सही है?

I. ऊपरी भाग (Upper course) – विसर्प

II. निचला भाग (Lower course) – गोखुर झील

A. केवल I

B. केवल II

C. न तो I और न ही II

D. I और II दोनों

92. निम्नलिखित में से कौन-सा एक इनपुट डिवाइस है?

A. स्पीकर B. कीबोर्ड

C. प्लॉटर D. प्रिंटर

93. निम्नलिखित में से किसने सिंगापुर ओपन 2022 सुपर 500 ट्रॉफी जीती?

A. आया ओहोरी B. वांग जी यी

C. पी.वी. सिंधु D. साइना कावाकामी

94. _______ विजयनगर साम्राज्य की राजधानी थी।

A. हम्पी B. मगध

C. कांची D. कल्याणी

95. RPG का विस्तृत रूप (पूर्ण रूप) क्या है?

A. रिपोर्ट प्रोग्राम जनरेटर (Report Program Generator)

B. रैनडम प्रोग्राम जनरेटर (Random Program Generator)

C. रिपोर्ट प्रोसेस जनरेटर (Report Process Generator)

D. रैनडम प्रोसेस जनरेटर (Random Process Generator)

96. निम्नलिखित में से नदियों और सहायक नदियों का कौन-सा युग्म गलत है?

A. सिंधु – झेलम

B. गोदावरी – मंजीरा

C. यमुना – टोंस

D. चंबल – राप्ती

97. निम्नलिखित में से किस बैंक ने अक्टूबर, 2022 में भारत के छः राज्यों में "ग्राम सेवा कार्यक्रम (Gram Seva Program)" शुरू किया था?

A. भारतीय औद्योगिक ऋण और निवेश निगम

B. भारतीय रिजर्व बैंक

C. हाउसिंग डेवलपमेंट फाइनेंस कॉर्पोरेशन

D. भारतीय स्टेट बैंक

98. भारतीय संविधान के भाग V अध्याय II में निम्नलिखित में से कौन-से उपबंध शामिल नहीं है?

A. संसद में चर्चा पर निर्बन्धन

B. कुछ दशाओं में संसद के दोनों सदनों की संयुक्त बैठक

C. संसद में प्रयोग की जाने वाली भाषा

D. ससंद के विश्रांतिकाल के दौरान अध्यादेश प्रख्यापित करने की राष्ट्रपति की शक्ति

99. निम्नलिखित में से कौन एक सपाट अस्थि है?

A. श्रोणि की अस्थियाँ B. पसलियां

C. कलाई की अस्थियाँ D. टखने की अस्थियाँ

100. अनुच्छेद 371(क) निम्नलिखित में से किस राज्य के संबंध में विशेष उपबंध से संबंधित है?

A. सिक्किम B. नगालैंड

C. मणिपुर D. असम

उत्तरमाला

1. (B)	**2. (C)**	**3. (B)**	**10. (D)**	**11. (A)**	**12. (C)**
4. (C)	**5. (D)**	**6. (D)**	**13. (D)**	**14. (A)**	**15. (D)**
7. (B)	**8. (C)**	**9. (B)**	**16. (D)**	**17. (D)**	**18. (B)**

19. (B) **20. (B)** **21. (B)**
22. (A) **23. (C)** **24. (A)**
25. (B)

26. (D):

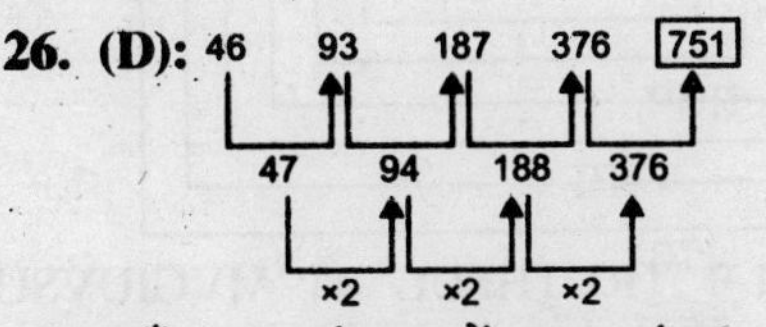

यहाँ, ? = शृंखला में लुप्त संख्या = 751.

27. (D) **28. (A)**

29. (C): दिए गए कथन के अनुसार

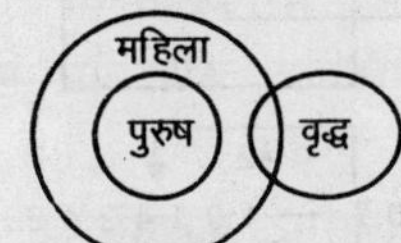

I. सभी पुरुष वृद्ध हैं।
II. कुछ पुरुष वृद्ध हैं।
यहाँ, न ही I और न ही II अनुसरण करता है।

30. (B): A G H L $\xrightarrow{+2}$ C I J N

इसी प्रकार, D Q M Z $\xrightarrow{+2}$ F S O B

$\therefore$ AGHL : CIJN :: DQMZ : $\boxed{\text{FSOB}}$.

31. (B)

32. (C): $432 - 111 = 321$,
$? - 320 = 321$
$\Rightarrow \quad ? = 321 + 320$
$\Rightarrow \quad ? = \boxed{641}$
$549 - 228 = 321$
$\therefore$ 432 : 111 :: $\boxed{641}$: 320 :: 549 : 228.

33. (A)

34. (B): दिया है, 12 @ 2 = 145
$\Rightarrow \quad (12)^2 + \frac{2}{2} = 144 + 1 = 145$
और, 15 @ 2 = 226
$\Rightarrow \quad (15)^2 + \frac{2}{2} = 225 + 1 = 226$

इसी प्रकार, 24 @ 2 = $(24)^2 + \frac{2}{2}$
$= 576 + 1 = 577$
$\Rightarrow \quad$ 24 @ 2 = 577.

35. (D)

36. (D): दिए गए शब्दों को शब्दकोष के अनुसार व्यवस्थित करने पर
Fan → Fighter → Finance → Flight → Fly.

37. (C)

38. (D): (12, 28, 8) $\Rightarrow \frac{28-12}{2} = \frac{16}{2} = 8$
(72, 48, 12) $\Rightarrow \frac{72-48}{2} = \frac{24}{2} = 12$
A. (63, 36, 17) $\Rightarrow \frac{63-36}{2} = \frac{27}{2}$
B. (97, 55, 24) $\Rightarrow \frac{97-55}{2} = \frac{42}{2} = 21$
C. (119, 29, 55) $\Rightarrow \frac{119-29}{2} = \frac{90}{2} = 45$
D. (108, 58, 25) $\Rightarrow \frac{108-58}{2} = \frac{50}{2} = \boxed{45}$

यहाँ, विकल्प (D) की संख्याएँ वहीं संबंध साझा करती हैं जो दिए गए समुच्चय में संख्याओं द्वारा साझा किया जाता है।

39. (C)

40. (C): दी गई सूचना के अनुसार
M ÷ N + O – P

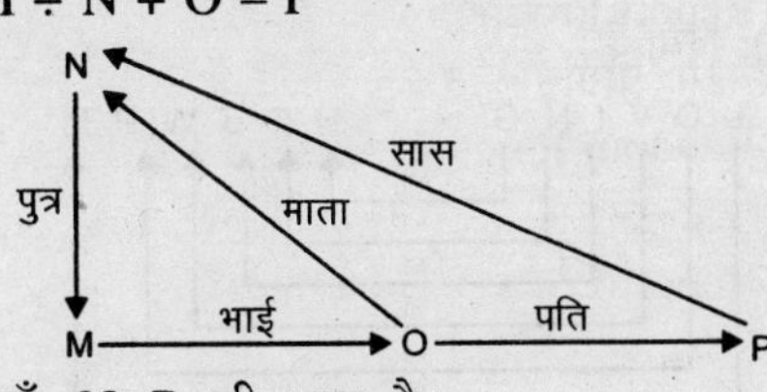

यहाँ, N, P की सास है।

41. (D): I. $9 \div 3 \times 4 - 6 + 5$
$= 6 \div 3 \times 4 - 9 + 5$
$= 2 \times 4 - 9 + 5$
$= 8 - 9 + 5$
$= 13 - 9 = 4$

II. $9 + 3 \div 2 \times 4 - 6$

$= 6 + 3 \div 2 \times 4 - 9$

$= 6 + 3 \times \frac{1}{2} \times 4 - 9$

$= 6 + 3 \times 2 - 9$

$= 6 + 6 - 9$

$= 12 - 9 = 3.$

∴ व्यंजक (I) और (II) का क्रमशः मान 4 और 3 होंगे।

42. (B)

43. (A): xxzx

∴ x x y x z x x y x z

शृंखला में खण्ड xxyxz का पुनरावृत्ति हो रहा है।

∴ विकल्प (A) शृंखला को पूरा कर रहा है।

44. (B): A. 58299 – 99285 →

दायीं ओर की संख्या, बायीं ओर की संख्या के अंकों का उल्टा है।

B. 32859 – 98523 → उल्टा नहीं

C. 63942 – 24936 → उल्टा है।

D. 78434 – 43487 → उल्टा है।

यहाँ विकल्प (B) गलत है।

45. (A)

46. (C): A. AZ ⇒ 1 + 26 = 27

B. CX ⇒ 3 + 24 = 27

C. MP ⇒ 13 + 16 = 29

D. FU ⇒ 6 + 21 = 27

यहाँ, विकल्प (C) बाकियों से अलग है।

47. (A)

48. (D): दिया है,

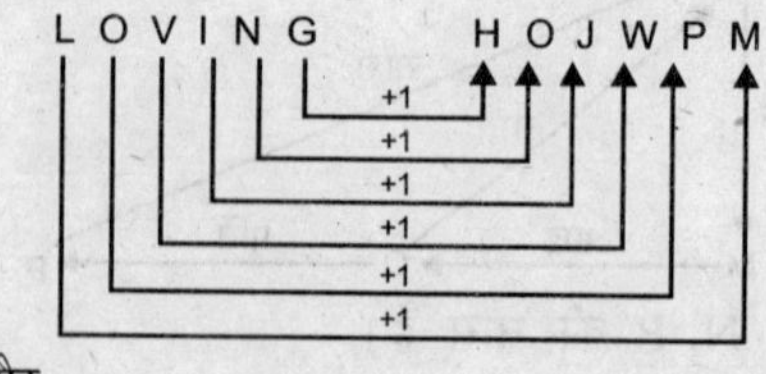

और

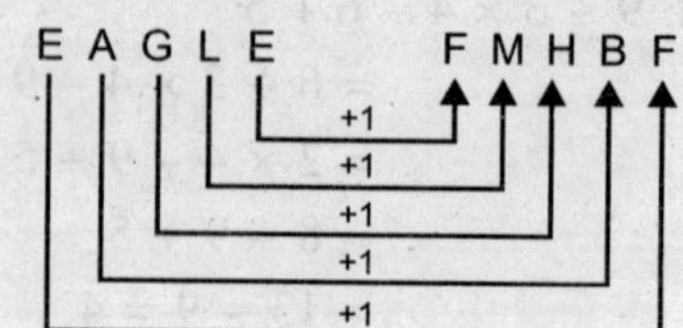

इसी प्रकार,

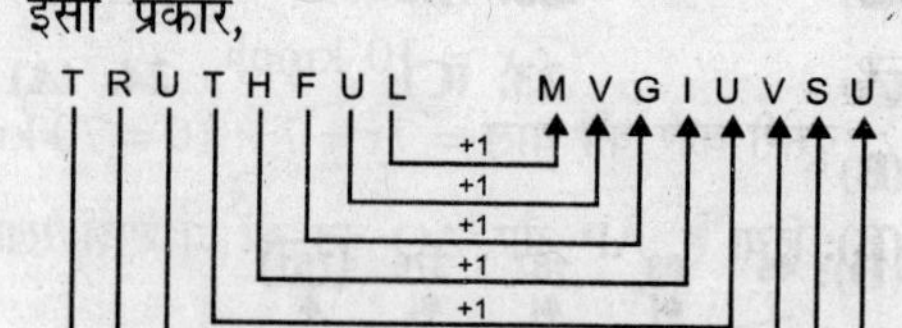

∴ उस भाषा में 'TRUTHFUL' को 'MVGIUVSU' लिखा जाएगा।

49. (A):

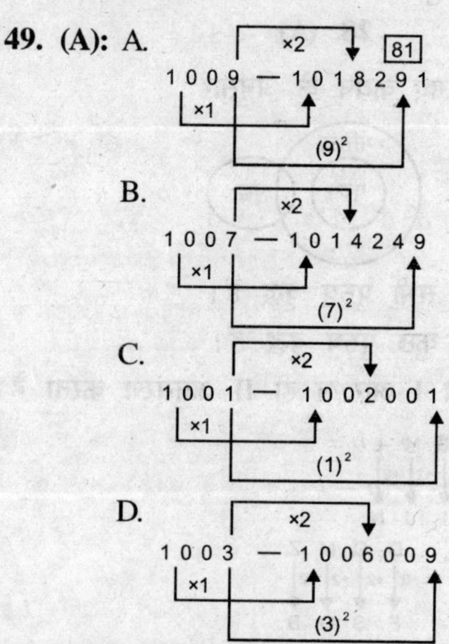

यहाँ, विकल्प (A) में 91 के स्थान पर 81 होना चाहिए।

विकल्प (A) सही नहीं है।

50. (D)

51. (A): हम जानते है कि दो समरूप त्रिभुजों के क्षेत्रफलों के मध्य अनुपात इनकी कोई भी दो संगत भुजाओं के वर्गों के अनुपात के बराबर होता है।

दिया है, दो समरूप त्रिभुज के क्षेत्रफल का अनुपात

$= 36 : 121$

$= (6)^2 = (11)^2$

∴ संगत भुजाओं का अनुपात = 6 : 11.

52. (A): माना दो कारो की चाल $5x$ kmph और 7 kmph है। तब पहली कार द्वारा तय की गई दूरी = 200 km

⇒ चाल × समय = 200

⇒ $5x \times 4 = 200$

$\Rightarrow \quad 20x = 200$

$\Rightarrow \quad x = 10$ kmph

$\therefore$ दूसरी कार की चाल $= 7x = 7 \times 10 = 70$ kmph.

53. (B): दिया है, AP और AQ वृत्त की दो स्पर्श रेखाएँ हैं।

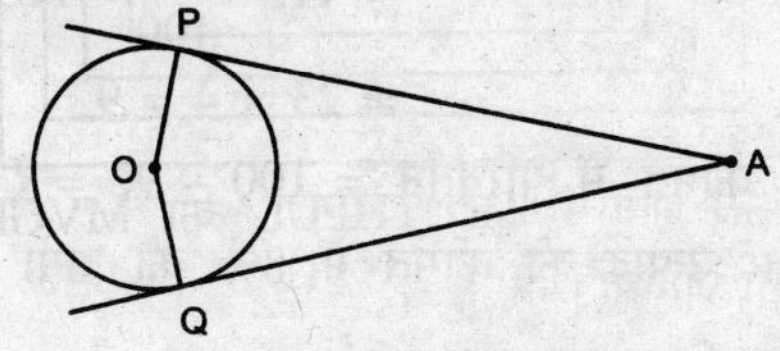

$AP = a^2 + 14$

और $AQ = 239$

प्रश्नानुसार,

$AP = AQ$

$\Rightarrow \quad a^2 + 14 = 239$

$\Rightarrow \quad a^2 = 239 - 14$

$\Rightarrow \quad a^2 = 225$

$\Rightarrow \quad a^2 = (15)^2$

$\Rightarrow \quad a = 15.$

54. (C): दिया है, $a - b = 8$ और $4ab = 84 \Rightarrow ab = 21$

$\therefore \ a^2 + b^2 = (a - b)^2 + 2ab = (8)^2 + 42$

$= 64 + 42 = 106$

$\therefore \quad 3a^3 - 3b^3 = 3(a^3 - b^3)$

$= 3(a - b)(a^2 + b^2 + ab)$

$= 3(8) = (106 + 21)$

$= 24 \times 127 = 3048$

$\Rightarrow \quad 3a^3 - 3b^3 = 3048.$

55. (A): दिया है, समकोण त्रिभुज PQR में

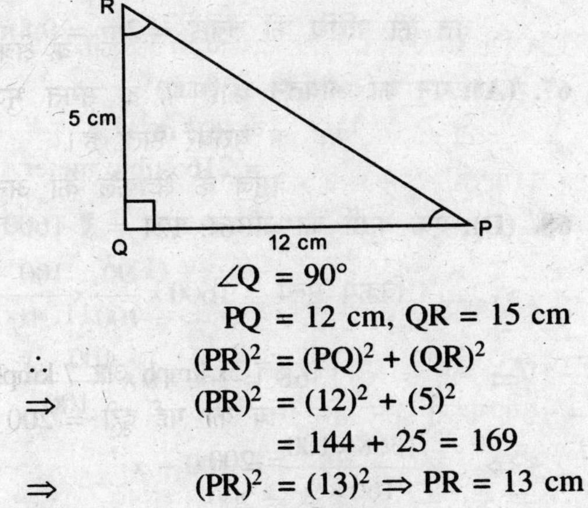

$\angle Q = 90°$

$PQ = 12$ cm, $QR = 15$ cm

$\therefore \quad (PR)^2 = (PQ)^2 + (QR)^2$

$\Rightarrow \quad (PR)^2 = (12)^2 + (5)^2$

$= 144 + 25 = 169$

$\Rightarrow \quad (PR)^2 = (13)^2 \Rightarrow PR = 13$ cm

$\therefore$ cosec P + sec R

$$= \frac{PR}{QR} + \frac{PR}{QR}$$

$$= 2\frac{PR}{QR} = 2 \times \frac{13}{5} = \frac{26}{5}.$$

56. (C): दिए गए वृत्त आरेख से

$$100 = 360° \Rightarrow 1 = \frac{360}{100} = \frac{18}{5}$$

$\therefore$ राजस्थान के लिए केन्द्रीय कोण

$$= 12\% = 12 \times \frac{18}{5}$$

$$= \frac{216}{5} = 43.2°.$$

57. (D): माना O केंद्र वाले वृत्त की जीवा PQ है, $OM \perp PQ$,

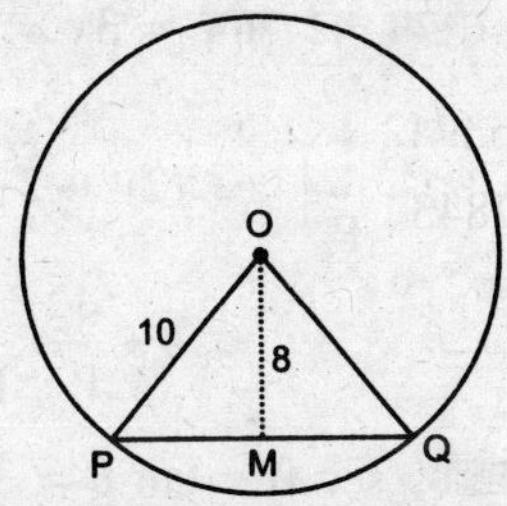

तब, त्रिज्या = OP = OQ = 10 cm

केन्द्र से जीवा की दूरी = OM = 8 cm

अब ΔOMP में

$OP^2 = OM^2 + MP^2$

$\Rightarrow \quad (10)^2 = (8)^2 + (MP)^2$

$\Rightarrow \quad 100 = 64 + (MP)^2$

$\Rightarrow \quad (MP)^2 = 100 - 64 = 36 = (6)^2$

$\Rightarrow \quad MP = 6$ cm

$\therefore \quad PQ = PM + MQ = 6 + 6$ [PM = MQ]

$= 12$ cm

$\therefore$ जीवा PQ की लंबाई = 12 cm.

58. (C): दिया है, cos 3A = sin (A – 18°)

$\Rightarrow \quad \sin(90 - 3A) = \sin(A - 18°)$

$\Rightarrow \quad 90 - 3A = A - 18°$

$\Rightarrow \quad 90 + 18° = A + 3A$

$\Rightarrow \quad 4A = 108°$

$\Rightarrow \quad A = 27°.$

59. (C): R, P और K का कुलभार = 40 × 3 = 120 kg

$\Rightarrow \quad R + P + K = 120$ kg ...(*i*)

P और K का कुल भार = 45 × 2 = 90 kg

R और K का कुल भार = 35 × 2 = 70 kg

$\Rightarrow P + K + R + K = 90 + 70$

$\Rightarrow \quad P + R + 2K = 160$ kg ...(*ii*)

(*ii*) में से (*i*) को घटाने पर

$K = 160 - 120$

$\Rightarrow \quad K = 40$ kg

$\therefore$ K का भार 40 kg है।

60. (B): माना दो संख्याएँ $3x$ और $8x$ है।

तब, $3x + 8x = 88$

$\Rightarrow \quad 11x = 88$

$\Rightarrow \quad x = 8$

$\therefore \quad 3x = 3 \times 8 = 24$

$\Rightarrow$ छोटी संख्या का मान $= 3x = 24$.

61. (C): $\left(2+\dfrac{1}{P}\right)^2 = (2)^2 + 2\cdot 2\cdot\dfrac{1}{P} + \left(\dfrac{1}{P}\right)^2$

$= 4 + \dfrac{4}{P} + \dfrac{1}{P^2}.$

62. (C): दिया है, $\sec\theta + \tan\theta = 3$

$\Rightarrow \dfrac{(\sec\theta+\tan\theta)(\sec\theta-\tan\theta)}{\sec\theta-\tan\theta} = 3$

$\Rightarrow \sec^2\theta - \tan^2\theta = 3(\sec\theta - \tan\theta)$

$\Rightarrow \quad 1 = 3(\sec\theta - \tan\theta)$

$\Rightarrow \quad \sec\theta - \tan\theta = \dfrac{1}{3}.$

63. (D): दिया है, $(a + b + c)/2 = 16$

$\Rightarrow \quad (a + b + c) = 32$

और $2ab + 2bc + 2ca = 120$

$\because \quad (a + b + c)^2 = a^2 + b^2 + c^2 + 2ab + 2bc + 2ca$

$\therefore \quad (32)^2 = a^2 + b^2 + c^2 + 120$

$\Rightarrow \quad 1024 = a^2 + b^2 + c^2 + 120$

$\Rightarrow \quad a^2 + b^2 + c^2 = 1024 - 120$

$\Rightarrow \quad a^2 + b^2 + c^2 = 904$

$\Rightarrow \quad 4(a^2 + b^2 + c^2) = 4 \times 904$

$\Rightarrow \quad 4a^2 + 4b^2 + 4c^2 = 3616.$

64. (C): माना उत्पाद की कीमत = ₹ 100

तब, नई कीमत = ₹ $100 \times \dfrac{115}{100} \times \dfrac{100-20}{100}$

$= 115 \times \dfrac{80}{100} = 115 \times \dfrac{4}{5}$

$= 23 \times 4 = 92$

$\therefore$ कीमत में परिवर्तन = 100 − 92 = ₹ 8

अतः उत्पाद की कीमत में 8% की कमी होती है।

65. (C): दिए गए वृत्त आरेख में

सभी 6 स्कूलों में लड़कियों की कुल संख्या = 9000

$\Rightarrow \quad 100\% = 9000$

$\Rightarrow \quad 1\% = \dfrac{9000}{100}$

$\Rightarrow \quad 1\% = 90$

अब, $I = 10\% = 10 \times 90 = 900$

$D = 39\% = 39 \times 90 = 3510$

प्रश्नानुसार,

$I \times \dfrac{x}{100} = D$

$\Rightarrow \quad 900 \times \dfrac{x}{100} = 3510$

$\Rightarrow \quad x = \dfrac{3510}{9}$

$\Rightarrow \quad x = 390$

$\therefore$ अभीष्ट प्रतिशत = 390%.

66. (C): व्यास $= 2r = 9.8$ mm

$\therefore$ वृत्त की परिधि की लंबाई $= 2\pi r = 9.8\pi$ mm.

67. (A): घन का आयतन = $(\text{भुजा})^3$

$= (6)^3$ m^3

= 216 cubic meter.

68. (D): एक कुर्सी का अंकित मूल्य = ₹ 1600

$\therefore$ विक्रय मूल्य $= 1600 \times \dfrac{90}{100} \times \dfrac{100-x}{100}$

$\Rightarrow \quad 1368 = 160 \times 9 \times \dfrac{100-x}{100}$

$\Rightarrow \quad \dfrac{1368 \times 100}{160 \times 9} = 100 - x$

$\Rightarrow \quad 100 - x = \frac{136800}{1440}$

$\Rightarrow \quad 100 - x = 95$

$\Rightarrow \quad x = 100 - 95$

$\Rightarrow \quad x = 5.$

69. (B): $\frac{4}{5}$ का $\frac{1}{4} + \frac{17}{3}$ का $\frac{9}{2} - \frac{3}{10} = P$

$\Rightarrow \frac{4}{5} \times \frac{1}{4} + \frac{17}{3} \times \frac{9}{2} - \frac{3}{10} = P$

$\Rightarrow \frac{1}{5} + 17 \times \frac{3}{2} - \frac{3}{10} = P$

$\Rightarrow \quad \frac{1}{5} + \frac{51}{2} - \frac{3}{10} = P$

$\Rightarrow \quad P = \frac{2 + 255 - 3}{10}$

$\Rightarrow \quad P = \frac{257 - 3}{10} = \frac{254}{10}$

$\Rightarrow \quad P = \frac{127}{5}.$

70. (B): सभी 3 अंकों की संख्या जो 20 से विभाज्य है।

$= 20(5 + 6 + 7 + ... + 49)$

$= 20[1 + 2 + 3 + ... + 49 - (1 + 2 + 3 + 4)]$

$= 20\left[\frac{49(49+1)}{2} - \frac{4(4+1)}{2}\right]$

$= 20\left[49 \times \frac{50}{2} - 2 \times 5\right] = 20[49 \times 25 - 10]$

$= 20[1225 - 10] = 20 \times 1215 = 24300.$

71. (B): माना एक किताब का क्रय मूल्य ₹ x है।

तब, विक्रय मूल्य $= x \times \frac{60}{100} =$ ₹ $\frac{3}{5}x$

प्रश्नानुसार

$\frac{3}{5}x + 120 = x \times \frac{90}{100}$

$\Rightarrow \quad \frac{9}{10}x - \frac{3}{5}x = 120$

$\Rightarrow \quad \frac{9x - 6x}{10} = 120$

$\Rightarrow \quad 3x = 120 \times 10$

$\Rightarrow \quad x = \frac{120 \times 10}{3}$

$\Rightarrow \quad x = 40 \times 10$

$\Rightarrow \quad x = 400$

अब 10% का लाभ अर्जित करने के लिए पुस्तक का विक्रय मूल्य

$= 400 \times \frac{110}{100}$

$=$ ₹ 440.

72. (A)

73. (A): साधारण ब्याज के बीच अंतर

$= \frac{P_1 r_1 t_1}{100} - \frac{P_2 r_2 t_2}{100}$

$=$ ₹ $\frac{2000 \times 3 \times 7}{100} -$ ₹ $\frac{3200 \times 2 \times 6}{100}$

$= 20 \times 21 - 32 \times 12$

$= 420 - 384$

$=$ ₹ 36.

74. (B): माना शुरुआत में व्यक्तियों की कुल संख्या $= x$

तब, कम व्यक्ति ज्यादा दिन-विलोमानुपात

व्यक्ति दिन

$x : x - 10 :: (90 + 10) : 90$

$\Rightarrow x : x - 10 :: 100 : 90$

$\Rightarrow \quad x \times 90 = (x - 10) \times 100$

$\Rightarrow \quad 9x = 10(x - 10)$

$\Rightarrow \quad 9x = 10x - 100$

$\Rightarrow \quad x = 100.$

75. (C)	**76. (A)**	**77. (A)**
78. (D)	**79. (C)**	**80. (A)**
81. (D)	**82. (C)**	**83. (B)**
84. (B)	**85. (D)**	**86. (D)**
87. (C)	**88. (D)**	**89. (A)**
90. (A)	**91. (B)**	**92. (B)**
93. (C)	**94. (A)**	**95. (A)**
96. (D)	**97. (D)**	**98. (D)**
99. (B)	**100. (B)**	

पिछले प्रश्न-पत्र (हल सहित)

SSC-संयुक्त हायर सेकेन्डरी स्तर–CHSL (10+2) Tier–1, ऑनलाइन भर्ती परीक्षा–2021

(Exam held on 10-06-2022)

ENGLISH LANGUAGE

1. Select the option that will improve the underlined part of the given sentence.

Shanti heard the children who were shouting outside

A. who were screaming outdoors
B. who were playing outdoor
C. who were thrashing in the open air
D. who were flaying in the open air

2. From among the words given in bold, select the INCORRECTLY spelt word in the following sentence.

Reena, who **devoured** foreign **coloquialism** and **trivia, successfully** diverted the conversation.

A. devoured
B. trivia
C. coloquialism
D. successfully

3. Select the INCORRECTLY spelt word.

A. Kinetic
B. Jocular
C. Harrass
D. Inkling

4. The following sentence has been split into four segments. Identify the segment that contains an INCORRECTLY spelt word.

The management is not perturbed about appointing/someone who is knowledgeable but is more inclined/towards filling the position with a person/who will be obsequous and will dance to their tunes.

A. towards filling the position with a person
B. The management is not perturbed about appointing
C. someone who is knowledgeable but is more inclined
D. who will be obsequous and will dance to their tunes

5. Select the option that will improve the underlined part of the given sentence.

Though many of my family members can cook well, I can cook more well than others.

A. I can cook better than others
B. I can cook good than others
C. I can cook more good than others
D. I can cook best than others

6. Select the most appropriate ANTONYM of the word given in bold in the following sentence.

He does well, though he's sometimes **contemptuous**.

A. civilised
B. humble
C. wealthy
D. strong

7. In the following passage, some words have been deleted. Read the passage carefully and select the most appropriate option to fill in each blank.

Wise managers ______ opinions, get information, ask advice, act ______ and know the art of ______ responsibilities to the subordinates.

A. entrust, transiently, accelerating
B. solicit, transparently, delegating
C. condemn, transnationally, elevating
D. coerce, translucently, relegating

8. Select the most appropriate synonym of the given word.

Pugnacious

A. Succulent B. Sagacious
C. Germane D. Truculent

9. Select the sentence which has no spelling error.

A. Patience is a nesecessary quality for a teacher.
B. The soil is necessary for plantation.
C. Sharp observation is naicessary for a detective.
D. Water is a necesary element for life.

10. Select the most appropriate option that can substitute the underlined words in the given sentence.

A strong dislike or fear of people from other countries can never serve the goal of the country's friendly neighbourhood policy.

A. cynophobia B. arachnophobia
C. xenophobia D. xerophobia

11. Select the most appropriate meaning of the highlighted idiom.

I was like a **fish out of water** in the new firm.

A. Very adventurous
B. Being uncomfortable and restless
C. Always comfortable
D. Nosy yet firm

12. Select the option that can be used as a one-word substitute for the given group of words.

A short text written on tombstone

A. Epitaph B. Calligraphy
C. Celibacy D. Extempore

13. Select the INCORRECTLY spelt word.

A. Surreptious B. Deception
C. Argument D. Corporation

14. Sentences of a paragraph are given below in jumbled order. Arrange the sentences in the correct order to form a meaningful and coherent paragraph.

(*a*) Food blogs are often authored by food aficionados, sometimes known as 'foodies'.
(*b*) The blogger can benefit from it if he or she uses it professionally.
(*c*) Food blogging is food journalism that combines an interest in food, blog writing, and food photography.
(*d*) The greater the popularity of a food blogger, the more options for him/her to monetise his/her work.

A. (*c*), (*a*), (*b*), (*d*) B. (*d*), (*a*), (*b*), (*c*)
C. (*b*), (*d*), (*c*), (*a*) D. (*a*), (*c*), (*b*), (*d*)

15. Select the option that expresses the given sentence in active voice.

The problem will be solved by my friend.

A. My friend will be solving the problem.
B. My friend solves the problem.
C. My friend will solve the problem.
D. My friend was solved the problem.

16. Select the most appropriate meaning of the given idiom.

Hobson's choice

A. To choose the best option
B. To choose the worst option
C. A choice that is prejudiced
D. A choice forced upon someone

17. Select the option that expresses the given sentence in passive voice.

The vendor sold the vegetables in the market.

A. The vegetables are sold by the vendor in the market.
B. The vendor had sold the vegetables in the market.
C. The vegetables were sold by the vendor in the market.
D. The vegetables were being sold by the vendor in the market.

18. Select the most appropriate option to substitute the underline segment in the given sentence.

Though Mr. Swami ran in debt, he did not stop wasting money.

A. ran into B. ran to
C. ran over D. ran along

19. Select the most appropriate option to fill in the blank.

He ran ______ the field to catch the ball.

A. through B. over
C. besides D. across

20. Complete the sentence with an appropriate ANTONYM of the word mentioned in the bracket.

The old house was so ______ (sturdy) that it could be shattered into pieces with a single blow.

A. feeble B. wry
C. subdued D. competent

Directions (Qs. No. 21-25): *In the following passage, some words have been deleted. Fill in the blanks with the help of the options given. Select the most appropriate option for each blank.*

There are __(1)__ ways to empower women. Individual people and the administration must work __(2)__ to make this a __(3)__. Girl's education must be made mandatory so that they do not become __(4)__, uneducated, and unable to support themselves. Women must be __(5)__ equal rights and opportunities in all fields, regardless of their gender.

21. Select the most appropriate option to fill in blank No.1.

A. several B. chosen
C. counted D. selected

22. Select the most appropriate option to fill in blank No.2.

A. cooperatively
B. forcefully
C. anonymously
D. singlehandedly

23. Select the most appropriate option to fill in blank No.3.

A. fiction B. truth
C. dream D. reality

24. Select the most appropriate option to fill in blank No.4.

A. experienced B. ignorant
C. indifferent D. arrogant

25. Select the most appropriate option to fill in blank No.5.

A. satisfied with
B. accorded
C. accepted
D. taken

सामान्य बुद्धिमत्ता

26. एक निश्चित कूट भाषा में, 'FAMOUS' को '19 21 15 13 1 6' के रूप में कूटबद्ध किया जाता है और 'GARDEN' को '14 5 4 18 1 7' के रूप में कूटबद्ध किया जाता है। उसी भाषा में 'LEADER' को किस रूप में कूटबद्ध किया जाएगा?

A. 17 5 4 1 8 14
B. 16 4 5 1 2 15
C. 18 5 4 1 5 12
D. 18 4 5 1 6 12

27. निम्नलिखित में से कौन-सी संख्या दी गई संख्या शृंखला में प्रश्नवाचक चिह्न (?) को प्रतिस्थापित करेगी?

7350, 7345, 7345, ?, 7360, 7375

A. 7350 B. 7335
C. 7360 D. 7340

28. एक कागज को निम्नांकित आकृतियों के अनुसार मोड़ा और काटा जाता है। खोले जाने पर यह कैसा दिखाई देगा?

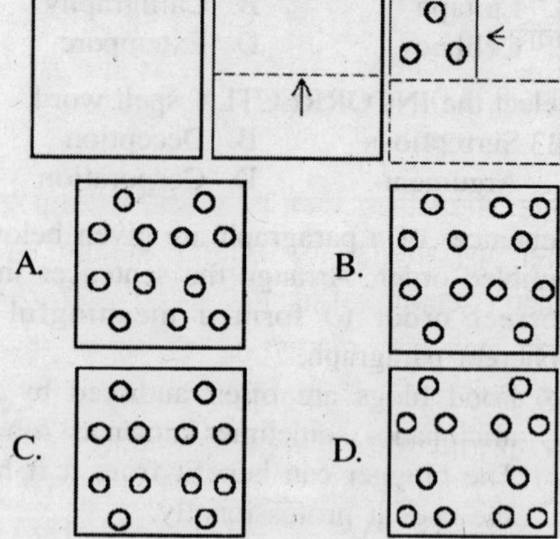

29. दर्पण को 'PQ' पर दिखाए गए अनुसार रखे जाने पर दिए गए संयोजन की सही दर्पण छवि का चयन कीजिए।

P

rj73dk |

Q

A. ꓘbƐ٢jɿ B. ꓘqƐ٢jɹ
C. ꓘdƐ٢jɹ D. ꓘbƐ٢jɿ

30. विकल्पों में से कौन-सा अक्षर-समूह प्रश्नवाचक चिह्न (?) को प्रतिस्थापित करके दी गई श्रेणी को पूरा करेगा?

PUCH, QTDG, RSEF, SRFE, ?.

A. GTCA B. TQGC
C. TQGD D. GDQT

31. एक कागज को नीचे दिखाये गये अनुसार मोड़ा और काटा जाता है। खोले जाने पर यह कैसे दिखाई देगा?

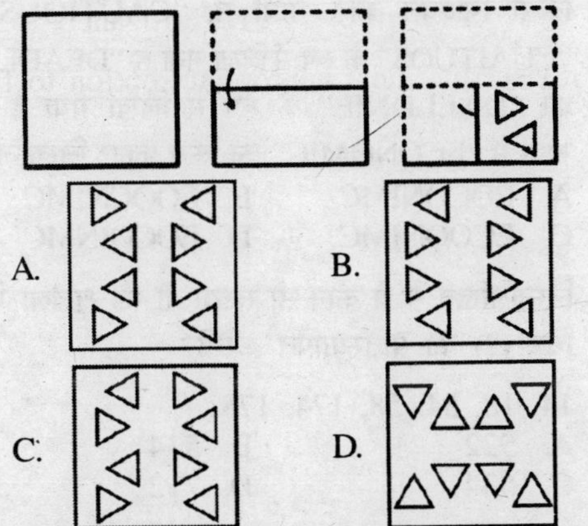

A. B.

C. D.

32. उस समुच्चय का चयन करें जिसमें संख्याएँ उसी प्रकार संबंधित हैं जिस प्रकार निम्नलिखित समुच्चय की संख्याएँ संबंधित हैं।

(11, 8, 33)
(33, 5, 924)

(नोटः संख्याओं को उनके घटक अंकों में विभाजित किए बिना, पूर्ण संख्याओं पर गणितीय संक्रियाएं की जानी चाहिए। उदाहरण के लिए, 13 – 13 को जोड़ने/घटाने/गुणा करने आदि जैसी संक्रियाएं 13 पर की जा सकती हैं। 13 को 1 और 3 में विभाजित करने और फिर 1 और 3 पर गणितीय संक्रियाएं करने की अनुमति नहीं है।)

A. (22, 17, 156) B. (21, 17, 87)
C. (24, 15, 216) D. (26, 22, 188)

33. निम्नलिखित में से कौन-सा अक्षर-समूह दी गई शृंखला को पूरा करने के लिए प्रश्न चिह्न (?) को प्रतिस्थापित करेगा?

TCID, YJRO, ?, IXJK, NESV

A. QUDS
B. ZKEW
C. ANRH
D. DQAZ

34. निम्नलिखित में से कौन-सी संख्या दी गई शृंखला में प्रश्न चिह्न (?) को प्रतिस्थापित करेगी?

558, 570, 555, ?, 552, 576

A. 572 B. 574
C. 573 D. 571

35. यहाँ तीन कथनों के बाद तीन निष्कर्ष I, II और III दिए गए हैं। कथनों को सत्य मानते हुए, भले ही वे सामान्यतः ज्ञात तथ्यों से भिन्न प्रतीत होते हों, यह तय कीजिए कि कौन-सा/से निष्कर्ष इन कथनों का तार्किक रूप से अनुसरण करता/करते है/हैं।

कथनः

सभी पत्थर, ईंटें हैं।
कोई सीमेंट, ईंट नहीं है।
कुछ मार्बल, पत्थर हैं।

निष्कर्षः

I. कुछ ईंटें, मार्बल हैं।
II. कुछ सीमेंट, पत्थर हैं।
III. कोई मार्बल, ईंट नहीं है।

A. केवल निष्कर्ष I अनुसरण करता है।
B. निष्कर्ष I और III दोनों अनुसरण करते हैं।
C. केवल निष्कर्ष II अनुसरण करता है।
D. निष्कर्ष I और II दोनों अनुसरण करते हैं।

36. उस विकल्प का चयन कीजिए, जो पाँचवें पद से उसी प्रकार संबंधित है, जिस प्रकार दूसरा पद पहले पद से और चौथा पद तीसरे पद से संबंधित है।

REASON : ROSAEN :: SOCIAL : SAICOL :: TRAVEL : ?

A. TERLAR B. TEVRAL
C. TEVALR D. TEVARL

37. यदि 30 जुलाई, 2015 को बृहस्पतिवार था तो 03 सितंबर, 2016 को सप्ताह का कौन-सा दिन था?

A. रविवार B. शनिवार
C. बृहस्पतिवार D. शुक्रवार

38. यदि M का अर्थ '–' है, N का अर्थ '÷' है, O का अर्थ '×' है और P का अर्थ '+' है, तो निम्नलिखित समीकरण में '?' के स्थान पर क्या आएगा?

(72 N 9) O 4 M 26 P 97 M (36 N 2) = ?

A. 80 B. 75
C. 85 D. 90

39. यदि 15 अगस्त, 1947 को शुक्रवार था, तो 26 जनवरी, 1950 को सप्ताह का कौन-सा दिन था?

A. बृहस्पतिवार B. शुक्रवार
C. रविवार D. शनिवार

40. एक निश्चित कूट भाषा में, 'SCREEN' को '14e5r3s' लिखा जाता है और 'SHOT' को '20o8s' लिखा जाता है। उस भाषा में 'CODE' को कैसे लिखा जाएगा?

A. 5e15c B. 5d19c
C. 5d15c D. 5d156

41. नीचे दिए गए समीकरण में * चिह्नों को बदलने और समीकरण को संतुलित करने के लिए गणितीय चिह्नों के सही संयोजन का चयन कीजिए।

46 * 16 * 4 * 21 * 72 * 4 * 57

A. =, ×, +, +, ÷, – B. ÷, =, –, ×, –, +
C. +, =, –, ×, –, + D. –, +, ×, =, –, +

42. उस विकल्प का चयन कीजिए जो पांचवें पद से उसी प्रकार संबंधित है जिस प्रकार दूसरा पद पहले पद से और चौथा पद तीसरे पद से संबंधित है।

27 : 196 :: 19 : 100 :: 17 : ?

A. 89 B. 96
C. 57 D. 81

43. एक कागज को निम्न चित्र के अनुसार मोड़ा और काटा जाता है। इसे खोले जाने पर यह कैसा दिखाई देगा?

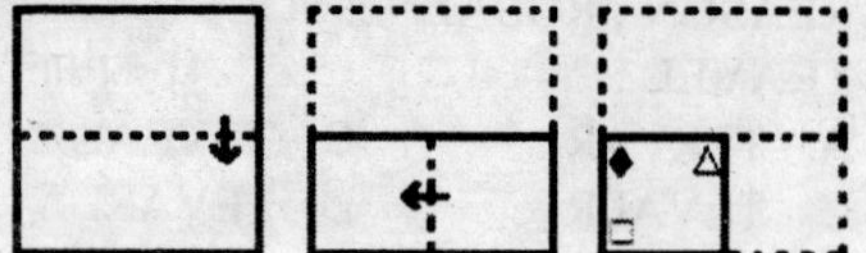

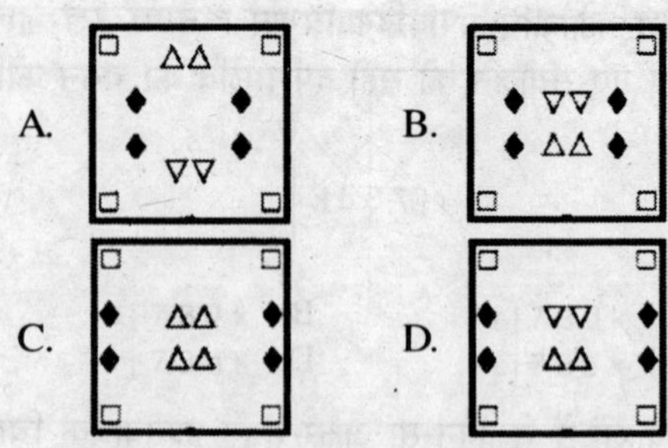

44. गणितीय चिह्नों के उस सही संयोजन का चयन करें जिससे * चिह्नों को प्रतिस्थापित करने पर दिया गया समीकरण संतुलित हो जाएगा।

3 * 4 * 2 * 10 * 17 * 2

A. +, +, +, =, – B. +, +, =, ×, –
C. ×, +, =, –, – D. ×, ×, +, =, ×

45. किसी निश्चित कोड भाषा में, "CAUTIOUS" को "CUAITUOS" के रूप में लिखा गया है, "DEADLINE" को "DAELDNIE" के रूप में लिखा गया है। उसी भाषा में "ECONOMIC" को किस प्रकार लिखा जाएगा?

A. EOCONIMC B. EOOCNIMC
C. ECOONIMC D. EOCOINMC

46. निम्नलिखित में से कौन-सी संख्या दी गई शृंखला में प्रश्न चिह्न (?) को प्रतिस्थापित करेगी?

14, 18, 54, 58, 174, 178, ?

A. 522 B. 534
C. 634 D. 712

47. दिए गए पैटर्न का ध्यानपूर्वक अध्ययन कीजिए और उस संख्या का चयन कीजिए जो उसमें प्रश्नवाचक चिह्न (?) को प्रतिस्थापित कर सके।

पहली पंक्ति: 8, 13, 25
दूसरी पंक्ति: 12, 7, 25
तीसरी पंक्ति: 9, 15, ?

(नोट: संख्याओं को उनके घटक अंकों में विभाजित किए बिना, पूर्ण संख्याओं पर गणितीय संक्रियाएं की जानी चाहिए। उदाहरण के लिए, 13 – 13 को जोड़ने/घटाने/गुणा करने आदि जैसी संक्रियाएं 13 पर की जा सकती हैं। 13 को 1 और 3 में विभाजित करने और फिर 1 और 3 पर गणितीय संक्रियाएं करने की अनुमति नहीं है।)

A. 36 B. 49
C. 30 D. 16

48. दी गई आकृति में कितने त्रिभुज हैं?

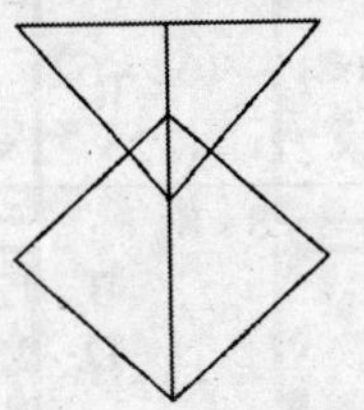

A. 7　　B. 10
C. 8　　D. 11

49. दिए गए पैटर्न का ध्यानपूर्वक अध्ययन कीजिए और उस संख्या का चयन कीजिए जो उसमें प्रश्नवाचक चिह्न (?) को प्रतिस्थापित कर सके।

पहली पंक्तिः 162, 91, 71
दूसरी पंक्तिः 218, 126, 92
तीसरी पंक्तिः 194, 79, ?

(नोटः संख्याओं को उनके घटक अंकों में विभाजित किए बिना, पूर्ण संख्याओं पर गणितीय संक्रियाएं की जानी चाहिए। उदाहरण के लिए, 13 – 13 को जोड़ने/घटाने/गुणा करने आदि जैसी संक्रियाएं 13 पर की जा सकती हैं। 13 को 1 और 3 में विभाजित करने और फिर 1 और 3 पर गणितीय संक्रियाएं करने की अनुमति नहीं है।)

A. 109　　B. 125
C. 115　　D. 122

50. एक ही पासे की दो अलग-अलग स्थितियों को दिखाया गया है, जिसके छह फलक Red, Green, Blue, Yellow, Black, White रंग के हैं। उस रंग का चयन करें, जो Black रंग के फलक के विपरीत फलक पर होगा।

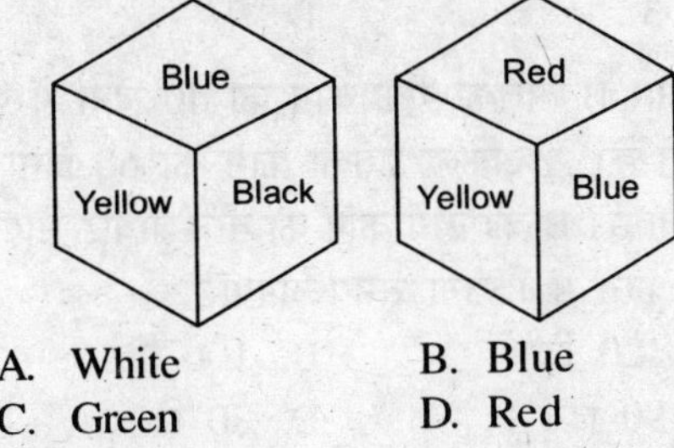

A. White　　B. Blue
C. Green　　D. Red

संख्यात्मक अभियोग्यता

51. एक दुकानदार ₹ 50 प्रति किग्रा., ₹ 60 प्रति किग्रा. और ₹ 75 प्रति किग्रा. मूल्य के तीन प्रकार के चावल 3 : 1 : 2 के अनुपात में मिलाता है। प्रति किग्रा. मिश्रण का औसत मूल्य कितना होगा?

A. ₹ 65　　B. ₹ 60
C. ₹ 75　　D. ₹ 50

52. k के किस मान/किन मानों के लिए व्यंजक $p+\frac{1}{9}\sqrt{p}+k^2$ एक पूर्ण वर्ग होगा?

A. $k=\pm\frac{1}{18}$　　B. $k=\pm\frac{1}{8}$
C. $k=\pm\frac{1}{21}$　　D. $k=\pm\frac{1}{9}$

53. 20%, 10% और 5% की तीन क्रमागत छूटें, निम्न में से किस एकल छूट के बराबर होगी?

A. 31.60%
B. 30.60%
C. 32.80%
D. 32.60%

54. एक गृहस्वामी ने अपना मासिक वेतन ₹ 7,200 विभिन्न मदों पर खर्च किया। यदि उसने भोजन पर ₹ 4,000 और शिक्षा पर ₹ 400 खर्च किए, तो क्रमशः केंद्रीय कोण कितने-कितने होंगे?

A. 50°, 200°　　B. 200°, 60°
C. 200°, 20°　　D. 30°, 60°

55. एक परिवार का औसत मासिक खर्च पहले चार महीनों के लिए ₹ 13,750 है, अगले तीन महीनों के लिए ₹ 11,750 है और अंतिम पांच महीनों के लिए ₹ 31,750 है। यदि परिवार पूरे वर्ष के दौरान ₹ 15,550 की बचत करता है, तो वर्ष के दौरान परिवार की औसत मासिक आय ज्ञात करें। (निकटतम पूर्णांक में)

A. ₹ 22,000　　B. ₹ 21,055
C. ₹ 22,045　　D. ₹ 23,040

56. $12-8\div2-\{16 \text{ of } -2+3\times5-4\}$ का मान क्या है?

A. 29　　B. 0
C. 1　　D. 45

57. P ने Q को 20% लाभ पर एक वस्तु बेची और Q ने उसे R को 10% की हानि पर बेच दिया। यदि R ने उस वस्तु को ₹ 1,080 में खरीदा, तो P ने उसे किस मूल्य पर खरीदा था?

A. ₹ 800 B. ₹ 5000
C. ₹ 1000 D. ₹ 3000

58. 15 सेमी. त्रिज्या वाली मिट्टी की गोलाकार गेंद को गलाकर 5 सेमी. त्रिज्या की कितनी गोलाकार गेंदें बनाई जा सकती हैं?

A. 27 B. 18
C. 3 D. 9

59. A और B मिलकर एक काम को 40 दिनों में पूरा कर सकते हैं। A अकेला उसकी काम को 60 दिनों में कर सकता है। B को उसी काम का तीन-चौथाई भाग अकेले पूरा करने में कितना समय लगेगा?

A. 120 दिन B. 100 दिन
C. 90 दिन D. 80 दिन

60. 30 सेमी. व्यास वाले एक गोले का पृष्ठीय क्षेत्रफल क्या होगा? ($\pi = 3.14$ लें।)

A. 2826 B. 1130
C. 1134 D. 1413

61. एक पर्स की खरीद पर 10% और 20% की क्रमिक छूट दी जाती है। यदि पर्स का अंकित मूल्य ₹ 2,250 है, तो विक्रय मूल्य ज्ञात कीजिए।

A. ₹ 1,290 B. ₹ 1,320
C. ₹ 1,620 D. ₹ 1,520

62. यदि $\cot\theta = \cot 30° \cot 60°$ और θ कोई न्यून कोण है, तो 2θ ______ के बराबर है।

A. 30° B. 90°
C. 45° D. 60°

63. दो स्टेशनों 'A' और 'B' के बीच की दूरी 494 किमी. है। एक ट्रेन स्टेशन 'A' से 3 p.m. पर चलना शुरू करती है और स्टेशन 'B' की ओर 83 किमी./घंटे की चाल से बढ़ती है। एक अन्य ट्रेन स्टेशन 'B' से 4 p.m. पर चलना शुरू करती है और स्टेशन 'A' की ओर 54 किमी/घंटे की चाल से बढ़ती है। वे किस समय मिलेंगी?

A. 9 a.m. B. 7 a.m.
C. 8 p.m. D. 7 p.m.

64. निम्नलिखित व्यंजक को हल कीजिए।

$$\frac{(62\times62\times62)-3(62\times62\times22)+3(62\times22\times22)-(22\times22\times22)}{8\times8\times8}$$

A. 225 B. 1250
C. 125 D. 25

65. यदि ब्याज वार्षिक रूप से चक्रवृद्धि होता है, तो ₹ 5,50,000 की राशि पर 7% की वार्षिक दर से 2 वर्षों में प्राप्त होने वाला चक्रवृद्धि ब्याज ज्ञात कीजिए।

A. ₹ 79,695 B. ₹ 62,695
C. ₹ 79,690 D. ₹ 80,605

66. वह छोटी से छोटी प्राकृतिक संख्या कौन-सी है, जिसे 54321 में जोड़े जाने पर योगफल 6 से विभाज्य होगा?

A. 3 B. 5
C. 1 D. 7

67. एक समांतर चतुर्भुज का आधार इसकी संगत ऊंचाई का दोगुना है। यदि समांतर चतुर्भुज का क्षेत्रफल 144 सेमी.^{2} है, तो इसकी ऊँचाई ज्ञात कीजिए।

A. $6\sqrt{2}$ सेमी. B. $8\sqrt{2}$ सेमी.
C. $3\sqrt{2}$ सेमी. D. $2\sqrt{2}$ सेमी.

68. निम्न बार ग्राफ 2000 और 2001 में एक प्रकाशन कंपनी की छह अलग-अलग शाखाओं में पुस्तकों की बिक्री (हजार में) दर्शाता है।

2000 तथा 2001 में 6 प्रकाशकों द्वारा पुस्तकों की बिक्री

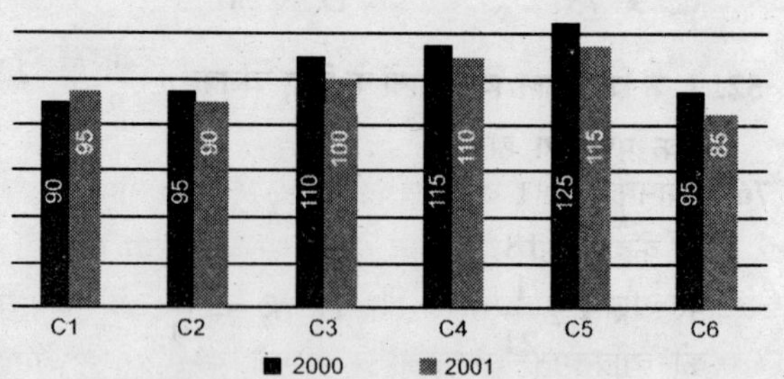

बार ग्राफ के आधार पर निम्नलिखित का उत्तर दीजिए:

दोनों वर्षों में C3 की कुल बिक्री और दोनों वर्षों में C4 की कुल बिक्री का अनुपात क्या है?

A. 13 : 14 B. 15 : 14
C. 14 : 15 D. 12 : 13

69. एक पंचायत चुनाव में एक उम्मीदवार A को 30% मत मिले और वह 6 मतों से अर्हता प्राप्त नहीं कर सका। एक अन्य उम्मीदवार B ने 40% मत प्राप्त किए और अर्हता प्राप्त करने के लिए आवश्यक न्यूनतम मतों से 6 मत अधिक प्राप्त किए। अधिकतम मत _______ हैं।

A. 160 B. 140
C. 100 D. 120

70. दिए गए बार-चार्ट का अध्ययन कीजिये और नीचे दिए गए प्रश्न का उत्तर दीजिए।

बार-चार्ट 2011 से 2015 के दौरान कारों के उत्पादन (production) और ब्रिकी (sales) (हजारों में) को दर्शाता है।

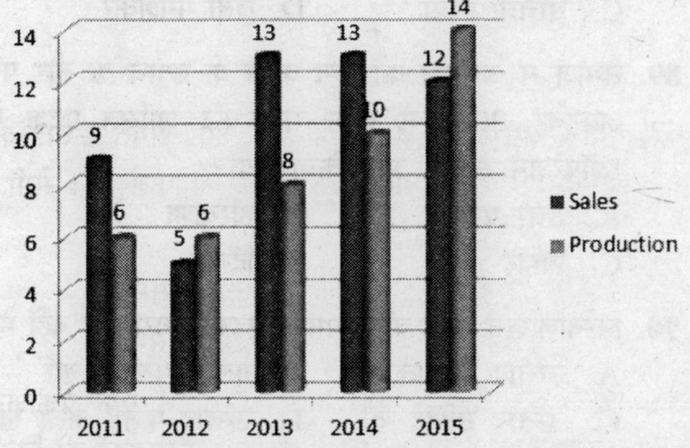

2015 में बिक्री का प्रतिशत उत्पादन से कितना अधिक है?

A. 25 B. 35
C. 30 D. 20

71. ₹ 96 प्रति किग्रा. और ₹ 104 प्रति किग्रा. के चावल को 1 : 1 : 2 के अनुपात में तीसरी किस्म के चावल के साथ मिलाया जाता है। यदि मिश्रण का मूल्य ₹ 113 प्रति किग्रा. है, तो चावल की तीसरी किस्म का प्रति किग्रा. मूल्य क्या होगा?

A. ₹ 117 B. ₹ 126
C. ₹ 109 D. ₹ 128

72. ₹ 5000 की राशि 10% की वार्षिक ब्याज दर पर 3 वर्षों के लिए जमा की गई है, ब्याज वार्षिक रूप से चक्रवृद्धि होता है। 2 वर्षों और 3 वर्षों के ब्याज का अंतर कितना होगा?

A. ₹ 650 B. ₹ 605
C. ₹ 506 D. ₹ 560

73. 64 और 4096 के बीच मध्यानुपाती क्या है?

A. 8 B. 512
C. 192 D. 128

74. यदि $x + 2y = 10$ और $2xy = 9$ है, तो $x - 2y$ के मानों में से एक मान _______ है।

A. 8 B. 10
C. 6 D. 12

75. त्रिभुज का एक कोण 108° है और अन्य दो कोण बराबर हैं। इन बराबर कोणों में से प्रत्येक का मान ज्ञात कीजिए।

A. 72° B. 78°
C. 39° D. 36°

सामान्य सचेतता

76. प्रधानमंत्री गरीब कल्याण पैकेज (PMGKP) बीमा योजना को केंद्र सरकार द्वारा जून, 2021 में बढ़ा दिया गया था। यह प्रावधान करती है कि स्वास्थ्य कर्मियों के परिवारों को व्यक्तिगत दुर्घटनाओं के मामले में _______ लाख मुआवजा मिलेगा।

A. ₹ 30 B. ₹ 50
C. ₹ 25 D. ₹ 45

77. निम्नलिखित में से किस देश ने कभी भी ओलंपिक खेलों का आयोजन नहीं किया?

A. चीन B. ऑस्ट्रेलिया
C. दक्षिण अफ्रीका D. जापान

78. मेंडलीफ की आवर्त सारणी के अनुसार, समूह III के किस अज्ञात तत्व का परमाणु द्रव्यमान 68 था, जिसे बाद में गैलियम द्वारा प्रतिस्थापित कर दिया गया था?

A. एका-मैंगनीज
B. एका-बोरॉन
C. एका-सिलिकॉन
D. एका-एल्यूमीनियम

79. निम्नलिखित में से किस व्यक्ति को ग्रैमी पुरस्कार के लिए नामांकित नहीं किया गया है?
A. पंडित विश्व मोहन भट्ट
B. टी.एच. विनायकराम
C. लता मंगेशकर
D. ए.आर. रहमान

80. पैरामीशियम, अमीबा, यूग्लीना जैसे प्रोटोजोआ संघ के जंतुओं का शरीर ______ स्तरीय संगठन दिखाता है।
A. कोशिका-ऊतक
B. ऊतक-अंग
C. प्रोटोप्लाज्मिक
D. कोशिकीय

81. भारत के भरतनाट्यम और ओडिसी नृत्य शैलियों के मलेशियाई कोरियोग्राफर, रमाली बिन इब्राहिम को निम्नलिखित में से किस वर्ष में पद्म श्री से सम्मानित किया गया?
A. 2014
B. 2020
C. 2018
D. 2008

82. 1674 में, निम्नलिखित में से किसने तालाब के पानी की जांच के लिए एकल-लेंस सूक्ष्मदर्शी का उपयोग किया और दर्जनों प्रोटिस्ट देखें, जिन्हें उन्होंने 'एनिमलक्यूल्स' कहा, साथ ही स्पाइरोगोरा या हरे शैवाल भी देखे?
A. रॉबर्ट हुक
B. एंटोन वान ल्यूवेनहॉक
C. रॉबर्ट ब्राउन
D. रूडोल्फ विरचो

83. निम्नलिखित में से कौन-से युग्म सही है?
A. एल के आडवाणी – मैटर्स ऑफ डिस्क्रेशन
B. के नटवर सिंह – स्ट्रेट फ्रॉम द हार्ट
C. खुशवंत सिंह – लिविंग शेडोज
D. विजय कुमार सिंह – करेज एंड कन्विक्शन

84. निम्नलिखित में से कौन-सा उपकरण फेंकने वाले खेलों के आयोजनों में प्रयोग किया जाता है?
A. शॉट
B. इंडियन क्लब
C. आयरन रिंग
D. आयरन रॉड

85. निम्नलिखित में से कौन कर्नाटक से हिंदुस्तानी शास्त्रीय संगीत की ख्याल शैली के/की एक भारतीय गायक थे/थीं?
A. गंगूबाई हंगल
B. पंडित रवि शंकर
C. दुर्गा जसराज
D. बेगम अख्तर

86. यामिनी कृष्णमूर्ति को 1977 में ______ से सम्मानित किया गया था।
A. कालिदास सम्मान
B. संगीत नाटक अकादमी पुरस्कार
C. कबीर सम्मान
D. पद्म श्री

87. निम्नलिखित में से कौन-सा खनिज नदियों (जलोढ़ प्लेसर) और तट पर, विशेष रूप से समुद्र तटों (बीच प्लेसर) में नहीं पाया जाता है?
A. टिन
B. बॉक्साइट
C. प्लैटिनम
D. सोना

88. कलकत्ता के निम्नलिखित में से कौन-से गायक नवंबर, 1902 में ग्रामोफोन पर व्यावसायिक रूप से रिकॉर्ड करने वाले उपमहाद्वीप के प्रथम कलाकार थे?
A. गौहर जान
B. संध्या मुखोपाध्याय
C. सुचित्रा मित्रा
D. लता मंगेशकर

89. समाज में अपराध को कम करने के उपाय के तौर पर अक्टूबर, 2021 में किस राज्य/केंद्र शासित प्रदेश में 'ऑपरेशन सजग' शुरू किया गया?
A. उत्तर प्रदेश
B. हरियाणा
C. बिहार
D. दिल्ली

90. निम्नलिखित में से कौन रामपुर-सहसवां घराने से नहीं है?
A. उस्ताद इनायत खाँ
B. गुलाम मुस्तफा खाँ
C. उस्ताद राशिद खाँ
D. उस्ताद फतेह अली खाँ

91. इनमें से कौन 'ए मूवेबल फीस्ट' ('A Movable Feast') के/की लेखक/लेखिका हैं?
A. अर्नेस्ट हेमिंग्वे
B. जॉर्ज ऑरवेल
C. रूअल डहल
D. विलियम फॉल्कनर

92. भारतीय संविधान का कौन-सा अनुच्छेद उपराष्ट्रपति के चुनाव से संबंधित है?
A. अनुच्छेद 68
B. अनुच्छेद 66
C. अनुच्छेद 62
D. अनुच्छेद 64

93. 1976 में विश्व प्रसिद्ध कुचिपुड़ी नृत्य जोड़ी ______ द्वारा राष्ट्रीय राजधानी क्षेत्र में नाट्य तरंगिनी की स्थापना की गई थी।
A. जयराम राव और वनश्री राव
B. सीता नागाजोथी और पी. नागाजोथी
C. राजा राधा रेड्डी
D. पसुमार्थी विट्ठल और भारती

94. मई, 2021 में, जनजातीय मामलों के मंत्रालय (MTA) ने जनजातीय स्कूलों के डिजिटल परिवर्तन को सहयोग प्रदान करने के लिए किस संगठन के साथ समझौता ज्ञापन पर हस्ताक्षर किए?

A. इंफोसिस
B. विप्रो
C. टाटा कंसल्टेंसी सर्विसेज (TCS)
D. माइक्रोसॉफ्ट

95. नीचे बाघ अभयारण्य/राष्ट्रीय उद्यान और उन राज्यों के नाम दिये गये हैं जहाँ वे स्थित हैं। निम्नलिखित में से कौन-सा विकल्प सुमेलित नहीं है?

A. बांधवगढ़ राष्ट्रीय उद्यान – मध्य प्रदेश
B. मानस बाघ अभयारण्य – असम
C. कॉर्बेट राष्ट्रीय उद्यान – उत्तराखंड
D. सुंदरवन राष्ट्रीय उद्यान – ओडिशा

96. 1879 में, सैलामैंडर के भ्रूण में कोशिका विभाजन का अवलोकन किसने किया, जहां कोशिकाएं निश्चित अंतराल पर विभाजित होती हैं?

A. वाल्थर फ्लेमिंग
B. एडविन गॉर्टर
C. अल्बर्ट वॉन कोलिकेर
D. गर्थ एल निकोलसन

97. निम्नलिखित में से कौन "मृगनयनी" उपन्यास के लेखक है?

A. वृंदावन लाल वर्मा
B. सुमित्रा नंदन पंत
C. चतुरसेन शास्त्री
D. रांगेय राघव

98. सरकारी बजट का निम्नलिखित में से क्या उद्देश्य होता है?

(*a*) GDP विकास
(*b*) संसाधनों का पुनः आवंटन
(*c*) संतुलित क्षेत्रीय विकास

A. (*a*) और (*b*)
B. (*a*), (*b*) और (*c*)
C. केवल (*a*)
D. (*a*) और (*c*)

99. समूह में नीचे बढ़ने पर संयोजी इलेक्ट्रॉनों द्वारा अनुभव किया जाने वाला प्रभावी नाभिकीय आवेश क्यों घटता है?

A. सबसे बाहरी इलेक्ट्रॉन नाभिक के सबसे निकट होते हैं
B. तत्व निष्क्रिय होते हैं
C. सबसे भीतरी इलेक्ट्रॉन नाभिक से बहुत दूर होते हैं
D. सबसे बाहरी इलेक्ट्रॉन नाभिक से बहुत दूर होते हैं

100. संगीत नाटक अकादमी पुरस्कार विजेता एल बिनो देवी को निम्नलिखित में से किस नृत्य शैली में उनके योगदान के लिए पुरस्कृत किया गया?

A. ओडिसी
B. सत्रीया
C. कुचिपुड़ी
D. मणिपुरी

उत्तरमाला

1. (A)	**2. (C)**	**3. (C)**
4. (D)	**5. (A)**	**6. (B)**
7. (B)	**8. (D)**	**9. (B)**
10. (C)	**11. (B)**	**12. (A)**
13. (A)	**14. (A)**	**15. (C)**
16. (D)	**17. (C)**	**18. (A)**
19. (D)	**20. (A)**	**21. (A)**
22. (A)	**23. (D)**	**24. (B)**
25. (B)		

26. (C): दिया है,

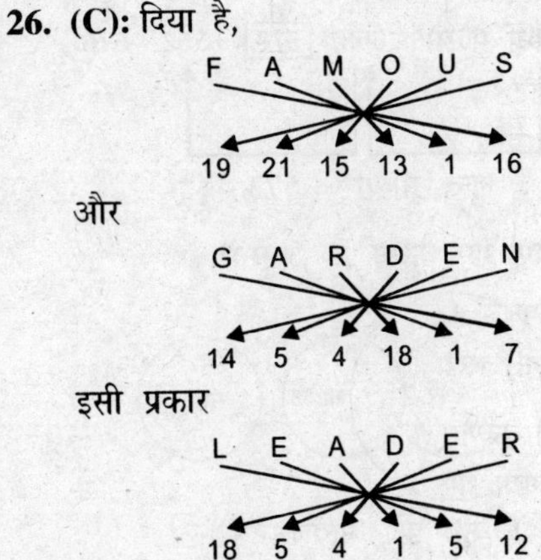

अतः LEADER को 18 5 4 1 5 12 के रूप में कूटबद्ध किया जाएगा।

27. (A) **28. (C)** **29. (A)**

30. (C):

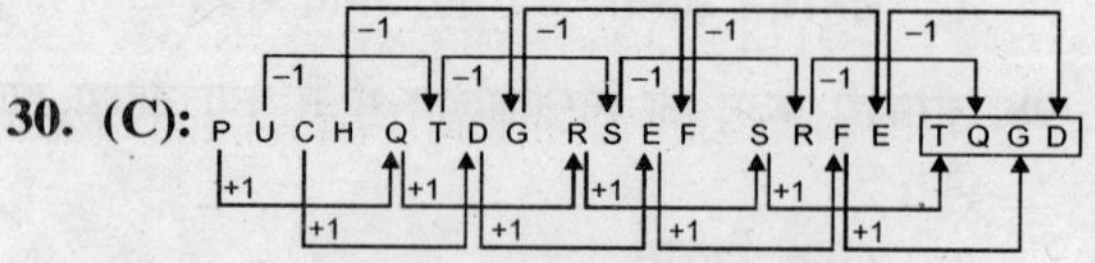

अतः ? = अगला अक्षर-समूह = TQGD.

31. (A)

32. (C): (11, 8, 33) ⇒ 11 × (11 – 8) = 11 × 3 = 33,
(33, 5, 924) ⇒ 33 × (33 – 5) = 33 × 28 = 924

(A) (22, 17, 156) ⇒ 22 × (22 – 17) = 22 × 5 = 110

(B) (21, 17, 87) ⇒ 21 × (21 – 17) = 21 × 4 = 84

(C) (24, 15, 216) ⇒ 24 × (24 – 15) = 24 × 9 = 216

(D) (26, 22, 188) ⇒ 26 × (26 – 22) = 26 × 4 = 104

अतः विकल्प (C) समुच्चय की संख्याएँ सही संबंधित है।

33. (D):

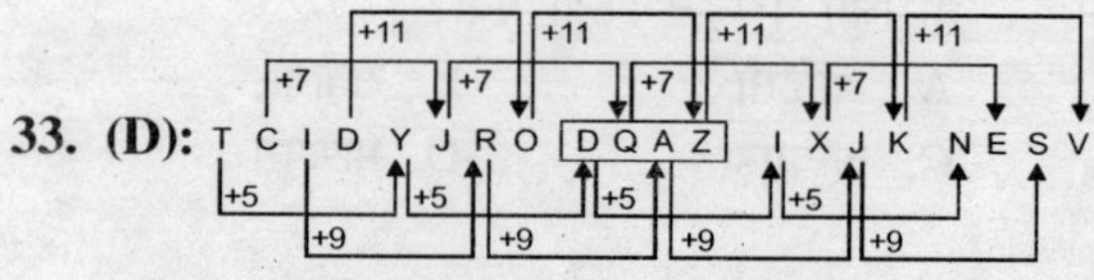

अतः ? = लुप्त अक्षर-समूह = DQAZ.

34. (C):

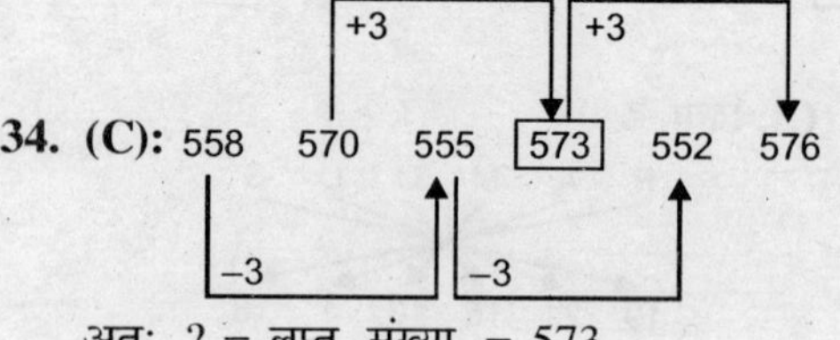

अतः ? = लुप्त संख्या = 573

35. (A): दिए गए कथन के अनुसार,

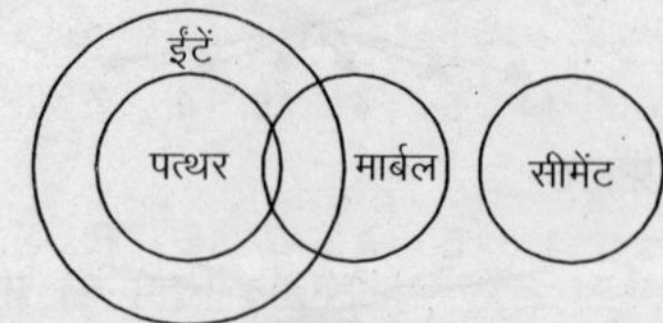

निष्कर्षः I कुछ ईंटे, मार्बल हैं।

36. (D):

R	E	A	S	O	N	:	R	O	S	A	E	N
1	2	3	4	5	6		1	5	4	3	2	6
S	O	C	I	A	L	:	S	A	I	C	O	L
1	2	3	4	5	6		1	5	4	3	2	6
T	R	A	V	E	L	:	T	E	V	A	R	L
1	2	3	4	5	6		1	5	4	3	2	6

अतः REASON : ROSAEN :: SOCIAL : SAICOL :: TRAVEL : TEVARL.

37. (B): दिया है, 30 जुलाई, 2015 को बृहस्पतिवार था।
∵ 2016 एक लीप वर्ष है।
∴ अतिरिक्त दिनों की संख्या = 2
अतः 30 जुलाई, 2016 को सप्ताह का दिन, बृहस्पतिवार के बाद दूसरा दिन होगा।
अतः 30 जुलाई, 2016 को शनिवार होगा।
अब, 3 सितम्बर, 2016
= 30 जुलाई, 2016 + 1 + 31 + 3
= शनिवार + 35 = शनिवार + 7 × 5
= शनिवार
अतः 3 सितंबर, 2016 को सप्ताह का शनिवार होगा।

38. (C): दिया है, M = –,
N = ÷,
O = ×,
P = +

∴ (72 N 9) O 4 M 26 P 97 M (36 N 2)
= (72 ÷ 9) × 4 – 26 + 97 – (36 ÷ 2)
= 8 × 4 – 26 + 97 – 18
= 32 – 26 + 97 – 18
= 32 + 97 – 26 – 18
= 129 – 44 = 85.

39. (A): दिया है, 15 अगस्त, 1947 को शुक्रवार था।
16 अगस्त, 1947 – 26 जनवरी, 1950
= (16 अगस्त, 1947 – 15 अगस्त, 1948)
+ (16 अगस्त, 1948 – 15 अगस्त, 1949)
+ (16 अगस्त, 1949 – 26 जनवरी, 1950)
= (2 अतिरिक्त दिन) + (1 अतिरिक्त दिन)
+ (अगस्त 16 दिन + सितंबर 30 दिन
+ अक्टूबर 31 दिन + नवंबर 30 दिन
+ दिसंबर 31 दिन + जनवरी 26 दिन)

= 3 अतिरिक्त दिन + 164 दिन
= शुक्रवार के बाद तीसरा दिन + 164 दिन
= सोमवार + 164 दिन
= सोमवार + 7 × 23 + 3 दिन
= सोमवार + 3 दिन = बृहस्पतिवार।

40. (C): दिया है,

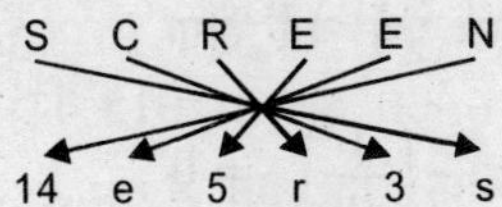

और

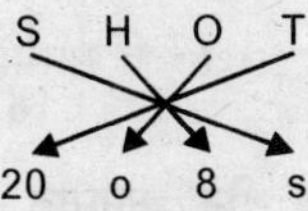

इसी प्रकार,

C O D E

5 d 15 c

अतः कूट भाषा में CODE को 5d15c लिखा जाएगा।

41. (A): 46 * 16 * 4 * 21 * 72 * 4 * 57

(A) =, ×, +, +, ÷, –

$\therefore$ 46 = 16 × 4 + 21 + 72 ÷ 4 – 57
$\Rightarrow$ 46 = 16 × 4 + 21 + 18 – 57
$\Rightarrow$ 46 = 64 + 21 + 18 – 57
$\Rightarrow$ 46 = 103 – 57
$\Rightarrow$ 46 = 46 (संतुलित)

(B) ÷, =, –, ×, –, +

$\therefore$ 46 ÷ 16 = 4 – 21 × 72 – 4 + 57

$\Rightarrow \frac{23}{8} = 4 - 1512 - 4 + 57$

$\Rightarrow \frac{23}{8} = 57 - 1512$

$\Rightarrow \frac{23}{8} = -1455$ (असंतुलित)

(C) +, =, –, ×, –, +

$\therefore$ 46 + 16 = 4 – 21 × 72 – 4 + 57
$\Rightarrow$ 62 = 4 – 1512 – 4 + 57
$\Rightarrow$ 62 = 57 – 1512
$\Rightarrow$ 62 = –1455 (असंतुलित)

(D) –, +, ×, =, –, +

$\therefore$ 46 – 16 + 4 × 21 = 72 – 4 + 57
$\Rightarrow$ 46 – 16 + 84 = 68 + 57
$\Rightarrow$ 30 + 84 = 125
$\Rightarrow$ 114 = 125 (असंतुलित)

अतः विकल्प (A) के गणितीय चिह्नों का सही संयोजन है।

42. (D): 27 : 196

$\Rightarrow \left(\frac{27+1}{2}\right)^2 = \left(\frac{28}{2}\right)^2 = (14)^2 = 196$

19 : 10

$\Rightarrow \left(\frac{19+1}{2}\right)^2 = \left(\frac{20}{2}\right)^2 = (10)^2 = 100$

17 : ?

$\Rightarrow \left(\frac{17+1}{2}\right)^2 = \left(\frac{18}{2}\right)^2 = (9)^2 = 81$

अतः 27 : 196 :: 19 : 100 :: 17 : $\boxed{81}$

अतः ? = लुप्त पद = 81.

43. (D)

44. (D): 3 * 4 * 2 * 10 * 17 * 2

(A) +, +, +, =, –

$\therefore$ 3 + 4 + 2 + 10 = 17 – 2
$\Rightarrow$ 19 = 15 (असंतुलित)

(B) +, +, =, ×, –

$\therefore$ 3 + 4 + 2 = 10 × 17 – 2
$\Rightarrow$ 9 = 170 – 2
$\Rightarrow$ 9 = 168 (असंतुलित)

(C) ×, +, =, –, –

$\therefore$ 3 × 4 + 2 = 10 – 17 – 2
$\Rightarrow$ 12 + 2 = 10 – 19
$\Rightarrow$ 14 = –9 (असंतुलित)

(D) ×, ×, +, = , ×

$\therefore$ 3 × 4 × 2 + 10 = 17 × 2
$\Rightarrow$ 24 + 10 = 34
$\Rightarrow$ 34 = 34 (संतुलित)

अतः विकल्प (D) के गणितीय चिह्नों का सही संयोजन है।

45. (A): दिया है,

C A U T I O U S ⇒ C U A I T U O S
1 2 3 4 5 6 7 8   1 3 2 5 4 7 6 8

और

D E A D L I N E ⇒ D A E L D N I E
1 2 3 4 5 6 7 8   1 3 2 5 4 7 6 8

इसी प्रकार,

E C O N O M I C ⇒ E O C O N I M C
1 2 3 4 5 6 7 8   1 3 2 5 4 7 6 8

अतः उसी भाषा में ECONOMIC को EOCONIMC लिखा जाएगा।

46. (B): 14 →(+4) 18 →(×3) 54 →(+4) 58 →(×3) 174 →(+4) 178 →(×3) [534]

अतः ? = अगली संख्या = 534.

47. (A): दिए गए पैटर्न :

पहली पंक्ति : 8, 13, 25 ⇒ $(8 - 13)^2 = (-5)^2 = 25$

दूसरी पंक्ति : 12, 7, 25 ⇒ $(12 - 7)^2 = (5)^2 = 25$

तीसरी पंक्ति : 9, 15, ? ⇒ $(9 - 15)^2 = (-6)^2 = \boxed{36}$

अतः ? = पैटर्न में लुप्त संख्या = 36.

48. (A)

49. (C): दिए गए पैटर्न :

पहली पंक्ति : 162, 91, 71 ⇒ 162 − 91 = 71

दूसरी पंक्ति : 218, 126, 92 ⇒ 218 − 126 = 92

तीसरी पंक्ति : 194, 79, ? ⇒ 194 − 79 = 115

अतः ? = पैटर्न में लुप्त संख्या = 115.

50. (D)

51. (B): माना दुकानदार ₹ 50 प्रति किग्रा., ₹ 60 प्रति किग्रा., और ₹ 75 प्रति किग्रा. मूल्य के तीन प्रकार के चावल $3x$ किग्रा., x किग्रा. और $2x$ किग्रा. की मात्रा में मिलाया

अतः कुल मूल्य = ₹ 50 × $3x$ + ₹ 60 × x + ₹ 75 × 2

= ₹ $150x$ + ₹ $60x$ + ₹ 150 = ₹ $360x$

अतः औसत मूल्य $= \dfrac{360x}{3x + x + 2x}$

$= \dfrac{360x}{6x}$ = ₹ 60.

52. (A): व्यंजक $= p + \frac{1}{9}\sqrt{p} + k^2$

$$= \left(\sqrt{p}\right)^2 + 2 \cdot \sqrt{p} \cdot \frac{1}{18} + \left(\frac{1}{18}\right)^2 + k^2 - \left(\frac{1}{18}\right)^2$$

$$= \left(\sqrt{p} + \frac{1}{18}\right)^2 + k^2 - \left(\frac{1}{18}\right)^2$$

व्यंजक एक पूर्ण वर्ग होगा,

जब, $k^2 - \left(\frac{1}{18}\right)^2 = 0$

$$\Rightarrow \quad k^2 = \left(\frac{1}{18}\right)^2 \Rightarrow k = \pm\frac{1}{18}.$$

53. (A): दिए गए तीन क्रमागत छूट का एकल छूट

$$= 100 - 100 \times \frac{100-20}{100} \times \frac{100-10}{100} \times \frac{100-5}{100}$$

$$= 100 - 100 \times \frac{80}{100} \times \frac{90}{100} \times \frac{95}{100} = 100 - \frac{72 \times 95}{100}$$

$$= 100 - \frac{18 \times 95}{25} = 100 - \frac{18 \times 19}{5} = 100 - \frac{342}{5}$$

= 100 − 68.4 = 31.60%

अतः एकल छूट = 31.60%.

54. (C): वृत्त आरेख में केंद्रीय कोण

₹ 7200 = 360°

⇒ ₹ 100 $= \dfrac{360°}{72} = 5°$

⇒ ₹ 100 = 5°

अब, भोजन पर ₹ 4000 = 40 × ₹ 100

= 40 × 5° = 200°

और शिक्षा पर ₹ 400 = 4 × ₹ 100

= 4 × 5° = 20°

अतः अभीष्ट केन्द्रीय कोण क्रमशः 200° और 20° होगा।

55. (C): एक परिवार का पहले 4 महीनों का कुल खर्च

= ₹ 13,750 × 4 = ₹ 55,000

अगले 3 महीनों का कुल खर्च

= ₹ 11,750 × 3 = ₹ 35, 250

और अंतिम 5 महीनों का कुल खर्च
$= ₹\ 31,750 \times 5 = ₹\ 1,58,750$

और पूरे वर्ष के दौरान बचत = ₹ 15,550

अतः वर्ष के दौरान परिवार की कुल आय
$= ₹\ 55,000 + ₹\ 35,250 + ₹\ 1,58,750 + ₹\ 15,550$
$= ₹\ 264550$

अतः वर्ष के दौरान परिवार की औसत मासिक आय
$= \frac{264550}{12}$
$= ₹\ 22045.83333$
$= ₹\ 22,046.$

56. (A): $12 - 8 \div 2 - \{16 \text{ of } -2 + 3 \times 5 - 4\}$
$= 12 - 8 \div 2 - \{(16 \times -2) + 3 \times 5 - 4\}$
$= 12 - 8 \div 2 - \{-32 + 3 \times 5 - 4\}$
$= 12 - 8 \div 2 - \{-32 + 15 - 4\}$
$= 12 - 8 \div 2 - \{15 - 36\}$
$= 12 - 8 \div 2 - \{-21\}$
$= 12 - 8 \div 2 + 21$
$= 12 - 4 + 21 = 33 - 4 = 29.$

57. (C): माना P के लिए वस्तु का क्रय मूल्य ₹ x
तब, P के लिए वस्तु का विक्रय मूल्य
$= ₹\ x \times \frac{120}{100} = ₹\ \frac{6}{5}x$

$\therefore$ Q के लिए वस्तु का क्रय मूल्य $= ₹\ \frac{6}{5}x$

$\therefore$ Q के लिए वस्तु का विक्रय मूल्य
$= ₹\ \frac{6}{5}x \times \frac{90}{100} = ₹\ \frac{54}{50}x$
$= ₹\ \frac{27}{25}x$

अतः R के लिए वस्तु का क्रय मूल्य $= ₹\ \frac{27}{25}$

$\Rightarrow \quad ₹\ 1080 = \frac{27}{25}x$

$\Rightarrow \quad x = 1080 \times \frac{25}{27}$
$= 40 \times 25 = ₹\ 1000$

अतः P ने उस वस्तु को ₹ 1000 में खरीदा था।

58. (A): ठोस गोले का आयतन $= \frac{4}{3}\pi r^3$

$\therefore$ 15 सेमी त्रिज्या वाली मिट्टी की गोलाकार गेंद का आयतन
$= \frac{4}{3}\pi(15)^3$ सेमी^{3}

और 5 सेमी त्रिज्या की गेंद का आयतन
$= \frac{4}{3}\pi(5)^3$ सेमी^{3}

अतः 5 सेमी त्रिज्या वाले गेंदों की संख्या
$= \dfrac{\frac{4}{3}\pi(15)^3}{\frac{4}{3}\pi(5)^3} = \left(\frac{15}{5}\right)^3$
$= (3)^3 = 27.$

59. (C): (A + B) का 1 दिन का काम $= \frac{1}{40}$

A का 1 दिन का काम $= \frac{1}{60}$

अतः B का 1 दिन का काम $= \frac{1}{40} - \frac{1}{60}$
$= \frac{3-2}{120} = \frac{1}{120}$

$\Rightarrow$ B, 1 काम को 120 दिनों में करता है।

$\therefore$ B, $\frac{3}{4}$ काम को $120 \times \frac{3}{4}$ दिनों में करता है।

अतः B को उसी काम का तीन-चौथाई भाग अकेले पूरा करने में 90 दिन लगेगा।

60. (A): यहाँ, गोले का व्यास = 30 सेमी
$\Rightarrow 2r = 30$ सेमी $\Rightarrow r = 15$ सेमी
अतः गोले का पृष्ठीय क्षेत्रफल $= 4\pi r^2$
$= 4 \times 3.14 \times (15)^2$
$= 4 \times 3.14 \times 225$
$= 900 \times 3.14 = 2826$ सेमी^{2}।

61. (C): दिया है, पर्स का अंकित मूल्य = ₹ 2250
अतः पर्स का विक्रय मूल्य
$= 2250 \times \frac{100-10}{100} \times \frac{100-20}{100}$

$= 2250 \times \frac{90}{100} \times \frac{80}{100}$

$= 2250 \times \frac{9}{10} \times \frac{4}{5} = 225 \times \frac{36}{5}$

$= 45 \times 36 =$ ₹ 1620.

62. (B): दिया है, $\cot\theta = \cot 30° \cot 60°$

$= \cot 30° \cot (90 - 30°)$

$= \cot 30° \tan 30°$

$= \cot 30 \times \frac{1}{\cot 30°}$

$\cot\theta = 1$

$\Rightarrow \cot\theta = 1 = \cot 45°$

$\Rightarrow \theta = 45°$ (एक न्यून कोण है।)

अतः $2\theta = 2 \times 45° = 90°$.

63. (D): दिया है, दो स्टेशनों 'A' और 'B' के बीच की दूरी = 494 किलोमीटर

5 p.m. तक दोनों ट्रेनों द्वारा तय दूरी

= 83 × 2 + 54 × 1

= 166 + 54 = 220 किलोमीटर

6 p.m. तक दोनों ट्रेनों द्वारा तय दूरी

= 220 किलोमीटर + 83 किलोमीटर + 54 किलोमीटर

= 357 किलोमीटर

7 p.m. तक दोनों ट्रेनों द्वारा तय दूरी

= 357 किलोमीटर + 83 किलोमीटर + 54 किलोमीटर

= 494 किलोमीटर

अतः दोनों ट्रेन 7 p.m. पर मिलेगी।

64. (C): $\because a^3 - 3a^2b + 3ab^2 - b^3 = (a - b)^3$

$\therefore$ व्यंजक $= \frac{(62\times62\times62) - 3(62\times62\times22) + 3(62\times22\times22) - (22\times22\times22)}{8\times8\times8}$

$= \frac{(62)^3 - 3(62)^2(22) + 3(62)(22)^2 - (22)^3}{8^3}$

$= \frac{(62-22)^3}{8^3} = \frac{(40)^3}{8^3}$

$= \left(\frac{40}{8}\right)^3 = (5)^3 = 125.$

65. (A): दिया है, P = ₹ 5,50,000, $r = 7\%$, $n = 2$ वर्ष की वार्षिक

$\because$ चक्रवृद्धि ब्याज $= P\left[\left(1+\frac{r}{100}\right)^n - 1\right]$

$= 5,50,000\left[\left(1+\frac{7}{100}\right)^2 - 1\right]$

$= 5,50,000\left[\left(\frac{107}{100}\right)^2 - 1\right]$

$= 5,50,000\left[\frac{11449-10000}{10000}\right]$

$= 5,50,000\left[\frac{1449}{10000}\right]$

= 55[1449] = ₹ 79695.

66. (A): 54321 = 54324 − 3

$\Rightarrow$ 54321 = 6 × 9054 − 3

$\Rightarrow$ 54321 + 3 = 6 × 9054

अतः अभीष्ट छोटी-से-छोटी प्राकृतिक संख्या = 3.

67. (A): माना समांतर चतुर्भुज की ऊँचाई = x सेमी

तब, आधार = $2x$ सेमी

दिया है,

समांतर चतुर्भुज का क्षेत्रफल = 144 सेमी^{2}

$\Rightarrow$ आधार × ऊँचाई = 144

$\Rightarrow 2x \times x = 144$

$\Rightarrow x^2 = 72$ सेमी^{2}

$\Rightarrow x^2 = 36 \times 2$ सेमी^{2}

$\Rightarrow x = 6\sqrt{2}$ सेमी

अतः इसकी ऊँचाई $= x = 6\sqrt{2}$ सेमी।

68. (C): दिए गए बार ग्राफ से :

दोनों वर्षों में C3 की कुल बिक्री

= 110 + 100 = 210

और दोनों वर्षों में C4 की कुल बिक्री

= 115 + 110 = 225

अतः अभीष्ट अनुपात = 210 : 225

= 42 : 45 = 14 : 15.

69. (D) **70. (C)** **71. (B)**

72. (B): दिया है, P = ₹ 5000, $r = 10\%$ वार्षिक, $n = 3$ वर्ष

∴ 3 वर्षों का चक्रवृद्धि ब्याज

$$= P\left[\left(1+\frac{r}{100}\right)^n - 1\right]$$

$$= 5000\left[\left(1+\frac{10}{100}\right)^3 - 1\right]$$

$$= 5000\left[\left(1+\frac{1}{10}\right)^3 - 1\right]$$

$$= 5000\left[\left(\frac{11}{10}\right)^3 - 1\right]$$

$$= 5000\left[\frac{1331}{1000} - 1\right]$$

$$= 5000\left[\frac{331}{1000}\right]$$

= 5 × 331 = ₹ 1655

2 वर्षों का चक्रवृद्धि ब्याज

$$= 5000\left[\left(1+\frac{10}{1000}\right)^2 - 1\right]$$

$$= 5000\left[\left(\frac{11}{10}\right)^2 - 1\right]$$

$$= 5000\left[\frac{121}{100} - 1\right]$$

$$= 5000\left[\frac{21}{100}\right]$$

= 50 × 21 = ₹ 1050

अतः 2 वर्षों और 3 वर्षों के ब्याज का अंतर

= ₹ 1655 – ₹ 1050 = ₹ 605.

73. (B): 64 और 4096 के बीच मध्यानुपाती

$= \sqrt{64 \times 4096} = 8 \times 64 = 512.$

74. (A): दिया है, $x + 2y = 10$ ...(*i*)

$2xy = 9$ ...(*ii*)

(*i*) और (*ii*) से

$$x(10 - x) = 9$$
$$\Rightarrow 10x - x^2 = 9$$
$$\Rightarrow 10x - x^2 - 9 = 0$$
$$\Rightarrow x^2 - 10x + 9 = 0$$
$$\Rightarrow x^2 - 9x - x + 9 = 0$$
$$\Rightarrow x(x - 9) - 1(x - 9) = 0$$
$$\Rightarrow (x - 1)(x - 9) = 0$$
$$\Rightarrow x = 1, 9$$

(*ii*) से, $y = \frac{9}{2}, \frac{1}{2}$

अतः $x - 2y = 1 - 2 \times \frac{9}{2}$

$= 1 - 9 = -8$

या $x - 2y = 9 - 2 \times \frac{1}{2}$

$= 9 - 1 = 8.$

75. (D): माना दो बराबर कोण $x°$ और $x°$ है।

तब, $108° + x + x = 180°$

$$\Rightarrow 108° + 2x = 180°$$
$$\Rightarrow 2x = 180 - 108°$$
$$\Rightarrow 2x = 72°$$
$$\Rightarrow x = 36°$$

अतः इन बराबर कोणों में से प्रत्येक मान = 36°.

76. (B) **77. (C)** **78. (D)**

79. (C) **80. (C)** **81. (C)**

82. (B) **83. (D)** **84. (A)**

85. (A) **86. (B)** **87. (B)**

88. (A) **89. (D)** **90. (D)**

91. (A) **92. (B)** **93. (C)**

94. (D) **95. (D)** **96. (A)**

97. (A) **98. (B)** **99. (D)**

100. (D)

YOUR SPACE

पिछले प्रश्न-पत्र (हल सहित)

SSC-संयुक्त हायर सेकेन्डरी स्तर–CHSL (10+2) Tier–1, ऑनलाइन भर्ती परीक्षा–2020

(Exam held on 12-04-2021)

ENGLISH LANGUAGE

1. Select the correct indirect form of the given sentence.

The gardener said to the children, "Please do not pluck any flowers."

A. The gardener ordered the children to not pluck any flowers.

B. The gardener requested the children not to pluck any flowers.

C. The gardener told to the children to kindly not pluck any flowers.

D. The gardener requested to the children please do not pluck any flowers.

2. Select the INCORRECTLY spelt word.

A. install B. inspire
C. instanse D. instead

3. Select the most appropriate meaning of the given idiom.

Living in a fool's paradise

A. To be fooled by someone

B. To live in a world of imagination

C. To believe wrongly that your situation is good

D. To live in luxuriously after fooling someone

4. Select the most appropriate one-word substitution for the given words.

speed greater than that of sound

A. subsonic B. harmonic
C. cacophonic D. supersonic

5. Select the most appropriate option to fill in the blank.

I should have stopped them then and there. But it never even ______ to me that I should.

A. occurred B. reminded
C. suggested D. happened

6. Select the most appropriate synonym of the given word.

STRETCH

A. extend B. compress
C. close D. cease

7. Select the most appropriate meaning of the underlined idiom in the given sentence.

The eradication of corona virus is still a far cry.

A. very distant B. very easy
C. very near D. very fast

8. Select the correct passive form of the given sentence.

The prisoners of this jail have woven these carpets.

A. These carpets were woven by the prisoners of this jail.

B. These carpets wove the prisoners of this jail.

C. The prisoners have been woven by these carpets of this jail.

D. These carpets have been woven by the prisoners of this jail.

9. Select the most appropriate option to substitute the underlined segment in the given sentence. If there is no need to substitute it, select 'No substitution'.

The house <u>has been auction</u> before we reached there.

A. was auctioning
B. had been auctioned
C. No substitution
D. has been auctioned

10. Fill in the blank with most appropriate word.

______ of adulterated food stuff being sold in the market.

A. Cautious B. Wary
C. Beware D. Aware

11. Select the most appropriate ANTONYM of the given word.

RESOLVE

A. decide B. agree
C. refuse D. analyse

12. In the given sentence, identify the segment which contains the grammatical error.

Electric heaters were providing to all the officers at the guest house.

A. Electric heaters B. to all the officers
C. were providing D. at the guest house

13. Select the option which means the same as the group of words given.

A place where Buddhist monks live

A. monastery B. stupa
C. pagoda D. temple

14. Select the most appropriate synonym of the given word.

PRUDENT

A. cautious B. hasty
C. reckless D. rude

15. In the given sentence, identify the segment which contains a grammatical error.

Why didn't you submitted your project on time?

A. you submitted B. on time
C. Why didn't D. your project

16. Given below are four sentences in jumbled order. Select the option that gives their correct order.

(*a*) This flight takes place on a hot summer day.
(*b*) It has a pair of wings but bites them off after its 'wedding' flight.
(*c*) In the heat, the queen leaves the nest and goes out to meet a drone, high up in the air.
(*d*) The queen is the mother of the entire population of a colony of ants.

A. (*d*)(*b*)(*a*)(*c*) B. (*c*)(*a*)(*b*)(*d*)
C. (*b*)(*a*)(*c*)(*d*) D. (*a*)(*c*)(*b*)(*d*)

17. Select the misspelt word.

A. tarriff B. partner
C. parachute D. sergeant

18. Select the most appropriate antonym of the given word.

PRECIOUS

A. costly B. simple
C. rare D. cheap

19. Given below are four jumbled sentences. Out of the given options, pick the one that gives their correct order.

(*a*) There he brought them up as his own children.
(*b*) He took them away to his hut.
(*c*) He found the two children and the basket.
(*d*) One day an old man came to the jungle.

A. (*b*)(*a*)(*c*)(*d*) B. (*d*)(*c*)(*b*)(*a*)
C. (*b*)(*d*)(*a*)(*c*) D. (*d*)(*b*)(*a*)(*c*)

20. Select the most appropriate option to substitute the underlined segment in the given sentence. If there is no need to substitute it, select 'No substitution'.

Supriya as well as her friends <u>have gone of</u> a trekking expedition.

A. has gone on
B. are going at
C. have gone on
D. No substitution

Directions (Qs. No. 21-25): *In the following passage some words have been deleted. Fill in the blanks with the help of the alternatives given. Select the most appropriate option for each blank.*

Before the giant waves slammed into the coast in India and Sri Lanka, wild and domestic animals (1) ______ to know what was about to happen. (2) ______ fled to safety. According to eyewitness (3) ______, elephants screamed and ran for (4) ______ grounds, dogs refused to go outdoors, flamingoes abandoned (5) ______ low-lying breeding areas and zoo animals rushed into their shelters.

21. Select the most appropriate option for blank no. 1.
A. were seemed B. seemed
C. seeming D. seem

22. Select the most appropriate option for blank no. 2.
A. We B. Them
C. They D. Us

23. Select the most appropriate option for blank no. 3.
A. narrations B. accounts
C. statement D. explanations

24. Select the most appropriate option for blank no. 4.
A. highest B. more high
C. higher D. high

25. Select the most appropriate option for blank no. 5.
A. their B. her
C. theirs D. our

सामान्य बुद्धिमत्ता

26. चार शब्द दिए गए हैं, जिनमें से तीन किसी प्रकार समान हैं और एक भिन्न है। भिन्न शब्द का चयन करें।
A. अस्पष्टार्थ B. संशयग्रस्त
C. निश्चित D. उभयभावी

27. कागज के एक टुकड़े को मोड़ने का क्रम और मुड़े हुए कागज को काटने का प्रकार, निम्न आकृति में दर्शाया गया है। खोलने पर यह कागज कैसा दिखाई देगा?

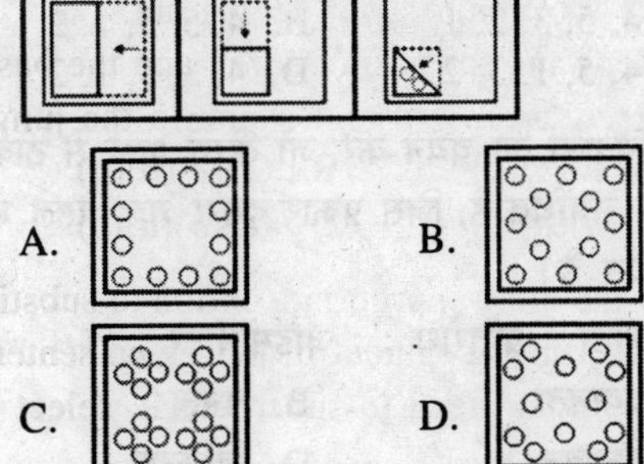

28. विजय, अमित से 8 वर्ष छोटा है। विजय और अमित की वर्तमान आयु का योगफल 42 वर्ष है। विजय की वर्तमान आयु ज्ञात करें।
A. 25 वर्ष B. 21 वर्ष
C. 17 वर्ष D. 15 वर्ष

29. उस विकल्प का चयन करें, जिसमें संख्याएँ ठीक उसी प्रकार संबंधित हैं जिस प्रकार दिए गए समुच्चय की संख्याएँ संबंधित हैं।
(8, 44, 224)
A. (11, 59, 299) B. (9, 80, 312)
C. (15, 75, 301) D. (7, 39, 190)

30. उस विकल्प का चयन करें, जिसमें संख्याएँ ठीक उसी प्रकार संबंधित हैं, जिस प्रकार निम्न सेट की संख्याएँ संबंधित हैं।
(57, 126, 199)
A. (29, 96, 168) B. (43, 112, 178)
C. (63, 132, 205) D. (75, 148, 217)

31. उस आकृति का चयन करें, जो निम्न आकृति श्रेणी में (प्रश्नवाचक चिह्न [?] के स्थान पर) आएगी।

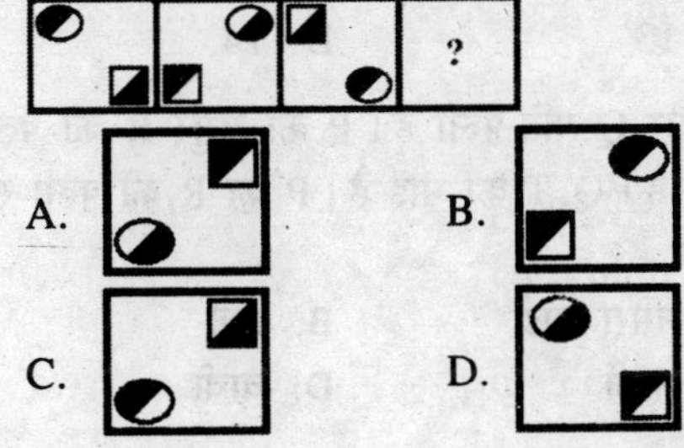

32. निम्नलिखित चार अक्षर-समूहों में से तीन किसी प्रकार से समान हैं, और एक भिन्न है। भिन्न का चयन करें।

A. QUY B. LPT
C. GKO D. HLQ

33. उस गणितीय चिह्नों के सही संयोजन का चयन करें, जो * चिह्नों को क्रमिक रूप से प्रतिस्थापित करते हुए, दिया गया समीकरण संतुलित कर सकता है।

14 * 11 * 552 * 23 * 29 = 159

A. ×, +, ÷, − B. ×, −, ÷, +
C. ×, ÷, −, + D. +. −, ÷, ×

34. उस शब्द-युग्म का चयन करें जिसमें दोनों शब्द ठीक उसी प्रकार संबंधित हैं, जिस प्रकार निम्न शब्द-युग्म में दोनों शब्द संबंधित हैं।

चम्मच : बर्तन

A. घर : व्यय
B. स्कूटर : वाहन
C. बस : यात्री
D. रसोईघर : खाना बनाना

35. निम्नलिखित में से कौन-सा शब्द संयोजन नीचे दिए गए वेन आरेख को उचित रूप से निरूपित करता है?

A. पिता, डॉक्टर, पुरुष B. महिला, पुरुष, चाची
C. माँ, बहन, भाई D. महिला, पुत्री, बहन

36. नीचे दी गई आकृति में कितने त्रिभुज हैं?

A. 11 B. 12
C. 13 D. 14

37. P और Q पति-पत्नी हैं। P का ससुर R की पत्नी का पिता है। Q, T का भाई है। P का R की पत्नी से क्या संबंध है?

A. ममेरा भाई B. भाई
C. भाभी D. चाची

38. उस विकल्प का चयन करें, जिसमें दी गई आकृति सन्निहित है। (घुमाने की अनुमति नहीं है)

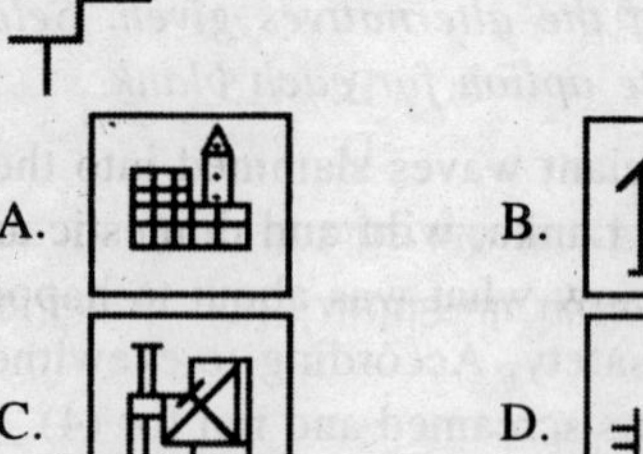

39. उस अक्षर संयोजन का चयन करें, जिसे दी गई अक्षर श्रेणी के रिक्त स्थान में क्रमिक रूप से रखने पर श्रेणी पूर्ण हो जाएगी।

a _ _ gb _ _ acegb _ _ aceg

A. dfdfbcedf B. cedfdfbdf
C. cefbdfdfd D. fdfbdfced

40. उस विकल्प का चयन करें, जो तीसरी संख्या से ठीक उसी प्रकार संबंधित है, जिस प्रकार दूसरी संख्या पहली संख्या से संबंधित है।

25 : 750 : : 30 : ?

A. 1625 B. 1110
C. 1050 D. 1275

41. उस विकल्प का चयन करें, जो दिए गए शब्दों का अंग्रेजी शब्दकोश में सही क्रम निरूपित करता है।

1. Rubric 2. Ruminate
3. Rose 4. Reader
5. Reap

A. 4, 5, 3, 2, 1 B. 4, 5, 3, 1, 2
C. 4, 5, 1, 3, 2 D. 4, 3, 5, 1, 2

42. उस विकल्प का चयन करें, जो तीसरे शब्द से ठीक उसी प्रकार संबंधित है, जिस प्रकार दूसरा शब्द पहले शब्द से संबंधित है।

ओममीटर : प्रतिरोध : : जाईमोमीटर : ?

A. श्यानता B. घनत्व
C. किण्वन D. विकिरण

43. किसी निश्चित कूट भाषा में, BEYOND को BDFNPY लिखा जाता है। उसी कूट भाषा में PROMISE को किस प्रकार लिखा जाएगा?

A. EIMOPRS B. ESIMORP
C. FJNPQSR D. FJMPPRS

44. किसी निश्चित कूट भाषा में, SEND को 168 लिखा जाता है। उसी कूट भाषा में PURSE को किस प्रकार लिखा जाएगा?

A. 395 B. 415
C. 185 D. 225

45. दिए गए संयोजन के सही दर्पण प्रतिबिम्ब का चयन करें, जब दर्पण को दर्शाए गए अनुसार, 'PQ' पर रखा जाता है।

STRUCTURE | (P ऊपर, Q नीचे)

A. ƎЯUTƆUЯTS B. ꓢꓕꓤꓵꓛꓕꓵꓤƎ
C. ƎЯUTƆUЯTS D. ꓢꓕꓤꓵꓛꓕꓵꓤƎ

46. दिए गए कथनों और निष्कर्षों को ध्यानपूर्वक पढ़ें। यह मानते हुए कि कथनों में दी गई जानकारी सत्य है, चाहे वह ज्ञात तथ्यों से असंगत हो, निर्धारित करें कि कौन-सा/से निष्कर्ष कथनों का तार्किक रूप से अनुसरण करता/ते है/हैं?

कथन : सभी ऊँट, कबूतर हैं।
कुछ कबूतर, बाज हैं।

निष्कर्ष : I. सभी ऊँट, बाज हैं।
II. कुछ ऊँट, बाज हैं।
III. कुछ बाज, कबूतर हैं।
IV. कुछ कबूतर, ऊँट हैं।

A. निष्कर्ष I और II दोनों अनुसरण करते हैं।
B. निष्कर्ष II और III दोनों अनुसरण करते हैं।
C. निष्कर्ष I और IV दोनों अनुसरण करते हैं।
D. निष्कर्ष III और IV दोनों अनुसरण करते हैं।

47. उस विकल्प का चयन करें, जो तीसरे पद से ठीक उसी प्रकार संबंधित है, जिस प्रकार दूसरा पद पहले पद से संबंधित है।

SLIM : MHQO : : COLD : ?

A. GPKZ B. GPZK
C. GZPK D. GKPZ

48. दिए गए विकल्पों में से उस संख्या का चयन करें, जो निम्न श्रेणी में प्रश्नवाचक चिह्न (?) के स्थान पर आ सकती है।

2, 4, 5, 19, 71, ?

A. 261 B. 361
C. 316 D. 216

49. चार संख्या-युग्म दिए गए हैं, जिनमें से तीन किसी प्रकार समान हैं, और एक भिन्न है। उस संख्या-युग्म का चयन करें, जो अन्य से भिन्न है।

A. 8 : 104 B. 5 : 65
C. 11 : 143 D. 12 : 146

50. दी गई शीट को जब घन बनाने के लिए मोड़ा जाएगा, तो कौन-सा अक्षर 'N' वाले फलक के विपरीत फलक पर होगा?

		B	E	H
Z	N	W		

A. Z B. E
C. B D. H

संख्यात्मक अभियोग्यता

51. जब किसी वृत्त की जीवा AB और व्यास CD को बढ़ाया जाता है, तो वे वृत्त के बाहर बिंदु P पर मिलती हैं। यदि PB = 8 सेमी., AB = 12 सेमी. और वृत्त के केंद्र से P की दूरी 18 सेमी. है, तो वृत्त की त्रिज्या (सेमी. में) ज्ञात करें (निकटतम)।

A. 12.8 B. 12.4
C. 12 D. 13

52. ΔABC में, AD, एक माध्यिका है। यदि बिंदु E, F और G क्रमशः AD, AE और DE के मध्य बिंदु हैं, तो ΔBFG का क्षेत्रफल कितना होगा?

A. (ΔABC के क्षेत्रफल) का $\frac{1}{2}$
B. (ΔABC के क्षेत्रफल) का $\frac{1}{4}$
C. (ΔBGC के क्षेत्रफल) का $\frac{1}{2}$
D. (ΔABC के क्षेत्रफल) का $\frac{1}{8}$

53. गीता ने 30% अंक प्राप्त किए और 50 अंकों से अनुत्तीर्ण हो गई, जबकि 45% अंक प्राप्त करने वाले संदीप को, परीक्षा उत्तीर्ण करने के लिए आवश्यक न्यूनतम अंक से 25 अंक ज्यादा मिले। 64% अंक प्राप्त करने वाले विमल को कितने अंक मिले?

A. 436 B. 320
C. 500 D. 256

54. दिए गए ग्राफ का अध्ययन कीजिए और उससे संबंधित प्रश्न का उत्तर दीजिए।

एक वर्ष के दौरान विभिन्न मदों के अंतर्गत कंपनी के कुल व्यय का प्रतिशत बंटन

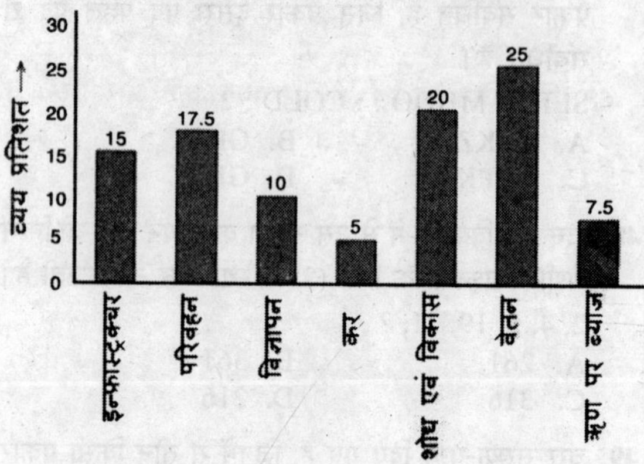

ऋण पर ब्याज के रूप में हुआ व्यय, करों पर किए गए व्यय से कितना प्रतिशत अधिक है?

A. 25% B. 50%
C. 40% D. 30%

55. O केंद्र वाले वृत्त में, 6 सेमी. लंबी जीवा केंद्र से 4 सेमी. की दूरी पर स्थित है। व्यास की लंबाई ज्ञात करें।

A. 7 सेमी. B. 14 सेमी.
C. 5 सेमी. D. 10 सेमी.

56. समूह A के 30 व्यक्तियों का औसत वजन, समूह B के 25 व्यक्तियों के औसत वजन से 3 किग्रा. अधिक है। समूह B के 25 व्यक्तियों का औसत वजन, समूह C के 20 व्यक्तियों के औसत वजन से 2.5 किग्रा. अधिक है। यदि समूह A के 30 व्यक्तियों का कुल वजन 1725 किग्रा. है, तो समूह A और समूह C के व्यक्तियों का कुल औसत वजन (किग्रा. में) कितना होगा?

A. 55 B. 55.4
C. 55.3 D. 55.1

57. ΔABC में, $\angle A = 135°$, $CA = 5\sqrt{2}$ सेमी. और $AB = 7$ सेमी. है। E और F, क्रमशः भुजा AC और AB के मध्य बिंदु हैं। EF की लंबाई (सेमी. में) ज्ञात करें।

A. 5.5 B. 5
C. 6 D. 6.5

58. अनामिका ने ₹ 15,000 के ऋण पर वार्षिक रूप से चक्रवृद्धि होने वाली चक्रवृद्धि ब्याज दर से 3 वर्ष बाद चक्रवृद्धि ब्याज के रूप में ₹ 4,965 का भुगतान किया। सुमन ने उसी दर से ₹ 10,000 का ऋण साधारण ब्याज पर लिया। 3 वर्ष बाद, सुमन को कितने ब्याज का भुगतान करना होगा?

A. ₹ 4,000 B. ₹ 3,500
C. ₹ 4,500 D. ₹ 3,000

59. किसी वस्तु के सूची मूल्य (list price) पर 30% और 16% के दो क्रमागत छूट देने के बाद, वस्तु को ₹ 1,176 में बेचा जाता है। वस्तु के सूची मूल्य और विक्रय मूल्य के बीच (₹ में) अंतर ज्ञात करें।

A. 840 B. 820
C. 824 D. 740

60. m के सबसे बड़े और सबसे छोटे संभावित मान का गुणनफल ज्ञात करें, जिसके लिए संख्या 5m83m4m1, 9 से विभाज्य है?

A. 10 B. 16
C. 80 D. 40

61. A और B किसी कार्य को क्रमशः 24 दिन और 40 दिन में पूरा कर सकते हैं। वे एक साथ 8 दिन तक कार्य करते हैं। C, शेष कार्य को 14 दिन में पूरा करता है। एक साथ कार्य करते हुए A और C, समान कार्य का 75% भाग कितने दिन में पूरा करेंगे?

A. 9 दिन
B. 15 दिन
C. 12 दिन
D. 10 दिन

62. यदि $x^4 + 4y + x^2y^2 = 117$ और $x^2 + y^2 - xy = 3(4+\sqrt{3})$ है, तो $(x^2 + y^2)$ का मान ज्ञात करें।

A. $6\sqrt{3}$ B. 12
C. 9 D. $13\sqrt{3}$

63. रेखा आरेख (line graph), किसी कंपनी का उत्पादन (टन में) और बिक्री (टन में) दर्शाता है।

सभी वर्षों में कंपनी की कुल बिक्री, कंपनी के कुल उत्पादन का कितना प्रतिशत (लगभग) है? (2 दशमलव स्थान तक सही)

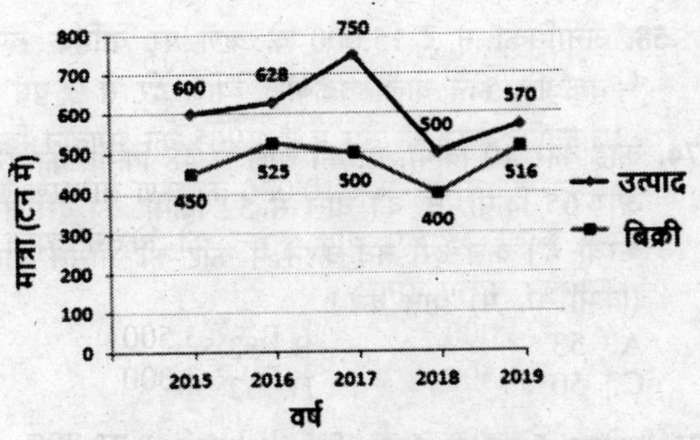

A. 68.12 B. 78.44
C. 75 D. 72.55

64. दिए गए आरेख का अध्ययन करें और प्रश्न का उत्तर दें।

2013 से 2018 के दौरान XYZ देश का आयात और निर्यात (₹ करोड़ में)

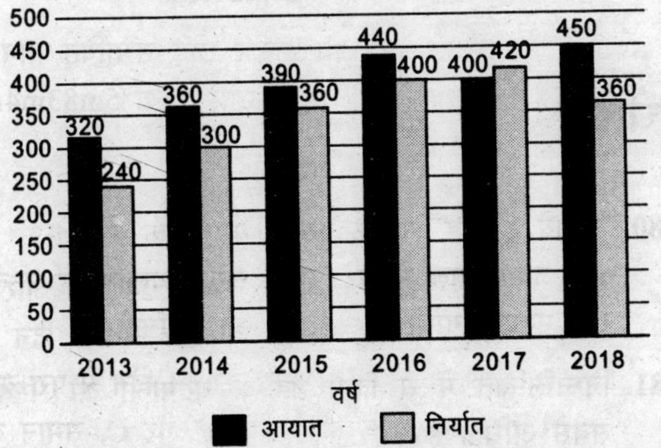

2014 और 2017 में हुए कुल निर्यात और 2015 और 2018 में हुए कुल आयात का अनुपात ज्ञात करें।

A. 5 : 6 B. 14 : 15
C. 6 : 7 D. 3 : 2

65. त्रिभुज ABC की ऊँचाई AD, 9 सेमी. है। यदि $AB = 6\sqrt{3}$ सेमी. और $CD = 3\sqrt{3}$ सेमी. है, तो $\angle A$ की माप ज्ञात करें।

A. 60° B. 45°
C. 90° D. 30°

66. यदि $8 \sin^2 \theta + 2 \cos \theta = 5$ है, $0° < \theta < 90°$ है, तो $\tan^2 \theta + \sec^2 \theta - \sin^2 \theta$ का मान ज्ञात करें।

A. $\frac{305}{144}$ B. $\frac{153}{72}$
C. $\frac{431}{144}$ D. $\frac{23}{9}$

67. किसी समचतुर्भुज का एक विकर्ण $8\sqrt{3}$ सेमी. है। यदि दूसरा विकर्ण, इसकी भुजा के बराबर है, तो समचतुर्भुज का क्षेत्रफल (सेमी.^{2} में) ज्ञात करें।

A. $32\sqrt{3}$ B. $24\sqrt{3}$
C. $12\sqrt{3}$ D. $16\sqrt{3}$

68. निम्नांकित आरेख का अध्ययन करें और उसके बाद दिए गए प्रश्न का उत्तर दें।

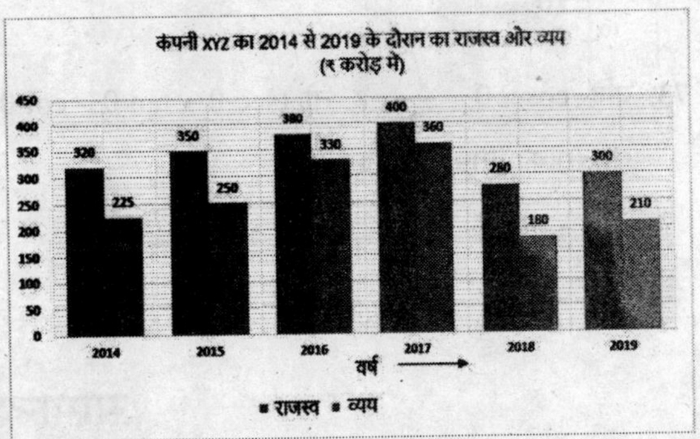

किसी वर्ष राजस्व में प्रतिशत वृद्धि उसके पिछले वर्ष की तुलना में 6% से कम थी?

A. 2016 B. 2019
C. 2015 D. 2017

69. यदि $x^2 - 6\sqrt{3}x + 1 = 0$ है, तो $x^3 + \frac{1}{x^3}$ का मान ज्ञात करें।

A. $630\sqrt{3}$ B. $216\sqrt{3}$
C. $666\sqrt{3}$ D. $234\sqrt{3}$

70. निम्न व्यंजक का मान ज्ञात करें :
$(2x - 3y)^3 - 18xy(2x - 3y)$

A. $8x^3 - 72x^2y + 108xy^2 - 27y^3$
B. $8x^3 - 27y^3 - 36x^2y - 54xy^2$
C. $8x^3 + 108xy^2 - 72x^2y$
D. $8x^3 - 27y^3$

71. किसी धनराशि को A, B और C के बीच क्रमशः 2 : 3 : 7 के अनुपात में विभाजित किया गया। यदि B का हिस्सा ₹ 15,000 है, तो B और C के हिस्सों में अंतर ज्ञात करें।

A. ₹ 20,000 B. ₹ 50,000
C. ₹ 15,000 D. ₹ 18,000

72. $\left(2\frac{1}{2} \div 1\frac{7}{8}\right) \div \left(9\frac{4}{9} \div 11\frac{1}{3} \text{ of } \frac{1}{8}\right)$ of $\frac{4}{3} \times 5\frac{1}{3} - \frac{9}{8} \div \frac{3}{4}$ का मान ज्ञात करें।

A. $-\frac{7}{10}$ B. $\frac{1}{5}$

C. $\frac{23}{10}$ D. $-\frac{4}{5}$

73. यदि $\operatorname{cosec}\theta = \frac{\sqrt{5}}{2}$ है, तो $(\sec\theta + \tan\theta - \cot\theta \sin\theta)$ का मान ज्ञात करें।

A. $2+\frac{\sqrt{5}}{2}$ B. $2+\frac{4\sqrt{5}}{5}$

C. $2+\sqrt{5}$ D. $2+\frac{2\sqrt{5}}{5}$

74. कोई कार 40 किमी./घं. की चाल से 48 किमी. की दूरी और 65 किमी./घं. की चाल से 52 किमी. की दूरी तय करती है। कुल दूरी तय करने में कार की औसत चाल (किमी./घं. में) ज्ञात करें।

A. 53 B. 52.5

C. 50 D. 52

75. सुलेखा ₹ 1040 में 36 किग्रा. चीनी खरीदती है। वह चीनी को 10 किग्रा. चीनी के विक्रय मूल्य के बराबर लाभ पर बेचती है। 5 किग्रा. चीनी का विक्रय मूल्य (₹ में) ज्ञात करें।

A. 220 B. 200

C. 235 D. 215

सामान्य सचेतता

76. तमिलनाडु के निम्नलिखित त्योहारों में से कौन-सा भगवान मुरुगन को समर्पित है?

A. ओणम B. आड़ी पेरुकु

C. पोंगल D. थाई पूसम

77. 'बर्डी, ईगल और अल्बाट्रॉस' शब्दों का उपयोग ______ में किया जाता है।

A. गोल्फ B. पोलो

C. बेसबॉल D. फुटबॉल

78. निम्नलिखित में से किस बैंक ने दिसंबर 2020 में, NPCI (नेशनल पेमेंट कॉर्पोरेशन ऑफ इंडिया) के साथ मिलकर संपर्क रहित 'रूपे सिलेक्ट (RuPay Select)' डेबिट कार्ड लॉन्च किया है?

A. एच.डी.एफ.सी. (HDFC)

B. भारतीय स्टेट बैंक

C. आई.सी.आई.सी.आई. (ICICI)

D. सेंट्रल बैंक ऑफ इंडिया

79. केंद्रीय मंत्रिमंडल ने 2021 में कितने देशों में इंडियन मिशन खोलने की मंजूरी दी है?

A. 9 B. 5

C. 6 D. 3

80. 'पाथवे टू गॉड' नामक पुस्तक के लेखक कौन हैं?

A. जवाहरलाल नेहरू B. सरदार वल्लभभाई पटेल

C. महात्मा गांधी D. श्री अरबिंदो

81. निम्नलिखित में से किस ग्रह के चंद्रमाओं की संख्या सबसे अधिक है?

A. शनि B. बृहस्पति

C. वरुण (नेप्चून) D. अरुण (यूरेनस)

82. ______ को आमतौर पर मिल्क शुगर (दुग्ध शर्करा) भी कहा जाता है क्योंकि यह दूध में पाया जाता है।

A. लैक्टोज B. ग्लूकोज

C. फ्रक्टोज D. माल्टोज

83. ए.एम.आर. (AMR) की स्थिति तब आती है, जब जीवाणु, विषाणु, कवक और परजीवी समय के साथ बदलते हैं और दवाओं के प्रति कोई प्रतिक्रिया नहीं देते हैं, इससे संक्रमण का इलाज मुश्किल हो जाता है और बीमारी फैलने, गंभीर बीमारी और मृत्यु के जोखिम में बढ़ोतरी हो जाती है। AMR का पूर्ण रूप क्या है?

A. एंटीमीजल्स रजिस्टेंस (Antimeasles Resistance)

B. एंटीमलेरियल रजिस्टेंस (Antimalarial Resistance)

C. एंटीमाइक्रोबियल रजिस्टेंस (Antimicrobial Resistance)
D. एक्यूटमाइक्रोबियल रजिस्टेंस (Acutemicrobial Resistance)

84. निम्नलिखित में से कौन-सा एक मुक्त स्रोत (ओपन-सोर्स) ऑपरेटिंग सिस्टम नहीं है?
A. Windows B. Drupal
C. Linux D. Ubuntu

85. काजू उगाने के लिए किस प्रकार की मृदा सबसे उपयुक्त होती है?
A. काली मृदा B. जलोढ़ मृदा
C. लाल लैटराइट मृदा D. लाल और पीली मृदा

86. सितंबर 2020 में, सामाजिक न्याय और अधिकारिता मंत्रालय ने किस हेल्पलाइन की शुरुआत की है?
A. किरण (KIRAN) B. उम्मीद (UMMID)
C. आशा (ASHA) D. सुबह (SUBAH)

87. 2011 की जनगणना के अनुसार, भारत में सबसे अधिक साक्षरता वाला जिला कौन-सा है?
A. एर्नाकुलम B. सेरछिप
C. कोट्टायम D. चम्फाई

88. निम्नलिखित में से कौन-सा टेम्परेरी फाइल का एक्सटेंशन है?
A. .tnt B. .tar
C. .txt D. .tmp

89. भारतीय पर्यटन सांख्यिकी (आई.टी.एस.) 2020 के अनुसार, किस राज्य ने 2019 में देश में सबसे अधिक घरेलू पर्यटकों को अपनी ओर आकर्षित किया है?
A. तमिलनाडु B. गोवा
C. उत्तर प्रदेश D. मेघालय

90. 'इंडियाज 71-इयर टेस्ट : द जर्नी टु ट्रायम्फ इन ऑस्ट्रेलिया (India's 71-Year Test : The Journey to Triumph in Australia)' नामक पुस्तक किसने लिखी है?
A. राहुल भट्टाचार्य B. आर. कौशिक
C. सचिन तेंदुलकर D. पीटर हेटर

91. चम्पारण सत्याग्रह निम्नलिखित में से किस वर्ष में शुरू किया गया था?
A. 1935 B. 1917
C. 1945 D. 1928

92. निम्नलिखित में से कौन तेलंगाना की पहली महिला मुख्य न्यायाधीश हैं?
A. रूमा पाल B. जे.के. माहेश्वरी
C. आर. बानुमथी D. हिमा कोहली

93. स्वामी विवेकानंद ने वर्ष ____ में रामकृष्ण मिशन की स्थापना की थी।
A. 1897 B. 1899
C. 1882 D. 1876

94. जनवरी 2021 की स्थिति के अनुसार, निम्नलिखित में से कौन केंद्रीय ग्रामीण विकास मंत्री हैं?
A. नरेंद्र सिंह तोमर B. राजनाथ सिंह
C. एस. जयशंकर D. अमित शाह

95. निम्नलिखित में से किसे भारतीय निर्वाचन आयोग में, उप-चुनाव आयुक्त नियुक्त किया गया है?
A. राजन दत्ता B. अशोक लवासा
C. उमेश सिन्हा D. राजीव कुमार

96. 'हक्की, पिक्की और सिद्दी' कर्नाटक के/की ____ हैं।
A. भाषाएँ B. संगीत प्रकार
C. नृत्य शैली D. रंगमंच शैली

97. 2020 में, भारत ने सुरक्षा परिषद के उस प्रस्ताव को सह-प्रायोजित किया जो शांति अभियानों में_____ कर्मियों की पूर्ण, प्रभावी और सार्थक भागीदारी की माँग करता है।
A. महिला B. नर्सिंग
C. पुलिस D. चिकित्सा

98. नवम्बर 2020 में, महाराष्ट्र की निम्नलिखित झीलों में से किसे रामसर साइट की सूची में शामिल किया गया है?
A. वेन्ना B. विहार
C. लोनार D. रंकला

99. दिसम्बर 2020 की स्थिति के अनुसार, सर्वाधिक टेस्ट मैचों में कप्तानी का भारतीय रिकॉर्ड _____ के नाम पर दर्ज है।
A. मोहम्मद अजहरुद्दीन B. विराट कोहली
C. एम.एस. धोनी D. कपिल देव

100. निम्नलिखित में से कौन-सा शहर सरयू नदी के तट पर स्थित है?
A. हैदराबाद B. अहमदाबाद
C. जयपुर D. अयोध्या

उत्तरमाला

1	2	3	4	5	6	7	8	9	10
B	C	C	D	A	A	A	D	B	C
11	**12**	**13**	**14**	**15**	**16**	**17**	**18**	**19**	**20**
C	C	A	A	A	A	A	D	B	A
21	**22**	**23**	**24**	**25**	**26**	**27**	**28**	**29**	**30**
B	C	B	C	A	C	C	C	A	C
31	**32**	**33**	**34**	**35**	**36**	**37**	**38**	**39**	**40**
A	D	B	B	D	B	C	C	B	C
41	**42**	**43**	**44**	**45**	**46**	**47**	**48**	**49**	**50**
B	C	D	A	C	D	C	B	D	B
51	**52**	**53**	**54**	**55**	**56**	**57**	**58**	**59**	**60**
A	B	B	B	D	C	D	D	C	B
61	**62**	**63**	**64**	**65**	**66**	**67**	**68**	**69**	**70**
D	B	B	C	A	A	A	D	A	A
71	**72**	**73**	**74**	**75**	**76**	**77**	**78**	**79**	**80**
A	A	B	C	B	D	A	D	D	C
81	**82**	**83**	**84**	**85**	**86**	**87**	**88**	**89**	**90**
A	A	C	A	C	A	B	D	C	B
91	**92**	**93**	**94**	**95**	**96**	**97**	**98**	**99**	**100**
B	D	A	A	C	A	A	C	C	D

व्याख्यात्मक उत्तर

28. माना विजय और अमित की वर्तमान आयु x वर्ष और y वर्ष है

तब, $x + y = 42$ ...(*i*)

और $y - x = 8$ ...(*ii*)

(*i*) और (*ii*) को जोड़ने पर,

$2y = 50$

$\Rightarrow y = 25$

y का मान (*i*) में रखने पर,

$x = 42 - 25$

$\Rightarrow x = 17$

अतः विजय की वर्तमान आयु

$= x$ वर्ष $= 17$ वर्ष।

29. दिया है, 8 → 44 → 224 (×5 + 4, ×5 + 4)

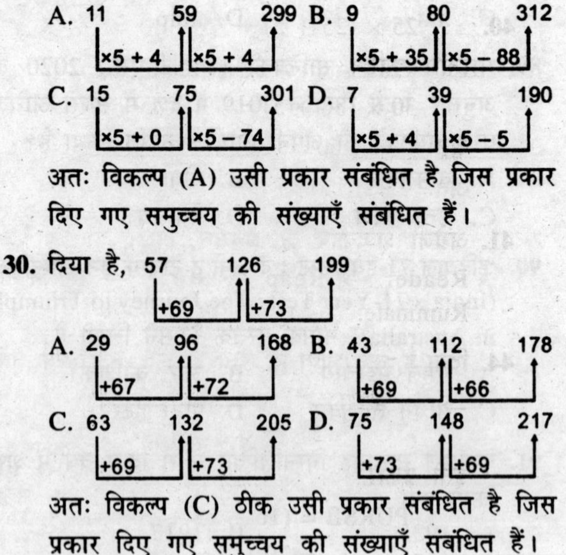

अतः विकल्प (A) उसी प्रकार संबंधित है जिस प्रकार दिए गए समुच्चय की संख्याएँ संबंधित हैं।

30. दिया है, 57 → 126 → 199 (+69, +73)

अतः विकल्प (C) ठीक उसी प्रकार संबंधित है जिस प्रकार दिए गए समुच्चय की संख्याएँ संबंधित हैं।

32. 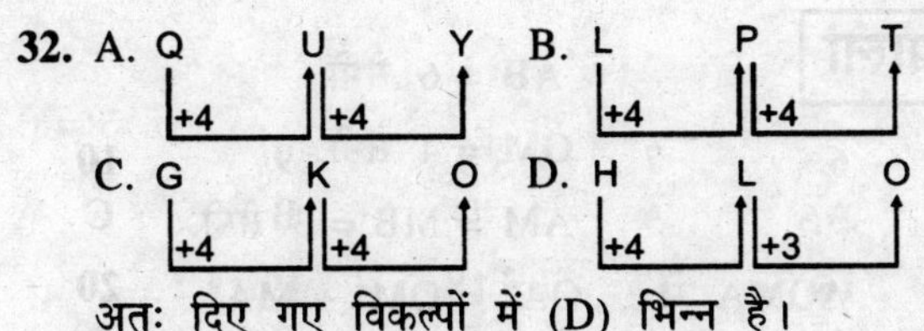

अतः दिए गए विकल्पों में (D) भिन्न है।

37. 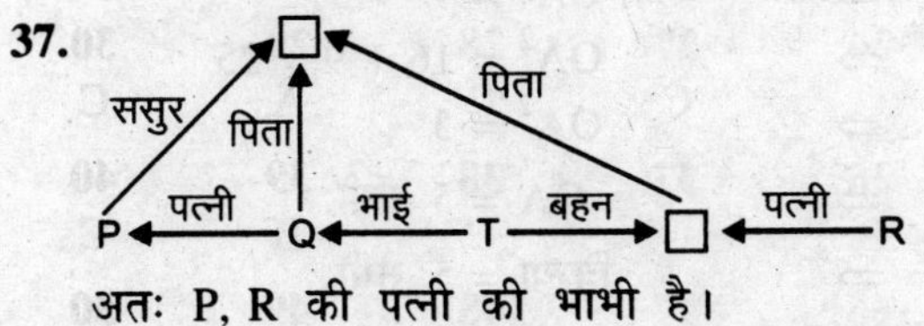

अतः P, R की पत्नी की भाभी है।

39. a _ _ gb _ _ a c e g b _ _ a c e g _ _ _

A. d f d f b c e d f

∴ a d f g b d f a c e g b b c a c e g e d f

B. c e d f d f b d f

∴ a c e g b d f a c e g b d f a c e g b d f

C. c e f b d f d f d

∴ a c e g b f b a c e g b d f a c e g d f d

D. f d f b d f c e d

∴ a f d g b f b a c e g b d f a c e g c e d

अतः विकल्प (B) को रिक्त स्थान में रखने पर श्रेणी पूर्ण हो जाएगी।

श्रेणी में खंड acegbdf की पुनरावृत्ति हो रही है।

40. $25 \times (25 + 5) = 25 \times 30 = 750$

इसी प्रकार,

$30 \times (30 + 5) = 30 \times 35 = 1050$

अतः $25 : 750 : : 30 : \boxed{1050}$

अतः ? = 1050.

41. अंग्रेजी शब्दकोष के अनुसार, शब्दों का क्रम

Reader → Reap → Rose → Rubric → Ruminate.

44. दिया है, कूट भाषा में, SEND को 168 लिखा जाता है

⇒ SEND = $(19 + 5 + 14 + 4) \times 4$

$= 42 \times 4 = 168$

इसी प्रकार,

PURSE = $(16 + 21 + 18 + 19 + 5) \times 5$

$= 79 \times 5 = 395$

⇒ PURSE = 395

अतः उसी कूट भाषा में PURSE को 395 लिखा जाएगा।

46. दिए गए कथन के अनुसार,

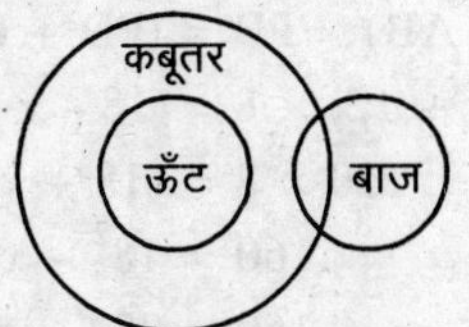

सही निष्कर्ष : III. कुछ बाज, कबूतर हैं।

IV. कुछ कबूतर, ऊँट है।

48. 2, 4, 5, 19, 71, ?

यहाँ, $(2 + 4) \times 1 - 1 = 6 - 1 = 5$

$(4 + 5) \times 2 + 1 = 18 + 1 = 19$

$(5 + 19) \times 3 - 1 = 72 - 1 = 71$

$(19 + 71) \times 4 + 1 = 360 + 1 = 361$

अतः ? = अगला पद = 361.

49. A. $8 : 104 \Rightarrow \frac{104}{8} = 13$

B. $5 : 65 \Rightarrow \frac{65}{5} = 13$

C. $11 : 143 \Rightarrow \frac{143}{11} = 13$

D. $12 : 146 \Rightarrow \frac{146}{12} = \frac{73}{6}$

अतः विकल्प (D) अन्य से भिन्न हैं।

51. दिया है,

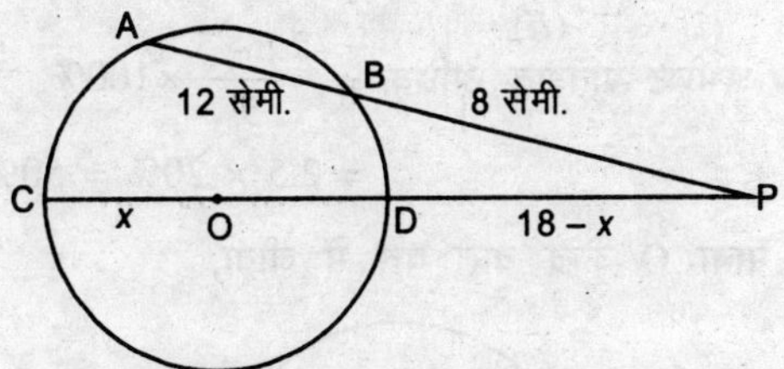

PB = 8 सेमी., AB = 12 सेमी.,

OP = 18 सेमी.

माना वृत्त की त्रिज्या,

CO = OD = x सेमी.

$\because$ चित्र में दिए अनुसार AB और CD वृत्त की दो जीवाएँ हैं जो कि दूसरे को आगे बढ़ाने पर बिन्दु P पर काटती हैं।

$\therefore \quad PA \times PB = PC \times PD$

$\Rightarrow (PB + AB) \times PB = (PD + CD) \times PD$

$\Rightarrow \quad (8 + 12) \times 8 = (18 - x + 2x) \times (18 - x)$

$\Rightarrow \quad 20 \times 8 = (18 + x)(18 - x)$

$\Rightarrow \quad 160 = 18^2 - x^2$

$\Rightarrow \quad 160 = 324 - x^2$

$\Rightarrow \quad x^2 = 324 - 160$

$\Rightarrow \quad x^2 = 164 \Rightarrow x = \sqrt{164}$

$\Rightarrow \quad x = 12.8$ सेमी.

अतः वृत्त की त्रिज्या = 12.8 सेमी.।

53. माना अधिकतम अंक = x

तब, $x \times \frac{30}{100} + 50 = x \times \frac{45}{100} - 25$

$\Rightarrow \quad \frac{45x}{100} - \frac{30x}{100} = 50 + 25$

$\Rightarrow \quad \frac{45x - 30x}{100} = 75$

$\Rightarrow \quad 15x = 7500 \Rightarrow x = 500$

अतः विमल का प्राप्तांक $= 500 \times \frac{64}{100}$

$= 5 \times 64 = 320.$

54. दिए गए ग्राफ से,

ऋण पर ब्याज के रूप में हुआ व्यय = 7.5

तथा करों पर किए गए व्यय = 5

अभीष्ट प्रतिशत अधिक $= \frac{7.5 - 5}{5} \times 100\%$

$= 2.5 \times 20\% = 50\%.$

55. माना O केन्द्र वाले वृत्त में जीवा,

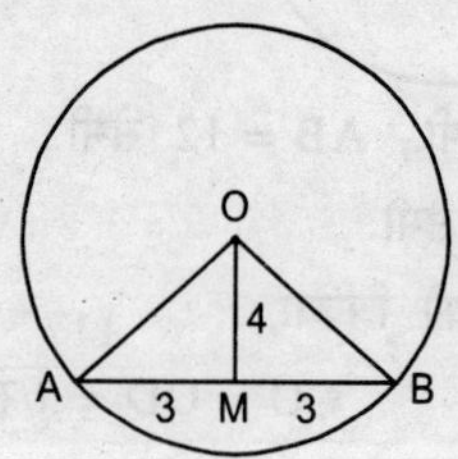

AB = 6 सेमी.

OM = 4 सेमी.

$\therefore$ AM = MB = 3 सेमी.

ΔOMA में, $OA^2 = OM^2 + MA^2$

$\Rightarrow \quad OA^2 = 4^2 + 3^2$

$\Rightarrow \quad OA^2 = 16 + 9 = 25$

$\Rightarrow \quad OA^2 = 5^2$

$\Rightarrow \quad OA = 5$ सेमी.

$\Rightarrow$ त्रिज्या = 5 सेमी.

अतः व्यास = 2 × त्रिज्या

= 2 × 5 = 10 सेमी.।

56. दिया है, समूह A के 30 व्यक्तियों का कुल वजन

= 1725 किग्रा.

$\therefore$ समूह A के 30 व्यक्तियों का औसत वजन

$= \frac{1725}{30} = 57.5$ किग्रा.

समूह A के 30 व्यक्तियों का औसत वजन – B के 25 व्यक्तियों के औसत वजन = 3 किग्रा.

$\Rightarrow$ 57.5 किग्रा. – B के 25 व्यक्तियों का औसत वजन = 3 किग्रा.

$\Rightarrow$ B के 25 व्यक्तियों का औसत वजन

= 57.5 – 3 = 54.5 किग्रा.

समूह B के 25 व्यक्तियों का औसत वजन – समूह C के 20 व्यक्तियों के औसत वजन = 2.5 किग्रा.

$\Rightarrow$ 54.5 किग्रा. – समूह C के 20 व्यक्तियों के औसत वजन = 2.5 किग्रा.

$\Rightarrow$ समूह C के 20 व्यक्तियों के औसत वजन

= 54.5 – 2.5 = 52 किग्रा.

$\Rightarrow$ समूह C के 20 व्यक्तियों का कुल वजन

= 20 × 52 = 1040 किग्रा.

अतः समूह A और समूह C के व्यक्तियों का कुल औसत वजन

$= \frac{1725 + 1040}{30 + 20} = \frac{2765}{50}$

= 55.3 किग्रा.।

58. $\because$ चक्रवृद्धि ब्याज $= P\left(1+\frac{r}{100}\right)^n - P$

$\therefore$ $₹\ 4965 = ₹\ 15000\left[\left(1+\frac{r}{100}\right)^3 - 1\right]$

$\Rightarrow \frac{4965}{15000} = \left(1+\frac{r}{100}\right)^3 - 1$

$\Rightarrow \frac{331}{1000} = \left(1+\frac{r}{100}\right)^3 - 1$

$\Rightarrow \frac{331}{1000} + 1 = \left(1+\frac{r}{100}\right)^3$

$\Rightarrow \frac{1331}{1000} = \left(1+\frac{r}{100}\right)^3$

$\Rightarrow \left(\frac{11}{10}\right)^3 = \left(1+\frac{r}{100}\right)^3$

$\Rightarrow \frac{11}{10} = 1 + \frac{r}{100}$

$\Rightarrow \frac{r}{100} = \frac{11}{10} - 1$

$\Rightarrow \frac{r}{100} = \frac{1}{10}$

$\Rightarrow r = 10\%$

अब, P = मूलधन = ₹ 10000

$t = 3$ वर्ष

$r = 10\%$

अतः साधारण ब्याज $= \frac{P \times r \times t}{100}$

$= \frac{10000 \times 10 \times 3}{100}$

$= ₹\ 3000.$

59. सूची मूल्य $\times \frac{100-30}{100} \times \frac{100-16}{100}$ = विक्रय मूल्य

$\Rightarrow$ सूची मूल्य $\times \frac{70}{100} \times \frac{84}{100} = 1176$

$\Rightarrow$ सूची मूल्य $\times \frac{7}{10} \times \frac{21}{25} = 1176$

$\Rightarrow$ सूची मूल्य $= 1176 \times \frac{10 \times 25}{7 \times 21}$

$= \frac{168 \times 10 \times 25}{21}$

$= 8 \times 10 \times 25 = 2000$

$\Rightarrow$ सूची मूल्य = ₹ 2000

अतः वस्तु के सूची मूल्य और विक्रय मूल्य के बीच का अंतर = ₹ 2000 – ₹ 1176 = ₹ 824.

61. (A + B) का 8 दिन का कार्य

$= 8\left(\frac{1}{24} + \frac{1}{40}\right)$

$= 8\left(\frac{5+3}{120}\right) = \frac{8}{15}$

शेष कार्य $= 1 - \frac{8}{15} = \frac{7}{15}$

$\because$ 14 दिन में C शेष कार्य $\frac{7}{15}$ करता है

$\therefore$ 1 दिन में C $\frac{7}{15} \times \frac{1}{14} = \frac{1}{30}$ कार्य करता है

$\therefore$ (A + C) का 1 दिन का कार्य

$= \frac{1}{24} + \frac{1}{30} = \frac{5+4}{120} = \frac{9}{120} = \frac{3}{40}$

अतः (A + C), समान कार्य का 75%

$= \frac{3}{4}$ भाग $= \frac{3/4}{3/40}$

$= \frac{3}{4} \times \frac{40}{3} = 10$ दिन में पूरा करेंगे।

62. दिया है :

$x^4 + y^4 + x^2y^2 = 117$ ...(*i*)

और $x^2 + y^2 - xy = 3\left(4+\sqrt{3}\right)$ ...(*ii*)

$\because$ $x^4 + y^4 + x^2y^2 = 117$

$\therefore$ $(x^2 + y^2)^2 - x^2y^2 = 117$

$\Rightarrow (x^2 + y^2 - xy)(x^2 + y^2 + xy) = 117$

$\Rightarrow 3\left(4+\sqrt{3}\right)(x^2 + y^2 + xy) = 117$

$\Rightarrow x^2 + y^2 + xy = \frac{117}{3\left(4+\sqrt{3}\right)}$ ...(*iii*)

(*ii*) और (*iii*) को जोड़ने पर,

$$2(x^2 + y^2) = 3\left(4+\sqrt{3}\right)+\frac{117}{3\left(4+\sqrt{3}\right)}$$

$$= \frac{9\left(4+\sqrt{3}\right)^2+117}{3\left(4+\sqrt{3}\right)}$$

$$= \frac{3\left(4+\sqrt{3}\right)^2+39}{4+\sqrt{3}}$$

$$= \frac{3\left(16+3+8\sqrt{3}\right)+39}{4+\sqrt{3}}$$

$$= \frac{57+24\sqrt{3}+39}{4+\sqrt{3}}$$

$$= \frac{96+24\sqrt{3}}{4+\sqrt{3}}$$

$$\Rightarrow \quad 2(x^2 + y^2) = \frac{24\left(4+\sqrt{3}\right)}{\left(4+\sqrt{3}\right)} = 24$$

$$\Rightarrow \quad x^2 + y^2 = 12.$$

63. दिए गए रेखा आरेख से,

कुल उत्पादन = 600 + 628 + 750 + 500 + 570
= 3048

कुल बिक्री = 450 + 525 + 500 + 400 + 516
= 2391

अतः $3048 \times \frac{x}{100} = 2391$

$$\Rightarrow \quad x = \frac{239100}{3048}\%$$

$$\Rightarrow \quad x = 78.44\%$$

अतः अभीष्ट प्रतिशत = 78.44%.

64. दिए गए आरेख से,

2014 और 2017 में हुए कुल निर्यात

= 300 + 420 = 720

और 2015 और 2018 में हुए कुल आयात

= 390 + 450 = 840

अतः अभीष्ट अनुपात $= \frac{720}{840} = \frac{6}{7}$

= 6 : 7.

65. दिया है, Δ ABC में, ऊँचाई = AD = 9 सेमी.

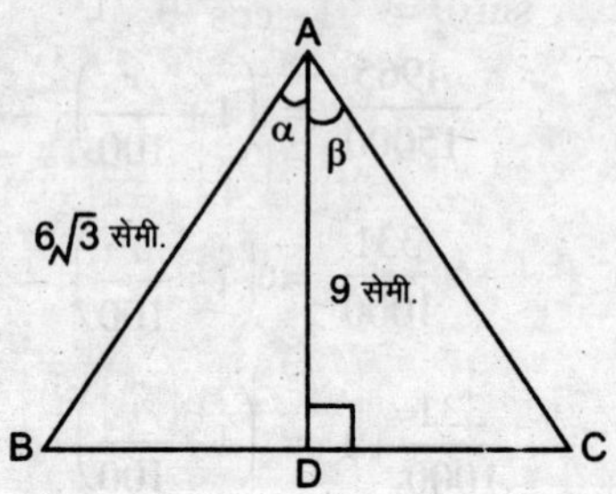

AB = $6\sqrt{3}$ सेमी., CD = $3\sqrt{3}$ सेमी.

Δ CDA में, $\tan\beta = \frac{CD}{DA}$

$$\Rightarrow \quad \tan\beta = \frac{3\sqrt{3}}{9} = \frac{\sqrt{3}}{3} = \frac{1}{\sqrt{3}}$$

$$\Rightarrow \quad \tan\beta = \frac{1}{\sqrt{3}}$$

$$\Rightarrow \quad \beta = 30°$$

और Δ BDA में,

$$\cos\alpha = \frac{DA}{BA}$$

$$\Rightarrow \quad \cos\alpha = \frac{9}{6\sqrt{3}} = \frac{3}{2\sqrt{3}} = \frac{\sqrt{3}}{2}$$

$$\Rightarrow \quad \cos\alpha = \frac{\sqrt{3}}{2}$$

$$\Rightarrow \quad \alpha = 30°$$

अतः $\angle A = \angle\alpha + \angle\beta$

$= 30° + 30°$

$\Rightarrow \quad \angle A = 60°.$

66. दिया है, $8\sin^2\theta + 2\cos\theta = 5$

$$\Rightarrow \quad 8(1-\cos^2\theta) + 2\cos\theta = 5$$

$$\Rightarrow \quad 8 - 8\cos^2\theta + 2\cos\theta = 5$$

$$\Rightarrow \quad 8\cos^2\theta - 2\cos\theta - 3 = 0$$

$$\Rightarrow \quad 8\cos^2\theta - 6\cos\theta + 4\cos\theta - 3 = 0$$

$$\Rightarrow 2\cos\theta(4\cos\theta - 3) + 1(4\cos\theta - 3) = 0$$

$$\Rightarrow \quad (4\cos\theta - 3)(2\cos\theta + 1) = 0$$

$\Rightarrow 4\cos\theta - 3 = 0$ और $2\cos\theta + 1 = 0$

$\Rightarrow \quad \cos\theta = \frac{3}{4}$ और $\cos\theta = \frac{-1}{2}$

$\therefore \quad \sin\theta = \sqrt{1-\cos^2\theta}$

$= \sqrt{1-\left(\frac{3}{4}\right)^2} = \sqrt{1-\frac{9}{16}} = \frac{\sqrt{7}}{4}$

$\therefore \tan^2\theta + \sec^2\theta - \sin^2\theta$

$= \left(\frac{\sqrt{7}}{3}\right)^2 + \left(\frac{4}{3}\right)^2 - \left(\frac{\sqrt{7}}{4}\right)^2$

$= \frac{7}{9} + \frac{16}{9} - \frac{7}{16} = \frac{23}{9} - \frac{7}{16}$

$= \frac{368-63}{144} = \frac{305}{144}.$

67. माना ABCD एक समचतुर्भुज है, जिसमें एक विकर्ण $BD = 8\sqrt{3}$ सेमी. तथा दूसरा विकर्ण, $AC = x$

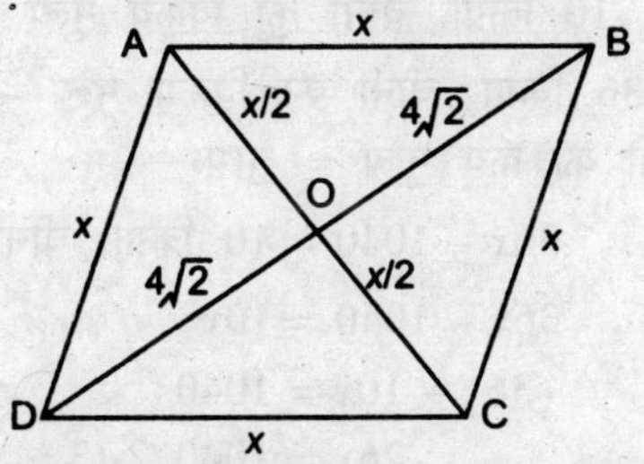

भुजा $AB = BC = CD = AD = x$ सेमी.

(दूसरा विकर्ण = भुजा)

अब समकोण त्रिभुज AOB में,

$AO^2 + OB^2 = AB^2$

$\Rightarrow \left(\frac{x}{2}\right)^2 + \left(4\sqrt{3}\right)^2 = x^2$

$\Rightarrow \quad x^2 - \frac{x^2}{4} = 48$

$\Rightarrow \quad \frac{3x^2}{4} = 48$

$\Rightarrow \quad x^2 = \frac{48\times 4}{3} = 64 = 8^2$

$\Rightarrow \quad x^2 = 8^2 \Rightarrow x = 8$ सेमी.

$\therefore$ दूसरा विकर्ण $= AC = x = 8$ सेमी.

अतः समचतुर्भुज का क्षेत्रफल

$= \frac{1}{2} \times$ विकर्णों का गुणनफल

$= \frac{1}{2} \times 8\sqrt{3} \times 8$

$= 32\sqrt{3}$ सेमी.^{2}।

70. $(2x - 3y)^3 - 18xy(2x - 3y)$

$= 8x^3 - 3.4x^2 . 3y + 3.2x . 9y^2 - 27y^3 - 36x^2y + 54xy^2$

$= 8x^3 - 36x^2y + 54xy^2 - 27y^3 - 36x^2y + 54xy^2$

$= 8x^3 - 72x^2y + 108xy^2 - 27y^3.$

71. माना धनराशि = ₹ x

तब, B का हिस्सा = ₹ 15000

$\Rightarrow \quad x \times \frac{3}{2+3+7} = 15000$

$\Rightarrow \quad x \times \frac{3}{12} = 15000$

$\Rightarrow \quad x \times \frac{1}{4} = 15000$

$\Rightarrow \quad x = 60000$

और C का हिस्सा $= x \times \frac{7}{2+3+7}$

$= 60000 \times \frac{7}{12}$

$= 5000 \times 7 = 35000$

अतः B और C के हिस्सों में अंतर

= ₹ 35,000 – ₹ 15,000

= ₹ 20,000.

72. $\left(2\frac{1}{2} \div 1\frac{7}{8}\right) \div \left(9\frac{4}{9} \div 11\frac{1}{3} \text{ of } \frac{1}{8}\right) \text{ of } \frac{4}{3} \times 5\frac{1}{3} - \frac{9}{8} \div \frac{3}{4}$

$= \left(\frac{5}{2} \div \frac{15}{8}\right) \div \left(\frac{85}{9} \div \frac{34}{8} \text{ of } \frac{1}{8}\right) \text{ of } \frac{4}{3} \times \frac{16}{3} - \frac{9}{8} \times \frac{4}{3}$

$= \left(\frac{5}{2} \times \frac{8}{15}\right) \div \left(\frac{85}{9} \div \frac{34}{24}\right) \text{ of } \frac{4}{3} \times \frac{16}{3} - \frac{3}{2}$

$$= \frac{4}{3} \div \left(\frac{85}{9} \times \frac{24}{34}\right) \text{of} \frac{4}{3} \times \frac{16}{3} - \frac{3}{2}$$

$$= \frac{4}{3} \div \left(\frac{5}{3} \times \frac{8}{2}\right) \text{of} \frac{4}{3} \times \frac{16}{3} - \frac{3}{2}$$

$$= \frac{4}{3} \div \frac{20}{3} \text{of} \frac{4}{3} \times \frac{16}{3} - \frac{3}{2}$$

$$= \frac{4}{3} \div \frac{80}{9} \times \frac{16}{3} - \frac{3}{2}$$

$$= \frac{4}{3} \times \frac{9}{80} \times \frac{16}{3} - \frac{3}{2}$$

$$= \frac{4}{5} - \frac{3}{2} = \frac{8-15}{10} = \frac{-7}{10}.$$

73. दिया है, $\operatorname{cosec} \theta = \frac{\sqrt{5}}{2}$

$\therefore \quad \sin \theta = \frac{2}{\sqrt{5}}$

$\therefore \quad \cos \theta = \sqrt{1 - \sin^2 \theta}$

$$= \sqrt{1 - \frac{4}{5}} = \frac{1}{\sqrt{5}}$$

$\therefore \quad \sec \theta = \sqrt{5}$

$$\tan \theta = \frac{\sin\theta}{\cos\theta} = \frac{2/\sqrt{5}}{1/\sqrt{5}}$$

$\Rightarrow \quad \tan \theta = 2$

$\therefore \quad \cot \theta = \frac{1}{2}$

अब, $\sec \theta + \tan \theta - \cot \theta \sin \theta$

$$= \sqrt{5} + 2 - \frac{1}{2} \times \frac{2}{\sqrt{5}}$$

$$= \sqrt{5} + 2 - \frac{1}{\sqrt{5}}$$

$$= 2 + \sqrt{5} - \frac{1}{\sqrt{5}}$$

$$= 2 + \frac{5-1}{\sqrt{5}}$$

$$= 2 + \frac{4}{\sqrt{5}} \times \frac{\sqrt{5}}{\sqrt{5}}$$

$$= 2 + \frac{4\sqrt{5}}{5}$$

74. औसत चाल $= \frac{\text{कुल दूरी}}{\text{कुल समय}}$

$$= \frac{48+52}{\frac{48}{40} + \frac{52}{65}} = \frac{100}{\frac{6}{5} + \frac{4}{5}} = \frac{100}{\frac{10}{5}}$$

$$= \frac{100}{10} \times 5 = 50.$$

75. माना 1 किग्रा. चीनी का विक्रय मूल्य ₹ x है तब, 10 किग्रा. चीनी का विक्रय मूल्य ₹ $10x$ है $\because$ 36 किग्रा. चीनी का विक्रय मूल्य – 36 किग्रा. चीनी का क्रय मूल्य = लाभ

$\therefore \quad 36x - 1040 = 10$ किग्रा. चीनी का वि.मू.

$\Rightarrow \quad 36x - 1040 = 10x$

$\Rightarrow \quad 36x - 10x = 1040$

$\Rightarrow \quad 26x = 1040$

$\Rightarrow \quad x = \frac{1040}{26} = \frac{80}{4} = 40$

$\Rightarrow \quad x =$ ₹ 40

अतः 5 किग्रा. चीनी का विक्रय मूल्य

= $5x$

= ₹ 5 × 40

= ₹ 200.

पिछले प्रश्न-पत्र (हल सहित)

SSC-संयुक्त हायर सेकेन्डरी स्तर–CHSL (10+2) Tier–1, ऑनलाइन भर्ती परीक्षा–2019*

1. Select the most appropriate synonym of the given word:

Fraudulent

A. Prevalent B. Deceitful
C. Genuine D. Repellent

2. Select the word which means the same as the group of words given:

Satisfied, with no desire to change or improve

A. Adolescent B. Beneficent
C. Innocent D. Complacent

3. Select the most appropriate meaning of the given idiom:

Sleep on it

A. To make a wrong decision
B. To wait before making a decision
C. To prefer to sleep than take action
D. To make a decision immediately

4. Select the most appropriate word(s) to fill in the blank:

My family is my priority but there were times when I had to ______ because of work pressures.

A. sit in B. look into
C. pull away D. put off

Directions (Qs. No. 5 to 9): *In the following passage some words have been deleted. Fill in the blanks with the help of the alternatives given. Select the most appropriate option for each blank.*

One day Willy stumbled upon a novel in a __(1)__ bookshop—a Perry Mason book written by Erle Stanley Gardner. He __(2)__ the book simply because the title of the book cover looked __(3)__. Although it was an unabridged book Willy was able __(4)__ it with sufficient comprehension. This was partly because the novel contained __(5)__ written in simple, conversational language.

5. Select the most appropriate option for blank No. 1.

A. localize B. locals
C. local D. location

6. Select the most appropriate option for blank No. 2.

A. picked in B. picked up
C. picked at D. picked on

7. Select the most appropriate option for blank No. 3.

A. attract B. attracted
C. attraction D. attractive

8. Select the most appropriate option for blank No. 4.

A. to reading B. read
C. reading D. to read

9. Select the most appropriate option for blank No.5.

A. monologues B. epilogue
C. dialogues D. prologue

10. In the sentence identify the segment which contains the grammatical error.

According to a recent study, drinking green tea thrice a week is associated with a longest and healthy life.

A. is associated with
B. According to a recent study
C. a longest and healthy life
D. drinking green tea thrice a week

11. Select the most appropriate meaning of the given idiom:

Keep your shirt on

A. To keep busy B. To work hard
C. To remain cool D. To celebrate

* *Online exam held on 21/10/2020.*

12. In the sentence identify the segment which contains the grammatical error.

People with full time sedentary jobs who commuting long distances, may have sleep problems due to lack of exercise.

A. may have sleep problems
B. due to lack of exercise
C. People with full time sedentary jobs
D. who commuting long distances

13. Select the most appropriate antonym of the given word:

BUOYANT

A. Cheerful B. Gloomy
C. Bouncy D. Neutral

14. Select the wrongly spelt word.

A. Courteous B. Circueteous
C. Delicious D. Momentous

15. Given below are four jumbled sentences. Pick the option that gives their correct order.

(*a*) Since then, Pathak has performed in several plays and films.
(*b*) While studying there, he saw 'Equus,' a play that changed his life forever.
(*c*) Vinay Pathak was pursuing MBA in New York.
(*d*) He decided to change tracks and study drama.

A. (*c*), (*b*), (*d*), (*a*) B. (*b*), (*a*), (*c*), (*d*)
C. (*c*), (*a*), (*d*), (*b*) D. (*d*), (*c*), (*a*), (*b*)

16. Given below are four jumbled sentences. Pick the option that gives their correct order.

(*a*) It is played by turning around while reciting a rhyme.
(*b*) The circling motion is like that of a Sufi dervish.
(*c*) Fahim Irshad has made a film called 'Aani Maani'.
(*d*) The movie title is based on a game popular among little children in Uttar Pradesh.

A. (*a*), (*c*), (*d*), (*b*) B. (*c*), (*d*), (*a*), (*b*)
C. (*c*), (*b*), (*a*), (*d*) D. (*b*), (*d*), (*c*), (*a*)

17. Select the most appropriate antonym of the given word:

CAUSTIC

A. Sarcastic B. Scary
C. Bitter D. Kind

18. Select the word which means the same as the group of words given:

To make perfect or complete

A. Attainment B. Complement
C. Impediment D. Deportment

19. Select the most appropriate word to fill in the blank.

Shivangini, the 12 year old archer who ______ an injury has been successfully operated by a team of doctors at A.I.I.M.S.

A. maintained B. sustained
C. ordained D. pertained

20. Select the correct Indirect form of the given sentence.

"It is a fact that kids model parental behaviour," said the researcher.

A. The researcher said that it is a fact that kids model parental behaviour.
B. The researcher says that it is a fact that kids model parental behaviour.
C. The researcher has said that it is a fact that kids have modeled parental behaviour.
D. The researcher has been saying that kids model parental behaviour.

21. Select the most appropriate synonym of the given word:

Indomitable

A. Justifiable B. Accessible
C. Changeable D. Invincible

22. Select the wrongly spelt word.

A. Different B. Transparent
C. Irreverent D. Deterent

23. Select the most appropriate option to substitute the underlined segment in the given sentence. If there is no need to substitute it, select No improvement.

I like the place <u>which</u> I live but it would be wonderful to live in the mountains.

A. No Improvement B. who
C. where D. when

24. Select the correct passive form of the given sentence.

Dr. Verma advised patients to try out a new medicine for migraine.

A. Patients have been advised to try out a new medicine for migraine by Dr. Verma.
B. The old patients had been advised to try out a new medicine for migraine by Dr. Verma.
C. Patients were advised to try out a new medicine for migraine by Dr. Verma.
D. The patients were being advised to try out a new medicine for migraine by Dr. Verma.

25. Select the most appropriate option to substitute the underlined segment in the given sentence. If there is no need to substitute it, select No improvement.

The film by itself was good but <u>the bit long</u> than I had expected.

A. the bit longer B. No Improvement
C. a bit longer D. a bit long

26. दिए गए चार शब्दों में से तीन किसी न किसी प्रकार संगत हैं और एक असंगत है। उस असंगत शब्द का चयन करें।

A. फारेनहाइट B. केल्विन
C. सेल्सियस D. पास्कल

27. नीचे दी गई आकृति में आयतों की संख्या बताएं।

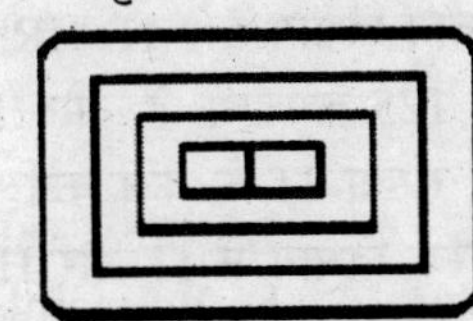

A. 5 B. 3
C. 6 D. 4

28. दिए गए पैटर्न का ध्यानपूर्वक अध्यन करें और उस संख्या का चयन करें जो इसमें प्रश्न चिन्ह (?) के स्थान पर रखी जा सकती है।

2	10	18
3	30	84
4	68	?

A. 512 B. 264
C. 260 D. 256

29. दिए गए चार अक्षर-समूहों में से तीन किसी न किसी प्रकार संगत हैं और एक असंगत है। उस असंगत अक्षर-समूह का चयन करें।

A. DHLN B. EIMQ
C. BFJN D. CGKO

30. उस संख्या का चयन करें जिसे निम्नलिखित श्रेणी में प्रश्न चिन्ह (?) के स्थान पर रखा जा सकता है।

0, 2, 10, 30, ?, 130, 222

A. 72 B. 64
C. 68 D. 60

31. दिए गए पैटर्न का ध्यानपूर्वक अध्ययन करें और उस संख्या का चयन करें जो इसमें प्रश्न-चिन्ह (?) के स्थान पर रखी जा सकती है।

9	12	48
17	20	80
33	36	?

A. 118 B. 110
C. 144 D. 120

32. उन अक्षरों का चयन करें जो निम्नलिखित श्रेणी में आए प्रश्न-चिन्हों (?) के स्थान पर क्रमशः आएँगे।

AG, GL, MQ, S?, ?A

A. T और Y B. V और Z
C. V और Y D. U और Y

33. दिए गए कथनों और निष्कर्षों को ध्यान से पढ़ें। यह मानते हुए कि कथनों में दी गई जानकारी सही है, भले ही वह आमतौर पर स्थापित तथ्यों से भिन्न दिखाई देती है, तय कीजिए कि कौन-सा/से निष्कर्ष तर्कसंगत रूप से इन कथनों का अनुसरण करता/करते है/हैं।

कथनः

I. सभी कीबोर्ड माउस हैं।

II. कुछ माउस प्रिंटर हैं।

निष्कर्षः

1. कोई प्रिंटर कीबोर्ड नहीं है।
2. कुछ प्रिंटर माउस हैं।
3. सभी प्रिंटर माउस हैं।
4. कोई कीबोर्ड प्रिंटर नहीं है।

A. केवल निष्कर्ष 3 अनुसरण करता है।
B. केवल निष्कर्ष 2 अनुसरण करता है।

C. केवल निष्कर्ष 1 अनुसरण करता है।
D. केवल निष्कर्ष 4 अनुसरण करता है।

34. नीचे चार शब्द दिए गए हैं, जिनमें से तीन किसी न किसी प्रकार संगत हैं और एक असंगत है। उस असंगत शब्द का चयन करें।

A. आलू B. गाजर
C. मूली D. मटर

35. उस सही विकल्प का चयन करें जो निम्नलिखित शब्दों को एक तार्किक और अर्थपूर्ण क्रम में व्यवस्थित करता है।

1. गेहूँ का पौधा 2. रोटी
3. बीज 4. आटा

A. 3, 1, 4, 2 B. 2, 1, 3, 4
C. 1, 2, 4, 3 D. 1, 3, 4, 2

36. एक ही पासे की तीन अलग-अलग स्थितियाँ दर्शाई गई हैं। उस अक्षर का चयन करें जो 'f' वाले फलक के विपरीत फलक पर होगा।

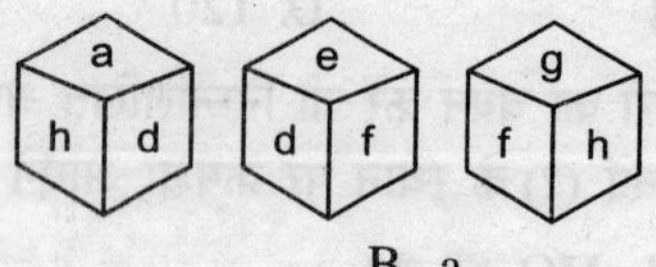

A. d B. a
C. g D. h

37. जय, उस गीतांजली के पति हैं जो दीपाली की बहन हैं। दीपाली, विजय की पुत्री है। सरिता, रोहित की सास हैं। हरीश चंदर, जय के पिता है और सरिता, विजय की पत्नी हैं। विजय और सरिता की केवल दो पुत्रियाँ हैं। रोहित का विजय से क्या संबंध है?

A. भाई B. पिता
C. पुत्र D. दामाद

38. निम्नलिखित समीकरण को संतुलित करने के लिए किन दो चिन्हों को आपस में बदलना होगा?

$5 \times 4 + 12 - 3 \div 6 = 18$

A. + और − B. ÷ और ×
C. × और + D. ÷ और −

39. चार संख्या-युग्म दिए गए हैं जिनमें से तीन किसी न किसी प्रकार संगत हैं और एक असंगत है। उस असंगत संख्या-युग्म का चयन करें।

A. 182 : 13 B. 156 : 12
C. 309 : 17 D. 132 : 11

40. उस विकल्प का चयन करें जिसका तीसरी संख्या से वही संबंध है जो दूसरी संख्या का पहली संख्या से है।

6 : 252 :: 5 : ?

A. 100 B. 25
C. 150 D. 125

41. उस विकल्प का चयन करें जो दिए गए चित्र में अंतर्निहित है।

(घुमाने की अनुमति नहीं)

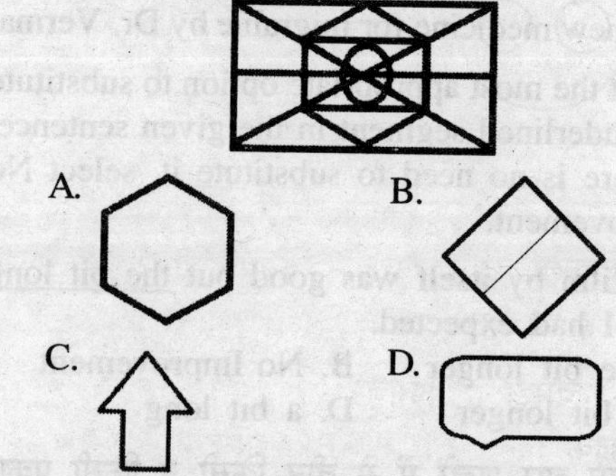

42. निम्नलिखित श्रेणी में अगले क्रम पर आने वाले पद का चयन करें।

EB, HC, KD, NE, QF, ?

A. VH B. SG
C. UH D. TG

43. एक कंपनी में तीन विभाग हैं— IT, HR और हेल्पडेस्क। IT विभाग में 125 कर्मचारी हैं और HR विभाग में कर्मचारियों की संख्या IT के कुल कर्मचारियों का 1/5 भाग है। हेल्पडेस्क विभाग में IT और HR से काम कर रहे कुल कर्मचारियों से 20 कर्मचारी कम हैं। तीनों विभागों में काम करने वाले कर्मचारियों की कुल संख्या क्या है?

A. 150 B. 170
C. 280 D. 180

44. दी गई आकृति की उस सही दर्पण-छवि का चुनाव करें जो आकृति के दाईं ओर दर्पण रखे जाने पर बनेगी?

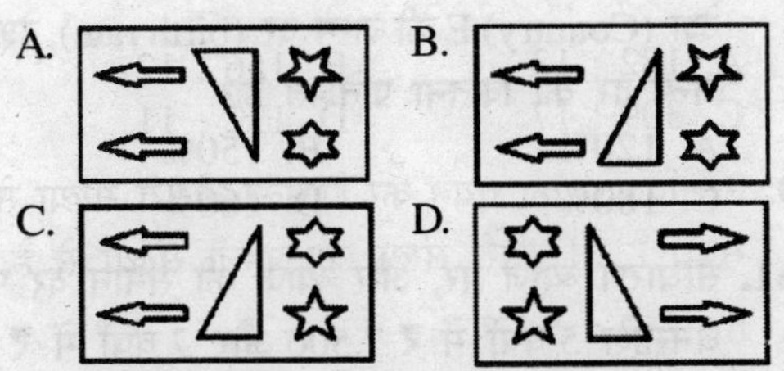

45. उस वेन आरेख का चयन करें जो दिए गए वर्गों के बीच संबंधों को सर्वोत्तम ढंग से दर्शाता है।

देवनागरी, हिंदी, संस्कृत

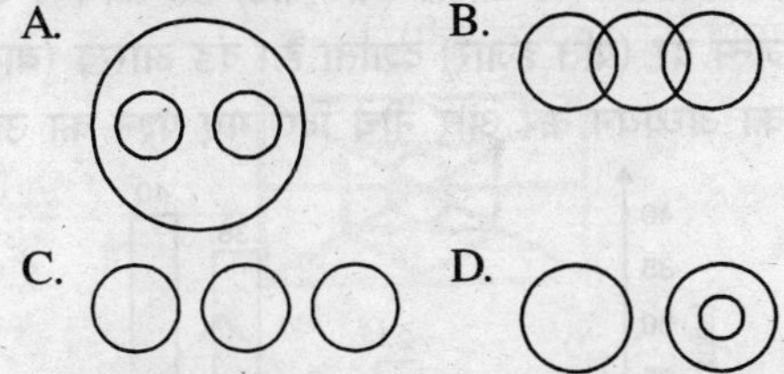

46. उस विकल्प का चयन करें जिसका तीसरे पद से वही सबंध है जो दूसरे पद का पहले पद से है।

जूता : चमड़ा :: कागज : ?

A. मुद्रक B. प्लास्टिक
C. पुस्तक D. लकड़ी

47. दी गई आकृतियों में कागज को मोड़ने और मोड़े गए कागज को काटने का तरीका दर्शाया गया है। कागज को खोलने पर यह कैसा दिखाई देगा?

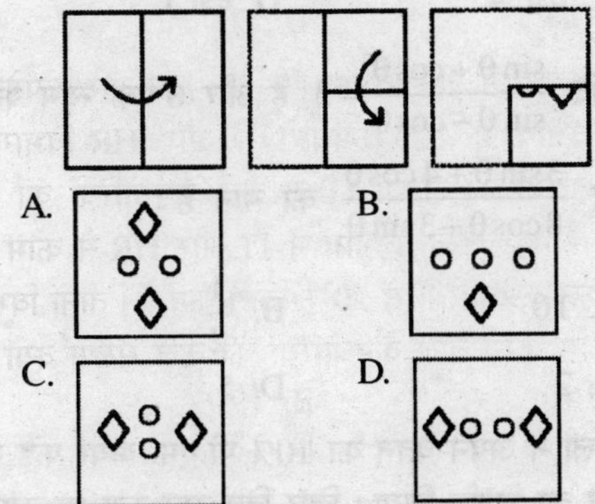

48. उस संख्या का चयन करें जो निम्नलिखित श्रेणी में अगले क्रम पर आएगी।

386, 401, 417, 434, ?

A. 552 B. 452
C. 351 D. 451

49. उस पद का चयन करें जिसे निम्नलिखित श्रेणी में प्रश्न-चिन्ह (?) के स्थान पर रखा जा सकता है।

BK, FJ, JI, NH, ?, VF

A. RE B. SE
C. SG D. RG

50. उस विकल्प-आकृति का चयन करें जो दी गई आकृति-शृंखला में रिक्त स्थान पर रखने पर उसे पूरा करेगी।

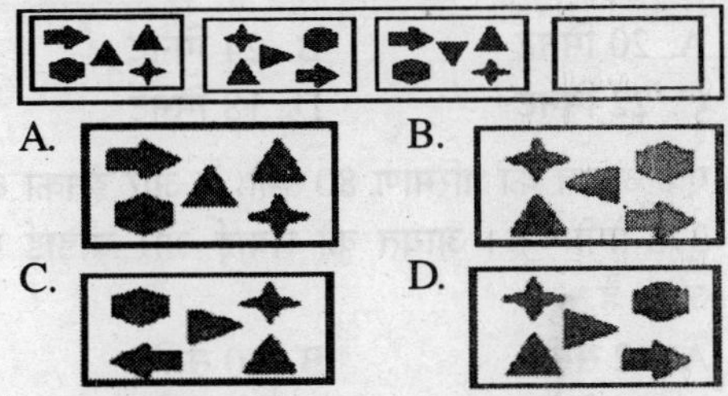

51. A, किसी काम को 15 दिन में पूरा कर सकता है और B उसी काम को 10 दिन में पूरा कर सकता है। यदि वे 4 दिन तक एक साथ मिलकर काम करते हैं, तो काम का कितना भाग बचा हुआ है?

A. $\frac{3}{4}$ B. $\frac{2}{3}$
C. $\frac{1}{4}$ D. $\frac{1}{3}$

52. $\dfrac{\frac{1}{5} \div \frac{1}{5} \times \frac{1}{5}}{\frac{1}{5} \text{ का } \frac{1}{5} \div \frac{1}{5}} - 4\frac{1}{5} \div 105$ का मान निम्नलिखित में से कितना होगा?

A. 2 B. 0
C. 5 D. 10

53. यदि 8-अंकीय संख्या 4432A43B, 9 और 5 से विभाज्य है, तो A और B का योग है :

A. 7 B. 5
C. 8 D. 12

54. एक पुस्तक के अंकित मूल्य पर 30% की छूट मिलने से अरुण को ₹ 60 मूल्य का एक पेन मुफ्त मिलता है। पुस्तक के लिए अरुण ने कितना भुगतान किया?

A. ₹ 140 B. ₹ 130
C. ₹ 160 D. ₹ 150

55. A और B की वर्तमान आयु में 1 : 3 का अनुपात है। 10 वर्ष के बाद, उनकी आयु में 2 : 5 का अनुपात होगा। B की वर्तमान आयु है :

A. 80 वर्ष B. 85 वर्ष
C. 70 वर्ष D. 90 वर्ष

56. एक ट्रेन 12 मिनट में 12 किलोमीटर की दूरी तय करती है। यदि इसकी गति 5 किलोमीटर/घंटा कम हो जाए, तो इसे 22 किलोमीटर की दूरी तय करने में कितना समय लगेगा?

A. 20 मिनट B. 24 मिनट
C. 22 मिनट D. 18 मिनट

57. एक आयत का परिमाण 80 सेमी. है और इसका क्षेत्रफल 375 सेमी.^{2} है। आयत की लंबाई और चौड़ाई में क्या अंतर है?

A. 12 सेमी. B. 10 सेमी.
C. 16 सेमी. D. 20 सेमी.

58. यदि $x\left(5-\frac{2}{x}\right)=\frac{5}{x}$ है, तो $x^2+\frac{1}{x^2}$ का मान है :

A. $2\frac{3}{25}$ B. $\frac{4}{25}$
C. $2\frac{4}{25}$ D. $2\frac{1}{25}$

59. यदि $a^2+\frac{1}{a^2}=98, a>0$ है, तो $a^3+\frac{1}{a^3}$ का मान है :

A. 950 B. 960
C. 870 D. 970

60. निम्नलिखित दंड आरेख (बार चार्ट) छह विभिन्न देशों की जन्म दर (प्रति हजार) दर्शाता है। दंड आरेख (बार चार्ट) का अध्ययन करें और नीचे दिए गए प्रश्न का उत्तर दें।

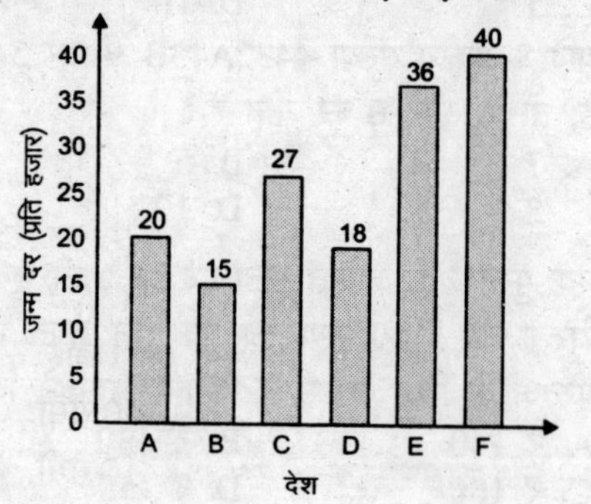

देश (Country) E की जन्म दर (birth rate), देश A की जन्म दर का कितना प्रतिशत है?

A. 120% B. 150%
C. 180% D. 160%

61. साधारण ब्याज पर, और ब्याज की समान दर पर एक धनराशि 5 वर्षों में ₹ 7,500 और 7 वर्षों में ₹ 8,500 हो जाती है। ब्याज की वार्षिक दर है :

A. 9% B. 12%
C. 8% D. 10%

62. निम्नलिखित दंड आरेख (बार चार्ट) छह विभिन्न देशों की जन्म दर (प्रति हजार) दर्शाता है। दंड आरेख (बार चार्ट) का अध्ययन करें और नीचे दिए गए प्रश्न का उत्तर दें।

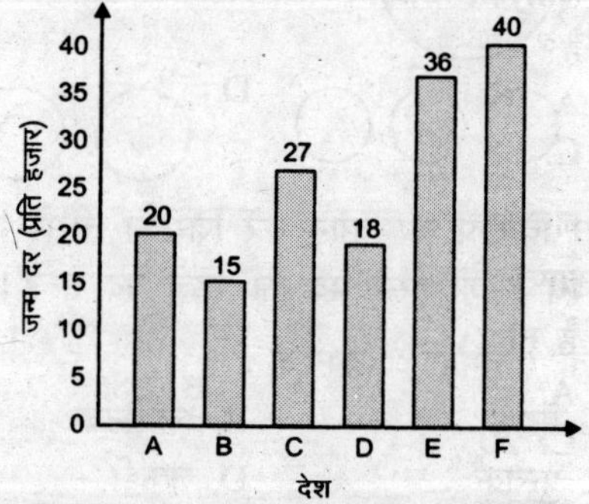

किस देश की जन्म दर (birth rate) देश (Country) D की तुलना से ठीक 50% अधिक है?

A. देश F B. देश E
C. देश A D. देश C

63. यदि $\frac{\sin\theta+\cos\theta}{\sin\theta-\cos\theta}=3$ है और θ एक न्यून कोण है, तो $\frac{3\sin\theta+4\cos\theta}{8\cos\theta-3\sin\theta}$ का मान है :

A. 10 B. $\frac{1}{2}$
C. 2 D. 5

64. बाला ने अपने वेतन का 10% पी.एम. केयर फंड में दान देने का निर्णय लिया। जिस दिन दान देना था उसने उस दिन अपना विचार बदल दिया और ₹ 1,800 का दान दिया, जो कि उसके द्वारा पहले तय की गई दान राशि का 60% था। उसका वेतन कितना है?

A. ₹ 36,000 B. ₹ 40,000
C. ₹ 32,000 D. ₹ 30,000

65. निम्न पाई-चार्ट छह अलग-अलग विषयों को पढ़ाने वाले शिक्षकों के प्रतिशत के अनुसार वितरण को दर्शाता है। पाई-चार्ट का अध्ययन करें और प्रश्न का उत्तर दें।

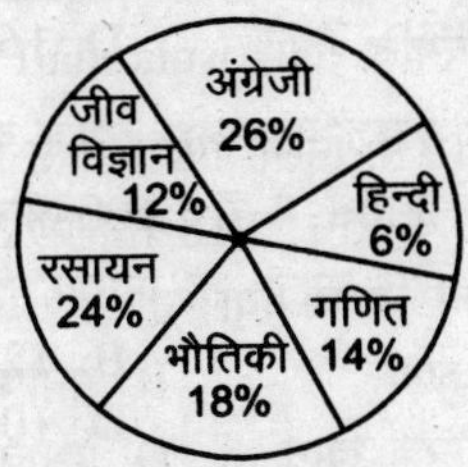

शिक्षकों की कुल संख्या = 1650

अंग्रेजी (English), गणित (Maths) और भौतिकी (Physics) पढ़ाने वाले शिक्षकों की कुल संख्या कितनी है?

A. 950 B. 957
C. 857 D. 975

66. जब किसी वस्तु को ₹ 720 में बेचा जाता है तो $x\%$ लाभ प्राप्त होता है। जब उसी वस्तु को ₹ 750 में बेचा जाता है तो $(x - 5)\%$ लाभ प्राप्त होता है। x का मान है :

A. 15 B. 18
C. 20 D. 25

67. आकृति में TB एक जीवा है जो वृत्त के केन्द्र O से गुजरती है। वृत्त के बिंदु T पर PT एक स्पर्श रेखा है। यदि PT = 10 सेमी., PA = 5 सेमी. और AB = x सेमी. है, तो वृत्त की त्रिज्या है :

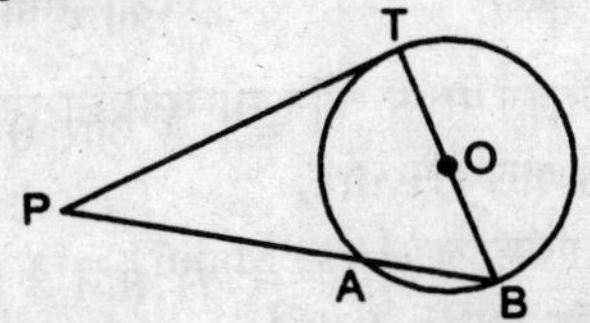

A. $5\sqrt{3}$ सेमी. B. $6\sqrt{5}$ सेमी.
C. $10\sqrt{3}$ सेमी. D. $3\sqrt{5}$ सेमी.

68. ΔABC में $\angle ABC = 6\angle ACB$ और $\angle BAC = 5\angle ACB$ है, यदि AB = 7 सेमी. और AC = 25 सेमी. है, तो BC की लंबाई है :

A. 26 सेमी. B. 12 सेमी
C. 32 सेमी. D. 24 सेमी

69. यदि $\sin 7x = \cos 11x$, $0° < x < 90°$ है, तो $\tan 9x$ का मान है :

A. $\frac{1}{\sqrt{3}}$ B. $\sqrt{3}$
C. 1 D. $\frac{\sqrt{3}}{2}$

70. निम्न पाई-चार्ट छह अलग-अलग विषयों को पढ़ाने वाले शिक्षकों के प्रतिशत के अनुसार वितरण को दर्शाता है। पाई-चार्ट का अध्ययन करें और प्रश्न का उत्तर दें।

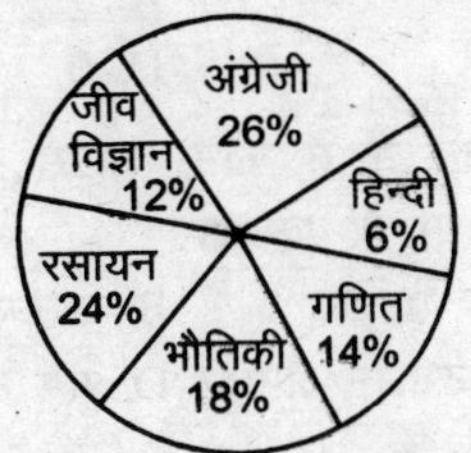

शिक्षकों की कुल संख्या = 1650

भौतिकी (Physics) और गणित (Maths) पढ़ाने वाले शिक्षकों की कुल संख्या तथा रसायन विज्ञान (Chemistry) और जीव विज्ञान (Biology) पढ़ाने वाले शिक्षकों की कुल संख्या में अंतर है :

A. 66 B. 68
C. 76 D. 60

71. ΔABC एक समद्विबाहु त्रिभुज है जिसमें AB = AC = 13 सेमी. है। AD, A से BC पर इस प्रकार खींची गई माध्यिका है कि AD = 12 सेमी है। BC की लंबाई है :

A. 5 सेमी. B. 6 सेमी.
C. 10 सेमी. D. 7.5 सेमी.

72. A, B और C का औसत 18 है तथा C, D और E का औसत 12 तथा E और F का औसत 6.5 तथा E और C का औसत 3.5 है। A, B, C, D, E और F का औसत क्या है?

A. 18 B. 22
C. 24 D. 16

73. AB एक वृत्त का व्यास है। A पर खींची गई एक स्पर्श रेखा पर C बिंदु है। यदि AB = 24 सेमी. और AC = 7 सेमी. है, तो BC की लंबाई है :

A. 25 सेमी. B. 50 सेमी.
C. 26 सेमी. D. 15 सेमी.

74. यदि $\frac{\cos A}{\text{cosec } A+1}+\frac{\cos A}{\text{cosec } A-1} = 2,\ 0^\circ \le A \le 90^\circ$ है, तो A का मान बताइए।
A. 90° B. 30°
C. 60° D. 45°

75. यदि $x = \sqrt[3]{5}+2$ है, तो $x^3 = 6x^2 + 12x - 12$ का मान है :
A. –1 B. 2
C. 1 D. 0

76. निम्नलिखित में से कौन, कांग्रेस सोशलिस्ट पार्टी के संस्थापकों में से एक था?
A. एस.के. पाटिल B. अतुल्य घोष
C. सी. नटराजन अनादुरै D. राम मनोहर लोहिया

77. रामकृष्ण मिशन के संस्थापक कौन थे?
A. आत्माराम पांडुरंग B. स्वामी विवेकानंद
C. स्वामी दयानंद D. देबेंद्रनाथ टैगोर

78. निम्नलिखित में से किसे वर्ष 2019 के प्रतिष्ठित 27वें एकलव्य पुरस्कार से सम्मानित किया गया था?
A. स्नेहा सोरेन (Sneha Soren)
B. सरस्वती राउत (Saraswati Rout)
C. पूर्णिमा हेम्ब्रम (Purnima Hembram)
D. झिल्ली दलाबेहरा (Jhilli Dalabehera)

79. भारत में जन्में किस व्यवसायी ने फॉर्च्यून्स बिजनेसपर्सन ऑफ द ईयर, 2019 सूची में शीर्ष स्थान प्राप्त किया है?
A. सत्य नडेला B. चंदा कोचर
C. इंद्रा नूई D. सुंदर पिचाई

80. 'लूर नृत्य' एक पारंपरिक लोक नृत्य है, जिसे ________ राज्य में केवल महिलाओं द्वारा प्रदर्शित किया जाता है।
A. हरियाणा B. पंजाब
C. मध्य प्रदेश D. राजस्थान

81. निम्नलिखित में से कौन-सा एककोशिकीय नहीं है?
A. स्पाइरोगाइरा B. प्लाज्मोडियम
C. पैरामीशियम D. अमीबा

82. एक उभयनिष्ठ केंद्र से समान यात्रा समय पर स्थित स्थानों को जोड़ने वाली रेखाओं को किस नाम से जाना जाता है?
A. समलवण रेखा (isohalines)
B. समकालिक रेखा (isochrones)
C. समतड़ित झंझा रेखा (isobronts)
D. समविसंगति रेखा (isonomal)

83. नवंबर 2019 में, निम्नलिखित में से किसे उनके उपन्यास 'स्वप्नपाश' के लिए 2018 के लिए 28वें बिहारी पुरस्कार से सम्मानित किया गया था?
A. सुरेश कृष्ण B. मनीषा कुलश्रेष्ठ
C. उषा किरण खान D. प्रभात रंजन

84. पहला इलेक्ट्रॉनिक न्यूमेरिकल इंटीग्रेटर एंड कंप्यूटर, पहला प्रोग्रामेबल जनरल पर्पज इलेक्ट्रॉनिक डिजिटल कंप्यूटर, निम्नलिखित में से किस देश में विकसित किया गया था?
A. चीन B. यूनाइटेड किंगडम
C. जापान D. संयुक्त राज्य अमेरिका

85. निम्नलिखित में से कौन-सा/सी क्रिकेटर अंतर्राष्ट्रीय क्रिकेट के अर्धशतक बनाने वाला/वाली सबसे कम उम्र का/की भारतीय क्रिकेटर बन गया/गई है?
A. शेफाली वर्मा B. विराट कोहली
C. अमिता शर्मा D. हार्दिक पांडया

86. नवंबर 2019 में, इंडिया-इंटरनेशनल चेरी ब्लॉसम फेस्टिवल, 2019 का चौथा संस्करण निम्नलिखित में से किस शहर में आयोजित किया गया था?
A. शिलॉन्ग (शिलांग) B. इंफाल
C. धर्मशाला D. दार्जिलिंग

87. निम्नलिखित में से कौन-सा एक तारामंडल नहीं है?
A. जलव्याल (Hydra)
B. सप्तर्षिमंडल (Ursa Major)
C. कन्या (Virgo)
D. रोमन गृह-देवी (Vesta)

88. बाबर ने वर्ष 1528 में चंदेरी में निम्नलिखित में से किसे पराजित किया था?
A. मुहम्मद लोधी B. मेदिनी राय
C. बप्पा रावल D. इब्राहिम लोदी

89. कंप्यूटिंग के क्षेत्र में HLL (एच.एल.एल) का क्या अर्थ होता है?
A. High Level Language (हाई लेवल लैंगुएज)
B. High Level List (हाई लेवल लिस्ट)

C. Hyper Level Language (हाइपर लेवल लैंगुएज)
D. High Low Language (हाई लो लैंगुएज)

90. निम्नलिखित में से किस पहलवान ने 2019 में बुडापेस्ट में आयोजित यू.डब्ल्यू.डब्ल्यू. (UWW) अंडर-23 विश्व चैंपियनशिप के फाइनल में जापान के हारुना ओकुनो से पराजित होकर भारत के लिए दूसरा रजत पदक जीता था?

A. कविता देवी B. विनेश फोगाट
C. साक्षी मलिक D. पूजा गहलोत

91. निम्नलिखित में से किस भारतीय प्रौद्योगिकी संस्थान ने फीनिक्स मेडिकल सिस्टम्स के सहयोग से देश की पहली स्वदेशी तौर पर अभिकल्पित व्हीलचेयर लॉन्च की थी?

A. आई.आई.टी., दिल्ली B. आई.आई.टी., बॉम्बे
C. आई.आई.टी., मद्रास D. आई.आई.टी., खड़गपुर

92. पृथ्वी की प्राकृतिक विशेषताएं जैसे कि पहाड़, पठार, नदियाँ, मैदान, महासागर इत्यादि को दर्शाने वाले मानचित्रों को _______ के नाम से जाना जाता है।

A. राजनीतिक मानचित्र B. उच्चावच-मानचित्र
C. विषयगत मानचित्र D. स्थलाकृतिक मानचित्र

93. 14 जनवरी 2020 को, दक्षिण-मध्य रेलवे ने किस भारतीय बैंक के साथ 585 रेलवे स्टेशनों पर डोर-स्टेप बैंकिंग लागू करने के लिए एक समझौता ज्ञापन (MoU) पर हस्ताक्षर किए हैं?

A. सिंडीकेट बैंक B. पंजाब नेशनल बैंक
C. एच.डी.एफ.सी. D. भारतीय स्टेट बैंक

94. निम्नलिखित में से कौन-सा एक अदिश राशि नहीं है?

A. तापमान B. आयतन
C. बलापूर्ण D. समय

95. निम्नलिखित में से किस विषाणु से इंफ्लुएंजा रोग होता है?

A. पोलियोवायरस B. रुबेला वायरस
C. वेरिसेला वायरस D. मिक्सोवायरस

96. निम्नलिखित में से किसे, इतालवी गोल्डन सैंड आर्ट अवॉर्ड, 2019 से सम्मानित किया गया था?

A. नितीश भारती B. सुदर्शन पटनायक
C. सर्वम पटेल D. विनय शेट्टी

97. 'कॉमेडी' की विषय-वस्तु पर आधारित 5वें अंतर्राष्ट्रीय फिल्म महोत्सव का आयोजन संस्कृति और पर्यटन विभाग द्वारा प्रयास प्रोडक्शन (मुंबई) के सहयोग से किस शहर में किया था?'

A. गुरुग्राम B. पुरी
C. खजुराहो D. मुंबई

98. राष्ट्रीय राजमार्ग 18 निम्नलिखित में से किस राज्य से होकर नहीं गुजरता है?

A. ओडिशा B. बिहार
C. पश्चिम बंगाल D. झारखंड

99. निम्नलिखित में से किस राज्य ने स्वच्छ सर्वेक्षण ग्रामीण पुरस्कार, 2019 में शीर्ष स्थान प्राप्त किया है?

A. उत्तर प्रदेश B. सिक्किम
C. मध्य प्रदेश D. तमिलनाडु

100. भारतीय संविधान के किस अनुच्छेद के तहत भारतीय नागरिकों को छह मौलिक स्वतंत्रताओं के अधिकार की गारंटी प्रदान की गई है?

A. अनुच्छेद 1 B. अनुच्छेद 26
C. अनुच्छेद 31 D. अनुच्छेद 19

उत्तरमाला

1	2	3	4	5	6	7	8	9	10
B	D	B	C	C	B	D	D	C	C
11	**12**	**13**	**14**	**15**	**16**	**17**	**18**	**19**	**20**
C	D	B	B	A	B	D	B	B	A
21	**22**	**23**	**24**	**25**	**26**	**27**	**28**	**29**	**30**
D	D	C	C	C	D	A	C	A	C
31	**32**	**33**	**34**	**35**	**36**	**37**	**38**	**39**	**40**
C	C	B	D	A	B	D	D	C	C

41	42	43	44	45	46	47	48	49	50
A	D	C	C	A	D	D	B	D	B
51	52	53	54	55	56	57	58	59	60
D	B	A	A	D	B	B	C	D	C
61	62	63	64	65	66	67	68	69	70
D	D	D	D	B	C	A	D	C	A
71	72	73	74	75	76	77	78	79	80
C	D	A	D	C	D	B	D	A	A
81	82	83	84	85	86	87	88	89	90
A	B	B	D	A	A	D	B	A	D
91	92	93	94	95	96	97	98	99	100
C	B	D	C	D	B	C	B	D	D

व्याख्यात्मक उत्तर

28. 2 10 18
3 30 84
4 68 ?

प्रत्येक पंक्ति में

$2 \times 10 - 2 \times 1 = 20 - 2 = 18$,

$3 \times 30 - 3 \times 2 = 90 - 6 = 84$

तथा $4 \times 68 - 4 \times 3 = 272 - 12 = 260$

अतः ? = 260

29.

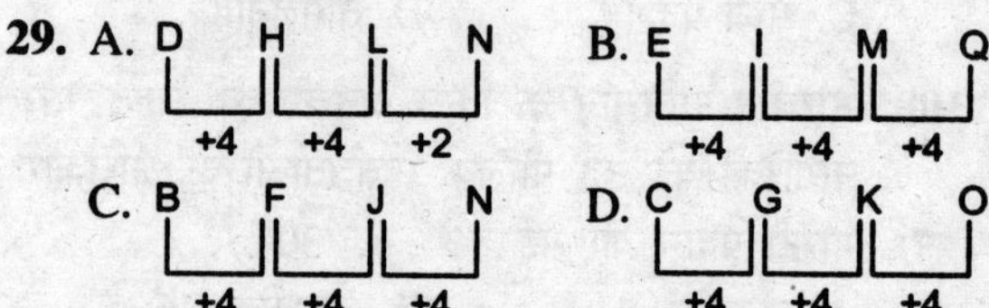

30.

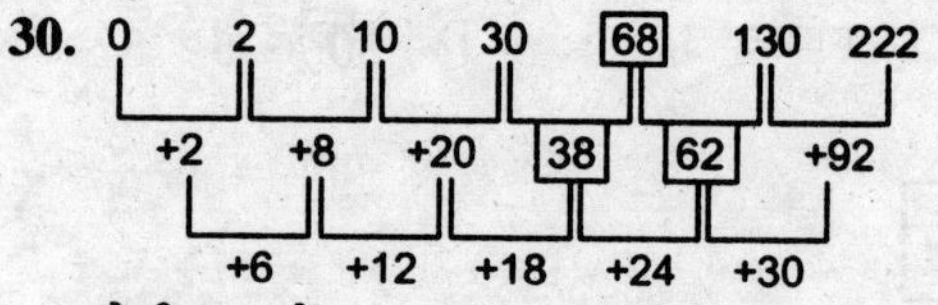

श्रेणी III में, 6, 12, 18, 24, 30

श्रेणी II में, 2, 8, 20, 38, 62, 92

यहाँ, $20 + 18 = 38$, $38 + 24 = 62$,
$62 + 30 = 92$

श्रेणी I में, 0, 2, 10, 30, 68, 130, 222

यहाँ, $30 + 38 = 68$

अतः ? = 68

31. 9 12 48
17 20 80
33 36 ?

यहाँ प्रत्येक पंक्ति में, $(9 + 3) \times 4 = 12 \times 4 = 48$,
$(17 + 3) \times 4 = 20 \times 4 = 80$

तथा $(33 + 3) \times 4 = 36 \times 4 = 144$

अतः ? = 144

32.

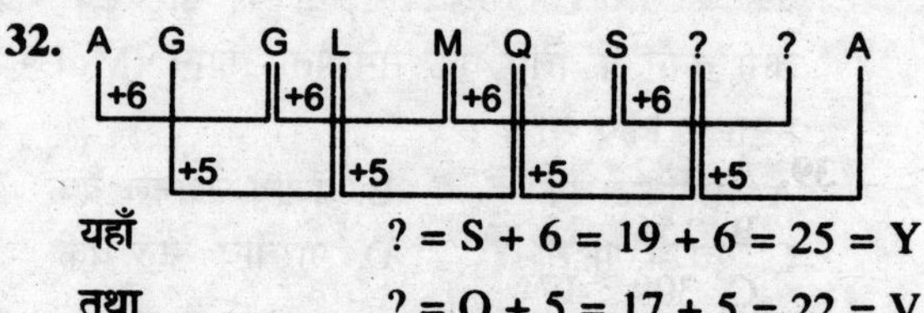

यहाँ ? = S + 6 = 19 + 6 = 25 = Y

तथा ? = Q + 5 = 17 + 5 = 22 = V

33. **कथनः**

I. सभी कीबोर्ड माउस हैं।

II. कुछ माउस प्रिंटर है।

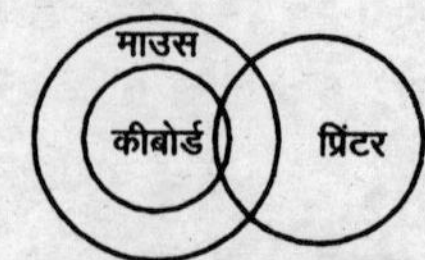

निष्कर्षः 2. कुछ प्रिंटर माउस हैं।

अतः केवल निष्कर्ष 2 अनुसरण करता है।

35. बीज → गेहूँ का पौधा → आटा → रोटी

36. दिए गए पासे की दूसरे और तीसरे स्थिति में अक्षर f से दक्षिणावर्त लेने से

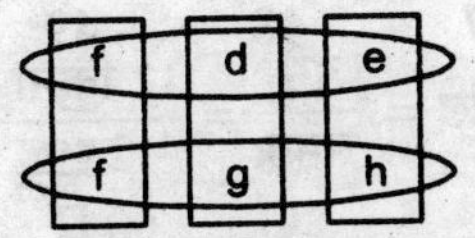

d वाले फलक के विपरीत फलक पर g होगा,
e वाले फलक के विपरीत फलक पर h होगा
अतः f वाले फलक के विपरीत फलक पर a होगा।

37. 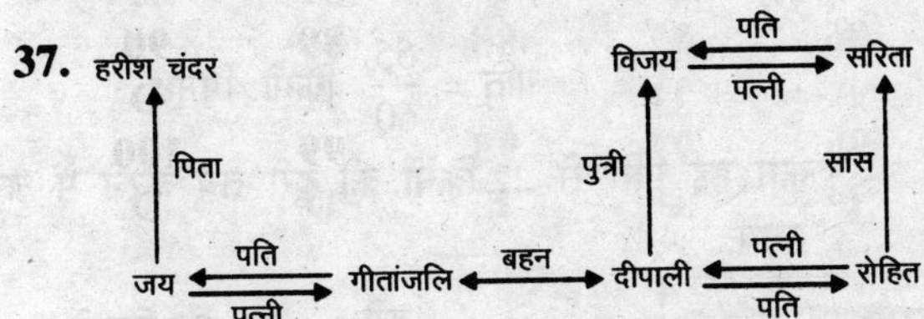

अतः उपरोक्त चित्र सेः रोहित विजय का दामाद है।

38. $5 \times 4 + 12 - 3 \div 6 = 18$
सभी विकल्पों को जाँचने के बाद
सही विकल्प (D) ÷ और – होगा

$\therefore 5 \times 4 + 12 - 3 \div 6$
$= 5 \times 4 + 12 \div 3 - 6$
$= 5 \times 4 + 12 \times \frac{1}{3} - 6$
$= 5 \times 4 + 4 - 6$
$= 20 + 4 - 6$
$= 24 - 6 = 18$

39. A. $182 : 13 \Rightarrow 13 \times 14 = 182$
B. $156 : 12 \Rightarrow 12 \times 13 = 156$
C. $309 : 17$
जो कि 17 और 18 से विभाज्य नहीं है।
D. $132 : 11 \Rightarrow 11 \times 12 = 132$

40. 6 : 252 : 5 : ?
यहाँ, $6 \times 6 \times 7 = 252$
इसी प्रकार, $5 \times 5 \times 6 = 150$
अतः ? = चौथी संख्या = 150

42. E B H C K D N E Q F ?
+3 +3 +3 +3 +3
+1 +1 +1 +1 +1
यहाँ, अगला पद = Q + 3, F + 1 = TG

43. कर्मचारियों की संख्या
IT = 125,

$$HR = \frac{1}{5} \times 125 = 25$$

तथा (IT + HR) – हेल्पडेस्क = 20
⇒ (125 + 25) – हेल्पडेस्क = 20
⇒ हेल्पडेस्क = 150 – 20 = 130
अतः कर्मचारियों की कुल संख्या
= IT + HR + हेल्पडेस्क
= 125 + 25 + 130
= 150 + 130 = 280

48. 386 401 417 434 ?
+15 +16 +17 +18
अतः अगली संख्या = 434 + 18 = 452

49. B K F J J I N H [R G] V F
+4 +4 +4 +4 +4
–1 –1 –1 –1 –1
यहाँ, ? = लुप्त पद = RG

51. $\because$ A का 1 दिन का काम $= \frac{1}{15}$

तथा B का 1 दिन का काम $= \frac{1}{10}$

$\therefore$ (A + B) का 4 दिन का काम

$$= 4\left(\frac{1}{15} + \frac{1}{10}\right)$$
$$= 4\left(\frac{2+3}{30}\right)$$
$$= 4\left(\frac{5}{30}\right) = \frac{4}{6} = \frac{2}{3}$$

अतः काम का बचा हुआ भाग $= 1 - \frac{2}{3} = \frac{1}{3}$

52. $$\frac{\frac{1}{5} \div \frac{1}{5} \times \frac{1}{5}}{\frac{1}{5} \text{ का } \frac{1}{5} \div \frac{1}{5}} - 4\frac{1}{5} \div 105$$

$$= \frac{\frac{1}{5} \times 5 \times \frac{1}{5}}{\frac{1}{5} \div \frac{1}{25}} - \frac{21}{5} \times \frac{1}{105}$$

$$= \frac{\frac{1}{5}}{\frac{1}{5}\times 25} - \frac{1}{5}\times\frac{1}{5}$$

$$= \frac{1}{5}\times\frac{5}{25} - \frac{1}{25}$$

$$= \frac{1}{25} - \frac{1}{25} = 0$$

53. संख्या 4432A43B के अंकों का योग = 4 + 4 + 3 + 2 + A + 4 + 3 + B = 20 + A + B

संख्या 9 से विभाज्य – अंकों का योग 9 से विभाज्य हो तथा संख्या 5 से विभाज्य – संख्या का इकाई अंक 0 अथवा 5 से विभाज्य हो

∴ A = 7 तथा B = 0

∴ संख्या के अंकों का योग = 20 + 7 + 0 = 27 जोकि 9 से विभाज्य है।

अतः संख्या 44327430, 9 और 5 से विभाज्य है।

अतः A + B = 7 + 0 = 7

54. माना अंकित मूल्य = ₹ x

तब, $x\times\frac{30}{100} = 60$

$\Rightarrow x = \frac{60\times 100}{30}$

$= 2 \times 100 =$ ₹ 200

पुस्तक के लिए भुगतान किया गया मूल्य

$= 200\times\frac{100-30}{100}$

$= 200\times\frac{70}{100} =$ ₹ 140

55. माना A और B की वर्तमान आयु x वर्ष तथा $3x$ वर्ष है।

तब, 10 वर्ष बाद उनकी आयु का अनुपात

$\frac{x+10}{3x+10} = \frac{2}{5}$

$\Rightarrow 5x + 50 = 6x + 20$

$\Rightarrow 6x - 5x = 50 - 20$

$\Rightarrow x = 30$

अतः B की वर्तमान आयु = $3x$ वर्ष

= 3 × 30 = 90 वर्ष

56. ट्रेन की चाल = $\frac{\text{दूरी}}{\text{समय}} = \frac{12 \text{ किमी.}}{\frac{12}{60}\text{ घंटा}} = \frac{12}{\frac{1}{5}}$ किमी./घंटा

= 60 किमी./घंटा

इसकी गति 5 किमी./घंटा कम करने पर इसकी गति

= 60 – 5 = 55 किमी./घंटा

∴ गति = $\frac{55}{60}$ किमी./मिनट

कम हुई गति से 22 किमी. की दूरी तय करने में लगा समय

$= \frac{\text{दूरी}}{\text{गति}} = \frac{22 \text{ किमी.}}{\frac{55}{60}\text{ किमी./मिनट}}$

$= \frac{22}{55}\times 60$ मिनट

$= \frac{2}{5}\times 60 = 24$ मिनट

57. माना लंबाई = l और चौड़ाई = b

तब, परिमाप = $2(l + b)$

80 सेमी. = $2(l + b)$

$\Rightarrow l + b = 40$ सेमी. ...(*i*)

तथा क्षेत्रफल = $l \times b$

$375 = lb$

$\Rightarrow lb = 375$ सेमी.^{2} (*ii*)

$\because (l - b)^2 = (l + b)^2 - 4lb = (40)^2 = 4(375)$

$= 1600 - 1500 = 100 = 10^2$

$\Rightarrow l - b = 10$ ...(*iii*)

(*i*) और (*iii*) को जोड़ने से हम पाते हैं

$2l = 50 \Rightarrow l = 25$ सेमी.

तथा (*i*) से

$b = 40 - l = 40 - 25 = 15$ सेमी.

अतः आयत की लंबाई और चौड़ाई में अंतर

$= l - b = 25$ सेमी. – 15 सेमी.

= 10 सेमी.

59. दिया है, $a^2 + \frac{1}{a^2} = 98$

$\because \left(a+\frac{1}{a}\right)^2 = a^2 + \frac{1}{a^2} + 2\times a\times\frac{1}{a}$

$$\Rightarrow \quad \left(a+\frac{1}{a}\right)^2 = 98 + 2 = 100$$

$$\Rightarrow \quad \left(a+\frac{1}{a}\right)^2 = 100 = 10^2$$

$$\Rightarrow \quad a+\frac{1}{a} = 10$$

$$\therefore \quad a^3+\frac{1}{a^3} = \left(a+\frac{1}{a}\right)\left(a^2 - a\times\frac{1}{a}+\frac{1}{a^2}\right)$$

$$= (10)\left(a^2+\frac{1}{a^2}-1\right)$$

$$= (10)(98 - 1)$$

$$= (10)(97) = 970$$

60. देश E की जन्म दर = 36

तथा देश A की जन्म दर = 20

$$\therefore \quad 20\times\frac{x}{100} = 36$$

$$\Rightarrow \quad x = \frac{36\times100}{20}$$

$$= 5 \times 36 = 180\%$$

अतः अभीष्ट प्रतिशत = 180%

61. ∵ एक धन राशि 5 वर्षों में ₹ 7500 हो जाती है। तथा 7 वर्षों में ₹ 8500 हो जाती है।

∴ 2 वर्षों का ब्याज = ₹ 8500 – ₹ 7500 = ₹ 1000

∴ 1 वर्ष का ब्याज = ₹ 500

∴ 5 वर्षों का ब्याज = ₹ 500 × 5 = ₹ 2500

अतः 5 वर्षों का मूलधन

= ₹ 7500 – ₹ 2500 = ₹ 5000

अतः ब्याज की वार्षिक दर $= \frac{\text{ब्याज} \times 100}{\text{मूलधन} \times \text{समय}}\%$

$$= \frac{2500\times100}{5000\times5}\%$$

$$= \frac{1\times100}{2\times5}\% = 10\%$$

62. ∵ देश D की जन्म दर = 18

∵ इसका 50% अधिक $= 18\times\frac{150}{100}$

$$= 18\times\frac{3}{2} = 27$$

अतः बार चार्ट से

अतः देश C की जन्म दर देश D की तुलना में ठीक 50% अधिक है।

63. दिया गया है,

$$\frac{\sin\theta+\cos\theta}{\sin\theta-\cos\theta} = 3$$

$\Rightarrow \sin\theta + \cos\theta = 3\sin\theta - 3\cos\theta$

$\Rightarrow \cos\theta + 3\cos\theta = 3\sin\theta - \sin\theta$

$\Rightarrow \quad 4\cos\theta = 2\sin\theta$

$\Rightarrow \quad \sin\theta = 2\cos\theta$

$$= \frac{3\sin\theta+4\cos\theta}{8\cos\theta-3\sin\theta}$$

$$= \frac{3(2\cos\theta)4\cos\theta}{8\cos\theta-3(2\cos\theta)}$$

$$= \frac{6\cos\theta+4\cos\theta}{8\cos\theta-6\cos\theta}$$

$$= \frac{10\cos\theta}{2\cos\theta} = 5$$

64. ∵ 60% = ₹ 1800

$$\therefore \quad 100\% = ₹\ \frac{1800}{60}\times100 = ₹\ 3000$$

पुनः ∵ 10% = ₹ 3000

∴ 100% = ₹ 3000 × 10 = ₹ 30,000

अतः उसका वेतन = ₹ 30,000

65. शिक्षकों की कुल संख्या = 1650,

अंग्रेजी + गणित + भौतिकी

= 26% + 14% + 18% = 58%

अतः अंग्रेजी, गणित और भौतिकी पढ़ाने वाले शिक्षकों की कुल संख्या

$$= 1650\times\frac{58}{100} = \frac{33\times58}{2}$$

$$= 33 \times 29 = 957$$

66. वस्तु का क्रय मूल्य $= ₹\ 720\times\frac{100}{100+x}$

पुनः वस्तु का क्रय मूल्य $= ₹\ 750\times\frac{100}{100+x+5}$

$$= ₹\ 750 \times \frac{100}{105+x}$$

अतः $₹\ 720 \times \frac{100}{100+x} = ₹\ 750 \times \frac{100}{105+x}$

$\Rightarrow \quad \frac{72}{100+x} = \frac{75}{105+x}$

$\Rightarrow \quad 72(105 + x) = 75(100 + x)$

$\Rightarrow \quad 7560 + 72x = 7500 + 75x$

$\Rightarrow \quad 7560 - 7500 = 75x - 72x$

$\Rightarrow \quad 3x = 60 \Rightarrow x = 20$

68. माना $\angle ABC = x°$

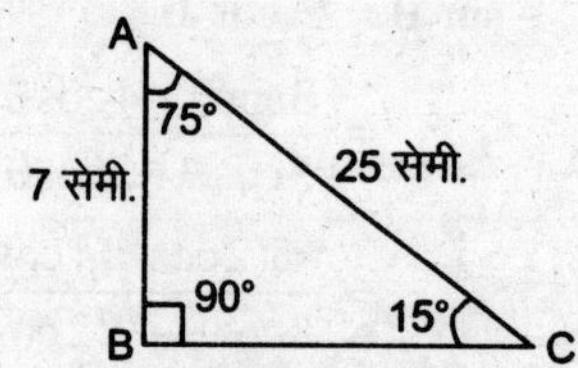

तब, $\angle ABC = 6x$ और $\angle BAC = 5x°$

$\because \angle ABC + \angle ACB + \angle BAC = 180°$

$6x + x + 5x = 180°$

$\Rightarrow \quad 12x = 180°$

$\Rightarrow \quad x = 15°$

$\therefore \quad \angle ACB = x° = 15°,$

$\angle ABC = 6x = 90°$

और $\quad \angle BAC = 5x = 75°$

तथा ΔABC में दिया गया है,

AB = 7 सेमी. और AC = 25 सेमी.

समकोण ΔABC में

$AC^2 = AB^2 + BC^2$

$\Rightarrow \quad 25^2 = 7^2 + BC^2$

$\Rightarrow \quad 625 = 49 + BC^2$

$\Rightarrow \quad BC^2 = 625 - 49 = 576$

$\Rightarrow \quad BC^2 = 576 = (24)^2$

$\Rightarrow \quad BC = 24$ सेमी.

अतः BC की लंबाई = 24 सेमी.

69. दिया गया है

$\sin 7x = \cos 11x$

$\Rightarrow \quad \sin 7x = \sin (90 - 11x)$

$\Rightarrow \quad 7x = 90 - 11x$

$\Rightarrow \quad 7x + 11x = 90°$

$\Rightarrow \quad 18x = 90°$

$\Rightarrow \quad x = 5°$

$\Rightarrow \quad 9x = 45°$

$\therefore \quad \tan 9x = \tan 45° = 1$

70. दिया है, शिक्षकों की कुल संख्या = 1650

भौतिकी + गणित = 18% + 14% = 32%

और रसायन विज्ञान + जीव विज्ञान

= 24 + 12 = 36%

अतः भौतिकी और गणित पढ़ाने वाले शिक्षकों की कुल संख्या

$$= 1650 \times \frac{32}{100} = 33 \times \frac{32}{2}$$

$$= 33 \times 16 = 528$$

तथा रसायन विज्ञान और जीव विज्ञान पढ़ाने वाले शिक्षकों की कुल संख्या

$$= 1650 \times \frac{36}{100} = 33 \times \frac{36}{2}$$

$$= 33 \times 18 = 594$$

अतः अभीष्ट अंतर = 594 − 528 = 66

71. दिया गया है,

एक समबाहु ΔABC में

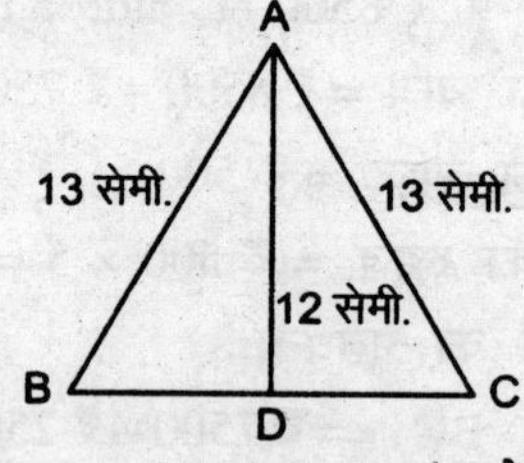

AB = AC = 13 सेमी.

और माध्यिका AD = 12 सेमी.

$\therefore \quad BD = CD$

$\therefore \Delta ABD$ में

$AB^2 = AD^2 + BD^2$

$\Rightarrow \quad 13^2 = 12^2 + BD^2$

$\Rightarrow \quad BD^2 = 13^2 - 12^2$

$= 169 - 144 = 25$

$\Rightarrow \quad BD^2 = 25 = 5^2$

$\Rightarrow \quad BD = 5$ सेमी.

अतः BC की लंबाई = BD + CD = BD + BD

= 2BD = 2 × 5 = 10 सेमी.

72. A, B और C का योग = 3 × 18 = 54 ...(*i*)

C, D और E का योग = 3 × 12 = 36 ...(*ii*)

E और F का योग = 2 × 6.5 = 13 ...(*iii*)

तथा E और C का योग = 2 × 3.5 = 7 ...(*iv*)

अतः (*iii*) और (*iv*) से, हम पाते हैं,

D = 36 − 7 = 29 ...(*v*)

(*i*), (*iii*) तथा (*v*) से हम पाते हैं

अतः A, B, C, D, E और F का औसत

$$= \frac{54+29+13}{6} = \frac{96}{6} = 16$$

73.

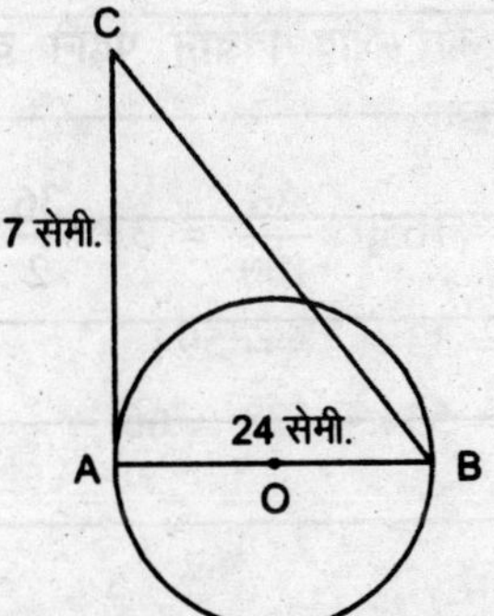

दिया गया है। A पर खीची गई स्पर्श रेखा पर C एक बिंदु है।

∴ ∠CAB = 90°

व्यास AB = 24 सेमी.

AC = 7 सेमी.

∵ $BC^2 = AC^2 + AB^2$

∴ $BC^2 = 7^2 + 24^2$

= 49 + 576 = 625

⇒ $BC^2 = 25^2$

⇒ BC = 25 सेमी.

अतः BC की लंबाई = 25 सेमी.

74. दिया है,

$$\frac{\cos A}{\operatorname{cosec} A+1} + \frac{\cos A}{\operatorname{cosec} A-1} = 2$$

$$\Rightarrow \cos A\left[\frac{1}{\operatorname{cosec} A+1} + \frac{1}{\operatorname{cosec} A-1}\right] = 2$$

$$\Rightarrow \cos A\left[\frac{1}{\frac{1}{\sin A}+1} + \frac{1}{\frac{1}{\sin A}-1}\right] = 2$$

$$\Rightarrow \cos A\left[\frac{1}{\frac{1+\sin A}{\sin A}} + \frac{1}{\frac{1-\sin A}{\sin A}}\right] = 2$$

$$\Rightarrow \cos A\left[\frac{\sin A}{1+\sin A} + \frac{\sin A}{1-\sin A}\right] = 2$$

$$\Rightarrow \cos A \sin A\left[\frac{1}{1+\sin A} + \frac{1}{1-\sin A}\right] = 2$$

$$\Rightarrow \cos A \sin A\left[\frac{1-\sin A+1+\sin A}{(1+\sin A)(1-\sin A)}\right] = 2$$

$$\Rightarrow \frac{\cos A \sin A(2)}{1-\sin^2 A} = 2$$

$$\Rightarrow \frac{\sin A \cos A}{\cos^2 A} = 1$$

$$\Rightarrow \tan A = 1 = \tan 45^\circ$$

$$\Rightarrow A = 45^\circ$$

YOUR SPACE

सामान्य बुद्धिमत्ता एवं तर्कशक्ति
(General Intelligence & Reasoning)

भाषिक (Verbal)

1. श्रृंखला (*Series*)

अक्षर श्रृंखला (Letter Series)

अक्षर श्रृंखला में निहित अक्षरों का एक निश्चित क्रम होता है। दी गई अक्षर श्रृंखला में अक्षर वर्णमाला के सीधे क्रम में भी हो सकते हैं और वर्णमाला के विपरीत क्रम में भी। यही नहीं, एक ही श्रृंखला में अक्षर वर्णमाला के सीधे क्रम में और वर्णमाला के विपरीत या उल्टे क्रम में अर्थात् दोनों ही अनुक्रमों में भी हो सकते हैं। श्रृंखला में दिए गए क्रम में कुछ अक्षर छोड़े भी गए हो सकते हैं या ऐसा भी हो सकता है कि श्रृंखला में कुछ अक्षरों को एकाधिक बार प्रयुक्त किया गया हो या फिर वे क्रमागत हों। श्रृंखला एकल भी हो सकती है और एक ही श्रृंखला में एकांतर क्रम में दो अलग-अलग श्रृंखलाएं भी निहित हो सकती हैं। अक्षर श्रृंखला पर आधारित प्रश्नों को हल करते समय श्रृंखला के पैटर्न पर ध्यान दिया जाना आवश्यक होता है।

वर्णमाला के सीधे क्रम में अक्षरों की श्रृंखला है :

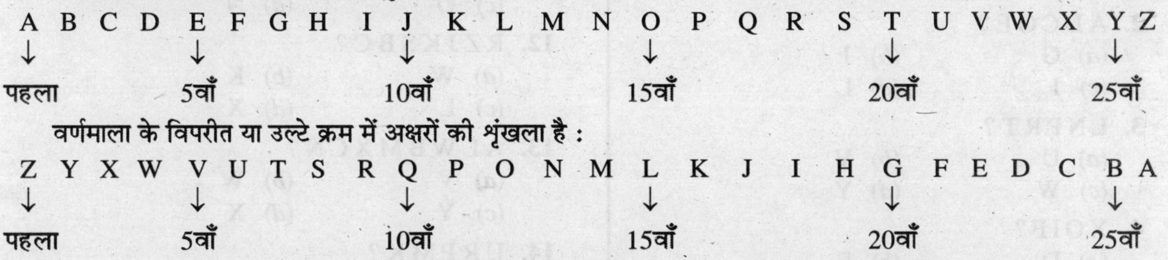

टिप्पणी : Z पर पहुंच कर श्रृंखला A से पुनः शुरू होती है और A पर पहुंच कर श्रृंखला Z से पुनः शुरू होती है।

हल किए गए उदाहरण

निर्देश: *नीचे दी गई श्रृंखला में प्रश्न चिह्न को प्रतिस्थापित करने के लिए दिए गए विकल्पों में से सही अक्षर का चयन करें :*

1. B D F H J ?

(*a*) L (*b*) O (*c*) M (*d*) K

उत्तर (*a*) : श्रृंखला में प्रत्येक दो अक्षरों के बीच वर्णमाला के सीधे क्रम में एक अक्षर छूट गया है।

B → D → F → H → J → L
(+2, +2, +2, +2, +2)

2. A Z B Y C ?

(*a*) D (*b*) X (*c*) U (*d*) E

उत्तर (*b*) : इस शृंखला में बारी-बारी से दो शृंखलाएं अंतर्निहित हैं :

शृंखला *I* : A B C (प्राकृतिक क्रम अर्थात् वर्णमाला के सीधे क्रम में क्रमागत अक्षर)

शृंखला *II* : Z Y X (वर्णमाला के विपरीत क्रम में क्रमागत अक्षर)

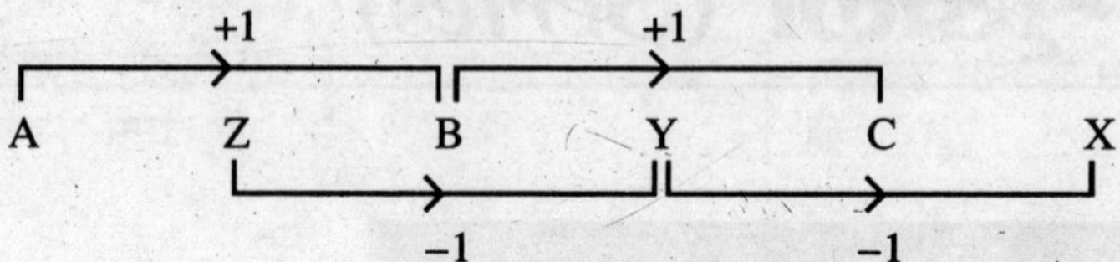

अभ्यास

निर्देश (प्र.सं. 1–20): *नीचे दी गई प्रत्येक शृंखला में अक्षरों का क्रम निर्धारित करें। तत्पश्चात् दिए गए विकल्पों में से उस विकल्प का चयन करें जिससे दी गई शृंखला में प्रश्न चिह्न प्रतिस्थापित होता हो।*

1. B Y C X D W E ?
(*a*) S (*b*) T
(*c*) U (*d*) V

2. A D C G E ?
(*a*) G (*b*) J
(*c*) I (*d*) L

3. L N P R T ?
(*a*) U (*b*) V
(*c*) W (*d*) Y

4. X O I F ?
(*a*) D (*b*) F
(*c*) B (*d*) E

5. B A F E J I P O ? U
(*a*) V (*b*) T
(*c*) S (*d*) Q

6. Z A A Y B B X C ?
(*a*) W (*b*) C
(*c*) V (*d*) D

7. A Z Y B X W C V U D T S E ?
(*a*) R S (*b*) S T
(*c*) R Q (*d*) Q R

8. C A B F D E I G H ?
(*a*) J L K (*b*) J K L
(*c*) L K J (*d*) L J K

9. B F K Q ?
(*a*) U (*b*) T
(*c*) X (*d*) Y

10. R K F ? B
(*a*) D (*b*) C
(*c*) E (*d*) B

11. T T S R R Q P P O N ?
(*a*) M (*b*) L
(*c*) O (*d*) N

12. R Z J K S B C ?
(*a*) W (*b*) K
(*c*) L (*d*) X

13. A L W B M X C N ?
(*a*) V (*b*) W
(*c*) Y (*d*) X

14. U R P M K ?
(*a*) G (*b*) E
(*c*) H (*d*) F

15. CFI, IKM, OPQ, ?
(*a*) UUU (*b*) UST
(*c*) VUS (*d*) TUV

16. LAZ, NEX, PIV, ?
(*a*) SLS (*b*) QNS
(*c*) RMT (*d*) RMS

17. VCL, UEI, TGF, ?
(*a*) SJC (*b*) THI
(*c*) SIC (*d*) RHD

18. EJOT, DHLP, CFIL, ?
(*a*) BDFH (*b*) DGKL
(*c*) DEIJ (*d*) BLHM

19. BXJ, ETL, HPN, KLP, ?
(*a*) PHR (*b*) NIR
(*c*) NHR (*d*) MHR

20. JMC, CLT, KND, ?, LOE, GPX
(*a*) ENV (*b*) DMX
(*c*) EOU (*d*) DRX

व्याख्यात्मक उत्तर

1. (*d*) : दी गई शृंखला में बारी-बारी से दो अक्षर शृंखलाएं अंतर्निहित हैं।

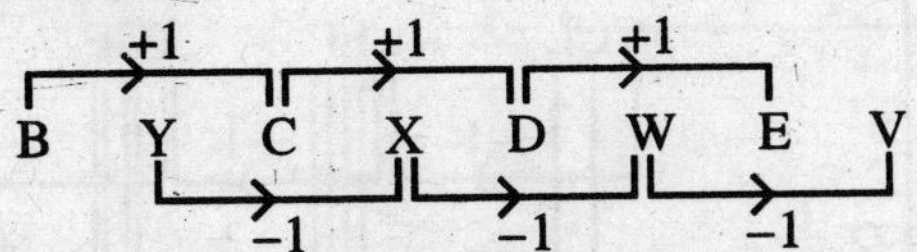

शृंखला I : BCDE (वर्णमला के सीधे क्रम में)
शृंखला II : YXWV (वर्णमाला के विपरीत क्रम में)

2. (*b*) : दी गई शृंखला में बारी-बारी से दो अक्षर शृंखलाएं अंतर्निहित हैं।

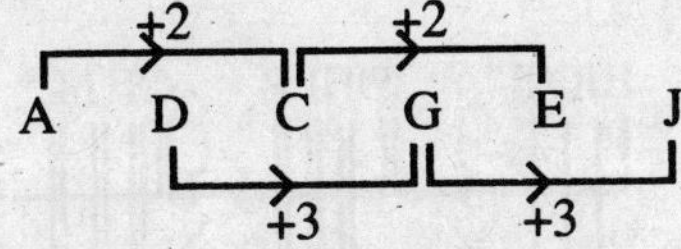

शृंखला I : ACE (शृंखला +2 पैटर्न का अनुपालन करती है)
शृंखला II : DGJ (शृंखला +3 पैटर्न का अनुपालन करती है)

3. (*b*) : शृंखला +2 पैटर्न का अनुपालन करती है, अर्थात्

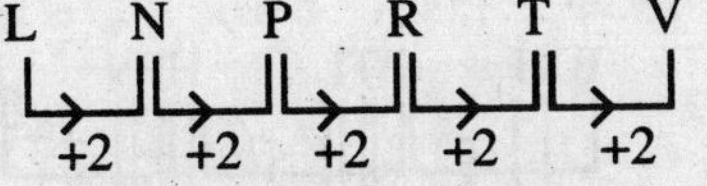

4. (*b*) : शृंखला में दो सन्निकट अक्षरों के बीच वर्णमाला के विपरीत क्रम में क्रमशः 3 की कमी होती जाती है, अर्थात्

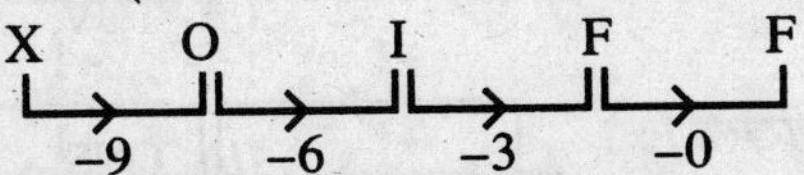

5. (*a*) : शृंखला में अंग्रेजी वर्णमाला के पांच स्वर (vowel) हैं अर्थात् (AEIOU) जिनमें से प्रत्येक के पहले वर्णमाला के सीधे क्रम में उसके ठीक बाद का क्रमागत अक्षर लिखा गया है।

B A F E J I P O V U

6. (*b*) : शृंखला में बारी-बारी से तीन शृंखलाएं अंतर्निहित हैं जिनमें से दूसरी और तीसरी शृंखलाएं एक जैसी हैं, अर्थात्

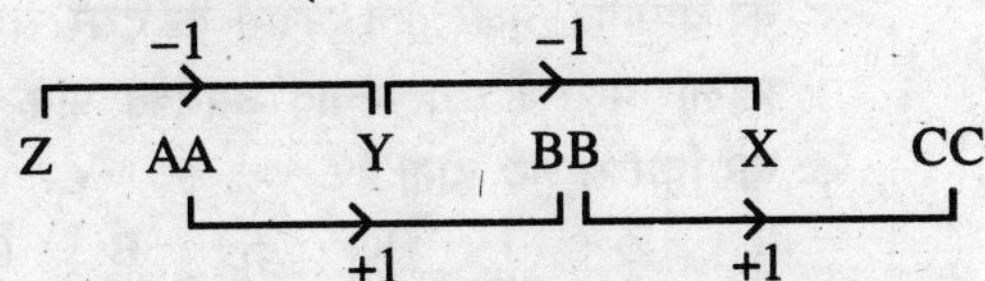

शृंखला I : ZYX (वर्णमाला के विपरीत क्रम में)
शृंखला II और III : ABC (वर्णमाला के सीधे क्रम में)
अक्षर 'C' शृंखला II और III में उभयनिष्ठ है।

7. (*c*) : शृंखला में बारी-बारी से दो शृंखलाएं अंतर्निहित हैं।

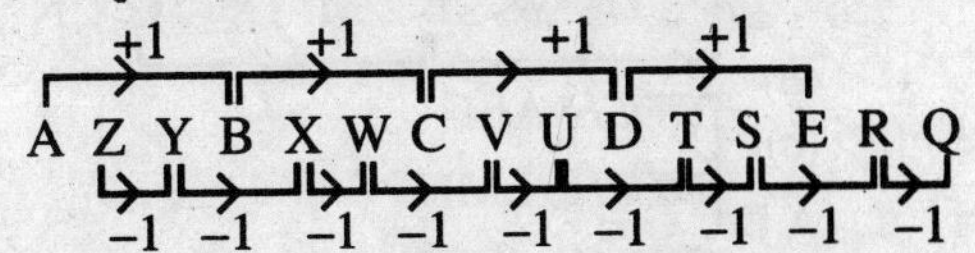

शृंखला I : ABCDE (वर्णमाला के सीधे क्रम में)
शृंखला II : ZY XW VU TS RQ (वर्णमाला के विपरीत क्रम में एक साथ दो अक्षर)

8. (*d*) : वर्णमाला के सीधे क्रम में 3 अक्षरों के समूह से एक खंड निर्मित होता है। प्रत्येक खंड में 3 अक्षरों के समूह में पहला अक्षर बीच में है जिसकी दाहिनी ओर उसका क्रमागत अक्षर है तथा तीसरा क्रमागत अक्षर बीच के अक्षर की बायीं ओर अवस्थित है।

CAB FDE IGH LJK

9. (*c*) : शृंखला में दो सन्निकट अक्षरों के बीच अंतर में प्रत्येक चरण में एक की वृद्धि होती जाती है।

B F K Q X
+4 +5 +6 +7

10. (*b*) : शृंखला में दो क्रमागत अक्षरों के बीच वर्णमाला के विपरीत क्रम में अंतर में क्रमशः 2 की कमी होती जाती है।

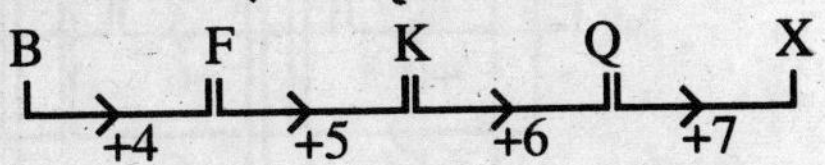

11. (*d*) : शृंखला में विषम स्थान पर अवस्थित अक्षरों की पुनरावृत्ति होती है।

TT S RR Q PP O NN

पहला स्थान तीसरा स्थान पाँचवाँ स्थान सातवाँ स्थान

12. (*b*) : शृंखला में तीन-तीन अक्षरों के समूह अंतर्निहित हैं। समूह का दूसरा और तीसरा अक्षर प्राप्त करने के लिए पहले अक्षर को वर्णमाला के क्रम में 8 चरण क्रमशः आगे और पीछे किया गया है। तीसरे अक्षर का क्रमागत अक्षर तीन अक्षरों के दूसरे समूह का पहला अक्षर है। तत्पश्चात् उपर्युक्त प्रक्रिया एक बार फिर से शुरू होती है।

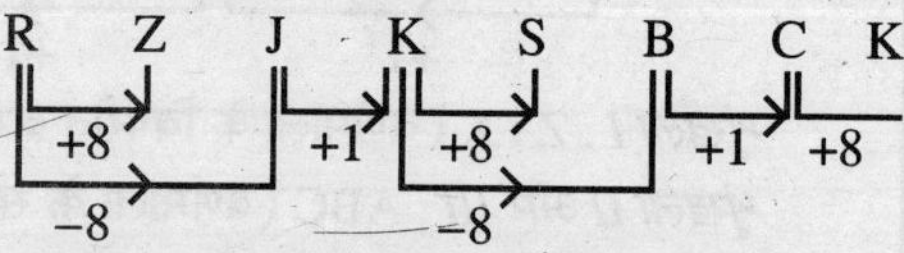

13. (*c*) : शृंखला में बारी-बारी से तीन शृंखलाएं अंतर्निहित हैं:

A L <u>W</u> B M <u>X</u> C N <u>Y</u>

शृंखला I : ABC

शृंखला II : LMN

शृंखला III : WXY

14. (*c*) : शृंखला के अक्षर वर्णमाला के विपरीत क्रम में हैं और दो सन्निकट अक्षरों के बीच बारी-बारी से −3 और −2 का अंतर है।

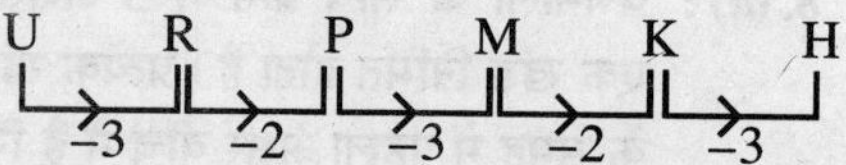

15. (*a*) : शृंखला में तीन अक्षरों के पहले समूह के सभी तीनों अक्षरों को क्रमशः +6, +5, +4 चरण आगे बढ़ाने पर शृंखला का दूसरा अक्षर समूह प्राप्त होता है।

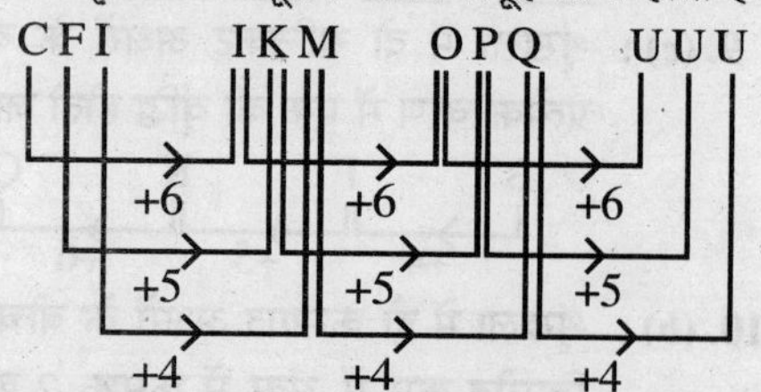

16. (*c*) : शृंखला में तीन अक्षरों के एक समूह और उसके परवर्ती समूह के संगत अक्षरों में क्रमशः +2, +4, −2 का अंतर है।

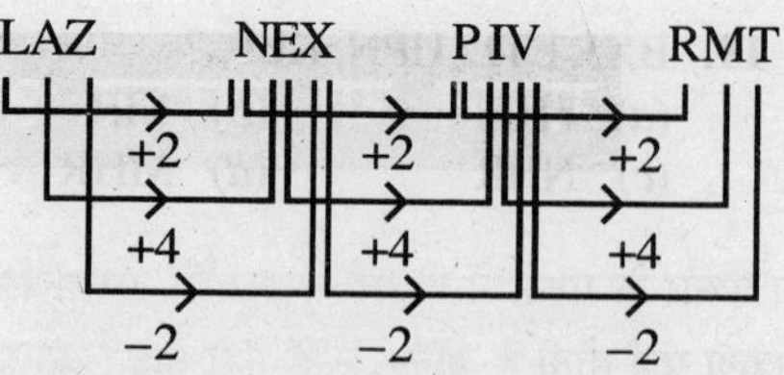

17. (*c*) : शृंखला में तीन अक्षरों के एक समूह और उसके परवर्ती समूह के संगत अक्षरों में क्रमशः −1, +2, −3 का अंतर है।

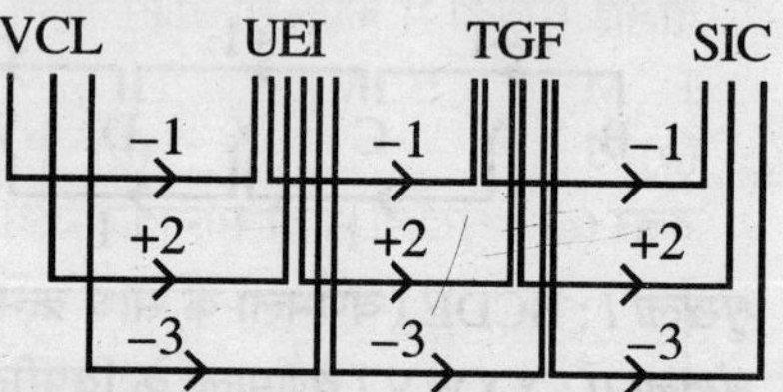

18. (*a*) : शृंखला के एक समूह और उसके परवर्ती समूह के संगत अक्षरों में क्रमशः −1, −2, −3, −4 का अंतर है।

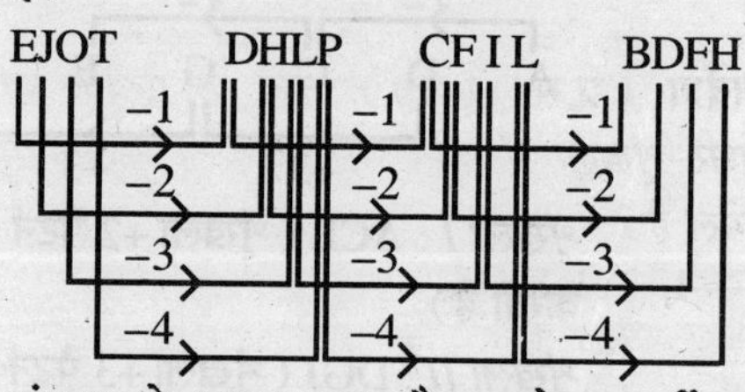

19. (*c*) : शृंखला के एक समूह और उसके परवर्ती समूह के संगत अक्षरों में क्रमशः +3, −4, +2 का अंतर है।

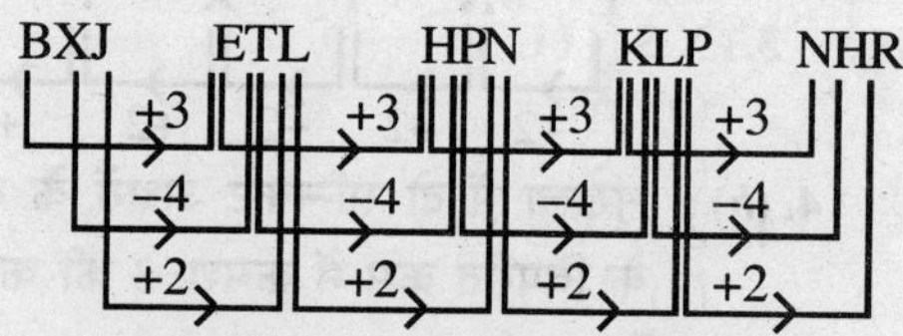

20. (*a*) : दी गई शृंखला में दो शृंखलाएं अंतर्निहित हैं :

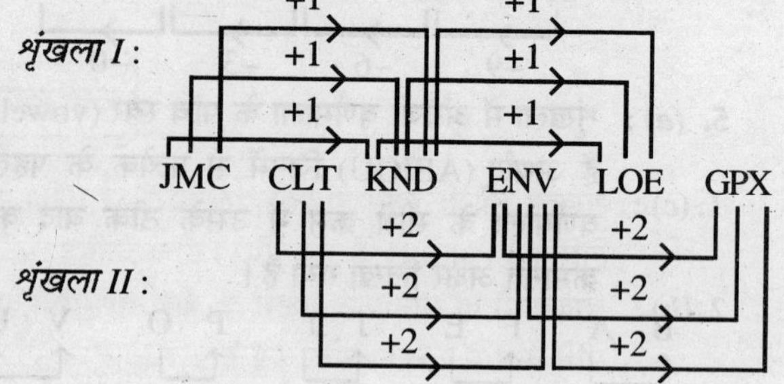

गलत या बेमेल अक्षर-श्रृंखला (Wrong Letter Series)

इस प्रकार के प्रश्नों में दी गई शृंखला में अभ्यर्थियों को ऐसे अक्षर या अक्षर-समूह ज्ञात करने की आवश्यकता नहीं होती जिनसे दी गई शृंखला पूर्ण होती है बल्कि उन्हें ऐसे अक्षर का पता लगाना होता है जो शृंखला में गलत या बेमेल हो।

हल किए गए उदाहरण

दी गई शृंखला में कौन-सा अक्षर गलत या बेमेल है ?

J M P T V Y

(*a*) J (*b*) P (*c*) T (*d*) Y

उत्तर (*c*) : शृंखला में दो सन्निकट अक्षरों के बीच वर्णमाला के क्रम में +3 का अंतर है।

J →(+3) M →(+3) P →(+3) S →(+3) V →(+3) Y

अत: अक्षर T के स्थान पर S होना चाहिए।

अभ्यास

निर्देश (प्र.सं. 1–10): *नीचे के प्रत्येक प्रश्न में दी गई अक्षर-शृंखला में कौन-सा अक्षर या अक्षर-समूह गलत या बेमेल है ?*

1. AEHOU
(*a*) U (*b*) O
(*c*) H (*d*) E

2. CHMSWB
(*a*) C (*b*) S
(*c*) B (*d*) W

3. XSNICY
(*a*) Y (*b*) C
(*c*) S (*d*) I

4. ZAWBXC
(*a*) D (*b*) C
(*c*) X (*d*) W

5. MLONQPR
(*a*) R (*b*) O
(*c*) Q (*d*) L

6. DKRYFL
(*a*) L (*b*) D
(*c*) R (*d*) Y

7. LNQTWZCF
(*a*) C (*b*) Q
(*c*) L (*d*) F

8. XW, DC, CB, NM, PQ
(*a*) NM (*b*) CB
(*c*) PQ (*d*) XW

9. BEINSAI
(*a*) A (*b*) E
(*c*) S (*d*) I

10. ZTPKHF
(*a*) Z (*b*) P
(*c*) T (*d*) F

व्याख्यात्मक उत्तर

1. (*c*) : शृंखला अंग्रेजी वर्णमाला के केवल स्वरों AEIOU से निर्मित है। अत: H के स्थान पर I होना चाहिए।

2. (*b*) : शृंखला में दो सन्निकट अक्षरों के बीच वर्णमाला के सीधे क्रम में +5 का अंतर है।

C →(+5) H →(+5) M →(+5) R →(+5) W →(+5) B

अत: शृंखला में S के स्थान पर R होना चाहिए।

(शृंखला Z पर पहुंचने के बाद A से पुन: शुरू होती है।)

3. (*b*) : शृंखला में दो सन्निकट अक्षरों के बीच वर्णमाला के उल्टे क्रम में –5 का अंतर है।

X S N I D Y

–5 –5 –5 –5 –5

अत: C के स्थान पर D होना चाहिए।

4. (*d*) : दी गई शृंखला में दो शृंखलाएं अंतर्निहित हैं :

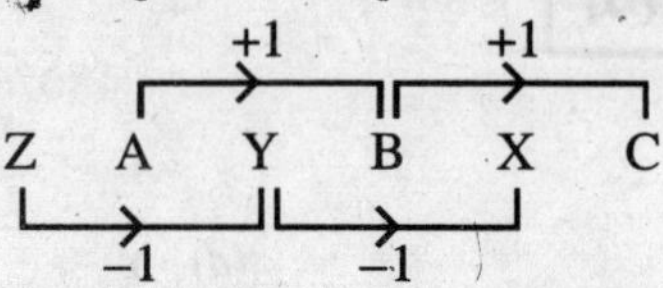

शृंखला I : ZYX (वर्णमाला के विपरीत क्रम में)

शृंखला II : ABC (वर्णमाला के सीधे क्रम में)

अत: शृंखला में W के स्थान पर Y होना चाहिए।

5. (*a*) : शृंखला में दो क्रमागत अक्षर विपरीत क्रम में लिखे गए हैं।

ML ON QP SR

अत: शृंखला में R के स्थान पर S होना चाहिए।

6. (*a*) : शृंखला में दो सन्निकट अक्षरों के बीच +7 का अंतर है।

D K R Y F M

+7 +7 +7 +7 +7

अत: शृंखला में L के स्थान पर M होना चाहिए।

7. (*c*) : शृंखला में दो सन्निकट अक्षरों के बीच +3 का अंतर है।

K N Q T W Z C F

+3 +3 +3 +3 +3 +3 +3

अत: L के स्थान पर K होना चाहिए।

8. (*c*) : शृंखला कोई भी दो क्रमागत अक्षरों को वर्णमाला के विपरीत क्रम में शामिल करके निर्मित की गई है।

XW DC CB NM QP

← ← ← ← ←

अत: शृंखला में P से पहले Q आना चाहिए।

9. (*c*) : शृंखला में प्रत्येक चरण में दो सन्निकट अक्षरों के बीच अंतर में एक की वृद्धि होती जाती है।

B E I N T A I

+3 +4 +5 +6 +7 +8

अत: शृंखला में S के स्थान पर T होना चाहिए।

10. (*b*) : वर्णमाला के विपरीत क्रम में लिखी गई इस शृंखला में प्रत्येक चरण में दो सन्निकट अक्षरों के बीच अंतर में एक की कमी होती जाती है।

Z T O K H F

–6 –5 –4 –3 –2

अत: P के स्थान पर O होना चाहिए।

संख्या-शृंखला (Number Series)

इस प्रकार की शृंखला में दी गई संख्याओं के समुच्चय एक दूसरे से एक विशेष पैटर्न या रुप में संबंधित होते हैं। संख्याओं के बीच संबंध *(i)* क्रमागत विषम/सम संख्याओं; *(ii)* क्रमागत अविभाज्य संख्याओं; *(iii)* किसी संख्या (या संख्याओं) का वर्गफल/घनफल जिसमें किसी संख्या को जोड़ने या घटाने पर परिवर्तन होता है/नहीं होता; *(iv)* पूर्ववर्ती संख्याओं का योग/गुणनफल/अंतर; *(v)* किसी संख्या से योग/घटाव/गुणा/भाग; और *(vi)* उपर्युक्त संबंधों के अनेक और भी संयोजनों पर आधारित होता है।

हल किए गए उदाहरण

1. नीचे दी गई संख्या-शृंखला को पूरा करने के लिए कौन-सा विकल्प उपयुक्त है ?

4, 8, 12, 16, ?

(*a*) 18 (*b*) 20 (*c*) 22 (*d*) 24

उत्तर (*b*): शृंखला में अंतर्निहित संख्याएं 4 की गुणज (multiples) हैं। शृंखला में अंतर्निहित अवयवों की एक अन्य व्याख्या यह है कि शृंखला की दो आनुक्रमिक संख्याओं के बीच 4 का अंतर है।

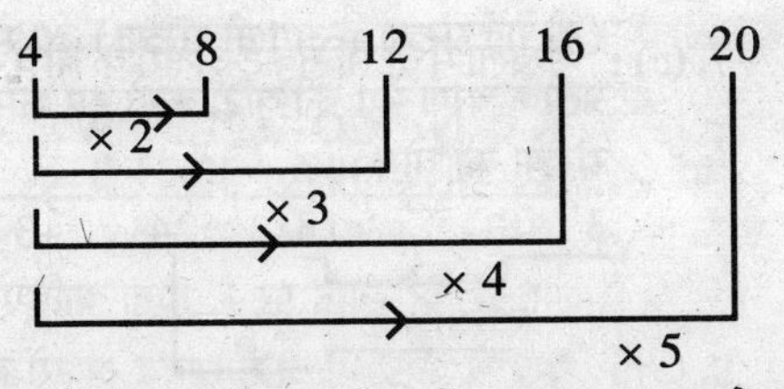

या

4 → 8 → 12 → 16 → 20
(+4, +4, +4, +4)

2. दी गई शृंखला में प्रश्न चिह्न के स्थान पर क्या होगा?

2, 14, 98, 686, ?

(*a*) 1976 (*b*) 2548 (*c*) 980 (*d*) 4802

उत्तर (*d*) : शृंखला में अंतर्निहित संख्याएं 7 की गुणज हैं।

2 → 14 → 98 → 686 → 4802
(× 7, × 7, × 7, × 7)

(किसी दी गई संख्या–शृंखला में बारी–बारी से एकाधिक शृंखलाएं भी अंतर्निहित हो सकती हैं।)

अभ्यास

निर्देश (प्र.सं. 1–10): *शृंखलाओं को पूरा करने के लिए दिए गए विकल्पों में से लुप्त पद/संख्या ज्ञात करें।*

1. 3, 9, 27, 81, 243, ?
(*a*) 486 (*b*) 729
(*c*) 972 (*d*) 359

2. 1, 6, 12, 19, 27, ?
(*a*) 38 (*b*) 35
(*c*) 36 (*d*) 54

3. 8, 48, 16, 96, 32, ?
(*a*) 192 (*b*) 150
(*c*) 64 (*d*) 288

4. 2, 3, 6, 18, 108, ?
(*a*) 1944 (*b*) 1658
(*c*) 648 (*d*) 1008

5. 1, 2, 3, 2, 3, 5, 4, 5, ?
(*a*) 9 (*b*) 6
(*c*) 10 (*d*) 7

6. 3, 8, 13, 24, 41, ?
(*a*) 65 (*b*) 75
(*c*) 70 (*d*) 80

7. 0, 8, 24, 48, 80, ?
(*a*) 110 (*b*) 96
(*c*) 120 (*d*) 140

8. 0, 5, 22, 57, ?, 205
(*a*) 198 (*b*) 116
(*c*) 172 (*d*) 92

9. 6, 9, 18, 45, 126, 369, ?
(*a*) 1059 (*b*) 1095
(*c*) 1098 (*d*) 1089

10. 1, 2, 5, 12, 27, 58, 121, ?
(*a*) 246 (*b*) 247
(*c*) 248 (*d*) 249

व्याख्यात्मक उत्तर

1. (*b*) : शृंखला में निहित संख्याओं को अगली संख्या प्राप्त करने के लिए 3 से गुणा किया गया है।

2. (*c*) : शृंखला के आरंभिक पदों अर्थात् 1 और 6 के बीच 5 का अंतर है और तत्पश्चात् शृंखला की आनुक्रमिक संख्याओं के बीच अंतर में क्रमश: 1 की वृद्धि होती जाती है।

1 → 6 → 12 → 19 → 27 → 36
(+5, +6, +7, +8, +9)

3. (*a*) : *व्याख्या I* : शृंखला में पहले 6 से गुणा करने और तत्पश्चात् 3 से भाग करने का पैटर्न अपनाया गया है जिसकी पुनरावृत्ति होती है।

8 48 16 96 32 192

× 6 ÷ 3 × 6 ÷ 3 × 6

व्याख्या II : शृंखला में बारी-बारी से दो शृंखलाएं अंतर्निहित हैं और प्रत्येक शृंखला में पहले की संख्या को 2 से गुणा करने पर आनुक्रमिक संख्या प्राप्त होती है।

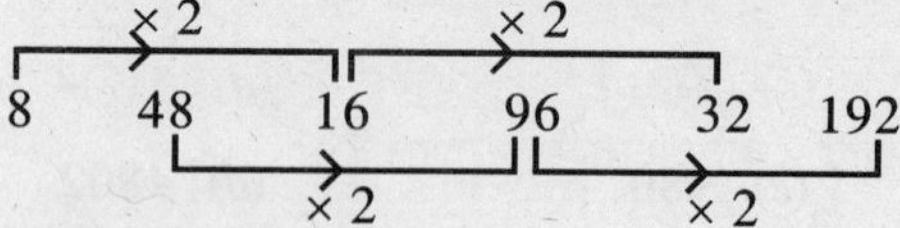

शृंखला I : 8, 16, 32

शृंखला II : 48, 96, 192

4. (*a*) : शृंखला में हर तीसरी संख्या पूर्ववर्ती दो संख्याओं का गुणनफल है।

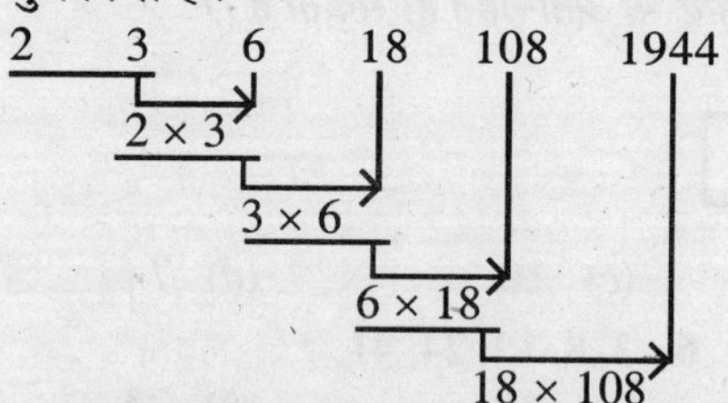

5. (*a*) : इस शृंखला में तीन संख्याओं से एक समुच्चय निर्मित होता है जिनमें से प्रत्येक समुच्चय में पहली दो संख्याएं सीधे क्रम में हैं तथा तीसरी संख्या पहली और दूसरी संख्याओं का योग है। अगले समुच्चय की पहली संख्या पूर्ववर्ती समुच्चय की पहली संख्या की दोगुनी है।

× 2 × 2

1 2 3 2 3 5 4 5 9

1 + 2 2 + 3 4 + 5

6. (*c*) : शृंखला में निम्नलिखित पैटर्न का अनुपालन किया जाता है :

(दी गई संख्या + अगली संख्या) +2 से आरंभ करके प्रत्येक चरण में 1 की वृद्धि करते हुए क्रमागत प्राकृतिक संख्या का योग :

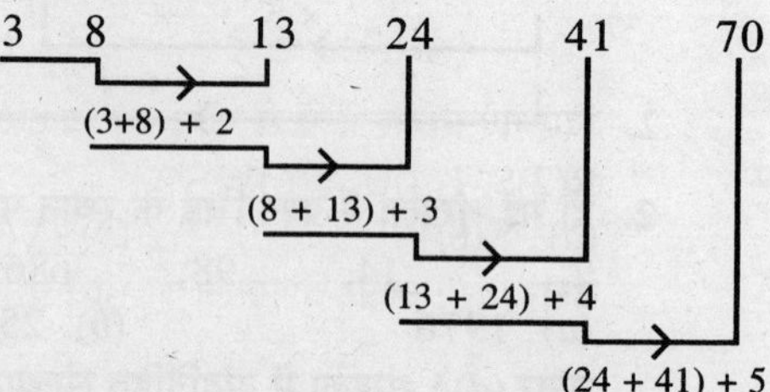

7. (*c*) : शृंखला की संख्याएं प्राकृतिक क्रम में दो सम संख्याओं का गुणनफल हैं, अर्थात्

0 8 24 48 80 120

↓ ↓ ↓ ↓ ↓ ↓

(0 × 2) (2 × 4) (4 × 6) (6 × 8) (8 × 10) (10 × 12)

8. (*b*) : शृंखला निम्नलिखित पैटर्न का अनुपालन करती है : 1 से आरंभ करके प्राकृतिक संख्याओं का घनफल घटा 1 से आरंभ करके एकांतर विषम संख्याएं

0 5 22 57 116 205

↓ ↓ ↓ ↓ ↓ ↓

1^3-1 2^3-3 3^3-5 4^3-7 5^3-9 6^3-11

9. (*c*) : शृंखला की आनुक्रमिक संख्याओं के बीच अंतर 3 की घात में वृद्धि के साथ बढ़ता है।

6 9 18 45 126 369 1098

$+3$ $+9 = 3^2$ $+27 = 3^3$ $+81 = 3^4$ $+243 = 3^5$ $+729 = 3^6$

10. (*c*) : शृंखला में निहित संख्या को 2 से गुणा करके 0 से आरंभ करके प्राकृतिक क्रम में संख्याओं को जोड़ने पर अगली संख्या प्राप्त होती है।

1 2 5 12 27 58 121 248

(1 × 2)+0 (2 × 2)+1 (5 × 2)+2 (12 × 2)+3 (27 × 2)+4 (58 × 2)+5 (121 × 2)+6

मिश्रित-शृंखला (Mixed Series)

मिश्रित-शृंखला में अक्षरों और संख्याओं का संयोजन होता है। इस प्रकार की शृंखला में अक्षरों और संख्याओं का एक सर्वनिष्ठ पैटर्न या अलग-अलग अनुक्रम पैटर्न हो सकता है।

हल किए गए उदाहरण

1. निम्नलिखित अक्षर-संख्या संयोजन शृंखला में प्रश्न चिह्न के स्थान पर क्या आएगा?

F6, H8, J10, L12, ?

(*a*) N15 (*b*) O14 (*c*) N14 (*d*) O13

उत्तर (c) : शृंखला में अक्षर वर्णमाला के सीधे क्रम में दो स्थान आगे की ओर बढ़ते हैं तथा संख्या वर्णमाला में अक्षरों के स्थान को इंगित करती है।

F6 H8 J10 L12 N14

+2 +2 +2 +2

2. दिए गए विकल्पों में से कौन–सा विकल्प निम्नलिखित शृंखला को पूरा करता है ?

R(2)S, T(4)U, V(6)W, ?

(*a*) X(8)Y (*b*) Y(10)Z (*c*) Z(8)A (*d*) Y(6)Z

उत्तर (a) : अक्षर वर्णमाला के सीधे क्रम में हैं जबकि संख्याएं 2 की आनुक्रमिक गुणज हैं।

अभ्यास

निर्देश (प्र.सं. 1–3): *नीचे की प्रत्येक शृंखला में प्रश्न चिह्न के स्थान पर क्या आएगा ?*

1. 2B, 4C, 8E, 14H, ?

(*a*) 20L (*b*) 22L
(*c*) 21I (*d*) 16K

2. W(1)A, X(4)Z, Y(9)Y, ?, A(25)W

(*a*) X(11)Z (*b*) Z(21)A
(*c*) Z(16)X (*d*) Z(14)X

3. D2, I3, N6, S18, ?

(*a*) V72 (*b*) W36
(*c*) Y90 (*d*) X108

निर्देश (प्र.सं. 4 और 5): *नीचे की प्रत्येक अक्षर-संख्या शृंखला में कौन–सा पद बेमेल/शृंखला में उपयुक्त नहीं है ?*

4. G4T, J10R, M20P, P43N, S90L

(*a*) J10R (*b*) S90L
(*c*) M20P (*d*) G4T

5. B0R, G3U, E3P, J7S, H9N

(*a*) E3P (*b*) J7S
(*c*) H9N (*d*) G3U

व्याख्यात्मक उत्तर

1. (b) : शृंखला में संख्याओं का अनुक्रम +2, +4, +6 +8 का तथा अक्षरों का अनुक्रम +1, +2, +3, +4 का है।

2. (c) : शृंखला में दिए गए समूहों में बायीं ओर के अक्षर वर्णमाला के विपरीत क्रम में हैं और दाहिनी ओर के अक्षर वर्णमाला के सीधे क्रम में हैं तथा संख्याएं 1 से आरंभ करके प्राकृतिक क्रम में क्रमागत संख्याओं के वर्ग हैं।

3. (d) : अक्षर +5 पैटर्न का अनुपालन करते हैं और हर तीसरी संख्या अपनी पूर्ववर्ती दो संख्याओं का गुणनफल है।

4. (a) : शृंखला में दिए गए समूहों में बायीं ओर के अक्षर +3 पैटर्न का, दायीं ओर के अक्षर –2 पैटर्न का अनुपालन करते हैं तथा संख्याओं द्वारा $(4 \times 2)+1$, $(9 \times 2)+2$, $(20 \times 2)+3$, $(43 \times 2)+4$ पैटर्न का अनुपालन किया जाता है। अत: J10R के स्थान पर शृंखला में J9R होना चाहिए।

5. (b) : शृंखला के दिए गए समूहों में बायीं ओर के अक्षर +5, –2 (5 चरण आगे, 2 चरण पीछे) पैटर्न का अनुपालन करते हैं जिसकी आगे भी पुनरावृत्ति होती है। समूहों में दायीं ओर +3, –5 (3 चरण आगे, 5 चरण पीछे) पैटर्न का अनुपालन किया जाता है जिसकी पुनरावृत्ति होती है। शृंखला की संख्याएं शृंखला में अपने पूर्ववर्ती दो संख्याओं के योग के बराबर हैं। अत: J7S के स्थान पर J6S होना चाहिए।

2. सादृश्य या संबंध
(Analogies or Relationships)

शब्द सादृश्य (Word Analogy)

संबंध या सादृश्य परीक्षा में दिए गए दो शब्दों के बीच संबंध स्थापित किया जाता है और उसी संबंध को दिए गए अन्य शब्दों पर अनुप्रयुक्त किया जाता है। दिए गए दो शब्दों के बीच विभिन्न प्रकार के संबंध हो सकते हैं, अतः इस प्रकार के प्रश्नों को हल करते समय सर्वप्रथम यह ज्ञात करना होता है कि दिए गए दो शब्दों के बीच किस प्रकार का संबंध है। शब्दों के बीच विभिन्न संबंधों पर नीचे चर्चा की गई है :

हल किए गए उदाहरण

1. क्रिया-साधन संबंध (Action Object Relationship)

उदाहरण : जैसे गोली चलाना और 'बंदूक' का संबंध है उसी प्रकार 'खाने' से किसका संबंध है ?

(*a*) भूख (*b*) प्यास (*c*) रात्रि-भोज (*d*) फल

उत्तर (*d*) : दिए गए शब्दों के बीच संबंध यह है कि गोली चलाना एक क्रिया है और 'बंदूक' उस क्रिया को करने का एक विशिष्ट साधन या उपकरण है। इसी प्रकार 'खाना' एक क्रिया है और 'फल' इस क्रिया को करने अर्थात् खाने का साधन या उपकरण है।

2. साहचर्य संबंध (Association Relationship)

उदाहरण : जो संबंध 'ग्लैमर' और 'प्रसिद्धि' में है, ठीक वैसा ही संबंध 'रंग' का किससे है ?

(*a*) इंद्रधनुष (*b*) छाया (*c*) कला (*d*) चित्रकारी

उत्तर (*d*) : जिस प्रकार ग्लैमर से प्रसिद्धि प्राप्त होती है उसी प्रकार 'रंग' से चित्रकारी की जाती है।

3. विपर्याय (विलोम) संबंध (Antonym Relationship)

उदाहरण : अंतर्मुखी : बहिर्मुखी

(*a*) कोण : स्पर्श रेखा (*b*) चरम : अंतरिम (*c*) प्रतिकूल : अनुकूल (*d*) क्रिया : नियम

उत्तर (*c*) : संबंधित शब्द विपरीतार्थक हैं।

4. कार्य-कारण संबंध (Cause and Effect Relationship)

उदाहरण : चोट : दर्द

(*a*) कोटि : योग्यता (*b*) बादल गरजना : बिजली चमकना

(*c*) घूमाना : बिलोना (*d*) धन : परिश्रम

उत्तर (*b*) : जिस प्रकार चोट के कारण दर्द होता है उसी प्रकार बादल गरजने के कारण बिजली चमकती है।

5. कोटि या अंश संबंध (Degree Relationship)

उदाहरण : गुनगुना का जो संबंध 'गरम' से वही संबंध बिलखना या विलाप करने का किससे है?

(*a*) सिसकना (*b*) चिल्लाना (*c*) मुस्कराना (*d*) शांत रहना

उत्तर (*a*) : 'गुनगुना' का अर्थ है 'थोड़ा गरम'। इसी प्रकार बिलखने या विलाप करने की निम्न कोटि है 'सिसकना'।

अभ्यास

निर्देश (प्र.सं. 1–5): *पूछे गए प्रत्येक प्रश्न में पहले दिए गए दो शब्दों के बीच संबंध स्थापित करें। तत्पश्चात् दिए गए विकल्पों में से उस विकल्प का चयन करें जिसके शब्द और प्रश्न में दिए गए तीसरे शब्द के बीच ठीक वैसा ही संबंध या सादृश्य हो जैसा कि पहले के दो शब्दों के बीच है।*

1. जो संबंध 'उन्माद' और 'सनक' में है वही संबंध 'भय' और निम्नलिखित में से किसमें है?

(*a*) इच्छा (*b*) शौक
(*c*) आवश्यकता (*d*) डर

2. 'हकलाना' जिस प्रकार 'वाणी' से संबंधित है उसी प्रकार 'बहरापन' का संबंध निम्नलिखित में से किससे है?

(*a*) कान (*b*) सुनना
(*c*) शोर (*d*) चुप्पी

3. जिस प्रकार 'नेता', 'अनुयायी' से संबंधित है, उसी प्रकार .... संबंधित है सिपाही से।

(*a*) कैप्टन (*b*) यूनिट
(*c*) सेना (*d*) बैरक

4. जिस प्रकार 'चिल्लाहट', 'फुसफुसाहट' से संबंधित है, उसी प्रकार 'मारना' निम्नलिखित में से किससे संबंधित है?

(*a*) थप्पड़ मारने (*b*) छूना
(*c*) क्रोध (*d*) शोरगुल

5. जिस प्रकार 'पंजा', 'बिल्ली' से संबंधित है उसी प्रकार 'खुर' निम्नलिखित में से किससे संबंधित है?

(*a*) घोड़ा (*b*) मेमना
(*c*) हाथी (*d*) शेर

निर्देश (प्र.सं. 6–10): *नीचे दिए गए प्रत्येक प्रश्न में :: चिह्न की बाईं ओर दो शब्द दिए गए हैं। इन दोनों शब्दों में कुछ संबंध है। वैसा ही संबंध :: चिह्न की दाईं ओर के दो शब्दों में है जिनमें से एक शब्द के स्थान पर प्रश्नवाचक चिह्न (?) है। प्रश्नवाचक चिह्न (?) के स्थान पर दिए गए विकल्पों में से एक उपयुक्त विकल्प का चयन करें।*

6. शिकारी : बंदूक :: लेखक : ?

(*a*) पुस्तक (*b*) कलम
(*c*) कविता (*d*) पृष्ठ

7. भोजन : आमाशय :: ईंधन : ?

(*a*) इंजन (*b*) ऑटोमोबाइल
(*c*) रेल (*d*) वायुयान

8. जल : रेत :: महासागर : ?

(*a*) द्वीप (*b*) नदी
(*c*) मरुभूमि (*d*) तरंगें

9. वयस्क : बच्चा :: फूल : ?

(*a*) बीज (*b*) कली
(*c*) फल (*d*) तितली

10. मोती : कंठहार :: फूल : ?

(*a*) पौधा (*b*) बगीचा
(*c*) पँखुड़ी (*d*) गुलदस्ता

निर्देश (प्र.सं. 11–15): *दिए गए विकल्पों में से उस शब्द-युग्म का चयन कीजिए जिसमें युग्म के शब्दों के बीच ठीक उसी प्रकार का संबंध हो जिस प्रकार का संबंध प्रश्न में दिए गए मूल शब्द-युग्म के बीच है।*

11. राज्य : निर्वासन

(*a*) पुलिस : गिरफ्तार
(*b*) न्यायाधीश : अभियुक्त
(*c*) संविधान : संशोधन
(*d*) चर्च : धर्म-बहिष्करण

12. चंचलता : विश्वसनीयता

(*a*) तात्कालिक : भविष्य सूचक

(*b*) अविश्वसनीय : अमानवीय
(*c*) दृढ़निश्चयी : व्यवहार्यता
(*d*) स्वेच्छाचारी : सनकी

13. अनिच्छुक : बल-प्रयोग
(*a*) घृणित : दुलारा
(*b*) चिढ़ना : प्यार करना
(*c*) क्रुद्ध : प्रतिरोध
(*d*) विमुख : मान-मनोव्वल

14. शल्क : मछली
(*a*) महिला : ड्रेस
(*b*) पेड़ : पत्तियां
(*c*) पक्षी : पंख
(*d*) त्वचा : मुनष्य

15. वृक्ष : बालवृक्ष
(*a*) झोंपड़ी : महल
(*b*) लंबा-तगड़ा : बौना
(*c*) घोड़ा : बछेड़ा
(*d*) चींटी : हाथी

व्याख्यात्मक उत्तर

1. (*d*) : संबंधित शब्द पर्यायवाची हैं।

2. (*b*) : 'वाणी' के दोष से 'हकलाने' की समस्या उत्पन्न होती है जबकि 'सुनने' में कठिनाई से 'बहरापन' उत्पन्न होता है।

3. (*a*) : जिस प्रकार 'अनुयायी' अपने 'नेता' से मार्गदर्शन प्राप्त करते हैं उसी प्रकार 'सिपाही' को अपने 'कैप्टन' से मार्गदर्शन प्राप्त होता है।

4. (*b*) : 'चिल्लाहट' की तीव्रता में अत्यधिक कमी कर दी जाए तो वह 'फुसफुसाहट' का रूप ले लेती है और यदि 'मारने' की तीव्रता कम कर दी जाए तो वैसी क्रिया 'छूना' मात्र रह जाएगी।

5. (*a*) : 'बिल्ली' के 'पैर में' 'पंजा' होता है जबकि 'घोड़ा' के पैर में 'खुर' होता है।

6. (*b*) : 'शिकारी' का हथियार 'बंदूक' है और 'लेखक' का हथियार 'कलम' है।

7. (*a*) : 'भोजन', 'आमाशय' में पचता है और 'ईंधन' की खपत 'इंजन' में होती है।

8. (*c*) : संबंधित शब्द एक दूसरे के लगभग विपरीतार्थक शब्द हैं।

9. (*b*) : 'बच्चा' विकसित होकर 'वयस्क' बनता है और 'कली' खिलकर 'फूल' बनती है।

10. (*d*) : बहुत से मोतियों को मिला कर 'कंठहार' और बहुत से फूलों को मिलाकर 'गुलदस्ता' बनाया जाता है।

11. (*d*) : राज्य से बाहर कर देना 'निर्वासन' और चर्च से बाहर कर देना 'धर्म-बहिष्करण' कहलाता है।

12. (*c*) : संबंधित शब्द विपरीतार्थक हैं।

13. (*d*) : 'अनिच्छुक' व्यक्ति के साथ 'बल प्रयोग' और 'विमुख' व्यक्ति का 'मान-मनौव्वल' करके काम करवाया जाता है।

14. (*d*) : मछली का शरीर 'शल्कों' से ढका होता है और मनुष्य का शरीर उसकी 'त्वचा' से ढका होता है।

15. (*c*) : नवजात वृक्ष को 'बालवृक्ष' कहते हैं और नवजात घोड़े को 'बछेड़ा' कहते हैं।

अक्षर सादृश्य (Letter Analogy)

इस प्रकार के सादृश्य में अक्षरों के दो दिए गए समुच्चयों के बीच संबंध स्थापित किया जाता है और तत्पश्चात् अक्षरों के दिए गए तीसरे समुच्चय पर पहले दो अक्षर समुच्चयों के बीच के संबंध को अनुप्रयुक्त करके अक्षरों के चौथे अपेक्षित समुच्चय को ज्ञात किया जाता है। दिए गए दो अक्षर समुच्चयों में से पहले समुच्चय के अक्षरों को कुछ चरण आगे या पीछे करके, संपूर्ण समुच्चय के अक्षरों को या समुच्चय के कुछ अक्षरों को उलटे क्रम में लिखकर दूसरे समुच्चय के अक्षरों को प्राप्त किया जा सकता है।

हल किए गए उदाहरण

निर्देश: *दिए गए विकल्पों में से कौन-सा अक्षर-समूह प्रश्नचिह्न (?) के स्थान पर आएगा?*

1. JILK : KLIJ : : MNPQ : ?
(*a*) QNPM (*b*) MPQN (*c*) QPNM (*d*) PNMQ

उत्तर (*c*) : :: की बायीं ओर के अक्षर-समूहों में से पहले अक्षर-समूह के अक्षरों को विपरीत क्रम में लिखकर दूसरा अक्षर-समूह प्राप्त किया गया है। यही संबंध :: की दाहिनी ओर के दिए गए अक्षर समूह के अक्षरों पर अनुप्रयुक्त करने पर अपेक्षित अक्षर-समूह प्राप्त होता है।

JILK : KLIJ : : MNPQ : QPNM

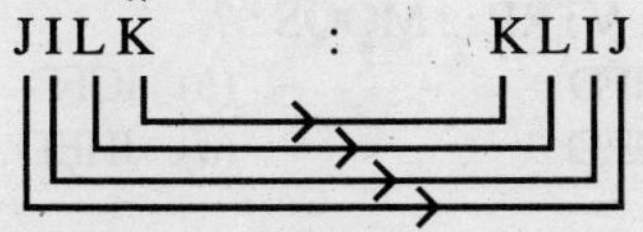

2. FLO : DOL : : RDP : ?
(*a*) PGM (*b*) MGP (*c*) GMP (*d*) MPG

उत्तर (*a*) : पहले और तीसरे अक्षरों को क्रमशः –2 और –3 चरण पीछे खिसका कर और दूसरे अक्षर को +3 चरण आगे बढ़ा कर :: चिह्न की बायीं ओर का दूसरा अक्षर समुच्चय प्राप्त होता है। यही संबंध :: चिह्न की दायीं ओर के पहले अक्षर समुच्चय पर लगाने पर प्रश्न चिह्न के स्थान पर अक्षर समुच्चय प्राप्त होता है।

FLO : DOL : : RDP : PGM

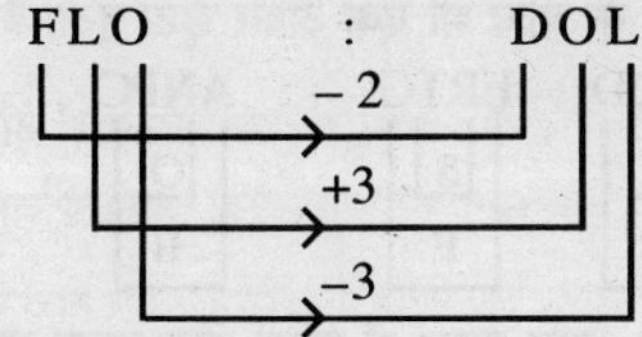

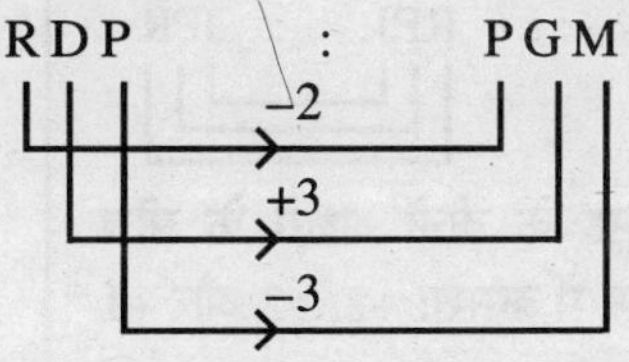

3. DumB : BonD : : RusT : ?
(*a*) MOst (*b*) TeNt (*c*) PaTH (*d*) WorK

उत्तर (*d*) : प्रत्येक समूह में सिरों पर स्थित दो अक्षर अंग्रेजी वर्णमाला के बड़े अक्षर हैं।

अभ्यास

निर्देश (प्र.सं. 1–15): *नीचे के प्रत्येक प्रश्न में एक लुप्त पद है। प्रश्न में :: चिह्न की बायीं ओर के दो अक्षर-समूहों में जो समानता या सादृश्य है वैसी ही समानता या सादृश्य :: चिह्न की दायीं ओर के दो अक्षर समूहों में है जिनमें से एक अक्षर समूह के स्थान पर प्रश्नवाचक चिह्न (?) लगा है। प्रश्नवाचक चिह्न (?) के स्थान पर लुप्त पद ज्ञात करें।*

1. GFC : CFG : : RPJ : ?
(*a*) JRP (*b*) JPR
(*c*) PJR (*d*) RJP

2. BCF : DEG : : MNQ : ?
(*a*) OPR (*b*) PQS
(*c*) OPP (*d*) QRT

3. NATION : ANITNO : : HUNGRY : ?
(*a*) HNUGRY (*b*) UNHGYR
(*c*) YRNGUH (*d*) UHGNYR

4. ACE : FGH : : LNP : ?
(*a*) QRS (*b*) PQR
(*c*) QST (*d*) MOQ

5. BOQD : ERTG : : ANPC : ?
(*a*) DQSF (*b*) FSHU
(*c*) SHFU (*d*) DSQF

6. BCDA : STUR : : KLMJ : ?
(*a*) VWXU (*b*) EFHG
(*c*) SRTU (*d*) QSRP

7. RUX : TRP : : BEH : ?
(*a*) SQN (*b*) QON
(*c*) QOM (*d*) QNL

8. BCDE : WVUT : : QRST : ?
(*a*) EFHG (*b*) JIHG
(*c*) POML (*d*) GEDC

9. AKU : AJS : : CRD : ?
(*a*) BQE (*b*) CQB
(*c*) DSB (*d*) APC

10. ODL : LOD : : PWN : ?
(*a*) WNP (*b*) NWP
(*c*) NPW (*d*) NMP

11. ABC : ZYX : : IJK : ?
(*a*) RST (*b*) RQP
(*c*) RTS (*d*) RPQ

12. ABDH : ZYWS : : EFHL : ?
(*a*) USOV (*b*) VOSU
(*c*) VUSO (*d*) TSUV

13. CIRCLE : RICELC : : SQUARE : ?
(*a*) UQSERA (*b*) QUSERA
(*c*) QSUERA (*d*) UQSAER

14. PSQR : CFED : : JMKL : ?
(*a*) UXVW (*b*) WZYX
(*c*) YVXZ (*d*) YZWX

15. FHJL : VTRP : : MOQS : ?
(*a*) JHFD (*b*) IGFD
(*c*) IGED (*d*) JHED

व्याख्यात्मक उत्तर

1. ***(b)*** **: पहले समूह के अक्षरों को उलटे क्रम में लिखने पर दूसरा अक्षर-समूह प्राप्त होता है।**

GFC : CFG : : RPJ : JPR

2. ***(a)*** **: पहले और दूसरे समूह के तीनों अक्षरों के बीच वर्णमाला के सीधे क्रम में क्रमशः +2, +2 और +1 चरणों का अंतर है।**

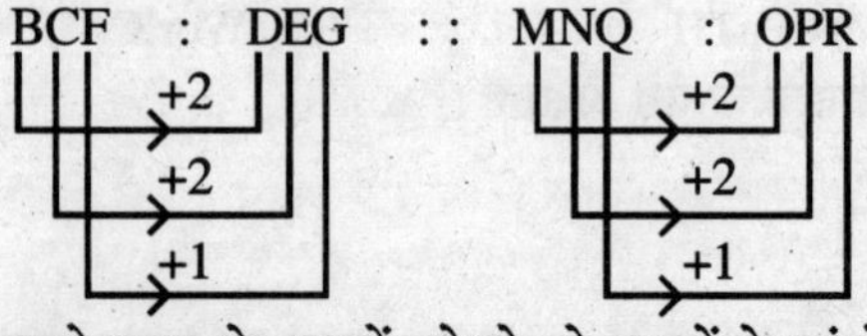

3. ***(d)*** **: पहले समूह के अक्षरों को दो-दो अक्षरों के खंडों में विभाजित करके प्रत्येक खंड के अक्षरों को उल्टे क्रम में लिखने पर दूसरा अक्षर-समूह प्राप्त होता है।**

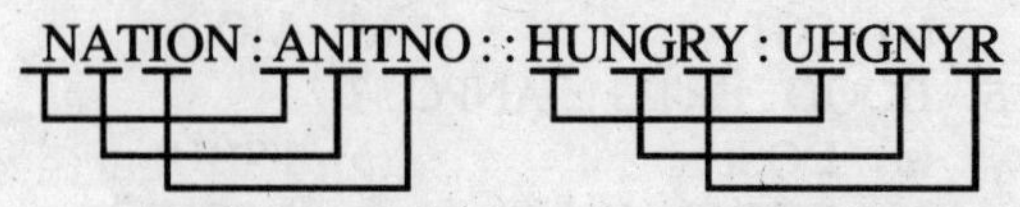

4. ***(a)*** **: पहले और दूसरे समूह के तीनों अक्षरों के बीच वर्णमाला के सीधे क्रम में क्रमशः +5, +4, +3 चरणों का अंतर है।**

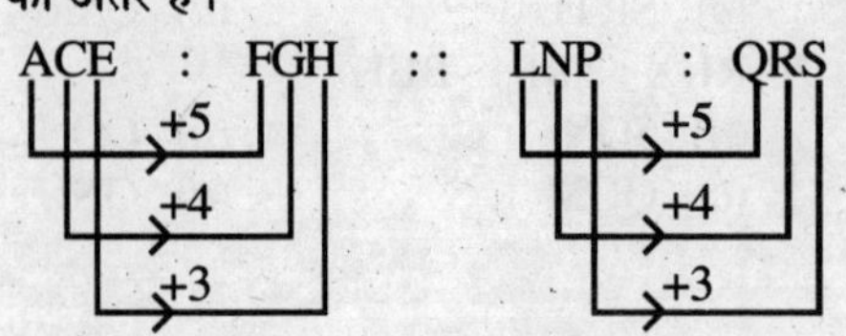

5. ***(a)*** **: प्रत्येक अक्षर समूह में पहले और चौथे अक्षरों के बीच एक अक्षर छूटा हुआ है तथा दूसरे और तीसरे अक्षरों के बीच भी एक अक्षर छूटा हुआ है।**

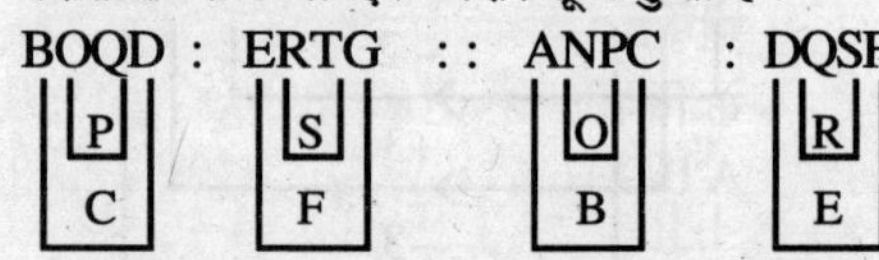

6. ***(a)*** **: प्रत्येक अक्षर समूह में पहले तीन अक्षर क्रमागत हैं और उनके बाद अनुक्रम का आरंभिक चौथा अक्षर लिखा गया है।**

ABCD : RSTU : : JKLM : UVWX

7. ***(c)*** **: पहले समूह के अक्षरों में +3 का और दूसरे समूह के अक्षरों में –2 का अंतर है।**

R U X : T R P : : B E H : Q O M
+3 +3 –2 –2 +3+3 –2 –2

8. ***(b)*** **: पहले अक्षर-समूह के आनुक्रमिक अक्षर वर्णमाला के सीधे क्रम में हैं और दूसरे अक्षर समूह के आनुक्रमिक अक्षर वर्णमाला के उलटे क्रम में हैं।**

BCDE : WVUT : : QRST : JIHG

9. ***(b)*** **: पहले अक्षर समूह के तीन अक्षरों में से पहले अक्षर के स्थान को परिवर्तित किए बिना अन्य दो अक्षरों को वर्णमाला के विपरीत क्रम में क्रमशः –1 और –2 चरण पीछे खिसकाने पर दूसरा अक्षर-समूह प्राप्त होता है।**

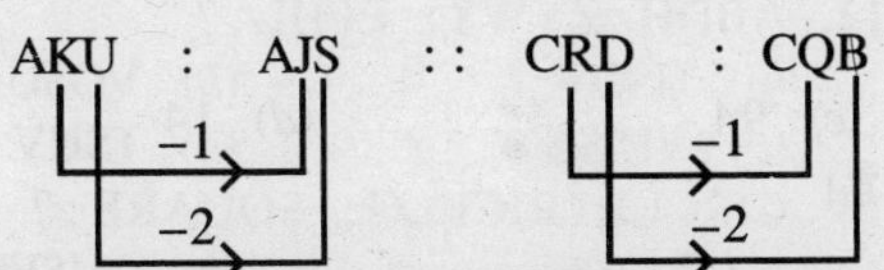

10. *(c)* **:** पहले अक्षर-समूह के पहले और दूसरे अक्षरों को तीसरे अक्षर के बाद रखने पर दूसरा अक्षर समूह प्राप्त होता है।

ODL : LOD :: PWN : NPW

11. *(b)* **:** पहले अक्षर समूह में क्रमागत अक्षर वर्णमाला के सीधे क्रम में हैं और दूसरे अक्षर समूह में अक्षर वर्णमाला के विपरीत क्रम में समस्थानिक अक्षर हैं।

ABC : ZYX :: IJK : RQP

12. *(c)* **:** अक्षर-समूहों में पहले दो अक्षर क्रमागत हैं, दूसरे और तीसरे अक्षरों के बीच एक अक्षर छूटा हुआ है तथा तीसरे और चौथे अक्षरों के बीच तीन अक्षर छूटे हुए हैं। पहले अक्षर-समूह के अक्षर वर्णमाला के सीधे क्रम में और दूसरे अक्षर-समूह के अक्षर वर्णमाला के विपरीत क्रम में हैं।

A B D H : Z Y W S : : E F H L : V U S O

C EFG → ← X VUT → G IJK ← T RQP

13. *(a)* **:** प्रथम अक्षर-समूह को दो बराबर खंडों में विभक्त करके प्रत्येक खंड के अक्षरों को उलटे क्रम में लिखने पर दूसरा अक्षर-समूह प्राप्त होता है।

CIRCLE : RICELC : : SQUARE : UQSERA

14. *(b)* **:** पहले अक्षर-समूह में पहले, तीसरे, चौथे और दूसरे स्थानों पर रखे गए अक्षर क्रमागत हैं। दूसरे अक्षर-समूह में पहले, चौथे, तीसरे और दूसरे स्थानों पर रखे गए अक्षर क्रमागत हैं।

PSQR : CFED : : JMKL : WZYX

15. *(a)* **:** पहले अक्षर समूह में दो अक्षरों के बीच एक अक्षर छूटा हुआ है और ये अक्षर वर्णमाला के सीधे क्रम में है। दूसरे अक्षर समूह में भी दो अक्षरों के बीच एक अक्षर छूटा हुआ है किंतु ये अक्षर वर्णमाला के विपरीत क्रम में हैं।

F H J L : V T R P : : M O Q S : J H F D

G I K → ← U S Q N P R → ← I G E

संख्या सादृश्य (Number Analogy)

संख्या सादृश्य में भी पहले दो दी गई संख्याओं के बीच संबंध स्थापित किया जाता है और तत्पश्चात् इस ज्ञात संबंध को संख्याओं के दूसरे जोड़े पर प्रयुक्त करके उसके लुप्त पद को ज्ञात किया जाता है। संख्याओं के बीच संबंध किसी भी एक पैटर्न पर आधारित हो सकता है, जैसे कि : *(i)* संख्याएं विषम/सम/अभाज्य संख्याएं हो सकती हैं; *(ii)* संख्याएं किसी एक संख्या का गुणज हो सकती हैं; *(iii)* संख्याएं भिन्न-भिन्न संख्याओं का वर्गफल/घनफल हो सकती हैं; *(iv)* दूसरी संख्या प्राप्त करने के लिए पहली संख्या में किसी संख्या को जोड़ा/घटाया/गुणा/ भाग किया जा सकता है; *(v)* दूसरी संख्या पहली संख्या के अंकों का योगफल/गुणनफल/अंतरफल हो सकती है, और *(vi)* दो दी गई संख्याओं के बीच संबंध उपर्युक्त किसी भी गणितीय परिकलनों के संयोजन द्वारा भी ज्ञात किया जा सकता है।

हल किए गए उदाहरण

निर्देश : *निम्नलिखित प्रश्नों में प्रश्न चिह्न (?) के स्थान पर लुप्त पद ज्ञात करें।*

1. 25 : 81 : : 36 : ?

(a) 121 *(b)* 93 *(c)* 65 *(d)* 103

उत्तर *(a)* **:** सभी संख्याएं भिन्न-भिन्न संख्याओं के वर्गफल को सूचित करती हैं।

$$25 : 81 :: 36 : 121$$

$$5^2 \quad 9^2 \quad 6^2 \quad 11^2$$

2. 36 : 18 : : 72 : ?

(*a*) 164 (*b*) 134 (*c*) 94 (*d*) 14

उत्तर (*d*) : दूसरी संख्या पहली संख्या के अंकों का गुणनफल है।

36 : 18 : : 72 : 14

(36 → 18: 3 × 6; 72 → 14: 7 × 2)

अभ्यास

***निर्देश* (प्र.सं. 1–15):** *नीचे के प्रत्येक प्रश्न में चिह्न ': :' के पहले दो संख्याएं दी गई हैं जिनमें आपस में एक संबंध है तथा ': :' चिह्न के बाद में एक तीसरी संख्या दी गई है। दिए गए विकल्पों में से उस संख्या का चयन करें जिसका तीसरी संख्या के साथ वैसा ही संबंध हो जैसा संबंध संख्याओं के पहले जोड़े के बीच है।*

1. 1 : 11 : : 2 : ?
(*a*) 20 (*b*) 22
(*c*) 24 (*d*) 44

2. 18 : 27 : : 22 : ?
(*a*) 42 (*b*) 39
(*c*) 33 (*d*) 54

3. 14 : 20 : : 16 : ?
(*a*) 23 (*b*) 10
(*c*) 48 (*d*) 32

4. 0.16 : 0.0016 : : 1.02 : ?
(*a*) 10.20 (*b*) 0.102
(*c*) 0.0102 (*d*) 1.020

5. 5 : 24 : : 8 : ?
(*a*) 65 (*b*) 63
(*c*) 62 (*d*) 64

6. 65 : 30 : : 44 : ?
(*a*) 79 (*b*) 62
(*c*) 28 (*d*) 16

7. 30 : 42 : : 56 : ?
(*a*) 92 (*b*) 21
(*c*) 38 (*d*) 72

8. 190 : 10 : : 102 : ?
(*a*) 4 (*b*) 7
(*c*) 3 (*d*) 5

9. 6 : 18 : : 4 : ?
(*a*) 2 (*b*) 6
(*c*) 8 (*d*) 16

10. 2 : 11 : : ?
(*a*) 6 : 17 (*b*) 8 : 43
(*c*) 5 : 41 (*d*) 7 : 35

11. 162 : 9 : : 310 : ?
(*a*) 33 (*b*) 27
(*c*) 16 (*d*) 4

12. 411 : 441 : : 755 : ?
(*a*) 705 (*b*) 775
(*c*) 635 (*d*) 665

13. 123 : 149 : : 201 : ?
(*a*) 202 (*b*) 404
(*c*) 401 (*d*) 227

14. 6 : 21 : : 14 : ?
(*a*) 82 (*b*) 75
(*c*) 60 (*d*) 41

15. 31 : 124 : : 103 : ?
(*a*) 98 (*b*) 215
(*c*) 412 (*d*) 517

व्याख्यात्मक उत्तर

1. (*b*) : पहली संख्या के अंक को दो बार लिखने पर दूसरी संख्या प्राप्त होती है।

2. (*c*) : पहले जोड़े की संख्याएं 9 का गुणज हैं और दूसरे जोड़े की संख्याएं 11 का गुणज हैं :

18 : 27 : : 22 : 33
↓ ↓ ↓ ↓
9 × 2 9 × 3 11 × 2 11 × 3

3. (*a*) : संख्याओं के बीच संबंध निम्नवत् है :

14 : 20 : : 16 : 23
↓ ↓ ↓ ↓
7 × 2 (7 × 3) –1 8 × 2 (8 × 3) –1

4. (*c*) : पहली दशमलव संख्या को 100 से भाग करने पर दूसरी दशमलव संख्या प्राप्त होती है :

0.16 : 0.0016 : : 1.02 : 0.0102

(0.16 → 0.0016: ÷ 100; 1.02 → 0.0102: ÷ 100)

5. (b) : पहली संख्या के वर्ग से 1 घटाने पर दूसरी संख्या प्राप्त होती है :

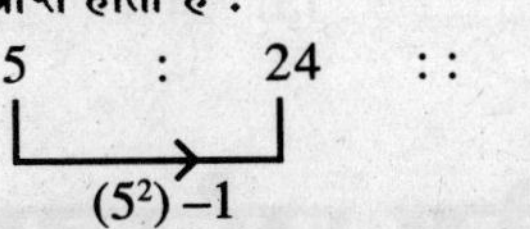

$:: \; 8 : 63$, $(8^2)-1$

6. (d) : दूसरी संख्या पहली संख्या के अंकों का गुणनफल है :

$\frac{65:30}{(6\times5)} :: \frac{44:16}{(4\times4)}$

7. (d) : संख्याएं विभिन्न संख्याओं के वर्ग में उन्हीं संख्याओं को जोड़ने पर प्राप्त होती हैं :

30 : 42 :: 56 : 72

5^2+5 6^2+6 7^2+7 8^2+8

8. (c) : दूसरी संख्या पहली संख्या के अंकों का योगफल है :

$\frac{190 : 10}{(1+9+0)} :: \frac{102 : 3}{(1+0+2)}$

9. (c) : पहली संख्या के वर्ग को 2 से भाग करने पर दूसरी संख्या प्राप्त होती है :

6 : 18 :: 4 : 8

$6^2 \div 2$ $4^2 \div 2$

10. (c) : पहली संख्या दूसरी संख्या के अंकों का योगफल है :

2 : 11 :: 5 : 41

(1 + 1)   (4 + 1)

11. (d) : पहली संख्या के अंकों का योगफल दूसरी संख्या के बराबर है :

12. (b) : जोड़े की पहली संख्या में दूसरे अंक की और दूसरी संख्या में पहले अंक की पुनरावृत्ति होती है :

4<u>11</u> : <u>44</u>1 :: 7<u>55</u> : <u>77</u>5

13. (c) : पहली संख्या के प्रत्येक अंक का वर्ग दूसरी संख्या के संगत स्थान के अंक के बराबर है :

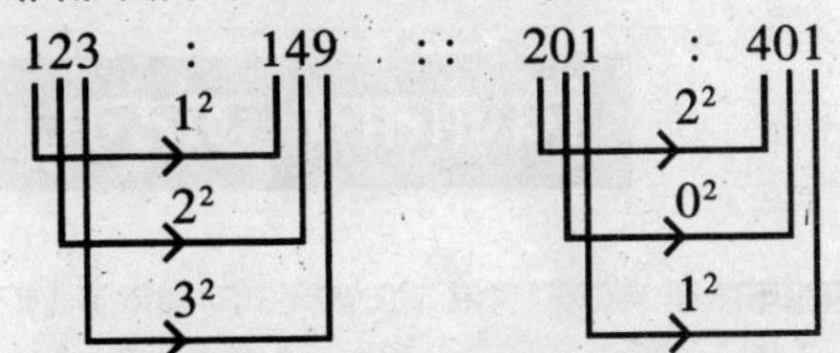

14. (a) : पहली संख्या को 2 से गुणा करके गुणनफल के रूप में प्राप्त संख्या को उलटे क्रम में लिखने पर दूसरी संख्या प्राप्त होती है :

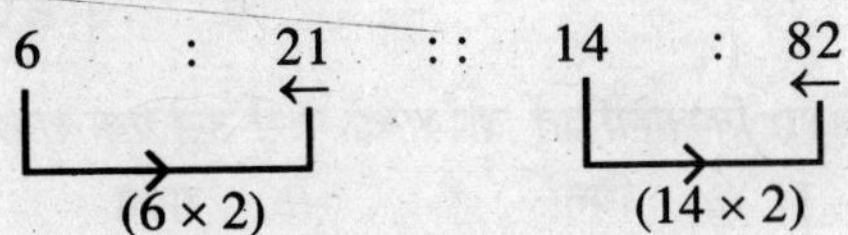

15. (c) : दूसरी संख्या पहली संख्या की चार गुनी है।

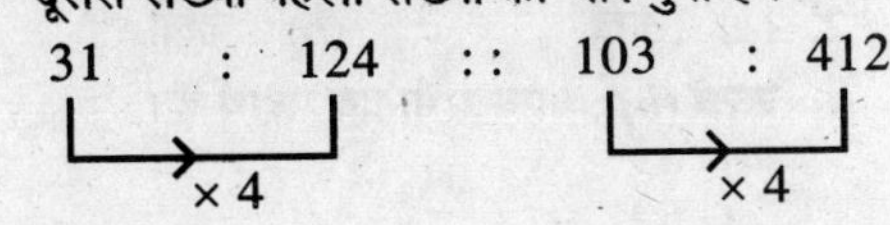

3. वर्गीकरण या विजातीय छांटना (Classification or Odd One Out)

विजातीय छांटना – शब्दों पर आधारित समस्याएं

इस प्रकार के वर्गीकरण में चार शब्द दिए जाते हैं जिनमें से तीन शब्द तथ्य या अर्थ की दृष्टि से या अन्य किसी न किसी रूप में आपस में संबंधित होते हुए एक समूह बनाते हैं जबकि शेष केवल एक शब्द अन्य तीनों से भिन्न होता है। परीक्षार्थी को यह पता लगाना होता है कि वह एक कौन–सा शब्द है जो समूह से संबंधित नहीं है और इस कारण विजातीय है।

हल किए गए उदाहरण

निर्देश: *निम्नलिखित चार शब्दों में से उस एक शब्द का चयन करें जो अन्य तीन से भिन्न है :*

1. (*a*) पिता (*b*) माता (*c*) मित्र (*d*) भाई

उत्तर (*c*) : अन्य सभी के बीच रक्त–संबंध है।

2. (*a*) जल (*b*) जेली (*c*) नींबू शरबत (*d*) कॉफी

उत्तर (*b*) : अन्य सभी द्रव पदार्थ हैं।

अभ्यास

निर्देश (प्र.सं. 1–20): *यहां दिए गए प्रत्येक प्रश्न में तीन शब्द किसी न किसी प्रकार से समान हैं और इस कारण वे एक समूह बनाते हैं जबकि एक शब्द अन्य तीनों से भिन्न है। इस भिन्न या विजातीय शब्द को ज्ञात करें।*

1. (*a*) हरा (*b*) लाल (*c*) रंग (*d*) नारंगी

2. (*a*) अस्तबल (*b*) बिल (*c*) डोंगी (*d*) सुअर–बाड़ा

3. (*a*) बुध (*b*) चंद्रमा (*c*) बृहस्पति (*d*) मंगल

4. (*a*) खुश (*b*) उदास (*c*) प्रसन्नचित्त (*d*) प्रसन्न

5. (*a*) शंकु (*b*) वृत्त (*c*) त्रिभुज (*d*) आयत

6. (*a*) सीसा (*b*) पारद (*c*) तांबा (*d*) लोहा

7. (*a*) पतंग (*b*) चिड़िया (*c*) रेडार (*d*) जेट

8. (*a*) अतिवृष्टि (*b*) अनावृष्टि (*c*) भूस्खलन (*d*) युद्ध

9. (*a*) सिंहशावक (*b*) चूजा (*c*) सूअर (*d*) पिल्ला

10. (*a*) खरगोश (*b*) मगरमच्छ
(*c*) केंचुआ (*d*) घोंघा

11. (*a*) पेड़ (*b*) पत्ता
(*c*) झाड़ी (*d*) शाकीय पौधे

12. (*a*) दुलकना (*b*) घुड़सवारी
(*c*) घुड़दौड़ (*d*) घुरघुराहट

13. (*a*) अलंकृत करना (*b*) रमणीय
(*c*) सजाना (*d*) सुंदर बनाना

14. (*a*) पोलो (*b*) शतरंज
(*c*) लूडो (*d*) स्क्वैश रैकेट्स

15. (*a*) ट्यूटर (*b*) प्रिंसिपल
(*c*) छात्र (*d*) प्रोफेसर

16. (*a*) तालाब (*b*) नदी
(*c*) सरिता (*d*) नाला

17. (*a*) निवेदित भाव (*b*) शुल्क
(*c*) कर (*d*) चुंगी

18. (*a*) जड़ (*b*) पत्तियां
(*c*) शाखा (*d*) फूल

19. (*a*) मुंबई (*b*) चंडीगढ़
(*c*) लखनऊ (*d*) हैदराबाद

20. (*a*) अमर (*b*) उत्कर्ष
(*c*) शाश्वत (*d*) चिरस्थायी

व्याख्यात्मक उत्तर

1. (*c*) : अन्य सभी विभिन्न प्रकार के रंग हैं।

2. (*c*) : डोंगी एक छोटी नाव होती है। अन्य सभी पशु-पक्षियों के निवासस्थलों के नाम हैं।

3. (*b*) : अन्य सभी ग्रहों के नाम हैं।

4. (*b*) : अन्य सभी आनन्द की अनुभूति को अभिव्यक्त करते हैं।

5. (*a*) : अन्य सभी आकृतियाँ द्विविमीय आकृतियाँ हैं।

6. (*b*) : अन्य सभी ठोस धातुएं हैं।

7. (*c*) : अन्य सभी हवा में उड़ने वाली वस्तुएं हैं। रेडार हवा में गमन करने वाली वस्तुओं की पहचान करता है।

8. (*d*) : अन्य सभी प्राकृतिक आपदाएं हैं। केवल युद्ध ही मानव द्वारा मानव समाज के समक्ष प्रस्तुत की जाने वाली एक कृत्रिम आपदा है।

9. (*c*) : अन्य सभी शब्द विभिन्न जंतुओं के शिशुओं के नाम हैं।

10. (*a*) : अन्य सभी रेंगने वाले जंतु हैं।

11. (*b*) : अन्य सभी विभिन्न प्रकार की वनस्पतियां हैं।

12. (*d*) : अन्य सभी घोड़े से संबंधित क्रियाकलाप हैं।

13. (*b*) : अन्य सभी शब्द समानार्थक हैं।

14. (*a*) : अन्य सभी घर के भीतर खेले जाने वाले खेल हैं।

15. (*c*) : अन्य सभी शिक्षा प्रदान करते हैं जबकि छात्र इन सभी से शिक्षा प्राप्त करता है।

16. (*a*) : अन्य सभी में जल प्रवाहित होता है।

17. (*a*) : अन्य सभी विभिन्न प्रकार के कर हैं।

18. (*a*) : अन्य सभी पेड़ के पृथ्वी तल से ऊपर स्थित भाग हैं।

19. (*b*) : अन्य सभी विभिन्न राज्यों की राजधानियों के नाम हैं, किंतु केवल चंडीगढ़ ही दो राज्यों की राजधानी है।

20. (*b*) : अन्य सभी समानार्थक शब्द हैं।

विजातीय छांटना – अक्षरों पर आधारित समस्याएं

इस कोटि के अंतर्गत विकल्प के रूप में चार अक्षर-समूह या अक्षरों की एक श्रृंखला दी जाती है। परीक्षार्थी को इनमें से ऐसे विकल्प का चयन करना होता है जो अन्यों से भिन्न अर्थात् विजातीय हो।

हल किए गए उदाहरण

निर्देश: *निम्नलिखित अक्षर समूहों में से कौन-सा अक्षर समूह भिन्न या विजातीय स्वरूप का है?*

1. (*a*) NOP (*b*) RTU (*c*) JKL (*d*) EFG

उत्तर (*b*) : प्रत्येक समूह में अक्षर क्रमागत हैं, जबकि विकल्प (*b*) के अक्षर–समूह में पहले दो अक्षरों के बीच एक अक्षर 'S' छूटा हुआ है।

2. (*a*) RUX (*b*) CFI (*c*) BDG (*d*) FIL

उत्तर (*c*) : प्रत्येक समूह में अक्षरों के बीच समान संख्या में अक्षर छूटे हुए हैं जबकि विकल्प (*c*) में पहले दो अक्षरों B और D के बीच एक अक्षर और अंतिम दो अक्षरों D और G के बीच दो अक्षर छूटे हुए हैं।

अभ्यास

निर्देश (प्र.सं. 1–15): *नीचे के प्रत्येक प्रश्न में अक्षर समूहों के रूप में चार विकल्प दिए गए हैं जिनमें से तीन में किसी न किसी प्रकार की समानता है और इस कारण वे एक समूह बनाते हैं। उस अक्षर समूह का चयन करें जो समूह से संबंधित नहीं है।*

1. (*a*) ACE (*b*) LOR (*c*) GIK (*d*) VXZ

2. (*a*) TSR (*b*) LKJ (*c*) PQO (*d*) HGF

3. (*a*) EF LM (*b*) KJ SR (*c*) XW HG (*d*) ED YX

4. (*a*) JOPK (*b*) BOPC (*c*) QOPR (*d*) TOPS

5. (*a*) JKkL (*b*) OPpQ (*c*) DEEf (*d*) VWwX

6. (*a*) BdfH (*b*) FHJL (*c*) RTvX (*d*) uVwX

7. (*a*) DFHEG (*b*) TWXUV (*c*) OQSPR (*d*) JLNKM

8. (*a*) MKGA (*b*) PNID (*c*) RPLF (*d*) VTPJ

9. (*a*) ABJNM (*b*) QRTUZ (*c*) IXYOQ (*d*) WGFPO

10. (*a*) EFGH (*b*) IRST (*c*) ULMN (*d*) JKLO

11. (*a*) CFIL (*b*) ABCD (*c*) ACDF (*d*) EFGH

12. (*a*) SPQR (*b*) MKLN (*c*) WUVX (*d*) FDEG

13. (*a*) HK (*b*) DG (*c*) NK (*d*) UX

14. (*a*) KNOS (*b*) QTUY (*c*) DFGJ (*d*) BEFJ

15. (*a*) USNID (*b*) UPKEA (*c*) OMIDB (*d*) VTOJE

व्याख्यात्मक उत्तर

1. (*b*) : शेष सभी अक्षर समूहों में अगला अक्षर अपने पूर्ववर्ती अक्षर से वर्णमाला के सीधे क्रम में 2 अक्षर आगे का है जबकि विकल्प (*b*) के अक्षर समूह में +3 अनुक्रम का पालन होता है।

ABCDE: +2 +2 LMNOPQR: +3 +3

GHIJK: +2 +2 VWXYZ: +2 +2

2. (*c*) : प्रत्येक समूह में अक्षर वर्णमाला के उलटे क्रम में हैं। केवल विकल्प (*c*) में अक्षरों का अनुक्रम बाधित हो रहा है।

3. (*a*) : शेष सभी समूहों में क्रमागत अक्षर वर्णमाला के उलटे क्रम में हैं।

KJ SR; XW HG; ED YX
–1 –1 –1 –1 –1 –1

केवल विकल्प (*a*) में ही क्रमागत अक्षर वर्णमाला के सीधे क्रम में है।

E F: +1 L M: +1

4. (*d*) : यहां दिए गए सभी अक्षर समूहों में बीच में 'OP' अक्षर हैं। विकल्प (*d*) में दोनों किनारों पर स्थित अक्षर वर्णमाला के उलटे क्रम में हैं, अर्थात्

TOPS
−1

जबकि शेष सभी अक्षर समूहों में दोनों किनारों पर स्थित अक्षर वर्णमाला के सीधे क्रम में हैं।

JOPK ; BOPC ; QOPR
+1 +1 +1

5. ***(c)*** **:** शेष समूहों में तीसरे अक्षर के रूप में दूसरे अक्षर की पुनरावृत्ति की गई है और उसे अंग्रेजी वर्णमाला के छोटे अक्षर के रूप में लिखा गया है जबकि विकल्प (*c*) के तीसरे अक्षर के रूप में दूसरे अक्षर की पुनरावृत्ति तो की जाती है किंतु उसे अंग्रेजी वर्णमाला के बड़े अक्षर के रूप में लिखा जाता है।

6. ***(d)*** **:** शेष समूहों में अंग्रेजी वर्णमाला के अक्षर चाहे छोटे हों या बड़े, किंतु दूसरे, तीसरे और चौथे स्थान पर स्थित अक्षर अपने पूर्ववर्ती अक्षरों से वर्णमाला के सीधे क्रम में 2 अक्षर आगे के हैं, अर्थात्

B D f H ; F H J L ; R T v X
+2 +2 +2 ; +2 +2+2 ; +2 +2 +2

केवल विकल्प (*d*) में अक्षर वर्णमाला के सहज क्रम (+1) में हैं, अर्थात्

u V w X
+1 +1 +1

7. ***(b)*** **:** शेष समूहों में पहले, चौथे, दूसरे, पांचवें और तीसरे स्थानों पर स्थित अक्षरों से वर्णमाला का सीधा अनुक्रम बनता है।

विकल्प (*b*), में पहले, चौथे, पांचवें, दूसरे और तीसरे स्थानों पर स्थित अक्षरों के मेल से वर्णमाला का सीधा अनुक्रम बनता है।

8. ***(b)*** **:** शेष समूहों में अक्षरों का अनुक्रम −2, −4, −6 के पैटर्न का पालन करता है, अर्थात्

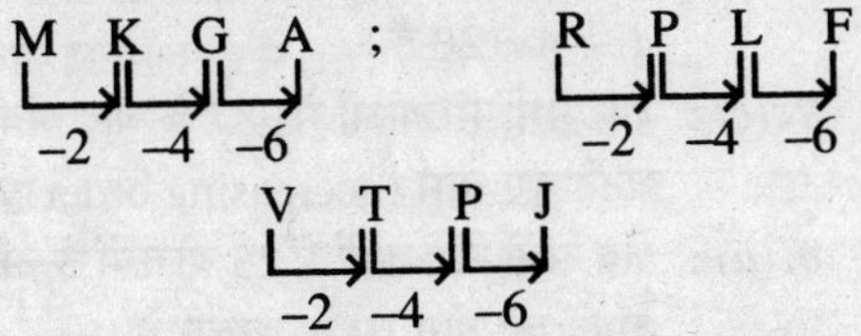

विकल्प (*b*) में अनुक्रम का निम्नलिखित पैटर्न है :

P N I D
−2 −5 −5

अत: सही पैटर्न होना चाहिए → P N J D
−2 −4 −6

9. ***(c)*** **:** शेष समूहों में कम से कम दो जोड़े अक्षर वर्णमाला के क्रम में हैं, अर्थात्

ABJNM ; QRTUZ ; WGFPO

विकल्प (*c*) में केवल एक जोड़ा अक्षर-ही वर्णमाला के क्रम में है।

IXYOQ

10. ***(d)*** **:** शेष समूहों में पहला अक्षर 'स्वर' है जिसके बाद तीन क्रमागत अक्षर लिखे गए हैं।

11. ***(c)*** **:** शेष समूहों में क्रमागत अक्षरों के बीच समान संख्या में अक्षर छूटे हुए हैं।

C F I L ; A B C D ; E F G H
+3 +3 +3 ; +1 +1 +1 ; +1 +1 +1

विकल्प (*c*) में निम्नलिखित पैटर्न है :

A C D F
+2 +1 +2

12. ***(a)*** **:** शेष समूहों में दूसरे, तीसरे, पहले और अंतिम स्थान पर स्थित अक्षरों से वर्णमाला का सीधा क्रम प्राप्त होता है। विकल्प (*a*) में दूसरे, तीसरे, चौथे और पहले स्थान पर स्थित अक्षर वर्णमाला के सीधे क्रम में है।

13. ***(c)*** **:** अन्य सभी समूहों में दो क्रमागत अक्षरों के बीच दो अक्षर छूटे हुए हैं और ये वर्णमाला के सीधे क्रम में हैं। विकल्प (*c*) में अक्षर वर्णमाला के उलटे क्रम में हैं।

14. ***(c)*** **:** शेष समूहों में अक्षरों के बीच +3, +1, +4 का पैटर्न है, अर्थात्

K N O S ; Q T U Y ; B E F J
+3 +1 +4 ; +3 +1 +4 ; +3 +1 +4

विकल्प (*c*) में अनुक्रम बाधित है।

D F G J
+2 +1 +3

15. ***(b)*** **:** शेष समूहों में दो-दो 'स्वर' (vowels) हैं जबकि विकल्प (*b*) में तीन स्वर हैं।

विजातीय छांटना – संख्याओं पर आधारित समस्याएं

इस प्रकार के वर्गीकरण में विकल्पों के रूप में विभिन्न संख्याएं दी जाती हैं। इन संख्याओं में से एक को छोड़कर जो अन्य से भिन्न होती है, शेष किसी न किसी रूप में आपस में संबंधित होती हैं और इस प्रकार एक समूह बनाती हैं। परीक्षार्थी को दी गई संख्याओं में यह समानता ज्ञात करनी होती है और तत्पश्चात् समूह से भिन्न संख्या का चयन करना होता है। विकल्पों के रूप में दी गई संख्याएं विषम/सम/क्रमागत संख्याएं, अभाज्य संख्याएं, किसी संख्या का गुणज, एक अंकीय, विभिन्न संख्याओं का वर्ग या घन, किसी अन्य संख्या का जोड़/घटा या किसी भी गणितीय परिकलन का संयोजन हो सकती है।

हल किए गए उदाहरण

निर्देश: *दिए गए विकल्पों में विषम संख्या ज्ञात करें।*

1. (*a*) 62 (*b*) 121 (*c*) 36 (*d*) 256

उत्तर (*a*) : अन्य संख्याएं क्रमशः 11, 6 और 16 के वर्ग द्वारा सूचित होती हैं।

2. (*a*) 27 (*b*) 132 (*c*) 93 (*d*) 154

उत्तर (*d*) : शेष संख्याएं 3 से विभाज्य हैं।

अभ्यास

निर्देश (प्र.सं. 1–8): *यहां प्रत्येक प्रश्न में चार विकल्प दिए गए हैं जिनमें से तीन किसी न किसी रूप में आपस में संबंधित होते हुए एक समूह बनाते हैं, जबकि शेष एक संख्या अन्य से भिन्न है। उस भिन्न संख्या का चयन करें जो समूह से संबंधित नहीं है।*

1. (*a*) 1948 (*b*) 2401 (*c*) 966 (*d*) 1449

2. (*a*) 182 (*b*) 169 (*c*) 130 (*d*) 158

3. (*a*) 3215 (*b*) 9309 (*c*) 4721 (*d*) 2850

4. (*a*) 1776 (*b*) 2364 (*c*) 1976 (*d*) 3776

5. (*a*) 7658 (*b*) 1234 (*c*) 9876 (*d*) 6543

6. (*a*) 18 (*b*) 12 (*c*) 30 (*d*) 20

7. (*a*) 9875432 (*b*) 98765 (*c*) 98756 (*d*) 9876543

8. (*a*) 5243 (*b*) 9251 (*c*) 4256 (*d*) 3257

व्याख्यात्मक उत्तर

1. (*a*) : शेष संख्याएं 7 से विभाज्य हैं।

2. (*d*) : शेष संख्याएं 13 का गुणज हैं।

3. (*b*) : शेष संख्याओं में किसी भी अंक का दो बार प्रयोग नहीं किया गया है।

4. (*b*) : शेष संख्याओं में आखिरी दो अंक एक से हैं।

5. (*a*) : शेष संख्याओं में उनके अंक गिनती के सीधे या उलटे क्रम में क्रमागत (निरंतर) हैं।

6. (*a*) : शेष सभी संख्याएं $3^2 + 3 = 12, 5^2 + 5 = 30, 4^2 + 4 = 20$ हैं।

7. (*c*) : शेष सभी संख्याओं में 987 के बाद अंक अवरोही या घटते हुए क्रम (decreasing order) में हैं।

8. (*a*) : शेष सभी संख्याओं में 25 बीच में है और सिरे के दो अंकों का योग 10 के बराबर है।

4. सांकेतिक भाषा परीक्षण
(Coding and Decoding)

भाग-I

कूटलेखन या 'कोडिंग' संवाद-संप्रेषण की एक प्रक्रिया है जिसमें एक गुप्त भाषा का प्रयोग वास्तविक तथ्यों शब्दों/मूल्यों की अभिव्यक्ति या प्रस्तुतिकरण को एक ऐसी भाषा में परिवर्तित करने के लिए किया जाता है जिसे संवाद के प्रेषक और प्राप्तकर्ता के अतिरिक्त कोई तीसरा व्यक्ति समझ न सके। कूटभाषा में लिखने के लिए *(i)* शब्दों के अक्षरों के स्थान पर वर्णमाला के सीधे उलटे क्रम में एक या एकाधिक स्थान आगे या पीछे के अक्षरों को लिखा जाता है; *(ii)* अक्षरों के स्थान पर संख्याओं को या संख्याओं के स्थान पर अक्षरों को लिखा जाता है; *(iii)* दिए गए शब्द के कुछ या सभी अक्षरों को उलटे क्रम में लिखा जाता है; और *(iv)* शब्द के अक्षरों के स्थान पर वर्णमाला के उलटे क्रम में समस्थानिक अक्षरों को लिखा जाता है।

वर्णमाला को सीधे क्रम में लिखने पर प्राप्त शृंखला :

A B C D E F G H I J K L M N O P Q R S T U V W X Y Z

A ↓ प्रथम अक्षर; E ↓ पांचवां अक्षर; J ↓ दसवां अक्षर; O ↓ पंद्रहवां अक्षर; T ↓ बीसवां अक्षर; Y ↓ पच्चीसवां अक्षर

वर्णमाला को उलटे क्रम में लिखने पर प्राप्त शृंखला :

Z Y X W V U T S R Q P O N M L K J I H G F E D C B A

Z ↓ प्रथम अक्षर; V ↓ पांचवां अक्षर; Q ↓ दसवां अक्षर; L ↓ पंद्रहवां अक्षर; G ↓ बीसवां अक्षर; B ↓ पच्चीसवां अक्षर

टिप्पणी: Z पर पहुंचने के पश्चात् शृंखला A से पुनः शुरू होती है और A पर पहुंचने के पश्चात् शृंखला Z से पुनः शुरू होती है।

हल किए गए उदाहरण

1. यदि एक विशेष प्रकार की कूट भाषा में शब्द FACE को GBDF की तरह लिखा जाता हो तो इसी कूट भाषा में BADE को कैसे लिखा जाएगा?

(*a*) CBEF (*b*) CEBF (*c*) CFBE (*d*) CBFE

उत्तर *(a)* : शब्द के अक्षरों को वर्णमाला के सीधे क्रम में एक चरण आगे का अक्षर लिखकर कूटबद्ध किया गया है।

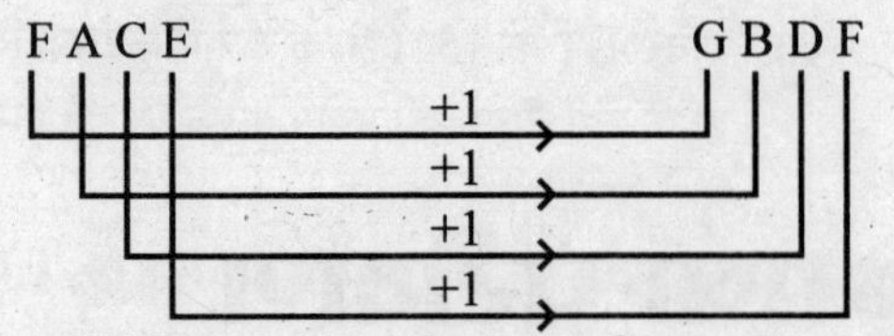

इसी प्रकार,

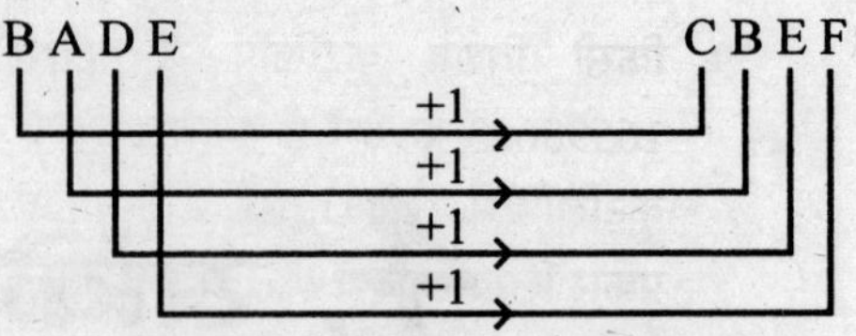

2. यदि किसी कूटभाषा में RESULT को 798206 लिखा गया हो तो उसी कूटभाषा में LET किस प्रकार लिखा जाएगा ?

(*a*) 680 (*b*) 092 (*c*) 096 (*d*) 086

उत्तर (*c*) : अक्षरों को संख्याओं द्वारा कूटबद्ध किया गया है। दिए गए शब्द को कूटबद्ध करने के लिए संबंधित कूट संख्याएं ज्ञात करें।

R E S U L T → अक्षर
7 9 8 2 0 6 → कूट

अत: LET के लिए कूट संख्याएं निम्नवत् होगी :

L E T → अक्षर
0 9 6 → कूट

अभ्यास

निर्देश (प्र.सं. 1–10): *निम्नलिखित प्रश्नों में दिए गए शब्दों या अक्षरों के लिए इंगित कूटभाषा के शब्द या अक्षर ज्ञात करें।*

1. यदि किसी कूट भाषा में CHAIR को FKDLU के रूप में लिखा जाए तो उसी कूटभाषा में RAID शब्द को किस प्रकार लिखा जाएगा ?

(*a*) ULGD (*b*) ULKG
(*c*) ULDG (*d*) UDLG

2. यदि किसी कूटभाषा में CONDEMN को CNODMEN लिखा जाता है तो उसी कूटभाषा में TEACHER को कैसे लिखा जाएगा ?

(*a*) TEACHER (*b*) TAEECHR
(*c*) TCAEEHR (*d*) TAECEHR

3. किसी कूटभाषा में COME को XLNV और ABLE को ZYOV लिखा जाता है। इसी कूटभाषा में MOLLY किस प्रकार लिखा जाएगा ?

(*a*) NLOBO (*b*) NLBOO
(*c*) LNOOB (*d*) NLOOB

4. यदि किसी कूटभाषा में ACTION को ZXGRLM लिखा जाता हो तो उसी कूटभाषा में HEALTH को कैसे लिखा जाएगा ?

(*a*) SVZOGS (*b*) TVZOGT
(*c*) RUZPGR (*d*) QVGOZQ

5. यदि किसी विशेष कूटभाषा में EARTHQUAKE को MOGPENJOSM के रूप में लिखा जाता हो तो उसी कूटभाषा में EQUATE निम्नलिखित में से किस प्रकार लिखा जाएगा ?

(*a*) MENOPM (*b*) MENOMP
(*c*) MJOGPM (*d*) MNJOPM

6. किसी विशेष सांकेतिक भाषा में COUNTRY शब्द को EMWLVPA के रूप में कूटबद्ध किया जाता है। इसी विशेष भाषा में ELECTORATE किस रूप में लिखा जाएगा ?

(*a*) CJCEVQPYWC (*b*) GJGERQTYVG
(*c*) CNCERQPCRG (*d*) GJGAVMTYVC

7. यदि PHILOSOPHY को HPLISOPOYH लिखा जाता हो तो ORNAMENTAL कैसे लिखा जाएगा ?

(*a*) ROANEMNTLA
(*b*) ONRAMNEALT
(*c*) ROANEMTNLA
(*d*) ROANEMNATL

8. यदि किसी कूटभाषा में लिखे गए शब्द OPFGBCST का अर्थवाचन NEAR के रूप में किया जाता हो तो उसी कूटभाषा में कूटबद्ध IJVWHI का अर्थ निम्नलिखित में से क्या होगा ?

(*a*) HAG (*b*) HUG
(*c*) HUT (*d*) KEG

9. किसी विशेष कूटलिपि में PUNCTUAL को 16598623 के रूप में कूटबद्ध किया जाता है। इसी कूटलिपि में ACTUPULN निम्नलिखित में से किस प्रकार लिखा जाएगा?

(*a*) 29861653 (*b*) 29861635
(*c*) 28916135 (*d*) 29851536

10. यदि OUT को 152120 के रूप में कूटबद्ध किया जाता हो तो इसी नियम का प्रयोग करके IN को निम्नलिखित में से कैसे लिखा जाएगा?

(*a*) 1015 (*b*) 819
(*c*) 1813 (*d*) 914

व्याख्यात्मक उत्तर

1. (*d*) : शब्द को कूटबद्ध करने के लिए उसके अक्षरों से वर्ण-माला के क्रम में +3 चरण आगे के अक्षर लिए गए हैं।

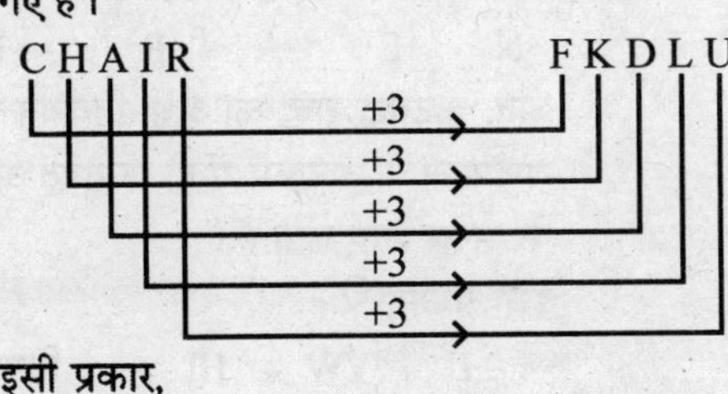

इसी प्रकार,

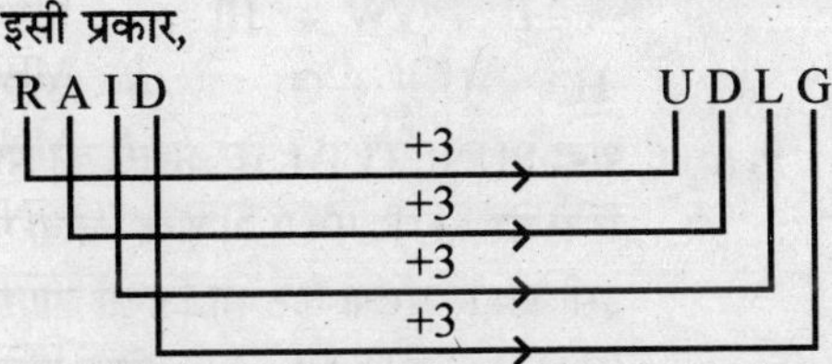

2. (*d*) : इस शब्द में दूसरे और तीसरे अक्षर एक दूसरे के स्थान पर आ जाते हैं और पांचवे और छठे अक्षरों द्वारा भी इसी नियम का पालन किया जाता है। शेष अक्षरों का स्थान अपरिवर्तित रहता है।

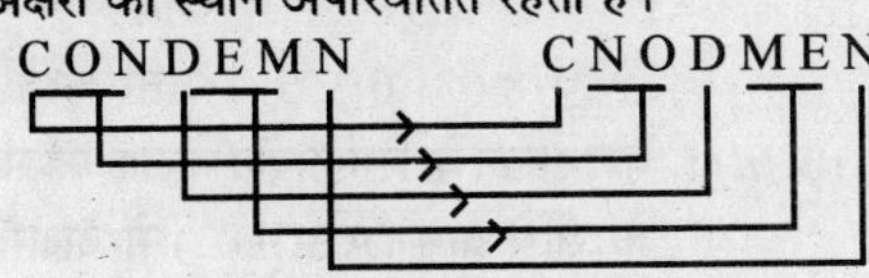

इसी प्रकार,

3. (*d*) : शब्द के अक्षरों को कूटबद्ध करने के लिए वर्णमाला के उलटे क्रम में समान स्थान वाले अक्षरों को लिया गया है।

C O M E → वर्णमाला के सीधे क्रम में अक्षर

X L N V → वर्णमाला के उलटे क्रम में समान स्थान वाले अक्षर

↓ ↓ ↓ ↓

3रा 15वां 13वां 5वां → वर्णमाला में अक्षरों का स्थान

A B L E → वर्णमाला के सीधे क्रम में अक्षर

Z Y O V → वर्णमाला के उलटे क्रम में समान स्थान वाले अक्षर

↓ ↓ ↓ ↓

1ला 2रा 12वां 5वां → वर्णमाला के अक्षरों का स्थान

इसी प्रकार,

M O L L Y → वर्णमाला के सीधे क्रम में अक्षर

N L O O B → वर्णमाला के उलटे क्रम में समान स्थान वाले अक्षर

↓ ↓ ↓ ↓ ↓

13वां 15वां 12वां 12वां 25वां → वर्णमाला में अक्षरों का स्थान

4. (*a*) : शब्द के अक्षरों को कूटबद्ध करने के लिए वर्णमाला के उलटे क्रम में समान स्थान वाले अक्षरों को लिया गया है।

A C T I O N → वर्णमाला के सीधे क्रम में अक्षर

Z X G R L M → वर्णमाला के उलटे क्रम में समान स्थान वाले अक्षर

↓ ↓ ↓ ↓ ↓ ↓

1ला 3रा 20वां 9वां 15वां 14वां वर्णमाला में अक्षरों का स्थान

इसी प्रकार,

H E A L T H → वर्णमाला के क्रम में अक्षर

S V Z O G S → वर्णमाला के उलटे क्रम में समान स्थान वाले अक्षर

8वां 5वां 1ला 12वां 20वां 8वां → वर्णमाला में अक्षरों का स्थान

5. *(d)* : EQUATE शब्द के अक्षर EARTHQUAKE शब्द से लिए गए हैं।

उत्तर कूट प्राप्त करने के लिए कूटबद्ध शब्द से अक्षरों का मिलान करें।

E A R T H Q U A K E → अक्षर

M O G P E N J O S M → कूट

E QUA T E→ कूटबद्ध किए जाने वाले अक्षर

M N J O PM→ उत्तर कूट

6. *(d)* : शब्द को कूटबद्ध करने के लिए शब्द के अक्षरों से वर्णमाला के क्रम में क्रमश: 2 चरण आगे और दो चरण पीछे के अक्षर लिए गए हैं।

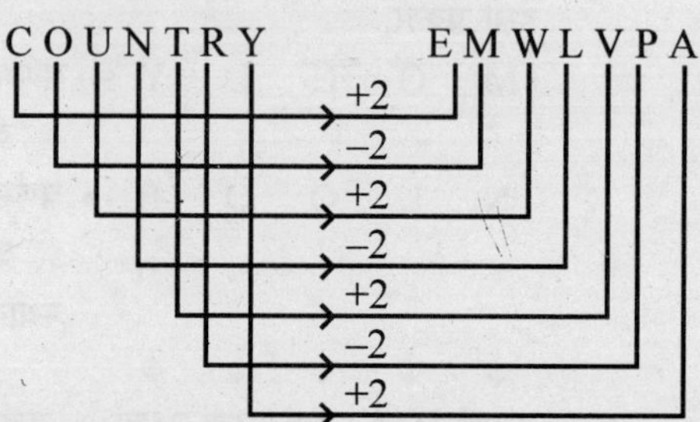

इसी प्रकार,

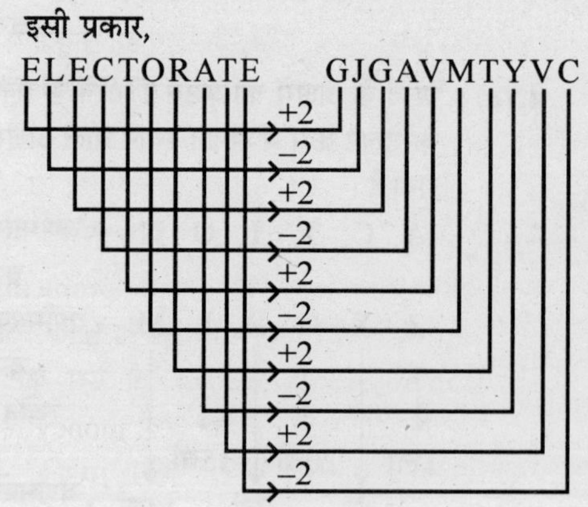

7. *(c)* : शब्द को कूटबद्ध करने के लिए उसके दो क्रमागत अक्षरों को एक दूसरे के स्थान पर लिखा जाता है।

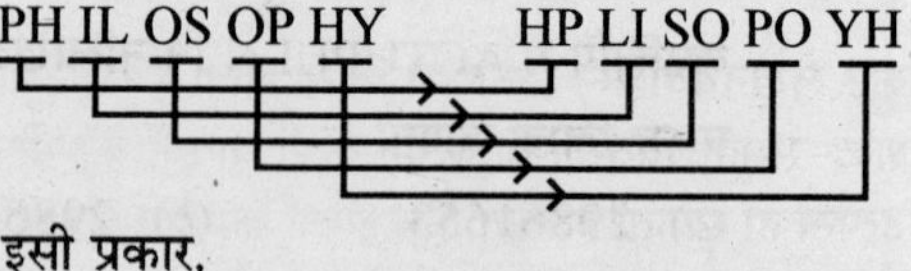

इसी प्रकार,

8. *(b)* : कूटबद्ध शब्द का अर्थ-निर्वचन निम्नलिखित रूप में किया गया है :

↓ OP ↓ FG ↓ BC ↓ ST →कूट

N E A R →दिया गया शब्द

अत: कूटबद्ध शब्द का अर्थ-निर्वचन करने के लिए वर्णमाला के अनुक्रम में दो क्रमागत अक्षरों से पहले के अक्षर लिए जाते हैं।

इसी प्रकार,

↓ IJ ↓ VW ↓ HI → दिया गया शब्द

H U G → उत्तर शब्द

9. *(b)* : शब्द PUNCTUAL के अक्षरों को यादृच्छिक क्रम में लेकर ACTUPULN शब्द लिखा गया है। इसी प्रकार संख्या कूट भी लिखा जाएगा

P U N C T U A L → दिया गया शब्द

1 6 5 9 8 6 2 3 → कूट

इसी प्रकार,

A C T U P U L N → कूटबद्ध किया जाने वाला शब्द

2 9 8 6 1 6 3 5→ उत्तर कोड

10. *(d)* : कूट लेखन के लिए प्रयोग में लाई गई संख्याएं वर्णमाला के सीधे क्रम (ABCD...) में अक्षरों के स्थान को सूचित करती है।

O U T → OUT

↓ ↓ ↓

15वां 21वां 20वां → 152120

इसी प्रकार,

I N → IN

↓ ↓

9वां 14वां → 914

भाग-II

कूट लेखन विभिन्न प्रकार से किया जाता है। कूटभाषा का प्रयोग न केवल शब्दों और संख्याओं के लिए किया जाता है बल्कि किसी शब्द–समूह, विवरण या कभी–कभी वाक्यों को भी कूटभाषा द्वारा संप्रेषित किया जाता है। इस प्रकार की कूटभाषा से भ्रम की स्थिति उत्पन्न हो सकती है किंतु कुछ प्रश्नों को हल कर लेने के बाद ऐसी कूटभाषा को समझना और हल करना अत्यंत सरल हो जाता है। इस प्रकार की कूटभाषा पर आधारित प्रश्नों को हल करने के लिए अक्षरों को गिनने या छोड़ने अथवा गणितीय परिकलनों की श्रमसाध्य प्रक्रिया को अपनाने की आवश्यकता नहीं होती बल्कि इनके लिए तेजी से मिलान करने या सादृश्यता स्थापित करने की क्षमता ही अपेक्षित होती है। कूट के रूप में अक्षरों या संख्याओं का प्रयोग किया जा सकता है।

हल किए गए उदाहरण

1. यदि किसी कूटभाषा में 'ra mei ket' का अर्थ है 'he is rich'; 'rui pha jeu' का अर्थ है 'run for money'; और 'pha rui ket' का अर्थ है 'money for rich' उस कूटभाषा में 'rich' के लिए निम्नलिखित में से किस कूट का प्रयोग किया गया है?

(*a*) ra (*b*) pha (*c*) ket (*d*) jeu

उत्तर (*c*) : दी गई जानकारी है :

कूट	वाक्य
1. ra mei *ket*	he is *rich*
2. rui pha jeu	run for money
3. pha rui *ket*	money for *rich*

कूटों और वाक्यों की तुलना करने पर यह स्पष्ट होता है कि वाक्य 1 और 3 दोनों में 'rich' शब्द है और दोनों ही वाक्यों में इसके लिए 'ket' शब्द का प्रयोग किया गया है।

2. यदि किसी कूटभाषा में 'ni ra ge' का अर्थ है 'who are you'; 'boi wo dur' का अर्थ है 'going far away'; और 'wo ge chi' का अर्थ है 'you went away' तो उस कूटभाषा में 'went' के लिए निम्नलिखित में से किस कूट का प्रयोग किया गया है?

(*a*) ra (*b*) chi (*c*) wo (*d*) boi

उत्तर (*b*) : दी गई सूचना है :

कूट	वाक्य
1. ni ra *ge*	who are *you*
2. boi *wo* dur	going far *away*
3. *wo ge* **chi**	*you* **went** *away*

'went' शब्द केवल तीसरे वाक्य में है। 'you' शब्द पहले और तीसरे दोनों वाक्यों में है जिसके लिए इन वाक्यों में 'ge' कूट का प्रयोग किया गया है। शब्द 'away' दूसरे और तीसरे दोनों वाक्यों में है जिसके लिए 'wo' कूट का प्रयोग किया गया है। एकमात्र 'chi' कूट ही ऐसा बचता है जिसका अर्थ 'went' है।

अभ्यास

निर्देश (प्र.सं. 1–10): *नीचे के प्रत्येक प्रश्न में कूटलेखन के पैटर्न को ध्यान से देखें और दिए गए विकल्पों में से सही उत्तर का चयन करें।*

1. यदि किसी कूटभाषा में (a) 'go ju mi' का अर्थ है 'plenty of money'; (b) pao ju go nei vu' का अर्थ है 'money creates lots of problems'; (c) 'kol vu nei' का अर्थ है 'problems create tension'; और (d) 'sol tun ju haw' का अर्थ है 'still money is needed' तो उस कूट भाषा में निम्नलिखित में से किसका अर्थ 'money' है?

(*a*) nei (*b*) ju

(*c*) haw (*d*) go

2. किसी कूटभाषा में (a) 'FOR' का अर्थ है 'old is gold'; (b) 'ROT' का अर्थ है 'gold is pure'; (c) 'ROM' का अर्थ है 'gold is costly'। इसी कूटभाषा में 'pure old gold is costly' कैसे लिखा जाएगा?

(*a*) TFROM (*b*) FOTRM
(*c*) FTORM (*d*) TOMRF

3. यदि किसी कूटभाषा में '415' का अर्थ है 'milk is hot'; '18' का अर्थ है 'hot soup'; और '895' का अर्थ है 'soup is tasty' तो उसी कूटभाषा में 'tasty' शब्द किस संख्या द्वारा निरूपित होगा?

(*a*) 9 (*b*) 8
(*c*) 5 (*d*) 4

4. यदि किसी कूटभाषा में '643' का अर्थ है 'she is beautiful', '593' का अर्थ है 'he is handsome', और '567' का अर्थ है 'handsome meets beautiful' तो उसी कूटभाषा में 'meets' शब्द निम्नलिखित में से किस संख्या द्वारा सूचित होगा?

(*a*) 5 (*b*) 3
(*c*) 7 (*d*) 6

5. किसी कूटभाषा में (a) 'dugo hui mul zo' का अर्थ है 'work is very hard'; (b) 'hui dugo ba ki' का अर्थ है 'Bingo is very smart'; (c) 'nano mul dugo' का अर्थ है 'cake is hard', और (d) 'mul ki qu' का अर्थ है 'smart and hard' इस कूट भाषा में 'Bingo' के लिए किस कूटशब्द का प्रयोग किया गया है?

(*a*) jalu (*b*) dugo
(*c*) ki (*d*) ba

6. किसी कूटभाषा में (a) 'pic vic nic' का अर्थ है 'winter is cold'; (b) 'to nic re' का अर्थ है 'summer is hot'; (c) 're pic boo' का अर्थ है 'winter and summer' और (d) 'vic tho pa' का अर्थ है 'nights are cold' इस कूटभाषा में 'summer' के लिए किस कूटशब्द का प्रयोग किया जाता है?

(*a*) nic (*b*) boo
(*c*) to (*d*) re

7. किसी कूटभाषा में (a) 'mx das sci' का अर्थ है 'good little frock'; (b) 'jm coz sci' का अर्थ है 'girl behaves good'; (c) 'ngv drs coz' का अर्थ है 'girl makes mischief'; और (d) 'das gp coz' का अर्थ है 'little girl fell' इस कूटभाषा में 'frock' के लिए किस कूट शब्द का प्रयोग किया गया है?

(*a*) mx (*b*) das
(*c*) sci (*d*) gp

8. किसी कूटभाषा में 'mu mit es' का अर्थ है 'who is she' और 'elb mu es' का अर्थ है 'where is she' इस कूटभाषा में 'where' के लिए किस कूटशब्द का प्रयोग किया जाता है?

(*a*) es (*b*) elb
(*c*) mu (*d*) mit

9. किसी कूटभाषा में '069' का अर्थ है 'grapes are sweet', '476' का अर्थ है 'very sweet fruit' और '509' का अर्थ है 'grapes are ripe'। इस कूटभाषा में निम्नलिखित में से किस अंक से 'ripe' शब्द सूचित होता है?

(*a*) 0 (*b*) 5
(*c*) 9 (*d*) 7

10. किसी कूटभाषा में 'roi ja kyo twa' का अर्थ है 'Moody is writing letters', 'pok ju ja twa' का अर्थ है 'Woody is writing cards', 'trn kyo pos un' का अर्थ है 'they are writing letters', और 'koi rus pok' का अर्थ है 'gifts and cards'। इसी कूटभाषा में 'Moody' के लिए किस कूटशब्द का प्रयोग किया गया है?

(*a*) ja (*b*) twa
(*c*) roi (*d*) kyo

व्याख्यात्मक उत्तर

1. *(b)*:

	कूट	वाक्य
1.	go *ju* mi	plenty of *money*
2.	pao *ju* go nei vu	*money* creates lots of problems
3.	kol vu nei	problems create tension
4.	sol tun *ju* haw	still *money* is needed

ऊपर के पहले, दूसरे और चौथे कूटों और संबंधित वाक्यों में 'ju' शब्द और उसके लिए 'money' शब्द लिखा गया है।

2. (a) :

	कूट	वाक्य
1.	FOR	old is gold
2.	ROT	gold is pure
3.	ROM	gold is costly

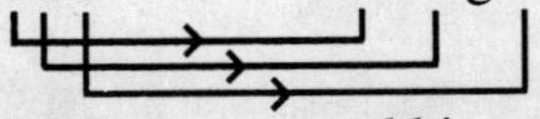

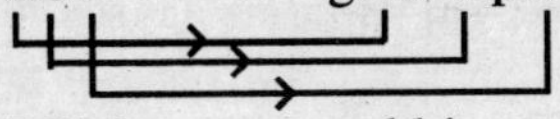

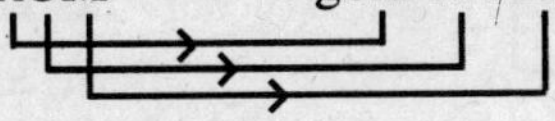

अतः,

F का अर्थ है old
O का अर्थ है is
R का अर्थ है gold
T का अर्थ है pure
M का अर्थ है costly

अतः 'pure old gold is costly' को 'TFROM' द्वारा व्यक्त किया जाएगा।

3. (a) :

कूट	वाक्य
1. 415	milk is hot
2. 18	hot soup
3. 895	soup is *tasty*

तीसरे कूट और उससे संबंधित वाक्य में दी गई न तो संख्या '9' और न ही शब्द 'tasty' को किसी अन्य कूट और वाक्य में दोहराया गया है।

4. (c) :

कूट	वाक्य
1. 643	she is beautiful
2. 593	he is handsome
3. 567	handsome *meets* beautiful

तीसरे कूट और उससे संबंधित वाक्य में दी गई न तो संख्या '7' और न ही शब्द 'meets' को किसी अन्य कूट और वाक्य में दोहराया गया है।

5. (d) :

कूट	वाक्य
1. *dugo hui* mul zo	work *is very* hard
2. *hui dugo* **ba** *ki*	**Bingo** *is very smart*
3. nano mul *dugo*	cake is *hard*
4. mul *ki* qu	*smart* and hard

दूसरे कूट और संबंधित वाक्य में निहित न तो 'ba' और न ही अर्थ शब्द 'Bingo' की पुनरावृत्ति होती है।

(जिन शब्दों की पुनरावृत्ति होती है उन्हें तिरछे अक्षरों में लिखा गया है)

6. (d) :

कूट	वाक्य
1. pic vic nic	winter is cold
2. to nic *re*	*summer* is hot
3. *re* pic boo	winter and *summer*
4. vic tho pa	nights are cold

शब्द 'summer' और कूट 're' की दूसरे और तीसरे वाक्यों में पुनरावृत्ति होती है।

7. (a) :

कूट	वाक्य
1. **mx** *das sci*	*good little* **frock**
2. jm coz *sci*	girl behaves *good*
3. ngv drs coz	girl makes mischief
4. *das* gp coz	*little* girl fell

शब्द 'frock' केवल पहले वाक्य में है। कूट शब्द 'das' को चौथे वाक्य में और 'sci' को दूसरे वाक्य में दोहराया गया है। अतः स्पष्ट है कि 'frock' के लिए कूट शब्द 'mx' का प्रयोग किया गया है।

8. (b) :

कूट	वाक्य
1. *mu* mit *es*	who *is she*
2. **elb** *mu* es	**where** *is she*

कूट शब्दों 'mu' और 'es' को दोनों वाक्यों में दोहराया गया है। केवल कूट शब्द 'elb' ही बचता है जिसका अर्थ 'where' है।

9. (b) :

कूट	वाक्य
1. 069	*grapes are* sweet
2. 476	very sweet fruit
3. **5**09	*grapes are* **ripe**

पहले और तीसरे वाक्यों में कूट संख्याओं '0' और '9' की पुनरावृत्ति होती है। अतः स्पष्ट है कि शेष कूट संख्या '5' का ही 'ripe' के लिए प्रयोग किया गया है।

10. (c) :

कूट	वाक्य
1. **roi** *ja kyo twa*	**Moody** *is writing letters*
2. pok ju *ja twa*	Woody *is writing* cards
3. trn *kyo* pos un	they are writing *letters*
4. koi rus pok	gifts and cards

'Moody' शब्द केवल पहले वाक्य में है। पहले वाक्य के कूट शब्दों 'ja' और 'twa' की दूसरे वाक्य में पुनरावृत्ति होती है और 'kyo' की तीसरे वाक्य में पुनरावृत्ति होती है। केवल कूट शब्द 'roi' ही बचता है जिसका अर्थ 'Moody' है।

भाग-III

एक अन्य प्रकार के कूट लेखन में किसी शब्द को कूट नाम दिए जाते हैं जिन्हें आगे भी कूटबद्ध किया जाता है। इस पैटर्न पर आधारित प्रश्न अर्थहीन प्रतीत हो सकते हैं किंतु कूट यथार्थता की बुनियादी बातों से हट कर नहीं होने चाहिए।

हल किए गए उदाहरण

1. यदि किसी कूट भाषा में 'केला' को 'जेली' कहा जाए, 'जेली' को 'हरा' कहा जाए, 'हरा' को 'सेब' कहा जाए, 'सेब' को 'आम' कहा जाए तो उसी कूटभाषा में पत्ते के रंग को क्या कहेंगे?

(*a*) हरा (*b*) आम (*c*) सेब (*d*) केला

उत्तर (*c*) : पत्ता हरे रंग का होता है और प्रश्न में उल्लिखित कूटों के अनुसार 'हरा' को 'सेब' कहा जाता है।

2. यदि 'धूसर' को 'भूरा', 'सफेद' को 'गुलाबी', 'लाल' को 'धूसर', 'काला' को 'लाल' और 'भूरा' को 'सफेद' कहा जाए तो 'कोयला' किस रंग का है?

(*a*) भूरा (*b*) सफेद (*c*) काला (*d*) लाल

उत्तर (*d*) : 'कोयला' काले रंग का होता है और प्रश्न में दिए गए कूटों के अनुसार 'काला' को 'लाल' कहा जाता है।

अभ्यास

निर्देश (प्र.सं. 1–10): *प्रत्येक प्रश्न में दी गई कूटबद्ध सूचना को अच्छी तरह समझें और दिए गए विकल्पों में से सही उत्तर का चयन करें।*

1. यदि किसी कूटभाषा में 'पानी' को 'नीला', 'नीला' को 'लाल', 'लाल' को 'सफेद', 'सफेद' को 'आकाश', 'आकाश' को 'वर्षा', 'वर्षा' को 'हरा', 'हरा' को 'हवा' और 'हवा' को 'मेज' कहा जाए, तो इस कूटभाषा में दूध के रंग को क्या कहेंगे?

(*a*) सफेद (*b*) वर्षा
(*c*) आकाश (*d*) हरा

2. यदि किसी कूटभाषा में 'प्रकाश' को 'अंधकार', 'अंधकार' को 'हरा', 'हरा' को 'नीला', 'नीला' को 'लाल', 'लाल' को 'सफेद' और 'सफेद' को 'पीला' कहा जाता हो तो इस कूटभाषा में रक्त का रंग क्या कहलाएगा?

(*a*) लाल (*b*) अंधकार
(*c*) सफेद (*d*) पीला

3. यदि किसी कूटभाषा में 'आकाश' को 'समुद्र', 'समुद्र' को 'पानी', 'पानी' को 'हवा', 'हवा' को 'बादल' और 'बादल' को 'नदी' कहा जाता हो तो प्यास लगने पर इस कूटभाषा में पीने के लिए किस चीज की मांग करेंगे?

(*a*) आकाश (*b*) हवा
(*c*) पानी (*d*) समुद्र

4. यदि किसी कूटभाषा में 'पीला' का अर्थ 'लाल', 'सफेद' का अर्थ 'हरा', 'लाल' का अर्थ 'नारंगी', 'नीला' का अर्थ 'सफेद' और 'हरा' का अर्थ 'नीला' हो तो उस कूटभाषा में आकाश का रंग क्या है?

(*a*) सफेद (*b*) हरा
(*c*) नीला (*d*) पीला

5. यदि किसी कूटभाषा में 'घर' को 'झोपड़ी', 'झोपड़ी' को 'नहर', 'नहर' को 'स्कूल', 'स्कूल' को 'मैदान', 'मैदान' को 'सुराही' और 'सुराही' को 'तार' कहा जाए तो इस कूटभाषा में छात्रों के पढ़ने की जगह को क्या कहेंगे?

(*a*) मैदान (*b*) सुराही
(*c*) झोपड़ी (*d*) स्कूल

6. यदि किसी कूटभाषा में 'बिल्ली' को 'घोड़ा', 'घोड़ा' को 'चूहा', 'कुत्ता' को 'खरगोश', 'खरगोश' को 'बिल्ली', 'चूहा' को 'कुत्ता' और 'शेर' को 'चींटी' कहा जाए तो इस कूटभाषा मे प्रयुक्त कूटों के आधार पर भौंकने वाले पशु को क्या कहेंगे?

(*a*) कुत्ता (*b*) बिल्ली
(*c*) शेर (*d*) खरगोश

7. यदि 'भूमि' को 'झील', 'झील' को 'पत्थर', 'पत्थर' को 'भारी', 'भारी' को 'स्टेडियम', 'स्टेडियम' को 'महासागर', 'महासागर' को 'वर्षा' और 'वर्षा' को 'आग' कहा जाए तो क्रिकेट के टेस्ट मैच खेले जाने वाले स्थान क्या कहलाते हैं?
(*a*) भारी (*b*) महासागर
(*c*) पत्थर (*d*) भूमि

8. यदि किसी कूटभाषा में 'चिड़िया' को 'राजा', 'राजा' को 'फूल', 'फूल' को 'घन', 'घन' को 'मेज', 'मेज' को 'मनुष्य' और 'मनुष्य' को 'चिड़िया' कहा जाए तो इस कूटभाषा में 'गुलाब' क्या है?
(*a*) मेज (*b*) फूल
(*c*) घन (*d*) मनुष्य

9. यदि किसी कूटभाषा में 'पानी' को 'पत्थर', 'पत्थर' को 'तेल', 'तेल' को 'हवा', 'हवा' को 'लकड़ी', 'लकड़ी' को 'गैस' और 'गैस' को 'द्रव' कहा जाए तो इस कूटभाषा में फर्नीचर किस चीज से बनता है?
(*a*) गैस (*b*) हवा
(*c*) तेल (*d*) द्रव

10. यदि किसी कूटभाषा में 'पिंजड़ा' को 'रॉकेट', 'रॉकेट' को 'फंदा', 'फंदा' को 'ग्रह', 'ग्रह' को 'हवाई जहाज', 'हवाई जहाज' को 'साइकिल' और 'साइकिल' को 'कार' कहा जाए तो इस कूटभाषा में पृथ्वी को क्या कहेंगे?
(*a*) साइकिल (*b*) रॉकेट
(*c*) ग्रह (*d*) हवाई जहाज

व्याख्यात्मक उत्तर

1. (*c*) : दूध का रंग 'सफेद' होता है और इस कूटभाषा में 'सफेद' को 'आकाश' कहते हैं।

2. (*c*) : रक्त का रंग 'लाल' होता है और इस कूटभाषा में 'लाल' को 'सफेद' कहते हैं।

3. (*b*) : प्यास लगने पर हम 'पानी' पीते हैं और इस कूटभाषा में 'पानी' को 'हवा' कहते हैं।

4. (*a*) : आकाश का रंग 'नीला' होता है और नीला का अर्थ 'सफेद' है।

5. (*a*) : छात्र 'स्कूल' में पढ़ते हैं और 'स्कूल' को इस कूटभाषा में 'मैदान' कहा जाता है।

6. (*d*) : भौंकने वाला पशु 'कुत्ता' है और 'कुत्ता' को इस कूटभाषा में 'खरगोश' कहते हैं।

7. (*b*) : टैस्ट मैच 'स्टेडियम' में खेले जाते हैं और 'स्टेडियम' को इस कूटभाषा में 'महासागर' कहा जाता है।

8. (*c*) : गुलाब एक 'फूल' है और 'फूल' को इस कूटभाषा में 'घन' कहा जाता है।

9. (*a*) : फर्नीचर 'लकड़ी' से बनता है और 'लकड़ी' को इस कूटभाषा में गैस कहते हैं।

10. (*d*) : पृथ्वी एक 'ग्रह' है 'ग्रह' को इस कूटभाषा में हवाई जहाज कहते हैं।

---

5. स्थान व्यवस्थीकरण
(Place Arrangement)

स्थान व्यवस्थीकरण का सामान्य अर्थ है दी गई सूचनाओं के आधार पर व्यक्तियों या वस्तुओं का स्थान-क्रम निर्धारित करना। इसके लिए आवश्यक है कि स्थान-क्रम को अच्छी तरह समझा जाए और तत्पश्चात् दिए गए प्रश्नों को उपलब्ध कराई गई सूचना के आधार पर हल करने का प्रयास किया जाए।

हल किए गए उदाहरण

1. पांच लड़के एक सीढ़ी पर चढ़ रहे हैं। सीढ़ी पर डेविड लड़कों के बीच में है। कार्तिक सबसे पीछे है। अनमोल नीतिन से आगे है जो अनमोल और डैनी दोनों के पीछे है। सीढ़ी पर सबसे आगे कौन है?

(*a*) डैनी (*b*) अनमोल

(*c*) डैनी या अनमोल (*d*) कहा नहीं जा सकता

उत्तर (*c*) : लड़कों के सीढ़ी पर चढ़ने का निम्नलिखित क्रम है :

डैनी		अनमोल
अनमोल		डैनी
डेविड	या	डेविड
नीतिन		नीतिन
कार्तिक		कार्तिक

अत: इस बात की पूर्ण संभावना है कि सीढ़ी पर सबसे आगे डैनी या अनमोल है।

2. पांच व्यक्ति किसी पंक्ति में एक दूसरे के पीछे चल रहे हैं। पंक्ति में सबसे आगे और सबसे पीछे चल रहे व्यक्तियों में एक व्यक्ति बुद्धिमान और दूसरा मूर्ख है। एक नाटे व्यक्ति के पीछे एक मजबूत कद काठी का व्यक्ति चल रहा है। मूर्ख व्यक्ति के सामने एक दुबला व्यक्ति चल रहा है। नाटा व्यक्ति बुद्धिमान व्यक्ति और मजबूत कद काठी के व्यक्ति के बीच में है। पंक्ति में बीचों-बीच कौन चल रहा है?

(*a*) नाटा व्यक्ति (*b*) मजबूत कद-काठी का व्यक्ति

(*c*) दुबला व्यक्ति (*d*) बुद्धिमान व्यक्ति

उत्तर (*b*) : पांचों व्यक्तियों का पंक्ति में स्थान-क्रम निम्नवत् है :

मूर्ख, दुबला व्यक्ति, मजबूत कद-काठी का व्यक्ति, नाटा व्यक्ति, बुद्धिमान व्यक्ति।

अभ्यास

निर्देश (प्र.सं. 1–10): *निम्नलिखित प्रश्नों में व्यवस्थीकरण के पैटर्न को समझें और तत्पश्चात् दिए गए विकल्पों में से सही उत्तर का चयन करें:*

1. पांच लड़के एक पंक्ति में बैठे हैं। रघु, श्याम या अमित की बगल में नहीं बैठा है। अजय, श्याम की बगल में नहीं बैठा है। रघु, मयंक की बगल में बैठा है। यदि मयंक पंक्ति में बीच में बैठा हो तो अजय निम्नलिखित में से किसकी बगल में बैठा है?

(*a*) अमित (*b*) रघु
(*c*) मयंक (*d*) श्याम

2. मिनी, रजनी के दाएं और अनंता के बाएं बैठी है। सत्या, मिनी के दाएं बैठी है किंतु वह जया के बाएं है। यदि सभी लड़कियां उत्तर दिशा की ओर मुंह किए बैठी हों तो इनमें से सबसे बाएं छोर पर कौन बैठी है?

(*a*) जया (*b*) मिनी
(*c*) रजनी (*d*) सत्या

3. किट्टू, मोहन और सोहन के बीच बैठा है। राजू, सोहन की बायीं ओर और श्याम, मोहन की दाहिनी ओर बैठा है। यदि ये सभी मित्र दक्षिण दिशा की ओर मुंह करके बैठे हों, तो सबसे दाहिने छोर पर कौन बैठा है?

(*a*) मोहन (*b*) सोहन
(*c*) किट्टू (*d*) श्याम

4. A, B, C, D और E एक दूसरे के पीछे दौड़ रहे हैं। C, E के निकट नहीं है और A, D के निकट नहीं है। B, A के पीछे है और E, D के निकट नहीं है। इनके बीच में कौन व्यक्ति है?

(*a*) B (*b*) E
(*c*) A (*d*) कहा नहीं जा सकता

5. O, P, Q, R, S और T एक बेंच पर अपनी लंबाई के घटते क्रम में खड़े हैं। P, O से अधिक लंबा है किंतु S से उसकी लंबाई कम है। केवल S ही T से अधिक लंबा है। R, P से कम लंबा है किंतु वह Q से अधिक लंबा है। इनमें किसकी लंबाई सबसे कम है?

(*a*) O (*b*) Q
(*c*) P (*d*) कहा नहीं जा सकता

6. छह मित्र एक गोल घेरे में बैठ कर ताश खेल रहे हैं। केनी, डैनी की बायीं ओर बैठा है। माइकल, बॉब और जॉन के बीच बैठा है। रॉजर, केनी और बॉब के बीच बैठा है। माइकल की दाहिनी ओर कौन बैठा है?

(*a*) डैनी (*b*) जॉन
(*c*) केनी (*d*) बॉब

7. चार लड़कियां A, B, C और D एक गोल घेरे में बैठी हैं। B और C का मुंह एक दूसरे की ओर है। निम्नलिखित कथनों में से कौन-सा निश्चित रूप से सत्य है?

(*a*) A, C की बायीं ओर बैठी है
(*b*) D, C की बायीं ओर बैठी है
(*c*) A और D एक दूसरे के आमने-सामने बैठी हैं
(*d*) A, B और C के बीच नहीं बैठी है

8. 10 पुस्तकों के एक ढेर में 3 पुस्तकें इतिहास की, 3 हिंदी की, 2 गणित की और 2 अंग्रेजी की पुस्तकें हैं। यदि ऊपर से देखा जाए तो इतिहास और गणित की एक-एक पुस्तकों के बीच अंग्रेजी की एक पुस्तक है, गणित और अंग्रेजी की एक-एक पुस्तकों के बीच इतिहास की एक पुस्तक है, अंग्रेजी और गणित की एक-एक पुस्तकों के बीच एक हिंदी की पुस्तक है, हिंदी की दो पुस्तकों के बीच गणित की एक पुस्तक है तथा गणित और इतिहास की एक-एक पुस्तकों के बीच हिंदी की दो पुस्तकें हैं। इस ढेर में किस विषय की पुस्तक ऊपर से छठे स्थान पर है?

(*a*) अंग्रेजी (*b*) हिंदी
(*c*) इतिहास (*d*) गणित

9. पांच व्यक्ति A, B, C, D और E एक पंक्ति में आपकी ओर मुंह करके इस प्रकार बैठे हैं कि D, C की बायीं ओर बैठा है और B, E की दाहिनी ओर बैठा है। A, C की दाहिनी ओर बैठा है और B, D की बायीं ओर बैठा है। यदि E कोने में बैठा हो तो बीच में कौन बैठा है?

(*a*) A (*b*) B
(*c*) C (*d*) D

10. छह मित्र A, B, C, D, E और F एक गोल घेरे में खड़े हैं। B, F और C के बीच में है, A, E और D के बीच में है, F, D की बायीं ओर है। A और F के बीच कौन है?

(*a*) C (*b*) B
(*c*) D (*d*) E

निर्देश (प्र.सं. 11–13): *नीचे दिए गए कथन को ध्यानपूर्वक पढ़ें और पूछे गए प्रश्नों के उत्तर दें :*

A, B, C, D और E एक पंक्ति में खड़े हैं। पंक्ति के एक छोर पर D और दूसरे छोर पर C है। B, E की दाहिनी ओर खड़ा है। A, C की बायीं ओर खड़ा है तथा E, D और B के बीच खड़ा है।

11. पंक्ति के बीच में कौन खड़ा है?
(*a*) E (*b*) D
(*c*) B (*d*) A

12. A निम्नलिखित में से किसके बीच खड़ा है?
(*a*) B और D (*b*) E और B
(*c*) C और E (*d*) B और C

13. B की दाहिनी ओर कौन खड़ा है?
(*a*) C (*b*) E
(*c*) A (*d*) D

निर्देश (प्र.सं. 14 और 15): *निम्नलिखित कथनों को सावधानी पूर्वक पढ़ें और पूछे गए प्रश्नों के उत्तर दें :*

एक शेल्फ में पांच कमीजें एक ढेर में एक के ऊपर एक रखी हुई हैं। इस ढेर में लाल कमीज नीली कमीज के ऊपर रखी गई है और हरे रंग की कमीज नारंगी रंग की कमीज के नीचे रखी गई है। नीली कमीज नारंगी रंग की कमीज के ऊपर तथा सफेद कमीज हरी कमीज के नीचे रखी गई है।

14. लाल और नारंगी रंग की कमीजों के बीच रखी कमीज किस रंग की है?
(*a*) सफेद रंग की (*b*) हरे रंग की
(*c*) नीले रंग की (*d*) आंकड़े अपर्याप्त हैं

15. सबसे नीचे किस रंग की कमीज है?
(*a*) लाल (*b*) सफेद
(*c*) नारंगी (*d*) कहा नहीं जा सकता

व्याख्यात्मक उत्तर

1. (*b*) : पांचों लड़कों के पंक्ति में बैठने का निम्नलिखित क्रम है:
अमित, श्याम, मयंक, अजय, रघु
या
अजय, रघु, मयंक, अमित, श्याम

2. (*c*) : इन सभी लड़कियों के बैठने का निम्नलिखित क्रम है:
रजनी, मिनी, अनंता, सत्या, जया
या
सत्या, जया, अनंता
या
सत्या, अनंता, जया

3. (*d*) : दक्षिण दिशा की ओर मुंह करके बैठने पर इन मित्रों के बैठने का निम्नलिखित क्रम होगा :
श्याम, मोहन, किट्टू, सोहन, राजू

4. (*a*) : दौड़ते समय ये व्यक्ति निम्नलिखित क्रम में एक दूसरे के पीछे होंगे :

E		E
A		A
B	या	B
C		D
D		C

5. (*d*) : लंबाई के घटते क्रम में ये व्यक्ति बेंच पर निम्नलिखित विन्यास में खड़े होंगे :

S		S
T		T
P	या	P
R		R
O		Q
Q		O

इनमें या तो O या फिर Q सबसे छोटा है। दी गई सूचना उत्तर ज्ञात करने के लिए पर्याप्त नहीं है।

6. (*d*) : इन छह मित्रों के बैठने का निम्नलिखित क्रम है :

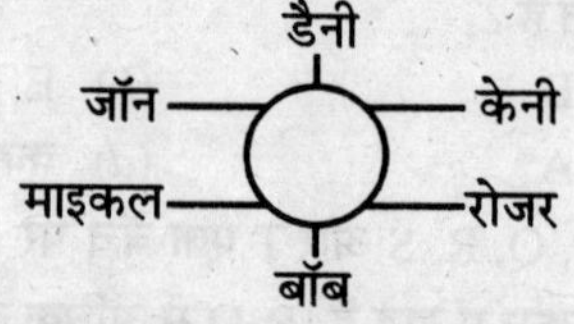

7. (*c*) : इन लड़कियों के बैठने का निम्नलिखित क्रम होगा :

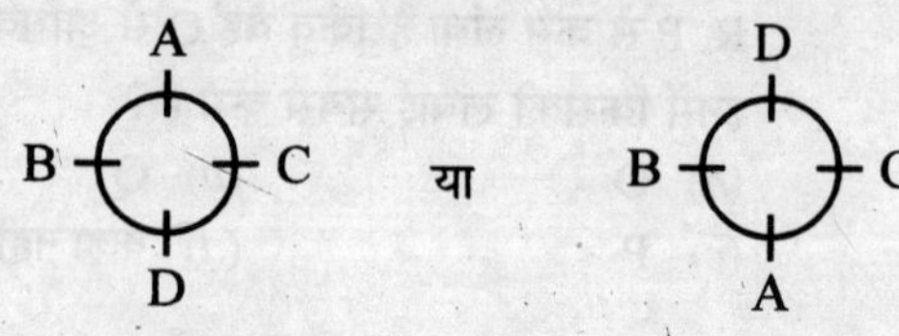

8. *(b)* : पुस्तकें निम्नलिखित विषय-क्रम में एक दूसरे के ऊपर रखी गई हैं :

पहला — इतिहास
अंग्रेजी
गणित
इतिहास
अंग्रेजी
छठा — हिंदी
गणित
हिंदी
हिंदी
दसवां — इतिहास

9. *(d)* : हमारी ओर मुंह किए बैठे इन व्यक्तियों का निम्नलिखित क्रम होगा :
A, C, D, B, E

10. *(c)* : ये मित्र निम्नलिखित क्रम में एक दूसरे की बगल में खड़े हैं

D F
A B
E C

11. *(c)* : प्रश्न संख्या 16 से 18 के संदर्भ में बताए गए पांच व्यक्ति पंक्ति में निम्नलिखित क्रम में खड़े हैं :
D, E, B, A, C.

12. *(d)* **13. *(c)***

14. *(c)* : प्रश्न संख्या 14 और 15 के संदर्भ में शेल्फ में कमीजों को निम्नलिखित क्रम में रखा गया है :

लाल कमीज
नीली कमीज
नारंगी रंग की कमीज
हरे रंग की कमीज
सफेद कमीज

15. *(b)*

6. दिशा ज्ञान परीक्षण
(Direction Sense)

इस प्रकार के प्रश्न अभ्यर्थियों की सही दिशा-निर्देशों को समझने की योग्यता की जांच करने हेतु पूछे जाते हैं। ऐसे प्रश्न दिशा-चार्ट पर आधारित होते हैं :

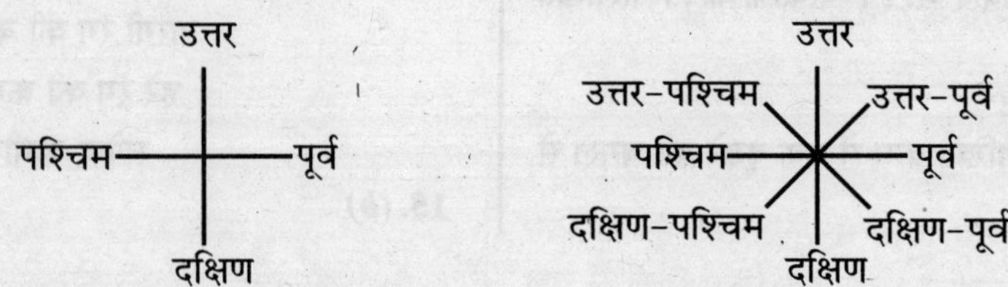

विभिन्न दिशाओं का बोध बाएं या दाएं मोड़ या कोणीय मोड़ों द्वारा निर्देशित होता है।

हल किए गए उदाहरण

1. एक व्यक्ति उत्तर दिशा में चल रहा है। वह दो बार दाहिने मुड़ता है और फिर चलने लगता है अब वह किस दिशा में चल रहा है ?
   (*a*) उत्तर (*b*) दक्षिण (*c*) पूर्व (*d*) पश्चिम

उत्तर (*b*) :

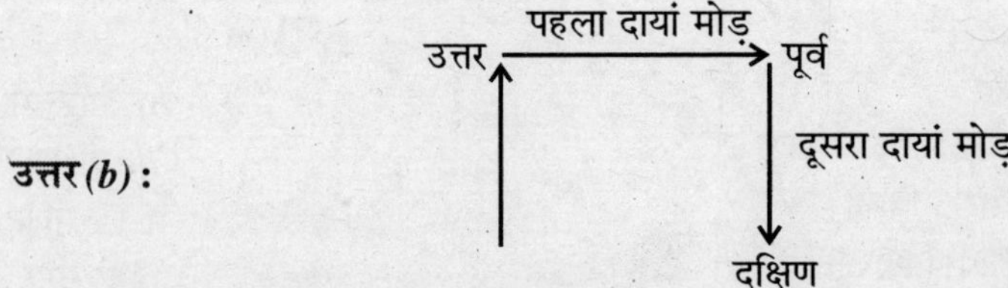

दिशा चार्ट का अनुसरण करने पर यह स्पष्ट होता है कि वह व्यक्ति अब दक्षिण दिशा में चल रहा है।

2. एक व्यक्ति पूर्व दिशा में चल रहा है। वह पहले 45° बाएं और तब 90° दाएं मुड़ता है। अब वह किस दिशा में चल रहा है ?
   (*a*) उत्तर (*b*) उत्तर-पश्चिम (*c*) उत्तर-पूर्व (*d*) पश्चिम

उत्तर (*c*) :

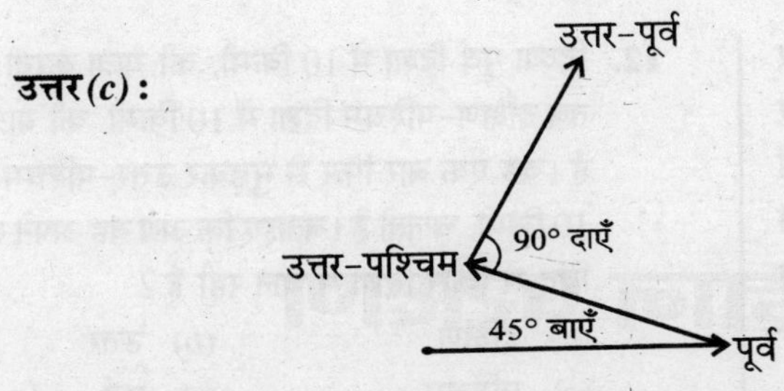

45° मोड़ का अर्थ है, सीधी दिशा न होकर दो दिशाओं के बीच में जाना। 90° मोड़ में भी दो दिशाएं शामिल हैं और व्यक्ति उत्तर-पश्चिम में न जाकर उत्तर-पूर्व दिशा में जाने लगता है।

एक दिशा को छोड़कर दूसरी दिशा में जाने पर व्यक्ति किस दिशा में गति कर रहा है, इसे जानने के लिए सही दिशा-निर्देशों को समझने की आवश्यकता है। साथ ही अभ्यर्थियों को कागज पर दिशा की जानकारी होना भी आवश्यक है। दिशा चार्ट की सहायता से दूरियों को भी सरलतापूर्वक मापा जा सकता है।

अभ्यास

निर्देश (प्र.सं. 1–15): *नीचे के प्रत्येक प्रश्न में सही दिशा/ दूरी दर्शाने के लिए दिए गए विकल्पों से सही उत्तर का चयन करें।*

1. किट्टू पहले पूर्व दिशा में चलता है और तब दक्षिण दिशा में चलता है। दक्षिण दिशा में कुछ दूरी तय करने के बाद वह पश्चिम दिशा में मुड़ जाता है और तब अपने बाएं मुड़ जाता है। अब वह किस दिशा में चल रहा है?

(*a*) उत्तर (*b*) दक्षिण
(*c*) पूर्व (*d*) पश्चिम

2. एक व्यक्ति पश्चिम दिशा में अपनी गाड़ी चला रहा है। वह दक्षिण दिशा में चले इसके लिए उसे निम्नलिखित में से कौन से मोड़ मुड़ने चाहिए?

(*a*) बायीं ओर, दायीं ओर, दायीं ओर
(*b*) दायीं ओर, दायीं ओर, बायीं ओर
(*c*) बायीं ओर, बायीं ओर, बायीं ओर
(*d*) दायीं ओर, दायीं ओर, दायीं ओर

3. ऋचा अपनी गाड़ी से दक्षिण दिशा में 8 किमी आगे चलकर बायीं ओर मुड़ जाती है और 5 किमी. आगे चलती है। वहां वह एक बार फिर से बायीं ओर मुड़कर 8 किमी. आगे चलती है। अब वह अपने शुरु के स्थान से कितनी दूरी पर है?

(*a*) 3 किमी. (*b*) 5 किमी.
(*c*) 8 किमी. (*d*) 13 किमी.

4. डिंगी अपनी गाड़ी से उत्तर की ओर 40 किमी. की दूरी तय करती है, वहां वह दायीं ओर मुड़कर 50 किमी आगे जाती है जहां वह एक बार फिर से दायीं ओर मुड़कर 30 किमी. आगे जाती है, और तब फिर से दायीं ओर मुड़कर 50 किमी. और आगे जाती है। यहां वह अपने आरंभिक बिंदु से कितनी दूरी पर है?

(*a*) 90 किमी. (*b*) 50 किमी.
(*c*) 10 किमी. (*d*) 5 किमी.

5. देबू पहले पूर्व की ओर और तब उत्तर की ओर चलता है तथा वहां वह 45° दायें मुड़कर कुछ देर आगे चलता है और अंततः बायीं ओर मुड़ जाता है। अब वह किस दिशा में चल रहा है?

(*a*) उत्तर (*b*) पूर्व
(*c*) दक्षिण-पूर्व (*d*) उत्तर-पश्चिम

6. यदि उत्तर का उत्तर-पश्चिम, उत्तर-पश्चिम का पश्चिम, पश्चिम का दक्षिण-पश्चिम और इसी प्रकार अन्य दिशाओं का भी नामकरण किया जाए तो दक्षिण पूर्व को क्या कहा जाएगा?

(*a*) पूर्व (*b*) पश्चिम
(*c*) उत्तर-पूर्व (*d*) दक्षिण-पूर्व

7. मैं अपने घर से उत्तर दिशा में 15 मीटर चला, तब पश्चिम दिशा में मुड़कर 10 मीटर और आगे चला, यहां दक्षिण दिशा में मुड़कर मैंने 5 मीटर की एक अन्य दूरी तय की और तब पूर्व की ओर मुड़कर 10 मीटर की दूरी तय की। बताइए कि मैं अपने आरंभिक स्थान से किस दिशा में हूँ?

(*a*) पूर्व (*b*) पश्चिम
(*c*) उत्तर (*d*) दक्षिण

8. मैं अपने घर से उत्तर दिशा में चला और तब बायीं ओर मुड़ गया। अब कुछ देर तक आगे चलने के बाद मैं फिर से बायीं ओर मुड़ा और तब दायीं ओर मुड़ गया। बाद में आगे चलते हुए मैं बायीं ओर और एक बार फिर से बायीं ओर मुड़ा। बताइए कि अब मैं किस दिशा में चल रहा हूँ?

(*a*) उत्तर (*b*) दक्षिण
(*c*) पूर्व (*d*) पश्चिम

9. राज पश्चिम दिशा में चल रहा है। वह आगे चलते हुए अपने दाएं, फिर दाएं और तब बाएं, हर बार 45° के कोण पर मुड़ा। बताइए कि अब वह किस दिशा में चल रहा है?

(*a*) उत्तर–पूर्व (*b*) दक्षिण–पूर्व
(*c*) पूर्व (*d*) पश्चिम

10. जतिन अपने घर से उत्तर दिशा में 12 किमी. चलता है। तब वह अपनी दायीं ओर मुड़कर 12 किमी. की एक अन्य दूरी तय करता है। वह एक बार फिर से दायीं ओर मुड़ता है और 12 किमी. की एक अन्य दूरी तय करके बायीं ओर मुड़ता है ओर तब 5 किमी. आगे चलता है। बताइए कि इस समय वह अपने घर से कितनी दूरी पर है और किस दिशा में है?

(*a*) 7 किमी., पूर्व दिशा
(*b*) 10 किमी., पूर्व दिशा
(*c*) 17 किमी., पूर्व दिशा
(*d*) 24 किमी., पूर्व दिशा

11. एक महिला उत्तर दिशा में 12 किमी. चलती है, तब वह दक्षिण दिशा में 6 किमी. चलती है और तत्पश्चात् पूर्व दिशा में 8 किमी चलती है। इस समय वह अपने आरंभिक बिंदु से कितनी दूरी पर है और किस दिशा में चल रही है?

(*a*) 5 किमी., उत्तर–पूर्व (*b*) 5 किमी., पूर्व
(*c*) 10 किमी., उत्तर–पूर्व (*d*) 10 किमी., पश्चिम

12. दिव्या पूर्व दिशा में 10 किमी. की यात्रा करती है, और तब दक्षिण–पश्चिम दिशा में 10 किमी. की यात्रा करती है। वह एक बार फिर से मुड़कर उत्तर–पश्चिम दिशा में 10 किमी. चलती है। बताइए कि अब वह अपने आरंभिक बिंदु से किस दिशा में चल रही है?

(*a*) दक्षिण (*b*) उत्तर
(*c*) पश्चिम (*d*) पूर्व

13. मनु अपने घर से उत्तर दिशा में 40 किमी. चलती है, फिर दाएं मुड़कर 80 किमी. आगे जाती है जहां वह एक बार फिर से दाएं मुड़कर 30 किमी. आगे चलती है अंत में वह एक बार फिर से दाएं मुड़ती है और इस मार्ग पर वह 80 किमी. आगे की यात्रा करती है। यदि यहां से वह सीधे 50 किमी. आगे बढ़ती है और तब बाएं मुड़कर अंतिम 10 किमी. की एक और दूरी तय करती हो तो बताइए कि अब वह अपने घर से कितनी दूरी पर है?

(*a*) 10 किमी. (*b*) 30 किमी.
(*c*) 40 किमी. (*d*) 50 किमी.

14. मैं अपने घर से 18 किमी. उत्तर की ओर चलता हूं और तब बाईं ओर मुड़कर 4 किमी. की एक अन्य दूरी तय करता हूं जहां से दायीं ओर मुड़कर मैं 12 किमी. की एक अन्य दूरी तय करता हूं। बताइए कि इस समय मैं अपने घर से कितनी दूरी पर और किस दिशा में हूं?

(*a*) 8 किमी. उत्तर (*b*) 10 किमी. पश्चिम
(*c*) 16 किमी. दक्षिण (*d*) 34 किमी. उत्तर

15. रवि अपनी गाड़ी से पश्चिम दिशा में 12 किमी. जाता है। वहां वह दक्षिण दिशा में मुड़कर 3 किमी. आगे की यात्रा करता है, जहां वह पूर्व दिशा में मुड़कर 8 किमी. की यात्रा करता है। बताइए कि इस समय वह अपने आरंभिक बिंदु से कितनी दूरी पर है?

(*a*) 3 किमी. (*b*) 5 किमी.
(*c*) 7 किमी. (*d*) 11 किमी.

व्याख्यात्मक उत्तर

1. (*b*)

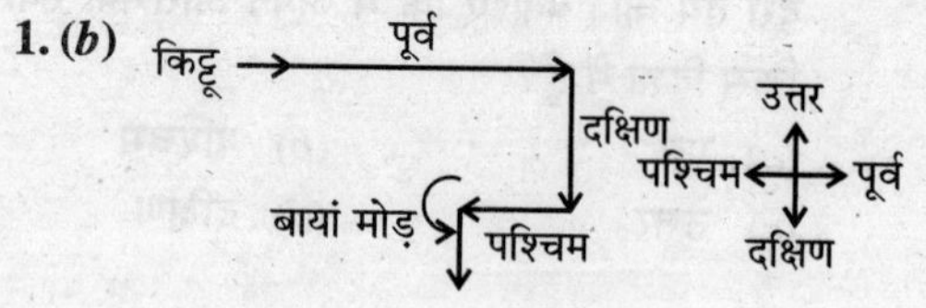

2. (*d*) :

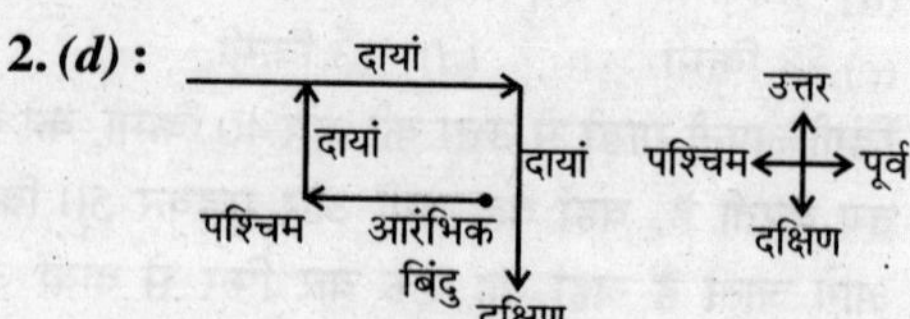

3. *(b)* :

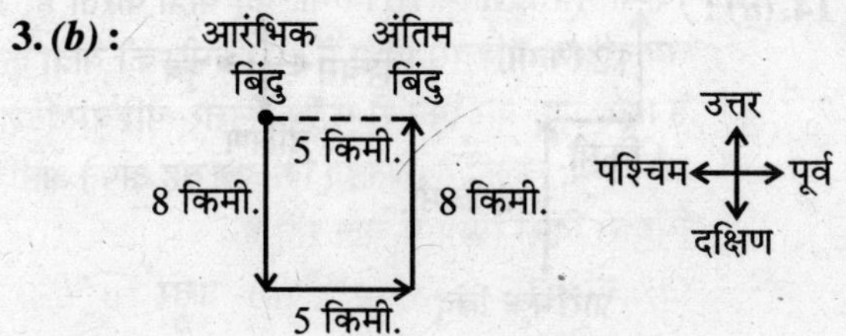

4. *(c)* :

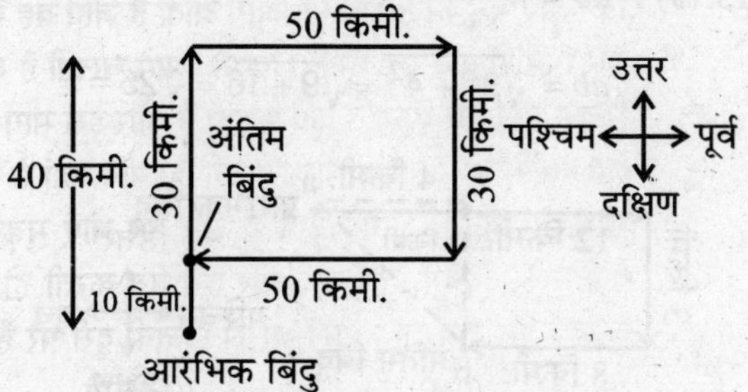

5. *(d)* :

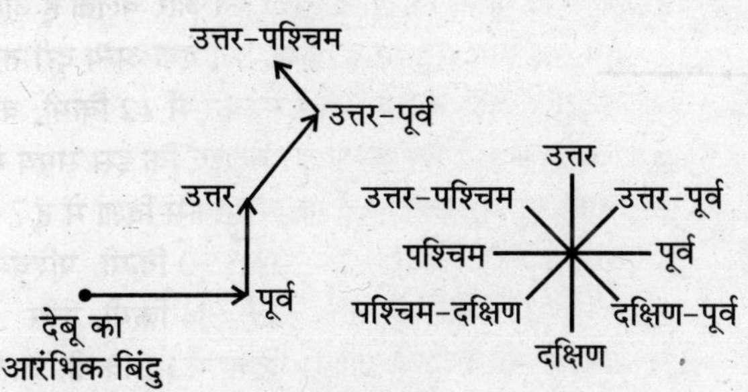

6. *(a)* : **मूल दिशाएं**

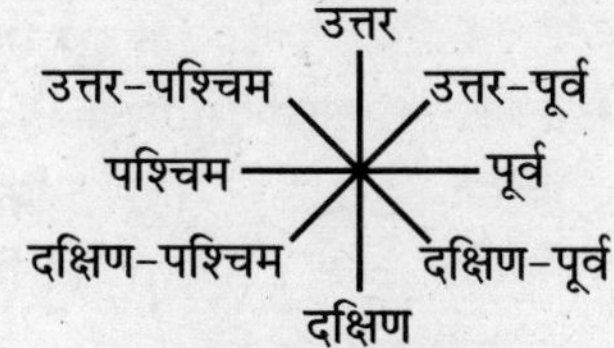

बदली हुई दिशाएं

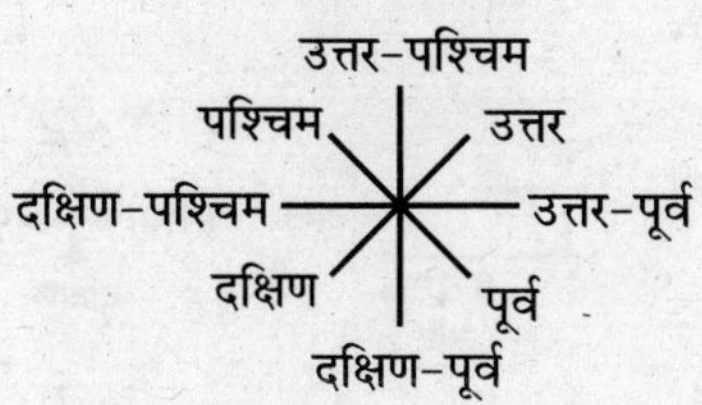

7. *(c)* :

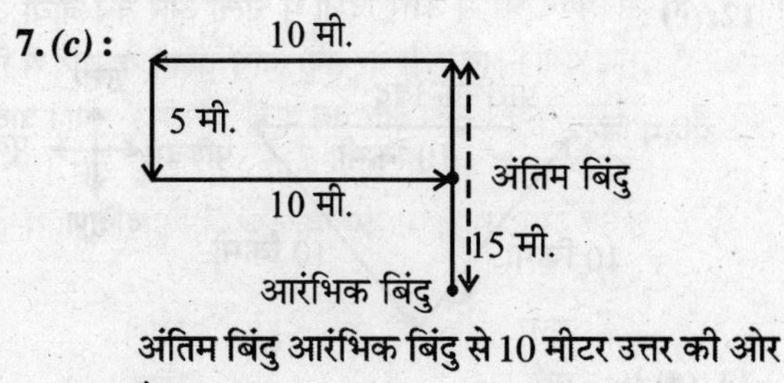

अंतिम बिंदु आरंभिक बिंदु से 10 मीटर उत्तर की ओर है।

8. *(c)* :

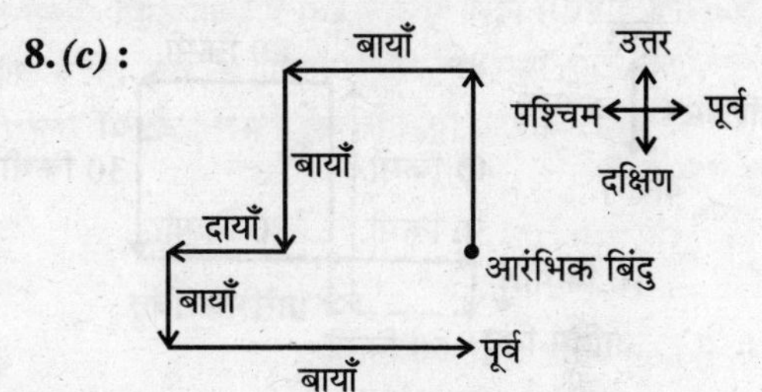

9. *(a)* :

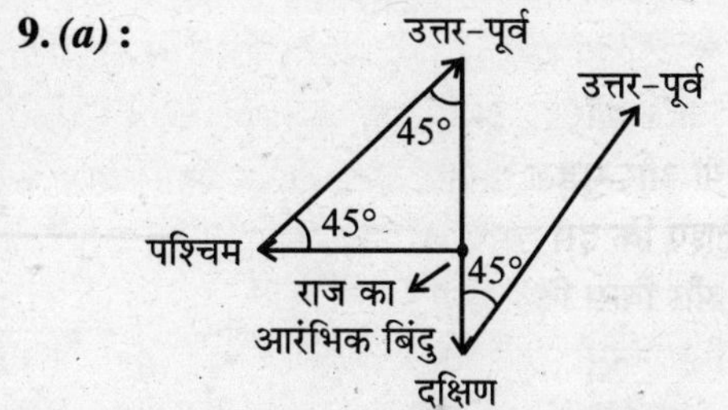

10. *(c)* : (12 किमी. + 5 किमी. = 17 किमी.)

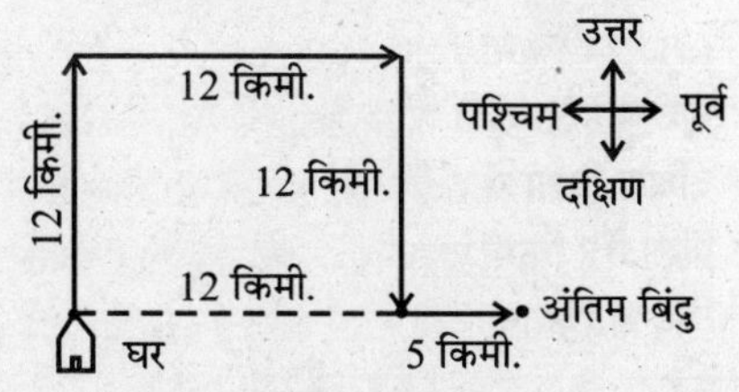

11. *(c)* : $ab = \sqrt{ac^2 + bc^2}$

$ab = \sqrt{8^2 + 6^2} = \sqrt{64 + 36} = \sqrt{100} = 10$

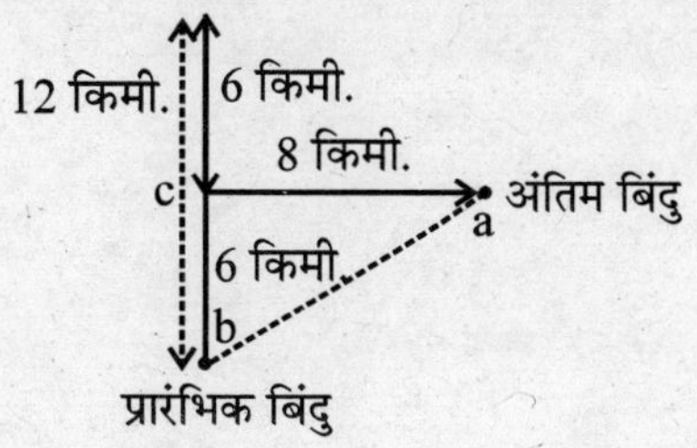

12. (*c*) :

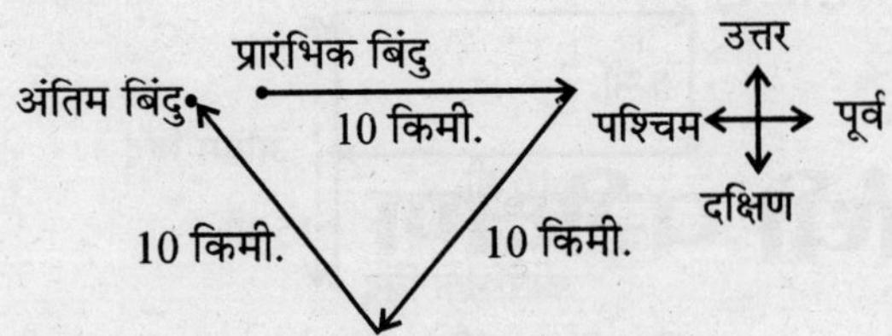

13. (*d*) :

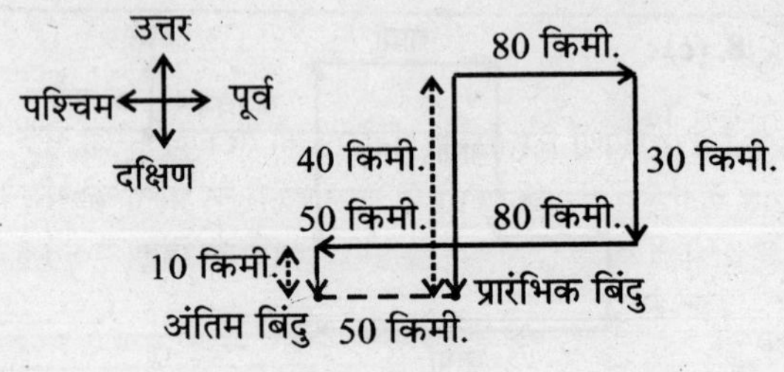

14. (*d*) :

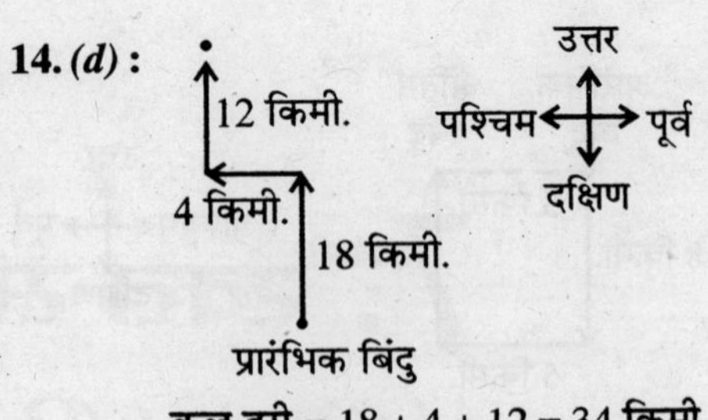

कुल दूरी = 18 + 4 + 12 = 34 किमी.

15. (*b*) : $ab = \sqrt{bc^2 + ca^2}$

$ab = \sqrt{3^2 + 4^2} = \sqrt{9 + 16} = \sqrt{25} = 5$

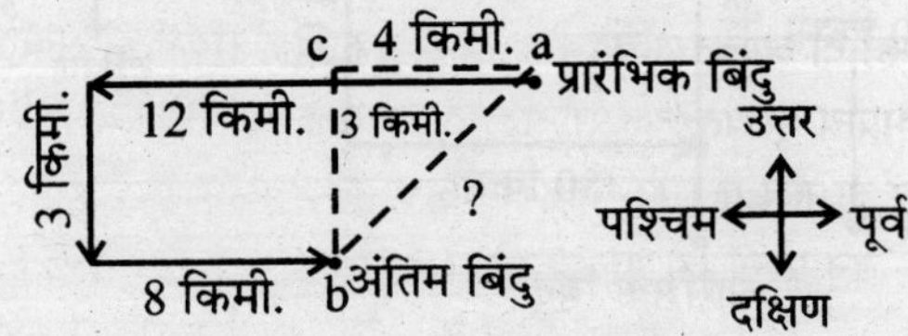

7. रक्त संबंधी परीक्षण
(*Blood Relationships*)

रक्त संबंधों पर आधारित प्रश्नों को हल करने के लिए यह आवश्यक है कि परीक्षार्थी रिश्तों की जटिलता को तत्काल समझ सकें और किन्हीं दो व्यक्तियों के बीच किस प्रकार के संबंध हो सकते हैं, इस बारे में उन्हें स्पष्ट जानकारी हो। इस प्रकार के प्रश्नों को पूछने का अभिप्राय मुख्यत: यह सुनिश्चित करना है कि परीक्षार्थी कतिपय जटिल भाषा में व्यक्त रिश्तों को कितनी तत्परता से समझ सकते हैं और उत्तर के रूप में सही विकल्प का चयन कर सकते हैं।

इन प्रश्नों को हल करने में सहायक कुछ संबंधों के पैटर्न नीचे दर्शाए गए हैं :

पिता का पिता — दादा
मां का पिता — नाना
पिता की मां — दादी
मां की मां — नानी
पिता या मां का पुत्र — भाई
पिता या मां की पुत्री — बहन
पिता का भाई — चाचा
पिता की बहन — बुआ
मां का भाई — मामा
मां की बहन — मौसी
चाचा या चाची का पुत्र या पुत्री — चचेरा भाई, चचेरी बहन
पुत्र की पत्नी — पुत्रवधु
पुत्री का पति — दामाद
पति का भाई — देवर
पत्नी का भाई — साला
पति की बहन — ननद
पत्नी की बहन — साली
भाई की पत्नी — भाभी
बहन का पति — बहनोई
भाई का पुत्र — भतीजा
भाई की पुत्री — भतीजी

हल किए गए उदाहरण

1. एक फोटो की ओर संकेत करते हुए एक महिला ने कहा ''इस व्यक्ति के पुत्र की बहन मेरी सास है''। उस महिला के पति का उस व्यक्ति से क्या संबंध है जिसका वह फोटो है ?

(*a*) पुत्र (*b*) नाती (*c*) भतीजा (*d*) दामाद

उत्तर (*b*) : दिए गए प्रश्न के अनुसार संबंध चार्ट निम्नवत् दर्शाया जा सकता है :

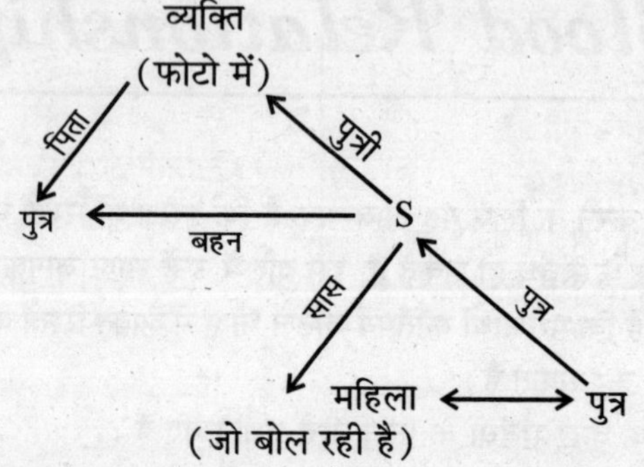

उस व्यक्ति के पुत्र की बहन (मान लें S) उस व्यक्ति की पुत्री है। यदि यह महिला 'S' उस महिला (जो बोल रही है) की सास है तो उसका विवाह 'S' के पुत्र से हुआ है। उस महिला के पति की मां S है और S फोटो वाले व्यक्ति की पुत्री है। अतः उस बोल रही महिला का पति फोटो वाले व्यक्ति का नाती है।

2. 'X', 'Y' की पत्नी है और 'Y', 'Z' का भाई है। 'Z', 'P' का पुत्र है। 'P' का 'X' से क्या संबंध है ?

(*a*) बहन (*b*) चाची (*c*) भाई (*d*) श्वसुर

उत्तर (*d*) : दिए गए प्रश्न के अनुसार संबंध चार्ट निम्नवत् दर्शाया जा सकता है :

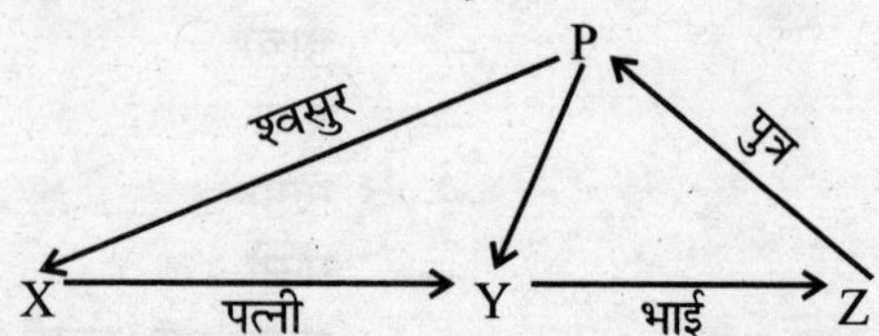

'Y', 'Z' का भाई है जो 'P' का पुत्र है। अतः 'Z' भी 'P' का पुत्र है। चूंकि 'P', 'Y' का पिता है और 'X', 'Y' की पत्नी है अतः 'P', 'X' का श्वसुर है।

अभ्यास

निर्देश (प्र.सं. 1–13): *नीचे के प्रत्येक प्रश्न में व्यक्तियों के बीच उल्लिखित संबंधों को सावधानीपूर्वक समझें और तब दिए गए विकल्पों में से सही उत्तर का चयन करें :*

1. A, B और C का पिता है। B, A का पुत्र है किंतु C, A का पुत्र नहीं है। C का A से क्या संबंध है ?

(*a*) पुत्री (*b*) पुत्र
(*c*) भतीजी (*d*) भतीजा

2. एक महिला ने कहा, ''वहां खड़ी लड़की मेरे दादा जी के एकमात्र पुत्र की पुत्री है''। उस महिला का उस लड़की से क्या संबंध है ?

(*a*) बहन (*b*) मां
(*c*) चाची (*d*) भतीजा

3. रवि अमित के पुत्र के पुत्र का भाई है। अमित, रवि का क्या है ?

(*a*) चचेरा भाई (*b*) पिता
(*c*) दादा (*d*) पुत्र

4. मयंक ने कहा, "मेरी मां रजत के भाई की बहन है"। रजत का मयंक से क्या संबंध है ?

(*a*) चचेरा भाई (*b*) मामा
(*c*) चाचा (*d*) साला

5. लिली से परिचय कराते हुए राघव ने कहा, "इसके पिता मेरी मां के एकमात्र पुत्र हैं"। लिली का राघव से क्या संबंध है ?

(*a*) चाची (*b*) पुत्री
(*c*) मां (*d*) बहन

6. अजय, विजय का भाई है। शुभा, अजय की बहन है। संजय, राहुल का भाई है और मेहुल विजय की पुत्री है। संजय का चाचा कौन है ?

(*a*) राहुल
(*b*) अजय
(*c*) मेहुल
(*d*) दी गई सूचना अपर्याप्त है

7. आदित्य, रवि का भाई है। भरत, जयंत के पिता हैं। ईला, रवि की मां है। आदित्य और जयंत आपस में भाई हैं। ईला का भरत से क्या संबंध है ?

(*a*) बहन (*b*) मां
(*c*) पुत्री (*d*) पत्नी

8. एक व्यक्ति ने अपने साथ आ रहे लड़के का परिचय देते हुए कहा, "यह मेरी पत्नी की पुत्री के पिता का पुत्र है।" वह लड़का उस व्यक्ति का क्या है ?

(*a*) दामाद (*b*) पुत्र
(*c*) भाई (*d*) पिता

9. A और B दो भाई हैं। C, B की बहन है। D, E की बहन है। E, A का पुत्र है। D का चाचा कौन है ?

(*a*) D (*b*) E
(*c*) B (*d*) C

10. वरुण ने अरुण की ओर संकेत करते हुए कहा, "वह मेरी बहन के एकमात्र भाई का पुत्र है।" अरुण का वरूण से क्या संबंध है ?

(*a*) पुत्र
(*b*) भाई
(*c*) भतीजा
(*d*) दी गई सूचना अपर्याप्त है

11. यदि $M + N$ का अर्थ है कि 'M', 'N' का भाई है, $M - N$ का अर्थ है कि 'M', 'N' की बहन है, $M \times N$ का अर्थ है कि 'M', 'N' की मां है और $M \div N$ का अर्थ है कि 'M', 'N' का पिता है, तो निम्नलिखित में से किसका अर्थ यह होगा कि E, F की बुआ है ?

(*a*) $E - G \div F$ (*b*) $E + G \times F$
(*c*) $E \times F - G$ (*d*) $F \times G + E$

12. यदि $S - T$ का अर्थ है कि 'S', T की पत्नी है, $S + T$ का अर्थ है कि S, T की पुत्री है, और $S \div T$ का अर्थ है कि S, T का पुत्र है, तो $M + J \div K$ का क्या अर्थ होगा ?

(*a*) K, M का पिता है (*b*) M, K की पोती है
(*c*) J, K की पत्नी है (*d*) K और M भाई हैं

13. यदि $A \times B$ का अर्थ है कि A, B का भाई है, और $A + B$ का अर्थ है कि A, B का पिता है, तो निम्नलिखित में से किसका यह अर्थ होगा कि M, N का भतीजा है ?

(*a*) $N \times K + M$
(*b*) $N + M \times K$
(*c*) $M \times K + N$
(*d*) दी गई सूचना अपर्याप्त है

निर्देश (प्र.सं. 14 और 15): *निम्नलिखित कथनों को पढ़ें और पूछे गए प्रश्नों के उत्तर दें :*

(A) $P + Q$ का अर्थ है कि 'P, Q की मां है'
(B) $P \div Q$ का अर्थ है कि 'P, Q का पिता है'
(C) $P - Q$ का अर्थ है कि 'P, Q की बहन है'

14. निम्नलिखित में से किससे यह सूचित होता है कि M, R की पुत्री है ?

(*a*) $R \div M + N$
(*b*) $R + N \div M$
(*c*) $R - M \div N$
(*d*) दी गई सूचना अपर्याप्त है

15. उपर्युक्त प्रश्न का उत्तर ज्ञात करने के लिए निम्नलिखित में से किस कथन को छोड़ा जा सकता है ?

(*a*) केवल A
(*b*) B या C
(*c*) A या B
(*d*) केवल C

व्याख्यात्मक उत्तर

1. (*a*) :

पिता
A
B पुत्र
C पुत्री

C, A का पुत्र नहीं है किंतु A, C का पिता है। अत: C, A की पुत्री है।

2. (*a*) :

दादा
पिता
(एकमात्र पुत्र)
पुत्री → महिला
(खड़ी हुई लड़की)

उस महिला के दादा का पुत्र उसके पिता हैं तथा पिता की पुत्री निश्चित ही उस महिला की बहन होगी।

3. (*c*) :

अमित
दादा
पुत्र
पुत्र ← रवि
भाई

अमित के पुत्र का पुत्र अमित का पोता होगा। रवि अमित के पुत्र के पुत्र का भाई है, अत: अमित रवि के भी दादाजी हैं।

4. (*b*) :

माँ → रजत का भाई ← रजत
बहन
मामा
मयंक

मयंक की मां रजत के भाई की बहन है। अत: रजत भी मयंक की मां का भाई है। इस प्रकार रजत, मयंक का मामा हुआ।

5. (*b*) : संबंध चार्ट निम्नवत् है : माँ

↑ पुत्र
राघव
↓ पिता
लिली (पुत्री)

राघव जब कहता है, ''मेरी मां का एकमात्र पुत्र'' तो वह स्वयं अपने बारे में ही कह रहा होता है। इसके पिता का आशय है, 'लिली के पिता' अर्थात् स्वयं राघव। अत: लिली, राघव की पुत्री है।

6. (*d*) : 1. शुभा → अजय → विजय
↓
मेहुल
(पुत्री)

2. संजय → राहुल
(भाई)

यहां दो संबंध-समुच्चयों का उल्लेख किया गया है। दी गई सूचना अपर्याप्त है और इन दो भिन्न संबंध-समुच्चयों के बीच कोई संबंध स्थापित नहीं किया जा सकता।

7. (*d*) : प्रश्न पर आधारित संबंध चार्ट है :

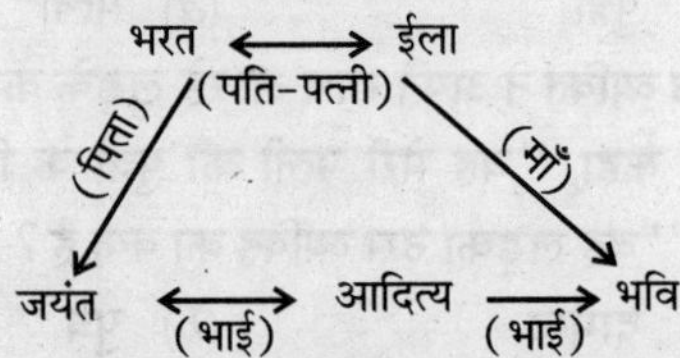

जयंत और आदित्य भाई हैं। यदि आदित्य, रवि का भाई है तो जयंत भी रवि का भाई है। यदि भरत, जयंत का पिता है तो वह आदित्य और रवि का भी पिता है। यदि ईला, रवि की मां है तो वह आदित्य और जयंत की भी मां है। इसका अर्थ है कि भरत और ईला पति-पत्नी हैं और तीनों बच्चों के माता-पिता हैं।

8. (*b*) : प्रश्न पर आधारित संबंध-चार्ट है :

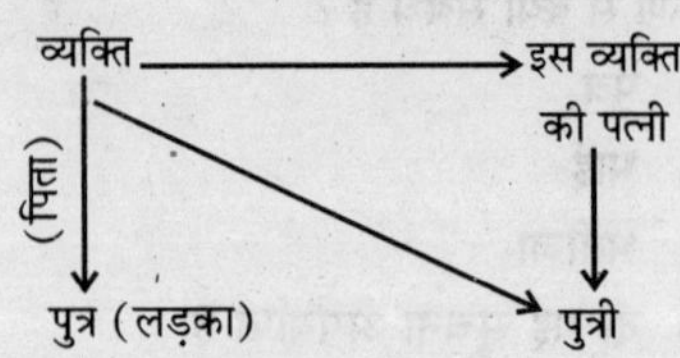

'उस व्यक्ति की पत्नी की पुत्री के पिता' का आशय है कि वह व्यक्ति स्वयं अपने बारे में बात कर रहा है, अत: वह लड़का उस व्यक्ति का पुत्र है।

9. (*c*) : प्रश्न पर आधारित संबंध-चार्ट है :

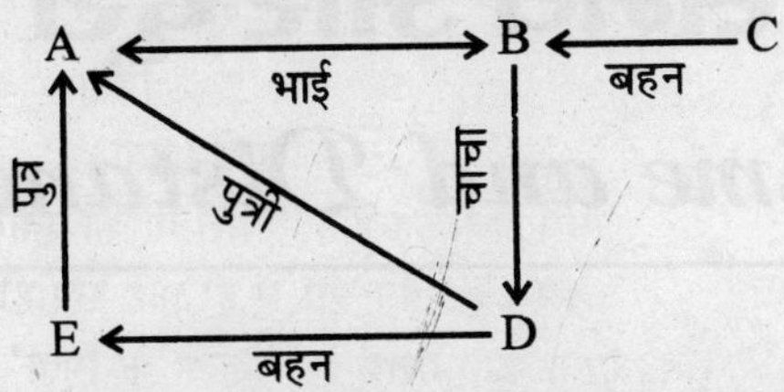

D, E की बहन है और E, A का पुत्र है। अत: D, A की पुत्री है। चूंकि A का भाई B है, अत: B, D का चाचा है।

10. (*a*) : वरुण ⟶ बहन (एकमात्र भाई)

(पिता)

अरुण (पुत्र)

वरुण की बहन का एकमात्र भाई स्वयं वरुण है और उसका पुत्र अरुण है।

11. (*a*) : E – G का अर्थ है 'E, G की बहन है' और G ÷ F का अर्थ है कि 'G, F का पिता है।'

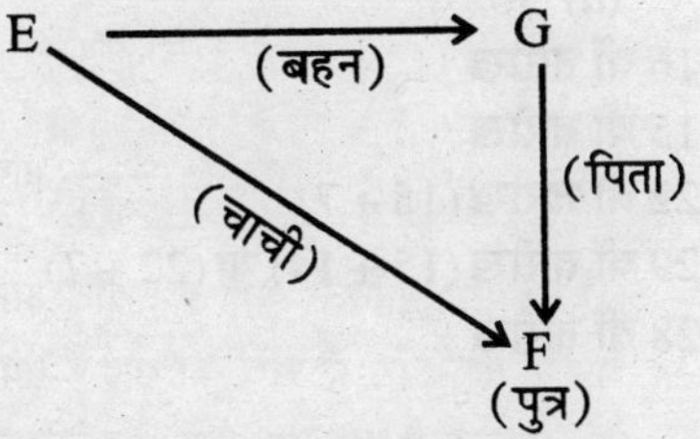

12. (*b*) : M + J का अर्थ है कि 'M, J की पुत्री है'। J ÷ K का अर्थ है कि 'J, K का पुत्र है'।

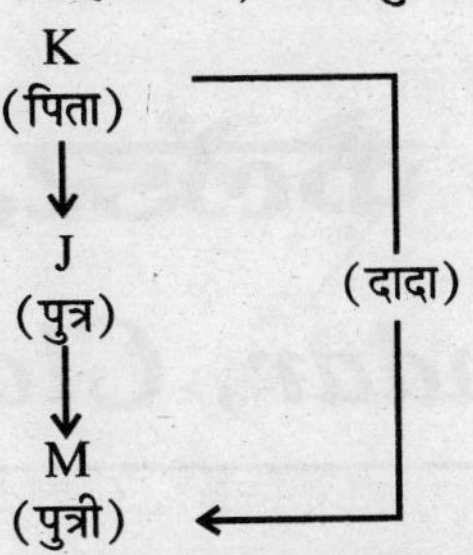

13. (*a*) : N × K का अर्थ है कि 'N, K का भाई है' और 'K + M' का अर्थ है कि 'K, M का पिता है'।

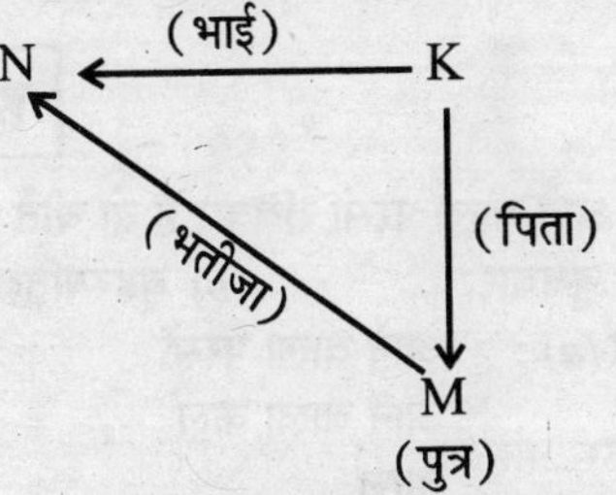

14. (*a*) : R ÷ M का अर्थ है कि 'R, M का पिता है' और M + N का अर्थ है कि M, N की मां है।

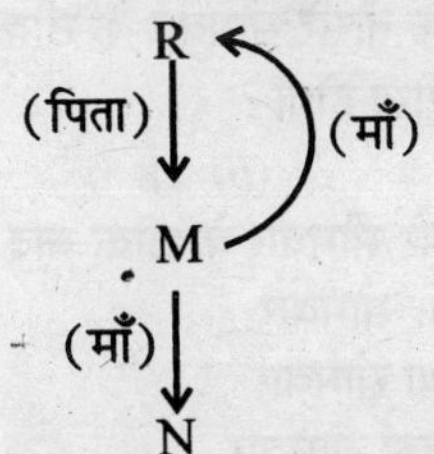

15. (*d*) : बहन के संबंध को व्यक्त करने वाली सूचना अपेक्षित नहीं है।

8. कैलेंडर, घड़ी, समय और दूरी
(Calendar, Clock, Time and Distance)

इस प्रकार की गणितीय तर्क बुद्धि परीक्षा घड़ी या कैलेंडर द्वारा समय के परिकलन तथा गतिमान वस्तु की चाल या उसके द्वारा तय की गई दूरी के परिकलन के संबंध में अभ्यर्थियों की योग्यता की जांच करने के लिए आयोजित की जाती है।

हल किए गए उदाहरण

1. यदि आने वाला परसों रविवार है तो बीते परसों क्या था?

(*a*) बुधवार (*b*) बृहस्पतिवार (*c*) शुक्रवार (*d*) शनिवार

उत्तर (*a*) :

आने वाला परसों	—	रविवार
आने वाला कल	—	शनिवार
आज	—	शुक्रवार
बीता कल	—	बृहस्पतिवार
बीता परसों	—	बुधवार

2. यदि किसी माह के तीसरे सोमवार के ठीक बाद वाले दिन 16 तारीख थी तो उस माह के पांचवें सोमवार से ठीक पहले वाले दिन कौन-सी तारीख होगी?

(*a*) 27 (*b*) 28 (*c*) 29 (*d*) 30

उत्तर (*b*) :

तीसरे सोमवार के ठीक बाद वाले दिन	—	16 वीं तारीख
अत: सोमवार	—	15 वीं तारीख
चौथा सोमवार	—	22 वीं तारीख (15 + 7)
पांचवां सोमवार	—	29 वीं तारीख (15 + 14) या (22 + 7)
अत: पांचवें सोमवार से ठीक पहले वाले दिन	—	28 वीं तारीख

अभ्यास

1. यदि परसों बृहस्पतिवार था तो रविवार कब होगा?

(*a*) कल (*b*) परसों

(*c*) आज (*d*) आज से दो दिन बाद

2. किसी कार्यालय में बीस व्यक्ति कार्य करते हैं। इनमें से पांच व्यक्तियों का पहला समूह प्रात: 8:00 बजे से दोपहर बाद 2:00 बजे तक काम करता है। दस व्यक्तियों का दूसरा समूह प्रात: 10:00 बजे से शाम 4:00 बजे तक काम करता है तथा पांच व्यक्तियों का तीसरा समूह दोपहर 12:00 बजे से संध्या 6:00 बजे तक काम करता है। इस कार्यालय में तीन कंप्यूटर हैं जिन्हें सभी कर्मचारी बार-बार प्रयोग में लाते हैं। बताइए कि निम्नलिखित में से किस समय के दौरान कंप्यूटर पर सर्वाधिक काम होगा?

(*a*) दोपहर बाद 1:00 बजे से 3:00 बजे के बीच

(*b*) दोपहर 12:00 बजे से दोपहर बाद 2:00 बजे के बीच

(*c*) दोपहर बाद 2:00 बजे से शाम 4:00 बजे के बीच

(*d*) प्रात: 10:00 बजे से दोपहर 12:00 बजे के बीच

3. यदि किसी माह का सातवां दिन शुक्रवार से तीन दिन पहले का दिन हो तो उस माह का उन्नीसवां दिन सप्ताह का कौन-सा दिन होगा ?

(*a*) रविवार (*b*) सोमवार
(*c*) बुधवार (*d*) शुक्रवार

4. राधा को याद है कि उसके पिता का जन्मदिन 16 मार्च के बाद किंतु 21 मार्च से पहले है जबकि उसके भाई मंगेश को याद है कि उनके पिता का जन्मदिन 22 मार्च से पहले किंतु 19 मार्च के बाद है। बताइए कि उनके पिता का जन्मदिन किस तारीख को निश्चित रूप से है ?

(*a*) 19 मार्च (*b*) 20 मार्च
(*c*) 21 मार्च (*d*) कहा नहीं जा सकता

5. एक व्यक्ति आयु में अपनी पत्नी से 3 वर्ष बड़ा है और उसकी आयु उसके पुत्र की आयु के 4 गुने के बराबर है। यदि आज से 3 वर्ष बाद पुत्र की आयु 15 वर्ष हो तो उसकी मां की वर्तमान आयु क्या है ?

(*a*) 60 वर्ष (*b*) 51 वर्ष
(*c*) 48 वर्ष (*d*) 45 वर्ष

6. एक घड़ी इस प्रकार रखी गई है कि दोपहर ठीक 12.00 बजे इसकी मिनट की सूई उत्तर-पूर्व दिशा को सूचित करती है। दोपहर बाद 1.30 बजे इस घड़ी की घंटे की सूई किस दिशा को सूचित करेगी ?

(*a*) पूर्व (*b*) पश्चिम
(*c*) उत्तर (*d*) दक्षिण

7. दो भाइयों को एक ही दिन घर वापस लौटना था। रजत पूर्व निर्धारित दिन से 3 दिन पहले घर लौटा जबकि रोहित निर्धारित दिन से चार दिन बाद घर लौटा। यदि रजत वृहस्पतिवार को घर लौटा हो तो उनके घर लौटने का पूर्व-निर्धारित दिन क्या था तथा रोहित किस दिन घर लौटा ?

(*a*) बुधवार, रविवार
(*b*) बृहस्पतिवार, सोमवार
(*c*) रविवार, बृहस्पतिवार
(*d*) सोमवार, शुक्रवार

8. प्रबीर अपने घर से कार्यालय के लिए प्रतिदिन प्रात: 9:15 बजे चलता है और 9:55 बजे अपने कार्यालय पहुंच जाता है। बुधवार को वह उस समय से पांच मिनट बाद घर से निकला जिस समय वह शुक्रवार को घर से निकला था। सप्ताह के पांच दिनों में से तीन दिन वह घर से विलंब से निकला जिनमें शुक्रवार भी एक दिन था। बताइए कि वह कितने दिन कार्यालय के लिए घर से समय से निकला ?

(*a*) दो (*b*) तीन
(*c*) चार (*d*) एक

निर्देश (प्र.सं. 9–10): *निम्नलिखित सूचना को ध्यानपूर्वक पढ़ें और नीचे पूछे गए प्रश्नों के उत्तर दें :*

(*i*) एक सिटी बस कंपनी M, N, O, P, Q, R और S सात बसें चलाती है जिनमें से प्रत्येक बस शहर के दर्शनीय स्थलों के टूर पर प्रतिदिन एक बार 4 घंटे के लिए रवाना होती है।

(*ii*) सोमवार से शुक्रवार तक पहली बस ठीक आठ बजे रवाना होती है जिसके बाद की बसें बारी-बारी से 45 मिनट, जिसके बाद 30 मिनट और फिर 45 मिनट, जिसके बाद 35 मिनट और फिर 45 मिनट और उसके बाद 40 मिनट के अंतराल पर रवाना होती हैं।

(*iii*) शनिवार और रविवार को पहली बस प्रात: 7:30 बजे रवाना होती है और उसके बाद की बसें बारी-बारी से एक-एक घंटे के अंतर पर रवाना होती हैं।

(*iv*) बस 'Q' बस 'M' के ठीक बाद रवाना होती है जिसके ठीक बाद बस 'S' रवाना होती है।

(*v*) बस 'O' अंतिम बस है जिसके बाद और कोई बस नहीं जाती।

(*vi*) बस 'R' बस 'M' से ठीक पहले रवाना होती है किंतु यह बस 'P' के ठीक बाद नहीं जाती।

9. शनिवार को बस 'M' कितने बजे रवाना होती है ?

(*a*) प्रात: 10 बजे (*b*) प्रात: 9:45 बजे
(*c*) प्रात: 10:30 बजे (*d*) सूचना अपर्याप्त है

10. रविवार को बस 'P' द्वारा अपना टूर पूरा कर लेने के बाद निम्नलिखित में से कौन-सी बस रवाना होती है ?

(*a*) Q (*b*) S
(*c*) O (*d*) सूचना अपर्याप्त है

व्याख्यात्मक उत्तर

1. (a) : बृहस्पतिवार —बीता परसों
शुक्रवार —बीता कल
शनिवार —आज
रविवार— आने वाला कल

2. (b) : 1. पांच व्यक्तियों का समूह–प्रात: 8:00 बजे से दोपहर बाद 2:00 बजे तक काम करता है।
2. दस व्यक्तियों का दूसरा समूह–प्रात: 10:00 बजे से शाम 4:00 बजे तक काम करता है
3. पांच व्यक्तियों का तीसरा समूह–दोपहर 12:00 बजे से संध्या 6:00 बजे तक काम करता है
अत: कंप्यूटर पर दोपहर 12:00 बजे से दोपहर बाद 2:00 बजे तक सर्वाधिक काम होगा।

3. (a) : सातवां दिन शुक्रवार से तीन दिन पहले का दिन है अत: दसवां दिन शुक्रवार है, इसलिए 17 वां दिन भी शुक्रवार है।
अत: 19 वां दिन शुक्रवार के बाद का दूसरा दिन अर्थात् रविवार है।

4. (b) : पिता का जन्मदिन

राधा के अनुसार	16 मार्च	21 मार्च
मंगेश के अनुसार	19 मार्च	22 मार्च

∴ अत: उनके पिता का जन्मदिन 20 मार्च को है।

5. (d) : पुत्र की वर्तमान आयु = 15 – 3 = 12 वर्ष।
उस व्यक्ति की आयु अपने पुत्र की आयु की चार गुनी है।
अर्थात् $12 \times 4 = 48$ वर्ष
वह व्यक्ति अपनी पत्नी/अपने पुत्र की मां से 3 वर्ष बड़ा है,
अत: मां की आयु = 48 – 3 = 45 वर्ष

6. (a) :

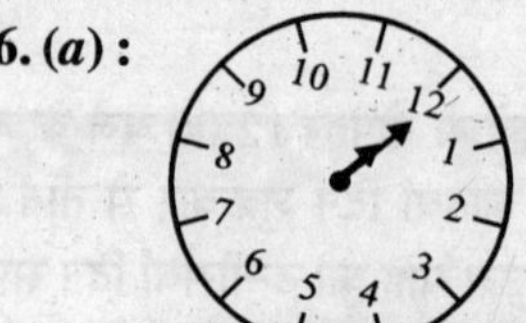

12 बजे

दोपहर बाद 1.30 बजे घंटे की सूई पूर्व दिशा की ओर सूचित करेगी

7. (c) : रजत बृहस्पतिवार को घर लौटा। रजत पूर्व निर्धारित दिन से 3 दिन पहले घर लौटा, अत: घर लौटने का पूर्व निर्धारित दिन रविवार था। रोहित रविवार के 4 दिन बाद अर्थात् अगले बृहस्पतिवार को घर लौटा।

8. (a) : पांच दिनों में से प्रबीर तीन दिन घर से विलंब से निकलता है और 2 दिन समय से निकलता है।

9. (c) :

बसों के रवाना होने का क्रम	सोमवार से शुक्रवार तक रवानगी का समय	शनिवार और रविवार को रवानगी का समय
P	प्रात: 8:00 बजे	प्रात: 7:30 बजे
N	प्रात: 8:45 बजे	प्रात: 8:30 बजे
R	प्रात: 9:15 बजे	प्रात: 9:30 बजे
M	प्रात: 10 बजे	प्रात: 10:30 बजे
Q	प्रात: 10:35	प्रात: 11:30 बजे
S	प्रात: 11:20 बजे	दोपहर बाद 12:30 बजे
O	दोपहर 12 बजे	दोपहर बाद 1:30 बजे

10. (a) : बस P प्रात: 7:30 बजे रवाना होती है और अपना चार घंटे का दर्शनीय स्थलों का टूर 11:30 बजे पूरा कर लेती है। बस Q प्रात: 11:30 बजे रवाना होती है।

9. क्रम व्यवस्था और श्रेणी परीक्षण
(Rows and Ranks)

इस प्रकार के प्रश्न किसी पंक्ति या लाइन में व्यवस्थित वस्तुओं की संख्या या कुछ छात्रों की एक कक्षा में किसी छात्र के क्रम-स्थान (कोटि) या कक्षा में छात्रों की कुल संख्या ज्ञात करने के लिए कतिपय सरल गणितीय परिकलनों पर आधारित होते हैं।

हल किए गए उदाहरण

1. पेड़ों की किसी पंक्ति में कोई एक पेड़ किसी एक सिरे से आठवें और दूसरे सिरे से तीसरे स्थान पर है। बताइए कि इस पंक्ति में कुल कितने पेड़ हैं?

(*a*) 11 (*b*) 9 (*c*) 10 (*d*) 12

उत्तर (*c*) : इस पंक्ति में पेड़ों की संख्या

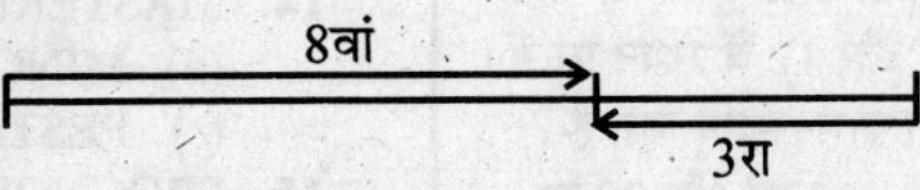

$(8 + 3) - 1 = 10$

2. यदि किसी कक्षा में योग्यता-क्रम में जानकी, पल्लवी से 12 स्थान आगे है और पल्लवी का कक्षा में 15वां स्थान है तथा जानकी का कक्षा में योग्यता-क्रम में चौथा स्थान है तो बताइए कि इस कक्षा में कुल कितने छात्र हैं?

(*a*) 23 (*b*) 27 (*c*) 31 (*d*) 33

उत्तर (*c*) : परिकलन करने पर निम्नलिखित उत्तर प्राप्त होता है :

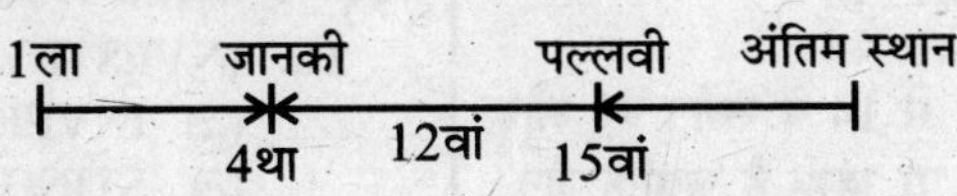

कक्षा में छात्रों की कुल संख्या = 4 + 12 + 15 = 31

अभ्यास

1. पेड़ों की एक पंक्ति में कोई एक पेड़ पंक्ति के दोनों छोरों से पांचवें स्थान पर है। इस पंक्ति में कुल कितने पेड़ हैं?

(*a*) 11 (*b*) 8
(*c*) 10 (*d*) 9

2. 53 छात्रों की एक कक्षा में जया का योग्यता-क्रम में 5 वां स्थान है। कक्षा में योग्यता-क्रम में नीचे से उसका क्रम-स्थान क्या है?

(*a*) 49 वां (*b*) 48 वां
(*c*) 47 वां (*d*) 50 वां

3. पैंसठ छात्रों की एक कक्षा में योग्यता-क्रम में मोहन का क्रम स्थान इक्कीसवां है। यदि योग्यता-क्रम में सबसे नीचे के छात्र का क्रम-स्थान 1 माना जाए तो योग्यता-क्रम में नीचे से मोहन का क्रम-स्थान क्या होगा?
(*a*) 44 वां (*b*) 45 वां
(*c*) 46 वां (*d*) कोई नहीं

4. लड़कों की एक पंक्ति में राहुल दाहिने से 12 वें स्थान पर और बाएं से चौथे स्थान पर खड़ा है। इस पंक्ति में और कितने लड़कों को शामिल करने पर पंक्ति में लड़कों की कुल संख्या 28 हो जाएगी?
(*a*) 12 (*b*) 14
(*c*) 20 (*d*) 13

5. लड़कों की एक पंक्ति में राजन दाहिने से दसवें स्थान पर है और सूरज बाएं से दसवें स्थान पर है। यदि राजन और सूरज आपस में अपना स्थान बदल लें तो सूरज बाएं से सताइसवें स्थान पर आ जाएगा। राजन अब पंक्ति में दाहिने से कितने स्थान पर खड़ा है?
(*a*) दसवें (*b*) छब्बीसवें
(*c*) उन्तीसवें (*d*) सताइसवें

6. 41 छात्रों की एक कक्षा में महेश और सुरेश योग्यता-क्रम में ऊपर से क्रमश: 11 वें और 12 वें स्थान पर हैं। योग्यता-क्रम में नीचे से इनका क्रम-स्थान क्या है?
(*a*) 32 वां और 33 वां (*b*) 29 वां और 30 वां
(*c*) 30 वां और 31 वां (*d*) 31 वां और 30 वां

7. किसी कक्षा में उमा योग्यता-क्रम में ऊपर से 8 वें और नीचे से 37 वें स्थान पर है। इस कक्षा में कुल कितने छात्र हैं?
(*a*) 47 (*b*) 46
(*c*) 45 (*d*) 44

8. एक पंक्ति में सादिक सामने से 14 वें स्थान पर और जोसफ अंत से 17 वें स्थान पर खड़ा है जबकि जेन, सादिक और जोसफ के बीच खड़ा है। यदि सादिक, जोसफ से आगे खड़ा है और पंक्ति में कुल 48 व्यक्ति खड़ें हो, तो सादिक और जेन के बीच पंक्ति में कितने व्यक्ति खड़े हैं?
(*a*) 5 (*b*) 6
(*c*) 7 (*d*) 8

9. किसी कक्षा में वार्षिक परीक्षा में उत्तीर्ण हुए छात्रों में योग्यता-क्रम में रोहन नीचे से सताइसवें स्थान पर और ऊपर से ग्यारहवें स्थान पर आया। यदि वार्षिक परीक्षा में इस कक्षा के 12 छात्र अनुत्तीर्ण घोषित किए गए हों तो परीक्षा में इस कक्षा के कितने छात्र शामिल हुए थे?
(*a*) 48 (*b*) 49
(*c*) 50 (*d*) कहा नहीं जा सकता

10. कुछ लड़के एक पंक्ति में बैठे हैं। P पंक्ति में बाएं से चौदहवें स्थान पर और Q दाहिने से सातवें स्थान पर बैठा है। यदि P और Q के बीच चार लड़के बैठे हों, तो इस पंक्ति में कुल कितने लड़के हैं?
(*a*) 19 (*b*) 21
(*c*) 25 (*d*) 23

निर्देश (प्र.सं. 11 से 15): *प्रत्येक दिए गए विकल्पों से उस एक शब्द का चयन करें जिसे प्रश्न में दिए गए शब्द के अक्षरों का प्रयोग करके लिखा नहीं जा सकता।*

11. ROTATION
(*a*) TORN (*b*) NOTE
(*c*) TART (*d*) RAIN

12. INSUFFICIENT
(*a*) ENTICE (*b*) SCENT
(*c*) SUFFICE (*d*) THENCE

13. CATASTROPHE
(*a*) TASTE (*b*) CHEAP
(*c*) POUCH (*d*) STARE

14. MASTERPIECE
(*a*) MINCE (*b*) TRAMP
(*c*) PESTER (*d*) SPRITE

15. PROGNOSTICATION
(*a*) RONTGEN (*b*) SPITOON
(*c*) ROGATION (*d*) START

निर्देश (प्र.सं. 16 से 20): *यहाँ प्रत्येक प्रश्न में दिए गए विकल्पों से उस एक शब्द का चयन करें जिसे प्रश्न के आरंभ में दिए गए शब्द के अक्षरों का प्रयोग करके लिखा जा सकता है।*

16. INVESTIGATE
(*a*) INVERT (*b*) GLIDE
(*c*) STING (*d*) ACTED

17. ADVENTURE
(*a*) AWARE (*b*) EVENT
(*c*) TRUCE (*d*) DRIED

18. THANKSGIVING
(*a*) AVENGE (*b*) HAUNTS
(*c*) GRAINS (*d*) SAVING

19. BLANDISHMENT
(*a*) BOARD (*b*) METAL
(*c*) SHAPE (*d*) CRASH

20. UNDISCHARGED
(*a*) CHANGED (*b*) DISARMED
(*c*) GROUNDED (*d*) SHARPEN

व्याख्यात्मक उत्तर

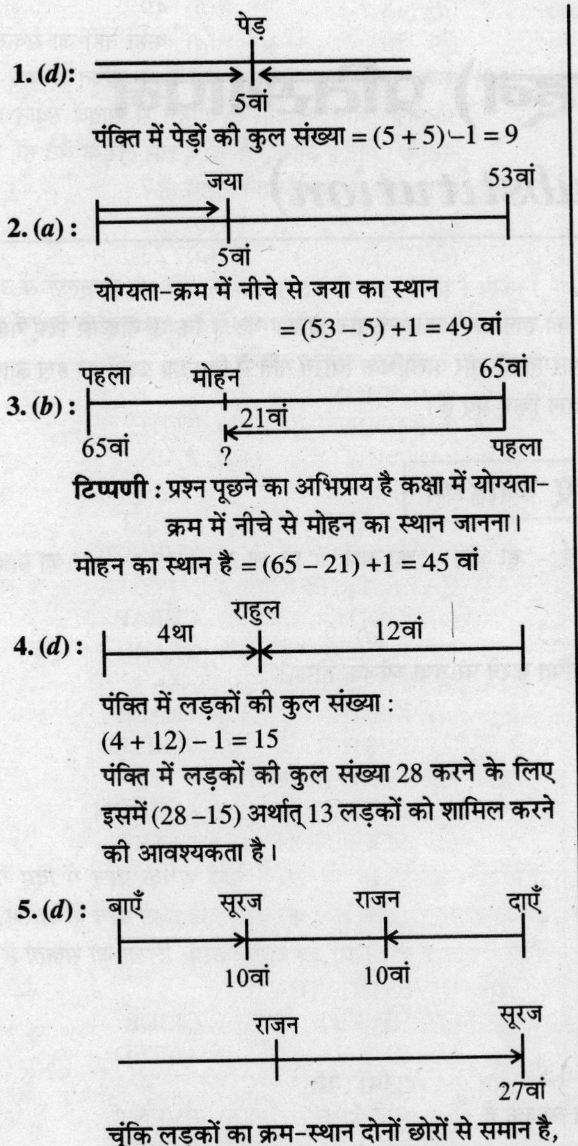

1. (*d*): पेड़ — 5वां

पंक्ति में पेड़ों की कुल संख्या = (5 + 5) – 1 = 9

2. (*a*) : जया — 5वां, 53वां

योग्यता–क्रम में नीचे से जया का स्थान

= (53 – 5) +1 = 49 वां

3. (*b*) : पहला, मोहन, 65वां; 65वां, 21वां, ?, पहला

टिप्पणी : प्रश्न पूछने का अभिप्राय है कक्षा में योग्यता–क्रम में नीचे से मोहन का स्थान जानना।

मोहन का स्थान है = (65 – 21) +1 = 45 वां

4. (*d*) : 4था, राहुल, 12वां

पंक्ति में लड़कों की कुल संख्या :

(4 + 12) – 1 = 15

पंक्ति में लड़कों की कुल संख्या 28 करने के लिए इसमें (28 –15) अर्थात् 13 लड़कों को शामिल करने की आवश्यकता है।

5. (*d*) : बाएँ, सूरज, राजन, दाएँ; 10वां, 10वां

राजन, सूरज, 27वां

चूंकि लड़कों का क्रम–स्थान दोनों छोरों से समान है, अतः स्थान बदलने के बाद राजन का क्रम स्थान दाहिने से 27 वां होगा।

6. (*d*) : पहला, महेश सुरेश, 41वां; 11वां 12वां

योग्यता–क्रम में नीचे से महेश का स्थान

= (41 – 11) + 1 = 31 वां

योग्यता–क्रम में नीचे से सुरेश का स्थान

= (41 – 12) +1 = 30 वां

7. (*d*) : 8वां, उमा, 37वां

कक्षा में छात्रों की कुल संख्या

= (8 + 37) – 1 = 44

8. (*d*) : पहला, सादिक, जेन, जोसफ, 48वां; 14वां, 17वां

अंत से सादिक का क्रम स्थान :

(48 – 14) + 1 = 35 वां

सादिक और जोसफ के बीच व्यक्तियों की संख्या

= (35 – 17) – 1 = 17

जेन, सादिक और जोसफ के बीच में है, अर्थात् वह दोनों लड़कों से नौवें स्थान पर है।

∴ सादिक और जेन के बीच 8 व्यक्ति हैं।

टिप्पणी : (8 + 8) – 1 = 17

9. (*b*) : रोहन, 11वां, 27वां

परीक्षा में उत्तीर्ण होने वाले छात्रों की संख्या

= (11+ 27) – 1 = 37

परीक्षा में अनुत्तीर्ण हुए छात्रों की संख्या = 12

परीक्षा में भाग लेने वाले छात्रों की कुल संख्या

= 37 + 12 = 49.

10. (*c*) : P, Q; 14वां, 4, 7वां

पंक्ति में लड़कों की संख्या

= (14 + 4 + 7) = 25

11. (*b*)	**12.** (*d*)	**13.** (*c*)	**14.** (*a*)	**15.** (*a*)
16. (*c*)	**17.** (*b*)	**18.** (*d*)	**19.** (*b*)	**20.** (*a*)

10. प्रतीक (चिह्न) प्रतिस्थापन
(Symbol Substitution)

इस प्रकार के प्रश्नों को हल करना अत्यधिक सरल है। ऐसे प्रश्नों को हल करने की एकमात्र अपेक्षा यह है कि उम्मीदवार दिए गए प्रतीकों या चिह्नों को प्रतिस्थापित करने और परिकलन की विद्या में पारंगत हों और अत्यधिक त्वरित गति से दिए गए प्रश्नों का हल ज्ञात कर सके। इस श्रेणी में पूछे गए कुछ सामान्य प्रकार के प्रश्न नीचे हल किए गए हैं।

हल किए गए उदाहरण

1. यदि '+' का अर्थ '×' हो, '×' का अर्थ '÷' हो, '÷' का अर्थ '–' हो और '–' का अर्थ '+' हो, तो $2 - 8 \times 2 + 6 \div 7$ का मान क्या होगा?

(*a*) 32 (*b*) 19 (*c*) 23 (*d*) 9

उत्तर (*b*) : दिए गए व्यंजक में गणितीय चिह्नों को प्रतिस्थापित करने पर नया व्यंजक होगा :

$$2 + 8 \div 2 \times 6 - 7$$

इस व्यंजक को हल करने के निम्नलिखित चरण होंगे :

$$2 + 4 \times 6 - 7$$
$$2 + 24 - 7$$
$$26 - 7 = 19$$

2. यदि '▲' का अर्थ '+' हो,
'■' का अर्थ '–' हो,
'●' का अर्थ '÷' हो,
'✳' का अर्थ '×' हो, तो
13 ▲ 5 ✳ 20 ● 10 ■ 9 = ?

(*a*) 26 (*b*) 37 (*c*) 14 (*d*) 55

उत्तर (*c*) : चिह्नों को प्रतिस्थापित करने पर प्राप्त हुआ नया व्यंजक है :

$$13 + 5 \times 20 \div 10 - 9$$

इस व्यंजक को हल करने के चरण होंगे :

$$13 + 5 \times 2 - 9$$
$$13 + 10 - 9$$
$$23 - 9 = 14$$

अभ्यास

1. यदि "+" का अर्थ "–" हो; "–" का अर्थ "×" हो; "×" का अर्थ "÷" हो और "÷" का अर्थ "+" हो, तो $15 \times 5 \div 10 + 5 - 3 = ?$
(a) 9.5 (b) 0
(c) – 2 (d) 24

2. यदि "+" का अर्थ "–" हो; "–" का अर्थ "×" हो; "×" का अर्थ "÷" हो; और "÷" का अर्थ "+" हो, तो $15 \times 3 \div 15 + 5 - 2 = ?$
(a) 0 (b) 10
(c) 20 (d) 6

3. यदि "+" का अर्थ "÷" हो; "×" का अर्थ "–" हो; "÷" का अर्थ "+" हो और "–" का अर्थ "×" हो, तो $16 \div 8 \times 6 - 2 + 12 = ?$
(a) 22 (b) 24
(c) 23 (d) 20

4. यदि "+" का अर्थ "×" हो; "–" का अर्थ "÷" हो; "×" का अर्थ "–" हो और "÷" का अर्थ "+" हो, तो $5 + 8 - 4 \times 2 \div 9 = ?$
(a) 15 (b) 13
(c) 17 (d) 11

5. यदि × का आशय जोड़ की संक्रिया से हो, ÷ का आशय घटाव की संक्रिया से हो, + का आशय गुणा की संक्रिया से हो और – का आशय भाग की संक्रिया से हो तो $(20 \times 6 \div 6 \times 4)$ निम्नलिखित में से किसके बराबर है?
(a) 5 (b) 24
(c) 25 (d) 80

6. यदि A + B > C + D, B + E = 2 C और C + D > B + E हो, तो इसका निश्चित अर्थ यह है कि :
(a) $A > C$ (b) $A + B > 2D$
(c) $A + B > 2C$ (d) $A + B > 2E$

7. यदि A + D > C + E, C + D = 2B और B + E > C + D हो, तो इसका निश्चित अर्थ यह है कि :
(a) $A + D > B + E$ (b) $A + D > B + C$
(c) $A + B > 2D$ (d) $B + D > C + E$

8. यदि "+" का अर्थ "÷" हो; "÷" का अर्थ "–" हो; "–" का अर्थ "×" हो और "×" का अर्थ "+" हो, तो $10 \div 2 - 15 + 3 \times 5 = ?$
(a) 10 (b) 15
(c) 25 (d) 5

9. यदि × का आशय 'जोड़' की संक्रिया से हो, < का आशय 'घटाव' की संक्रिया से हो, + का आशय 'भाग' की संक्रिया से हो, > का आशय 'गुणा' की संक्रिया से हो, – का आशय 'बराबर' हो, ÷ का आशय 'बड़ा होना' हो और = का आशय 'छोटा होना' हो तो बताइए कि निम्नलिखित में से कौन–सा विकल्प सत्य है?
(a) $5 \times 3 < 7 \div 8 + 4 \times 1$
(b) $3 \times 4 > 2 - 9 + 3 < 3$
(c) $5 > 2 + 2 = 10 < 4 \times 8$
(d) $3 \times 2 < 4 \div 16 > 2 + 4$

10. यदि → का आशय 'घटाव' की संक्रिया से हो, ← का आशय 'जोड़' की संक्रिया से हो, ↑↑ का आशय 'गुणा' की संक्रिया से हो; ↓↓ का आशय 'भाग' की संक्रिया से हो, ↔ का आशय 'बड़ा होना' हो और ⟷ का आशय 'बराबर' हो तो निम्नलिखित में से कौन–सा विकल्प सत्य है?
(a) $4 \leftarrow 6 \uparrow\uparrow 2 \longleftrightarrow 3 \rightarrow 12 \leftarrow 12$
(b) $10 \downarrow\downarrow 5 \uparrow\uparrow 5 \longleftrightarrow 9 \rightarrow 3 \leftarrow 4$
(c) $15 \uparrow\uparrow 2 \rightarrow 5 \longleftrightarrow 12 \downarrow\downarrow 4 \leftarrow 3$
(d) $13 \downarrow\downarrow 13 \leftarrow 1 \leftrightarrow 20 \rightarrow 5 \uparrow\uparrow 2$

11. यदि "+" का अर्थ "÷" हो; "×" का अर्थ "–" हो; "÷" का अर्थ "×" हो और "–" का अर्थ "+" हो, तो निम्नलिखित व्यंजक का मान क्या होगा? $9 + 3 \div 4 - 8 \times 2 = ?$
(a) $6\frac{3}{4}$ (b) $-1\frac{3}{4}$
(c) $-6\frac{1}{4}$ (d) 18

12. यदि "–" का अर्थ "÷" हो; "+" का अर्थ "×" हो; "÷" का अर्थ "–" हो और "×" का अर्थ "+" हो, तो निम्नलिखित में से कौन–सा विकल्प निश्चित ही सत्य है?
(a) $1 \div 2 + 3 \times 6 - 8 = 12$
(b) $2 + 3 - 5 \times 8 \div 4 = 7$
(c) $5 + 6 \times 8 - 2 \div 3 = 31$
(d) $6 \div 1 + 2 - 8 \times 4 = 31$

13. निम्नलिखित समीकरण के रिक्त स्थानों में नीचे दिए गए विकल्पों में से किस विकल्प के चिह्नों को प्रतिस्थापित किया जाएगा?

$9 \ldots 8 \ldots\ 8 \ldots 4 \ldots 9 = 65$

(*a*) $- + \times \div$ (*b*) $\div \times + -$

(*c*) $\div + \times -$ (*d*) $\times + \div -$

14. यदि '❋' का अर्थ '×', 'Δ' का अर्थ '÷', '□' का अर्थ '–', '●' का अर्थ '+', 'α' का अर्थ '=' और 'β' का अर्थ '≠', हो, तो निम्नलिखित में से कौन–सा समीकरण सही है?

(*a*) 2 □ 10 ❋ 4 Δ 5 α 5 ● 12 Δ 6

(*b*) 27 Δ 9 ● 6 β 3 ❋ 6 □ 9

(*c*) 4 Δ 2 ❋ 0 α 7 Δ 1 ❋ 0

(*d*) 5 ● 6 Δ 3 □ 2 α 8 Δ 4 ❋ 3

15. यदि दिए गए चिह्नों + और – को एक दूसरे के स्थान पर रखा जाए तो निम्नलिखित में से कौन–सा समीकरण सही होगा?

(*a*) $2 + 7 - 8 = 3$ (*b*) $3 - 1 + 4 = 2$

(*c*) $9 + 3 - 5 = 7$ (*d*) $6 + 3 - 8 = 5$

व्याख्यात्मक उत्तर

1. (*c*): $15 \div 5 + 10 - 5 \times 3$
$3 + 10 - 15 = -2$

2. (*b*): $15 \div 3 + 15 - 5 \times 2$
$5 + 15 - 10 = 10$

3. (*c*): $16 + 8 - 6 \times 2 \div 12$
$16 + 8 - 1 = 23$

4. (*c*): $5 \times 8 \div 4 - 2 + 9$
$10 - 2 + 9 = 17$

5. (*b*): $20 + 6 - 6 + 4 = 24$

6. (*c*): $A + B > C + D > B + E$ or $2C$
$\therefore A + B > 2C$

7. (*b*): 1. $A + D > C + E$
2. $B + E > C + D$ or $2B$
चूँकि 1 और 2 के बीच संबंध स्पष्ट नहीं है, तथापि यह निश्चित है कि $A + D > B + C$.

8. (*d*): $10 - 2 \times 15 \div 3 + 5$
$10 - 10 + 5 = 5$

9. (*c*): (*a*) $5 + 3 - 7 > 8 \div 4 + 1$ $1 > 3$
(*b*) $3 + 4 \times 2 = 9 \div 3 - 3$ $11 = 0$
(*c*) $5 \times 2 \div 2 < 10 - 4 + 8$ $5 < 14$
(*d*) $3 + 2 - 4 > 16 \times 2 \div 4$ $1 > 8$

10. (*b*): (*a*) $4 + 6 \times 2 = 3 - 12 + 12$ $16 = 3$
(*b*) $10 \div 5 \times 5 = 9 - 3 + 4$ $10 = 10$
(*c*) $15 \times 2 - 5 = 12 \div 4 + 3$ $25 = 6$
(*d*) $13 \div 13 + 1 > 20 - 5 \times 2$ $2 > 10$

11. (*d*): $9 \div 3 \times 4 + 8 - 2$
$12 + 8 - 2 = 18$

12. (*c*): (*a*) $1 - 2 \times 3 + 6 \div 8 = 12$ $\frac{-17}{4} = 12$
(*b*) $2 \times 3 \div 5 + 8 - 4 = 7$ $\frac{26}{5} = 7$
(*c*) $5 \times 6 + 8 \div 2 - 3 = 31$ $31 = 31$
(*d*) $6 - 1 \times 2 \div 8 + 4 = 31$ $\frac{-39}{4} = 31$

13. (*d*): (*a*) $9 - 8 + 8 \times 4 \div 9 = 65$
($8 \times 4 \div 9$ का उत्तर भिन्न रूप में प्राप्त होता है। चूँकि परिणाम 65 एक पूर्णांक है, अत: आगे परिकलन की आवश्यकता नहीं है।)
(*b*) $9 \div 8 \times 8 + 4 - 9 = 65$
$9 + 4 - 9$ अर्थात् $4 = 65$
(*c*) $9 \div 8 + 8 \times 4 - 9 = 65$
($9 \div 8$ का परिणाम भिन्न रूप में प्राप्त होता है)
(*d*) $9 \times 8 + 8 \div 4 - 9 = 65$
$72 + 2 - 9$ अर्थात् $65 = 65$

14. (*c*): हल समीकरण होंगे :
(*a*) $2 - 10 \times 4 \div 5 = 5 + 12 \div 6$
$2 - 8 = 5 + 2$
$-6 = 7$ जो गलत है
(*b*) $27 \div 9 + 6 \neq 3 \times 6 - 9$
$3 + 6 \neq 18 - 9$
$9 \neq 9$ जो गलत है
(*c*) $4 \div 2 \times 0 = 7 \div 1 \times 0$
$2 \times 0 = 7 \times 0$
$0 = 0$ जो सही है
(*d*) $5 + 6 \div 3 - 2 = 8 \div 4 \times 3$
$5 = 6$ जो गलत है

15. (*a*): चिह्नों को एक दूसरे के स्थान पर रखने पर प्राप्त समीकरण होगा :
(*a*) $2 - 7 + 8 = 3$ जो सही है
(*b*) $3 + 1 - 4 = 0$
(*c*) $9 - 3 + 5 = 11$
(*d*) $6 - 3 + 8 = 11$

11. कृत्रिम मान और लुप्त संख्याएँ
(Artificial Values and Missing Numbers)

इस प्रकार के प्रश्नों को हल करने के लिए संख्या संबंधी प्रश्नों को हल करने में निपुणता और गणितीय कौशल का होना अपेक्षित है। उत्तर प्राप्त करने के लिए अभ्यर्थियों के लिए यह अपेक्षित है कि वे अंकगणितीय चिह्नों या प्रतीकों के सही संयोजन का चयन करें जिसे दिए गए प्रश्नों में प्रश्न चिह्न के स्थान पर प्रतिस्थापित किया जा सके।

हल किए गए उदाहरण

1. यहाँ प्रश्न में दिए गए प्रश्न चिह्न (?) के स्थान पर प्रतिस्थापित करने के लिए सही विकल्प का चयन करें :

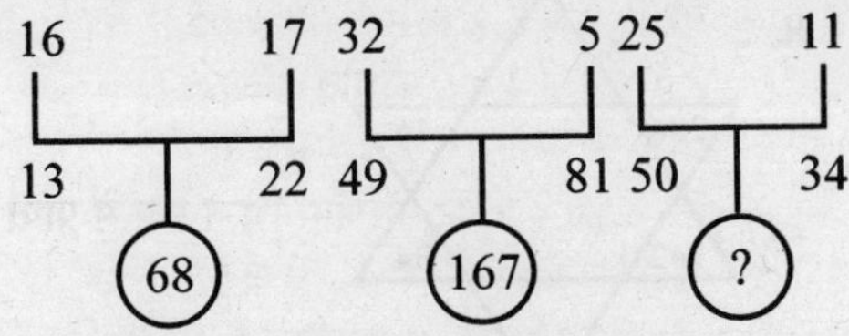

(*a*) 65 (*b*) 120 (*c*) 116 (*d*) 192

उत्तर (*b*) : गोल घेरे के भीतर दी गई संख्या शेष चार संख्याओं का योग है, अर्थात्

16 + 17 + 13 + 22 = 68

32 + 5 + 49 + 81 = 167, इसी प्रकार

25 + 11 + 50 + 34 = 120

2. यहाँ प्रश्न चिह्न के स्थान पर विकल्पों में दी गई कौन-सी संख्या आएगी ?

(*a*) 6 (*b*) 8 (*c*) 7 (*d*) 3

उत्तर (*a*) : दो सम्मुख संख्याओं का अंतर 4 है, अर्थात्

23 – 19 = 4 और 16 – 12 = 4

14 – 10 = 4 और 12 – 8 = 4, इसी प्रकार

9 – 5 = 4 और 6 – 2 = 4.

इस प्रकार के प्रश्नों में सही उत्तर ज्ञात करने का कोई निश्चित नियम नहीं है। सही उत्तर प्राप्त करने के विभिन्न तरीकों के बारे में जानने के लिए नीचे दिए गए अभ्यास में निहित प्रश्नों का हल ज्ञात करने का प्रयास करें।

अभ्यास

निर्देश (प्र.सं. 1–10): *नीचे दिए गए प्रत्येक प्रश्न में बताएँ कि प्रश्न चिह्न (?) के स्थान पर कौन–सी संख्या रखी जा सकती है?*

1.

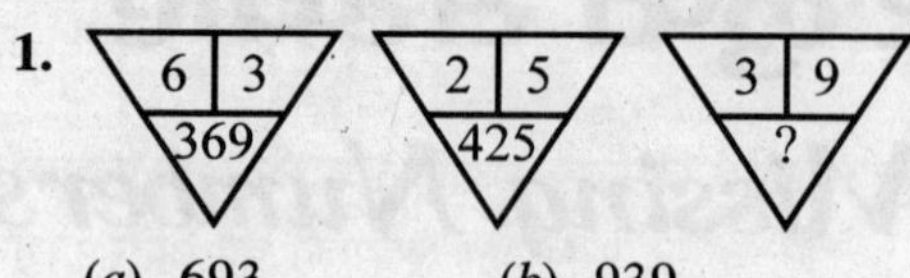

(*a*) 693 (*b*) 939
(*c*) 981 (*d*) 993

2.

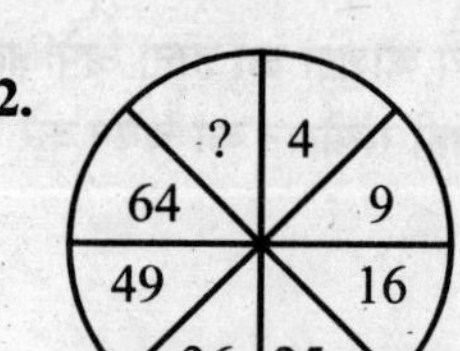

(*a*) 68 (*b*) 100
(*c*) 72 (*d*) 81

3.

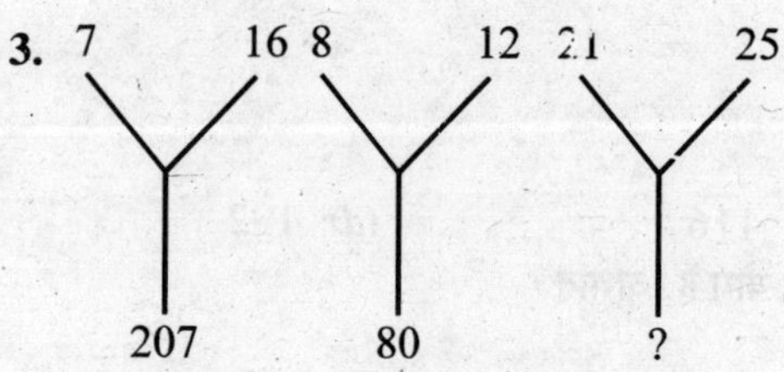

(*a*) 425 (*b*) 184
(*c*) 241 (*d*) 210

4.

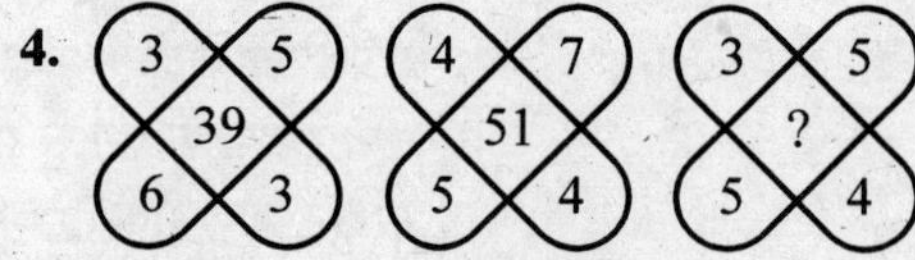

(*a*) 35 (*b*) 37
(*c*) 45 (*d*) 48

5.

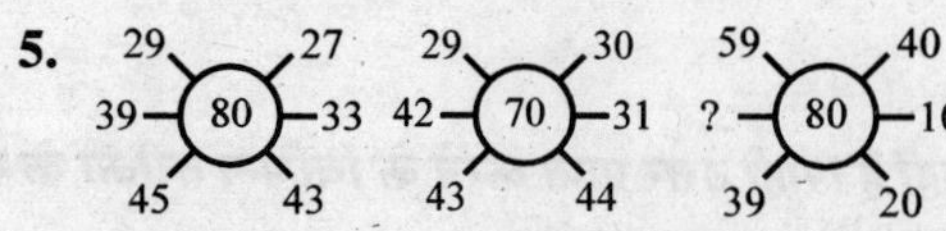

(*a*) 69 (*b*) 49
(*c*) 50 (*d*) 60

6.

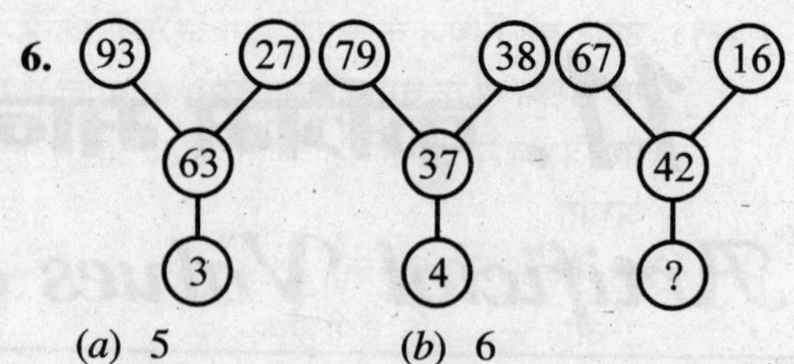

(*a*) 5 (*b*) 6
(*c*) 8 (*d*) 9

7.

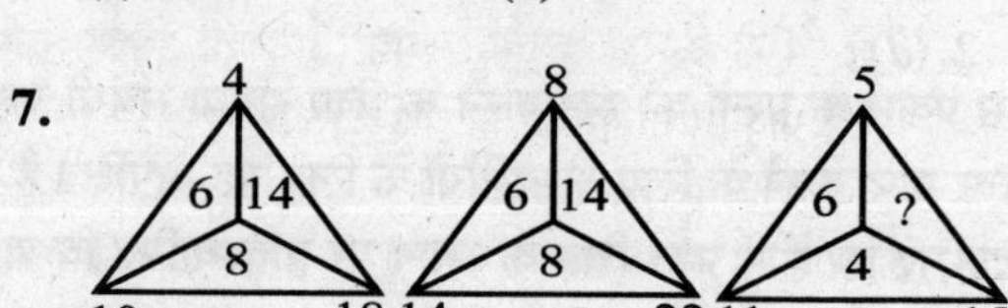

(*a*) 8 (*b*) 14
(*c*) 10 (*d*) 6

8.

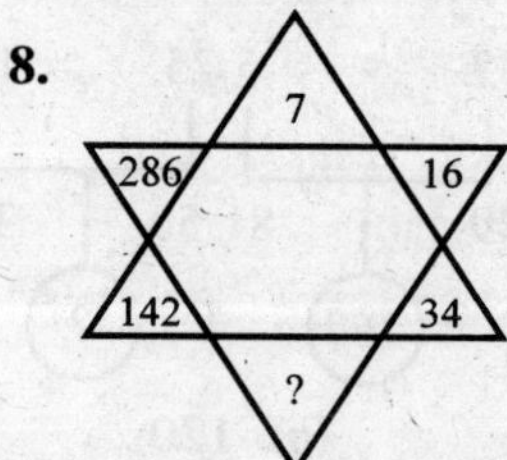

(*a*) 70 (*b*) 68
(*c*) 56 (*d*) 92

9.

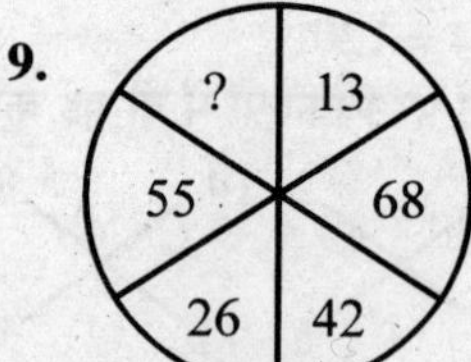

(*a*) 41 (*b*) 37
(*c*) 29 (*d*) 25

10.

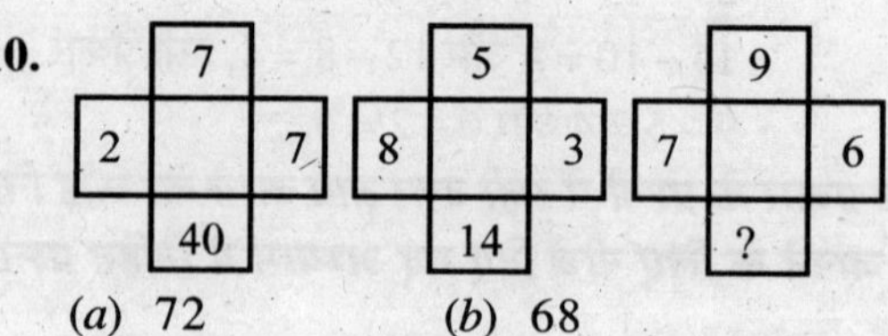

(*a*) 72 (*b*) 68
(*c*) 82 (*d*) 96

व्याख्यात्मक उत्तर

1. (*c*) : उलटे बने त्रिभुज के ऊपरी भाग के दोनों खानों में दी गई संख्याओं के वर्ग को एक दूसरे की बगल में रखने पर त्रिभुज के निचले शीर्ष की संख्या प्राप्त होती है, अर्थात्
6^2 और $3^2 = 369$
2^2 और $5^2 = 425$, इसी प्रकार
3^2 और $9^2 = 981$.

2. (*d*) : 4 से आरंभ करके प्रत्येक अनुवर्ती संख्या क्रमागत प्राकृतिक संख्या का वर्ग है। अर्थात् $2^2 = 4$, $3^2 = 9$, $4^2 = 16, \ldots 9^2 = 81$

3. (*b*) : नीचे की संख्या ऊपर की दोनों संख्याओं के वर्गों का अंतर है, अर्थात्
$16^2 - 7^2 = 256 - 49 = 207$
$12^2 - 8^2 = 144 - 64 = 80$, इसी प्रकार
$25^2 - 21^2 = 625 - 441 = 184$

4. (*b*) : बीच की संख्या विकर्णतः सम्मुख संख्याओं के गुणनफलों का योग है, अर्थात्
$(3 \times 3) + (5 \times 6) = 39$
$(4 \times 4) + (7 \times 5) = 51$, इसी प्रकार
$(3 \times 4) + (5 \times 5) = 37$

5. (*a*) : किसी भी एक आकृति में सरेखीय तीनों संख्याओं का योगफल समान है, अर्थात्
$29 + 80 + 43$ या $39 + 80 + 33$
या $45 + 80 + 27 = 152$
$29 + 70 + 44$ या $42 + 70 + 31$
या $43 + 70 + 30 = 143$, इसी प्रकार
$59 + 80 + 20$ या $39 + 80 + 40 = 159$.
अतः लुप्त संख्या है :
$$159 - (80 + 10) = 69$$

6. (*d*) : प्रत्येक आकृति में दाहिने और बीच के घेरों की संख्याओं के योगफल को बायीं ओर के घेरे की संख्या से घटाने पर आकृति में सबसे नीचे के घेरे की संख्या प्राप्त होती है, अर्थात्
$93 - (27 + 63) = 3$
$79 - (38 + 37) = 4$, इसी प्रकार
$67 - (16 + 42) = 9$

7. (*c*) : प्रत्येक त्रिभुजाकार आकृति के भीतर बने प्रत्येक त्रिभुज में आधार पर स्थित संख्याओं का अंतर त्रिभुज के भीतर स्थित संख्या के बराबर है, अर्थात्
$10 - 4 = 6$, $18 - 4 = 14$ और $18 - 10 = 8$
$14 - 8 = 6$, $22 - 8 = 14$ और $22 - 14 = 8$, इसी प्रकार
$11 - 5 = 6$, $15 - 5 = 10$ और $15 - 11 = 4$.

8. (*a*) : दी गई आकृति में 7 की संख्या से आरंभ करके दक्षिणावर्त अगली संख्या पहली संख्या के दोगुने से 2 अधिक है, अर्थात्
$(7 \times 2) + 2 = 16$
$(16 \times 2) + 2 = 34 \ldots$, इसी प्रकार
$(34 \times 2) + 2 = 70$
$(70 \times 2) + 2 = 142$
$(142 \times 2) + 2 = 286$

9. (*c*) : दी गई आकृति में सम्मुख त्रिज्यखंडों में दी गई संख्याओं का अंतर 13 है, अर्थात्
$26 - 13 = 13$
$68 - 55 = 13$, इसी प्रकार
अतः लुप्त संख्या है : $42 - 13 = 29$
($42 + 13 = 55$ विकल्पों में नहीं दिया गया है)

10. (*b*) : प्रत्येक आकृति में मध्यस्थ ग्रिड रेखा में दी गई संख्याओं के योगफल को ऊपर स्थित संख्या के वर्ग से घटाने पर आकृति में नीचे की संख्या प्राप्त होती है, अर्थात्
$7^2 - (2 + 7) = 40$
$5^2 - (8 + 3) = 14$, इसी प्रकार
$9^2 - (7 + 6) = 68$

12. अक्षर-अंक व्यवस्थापक मशीन संबंधी प्रश्न (Problems based on English Alphabet)

अंग्रेजी वर्णमाला पर आधारित प्रश्नों को हल करना अत्यधिक सरल है। इस प्रकार के प्रश्न वर्णमाला के सीधे क्रम में और साथ ही उलटे क्रम में भी दी गई शृंखलाओं पर आधारित होते हैं।

अंग्रेजी वर्णमाला का सीधा क्रम (Natural Order)

A B C D E F G H I J K L M N O P Q R S T U V W X Y Z

अंग्रेजी वर्णमाला का उलटा क्रम (Reverse Order)

Z Y X W V U T S R Q P O N M L K J I H G F E D C B A

शृंखला Z पर पहुँचने के बाद A से पुन: आरंभ होती है और उलटे क्रम में A पर पहुँचने के बाद Z से पुन: आरंभ होती है। इस शृंखला में A E I O U स्वर और शेष अक्षर व्यंजन कहलाते हैं।

हल किए गए उदाहरण

1. यदि वर्णमाला के पहले दस अक्षरों को उलटे क्रम में लिखा जाए तो निम्नलिखित में से कौन-सा अक्षर उस शृंखला के दाहिने छोर से बारहवें अक्षर की बायीं ओर का सातवाँ अक्षर होगा?

A B C D E F G H I J K L M N O P Q R S T U V W X Y Z

(*a*) H (*b*) C (*c*) I (*d*) B

उत्तर (*b*) : वर्णमाला के सीधे क्रम में दी गई शृंखला में पहले दस अक्षरों को उलटे क्रम में लिखने पर निम्नलिखित शृंखला प्राप्त होगी :

JIHGFEDCBAKLMNOPQRSTUVWXYZ

7th 12th

'Z' से गिनना आरंभ करने पर दाहिने छोर से बारहवाँ अक्षर 'O' है और 'O' की बायीं ओर का 7वाँ अक्षर 'C' है।

2. अक्षरों की निम्नलिखित सूची में ऐसे कितने D हैं जिनके ठीक बाद F है किंतु ठीक पहले E नहीं है?

X M N D F P R S T D D F O C E D F B T E D K

(*a*) 4 (*b*) 3 (*c*) 2 (*d*) 1

उत्तर (*c*) : जिन D के ठीक बाद 'F' है किंतु ठीक पहले 'E' नहीं है, वे हैं :

X M <u>N D F</u> P R S T <u>D D F</u> O C E D F B T E D K

अभ्यास

निर्देश (प्र.सं. 1–15): *निम्नलिखित प्रश्न वर्णमाला के सीधे या उलटे क्रम में लिखी गई शृंखला पर तथा दिए गए शब्द में अक्षरों के स्थान परिवर्तन पर आधारित हैं।*

1. वर्णमाला के सीधे क्रम में लिखी गई शृंखला में बाएँ छोर से छठे अक्षर के ठीक पहले कौन-सा अक्षर होता है?
(*a*) U (*b*) E
(*c*) F (*d*) V

2. वर्णमाला में G और S के ठीक बीच में कौन-सा अक्षर है?
(*a*) L (*b*) N
(*c*) M (*d*) कोई अक्षर नहीं

3. यदि अंग्रेजी वर्णमाला में प्रथम अर्द्धांश के अक्षरों को उलटे क्रम में लिखा जाए तो दायीं ओर से नौंवें अक्षर की बायीं ओर का नौवाँ अक्षर कौन-सा होगा?
(*a*) I (*b*) D
(*c*) F (*d*) E

4. यदि अंग्रेजी वर्णमाला को उलटे क्रम में लिखा जाए, तो दायीं और से सातवें अक्षर की बायीं ओर का आठवाँ अक्षर कौन-सा होगा?
(*a*) O (*b*) P
(*c*) N (*d*) Q

5. वर्णमाला में दाहिने छोर से तेरहवें अक्षर की दायीं ओर का पाँचवाँ अक्षर क्या होगा?
(*a*) R (*b*) S
(*c*) I (*d*) O

6. यदि अंग्रेजी वर्णमाला को उलटे क्रम में लिखा जाए तो P के दाएँ से छठा अक्षर कौन-सा होगा?
(*a*) J (*b*) W
(*c*) K (*d*) V

7. यदि अंग्रेजी वर्णमाला को दो बराबर हिस्सों में बाँट दिया जाए जिनमें पहले अर्द्धांश में A से M तक के और दूसरे अर्द्धांश में N से Z तक के अक्षर निहित हों, तो बाद वाले अर्द्धांश का कौन-सा अक्षर पहले वाले अर्द्धांश के J अक्षर के संगत होगा?
(*a*) W (*b*) Q
(*c*) V (*d*) R

8. यदि अंग्रेजी वर्णमाला को उलटे क्रम में लिखा जाए तो प्राप्त शृंखला में आपके बाएँ से सोलहवें अक्षर की बायीं ओर का बारहवाँ अक्षर कौन-सा होगा?
(*a*) X (*b*) W
(*c*) D (*d*) V

9. अंग्रेजी वर्णमाला में बाएँ से पाँचवें अक्षर से आंरभ करके यदि बारह अक्षरों को उलटे (विपरीत) क्रम में लिखा जाए तो प्राप्त शृंखला में दाएँ से चौदहवें अक्षर की बायीं ओर का सातवाँ अक्षर कौन-सा होगा?
(*a*) N (*b*) H
(*c*) L (*d*) O

10. यदि वर्णमाला में B से आरंभ करके सभी एकांतर स्थानों पर आने वाले अक्षरों को छोटे अक्षरों में और शेष अक्षरों को बड़े अक्षरों में लिखा जाए तो प्राप्त शृंखला के अक्षरों का प्रयोग करके 'September' माह को किस प्रकार लिखा जाएगा?
(*a*) SEptEMbEr (*b*) sePTemBeR
(*c*) SEptembER (*d*) SEpteMbeR

11. अंग्रेजी वर्णमला को यदि उलटे क्रम में लिखा जाए तो इस शृंखला में J और T अक्षरों के ठीक बीच वाले अक्षर की बायीं ओर का दूसरा अक्षर कौन-सा होगा?
(*a*) P (*b*) N
(*c*) Q (*d*) कोई अक्षर नहीं

12. वर्णमाला में बाएँ से 19वें अक्षर और दाएँ से 18वें अक्षर के बीच में कौन-सा अक्षर होगा?
(*a*) O (*b*) N
(*c*) L (*d*) M

13. यदि अंग्रेजी वर्णमाला को उलटे क्रम में लिखा जाए तो बाएँ से ग्यारहवें अक्षर के दाएँ का दसवां अक्षर कौन-सा होगा?
(*a*) P (*b*) K
(*c*) F (*d*) U

14. अंग्रेजी वर्णमाला में दाएँ से छठे अक्षर और बाएँ से तेरहवें अक्षर के बीच में कौन-सा अक्षर है?
(*a*) Q (*b*) R
(*c*) P (*d*) S

15. यदि अंग्रेजी वर्णमाला को उलटे क्रम में लिखने पर प्राप्त शृंखला से स्वर-अक्षरों (AEIOU) को हटा दिया जाए तो इस शृंखला में बाएँ से इक्कीसवें अक्षर के बाएँ का अठारहवाँ अक्षर कौन-सा होगा?
(*a*) S (*b*) P
(*c*) R (*d*) X

व्याख्यात्मक उत्तर

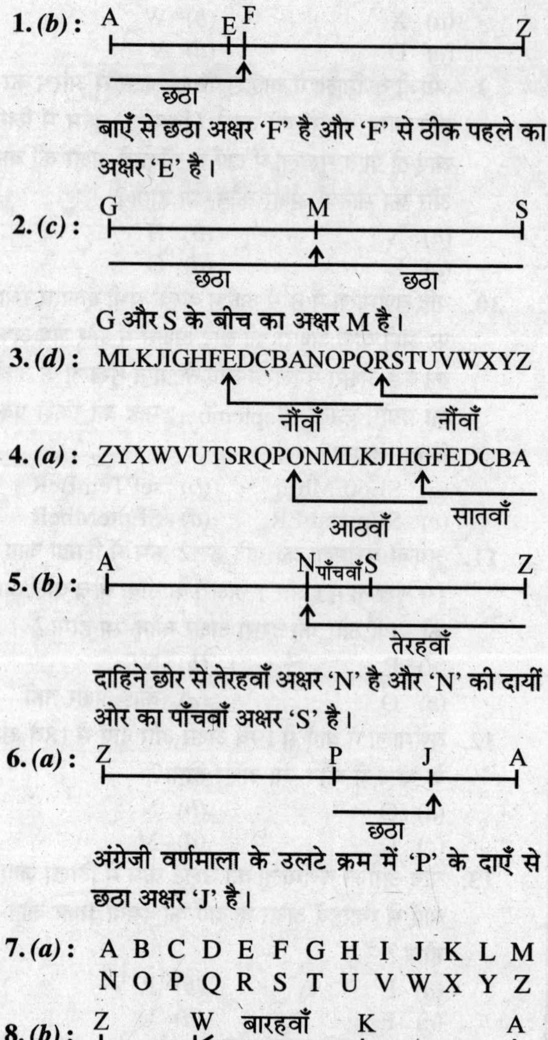

1. (b) : A E F Z

छठा

बाएँ से छठा अक्षर 'F' है और 'F' से ठीक पहले का अक्षर 'E' है।

2. (c) : G M S

छठा छठा

G और S के बीच का अक्षर M है।

3. (d) : MLKJIGHFEDCBANOPQRSTUVWXYZ

नौवाँ नौवाँ

4. (a) : ZYXWVUTSRQPONMLKJIHGFEDCBA

आठवाँ सातवाँ

5. (b) : A N पाँचवाँ S Z

तेरहवाँ

दाहिने छोर से तेरहवाँ अक्षर 'N' है और 'N' की दायीं ओर का पाँचवाँ अक्षर 'S' है।

6. (a) : Z P J A

छठा

अंग्रेजी वर्णमाला के उलटे क्रम में 'P' के दाएँ से छठा अक्षर 'J' है।

7. (a) : A B C D E F G H I J K L M
N O P Q R S T U V W X Y Z

8. (b) : Z W बारहवाँ K A

सोलहवाँ

वर्णमाला के उलटे क्रम में बाएँ से सोलहवाँ अक्षर 'K' है और 'K' की बायीं ओर का बारहवाँ अक्षर 'W' है।

9. (d) : ABCDPONMLKJIHGFEQRSTUVWXYZ

सातवाँ चौदहवाँ

10. (a) : A b C d E f G h I j K l M n O p Q r S t U v W x Y z

11. (c) : दूसरा

T S R Q P O N M L K J

अंग्रेजी वर्णमाला के उलटे क्रम में J और T के बीच O है और 'O' की बायीं ओर का दूसरा अक्षर Q है।

12. (b) : अठारहवाँ

A I N S Z

पाँचवाँ पाँचवाँ

उन्नीसवाँ

वर्णमाला की शृंखला में बाएँ से उन्नीसवाँ अक्षर S और दाएँ से अठारहवाँ अक्षर 'I' है तथा 'I' और 'S' के ठीक बीच में 'N' है।

13. (c) : Z P F A

ग्यारहवाँ दसवाँ

अंग्रेजी वर्णमाला के उलटे क्रम में बाएँ से ग्यारहवाँ अक्षर 'P' है और 'P' के दाएँ से दसवाँ अक्षर 'F' है।

14. (a) : A M Q U Z

चौथा चौथा

तेरहवाँ छठा

अंग्रेजी वर्णमाला में बाएँ से तेरहवाँ अक्षर 'M' है और दाएँ से छठा अक्षर 'U' है तथा 'M' और 'U' के ठीक बीच में 'Q' अक्षर अवस्थित है।

15. (d) : ZYXWVTSRQPNMLKJHGFDCB

पहला अठारहवाँ इक्कीसवाँ

प्राप्त शृंखला में बाएँ से इक्कीसवाँ अक्षर 'B' है और 'B' के बाएँ का अठारहवाँ अक्षर 'X' है।

13. एकाधिक निष्कर्ष ज्ञात करना (*Drawing Multiple Conclusions*)

इस प्रकार के तर्कबुद्धि परीक्षण में दो कथन दिए जाते हैं जिनके आधार पर दो या दो से अधिक निष्कर्ष ज्ञात करने होते हैं। अभ्यर्थियों से यह अपेक्षा की जाती है कि वे अंतर्निहित तर्क को समझें और दिए गए विकल्पों में से किसी एक का सही उत्तर के रूप में चयन करें।

हल किए गए उदाहरण

दिए गए विकल्पों (*a*), (*b*), (*c*), (*d*) और (*e*) में से निष्कर्षों के उस समुच्चय का चयन करें जो दिए गए कथनों से तर्कसंगत निकलता है।

कथन I : कुछ पुरुष कुर्सियां हैं।
II : सभी कुर्सियां सिगार हैं।

निष्कर्ष I : कुछ पुरुष सिगार हैं।
II : कुछ सिगार पुरुष हैं।
III : सभी सिगार कुर्सियां हैं।
IV : कुछ कुर्सियां पुरुष हैं।

(*a*) कोई निष्कर्ष निकाला नहीं जा सकता।
(*b*) सभी निष्कर्ष सही हैं।
(*c*) केवल निष्कर्ष I, II, और IV सही हैं।
(*d*) केवल निष्कर्ष I, III, और IV सही हैं।
(*e*) इनमें से कोई नहीं

उत्तर (*c*) : जबकि कुछ पुरुष कुर्सियां हैं और सभी कुर्सियां सिगार हैं तो स्पष्ट है कि कुछ पुरुष सिगार हैं और कुछ सिगार पुरुष हैं। कुछ सिगार पुरुष होंगे और जबकि कुछ पुरुष कुर्सियां हैं तो कुछ कुर्सियां पुरुष हैं। अतः निष्कर्ष I, II और IV सही हैं।

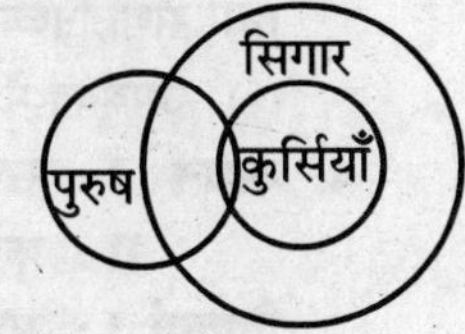

अभ्यास

निर्देश (प्र.सं. 1–10): *नीचे दिए गए प्रत्येक प्रश्न में दो कथन और उनके बाद कुछ निष्कर्ष दिए गए हैं। सभी निष्कर्षों को पढ़िए और फिर तय कीजिए कि दिए गए निष्कर्षों में से कौन–कौन से निष्कर्ष दिए गए कथनों का तर्कसंगत रूप से अनुसरण करते हैं और तदनुसार दिए गए विकल्पों में से सही विकल्प का चयन करें।*

1. **कथन** I : सभी लोमड़ियां तश्तरियां हैं।
II : सभी तश्तरियां पेड़ हैं।

निष्कर्ष I : सभी लोमड़ियां पेड़ हैं।
II : सभी पेड़ लोमड़ियां हैं।
III : कुछ पेड़ लोमड़ियां हैं।
IV : कुछ पेड़ तश्तरियां हैं।

(*a*) सभी निष्कर्ष सही हैं।
(*b*) केवल निष्कर्ष I, III, और IV सही हैं।
(*c*) केवल निष्कर्ष II, III, और IV सही हैं।
(*d*) केवल निष्कर्ष I और IV सही है।
(*e*) उपर्युक्त में से कोई नहीं।

2. कथन I : कुछ घन वर्ग हैं।
II : सभी वर्ग वृत्त हैं।
निष्कर्ष I : सभी घन वृत्त हैं।
II : कुछ वृत्त घन हैं।
III : कुछ वृत्त वर्ग हैं।
IV : सभी वर्ग घन हैं।
(*a*) केवल निष्कर्ष I सही है।
(*b*) केवल निष्कर्ष I, II और III सही हैं।
(*c*) सभी निष्कर्ष सही हैं।
(*d*) केवल निष्कर्ष II और III सही हैं।
(*e*) उपर्युक्त में से कोई नहीं।

3. कथन I : सभी प्याले बकरियां हैं।
II : सभी बकरियां टिन हैं।
निष्कर्ष I : सभी बकरियां प्याले हैं।
II : सभी टिन बकरियां हैं।
III : कोई भी प्याला टिन नहीं है।
IV : कोई भी टिन प्याला नहीं है।
(*a*) केवल निष्कर्ष III और IV सही हैं।
(*b*) केवल निष्कर्ष I और II सही हैं।
(*c*) केवल निष्कर्ष I, II और III सही हैं।
(*d*) सभी निष्कर्ष सही हैं।
(*e*) उपर्युक्त में से कोई नहीं।

4. कथन I : सभी बम थैले हैं।
II : कुछ थैले जेट विमान हैं।
निष्कर्ष I : सभी बम जेट विमान हैं।
II : सभी जेट विमान बम हैं।
III : कुछ जेट विमान बम हैं।
IV : कुछ बम जेट विमान हैं।
(*a*) केवल निष्कर्ष III सही है।
(*b*) केवल निष्कर्ष I और II सही हैं।
(*c*) सभी निष्कर्ष सही हैं।
(*d*) केवल निष्कर्ष III और IV सही हैं।
(*e*) इनमें से कोई नहीं।

5. कथन I : कुछ कांटे जैकेट हैं।
II : कुछ जैकेट नाव हैं।
निष्कर्ष I : कोई भी कांटा नाव नहीं है।
II : सभी जैकेट नाव हैं।
III : कुछ नाव कांटे हैं।
IV : कोई भी जैकेट कांटा नहीं है।
(*a*) या तो निष्कर्ष I या IV सही है।
(*b*) या तो निष्कर्ष I या II सही है।
(*c*) या तो निष्कर्ष I या III सही है।
(*d*) कोई भी निष्कर्ष सही नहीं है।
(*e*) सभी निष्कर्ष सही हैं।

6. कथन I : सभी लड़कियां कलम हैं।
II : राहुल एक लड़का है।
निष्कर्ष I : कोई भी लड़का कलम नहीं है।
II : राहुल एक कलम नहीं है।
III : कुछ कलम लड़कियां हैं।
(*a*) केवल निष्कर्ष II और III सही हैं।
(*b*) केवल निष्कर्ष I सही है।
(*c*) सभी निष्कर्ष सही हैं।
(*d*) केवल निष्कर्ष I और III सही हैं।
(*e*) उपर्युक्त में से कोई नहीं।

7. कथन I : कोई भी पुरुष गाय नहीं है।
II : सभी गाय खिड़कियां हैं।
निष्कर्ष I : कोई भी गाय पुरुष नहीं है।
II : कोई भी पुरुष खिड़की नहीं है।
III : कुछ खिड़कियां गाय हैं।
IV : कुछ गाय पुरुष हैं।
(*a*) केवल निष्कर्ष I और IV सही हैं।
(*b*) केवल निष्कर्ष II, III और IV सही हैं।
(*c*) केवल निष्कर्ष I, II और III सही हैं।
(*d*) सभी निष्कर्ष सही हैं।
(*e*) उपर्युक्त में से कोई नहीं।

8. कथन I : कुछ बाघ छिपकलियां हैं
II : सभी छिपकलियां कछुए हैं।
निष्कर्ष I : सभी बाघ कछुए हैं।
II : सभी कछुए बाघ हैं।
(*a*) केवल निष्कर्ष I सही है।

(*b*) केवल निष्कर्ष II सही है।
(*c*) दोनों निष्कर्ष सही हैं।
(*d*) आंकड़े अपर्याप्त हैं।
(*e*) उपर्युक्त में से कोई नहीं।

9. कथन I : जो काले हैं वे सभी लाल हैं।
II : कोयला काला है।
निष्कर्ष I : कोयला लाल है।
II : कोयला लाल नहीं है।
III : जो लाल हैं वे सभी काले हैं।

(*a*) केवल निष्कर्ष I और II सही हैं।
(*b*) केवल निष्कर्ष II और III सही हैं।
(*c*) केवल निष्कर्ष I सही है।
(*d*) सभी निष्कर्ष सही हैं।
(*e*) इनमें से कोई नहीं।

10. कथन I : सभी जलमुर्गियां मोर हैं।
II : सभी मोर किसान हैं।
निष्कर्ष I : कुछ किसान जलमुर्गियां हैं।
II : सभी जलमुर्गियां किसान हैं।
III : कुछ मोर जलमुर्गियां हैं।

(*a*) केवल निष्कर्ष I और II सही हैं।
(*b*) केवल निष्कर्ष II और III सही हैं।
(*c*) आंकड़े अपर्याप्त हैं।
(*d*) सभी निष्कर्ष सही हैं।
(*e*) उपर्युक्त में से कोई नहीं।

व्याख्यात्मक उत्तर

1. (*b*) :

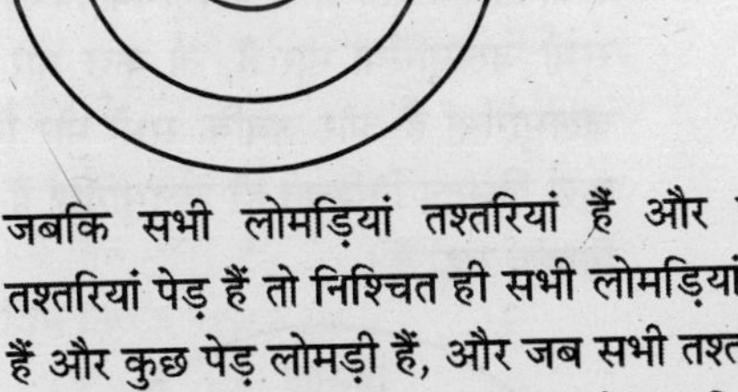

जबकि सभी लोमड़ियां तश्तरियां हैं और सभी तश्तरियां पेड़ हैं तो निश्चित ही सभी लोमड़ियां पेड़ हैं और कुछ पेड़ लोमड़ी हैं, और जब सभी तश्तरियां पेड़ हैं तो कुछ पेड़ तश्तरियां हैं। अत: केवल निष्कर्ष I, III और IV सही हैं।

2. (*d*) : जबकि यह दिया गया है कि कुछ घन वर्ग हैं और सभी वर्ग वृत्त हैं, तो कुछ घन निश्चित ही वृत्त होंगे हालांकि सभी घन वृत्त नहीं हो सकते। जबकि कुछ घन वृत्त हैं, तो कुछ वृत्त घन होंगे और जब सभी वर्ग वृत्त हैं, तो कुछ वृत्त निश्चित ही वर्ग होंगे। दिए गए कथन II, के अनुसार सभी वर्ग वृत्त हैं। अत: सभी वर्ग घन नहीं हो सकते। अत: केवल निष्कर्ष II और III ही सही हैं।

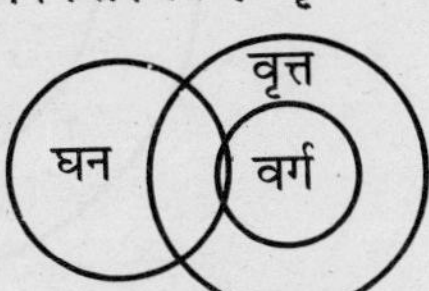

3. (*e*) : जबकि सभी प्याले बकरियां हैं, तो केवल कुछ बकरियां ही प्याले होंगी। जबकि सभी बकरियां टिन हैं तो केवल कुछ टिन ही बकरियां हो सकती हैं। जबकि सभी प्याले बकरियां हैं और सभी बकरियां टिन हैं तो निश्चित ही सभी प्याले और टिन और कुछ टिन निश्चित ही प्याले हैं। अत: सभी निष्कर्ष गलत हैं।

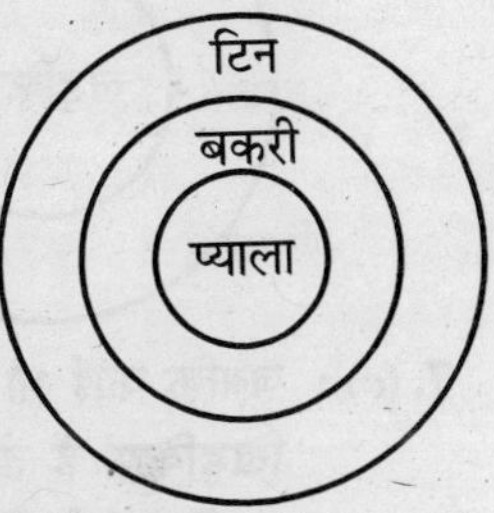

4. (*e*) : जबकि सभी बम थैले हैं और कुछ थैले जेट विमान हैं तो सभी बम जेट विमान नहीं हो सकते। 'कुछ बम' का अर्थ है कि कुछ बमों के जेट विमान होने की कोई संभावना नहीं है या कुछ जेट विमानों के बम होने की भी कोई संभावना नहीं है। इसके अतिरिक्त सभी जेट विमान बम नहीं हो सकते। अत: सभी निष्कर्ष गलत हैं।

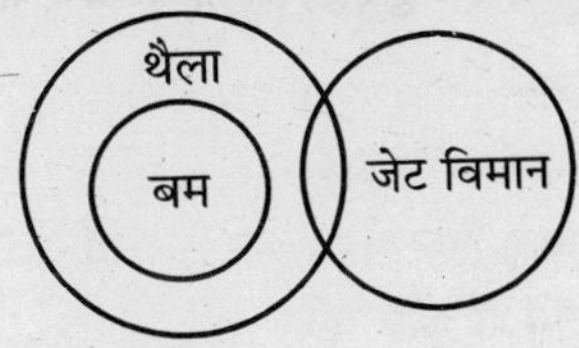

5. (*c*) : कथन I के अनुसार कुछ काँटे जैकेट हैं, अतः कुछ जैकेट निश्चित ही काँटे हैं। जबकि कथन II के अनुसार कुछ जैकेट नाव हैं, अतः यह स्पष्ट है कि सभी जैकेट नाव नहीं हो सकते। अतः या तो निष्कर्ष I या II सही है।

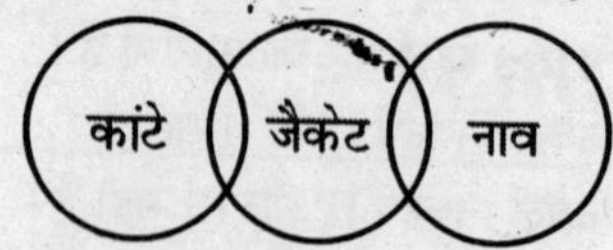

6. (*a*) : जबकि सभी लड़कियां कलम हैं तो

(*i*) कुछ कलम निश्चित ही लड़कियाँ हैं, और

(*ii*) जबकि राहुल एक लड़का है तो वह कलम नहीं हो सकता।

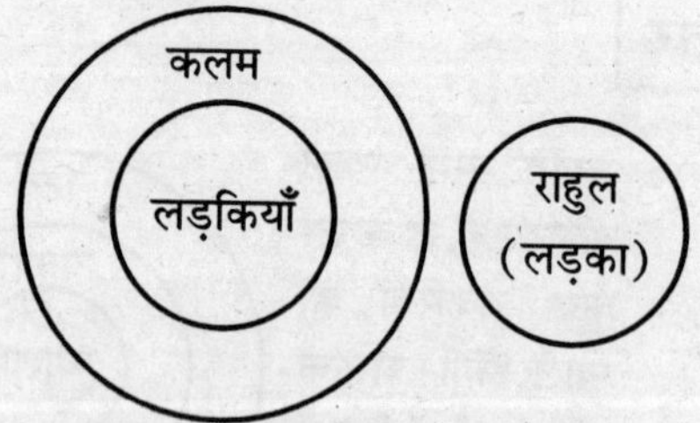

7. (*c*) : जबकि कोई भी पुरुष गाय नहीं है और सभी गाय खिड़कियां हैं तो कोई भी पुरुष खिड़की नहीं है। जबकि कोई भी पुरुष गाय नहीं हैं तो गायें पुरुष नहीं हो सकतीं। जबकि सभी गाय खिड़कियां हैं तो कुछ खिड़कियां निश्चित ही गाय होंगी।

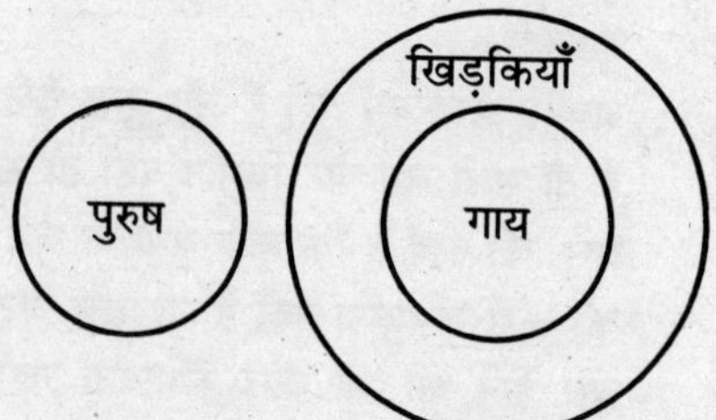

8. (*e*) : जबकि कुछ बाघ छिपकलियां हैं, और सभी छिपकलियां कछुए हैं, तो सभी बाघ कछुए नहीं हो सकते और इसी प्रकार सभी कछुए बाघ नहीं हो सकते।

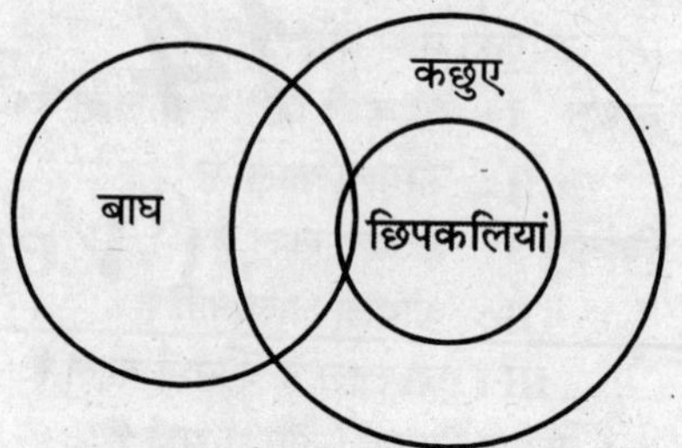

9. (*c*) : जबकि जो काले हैं वे सभी लाल हैं और जबकि कोयला काला है तो कोयला लाल है। जबकि जो काले हैं वे सभी लाल हैं तो यह आवश्यक नहीं हैं कि सभी लाल निश्चित ही काले होंगे हालांकि कुछ लाल निश्चित ही काले हैं। अतः केवल निष्कर्ष I ही सही है।

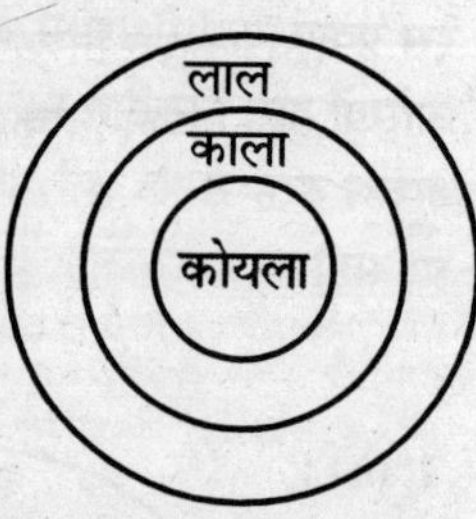

10. (*d*) : जबकि सभी जलमुर्गियां मोर हैं और सभी मोर किसान हैं तो निश्चित ही सभी जलमुर्गियां किसान हैं। जबकि सभी जलमुर्गियां मोर हैं, तो कुछ मोर निश्चित ही जलमुर्गियां हैं और जबकि सभी मोर किसान हैं तो कुछ किसान निश्चित ही जलमुर्गियां हैं। अतः सभी निष्कर्ष सही हैं।

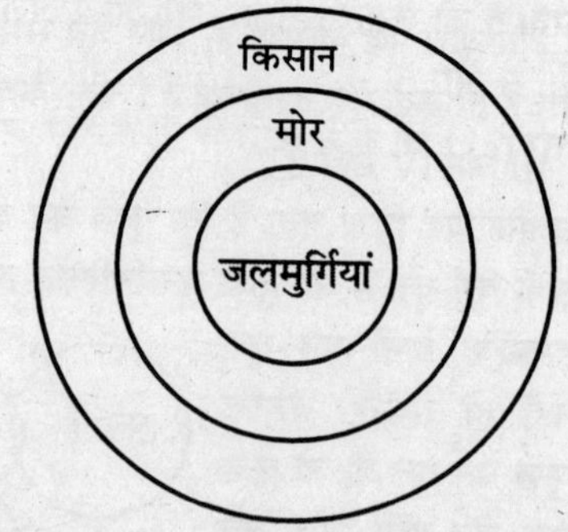

14. आरेख विश्लेषण
(Venn Diagrams)

इस प्रकार के परीक्षण में आरेखों द्वारा निरूपित दो या दो से अधिक वस्तुओं या तथ्यों या मदों के बीच संबंध स्थापित करना होता है। आरेखों द्वारा निरूपित मदें कोई पृथक वस्तु या प्राणी या व्यक्तियों का कोई विशिष्ट दल/वर्ग आदि हो सकती हैं। दिए गए आरेखों को अच्छी तरह समझ लेने पर अभ्यर्थियों के समक्ष प्रश्न से संबंधित अवधारणा स्पष्ट हो जाती है और वे अपनी प्रेक्षण शक्ति के आधार पर सही या तर्कसम्मत उत्तर पर सरलतापूर्वक पहुंच सकते हैं।

हल किए गए उदाहरण

1.

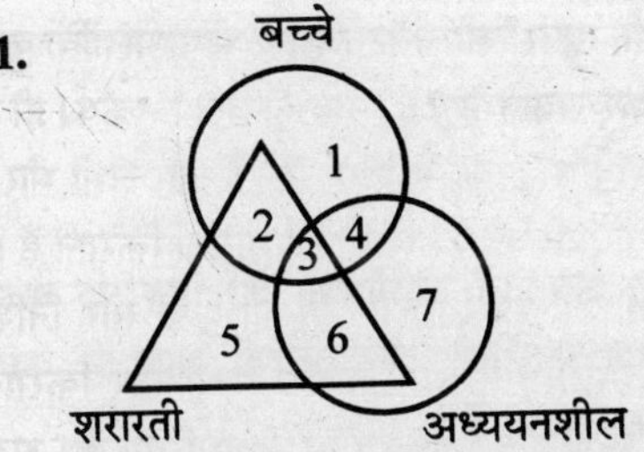

उपर्युक्त आरेख का सावधानीपूर्वक अध्ययन करें और आकृति के उस भाग को विनिर्दिष्ट करें जो उन बच्चों को निरूपित करता है जो शरारती भी हैं और अध्ययनशील भी।

(*a*) 3 और 6 (*b*) 2 और 4 (*c*) केवल 3 (*d*) केवल 4

उत्तर (*c*) : जो बच्चे शरारती भी हैं और अध्ययनशील भी उन्हें निम्नलिखित आरेख द्वारा दर्शाया जा सकता है :

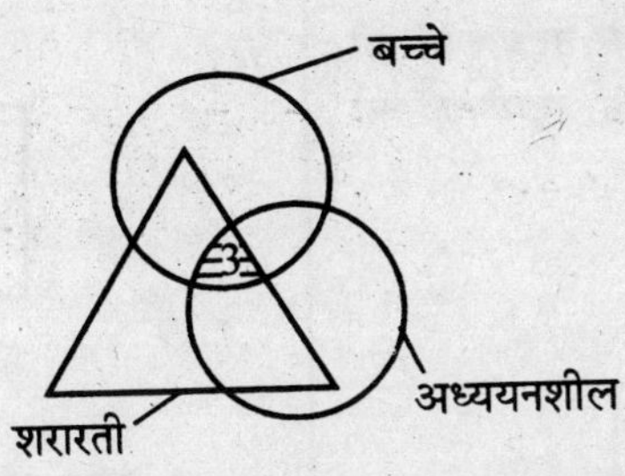

यह स्पष्ट है कि दिए गए आरेख का भाग 3 उपर्युक्त तीनों वर्गों को निरूपित करता है।

2. नीचे दिए गए आरेख में आयत महिलाओं को निरूपित करता है, त्रिभुज पुलिस उप निरीक्षकों को निरूपित करता है और वृत्त स्नातक तक की शिक्षा प्राप्त व्यक्तियों को निरूपित करता है। बताइए कि किस संख्या द्वारा निरूपित क्षेत्र महिला स्नातक उपनिरीक्षकों को निरूपित करता है?

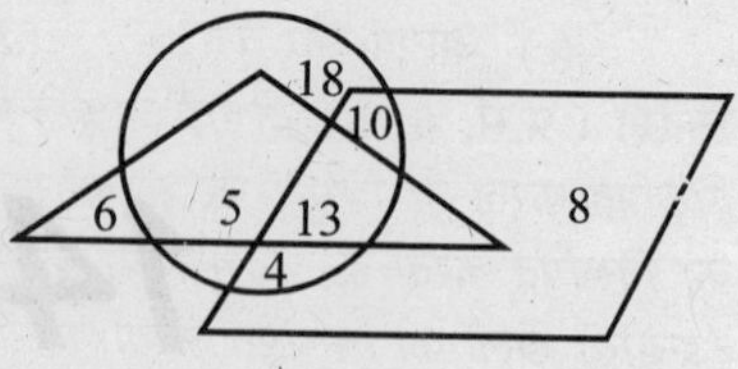

(*a*) 10 (*b*) 5
(*c*) 8 (*d*) 13

उत्तर (*d*) : आरेख का स्पष्टीकरण नीचे दिया गया है :

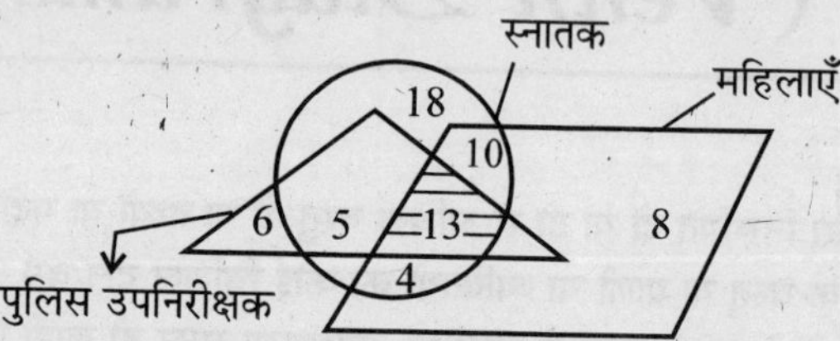

यह स्पष्ट है कि क्षेत्र 13 उन महिलाओं को निरूपित करता है जो स्नातक भी हैं और पुलिस उपनिरीक्षक भी।

अभ्यास

1. निम्नलिखित आरेख में कौन-सी संख्या केवल दो ज्यामितीय आकृतियों में उभयनिष्ठ है?

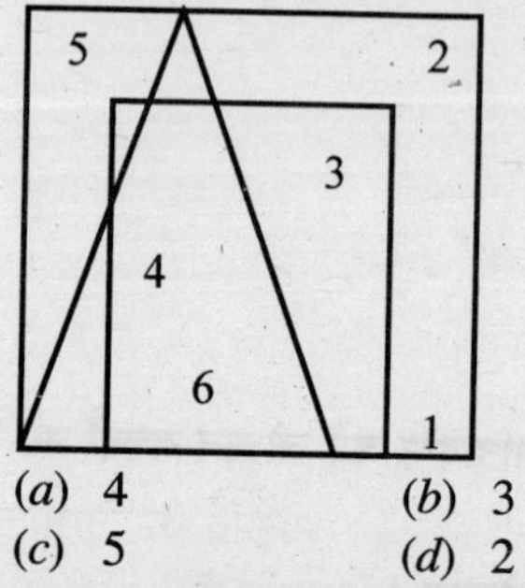

(*a*) 4 (*b*) 3
(*c*) 5 (*d*) 2

निर्देश (प्रश्न 2 और 3) : *नीचे के आरेख में आयत हिंदी के उद्घोषकों को निरूपित करता है, वृत्त अंग्रेजी भाषा के उद्घोषकों को निरूपित करता है, वर्ग फ्रांसीसी भाषा के उद्घोषकों को निरूपित करता है और त्रिभुज जर्मन भाषा के उद्घोषकों को निरूपित करता है।*

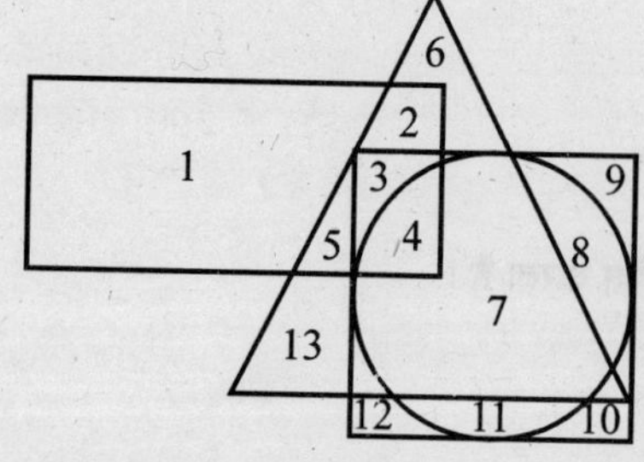

2. कौन-सा क्षेत्र उन उद्घोषकों को निरूपित करता है जो हिंदी, फ्रांसीसी और जर्मन भाषाओं में कार्यक्रम प्रस्तुत कर सकते हैं?

(*a*) 1 (*b*) 2
(*c*) 3 (*d*) 4

3 कौन-सा क्षेत्र उन उद्घोषकों को निरूपित करता है जो केवल फ्रांसीसी और अंग्रेजी भाषा में कार्यक्रम प्रस्तुत कर सकते हैं?

(*a*) 7 (*b*) 9
(*c*) 11 (*d*) 13

निर्देश (प्रश्न 4 और 5) : *नीचे दिए गए आरेख के आधार पर प्रश्न संख्या 4 और 5 के उत्तर दें :*

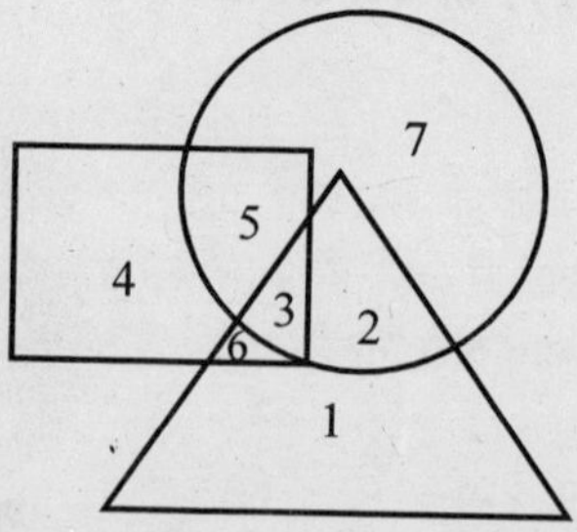

4. कौन-सी संख्या सभी ज्यामितीय आकृतियों में अंतर्निहित है?

(*a*) 5 (*b*) 6
(*c*) 2 (*d*) 3

5. संख्या 6 निम्नलिखित में से किसमें अंतर्निहित है?

(*a*) आयत और त्रिभुज (*b*) वृत्त और त्रिभुज
(*c*) आयत और वृत्त (*d*) केवल आयत

निर्देश (प्र.सं. 6–9): *दी गई आकृति में वृत्त खिलाड़ियों को निरूपित करता है, त्रिभुज घर से बाहर खेले जाने वाले खेलों को निरूपित करता है, षड्भुज घर के भीतर खेले जाने वाले (इन्डोर) खेलों को निरूपित करता है और वर्ग राष्ट्रीय स्तर के खिलाड़ियों को निरूपित करता है। इस आरेख का सावधानीपूर्वक अध्ययन करें और नीचे पूछे गए प्रश्नों के उत्तर दें :*

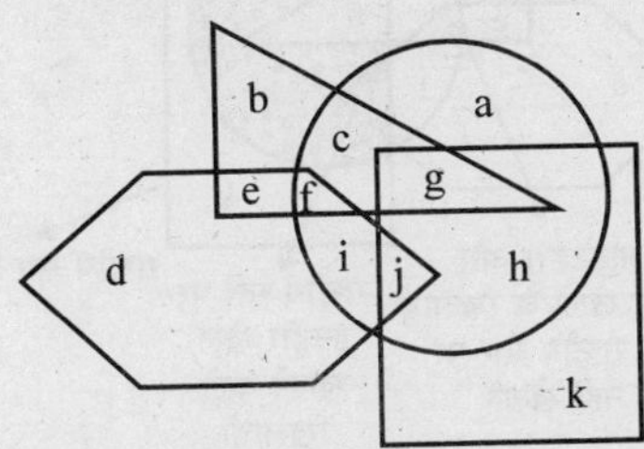

6. आकृति का कौन-सा भाग राष्ट्रीय स्तर पर इन्डोर खेलों (घर के भीतर खेले जाने वाले खेलों) को खेलने वाले खिलाड़ियों को निरूपित करता है?

(*a*) f (*b*) i
(*c*) j (*d*) g

7. आकृति का कौन-सा भाग खेल के मैदान में खेले जाने वाले (आउटडोर) खेलों और इन्डोर खेलों दोनों के उन खिलाड़ियों को निरूपित करता है जो राष्ट्रीय स्तर के खिलाड़ी नहीं हैं :

(*a*) c (*b*) f
(*c*) e (*d*) i

8. आकृति का कौन-सा भाग राष्ट्रीय स्तर के ऐसे खिलाड़ियों को निरूपित करता है जो आउटडोर या इन्डोर कोई भी खेल नहीं खेलते किंतु फिर भी वे खिलाड़ियों की श्रेणी में हैं?

(*a*) k (*b*) g
(*c*) c (*d*) h

9. ऐसे व्यक्ति जो आउटडोर खेल खेलते हैं किंतु खिलाड़ियों की श्रेणी में नहीं हैं, निम्नलिखित में से आकृति के किस भाग द्वारा निरूपित होते हैं?

(*a*) b (*b*) c
(*c*) a (*d*) d

निर्देश (प्र.सं. 10–15): *नीचे दिए गए आरेख में वृत्त शिक्षित व्यक्तियों को निरूपित करता है, वर्ग कठोर-परिश्रमी व्यक्तियों को निरूपित करता है, त्रिभुज शहरी व्यक्तियों को निरूपित करता है और आयत ईमानदार व्यक्तियों को निरूपित करता है। आकृति के विभिन्न भाग 1 से 12 तक की संख्या द्वारा निरूपित किए गए हैं। इस आकृति का सावधानीपूर्वक अध्ययन करें और पूछे गए प्रश्नों के उत्तर दें।*

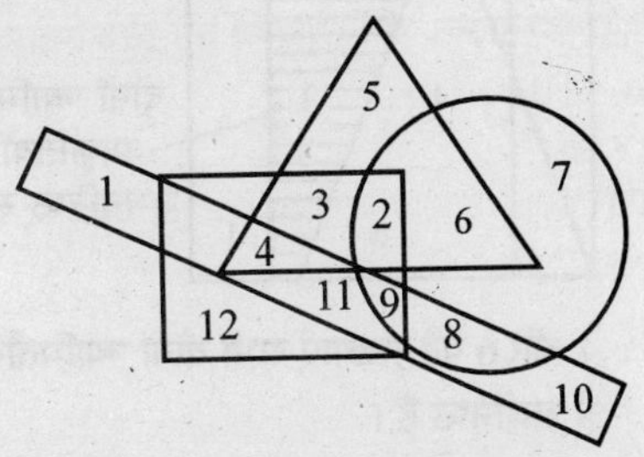

10. इस आरेख में अशिक्षित, शहरी, कठोर-परिश्रमी और ईमानदार व्यक्ति निम्नलिखित में से किसके द्वारा निरूपित किए गए हैं?

(*a*) 3 (*b*) 11
(*c*) 9 (*d*) 4

11. शहरों में नहीं रहने वाले शिक्षित व्यक्ति जो न तो कठोर-परिश्रमी हैं और न ही ईमानदार, आकृति के निम्नलिखित में से किस भाग द्वारा सूचित होते हैं?

(*a*) 5 (*b*) 7
(*c*) 10 (*d*) 11

12. आकृति के किस भाग द्वारा वे शहरी शिक्षित व्यक्ति निरूपित होते हैं जो न तो ईमानदार हैं और न ही कठोर-परिश्रमी?

(*a*) 9 (*b*) 11
(*c*) 4 (*d*) 6

13. शहरों में नहीं रहने वाले व्यक्ति जो ईमानदार शिक्षित और कठोर-परिश्रमी हैं, आकृति के निम्नलिखित में से किस भाग द्वारा निरूपित होते हैं?

(*a*) 11 (*b*) 10
(*c*) 8 (*d*) 9

14. शिक्षित, कठोर-परिश्रमी और शहरी व्यक्ति आकृति के निम्नलिखित भाग द्वारा सूचित होते हैं?

(*a*) 7 (*b*) 2
(*c*) 3 (*d*) 4

15. शहरी व्यक्ति जो कठोर-परिश्रमी और अशिक्षित हैं, किंतु ईमानदार नहीं हैं, आकृति के निम्नलिखित में से किस भाग द्वारा निरूपित होते हैं?

(*a*) 6 (*b*) 2
(*c*) 3 (*d*) 4

व्याख्यात्मक उत्तर

1. ***(b)*** **:**

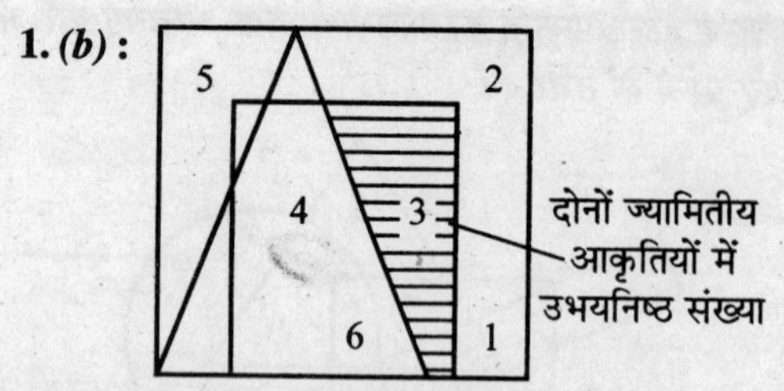

टिप्पणी : 4 और 6 की संख्याएं सभी तीनों ज्यामितीय आकृतियों में सर्वनिष्ठ हैं।

2. ***(c)*,** **3.** ***(c)*** **:**

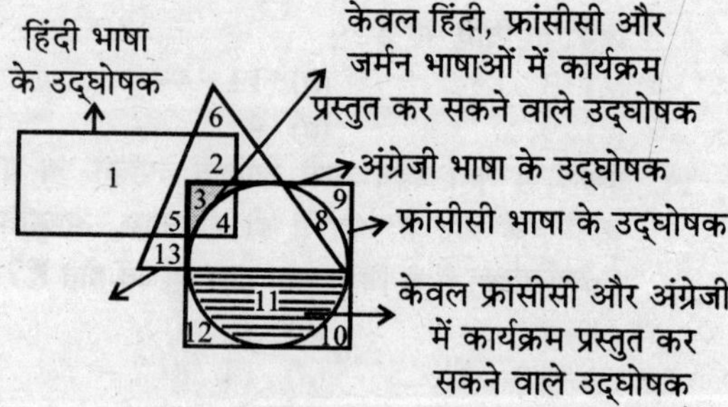

4. ***(d)*,** **5.** ***(a)*** **:**

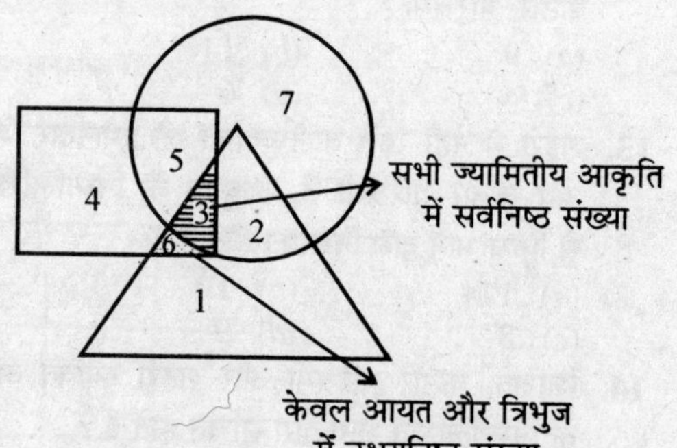

6. ***(c)*,** **7.** ***(b)*,** **8.** ***(d)*,** **9.** ***(a)*** **:**

आउटडोर खेल खेलनेवाले खिलाड़ी जो खिलाड़ी की श्रेणी में नहीं है

खिलाड़ी

राष्ट्रीय स्तर के खिलाड़ी जो आउटडोर या इनडोर खेल नहीं खेलते किंतु फिर भी खिलाड़ियों की श्रेणी में आते हैं

आउटडोर खेल

a b c e g d i j h k

इनडोर खेल

आउटडोर और इनडोर खेलों के खिलाड़ी जो राष्ट्रीय स्तर पर नहीं खेलते

राष्ट्रीय स्तर पर इनडोर खेल खेलने वाले खिलाड़ी

राष्ट्रीय स्तर के खिलाड़ी

10. ***(d)*,** **11.** ***(b)*,** **12.** ***(d)*,**

13. ***(d)*,** **14.** ***(b)*,** **15.** ***(c)*** **:**

शिक्षित, कठोर परिश्रमी और शहरी व्यक्ति

शहरी व्यक्ति जो कठोर परिश्रमी और अशिक्षित हैं किंतु ईमानदार नहीं हैं

शहरी व्यक्ति

शहरी शिक्षित व्यक्ति जो न तो ईमानदार हैं और न ही कठोर परिश्रमी हैं

शिक्षित

ईमानदार

1 2 3 4 5 6 7 8 9 10 11 12

अशिक्षित, शहरी, कठोर परिश्रमी और ईमानदार व्यक्ति

कठोर परिश्रमी

शहरों में नहीं रहने वाले शिक्षित व्यक्ति जो न तो कठोर परिश्रमी हैं और न ही ईमानदार हैं

शहरों में नहीं रहनेवाले व्यक्ति जो ईमानदार, शिक्षित और कठोर परिश्रमी हैं

15. आव्यूह या मैट्रिक्स (Matrices)

इस प्रकार के प्रश्नों में किसी एक आकृति के भीतर संख्याओं या अक्षरों का एक समुच्चय दिया जाता है जो विभिन्न कोष्ठकों या खानों में विभक्त होता है। इस आकृति या मैट्रिक्स के भीतर पंक्तियों या स्तंभों में संख्याओं या अक्षरों के विन्यास का पैटर्न एक निश्चित तर्क पर आधारित होता है। मैट्रिक्स में एक खाली खाना (रिक्त कोष्ठक) होता है जिसे प्रश्न सूचक चिह्न (?) द्वारा दर्शाया जाता है। अभ्यर्थियों से यह अपेक्षा की जाती है कि वे अंतर्निहित तर्क का विश्लेषण करें और दिए गए विकल्पों में से प्रश्न सूचक चिह्न के स्थान पर लुप्त संख्या या अक्षर ज्ञात करें।

हल किए गए उदाहरण

1. प्रश्न सूचक चिह्न के स्थान पर कौन-सी संख्या आएगी ?

15	6	5
13	3	9
8	2	?
20	7	13

(*a*) 1 (*b*) 4 (*c*) 6 (*d*) 7

उत्तर (*a*) : मैट्रिक्स के भीतर संख्याओं का स्तंभवार विन्यास एक निश्चित तर्क पर आधारित है। प्रत्येक ऊर्ध्वाधर स्तंभ में पहली और दूसरी संख्याओं का योग स्तंभ की तीसरी और चौथी संख्याओं के योग के बराबर है, अर्थात् $15 + 13 = 8 + 20 = 28$,

अत:, $5 + 9 = 14$ और $14 - 13 = 1$ प्रश्न चिह्न के स्थान की संख्या

$\therefore$ अपेक्षित संख्या 1 है।

2. दिए गए मैट्रिक्स को पूरा करें :

W	X	Y
F	G	H
A	B	?

(*a*) K (*b*) M

(*c*) C (*d*) N

उत्तर (*c*) : प्रत्येक पंक्ति में अक्षर वर्णमाला के सीधे क्रम में क्रमागत अक्षर हैं अर्थात् WXY और FGH। अत: रिक्त स्थान पर C रखने पर पंक्ति की श्रृंखला ABC पूर्ण होगी।

अभ्यास

निर्देश (प्र.सं. 1–6): *नीचे के प्रत्येक प्रश्न में बताएँ कि प्रश्न चिह्न के स्थान पर किस संख्या को रखने पर दिया गया संख्या मैट्रिक्स पूर्ण होगा :*

1.

4	5	6
2	3	7
1	8	3
21	98	?

(*a*) 16 (*b*) 73
(*c*) 76 (*d*) 94

2.

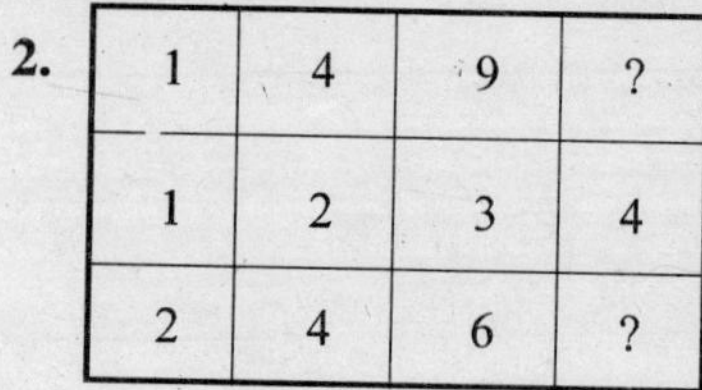

1	4	9	?
1	2	3	4
2	4	6	?

(*a*) 16 और 8 (*b*) 25 और 5
(*c*) 36 और 4 (*d*) 49 और 7

3.

7	16	9
5	21	16
9	?	4

(*a*) 29 (*b*) 21
(*c*) 13 (*d*) 42

4.

10	10	10	6
3	7	2	4
?	9	9	7
6	5	9	5

(*a*) 27 (*b*) 18
(*c*) 24 (*d*) 50

5.

45	39	56
90	78	112
270	?	336
1080	936	1344

(*a*) 468 (*b*) 234
(*c*) 243 (*d*) 342

6.

4	9	1	86
2	5	3	30
11	6	7	54
10	8	6	?

(*a*) 72 (*b*) 48
(*c*) 91 (*d*) 80

निर्देश (प्र.सं. 7–14): *निम्नलिखित प्रत्येक प्रश्न में बताएँ कि प्रश्न सूचक चिह्न के स्थान पर किस अक्षर को प्रतिस्थापित करने पर दिया गया मैट्रिक्स पूर्ण होगा।*

7.

J	M	?	T	X
O	L	H	E	A

(*a*) N (*b*) M
(*c*) Q (*d*) P

8.

A	M	B	N
R	C	S	D
E	U	F	?

(*a*) T (*b*) F
(*c*) V (*d*) R

9. 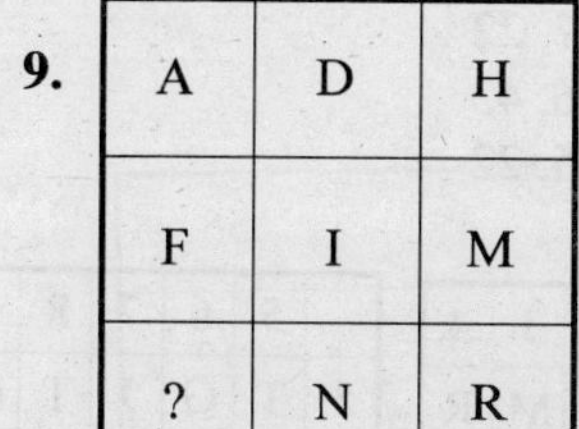

(*a*) P (*b*) N
(*c*) K (*d*) O

10.

Z	—	S
R	O	—
—	G	C

(*a*) KWT (*b*) WKJ
(*c*) JKW (*d*) WJK

11.

H	K	Q
C	N	O
E	J	?

(*a*) L (*b*) N
(*c*) P (*d*) M

12.

D	E	G	J	N
W	N	F	?	S

(*a*) T (*b*) Y
(*c*) Z (*d*) B

13. 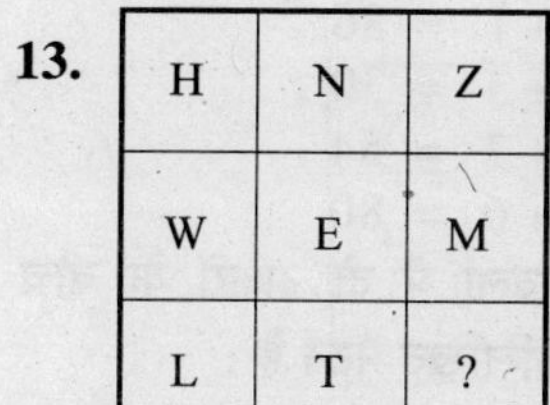

(*a*) V (*b*) J
(*c*) A (*d*) F

14.

J	B	M
N	F	Q
R	J	?

(*a*) U (*b*) P
(*c*) S (*d*) X

निर्देश (प्र.सं. 15–19): *नीचे पूछे गए प्रश्न में मैट्रिक्स के नीचे दिया गया शब्द दिए गए केवल किसी भी एक विकल्प के संख्या समुच्चय द्वारा निरूपित होता है। विकल्पों में दिए गए संख्या-समुच्चय दिए गए दो मैट्रिक्सों (आव्यूहों) में निहित अक्षरों के दो वर्गों द्वारा निरूपित होते हैं। पहले मैट्रिक्स में स्तंभ और पंक्तियाँ 0 से 4 तक की संख्याओं द्वारा और दूसरे मैट्रिक्स में स्तंभ और पंक्तियाँ 5 से 9 तक की संख्याओं द्वारा निरूपित की गई हैं। इन मैट्रिक्सों के किसी भी अक्षर को पहले उसकी पंक्ति संख्या और तत्पश्चात् स्तंभ संख्या द्वारा निरूपित किया जा सकता है। प्रत्येक प्रश्न में दिए गए शब्द के लिए संख्या समुच्चय ज्ञात करें।*

15.

	0	1	2	3	4
0	E	A	T	S	H
1	A	H	T	A	S
2	E	H	A	S	T
3	H	E	A	T	S
4	S	H	T	A	E

	5	6	7	8	9
5	O	R	K	L	P
6	L	P	O	R	K
7	O	K	R	P	L
8	P	R	K	L	O
9	R	L	K	O	P

REAP

(*a*) 56, 00, 22, 59 (*b*) 68, 21, 22, 86
(*c*) 96, 00, 01, 99 (*d*) 86, 34, 24, 69

16.

	0	1	2	3	4
0	C	A	F	E	D
1	C	D	A	E	D
2	D	E	C	F	E
3	A	D	D	D	C
4	D	C	A	C	A

	5	6	7	8	9
5	T	R	R	S	M
6	S	T	M	R	S
7	R	S	P	T	P
8	P	S	T	R	T
9	P	M	P	M	S

FARM

(*a*) 02, 30, 85, 65 (*b*) 20, 31, 76, 68
(*c*) 23, 12, 68, 96 (*d*) 44, 43, 87, 57

17.

	0	1	2	3	4
0	C	H	H	N	N
1	I	N	C	B	B
2	N	E	C	H	I
3	I	C	N	E	I
4	B	B	E	C	I

	5	6	7	8	9
5	Y	P	S	P	K
6	K	T	S	R	R
7	K	Y	R	Y	Y
8	P	R	K	P	R
9	S	Y	S	T	S

PREY

(*a*) 82, 76, 34, 77 (*b*) 80, 70, 43, 12
(*c*) 94, 87, 43, 56 (*d*) 88, 77, 33, 79

18.

	0	1	2	3	4
0	D	K	A	E	C
1	C	D	K	A	E
2	K	C	E	A	D
3	K	C	D	E	A
4	E	D	A	K	C

	5	6	7	8	9
5	P	L	O	T	N
6	T	P	N	L	O
7	P	N	T	O	L
8	O	N	T	P	L
9	L	O	P	N	T

COLD

(*a*) 10, 85, 79, 24
(*b*) 31, 99, 77, 22
(*c*) 30, 66, 86, 43
(*d*) 44, 96, 95, 22

19.

	0	1	2	3	4
0	M	M	R	M	R
1	O	F	R	F	N
2	R	N	O	R	O
3	F	O	F	M	O
4	F	M	R	R	F

	5	6	7	8	9
5	T	G	J	T	G
6	P	J	G	G	U
7	U	T	P	T	J
8	U	T	T	J	P
9	G	U	G	T	P

TURF

(*a*) 57,86, 44, 11
(*b*) 86, 75, 20, 32
(*c*) 77, 68, 41, 44
(*d*) 89, 97, 12, 30

व्याख्यात्मक उत्तर

1. (*d*) : $4^2 + 2^2 + 1^2 = 21,$

अर्थात्, $16 + 4 + 1 = 21$

$5^2 + 3^2 + 8^2 = 98,$

अर्थात्, $25 + 9 + 64 = 98$

$6^2 + 7^2 + 3^2 = 36 + 49 + 9 = 94$

2. (*a*) : पहली पंक्ति की संख्या का वर्गमूल दूसरी पंक्ति की संख्या है तथा दूसरी पंक्ति की संख्या को 2 से गुणा करने पर तीसरी पंक्ति की संख्या प्राप्त होती है, अर्थात्

$\sqrt{1} = 1$ और $1 \times 2 = 2$

$\sqrt{4} = 2$ और $2 \times 2 = 4$

$\sqrt{9} = 3$ और $3 \times 2 = 6$

अत: पहली पंक्ति में 4 का वर्ग अर्थात् 16 रखने पर और तीसरी पंक्ति में $4 \times 2 = 8$ रखने पर मैट्रिक्स पूर्ण होता है।

3. (*c*) :

$7 + 9 = 16$

$5 + 16 = 21$

$9 + 4 = 13$

4. (*c*) : अंतिम स्तंभ में लिखी गई संख्या का वर्ग उस पंक्ति की सभी संख्याओं के योग के बराबर है, अर्थात्

$6^2 = 10 + 10 + 10 + 6$, अर्थात्, $36 = 36$

$4^2 = 3 + 7 + 2 + 4$, अर्थात्, $16 = 16$

$5^2 = 6 + 5 + 9 + 5$, अर्थात्, $25 = 25$

$7^2 = 49$ अत: $? = 49 - (9 + 9 + 7) = 24$

अत: पहले स्तंभ में प्रश्न सूचक चिह्न के स्थान पर 24 रखने पर मैट्रिक्स पूर्ण होगा।

5. (*b*) : $45 \times 2 = 90; 90 \times 3 = 270$ और $270 \times 4 = 1080$

$39 \times 2 = 78; 78 \times 3 = 234$ और $234 \times 4 = 936$

$56 \times 2 = 112; 112 \times 3 = 336$ और $336 \times 4 = 1344$

6. (*d*) :

$4 + 9^2 + 1 = 86$

$2 + 5^2 + 3 = 30$

$11 + 6^2 + 7 = 54$

$10 + 8^2 + 6 = 80$

7. (*c*) : दक्षिणावर्त शृंखला में दो अक्षरों के बीच लुप्त अक्षरों का निम्नलिखित पैटर्न है :

J M Q T X A E H L O

+2 +3 +2 +3 +2 +3 +2 +3 +2

8. (*c*) : प्रत्येक पंक्ति में एकान्तर अक्षर क्रमागत अक्षर है

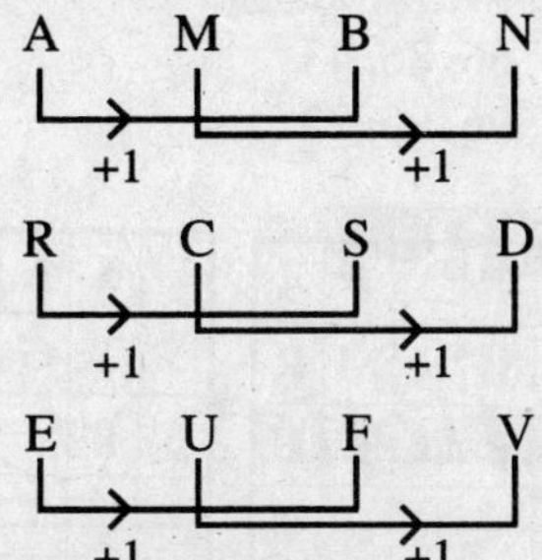

9. (*c*) : प्रत्येक पंक्ति में दूसरा अक्षर पहले अक्षर से + 3 चरण आगे और तीसरा अक्षर दूसरे अक्षर से + 4 चरण आगे का अक्षर है।

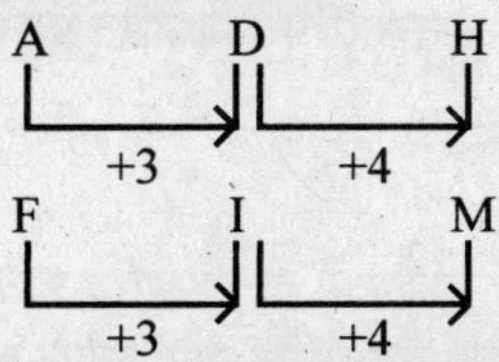

अतः 'N' से 3 चरण पीछे का अक्षर लिखने पर दिया गया मैट्रिक्स पूर्ण होता है।

K N R
+3 +4

10. (*b*) : प्रत्येक पंक्ति में दूसरा अक्षर पहले अक्षर से – 3 चरण पीछे का और तीसरा अक्षर दूसरे अक्षर से – 4 चरण पीछे का अक्षर है, अर्थात्

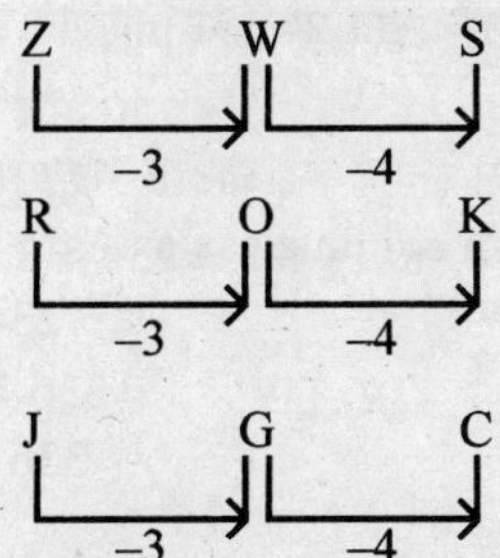

11. (*d*) : मैट्रिक्स वर्णमाला में अक्षरों की स्थान-संख्या पर आधारित है।

Q (17) – H (8) + 2 = K (11)

O (15) – C (3) + 2 = N (14)

अतः अंतिम स्तंभ में (?) के स्थान पर J (10) + E (5) – 2 अर्थात् M (13) रखने पर दिया गया मैट्रिक्स पूर्ण होता है।

12. (*b*) : दक्षिणावर्त अक्षरों का पैटर्न है :

13. (*a*) : पहले स्तंभ, दूसरे स्तंभ और तीसरे स्तंभ के अक्षर क्रमशः तीन, चार और दो सीधे रेखाखंडों से निर्मित हैं।

14. (*a*) : प्रत्येक स्तंभ में अगला अक्षर अपने पूर्ववर्ती अक्षर से + 4 चरण आगे का अक्षर है।

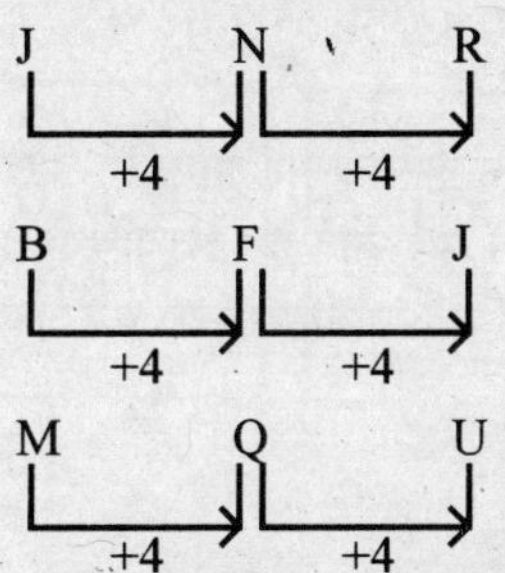

15. (*a*) : R पंक्ति 5, स्तंभ 6 द्वारा निरूपित होता है।
E पंक्ति 0, स्तंभ 0 द्वारा निरूपित होता है।
A पंक्ति 2, स्तंभ 2 द्वारा निरूपित होता है।
P पंक्ति 5, स्तंभ 9 द्वारा निरूपित होता है।

16. (*c*) : F पंक्ति 2, स्तंभ 3 द्वारा निरूपित होता है।
A पंक्ति 1, स्तंभ 2 द्वारा निरूपित होता है।
R पंक्ति 6, स्तंभ 8 द्वारा निरूपित होता है।
M पंक्ति 9, स्तंभ 6 द्वारा निरूपित होता है।

17. (*d*) : P पंक्ति 8, स्तंभ 8 द्वारा निरूपित होता है।
R पंक्ति 7, स्तंभ 7 द्वारा निरूपित होता है।
E पंक्ति 3, स्तंभ 3 द्वारा निरूपित होता है।
Y पंक्ति 7, स्तंभ 9 द्वारा निरूपित होता है।

18. (*a*) : C पंक्ति 1, स्तंभ 0 द्वारा निरूपित होता है।
O पंक्ति 8, स्तंभ 5 द्वारा निरूपित होता है।
L पंक्ति 7, स्तंभ 9 द्वारा निरूपित होता है।
D पंक्ति 2, स्तंभ 4 द्वारा निरूपित होता है।

19. (*b*) : T पंक्ति 8, स्तंभ 6 द्वारा निरूपित होता है।
U पंक्ति 7, स्तंभ 5 द्वारा निरूपित होता है।
R पंक्ति 2, स्तंभ 0 द्वारा निरूपित होता है।
F पंक्ति 3, स्तंभ 2 द्वारा निरूपित होता है।

16. निवेश परीक्षण

(Input Interpretations)

इस प्रकार की तार्किक व्याख्या पर आधारित प्रश्न सामान्यतः बैंकों में अधिकारियों के पद पर नियुक्ति हेतु आयोजित की जाने वाली प्रतियोगी परीक्षाओं में पूछे जाते हैं। अभ्यर्थियों के लिए यह अपेक्षित है कि वे दिए गए आँकड़ों और सूचनाओं का सावधानीपूर्वक अध्ययन करके प्रश्नों में अंतर्निहित पैटर्न को अच्छी तरह समझ लें और तत्पश्चात् दी गई जानकारी पर आधारित प्रश्नों के उत्तर दें।

हल किए गए उदाहरण

निर्देश (प्र.सं. 1 और 2): *नीचे दी गई सूचना को सावधानीपूर्वक पढ़ें और तत्पश्चात् इन सूचनाओं पर आधारित प्रश्नों के उत्तर दें :* शब्दों को पुनर्व्यवस्थित करने वाली किसी मशीन को जब शब्दों की एक लाइन दी जाती है तो वह मशीन प्राप्त इनपुट को हर चरण में एक विशेष नियम का पालन करते हुए पुनर्व्यवस्थित करती है। नीचे उदाहरण स्वरूप एक इनपुट और पुनर्व्यवस्था के चरण दर्शाए गए हैं।

इनपुट : Over you pat me crow easy to.
चरण :
चरण I : pat over you crow easy to me
चरण II : crow pat over you to me easy
चरण III : over crow pat to me easy you

उपर्युक्त चरणों में जिन नियमों का पालन किया गया है उनका अनुसरण करके निम्नलिखित प्रश्नों में दिए गए इनपुट के लिए उपयुक्त चरण ज्ञात करें।

1. यदि किसी इनपुट का पाँचवाँ चरण 'put down col in as much sa' है, तो इस इनपुट का आठवाँ चरण क्या होगा?

(*a*) down in put much sa as col
(*b*) in put down col much sa as
(*c*) much in put down sa as col
(*d*) None of these

उत्तर (*d*) : अनुसरण किए गए चरण हैं :

चरण V : put down col in as much sa
चरण VI : in put down col much sa as
चरण VII : down in put much sa as col
चरण VIII : much down in put as col sa

2. इनपुट : but calm free are so not eat.

इस इनपुट का तीसरा चरण निम्नलिखित में से कौन-सा होगा?

(*a*) so free but calm eat are not
(*b*) but calm are free not so eat
(*c*) are but calm free not eat so
(*d*) but so free eat are not calm

उत्तर (*d*) : अनुसरण किए गए चरण हैं :

इनपुट : but calm free are so not eat

चरण I : free but calm so not eat are

चरण II : so free but calm eat are not

चरण III : but so free eat are not calm

अभ्यास

निर्देश (प्र.सं. 1–6): *नीचे दी गई जानकारी को पढ़कर इस पर आधारित प्रश्नों के उत्तर दीजिए :*

किसी इलेक्ट्रॉनिक मशीन में जब संख्याएँ निविष्ट की जाती हैं तो वह मशीन प्राप्त निवेश (इनपुट) को विशेष नियम का पालन करते हुए पुनर्व्यवस्थित करती है। नीचे संख्याओं के दिए गए इनपुट और पुनर्व्यवस्था के विभिन्न चरणों को दर्शाया गया है :

इनपुट : 85 16 36 04 19 97 63 09

चरण I : 97 85 16 36 04 19 63 09

चरण II : 97 85 63 16 36 04 19 09

चरण III : 97 85 63 36 16 04 19 09

चरण IV : 97 85 63 36 19 16 04 09

चरण V : 97 85 63 36 19 16 09 04

(दिए गए इनपुट के लिए चरण V पुनर्व्यवस्था का अंतिम चरण है)

1. दिए गए इनपुट के लिए निम्नलिखित में से कौन-सा अंतिम चरण होगा?

इनपुट : 16 09 25 27 06 05

(*a*) I (*b*) II

(*c*) III (*d*) IV

2. नीचे दिए गए इनपुट का यहाँ दिए गए विकल्पों में से कौन-सा चरण II होगा?

इनपुट : 82 80 79 99 22 32 50

(*a*) 99 82 80 79 50 32 22

(*b*) 99 82 80 79 50 22 32

(*c*) 99 82 80 79 32 22 50

(*d*) 99 82 80 79 22 32 50

3. नीचे दिए गए इनपुट का यहाँ दिए गए विकल्पों में से कौन-सा चरण III होगा?

इनपुट : 09 25 16 30 32 19 17 06

(*a*) 32 25 09 16 30 19 17 06

(*b*) 32 30 25 09 16 19 17 06

(*c*) 32 30 09 25 16 19 17 06

(*d*) 32 09 25 16 30 19 17 06

4. यदि किसी इनपुट का चरण IV नीचे दिए गए अनुसार हो तो वह इनपुट दिए गए विकल्पों में से कौन-सा होगा?

चरण IV : 92 86 71 69 15 19 06 63 58

(*a*) 86 92 69 71 15 19 06 63 58

(*b*) 15 19 06 63 58 86 92 69 71

(*c*) 15 86 19 92 06 69 63 58 71

(*d*) निर्धारित नहीं किया जा सकता

5. नीचे दिए गए इनपुट का अंतिम चरण क्या होगा?

इनपुट : 03 31 43 22 11 09

(*a*) IV

(*b*) V

(*c*) VI

(*d*) निर्धारित नहीं किया जा सकता

6. नीचे दिए गए इनपुट का पाँचवाँ चरण क्या होगा?

इनपुट : 25 08 35 11 88 67 23

(*a*) 88 67 35 25 23 11 08

(*b*) 88 67 35 25 23 08 11

(*c*) 88 67 35 25 08 11 23

(*d*) 08 11 23 25 35 67 88

निर्देश (प्र.सं. 7–10): *नीचे दी गई जानकारी को पढ़कर इस पर आधारित प्रश्नों के उत्तर दीजिए।*

शब्दों को व्यवस्थित करने वाली किसी मशीन में जब शब्दों की पंक्ति का इनपुट दिया जाता है तो वह प्रत्येक चरण में एक विशिष्ट नियम का अनुपालन करते हुए उन्हें पुनर्व्यवस्थित कर देती है। नीचे इनपुट और पुनर्व्यवस्था के चरणों का एक उदाहरण दिया गया है :

इनपुट : As if it on as Zoo figure Of in at

चरण I : as As if it on Zoo figure Of in at

चरण II : as As at if it on Zoo figure Of in

चरण III : as As at figure if it on Zoo of in

चरण IV : as As at figure if in it on Zoo Of

चरण V : as As at figure if in it Of on Zoo

(चरण V इस इनपुट की पुनर्व्यवस्था का अंतिम चरण है)

उपर्युक्त चरणों में अपनाए गए नियमों के अनुसार निम्नलिखित प्रत्येक प्रश्न में दिए गए इनपुट के लिए उचित चरण ज्ञात करें।

7. यदि इनपुट का चौथा चरण 'an apple at cot was red on one side' है तो इनपुट क्या होगा?

(*a*) apple at an cot was red on one side
(*b*) cot an at apple was red on one side
(*c*) was cot red an on at one apple side
(*d*) निर्धारित नहीं किया जा सकता

8. इनपुट—Him and His either or her, का अंतिम चरण निम्नलिखित में से कौन-सा चरण होगा?

(*a*) I (*b*) II
(*c*) III (*d*) IV

9. यदि इनपुट—you are at fault on this, हो तो इस इनपुट का निम्नलिखित में से कौन-सा चरण—are at fault on you this होगा?

(*a*) I (*b*) II
(*c*) III (*d*) IV

10. इनपुट—am ace all if Is का दूसरा चरण क्या होगा?

(*a*) all am ace if Is
(*b*) ace all am Is if
(*c*) ace all am if is
(*d*) Is if am ace all

व्याख्यात्मक उत्तर

निर्देश (प्र.सं. 1–6): सभी पदों को चरणशः अवरोही क्रम में व्यवस्थित करें (दी गई सारणी देखें) :

1. (*b*) : इनपुट : 16 09 25 27 06 05
चरण I : 27 16 09 25 06 05
चरण II : 27 25 16 09 06 05

2. (*b*) : इनपुट : 82 80 79 99 22 32 50
चरण I : 99 82 80 79 22 32 50
चरण II : 99 82 80 79 50 22 32

3. (*b*) : इनपुट : 09 25 16 30 32 19 17 06
चरण I : 32 09 25 16 30 19 17 06
चरण II : 32 30 09 25 16 19 17 06
चरण III : 32 30 25 09 16 19 17 06

4. (*b*)

5. (*b*) : इनपुट : 03 31 43 22 11 09
चरण I : 43 03 31 22 11 09
चरण II : 43 31 03 22 11 09
चरण III : 43 31 22 03 11 09
चरण IV : 43 31 22 11 03 09
चरण V : 43 31 22 11 09 03

6. (*a*) : इनपुट : 25 08 35 11 88 67 23
चरण I : 88 25 08 35 11 67 23
चरण II : 88 67 25 08 35 11 23
चरण III : 88 67 35 25 08 11 23
चरण IV : 88 67 35 25 23 08 11
चरण V : 88 67 35 25 23 11 08

निर्देश (प्र.सं. 7–10): जैसा कि दी गई सारणी में दर्शाया गया है, दिए गए शब्दों को चरणशः शब्दकोश के अनुसार अवरोही क्रम में व्यवस्थित करें :

7. (*c*)

8. (*c*) : इनपुट : Him and His either or her
चरण I : and Him His either or her
चरण II : and either Him His or her
चरण III : and either her Him His or

9. (*d*) : इनपुट : you are at fault on this
चरण I : are you at fault on this
चरण II : are at you fault on this
चरण III : are at fault you on this
चरण IV : are at fault on you this

10. (*c*) : इनपुट : am ace all if Is
चरण I : ace am all if Is
चरण II : ace all am if Is

17. कथन एवं वेन आरेख
(Logical Diagrams)

इस प्रकार के प्रश्नों में विकल्प के रूप में पाँच भिन्न-भिन्न आकृतियों का समुच्चय दिया जाता है। प्रत्येक आकृति संबंधित शब्दों के कुछ समूहों का एक तार्किक पैटर्न निरूपित करती है जिनमें प्रत्येक शब्द एक वर्ग को निरूपित करता है। अभ्यर्थी को दिए गए शब्दों के समुच्चय के लिए सर्वाधिक उपयुक्त तार्किक आकृति की पहचान करनी है। नीचे इन आरेखों द्वारा निरूपित कुछ संबंध दर्शाए गए हैं। संबंधित पैटर्नों को समझें और तत्पश्चात् दिए गए प्रश्नों के उत्तर दें।

हल किए गए उदाहरण

1.  दिए गए वर्गों में कोई सदस्य समान (common) नहीं है।
उदाहरण : दूध, अंडे

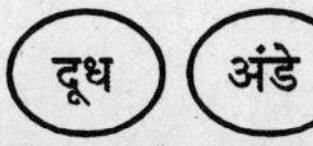

दूध अंडे

2. 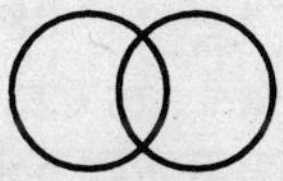 दिया गया आरेख यह दर्शाता है कि दोनों वर्गों में कुछ समान सदस्य हैं किंतु कोई भी वर्ग एक-दूसरे में पूर्णतः समाहित नहीं है।

रंग लाल

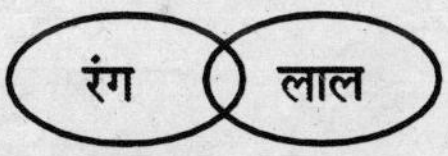

उदाहरण : रंग, लाल

3.  दिया गया आरेख यह दर्शाता है कि एक वर्ग दूसरे में पूर्णतः समाहित है किंतु दूसरा वर्ग पहले वर्ग में समाहित नहीं है अर्थात् ये दोनों वर्ग आपस में मिले-जुले नहीं हैं।

फल सेब

उदाहरण : फल, सेब

4.  आकृति 2 के समान ही यह आकृति भी दर्शाती है कि तीनों वर्गों में कुछ समान (common) सदस्य हैं किंतु इनमें से कोई भी वर्ग एक-दूसरे में पूर्णतः समाहित नहीं है।

उदाहरण : लंबा, आदमी, शिक्षित

लंबा आदमी शिक्षित

5. 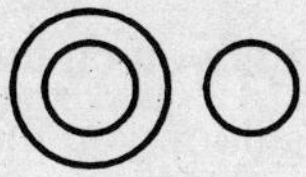 दिए गए तीन वर्गों में से एक वर्ग दूसरे वर्ग में पूर्णतः समाहित है लेकिन मिला-जुला नहीं है जबकि तीसरे वर्ग का कोई भी सदस्य पहले के दोनों वर्गों के किसी भी सदस्य के किसी भी अभिलक्षण के आधार पर समान नहीं है।

उदाहरण : जल, ठोस, द्रव

6. इस आकृति में दो वर्ग तीसरे वर्ग में पूर्णतः समाहित हैं किंतु तीसरा वर्ग उन दोनों वर्गों में समाहित नहीं है। इसके अतिरिक्त जो दो वर्ग तीसरे वर्ग में समाहित हैं उनका कोई सदस्य समान नहीं है।

उदाहरण : पंजाब, आगरा, भारत

7. दो वर्ग तीसरे वर्ग में पूर्णतः समाहित हैं किंतु तीसरा वर्ग पहले के दो वर्गों में पूर्णतः समाहित नहीं है। इसके अतिरिक्त तीसरे वर्ग में पूर्णतः समाहित दोनों वर्गों में कुछ सदस्य समान हैं हालाँकि उन दोनों में कोई भी वर्ग एक दूसरे में पूर्णतः समाहित नहीं है।

उदाहरण : माँ, बहन, महिलाएँ

8. पहला वर्ग शेष दो वर्गों में पूर्णतः समाहित है किंतु शेष दो वर्ग पहले वर्ग में पूर्णतः समाहित नहीं हैं। दूसरा वर्ग तीसरे वर्ग में पूर्णतः और पहले वर्ग में अंशतः समाहित है। तीसरे वर्ग का कुछ अंश दूसरे वर्ग में समाहित है और कुछ अंश पहले वर्ग में समाहित है।

उदाहरण : संज्ञा, राम, व्याकरण

9. पहला वर्ग दूसरे वर्ग में पूर्णतः समाहित है किंतु दूसरा वर्ग पहले वर्ग में पूर्णतः समाहित नहीं है। तीसरा वर्ग शेष दो वर्गों में अंशतः समाहित है।

उदाहरण : चीनी, मीठा, चाय

टिप्पणी : कुछ लोग बिना चीनी के चाय पीते हैं।

10. 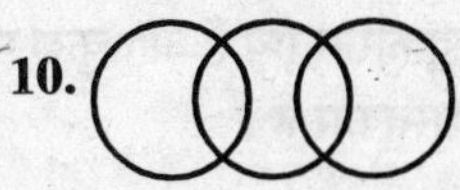 पहले और दूसरे वर्ग में कुछ सदस्य समान (common) हैं और इसी प्रकार दूसरे और तीसरे वर्ग के कुछ सदस्य समान (common) हैं किंतु पहले और तीसरे वर्ग में कुछ भी समान नहीं है।

उदाहरण : धनी, मनुष्य, प्रसिद्ध 

अभ्यास

निर्देश (प्र.सं. 1–10): *नीचे दिए गए पाँच तर्क आरेखों में से उस आरेख (आकृति) का चयन करें जो प्रश्न में दिए गए तीनों वर्गों के बीच संबंध को सर्वाधिक सुस्पष्ट रूप में प्रदर्शित करता है।*

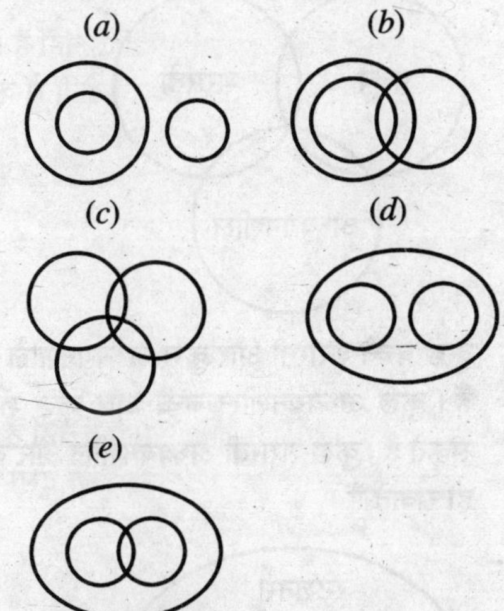

1. पक्षी, फल, आम
2. अपराधी, वकील, डकैत
3. तैराक, कुँआरा, पुरुष
4. स्मार्ट, इंजीनियर, महिला
5. सब्जियाँ, आलू, बैंगन
6. अंगूर, मीठा, फल
7. डॉक्टर, वास्तुकार, मनुष्य
8. विद्वान, व्यक्ति, भारतीय
9. बच्चे, शरारती, अध्ययनशील
10. कलम, पेंसिल, स्टेशनरी

निर्देश (प्र.सं. 11–15): *नीचे दिए गए पाँच तर्क आरेखों में से उस आरेख (आकृति) का चयन करें जो प्रश्न में दिए गए तीनों वर्गों के बीच संबंध को सर्वाधिक सुस्पष्ट रूप में व्यक्त करता है।*

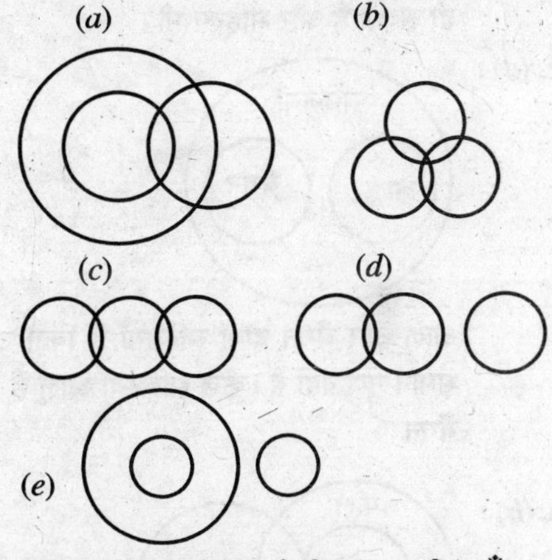

11. बहन, चचेरी-ममेरी-फुफेरी बहन, महिलाएँ
12. तारा, ग्रह, शनि
13. लोग, बुद्धिमान, धनी
14. पालतू पशु, बिल्लियाँ, कुत्ते
15. अभिनेता, मंच, फिल्म

व्याख्यात्मक उत्तर

1. (*a*) : 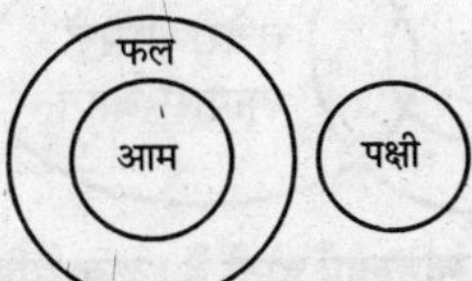

सभी आम फल हैं किंतु फल और आम में से कोई भी पक्षी नहीं है।

2. (*a*) : 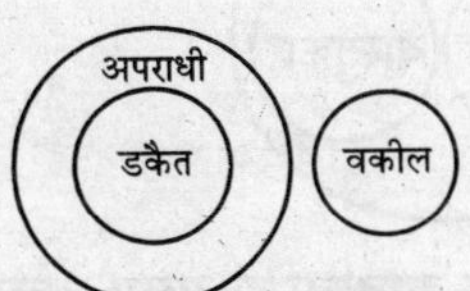

सभी डकैत अपराधी हैं किंतु अपराधी और डकैत में से कोई भी वकील नहीं हो सकता।

3. (*b*) :

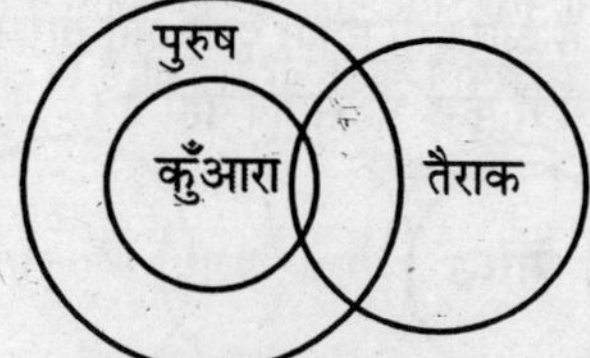

सभी कुँआरे पुरुष होते हैं तथा कुछ पुरुष और कुँआरे तैराक हो सकते हैं।

4. (*c*) :

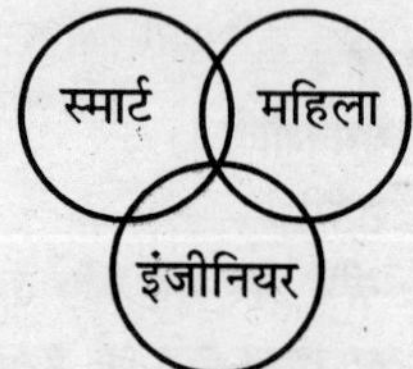

कुछ महिलाएँ स्मार्ट हो सकती हैं और कुछ महिलाएँ इंजीनियर हो सकती हैं तथा कुछ इंजीनियर स्मार्ट भी हो सकते हैं और महिला भी।

5. (*d*) :

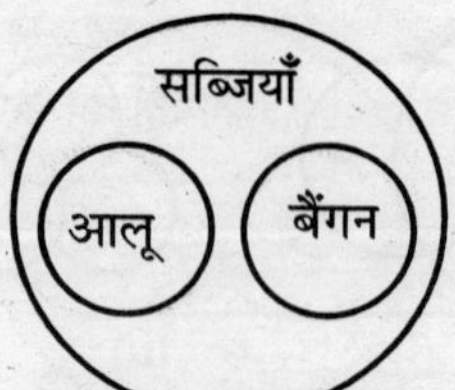

आलू और बैंगन दोनों सब्जियाँ हैं किंतु उनमें कोई समान गुण नहीं है। कुछ सब्जियाँ आलू हैं और कुछ बैंगन।

6. (*b*) :

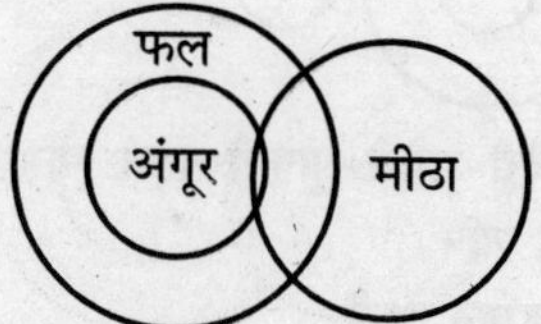

कुछ अंगूर मीठे हैं और सभी अंगूर फल हैं। किंतु सभी मीठी चीजें फल नहीं हैं।

7. (*d*) :

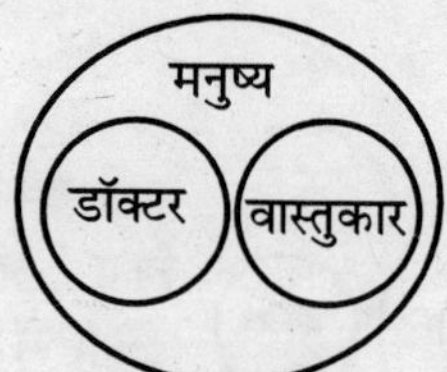

डॉक्टर और वास्तुकार दो अलग–अलग वर्ग हैं किंतु सभी डॉक्टर और वास्तुकार मनुष्य हैं और कुछ मनुष्य या तो डॉक्टर हैं या वास्तुकार हैं।

8. (*e*) :

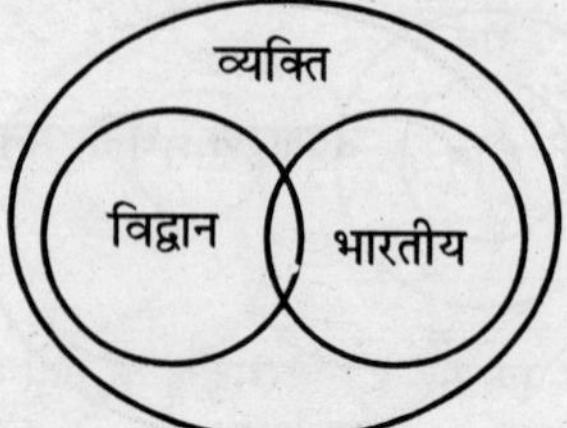

कुछ भारतीय विद्वान हो सकते हैं और कुछ विद्वान भारतीय हो सकते हैं। विद्वान और भारतीय दोनों ही व्यक्ति की श्रेणी में आते हैं।

9. (*c*) :

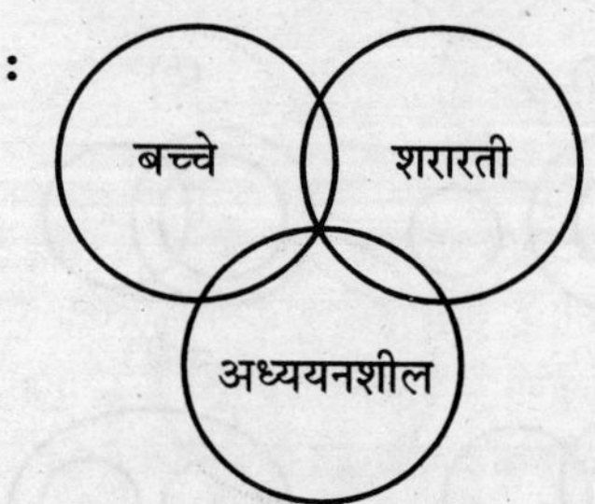

कुछ बच्चे शरारती और कुछ अध्ययनशील हो सकते हैं। कुछ अध्ययनशील बच्चे और कुछ शरारती हो सकते हैं। कुछ शरारती अध्ययनशील और कुछ बच्चे हो सकते हैं।

10. (*d*) :

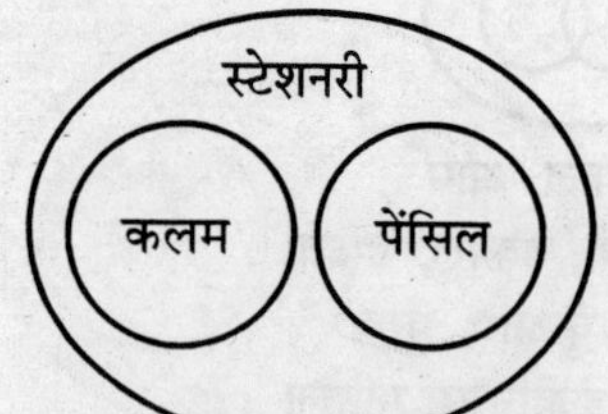

कलम और पेंसिल दोनों स्टेशनरी की मदें हैं। कुछ स्टेशनरी कलम और पेंसिल हैं किंतु कलम और पेंसिल दो अलग–अलग वर्ग हैं।

11. (*a*) :

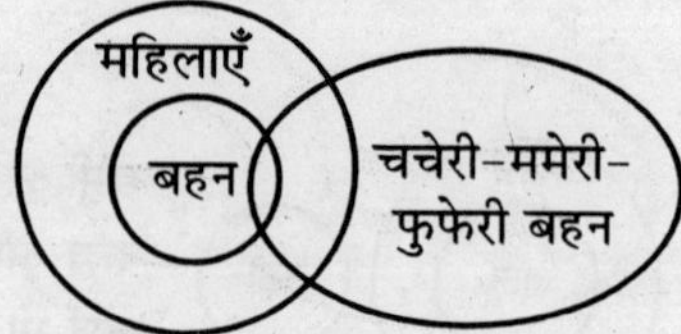

सभी बहनें महिलाएँ होती हैं। कुछ महिलाएँ जो बहनें

हैं, चचेरी-ममेरी-फुफेरी बहनें हो सकती हैं या सभी चचेरी-ममेरी-फुफेरी बहनें कुछ महिलाएँ हैं।

12. (*e*) :

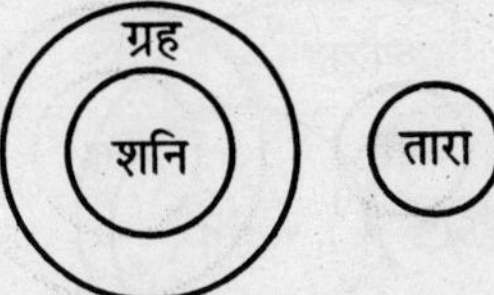

शनि एक ग्रह है। सौरमंडल के ग्रहों में एक ग्रह शनि है। तारा एक भिन्न वर्ग है।

13. (*b*) :

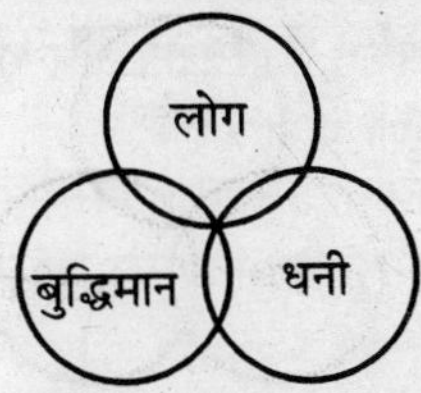

कुछ लोग बुद्धिमान हो सकते हैं और कुछ धनी हो सकते हैं तथा कुछ बुद्धिमान और धनी व्यक्ति लोगों की श्रेणी में शामिल हैं। कुछ बुद्धिमान धनी हो सकते हैं और कुछ बुद्धिमान व्यक्ति लोगों की श्रेणी में शामिल है या कुछ धनी बुद्धिमान हो सकते हैं और कुछ लोगों को बुद्धिमान कहा जा सकता है।

14. (*c*) :

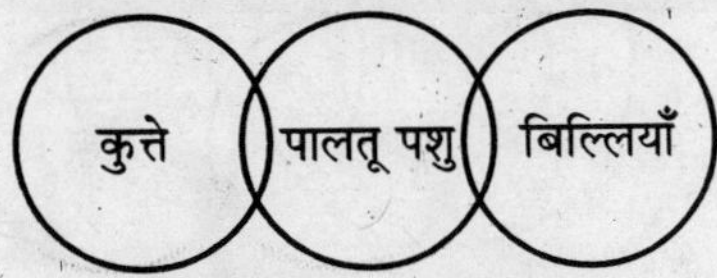

पालतू पशुओं में कुछ कुत्ते और कुछ बिल्लियाँ हो सकती हैं। कुछ कुत्ते और बिल्लियों को पालतू बनाया जा सकता है। किंतु कुत्ते और बिल्लियों का अलग-अलग वर्ग है।

15. (*b*) :

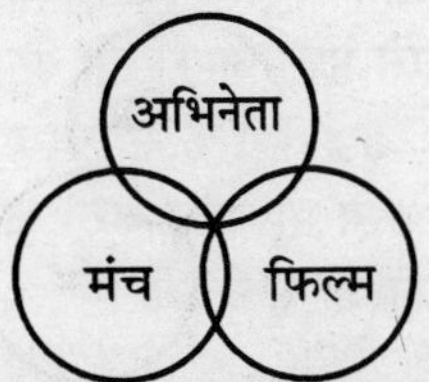

कुछ अभिनेता मंच से जुड़े होते हैं और कुछ फिल्मों से तथा मंच से जुड़े कुछ कलाकार और फिल्म से जुड़े कुछ कलाकार अभिनेता की श्रेणी में आते हैं।

अभाषिक (Non-Verbal)

1. श्रृंखला (*Series*)

इस प्रकार की अभाषिक श्रृंखला (Non-Verbal Series) में, जो सर्वाधिक सामान्य प्रकार की श्रृंखला होती है, चार या पांच आनुक्रमिक प्रश्न आकृतियां एक निश्चित अनुक्रम निर्मित करते हैं और अभ्यर्थियों को दी गई उत्तर आकृतियों के सेट से उस एक आकृति का चयन करना होता है जिससे प्रश्न आकृतियों के समुच्चय की श्रृंखला सतत् हो जाए।

अभ्यर्थियों को प्रश्न आकृतियों के समुच्चय की श्रृंखला सतत् बनाने के लिए विभिन्न क्रियाएं, परिवर्तन, विस्थापन, क्रमावर्तन, पुनरावर्तन और बहुत से अन्य परिवर्तन करने की आवश्यकता होती है। निरंतर अभ्यास द्वारा श्रृंखला विषयक समस्याओं को हल करने में निपुणता प्राप्त की जा सकती है।

हल किए गए उदाहरण

नीचे पूछे गए प्रत्येक प्रश्न में उत्तर आकृतियों के समुच्चय से उस एक आकृति का चयन करें जिसे प्रश्न आकृतियों के बाद में रखने पर प्रश्न आकृतियों के समुच्चय की श्रृंखला सतत् हो जाए।

1. प्रश्न आकृतियां

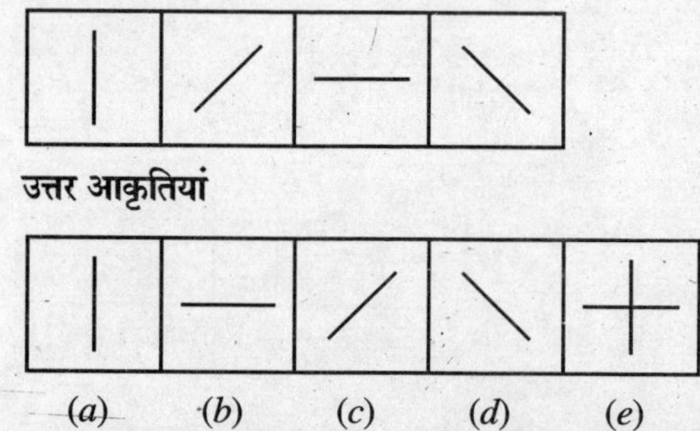

उत्तर आकृतियां

(*a*) (*b*) (*c*) (*d*) (*e*)

उत्तर (*a*): सभी आकृतियों में समान आकार की सीधी सरल रेखाएं दी गई हैं। उनकी दिशाएं और स्थिति परिवर्तित होती हैं। पहली आकृति में रेखा ऊर्ध्वाधर स्थिति में है। दूसरी आकृति में रेखा दक्षिणावर्त 45° के कोण से मुड़ जाती है और तीसरी आकृति में रेखा दक्षिणावर्त और 45° के कोण से मुड़ जाती है तथा चौथी आकृति में रेखा दक्षिणावर्त और 45° के कोण से मुड़ जाती है। अतः दो बातें स्पष्ट होती हैं: (i) रेखा दक्षिणावर्त घूमती है, और (ii) रेखा प्रत्येक चरण पर 45° के कोण से मुड़ती है।

अब चौथी आकृति (प्रश्न आकृति) भी दक्षिणावर्त 45° के कोण से मुड़नी चाहिए। अतः पांचवीं आकृति एक ऊर्ध्वाधर (उदग्र) रेखा होगी। इस प्रकार हमें ज्ञात होता है कि श्रृंखला को सतत् बनाने के लिए अगली आकृति एक ऊर्ध्वाधर या उदग्र सरल रेखा होगी।

2. प्रश्न आकृतियां

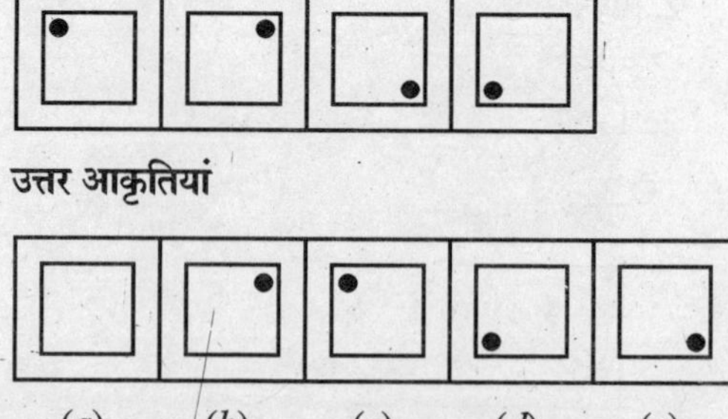

उत्तर आकृतियां

(*a*) (*b*) (*c*) (*d*) (*e*)

उत्तर (*c*): सभी चारों आकृतियां वर्ग हैं। जिनमें से प्रत्येक के भीतर एक काला बिंदु है। आकृतियों में वर्ग की अवस्थिति में परिवर्तन नहीं होता है बल्कि बिंदु की स्थिति परिवर्तित होती है। पहली आकृति में बिन्दु वर्ग के भीतर ऊपरी बाएं कोने पर अवस्थित है और दूसरी आकृति में बिन्दु वर्ग के भीतर ऊपरी दाएं

कोने पर पहुंच जाती है। तीसरी आकृति में बिन्दु निचले दाहिने कोने पर और चौथी आकृति में निचले बाएं कोने पर पहुंच जाती है। अतः दो तथ्यों का पता चलता है: (i) बिन्दु की अवस्थिति बाएं से दाएं अर्थात् दक्षिणावर्त परिवर्तित होती है, और (ii) यह प्रत्येक चरण पर वर्ग के एक कोने से दूसरे कोने पर पहुंच जाती है।

चौथी आकृति (प्रश्न आकृति) में बिन्दु निचले बाएं कोने पर अवस्थित है। अगले चरण में यह दक्षिणावर्त अगले कोने पर अर्थात् ऊपरी बाएं कोने पर पहुंच जाएगी। अतः प्रश्न आकृति में दी गई श्रृंखला को सतत् बनाने के लिए श्रृंखला की अगली अर्थात् पांचवीं आकृति में एक वर्ग होगा जिसके ऊपरी बाएं कोने पर एक बिन्दु अवस्थित होगा।

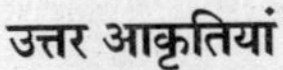

अभ्यास

निर्देश (प्र.सं. 1–20): *नीचे के प्रत्येक प्रश्न में आकृतियों के दो समुच्चय दिए गए हैं जिनमें से एक समुच्चय को* **प्रश्न आकृतियों** *का समुच्चय और दूसरे समुच्चय को* **उत्तर आकृतियों** *का समुच्चय कहा गया है। प्रश्न आकृतियों के समुच्चय से किसी न किसी प्रकार से एक श्रृंखला बनती है। उत्तर आकृतियों के समुच्चय से उस एक आकृति का चयन करें जिससे प्रश्न आकृतियों के समुच्चय की श्रृंखला संतत हो जाए।*

1. प्रश्न आकृतियां

उत्तर आकृतियां

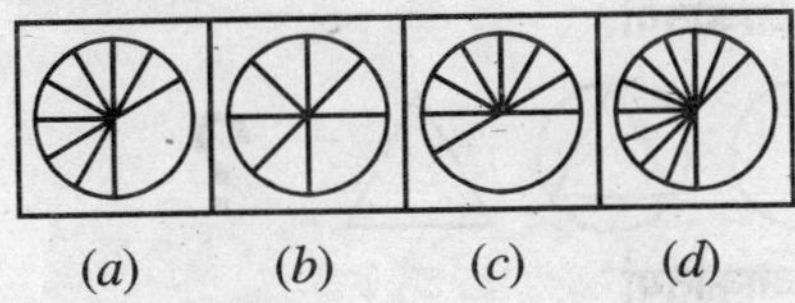

(*a*) (*b*) (*c*) (*d*)

2. प्रश्न आकृतियां

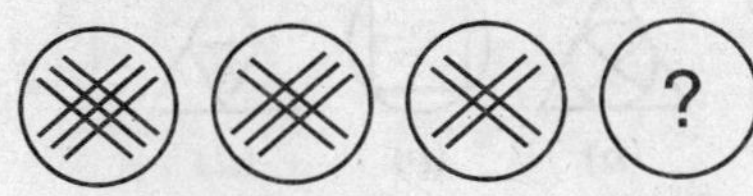

उत्तर आकृतियां

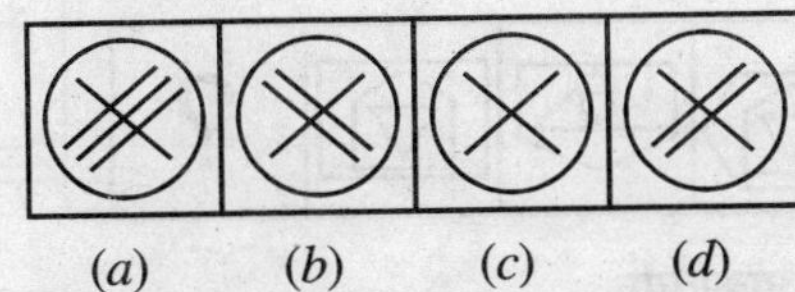

(*a*) (*b*) (*c*) (*d*)

3. प्रश्न आकृतियां

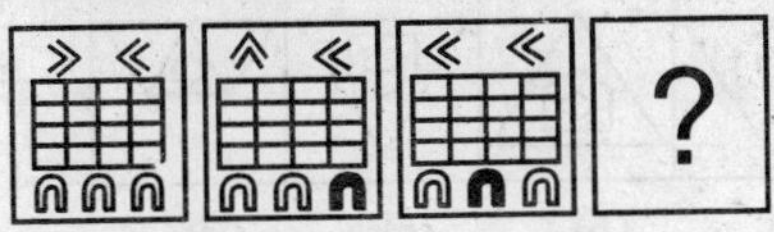

उत्तर आकृतियां

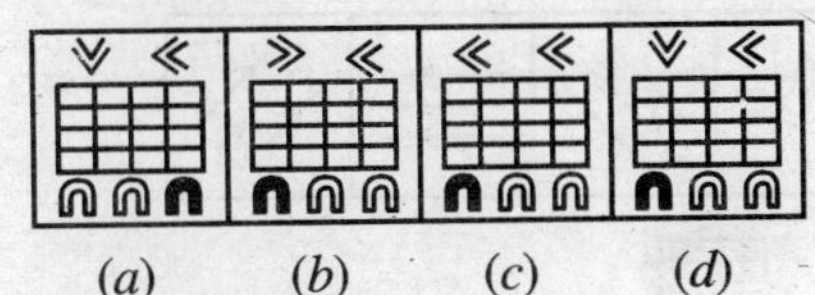

(*a*) (*b*) (*c*) (*d*)

4. प्रश्न आकृतियां

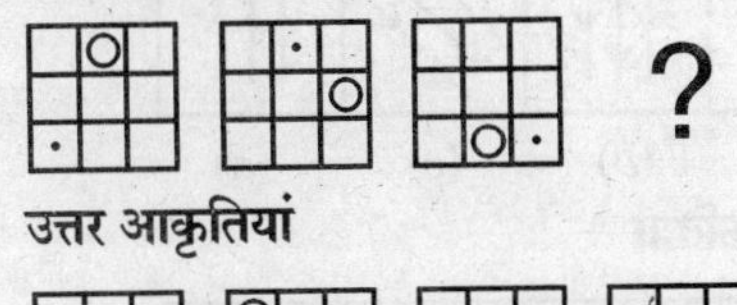

उत्तर आकृतियां

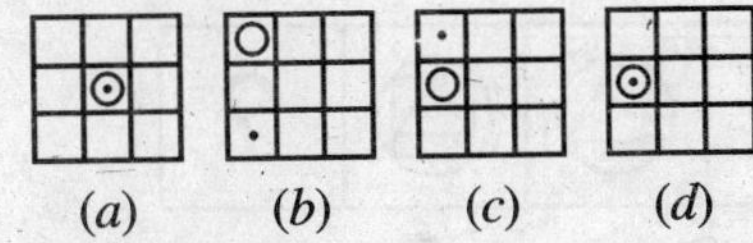

(*a*) (*b*) (*c*) (*d*)

5. प्रश्न आकृतियां

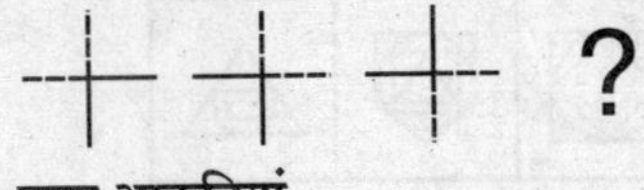

उत्तर आकृतियां

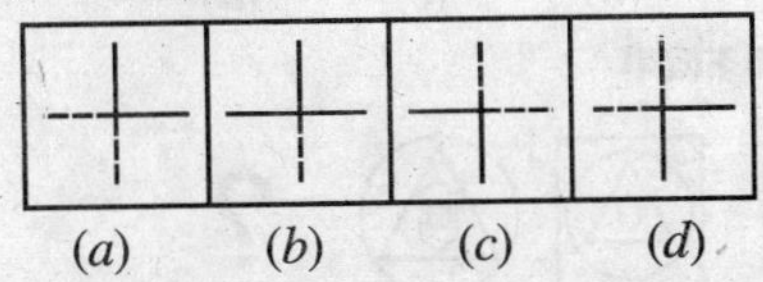

(*a*) (*b*) (*c*) (*d*)

6. प्रश्न आकृतियां

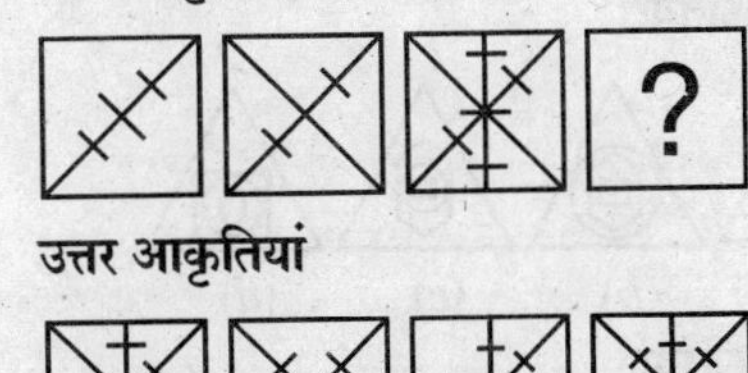

उत्तर आकृतियां

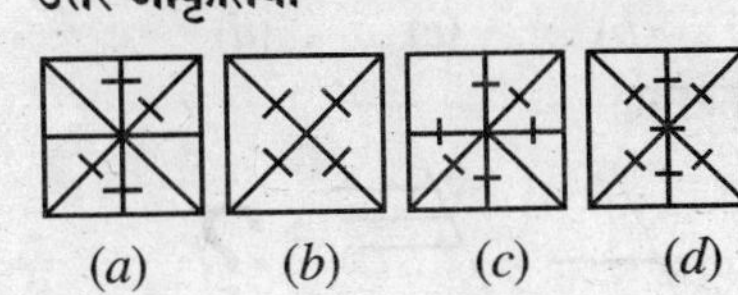

(*a*) (*b*) (*c*) (*d*)

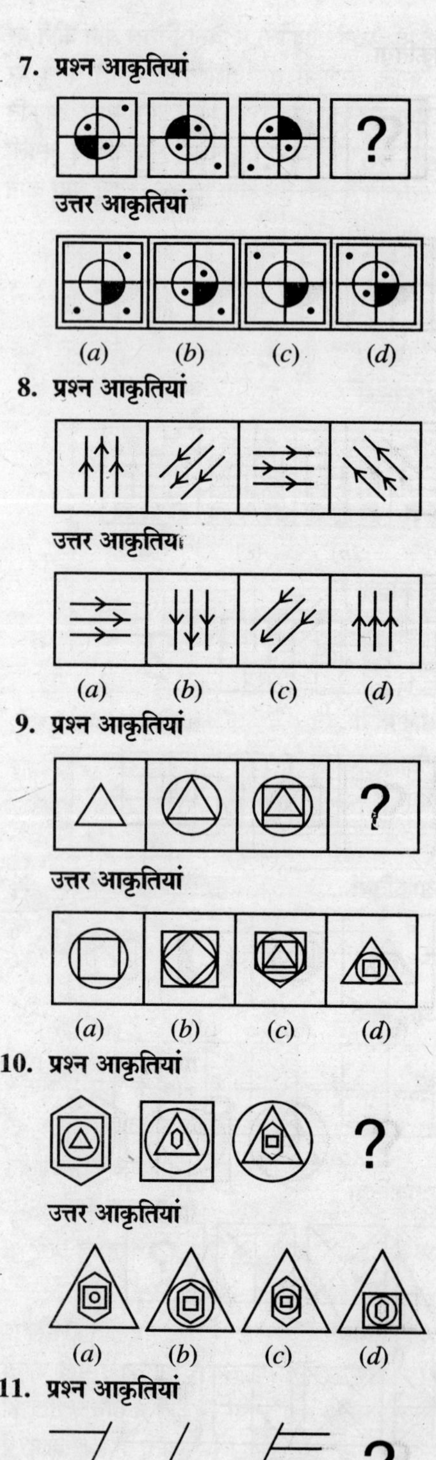
7. प्रश्न आकृतियां
?
उत्तर आकृतियां
(a) (b) (c) (d)
8. प्रश्न आकृतियां
उत्तर आकृतियां
(a) (b) (c) (d)
9. प्रश्न आकृतियां
?
उत्तर आकृतियां
(a) (b) (c) (d)
10. प्रश्न आकृतियां
?
उत्तर आकृतियां
(a) (b) (c) (d)
11. प्रश्न आकृतियां
?

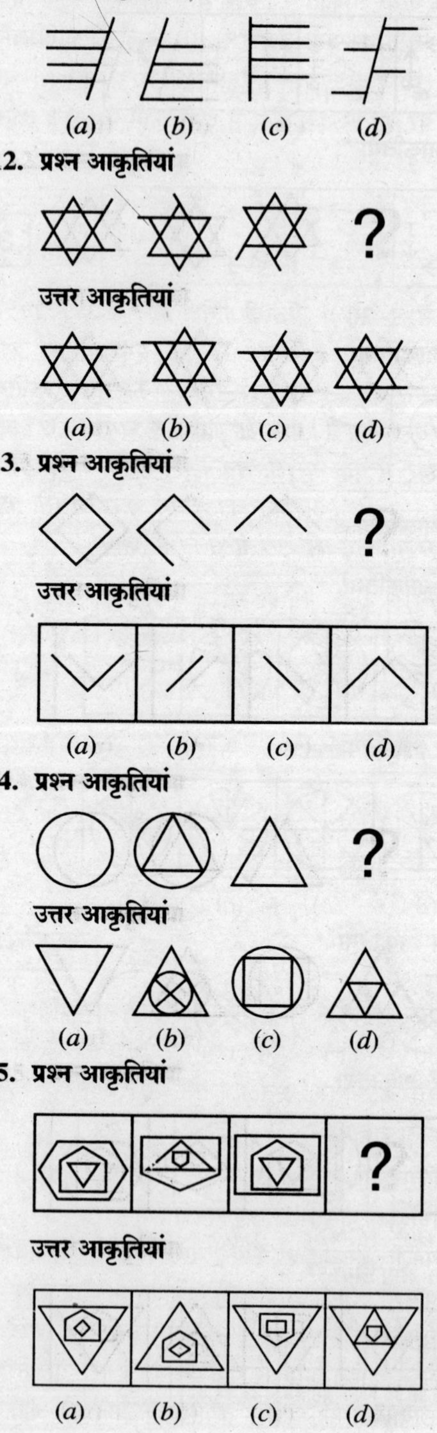
उत्तर आकृतियां
(a) (b) (c) (d)
12. प्रश्न आकृतियां
?
उत्तर आकृतियां
(a) (b) (c) (d)
13. प्रश्न आकृतियां
?
उत्तर आकृतियां
(a) (b) (c) (d)
14. प्रश्न आकृतियां
?
उत्तर आकृतियां
(a) (b) (c) (d)
15. प्रश्न आकृतियां
?
उत्तर आकृतियां
(a) (b) (c) (d)

16. **प्रश्न आकृतियां**

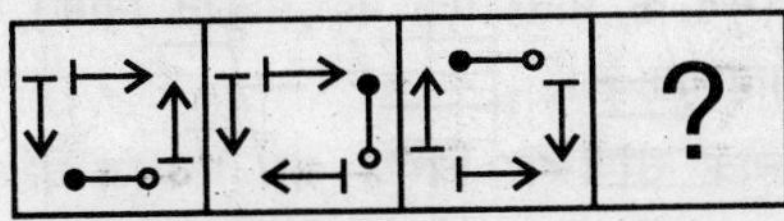

उत्तर आकृतियां

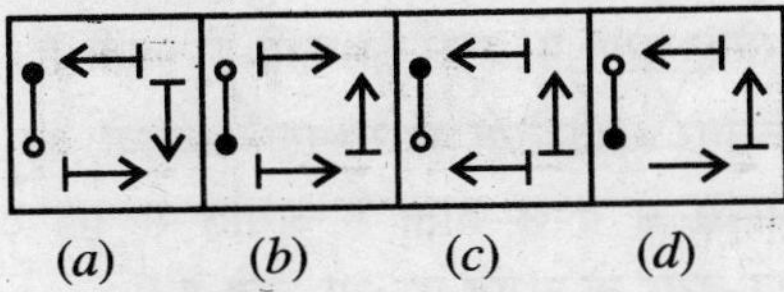

(*a*) (*b*) (*c*) (*d*)

17. **प्रश्न आकृतियां**

उत्तर आकृतियां

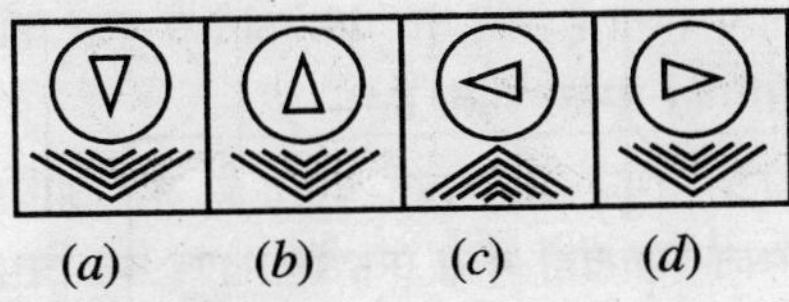

(*a*) (*b*) (*c*) (*d*)

18. **प्रश्न आकृतियां**

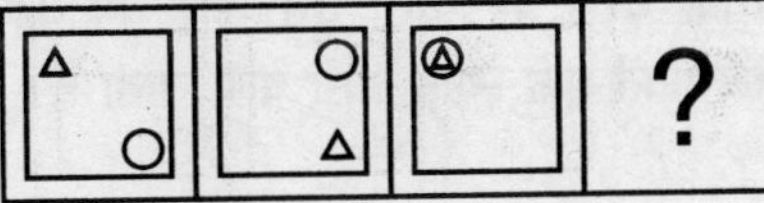

उत्तर आकृतियां

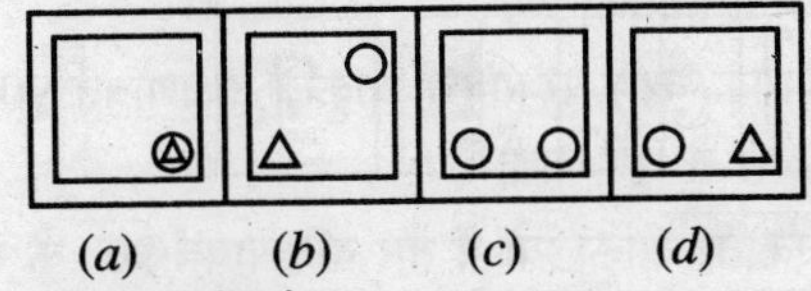

(*a*) (*b*) (*c*) (*d*)

19. **प्रश्न आकृतियां**

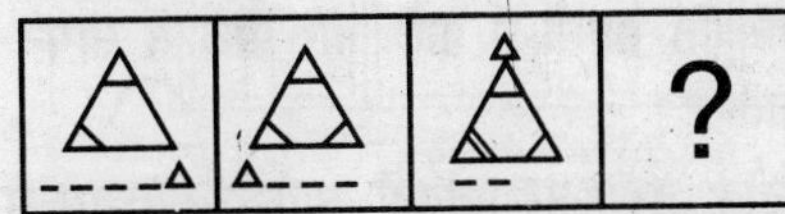

उत्तर आकृतियां

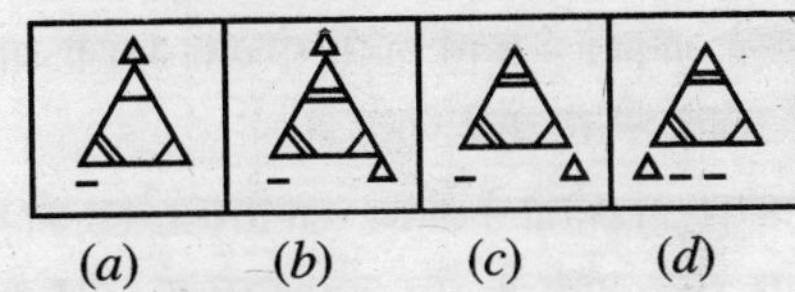

(*a*) (*b*) (*c*) (*d*)

20. **प्रश्न आकृतियां**

उत्तर आकृतियां

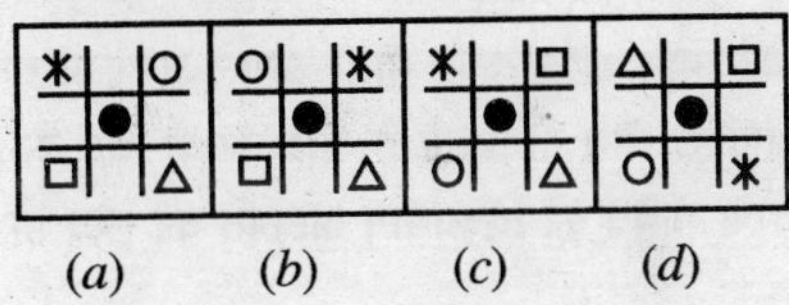

(*a*) (*b*) (*c*) (*d*)

व्याख्यात्मक उत्तर

1. (*c*) : एक आकृति से दूसरी आकृति में वृत्त क्रमशः दक्षिणावर्त 30° के कोण से घूम जाता है और प्रत्येक चरण में वृत्त के भीतर स्थित एक त्रिज्यीय रेखाखण्ड लुप्त होता जाता है।

2. (*d*) : तिरछे या विकर्णी रेखाखण्ड एक-एक करके एक निश्चित क्रम में लुप्त होते जाते हैं।

3. (*d*) : पहली आकृति में ऊपर बाएं स्थित >> अवयव क्रमशः अगली आकृति में वामावर्त 90° के कोण से घूम जाता है। आकृति में नीचे स्थित तीन अवयवों में से दाहिने ओर का एक अवयव दूसरी आकृति में छायांकित हो जाता है तथा उसके बाद की आकृति में इन तीनों में से दाहिने से बाएं के क्रम में केवल एक अवयव ही छायांकित होता जाता है।

4. (*d*) : वृत्त (गोल घेरा) और बिंदु अगली आकृति में दक्षिणावर्त क्रमशः दो और तीन खंड आगे खिसक जाते हैं।

5. (*a*) : प्रत्येक चरण में क्रॉस का चिह्न दक्षिणावर्त 90° के कोण से घूम जाता है।

6. (*a*) : पहली आकृति में विकर्ण पर बीच में स्थित रेखाखण्ड दूसरी आकृति में आगे बढ़कर वर्ग के सम्मुख कोनों को स्पर्श करता है। अगली आकृति में तीन रेखाखण्डों से युक्त एक नई रेखा जुड़ जाती है। शृंखला में निरंतरता स्थापित करने के लिए मध्यस्थ रेखाखण्ड

को आगे बढ़ाकर वर्ग की भुजाओं से स्पर्श कराया जाना चाहिए।

7. (*d*) : प्रत्येक चरण पर संपूर्ण आकृति दक्षिणावर्त 90° के कोण से घूम जाती है।

8. (*b*) : एकांतर आकृतियों में तीर दक्षिणावर्त 90° के कोण से घूम जाते हैं और तीर के चिह्नों (वाणमुखों) की संस्थिति सामने से पीछे और पीछे से सामने होती जाती है।

9. (*c*) : प्रत्येक चरण पर पूर्ववर्ती आकृति-समुच्चय में एक नई आकृति जुड़ती जाती है।

10. (*a*) : पहली आकृति में सबसे बाहरी संरचना अगली आकृति में सबसे भीतर चली जाती है।

11. (*a*) : एकांतर आकृतियों में क्षैतिज रेखा तिरछी रेखा की दूसरी ओर चली जाती है और तब उनसे दो और क्षैतिज रेखाएं जुड़ जाती हैं।

12. (*d*) : प्रत्येक चरण पर तारे की आकृति वामावर्त 90° के कोण से घूम जाती है।

13. (*c*) : प्रत्येक चरण पर समचतुर्भुज की एक भुजा वामावर्त लुप्त होती जाती है।

14. (*d*) : विद्यमान आकृति के भीतर अगले चरण में एक नई आकृति बना दी जाती है और उसके बाद के अगले चरण में पूर्व की विद्यमान आकृति का लोप हो जाता है। इस शृंखला में निरंतरता स्थापित करने के लिए त्रिभुज के भीतर एक नई आकृति निर्मित करना आवश्यक है।

15. (*d*) : प्रत्येक चरण पर त्रिभुज और पंचभुज के स्थान आपस में बदल जाते हैं और ये आकृतियां उलट जाती हैं। बाहरी संरचना में भुजाओं की संख्या में प्रत्येक चरण पर एक की कमी हो जाती है।

16. (*a*) : एकांतर आकृतियों में सम्मुख अवयवों का स्थान आपस में बदल जाता है अर्थात् सम्मुख अवयव एक-दूसरे के स्थान पर आ जाते हैं।

17. (*d*) : प्रत्येक चरण पर त्रिभुज दक्षिणावर्त 90° के कोण से घूम जाता है। प्रत्येक चरण पर समांतर 'V' रेखाएं उलटी हो जाती हैं और एकांतर आकृतियों में इनमें एक की वृद्धि होती जाती है।

18. (*d*) : प्रत्येक चरण पर त्रिभुज विकर्णतः सम्मुख कोनों पर जाता रहता है और वृत्त एक कोने से दूसरे कोने पर वामावर्त घूमता रहता है।

19. (*c*) : छोटा त्रिभुज दक्षिणावर्त घूमता है और आधार पर स्थित रेखाखंडों में से एक रेखाखण्ड बड़े त्रिभुज के भीतर दक्षिणावर्त जुड़ता जाता है।

20. (*a*) : प्रत्येक चरण पर तारा, वृत्त और वर्ग का स्थान दक्षिणावर्त एक स्थान आगे चला जाता है।

2. सादृश्य या संबंध
(Analogies or Relationships)

अभाषिक सादृश्य के प्रश्नों में दो प्रकार की आकृतियां दी जाती हैं जो (i) प्रश्न आकृतियां और (ii) उत्तर आकृतियां कहलाती हैं। प्रश्न आकृतियां दो भागों में विभाजित होती हैं। प्रश्न आकृतियों के नीचे उत्तर आकृतियां दी जाती है।

हल किए गए उदाहरण

1. प्रश्न आकृतियां

?

उत्तर आकृतियां

(a) (b) (c) (d)

उत्तर (*d*)**:** ऊपर दी गई प्रश्न आकृतियों के दो भाग हैं। पहले भाग में दो आकृतियां हैं जबकि दूसरे भाग में एक आकृति दी गई है जिसके बाद एक प्रश्न चिह्न (?) है। पहले भाग की आकृतियों के बीच एक विशेष संबंध है जिसके आधार पर दूसरे भाग की आकृतियों के बीच संबंध स्थापित किया जाना है।

प्रश्न आकृतियों के पहले भाग की दो आकृतियों में क्रमशः एक और दो आयत निहित हैं। पहली आकृति में एक आयत है जबकि दूसरी आकृति में दो आयत हैं। इसका अर्थ है कि उनके बीच संबंध यह है कि दूसरी आकृति में पहली आकृति में निहित आयत की संख्या की दोगुनी संख्या में आयत हैं।

दूसरे भाग की दोनों प्रश्न आकृतियों के बीच भी ठीक उसी प्रकार का संबंध होना आवश्यक है जैसा संबंध पहले भाग की दो प्रश्न आकृतियों के बीच है अर्थात् इस सादृश्य के आधार पर जबकि दूसरे भाग में पहली प्रश्न आकृति एक वृत्त है तो दूसरी प्रश्न आकृति में वृत्तों की संख्या दोगुनी अर्थात् 2 होगी।

2. प्रश्न आकृतियां

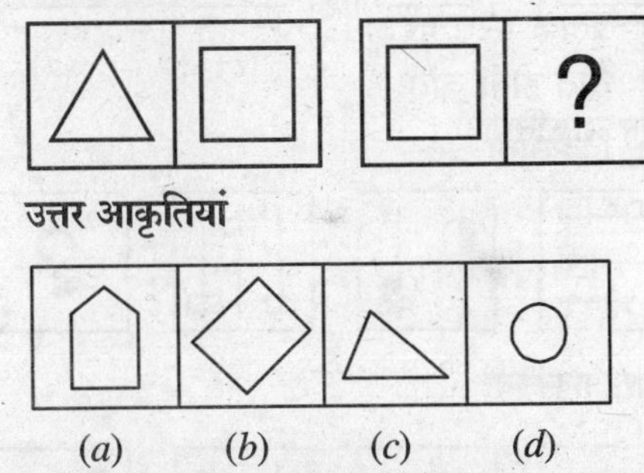

(a) (b) (c) (d)

उत्तर (*a*)**:** प्रश्न आकृतियों के पहले भाग में दी गई दोनों आकृतियों को देखें। पहली आकृति में एक त्रिभुज और दूसरी आकृति में एक वर्ग है। पहली आकृति (त्रिभुज) में तीन भुजाएं और तीन कोण हैं जबकि दूसरी आकृति (वर्ग) में चार भुजाएं और चार कोण हैं। इन दोनों आकृतियों के बीच संबंध यह है कि दूसरी आकृति में पहली आकृति की तुलना में एक भुजा और एक कोण अधिक है।

इस सादृश्य संबंध के आधार पर प्रश्न चिह्न (?) के स्थान पर रखी जाने वाली आकृति पाँच भुजाओं और पाँच कोणों वाली आकृति होनी चाहिए (जिसमें प्रश्न आकृतियों के दूसरे भाग की पहली आकृति से एक भुजा और एक कोण अधिक हो)।

अभ्यास

निर्देश (प्र.सं. 1–15): *प्रश्न आकृतियों में :: चिह्न के बाएं दी गई दो आकृतियों में से दूसरी आकृति का पहली आकृति के साथ एक विशेष संबंध है। :: चिह्न की दाईं ओर की दो आकृतियों के बीच भी ऐसा ही संबंध है। दिए गए विकल्पों से उस आकृति का चयन करें जिसे प्रश्न आकृतियों में प्रश्न चिह्न के स्थान पर रखा जा सकता है और जिसका :: चिह्न की दाईं ओर की पहली आकृति के साथ ठीक वैसा ही संबंध है जैसा कि :: चिह्न की बाईं ओर की दो आकृतियों के बीच है।*

1. प्रश्न आकृतियां

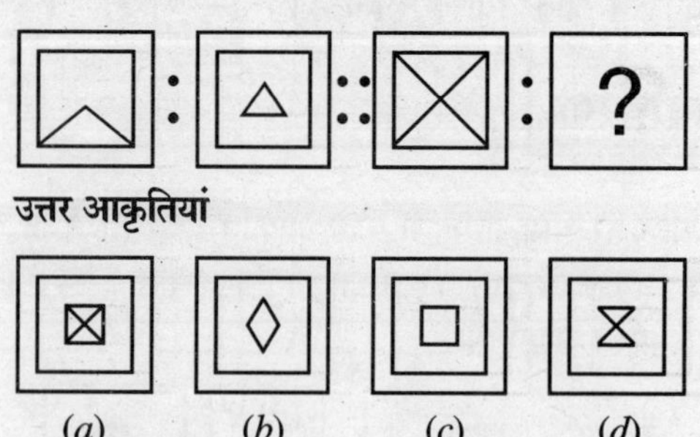

2. प्रश्न आकृतियां

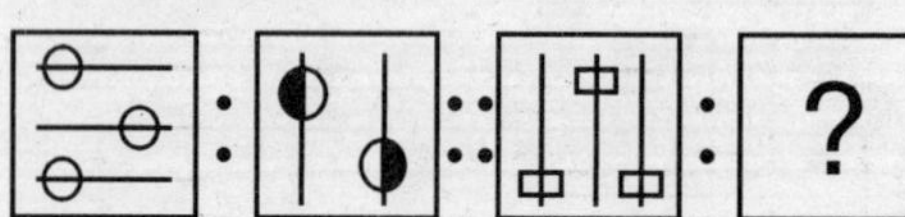

उत्तर आकृतियां

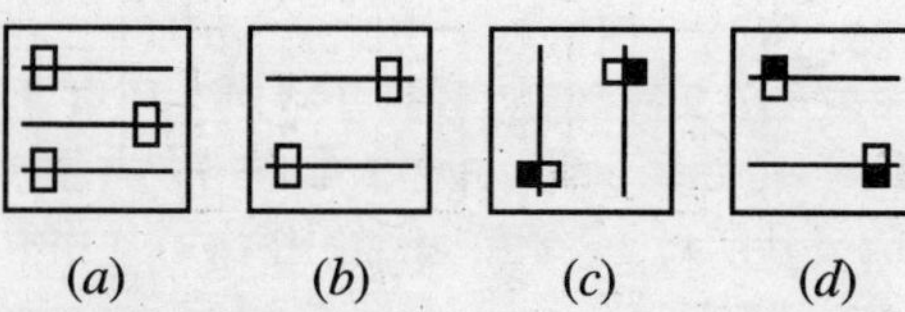

(a) (b) (c) (d)

3. प्रश्न आकृतियां

उत्तर आकृतियां

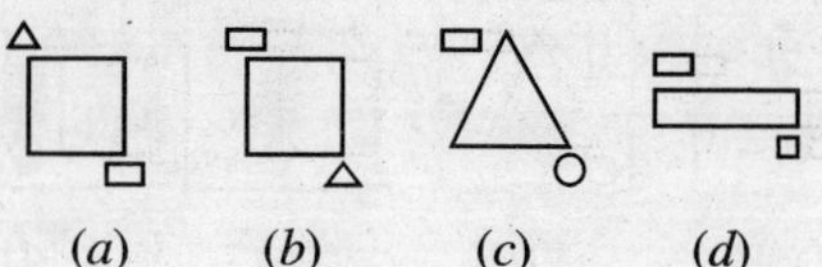

(a) (b) (c) (d)

4. प्रश्न आकृतियां

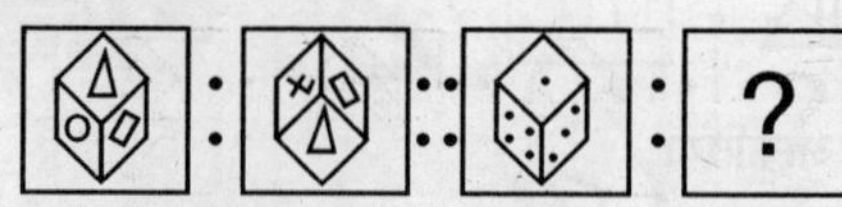

उत्तर आकृतियां

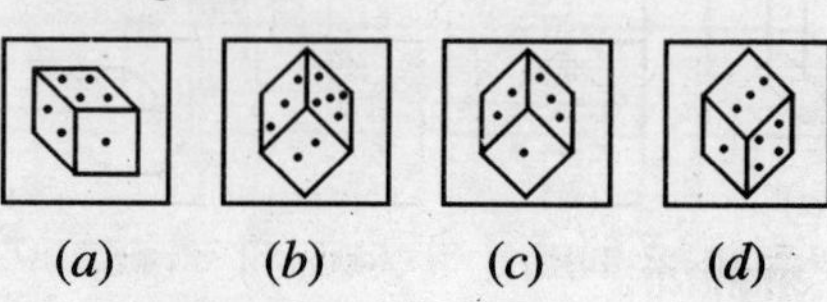

5. प्रश्न आकृतियां

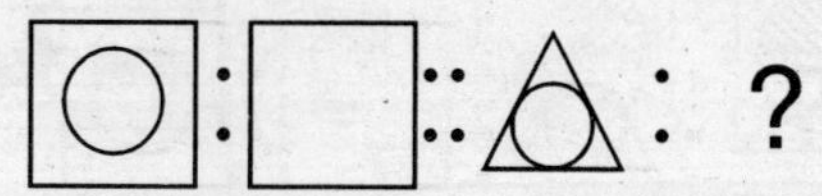

उत्तर आकृतियां

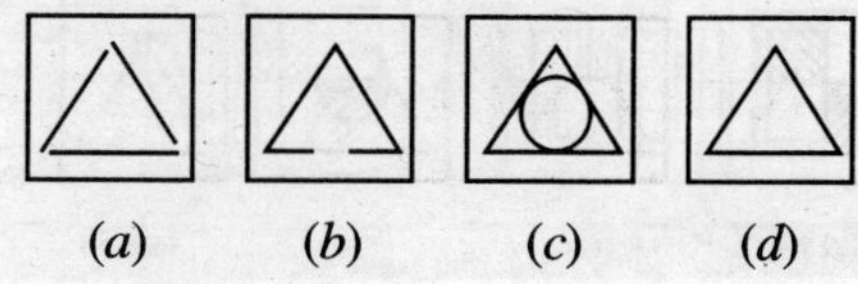

6. प्रश्न आकृतियां

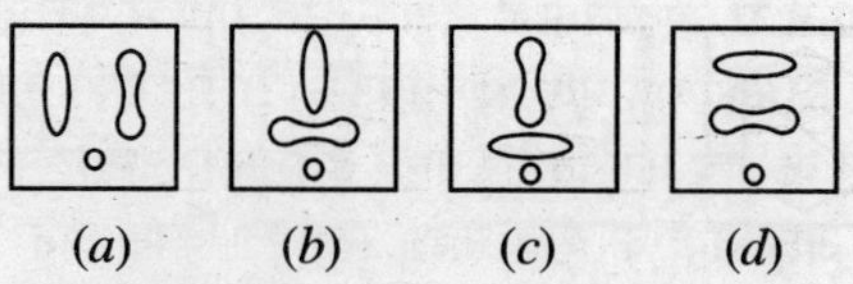

उत्तर आकृतियां

(a) (b) (c) (d)

7. प्रश्न आकृतियां

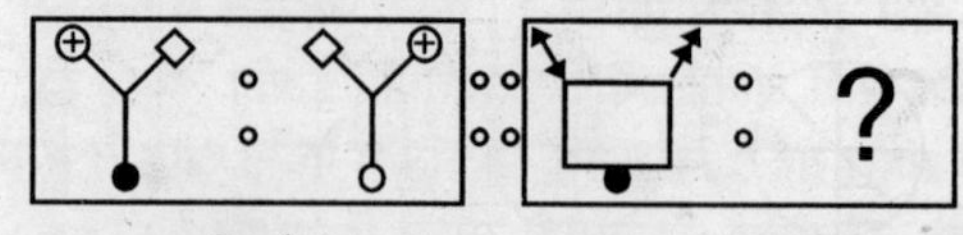

उत्तर आकृतियां

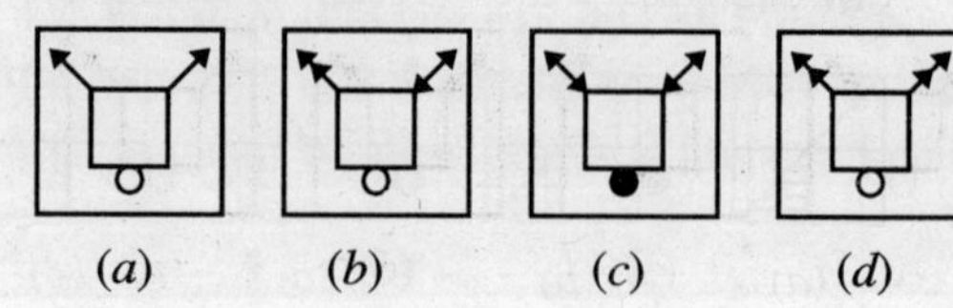

(a) (b) (c) (d)

8. प्रश्न आकृतियां

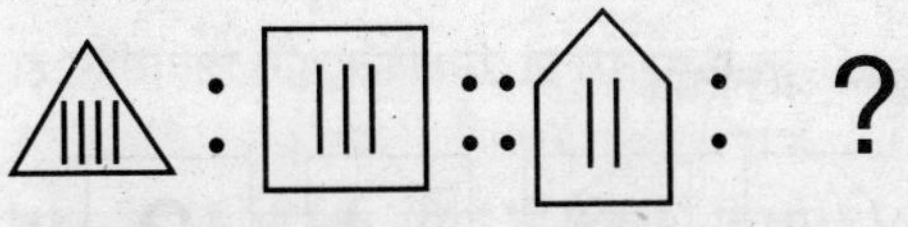

?

उत्तर आकृतियां

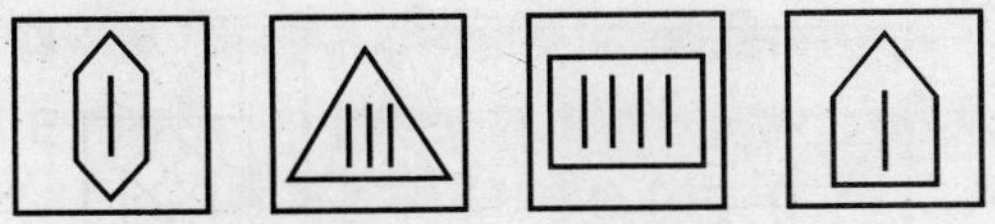

(*a*) (*b*) (*c*) (*d*)

9. प्रश्न आकृतियां

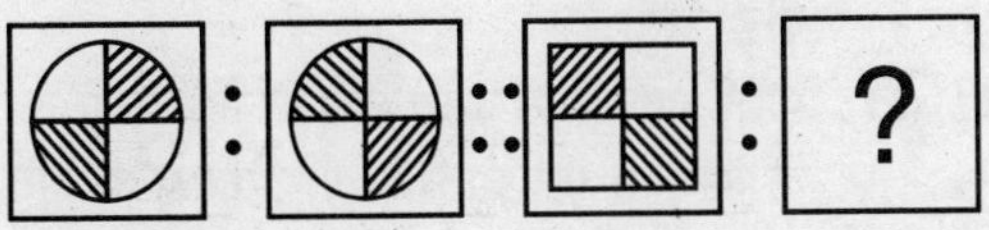

?

उत्तर आकृतियां

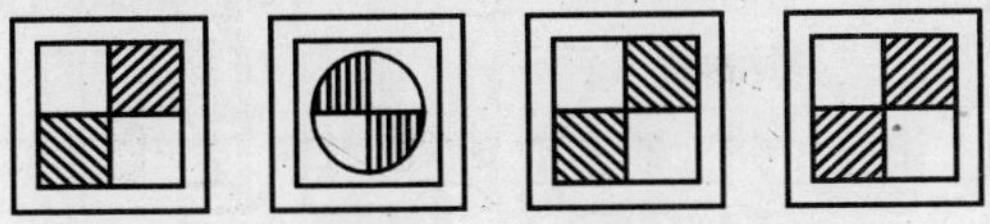

(*a*) (*b*) (*c*) (*d*)

10. प्रश्न आकृतियां

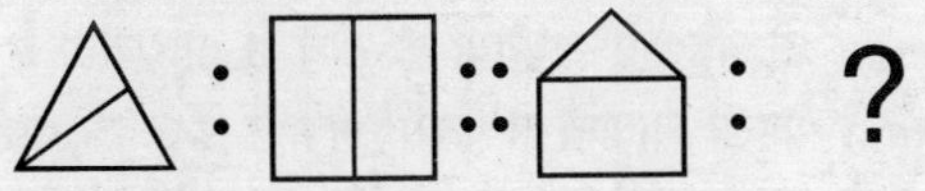

?

उत्तर आकृतियां

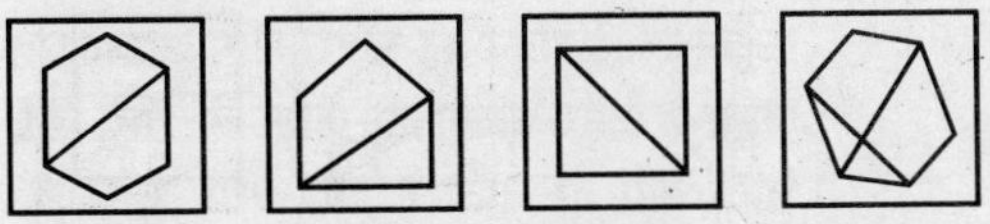

(*a*) (*b*) (*c*) (*d*)

11. प्रश्न आकृतियां

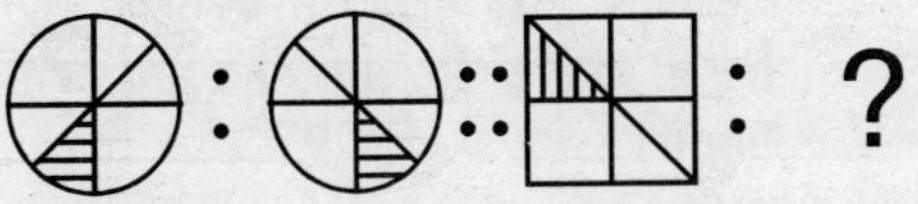

?

उत्तर आकृतियां

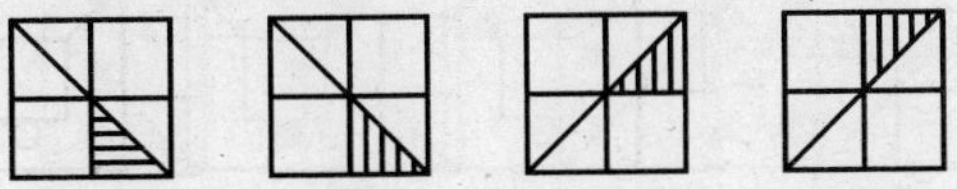

(*a*) (*b*) (*c*) (*d*)

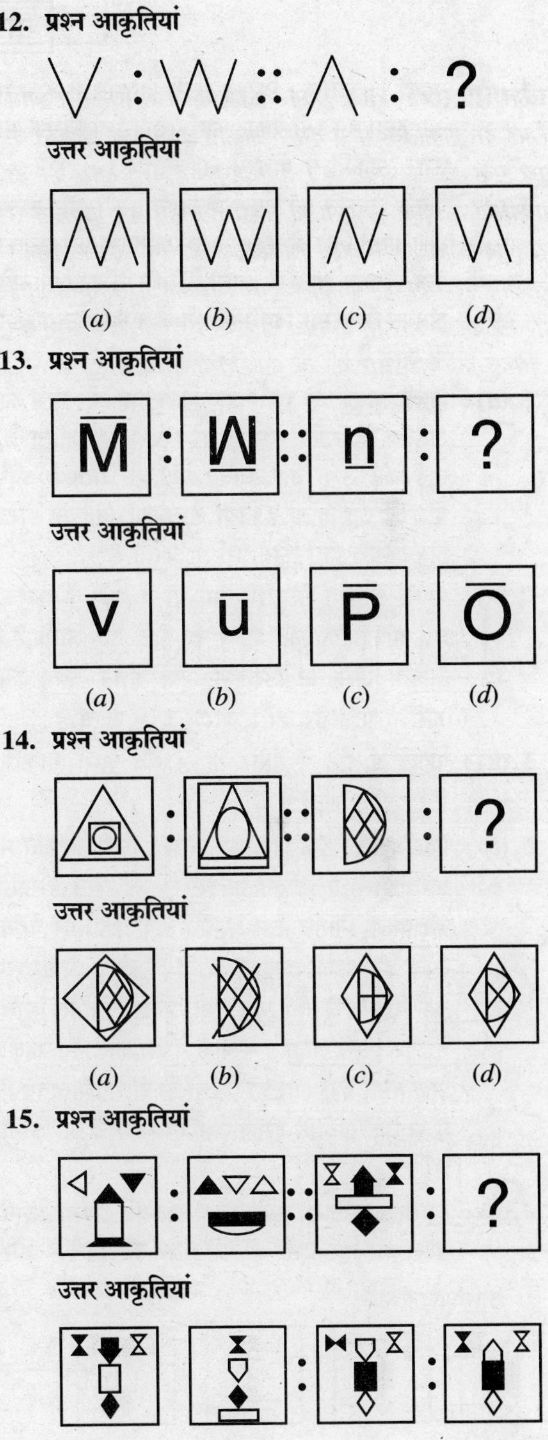

व्याख्यात्मक उत्तर

1. (*d*) : पहली आकृति का त्रिभुज दूसरी आकृति में बीच में आ जाता है। इसी प्रकार शीर्ष पर जुड़े दो त्रिभुज भी उत्तर आकृति में बीच में आ जाते हैं।

2. (*d*) : पहली आकृति का संपूर्ण डिजाइन दूसरी आकृति में दक्षिणावर्त 90° के कोण से घूम जाता है और उसका एक अवयव लुप्त हो जाता है तथा रेखिका से जुड़े अवयव के परस्पर विपरीत दिशा वाले हिस्से छायांकित हो जाते हैं।

3. (*a*) : पहली आकृति से दूसरी आकृति में दाईं ओर नीचे का अवयव विकर्णतः सम्मुख कोने पर चला जाता है, बाईं ओर ऊपर का अवयव बड़ा हो जाता है और बीच में आ जाता है तथा बीच का अवयव छोटा होकर नीचे दाएँ कोने पर आ जाता है।

4. (*c*) : पहली आकृति से दूसरी आकृति में पाशे के फलक पर अंकित आकृति ऊपर से नीचे आ जाती है। दाहिनी ओर का डिजाइन अपरिवर्तित रहता है। जबकि बाईं ओर का डिजाइन बदल जाता है।

5. (*d*) : पहली आकृति में भीतर का अवयव दूसरी आकृति में लुप्त हो जाता है।

6. (*b*) : पहली आकृति के दो आधे अवयव दूसरी आकृति में ऊर्ध्वाधरतः पलट कर आपस में जुड जाते हैं और इस प्रकार निर्मित नया अवयव ऊपर शीर्ष पर पहुँच जाता है। पहली आकृति के दो क्षैतिजतः अवस्थित वक्र परस्पर जुड़कर एक नया अवयव निर्मित करते हैं और दूसरी आकृति में बीच में आ जाते हैं। पहली आकृति में दाएँ और बाएँ छोरों के दो सदृश अवयवों में से एक अवयव दूसरी आकृति में नीचे आ जाता है।

7. (*b*) : दूसरी आकृति में ऊपर के दो अवयव अपना स्थान बदल कर एक दूसरे के स्थान पर आ जाते हैं और वृत्त के भीतर का छायांकित भाग छायारहित हो जाता है।

8. (*a*) : पहली आकृति से दूसरी आकृति में एक ऊर्ध्वाधरतः रेखा कम हो जाती है और आकृति को निर्मित करने वाली रेखाओं की संख्या में एक की वृद्धि होती है।

9. (*a*) : पहली आकृति को वामावर्त 90° के कोण से घुमाने पर दूसरी आकृति प्राप्त होती है।

10. (*a*) : पहली आकृति से दूसरी आकृति में आकृति को निर्मित करने वाली रेखाओं की संख्या में एक की वृद्धि होती है।

11. (*c*) : पहली आकृति से दूसरी आकृति में विकर्णी रेखा 90° के कोण से घूम जाती है और रेखाखण्ड क्षैतिजतया सम्मुख खण्ड में चले जाते हैं।

12. (*a*) : पहली आकृति का डिजाइन दूसरी आकृति में दोगुना हो जाता है।

13. (*b*) : पहली आकृति का डिजाइन दूसरी आकृति में ऊर्ध्वाधरतः उलट जाता है।

14. (*d*) : बीच के और सबसे भीतरी अवयव के आकार में वृद्धि होती है और सबसे बाहरी अवयव छोटा होकर दो बढ़े हुए अवयवों के बीच में आ जाता है।

15. (*c*) : पहली आकृति से दूसरी आकृति में ऊपरी बाईं ओर का अवयव 90° के कोण से घूम जाता है और ऊपरी दाईं ओर का अवयव ऊर्ध्वाधरतः उलट जाता है। ऊर्ध्वाधर डिजाइन का ऊपरी भाग ऊर्ध्वाधरतः उलट जाता है और अलग हो जाता है, बीच का हिस्सा छोटा/बड़ा हो जाता है और 90° के कोण से घूम जाता है तथा निचला हिस्सा ऊर्ध्वाधरतः उलट जाता है। उपर्युक्त सभी परिवर्तनों के अतिरिक्त एक आकृति से दूसरी आकृति में छायांकित भाग छाया रहित हो जाता है और छाया रहित भाग छायांकित हो जाता है।

3. विजातीय का चयन
(*Odd–One Out*)

अभाषिक वर्गीकरण संबंधी तर्कबुद्धि परीक्षण विषयक प्रश्नों में आकृतियों का एक समूह दिया जाता है तथा अभ्यर्थियों से यह अपेक्षा की जाती है कि वे दी गई आकृतियों को उनके विशिष्ट गुणों या विशेषताओं के आधार पर अलग-अलग समूहों या वर्गों में वर्गीकृत करें। आकृतियों या मदों को उनकी बनावट, आकार, प्रतिरूप, संरचना, प्रकार, क्रम, रूप-रंग, कोटि, शैली, संघटक अवयवों और अन्य प्रकार की विशेषताओं में समानता के आधार पर समूहों या वर्गों में वर्गीकृत करना होता है और तत्पश्चात् उस समूह से भिन्न अर्थात् विजातीय आकृति की पहचान करनी होती है।

अभाषिक वर्गीकरण के इस प्रकार के प्रश्नों में प्रश्न आकृतियों और उत्तर आकृतियों के रूप में आकृतियों के दो समुच्चय नहीं दिए जाते बल्कि इनमें चार या पाँच आकृतियों का केवल एक ही समुच्चय दिया जाता है जिन्हें प्रश्न आकृतियाँ कहते हैं। इन प्रश्न आकृतियों में से एक आकृति शेष चार आकृतियों के समान या उनके सदृश नहीं होती। दूसरे शब्दों में तीन या चार आकृतियाँ किसी न किसी रूप में आपस में संबंधित होते हुए एक समूह बनाती हैं जबकि शेष केवल एक आकृति ही अन्यों से भिन्न अथवा विजातीय होता है जिसकी पहचान की जानी होती है।

हल किए गए उदाहरण

1. 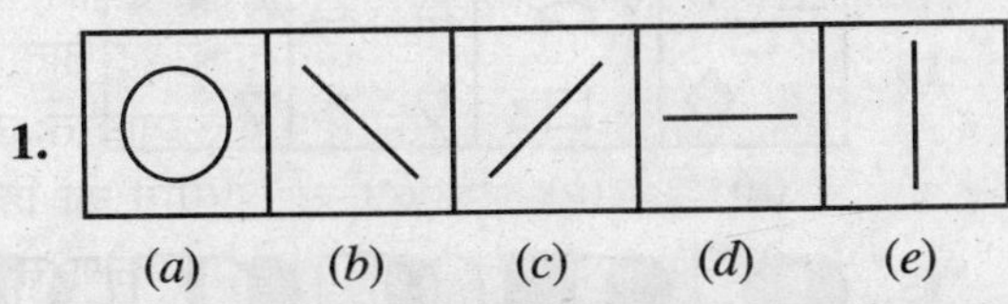

(*a*) (*b*) (*c*) (*d*) (*e*)

उत्तर (*a*): दी गई आकृतियों में (*a*) एक वृत्त है जबकि (*b*), (*c*), (*d*) और (*e*) भिन्न-भिन्न दिशाओं को इंगित करने वाली सरल रेखाएं हैं। यहाँ ध्यान दें कि दी गई पाँच आकृतियों में से चार आकृतियों (*b*), (*c*), (*d*) और (*e*) में से प्रत्येक में एक सामान्य (सर्वनिष्ठ) विशेषता यह है कि ये सभी सरल रेखाएं हैं जो भिन्न-भिन्न दिशाओं को इंगित करती हैं, अतः ये चारों आकृतियां एक समूह या वर्ग निर्मित करती हैं। इन आकृतियों के विपरीत (*a*) एक वृत्त है जो अन्य आकृतियों से भिन्न अथवा विजातीय है।

अतः आकृति (*a*) समूह में शामिल न होने वाली आकृति अर्थात् एक विजातीय आकृति है।

2. 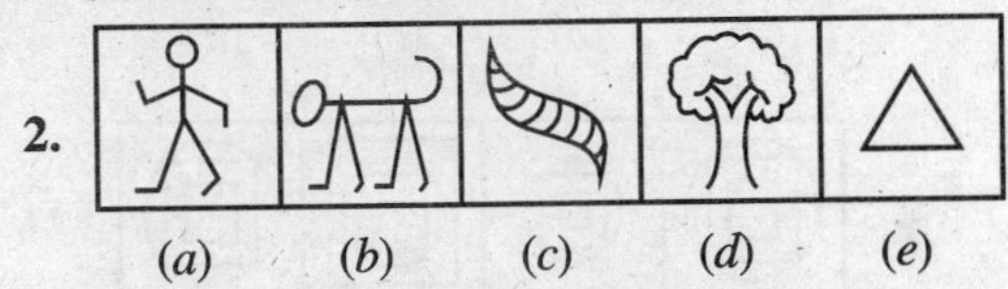

(*a*) (*b*) (*c*) (*d*) (*e*)

उत्तर (*e*): आकृति (*a*) एक मानव आकृति है, (*b*) एक चौपाया पशु की आकृति है, (*c*) एक कीट, (*d*) एक पेड़ और (*e*) एक त्रिभुज है। इन पाँच अवयवों में से चार में एक सर्वनिष्ठ विशेषता है और वह यह है कि (*a*), (*b*), (*c*) और (*d*) (मानव, पशु, कीट और पेड़) सजीव जगत् से संबंधित हैं।

आकृति (*e*) एक त्रिभुज है और यह सजीव जगत् से संबंधित नहीं है। अतः आकृति (*e*) इस समूह में शामिल नहीं है।

अभ्यास

निर्देश (प्र.सं. 1–20): *नीचे के प्रत्येक प्रश्न में एक आकृति को छोड़कर अन्य सभी आकृतियाँ किसी-न-किसी रूप में आपस में संबंधित हैं और इस कारण वे एक समूह बनाती हैं। प्रत्येक प्रश्न में उस एक भिन्न आकृति का चयन करें जो अन्यों से संबंधित नहीं है अर्थात् जो भिन्न अथवा विजातीय है।*

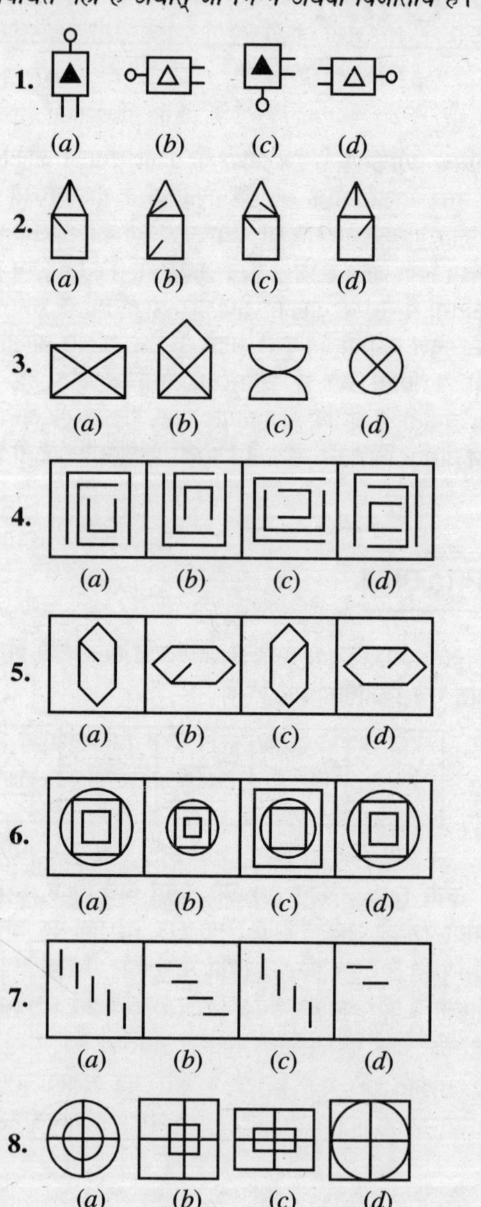

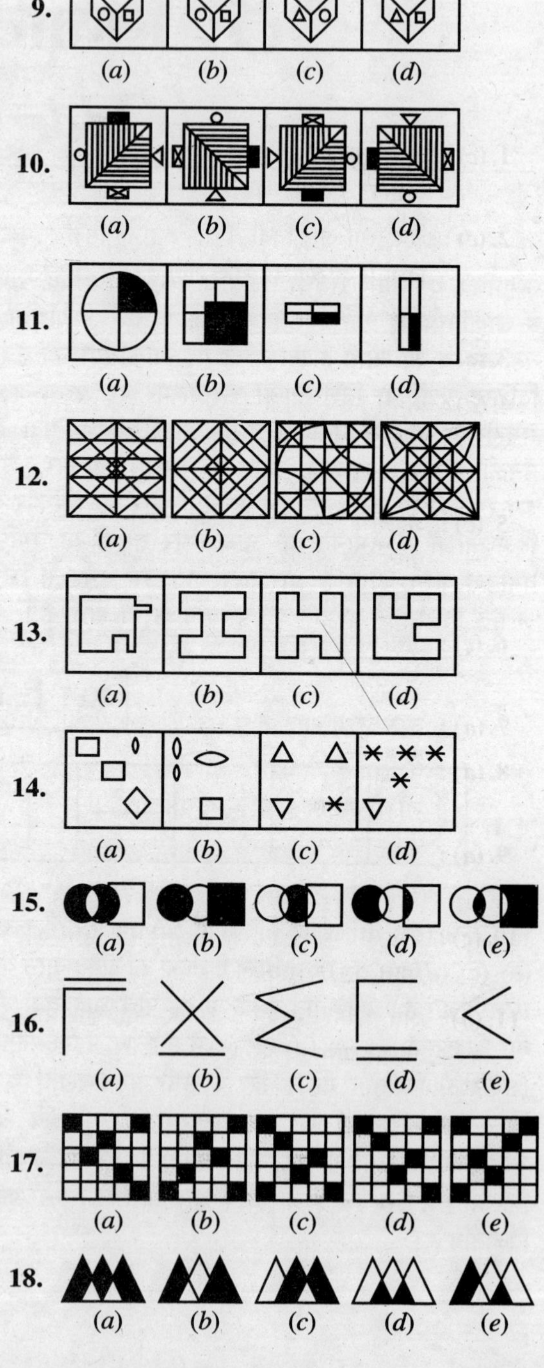

19. 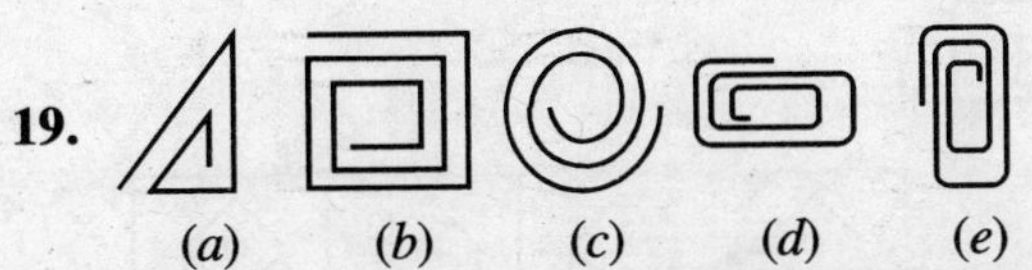

(a) (b) (c) (d) (e)

20. 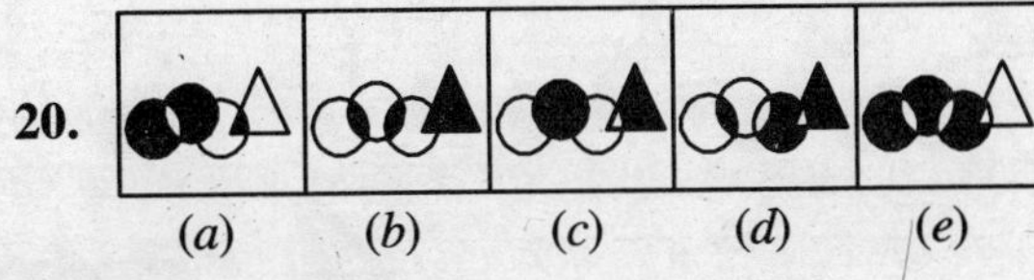

(a) (b) (c) (d) (e)

व्याख्यात्मक उत्तर

1. (*c*) : अन्य सभी आकृतियों में वृत्त युक्त रेखा और दो रेखाखंड वर्ग की सम्मुख भुजाओं पर अवस्थित हैं।

2. (*c*) : शेष सभी आकृतियों में एक रेखा के सिरों से एक ही दिशा में दो रेखाखंड खींचे जाते हैं। इस आकृति '(*c*)' में दो रेखाखंड दो विपरीत दिशाओं में खींचे जाते हैं।

3. (*c*) : शेष सभी आकृतियाँ चार भागों में विभक्त हैं।

4. (*d*) : केवल इसी आकृति में ही आकृति के मध्य में स्थित अवयव और दो अवयवों के बीच में स्थित अवयव परस्पर विपरीत दिशाओं में हैं।

5. (*c*) : शेष सभी आकृतियों को घुमा कर एक दूसरी आकृतियाँ प्राप्त की जा सकती हैं। इस आकृति में रेखाखंड गलत दिशा में है।

6. (*c*) : शेष सभी आकृतियों में बीच का और मध्यस्थ अवयव एक से हैं।

7. (*a*) : केवल इसी आकृति में रेखाखंडों की संख्या विषम है।

8. (*d*) : केवल इसी आकृति में दो अलग-अलग आकृतियाँ हैं जो दो समान भागों में विभाजित हैं।

9. (*a*) : केवल इसी आकृति में दो सदृश अवयव (वृत्त) निहित हैं।

10. (*c*) : शेष सभी आकृतियों को घुमाकर एक-दूसरी आकृतियाँ प्राप्त की जा सकती हैं।

11. (*b*) : शेष सभी आकृतियों में आकृति का केवल एक चौथाई भाग ही छायांकित है।

12. (*c*) : शेष सभी आकृतियों में वर्ग के सभी चारों खण्डों में एक जैसा पैटर्न है।

13. (*a*) : शेष सभी आकृतियों में वर्ग की दो भुजाओं पर कटान सदृश हैं।

14. (*d*) : केवल इसी आकृति में चार सदृश और एक भिन्न अवयव हैं। शेष सभी आकृतियों में तीन सदृश और एक भिन्न अवयव हैं।

15. (*d*) : आकृतियाँ (*a*) और (*e*) तथा आकृतियाँ (*b*) और (*c*) विपरीत युग्म निर्मित करती हैं। केवल आकृति (*d*) ही अकेला बचा रहता है।

16. (*c*) : अन्य सभी आकृतियाँ दक्षिणावर्त 90° के कोण से घूमी हुई रोमन संख्याएं हैं।

17. (*d*) : अन्य सभी आकृतियों में सदृश वर्ग ही छायांकित है। इस विकल्प में एक छायांकित वर्ग विकर्णतः सम्मुख कोने में है।

18. (*a*) : अन्य सभी आकृतियों में केवल दो रेखाखंड ही छायांकित हैं।

19. (*d*) : शेष सभी आकृतियों में पैटर्न (प्रतिरूप) को निर्मित करने वाली रेखाएं बाहर से भीतर की ओर दक्षिणावर्त खीची जाती हैं।

20. (*c*) : (*a*) और (*d*) तथा (*b*) और (*e*) आकृतियाँ सुमेलित विपरीत युग्म हैं। केवल आकृति (*c*) ही अकेली बच जाती है।

4. स्थान अवबोध
(Spatial Visualization)

इस प्रकार के प्रश्नों में एक पूर्ण आकृति के कटे हुए टुकड़े दिए जाते हैं जिनके साथ वह पूर्ण आकृति भी दी जाती है अर्थात् वह आकृति भी दी जाती है जिससे विभिन्न टुकड़े काटे गए हैं। कटे हुए टुकड़ों को देखकर यह पता लगाना होता है कि दिए गए टुकड़ों को मिलाकर कौन-सी आकृति बनाई जा सकती है अर्थात् वह आकृति ज्ञात करनी होती हैं जिससे दिए गए टुकड़े काटे गए हैं। इस प्रकार के प्रश्नों को हल करने के लिए यह आवश्यक है कि अभ्यर्थी अपनी कल्पना शक्ति और स्थान बोध का भरपूर प्रयोग करें। प्रश्नों को हल करने की संपूर्ण प्रक्रिया एक मानसिक प्रक्रिया होती है, अतः अभ्यर्थियों के लिए यह आवश्यक है कि वे विभिन्न स्थानिक पैटर्नों को अपनी कल्पना की आँखों से निर्धारित करने में विशिष्ट निपुणता का प्रयोग करें। ऐसी विशिष्ट निपुणता किसी भी व्यक्ति के लिए तत्काल विकसित कर पाना संभव नहीं है किंतु यदि निरंतर सजग रहकर अभ्यास किया जाए तो निःसंदेह इसे प्राप्त किया जा सकता है।

हल किए गए उदाहरण

1. दी गई उत्तर-आकृतियों में से कौन-सी एक आकृति कागज के कटे हुए टुकड़ों का उपयोग करके बनाई जा सकती है।

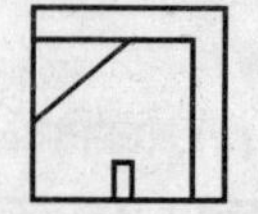

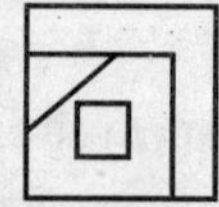

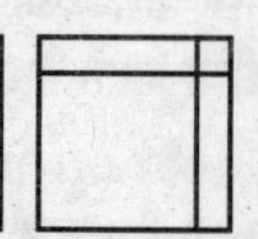

(a) (b) (c) (d)

उत्तर (a) : प्रश्न आकृतियों में कागज के दिए गए कटे हुए टुकड़ों को मिलाकर निम्नलिखित रूप में आकृति '(a)' निर्मित की जा सकती है।

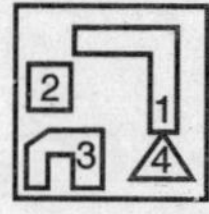

इन्हें व्यवस्थित करने पर नीचे दर्शाई गई आकृति प्राप्त होगीः

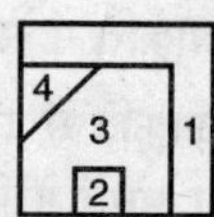

2. उत्तर-आकृतियों में दी गई कौन-सी आकृति प्रश्न में दी गई इस अनियमित आकृति को पूरा करेगी?

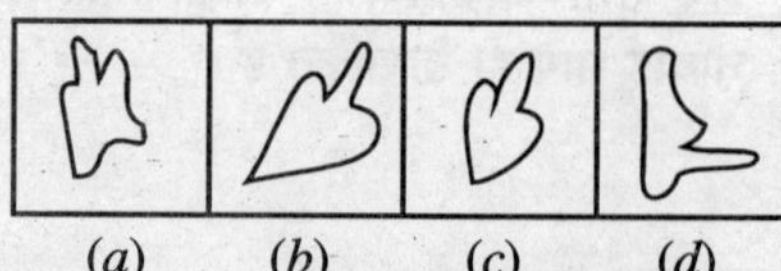

(a) (b) (c) (d)

उत्तर (b) : पूर्ण आकृति होगीः

अभ्यास

निर्देश (प्र.सं. 1–7): *प्रत्येक प्रश्न में बताएं कि प्रश्न आकृतियों के रूप में कागज के दिए गए सभी टुकड़ों को मिलाकर कौन-सी एक आकृति बनाई जा सकती है?*

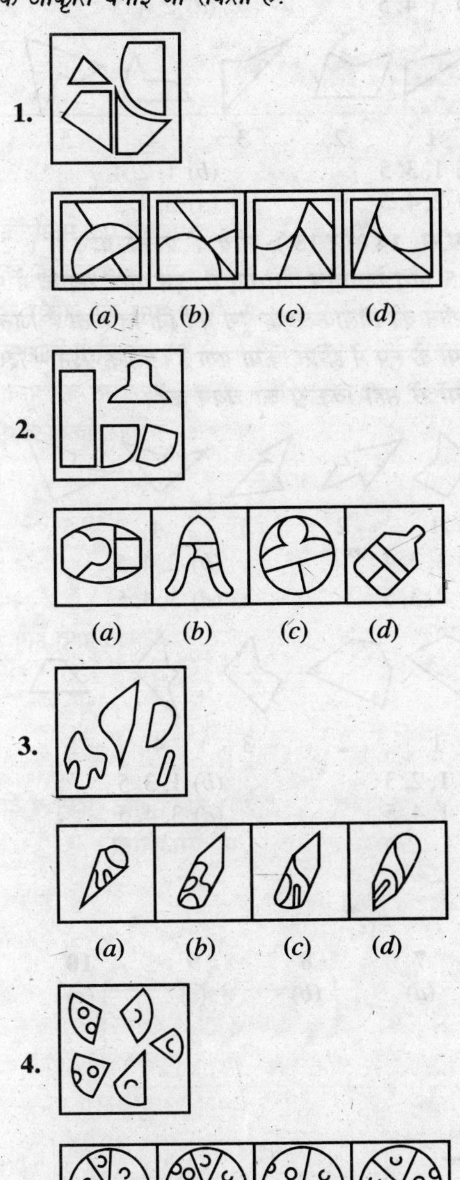

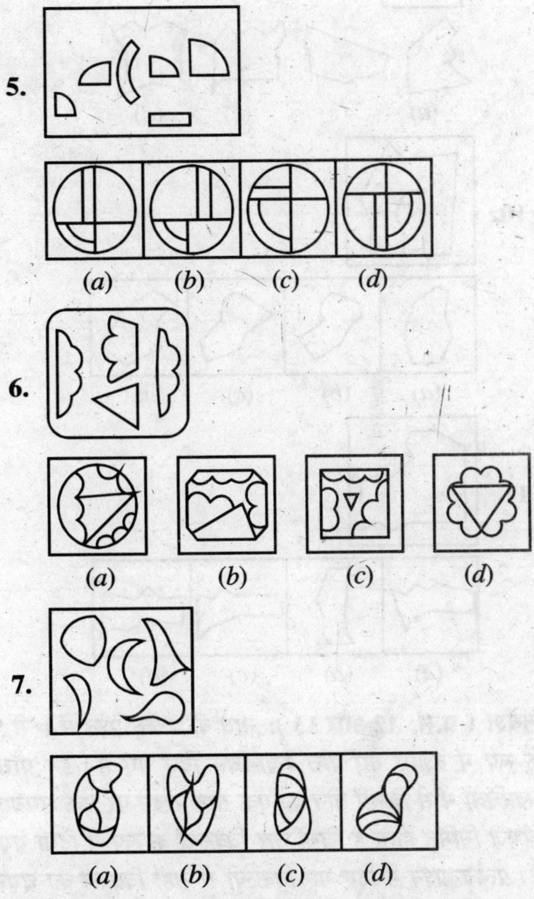

निर्देश (प्र.सं. 8–11): *नीचे के प्रत्येक प्रश्न में कागज के एक अनियमित टुकड़े को दो टुकड़ों में काटा गया है। जिनमें से एक टुकड़े को प्रश्न आकृति के रूप में दर्शाया गया है और उसके दूसरे लुप्त भाग को दी गई उत्तर आकृतियों में दर्शाया गया है। सभी उत्तर आकृतियों को ध्यान से देखें और दिए गए विकल्पों में से उस लुप्त भाग को ज्ञात करें:*

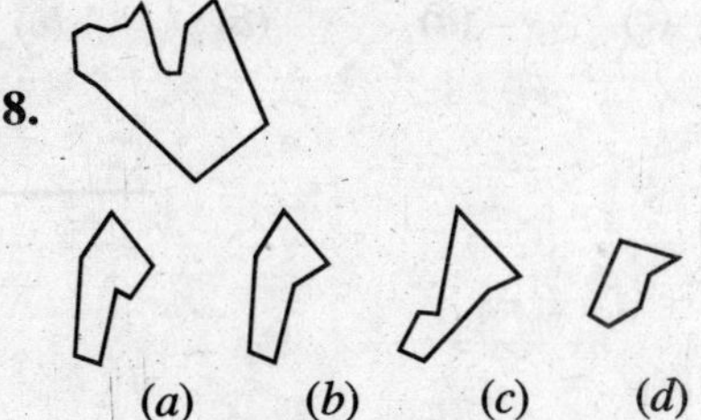

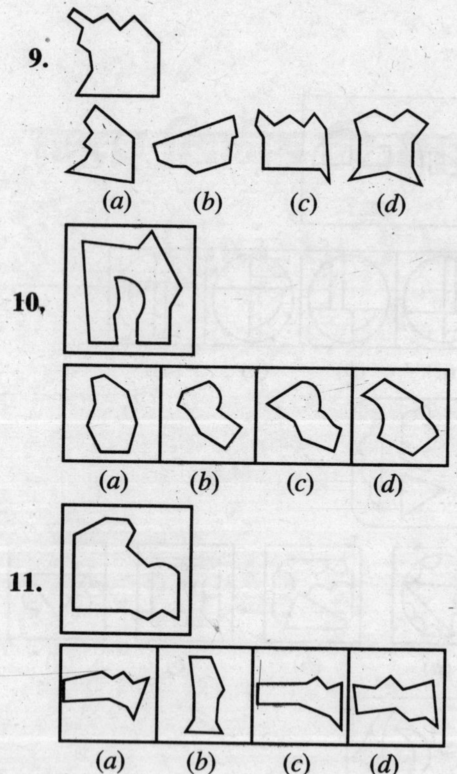

9. (a) (b) (c) (d)

10. (a) (b) (c) (d)

11. (a) (b) (c) (d)

निर्देश (प्र.सं. 12 और 13): *नीचे के प्रत्येक प्रश्न में 1 से 5 के रूप में दर्शाए गए पाँच रेखा-चित्र दिए गए हैं। इन पाँचों रेखाचित्रों में से किन्हीं तीन को एक साथ रखने पर एक समबाहु त्रिभुज निर्मित होता है जिन्हें चार विकल्पों के रूप में दिया गया है। प्रत्येक प्रश्न में दिए गए विकल्पों से सही विकल्प का चयन करें।*

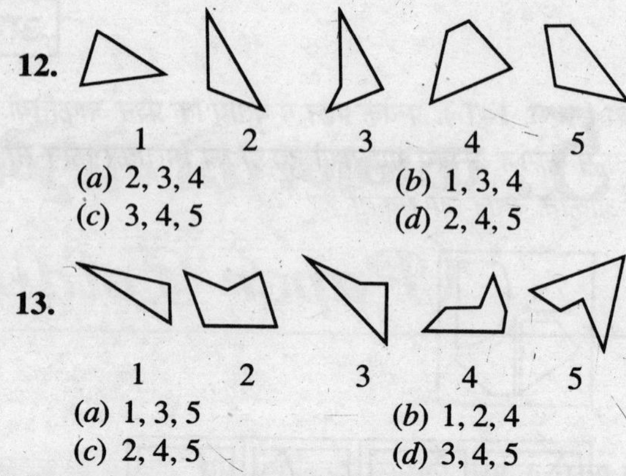

12. 1 2 3 4 5

(*a*) 2, 3, 4 (*b*) 1, 3, 4
(*c*) 3, 4, 5 (*d*) 2, 4, 5

13. 1 2 3 4 5

(*a*) 1, 3, 5 (*b*) 1, 2, 4
(*c*) 2, 4, 5 (*d*) 3, 4, 5

निर्देश (प्र.सं. 14 और 15): *नीचे के प्रत्येक प्रश्न में 1, 2, 3, 4 और 5 पाँच रेखाचित्र दिए गए हैं। इन पाँचों रेखाचित्रों में से किन्हीं तीन को मिलाकर एक पूर्ण वर्ग निर्मित होता है जिन्हें चार विकल्पों के रूप में इंगित किया गया है। प्रत्येक प्रश्न में दिए गए विकल्पों से सही विकल्प का चयन करें।*

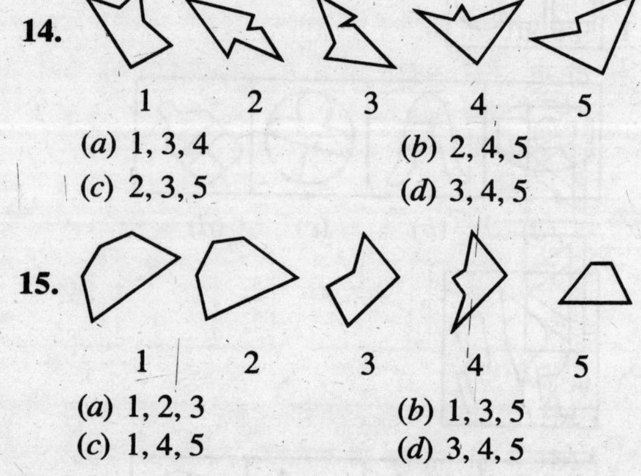

14. 1 2 3 4 5

(*a*) 1, 3, 4 (*b*) 2, 4, 5
(*c*) 2, 3, 5 (*d*) 3, 4, 5

15. 1 2 3 4 5

(*a*) 1, 2, 3 (*b*) 1, 3, 5
(*c*) 1, 4, 5 (*d*) 3, 4, 5

उत्तरमाला

1	2	3	4	5	6	7	8	9	10
(*b*)	(*d*)	(*c*)	(*b*)	(*a*)	(*d*)	(*d*)	(*b*)	(*c*)	(*c*)
11	**12**	**13**	**14**	**15**					
(*a*)	(*c*)	(*a*)	(*b*)	(*c*)					

5. कागज को मोड़ने और काटने संबंधी प्रश्न
(Paper Folding and Cutting)

इस प्रकार के प्रश्न विभिन्न आकृतियों और आकारों के कागज के टुकड़ों पर आधारित होते हैं जिन्हें एक खास तरीके से मोड़ा जाता है और फिर काटा या पंच (छिद्रित) किया जाता है। दी गई उत्तर आकृतियों में से एक उत्तर-आकृति या तो यह दर्शाती है कि कागज को मोड़ने, काटने (या छिद्रित करने) और तत्पश्चात् उसे खोलने के बाद वह किस आकृति जैसा दिखाई देगा या फिर उससे यह पता चलता है कि किस तरीके से वह कागज मोड़ा और काटा (या छिद्रित किया) गया था।

हल किए गए उदाहरण

1. एक पारदर्शी कागज के वर्गाकार टुकड़े को उस ढंग से मोड़ा जाता है जैसा कि उस पर बिंदुकित रेखा द्वारा दर्शाया गया है। दी गई उत्तर आकृतियों में से उस आकृति को ज्ञात कीजिए जिसके समान वह कागज मोड़े जाने पर दिखाई देगा।

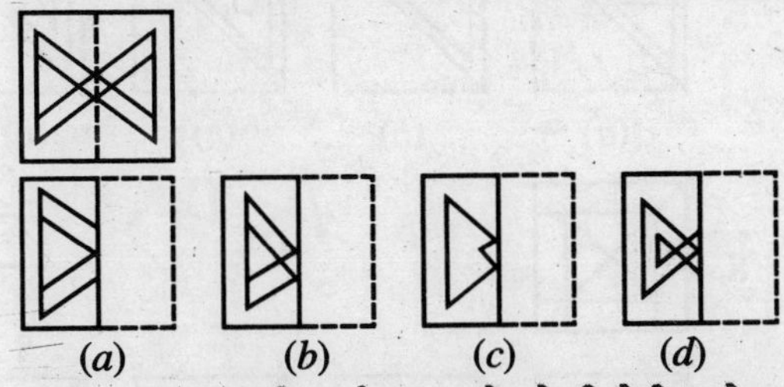

(a) (b) (c) (d)

उत्तर (b) : कागज के वर्गाकार टुकड़े को बीचोबीच मोड़ा जाता है। यह एक सममित प्रतिरूप है और उत्तर आकृति '(b)' सही उत्तर है जो कागज के वर्गाकार टुकड़े की बाईं ओर के आधे भाग के समान दिखाई देता है।

2. एक कागज के टुकड़े को नीचे दर्शाए गए अनुसार मोड़ा और छिद्रित किया जाता है। खोले जाने पर वह कैसा दिखाई देगा?

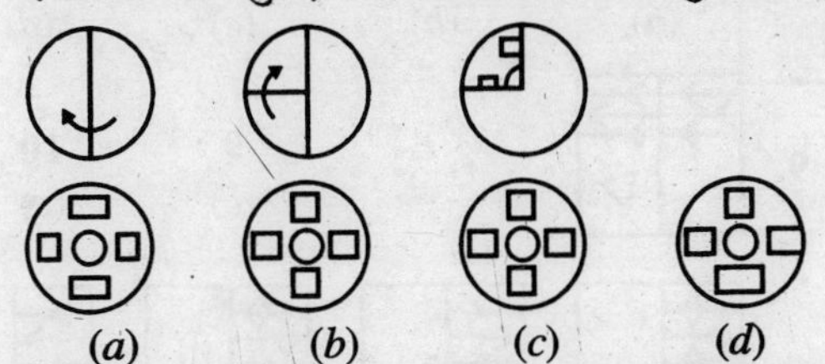

(a) (b) (c) (d)

उत्तर (a) : कागज को खोले जाने पर चरणशः निम्नवत् आकृतियाँ प्राप्त होंगीः

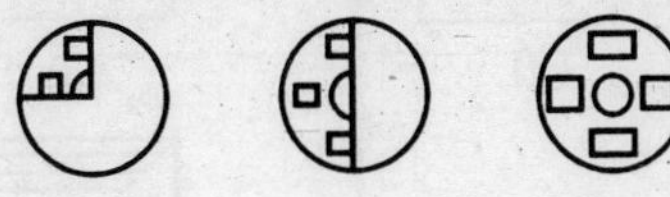

अभ्यास

निर्देश (प्र.सं. 1–10): *नीचे के प्रत्येक प्रश्न में एक पारदर्शी कागज के वर्गाकार टुकड़े को उस ढंग से मोड़ा जाता है जैसा कि उस पर बिंदुकित रेखा द्वारा दर्शाया गया है। दी गई उत्तर आकृतियों में से उस आकृति को ज्ञात कीजिए जिसके समान वह कागज मोड़े जाने पर दिखाई देगा।*

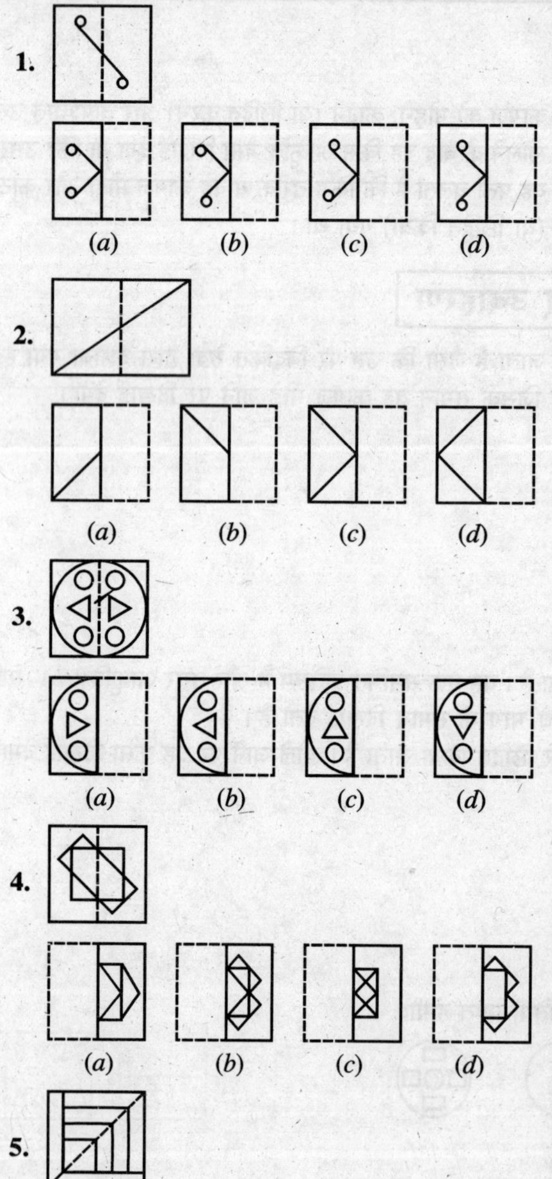

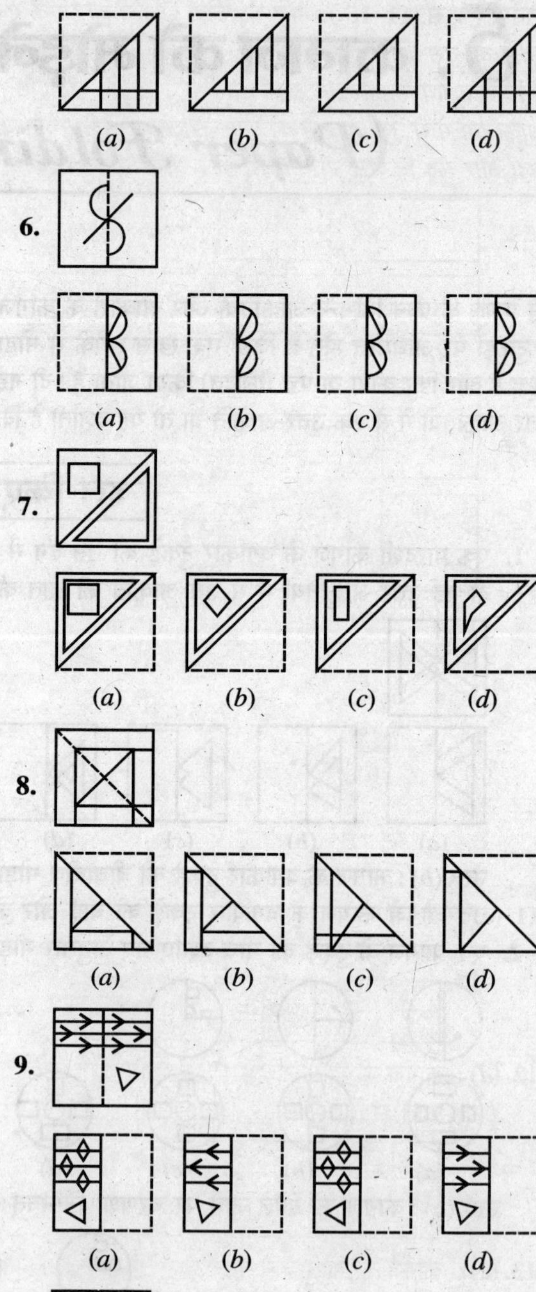

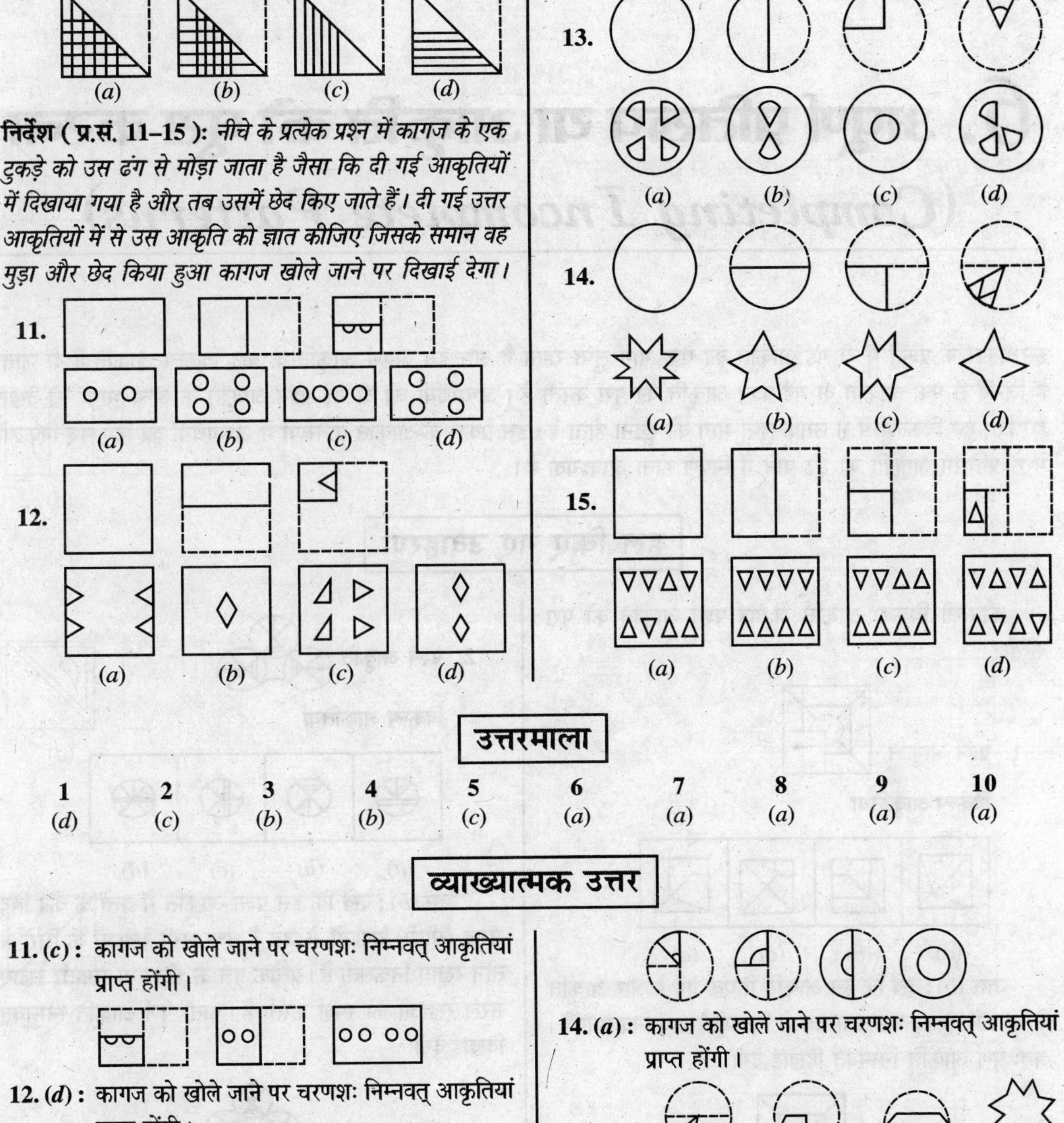

निर्देश (प्र.सं. 11–15): *नीचे के प्रत्येक प्रश्न में कागज के एक टुकड़े को उस ढंग से मोड़ा जाता है जैसा कि दी गई आकृतियों में दिखाया गया है और तब उसमें छेद किए जाते हैं। दी गई उत्तर आकृतियों में से उस आकृति को ज्ञात कीजिए जिसके समान वह मुड़ा और छेद किया हुआ कागज खोले जाने पर दिखाई देगा।*

11. (*a*) (*b*) (*c*) (*d*)

12. (*a*) (*b*) (*c*) (*d*)

13. (*a*) (*b*) (*c*) (*d*)

14. (*a*) (*b*) (*c*) (*d*)

15. (*a*) (*b*) (*c*) (*d*)

उत्तरमाला

1	2	3	4	5	6	7	8	9	10
(*d*)	(*c*)	(*b*)	(*b*)	(*c*)	(*a*)	(*a*)	(*a*)	(*a*)	(*a*)

व्याख्यात्मक उत्तर

11. (*c*) : कागज को खोले जाने पर चरणशः निम्नवत् आकृतियां प्राप्त होंगी।

12. (*d*) : कागज को खोले जाने पर चरणशः निम्नवत् आकृतियां प्राप्त होंगी।

13. (*c*) : कागज को खोले जाने पर चरणशः निम्नवत् आकृतियां प्राप्त होंगी।

14. (*a*) : कागज को खोले जाने पर चरणशः निम्नवत् आकृतियां प्राप्त होंगी।

15. (*b*) : कागज को खोले जाने पर चरणशः निम्नवत् आकृतियां प्राप्त होंगी।

6. अपूर्ण प्रतिरूप या आकृति को पूरा करना
(Completing Incomplete Patterns)

इस प्रकार के प्रश्नों में दी गई आकृति का एक भाग लुप्त रहता है और इस अपूर्ण आकृति के बाद विकल्प आकृतियाँ दी जाती हैं जिनमें से एक आकृति दी गई प्रश्न आकृति को पूरा करती है। अभ्यर्थियों को दी गई प्रश्न आकृति के अन्य भागों को देखते हुए दिए हुए विकल्पों में से उसके लुप्त भाग को ढूंढना होता है। इस प्रकार के आकृति प्रतिरूपों में अभ्यर्थियों को दिए गए विकल्पों में से प्रतिसम आकृति को ढूँढ पाने में निपुण होना आवश्यक है।

हल किए गए उदाहरण

कौन-सी विकल्प आकृति दी गई प्रश्न आकृति को पूरा करेगी?

1. प्रश्न आकृति

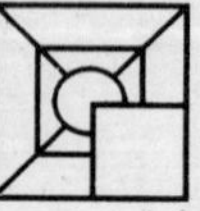

विकल्प आकृतियां

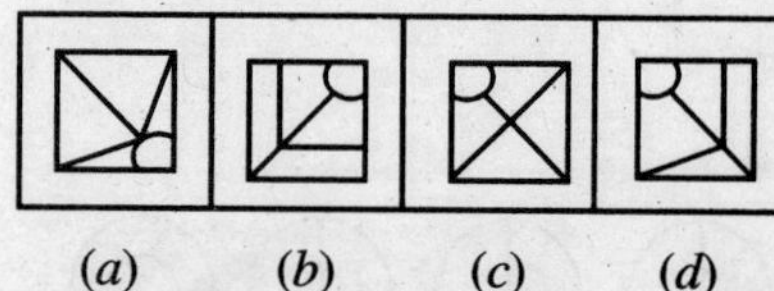

(*a*) (*b*) (*c*) (*d*)

उत्तर (*b*) **:** देखें कि इस आकृति में एक वर्ग है और आकृति के मध्य में एक वृत्त है तथा वृत्त से विकर्णी रेखाएं निकलती हैं। अतः पूर्ण आकृति निम्नवत् दिखाई देगी:

2. प्रश्न आकृति

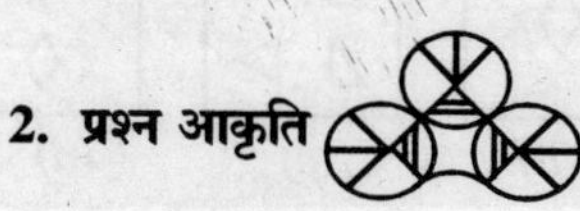

विकल्प आकृतियां

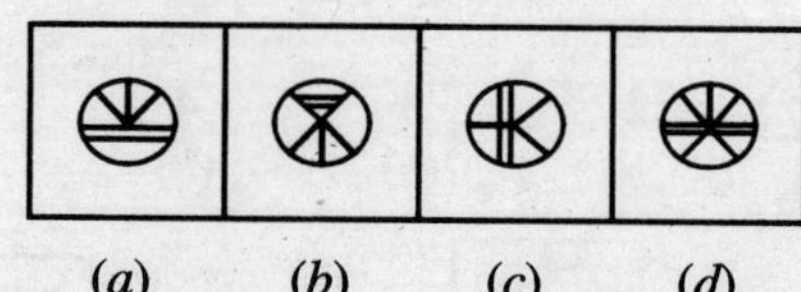

(*a*) (*b*) (*c*) (*d*)

उत्तर (*b*) **:** देखें कि इस प्रश्न आकृति में वृत्तों के केंद्र बिंदु सरल (सीधी) रेखाओं से जुड़े हैं तथा सभी रेखाओं के सिरों से तीन रेखाएं निकलती हैं। प्रत्येक वृत्त के भीतर दो समांतर रेखाएं सरल रेखाओं को स्पर्श करती हैं। अतः पूर्ण आकृति निम्नवत् दिखाई देगी:

अभ्यास

निर्देश (प्र.सं. 1–15): *प्रत्येक प्रश्न में बताएं कि कौन-सी विकल्प आकृति दी गई प्रश्न आकृति को पूरा करेगी।*

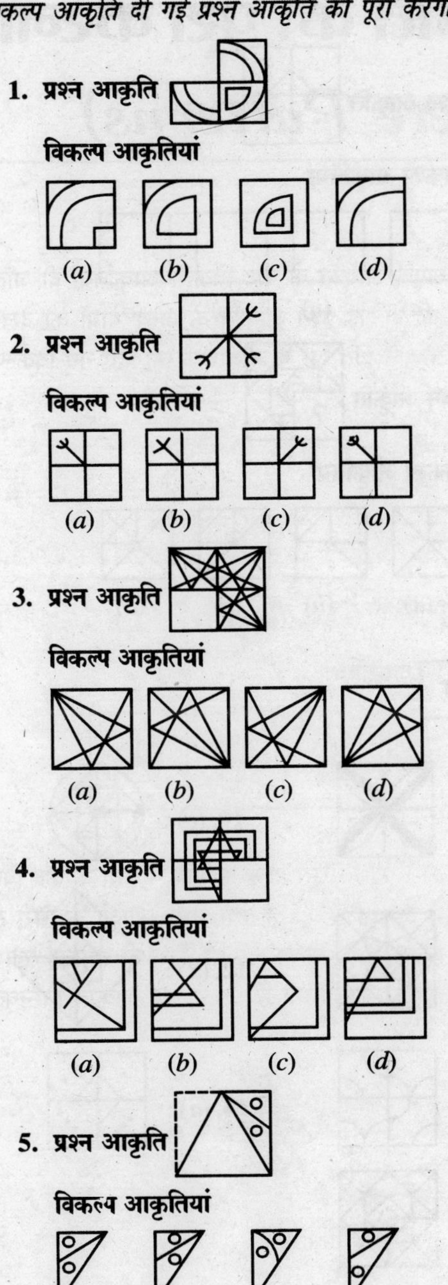

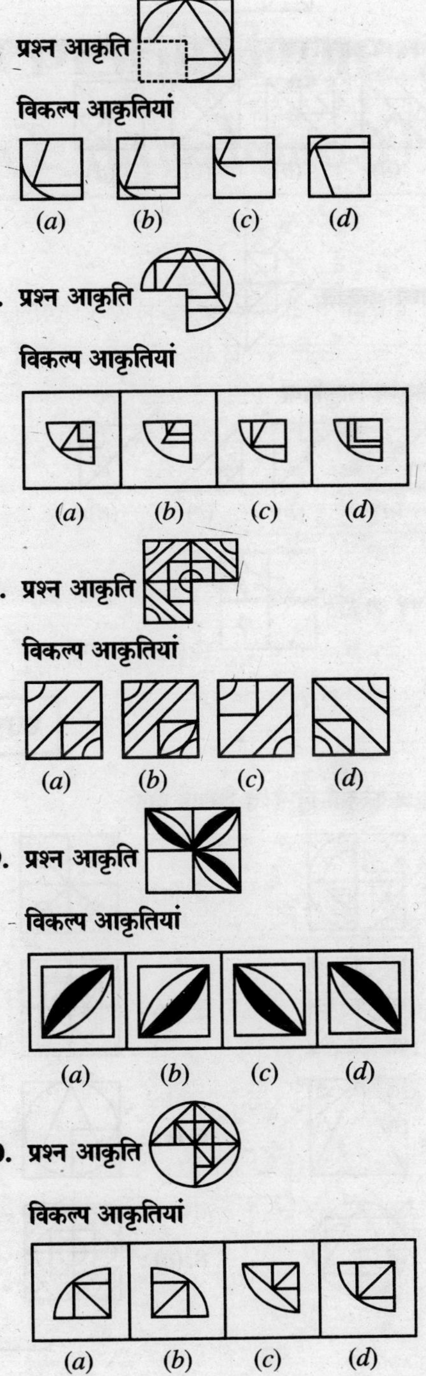

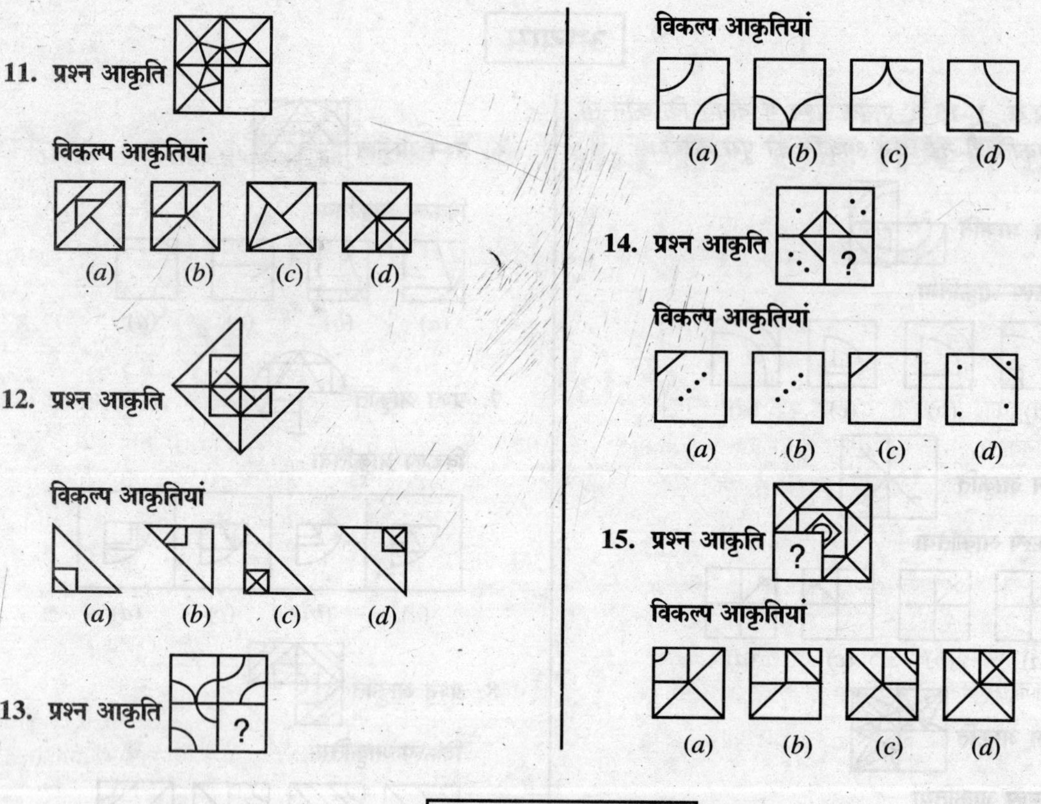

व्याख्यात्मक उत्तर

सभी पूर्ण आकृतियाँ निम्नवत् दिखाई देंगी:

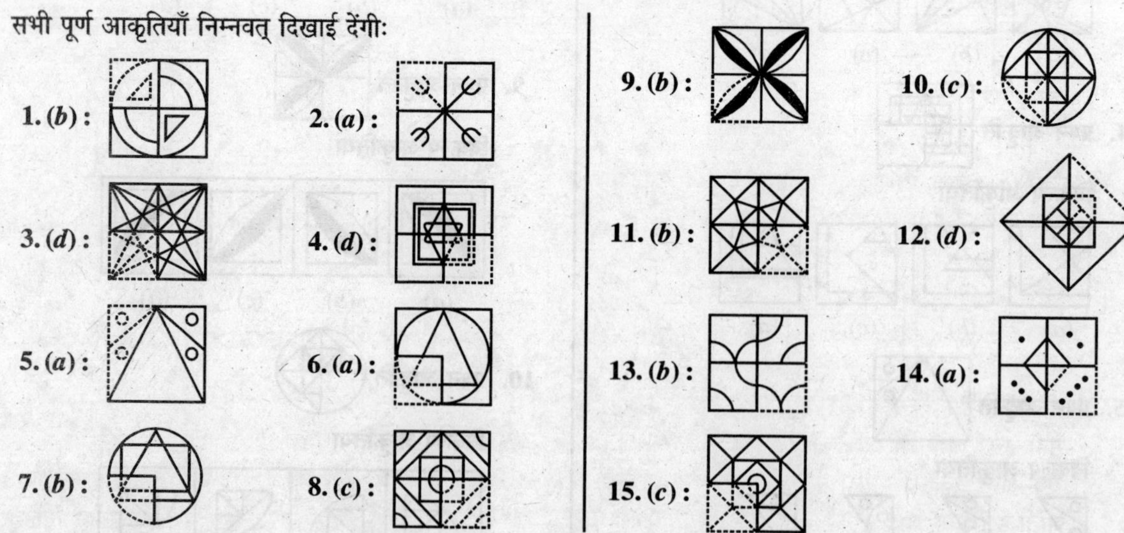

7. छिपी हुई आकृति या प्रतिरूप को ढूँढना (Spotting Hidden Patterns)

इस प्रकार के प्रश्नों में ऊपर एक प्रश्न आकृति दी जाती है जिसके बाद विकल्प आकृतियाँ दी जाती हैं। दी गई प्रश्न आकृति दी गई विकल्प आकृतियों में से किसी एक में निहित होती है। वह प्रश्न आकृति जिस उत्तर आकृति में निहित होती है उसे ढूँढना होता है। इस प्रकार के प्रश्नों को हल करने के लिए अभ्यर्थियों के लिए अपनी मानसिक निपुणता और कल्पना शक्ति तथा तीक्ष्ण विश्लेषणात्मक क्षमता का प्रयोग करना अत्यधिक आवश्यक है और इस प्रकार वे ऐसे प्रश्नों को काफी सरलतापूर्वक हल कर सकेंगे।

हल किए गए उदाहरण

1. दी गई उत्तर आकृतियों में से उस आकृति का चयन करें जिसमें यहाँ नीचे दी गई प्रश्न आकृति निहित है।

प्रश्न आकृतिः

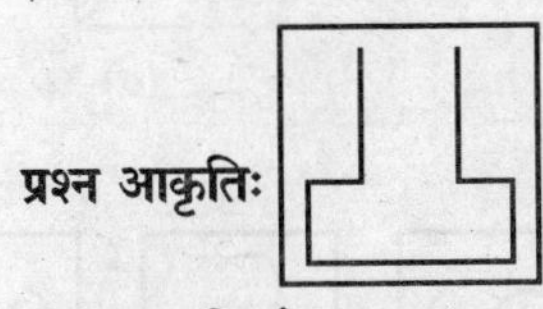

उत्तर आकृतियां

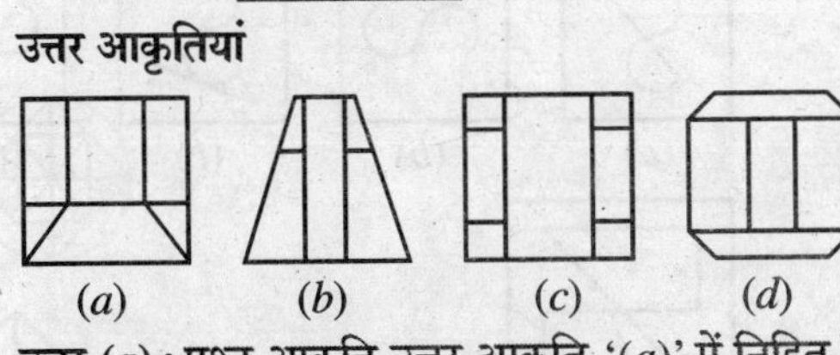

(*a*) (*b*) (*c*) (*d*)

उत्तर (*a*) : प्रश्न आकृति उत्तर आकृति '(*a*)' में निहित है जिसे नीचे दर्शाया गया हैः

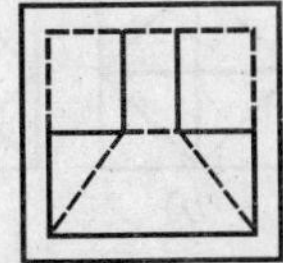

दी गई सभी विकल्प आकृतियों को ध्यानपूर्वक देखकर ही सही उत्तर आकृति प्राप्त की जा सकती है।

एक अन्य प्रकार के प्रश्न में पहले एक पूर्ण आकृति दी जाती है जिसके बाद चार विकल्प आकृतियाँ दी जाती हैं जिसमें से एक विकल्प आकृति दी गई प्रश्न आकृति में छिपी होती है।

2. दी गई विकल्प आकृतियों में से कौन-सी आकृति ऊपर दी गई मूल आकृति (प्रश्न आकृति) में निहित है?

प्रश्न आकृतिः

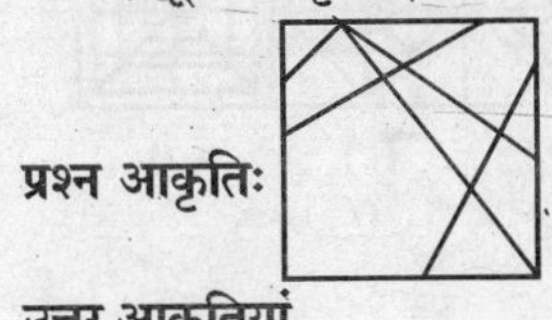

उत्तर आकृतियां

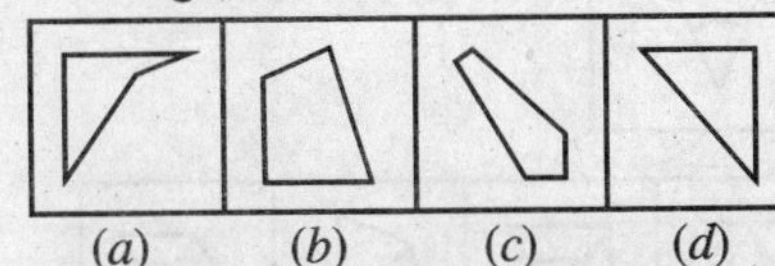

(*a*) (*b*) (*c*) (*d*)

उत्तर (*d*) : विकल्प आकृति '(*d*)' को मामूली झुकाने पर ज्ञात होता है कि यह आकृति मूल आकृति को निम्नवत् पूरा करती है।

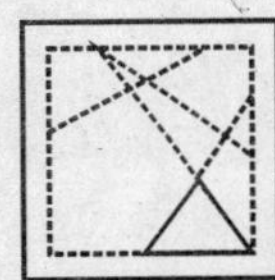

कुछ प्रश्नों में उत्तर आकृति को मामूली घुमाने पर ज्ञात होता है कि वह मूल आकृति में किस प्रकार निहित है।

अभ्यास

निर्देश (प्र.सं. 1–15): *नीचे के प्रत्येक प्रश्न में ऊपर एक आकृति दी गई है जिसके नीचे चार विकल्प आकृतियाँ दी गई हैं। प्रत्येक प्रश्न में ऊपर दी गई आकृति नीचे दी गई विकल्प आकृतियों में से किसी एक में निहित है। उस विकल्प आकृति को ढूँढ़िए जिसमें प्रश्न आकृति (मूल आकृति) छिपी है।*

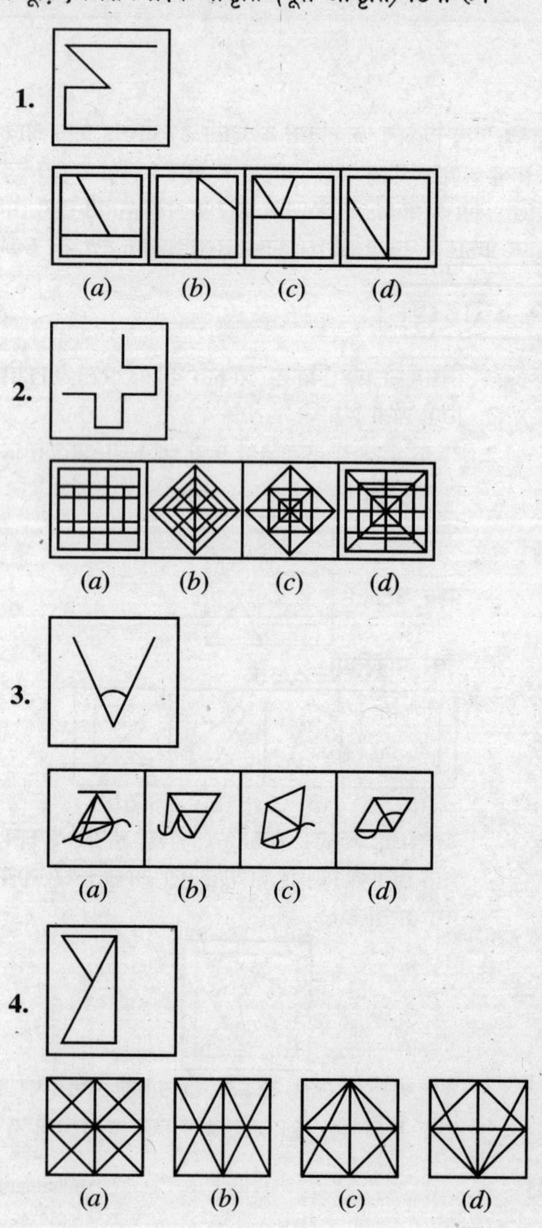

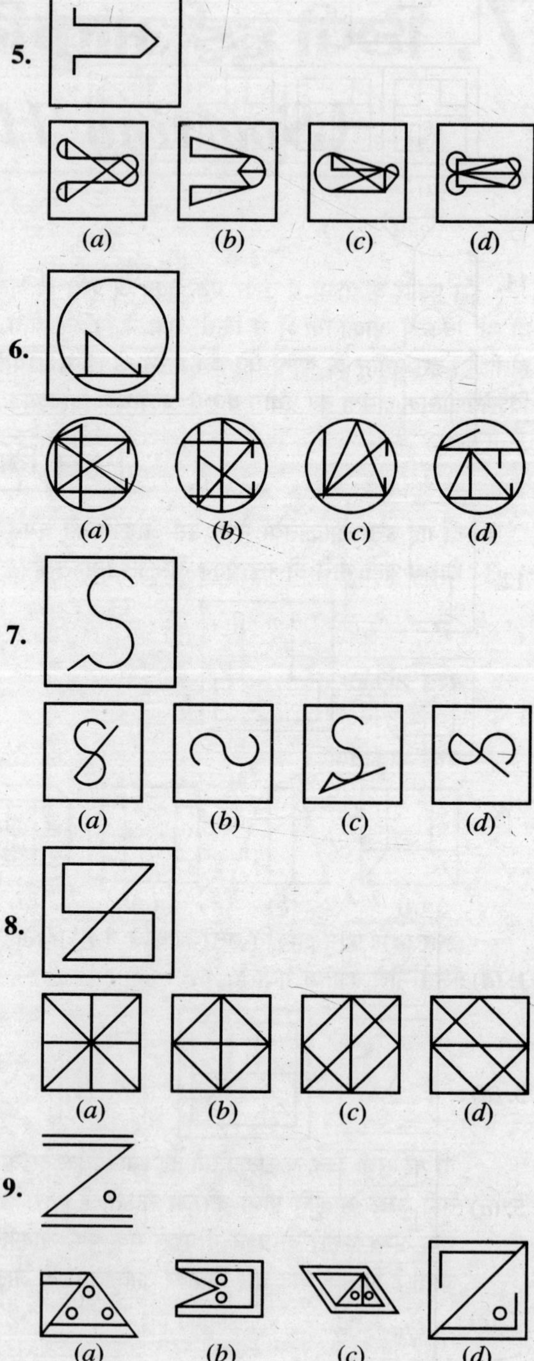

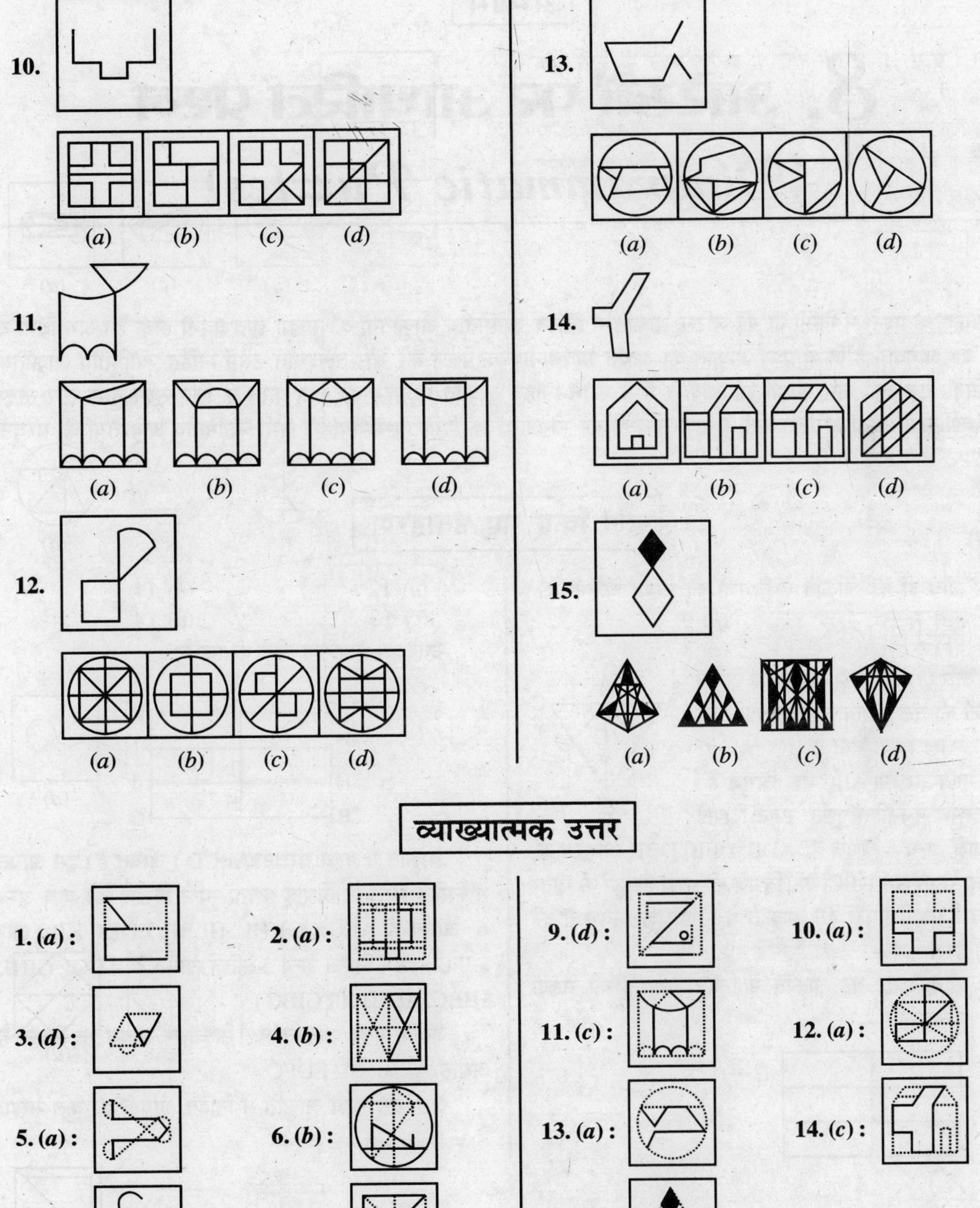

व्याख्यात्मक उत्तर

1. (a) : 2. (a) : 3. (d) : 4. (b) : 5. (a) : 6. (b) : 7. (c) : 8. (a) : 9. (d) : 10. (a) : 11. (c) : 12. (a) : 13. (a) : 14. (c) : 15. (b) :

8. आरेखों पर आधारित प्रश्न
(Diagrammatic Puzzles)

इस प्रकार के प्रश्नों में किसी दी गई जटिल आकृति में निहित ज्यामितीय आकृतियों की संख्या ज्ञात करनी होती है। अभ्यर्थियों के लिए यह अनिवार्य है कि वे प्रश्न आकृति का अत्यंत सावधानीपूर्वक प्रेक्षण करें और तत्पश्चात् उसमें निहित ज्यामितीय आकृतियों को गिनें। एक बड़ी और उलझी हुई आकृति में से उसमें निहित आकृति/डिजाइन को ज्ञात करने के लिए सूक्ष्म बुद्धि और तीक्ष्ण विश्लेषणात्मक क्षमता अपेक्षित होती है तथा साथ ही यह भी आवश्यक है कि अभ्यर्थियों को सभी ज्यामितीय आकृतियों की संरचना का स्पष्ट ज्ञान हो।

हल किए गए उदाहरण

1. नीचे दी गई आकृति में त्रिभुजों की संख्या कितनी है?

(*a*) 7 (*b*) 9
(*c*) 6 (*d*) 8

उत्तर (*a*) : दी गई आकृति में निहित त्रिभुजों की संख्या ज्ञात करने की विधि का नीचे उल्लेख किया गया है:

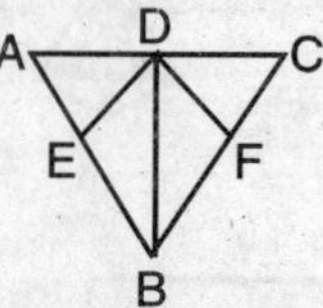

मुख्य संरचना ABC एक त्रिभुज है। इस त्रिभुज में निहित पूर्णतः स्पष्ट दिखाई देने वाले अन्य 4 त्रिभुज हैं: ADE, DEB, DBF, और DCF, अर्थात् ADB और DBC, ये 2 त्रिभुज भी मुख्य त्रिभुज के भीतर निहित हैं। इसी प्रकार इस आकृति में निहित कुल त्रिभुजों की संख्या है: 1 + 4 + 2 = 7

2. नीचे दर्शाई गई आकृति में निहित आयतों की संख्या बताइए।

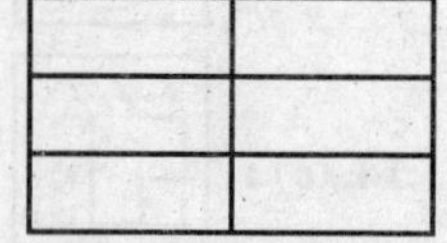

(*a*) 12 (*b*) 11
(*c*) 13 (*d*) 14

उत्तर (*d*) : व्याख्या नीचे दी गई है:

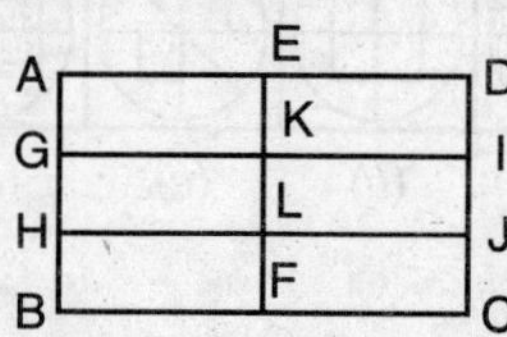

आकृति में मुख्य संरचना ABCD 1 आयत है। इस आयत में निहित सरलतम अर्थात् पूर्णतः स्पष्ट दिखाई देने वाले अन्य 6 आयत हैं: AEGK, GKHL, HLBF, EDKI, KILJ और LJFC। इसमें निहित अन्य 5 क्षैतिज आयत हैं: ADGI, GIHJ, HJBC, ADHJ और GIBC।

जबकि मुख्य आकृति में 2 ऊर्ध्वाधर आयत भी निहित हैं अर्थात् AEBF और EDFC

अतः इस मुख्य आकृति में निहित आयतों की कुल संख्या हैं: = 1 + 6 + 5 + 2 = 14

अभ्यास

1. नीचे दी गई आकृति में कुल कितने त्रिभुज हैं?

(*a*) 24 (*b*) 27
(*c*) 25 (*d*) 26

2. इस आकृति में कुल कितने त्रिभुज हैं?

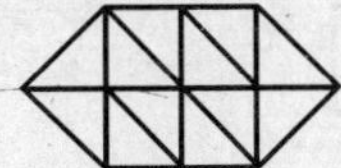

(*a*) 16
(*b*) 17
(*c*) 18
(*d*) 19

3. इस आकृति में कुल कितने वर्ग छिपे हैं?

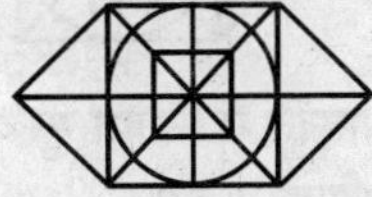

(*a*) 7
(*b*) 8
(*c*) 9
(*d*) 10

4. इस आकृति में निहित त्रिभुजों की संख्या कितनी है?

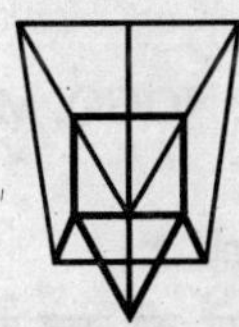

(*a*) 19 (*b*) 16
(*c*) 21 (*d*) 15

5. इस आकृति में वर्गों की कुल कितनी संख्या है?

(*a*) 6 (*b*) 5
(*c*) 2 (*d*) 3

6. नीचे की आकृति में कुल कितने त्रिभुज निहित हैं?

(*a*) 7 (*b*) 8
(*c*) 9 (*d*) 10

7. नीचे की आकृति में कुल कितने वर्ग हैं?

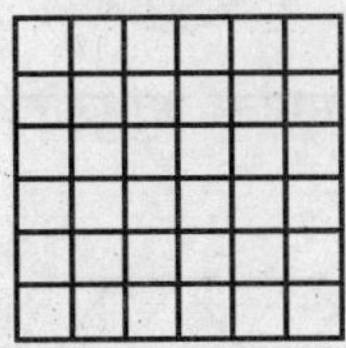

(*a*) 36 (*b*) 60
(*c*) 77 (*d*) 91

8. नीचे दी गई आकृति में अधिकतम कुल कितने वर्ग हैं?

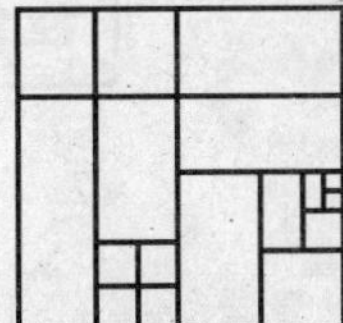

(*a*) 14 (*b*) 15
(*c*) 16 (*d*) 17

9. नीचे दी गई आकृति में कुल कितने वृत निहित हैं?

(*a*) 29 (*b*) 31
(*c*) 30 (*d*) 28

10. नीचे दी गई आकृति में कुल कितने त्रिभुज निहित हैं?

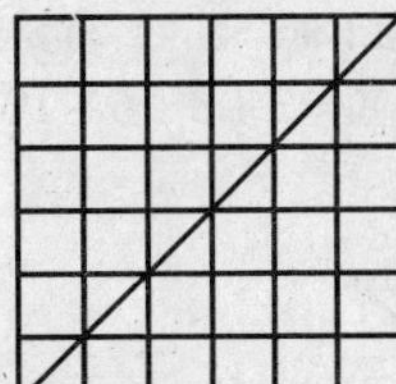

(*a*) 42 (*b*) 41
(*c*) 40 (*d*) 39

11. इस आकृति में निहित कुल वर्गों की संख्या बताइए।

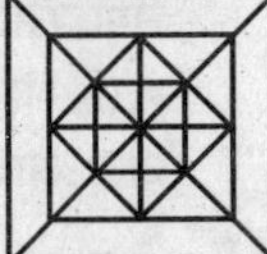

(*a*) 13
(*b*) 14
(*c*) 15
(*d*) 16

12. नीचे दी गई आकृति में कुल कितने त्रिभुज निहित हैं?

(*a*) 18
(*b*) 16
(*c*) 20
(*d*) 22

13. नीचे दी गई आकृति में निहित समांतर चतुर्भुजों की कुल संख्या ज्ञात करें।

(*a*) 35
(*b*) 36
(*c*) 37
(*d*) 38

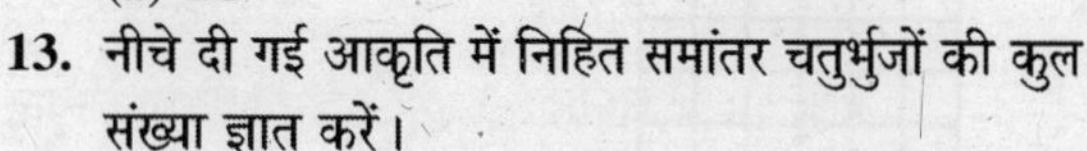

14. नीचे दी गई आकृति में निहित त्रिभुजों की कुल संख्या बताइए?

(*a*) 19
(*b*) 21
(*c*) 20
(*d*) 22

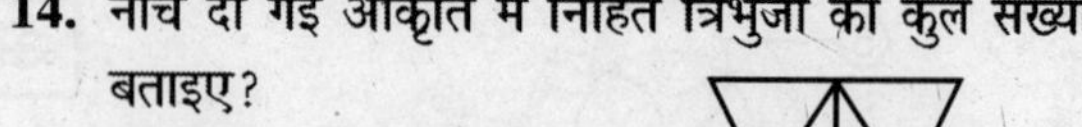

15. नीचे दी गई आकृति में कुल कितने षड्भुज निहित हैं ?

(*a*) 13
(*b*) 14
(*c*) 15
(*d*) 16

व्याख्यात्मक उत्तर

1. (*b*) :

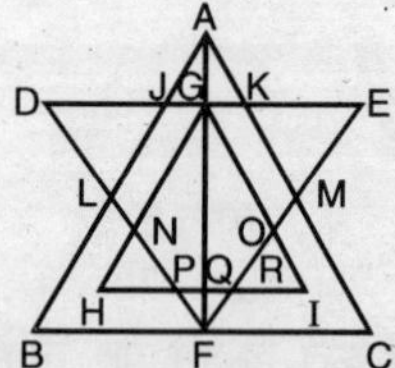

आकृति को निर्मित करने वाले मुख्य त्रिभुज हैं: ABC, DEF और GHI, अर्थात् 3 त्रिभुज। आकृति में निहित सरलता पूर्वक दिखाई पड़ने वाले त्रिभुज हैं: AJG, AGK, KEM, DJL, NHP, PQF, QFR और ORI, अर्थात् 8 त्रिभुज। समद्विभाजक रेखा AF द्वारा निर्मित त्रिभुज हैं: ABF, AFC, GHQ, GQI, DGF और GFE, अर्थात् 6 त्रिभुज। तीनों मुख्य त्रिभुजों के बीच बनने वाले त्रिभुज हैं: AJK, ALF, AMF, DGN, DGF, LBF, MFC, GEO, GNF और GOF, अर्थात् 10 त्रिभुज। अतः दी गई आकृति में निहित त्रिभुजों की कुल संख्या है: = 3 + 8 + 6 + 10 = 27

2. (*a*) :

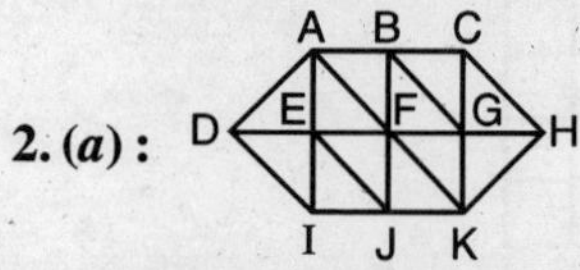

आकृति में सर्वाधिक सरलतापूर्वक दृष्टिगोचर होनेवाले त्रिभुज हैं: ADE, DEI, AEF, ABF, EIJ, EFJ, BFG, BCG, FJK, FGK, CGH और GHK, अर्थात् 12 त्रिभुज। समद्विभाजित त्रिभुज हैं: ADI और CHK अर्थात् 2 त्रिभुज। AIK और ACK अन्य त्रिभुज हैं, अर्थात 2 त्रिभुज। अतः आकृति में निहित त्रिभुजों की कुल संख्या

= 12 + 2 + 2 = 16

3. (*d*) :

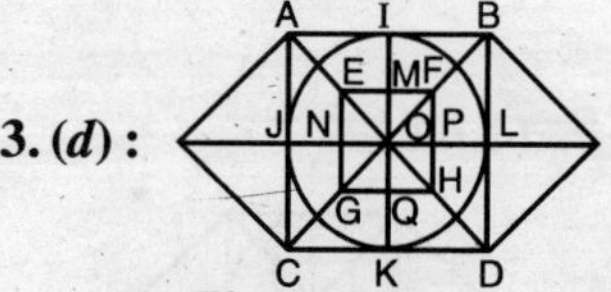

आकृति में निहित मुख्य वर्ग हैं : ABCD और EFGH, अर्थात् 2 वर्ग।

सरलतम बाह्य वर्ग हैं। AIJO, IBOL, JOCK, और OLKD, अर्थात् 4 वर्ग।

सरलतम आंतरिक वर्ग हैं: EMNO, NOGQ, MFOP और OPQH, अर्थात् 4 वर्ग।

आकृति में अन्य कोई वर्ग निहित नहीं हैं।

अतः उपर्युक्त आकृति में निहित वर्गों की कुल संख्या

= 2 + 4 + 4 = 10

4. (*b*) :

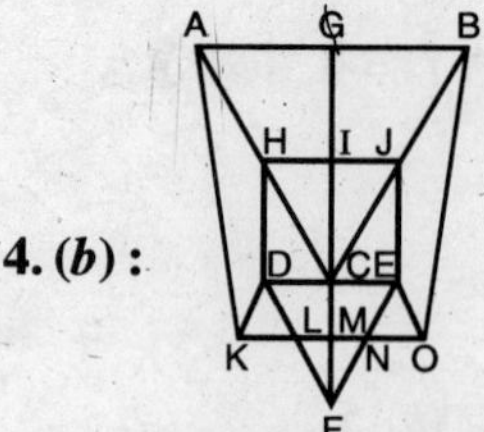

आकृति में निहित मुख्य त्रिभुज हैं: ABC, DEF, LNF, और HJC अर्थात् 4 त्रिभुज।

सरलतम त्रिभुज हैं: HIC, IJC, HDC, JCE, DKL, LMF, MFN और NOE अर्थात् 8 त्रिभुज।

आकृति में निहित अन्य त्रिभुज हैं: AGC, GBC, DCF और CEF अर्थात् 4 त्रिभुज

अतः त्रिभुजों की कुल संख्या = 4 + 8 + 4 = 16

5. (*a*) :

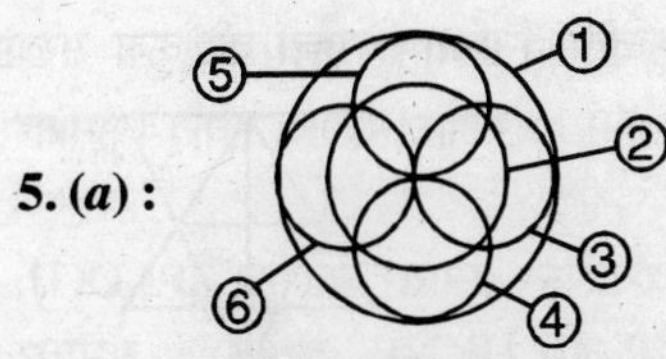

आकृति में दो मुख्य वृत्त हैं और चार छोटे वृत्त हैं और ये सभी एक-दूसरे को प्रतिच्छेदित कर रहे हैं।

$\therefore$ आकृति में निहित कुल वृत्त $= 2 + 4 = 6$.

6. (*b*) : आकृति में निहित सरलतम त्रिभुज हैं: ABC, BDE, BEG, BGC, CGF और GFE, अर्थात् 6 त्रिभुज

समद्विभाजित त्रिभुज हैं: BCE और CEF, अर्थात् 2 त्रिभुज।

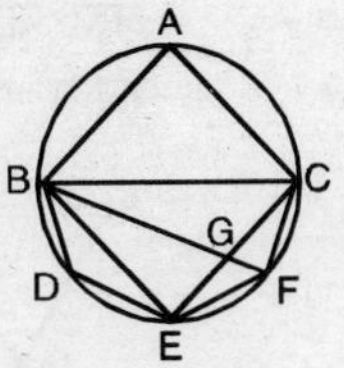

अतः आकृति में निहित त्रिभुजों की कुल संख्या $= 6 + 2 = 8$.

7. (*d*) :

जिन आकृतियों में एक वर्ग के भीतर निहित पंक्तियों और स्तंभों में वर्गों की संख्या समान हो, उनमें निहित वर्गों की कुल संख्या निम्नवत् ज्ञात की जाती है:

$1 \times 1 = 1$

$2 \times 2 = 5$ अर्थात् $(2 \times 2) + 1$

$3 \times 3 = 14$ अर्थात् $(3 \times 3) + 5$

$4 \times 4 = 30$ अर्थात् $(4 \times 4) + 14$

$5 \times 5 = 55$ अर्थात् $(5 \times 5) + 30$

$6 \times 6 = 91$ अर्थात् $(6 \times 6) + 55$

$7 \times 7 = 104$ अर्थात् $(7 \times 7) + 55$ और इसी प्रकार,

उपर्युक्त आकृति में वर्गों की संख्या 6×6 है, अतः वर्गों की कुल संख्या $= 91$.

8. (*a*) :

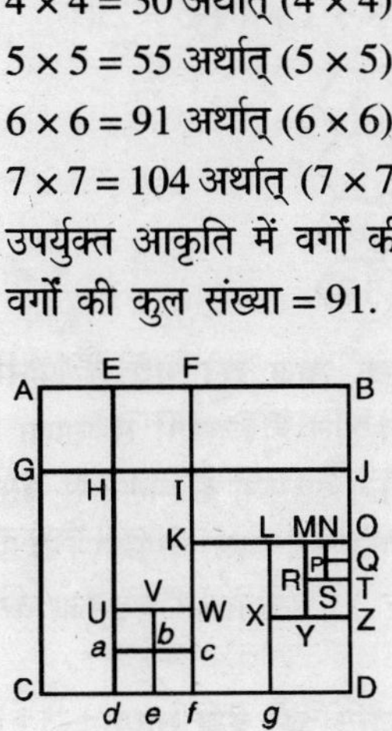

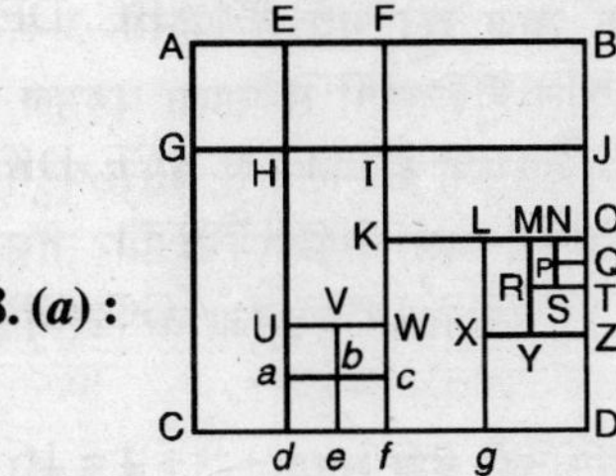

उपर्युक्त आकृति में मुख्य वर्ग हैं: ABCD, अर्थात् 1 वर्ग।

सरलतम वर्ग हैं: AEGH, EFHI, NOPQ, PQST, RTYZ, XZgD, UVab, VWbc, abde और bcef, अर्थात् 10 वर्ग।

अन्य वर्ग हैं: MORT, LOXZ और UWdf, अर्थात् 3 वर्ग।

अतः वर्गों की कुल संख्या $= 1 + 10 + 3 = 14$.

9. (*b*) :

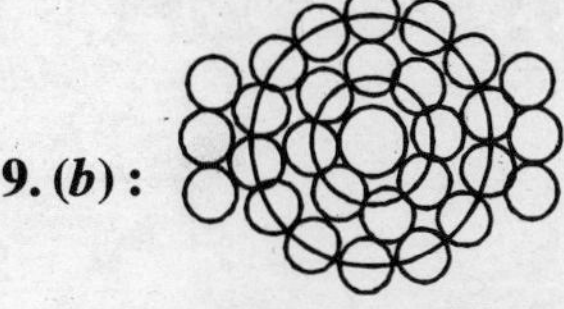

आकृति में 3 संकेंद्रिक वृत्त हैं, बीच के वृत्त की परिधि पर 8 छोटे वृत्त हैं, बाहरी वृत्त की परिधि पर 14 छोटे वृत्त हैं तथा सबसे बाहरी संकेंद्रिक वृत्त से बाहर उसकी दोनों ओर तीन-तीन वृत्त अर्थात् कुल 6 वृत्त हैं।

अतः वृत्तों की कुल संख्या $= 3 + 8 + 14 + 6 = 31$.

10. (*a*) :

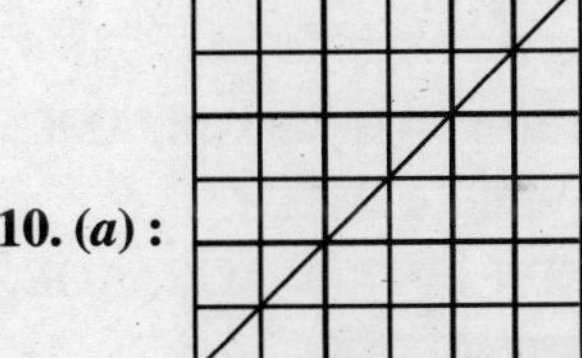

ऐसी आकृतियों में त्रिभुजों की गणना निम्नवत् की जाती है:

$1 \times 2 = 2$

$2 \times 3 = 6$

$3 \times 4 = 12$

$4 \times 5 = 20$

$5 \times 6 = 30$

$6 \times 7 = 42$

$7 \times 8 = 56$ और इसी प्रकार।

उपर्युक्त आकृति में छह पंक्तियाँ और छह स्तंभ हैं, अतः आकृति में त्रिभुजों की कुल संख्या $= 6 \times 7 = 42$

11. (*d*) :

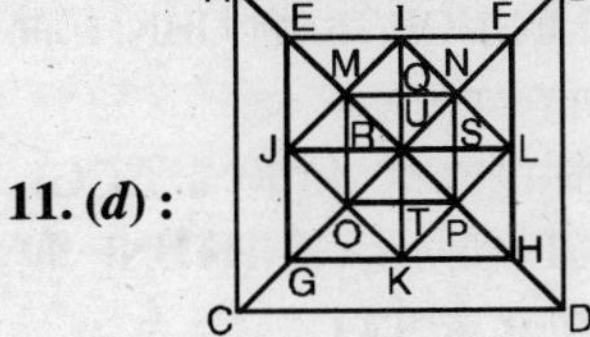

आकृति में निहित मुख्य वर्ग हैं: ABCD, EFGH, IJKL और MNOP, अर्थात् 4 वर्ग।

दो भागों में विभाजित वर्ग हैं: MQRU, QNUS, RUOT और USTP, अर्थात् 4 वर्ग।

चार भागों में विभाजित वर्ग हैं: IMUN, MJOU, UOKP और NUPL, अर्थात् 4 वर्ग।

आकृति में निहित अन्य वर्ग हैं: EIJU, JUGK, IFUL और ULKH, अर्थात् 4 वर्ग।

अतः आकृति में निहित वर्गों की कुल संख्या

$= 4 + 4 + 4 + 4 = 16$

12. (*c*) :

आकृति में निहित सरलतम त्रिभुज हैं: ABC, CDE, EFG, GHA, JIM, IML, MLK और JMK, अर्थात् 8 त्रिभुज।

दो भागों में विभाजित त्रिभुज हैं: JIK, IJL, IKL और JLK, अर्थात् 4 त्रिभुज।

दो भागों में विभाजित अन्य त्रिभुज हैं: AGM, AMC, GME और MCE, अर्थात् 4 त्रिभुज।

आकृति में निहित अन्य त्रिभुज हैं: AGC, AGE, ACE और GCE, अर्थात् 4 त्रिभुज।

अतः त्रिभुजों की कुल संख्या $= 8 + 4 + 4 + 4 = 20$

13. (*b*) :

आकृति में निहित मुख्य समांतर चतुर्भुज AFGK और GKMR, है अर्थात् 2 समांतर चतुर्भुज।

आकृति में निहित सरलतम समांतर चतुर्भुज हैं: BCHI, DEJL, EFLK, HINO, JLPQ और LKQR, अर्थात् 6 समांतर चतुर्भुज।

दो भागों में विभाजित समांतर चतुर्भुज हैं: ABGH, CDIJ, DFJK, GHMN, IJOP, JKPR, GBNH और IDPJ, अर्थात् 8 समांतर चतुर्भुज।

तीन भागों में विभाजित समांतर चतुर्भुज हैं: ACGI, BDGI, BDHJ, CEIL, GIMO, GINP, HJNP और ILOQ, अर्थात् 8 समांतर चतुर्भुज।

चार भागों में विभाजित समांतर चतुर्भुज हैं: BEHL, CFIK, HLNQ और IKOR, अर्थात् 4 समांतर चतुर्भुज।

पाँच भागों में विभाजित समांतर चतुर्भुज हैं: ADGJ, BFHK, GJMP और HKNR, अर्थात् 4 समांतर चतुर्भुज।

अन्य समांतर चतुर्भुज हैं: AEGL, GLMQ, ACNP और BDMO, अर्थात् 4 समांतर चतुर्भुज।

अतः आकृति में निहित समांतर चतुर्भुजों की कुल संख्या $= 2 + 6 + 8 + 8 + 4 + 4 + 4 = 36$

14. (*b*) :

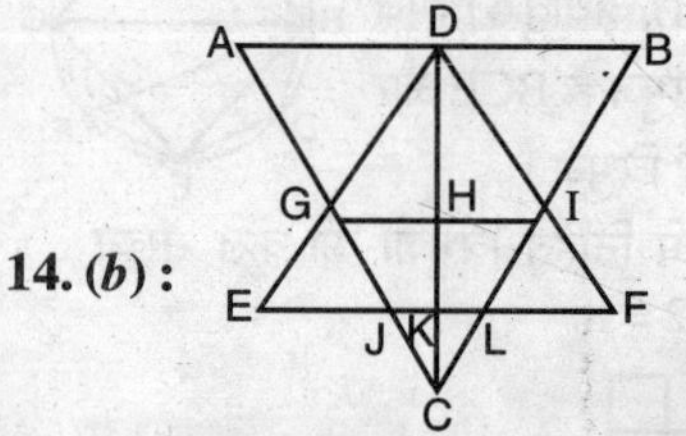

मुख्य त्रिभुज हैं: ABC और DEF, अर्थात् 2 त्रिभुज।

सरलतम त्रिभुज हैं: ADG, DGH, DHI, DBI, GEJ, JKC, KLC और ILF, अर्थात् 8 त्रिभुज।

दो भागों में विभाजित त्रिभुज हैं: DGI और JLC अर्थात् 2 त्रिभुज।

तीन भागों में विभाजित त्रिभुज हैं: DGC, DIC, DEK और DKF, अर्थात् 4 त्रिभुज।

अन्य त्रिभुज हैं: ADC, DBC, GIC, GHC और HIC, अर्थात् 5 त्रिभुज।

अतः आकृति में निहित त्रिभुजों की कुल संख्या

$= 2 + 8 + 2 + 4 + 5 = 21$

15. (*c*) :

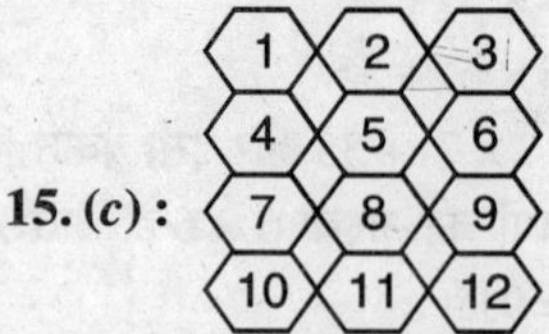

12 षड्भुज एक साथ रखे गये हैं जिनसे 3 और षड्भुज निर्मित होते हैं जिन में से पहला षड्भुज 2 और 5 संख्याकित षड्भुजों के मिलने से, दूसरा षड्भुज 5 और 8 संख्याकित षड्भुजों के मिलने से और तीसरा षड्भुज 8 और 11 संख्यांकित षड्भुजों के मिलने से बनता है।

∴ आकृति में षड्भुजों की कुल संख्या $= 12 + 3 = 15$

English

1 Spelling Errors

The most common errors in English are of spellings of words. Even the most learned men are sometimes confused about the correct spellings of some words. One must keep and use a dictionary religiously. Never ignore and let pass a new word casually.

A number of question to test your knowledge of spellings are compiled here. Try to solve as many as you can.

Multiple Choice Questions

Directions: *Find the correctly spelt word out of the four options in each question.*

1. A. Accompalish B. Ackmplesh C. Acomplush D. Accomplish

2. A. Acommodation B. Acomodation C. Accomodation D. Accommodation

3. A. Astonished B. Astronished C. Astoneshed D. Asstonished

4. A. Benefeted B. Benefitted C. Benifited D. Benefited

5. A. Belligerent B. Beligirent C. Belligarant D. Belligerrent

6. A. Chancelery B. Chancellery C. Chancellary D. Chancelary

7. A. Discriminate B. Discremineta C. Discrimenate D. Discriminat

8. A. Damage B. Dammage C. Damaige D. Dammege

9. A. Efficiant B. Effecient C. Efficient D. Eficient

10. A. Extravagant B. Extreragent C. Extreregant D. Extravegent

11. A. Efflorascence B. Eflorescene C. Effllorescence D. Efflorescence

12. A. Equinimity B. Equanimmity C. Equannimity D. Equanimity

13. A. Farmament B. Farmement C. Fermament D. Fremament

14. A. Grieff B. Grief C. Grieef D. Grrief

15. A. Guarantee B. Garuntee C. Guaruntee D. Gaurantee

16. A. Hypocritical B. Hypocretical C. Hypocriticel D. Hypocirticel

17. A. Humurous B. Humorous C. Humoreus D. Humorrous

18. A. Itenerary B. Itinarery C. Itinarary D. Itinerary

19. A. Indipenseble B. Indispansible C. Indispensable D. Indipensable

20. A. Imprecticability B. Impracticebility
C. Impracticibility D. Impracticability

21. A. Incradulous B. Incredulous
C. Incridulous D. Incredalous

22. A. Juddicious B. Judiceous
C. Judicious D. Judiceus

23. A. Kleptomonia B. Kleptemonia
C. Kleptomania D. Klaptomania

24. A. Lackdaisical B. Lackadaisical
C. Lckadaisicle D. Lackadisical

25. A. Licentious B. Licontious
C. Licenttious D. Licientious

26. A. Meddicine B. Medicine
C. Medicene D. Medicinne

27. A. Meritricious B. Merefrecious
C. Meretricious D. Merritricious

28. A. Missunderstood B. Miesunderstood
C. Misunderstood D. Misunderstod

29. A. Occurad B. Occurred
C. Ocurred D. Occured

30. A. Osttentatious B. Ostentetious
C. Ostentatious D. Ostenttatious

31. A. Obnosious B. Obnoxeous
C. Obnoxious D. Obnoseous

32. A. Omenous B. Ominous
C. Ommineous D. Omineous

33. A. Pecification B. Pacification
C. Pecifacation D. Pecefication

34. A. Prograssive B. Progressive
C. Progresive D. Prograsive

35. A. Pasiveness B. Passiveness
C. Passeveniss D. Passivines

36. A. Polyendry B. Poliendry
C. Pollyendry D. Polyandry

37. A. Puerille B. Puerrile
C. Puerile D. Purrile

38. A. Pesanger B. Passenger
C. Pessenger D. Pasanger

39. A. Querrelsome B. Quarrelsame
C. Quarrelsome D. Querralsome

40. A. Rigourous B. Rigerous
C. Rigorous D. Regerous

41. A. Survellance B. Surveilance
C. Surveillance D. Survaillance

42. A. Schedule B. Schdule
C. Schedale D. Schedeule

43. A. Sepalchrle B. Sepalchral
C. Sepulchrle D. Sepulchral

44. A. Sympathetic B. Smypathetic
C. Sympothetic D. Sympethetic

45. A. Sincerely B. Sencerely
C. Sincerelly D. Sincerrely

46. A. Satellite B. Sattellite
C. Satelite D. Sattelite

47. A. Teracherous B. Treacherous
C. Treacheraus D. Treachereans

48. A. Uncivilized B. Uncevilized
C. Uncivillized D. Uncevelized

49. A. Vainglorious B. Vaniglorious
C. Vaniglerious D. Vaingloreus

50. A. Vulnarable B. Valnerable
C. Velnerable D. Vulnerable

ANSWERS

1	2	3	4	5	6	7	8	9	10
D	D	A	B	A	C	A	A	C	A
11	12	13	14	15	16	17	18	19	20
D	D	C	B	A	A	B	D	C	D
21	22	23	24	25	26	27	28	29	30
B	C	C	B	A	B	C	C	B	C
31	32	33	34	35	36	37	38	39	40
C	B	B	B	B	D	C	B	C	C
41	42	43	44	45	46	47	48	49	50
C	A	D	A	A	A	B	A	A	D

❑❑❑

2 Spotting Errors

The most common errors in English are of spellings, grammar and usage of words. By regular practice, the errors can be easily spotted and minimised.

Common Errors with Nouns and Noun-Phrases

Incorrect	Correct
1. I have bought new *furnitures.*	I have bought new *furniture.*
2. The wages of sin *are* death.	The wages of sin *is* death.
3. She told these *news* to her mother.	She told her mother this *news.*
4. He took *troubles* to do his work.	He took *trouble* (or pains) over his work.
5. The *cattles* were grazing.	The *cattle* were grazing.
6. He showered *many abuses* on me.	He showered *much abuse* on me.
7. I spent the holidays with my *family members.*	I spent the holidays with my *family.*
8. There is no *place* in this compartment.	There is no *room* in this compartment.
9. Write this new *poetry* in your *copy.*	Write this new *poem* in your *note-book.*
10. He took *insult* at this.	He took *offence* at this.
11. Put your *sign* here.	Put your *signatures* here.
12. She is my *cousin sister.*	She is my *cousin.*
13. *Sunil's* my *neighbour's* house was burgled.	*Sunil* my *neighbour's* house was burgled.
14. I lost a *ten-rupees* note.	I lost *a ten-rupee* note.
15. Road closed for *repair.*	Road closed for *repairs.*
16. His house is out of *repairs.*	His house is out of *repair.*
17. What is the *reason* of an earthquake?	What is the *cause* of an earthquake?
18. This building is made of *stones.*	This building is made of *stone.*
19. I disapprove of *these kinds* of games.	I disapprove of *this kind* of games.
20. Veena's and Sheela's father is ill.	Veena and Sheela's father is ill.
21. His *son-in-laws* are doctors.	His *sons-in-law* are doctors.
22. *Alms* is given to the *poor.*	*Alms* are given to the poor.
23. He always keeps his words.	He always keeps his *word.*
24. I carried the *luggages.*	I carried the *luggage.*
25. *Two-third* of the work is left.	*Two-thirds* of the work is left.

Common Errors with Pronouns

Incorrect	*Correct*
1. Both did not go.	Neither went.
2. We all did not go.	None of us went.
3. Each of these boys play.	Each of these boys plays.
4. Whoever does best he will get a prize.	Whoever does best will get a prize.
5. One should not waste his time.	A man should not waste his time.
6. I and she are sisters.	She and I are sisters.
7. He is wiser than me.	He is wiser than I.
8. Between you and I, Anil is not to be trusted.	Between you and me, Anil is not to be trusted.
9. Nobody was there but I.	Nobody was there but me.
10. Who is there ? It is me.	Who is there ? It is I.
11. Only he and me can use this card.	Only he and I can use this card.
12. Let you and I go now.	Let you and me go now.
13. Everyone got one's pay.	Everyone got his pay.
14. Everyone is frightened when they see a tiger.	Everyone is frightened when he sees a tiger.
15. These two friends are fond of one another.	These two friends are fond of each other.
16. I did not like him coming at that hour.	I did not like his coming at that hour.
17. Who do you think I met?	Whom do you think I met?
18. You should avail this opportunity.	You should avail yourself this opportunity.
19. When you have read these books, please return the same to me.	When you have read the books, please return them to me.
20. They that are humble need fear no fall.	Those that are humble need fear no fall.

Common Errors with Adjectives

Incorrect	*Correct*
1. These all oranges are good.	All these oranges are good.
2. He held the book in the both hands.	He held the book in both hands.
3. Both men have not come.	Neither man has come.
4. That man should do some or other work.	That man should do some work or other.
5. He is elder than I.	He is older than I.
6. Shakespeare is greater than any other poets.	Shakespeare is greater than any other poet.
7. He is a coward man.	He is a cowardly man.
8. Many villagers cannot write his own name.	Many villagers cannot write their own name.
9. Each of us loves our home.	Each of us loves his home.
10. Much efforts bring their reward.	Much effort brings its reward.
11. He found hundred rupees.	He found a hundred rupees.
12. He had leave of four days.	He had four days leave.

Incorrect	Correct
13. This is a worth seeing sight.	This is a sight worth seeing.
14. He will spend his future life here.	He will spend the rest of his life here.
15. There is a best teacher in that class.	There is a very good teacher in that class.
16. Of the two plans this is the best.	Of the two plans this is the better.
17. He is becoming strong every day.	He is becoming stronger every day.
18. He is worst than I.	He is worse than I.
19. Jaipur is hot than Delhi.	Jaipur is hotter than Delhi.
20. In our library the number of books is less.	In our library the number of books is small.

Common Errors with Verbs

Incorrect	Correct
1. He asked had we taken our luggage.	He asked if we had taken our luggage.
2. She asked what are you doing.	She asked what we were doing.
3. Rama asked to Anil why he is angry.	Rama asked Anil why he was angry.
4. He does not care for his money.	He does not take care of his money.
5. He does not care for his work.	He takes no care over his work.
6. No one cared for him after his mother died.	No one took care of him after his mother died.
7. He got angry before I said a word.	He got angry before I had said a word.
8. I met a man who was my tutor 20 years ago.	I met a man who had been my tutor twenty years ago.
9. I had been for walking yesterday.	I went for a walk yesterday.
10. If I shall do this I shall be wrong.	If I do this I shall be wrong.
11. I have left trekking.	I have given up trekking.
12. I came to know as to how he did this.	I learnt how he did this.
13. I came to know why he was sad.	I found out why he was sad.
14. He knows to swim.	He knows how to swim.
15. The criminal's head was cut.	The criminal's head was cut off.
16. I said to him to go.	I told him to go.
17. I told the teacher to excuse me.	I asked the teacher to excuse me.
18. He is troubling me.	He is giving me trouble.
19. I have got a hurt on my leg.	I have hurt my leg.
20. She gave a speech.	She made a speech.

Common Errors in Subject-Verb Agreement

Incorrect	Correct
1. The owners of this factory *is* very rich.	The owners of this factory *are* very rich.
2. The pleasures of nature that one can experience at Shimla *is* beyond description.	The pleasures of nature that one can experience at Shimla *are* beyond description.

Incorrect	*Correct*
3. There *is* no street lights in our colony.	There *are* no street lights in our colony.
4. He and I *am* entrusted with the job.	He and I *are* entrusted with the job.
5. Rice and curry *are* his favourite dish.	Rice and curry *is* his favourite dish.
6. The honour and glory of our country *are* at stake.	The honour and glory of our country *is* at stake.
7. Time and tide *waits* for none.	Time and tide *wait* for none.
8. All the passengers with the driver *was* killed.	All the passengers, with the driver, *were* killed.
9. The teacher, with her students, *were* going out.	The teacher, with her students, *was* going out.
10. I as well as they *am* tired.	I as well as they *are* tired.
11. Not only the soldiers but their captain also *were* captured.	Not only the soldiers but their captain also *was* captured.
12. Neither you nor I *were* selected.	Neither you nor I *was* selected.
13. Either of these two applicants *are* fit for the job but neither want to accept it.	Either of these two applicants *is* fit for the job but neither wants to accept it.
14. One of these students are sure to stand first.	One of these students *is* sure to stand first.
15. Everyone of these workers want a raise.	Everyone of these workers wants a raise.
16. None of these letters has been answered so far.	None of these letters *have* been answered so far.
17. None of the girls were present at the party.	None of the girls *was* present at the party.
18. Many a battle were fought on Indian soil.	Many a battle *was* fought on Indian soil.
19. A lot of work remain to be done.	A lot of work *remains* to be done.
20. The majority of these girls likes music.	The majority of these girls *like* music.

Common Errors in the Use of Modals/Auxiliary Verbs

Incorrect	*Correct*
1. When I shall see him I shall tell him this.	When I *see* him, I shall tell him this.
2. If I should do wrong, he would punish me.	If I *did* wrong, he would punish me.
3. Until he will have confessed his fault, he will be kept in prison.	Until he *has* confessed his fault, he will be kept in prison.
4. She will obey me.	She *shall* obey me.
5. You would work hard.	You *should* work hard.
6. You shall find him in the garden.	You *will* find him in the garden.
7. He must have died of exposure, but we cannot be certain.	He *might* have died of exposure, but we cannot be certain.
8. You might not show disrespect to your elders.	You *must* not show disrespect to your elders.
9. You may take exercise in order to maintain good health.	You *must* take exercise in order to maintain good health.
10. He must be a crook for all we know.	He *may* be a crook for all we know.

Common Errors in the Use of Adverbs

Incorrect	Correct
1. He is very much angry.	He is *very* angry.
2. She was very good enough to help me.	She was *good enough* to help me.
3. She runs much fast.	She runs *very* fast.
4. She runs very faster than Seema.	She runs *much* faster than Seema.
5. It is bitter cold today.	It is *bitterly* cold today.
6. He is a much learned man.	He is a very learned man.
7. She is thinking very hardly.	She is thinking very hard.
8. To tell in brief the film was boring.	*In short* the film was boring.
9. He told the story in details.	He told the story *in detail.*
10. I did it anyhow.	I *managed to do* it somehow.
11. Aeroplanes reach Europe soon.	Aeroplanes reach Europe quickly.
12. Before long there were dinosaurs on the earth.	*Long ago,* there were dinosaurs on the earth.
13. This book is too interesting.	This book is *very* interesting.
14. He lives miserly.	He lives in *a miserly* way.
15. Just I had gone when she came.	I had just gone when she came.
16. He sings good.	He sings *well.*
17. He sings good than I.	He sings *better* than I.
18. Really speaking it is cold.	*As a matter of fact* it is cold.
19. He is enough tall to reach the ceiling.	He is *tall enough* to reach the ceiling.
20. He went directly to his college.	He went *direct* to his college.

Common Errors in the Use of Conjunctions

Incorrect	Correct
1. As he is fat so he runs slowly.	As he is fat *he* runs slowly.
2. If he is fat then he will run slowly.	If he is fat, he will run slowly.
3. Though he is fat still he runs fast.	Though he is fat, *he runs* fast.
4. *As* I pulled the trigger at the sametime he shook my arm.	As I pulled the trigger, he shook my arm.
5. No sooner I had spoken than he left.	No sooner *had* I spoken than he left.
6. Not only he will go, but also he will stay there.	Not only *will he* go, but he *will also* stay there.
7. Neither he comes nor he writes.	Neither *does he* come nor *does he* write.
8. Scarcely he entered the room than the telephone rang.	Scarcely *had* he entered the room *when the* telephone rang.
9. Hardly she had left the house than it began to rain.	Hardly *had she* left the house *when* it began to rain.
10. He is the fastest runner and he comes last.	He is the fastest runner *but* he comes last.
11. She is as innocent as if she looks.	She is as innocent as she looks.
12. Until he does not try he must be punished.	He must be punished unless he tries.
13. I want to know as to why you are late.	I want to know why you are late.

Incorrect	Correct
14. I am fond of Chinese food as for example sweet and sour prawns.	I am fond of Chinese food, for example, sweet and sour prawns.
15. He was angry therefore I ran away.	He was angry so I ran away.
16. I was trying to work, at that time he was disturbing me.	While I was trying to work, he was disturbing me.
17. Supposing if he is late, what will happen?	Supposing he is late (or if he is late) what will happen?
18. He asked me that why I was late.	He asked me why I was late.
19. Let us catch a taxi lest we should not get late.	Let us catch a taxi lest we should get late.
20. She dresses herself like the teacher does.	She dresses herself as the teacher does.
21. Wait while I come.	Wait *until* (or *till*) I come.
22. Until, there is corruption in India, there can be little progress.	*As long* as there is corruption in India there can be little progress.
23. I have never told a lie nor cheated anybody.	I have never told a lie *nor have I* cheated anybody.
24. Both Mohan as well as Arun are responsible for this action.	Both Mohan *and* Arun are responsible for this action.
25. Hindus and Muslims both are to blame for the riots.	*Both Hindus* and Muslims are to blame for the riots.

Common Errors in the Use of Prepositions

Incorrect	Correct
1. I will not listen him.	I will not listen *to* him.
2. Copy this word by word.	Copy this word *for* word.
3. He enquired from her where she lived.	He enquired *of* her where she lived.
4. Sign here with ink.	Sign here *in* ink.
5. Has she come in train or by foot?	Has she come *by* train or *on* foot?
6. She said this at his face.	She said this *to* his face.
7. Open the book on page one.	Open the book *at* page one.
8. I was invited for lunch.	I was *invited to* lunch.
9. I am ill since three months.	I have been *ill for* three months.
10. This paper is inferior than that.	This paper is inferior *to* that.
11. This resembles to that.	This *resembles* that.
12. My brother is superior than you in strength.	My brother is superior *to* you in strength.
13. He wrote me.	He wrote *to* me.
14. I shall explain them this.	I shall explain this *to* them.
15. Send this letter on my address.	Send this letter *to* my address.
16. He suggested me this.	He suggested this *to* me.
17. He goes *on his* work.	He goes *to his* work.
18. He *reached to* Nagpur.	He *reached* Nagpur.
19. He told *to me* to go.	He told *me* to go.
20. The term begins *from* July 1st.	The term begins *on* July 1st.

Miscellaneous Errors

Incorrect	*Correct*
1. Many *homes* are lying vacant.	Many *houses* are lying vacant.
2. It is cool in the *shadow* of the tree.	It is cool in the *shade* of the tree.
3. She *keeps* good health.	She *enjoys* good health.
4. My leg is *paining*.	*I am feeling pain* in my leg.
5. *See* this word in the dictionary.	*Look up* this word in the dictionary.
6. The train will arrive *just now*.	The train will arrive *shortly.*
7. They are *pulling* on well.	They are *getting* on well.
8. The river has *over flown* its bank.	The river has *over flown* its banks.
9. He was appointed *on* the post.	He was appointed *to* the post.
10. Last but not *the least,* we have to discuss the problem of over population.	Last but not *least,* we have to discuss the problem of over population.
11. *Cities* after *cities* fell.	*City* after *city* fell.
12. What is the use Munir going there?	What is the use of Munir going there?
13. He *did many mischief.*	He *made much mischief.*
14. It is exact five *in* my watch.	It is exact five *by* my watch.
15. I will dine with them on *next Sunday.*	I will dine with them *Sunday next.*
16. Misfortunes when faced bravely and *manly* become less troublesome.	Misfortunes when faced bravely and *manfully* become less troublesome.
17. I am *laid down* with fever.	I am *laid up* with fever.
18. He is habituated to smoking.	He is *addicted* to smoking.
19. *According to my opinion* he is right.	*In my opinion* (or according *to me)* he is right.
20. Could you please *open* this knot?	Could you please *untie* this knot?

Multiple Choice Questions

Directions: *In this section, each sentence has three parts, indicated by (A), (B) and (C). Read each sentence to find out whether there is an error. If you find an error in any one of the parts (A, B, C), indicate your response by marking the letter related to that part. If a sentence has no error, indicate this by marking '(D)' which stands for "No error". Errors may belong to grammar, usage or idiom. Ignore errors of punctuation, if any.*

1. (A) Beware of/(B) a fair-weather friend/(C) who is neither a friend in need nor a friend indeed/(D) No error.

2. (A) Copernicus proved/(B) that Earth/(C) moves round the Sun./(D) No error.

3. (A) Seldom we have been treated/(B) in such a rude manner/(C) by the police personnel./(D) No error.

4. (A) Some men are born great,/(B) some achieve greatness/(C) and some had greatness thrust on them./(D) No error.

5. (A) The property/(B) was divided/(C) among the two brothers./(D) No error.

6. (A) I am quite certain/(B) that the lady is not only greedy/(C) but miserly./(D) No error.

7. (A) The aircraft overloaded/(B) there was something wrong of the battery/(C) and the engine was making a queer noise/(D) No error.

8. (A) A thorough inquiry of the misappropriation of funds/(B) is now imperative/(C) to bring the guilty to book/(D) No error.

9. (A) The brilliant success in the examination/(B) as well as his record in sports/(C) deserves high praise/(D) No error.

10. (A) While travelling by a train/(B) on a cold winter night/(C) an argument rose between two passengers in our compartment/(D) No error.

11. (A) I cannot find/(B) where has he gone/(C) though I have tried may best/(D) No error.

12. (A) If I was/(B) the Prime Minister of India/(C) I would work wonders/(D) No error.

13. (A) Amit's severe bout of flu/(B) debilitated him so much/(C) that he was too tired to do for work for a week./(D) No error.

14. (A) This is the crux of the entire problem;/(B) everything centres on/(C) it being resolved./(D) No error.

15. (A) One of the major aims of the Air Force/(B) was the complete demolition of all means of transportation/(C) by the bombing of rail lines and terminals./(D) No error.

16. (A) His strong voice cut over/(B) the hum of conversation/(C) like a knife through butter./(D) No error.

17. (A) Even though they weren't expecting us/(B) they managed to knock up/(C) a marvellous meal./(D) No error.

18. (A) The celebrated singer was/(B) surrounded by the usual crowd/(C) of lackeys and hanger-ons./(D) No error.

19. (A) If it weren't/(B) for you,/(C) I wouldn't be alive today./(D) No error.

20. (A) He looked like a lion/(B) baulked from/(C) its prey./(D) No error.

21. (A) Widespread flooding/(B) is effecting/(C) large areas of the villages./(D) No error.

22. (A) She regards/(B) negotiating prices with customers/(C) as her special preserve./(D) No error.

23. (A) Often in political campaigns, a point is reached at which/(B) the candidates take out their gloves./(C) and start slugging with bare fists./(D) No error.

24. (A) If we really set to/(B) we can get the whole house/(C) cleaned in an afternoon./(D) No error.

25. (A) Pieces of rock plummeted/(B) down the mountainside/(C) in the ground below./(D) No error.

26. (A) Since the two parties each won/(B) the same number of seats,/(C) the minority party holds the balance of power./(D) No error.

27. (A) It's arrogant for you/(B) to assume you'll/(C)win every time./(D) No error.

28. (A) We've paid for our travel and accommodation,/(B) so we need only to take/(C) some pocket-money with us./(D) No error.

29. (A) There's no evidence to show/(B) that information technology secrets are more/(C) vulnerable in India than Britain or the US./(D) No error.

30. (A) It is shameful that hunting/(B) is still considered sport/(C) by some unscrupulous people in the civilized world./(D) No error.

31. (A) The Prime Minister's good looks won him/(B)the election but he has still to prove/(C) that he's not a just pretty face./(D) No error.

32. (A) The two books are the same/(B) except for the fact that this/(C) has an answer in the back./(D) No error.

33. (A) He estimated his income tax bill/(B) by extrapolation over figures/(C) submitted in previous years./(D) No error.

34. (A) The modern office block/(B) sticks out like a sore thumb/(C) among the old buildings in the area./(D) No error.

35. (A) I will try to put over/(B) some feelers to gauge/(C) people's reactions to our proposal./(D) No error.

36. (A) A major contribution of Mathura sculptors/(B)of that period were the creation and popularization/(C) of the Buddha's image in human form./(D) No error.

37. (A) Amit has been deceiving Mona/(B) for many years but she/(C) has not still tumbled to it./(D) No error.

38. (A) Mahavira was an advocate of nonviolence and vegetarianism,/(B) who revived and reorganized the Jain doctrine/(C) and established rules for their monastic order. (D) No error.

39. (A) Microwaves are the principle carriers/(B) of television, telephone and data transmissions/(C)between stations on earth and between the earth and satellites./(D) No error.

40. (A) An unit is an abstract idea,/(B) defined either by reference to/(C) a randomly chosen material standard or to a natural phenomenon./(D) No error.

41. (A) With the crisis deepening,/(B) the critics sense an opportunity/(C) about putting in place a more radical strategy./(D) No error.

42. (A) The salesman gave us/(B) a big spiel about why/(C) we should buy his product./(D) No error.

43. (A) I will need several weeks/(B) to invent the lie of the land before/(C) I can make any decision about the future of the business./(D) No error.

44. (A) You should be cautious/(B) and make a few discrete enquiries about/(C) the firm before you sign anything./(D) No error.

45. (A) Your husband doesn't/(B) believe that you are older/(C) than I./(D) No error.

46. (A) We are meeting today afternoon/(B) to discuss the matter/(C) and reach a compromise./(D) No error.

47. (A) Either Ram or/(B) you is responsible/(C) for this action./(D) No error.

48. (A) The student flatly denied/(B) that he had copied/(C) in the examination hall./(D) No error.

49. (A) By the time you arrive tomorrow/(B) I have finished/(C) my work./(D) No error.

50. (A) The speaker stressed repeatedly on/(B) the importance of improving/(C) the condition of the slums./(D) No error.

51. (A) The captain with the members of his team/(B) are returning/(C) after a fortnight./(D) No error.

52. (A) After returning from/(B) an all-India tour/(C) I had to describe about it/(D) No error.

53. (A) The teacher asked his students/(B) if they had gone through/(C) either of the three chapters included in the prescribed text./(D) No error.

54. (A) Although they are living in the country/(B) since they were married/(C) they are now moving to the town./(D) No error.

55. (A) Do you know/(B) how old were you/(C) when you came here?/(D) No error.

ANSWERS

1	2	3	4	5	6	7	8	9	10
D	B	A	C	C	C	B	A	D	C
11	**12**	**13**	**14**	**15**	**16**	**17**	**18**	**19**	**20**
B	A	C	C	B	A	A	C	C	C
21	**22**	**23**	**24**	**25**	**26**	**27**	**28**	**29**	**30**
C	A	A	A	C	A	A	B	D	B
31	**32**	**33**	**34**	**35**	**36**	**37**	**38**	**39**	**40**
C	C	C	D	A	B	C	C	A	A
41	**42**	**43**	**44**	**45**	**46**	**47**	**48**	**49**	**50**
C	D	D	D	C	A	B	D	B	A
51	**52**	**53**	**54**	**55**					
B	C	C	B	D					

❑❑❑

3 Articles

Definite and Indefinite Articles

(*i*) 'A' and 'an' are Indefinite Articles.

(*ii*) 'The' is Definite Article.

(*iii*) 'A' and 'an' modify a noun in a general way.

(*iv*) 'The' particularises it. *e.g.*,

Mohan has **a pen.**

The pen which you gave me was expensive.

Vowel and Consonant Sounds

(*i*) 'A' is used before words starting with the sound of a consonant.

(*ii*) 'An' is used before a vowel sound (vowels a, e, i, o, u) *e.g.*,

a book, a cat, a useful thing, a European girl, a university,

but an FDR, an MA, an honest boy, an hour, an owl, an egg, an umbrella, etc.

Use of Articles 'A' and 'An'

A cat mews. (*i.e.*, every cat)

The cat of my neighbour mews day and night. (*i.e.*, a particular cat)

He gave me **an** egg. (Here 'an' means 'one')

Use of Article 'The'

1. 'The' is used before names of rivers, mountains, seas, oceans:
   The Himalayas, the Ganga, the Yamuna, the Bay of Bengal, the Indian Ocean, the Nile, the English Channel, *etc.*
2. Names of newspapers and magazines:
   The Times of India, the Tribune, The Sun, *etc.*
3. Names of the famous and holy books:
   The Guru Granth Sahib, The Gita, The Ramayana, *etc.*
4. Names of creations of nature:
   the sun, the earth, the moon, the sky, *etc.*
5. While using Adjectives as Nouns:
   The poor should be helped by **the rich.**
6. Sometimes with the Comparative Degree:
   The more you think, **the more** you worry.
7. With the Superlative Degree:
   She is **the most intelligent** girl in our school.
8. Before the imaginary lines and directions:
   The Latitude, The Equator, the east, the west, etc.
9. Before the names of musical instruments:
   the violin, the piano, the flute, etc.
10. While using a Proper Noun as a Common Noun:
    Mohan is **the Sachin** of our team.

Omission of Article 'The'

1. Before some Nouns used to convey general sense, articles are not used but are used to particularise them:
   Man is mortal.
2. Before Proper Nouns:
   Rakesh is an intelligent boy.
3. With Abstract Noun:
   Childhood is the prime time of one's life.
   The childhood of Sohan was full of sorrow.
4. With Material Nouns:
   Milk is an essential food.
   The milk of the cow is sweet.

5. Usually no article is used before names of diseases:
Cancer is a fatal disease.
However, when we talk about a disease figuratively, we use an article before its name, *e.g.* Corruption is a cancer.
6. Names of games and language:
I like football.
I can speak Punjabi, Hindi and English.
7. Gold is a precious metal.

NOTE: As you must have noted above, the definite article 'the' has been used where a noun is particularised.

Double Use of Article 'The'

Read the following sentences carefully to understand this :

1. The poet and novelist has been honoured.
(The same person is the poet as well as novelist)
2. The poet and the novelist have been honoured.
(The poet and the novelist are two different persons).
3. I have a black and white dog.
(that is, one dog)
4. I have a black and a white dog.
(that is, two dogs)

Multiple Choice Questions

Directions : *Fill in the blanks with suitable articles. Mark 'D' if no article required.*

1. Do you know .... boy in white?
A. a B. an
C. the D. No article

2. She is .... girl I am looking for.
A. a B. an
C. the D. No article

3. Have you read .... Mahabharat?
A. a B. an
C. the D. No article

4. ....rich are not always happy.
A. A B. An
C. The D. No article

5. Oranges are sold by .... dozen.
A. a B. an
C. the D. No article

6. Milk is sold by .... litre.
A. a B. an
C. the D. No article

7. .... Amazon is the longest river in the world.
A. A B. An
C. The D. No article

8. .... higher you climb, the colder it gets.
A. A B. An
C. The D. No article

9. She is .... untidy girl.
A. a B. an
C. the D. No article

10. I am .... M.A. is English.
A. a B. an
C. the D. No article

11. I have already spent .... few rupees I had.
A. a B. an
C. the D. No article

12. .... English are very hard-working.
A. A B. An
C. The D. No article

13. April is the fourth month of .... year.
A. a B. an
C. the D. No article

14. Rice is sold by .... kilogram
A. a B. an
C. the D. No article

15. She is .... best of the three girls.
A. a B. an
C. the D. No article

16. .... man in the car is a friend of mine.
A. A B. An
C. The D. No article

17. Brevity is .... soul of wit.
A. a B. an
C. the D. No article

18. .... thing of beauty is a joy for ever.
A. A B. An
C. The D. No article

19. .... little learning is a dangerous thing.
A. A B. An
C. The D. No article

20. .... best sauce for food is hunger.
A. A B. An
C. The D. No article

21. Birds of .... feather flock together.
A. a B. an
C. the D. No article

22. He makes .... living by begging.
A. a B. an
C. the D. No article

23. It is .... pity that he died so young.
A. a B. an
C. the D. No article

24. What .... nuisance it is?
A. a B. an
C. the D. No article

25. Delhi is .... London of India.
A. a B. an
C. the D. No article

26. Where is .... will, there is a way.
A. a B. an
C. the D. No article

27. Her father is .... physician and surgeon.
A. a B. an
C. the D. No article

28. This will benefit .... poor.
A. a B. an
C. the D. No article

29. ....bird in hand is better than two in a bush.
A. A B. An
C. The D. No article

30. As he is hard-working, he will win .... prize.
A. a B. an
C. the D. No article

31. .... water of this well is dirty.
A. A B. An
C. The D. No article

32. Only .... wearer knows where the shoe pinches.
A. a B. an
C. the D. No article

33. .... action will be taken against you.
A. A B. An
C. The D. No article

34. .... sun rises in the east.
A. A B. An
C. The D. No article

35. She was promoted to .... highest post.
A. a B. an
C. the D. No article

36. Did you see .... Taj Mahal?
A. a B. an
C. the D. No article

37. He is .... one-eyed man.
A. a B. an
C. the D. No article

38. This is .... useful book.
A. a B. an
C. the D. No article

39. Cloth is sold by .... metre.
A. a B. an
C. the D. No article

40. The sun sets in .... west.
A. a B. an
C. the D. No article

41. Amar bought......umbrella yesterday.
A. a B. an
C. the D. No article

42. Surinder is ...... honest boy.
A. a B. an
C. the D. No article

43. She wrote ...... book in French.
A. a B. an
C. the D. No article

44. ...... lion roars.
A. A B. An
C. The D. No article

45. ..... apple a day keeps the doctor away.
A. A B. An
C. The D. No article

46. John bought ...... car yesterday.
A. a B. an
C. the D. No article

47. His father is ..... engineer in the U.S.A.
A. a B. an
C. the D. No article

48. It is hard for ..... owl to fly during the day times.
A. a B. an
C. the D. No article

49. She had ..... rimmed hat.
A. a B. an
C. the D. No article

50. My uncle is ..... heart specialist.
A. a B. an
C. the D. No article

51. He looks as foolish as .... ass.
A. a B. an
C. the D. No article

52. Did you go to .... prison to visit him?
A. a B. an
C. the D. No article

53. I found .... one-rupee note in the market.
A. a B. an
C. the D. No article

54. It is a pleasure to meet such .... efficient man.
A. a B. an
C. the D. No article

55. The Sanyasi lived in a cave in .... Himalayas.
A. a B. an
C. the D. No article

56. There is .... union in our factory.
A. a B. an
C. the D. No article

57. He hit his wife on the head with .... umbrella.
A. a B. an
C. the D. No article

58. I caught him by .... collar.
A. a B. an
C. the D. No article

59. Child is .... father of man.
A. a B. an
C. the D. No article

60. He gazed at .... moon for two hours.
A. a B. an
C. the D. No article

ANSWERS

1	2	3	4	5	6	7	8	9	10
C	C	C	C	C	C	C	C	B	B
11	**12**	**13**	**14**	**15**	**16**	**17**	**18**	**19**	**20**
C	C	C	C	C	C	C	A	A	C
21	**22**	**23**	**24**	**25**	**26**	**27**	**28**	**29**	**30**
A	A	A	A	C	A	A	C	A	A
31	**32**	**33**	**34**	**35**	**36**	**37**	**38**	**39**	**40**
C	C	B	C	C	C	A	A	C	C
41	**42**	**43**	**44**	**45**	**46**	**47**	**48**	**49**	**50**
B	B	A	A	B	A	B	B	A	A
51	**52**	**53**	**54**	**55**	**56**	**57**	**58**	**59**	**60**
B	C	A	B	C	A	B	C	C	C

Prepositions

A Preposition is a word that comes before a Pronoun or a Noun and expresses the relationship between Noun or Pronoun and some part of the remaining sentence.

(*a*) He is busy **with** his work.
(*b*) The boy jumped **into** the river.
(*c*) The birds are chirping **in** the trees.

In these sentences the words **with**, **into** and **in** show the relationship between the verbs **busy**, **jumped** and **chirping** with the nouns **work**, **river** and **trees** respectively.

Position of the Preposition

A. A Preposition usually precedes its object.
(*i*) He laughs **at** the poor.
(*ii*) He is angry **with** you.
(*iii*) She agrees **with** me.

B. In the case of Relative Pronouns it comes after the subject.
(*i*) This is the boy whom I was looking **for**.
(*ii*) That is the pen whose mention I was making **of**.

C. In the following cases, the Preposition comes after its object.
(*i*) Where is the boy you were complaining **against**?
(*ii*) What things are there you are looking **for**?
(*iii*) Who is there, you are waiting **for**?

Omission of the Prepositon

In many cases when the sentences contain Nouns of Time or Place, the Prepositions **from**, **in** and **for** are often omitted.

(*i*) He walked many kilometres.
(*ii*) He came to see me last year.
(*iii*) As I could not find my puppy anywhere, I looked here and there.

Prepositions are small words that show the relationship between one word and another. Prepositions in the following sentences show the position of the paper in relation to the desk, the book, hand and the door.

The paper is **on** the desk.
The paper is **under** the book.
The paper is **in** his hand.
The paper is **by** the door.

Common Prepositions

about	at	by
in	onto	toward
above	before	concerning
inside	out	under
across	behind	despite
into	over	until
after	below	down
like	since	up
against	beneath	during
near	through	upon
along	beside	except
of	throughout	with
amid	between	for
off	till	within
among	beyond	from
on	to	without

Multiple Choice Questions

Directions: *Select the most appropriate preposition from the given alternatives to fill in the blanks and make the sentence meaningfully complete.*

1. Don't try to be an advocate ..... these criminals.
A. for B. with
C. across D. in

2. The audience admired him ..... his sweet voice.
A. to B. on
C. for D. at

3. I want to check your bag ..... fake currency notes.
A. to B. for
C. upon D. on

4. The dew drops clung .... the blades of grass.
A. for B. on
C. to D. in

5. The thief was chased ..... by the police.
A. on B. after
C. into D. at

6. Please carry this bag ..... my room.
A. on B. for
C. to D. in

7. A lorry bumped ..... a car.
A. on B. over
C. into D. to

8. They were begging ..... food.
A. for B. on
C. to D. after

9. She always boasts ..... her wealth.
A. of B. for
C. on D. after

10. She banged ..... the door violently.
A. for B. to
C. on D. down

11. I applied ..... the post of a clerk.
A. for B. on
C. in D. to

12. I applied ..... the Principal for the post of a teacher.
A. to B. on
C. with D. for

13. I begged ..... him not to divulge the secret.
A. for B. of
C. with D. to

14. You had better borrow a pen ..... Rakesh.
A. over B. into
C. from D. by

15. I baked a cake ..... the guests.
A. to B. for
C. on D. of

16. She is confident ..... (her) success.
A. with B. on
C. of D. for

17. The doctor will cure you ..... malaria.
A. of B. with
C. for D. from

18. This law is common ..... all.
A. to B. upon
C. over D. at

19. She was condemned ..... her bad hand writing.
A. on B. for
C. into D. of

20. In summer there will be a great demand ..... desert cooler.
A. on B. with
C. for D. of

21. We shall wait ..... you.
A. on B. for
C. towards D. after

22. Tom displayed his injury ..... all his friends.
A. for B. upon
C. to D. at

23. She distributed the sweets ..... the two brothers.
A. among B. between
C. for D. in

24. Please distribute these apples ..... all.
A. among B. to
C. for D. at

25. It rarely happened that he defended ..... an innocent person.
A. against B. for
C. upon D. at

26. The parents were disappointed ..... the performance of their son.
A. on B. with
C. at D. of

27. Common salt dissolves ..... water.
A. for B. in
C. with D. by

28. This medicare is free ..... sugar.
A. on B. to
C. from D. of

29. The manager granted leave ..... the clerk.
A. to B. on
C. into D. for

30. The air was heavy ..... aroma of perfumes.
A. on B. with
C. into D. from

31. She had a quick glance ..... the magazine.
A. at B. from
C. into D. to

32. The climate of Kashmir is favourable ..... me.
A. with B. in
C. to D. for

33. They hate you ..... your poverty.
A. for B. on
C. in D. of

34. He is eligible ..... this post.
A. for B. to
C. with D. at

35. The smoke was emerging ..... down the foot of the hill.
A. on B. to
C. from D. at

36. The criminal managed to escape ..... the prison.
A. upon B. from
C. with D. of

37. You should educate your friends ..... the benefits of living in villages.
A. on B. towards
C. upon D. in

38. She made a lot of efforts ..... win the match.
A. for B. to
C. upon D. at

39. The new inspector will enquire ..... the murder case.
A. on B. for
C. into D. at

40. The retired soldiers were exempted ..... all taxes.
A. from B. to
C. on D. of

41. She was adept ..... journalism.
A. at B. on
C. with D. in

42. She is afraid ..... snakes.
A. on B. to
C. of D. with

43. I agree ..... your proposal.
A. for B. on
C. to D. with

44. The children were amazed ..... so big a python.
A. at B. on
C. in D. with

45. She was anxious ..... the final match.
A. about B. on
C. with D. for

46. He apologized ..... his being late.
A. towards B. for
C. on D. as

47. The children were amused ..... his jokes.
A. for B. to
C. at D. on

48. She is angry ..... you.
A. to B. with
C. on D. for

49. She is angry ..... your teasing remark.
A. at B. in
C. for D. with

50. A big patch of land was allocated ..... the refugees.
A. to B. for
C. in D. upon

ANSWERS

1	2	3	4	5	6	7	8	9	10
A	C	B	C	B	C	C	A	A	C
11	12	13	14	15	16	17	18	19	20
A	A	B	C	B	C	A	A	B	C
21	22	23	24	25	26	27	28	29	30
B	C	B	A	A	C	B	C	A	B
31	32	33	34	35	36	37	38	39	40
A	C	A	A	C	B	A	B	C	A
41	42	43	44	45	46	47	48	49	50
A	C	C	A	A	B	C	B	A	A

❑❑❑

5 Synonyms & Antonyms

There are thousands of words in English language. No one can remember their meanings easily but with regular practice one can memorise most of them. A number of words with their Synonyms and Antonyms are compiled here. Try to learn as many as you can and answer the questions thereafter.

Words	Synonyms	Antonyms
Abandon	Cease, Forsake	Continue
Abhor	Hate, Loathe, Detest	Like, Love
Abiding	Enduring, Durable	Fleeting
Able	Proficient, Competent	Incompetent, Unfit
Ability	Skill, Power	Disability, Inability
Abortive	Fruitless, Futile	Fruitful, Successful
Abolish	Destroy, Undo	Restore, Revive
Abridge	Shorten, Curtail	Lengthen, Expand
Absolve	Forgive, Pardon, Excuse	Condemn
Accelerate	Hasten	Retard
Accord	Agreement, Harmony	Discord, Disagreement
Accumulate	Collect, Store, Amass	Distribute, Scatter
Adamant	Hard, Inflexible	Flexible
Adversity	Misfortune, Distress	Prosperity
Adept	Expert, Skilful	Inexpert, Unskillful
Aggravate	Heighten, Intensify	Quell, Suppress
Agile	Nimble	Clumsy, Undeft
Alert	Vigilant	Heedless
Allay	Calm, Soothe, Assuage	Arouse
Ameliorate	Improve, Advance, Amend	Worsen, Deteriorate
Ambiguous	Vague, Unclear	Clear
Amiable	Lovable, Agreeable	Disagreeable
Annihilate	Destroy	Create
Arduous	Hard, Strenuous	Easy

Words	*Synonyms*	*Antonyms*
Attacks	Assault	Defend
Audacity	Boldness	Cowardice
Auspicious	Favourable, Propitious, Lucky	Ominous, Inauspicious, Unlucky
Austere	Harsh, Severe, Rigorous	Easy-going
Authentic	True, Genuine	Spurious, False
Avarice	Greed	Generosity
Averse	Unwilling, Loath, Disinclined	Willing, Inclined
Aversion	Hostility, Hatred	Affinity, Liking
Base	Low, Mean, Ignoble	Noble, Exalted
Boisterous	Noisy, Stormy	Calm, Quiet
Brave	Courageous, Daring, Bold, Plucky	Cowardly, Dastardly, Timid
Brief	Short, Concise, Laconic	Lengthy, Diffuse
Bright	Vivid, Radiant	Dull, Dark
Brutal	Savage, Cruel	Humane, Kindly
Callous	Hard, Cruel, Indifferent	Soft, Tender, Concerned
Cautious	Careful, Wary	Rash, Reckless, Foolhardy
Censure (*n*)	Blame, Condemnation	Praise
Censure (*vb*)	Blame, Condemn	Praise, Commend
Circumscribed	Restricted, Confined, Limited	Unconfined, Unrestricted
Civil	Polite, Courteous, Gracious, Urbane	Rude, Uncivil, Impolite, Ungracious
Coerce	Compel, Force	Volunteer
Compassionate	Pitiful, Sympathetic, Merciful	Unsympathetic, Merciless, Cruel
Compress	Condense, Abbreviate	Expand, Lengthen
Conspicuous	Noticeable, Manifest	Inconspicuous
Constant	Steady, Steadfast, Uniform	Inconstant, Variable
Cordial	Friendly, Warm, Hearty	Cold, Unfriendly
Covert	Hidden, Secret	Overt, Open
Cruel	Savage, Ruthless, Vicious	Kind, Gentle, Benevolent
Cursory	Rapid, Superficial	Thorough, Exhaustive, Intensive
Credible	Believable, Probable, Plausible	Incredible, Unbelievable, Fantastic
Crafty	Cunning, Sly	Artless, Simple, Ingenuous
Costly	Expensive, Dear	Cheap, Inexpensive
Confidence	Trust, Reliance	Distrust, Doubt
Death	Decease, Demise	Existence, Life
Dearth	Scarcity, Lack, Want, Paucity, Shortage	Plenty, Abundance
Decay	Dissolution, Decline, Decomposition, Disintegration	Regeneration

Words	Synonyms	Antonyms
Deference	Respect, Reverence	Disrespect, Irreverence
Deficient	Lacking, Inadequate	Complete, Sufficient
Desolate	Lonely, Deserted	Crowded, Occupied
Destitute	Wanting, Needy	Rich, Affluent
Diligence	Industry, Perseverance	Idleness
Disgrace	Dishonour, Discredit	Honour, Credit
Dwindle	Decrease, Shrink	Grow, Increase
Earthly	Terrestrial, Mundane	Celestial, Heavenly, Unearthly
Eligible	Qualified, Suitable	Ineligible, Unsuitable
Emancipate	Liberate, Free	Enslave
Excited	Impassioned, Stimulated	Composed, Cool, Impassive
Extraordinary	Uncommon, Remarkable, Marvellous	Commonplace, Ordinary
Extravagant	Lavish, Prodigal, Wastrel, Spendthrift	Thrifty, Economical, Frugal
Fabricate	Construct, Make	Destroy
Fabulous	Fictitious, Mythical	Actual, Real
False	Untrue, Mendacious	True, Genuine
Famous	Well-known, Renowned	Obscure, Unknown
Fantastic	Fanciful, Imaginative, Visionary	Practical, Down to earth
Fearful	Nervous, Anxious, Afraid, Scared	Fearless, Dauntless
Felicity	Happiness	Sorrow
Gaiety	Joyousness, Hilarity	Mourning, Dullness
Garrulous	Talkative, Loquacious	Taciturn, Silent, Reserved
Generous	Liberal, Magnanimous	Stingy, Miserly
Gigantic	Huge, Colossal	Minute, Small
Graphic	Vivid, Pictorial, Meaningful	Vague
Guest	Visitor	Host
Guile	Fraud, Trickery	Artlessness, Ingenuousness
Gratitude	Gratefulness	Ingratitude, Ungratefulness
Gratuitous	Voluntary, Spontaneous, Unwarranted	Involuntary, Forced
Hamper	Hinder, Obstruct	Facilitate, Ease
Haughty	Arrogant, Proud	Humble, Modest
Hazardous	Dangerous, Perilous	Safe, Secure Protected
Headstrong	Obstinate, Stubborn	Weak-willed, Flexible

Words	Synonyms	Antonyms
Hope	Belief, Conviction, Expectation	Despair, Hopelessness
Improvident	Prodigal, Carelessness	Provident, Economical
Incessant	Unceasing, Continuous	Discontinuous
Indolent	Slothful, Lethargic	Active, Energetic
Joy	Delight, Pleasure	Sadness, Gloom
Jolly	Jovial, Merry	Gloomy, Sad
Judicious	Discreet, Prudent	Indiscreet, Injudicious
Knowledge	Enlightenment, Learning	Ignorance, Stupidity
Laborious	Industrious, Assiduous	Slothful, Lazy
Laxity	Slackness, Looseness	Firmness
Lenient	Mild, Forbearing	Strict, Stern
Lethal	Deadly, Fatal, Mortal	Life-giving, Vital, Vivifying
Liberal	Generous, Tolerant	Intolerant, Illiberal
Liberty	Freedom, Independence	Slavery, Bondage
Lively	Animated, Active	Dull, Listless
Loyal	Faithful, Devoted	Treacherous, Disloyal, Unfaithful
Lucky	Fortunate	Unlucky, Unfortunate
Lucrative	Profitable	Unprofitable
Magnanimous	Generous, Largehearted	Ungenerous, Stingy
Malady	Illness, Ailment	Health
Manifest	Noticeable, Obvious	Obscure, Puzzling
Meagre	Small	Plentiful, Large
Mean	Low, Abject	Noble, Exalted
Mendacious	False, Untruthful	Truthful
Misery	Sorrow, Distress	Happiness, Joy
Morbid	Sick, Diseased	Healthy
Mournful	Sorrowful, Sad	Joyful, Happy
Negligent	Careless, Heedless	Careful
Notorious	Infamous, Disreputable	Reputable
Obedient	Submissive, Compliant, Docile	Disobedient, Recalcitrant, Wayward
Obsolete	Antiquated, Out-of-Date	Current, Modern
Opportune	Timely, Seasonable	Inopportune
Opulence	Wealth, Riches	Penury, Poverty
Onerous	Heavy, Burdensome	Light, Easy
Palatable	Tasty, Delicious	Unpalatable
Pathetic	Touching	Joyous, Cheery
Persuade	Urge, Induce	Dissuade
Praise (*vb*)	Applaud, Eulogise	Condemn

Words	Synonyms	Antonyms
Praise (*n*)	Applause, Eulogy	Condemnation
Precarious	Risky, Uncertain	Safe, Certain
Pretence	Pretext, Excuse	Candour, Frankness
Propagate	Breed, Circulate	Terminate, Restrict
Quaint	Odd, Singular	Usual, Ordinary
Quell	Suppress, Subdue	Agitate, Arouse
Rare	Uncommon, Scarce	Common, Ordinary
Refined	Polished, Elegant	Crude, Coarse
Remote	Distant	Near, Close
Renown	Fame, Reputation	Infamy, Notoriety
Rigid	Stiff, Unyielding	Flexible, Yielding
Remorseful	Regretful, Repentant	Unrepentant
Rebellion	Revolt, Mutiny, Insurgency	Loyalty
Scared	Holy, Consecrated	Profane, Unholy
Sane	Sensible, Sound	Insane
Scold	Chide, Rebuke	Praise
Serious	Grave, Earnest	Frivolous
Shy	Bashful	Bold, Impudent
Simple	Plain, Artless	Complex, Cunning, Shrewd
Solitary	Single, Lonely, Secluded	Numerous, Multitude
Shallow	Superficial	Deep
Solace	Comfort, Relief	Discomfort, Grief
Spurious	Sham, False	Genuine, Authentic
Stagnant	Still, Motionless	Moving
Surplus	Excess	Deficit, Shortage
Tame	Gentle, Mild, Domesticated	Savage, Wild
Teacher	Instructor, Educator	Student, Pupil
Tedious	Wearisome, Monotonous	Agreeable, Lively
Temporal	Worldly, Secular	Spiritual
Temperate	Moderate	Immoderate, Intemperate
Tortuous	Winding, Circuitous	Straight, Direct
Tough	Hard, Strong	Tender, Soft, Flexible
Transient	Temporary, Fleeting	Lasting, Durable, Permanent
Trusworthy	Reliable	Unreliable, Untrustworthy
Tranquil	Calm	Agitated
Ugly	Unsightly, Repulsive	Beautiful, Attractive
Useful	Advantageous, Serviceable	Useless
Vehemence	Passion, Force	Apathy, Indifference

Words	Synonyms	Antonyms
Vindictive	Revengeful	Forgiving
Wholesome	Healthy	Unwholesome, Morbid, Unhealthy, Diseased
Wicked	Evil, Impious	Pious, Good
Wise	Sagacious, Erudite	Foolish, Stupid
Wrath	Anger, Fury, Rage	Love, Peace, Calm
Wreck	Ruin, Destroy	Create, Construct
Yield	Surrender, Submit	Resist, Revolt
Yielding	Submissive, Supple	Inflexible, Intractable
Yoke	Oppression, Bondage	Freedom
Zeal	Passion, Fervour	Apathy, Indifference
Zest	Relish, Enthusiasm	Distaste, Disrelish

Multiple Choice Questions

Directions (Qs. 1 to 50): *In the following questions choose the word which best expresses the MEANING of the given word.*

1. TEPID
A. Hot B. Warm
C. Cold D. Boiling

2. MAYHEM
A. Jubilation B. Havoc
C. Excitement D. Defeat

3. TIMID
A. Fast B. Slow
C. Medium D. Shy

4. CANTANKEROUS
A. Quarrelsome B. Rash
C. Disrespectful D. Noisy

5. PRECARIOUS
A. Cautious B. Critical
C. Perilous D. Brittle

6. TACITURNITY
A. Dumbness B. Changeableness
C. Hesitation D. Reserve

7. INEBRIATE
A. Dreamy B. Stupefied
C. Unsteady D. Drunken

8. HARBINGER
A. Massenger B. Steward
C. Forerunner D. Pilot

9. INTIMIDATE
A. To hint B. Frighten
C. Bluff D. Harass

10. IRONIC
A. Inflexible
B. Bitter
C. Good-natured
D. Disguisedly sarcastic

11. STRINGENT
A. Tense B. Stringy
C. Strict D. Causing to shrink

12. ECSTATIC
A. Animated B. Bewildered
C. Enraptured D. Wilful

13. COMMENSURATE
A. Measurable B. Proportionate
C. Beginning D. Appropriate

14. DESTITUTION
A. Humility B. Moderation
C. Poverty D. Beggary

15. ASCEND
A. Leap B. Grow
C. Deviate D. Mount

16. UNCOUTH
A. Ungraceful B. Rough
C. Slovenly D. Dirty

17. LYNCH
A. Hang B. Madden
C. Killed D. Shoot

18. LAUD
A. Lord B. Eulogy
C. Praise D. Extolled

19. CORRESPONDENCE
A. Agreements B. Contracts
C. Documents D. Letters

20. VENUE
A. Place B. Agenda
C. Time D. Duration

21. STERILE
A. Barren B. Arid
C. Childless D. Dry

22. SYNOPSIS
A. Index B. Mixture
C. Summary D. Puzzle

23. GERMANE
A. Responsible B. Logical
C. Possible D. Relevant

24. PONDER
A. Think B. Evaluate
C. Anticipate D. Increase

25. CANNY
A. Obstinate B. Handsome
C. Clever D. Stout

26. ABUNDANT
A. Ripe B. Cheap
C. Plenty D. Absent

27. CONSEQUENCES
A. Results B. Conclusions
C. Difficulties D. Applications

28. SHIVER
A. Shake B. Rock
C. Tremble D. Move

29. DILIGENT
A. Progressive B. Brilliant
C. Inventive D. Hard-working

30. DISTANT
A. Far B. Removed
C. Reserved D. Separate

31. FORAY
A. Excursion B. Contest
C. Ranger D. Intuition

32. FRUGALITY
A. Foolishness B. Extremity
C. Enthusiasm D. Economy

33. GARNISH
A. Paint B. Garner
C. Adorn D. Abuse

34. VIGOUR
A. Strength B. Boldness
C. Warmth D. Enthusiasm

35. CANDID
A. Apparent B. Explicit
C. Frank D. Bright

36. BRIEF
A. Limited B. Small
C. Little D. Short

37. GARRULITY
A. Credulity B. Senility
C. Loquaciousness D. Speciousness

38. FURORE
A. Excitement B. Worry
C. Flux D. Anteroom

39. NEUTRAL
A. Unbiased B. Non-aligned
C. Undecided D. Indifferent

40. LAMENT
A. Complain B. Comment
C. Condone D. Console

41. ADVERSITY
A. Failure B. Helplessness
C. Misfortune D. Crisis

42. TURN UP
A. Land up B. Show up
C. Crop up D. Come up

43. DEIFY
A. Flatter B. Challenge
C. Worship D. Face

44. ERROR
A. Misadventure B. Misgiving
C. Ambiguity D. Blunder

45. SHALLOW
A. Artificial B. Superficial
C. Foolish D. Worthless

46. MASSACRE
A. Murder B. Stab
C. Assassinate D. Slaughter

47. COMBAT
A. Conflict B. Quarrel
C. Feud D. Fight

48. VORACIOUS
A. Wild B. Hungry
C. Angry D. Quick

49. IMPROMPTU
A. Offhand B. Unimportant
C. Unreal D. Effective

50. RABBLE
A. Mob B. Noise
C. Roar D. Rubbish

Directions (Qs. 51 to 100): *In the following questions choose the word which is the exact OPPOSITE of the given words.*

51. STRINGENT
A. General B. Vehement
C. Lenient D. Magnanimous

52. FLIMSY
A. Frail B. Filthy
C. Firm D. Flippant

53. BUSY
A. Occupied B. Engrossed
C. Relaxed D. Engaged

54. ADAPTABLE
A. Adoptable B. Flexible
C. Yielding D. Rigid

55. LOVE
A. Villainy B. Hatred
C. Compulsion D. Force

56. BALANCE
A. Disbalance B. Misbalance
C. Debalance D. Imbalance

57. RELINQUISH
A. Abdicate B. Renounce
C. Possess D. Deny

58. MOUNTAIN
A. Plain B. Plateau
C. Precipice D. Valley

59. FICKLE
A. Courageous B. Sincere
C. Steadfast D. Humble

60. PERENNIAL
A. Frequent B. Regular
C. Lasting D. Rare

61. RARELY
A. Hardly B. Definitely
C. Frequently D. Periodically

62. STARTLED
A. Amused B. Relaxed
C. Endless D. Astonished

63. ADHERENT
A. Detractor B. Enemy
C. Alien D. Rival

64. QUIESCENT
A. Indifferent B. Troublesome
C. Weak D. Unconcerned

65. CONDENSE
A. Expand B. Distribute
C. Interpret D. Lengthen

66. BENIGN
A. Malevolent B. Soft
C. Friendly D. Unwise

67. OBSCURE
A. Implicit B. Obnoxious
C. Explicit D. Pedantic

68. HYPOCRITICAL
A. Gentle B. Sincere
C. Amiable D. Dependable

69. EVASIVE
A. Free B. Honest
C. Liberal D. Frank

70. INDUSTRIOUS
A. Indifferent B. Indolent
C. Casual D. Passive

71. EXTRICATE
A. Manifest B. Palpable
C. Release D. Entangle

72. LUCID
A. Glory B. Noisy
C. Obscure D. Distinct

73. INSIPID
A. Tasty B. Stupid
C. Discreet D. Feast

74. OBEYING
A. Ordering B. Following
C. Refusing D. Contradicting

75. VICTORIOUS
A. Defeated B. Annexed
C. Destroyed D. Vanquished

76. COMMISSIONED
A. Started B. Closed
C. Finished D. Terminated

77. VANITY
A. Pride B. Humility
C. Conceit D. Ostentious

78. ZENITH
A. Acme B. Top
C. Nadir D. Pinnacle

79. TANGIBLE
A. Ethereal B. Concrete
C. Actual D. Solid

80. REPRESS
A. Inhibit B. Liberate
C. Curb D. Quell

81. EPILOGUE
A. Dialogue B. Prelude
C. Post script D. Epigram

82. FRAUDULENT
A. Candid B. Direct
C. Forthright D. Genuine

83. LOQUACIOUS
A. Reticent B. Talkative
C. Garrulous D. Verbose

84. NIGGARDLY
A. Frugal B. Thrifty
C. Stingy D. Generous

85. PERTINENT
A. Irrational B. Irregular
C. Insistent D. Irrelevant

86. FAINT-HEARTED
A. Warm-hearted B. Full-blooded
C. Hot-blooded D. Stout-hearted

87. VIOLENT
A. Humble B. Harmless
C. Gentle D. Tame

88. STATIONARY
A. Active B. Mobile
C. Rapid D. Busy

89. HONORARY
A. Dishonourable B. Reputed
C. Paid D. Official

90. COMMON
A. Rare B. Small
C. Petty D. Poor

91. REPEL
A. Attend B. Concentrate
C. Continue D. Attract

92. ARTIFICIAL
A. Red B. Natural
C. Truthful D. Solid

93. CAPACIOUS
A. Limited B. Caring
C. Foolish D. Changeable

94. PROVOCATION
A. Vocation B. Pacification
C. Peace D. Destruction

95. METICULOUS
A. Mutual B. Shaggy
C. Meretricious D. Slovenly

96. ABLE
A. Disable B. Inable
C. Unable D. Enable

97. COMFORT
A. Uncomfort B. Miscomfort
C. Discomfort D. None of these

98. GAIN
A. Loose B. Fall
C. Lost D. Lose

99. SYNTHETIC
A. Affable B. Natural
C. Plastic D. Cosmetic

100. ACQUITTED
A. Freed B. Burdened
C. Convicted D. Entrusted

ANSWERS

1	2	3	4	5	6	7	8	9	10
B	B	D	A	B	D	D	C	B	D
11	**12**	**13**	**14**	**15**	**16**	**17**	**18**	**19**	**20**
C	C	B	C	D	A	C	C	D	A
21	**22**	**23**	**24**	**25**	**26**	**27**	**28**	**29**	**30**
A	C	D	A	C	C	A	C	D	A
31	**32**	**33**	**34**	**35**	**36**	**37**	**38**	**39**	**40**
A	D	C	A	C	D	C	A	A	A
41	**42**	**43**	**44**	**45**	**46**	**47**	**48**	**49**	**50**
C	B	C	D	B	D	D	B	A	A
51	**52**	**53**	**54**	**55**	**56**	**57**	**58**	**59**	**60**
C	C	C	D	B	D	C	D	C	D
61	**62**	**63**	**64**	**65**	**66**	**67**	**68**	**69**	**70**
D	B	B	A	C	A	C	B	B	B
71	**72**	**73**	**74**	**75**	**76**	**77**	**78**	**79**	**80**
D	C	A	A	A	D	B	C	A	B
81	**82**	**83**	**84**	**85**	**86**	**87**	**88**	**89**	**90**
B	D	B	D	D	D	C	B	C	A
91	**92**	**93**	**94**	**95**	**96**	**97**	**98**	**99**	**100**
D	B	A	B	D	C	C	D	B	C

❑❑❑

6 One Word Substitutions

There are many words in English language which can be perfectly used for a number of words. These words help in expressing ideas in a short and correct manner for the right occasion. Such words not only enhance the vocabulary but also enable you to economise in the use of words to a great extent. Try to learn as many as you can.

Denoting Numbers

- A collection of poems — *anthology*
- A number of merchant ships protected by warships (in war-time) — *convoy*
- A number of stars grouped together — *constellation*
- A number of hired applauders, *i.e.* persons paid to clap — *claque*
- A number of people at church — *congregation*
- A number of people gathered together for some common purpose — *gathering, assembly, society*
- A group of people who get together to work for some cause of common interest — *coterie*
- A number of workmen, prisoners, thieves — *gang*
- A number of sheep — *flock*
- A number of geese — *gaggle*
- A number of leopards — *leap*
- A number of lions, monkeys — *pride, troop*
- A number of herrings, mackerel — *shoal*
- A number of fish taken in a net — *catch, haul*
- A number of whales, porpoises — *school, gam*
- A number of oxen or horses (two or more) harnessed together — *team*
- A number of ships, cars, buses — *fleet*

Denoting Places

- A place where bees are kept — *apiary*
- A place where birds are kept — *aviary*
- A place where fishes are kept — *aquarium*
- A dwelling-place of an animal underground — *burrow*
- A squirrel's home — *drey*
- A nest of a bird of prey — *eyrie, aerie*

- A place where spirituous liquors are produced — *distillery*
- A place where clothes are washed and ironed — *laundry*
- A place where Government records are kept — *archives*
- A place where treasures of art, curiosities, etc. are preserved or exhibited — *museum*
- A place where fruit trees are grown — *orchard*

Pertaining to the Literary Sphere

- A work whose writer is unknown — *anonymous*
- A record of one's life written by oneself — *autobiography*
- The history of the life of a person — *biography*
- The heading or short description of a newspaper article, chapter of a book etc. — *caption*
- A humorous play, having a happy ending — *comedy*
- A list of books in a library — *catalogue, bibliography*
- A book in which the events of each day are recorded — *diary*
- A books containing the words of a language with their definitions, in alphabetical order — *dictionary*
- A book of names and addresses — *directory*
- A short speech by a player at the end of a play — *epilogue*
- A brief summary of a book — *epitome*
- A book containing information on all branches of knowledge — *encyclopedia*
- To remove the offensive portions of a book — *expurgate*
- A speech delivered without earlier preparation — *extempore*
- A noisy or vehement speech intended to excite passions — *harangue*
- A written account, usually in book form of the interesting and memorable experiences of one's life — *memoirs*
- A note to help the memory — *memorandum*
- A declaration of plans and promises put forward by a candidate for election, political party or a sovereign — *manifesto*
- A short speech by a player at the beginning of a play — *prologue*
- Literary theft, or passing off an author's original work as one's own — *plagiarism*
- Speaking aloud to oneself — *soliloquy*
- A play with a sad or tragic end — *tragedy*

Pertaining to Religion

- One who believes that man can have no knowledge of God but only of natural phenomena — *agnostic*
- One who renounces his religious vows or forsakes his religious principles — *apostate*
- One who does not believe in existence of God — *atheist*
- One intolerantly devoted to a particular creed — *bigot*
- To utter profane language against God or anything holy — *blaspheme*
- A breaker of church images — *iconoclast*
- Worship of images or idols — *idiolatory*

- One who believes in God — *theist*
- One who believes in only one God — *monotheist*
- One who believes in many Gods — *polytheist*

Pertaining to Government

- To give up a throne or other office of dignity — *abdicate*
- Absence of government — *anarchy*
- Government by Sovereign of uncontrolled authority — *autocracy, despotism*
- Government by departments of states — *bureaucracy*
- Government of the people, for the people and by the people — *democracy*
- Government by the nobility — *aristocracy*
- The right of self-government — *autonomy*
- Government by a few — *oligarchy*
- Government by the wealthy — *plutocracy*
- Government by divine guidance — *theocracy*
- To decide a political question by the direct vote of the whole electorate — *referendum*
- Sweeping governmental change — *revolution*
- The science of government — *politics*

Pertaining to Professions

- One who attends to the diseases of the eye — *oculist*
- One who tests eyesight and sells spectacles — *optician*
- One who attends to the teeth — *dentist*
- One skilled in the care of hands and feet — *chiropodist*
- A physician who assists women at child-birth — *obstetrician*
- One who drives a motorcar — *chauffeur*
- One who makes or sells candles — *chandler*
- One who preserves the skins of animals and mounts them so as to resemble the living animals — *taxidermist*
- One who compiles a dictionary — *lexicographer*
- One who writes books — *author*
- One skilled in the treatment of diseases of animals — *veterinarian*
- A tradesman who manages funerals — *undertaker*
- One who draws up contracts and lends money on interest — *scrivener*
- One who lends money and keeps goods as security — *pawnbroker*
- A teacher who travels from place to place to give instruction. — *peripatetic*
- One who travels from place to place selling miscellaneous articles — *hawker, pedlar*
- One who collects postage stamps — *philatelist*
- One who lends money at exorbitant interest — *usurer*
- One who takes care of a building — *janitor*
- One who sells sweets and pastries — *confectioner*
- One who works in a coalmine — *collier*
- One who flies an aeroplane — *"*

- One who studies rocks and soils — *geologist*
- One who shoes horses — *farrier*
- A professional rider in horses races — *jockey*
- One who deals in silks, cotton, woollen, and linen goods — *mercer*
- One who deals in wines — *vintner*
- One who deals in fish — *fishmonger*
- One who deals in iron and hardware — *ironmonger*
- One who sells fruits, vegetables, etc. from a barrow — *costermonger*
- One who sets type in a printing office — *compositor*

Pertaining to Medicine

- A substance which destroys or weakens germs — *antiseptic*
- Any medicine which produces insensibility — *anaesthetic*
- A medicine to counteract poison — *antidote*
- Want or poorness of blood — *anaemia*
- A medicine which alleviates pain — *anodyne*
- To cut off a person's body a part which is infected — *amputate*
- One who is recovering from illness — *convalescent*
- To be able to tell the nature of disease by its symptoms — *diagnose*
- A disease affecting many persons at the same place and time — *epidemic*
- A disease confined to a particular district or place — *endemic*
- To disinfect by smoke — *fumigate*
- Free or exempt from infection — *immune*
- A person who is sick — *invalid*
- A cure for all diseases — *panacea*
- A disease widely epidemic — *pandemic*
- Confinement to one place to avoid spread of infection — *quarantine*

Pertaining to Characteristics and Actions

- One who devotes his life to the welfare and interests of other people — *altruist*
- One who can use both hands with equal ease — *ambidexterous*
- One who fishes with a rod — *angler*
- One who kills secretly or by surprise — *assassin*
- A person who collects things belonging to ancient times — *antiquary*
- One who is always finding faults — *censorious*
- One living at the same time as another — *contemporary*
- One who sneers at the aims and beliefs of his fellowmen — *cynic*
- One who delights in speaking about oneself — *egotist*
- One who exalts his own opinion — *egoist*
- One who dies for a noble cause — *martyr*
- One who retires from society to live a solitary life — *recluse, hermit*
- One who maliciously sets fire to buildings — *incendiary*

- One who is banished from his home or his country *exile*
- One who takes refuge in a foreign country *refugee, alien*
- One who runs away from justice or the law *fugitive*
- One who walks in his sleep *somnambulist*
- One who looks on the bright side of things *optimist*
- One who looks on the dark side of things *pessimist*
- A hater of mankind *misanthropist*
- One who knows everything *omniscient*
- One who is all powerful *omnipotent*
- One who is present everywhere *omnipresent*
- One who devotes his service or wealth for the love of mankind *philanthropist*
- One new to anything *novice, tyro, neophyte*
- One who engages in any pursuit for the love of it, and not for gain *amateur*
- One who journeys to a holy place *pilgrim*
- A leader of the people who can sway his followers by his oratory *demagogue*
- One who has special skill in judging art, music, tastes, etc. *connoisseur*
- One whose reasoning is clever yet false *sophist*
- One who makes a display of his learning *pedant*
- One who is indifferent to pain or pleasure *stoic*
- One who loves his country and serves it devotedly *patriot*
- One devoted to the pleasures of eating and drinking *epicure*
- One who poses to be what he is not *hypocrite, impostor*
- One who foretells events *prophet*
- One who pretends to know a great deal about everything *mountebank, charlatan, quack*
- One versed in many languages *linguist*
- One who cannot pay one's debts *insolvent*
- One who takes over after another in office or employment *successor*
- One who has been before another in office or employment *predecessor*
- One who is opposed to intellectual progress *obscurant*
- One who abstains from alcoholic drinks *teetotaller*
- One who hides away on a ship to obtain a free passage *stowaway*
- One who spends very little *miser*
- One who spends too much *spendthrift*

Pertaining to War

- An unprovoked attack by an enemy *aggression*
- Shells, bombs, military stores *ammunition*
- A place where naval or military weapons are made or stored *ordnance*
- An agreement between belligerents to stop fighting *armistice*
- A general pardon of offenders *amnesty*
- To reduce to nothing *annihilate*
- Nations carrying on warfare *belligerents*

- To surround a place with the intention of capturing *besiege*
- To camp in the open air without tents or covering *bivouac*
- To seize for military use *commandeer*
- A person who is forced by law to become a soldier *conscript*
- An order prohibiting ships to leave the ports *embargo*
- A number of firearms being discharged continuously *fusillade*
- To make an examination or preliminary survey of enemy territory for military objectives *reconnoitre*

Pertaining to Marriage and Children

- One who marries a second wife or husband while the legal spouse is alive *bigamist*
- One vowed to a single or unmarried life *celibate*
- One engaged to be married *fiancé, fiancee*
- A child whose parents are dead *orphan*
- A hater of marriage *misogamist*
- One who has more than two wives at a time *polygamist*

Pertaining to Death

- Dead and decaying flesh (esp. of animals) *carrion*
- A monument set up for persons who are buried elsewhere *cenotaph*
- To preserve a dead body from putrefaction *embalm*
- Words inscribed on a tomb *epitaph*
- An examination of dead body *postmortem, autopsy*
- An account in the newspaper of the funeral of one deceased *obituary*
- The property left to someone by a will *legacy*
- Occurring after death *posthumous*
- The act of killing a human being *homicide*
- Murder of a new born child *infanticide*
- Murder of a brother *fratricide*
- Murder of a sister *sororicide*
- Murder of a mother *matricide*
- Murder of a father *patricide*
- Murder of a parent *parricide*
- Murder of a king *regicide*

Pertaining to Sciences and Arts

- The study of all heavenly bodies and the earth in relation to them *astronomy*
- The science of land management *agronomics*
- The study of mankind *anthropology*
- The study of physical life or living matter *biology*
- The study of plants *botany*
- The art of beautiful handwriting *calligraphy*

- The science which deals with the varieties of human race *ethnology*
- The study of the origin and history of words *etymology*
- The study of coins *numismatics*
- The study of human face *physiognomy*
- The art of making fireworks *pyrotechnics*
- The study of birds *ornithology*
- The study of languages *philology*
- At home equally on land or in water *amphibious*
- The inside of a nut *kernel*
- The central or innermost part of fruit *core*
- The animals of a certain region *fauna*
- The plants and vegetation of a certain region *flora*
- Absence of rain for a long time *drought*
- To supply land with water by artificial means *irrigate*
- One who studies plant and animal life *naturalist*
- A cud-chewing animal, *e.g.* the cow *ruminant*
- A gnawing animal, *e.g.* the rat *rodent*
- A four-footed animal *quadruped*
- Animals which carry their young in a pouch, *e.g.* kangaroo *marsupials*
- Soil composed largely of decayed vegetable matter *humus*
- A preparation for killing insects *insecticide*
- A plant or animal growing on another *parasite*
- Living for many years *perennial*

Miscellaneous

- Loud enough to be heard *audible*
- Not distinct enough to be heard *inaudible*
- Fit for food *edible*
- Unfit for human consumption *inedible*
- Fit to be chosen or selected *eligible*
- Not having the qualities for being chosen *ineligible*
- Writing that is easy to read *legible*
- Writing that is difficult to decipher *illegible*
- Able to read *literate*
- Unable to read *illiterate*
- Born of married parents *legitimate*
- Born of unmarried parents *illegitimate*
- To send back a person to his own country *repatriate*
- To banish from one's country *expatriate*
- To move from one country to another *migrate*
- One who leaves his country to settle in another *emigrant*
- One who comes into a foreign country to settle there *immigrant*

- ❑ Incapable of being redeemed from evil, *i.e.* beyond correction *incorrigible*
- ❑ That which cannot be rubbed out or blotted out *ineffaceable, indelible*
- ❑ That which cannot be conquered *invincible*
- ❑ Incapable of making errors *infallible*
- ❑ That which cannot be avoided or prevented *inevitable*
- ❑ Incapable of being burnt *incombustible*
- ❑ That which easily catches fire *inflammable, flammable*
- ❑ That which cannot be seen *invisible*
- ❑ Living for ever *immortal*
- ❑ Increase the gravity of an offence *aggravate*
- ❑ Ordinary or commonplace remark *platitude*
- ❑ That which cannot be satisfied *insatiable*
- ❑ That which cannot be repaired *irreparable*
- ❑ That which cannot be imitated *inimitable*
- ❑ Persons (or efforts) that cannot be wearied *indefatigable*
- ❑ One who eats too much *glutton*
- ❑ To destroy completely *annihilate*
- ❑ A statement open to more than one interpretation *ambiguous*
- ❑ A round about way of speaking *circumlocution*
- ❑ Cautious observation of events, etc. *circumspection*
- ❑ That which cannot be hurt *invulnerable*

Multiple Choice Questions

Directions: *Below are given some statements each of which is capable of being expressed by one word only. Each statement is followed by four such words of which only one is correct. Out of the given alternatives A, B, C and D choose the correct word which very closely fits each definition.*

1. A set of papers giving information about a person or event:

A. editorial B. agenda
C. dossier D. clippings

2. List and explanations of technical, difficult, etc. terms:

A. preface B. glossary
C. bibliography D. appendix

3. One who pays too much care to his clothes and personal appearance:

A. conscious B. dandy
C. cynosure D. leer

4. A child born after death of father:

A. effeminate B. immature
C. fatherless D. posthumous

5. A person who is hard to please:

A. insensible B. hypocrite
C. egoist D. fastidious

6. Complete failure in something attempted:

A. fiasco B. vain
C. falsies D. flop

7. A word which can be interpreted in any way:

A. confusing B. misnomer
C. ambiguous D. precise

8. A group of persons united by common interests:

A. society B. class
C. clique D. coterie

9. A person who is inexperienced and easily deceived:
A. fool B. immature
C. blackhorn D. greenhorn

10. Instruction by question and answer:
A. interrogatory B. catechism
C. bulletin D. alibi

11. Record of events by someone with first hand knowledge:
A. novice B. report
C. memoir D. itinerary

12. A mode of talk familiar to a particular group or profession:
A. jargon B. colloquial
C. slang D. abuses

13. Person who is crazy:
A. lackadaisical B. tarter
C. scrupulous D. loony

14. A person who readily believes others:
A. hasty B. immature
C. credulous D. credible

15. One who eats human flesh:
A. beast B. cannibal
C. maneater D. carnivorous

16. Intentional destruction of racial groups:
A. genocide B. homicide
C. fratricide D. communal riot

17. One with weakness of mind caused by old age:
A. dastard B. dotard
C. fop D. philanderer

18. Study of insects:
A. zoology B. philology
C. entomology D. etymology

19. A critical judge of any art particularly fine arts:
A. connoisseur B. veteran
C. philistine D. dilettante

20. One who introduces items of an entertainment:
A. consort B. compere
C. director D. introducer

21. A combination of business firms:
A. enterprise B. franchise
C. cartel D. autonomous

22. Freeing of suppressed emotions:
A. catastrophe B. catharsis
C. epilogue D. chagrin

23. One who believes in the power of fate:
A. optimist B. pessimist
C. fearful D. fatalist

24. The murder of brother:
A. genocide B. homicide
C. salvage D. fratricide

25. Additional to proper payment:
A. premium B. overtime
C. ex-gratia D. fringe

26. A person or thing used to tempt somebody into a position of danger:
A. decoy B. provocateur
C. jinx D. scapegoat

27. Custom of having more than one husband at the same time:
A. polygamy B. polyandry
C. bigamy D. sexagenary

28. A person of refined taste in food and drink:
A. emeritus B. epicure
C. glutton D. gourmand

29. A tombstone inscription:
A. epithet B. encomium
C. epistle D. epitaph

30. An office which has no work but high salary:
A. fortuitous B. gratuitous
C. sinecure D. ceremonial

31. One who is indifferent to pains and pleasure of life:
A. stoic B. metaphysical
C. pessimist D. sceptic

32. List of names of persons showing duties to be performed by each in turn:
A. notice B. bulletin
C. roster D. agenda

33. Long angry speech of criticism or accusation:
A. track record B. tirade
C. taut D. outburst

34. One who is in favour of never drinking alcoholic drinks:
A. idealist B. uxorious
C. teetotaller D. unalcoholic

35. Trying to win favour by flattery and charm:
A. smarmy B. shrewish
C. toady D. loquacious

36. A decision on which one cannot go back:
A. incorrigible B. irrevocable
C. rigid D. invulnerable

37. The science that studies the varieties of human race:
A. phrenology B. physiology
C. sociology D. ethnology

38. A person who hates women:
A. philogynist B. philatelist
C. misogamist D. misogynist

39. A group of people in a particular grade in an organisation:
A. colleague B. staff
C. echelon D. commission

40. Honourably discharged from service:
A. emeritus B. latitudinarian
C. infallible D. meritorious

41. One who does not believe in the existence of God:
A. atheist B. altruist
C. agnostic D. flippant

42. The large money paid for an early retirement:
A. goldmine B. golden handshake
C. gratuity D. lion's share

43. A hater of learning and knowledge:
A. misologist B. misogynist
C. philologist D. philanthropist

44. One who lives and acts for the welfare of others:
A. misanthrope B. credulous
C. altruist D. gregarious

45. Mental weariness for want of occupation:
A. desperate B. depression
C. fatigue D. ennui

46. That which makes it difficult to recognise the presence in real of somebody or something:
A. cover B. mask
C. make-up D. camouflage

47. To bear a hand in one's new business:
A. partnership B. interfere
C. assist D. join

48. One who renounces the world and practices self-discipline in order to attain salvation:
A. devotee B. ascetic
C. theist D. parsimonious

49. A place where gambling is practiced:
A. hotel B. motel
C. casino D. stadium

50. A sad song is a:
A. dirge B. elegy
C. ditty D. knell

ANSWERS

1	2	3	4	5	6	7	8	9	10
C	B	B	D	D	A	C	C	D	B
11	12	13	14	15	16	17	18	19	20
C	A	D	C	B	A	B	C	A	B
21	22	23	24	25	26	27	28	29	30
C	B	D	D	D	A	B	B	D	C
31	32	33	34	35	36	37	38	39	40
A	C	B	C	A	B	D	D	C	A
41	42	43	44	45	46	47	48	49	50
A	B	A	C	D	D	C	B	C	A

Idioms and Phrases

- An idiom is a group of words established by usage as having a meaning different from the individual words.
- A phrase is a small group of words standing together as an idiomatic expression.

Learn and practise as may as you can.

Idioms and Idiomatic Phrases

✦ **ABC** (basic principles)
She does not know the ABC of photography.

✦ **At one's beck and call** (ready to obey)
He had a dozen men at his beck and call.

✦ **At sixes and sevens** (in disorder)
The drawing room articles were lying at sixes and sevens on the floor.

✦ **A wet blanket** (a discouraging person)
Don't allow Rakesh to accompany you to the hunting trip because he is a wet blanket.

✦ **A big gun** (an important person)
Mr Smith is a big gun in our city.

✦ **At a stone's throw** (at a short distance from)
My school is at a stone's throw from my house.

✦ **A man of word** (a person who keeps his promise)
Mr Sharma is a man of word.

✦ **A man of a few words** (a remarkable person)
Gandhiji was a man of a few words.

✦ **At arm's length** (to keep away)
We should always keep bad boys at arm's length

✦ **A bolt from the blue** (a sudden and unexpected event)
The news of my friend's death came to me like a bolt from the blue.

✦ **A man of letters** (a scholar)
Radha Krishnan was a man of letters.

✦ **A hard nut to crack.** (a puzzling problem)
To get a win over American basket ball team is a hard nut to crack for India.

✦ **A yeoman's service** (service which is beneficial to the human beings)
He did yeoman's service through his life.

✦ **A snake in the grass** (a hidden foe)
Beware of him because he seems to be a snake in the grass.

✦ **Acid test** (hard test)
The election will be an acid test for the ruling party.

✦ **A wolf in sheep's clothing** (a hypocrite)
You should not keep company with him because he is a wolf in sheep's clothing.

✦ **At the eleventh hour** (at the last moment)
The war was about to start but fortunately at the eleventh hour a messenger came to the PM with a message of peace.

✦ **A great card** (an important person)
Mr Sood is a great card in the ministry of finance.

✦ **A fool of the first water** (one completely foolish)
Being a fool of the first water he could not solve even the simplest sum.

✦ **A bone of contention** (to be the cause of quarrel)
Kashmir is the bone of contention between India and Pakistan.

✦ **A green hand** (not very much experienced)
We shall pay a little to a green hand.

✦ **All in all** (completely)
Rajesh is all in all in this office.

✦ **A bed of roses** (a comfort)
Life is not a bed of roses.

- **An apple of discord** (to be the cause of)
  Kashmir is an apple of discord between India and Pakistan.
- **A white elephant** (of no use)
  This sort of glib talker always proves a white elephant in the end.
- **A red letter day** (An important day)
  15th August is a red letter day for the Indians.
- **By hook or by crook** (by any means fair or foul)
- **Black sheep** (a traitor)
  Later on Mr XYZ proved a black sheep.
- **By dint of** (by means of)
  By dint of hard work, she earned a lot of money.
- **Break ones back** (to work hard to get something)
  He broke his back to earn his livelihood.
- **Break the back of** (accomplish the hardest part of a certain job)
  There is nothing to be worried about as we've already broken the back of the problem.
- **Beat about the bush** (to go on talking on some worthless topic)
  Stop this beating about the bush, come to the main task.
- **Beyond one's means** (beyond one's budget)
  He is living beyond his means, therefore, he is sure to get ruined.
- **Cut loose** (Keep away)
  India should cut loose from bad politics.
- **Chips of the same block** (having the same taste)
  They are the chips of the same block.
- **Cut-throat competition** (a stiff competition)
  There is a cut-throat competition among the publishers in the market.
- **Come what may** (no matter what happens)
  I'll do it come what may.
- **Drop someone a line** (send a letter, etc.)
  Please drop me a line of your well-being.
- **Dull the edge of** (reduce the intensity of)
  Take this pill and it will dull the edge of pain.
- **From hand to mouth** (without any saving)
  The poor factory worker is living from hand to mouth.
- **Fair and square** (clean)
  One must be fair and square in one's dealing.
- **Hard of hearing** (somewhat deaf)
  She is a bit hard of hearing.
- **In the good books of** (be good in one's mind)
  Jack is in the good books of his teachers.
- **In black and white** (in written)
  Don't give him anything in black and white.
- **In cold blood** (mercilessly)
  The old woman was murdered in cold blood.
- **In a crack** (all of a sudden or rapidly)
  The thief left the place in a crack.
- **In full swing** (in full force)
  The studies of the students are going on in full swing.
- **In the twinkling of an eye** (quickly)
  The monkey ate up grams in the twinkling of an eye.
- **Keep the ball rolling** (to maintain the progress of some activity)
  After the death of his father he had to take the charge of his office to keep the ball rolling.
- **Neck and neck** (even)
  There is a neck and neck fight between the two boxers.
- **Once in a blue moon** (seldom)
  She visits her brother once in a blue moon.
- **Slow and steady** (slowly but continually)
  Slow and steady wins the race.
- **To cut a sorry figure** (present oneself in a bad way)
  She cut a sorry figure on the stage.
- **To give a red carpet reception** (to give a warm welcome)
  The PM was given a red carpet reception in America.
- **To dance one's tune** (to follow someone submissively)
  He always dances to his brother's tune.
- **To turn a deaf ear to** (to disregard)
  She turned a deaf ear to her parents' advice.

✦ **To call a spade a spade** (to speak the truth)
Gandhiji always called a spade a spade.

✦ **To bring to book** (to scold)
The naughty boy was brought to book by the teacher.

✦ **To cut short** (to reduce)
Smoking will cut short your life.
He wants to get money by hook or by crook.

✦ **To grease the palm of** (to bribe)
Rohit greased the palm of the clerk and got the file moved.

✦ **Through thick and thin.** (under all circumstances)
We'll stand by you through thick and thin.

✦ **To die by inches** (to die a painful death)
The old man died by inches.

✦ **To eat one's words** (to retract one's statement)
You'll have to eat your words because you have spoken without thinking.

✦ **To burn the midnight oil** (to work hard)
You'll have to burn the midnight oil if you want to get good marks.

✦ **To poke one's nose into** (to meddle with)
It is bad to poke your nose into others' affair.

✦ **To fall flat** (to have no effect)
His father's advice fell flat on him.

✦ **To make a clean breast of** (to confess)
He made a clean breast of his involvement in the bomb blast.

✦ **To get the better of** (overcome)
Anger got the better of him.

✦ **To break somebody's back** (to give too much work to him to do)
She broke his back by giving him so much hard work to do.

✦ **Throw cold water on** (to discourage)
She tried to throw cold water on his plan but he was well-determined.

✦ **The long and short of** (in brief)
The long and short of his lecture is that we should live like brothers.

✦ **To burn one's fingers** (to get oneself in trouble)
You have burnt your fingers by speaking against him.

✦ **To turn over a new leaf** (to change the course of life)
He has turned over a new leaf in his life.

✦ **To have one's own axe to grind** (to have vested interest)
He has his own axe to grind in this matter.

✦ **To take to one's heels** (to run away)
The thief took to his heels as soon as he saw the policeman.

✦ **To move heaven and earth** (to make too much effort)
The young man moved heaven and earth to find a job.

✦ **To be caught red handed** (to be caught at the time of committing a crime)
The clerk was caught red handed when he was accepting bribe from Mr ABC.

✦ **To receive with open arms** (to give a warm welcome)
The new president of the club was received with open arms by the members.

✦ **To be born with a silver spoon in one's mouth** (to be born in a rich family)
Mr. J. L. Nehru was born with a silver spoon in his mouth.

✦ **To come to light** (to be known)
A new disease has recently come to light.

✦ **To be the apple of one's eye** (be very dear)
He is the apple of his parent's eye.

✦ **To make fun of** (laugh at)
The children made fun of the waiter in the hotel.

✦ **To let the cat out of the bag** (to divulge secret)
It was Sohan who let the cat out of the bag by telling the real matter.

✦ **To open a new chapter** (to start some habit, etc.
By drinking, you've opened a new chapter in your life.

✦ **To make the flesh creep** (to terrify)
The story made my flesh creep.

✦ **To lose ground** (to retreat)
After fighting for some time the Pakistani army began to lose ground.

✦ **To bring to book** (to punish)
The student was brought to book by the teacher.

✦ **To show a clean pair of heels** (to run away)
The thief showed a clean pair of heels as soon as he saw the policeman approaching.

✦ **To gain ground** (to be established)
He gained ground in India in a few years.

✦ **To get wind of** (to get information)
I got wind of his secret plans.

✦ **Under a cloud** (be in trouble or in a state of disgrace or suspicion)
His company seemed to be under a cloud as it had no funds to pay the wages to the workers.

Verbal Phrases

✦ **Act upon** (to follow)
I acted upon my father's advice.

✦ **Act upto** (to perform within limits)
He acted upto his conscience.

✦ **Act beyond** (to perform crossing limits)
We should not act beyond our capacity.

✦ **Act for** (to perform in place of someone else)
The vice principal acted for the principal.

✦ **Back up** (to make a queue)
The vehicles began to back up.

✦ **Back down** (withdraw claim in the presence of opposition)
The leader backed down from his previous statement.

✦ **Back off** (draw back some plan or action)
They backed off from building a flyover.

✦ **Back out** (withdraw from a promise, etc.)
The government backed out of its promise.

✦ **Break down** (stop working) My car broke down on the highway.

✦ **Break into** (enter in certain premises by breaking the door, etc.)
Last night a thief broke into my neighbour's.

✦ **Break off** (stop all of a sudden)
She broke off and began to think over about her/his hand.

✦ **Break out** (spread)
Cholera has broken out in the town.

✦ **Break out of** (escape from)
A prisoner broke out of the prison last night.

✦ **Break up** (disperse)
The cloud of fog began to break up as the sun rose.

✦ **Break something up** (Cause something to break into small pieces)
She broke up the chocolate to distribute it among the girls.

✦ **Break with** (Cut off connection after quarrelling with someone)
He has broken with his brother.

✦ **Call on** (pay a visit to somebody)
I'll call on Mohan's today.

✦ **Call out** (to start)
The workers have called out a strike.

✦ **Call off** (to stop the strike etc.)
The workers have called off the strike.

✦ **Call at** (to visit someone's house)
I called at his house yesterday.

✦ **Call in** (send for)
Please call in the doctor.

✦ **Carry on** (continue)
Please carry on your work.

✦ **Carry something out** (perform a task)
Our company is carrying out a big deal with a foreign company.

✦ **Carry something over** (postpone)
The fancy dress competition had to be carried over till Monday)

✦ **Carry someone off** (kill somebody)
Cancer carried her off on the day of her 20th birthday.

✦ **Come of age** (get established)
As our company has come of age, so, there is no problem in selling our goods.

✦ **Come of** (belong to)
She comes of a royal family.

✦ **Come over** (surmount)
We at last came over all our problems.

✦ **Come off** (to take place)
The marriage of my brother comes off in the next month.

✦ **Come round** (agree)
At last he came round to my views.

✦ **Come under** (fall in the category of)
All these animals come under the same species.

✦ **Come down with** (suffer from)
She came down with whopping cough.

✦ **Come from** (be the nature of)
She came from London.

✦ **Come about** (happen)
The explosion came about when the worker struck the match to light a cigarette.

✦ **Cut off** (die)
The princess was cut off in the prime of her life.

✦ **Cut down** (reduce)
The prices of consumer goods should be cut down.

✦ **Cut someone out** (exclude someone)
His father cut him out of his will.

✦ **Fall in**
She fell in love with the prince.

✦ **Fall down** (fail)
The deal fell down for lack of transparency.

✦ **Fall out** (quarrel)
She fell out with his elder brother.

✦ **Fall through** (fail)
The project fell through for lack of funds.

✦ **Get away** (escape)
She got away with her life.

✦ **Get by** (to accomplish something with great difficulty)
She is not rich. She has just enough to get by.

✦ **Get on** (perform)
How are you getting on with your studies?

✦ **Get out** (become known)
The news got out that the PM was paying a visit to Russia.

✦ **Get over** (overcome)
At last I got over all obstacles.

✦ **Get up** (rise)
When do you get up in the morning?

✦ **Give up** (stop)
He gave up smoking.

✦ **Give out** (emit)
Garlic gives out a pungent smell.

✦ **Give in** (collapse)
The bridge gave in under the heavy load.

✦ **Give away** (distribute)
The Principal gave away the prizes.

✦ **Give out** (announce)
It was given out that the President of India would visit the place soon.

✦ **Go off** (explode)
The gun went off suddenly.

✦ **Go on** (continue)
She went on about how she flew the aeroplane.

✦ **Go through** (examine)
I'll go through this book later on.

✦ **Go up** (be built)
The construction of the house is going up.

✦ **Grind on** (continue for a long time in a tedious way)
The discussion over political issues ground on.

✦ **Grind something out** (produce something a tedious way)
She will grind some more short stories.

✦ **Look out** (be careful)
Look out! there is a snake.

✦ **Look down upon** (hate)
We should not look down upon the poor.

✦ **Look at** (watch)
Look at the blackboard.

✦ **Look after** (take care of)
We ought to look after our old parents.

✦ **Look into** (investigate)
The new police inspector will look into the matter.

✦ **Look up** (rise)
The prices of consumer goods are looking up.

✦ **Look back** (think of the past)
It made her feel disolate when she looked back on things of the past.

✦ **Make up** (to fulfil)
I'll make up my deficiency in Mathematics.

✦ **Make out** (understand)
I could not make out what she said.

✦ **Make up one' mind** (to resolve)
I have made up my mind to settle in the USA.

✦ **Make off** (leave hurriedly)
She made off without informing anybody.

✦ **Make something over** (transfer)
She should make her property over to her sons.

✦ **Make over** (hand over)
He made over the charge of the file to Mr Robert.

✦ **Pull back** (retreat)
The government has pulled back from its previous policy.

✦ **Pull something down** (demolish)
The authorities concerned pulled down a few building which were illegally built on government land.

✦ **Pull out** (pluck)
The child pulled out a few petals of the flower.

✦ **Pull through** (recover)
The patient will pull through.

✦ **Push on** (continue a journey)
It was getting darker but we pushed on.

✦ **Push at** (exert force)
He pushed at the bell, but it did not ring.

✦ **Push for** (demand persistently)
The workers have been pushing for the installation of new machines for five years.

✦ **Put out** (extinguish)
She put out the light.

✦ **Put on** (wear)
He put on an overcoat.

✦ **Put off** (postpone)
The plan had to be put off.

✦ **Put by** (spare something for future)
We must put by some money for future.

✦ **Put up with** (stay)
Your aunt is out of town for a couple of days, you may put up with us till she comes.

✦ **Put something down** (record something)
She put a new idea down on the paper.

✦ **Take after** (resemble)
He takes after his father.

✦ **Take off** (remove)
He took off his shoes.

✦ **Take something out** (obtain)
You may take out some money from Rohit if you want to purchase this car.

✦ **Take to** (fall into the habit of)
He took to gambling.

✦ **Turn something down** (reject something)
The judge turned down his appeal.

✦ **Turn on** (attack)
The thief turned on him with a knife.

Multiple Choice Questions

Directions: *Some idioms/phrases are given below with their probable meanings. Select the options with their correct meanings.*

1. Carry out
A. To take from one place to another
B. To continue
C. To obey
D. To make efforts

2. In the same boat
A. A worn out choice
B. Indifferent
C. In identical circumstances
D. Carry off

3. In one's good book
A. A costly book
B. A priceless treasure

C. In one's favour
D. An enchanting beauty

4. Keep a straight face
A. To do make up
B. To change clothes
C. Assume responsibility
D. To remain serious

5. To be above board
A. To have a good height
B. To be honest in any business deal
C. To have no debts
D. To try to be beautiful

6. On the face of it
A. To agree B. From an action
C. More than enough D. Apparently

7. Let the bygones be bygones
A. In one's favour B. To pretend
C. To forget the past D. Other choice

8. To split hairs
A. Major distinctions
B. Hair with two ends
C. To make minute distinction
D. Without distinction

9. Bread and butter
A. Both bread and butter
B. Something essential
C. Livelihood
D. Relevant things

10. To bell the cat
A. To catch a cat and tie a bell round its neck
B. To make an effort
C. To be quick
D. To face a risk

11. Hard and fast
A. Strict B. Solid
C. Fast moving D. Some hard surface

12. Part and parcel
A. The part of a parcel
B. An essential part
C. A missing parcel
D. Some part of a machine sent by parcel

13. Null and void
A. Something invalid
B. Something that can be avoided
C. Something that can be nullified
D. Something evil

14. To make clean breast of
A. To gain prominence
B. To praise oneself
C. To confess without reserve
D. To destroy before it blooms

15. Trump card
A. A powerful means of achieving an object
B. Resourcefulness
C. The best gamble to attain success
D. None of these

16. Tall talk
A. A discussion continued for a long time
B. A high sounding talk
C. A meaningful talk
D. A useless talk

17. Small talk
A. Gossip
B. A discussion carried on for a long time
C. A brief discussion
D. None of these

18. Throw out of gear
A. To replace B. Hinder, disturb
C. To decide D. Take up tune

19. To and fro
A. Back and forth B. Puzzled
C. Amazed D. Reprove

20. To bell the cat
A. To do an easy job
B. To be indifferent to
C. To undertake a difficult job
D. To clarify

21. To be under cloud
A. Puzzle
B. Enjoy the favour
C. Talk thoughtlessly
D. To be under suspicion

22. A labour of love
A. A tragic end
B. A funny thing
C. Not fruitful
D. Work done without payment

23. Follow suit

A. Follow an example B. Wear a new dress
C. Irrelevant D. A gay person

24. Foul play

A. Bad intentions
B. A play not well acted
C. A play not liked by the audience
D. None of these

25. To pick holes

A. To find some reason to quarrel
B. To destroy something
C. To criticise someone
D. To cut some part of an item

26. To smell a rat

A. To see signs of plague epidemic
B. To get bad smell of a dead rat
C. To suspect foul dealings
D. To be in a bad mood

27. To put a spoke in one's wheel

A. To encourage
B. Act without restraint
C. Risk something
D. To obstruct one's progress

28. To pull one's leg

A. To give up B. Take care of
C. To befool D. To know

29. To play with fire

A. Grasp the truth
B. To handle something dangerous
C. To ridicule
D. To flee away

30. To reckon with

A. Take up time
B. Make an inventory
C. To deal with
D. Submit to punishment

31. To run short

A. Talk until one is tired at
B. Apply to oneself
C. To get rid of
D. To have or be too little

32. A man of letters

A. A postman B. A learned man
C. A hypocrite D. An ignorant man

33. A maiden speech

A. A speech made in the parliament
B. A speech made before unmarried girls
C. A speech made by a political leader
D. A speech made for the first time

34. Order of the day

A. An order passed on a particular day
B. A current law
C. Something common or general
D. None of these

35. To end in smoke

A. To make completely understand
B. To ruin oneself
C. To excite great applause
D. None of these

36. To give vent to

A. To allow to flow forth
B. To prove a failure
C. To amass wealth
D. To evade

37. To eat humble pie

A. To apologise or confess
B. To order
C. To flatter
D. To get rid of

38. A black sheep

A. An unlucky person
B. A negro
C. An ugly person
D. None of these

39. To catch a tartar

A. To trap wanted criminal with great difficulty
B. To catch a dangerous person
C. To meet with disaster
D. To deal with a person who is more than one's watch

40. Sit on fence

A. To remain neutral
B. To show contempt
C. To enjoy the surroundings
D. To become fond of

41. Pay off old scores

A. To repay the debt
B. To have revenge
C. To invite
D. Secretly

42. Turn turtle

A. To cheat
B. To be lopsided
C. To frustrate
D. To dance to the tune

43. Wash one's hands of

A. To refuse B. To assist
C. To abuse D. To refuse to be

44. Under duress

A. Under compulsion
B. Willing
C. To elicit information
D. To demand

45. To turn the tables

A. To ruin someone
B. To turn the situation to one's own side
C. To reverse the situation
D. To move from one point to another

46. On the cards

A. Possibly B. Probably
C. Openly D. Likely

47. To leave someone in the lurch

A. To come to compromise with someone
B. Constant source of annoyance to someone
C. To put someone at ease
D. To desert someone in his difficulties

48. To play second fiddle

A. To be happy, cheerful and healthy
B. To reduce importance of one's senior
C. To support the role, and view of another person
D. To do back seat driving

49. To yearn for

A. To weep for
B. To remember
C. To admire
D. To long for intensely

50. Call off

A. To finish B. To withdraw
C. To postpone D. To cry

ANSWERS

1	2	3	4	5	6	7	8	9	10
C	C	C	D	B	D	C	C	C	D
11	12	13	14	15	16	17	18	19	20
A	B	A	C	C	B	A	B	A	C
21	22	23	24	25	26	27	28	29	30
D	D	A	A	C	C	D	C	B	C
31	32	33	34	35	36	37	38	39	40
D	B	D	C	D	A	A	D	B	A
41	42	43	44	45	46	47	48	49	50
B	B	D	A	C	D	D	C	D	B

❑❑❑

8 Narration

Direct and Indirect Narration/Speech

The exact words spoken by the speaker are known as Direct Speech.

The words spoken by somebody and expressed by someone else with some modification are known as Indirect Speech.

(*a*) Ram says to me, "You do not help me."

(*b*) Ram tells me that I do not help him.

The sentence (*a*) shows the words spoken by Ram. So, it is a sentence of Direct Speech.

The sentence (*b*) shows the words spoken by Ram and expressed by someone else with certain modification. So, it is a sentence of Indirect Speech.

The following points should be noted while changing Direct Speech into Indirect speech:

1. The verb outside the inverted commas is called the Reporting Verb.
2. The verb or sentence inside the inverted commas is called the Reported Speech.
3. If the Reporting verb is in the Present or Future Tense, there is no change in the tense in the Reported Speech.
4. If the Reporting Verb is in the Past Tense, the Tense in the Reported Speech is changed.
5. The Reporting verb may be in any Tense, in it the Pronouns are changed as under:
   (*i*) First Person according to Subject
   (*ii*) Second Person according to Object
   (*iii*) Third Person, No change.
6. If the Reporting verb is in the Past Tense the Adverb will change as under in the Indirect Speech.

Direct	***Indirect***
now	then
here	there
after	before
today	that day
yesterday	the previous day
these	those
tomorrow	the next day
last week	the previous week
this	that

7. Adjectives/Determiners are changed as under:

Direct	***Indirect***
this	that
these	those

Rules for Change of Tense

Reporting Verb	Reporting Speech	Change of Tense
Present Tense	Any Tense	No change
Future Tense	Any Tense	No change
Past Tense	Present/Future Tense	Change into corresponding Past Tense
Past Tense	Past Indefinite Tense	Change into Past Perfect Tense
Past Tense	Past Continuous Tense	Change into Past Perfect Continuous Tense
Past Tense	Past Perfect/Perfect Continuous Tense	No change
Past Tense	Universal Truth	No change
Past Tense	Proverb	No change

Transformation of Speech Based on Special Rules

1. Rule Related to Interrogative Sentence

- If the answer of an interrogative sentence is possible in yes-no manner.

Illustration.

Dhoni said to Sachin, "Will you help me?"

Dhoni asked Sachin whether he would help him.

(**Note :** The answer of R.S. is possible in yes-no manner)

Rule of Transformation from Direct to Indirect speech

Step I : Change R.V. into ask.

Step II : In place of comma use 'if/whether'.

Step III: Change interrogative sentence into assertive sentence.

- If the answer of an interrogative sentence is not possible in yes-no manner.

Illustration:

Sachin said to Dhoni, "What do you want?"

Sachin asked Dhoni what he wanted.

(**Note :** Only in Step II, you have to avoid comma and inverted comma and rest will be same as mentioned above).

2. Rule related to Imperative Sentence

- Imperative sentence is a sentence which shows Order/Advice/Request

Illustration:

My teacher said to me, "Go there".

My teacher ordered me to go there.

Rule of Transformation from Direct to Indirect Speech

Step I : Change R.V. as per meaning/sense of R.S. into order/request/advise.

Step II : In place of comma, use 'to'.

Step III: Rest portion will be same.

3. Rule related to Optative Sentence

- Optative sentence is a sentence which expresses the feeling of bless/curse/pray/wish.

Illustration:

Mother said to me, "May you live long!"

Mother blessed me that I might live long.

Rule of Transformation from Direct to Indirect Speech

Step I : Change R.V. as per meaning/sense of R.S. into bless/curse/pray/wish.

Step II : In place of comma, use 'that'.

Step III: Change optative sentence into assertive sentence.

4. Rule related to Exclamatory Sentence

- Exclamatory sentence is a sentence which takes note of exclamatory (!) mark in that sentence showing inner feeling.

Illustration:

She said, "Alas! I am ruined".

She exclaimed with sorrow that she was ruined.

Rule of Transformation from Direct to Indirect Speech

Step I : Change R.V. as per meaning/sense of R.S. into exclaim/exclaims/exclaimed/will or shall exclaim + joy/sorrow/anger/surprise/applause/contempt.

Step II : Change comma into that.

Step III: Change note of exclamation (!) into full stop (.)

Step IV: Change exclamatory sentence into assertive sentence.

Universal, Historical truth, etc.

If the Reported Speech expresses a Universal or Historical or Habitual truth, its Tense will not change.

1. The teacher said to the students, "The sun rises in the east."

   The teacher told the students that the sun rises in the east.

2. My father said to me, "The First Battle of Panipat was fought in 1526."

   My father told me that the First Battle of Panipat was fought in 1526.

Multiple Choice Questions

Directions (Qs. 1 to 13): *Select the correct Indirect Speech for the following sentences:*

1. I said to him, "I shall help you."
- A. I told him that I can help him.
- B. I told him that I would help him.
- C. I told him that I will help him.
- D. I told him that I shall be helping him.

2. My Teacher said to me, "The earth revolves round the sun."
- A. My teacher told me that the earth revolves round the sun.
- B. My teacher told me that the earth revolve round the sun.
- C. My teacher told me that the earth had been revolving round the sun.
- D. My teacher told me that the earth has been revolving round the sun.

3. I said to my friend, "My father daily goes for a walk."
- A. I told my friend that my father daily goes for a walk.
- B. I told my friend that my father daily went for a walk.
- C. I told my friend that my father has to go for a walk.
- D. I told my friend that my father had gone for a walk.

4. He said to me, "May God bless you!"
- A. He requested that God can bless me.
- B. He prayed that God can bless me.
- C. He prayed that God might bless me.
- D. He prayed that God will bless me.

5. The patient said, "Thank you, doctor."
- A. The patient thanked the doctor.
- B. The patient requested the doctor with thanks.
- C. The patient told the doctor thanks.
- D. The patient suggested the doctor thanks.

6. Satish said, "No, I shall not talk to him."
- A. Satish told that he should not talk to him.
- B. Satish suggested that he would not have talked to him.
- C. Satish exclaimed with sorrow that he would not talk with him.
- D. Satish refused to talk to him.

7. The child said, "What a lovely place!"
- A. The child exclaimed with sorrow that it was a lovely place.
- B. The child thought that the place was lovely.
- C. The child exclaimed with joy that the place was very lovely.
- D. The child suggested that the place was lovely.

8. He said, "What a fool I have been!"
- A. He told himself with sorrow that he was a fool.
- B. He confessed with regret that he had been a great fool.
- C. He said himself a fool.
- D. He suggested that he could be a fool.

9. He said, "Alas! I am ruined."
- A. He told me that he had been ruined.
- B. He exclaimed with joy that he had been ruined.
- C. He exclaimed with sorrow that he was ruined.
- D. He told me that he should not be ruined.

10. The accused said, "I am not guilty."
- A. The accused exclaimed with sorrow that I am not guilty.
- B. The accused exclaimed with joy that he was not guilty.
- C. The accused stated that he was not guilty.
- D. The accused told me that he has not been guilty.

11. My teacher said, "The earth is round".
- A. My teacher said that the earth was round.
- B. My teacher says that the earth is round.
- C. My teacher said that the earth is round.
- D. My teacher ordered that the earth is round.

12. He said, "What a place it is!"

A. He said that it was a very fine place.
B. He said that is a very fine place.
C. He said that the place is fine.
D. He exclaimed with joy/surprise that it was a very fine place.

13. Ria said, "Shall I thread the needle?"

A. Ria asked if she should thread the needle.
B. Ria asked if she shall thread the needle.
C. Ria ordered if she should thread the needle.
D. Ria says that if she would thread the needle.

Directions (Qs. 14 to 33): *Pick out the correct alternative that completes the incomplete sentence which is changed into Indirect Narration.*

14. She said to me, "I shall see you as soon as I get time."
She told me:

A. that she will see me as soon as she will get time.
B. that she would see me as soon as she would get time.
C. she would see me whenever she got time.
D. that she would see me whenever she gets time.

15. My secretary said to me, "Your plane will leave if you do not go at once."
My secretary told me that:

A. her plane would leave if she did not go at that time.
B. her plane would leave if I do not go at once.
C. my plane would leave if I did not go at that very time.
D. my plane will leave if I did not go at that time.

16. My mother said to me, "Don't quarrel among yourselves".
My mother:

A. forbade me to quarrel among ourselves.
B. asked me not to quarrel among ourselves.
C. asked me that not to quarrel among ourselves.
D. asked me to quarrel not among ourselves.

17. Her father said to her mother, "Excuse the daughter."
Her father:

A. requested her mother to excuse the daughter.
B. asked her mother to excuse the daughter.
C. asked her mother to have excused the daughter.
D. asked her mother to have been excused.

18. He said to his friend, "Wait here till father comes."
He requested his friend:

A. to wait here till father had come.
B. that to wait there till his friend came.
C. to wait there till father came.
D. to wait here until his friend came.

19. She said to her maid, "Run and catch the thief."
She ordered her maid:

A. ran and catch the thief.
B. that to run and to catch the thief.
C. ran and caught the thief.
D. to run and catch the thief.

20. Anita said to Sunita, "What are you doing?"
Anita asked Sunita:

A. what she will be doing.
B. that what she is doing.
C. that what she was doing.
D. what she was doing.

21. She said to me, "Are you meeting me today?"
She enquired of me:

A. whether I am meeting her that day.
B. whether I was meeting her today.
C. whether I was meeting her that day.
D. I was meeting her that day.

22. Nitish said to me, "When did you buy this pen?"
Nitish asked me:

A. when I was to buy that pen.
B. when I would buy that pen.
C. when I had bought that pen.
D. when I was buying that pen.

23. She said to me, "Are you going to market?"
She enquired of me:
A. I am going to market.
B. I was going to market.
C. if I was going to market.
D. if I had been going to the market.

24. Damini said, "Why did not you change your clothes?"
Damini asked me:
A. why I had not changed my clothes.
B. why I did not change my clothes.
C. why I would not change my clothes.
D. why I have not been changing my clothes.

25. Umesh said to me, "Have you read that novel?"
Umesh asked me:
A. if he was reading that novel.
B. if he had read that novel.
C. if I had read that novel.
D. if I was reading that novel.

26. She said to me, "I shall forgive you."
She told me:
A. that she will forgive me.
B. that she was going to forgive me.
C. that she will not forgive me.
D. that she would forgive me.

27. I said to her, "It was very hot last night."
I told her:
A. that it had been very hot the previous night.
B. that it was very hot the previous night.
C. that it has been very hot the last night.
D. that it had been very hot this night.

28. She said to me, "I thank you for the help you have given."
She:
A. told me that she thanked me for the help I had given.
B. thanked me for the help I have given.
C. thanked to me for the help I have given.
D. thanked me for the help I had given.

29. Mohini said to me, "Trust in God."
Mohini advised me:
A. that I should trust in God.
B. should trust in God.
C. trusted in God.
D. to trust in God.

30. I said to him, "Let us go to school."
I told him:
A. we would go to school.
B. we shall go to school.
C. that we would go to school.
D. that we should go to school.

31. Rajni said, "May God bless you?"
Rajni:
A. exclaimed with wish that God might bless me.
B. expressed a wish that God might bless me.
C. asked God to bless me.
D. shouted with joy to bless me.

32. My mother said me, "Do not have so many friends."
My mother forbade me:
A. to have so many friends.
B. not to have so many friends.
C. to have been so many friends.
D. to possess so many friends.

33. Ram said, "Pay attention to me."
Ram asked:
A. pay attention to him.
B. paid attention to him.
C. having paid attention to him.
D. to pay attention to him.

Directions (Qs. 34 to 50): *In questions below, the sentences have been given in Direct/Indirect Speech. Out of the four alternatives suggested select the one which best expresses the given sentence in Indirect/Direct Speech.*

34. She said that her brother was getting married
A. She said, "Her brother is getting married."
B. She told, "My brother is getting married"
C. She said, "My brother is getting married".
D. She said, "My brother was married".

35. "Please don't go away", she said.
A. She said to please her and not go away.
B. She told me to go away.
C. She begged me not to go away.
D. She begged that I not go away.

36. "If you don't keep quiet I shall shoot you", he said to her in a calm voice.

A. He warned her to shoot if she didn't keep quiet calmly.

B. He said calmly that I shall shoot you if you don't be quiet.

C. He warned her calmly that he would shoot her if she didn't keep quiet.

D. Calmly he warned her that be quiet or else he will have to shoot her.

37. I told him that he was not working hard.

A. I said to him, "You are not working hard."

B. I told him, "You are not working hard."

C. I said, "You are not working hard."

D. I said to him, "He is not working hard."

38. She said that she would finish the work the next day.

A. She said, "I will finish the work the next day."

B. She said, "I will finish the work tomorrow."

C. She said, "You will finish the work tomorrow."

D. She said, "I finished the work."

39. She said to him, "Why don't you go today?"

A. She asked him why he did not go that day.

B. She said to him that why he don't go today.

C. She asked him not to go today.

D. She asked him why he did not go today.

40. "Are you alone, my son?" asked a soft voice close behind me.

A. A soft voice asked that what I was doing there alone.

B. A soft voice said to me are you alone son.

C. A soft voice from my back asked if I was alone.

D. A soft voice behind me asked if I was alone.

41. My cousin said, "My room-mate had snored throughout the night."

A. My cousin said that her room-mate snored throughout the night.

B. My cousin told me that her room-mate snored throughout the night.

C. My cousin complained to me that her room-mate is snoring throughout the night.

D. My cousin felt that her room-mate may be snoring throughout the night.

42. He asked Rama if he needed his help then.

A. He said to Rama, "Do you need my help?"

B. He told Rama, "Tell me if you need help."

C. He asked Rama, "Do I need your help?"

D. He said to Rama, "Do you need my help now?"

43. Nita ordered her servant to bring her a cup of tea.

A. Nita told her servant, "Bring a cup of tea."

B. Nita said, "Bring me a cup of tea."

C. Nita said to her servant, "Bring me a cup of tea."

D. Nita said to her servant, "Bring her that cup of tea."

44. He exclaimed with joy that India had won the Sahara Cup.

A. He said, "India has won the Sahara Cup."

B. He said, "India won the Sahara Cup."

C. He said, "How! India will win the Sahara Cup."

D. He said, "Hurrah! India has won the Sahara Cup."

45. The boy said, "Who dare call you a thief?"

A. The boy enquired who dared call him a thief.

B. The boy asked who called him a thief.

C. The boy told that who dared call him a thief.

D. The boy wondered who dared call a thief.

46. The little girl said to her mother, "Did the sun rise in the East?

A. The little girl said to her mother that the sun rose in the East.

B. The little girl asked her mother if the sun rose in the East.

C. The little girl said to her mother if the sun rises in the East.

D. The little girl asked her mother if the sun is in the East.

47. Dhruv said that he was sick and tired of working for that Company.

A. Dhruv said, "I am sick and tired of working for this Company."

B. Dhruv said, "He was tired of that Company."

C. Dhruv said to me, "I am sick and tired of working for this Company."

D. Dhruv said, "I will be tired of working for that Company."

48. He said to his father, "Please increase my pocket-money."

A. He told his father, please increase the pocket-money.

B. He pleaded his father to please increase my pocket-money.

C. He requested his father to increase his pocket-money.

D. He asked his father increase his pocket-money.

49. She said to her friend, "I know where is everyone."

A. She told that she knew where was everyone.

B. She told her friend that she knew where was everyone.

C. She told her friend she knew where is everyone

D. She told her friend that she knows where was everyone.

50. His father ordered him to go to his room and study.

A. His father said, "Go to your room and study."

B. His father said to him, "Go and study in your room."

C. His father shouted, "Go right now to your study room."

D. His father said firmly, "Go and study in your room."

ANSWERS

1	2	3	4	5	6	7	8	9	10
B	A	A	C	A	D	C	B	C	C
11	**12**	**13**	**14**	**15**	**16**	**17**	**18**	**19**	**20**
C	D	A	B	C	A	B	C	D	D
21	**22**	**23**	**24**	**25**	**26**	**27**	**28**	**29**	**30**
C	C	C	A	C	D	A	A	A	D
31	**32**	**33**	**34**	**35**	**36**	**37**	**38**	**39**	**40**
B	A	D	C	C	C	A	B	A	D
41	**42**	**43**	**44**	**45**	**46**	**47**	**48**	**49**	**50**
A	D	C	B	A	B	A	C	B	A

❑❑❑

9 Voice

A sentence in active voice focuses on the person or thing doing the action. A sentence in passive voice focuses on the person or thing affected by the action. *e.g.,*

The idol was built. (Active voice)
Someone built the idol. (Passive voice)

Transformation of Voice

- Voice and Tense are closely associated with each other.
- Tense plays an important role while transforming the voice.

On the basis of following points, voice can be transformed from active to passive voice.

The Present Indefinite Tense

Active voice: Subject + V_1 + Object
Passive voice: Subject + is, am, are + V_3 + by + Object

1. **Active voice:** He sings sweet songs.
   Passive voice: Sweet songs are sung by him.
2. **Active voice:** She does not cause any hindrance in my work.
   Passive voice: No hindrance in my work is caused by her.
3. **Active voice:** Do they love their country?
   Passive voice: Is their country loved by them?

The Present Continuous Tense

Active voice: Subject + is/am/are + V_1 + ing + Object.
Passive voice: Subject + is/am/are + being + V_3 + by + Object.

1. **Active voice:** She is cooking food.
   Passive voice: Food is being cooked by her.
2. **Active voice:** Rita is not knitting a sweater.
   Passive voice: A sweater is not being knitted by Rita.
3. **Active voice:** Is Meena baking a cake?
   Passive voice: Is a cake being baked by Meena?

The Present Perfect Tense

Active voice: Subject + has/have + V_3 + Object.
Passive voice: Subject + has/have + been + V_3 + by + Object.

1. **Active voice:** I have written an essay.
   Passive voice: An essay has been written by me.
2. **Active voice:** They have not whitewashed the fence.
   Passive voice: The fence has not been whitewashed by them.
3. **Active voice:** Have you cut the cake?
   Passive voice: Has the cake been cut by you?

The Past Indefinite Tense

Active voice: Subject + V_2 + Object
Passive voice: Subject + was/were + V_3 + by + Object

1. **Active voice:** He composed a new song.
   Passive voice: A new song was composed by him.
2. **Active voice:** He did not operate the computer.
   Passive voice: The computer was not operated by him.
3. **Active voice:** Did she catch a fish?
   Passive voice: Was a fish caught by her?

The Past Continuous Tense

Active voice: Subject + was/were + V_1 + ing + Object

Passive voice: Subject + was/were + being + V_3 + by + Object

1. **Active voice:** The farmers were ploughing the fields.
   Passive voice: The fields were being ploughed by the farmers.
2. **Active voice:** He was not administering the new drug to the patient.
   Passive voice: The new drug was not being administered to the patient by him.
3. **Active voice:** Was she sewing a dress?
   Passive voice: Was a dress being sewn by her?

The Past Perfect Tense

Active voice: Subject + had + V_3 + Object.

Passive voice: Subject + had + been + V_3 + by + Object

1. **Active voice:** He had issued me an import licence.
   Passive voice: I had been issued an import licence.
2. **Active voice:** We had not visited the Taj.
   Passive voice: The Taj had not been visited by us.
3. **Active voice:** Who had taught you English?
   Passive voice: By whom had you been taught English?

The Future Indefinite Tense

Active voice: Subject + will/shall + V_1 + Object.

Passive voice: Subject + will/shall + be + V_3 + by + Object.

1. **Active voice:** He will remove the dust from the shelf.
   Passive voice: The dust from the shelf will be removed by him.
2. **Active voice:** He will not open the main gate.
   Passive voice: The main gate will not be opened by him.
3. **Active voice:** Will you help us?
   Passive voice: Shall we be helped by you?

The Future Perfect Tense

Active voice: Subject + will/shall + have + V_3 + Object.

Passive voice: Subject + will/shall + have + been + V_3 + by + Object.

1. **Active voice:** They will have sold their house by then.
   Passive voice: Their house will have been sold by them by then.
2. **Active voice:** He will not have informed the police about it.
   Passive voice: The police will not have been informed about it by him.
3. **Active voice:** Will they have accepted the deal?
   Passive voice: Will the deal have been accepted by them?

Imperative Sentences

1. **Active voice:** Open the window.
   Passive voice: You are ordered to open the window.

   Or

   Let the window be opened.
2. **Active voice:** Please/kindly open the window.
   Passive voice: You are requested to open the window.
3. **Active voice:** Never make a noise.
   Passive voice: A noise should never be made.

Infinitives

1. **Active voice:** It is time to open the shop.
   Passive voice: It is time for the shop to be opened.
2. **Active voice:** He begged the officer to forgive him.
   Passive voice: He begged the officer to be forgiven.
3. **Active voice:** He has to break the door.
   Passive voice: The door has to be broken by him.

Prepositional Verb

1. **Active voice:** She laughed at the beggar.
   Passive voice: The beggar was laughed at by her.
2. **Active voice:** He listened to the news.
   Passive voice: The news was listened to by him.
3. **Active voice:** They called in the doctor.
   Passive voice: The doctor was called in by them.

Double Object

1. **Active voice:** He gave me a pen.
   Passive voice: A pen was given to me by him.
   Or
   I was given a pen by him.
2. **Active voice:** She told us a story.
   Passive voice: A story was told (to) us by her.
   Or
   We were told a story by her.

Use of Preposition other than 'by'

1. **Active voice:** The jug contains juice.
   Passive voice: Juice is contained in the jug.
2. **Active voice:** The audience thronged the hall.
   Passive voice: The hall was thronged with the audience.
3. **Active voice:** I know her.
   Passive voice: She is known to me.

Quasi Passive Verbs

1. **Active voice:** Quinine tastes bitter.
   Passive voice: Quinine is bitter when tasted.
   Or
   Quinine is bitter when it is tasted.
2. **Active voice:** Sugar is sweet (to taste).
   Passive voice: Sugar is sweet when tasted.
   Or
   Sugar is sweet when it is tasted.

Implied Sentences

1. **Active voice:** The driver drove the bus.
   Passive voice: The bus was driven.
2. **Active voice:** Someone read the news.
   Passive voice: The news was read.
3. **Active voice:** They say work is worship.
   Passive voice: It is said that work is worship.

Multiple Choice Questions

Directions (Qs. 1 to 20): *In the following questions, a sentence has been given in Active/Passive Voice. Out of the four alternatives suggested, select the one that Best Expresses the same sentence in Passive/Active Voice.*

1. Circumstances will oblige me to go.
A. I will oblige the circumstances and go.
B. I shall be obliged to go by the circumstances.
C. Under the circumstances, I should go.
D. I shall be obliged by the circumstances to go.

2. We waste much time on trifles.
A. Much time was wasted on trifles.
B. Much time will be wasted on trifles.
C. Much time is wasted by us on trifles.
D. Much time is wasted on trifles.

3. Mohan gave the beggar an old shirt.
A. An old shirt was given to Mohan by the beggar.
B. An old shirt was given to the beggar by Mohan
C. The begger was gave an old shirt by Mohan.
D. An old shirt was gave to the beggar by Mohan.

4. They have made him a king.
A. A king has been made by him.
B. He was made a king by them.
C. They have been made kings by him.
D. He has been made a king by them.

5. Who taught you English?
A. By whom English was taught to you?
B. By whom you were taught English?
C. By whom was English taught to you?
D. By whom are you taught English?

6. Was he knocking at the door?
A. Was the door being knocked at by him?
B. Was the door being knocked by him?
C. Was the door knocked by him?
D. Was the door knocking at him?

7. What was Rani doing?
A. What was done by Rani?
B. What was Rani being done?
C. What was being done by Rani?
D. What was being doing Rani?

8. Why were you wasting your time?
A. Why was your time being wasted?
B. Why was your time being wasted by you?
C. Why was your time wasted by you?
D. Why was your time wasted?

9. She has laid out a small garden.
A. A small garden has been laid by her.
B. A small garden has laid her.
C. A small garden being laid by her.
D. A small garden has been laid out by her.

10. She had already solved all the sums.
A. All the sums had already been solved by her.
B. All the sums have already been solved by her.
C. All the sums have been solved by her.
D. All the sums are solved by her.

11. He will have posted the letter.
A. The letter has been posted by him.
B. The letter will be posted by him.
C. The letter will have been posted by him.
D. The letter is posted by him.

12. They will have sold all the books by 4 P.M.
A. All the books will be sold by 4 P.M.
B. All the books will have been sold by 4 P.M.
C. All the books were being sold by 4 P.M.
D. All the books must be sold by 4 P.M.

13. Do you speak English?
A. Is English spoken by you?
B. Does English spoken by you?
C. Is English being spoken by you?
D. Does English being spoken by you?

14. Had they seen me before?
A. Had myself been seen by them before?
B. Had me being seen by them before?
C. Had I been seen by them before?
D. Had I being seen by them before?

15. May I take this pen?
A. May this pen will be taken by me?
B. May this pen shall be taken by me?
C. May this pen should be taken by me?
D. May this pen be taken by me?

16. Can we send it by air?
A. Can this be sent by air?
B. Can it be sent by air?
C. Can it go by air?
D. Can it be send by air?

17. Who wrote this book?
A. By whom was this book written?
B. By whom is this book written?
C. By whom was this book being written?
D. By whom is this book being written?

18. What did you buy?
A. What is bought by you?
B. What is being bought by you?
C. What was bought by you?
D. What was being bought by you?

19. Whom do you want?
A. Who is wanted by you?
B. Who is being wanted by you?
C. You are wanted by whom?
D. You are being wanted by whom?

20. When will you raise this question?
A. When this question will be raised by you?
B. When will this question be raised by you?
C. When this question is being raised by you?
D. When is this question being raised by you?

Directions (Qs. 21 to 35): *In each of the following questions, a sentence is given in Active Voice. Below it are given four alternatives suggesting the Passive Voice form of the above sentence. Choose the correct alternative.*

21. Who did this?
A. This was done by whom?
B. By whom was this done?
C. Who has done this?
D. By whom this was done?

22. One should keep ones promises.
A. Promises should be kept.
B. Ones promises should be kept by one.
C. Promises must be kept.
D. Ones promises one should keep.

23. Give the order.
A. Order given.
B. Order be given.
C. Let the order be given.
D. Order may be given by you.

24. You will have to do it.
A. It will be done by you.
B. It will have to be done by you.
C. It has to be done by you.
D. It would have to be done by you.

25. Keep to the left.
A. You are ordered to keep to the left.
B. You ought to keep to the left.
C. You are advised to keep to the left.
D. You must keep to the left.

26. They will arrange a party.
A. A party will have to be arranged by them.
B. A party they will have to arrange.
C. A party will be arranged by them.
D. A party by them will be arranged.

27. Someone has picked my pocket.
A. My pocket is picked.
B. My pocket has picked.
C. My pocket has been picked.
D. My pocket was picked.

28. He kept me waiting.
A. I kept waiting for him.
B. I kept waiting by him.
C. I was waiting for him.
D. I was kept waiting by him.

29. Why do you tell a lie?
A. Why is a lie told by you?
B. Why is told a lie by you?
C. Why is told by you a lie?
D. Why has a lie been told by you?

30. I have written a letter.
A. A letter is written by me.
B. A letter has been written by me.
C. A letter was written by me.
D. A letter had been written by me.

31. They will have helped you.
A. You will have helped by them.
B. You will have been helped by them.
C. You will be helped by them.
D. You will be helped by them.

32. Open the door.
A. Door may be opened.
B. Let the door be open.
C. Let the door be opened.
D. Door be opened.

33. I am reading a book.
A. A book is read by me.
B. A book is being read by me.
C. A book has been read by me.
D. A book in been read by me.

34. Why did your brother write such a letter?
A. Why your brother wrote such a letter?
B. Why was by brother written such a letter?
C. Why was such a letter written by your brother?
D. Why was written such a letter by your brother?

35. Did you run a great risk?
A. Was a great risk run by you?
B. Was run a great risk by you?
C. Was by you run a great risk?
D. Had you run a great risk?

Directions (Qs. 36 to 45): *In each of the following questions, a sentence is given in Passive Voice. Below it are given four alternatives suggesting the Active Voice form of the above sentence. Choose the correct alternative.*

36. He was made king.
A. He became king.
B. They made him king.
C. They had made him king.
D. He has been made king.

37. Good news is expected by us.
A. We are expecting good news.
B. We have been expecting good news.
C. We had expected good news.
D. We expect good news.

38. The child must be looked after.
A. The child you must look after.
B. You must look after the child.
C. You must look the child after.
D. You may look after the child.

39. What is wanted by you?
A. What you want?
B. What did you want?
C. What do you want?
D. What you do want?

40. Your father is known to me.
A. I am known to your father.
B. I know your father.
C. I have known your father.
D. I knew your father.

41. She may be told the story by you.
A. The story may be told by you to her.
B. You may tell the story to her.
C. You may tell her the story.
D. You may tell to her the story.

42. Duty ought to be done.
A. Let duty be done.
B. One ought to do one's duty.
C. One should do his duty.
D. Do you duty.

43. Is English spoken by you?
A. Did you speak English?
B. Do you speak English?
C. Have you spoken English?
D. Do you know how to speak English?

44. Gold coins are contained in this box.
A. This box contains gold coins.
B. This box has contained gold coins.
C. This box is containing gold coins.
D. This box has gold coins.

45. Character is revealed by manners.
A. Manners revealed character.
B. Manners reveal character.
C. Manners have revealed character.
D. Manners do reveal character.

ANSWERS

1	2	3	4	5	6	7	8	9	10
D	C	B	D	C	A	C	B	D	A
11	**12**	**13**	**14**	**15**	**16**	**17**	**18**	**19**	**20**
C	B	A	C	D	B	A	C	A	B
21	**22**	**23**	**24**	**25**	**26**	**27**	**28**	**29**	**30**
B	A	C	B	C	C	C	D	A	B
31	**32**	**33**	**34**	**35**	**36**	**37**	**38**	**39**	**40**
B	C	B	C	A	B	D	B	C	B
41	**42**	**43**	**44**	**45**					
C	B	B	A	B					

10 Sentence Completion

Filling the blanks is such an exercise that starts with the primary schools and continues at the highest level of competitive examinations. One must practise it regularly to score well.

Multiple Choice Questions

Directions: *Pick out the most effective word(s) from the given words to fill in the blanks and make the sentence meaningfully complete.*

1. One requires great .... to teach and handle little children who are restless.

A. patience B. attitude
C. determination D. knowledge

2. The researchers will .... some of the causes of increasing poverty in the state.

A. fund B. investigate
C. promote D. circulate

3. I usually perform .... when nobody is watching me.

A. alone B. good
C. better D. hard

4. It was .... to everyone that the minister had been drinking.

A. observed B. known
C. discovered D. realised

5. I would rather stay indoors .... the rain stops.

A. so B. waiting
C. until D. usually

6. The process should be completed as far as possible within a week, ... which the matter should be brought to notice of the officer concerned.

A. following B. failing
C. realizing D. referring

7. The officers are ..... to regular transfers.

A. free B. open
C. subject D. available

8. All letters received from Government should ..... be acknowledged.

A. suddenly
B. obviously
C. immediately
D. occasionally

9. Mumbai office ..... a meeting of senior officials to discuss the high incidence of frauds.

A. attended B. convened
C. reported D. registered

10. The note should be ..... to all the concerned departments for their consideration.

A. regulated B. requested
C. carried D. forwarded

11. Your present statement does not .... what you said last week.

A. accord to B. accord in
C. accord with D. accord for

12. I had a vague .... that the lady originally belonged to Scotland.

A. notion B. expression
C. imagination D. theory

13. The prisoner showed no .... for his crimes.

A. hatred B. obstinacy
C. remorse D. anger

14. It is inconceivable that in many schools children are subjected to physical .... in the name of discipline.

A. violation B. exercise
C. violence D. security

15. We have not yet fully realised the .... consequences of the war.

A. happy B. pleasing
C. grim D. exciting

16. Happiness consists in being .... what we have.

A. contented to B. contented with
C. contented for D. contented in

17. His rude behaviour is a .... his organization.

A. disgrace for
B. disgrace on
C. disgrace upon
D. disgrace to

18. No child is .... understanding. One has to wait and provide proper guidance.

A. dull to B. dull in
C. dull of D. dull for

19. I am fully .... the problems facing the industry.

A. alive with B. alive to
C. alive for D. alive on

20. The Romans were .... science.

A. bad in B. bad to
C. bad for D. bad at

21. Although I was .... of his plans, I encouraged him, because there was no one else who was willing to help.

A. sceptical B. remorseful
C. fearful D. excited

22. You have no business to .... pain on a weak and poor person.

A. inflict B. put
C. direct D. force

23. Her uncle died in a car accident. He was quite rich. She suddenly .... all her uncle's money.

A. succeeded B. caught
C. gave D. inherited

24. There was a major accident. The plane crashed. The pilot .... did not see the tower.

A. likely B. probably
C. scarcely D. hurriedly

25. The car we were travelling in .... a mile from home.

A. broke off B. broke down
C. broke into D. broke up

26. What are you .... in the kitchen cupboard?

A. looking in B. looking on
C. looking to D. looking for

27. I did not see the point of .... waiting for them, so I went home.

A. hanging around B. hang on
C. hang together D. hanging up

28. He lost confidence and .... of the deal at the last minute.

A. backed out B. backed on
C. backed down D. backed onto

29. To the dismay of all the students, the class monitor was ..... berated by the principal at a school assembly.

A. critically B. ignominiously
C. prudently D. fortuitously

30. All attempts to revive the fishing industry were ..... failure.

A. foredoomed to B. heading at
C. predicted for D. estimated to

31. There are ..... parked outside than yesterday.

A. fewer cars
B. few cars
C. less cars
D. a small number of cars

32. The minister had to ..... some awkward questions from reporters.
A. fend B. fend at
C. fend out D. fend off

33. The ..... of evidence was on the side of the plaintiff since all but one of the witnesses testified that his story was correct.
A. propensity B. force
C. preponderance D. brunt

34. Attention to detail is ..... of a fine craftsman.
A. hallmark B. stamp
C. seal of authority D. authenticity

35. Behaving in a .... and serious way, even in a .... situation, makes people respect you.
A. calm, difficult
B. steady, angry
C. flamboyant, tricky
D. cool astounding

36. Along with a sharp rise in ...., a recession would eventually result in more men, women, and children living in ....
A. crime, apathy
B. fatalities, poor
C. deaths, slums
D. unemployment, poverty

37. The government has .... to provide financial aid to the ones .... by severe floods in the city.
A. desired, troubled B. promised, havoc
C. failed, affected D. wanted, struck

38. An airplane with .... passengers on board made an unscheduled .... as the airport to which it was heading was covered with thick fog.
A. imitable, slip B. faulty, stop
C. variety, halt D. numerous, landing

39. Deemed universities .... huge fees, but have not been successful in providing .... education to our students.
A. collect, maintaining
B. pay, better
C. ask, good
D. charge, quality

40. If the banks desire to .... profit, they should get rid of .... measures.
A. lose, concentrate
B. increase, populist
C. earn, unhealthy
D. maximise, traditional

41. Leadership defines what the future should look like and ...... people with that vision.
A. aligns B. develops
C. trains D. encourages

42. We upset ourselves by responding in an ...... manner to someone else's actions.
A. unabashed B. irrational
C. arduous D. arguable

43. All the people involved in that issue feel a great ...... to his suggestion.
A. contradiction B. adherence
C. indifference D. repugnance

44. These elections will be remembered as much for its anti-incumbency mood as for its ...... mandate.
A. invincible B. rational
C. unprecedented D. deliberate

45. How do you expect us to stay in such a ...... building even if it can be hired on a nominal rent?
A. scruffy B. disperate
C. fragmented D. robust

46. ...... efforts from all concerned are required to raise the social and economic conditions of our countrymen.
A. Perpetual B. Dynamic
C. Massive D. Exploring

47. Many companies see technology as a ...... for a whole host of business problems.
A. consideration B. preference
C. linking D. panacea

48. Known as devout and serious person, she also has ...... sense of humour.
A. better B. plentiful
C. quick D. good

49. The matter would have become serious if ...... action had not been taken.

A. hasty B. fast
C. timely D. unusual

50. The ...... with which he is able to yield the paint brush is really remarkable.

A. ease B. practice
C. majesty D. sweep

51. You must ensure the correctness of the information before ....

A. drawing B. enabling
C. learning D. jumping

52. The rocket .... the target and did not cause any casualty.

A. sensed B. reached
C. missed D. exploded

53. It is desirable to take .... in any business if you want to make profit.

A. advice B. risk
C. loan D. recourse

54. They wasted all the money on purchase of some .... items.

A. excellent B. important
C. significant D. trivial

55. When he found the wallet his face glowed but soon it faded as the wallet was ....

A. empty B. vacant
C. recovered D. stolen

56. He has served the country by .... many significant positions.

A. appointing
B. creating
C. developing
D. holding

57. The frequent errors are a result of the student's ....

A. talent B. smartness
C. carelessness D. perception

58. The robbers eventually .... in breaking into the house.

A. succeeded B. decided
C. caught D. trained

59. I finally .... her to stay another day.

A. advised B. persuaded
C. suggested D. called

60. Most of the people who .... the book exhibition were teachers.

A. witnessed B. presented
C. conducted D. attended

ANSWERS

1	2	3	4	5	6	7	8	9	10
A	B	C	A	C	B	C	C	B	D
11	12	13	14	15	16	17	18	19	20
C	A	C	C	C	B	D	B	B	D
21	22	23	24	25	26	27	28	29	30
B	C	C	B	C	C	D	A	B	A
31	32	33	34	35	36	37	38	39	40
A	D	D	A	A	D	C	D	C	B
41	42	43	44	45	46	47	48	49	50
A	A	D	C	A	A	D	D	C	A
51	52	53	54	55	56	57	58	59	60
A	C	B	D	A	D	C	A	B	D

11 Sentence Improvement

One may use the same words in many ways but the best way is only one that makes the perfect usage of the words and conveys the proper meaning of the expression. Try it yourself in the following questions.

Multiple Choice Questions

Directions: *In these questions, a part of the sentence is bold. Below are given alternatives to the bold part at A, B and C which may improve the sentence. Choose the correct alternative. In case no improvement is needed, your answer is 'D'.*

1. Discreet salience **is extremely important** to create that 'irresistible-yet-unattainable' image for brands that want to take India seriously
A. was extremely important
B. is mainly important
C. was important extremely
D. No Improvement

2. This, over a designer outfit that he wanted for a friend's party and **that his sensitive** parents refused him.
A. which his sensitive
B. which his insensitive
C. that his insensitive
D. No Improvement

3. Goa was full of non-Goa property hunters **rushing about buying up the place** like tomorrow was an expired lease.
A. rushing in buying up the place
B. rushed about buying up the place
C. rushing about to buy up the place
D. No Improvement

4. Property hunting is a **tired and hungry** making business.
A. is a tiresome and hungry
B. is a tiring and hungry
C. is a tiring and waste
D. No Improvement

5. Cultural differences aside, **till luxury need speaks** in a manner that befits.
A. luxury still needs to speak
B. luxury still need to speak
C. luxury till need to speak
D. No Improvement

6. Indian food—the culinary avatar of the subcontinent's social history presented on a platter—**is without doubt the best food** in the world.
A. is undoubtedly the greatest food
B. is without doubt greatest food
C. is best food without doubt
D. No Improvement

7. It must retain the language of poetry. **It needed to create** stories, and not statements.
A. It needed creating
B. It needs creating
C. It needs to create
D. No Improvement

8. This year, Asia-Pacific has become the first region **to reach aggregate profiting** in biotech.
A. to reach aggregated profitability
B. to reach aggregate profitability
C. to reach aggregate of profit
D. No Improvement

9. India is deviating to embrace the West. If Western luxury brands deviate a little, **albeit selectively**, they will find rich Indian arms open far and wide.
A. though selectively
B. however selectively
C. albeit selectedly
D. No Improvement

10. China and India continued to attract attention and deals, motivated by the desire to increase access to these **largest and growing** drug markets and by the need to lower the costs of drug development.
A. larger and growing
B. large and growing
C. larger and grown
D. No Improvement

11. Luxury brands are **still above of the** clover curve here, with their elite (small) audiences.
A. still ahead of the
B. still in the
C. still far of the
D. No Improvement

12. Agencies **hence needed to be** sure of returns before investing, say admen.
A. hence needs to be
B. so needs to be
C. hence need to be
D. No Improvement

13. India is still a nascent market and that's the spirit everyone's **looking at it**.
A. looking for it B. looking in it
C. looking with it D. No Improvement

14. Questioning the state's move to allow women to serve liquor but not dance in bars **of the ground that** dancing aroused physical lust.
A. on the grounds that
B. of the grounds that
C. over the grounds that
D. No Improvement

15. For England the positives from their crushing series lose come in the shape of James Anderson and Kevin Pietersen, **both of which** have made significant strides up the rankings.
A. both of which B. both of whom
C. both of who D. No Improvement

16. International campaigns can work well for luxury here, **but context cannot be** ignored.
A. so context cannot be
B. but context cannot
C. but context couldn't
D. No Improvement

17. For one, the Indian luxury context, **while evolved rapidly**, still has its own meaning, and its own implications.
A. while evolved rapid
B. which evolving rapidly
C. while evolving rapidly
D. No Improvement

18. But too much of availability can compromise a luxury brand or **made it lose** its lustre.
A. make her lose B. make him lose
C. make it lose D. No Improvement

19. Still, it's under-the-upper **layers themselves who** are aspiring for slivers of luxury.
A. layers themselves which
B. layer itself who
C. layers themself which
D. No Improvement

20. It is like saying Hindi movies, with skimpily dressed dancers, would **effect public** order.
A. effect your B. affect public
C. affected public D. No Improvement

21. The court held that a few women being involved in prostitution was no **justice to deny other** bar girls the right to livelihood.
A. justification to declare other
B. justification to deny other
C. justice to let other
D. No Improvement

22. All-rounder cricketer has also made some progress **over the** player rankings.
A. above the B. at the
C. up the D. No Improvement

23. Former minister on Sunday **joined hands** with a suspended Lok Sabha member to float a new political outfit.
A. folded hands
B. walked hand in hand
C. shaked hands
D. No Improvement

24. Pakistan's former ministers will meet in London on Monday **to ask** a strategy to return home from exile.
A. to chalk out
B. to negotiate
C. to create
D. No Improvement

25. It's a family potboiler, medical thriller and political drama **all in one**—except that it's all too real and all too grim.
A. all 3 in one
B. all coupled into one
C. all rolled into one
D. No Improvement

26. India's efforts to get international support for its civil nuclear energy programme got **a go ahead on** Sunday as Germany indicated it would not come in the way of the India-US nuclear deal.
A. a life in B. a boost on
C. a boost at D. No Improvement

27. Is it time for old bungalows to **bite the dust**?
A. go down B. get down
C. come down D. No Improvement

28. The bungalows was an outward manifestation of a certain **way in life**, and with that era gone.
A. way for life B. way of life
C. way at life D. No Improvement

29. The builder Mittals will reportedly **raise their money**-raking high-rise behind it.
A. highten their money
B. rise their money
C. raise there money
D. No Improvement

30. The impatient present has usually demolished **more of the** past before we wake up to the irretrievable loss.
A. much of B. much of their
C. much of the D. No Improvement

31. Preservation is a romantic notion; demolition **quiet** more practical reasons.
A. has many, B. had many,
C. have many, D. No Improvement

32. You must get back to your **charming self** and impress the audience with your social skills.
A. own self B. main self
C. own uniqueness D. No Improvement

33. Stay focused on your goals and don't **get disturbed by** non-materialistic possessions.
A. get involved by
B. get betrayed by
C. get distracted by
D. No Improvement

34. You may appear more optimistic than your detractors **may want it to be.**
A. want you to be
B. wish yourself to be
C. seek you be
D. No Improvement

35. There are a number of mineral springs in the Czech territory, which **has been used** for medicinal purposes since the early 15th century.
A. have been used B. had been used
C. has being used D. No Improvement

36. The picturesque mountains **offers** excellent bungee jumping spots.
A. shows B. provides
C. offer D. No Improvement

37. Begin your **meal with** traditional faves like potato soup, beef soup with liver dumplings or dill soup made from sour milk.
A. meals with B. meal in
C. meals of D. No Improvement

38. You can also **go to the** National Museum building and the famous Prague State Opera.
A. went to B. visit the
C. saw D. No Improvement

39. If they close the Gulf for a **length of time** to shipping, then certainly we could look at $150, probably higher.
A. larger amount of time
B. larger duration of time
C. larger amount of hours
D. No Improvement

40. **More of them** are owned by the state and even the privately-owned ones are open to the public.
A. Most of which B. Most of them
C. Most of all D. No Improvement

41. Constructed in the ninth century by the Prince Booivoj, the castle has transformed **oneself** from a wooden fortress surrounded by earthen bulwarks to the imposing form it has today.
A. himself B. herself
C. itself D. No Improvement

42. Apart from frequent art exhibitions, **their are also** permanent collections devoted to archaeology, anthropology, mineralogy, natural history and numismatics.
A. there is also B. there are also
C. their are also D. No Improvement

43. You can visit the Czech Museum of Fine Arts, **at a** permanent exhibition on Czech Kubism.
A. with a
B. for a
C. in a
D. No Improvement

44. Tensions **above** Iran come at a time of strong demand for energy.
A. under B. inside
C. over D. No Improvement

45. Because its shores line the narrow Straits of Hormuz, Iran **could quickly hit** both military and commercial shipping.
A. will quickly hit
B. shall quickly hit
C. will be quick hitting
D. No Improvement

46. For most people who exercise **at the** morning, there is no getting around the question: Eat and run? Or run and eat later?
A. in the
B. in
C. at the time of
D. No Improvement

47. Are ad agencies even attempting to peer into the keyhole of this indulgence sanctum to garner consumer insights **ahead of** the curve?
A. above
B. over
C. within
D. No Improvement

48. Too many people rush into the world of credit and don't stop to think about how **their actions could affect their** credit score and ability to qualify for credit in the future.
A. their actions may affect their
B. their actions might affect their
C. their actions will affect their
D. No Improvement

49. According to the report, **number of deal with** vaccines were energized by concerns around avian flu, SARS, and biodefence products, while looming patent expirations led to more deals in generics.
A. number of deals in
B. number of deal in
C. number of deals with
D. No Improvement

50. This is how the Bombay High Court responded to the state government's purported **moral stand which** dance bars were causing grave harm to society.
   A. moral stand in
   B. moral stand at
   C. moral stand that D. No Improvement

51. If you have a high credit limit, use **at least a** third of it.
   A. atleast a
   B. at last a
   C. utmost a
   D. No Improvement

52. Fitness experts will say that **first eating provides** fuel for a proper workout.
   A. eating in the beginning provides
   B. first eat provides
   C. eating first provides
   D. No Improvement

53. One study that examined the claim directly in 1995 found that a group of people did **burned much calories from fat on days** when they exercised on an empty stomach than on days when they had a small breakfast first.
   A. burn more calories from fat on days
   B. burn more calorie from fat on days
   C. burnt more calories from fat on days
   D. No Improvement

54. Carefree children spent their afternoons **to run about barefoot**, their clothes dusty, and telltale twigs of the neighbour's mango tree in their hair.
   A. running barefoot in the sun
   B. run about barefoot in the sun
   C. running about barefoot in the sun
   D. No Improvement

55. A year ago, a 13-year-old girl attempted suicide because her mother **refuses to pay his** mobile bills.
   A. refuses to pay her
   B. refused to pay her
   C. refused to pay his
   D. No Improvement

ANSWERS

1	2	3	4	5	6	7	8	9	10
D	C	D	B	A	D	C	C	D	B
11	**12**	**13**	**14**	**15**	**16**	**17**	**18**	**19**	**20**
C	C	D	A	C	D	C	C	C	C
21	**22**	**23**	**24**	**25**	**26**	**27**	**28**	**29**	**30**
B	C	C	A	C	B	D	B	D	C
31	**32**	**33**	**34**	**35**	**36**	**37**	**38**	**39**	**40**
A	D	C	A	D	C	A	B	D	B
41	**42**	**43**	**44**	**45**	**46**	**47**	**48**	**49**	**50**
C	B	A	C	D	A	D	C	A	C
51	**52**	**53**	**54**	**55**					
C	C	A	C	B					

❑❑❑

12 Reordering Words & Sentences

Different words form a sentence and convey their meaning only when arranged in a proper order. A Paragraph is formed from sentences, it will convey its true meaning and purpose only when the sentences are arranged in a proper manner. Try and practise it in this exercise.

Multiple Choice Questions

Directions (Qs. 1 to 20): *In the following questions, some parts of the sentence have been jumbled up. You are required to rearrange these parts which are labelled P, Q, R and S to produce the correct sentence. Choose the option with proper sequence.*

1. We are doing
P : to the people
Q : to give relief
R : all we can
S : but more funds are needed
The correct sequence should be
A. P Q R S B. R Q P S
C. Q P R S D. S P Q R

2. The man
P : when he was
Q : in the office last evening
R : could not finish
S : all his work
The correct sequence should be
A. P Q R S B. Q R S P
C. R Q P S D. R S P Q

3. The people decided
P : they were going
Q : how much
R : to spend
S : on the construction of the school building
The correct sequence should be
A. Q P R S B. P Q R S
C. P R Q S D. S Q P R

4. The man said that
P : those workers
Q : would be given a raise
R : who did not go on
S : strike last month
The correct sequence should be
A. P Q R S B. P R S Q
C. Q P R S D. R S P Q

5. I think
P : the members
Q : are basically in agreement
R : of the group
S : on the following points
The correct sequence should be
A. R Q P S B. S Q R P
C. P R Q S D. P Q S R

6. While it was true that
P : I had
Q : to invest in industry
R : some lands and houses
S : I did not have ready cash

The correct sequence should be

A. P Q R S B. P R S Q

C. S Q P R D. Q P R S

7. P : But for your help

Q : to finish this work

R : it would not have been possible

S : in time

The correct sequence should be

A. P R Q S B. S P Q R

C. R P Q S D. P Q R S

8. The boy

P : in the competition

Q : who was wearing spectacles

R : won many prizes

S : held in our college

The correct sequence should be

A. P Q R S B. R P S Q

C. Q R P S D. Q P S R

9. About 200 years ago,

P : in the south of India

Q : an old king

R : ruled over a kingdom

S : called Rajavarman

The correct sequence should be

A. Q S R P B. P Q R S

C. Q P S R D. Q S P R

10. P : his land

Q : a wooden plough

R : the Indian peasant still uses

S : to cultivate

The correct sequence should be

A. R Q P S B. Q P S R

C. S R Q P D. R Q S P

11. He was a man,

P : even if he had to starve

Q : who would not beg

R : borrow or steal

S : from anyone

The correct sequence should be

A. P Q R S B. P R Q S

C. Q R S P D. Q P R S

12. P : in the progress of

Q : universities play a crucial role

R : our civilization

S : in the present age

The correct sequence should be

A. S Q P R B. Q R S P

C. Q R P S D. S Q R P

13. P : far out into the sea

Q : for the next two weeks there were further explosions

R : which hurled

S : ashes and debris

The correct sequence should be

A. Q R P S B. R S P Q

C. Q R S P D. S R P Q

14. William Shakespeare,

P : in his lifetime

Q : the great English dramatist

R : wrote thirty-five plays

S : and several poems

The correct sequence should be

A. P Q R S B. R S P Q

C. Q S R P D. Q R S P

15. Whenever I am,

P : with an old friend of mine

Q : in New Delhi

R : to have dinner

S : I always try

The correct sequence should be

A. S Q P R B. Q S R P

C. R P S Q D. P R Q S

16. P : I don't know

Q : must have thought

R : what people sitting next to me

S : but I came away

The correct sequence should be

A. R S Q P B. R Q S P

C. P Q R S D. P R Q S

17. P : in estimating the size of the earth

Q : but they were hampered by the lack of instruments of precision

R : ancient astronomers

S : used methods which were theoretically valid

The correct sequence should be

A. R P Q S B. P R Q S

C. R S Q P D. R P S Q

18. P : It is a pity that
Q : by offering a handsome dowry
R : a number of parents think that
S : they will be able to ensure the happiness of their daughters

The correct sequence should be

A. S Q R P B. P R S Q
C. P S R Q D. P R Q S

19. The common man
P : in nurturing
Q : a more active role
R : communal harmony
S : should play

The correct sequence should be

A. P R S Q B. S Q P R
C. S Q R P D. P R Q S

20. The doctor
P : able to find out
Q : what has caused
R : the food poisoning
S : has not been

The correct sequence should be

A. S P R Q B. P R Q S
C. P R S Q D. S P Q R

Directions (Qs. 21 to 40): *A number of sentences are given below which when properly sequenced form a coherent paragraph. Each sentence is labelled as abcdef...... Choose the most logical order of sentences from among the given choices to construct a coherent paragraph:*

21. (a) Parts of northern region were pounded by heavy rains today,
(b) Vehicular traffic came to a near halt.
(c) As mid and high altitude areas of Himachal Pradesh were in grip of severe cold wave with snow lashing the tribal areas and mid ranges receiving showers.
(d) As the sky remained heavily overcast with dark clouds reducing the visibility considerably.
(e) A large number of tourists were forced to buy heavy woollens and stay indoors due to inclement weather.

A. ecabd B. adecb
C. edabc D. acbde

22. (a) The idea is that students should be able to find employment for themselves after the course.
(b) The Central Board of Secondary Education is planning a revamp of its vocational courses.
(c) For this it is necessary to tie up with the industry as well as mobilise schools for their support.
(d) While others will be made less academic and more in tune with the needs of the industry.
(e) A number of courses have been identified as 'deadwood' and will be done away with.

A. bedac B. abcde
C. acebd D. baced

23. (a) Clearly, age is not a deterrent in one's choice of learning.
(b) Perhaps, it was because of her childhood desire.
(c) When Rachna came to Delhi eight years back, she had not anticipated a career in the field of art.
(d) She has been successful in the various exhibitions that she has been part of in terms of business.
(e) She had got into expressing her thoughts with the help of a brush and colours only because her daughter refused to get initiated into it.
(f) She feels that her use of colour appeals to people.

A. aedcbf B. cdefba
C. cebadf D. acdebf

24. (a) The rehabilitation record has been dismal.
(b) It has been two years years since the earthquake rudely rattled the people of Gujarat.
(c) And since then, life has been a constant struggle.
(d) The quake set Gujarat's clock back by 10 years.
(e) Things changed forever.

A. bedca B. bcade
C. dbace D. edcba

25. (a) In fact, success in exams depended on rote learning from old notes.
(b) when he was studying civil engineering in a college in Gujarat.
(c) He was detained for lack of attendance.
(d) Lectures were soporific, classes rarely worth attending and 80 per cent attendance compulsory.
(e) The college became a trap he hated.
(f) His is a plight many engineers across India would identify with.
(g) He found the going tough.
A. abcdgef B. bgdacef
C. fabcdge D. abcdefg

26. (a) In a country that has close to 600 recognised engineering colleges, there are only seven IITs.
(b) Barring a few exeptions, the academic atmosphere in these is moribund.
(c) The very best students usually get there.
(d) many waste themselves in frustration.
(e) Most of those who get into engineering are good students.
(f) but about 1.25 lakh others and up in the remaining colleges.
A. aecfbd B. abecdf
C. abcdef D. acfbed

27. (a) Whatever the job market, common wisdom says that IIT graduates will find jobs where others have failed.
(b) The IIT brand name is a ticket to success.
(c) When recruiters go headhunting, the IITs are still top of their list.
(d) Its possessor is understood to have an excellent academic record and the will to succeed.
(e) In the job market, that counts.
A. bdeac B. abcde
C. abdce D. dbace

28. (a) It will pave the way ....
(b) signalling a new beginning in strategic ties......
(c) for a tangible Indian economic presence in Iran and Central Asia.
(d) Iran has offered India valuable road linkages to central Asia ......
(e) aimed at promoting peace and economic cooperation in the region.
A. dbeac B. debca
C. acebd D. abced

29. (a) A good college is essential for a successful career and admissions are based on marks.
(b) The marks-based system followed by all the boards in the country recognises only a small percentage of students as successful.
(c) The marks one scores in the crucial board exams dictate the path his life takes.
(d) Anyone scoring below a certain percentage is automatically branded a 'failure'.
(d) So if you cannot make it into the best college, your career is over even before it has started.
A. abcde B. bcdea
C. bdcae D. abdec

30. (a) The project has already started on an experimental basis in the west district.
(b) A website is soon going to be launched where application forms can be downloaded and submitted.
(c) Standing in a queue at a government office to submit application form will be a thing of the past.
(d) A unique code will be alloted while submitting the form which will help in finding the status of the application.
A. abcd B. dabc
C. cbda D. badc

31. (a) To curb bio-terrorism is a difficult task.
(b) To check these attacks and lessen their impact, we need an impartial team of sincere, strong and dedicated men.
(c) The media can play a strong role in stopping this unnecessary spread of panic.
(d) Since bio-terrorism is not visible or easily detectable, it can be used often.
(e) Men who honour the lives of their fellow countrymen before their own.

A. abcde B. dabce
C. adbec D. acbed

32. (a) He was dying.
(b) No one was ready to touch him as even shifting him from one place to another would lead to profuse bleeding.
(c) He was a five-day old infant, premature and bleeding profusely.
(d) Even if injected one small needle, blood would ooze out and continue to flow for an hour at a stretch.
(e) This small being had haematoma, a thick blood clot in his brain.
A. edbca B. cabde
C. eacdb D. cedba

33. (a) The day I don't treat a patient, I feel ....
(b) I have enough to eat, I crave for blessings now.
(c) But if a financially weak patient gives me only ₹ 50, I don't mind.
(d) Each month I do three to four operations free of cost.
(e) I have lost something in life.
(f) My consultation fee is ₹ 300.
A. fcdeab B. dfcbae
C. fcabde D. bdfcea

34. (a) When he was rushed to the nearby Primary Health Centre after his fall, the doctor referred him to a hospital.
(b) This worsened his injury.
(c) Had a little precaution been exercised after the accident, Tarun would have continued with his gymnastic classes.
(d) He was paralysed from waist downwards when he fell from the vaulting horse while doing gymnastics.
(e) However, the doctor forgot to tell Tarun's parents to take him on a stretcher as he had suffered spinal injuries.
(f) Tarun is wheelchair bound for two years.
A. fdeabc B. abcdef
C. fdcaeb D. fdbcae

35. (a) As the temperature rises, staying hydrated can become a greater challenge for people exercising both indoors and out.
(b) Several things can influence this process, including age, gender, physical conditioning. humidity and a lack of sufficient fluids.
(c) In hot weather, individuals can lose as much as two quarts of sweat per hour.
(d) As we age, we have a lower perceived level of thirst in response to fluid loss and early stages of dehydration.
(e) If not replenished, this can lead to dehydration, heat exhaustion and even heatstroke.
A. abcde B. dbcae
C. cbdea D. acebd

36. (a) The leopard was discovered in the servant quarters of a farmhouse.
(b) The injuries appeared to have been caused by the paws of the leopard, and were not teeth wounds.
(c) It took the wild life officials, Delhi Police and Delhi zoo vets eight hours to capture the leopard that had wandered into a factory in south Delhi.
(d) The leopard then jumped into the factory where the workers managed to lock it in a small generator room before calling in the police.
(e) Before its capture, the leopard attacked two women and a man in the farmhouse.
A. aebdc B. bdaec
C. eadbc D. adbec

37. (a) Police suspect a carpenter working at John's house as he has not reported for work since the day the boy went missing.
(b) John did not return home in the afternoon.
(c) John's mother had herself put the boy on the vehicle in the morning.
(d) John smiled at him and was last seen walking up to him.
(e) His parents called the school and were told John had not been to school at all and had been marked absent.
(f) He was about to enter the school when someone called out his name.

A. cfdbea B. debfca
C. bfdaec D. abcdef

38. (a) However, the mayhem over the last few months is deeply shocking.
(b) Yet I do not agree with the prophets of doom who see nothing but disaster ahead.
(c) When I came back to my motherland India after a stay in Switzerland, I felt I was trading a hotbed of intense religious and political violence for peace and quiet.
(d) I think our nation is searching for an identity.
(e) And a new vision of the future will emerge from this.

A. abcde B. cabde
C. cebad D. bedca

39. (a) An integrated and combined approach was required to reveal the mystery of the brain —its structure, composition and function.
(b) Since the early 80's, scientists were clear that the brain would be the final frontier to conquer.
(c) The initiative was flagged off and came to be known as the Human Brain Project.
(d) But that wasn't easy because understanding the brain involved completely integrating information from the level of the gene to the level of behaviour.
(e) To fulfill this requirement a group of American scientists from various disciplines decided to work together.

A. acbed B. bdaec
C. abdec D. badec

40. (a) A product is something that is made in a factory, a brand is something that is bought by a consumer.
(b) The trick therefore, lies in the brand positioning.
(c) For a consumer, the satisfaction of becoming associated with a name that is the 'best' and the 'leader' is far more important and at times makes him ignore the price factor.
(d) Brands come and go.
(e) Still there are those who manage to stay and develop an affinity with consumers.

A. aebcd B. debac
C. decab D. aecdb

ANSWERS

1	2	3	4	5	6	7	8	9	10
B	D	A	B	C	C	A	C	A	D
11	12	13	14	15	16	17	18	19	20
C	A	C	D	B	D	C	B	B	D
21	22	23	24	25	26	27	28	29	30
D	A	C	A	B	D	A	A	C	C
31	32	33	34	35	36	37	38	39	40
C	D	B	C	D	A	A	B	B	B

□□□

13 Comprehension Passages

PASSAGES

Directions: *Read the following passages and answer the questions given below each.*

PASSAGE-1

In the Roman times, defected enemies were generally put to death as criminals for having offended the emperor of Rome. In the middle ages, however, the practice of ransoming of returning prisoners in exchange for money became common. Though some saw this custom as a step towards a most humane society, the primary reasons behind it were economic rather than humanitarian.

In those times, rulers had only a limited ability to raise taxes. They could neither force their subject to fight nor pay them to do so. The promise of material compensation in the form of goods and ransom was therefore the only way of inducing combatants to participate in a war. In the middle ages, the predominant incentive for the individual soldiers was the expectation of spoils. Although collecting ransom clearly brought financial gain, keeping a prisoner and arranging for his exchange had its cost. Consequently, procedures were devised to reduce transaction costs.

One such device was a rule asserting that the prisoner had to assess his own value. This compelled the prisoner to establish a value *without too much distortion;* indicating too low a value would increase, the captive's chances of being killed, while indicating too high a value would either ruin him financially or create a prohibitively expensive ransom that would also result in death.

1. It can be inferred from the passage that a medieval soldier

A. was less likely to kill captured members of opposing armies than was a soldier of the Roman Empire

B. was similar to a 20th century terrorist in that he operated on a basically independent level and was motivated solely by economic incentives

C. had few economic options and chose to fight because it was the only way to earn an adequate living

D. was motivated to spare prisoners' lives by humanitarian rather than economic ideals

2. Which of the following best describes the change in policy from executing prisoners in Roman times to ransoming prisoners in the middle ages?

A. The emperors of Rome demanded more respect than did medieval rulers and thus Roman subjects went to greater lengths to defend their nation

B. It was a reflection of the lesser degree of direct control medieval ruler had over subjects

C. It became a show of strength and honour warrior of the middles ages to be able to capture and return their enemies

D. Medieval soldiers were not as humanitarian as their ransoming practices might have indicated

3. The primary purpose of the passage is to
   A. discuss the economic basis of the medieval practice of exchanging prisoners for ransom
   B. examine the history of the treatment of prisoner of war
   C. emphasize the importance of a warrior's code of honour during the middle ages
   D. explore a way of reducing the cost of ransom

4. The author uses the phrase *"without too much distortion"* in order to
   A. indicate that prisoners would fairly assess their worth
   B. emphasize the important role medieval prisoners played in determining whether they should be ransomed
   C. explain how prisoners often paid more than an appropriate ransom in order to increase their chances for survival
   D. suggest that captors and captives often had understanding relationships

PASSAGE-2

The world dismisses curiosity by calling it idle or mere idle curiosity—even though curious persons are seldom idle. Parents do their best to extinguish curiosity in their children because it makes life difficult to be faced everyday with a string of unanswerable questions about what makes fire hot or why grass grows. Children whose curiosity survives parental discipline are invited to join our university. With the university, they go on asking their questions and trying to find the answers. In the eyes of a scholar, that is what a university is for. Some of the questions which the scholars ask, seem to the world to be scarcely worth asking, let alone answering. They asked questions too minute specialised for you and me to understand without years of explanation. If the world inquires of one of them why he wants to know the answer to a particular question he may say especially if he is a scientist, that the answer will in some obscure way make possible a new machine or weapon or gadget. He talks that way because he knows that the world understands and respects utility.

But to you who are now part of the university, he will say that he wants to know the answer simply because he does not know it, the way the mountain climber wants to climb a mountain, simply because it is there. Similarly a historian asked by an outsider why he studies history may come out with the argument that he has learnt to repeat on such occasions, something about knowledge of the past making it possible to understand the present and mould the future. But if you really want to know why a historian studies the past, the answer is much simpler, something happened and he would like to know what. All this does not mean that the answers which scholars find to their questions have no consequences. They may have enormous consequences but these seldom form the reason for asking the questions or pursuing the answers. It is true that scholars can be put to work answering questions for the sake of the consequences as thousands are working, now, for example, in search of a cure for cancer. But this is not the primary function of the scholars. For the consequences are usually subordinate to the satisfaction of curiosity.

1. According to the passage, the children make life difficult for their parents
   A. by their ceaseless curiosity
   B. by unceasing bombardment of questions
   C. by asking irrelevant questions
   D. by posing profound questions

2. The common people consider some of the questions that the scholars ask unimportant
   A. as they are too lazy and idle
   B. as they are too modest
   C. as it's beyond their comprehension
   D. as it is considered a waste of time

3. A historian really studies the past
   A. to comprehend the present and to reconstruct the future
   B. to explain the present and plan the future
   C. to understand the present and make fortune
   D. to understand the present and mould the future

4. Children whose curiosity survives parental discipline means
   A. children retaining their curiosity in spite of being discouraged by their parents
   B. children pursuing their mental curiosity
   C. children's curiosity subdued due to parents' intervention
   D. children being disciplined by their parents
5. According to the passage, parents do their best to discourage curiosity in their children
   A. because they have no time
   B. because they have no patience to answer them
   C. because they feel that their children ask stupid questions continuously
   D. because they are unable to answer all their questions

PASSAGE-3

The factor of geographical distribution is equally, possibly even more, significant that English is spoken as first or native language in at least four continents of the world, Russian in two, Chinese and the Indian languages in one. English is without question the closest approach to a world language today. It goes without saying that no two persons ever have an identical command of their common language. Certainly, they have not precisely the same vocabulary. There are at least minor differences in pronunciation, indeed the same individual will not pronounce his vowels and consonants in absolutely identical fashion everytime he utters them. Everyone possesses, in addition, certain individual traits of grammatical form and syntactical order, constituting that peculiar and personal quality of language which we term as style. All of this is implicit in the well-known phrase, 'Style is the man.' No men are identical, no two styles are the same. If this be true of but two persons, the potential of differences resident in a language spoken by more than 200 million truly staggers imagination.

1. The author argues that English is the closest approach to a world language because
   A. there are more native speakers of English than of any other language
   B. English has less number of mutually unintelligible dialects
   C. the geographical distribution of English covers a much greater area
   D. other languages are much too complex to be world languages
2. The fact that the same individual will not pronounce his vowels and consonants identically everytime shows that
   A. literary style varies from person to person
   B. mutual intelligibility is a myth
   C. vocabulary varies from individual to individual
   D. no two persons speak the same language exactly the same way
3. It is evident from the passage that style is
   A. a strange type of language
   B. a language where one does not have to be particular about correctness and grammar
   C. language used in a particular way by an individual
   D. a question of grammatical and syntactic correctness
4. According to some authorities
   A. more people speak Chinese dialect than English
   B. more people speak English as an auxiliary language than as a first language
   C. more people speak English in the UK than in England
   D. about one-fourth of the world's population speaks English
5. The overall implication of the passage is that
   A. to suppose that 230 million people speak English as a native language would certainly be an underestimate
   B. the 55 million inhabitants of the British Isles speak like the 30 million inhabitants of the dominions and colonies
   C. a little less than half the native English speakers in the world live in the US

D. about one-tenth of the total English-speaking world population lives in British dominions and colonies

PASSAGE-4

What is the future which awaits our children? The underlying assumption of the question, that Indian children have a common future, is itself dubious. It can legitimately be asked whether a student who is well-fed, attending a boarding school in the salubrious climate of the hills and learning to use computers has any future in common with a malnourished child who goes to a school with no blackboards, if indeed he does go to school. The latter may have no worthwhile future at all. And it might be worthwhile to analyse the significance of this marginalisation of more than 75 per cent of the children of this country.

The failure to provide an infrastructure for primary education in the villages of India more than 40 years after independence is in sharp contrast with the sophisticated institutions, for technical institutes of higher education are funded by the government, which essentially means that the money to support them comes from taxes. And, since indirect taxation forms a substantial part of the taxes collected by the government, the financial burden is borne by all the people. L.K. Jha put it graphically when he observed that 25 paise of every rupee spent on educating an IIT student comes from the pockets of men and women whose children may never enter a proper classroom.

1. The author is trying to highlight which of the following?
   A. Faulty system of direct taxes
   B. The greatness of L.K. Jha
   C. Need of sophisticated education for rural poor
   D. Need to have common future for Indian children

2. Which of the following pairs have been termed as 'sharp contrast' by the author?
   (*i*) Infrastructure for technical education
   (*ii*) Lack of infrastructure for rural primary schools
   (*iii*) 25 paise of every rupee earned by Government is spent on education
   (*iv*) The financial burden of higher technical education is borne by all people
   (*v*) 75% of children have limited opportunities
   A. (*ii*) and (*iv*) B. (*ii*) and (*iii*)
   C. (*iii*) and (*iv*) D. (*i*) and (*ii*)

3. Which of the following statements is not true?
   (*i*) The author welcomes Govt.'s initiative on primary education
   (*ii*) 75% of the children have a bright future
   (*iii*) 25% cost of educating a technocrat comes from poor people
   A. Only (*i*) B. Only (*ii*)
   C. Only (*iii*) D. Only (*i*) and (*ii*)

4. According to the author, who among the following does not have a hopeful and prosperous future?
   (*i*) All students from technical institutes
   (*ii*) All students financially supported by the Government
   A. Only (*i*) B. Only (*ii*)
   C. Both (*i*) and (*ii*) D. Neither (*i*) nor (*ii*)

5. What seems to be the likely answer of the author to the question posed by him in the first sentence of the passage?
   (*i*) There is no common future for the Indian children
   (*ii*) The future is worthwhile for majority of Indian children
   (*iii*) The majority may never enter a proper classroom
   A. Only (*i*) B. Only (*ii*)
   C. Only (*iii*) D. Both (*i*) and (*ii*)

6. What seems to be the purpose of the author in writing this passage?
   A. Setting goals for children of upper middle class
   B. Questioning the legitimacy of public schools
   C. Highlighting lack of infrastructural facilities for primary education
   D. Focusing on inequality in educational opportunities

PASSAGE-5

Cyber crime is the branded stigma defacing the culture and magnanimity of computer technology. It is upkeeping the flag with indomitable triumph against developing computer technology worldwide.

Modern age is striding with marching steps of technology revolution beating the past decade of ancestral belief with ultimate care. Computer invention has unfolded the mystery of quick access with the objective of minimum manpower and cutting the time consumption parameters.

As each coin has dual face of its portrait, likewise computer technology is sick of creeping virus. Synthetic man-made dilemma of site hackers activation is causing setback to the expanding anchor of revolutionary device with great loss of time, economy and data profile as suffered by consumers. A recent report from Internet security firm Websense estimates that 85.6 per cent of all the unwanted e-mails contained links to spam sites. The company's data suggests that the number of malicious sites grew 233 per cent in the last six months and saw 671 per cent growth in the number of malicious sites during the last year. In June alone, the total number of e-mails detected as containing viruses increased by 600 per cent compared to May.

Chat rooms, blogs and message-boards where the users post comments have been identified as the top targets of hackers and spammers due to the high traffic these attract. According to Websense, 95 per cent of user-generated comments to blogs, chat rooms and message-boards during the first half of the year were malicious.

It is advisable not to click on spurious links and stay away from keying in passwords at unknown sites as they are most likely to be spammed. Hackers can steal your passwords and log in to your account and access critical information like account numbers and contact details among other things.

1. The above passage is:
A. an advisory for the computer users.
B. an advisory for the Internet users.
C. a warning against possible threat to the Internet users.
D. related to chat rooms, blogs and message boards.

2. People who use chat rooms and blogs,
A. are safe and have no threats from spam.
B. are more prone to malicious e-mails.
C. create virus and hack the accounts of others.
D. are unsafe.

3. According to the writer, it is not safe to:
A. log on to spurious links.
B. access one's own account frequently.
C. have essential information stored in a computer.
D. include data-stealing code.

4. Hackers and spammers, according to the writer, are:
A. a new threat to the Internet users and the economy.
B. only pranksters and not serious threat to the system.
C. trained, professional technocrats who are an asset.
D. not expert professionals.

5. Which word in the passage is synonym of *weblog*?
A. blog B. password
C. site D. e-mail

6. Which agency has assessed the data record with spam sites?
A. Microsoft
B. Internet security from Google
C. Websense
D. Spammers

7. Which month dominates the e-mails detection data record?
A. May B. June
C. Last six months D. Last year

PASSAGE-6

Progress in life depends a good deal on crossing one threshold after another. Some time ago, a man watched his little nephew try to write his name. It was hard work, very hard work. The little boy had arrived at an effort threshold. Today he writes his name with comparative ease. No new threshold confronts him. This is the way with all of us. As soon as we cross one threshold, as soon as we conquer one difficulty, a new difficulty appears, or should appear. Some people make the mistake of steering clear of thresholds. Anything that requires genuine thinking and use of energy, they avoid. They prefer to stay in a rut where thresholds are not met. Probably, they have been at their job a number of years. Things are easy for them. They make no effort to seek out new obstacles to overcome. Real progress stops under such circumstances.

Some middle-aged and elderly people greatly enrich their lives by continuing to cross thresholds. One man went into an entirely new business when he was past middle life and made success of it, De Morgan didn't start to write novels until he was past sixty. Psychologists have discovered that man can continue to learn throughout his life. And it is undoubtedly better to try and fail than not to try at all. There one can be placed in the category of the Swiss mountaineer of whom it was said, *"He died climbing"*. When a new difficulty arises to obstruct your path, do not complain. Accept the challenge. Determine to cross this threshold as you have crossed numerous other thresholds in your past. In the words of a poet, do not rest but strive *to pass from dream to grander dream.*

1. What obstructs real progress in life?
A. Remaining at one and the same post
B. Avoiding the thinking and energy
C. Shunning every work
D. Stopping education

2. What does progress in life depend upon?
A. Good habits
B. Hardwork
C. Overcoming one difficulty after another
D. Spirit of service and cooperation

3. What does *'He died climbing'* signify?
A. He died when he was climbing the hill
B. He died before getting at the top
C. He strove hard till the last moment of life
D. He climbed the hill and then died

4. What does *'to pass from dream to grander dream'* mean?
A. Always having greater and greater aspiration in life
B. Seeing one good dream and then greater aspiration in life
C. Making plan after plan
D. Seeing one dream after the other

5. What did the man entering a new business past middle life do of his business?
A. He miserably failed in it
B. He achieved partial success
C. He dropped the business after some time
D. He achieved good success in it

6. How can you accomplish the most difficult tasks?
A. By mobilizing all possible resources
B. By avoiding all obstacles
C. By sticking to hardwork
D. By doing it bit by bit and persisting in the effort

7. What does De Morgan's life teach?
A. That it is futile to learn many things
B. That one is never old in case he has vigour
C. That it is never too late to learn
D. That creative writing can be made even late in life

8. How do middle-aged and elderly people add brilliance to their lives?
A. By overcoming difficulty one after another
B. By getting sycophants to surround them
C. By making fine speeches
D. By acquiring resourcefulness

9. What should we do when a new difficulty obstructs our path?
A. Run away from it
B. Be bold and face it
C. Manoeuvre to get it removed
D. Enlist other people's help to get it over

10. When did De Morgan start to write novels?
A. When he was sixty years old
B. When he was below sixty
C. When he studied psychology
D. None of these

PASSAGE-7

It is *heartening* to know that if one had not had any heart attack earlier and he stops smoking, his chances of having a heart attack *drop* to that of a non-smoker in about six months' time. Stopping of smoking is also the single most effective means of secondary prevention (recurrence of a heart attack) in heart patients.

Smoking leads to pain and stiffness in the legs while walking. No amount of drugs can help. The only remedy is to give up smoking. If women smoke during pregnancy, there is an increased risk of death of the baby in the womb or soon after birth. Even where the baby survives, there is likelihood of delayed physical and intellectual development of the baby till it reaches 11 years of age.

Still worse the fact about smoking is that passive smoking is equally dangerous. Passive smokers are those who do not smoke but being in the company of smokers have to inhale smoke exhaled by the smokers They are equally prone to heart diseases, lung cancer and bronchitis, for no fault of theirs. It is seen that the incidence of these diseases is greater among women whose husbands are *heavy* smokers As such, every non-smoker has a fundamental right to safeguard himself against the danger of passive smoking. "Your smoking is injurious to my health and I have a right to stop you from smoking" could be the slogan against passive smoking. It is a great threat to the health of the individual, the family and the society. In fact one has to choose between health and smoking including passive smoking. *One cannot have both.*

Another matter of *grave concern* about smoking is the long time interval between the start of smoking habit and the manifestation of deadly diseases like cancer, chronic bronchitis and heart attack. People are generally not aware of the link between smoking and the misery they have to undergo years later and younger people often fall victim to this menacing habit under the wrong impression that they are *immune* to its disastrous effects, not realising that they are *heading* towards catastrophe. The prolonged incubation period of many tobacco-related diseases has prevented recognition of the size of the threat and the *grim* picture of chronic and life-threatening diseases.

1. What is "passive smoking"?
A. Giving up the habit of smoking abruptly
B. Exhaling smoke by a non-smoker
C. Unintended intake of smoke exhaled by smokers
D. Smoking cigarettes which are harmless in nature

2. The effects of passive smoking are more and more prominently observed among
A. the children
B. the smokers
C. the wives of smokers
D. the non-smokers

3. Which of the following is a heartening thing, according to the author?
A. People who have had a heart attack stop smoking
B. It takes only six months for any person to quit smoking
C. The smoker carries the risk of heart attack for six months
D. None of these

4. Which of the following statements is/are false in the context of the passage?
(*i*) Passive smokers are not free from risk of heart diseases
(*ii*) Intake of certain medicines helps recover pain and stiffness in legs caused by smoking
(*iii*) Younger people are immune to the disastrous effects if their regular smoking is under control

A. (*i*) and (*ii*) only B. (*ii*) and (*iii*) only
C. (*ii*) only D. (*iii*) only

5. Which of the following is not mentioned in the passage as a likely result of smoking by women during pregnancy?
A. Death of baby before birth
B. Death of baby after birth
C. Survival of baby with some abnormality
D. Abnormal delay in the childbirth

6. Which of the following is considered by the author as a matter of "grave concern"?
   A. Inordinate delay in appearance of symptoms of hazards of smoking
   B. Long time required for giving up the habit of smoking
   C. Manifestation of deadly diseases like cancer, bronchitis, etc.
   D. Lack of awareness of people regarding the hazards of smoking
7. The youth feel that they are immune to the hazardous effects of smoking because
   A. these effects of smoking are not visible within a short time span
   B. they do not realise that they are heading towards disaster
   C. they feel a great thrill in acquiring the habit of smoking
   D. the link between smoking and its disastrous effects cannot be established
8. Which factor prevents people from realising the extent of threat of smoking hazards?
   A. Their lack of awareness of civic responsibilities
   B. Their firm belief that they are not immune to these hazards
   C. The less disastrous effects of tobacco-related diseases
   D. None of these
9. The last sentence of the third para *"One cannot have both"* means
   A. active smoking and passive smoking
   B. smoking and risk of heart diseases
   C. threat to the individual and also to the family
   D. None of these

Directions (Qs. 10 to 12): *Choose the word which is most nearly the **SAME** in meaning as the word given in bold capitals as used in the passage.*

10. HEADING
A. crowning B. marching
C. adorning D. title

11. HEAVY
A. excessive B. bulky
C. large D. thick

12. DROP
A. roll B. escape
C. remove D. reduce

Directions (Qs. 13 to 15): *Choose the word which is most nearly the **OPPOSITE** in meaning of the word given in bold capitals as used in the passage.*

13. GRIM
A. dim B. dark
C. presentable D. pleasant

14. IMMUNE
A. free B. vulnerable
C. powerful D. weak

15. HEARTENING
A. cheerful B. miserable
C. frightening D. dangerous

PASSAGE-8

The happy man is the man who lives objectively, who has free affections and wide interests, who secures his happiness through these interests and affections and through the fact that they, in turn, make him an object of interest and affection to many others. To be the recipient of affection is a potent cause of happiness, but the man who demands affection is not the man upon whom it is *bestowed.* The man who receives affection is, speaking broadly, the man who gives it. But it is useless to attempt to give it as a calculation, in the way in which one might lend money at interest, for a calculated affection is not genuine and is not felt to be so by the recipient.

What then can a man do who is unhappy because he is encased in self? So long as he continues to think about the causes of his unhappiness, he continues to be self-centred and therefore does not get outside the vicious circle, if he is to get outside it, it must be genuine interests, not by simulated interests adopted merely as a medicine. Although this difficulty is real, there is nevertheless much that he can do if he has rightly diagnosed his trouble. If, for example, his trouble is due to a sense of sin, conscious or unconscious, he can first persuade his conscious mind that he has no reason to feel sinful and then proceed, to plant his rational conviction in his unconscious mind, concerning himself meanwhile with some more or less neutral activity. If he succeeds in *dispelling* the sense of sin, it is possible that genuine objective interests will arise spontaneously. If his trouble is self-pity, he can deal with it in the same manner after first persuading himself that there is nothing extraordinarily unfortunate in his circumstances.

If fear is his trouble, let him practise exercises designed to give courage. Courage has been recognised from time immemorial as an important virtue, and a great part of training of boys and young men has been devoted to producing a type of character capable of fearlessness in battle. But moral courage and intellectual courage have been much less studied, they also, however, have their technique. Admit to yourself everyday at least one painful truth, you will find this quite useful. Teach yourself to feel that life still be worth living even if you were not, as of course you are, immeasurably superior to all your friends in virtue and in intelligence. Exercises of this sort prolonged through several years will at last enable you to admit facts *without flinching* and will, in so doing, free you from the empire of fear over a very large field.

1. Who according to the passage is the happy man?
A who is encased in self
B. who has free affection and wide interests
C. who is free from worldly passions
D. who has externally centre passions

2. According to the passage, calculated affection
A. appears to be false and fabricated
B. makes other pen-on to love you
C. turns into permanent affection over a period of time
D. leads to self-pity

3. Which of the following virtues, according to the passage, has been recognised for long as an important virtue?
A. Patriotism B. Sacrifice
C. Courage D. Self-consciousness

4. Which of the following, according to the passage, has not been studied much?
A. Feeling of guilt and self-pity
B. The state of mind of an unhappy man
C. How to get absorbed in other interests
D. Moral and intellectual courage

5. If a man is suffering from a sense of sin
A. he should invite opinion of others
B. he should admit his sin at once
C. he should consciously realize that he has no reason to feel sinful
D. he should develop a fearless character

6. What happens to a man who demands affection?
A. His feelings are reciprocated by others
B. He tends to take a calculated risk
C. He becomes a victim of a viscious circle
D. None of these

7. What should a man do who is suffering from the feeling of self-pity?
A. He should control his passions and emotions
B. He should persuade himself that everything is alright in his circumstances
C. He should seek affection from others
D. He should develop a feeling of fearlessness

8. How to get out of the viscious circle mentioned in the passage?
A. By practicing skills of concentration
B. By inculcating the habits of self-absorption
C. Being true to others and one's internal circumstances
D. None of these

9. Which of the following statements is not *true* in the context of the passage?
A. Happy man has wide interests
B. Courage has been recognized as an important virtue
C. Unhappy man is encased in self

D. Issue of intellectual courage has been extensively studied

10. Which of the following words is ***SIMILAR*** in meaning of the word **'bestowed'** as used in the passage?

A. Conferred B. Accommodated
C. Trusted D. Withdrawn

11. Which of the following statements is *true* in the context of the passage?

A. All passions stem from unhappiness
B. The happy man lives in subjectively
C. Any virtue has a dark side also
D. One feels happy if one receives affection

12. Which of the following words is ***SIMILAR*** in meaning to the word **'flinching'** as used in the passage?

A. Wincing B. Convincing
C. Explaining D. Debating

13. What happens when you think about cause of your unhappiness?

A. You try to introspect and look critically at yourself
B. You realize that the life can be lived in different ways
C. You try to practice exercise designed to give courage
D. You remain a self-centred person

14. What according to the passage is the real cause of happiness?

A. Material rewards and incentives received
B. Critical analysis of the happy state of mind
C. Affection received from others
D. Calculated risks taken

15. Which of the following words is ***OPPOSITE*** in meaning of the word **'dispelling'** as used in the passage?

A. Giving B. Accumulating
C. Projecting D. Scattering

PASSAGE-9

Education, particularly higher education, is the obvious but crucially important instrument for nation building. As Confucious has said:

"If you are thinking of one year, plant rice. If you are thinking of a decade, plant trees. If you are thinking of a century, educate the people."

When we set about the task of higher education, we should be absolutely clear in our perception of the goals of education in the specific context of our nation's development. No *doubt,* one of the important aims of education would be to create the required range and nature of trained manpower assessed to be needed by different sectors of national growth. The entire educational apparatus must be geared progressively to fulfill the requirements of different phases of our growth in every sector—primary, secondary and *tertiary.* The aim must be to ensure that our country does not experience either *paucity,* or a *surfeit* of trained manpower in any specific segment of our economy. The requirements of our country, as a free, democratic, secular, socialist, nation, *aspiring* for rapid development, *entail* a specific recipe for our educational institutions. Today's educational institutions must therefore be developed accordingly and must regulate themselves to give the country the precise nature and quantum of trained manpower as projected by the requirements of our planned economy.

1. The author has quoted thoughts of Confucious to stress

A. importance of planting trees for human beings
B. the worthless efforts in planting rice
C. the benefits of investing in education
D. the need for assessing manpower requirement

2. Which statement cannot be made on the basis of the passage?

A. Higher education should keep in view the requirements of national economy
B. Higher education has not been employed for nation building
C. All levels of education have a role to play in nation's growth
D. In our country we need to have a specially planned educational system

3. The writer believes that
A. there are no problems related to higher education
B. investment in education is of long-range
C. higher education should be used to assess manpower needs
D. aims of higher education in India are absolutely clear

4. The author's expectations from higher education, are essentially
A. unrealistic B. confusing
C. critical D. vague

5. The writer indicates that
A. higher education did not play any role in national growth
B. primary education did not play any role in national growth
C. our nation experiences paucity of trained manpower in many sectors
D. today's higher education has no precise goals to achieve

6. Author has used the word 'apparatus' to indicate the
A. scientific nature of education
B. complicated organization demanded by education
C. readily visible benefits of education
D. entire equipment of education to perform particular function

7. Which of the following has not been conveyed by the passage?
A. Education at any level can contribute in nation building
B. Manpower needs in many areas can be fulfilled through higher education
C. Rapid development of our nation is possible through higher education
D. Present higher education does not ensure surfeit of trained manpower

8. This passage is likely to be addressed to
A. politicians only
B. scientists only
C. students only
D. cannot be said

9. Choose a suitable title to the passage:
A. Manpower Planning in India
B. Importance of Higher Education
C. Demands of Higher Education
D. Role of Higher Education in India

Directions (Qs.10 to 12): *Choose the word which is most nearly the **SAME** in meaning as the word given in bold capitals as used in the passage.*

10. DOUBT
A. suspicion B. certain
C. definite D. sure

11. TERTIARY
A. last B. important
C. third D. terminal

12. ASPIRING
A. inquiring B. awaiting
C. involving D. striving

Directions (Qs.13 to 15): *Choose the word which is most **OPPOSITE** in meaning as the word given in bold capitals as used in the passage.*

13. PAUCITY
A. moderate B. enormity
C. mediocrity D. littleness

14. SURFEIT
A. abundance B. redundancy
C. repletion D. lack

15. ENTAIL
A. entitled B. ensure
C. dismiss D. retain

PASSAGE-10

Books are a great treasurehouse of knowledge. They are the living examples of man's *march* on the path to higher and higher civilisation. The great men who died long ago, live in their books. We feel their very personality and existence when we read their books. We feel as if they were conversing with us.

Books not only store civilization but also carry it forward. All coming generations get the light of knowledge from the books written by their ancestors and try to improve upon that knowledge. Civilization cannot make much *headway* in a country where there are not many *great* books. We get through books the latest knowledge in the fields of arts, science, commerce, etc. This knowledge is helpful to us and *enables* us to achieve success in the field of our choice.

Books are never failing friends. They never *desert* us, not even when all fair-weather friends have deserted us. They dispel the dark clouds of gloom from our minds and increase our happiness if we are already happy. Through the ages, the scriptures and other great books have provided immeasurable *solace* to the wounded and strife-torn humanity.

There may be books prescribed for some course or profession, but then there are books for general study. The books of literature—poetry, drama, novel, short stories, etc., are generally highly thrilling and inspiring if they are written by a good author. There may be tragic, comical or humorous books. The question is that of an individual's choice.

To be a lover of books, though not to be bookworm, is a sign of good luck. A voracious reader gets much *more pleasure* from reading books than a miser gets in hoarding money. The knowledge embedded in books is valueless; so is pleasure obtained from reading them. A good book absorbs the whole spirit of man; the reader's pleasure is indescribable.

1. Which of the following, according to the passage, is not true about books?
A. They are source of inspiration
B. They are source of knowledge
C. They are source of happiness
D. They are means of livelihood

2. How do the books help in progress of civilization?
A. Based on the earlier books new knowledge is obtained
B. The books provide solution to many problems
C. The books inspire the scientists
D. Not mentioned in the passage

3. How do the books make people more happy?
A. They help the reader to overcome the shadows of uncertainty
B. They help bring in joy by amusing the reader through their content
C. They help the reader to understand the darker side of life
D. Not mentioned in the passage

4. Which of the following is the author's view about the knowledge and pleasure derived from books?
(*i*) We get more of knowledge and less of pleasure
(*ii*) We get more of pleasure and less of knowledge
(*iii*) We get knowledge and pleasure in equal measure
A. only (*i*)   B. only (*ii*)
C. either (*i*) or (*ii*)   D. only (*iii*)

5. The high quality of books produced by a country indicates:
A. it has a high rate of literacy
B. it has a progressive civilization
C. it is not an industrialised nation
D. it has learned ancestors

6. Why are the books, according to the passage, called never-failing friends?
A. Books do not betray individuals
B. Books are inanimate
C. Books always give companionship to the reader
D. Books are available in the market anytime unlike others

7. How do the books help in bringing peace in the minds of people?
A. Books provide information about the past civilization
B. Books help people learn to take correct steps with the help of the recorded information
C. Books act as a window to the minds of the great men
D. Not mentioned in the passage

8. Which of the following has been described as a sign of good luck?
A. Being a miser
B. Having lot of money
C. Advancing the culture
D. A passion for books

Directions (Qs. 9 to 12): *Choose the word which is most nearly the* ***SAME*** *in meaning as the word given in bold capitals as used in the passage.*

9. SOLACE
A. peace B. tranquillity
C. calmness D. console

10. ENABLES
A. helps B. succeeds
C. promotes D. stops

11. HEADWAY
A. higher B. forge
C. movement D. improve

12. MARCH
A. move B. progress
C. pass D. register

Directions (Qs. 13 to 15): *Choose the word which is most* ***OPPOSITE*** *in meaning of the word given in bold capitals as used in the passage.*

13. GREAT
A. small B. thin
C. short D. ordinary

14. PLEASURE
A. displeasure B. pain
C. happiness D. hardship

15. DESERT
A. waterhole B. bitter
C. accompany D. propel

ANSWERS

PASSAGE-1

1	2	3	4
A	B	A	A

PASSAGE-2

1	2	3	4	5
A	C	D	A	D

PASSAGE-3

1	2	3	4	5
A	D	C	D	A

PASSAGE-4

1	2	3	4	5	6
D	A	D	A	A	D

PASSAGE-5

1	2	3	4	5	6	7
A	D	A	A	A	C	B

PASSAGE-6

1	2	3	4	5
A	C	C	A	D
6	**7**	**8**	**9**	**10**
D	B	A	B	D

PASSAGE-7

1	2	3	4	5
C	C	D	B	D
6	**7**	**8**	**9**	**10**
A	A	D	D	B
11	**12**	**13**	**14**	**15**
A	D	D	B	C

PASSAGE-8

1	2	3	4	5
B	A	C	D	C
6	**7**	**8**	**9**	**10**
D	B	D	D	A
11	**12**	**13**	**14**	**15**
D	D	D	C	B

PASSAGE-9

1	2	3	4	5
D	D	C	D	D
6	**7**	**8**	**9**	**10**
D	A	D	B	A
11	**12**	**13**	**14**	**15**
C	D	B	D	C

PASSAGE-10

1	2	3	4	5
D	A	D	D	B
6	**7**	**8**	**9**	**10**
A	D	D	D	A
11	**12**	**13**	**14**	**15**
D	B	D	B	C

❑❑❑

14 Cloze Test

A cloze test is a procedure in which a person is asked to supply words that have been removed from a passage as a test of his ability to comprehend text. Practise it regularly to score well.

PASSAGES

Directions: *In each of the following passages some numbered blank spaces are given. For each numbered blank space four answer choices are given. Pick out the one which is the most appropriate for that blank space, keeping the trend of the passage in mind.*

Passage-1

Mankind's most ....(1).... treasure of thoughts is carefully preserved in the golden casket of books. The ....(2).... of books is as vast as the universe, for there is no corner of it which they have left ....(3).... . There is no ....(4).... of books on any topic, be it as simple as the composition of sodium nitrate or as ....(5).... as the mechanism of a spacecraft rocketing towards Mars. The ....(6).... of books is not only most easily available but is enlightened, dependable and lifelong. In times of distress they make us stoically ....(7).... of the object that causes uneasiness and we learn to ....(8).... with the sting of adversity.

Questions

1. A. costly B. important C. valuable D. vast

2. A. area B. scope C. storage D. kingdom

3. A. unexplored B. unseen C. untouched D. unapproached

4. A. lack B. dearth C. shortage D. insufficiency

5. A. extricate B. intricate C. intrinsic D. internecine

6. A. company B. assistance C. friendship D. companionship

7. A. defiant B. defendant C. defensible D. delusive

8. A. adapt B. adopt C. exist D. co-exist

Passage-2

Though the government has tried to ....(1).... Naxalism with all its might, much more needs to be done to totally root out the ....(2).... of Naxalism. The roots of Naxalism ....(3).... economic backwardness and social exploitation of the peasants and the weaker classes. Thus, the best way to ....(4).... Naxalism is to bring the naxals ....(5).... the mainstream. ....(6).... policies and schemes should be implemented effectively ....(7).... the Naxals economically stable. They should be ....(8).... to participate in democratic processes. The government has to ....(9).... the social upliftment of the Naxals. Use of force in ....(10).... Naxalism will yield little success.

Questions

1. A. crush B. handle
   C. tackle D. suppress
2. A. menace B. whole
   C. gamut D. stems
3. A. lies in B. are in
   C. abound in D. exist in
4. A. crash B. crush
   C. break D. defy
5. A. in B. on
   C. into D. within
6. A. Current B. Latest
   C. Occurring D. Existing
7. A. so that B. so as to make
   C. such that D. to make
8. A. insisted B. brought
   C. encouraged D. forced
9. A. assure B. insure
   C. guarantee D. ensure
10. A. countering B. defying
    C. banishing D. desecrating

Passage-3

We are living in very exciting ....(1)..... The ....(2).... change is dizzying and the impact this progress is having on our present and — more importantly — on our future is difficult to ....(3).... in its ...(4).... . This is the age of ....(5).... micro-processors, sophisticated software, new hardware technology and high bandwidth, high-speed networks. The PC gave us a new way to work, play and ....(6).... . In fact, it brought ....(7).... our desktops computing power, which until a few years ....(8).... had only been available to corporates. With the ....(9).... of the internet, the PC ....(10).... us the most convenient and flexible way to head on to the Net.

Questions

1. A. periods B. days
   C. phase D. times
2. A. phase B. pace
   C. sphere D. drastic
3. A. guess B. forecast
   C. comprehend D. approximate
4. A. whole B. entirety
   C. fruition D. fullness
5. A. strong B. changing
   C. powerful D. sonorous
6. A. convey B. communicate
   C. entertain D. enjoy
7. A. onto B. to
   C. on D. at
8. A. back B. earlier
   C. behind D. before
9. A. addendum B. adherence
   C. afoot D. advent
10. A. allowed B. privileged
    C. brought D. offered

Passage-4

What is required today in our country is ....(1).... of a new political culture based on full respect for human liberty, on pluralism and on a better social deal for all. The major ....(2).... facing us today is to carry out democratic transformation in all the ....(3)...., social, cultural, economic and political. The events of the 20th century ....(4).... one thing absolutely clear that human ....(5)...., everywhere, specially in countries whose political structures were ....(6).... to reflect the revolutionary aspirations of the people ....(7).... not only under stress and strain but are ....(8).... vast upheavals because of the ....(9).... of democracy. At the same time it has also to be understood that democracy cannot be ....(10).... into a static mould.

Questions

1. A. growing B. developing
   C. creating D. creation
2. A. development B. crisis
   C. challenge D. drawback
3. A. corners B. context
   C. realm D. spheres
4. A. have made B. has made
   C. had made D. made

5. A. travails B. traverse
C. traps D. transverse

6. A. supposed B. meant
C. caused D. forced

7. A. were B. was
C. are D. have been

8. A. developing B. evolving
C. experiencing D. faced with

9. A. denial B. rebuff
C. rebuttal D. absence

10. A. shaped B. flex
C. frozen D. caused

Passage-5

For centuries, women not only in India but all over the world ....(1).... treated as ....(2).... secondary position to men. ....(3).... human history men ....(4).... far greater power then women to name, classify, and order the worlds in which they both live. ....(5).... studies in various parts of the world point out to a wide ....(6).... in male and female roles ....(7).... cultures and demonstrate the possibility of change in these sex-determined roles. The 20th century in particular ....(8).... the cause of gender justice by internationalizing struggles for equality ....(9).... women and other oppressed people. Women's struggles against their ....(10).... were intertwined in ....(11).... degrees with ideologies and movements based on the values of freedom, self-determination, equality, democracy and justice.

Questions

1. A. has been B. have been
C. had been D. were

2. A. occupying B. taking
C. possessing D. serving

3. A. All through B. Throughout
C. Since D. From

4. A. have B. had
C. have had D. enjoy

5. A. Sociological B. Anthropological
C. General D. Practical

6. A. concord B. repulsion
C. disagreement D. variation

7. A. among B. across
C. between D. of

8. A. developed B. evolved
C. promoted D. entertained

9. A. for B. to
C. among D. by

10. A. subsidiary B. subsequent
C. subservience D. subordination

11. A. various B. varying
C changing D. differing

Passage-6

Visualisation is a strong ....(1).... to memory. Those persons who ......(2)..... a powerful memory cannot do so without taking the help of visualisation. Such persons have developed the skills to ....(3).... visualisation even in such ....(4).... tasks as remembering names and numbers. These persons have the names and numbers ....(5).... in their brain even after hearing those names and figures only once. On the other hand those who take the help of revising to memorise ....(6).... to forget it once they have ....(7).... the practice of revising ....(8).... the ones who have applied visualisation to memorise. Psychologists ....(9).... in visualisation a powerful tool for personality development. The more you visualise, the more you are ....(10).... your attitude and behaviour to the blue prints of your vision and ....(11).... more you are inching towards success.

Questions

1. A. way B. path
C. aid D. symptom

2. A. command B. master
C. rule D. enjoy

3. A. use B. apply
C. put D. place

4. A. trivial B. difficult
C. mundane D. unscrupulous

5. A. impress B. imprinted
C. impinge D. store

6. A. bent B. incline
C. prone d. tend

7. A. dropped B. left
C. gave up D. given up

8. A. unlike B. opposite
C. contrary D. not like

9. A. found B. have found
C. sees D. finds

10. A. shaping B. moulding
C. making D. attuning

11. A. actually B. factually
C. subsequently D. consequently

Passage-7

The development of an area depends on the resources ....(1).... in the area, the needs and ....(2).... of the people living there and the technological skill ....(3).... by them. Humans play an important and decisive role in the ....(4).... of development of an area. We choose the ....(5).... of resources which could be developed to our ....(6).... . The natural ....(7).... available in an area ....(8).... value as a resource only when people find a use for them. There are ....(9).... where large potential resources are available, but they ....(10).... developed for economic reasons. Lack of capital for investments, roads and railway lines, and other ....(11).... facilities may stand in the way of resource development.

Questions

1. A. present B. prevalent
C. available D. exist

2. A. inspirations B. aspirations
C. ambitions D. curiosity

3. A. handled B. practised
C. availed D. possessed

4. A. system B. design
C. pattern D. style

5. A. class B. group
C. variety D. types

6. A. good B. advantage
C. approach D. favour

7. A. secrets B. phenomenon
C. products D. endowments

8. A. get B. acquire
C. possess D. takes

9. A. instances B. events
C. circumstances D. happenings

10. A. have not yet been
B. haven't been
C. are not yet
D. yet have not been

11. A. common B. general
C. infrastructural D. structural

Passage-8

The Naxal problem in India is basically socio-economic in ....(1).... . The main reasons ....(2).... the Naxal movement in India are the ....(3).... of peasants and their weak social and economic position. ....(4).... of the peasants are landless labourers whose lands have been ....(5).... occupied by the landlords. Moreover, the landlords give ....(6).... wages to the peasants. Their ....(7).... suffering at the hands of the landlords thus encourage many peasants to take law ....(8).... their own hands. Due to their poor economic condition the peasants easily ....(9).... the trap of the naxal leaders who have their ....(10).... interests. Illiteracy, unemployment, police excesses, corruption and ....(11).... administration further ....(12).... this complex problem.

Questions

1. A. form B. shape
C. behaviour D. nature

2. A. for B. of
C. in D. behind

3. A. complaisance B. exploitation
C. domination D. exculpation

4. A. Many B. Much
C. Most D. All

5. A. imperiously B. imperatively
C. forcefully D. forcibly

6. A. improper B. small
C. inadequate D. insufficient

7. A. long B. brutal
C. pathetic D. great

8. A. in B. into
C. on D. by

9. A. fall into B. fall in
C. fell in D. fell into

10. A. selfish B. vested
C. vicious D. vindictive

11. A. failed B. improper
C. inefficient D. bureaucratic

12. A. heighten B. deepen
C. add D. worsen

Passage-9

No doubt various ....(1).... and Acts are there to eliminate the ....(2).... practice of child labour. But the ....(3).... is that, these are not being implemented in both letter and spirit, for which the ....(4).... of the problem remains as it was. Therefore a judicious, pragmatic, integrated and time-bound ....(5).... supplemented by ....(6).... follow-up action is essential to ....(7).... the problem that ....(8).... deep root in our Society. It is true that child labour can't be ....(9)... with a magic wand. If we ....(10).... time-bound goals and follow, of course, with the ....(11).... assistance of ILO and UNICEF, it is possible to eliminate the problem of child labour. With strong political will power and people's backing nothing is ....(12).... . Rather ....(13).... the bud we should let it blossom and spread its fragrance all around. ....(14).... lies the progress and prosperity of the society.

Questions

1. A. means B. methods
C. source D. provisions

2. A. unjust B. inhuman
C. mal D. illegal

3. A. anxiety B. abrasion
C. tragedy D. conclusion

4. A. magnitude B. depth
C. gravity D. soaring

5. A. approach B. analysis
C. survey D. scheme

6. A. continuous B. thorough
C. throughout D. regular

7. A. outroot B. uproot
C. downroot D. grassroot

8. A. have B. has
C. had D. has taken

9. A. wipe out B. wipe off
C. wipe up D. wiped

10. A. keep B. put
C. put up D. set

11. A. ongoing B. continuing
C. unending D. frequent

12. A. insurmountable B. intangible
C. inscrutable D. incorrigible

13. A. killing B. hurting
C. destroying D. nipping

14. A. Here B. There
C. Therein D. Herein

Passage-10

Every action we perform ....(1).... a result. And, naturally, we lay claim ....(2).... the results or fruits ....(3).... from that action in the ....(4).... that it is we who perform the action. This is .....(5).... ignorance because ....(6).... is it the Lord who ....(7).... the result of any action, it is by His will ....(8).... that even the action is accomplished. The will of the Lord ....(9).... whether we cooperate with His will or strive ....(10).... . If God wills that an action takes place, he arranges for the ....(11).... for it to happen. It is ....(12).... experience that sometimes despite our best efforts we ....(13).... achieve the results we desire, and at other times the seemingly most ....(14).... situations mysteriously get ....(15).... . ....(16).... way man chooses to act, both the act and the outcome of the cost are dependent ....(17).... on the will of the Lord.

Questions

1. A. produce B. produces
C. causes D. undergoes

2. A. on B. at
C. to D. for

3. A. occurring B. obtaining
C. deriving D. falling

4. A. belief B. hope
C. fantasy D. folly

5. A. sheen B. keen
C. sheer D. sheathe

6. A. alone B. only that
C. not only D. for only

7. A. declares B. decides
C. ordains D. ornate

8. A. completely B. entirely
C. only D. alone

9. A. prevails always
B. prevails everywhere
C. is prevalent
D. always prevails

10. A. alone B. always
C. constantly D. independently

11. A. wherewithal B. whereabouts
C. whatsoever D. wherefore

12. A. usual B. general
C. universal D. common

13. A. does not B. may not
C. do not D. might not

14. A. intractable B. intangible
C. internecine D. intricate

15. A. subsided B. resolved
C. solved D. converted

16. A. Whatever B. All the
C. All those D. Whichever

17. A. mainly B. actually
C. entirely D. generally

ANSWERS

PASSAGE-1

1	2	3	4	5	6
C	D	A	B	B	D
7	8				
A	D				

PASSAGE-2

1	2	3	4	5	6
C	A	A	B	C	D
7	8	9	10		
B	C	D	A		

PASSAGE-3

1	2	3	4	5	6
D	B	C	B	C	B
7	8	9	10		
A	D	D	D		

PASSAGE-4

1	2	3	4	5	6
D	C	D	A	A	B
7	8	9	10		
C	C	A	C		

PASSAGE-5

1	2	3	4	5	6
B	A	B	C	B	D
7	8	9	10	11	
B	C	D	D	B	

PASSAGE-6

1	2	3	4	5	6
C	A	B	C	B	D
7	8	9	10	11	
A	A	B	D	D	

PASSAGE-7

1	2	3	4	5	6
C	B	D	C	D	B
7	8	9	10	11	
D	B	A	A	C	

PASSAGE-8

1	2	3	4	5	6
D	A	B	C	D	C
7	8	9	10	11	12
A	B	A	B	C	D

PASSAGE-9

1	2	3	4	5	6
D	B	C	A	A	D
7	8	9	10	11	12
B	D	B	D	B	A
13	14				
D	C				

PASSAGE-10

1	2	3	4	5	6
B	C	B	A	C	C
7	8	9	10	11	12
C	D	D	D	A	D
13	14	15	16	17	
C	A	B	D	C	

□□□

संख्यात्मक अभियोग्यता, आंकड़ों का विश्लेषण एवं निर्वचन

(Numerical Ability, Data Analysis & Data Interpretation)

1 संख्याएँ (Numbers)

एक संख्या हमें बताती है कि दी हुई मात्रा में कितनी इकाइयां हैं। अतः यह एक या एक से अधिक इकाइयों को प्रकट करती है। या एक ही प्रकार की एक या अधिक भिन्न वस्तुओं को प्रकट करती है। जैसे–दो गाय, चार बकरी, आठ भैंस आदि। वे शब्द जो काले दर्शाये गये हैं, संख्याओं को प्रदर्शित करते हैं।

1. **पूर्ण संख्याएं** : संख्याएं 0, 1, 2, 3, 4, 5, 6, 7, 8, 9,.....आदि संख्याओं को ‘‘**पूर्ण संख्याएं**’’ या ‘‘**पूर्णांक** कहते हैं। जैसे 84 एक पूर्णांक है। जबकि $\frac{61}{4}$ पूर्णांक नहीं है।
2. **सम संख्याएं** : वे संख्याएं जो 2 से पूर्णतः विभाजित हो जाती हैं उन्हें ‘‘**सम संख्याएं**’’ कहते हैं। जैसे–2, 4, 32, 64, 108.... आदि ‘‘सम संख्याएं’’ हैं।
3. **विषम संख्याएं** : वे संख्याएं जो 2 से पूर्णतः विभाजित नहीं होती हैं उन्हें ‘‘**विषम संख्याएं**’’ कहते हैं। जैसे–1, 3, 5, 7, 11, 17, 21, 23.... आदि ‘‘विषम संख्याएं’’ हैं।
4. **अभाज्य संख्याएं** : वे संख्याएं जो स्वयं और 1 के अतिरिक्त किसी अन्य संख्याओं से पूर्णतः विभाजित न हों, उन्हें ‘‘**अभाज्य संख्याएं**’’ कहते हैं। जैसे–2, 3, 7, 11, 13, 17.... आदि ‘‘अभाज्य संख्याएं’’ हैं।
5. **भाज्य संख्याएं** : वे संख्याएं जो स्वयं और 1 के अतिरिक्त किसी अन्य संख्याओं से पूर्णतः विभाजित हो जाती हों तो उन्हें ‘‘**भाज्य संख्याएं**’’ कहते हैं। जैसे– 4, 6, 9, 10, 12, 15.... आदि ‘‘भाज्य संख्याएं’’ हैं।

नोट :

1. **संख्या 1 न तो भाज्य है और न ही अभाज्य।**
2. **वह संख्या जो सम भी हो और अभाज्य भी, केवल 2 है।**

आरोही क्रम (Ascending Order) : बाईं ओर से दायीं ओर लिखने पर प्राकृतिक संख्याएं मान के अनुसार बढ़ते हुए क्रम में हों तो इस क्रम को ‘‘**आरोही क्रम**’’ कहते हैं। जैसे– 25, 30, 41, 50 आदि संख्याएं आरोही क्रम में होंगी।

अवरोही क्रम (Descending Order): बाईं ओर से दाईं ओर लिखने पर प्राकृतिक संख्याएं मान के अनुसार घटते हुए क्रम में हों, तो इस क्रम को ‘‘**अवरोही क्रम**’’ कहते हैं। जैसे– 50, 41, 30, 25 आदि संख्याएं अवरोही क्रम में होंगी।

स्थानीय मान और जातीय (वास्तविक) मान

स्थानीय मान : किसी अंक (Number) का जो मान (Value) उसके स्थान के कारण होता है, उसे उस अंक का **स्थानीय मान** कहते हैं। जैसे–32 में इकाई के स्थान पर 2 तथा दहाई के स्थान पर 3 है। इसमें 3 का स्थानीय मान = 3 × 10 = 30 तथा 2 का स्थानीय मान = 2 × 1 = 2 होगा।

जातीय (वास्तविक) मान : हर अंक का अपना जातीय मान होता है। जैसे– 2 का 2, 5 का 5, 7 का 7, 9 का 9 आदि। जैसा कि हम ऊपर बता चुके हैं कि 32 में 3 का **स्थानीय मान** 30 है। परन्तु 32 में 3 का **जातीय मान** 3 होगा। इस प्रकार 32 में 3 के स्थानीय मान तथा जातीय मान के बीच अन्तर = 30 – 3 = 27 होगा। अतः किसी संख्या में किसी अंक का स्थानीय मान प्राप्त करने के लिए सरल तरीका यह है कि पहले उस अंक को लिख लें और उसके बाद उसमें उतने शून्य लगा दें, जितने कि उस अंक के बाद अंक हों।

एक संख्या के अभाज्य गुणनखण्ड किस प्रकार लिख सकते हैं :

(*i*) संख्या को 2 से भाग करो, यदि सम्भव हो, और 2 से भाग करते रहो जब तक कि ऐसा गुणनखण्ड न आ जाए जो 2 से विभाजित न हो।

(*ii*) प्राप्त परिणाम (*i*) को 3 से भाग करो, यदि सम्भव हो और 3 से भाग करते रहो जब तक कि ऐसा गुणनखण्ड न आ जाए जो 3 से विभाजित न हो।

(*iii*) प्राप्त परिणाम (*ii*) को 5 से भाग करो, यदि सम्भव हो और 5 से भाग करते रहो जब तक कि ऐसा गुणनखण्ड न आ जाए जो 5 से विभाजित न हो।

(*iv*) प्राप्त परिणामों में इसी प्रकार 7, 11, 13 आदि संख्याओं से भाग करते रहो जब तक कि सारे गुणनखण्ड अभाज्य गुणनखण्ड न हो जाएं।

संख्याओं के सम्बन्ध में मौलिक तथ्य

(*a*) दो अंकों वाली संख्याओं के सन्दर्भ में

(*i*) दो अंकों वाली कुल संख्याओं की गिनती 90 है।
(*ii*) दो अंकों की सबसे बड़ी संख्या 99 है।
(*iii*) दो अंकों की सबसे छोटी संख्या 10 है।
(*iv*) दो अंकों की सबसे छोटी और सबसे बड़ी संख्या का योग 109 होता है।
(*v*) दो अंकों की सबसे बड़ी और सबसे छोटी संख्या का अन्तर 89 होता है।

(*b*) तीन अंकों वाली संख्याओं के सन्दर्भ में

(*i*) तीन अंकों वाली कुल संख्याओं की गिनती 900 है।
(*ii*) तीन अंकों की सबसे बड़ी संख्या 999 है।
(*iii*) तीन अंकों की सबसे छोटी संख्या 100 है।
(*iv*) तीन अंकों की सबसे छोटी और सबसे बड़ी संख्या का योग 1099 होता है।
(*v*) तीन अंकों की सबसे बड़ी और सबसे छोटी संख्या का अन्तर 899 होता है।

(*c*) चार अंकों वाली संख्याओं के सन्दर्भ में

(*i*) चार अंकों वाली कुल संख्याओं की गिनती 9000 है।
(*ii*) चार अंकों की सबसे बड़ी संख्या 9999 है।
(*iii*) चार अंकों की सबसे छोटी संख्या 1000 है।
(*iv*) चार अंकों की सबसे छोटी और सबसे बड़ी संख्या का योग 10999 होता है।
(*v*) चार अंकों की सबसे बड़ी और सबसे छोटी संख्या का अन्तर 8999 होता है।

(*d*) पाँच अंकों वाली संख्याओं के सन्दर्भ में

(*i*) पाँच अंकों वाली कुल संख्याओं की गिनती 90000 है।
(*ii*) पाँच अंकों की सबसे बड़ी संख्या 99999 है।
(*iii*) पाँच अंकों की सबसे छोटी संख्या 10000 है।
(*iv*) पाँच अंकों की सबसे छोटी और सबसे बड़ी संख्या का योग 109999 होता है।
(*v*) पाँच अंकों की सबसे बड़ी और सबसे छोटी संख्या का अन्तर 89999 होता है।

(*c*) प्राकृतिक संख्याओं के सन्दर्भ में

(*i*) 1 से लेकर 10 तक की प्राकृतिक संख्याओं का योग = 55 होता है।
(*ii*) 11 से लेकर 20 तक की प्राकृतिक संख्याओं का योग = 155 होता है।
(*iii*) 21 से लेकर 30 तक की प्राकृतिक संख्याओं का योग = 255 होता है।
(*iv*) 31 से लेकर 40 तक की प्राकृतिक संख्याओं का योग = 355 होता है।
(*v*) 41 से लेकर 50 तक की प्राकृतिक संख्याओं का योग = 455 होता है।

संख्याओं में 2, 3, 4, 5, 6, 8, 9, 10 व 11 से विभाज्यता की जाँच

(A) **2 से विभाज्यता :** ऐसी संख्याएं जिनके इकाई के स्थान पर 0, 2, 4, 6 या 8 का अंक हों, तो वे संख्याएं 2 से पूर्णतः विभाजित होंगी।

(B) **3 से विभाज्यता :** ऐसी संख्याएं जिनके अंकों का योग 3 से विभाज्य हों, तो वे संख्याएं भी 3 से विभाज्य होंगी।

(C) **4 से विभाज्यता :** यदि किसी संख्या के अन्तिम दो अंक 4 से पूर्णतः विभाजित हों, तो वे संख्याएं भी 4 से विभाजित होंगी।

(D) **5 से विभाज्यता :** जिन संख्याओं के इकाई के स्थान पर 0 या 5 का अंक हो, तो वे संख्याएं 5 से विभाजित होंगी।

(E) **6 से विभाज्यता :** ऐसी संख्याएं जो 2 और 3 से अलग-अलग पूर्णतः विभाजित हों, तो वे संख्याएं भी 6 से विभाजित होंगी।

(F) **8 से विभाज्यता :** वे संख्याएं जिनके अन्तिम तीन अंक 8 से विभाज्य हों, तो वे संख्याएं भी 8 से विभाजित होंगी।

(G) **9 से विभाज्यता :** ऐसी संख्याएं जिनके अंकों का योग 9 से विभाज्य हों, तो वे संख्याएं भी 9 से विभाजित होंगी।

(H) **10 से विभाज्यता :** जिन संख्याओं के इकाई के स्थान पर 0 का अंक हो, तो वे संख्याएं 10 से विभाजित होंगी।

(I) **11 से विभाज्यता :** ऐसी संख्याएं जिनके सम तथा विषम स्थानों के अंकों के योगफलों का अन्तर 0 तथा 11 का गुणज हों, तो वे संख्याएं 11 से विभाजित होंगी।

ध्यान रखिये :

(*i*) **भाज्य = भाजक × भागफल + शेष**

(*ii*) $\text{भाजक} = \dfrac{\text{भाज्य} - \text{शेष}}{\text{भागफल}}$

(*iii*) $\text{भागफल} = \dfrac{\text{भाज्य} - \text{शेष}}{\text{भाजक}}$

प्रश्नमाला

1. 1 से 100 के बीच अभाज्य संख्याएं होंगी:
A. 20 B. 30
C. 22 D. 25

2. ऐसी संख्या जो अभाज्य भी है और सम भी:
A. 1 B. 2
C. 98 D. 79

3. निम्न में से कौन-सी संख्या अभाज्य संख्या होगी?
A. 149 B. 159
C. 117 D. 147

4. चार अंकों की छोटी-से-छोटी संख्या होगी?
A. 1002 B. 1001
C. 9999 D. 1000

5. 43014 में 3 का स्थानीय मान क्या होगा?
A. 3 B. 3000
C. 300 D. 30

6. 81752 में 2 के स्थानीय मान और जातीय मान में अन्तर क्या होगा?
A. 2 B. 0
C. 1 D. 20

7. संख्या 3125 में से क्या घटाया जाए ताकि शेष संख्या 13 से पूर्णतः विभाजित हो सके?
A. 5 B. 8
C. 10 D. 12

8. निम्नलिखित में से कौन-सी संख्या 3 से पूर्णतः विभाजित होगी?
A. 491 B. 371
C. 591 D. 571

9. भाग के प्रश्न में भाजक 16, भागफल 9 तथा शेष 1 हो, तो भाज्य कितना होगा?
A. 145 B. 136
C. 144 D. 152

10. 1 से 50 तक पूर्णांकों का योग कितना होगा?
A. 1275
B. 1375
C. 1225
D. 1365

11. संख्या 30, 70, 584 में अंक 7 के स्थानीय मान लिखो।
A. 700 B. 7000
C. 70,000 D. 700,000

12. 3589 में क्या जोड़ें कि यह पांच अंकों की सबसे छोटी संख्या बन जाए?
A. 6413
B. 6412
C. 6411
D. 6311

13. 2756 और तीन अंकों की सबसे बड़ी संख्या का योगफल ज्ञात करो।
A. 3655
B. 3755
C. 3756
D. 3656

14. पांच अंकों की सबसे बड़ी और छः अंकों की सबसे छोटी संख्याओं का अन्तर ज्ञात करो।
A. 1 B. 3
C. 3 D. 4

15. संख्या 36795 में अंक 6 के स्थान पर 9 तथा 9 के स्थान पर 6 बदल देने से इन संख्याओं के मान में कितना अन्तर हो जाएगा।
A. 2970
B. 3071
C. 2971
D. 3071

उत्तरमाला

1	2	3	4	5	6	7	8	9	10
D	B	A	D	B	B	A	C	A	A

11	12	13	14	15
C	C	B	A	A

व्याख्यात्मक उत्तर

1. चूंकि 1 से 100 के बीच अभाज्य संख्याएं क्रमशः 2, 3, 5, 7, 11, 13, 17, 19, 23, 29, 31, 37, 41, 43, 47, 53, 59, 61, 67, 71, 73, 79, 83, 89 तथा 97 होंगी। अतः स्पष्ट है कि 1 से 100 तक के बीच अभाज्य संख्याओं की गिनती = 25 हैं।

2. ऐसी संख्या जो अभाज्य भी है और सम भी, केवल 2 है।

3. दिये गये विकल्प A. में 149 एक अभाज्य है, क्योंकि यह किसी अन्य संख्या से पूर्णतः विभाजित नहीं है।

4. चार अंकों की छोटी-से-छोटी संख्या = 1000 होगी। अतः आपका उत्तर विकल्प D. है।

5. $\because$ संख्या 43014 में 3 का अंक हजार के स्थान पर है
$\therefore$ संख्या में 3 का स्थानीय मान = $3 \times 1000 = 3000$ होगा।

6. $\because$ संख्या 81752 में 2 का अंक इकाई के स्थान पर है।
$\therefore$ संख्या में 2 का स्थानीय मान = $2 \times 1 = 2$ तथा संख्या में 2 का जातीय मान = 2 होगा। 2 के स्थानीय मान तथा जातीय मान के बीच अन्तर = $2 - 2 = 0$ होगा।

7. चूंकि संख्या 3125 में 13 से भाग देने पर शेष 5 बचता है।
$\therefore$ संख्या 3125 को 13 से पूर्णतः विभाजित होने के लिए इसमें से 5 घटाया जाये।

8. विकल्प C. में दी गई संख्या 591, 3 से पूर्णतः विभाजित होगी, क्योंकि संख्या के अंकों का योग 3 से विभाजित हैं।

9. $\because$ भाज्य = भाजक × भागफल + शेष

$$= 16 \times 9 + 1 = 144 + 1 = 145.$$

10. 1 से 50 तक के पूर्णांकों का योग

$$= \frac{n(n+1)}{2}$$ जहां n पदों की संख्या हैं।

$$= \frac{50(50+1)}{2} = \frac{50 \times 51}{2} = 1275$$

11. संख्या 3070584 में
अंक 7 का स्थानीय मान = 7 दस हजार = 70,000

12. 6411

13. 3755

14. 1

15. 39765; मान में अंतर 2970

☆☆☆☆☆☆

2 दशमलव (Decimals)

दशमलव बिन्दु के अंकों के समूह को **दशमलव भिन्न** कहते है। जैसे– 0.513, 0.317, 0.219, 0.6 आदि। प्रत्येक दशमलव एक भिन्न को दर्शाता है।

दशमलव भिन्न को साधारण भिन्न में बदलनाः

(*i*) एक ऐसी भिन्न लो जिसका हर 10 हो तथा अंश दशमलव के बाद दायीं ओर का पहला अंक हो।

(*ii*) एक ऐसी भिन्न लो जिसका हर 100 हो तथा अंश दशमलव के बाद दायीं ओर का दूसरा अंक हो।

(*iii*) इस प्रक्रिया को दोहराइये जब तक दशमलव के बाद के अंक समाप्त नहीं हो जाते। प्रत्येक दशा में हर, पहले हर का दस गुणा होगा।

(*iv*) इस प्रकार प्राप्त भिन्नों का योग जो परिणाम (*i*), (*ii*) और (*iii*) के योग से प्राप्त होता है, दशमलव भिन्न को प्रकट करता है।

जैसे : $0.317 = \frac{3}{10} + \frac{1}{100} + \frac{7}{1000}$

$$= \frac{300}{1000} + \frac{10}{1000} + \frac{7}{1000} = \frac{317}{1000}$$

नोटः शून्यों से बनी कोई संख्या दशमलव के दाईं ओर बिना परिवर्तन किये लिखी जाती है।

प्रश्नमाला

1. कौन-सी भिन्न $\frac{15}{25}$ के समान है?

A. $\frac{150}{25}$ B. $\frac{15}{250}$

C. $\frac{3}{5}$ D. $\frac{60}{75}$

2. कौन-सी भिन्न $\frac{13}{20}$ के समान नहीं है?

A. $\frac{26}{40}$ B. $\frac{130}{200}$

C. $\frac{39}{60}$ D. $\frac{52}{60}$

3. एक घंटे के $\frac{5}{6}$ भाग का मान हैः

A. आधा घण्टा B. 40 मिनट

C. 50 मिनट D. 55 मिनट

4. एक वायुयान 1250 कि.मी. यात्रा में 2/5 भाग ईंधन खपत करता है। शेष ईंधन में यात्रा पूरी करेगाः

A. 1875 कि.मी. B. 2125 कि.मी.

C. 250 कि.मी. D. 475 कि.मी.

5. निम्नलिखित में से कौन-सी भिन्न सबसे बड़ी है?

A. $\frac{3}{15}$ B. $\frac{5}{20}$

C. $\frac{8}{64}$ D. $\frac{25}{1000}$

6. निम्नलिखित में से कौन-सी भिन्न सबसे छोटी है?

A. $\frac{1}{10}$ B. $\frac{1}{100}$

C. $\frac{9}{1000}$ D. $\frac{500}{10,000}$

7. $.001 \times 1000 = ?$

A. .1 B. 1

C. .01 D. 10

8. $1.01 \times .1 = ?$

A. 1.01 B. 10.1

C. .101 D. .0101

9. $\dfrac{20 + 8 \times 0.5}{20 - ?} = 12$

A. 12 B. 4

C. 18 D. 2

10. $.01 \times 100 \div 2.5 = ?$

A. 4 B. .4

C. .04 D. 5

11. दी हुई भिन्नों $\frac{5}{8}, \frac{21}{35}, \frac{9}{16}, \frac{6}{7}$ में सबसे बड़ी और सबसे छोटी भिन्न के बीच अन्तर है?

A. $\frac{33}{112}$ B. $\frac{112}{33}$

C. $\frac{32}{112}$ D. $\frac{112}{32}$

12. यदि किसी संख्या तथा उसके $\frac{1}{5}$ भाग में अन्तर 20 है तो वह संख्या क्या है?

A. 23 B. 25

C. 24 D. 26

13. एक मनुष्य के पास एक मकान का $\frac{3}{5}$ भाग था। अपने भाग का $\frac{1}{3}$ भाग उसने 250 रुपए में बेचा तो उस मकान का मूल्य क्या था?

A. 1150 रु. B. 1250 रु.

C. 1205 रु. D. 1105 रु.

14. एक धनराशि का सातवां भाग उनके नौवें भाग से 192 रुपए अधिक है। वह धनराशि बताओ।

A. 4860 रु. B. 6050 रु.

C. 6048 रु. D. 5060 रु.

15. एक मनुष्य ने अपनी जायदाद को तीन बच्चों में इस प्रकार बांटा कि पहले को कुल जायदाद का $\frac{2}{5}$ भाग मिला, दूसरे को शेष का $\frac{1}{3}$ भाग मिला और शेष तीसरे को मिला। यदि तीसरे को, दूसरे से 750 रुपए अधिक मिले हो तो कुल जायदाद का मूल्य क्या था?

A. 3720 रु. B. 3760 रु.

C. 3740 रु. D. 3750 रु.

उत्तरमाला

1	2	3	4	5	6	7	8	9	10
C	D	C	A	B	C	B	C	C	B
11	**12**	**13**	**14**	**15**					
A	B	B	C	D					

व्याख्यात्मक उत्तर

1. $\dfrac{15}{25} = \dfrac{3 \times 5}{5 \times 5} = \dfrac{3}{5}$

2. $\dfrac{26}{40} = \dfrac{2 \times 13}{2 \times 20} = \dfrac{13}{20}, \; \dfrac{39}{60} = \dfrac{13 \times 3}{20 \times 3} = \dfrac{13}{20}$

$\dfrac{130}{200} = \dfrac{13 \times 10}{20 \times 10} = \dfrac{13}{20},$

$\dfrac{52}{60} = \dfrac{13 \times 4}{20 \times 3} = \dfrac{13}{20} \times \dfrac{4}{3}$

अतः $\dfrac{52}{60} \neq \dfrac{13}{20}$

3. 1 घण्टे का $\frac{5}{6}$ भाग $= \frac{5}{6} \times 60$ मिनट $= 50$ मिनट।

4. शेष ईंधन $= 1 - \dfrac{2}{5} = \dfrac{5-2}{5} = \dfrac{3}{5}$

$\frac{2}{5}$ ईंधन में तय की गई दूरी $= 1250$ कि.मी.

पूरे ईंधन में तय की गई दूरी

$= \frac{1250}{2/5} = \frac{1250\times 5}{2}$ कि.मी.

$\frac{3}{5}$ ईंधन में तय की गई दूरी

$= \frac{1250\times 5}{2}\times\frac{3}{5} = 1875$ कि.मी.

5. $\frac{3}{15}=\frac{1}{5},\ \frac{8}{64}=\frac{1}{8}$

$\frac{5}{20}=\frac{1}{4},\ \frac{25}{1000}=\frac{1}{40}$

$\frac{1}{5},\frac{1}{4},\frac{1}{8},\frac{1}{40}$

$\frac{8,\ 10,\ 5,\ 1}{40}$

$\therefore$ सबसे बड़ी भिन्न $= \frac{1}{4} = \frac{5}{20}$

6. $\frac{1}{10} = .1,\ \frac{9}{1000} = .009$

$\frac{1}{100} = .01,\ \frac{500}{10,000} = \frac{5}{100} = .05$

$\therefore$ सबसे छोटी भिन्न $= 0.09 = \frac{9}{1000}$

7. $.001\times 1000 = 001.000 = 1$

8. $1.01\times .1 = \frac{101\times 1}{100\times 10} = \frac{101}{1000} = .101$

9. $\because \frac{20+8\times 0.5}{20-?} \Rightarrow \frac{20+4}{20-?} = 12 \Rightarrow \frac{24}{12} = 2$

$\Rightarrow 2 = 20 - ? \Rightarrow ? = 20-2 = 18$

10. $.01\times 100\div 2.5 = .01\times\frac{100}{2.5} = .01\times 40 = .4$

11. 8, 35, 16 और 7 का लघुत्तम समापवर्तक = 560

$\therefore \frac{5}{8} = \frac{5\times 70}{8\times 70} = \frac{350}{560}$

$\frac{21}{35} = \frac{21\times 16}{35\times 16} = \frac{336}{560}$

$\frac{9}{16} = \frac{9\times 35}{16\times 35} = \frac{315}{560}$

$\frac{6}{7} = \frac{6\times 80}{7\times 80} = \frac{480}{560}$

$\therefore$ सबसे बड़ी भिन्न $= \frac{6}{7}$

तथा सबसे छोटी भिन्न $= \frac{9}{16}$

$\therefore$ अन्तर $= \frac{6}{7}-\frac{9}{16} = \frac{96-63}{112} = \frac{33}{112}$

12. माना संख्या 1 है।

$\therefore$ 1 का $\frac{1}{5} = \frac{1}{5}\quad \therefore 1-\frac{1}{5} = \frac{4}{5}$

$\therefore$ संख्या $= 20\div\frac{4}{5} = 20\times\frac{5}{4} = 25$

13. भाग जो बेचा गया $= \frac{3}{5}$ का $\frac{1}{3} = \frac{3}{5}\times\frac{1}{3} = \frac{1}{5}$

$\because \frac{1}{5}$ भाग का मूल्य = 250 रुपए

$\therefore$ सम्पूर्ण भाग का मूल्य $= 250\times\frac{5}{1} = 1250$ रुपए

14. $\because \frac{1}{7}-\frac{1}{9} = \frac{2}{63}$

$\because$ धन का $\frac{2}{63} = 192$ रुपए

$\therefore$ वह धन $= 192\times\frac{63}{2} = 6048$ रुपए

15. पहले बच्चे का भाग = कुल सम्पति का $\frac{2}{5}$

$\therefore$ शेष $= 1-\frac{2}{5} = \frac{3}{5}$

दूसरे बच्चे का भाग $= \frac{3}{5}$ का $\frac{1}{3} = \frac{1}{5}$

अब शेष बचा $= \frac{3}{5}-\frac{1}{5} = \frac{2}{5}$ जो कि तीसरे बच्चे को दिया गया।

$\therefore$ तीसरे बच्चे को दूसरे बच्चे से अधिक मिला

$= \frac{2}{5}-\frac{1}{5} = \frac{1}{5}$

$\therefore$ कुल सम्पति के $\frac{1}{5}$ भाग का मूल्य = 750 रुपए

$\therefore$ कुल संपत्ति का मूल्य $= 750\times\frac{5}{1} = 3750$ रुपए।

☆☆☆☆☆☆

3 सरलीकरण (Simplification)

साधारण या दशमलव भिन्नों के जटिल व्यंजक को एक साधारण भिन्न या दशमलव भिन्न में बदलने की क्रिया को "सरलीकरण" कहते हैं। इस प्रकार के व्यंजक में "कोष्ठक", "का", (÷), (×), (+) तथा (–) आदि चिह्न अलग-अलग या एक साथ प्रदर्शित होते हैं। अतः ऐसे व्यंजक का "सरलीकरण" करने में **"BODMAS"** शब्द का प्रयोग किया जाता है। **"BODMAS"** शब्द का क्रमानुसार आशय निम्नलिखित है।

"BODMAS"

B	ब्रैकेट (कोष्ठक)	[{( )}]
O	ऑफ (का)	का
D	डिवीजन (भाग)	÷
M	मल्टीप्लिकेशन (गुणा)	×
A	ऐडीशन (जोड़)	+
S	सब्ट्रेक्शन (घटाना)	–

अतः किसी भी जटिल व्यंजक को **"BODMAS"** शब्द के क्रमानुसार सरल किया जाता है। अर्थात् सबसे पहले "कोष्ठक" उसके बाद "का" फिर "भाग" फिर "गुणा" उसके बाद "जोड़" और अन्त में "घटाना" सरल होता है। इस क्रम को याद रखना परम आवश्यक हैं क्योंकि ऐसा न करने पर सरलीकरण की क्रियाएं गलत हो जाती हैं।

महत्वपूर्ण नोट :

(*i*) कोष्ठक चार प्रकार के होते हैं : 1. रेखा कोष्ठक जिसे बन्धनी रेखा (–) भी कहते हैं। 2. छोटा कोष्ठक(()), 3. मझला कोष्ठक ({}), 4. बड़ा कोष्ठक ([]), अतः कोष्ठक के प्रश्नों में सबसे पहले रेखा कोष्ठक (–), उसके बाद छोटा कोष्ठक (()), उसके बाद मझला कोष्ठक ({}), और अन्त में बड़े कोष्ठक ([]) को सरल करना चाहिए।

(*ii*) O (का) का सामान्य अर्थ गुणा होता है।

प्रश्नमाला

1. $\frac{7}{4}-\frac{4}{7}=\frac{5}{28}+?$

A. 2 B. $\frac{1}{7}$

C. $\frac{2}{9}$ D. 1

2. $22\times5=22$ का ?%

A. 4500 B. 5000

C. 500 D. 750

3. 200 का $\frac{1}{25}\div8=?$

A. 1 B. 3

C. 8 D. 5

4. $\frac{40\times0.4\times0.04}{4+4\div4}=?$

A. .128 B. .148

C. .15 D. .248

5. $50\div5\div5=?$

A. 2 B. 10

C. 1/5 D. 4

6. $\frac{40\times15+25}{26+4\div4-2}=?$

A. 25 B. 30

C. 31 D. 42

7. $\dfrac{1.4 \times 3.6 - 1.2}{0.4 \times 1.2} = ?$

A. 8 B. 2
C. 4 D. 3

8. $14 \times 3.2 - 2 \times 2.1 + 0.8 = ?$

A. 1.08 B. 2.18
C. 1.18 D. 2.08

9. $5 \div \dfrac{3}{4} + \dfrac{2}{3} \times \dfrac{3}{4} - \dfrac{2}{3}$ का $\dfrac{13}{7} = ?$

A. $4\dfrac{12}{11}$ B. $5\dfrac{13}{14}$
C. $5\dfrac{13}{17}$ D. $6\dfrac{13}{14}$

10. $(9+9+9) \div 9 \times 9 = ?$

A. 27 B. 24
C. 21 D. 32

11. $2 - \left[3 - \left\{6 - \left(5 - \overline{4-3}\right)\right\}\right]$ को सरल करो।

A. 1 B. 2
C. 3 D. इनमें से कोई नहीं

12. सरल करो—

$\dfrac{3}{11} + \dfrac{4}{3} \div \dfrac{10}{11} \times \dfrac{5}{11} - \dfrac{28}{33}$ का $1\dfrac{2}{7}$

A. $\dfrac{5}{13}$ B. $\dfrac{-5}{33}$
C. $\dfrac{5}{33}$ D. $\dfrac{-5}{13}$

13. $4.51 \times \dfrac{2}{5} + \dfrac{3}{5} \times 4.51 + 4.51$ को सरल करो।

A. 9.02 B. 90.2
C. 0.902 D. 902

14. $\dfrac{15.72 \times 15.72 - 5.72 \times 5.72}{15.72 + 5.72}$ को सरल करो।

A. 9 B. 10
C. 8 D. 11

15. $7.55 \times 7.55 - 2 \times 7.55 \times 2.55 + 2.55 \times 2.55$

A. 16 B. 9
C. 25 D. 36

उत्तरमाला

1	2	3	4	5	6	7	8	9	10
D	C	A	A	A	A	A	A	B	A
11	**12**	**13**	**14**	**15**					
A	B	A	B	C					

व्याख्यात्मक उत्तर

1. $\dfrac{7}{4} - \dfrac{4}{7} = \dfrac{5}{28} + ? \Rightarrow \dfrac{7 \times 7 - 4 \times 4}{4 \times 7} = \dfrac{5}{28} + ?$

$\Rightarrow \dfrac{49-16}{28} = \dfrac{5}{28} + ? \Rightarrow \dfrac{33}{28} = \dfrac{5}{28} + ?$

$\Rightarrow 1\dfrac{5}{28} = \dfrac{5}{28} + ?$

$\Rightarrow 1 + \dfrac{5}{28} = \dfrac{5}{28} + ? \therefore ? = 1$

2. $\because$ $22 \times 5 = 22$ का ?% $\Rightarrow 110 = 22 \times \dfrac{?}{100}$

$\Rightarrow \dfrac{110 \times 100}{22} = ? \;\therefore\; ? = 500$

3. $\because$ 200 का $\dfrac{1}{25} \div 8 = ? \Rightarrow 8 \div 8 = ?$

$\Rightarrow \dfrac{8}{8} = ? \Rightarrow 1 = ?$

4. $\because \dfrac{40\times0.4\times0.04}{4+4\div4}=?\Rightarrow\dfrac{.64}{4+\dfrac{4}{4}}=?$

$\Rightarrow\dfrac{.64}{4+1}=?\Rightarrow\dfrac{.64}{5}=?\Rightarrow .128=?$

5. $\because 50\div5\div5=?\Rightarrow\dfrac{50}{5}\div5=?$

$\Rightarrow 10\div5=?\Rightarrow\dfrac{10}{5}=?\Rightarrow 2=?$

6. $\because \dfrac{40\times15+25}{26+4\div4-2}=?\Rightarrow\dfrac{600+25}{26+\dfrac{4}{4}-2}=?$

$\Rightarrow\dfrac{625}{26+1-2}=?\Rightarrow\dfrac{625}{25}=?\Rightarrow 25=?$

7. $\dfrac{1.4\times3.6-1.2}{0.4\times1.2}=\dfrac{5.04-1.2}{.48}=\dfrac{3.84}{.48}=8.$

8. "BODMAS" नियम के अनुसार पहले गुणा उसके बाद जोड़ और अन्त में घटाव की क्रिया करें।

$\therefore\ 1.4\times3.2-2\times2.1+0.8$

$=4.48-4.2+0.8=1.08$

9. "BODMAS" नियम के अनुसार सबसे पहले का, फिर भाग, उसके बाद गुणा, फिर जोड़ और अन्त में घटाव की क्रिया करें।

$\therefore\ 5\div\dfrac{3}{4}+\dfrac{2}{3}\times\dfrac{3}{4}-\dfrac{2}{3}$ का $\dfrac{13}{7}$

$=5\div\dfrac{3}{4}+\dfrac{2}{3}\times\dfrac{3}{4}-\dfrac{26}{21}$

$=\dfrac{20}{3}+\dfrac{2}{3}\times\dfrac{3}{4}-\dfrac{26}{21}=\dfrac{20}{3}+\dfrac{1}{2}-\dfrac{26}{21}$

$=\dfrac{280+21-52}{42}=\dfrac{249}{42}=5\dfrac{39}{42}=5\dfrac{13}{14}$

10. "BODMAS" नियम के अनुसार पहले कोष्ठक के अन्दर की संख्याओं को सरल करें फिर भाग, उसके बाद गुणा करें।

$\therefore\ (9+9+9)\div9\times9=27\div9\times9$

$=\dfrac{27}{9}\times9=27.$

11. $2-\left[3-\left\{6-\left(5-\overline{4-3}\right)\right\}\right]$

$=2-[3-\{6-(5-1)\}]$

$=2-[3-\{6-4\}]$

$=2-[3-2]$

$=2-1=1$

12. दिया गया व्यंजक $=\dfrac{3}{11}+\dfrac{4}{3}\div\dfrac{10}{11}\times\dfrac{5}{11}-\dfrac{28}{33}$ का $1\dfrac{2}{7}$

$=\dfrac{3}{11}+\dfrac{4}{3}\div\dfrac{10}{11}\times\dfrac{5}{11}-\dfrac{28}{33}\times\dfrac{9}{7}$

$=\dfrac{3}{11}+\dfrac{4}{3}\times\dfrac{11}{10}\times\dfrac{5}{11}-\dfrac{28}{33}\times\dfrac{9}{7}$

$=\dfrac{3}{11}+\dfrac{2}{3}-\dfrac{12}{11}=\dfrac{9+22-36}{33}=\dfrac{-5}{33}$

13. व्यंजक $=4.51\times\dfrac{2}{5}+\dfrac{3}{5}\times4.51+4.51$

$=4.51\left(\dfrac{2}{5}+\dfrac{3}{5}+1\right)=4.51\left(\dfrac{2+3+5}{5}\right)$

$=4.51\times\dfrac{10}{5}=4.51\times2=9.02$

14. $\dfrac{15.72\times15.72-5.72\times5.72}{15.72+5.72}$

$=\dfrac{(15.72+5.72)\,(15.72-5.72)}{(15.72+5.72)}$

$=15.72-5.72=10$

15. $7.55\times7.55-2\times7.55\times2.55+2.55\times2.55$

$=(7.55)^2-2\,(7.55)\,(2.55)+(2.55)^2$

$=(7.55-2.55)^2=(5)^2=25$

☆☆☆☆☆☆

4 महत्तम समापवर्तक और लघुत्तम समापवर्त्य (H.C.F. and L.C.M.)

महत्तम समापवर्तक : किन्हीं दो या दो से अधिक दी हुई संख्याओं का महत्तम समापवर्तक (म. स. प.) वह बड़ी-से-बड़ी संख्या है जो प्रत्येक दी हुई संख्याओं को पूरा-पूरा विभाजित करे।

लघुत्तम समापवर्त्य : किन्हीं दो या दो से अधिक दी हुई संख्याओं का लघुत्तम समापवर्त्य (ल. स. व.) वह छोटी-से-छोटी संख्या है जो प्रत्येक दी हुई संख्या से पूरी-पूरी विभाजित हो।

प्रश्नों से संबंधित समस्याओं को हल करने के लिए निम्नलिखित सूत्रों को ध्यान में रखिये :

(*i*) भिन्नों का महत्तम समापवर्तक (म. स. प.) = अंशों का महत्तम समापवर्तक / हरों का लघुत्तम समापवर्त्य

(*ii*) भिन्नों का लघुत्तम समापवर्त्य (ल. स. व.) = अंशों का लघुत्तम समापवर्त्य / हरों का महत्तम समापवर्तक

(*iii*) दो संख्याओं का गुणनफल = म. स. प. × ल. स. व.

प्रश्नमाला

1. 12, 24 व 36 का महत्तम समापवर्तक कितना होगा?

A. 16 B. 18

C. 12 D. 36

2. 70, 20 व 14 का लघुत्तम समापवर्त्य क्या है?

A. 120 B. 140

C. 280 D. 70

3. दो संख्याओं का अनुपात 11 : 15 है। यदि उनका म.स.प. 13 हो, तो वे संख्याएं क्रमशः क्या होगी?

A. 143 व 195 B. 195 व 143

C. 110 व 150 D. 121 व 165

4. वह छोटी-से-छोटी पूर्ण वर्ग संख्या क्या होगी जो 56, 21 तथा 36 से पूर्णतः विभाजित हो सके?

A. 7056 B. 8056

C. 7040 D. 8100

5. वह बड़ी-से-बड़ी संख्या क्या होगी, जिससे यदि 27, 33 तथा 39 को भाग दें तो क्रमशः 2, 3 तथा 4 शेष बचे?

A. 4 B. 5

C. 3 D. 7

6. 5 अंकों की वह छोटी-से-छोटी संख्या क्या होगी जो 12, 15 तथा 18 से पूर्णतः विभाजित हो?

A. 10080 B. 10800

C. 11820 D. 12080

7. दो संख्याओं का गुणनफल 27 है। उनका महत्तम समापवर्तक 3 है, तो उनका लघुत्तम समापवर्त्य क्या होगा?

A. 81 B. 54

C. 9 D. 6

8. चार अंकों की वह बड़ी-से-बड़ी संख्या क्या है जो 2, 3, 4, 5, 6 और 7 से पूरी-पूरी विभाजित हो जाती है?

A. 9729 B. 9760

C. 9579 D. 9660

9. दो संख्याओं का गुणनफल 54 है। उनका महत्तम समापवर्तक 3 है, तो उनका लघुत्तम समापवर्त्य क्या होगा?

A. 18 B. 21

C. 9 D. 24

10. $\frac{10}{21}, \frac{25}{27}$ और $\frac{35}{24}$ का महत्तम समापवर्तक क्या है?

A. $\frac{5}{216}$ B. $\frac{5}{1080}$

C. $\frac{5}{1512}$ D. $\frac{5}{638}$

उत्तरमाला

1	2	3	4	5	6	7	8	9	10
C	B	A	A	B	A	C	D	A	C

व्याख्यात्मक उत्तर

1. $\because$ $12 = \underline{2 \times 2 \times 3}$
$24 = 2 \times \underline{2 \times 2 \times 3}$
तथा $36 = \underline{2 \times 2 \times 3} \times 3$
$\therefore$ अभीष्ट महत्तम समापवर्तक $= 2 \times 2 \times 3 = 12$ होगा।

2. $\because$ $70 = 2 \times 5 \times 7$
$20 = 2 \times 2 \times 5$
तथा $14 = 2 \times 7$
$\therefore$ अभीष्ट लघुत्तम समापवर्त्य $= 2 \times 2 \times 5 \times 7 = 140$

3. माना कि वे संख्याएं क्रमशः $11x$ व $15x$ हैं।
प्रश्नानुसार, दोनों संख्याओं का म.स.प. = 13 (दिया हुआ है) अत: स्पष्ट होता है कि x के स्थान पर मान 13 होगा, क्योंकि $\times$ 13 तथा 15×13 का म.स.प. 13 है। अतः वे संख्‍ :: $11 \times 13 = 143$ तथा $15 \times 13 = 195$ होंगी।

4. सबसे पह तथा 36 का ल.स.व. ज्ञात करना है।
$\because$ 6 = $2 \times 2 \times 2 \times 7$
3×7
तथा 36 = $2 \times 2 \times 3 \times 3$
$\therefore$ अभीष्ट ल.स.व. $= 2 \times 2 \times 2 \times 3 \times 3 \times 7$
र्ग वर्ग संख्या नही है। अतः अभीष्ट .. को पूर्ण वर्ग बनाने के लिए इसमें कम-से- न 2×7 अर्थात् 14 से गुणा करना होगा।
. वह छोटी-से-छोटी पूर्ण वर्ग संख्या
$= 2 \times 2 \times 2 \times 3 \times 3 \times 7 \times 2 \times 7 = 7056$ होगी।

5. इ कार के प्रश्नों में पहले शेषफल को संख्याओं में से घटाया जाता है फिर उन संख्याओं का म.स.प. ज्ञात किया जाता है।
$\therefore$ $27 - 2 = 25, 33 - 3 = 30$ तथा $39 - 4 = 35$
अतः 25, 30 तथा 35 का म.स.प. ज्ञात करना है।
$\because$ $25 = 5 \times 5, 30 = 2 \times 3 \times 5$ तथा $35 = 5 \times 7$
$\therefore$ अभीष्ट म.स.प. = 5
$\therefore$ वह-बड़ी-से बड़ी संख्या = 5 होगी।

6. सबसे पहले 12, 15 तथा 18 का ल.स.व. ज्ञात करना है।
$\because 12 = 2 \times 2 \times 3, 15 = 3 \times 5$ तथा $18 = 2 \times 3 \times 3$
$\therefore$ अभीष्ट ल.स.व. $= 2 \times 2 \times 3 \times 3 \times 5 = 180$
तथा 5 अंकों की छोटी-से-छोटी संख्या = 10000
$= 180 \times 55 + 100$
तथा स्पष्ट है कि 5 अंकों की छोटी-से-छोटी संख्या जो 12, 15 तथा 18 से पूर्णतः विभाजित होगी
$= 180 \times 56 = 10080$

7. लघुत्तम समापवर्त्य

$$= \frac{\text{दोनों संख्याओं का गुणनफल}}{\text{उनका महत्तम समापवर्तक}} = \frac{27}{3} = 9$$

8. 2, 3, 4, 5, 6 और 7 का लघुत्तम समापवर्त्य
$= 2 \times 2 \times 3 \times 5 \times 7 = 420$
चार अंकों की सबसे बड़ी संख्या = 9999
9999 को 420 से विभाजित करें तो शेष = 339
$\therefore$ अभीष्ट संख्या = 9999 − 339 = 9660

9. उनका लघुत्तम समापवर्त्य

$$= \frac{\text{दोनों संख्याओं का गुणनफल}}{\text{उनका महत्तम समापवर्तक}} = \frac{54}{3} = 18$$

10. भिन्नों का महत्तम समापवर्तक

$$= \frac{\text{अंशों का महत्तम समापवर्तक}}{\text{हरों का लघुत्तम समापवर्त्य}}$$

$$= \frac{\text{10, 25 और 35 का महत्तम समापवर्तक}}{\text{21, 27 और 24 का लघुत्तम समापवर्त्य}}$$

$$= \frac{5}{1512}$$

☆☆☆☆☆☆

5 घातांक (Indices)

हम जानते हैं कि $x \times x = x^2$, $x \times x \times x = x^3$, $x \times x \times x \times x = x^4$ ...., $x \times x \times x \times x \times x \times x \times$ .... n गुणनखण्डों तक $= x^n$ को "x की घात n" पढ़ा जाता है। इस प्रकार हम कह सकते हैं कि

2 की घात $3 = 2^3 = 2 \times 2 \times 2 = 8$

3 की घात $3 = 3^3 = 3 \times 3 \times 3 = 27$

5 की घात $4 = 5^4 = 5 \times 5 \times 5 \times 5 = 625$

8 की घात $2 = 8^2 = 8 \times 8 = 64$.

$\left(\frac{x}{y}\right)$ की घात $3 = \left(\frac{x}{y}\right)^3 = \frac{x \times x \times x}{y \times y \times y} = \frac{x^3}{y^3}$

x^2 की घात $5 = (x^2)^5 = x^2 \times x^2 \times x^2 \times x^2 \times x^2 = x^{10}$

घातांक से सम्बन्धित आवश्यक नियम

नियम 1. यदि m और n धन पूर्णांक हों तथा x, y कोई भी संख्याएं हैं तो $x^m \times x^n = x^{m+n}$

नियम 2. यदि m और n धन पूर्णांक हों तथा x, y कोई भी संख्याएं हैं तो,

$x^m \div x^n = \frac{x^m}{x^n} = x^{m-n}$ जबकि $m > n$

या

$x^m \div x^n = \frac{x^m}{x^n} = \frac{1}{x^{n-m}}$ जबकि $n > m$

नियम 3. यदि m और n धन पूर्णांक हों तथा x, y कोई भी संख्याएं हैं तो $(x^m)^n = x^{mn}$

नियम 4. यदि m और n धन पूर्णांक हों तथा x, y कोई भी संख्याएं हैं तो $(xy)^m = x^m \times y^m$

मूल : यदि कोई संख्या 'x की घात n' है तथा इसका परिणाम a अर्थात् $x^n = a$ है तो इसका अर्थ यह होता है कि a का n वां मूल x है। जिसे प्राय: इस प्रकार लिखा जाता है

$$x^n = a \Rightarrow x = \sqrt[n]{a} = (a)^{1/n}$$

इसी प्रकार यदि भिन्नात्मक घातांक $x^{p/q} = a$ है तो इसका अर्थ यह होगा कि x का q वां मूल बराबर है a का p वां मूल के, अर्थात्

$$x^{p/q} = a \Rightarrow \left(x^{1/q}\right)^p = a \Rightarrow x^{1/q} = a^{1/p} \Rightarrow \sqrt[q]{x} = \sqrt[p]{a}$$

अत: दूसरे मूल को हम वर्गमूल तथा तीसरे मूल को घनमूल भी कहते हैं।

महत्त्वपूर्ण नोट : यदि किसी संख्या या राशि की घात "शून्य" है तो उस संख्या या राशि का मान सदैव 1 के बराबर होगा। अर्थात् $x^0 = y^0 = z^0 = 2^0 = 5^0 = 8^0 = 1$ होगा।

प्रश्नमाला

1. $a^5 \times a^7$ का मान कितना होगा?

A. a^{35} B. a^2

C. a^{12} D. $a^{5/7}$

2. $(x^{2/3})^{-3/4}$ का मान कितना होगा?

A. $\frac{1}{x}$ B. $\frac{1}{\sqrt{x}}$

C. $\frac{1}{x^2}$ D. $\frac{1}{x^{-2}}$

3. 4 की घात 3 निम्न में से किस संख्या के बराबर होगी?

A. 64

B. 81

C. 12

D. 49

4. 2 की घात 3 तथा 3 की घात 2 में कितना अन्तर होगा?

A. 2 B. 5

C. 3 D. 1

5. $\left(-\frac{1}{125}\right)^{-\frac{2}{3}}$ का मान कितना होगा?

A. $\frac{1}{25}$ B. 25

C. 5 D. $\frac{1}{5}$

6. $(8)^{-(2^{-2})}$ का मान कितना होगा?

A. $2^{-1/4}$ B. $2^{-3/4}$

C. $2^{3/4}$ D. $2^{-1/2}$

7. यदि $\sqrt{2^n} = 64$ है, तो n का मान क्या होगा?

A. 8 B. 4

C. 12 D. 16

8. $(100)^0$ का मान कितना होगा?

A. 0 B. 10

C. 1 D. 100

9. यदि $10^{2/5} \times 10^{8/5} = 10^n$ है तो n का मान क्या होगा?

A. 2 B. 3

C. 6 D. 4

10. $27^3 \times 3^4 \div 3^{10}$ का मान कितना होगा?

A. 9 B. 27

C. 81 D. $\frac{1}{27}$

11. व्यंजक $\frac{(-1)^{132}}{5^{-1}+3^{-1}}$ का मान कितना होगा?

A. $\frac{16}{9}$ B. $-\frac{15}{8}$

C. $\frac{15}{8}$ D. $\frac{17}{8}$

12. $6a^3b^3c^2 \div 2ab^2c$ का मान कितना होगा?

A. $3a^2bc$ B. $3ab^2c$

C. $3a^2b^2c^2$ D. $3a^3b^3c^3$

13. $\sqrt{\frac{1}{\left(\frac{3}{4}\right)^{-2}}} + \sqrt[3]{\frac{27}{64}}$ का मान क्या होगा?

A. $\frac{2}{3}$ B. $\frac{4}{5}$

C. $\frac{13}{12}$ D. $\frac{3}{2}$

14. $\frac{a^{-3} . a^{-4}}{a^{-5}}$ का धन घातांकीय रूप में मान क्या होगा?

A. a^2 B. $\frac{1}{a^3}$

C. $\frac{1}{a^4}$ D. $\frac{1}{a^2}$

15. $\sqrt[3]{x^6} \div \sqrt[6]{x^{12}} \times x^{-3} \times \sqrt[3]{x^9}$ का मान कितना होगा?

A. $2x$ B. 1

C. $\frac{1}{3x^2}$ D. $\frac{1}{x}$

उत्तरमाला

1	2	3	4	5	6	7	8	9	10
C	B	A	D	B	B	C	C	A	B
11	**12**	**13**	**14**	**15**					
C	A	D	D	B					

व्याख्यात्मक उत्तर

1. $\because a^5 \times a^7 = a^{5+7} = a^{12}$. $[\because x^m \times x^n = x^{m+n}]$

2. $\because \left(x^{\frac{2}{3}}\right)^{-\frac{3}{4}} = x^{\frac{2}{3}\times -\frac{3}{4}} = x^{-\frac{1}{2}}$

$= \frac{1}{x^{\frac{1}{2}}} = \frac{1}{\sqrt{x}}$.$[\because (x^m)^n = x^{mn}]$

3. $\because$ 4 की घात 3

$= 4^3 = 4 \times 4 \times 4 = 64.$

4. $\because$ 2 की घात $3 = 2^3 = 2 \times 2 \times 2 = 8.$

तथा 3 की घात $2 = 3^2 = 3 \times 3 = 9$

$\therefore$ अन्तर $= 9 - 8 = 1.$

5. $\left(-\frac{1}{125}\right)^{-\frac{2}{3}} = \dfrac{1}{\left(-\frac{1}{125}\right)^{\frac{2}{3}}}$

$= (-125)^{\frac{2}{3}}$

$= [(-125)^{1/3}]^2 = [(-5\times-5\times-5)^{1/3}]^2$

$= (-5^2) = -5\times-5 = 25.$

6. $\because 8^{-(2^{-2})} = 8^{-\left(\frac{1}{2^2}\right)} = 8^{-\frac{1}{4}} = \dfrac{1}{8^{\frac{1}{4}}}$

$= \dfrac{1}{(2\times2\times2)^{\frac{1}{4}}} = \dfrac{1}{(2)^{\frac{3}{4}}} = 2^{-\frac{3}{4}}.$

7. $\because \sqrt{2^n} = 64 \Rightarrow 2^n = (64)^2$

$\Rightarrow 2^n$

$= (2\times2\times2\times2\times2\times2)^2 \Rightarrow 2^n = (2^6)^2$

$\Rightarrow 2^n = 2^{6\times2} = 2^{12} \Rightarrow n = 12$

अत: n का मान 12 होगा।

8. यहां विद्यार्थियों को स्मरण रखना चाहिए कि यदि किसी संख्या या राशि की घात ''शून्य'' हो तो उस संख्या या राशि का मान हमेशा 1 के बराबर होगा।

अत: स्पष्ट है कि $(100)^0$ का मान = 1 होगा।

9. $\because 10^{2/5}\times10^{8/5} = 10^n \Rightarrow 10^{2/5+8/5} = 10^n$

$\Rightarrow 10^{10/5} = 10^n \Rightarrow 10^2 = 10^n \Rightarrow n = 2$

अत: n का मान 2 होगा।

10. $\because 27^3\times3^4\div3^{10} = 27^3\times\dfrac{3^4}{3^{10}}$

$\dfrac{(3\times3\times3)^3\times3^4}{3^{10}} = \dfrac{(3^3)^3\times3^4}{3^{10}}$

$= \dfrac{3^9\times3^4}{3^{10}} = \dfrac{3^{9+4}}{3^{10}} = \dfrac{3^{13}}{3^{10}}$

$= 3^{13-10} = 3^3 = 3\times3\times3 = 27.$

11. $\because \dfrac{(-1)^{132}}{5^{-1}+3^{-1}} = \dfrac{\left((-1)^2\right)^{66}}{5^{-1}+3^{-1}}$

$= \dfrac{(1)^{66}}{5^{-1}+3^{-1}} = \dfrac{1}{\frac{1}{5}+\frac{1}{3}} = \dfrac{1}{\frac{3+5}{15}}$

$= \dfrac{1}{\frac{8}{15}} = \dfrac{15}{8}.$

12. $\because 6a^3b^3c^2 \div 2ab^2c$

$= \dfrac{6a^3b^3c^2}{2ab^2c} = 3a^{3-1}b^{3-2}c^{2-1} = 3a^2bc.$

13. $\because \sqrt{\dfrac{1}{\left(\frac{3}{4}\right)^{-2}}} + \sqrt[3]{\dfrac{27}{64}} = \sqrt{\left(\frac{3}{4}\right)^2} + \sqrt[3]{\dfrac{3\times3\times3}{4\times4\times4}}$

$= \sqrt{\left(\frac{3}{4}\right)^2} + \sqrt[3]{\left(\frac{3}{4}\right)^3} = \dfrac{3}{4}+\dfrac{3}{4} = \dfrac{6}{4} = \dfrac{3}{2}.$

14. $\because \dfrac{a^{-3}.a^{-4}}{a^{-5}} = \dfrac{a^5}{a^3.a^4} = \dfrac{a^5}{a^7} = \dfrac{1}{a^{7-5}} = \dfrac{1}{a^2}$

अत: $\dfrac{a^{-3}.a^{-4}}{a^{-5}}$ का धन घातांकीय रूप में मान $\dfrac{1}{a^2}$ होगा।

15. $\because \sqrt[3]{x^6} \div \sqrt[6]{x^{12}} \times x^{-3} \times \sqrt[3]{x^9}$

$= \dfrac{(x^6)^{\frac{1}{3}}}{(x^{12})^{\frac{1}{6}}} \times x^{-3} \times (x^9)^{\frac{1}{3}}$

[$\because$ BODMAS शब्द के अनुसार पहले ''भाग'' फिर ''गुणा'']

$= \dfrac{x^{6\times\frac{1}{3}}\times x^{-3}\times x^{9\times\frac{1}{3}}}{x^{12\times\frac{1}{6}}}$

$= \dfrac{x^2\times x^{-3}\times x^3}{x^2} = x^0 = 1.$

☆☆☆☆☆☆

6 करणी (Surds)

प्राय: सभी संख्याओं के वर्गमूल सदैव पूर्ण संख्या नहीं होते, जैसे– $\sqrt{9} = 3$ परन्तु $\sqrt{15} = 3.873$, जो कि पूर्ण संख्या नहीं है, अर्थात् 15 का वर्गमूल पूर्ण संख्या नहीं है। अत: ऐसी संख्यायें जिनके वर्गमूल पूर्ण संख्या नहीं होते, जैसे– $\sqrt{3}$, $\sqrt{7}$, $2+\sqrt{11}$, $4+\sqrt{13}$ .... इत्यादि संख्यायें **करणी** कहलाती हैं।

प्रश्नों को हल करने के लिए निम्नलिखित सूत्रों का प्रयोग कीजिए :

1. $\sqrt{a} \times \sqrt{a} = a$
2. $\sqrt{a} \times \sqrt{b} = \sqrt{ab}$
3. $\left(\sqrt{a}+\sqrt{b}\right)^2 = a+b+2\sqrt{ab}$
4. $\left(\sqrt{a}-\sqrt{b}\right)^2 = a+b-2\sqrt{ab}$
5. $x\sqrt{a} + x\sqrt{b} = x\left(\sqrt{a}+\sqrt{b}\right)$
6. $\dfrac{1}{\sqrt{a}+\sqrt{b}} = \dfrac{1}{\sqrt{a}+\sqrt{b}} \times \dfrac{\sqrt{a}-\sqrt{b}}{\sqrt{a}-\sqrt{b}}$ $= \dfrac{\sqrt{a}-\sqrt{b}}{a-b}$
7. $\dfrac{1}{\sqrt{a}-\sqrt{b}} = \dfrac{1}{\sqrt{a}-\sqrt{b}} \times \dfrac{\sqrt{a}+\sqrt{b}}{\sqrt{a}+\sqrt{b}}$ $= \dfrac{\sqrt{a}+\sqrt{b}}{a-b}$
8. $a+\sqrt{b} = c+\sqrt{d} \Rightarrow a = c$ तथा $b = d$
9. $\sqrt{2} = 1.41421$, $\sqrt{3} = 1.73205$, $\sqrt{5} = 2.23607$, $\sqrt{6} = 2.4494$, $\sqrt{7} = 2.64575$, $\sqrt{8} = 2.82842$, $\sqrt{10} = 3.16227$, $\sqrt{11} = 3.31662$

प्रश्नमाला

1. $\dfrac{1}{\sqrt{3}}$ का मान दशमलव के तीन स्थानों तक होगा—

A. 0.577 B. 0.477
C. 0.673 D. 0.575

2. यदि $\sqrt{2} = 1.4142$ हो, तो $\dfrac{1}{2}\left(\dfrac{\sqrt{2}-1}{\sqrt{2}+1}\right)$ का मान कितना होगा?

A. .0768 B. .0658
C. .0858 D. .0458

3. यदि $\sqrt{1936} = 44$, हो तो $\sqrt{19.36} + \sqrt{0.1936} + \sqrt{.001936}$ का मान दशमलव के तीन स्थानों तक होगा—

A. 5.679 B. 4.884
C. 9.884 D. 6.778

4. $\sqrt{\left(5+\dfrac{4}{9}\right)}$ का मान होगा?

A. $3\dfrac{1}{3}$ B. $2\dfrac{1}{6}$
C. $4\dfrac{1}{3}$ D. $2\dfrac{1}{3}$

5. $\dfrac{\sqrt{2}-1}{\sqrt{2}+1}$ का मान दशमलव के तीन स्थानों तक होगा—

A. 0.172 B. 0.158
C. 0.176 D. 0.188

6. $\sqrt[3]{8^4}$ का मान कितना होगा?

A. 15 B. 9
C. 16 D. 25

7. यदि $\sqrt{6} = 2.45$, तो $\sqrt{\frac{2}{3}} + 3\sqrt{\frac{3}{2}}$ का मान किसके बराबर होगा?

A. 3.942 B. 4.492
C. 4.942 D. 9.345

8. $\sqrt{72}$ का मान किसके बराबर होगा?

A. $3\sqrt{5}$ B. $6\sqrt{2}$
C. $8\sqrt{2}$ D. $7\sqrt{3}$

9. हर के परिमेयीकरण के पश्चात व्यंजक $\frac{\sqrt{2}}{\sqrt{2}+\sqrt{3}-\sqrt{5}}$ का रूप होगा—

A. $\frac{3+\sqrt{6}+\sqrt{15}}{6}$ B. $\frac{3-\sqrt{6}-\sqrt{5}}{6}$
C. $\frac{3+\sqrt{6}+\sqrt{5}}{3}$ D. $\frac{2+\sqrt{6}-\sqrt{15}}{6}$

10. $\left(\sqrt{80}+3\times\sqrt{245}-\sqrt{125}\right)$ का मान कितना होगा?

A. $18\sqrt{5}$ B. $20\sqrt{5}$
C. $22\sqrt{5}$ D. $28\sqrt{2}$

11. $\left(\frac{\sqrt{5}+\sqrt{3}}{\sqrt{5}-\sqrt{3}}\right)$ का मान कितना होगा?

A. $4+\sqrt{15}$ B. $3-\sqrt{15}$
C. $2+\sqrt{15}$ D. $4-\sqrt{15}$

12. $3^{\frac{1}{5}}, 5^{\frac{3}{5}}, 7^{\frac{4}{5}}$ को आरोही क्रम में किस प्रकार से लिखा जा सकता है?

A. $5^{\frac{3}{5}} < 3^{\frac{1}{5}} < 7^{\frac{4}{5}}$ B. $3^{\frac{1}{5}} < 5^{\frac{3}{5}} < 7^{\frac{4}{5}}$
C. $7^{\frac{4}{5}} < 3^{\frac{1}{5}} < 5^{\frac{3}{5}}$ D. $3^{\frac{1}{5}} < 7^{\frac{4}{5}} < 5^{\frac{3}{5}}$

13. यदि $12\times 4^{\frac{1}{3}}$ को $3\sqrt{2}$ से भाग दिया जाये तब भागफल का मान होगा—

A. 2 B. $\sqrt{15}$
C. 3 D. $2^{13/6}$

14. यदि $4^{\frac{1}{3}}, 6^{\frac{1}{6}}$ तथा $\sqrt{5}$ का गुणा किया जाये तो गुणनफल का मान होगा—

A. $(12000)^{\frac{1}{6}}$ B. $(12009)^{\frac{1}{6}}$
C. $(14000)^{\frac{1}{6}}$ D. $(15000)^{\frac{1}{4}}$

15. व्यंजक $\left(2+\sqrt{2}+\frac{1}{2+\sqrt{2}}+\frac{1}{\sqrt{2}-2}\right)$ का मान होगा—

A. 5 B. 2
C. 3 D. 8

उत्तरमाला

1	2	3	4	5	6	7	8	9	10
A	C	B	D	A	C	B	B	A	B
11	**12**	**13**	**14**	**15**					
A	B	D	A	B					

व्याख्यात्मक उत्तर

1. $\because \frac{1}{\sqrt{3}} = \frac{1}{\sqrt{3}}\times\frac{\sqrt{3}}{\sqrt{3}} = \frac{\sqrt{3}}{3} = \frac{1.732}{3}$

$= 0.577.$

2. $\because \frac{1}{2}\left(\frac{\sqrt{2}-1}{\sqrt{2}+1}\right) = \frac{1}{2}\times\frac{\sqrt{2}-1}{\sqrt{2}+1}\times\frac{\sqrt{2}-1}{\sqrt{2}-1}$

$= \frac{1}{2}\times\frac{(\sqrt{2}-1)^2}{(\sqrt{2})^2-1^2} = \frac{1}{2}\times\frac{2+1-2\sqrt{2}}{2-1}$

$= \frac{1}{2}\times\frac{3-2\sqrt{2}}{1} = \frac{1}{2}\times(3-2\times 1.4142)$

$= \frac{1}{2}\times 0.1716 = 0.0858.$

3. $\because \sqrt{1936} = 44 \Rightarrow \sqrt{19.36} = 4.4$

$\Rightarrow \sqrt{0.1936} = 0.44 \Rightarrow \sqrt{.001936} = .044$

$\therefore \sqrt{19.36} + \sqrt{0.1936} + \sqrt{.001936}$

$= 4.4 + 0.44 + 0.044 = 4.884.$

4. $\because \sqrt{5 + \frac{4}{9}} = \sqrt{\frac{45+4}{9}} = \sqrt{\frac{49}{9}} = \frac{7}{3} = 2\frac{1}{3}.$

5. $\because \frac{\sqrt{2}-1}{\sqrt{2}+1} = \frac{\sqrt{2}-1}{\sqrt{2}+1} \times \frac{\sqrt{2}-1}{\sqrt{2}-1} = \frac{(\sqrt{2}-1)^2}{(\sqrt{2})^2 - (1)^2}$

$= \frac{2+1-2\sqrt{2}}{2-1} = \frac{3-2\sqrt{2}}{1} = 3 - 2\times1.414 = 0.172.$

6. $\because \sqrt[3]{8^4} = (8)^{\frac{4}{3}} = (2^3)^{\frac{4}{3}} = 2^{3\times\frac{4}{3}} = 2^4 = 16.$

7. $\because \sqrt{\frac{2}{3}} + 3\sqrt{\frac{3}{2}} = \frac{\sqrt{2}}{\sqrt{3}} \times \frac{\sqrt{3}}{\sqrt{3}} + 3 \times \frac{\sqrt{3}}{\sqrt{2}} \times \frac{\sqrt{2}}{\sqrt{2}}$

$= \frac{\sqrt{6}}{3} + \frac{3\sqrt{6}}{2} = \sqrt{6}\left[\frac{1}{3} + \frac{3}{2}\right]$

$= \sqrt{6} \times \frac{11}{6} = \frac{11}{6} \times 2.45 = 4.492.$

8. $\because \sqrt{72} = \sqrt{6\times6\times2} = \sqrt{6^2 \times 2} = 6\sqrt{2}.$

9. $\frac{\sqrt{2}}{\sqrt{2}+\sqrt{3}-\sqrt{5}}$

$= \frac{\sqrt{2}}{\sqrt{2}+\sqrt{3}-\sqrt{5}} \times \frac{\sqrt{2}+\sqrt{3}+\sqrt{5}}{\sqrt{2}+\sqrt{3}+\sqrt{5}}$

$= \frac{\sqrt{2}(\sqrt{2}+\sqrt{3}+\sqrt{5})}{(\sqrt{2}+\sqrt{3})^2 - (\sqrt{5})^2}$

$= \frac{2+\sqrt{6}+\sqrt{10}}{2\sqrt{6}} = \frac{2+\sqrt{6}+\sqrt{10}}{2\sqrt{6}} \times \frac{\sqrt{6}}{\sqrt{6}}$

$= \frac{2\sqrt{6}+6+\sqrt{60}}{12} = \frac{3+\sqrt{6}+\sqrt{15}}{6}.$

10. $\because \sqrt{80} + 3\times\sqrt{245} - \sqrt{125}$

$= \sqrt{16\times5} + 3\times\sqrt{49\times5} - \sqrt{25\times5}$

$= 4\sqrt{5} + 21\sqrt{5} - 5\sqrt{5} = 20\sqrt{5}.$

11. $\because \frac{\sqrt{5}+\sqrt{3}}{\sqrt{5}-\sqrt{3}} = \frac{\sqrt{5}+\sqrt{3}}{\sqrt{5}-\sqrt{3}} \times \frac{\sqrt{5}+\sqrt{3}}{\sqrt{5}+\sqrt{3}}$

$= \frac{(\sqrt{5}+\sqrt{3})^2}{(\sqrt{5})^2 - (\sqrt{3})^2} = \frac{5+3+2\sqrt{15}}{5-3}$

$= \frac{8+2\sqrt{15}}{2} = 4 + \sqrt{15}.$

12. $\because 3^{\frac{1}{5}} = (3)^{\frac{1}{5}}$ $\quad 5^{\frac{3}{5}} = (5^3)^{\frac{1}{5}} = (125)^{\frac{1}{5}}$

तथा $7^{\frac{4}{5}} = (7^4)^{\frac{1}{5}} = (2401)^{\frac{1}{5}}$

अत: स्पष्ट है कि $(3)^{\frac{1}{5}} < (125)^{\frac{1}{5}} < (2401)^{\frac{1}{5}}$

अत: $3^{\frac{1}{5}} < 5^{\frac{3}{5}} < 7^{\frac{4}{5}}$ आरोही क्रम में होगी।

13. प्रश्नानुसार, $\frac{12\times4^{\frac{1}{3}}}{3\sqrt{2}} = \frac{12\times2^{\frac{2}{3}}}{3\times2^{\frac{1}{2}}} \times \frac{2^{\frac{1}{2}}}{2^{\frac{1}{2}}}$

$= \frac{12\times2^{\frac{7}{6}}}{3\times2} = \frac{12\times2^{\frac{7}{6}}}{6} = 2^{\frac{13}{6}}.$

14. $\because 4^{\frac{1}{3}} = 4^{\frac{2}{6}} = (4^2)^{\frac{1}{6}} = (16)^{\frac{1}{6}}$ $\quad \because 6^{\frac{1}{6}} = (6)^{\frac{1}{6}}$

तथा $\sqrt{5} = 5^{\frac{1}{2}} = 5^{\frac{3}{6}} = (5^3)^{\frac{1}{6}} = (125)^{\frac{1}{6}}$

$4^{\frac{1}{3}} \times 6^{\frac{1}{6}} \times \sqrt{5} = (16)^{\frac{1}{6}} \times (6)^{\frac{1}{6}} \times (125)^{\frac{1}{6}}$

$= (16\times6\times125)^{\frac{1}{6}} = (12000)^{\frac{1}{6}}.$

15. $\because 2 + \sqrt{2} + \frac{1}{2+\sqrt{2}} + \frac{1}{\sqrt{2}-2}$

$= 2+\sqrt{2}+\left(\frac{2-\sqrt{2}}{(2+\sqrt{2})(2-\sqrt{2})} + \frac{2+\sqrt{2}}{(\sqrt{2}-2)(2+\sqrt{2})}\right)$

$= 2+\sqrt{2}+\left[\frac{2-\sqrt{2}}{4-2} + \frac{\sqrt{2}+2}{2-4}\right]$

$= 2+\sqrt{2}+\left[\frac{(2-\sqrt{2})}{2} - \frac{(\sqrt{2}+2)}{2}\right]$

$= 2+\sqrt{2}+\left[\frac{2-\sqrt{2}-\sqrt{2}-2}{2}\right]$

$= 2+\sqrt{2}+\frac{(-2\sqrt{2})}{2} = 2+\sqrt{2}-\sqrt{2} = 2.$

☆☆☆☆☆☆

7 औसत (Averages)

औसत निकालने के लिए पहले उन सब राशियों को जोड़ लें जिनका औसत निकालना हो; उसके बाद उस योगफल में उन राशियों की कुल संख्या से भाग दे दें। उदाहरण के लिए यदि आपको 8, 10, 12, और 14 का औसत निकालना है, तो पहले इन्हें जोड़ दें। $8 + 10 + 12 + 14 = 44$ जिनका औसत निकालना है, वे संख्याएं 4 हैं।

अतः 44 में 4 से भाग दे दें। $44 \div 4 = \frac{44}{4} = 11$ औसत आया।

इसके लिए सूत्र हैं:

(i) $\frac{\text{राशियों का योगफल}}{\text{राशियों की संख्या}} = \text{औसत}$

(ii) औसत × राशियों की संख्या = राशियों का योगफल।

(iii) $\frac{\text{राशियों का जोड़}}{\text{औसत}} = \text{राशियों की संख्या}$

उदाहरण 1 : किसी कक्षा में 5 दिनों की दैनिक उपस्थिति 26, 23, 30, 29 और 17 थी। बताओ दैनिक औसत उपस्थिति क्या थी?

हल : ∵ 5 दिनों की कुल उपस्थिति $= 26 + 23 + 30 + 29 + 17 = 125$ थी।

∴ 1 दिन की औसत उपस्थिति

$$= \frac{\text{राशियों का योगफल}}{\text{राशियों की संख्या}} = \frac{125}{5} = 25$$

उदाहरण 2: एक दुकानदार 6 दिनों में 1950 रु. की बिक्री करता है। उसकी दैनिक औसत बिक्री कितनी है?

हलः कुल बिक्री = 1950 रु.

कुल दिन = 6

∴ दैनिक औसत बिक्री $= \frac{1950}{6} = 325$ रु.

प्रश्नमाला

1. 5 विद्यार्थियों की ऊँचाइयां (सेंमी में) 140, 135, 142, 138 व 140 है। उनकी औसत ऊँचाई है:

A. 136 B. 138
C. 139 D. 140

2. 10 विद्यार्थियों द्वारा प्राप्तांक 22, 35, 37, 38, 29, 27, 34, 36, 28 और 34 हैं। उनके औसत अंक हैं:

A. 30 B. 31
C. 32 D. 34

3. एक लड़का जिसकी ऊँचाई 165 सेंमी है, के स्थान पर नया लड़का आ जाने से 34 लड़कों के एक समूह की औसत ऊँचाई 1 सेंमी कम हो जाती है। नये लड़के की ऊँचाई है:

A. 132 सेंमी B. 129 सेंमी
C. 130 सेंमी D. 131 सेंमी

4. 2 से प्रारम्भ करके पांच लगातार सम संख्याओं का औसत है:

A. 4 B. 6
C. 7 D. 5

5. 5 गेंदों का भार (ग्राम में) क्रमशः 50, 54, 53, 56 और 52 है। उनका औसत भार है:

A. 53 B. 54
C. 52 D. 51

6. एक रस्सी के 5 टुकड़ों की लम्बाइयां (सेंमी में) 5, 5.2, 6.3, 7.2 और 6.3 हैं। टुकड़े की औसत लम्बाई है:

A. 5.8 B. 6.0
C. 6.1 D. 6.2

7. 7 के प्रथम पांच गुणजों (Multiples) का औसत क्या होगा?

A. 21 B. 23
C. 24 D. 28

8. चार संख्याओं का औसत 18 है। यदि उनमें से पहली तीन संख्याएं क्रमशः 16, 22 व 28 हों तो बताइये अन्तिम संख्या क्या होगी?

A. 5 B. 8
C. 6 D. 9

9. 12 संख्याओं का औसत मान 30 है। यदि प्रत्येक संख्या में 3 से गुणा कर दिया जाये, तो बताइये नई संख्याओं का औसत मान कितना होगा?

A. 70 B. 80
C. 90 D. 100

10. एक व्यक्ति 50 रु॰ प्रति पुस्तक के हिसाब से 4 पुस्तकें, 60 रु॰ प्रति पुस्तक के हिसाब से 5 पुस्तकें, तथा 70 रु॰ प्रति पुस्तक के हिसाब से 6 पुस्तकें खरीदता है। बताइये पुस्तक का औसत मूल्य कितना होगा?

A. 62.33 रु॰
B. 41.50 रु॰
C. 61.33 रु॰
D. 61.75 रु॰

11. 25 राशियों का औसत 15 है, उनमें से 15 राशियों का औसत 17 है, तो शेष राशियों का औसत ज्ञात करो।

A. 10 B. 13
C. 11 D. 12

12. एक कक्षा में 23 छात्रों की औसत आयु 16 वर्ष है। यदि अध्यापक की आयु भी सम्मिलित कर ली जाए तो औसत आयु एक वर्ष बढ़ जाती है। अध्यापक की आयु क्या है?

A. 35 वर्ष
B. 40 वर्ष
C. 50 वर्ष
D. 30 वर्ष

13. दी गई सात संख्याओं में से प्रथम चार संख्याओं का औसत 4 तथा अन्तिम चार संख्याओं का औसत भी 4 है। यदि इन सात संख्याओं का औसत 3 है, तो चौथी संख्या क्या है?

A. 11 B. 10
C. 12 D. 9

14. राजू, शशि और महेश के वेतनों का औसत 800 रुपये है और शशि, महेश और प्रभा के वेतनों का औसत 900 रुपये है। यदि प्रभा का वेतन 900 रुपये हो तो राजू का वेतन होगा।

A. 700 रु॰ B. 600 रु॰
C. 400 रु॰ D. 500 रु॰

15. एक बालक को 5 संख्याओं का औसत निकालने को कहा गया। परन्तु लिखते समय उसने 73 के स्थान पर 37 और 54 के स्थान पर 45 लिख दिया। इस प्रकार उसका औसत 59 प्राप्त हुआ तो वास्तविक संख्याओं का औसत ज्ञात करो।

A. 68 B. 86
C. 70 D. 67

16. 8 संख्याओं का औसत 12 है। यदि प्रत्येक संख्या में 2 की वृद्धि की जाए तो नयी प्राप्त संख्याओं का औसत होगा।

A. 12 B. 14
C. 13 D. 15

17. 5 वर्ष पहले A, B, C, D की औसत आयु 45 वर्ष थी। E को शामिल करने पर पांचों की वर्तमान आयु की औसत 49 है। E की वर्तमान आयु है।

A. 46 वर्ष B. 48 वर्ष
C. 45 वर्ष D. 50 वर्ष

18. तीन वर्ष पूर्व 5 सदस्यों के एक परिवार की औसत आयु 17 वर्ष थी। एक शिशु के जन्म लेने पर भी परिवार की औसत आयु आज भी 17 वर्ष ही है। शिशु की वर्तमान आयु है।

A. 1 वर्ष B. 3 वर्ष
C. 2 वर्ष D. 4 वर्ष

19. किसी कक्षा में 30 छात्रों की औसत आयु 12 वर्ष है। 5 छात्रों के एक समूह की औसत आयु 10 वर्ष है तथा 5 छात्रों के दूसरे समूह की औसत आयु 14 वर्ष है। बचे हुए छात्रों की औसत आयु है।

A. 13 वर्ष B. 10 वर्ष
C. 11 वर्ष D. 12 वर्ष

20. प्रथम पांच अभाज्य संख्याओं का औसत होगा।

A. 6.5 B. 5.6
C. 5.5 D. 6.6

उत्तरमाला

1	2	3	4	5	6	7	8	9	10
C	C	D	A	A	B	A	C	C	C
11	**12**	**13**	**14**	**15**	**16**	**17**	**18**	**19**	**20**
D	B	A	B	A	B	C	C	D	B

व्याख्यात्मक उत्तर

1. औसत ऊँचाई

$$= \frac{140+135+142+138+140}{5} = \frac{695}{5} = 139.$$

2. औसत अंक

$$= \frac{22+35+37+38+29+27+34+36+28+34}{10}$$

$$= \frac{320}{10} = 32.$$

3. 34 लड़कों की ऊँचाई में औसत कमी = 1 सेंमी

34 लड़कों की ऊँचाई में कुल कमी = 34 सेंमी

$\therefore$ नये लड़के की ऊँचाई = 165 − 34 = 131 सेंमी

4. 2 से प्रारम्भ करके 5 लगातार सम संख्याओं का औसत

$$= \frac{2+4+6+8+10}{5} = \frac{30}{5} = 6.$$

5. औसत भार

$$= \frac{50+54+53+56+52}{5} = \frac{265}{5} = 53.$$

6. औसत लम्बाई

$$= \frac{5+5.2+6.3+7.2+6.3}{5} = \frac{30.0}{5} = 6.0$$

7. $\because$ 7 के प्रथम 5 गुणज : 7, 14, 21, 28 व 35

$\therefore$ इनका औसत

$$= \frac{7+14+21+28+35}{5} = \frac{105}{5} = 21.$$

8. $\because$ चार संख्याओं का औसत = 18

$\therefore$ चारों संख्याओं का योग = 18 × 4 = 72

प्रश्नानुसार, उनमें से पहली तीन संख्याएं क्रमशः 16, 22 व 28 हैं।

$\therefore$ अन्तिम संख्या

= चारों संख्याओं का योग − (16 + 22 + 28)

= 72 − 66 = 6.

9. $\because$ 12 संख्याओं का औसत मान = 30

$\therefore$ 12 संख्याओं का कुल योग = 30 × 12 = 360

प्रश्नानुसार, प्रत्येक संख्या में 3 से गुणा करने पर 12 संख्याओं का कुल योग = 360 × 3 = 1080

12 नई संख्याओं का औसत मान $= \frac{1080}{12} = 90.$

10. $\because$ 50 रु. प्रति पुस्तक के हिसाब से 4 पुस्तकों का क्रय मूल्य = 200 रु.

60 रु. प्रति पुस्तक के हिसाब से 5 पुस्तकों का क्रय मूल्य = 300 रु.

तथा 70 रु. प्रति पुस्तक के हिसाब से 6 पुस्तकों का क्रय मूल्य = 420 रु.

$\therefore$ 15 पुस्तकों का कुल क्रय मूल्य

= 200 + 300 + 420 = 920 रु.

$\therefore$ औसत मूल्य $= \frac{920}{15} = 61.33$ रु.।

11. $\because$ 25 राशियों का औसत = 15

$\therefore$ 25 राशियों योग = 25 × 15 = 375

इनमें से 15 राशियों का औसत = 17

$\therefore$ इन 15 राशियों का योग = 15 × 17 = 255

$\therefore$ शेष 25 −15 = 10 राशियों का योग

= 375 − 255 = 120

$\therefore$ शेष राशियों का औसत $= \frac{120}{10} = 12$

सूत्र द्वारा—

शेष 10 राशियों का औसत $= \frac{25\times15-15\times17}{25-15}$

$= \frac{375-255}{10} = \frac{120}{10} = 12.$

12. $\therefore$ 23 छात्रों की आयु का औसत = 16 वर्ष

$\therefore$ 23 छात्रों की आयु का योग = 23 × 16 = 368 वर्ष

$\therefore$ 23 + 1 = 24 जनों की आयु का औसत = 16 + 1 = 17 वर्ष

$\therefore$ इनकी आयु का योग = 24 × 17 = 408 वर्ष

$\therefore$ अध्यापक की आयु = 408 − 368 = 40 वर्ष।

13. $\therefore$ 7 संख्याओं का औसत = 3

$\therefore$ 7 संख्याओं का योगफल = 7 × 3 = 21

$\therefore$ प्रथम 4 संख्याओं का औसत = 4

$\therefore$ प्रथम चार संख्याओं का योग = 4 × 4 = 16

अन्तिम 4 संख्याओं का औसत = 4

$\therefore$ अन्तिम चार संख्याओं का योग = 4 × 4 = 16

$\therefore$ चौथी संख्या होगी = 16 + 16 − 21 = 11.

14. $\because$ राजू, शशि और महेश का औसत वेतन = 800 रुपये

$\therefore$ इनका कुल वेतन = 3 × 800 = 2400 रुपये

$\therefore$ शशि, महेश और प्रभा का औसत वेतन = 900 रुपये

$\therefore$ इन तीनों का कुल वेतन = 3 × 900 = 2700 रुपये

$\therefore$ प्रभा का वेतन = 900 रुपये

$\therefore$ राजू, शशि, महेश व प्रभा का कुल वेतन = 2400 + 900 = 3300 रुपये

$\therefore$ राजू का वेतन = 3300 − 2700 = 600 रुपये।

15. $\because$ 73 − 37 = 36 तथा 54 − 45 = 9

$\therefore$ 5 संख्याओं के योग में कमी = 36 + 9 = 45

$\therefore$ 5 संख्याओं के औसत में कमी $= \frac{45}{5} = 9$

$\therefore$ वास्तविक संख्याओं का औसत = 59 + 9 = 68.

16. $\because$ 8 संख्याओं का औसत = 12

$\therefore$ 8 संख्याओं का योग = 12 × 8 = 96

प्रत्येक संख्या में 2 की वृद्धि करने पर, 8 संख्याओं के योग में वृद्धि = 2 × 8 = 16

$\therefore$ नयी प्राप्त 8 संख्याओं का योग = 96 + 16 = 112

$\therefore$ नयी प्राप्त 8 संख्याओं का औसत $= \frac{112}{8} = 14$

नोट—यदि प्रत्येक संख्या में 2 की वृद्धि की जाए तो औसत भी 2 बढ़ जाएगा।

अतः नयी प्राप्त 8 संख्याओं का औसत = 12 + 2 = 14

इसी प्रकार, प्रत्येक संख्या में से 2 की कमी कर दी जाए, तो औसत 2 कम हो जाएगा।

17. A, B, C, D की 5 वर्ष पूर्व की औसत आयु = 45 वर्ष

$\therefore$ इन चारों की वर्तमान में औसत आयु = 45 + 5 = 50 वर्ष

$\therefore$ इन चारों की वर्तमान आयु का योग = 50 × 4 = 200 वर्ष

$\therefore$ A, B, C, D तथा E की वर्तमान औसत आयु = 49 वर्ष

$\therefore$ इनकी कुल आयु = 49 × 5 = 245 वर्ष

$\therefore$ E की वर्तमान आयु = 245 − 200 = 45 वर्ष।

18. 3 वर्ष पूर्व 5 सदस्यों की औसत आयु = 17 वर्ष

$\therefore$ वर्तमान में 5 सदस्यों की औसत आयु = 20 वर्ष

और वर्तमान में 6 सदस्यों की औसत आयु = 17 वर्ष

$\therefore$ शिशु की वर्तमान आयु = 17 × 6 − 20 × 5 = 102 − 100 = 2 वर्ष।

19. 30 छात्रों की कुल आयु = 30 × 12 = 360 वर्ष

5 छात्रों के पहले समूह की कुल आयु = 5 × 10 = 50 वर्ष

और दूसरे समूह की कुल आयु = 5 × 14 = 70 वर्ष

$\therefore$ शेष (30–55) = 20 छात्रों की कुल आयु = 360 − (50 + 70) = 240 वर्ष

$\therefore$ उनकी औसत आयु $= \frac{240}{20} = 12$ वर्ष।

20. प्रथम पांच अभाज्य संख्याएं = 2, 3, 5, 7, 11 हैं।

$\therefore$ उनका औसत $= \frac{2+3+5+7+11}{5} = \frac{28}{5} = 5.6.$

☆☆☆☆☆☆

8 प्रतिशत (Percentage)

1. प्रतिशत का अर्थ है–प्रत्येक सौ पर 1–इसका चिन्ह् है–%. 5% का अर्थ है–प्रत्येक सौ पर 5.

2. प्रतिशत को भिन्न में बदलने के लिए उसे 100 से भाग देते हैं। जैसे–20% = $\frac{20}{100}=\frac{1}{5}$

3. साधारण भिन्न को प्रतिशत में बदलने के लिए उसे 100 से गुणा करते हैं। जैसे–$\frac{1}{10}\times 100 = 10\%$

प्रतिशत को दशमलव में बदलने की विधि

प्रतिशत का चिह्न हटाकर बाईं ओर दो अंकों के बाद दशमलव का चिन्ह् लगाते हैं।

उदाहरण : 25% को दशमलव में बदलें।

25% = .25 (बाईं ओर दो अंकों के बाद दशमलव बिन्दु लगा दिया।)

उदाहरण : 1.5% को दशमलव में बदलिये।

1.5% = .015 (बाईं ओर दो अंकों के बाद दशमलव बिन्दु लगा दिया, यहां एक शून्य लगाकर दो अंक पूरे करने पड़े।)

दशमलव को प्रतिशत में बदलने की विधि

दशमलव बिन्दु के दाहिनी ओर दो अंक बढ़ा देते हैं और उसके बाद % का निशान लगाते हैं।

उदाहरण : .24 को प्रतिशत में बदलें।

हल : .24 = 24% (दशमलव बिन्दु के दाहिनी ओर दो अंक आगे बढ़ाने पर 24 बनेगा, अतः दशमलव बिन्दु (.) लगाने की जरूरत नहीं हैं।)

उदाहरण : .0043 को प्रतिशत में बदलें।

हल : .0043 = .43% (दशमलव बिन्दु को दाहिनी ओर दो अंक आगे बढ़ाने पर .43 बनेगा। उस पर % का निशान लगाते हैं।)

प्रश्नमाला

1. निम्नलिखित में से 20% का मान किसके बराबर होगा?

A. $\frac{1}{4}$ B. $\frac{1}{2}$
C. $\frac{1}{5}$ D. $\frac{1}{8}$

2. 36% का मान दशमलव भिन्न में होगा–

A. .36 B. .036
C. 3.6 D. .0036

3. $\frac{4}{5}$ को प्रतिशत भिन्न में बदलने पर मान होगा–

A. 80% B. 70%
C. 60% D. 40%

4. 36 का कितने %, 24 के बराबर होगा?

A. $16\frac{2}{3}\%$ B. $66\frac{2}{3}\%$
C. $11\frac{1}{9}\%$ D. $31\frac{1}{9}\%$

5. 3 मीटर का 15%, किसके बराबर होगा?

A. 44 सेंमी B. 45 सेंमी
C. 40 सेंमी D. 38 सेंमी

6. 26 का 18% = ?

A. 4.88 B. 4.65
C. 3.68 D. 4.68

7. 10% का 10% कितने % होगा?

A. 7 B. 6
C. 1 D. 5

8. किसी शहर की जनसंख्या 50,000 से बढ़कर 52,000 हो जाती हो, तो बताइये कितने प्रतिशत की वृद्धि होगी?

A. 3% B. 6%
C. 4% D. 5%

9. एक आदमी अपने वेतन का 75% खर्च करता है और 150 रु. मासिक बचाता है तो उसका मासिक वेतन है:

A. 750 रु. B. 600 रु.
C. 400 रु. D. 300 रु.

10. किसी विद्यालय में 97% विद्यार्थी उपस्थित थे और 18 विद्यार्थी अनुपस्थित थे। विद्यालय में कुल विद्यार्थियों की संख्या है:

A. 400 B. 450
C. 500 D. 600

11. किसी राशि का 7%, 35 रुपये है तो वह राशि ज्ञात कीजिए।

A. 550 रु. B. 700 रु.
C. 600 रु. D. 500 रु.

12. 3 किग्रा. कितने किग्रा. का 5% है:

A. 60 किग्रा. B. 50 किग्रा.
C. 65 किग्रा. D. 70 किग्रा.

13. किसी राशि का 5%, 500 रुपए के 12% के बराबर है तो राशि ज्ञात कीजिए।

A. 1100 रु. B. 1200 रु.
C. 1150 रु. D. 1250 रु.

14. अनिल ने अपनी पूंजी का 65% मशीनरी में तथा 20% कच्चा माल खरीदने में खर्च कर दिया। यदि उसके पास अब 1305 रुपये बचे हों तो उसने कितना खर्च कर दिया?

A. 7395 रु. B. 7350 रु.
C. 7390 रु. D. 7380 रु.

15. किसी पुस्तकालय में 20% पुस्तकें अंग्रेजी भाषा में हैं तथा शेष की 50% पुस्तकें हिन्दी भाषा में हैं। यदि शेष 900 पुस्तकें अन्य क्षेत्रीय भाषा में हैं तो पुस्तकालय में कुल कितनी पुस्तकें हैं?

A. 2300 B. 2250
C. 2290 D. 2280

उत्तरमाला

1	2	3	4	5	6	7	8	9	10
C	A	A	B	B	D	C	C	B	C
11	**12**	**13**	**14**	**15**					
D	A	B	A	B					

व्याख्यात्मक उत्तर

1. $\because$ 20% $= \frac{20}{100} = \frac{1}{5}$

$\therefore$ 20% का मान, $\frac{1}{5}$ के बराबर होगा।

2. $\because$ 36% $= \frac{36}{100} = .36$

$\therefore$ 36% का मान दशमलव भिन्न में .36 होगा।

3. चूंकि किसी भी साधारण या दशमलव भिन्न को प्रतिशत भिन्न में बदलने के लिए उसमें 100% से गुणा करना होता है अर्थात् $\frac{4}{5} = \frac{4}{5} \times 100\% = 80\%$

अतः $\frac{4}{5}$ का प्रतिशत भिन्न में मान = 80% होगा।

4. माना कि 36 का $x\% = 24$

$\therefore 36 \times \frac{x}{100} = 24 \Rightarrow x = \frac{24 \times 100}{36} = 66\frac{2}{3}$

अतः 36 का $66\frac{2}{3}\%$, 24 के बराबर होगा।

5. $\because$ 3 मीटर का 15% = 300 सेंमी. $\times \frac{15}{100}$ = 45 सेंमी.

[$\because$ 3 मी. = 300 सेंमी.]

अतः 3 मीटर का 15%, 45 सेंमी. के बराबर होगा।

6. $\because$ 26 का 18% = $26 \times \frac{18}{100} = 4.68$

$\therefore$ (?) चिन्ह् के स्थान पर 4.68 होना चाहिए।

7. $\because$ 10% का 10% $= \frac{10}{100} \times \frac{10}{100} = \frac{1}{100} = 1\%$

अतः 10% का 10%, 1% के बराबर होगा।

8. प्रश्नानुसार, शहर की प्रारम्भिक जनसंख्या = 50,000

तथा शहर की वर्तमान जनसंख्या = 52,000

$\therefore$ जनसंख्या में वृद्धि = 52,000 − 50,000 = 2,000

$\therefore$ प्रतिशत वृद्धि $= \frac{2000}{50000} \times 100 = 4\%$.

अतः शहर की जनसंख्या में 4% वृद्धि होगी।

9. बचत = 100% − 75% = 25% = 150 रु.

कुल वेतन $= \frac{100}{25} \times 150 = 600$ रु.।

10. अनुपस्थित विद्यार्थी = 100% − 97% = 3% = 18

माना कि कुल विद्यार्थियों की संख्या = x

तो, $x \times \frac{3}{100} = 18 \quad \therefore x = \frac{1800}{3} = 600.$

11. राशि का 7% = 35 रुपये

राशि $= \frac{35}{7\%} = \frac{35}{\frac{7}{100}} = \frac{35}{7} \times 100$

= 500 रुपये।

12. भार का 5% = 3 किग्रा.

भार $= \frac{3}{5\%} = \frac{3}{\frac{5}{100}} = \frac{3}{5} \times 100$

= 60 किग्रा. होगा।

13. 500 रुपये का 12% $= \frac{12}{100} \times 500$ रु. = 60 रुपये

$\because$ अभीष्ट राशि = 5% = 60 रुपये

$\therefore$ राशि $= \frac{60}{5\%} = \frac{60}{\frac{5}{100}} = \frac{60 \times 100}{5}$

= 1200 रुपये।

14. बची राशि की प्रतिशत संख्या

= 100 − (65 + 20) = 15

$\because$ 15 रुपये बचते हैं तो खर्च की हुई राशि = 85 रुपये

$\therefore$ 1305 रुपये बचते हैं तो खर्च की हुई राशि

$= \frac{85 \times 1305}{15} = 7395$ रुपये।

15. माना कुल पुस्तकें = 100

अतः अंग्रेजी भाषा की पुस्तकें = 20 पुस्तकें

शेष पुस्तकें = 100 − 20 = 80

हिन्दी भाषा की पुस्तकें = 80 का 50%

$= 80 \times \frac{50}{100} = 40$

शेष पुस्तकें = 100 − (20 + 40) = 40 पुस्तकें।

$\because$ 40 पुस्तकें अन्य क्षेत्रीय भाषाओं की है तो कुल पुस्तकें = 100

$\therefore$ 900 पुस्तकें अन्य क्षेत्रीय भाषाओं की है तो कुल पुस्तकें

$= \frac{100}{40} \times 900 = 2250$ पुस्तकें।

☆☆☆☆☆☆

9 साधारण ब्याज (Simple Interest)

ब्याज वह राशि है जो हमें दूसरों का धन प्रयोग करने के बदले में देनी पड़ती है। यदि यह वार्षिक देनी पड़े तो दर प्रतिशत वार्षिक कहते हैं। इस प्रकार 6% वार्षिक का अर्थ है कि 100 रु. पर 1 वर्ष में 6 रु. ब्याज है। जो धन उधार लिया जाता है उसे मूलधन कहते हैं। मूलधन और ब्याज के योग को समस्त धन (मिश्रधन) कहते हैं।

साधारण ब्याज के प्रश्नों के सूत्रः

$$\text{साधारण ब्याज} = \frac{\text{मूलधन} \times \text{दर\%} \times \text{समय (वर्षों में)}}{100}$$

समस्त धन = मूलधन + ब्याज

जब समय, दर % और ब्याज दिए गए हों तो,

$$\text{मूलधन} = \frac{\text{ब्याज} \times 100}{\text{दर} \times \text{समय}}$$

जब मूलधन, ब्याज और समय दिया गया हो तो,

$$\text{दर} = \frac{\text{ब्याज} \times 100}{\text{मूलधन} \times \text{समय}}$$

जब मूलधन, ब्याज और दर दी गई हो तो,

$$\text{समय} = \frac{\text{ब्याज} \times 100}{\text{मूलधन} \times \text{दर}}$$

प्रश्नमाला

1. किस धनराशि पर 4% वार्षिक ब्याज की दर से 5 वर्ष का साधारण ब्याज 64 रु. होगा?

A. 220 रु. B. 280 रु.
C. 320 रु. D. 300 रु.

2. 450 रु. पर 6% वार्षिक ब्याज दर से 4 मास का ब्याज कितना होगा?

A. 9 रु. B. 8 रु.
C. 6 रु. D. 5 रु.

3. कितने समय में 3600 रु. पर 6% वार्षिक दर से साधारण ब्याज 432 रु. होगा?

A. 1 वर्ष B. 2 वर्ष
C. $1\frac{1}{2}$ वर्ष D. $2\frac{1}{4}$ वर्ष

4. किस राशि पर 3% वार्षिक ब्याज की दर से 2 वर्ष का ब्याज 36 रु. होगा?

A. 500 रु. B. 575 रु.
C. 590 रु. D. 600 रु.

5. ब्याज की किस दर से कोई राशि 16 वर्षों में दोगुनी हो जाएगी?

A. $5\frac{1}{2}$ वर्ष B. $6\frac{1}{4}$ वर्ष
C. $4\frac{1}{3}$ वर्ष D. $2\frac{1}{2}$ वर्ष

6. 5000 रु. की राशि पर 10% वार्षिक दर से 5 वर्ष का साधारण ब्याज कितना होगा?

A. 2200 रु. B. 2500 रु.
C. 2300 रु. D. 2600 रु.

7. किस राशि का 6% वार्षिक ब्याज दर से 10 वर्ष का साधारण ब्याज 3 रु. होगा?

A. 4 रु. B. 8 रु.
C. 5 रु. D. 6 रु.

8. कितने वर्षों में कोई राशि 10% वार्षिक दर से अपने से दोगुनी हो जाएगी?

A. 10 वर्ष B. 8 वर्ष
C. 5 वर्ष D. 12 वर्ष

9. किस राशि का 5% दर से 5 वर्ष का साधारण ब्याज 80 रु. होगा?

A. 330 रु. B. 320 रु.
C. 340 रु. D. 380 रु.

10. यदि 5000 रु. पर 2 वर्ष का साधारण ब्याज 500 रु. हो, तो समस्त धन अर्थात् मिश्रधन कितना होगा?

A. 5600 रु. B. 5800 रु.
C. 5500 रु. D. 6000 रु.

11. 2000 रुपये पर $6\frac{1}{2}$ प्रतिशत वार्षिक ब्याज की दर से 8 महीने का साधारण ब्याज ज्ञात कीजिए।

A. $86\frac{2}{3}$ रु. B. $86\frac{3}{4}$ रु.
C. $86\frac{1}{3}$ रु. D. $86\frac{1}{2}$ रु.

12. कितने समय में 450 रुपये का 8% वार्षिक ब्याज की दर से साधारण ब्याज 90 रुपये हो जाएगा?

A. 2 वर्ष B. $2\frac{3}{4}$ वर्ष
C. $2\frac{1}{2}$ वर्ष D. 3 वर्ष

13. घनश्याम ने 2000 रुपये अपने मित्र से 5% सालाना ब्याज पर लिए और उसने पूरा पैसा 8 माह बाद चुका दिया। बताइये उसने कुल कितना धन चुकाया?

A. 2060.66 रु. B. 2066.66 रु.
C. 2066 रु. D. 2060 रु.

14. एक आदमी ने 600 रुपये 6 प्रतिशत वार्षिक ब्याज पर उधार लिए। 5 वर्ष बाद उसने 300 रुपये कीमत की एक घड़ी व कुछ धन उसको लौटाया तो बताओ उसने कितना धन लौटाया।

A. 480 रु. B. 485 रु.
C. 490 रु. D. 500 रु.

15. एक व्यक्ति अपने मित्र से 1000 रुपये 5% वार्षिक ब्याज की दर से उधार लेता है, तीन वर्ष बाद वह उसे 500 रुपये नकद व एक रेडियो सैट लौटाता है तो रेडियो सेट की कीमत बताइये।

A. 675 रु. B. 600 रु.
C. 650 रु. D. 625 रु.

उत्तरमाला

1	2	3	4	5	6	7	8	9	10
C	A	B	D	B	B	C	A	B	C
11	**12**	**13**	**14**	**15**					
A	C	B	A	C					

व्याख्यात्मक उत्तर

1. ∵ साधारण ब्याज = 64 रु., समय = 5 वर्ष तथा दर = 4%

$$\therefore \text{मूलधन (धनराशि)} = \frac{\text{साधारण ब्याज} \times 100}{\text{समय} \times \text{दर}}$$

$$= \frac{64\times100}{5\times4} = 320 \text{ रु.।}$$

2. ∵ मूलधन = 450 रु., दर = 6% वार्षिक, समय = 4 मास

$$= \frac{1}{3} \text{ वर्ष}$$

$$\therefore \text{साधारण ब्याज} = \frac{\text{मूलधन} \times \text{समय} \times \text{दर}}{100}$$

$$= \frac{450\times\frac{1}{3}\times6}{100} = 9 \text{ रु.।}$$

3. $\because \text{समय} = \frac{\text{साधारण ब्याज} \times 100}{\text{मूलधन} \times \text{दर}} = \frac{432\times100}{6\times3600}$

$$= 2 \text{ वर्ष।}$$

4. ∵ मूलधन =

$$\frac{\text{साधारण ब्याज} \times 100}{\text{समय} \times \text{दर}} = \frac{36\times100}{2\times3} = 600 \text{ रु.।}$$

5. $\because$ माना कि वह राशि = 100 रु.

प्रश्नानुसार, 16 वर्षों बाद मिश्रधन = 200 रु.

$\therefore$ साधारण ब्याज = मिश्रधन – मूलधन (राशि)

= 200 – 100 = 100 रु.

$\therefore$ दर = $\frac{\text{साधारण ब्याज} \times 100}{\text{मूलधन} \times \text{समय}}$

= $\frac{100 \times 100}{100 \times 16} = 6\frac{1}{4}\%$ ।

6. $\because$ साधारण ब्याज = $\frac{\text{मूलधन} \times \text{समय} \times \text{दर}}{100}$

= $\frac{5000 \times 5 \times 10}{100} = 2500$ रु. ।

7. $\because$ मूलधन (राशि) = $\frac{\text{साधारण ब्याज} \times 100}{\text{समय} \times \text{दर}}$

= $\frac{3 \times 100}{10 \times 6} = 5$ रु. ।

8. $\because$ माना कि वह राशि = 100 रु. तथा मिश्रधन

= 2 × 100 = 200 रु.

$\therefore$ साधारण ब्याज = 200 – 100 = 100 रु.,

दर = 10%

$\therefore$ समय = $\frac{\text{साधारण ब्याज} \times 100}{\text{मूलधन (राशि)} \times \text{दर}}$

= $\frac{100 \times 100}{100 \times 10} = 10$ वर्ष ।

9. $\because$ मूलधन (राशि) = $\frac{\text{साधारण ब्याज} \times 100}{\text{समय} \times \text{दर}}$

= $\frac{80 \times 100}{5 \times 5} = 320$ रु. ।

10. $\because$ समस्त धन अर्थात् मिश्रधन

= मूलधन + साधारण ब्याज

= 5000 + 500 = 5500 रु. ।

11. दर $6\frac{1}{2} = \frac{13}{2}\%$

समय = 8 महीने = $\frac{8}{12}$ वर्ष = $\frac{2}{3}$ वर्ष

साधारण ब्याज = $\frac{\text{मूलधन} \times \text{दर} \times \text{समय}}{100}$

= $\frac{2000 \times 13 \times 2}{100 \times 2 \times 3}$

= $\frac{260}{3} = 86\frac{2}{3}$ रुपये।

12. समय = $\frac{\text{साधारण ब्याज} \times 100}{\text{मूलधन} \times \text{दर}}$

= $\frac{90 \times 100}{450 \times 8} = \frac{5}{2}$ वर्ष

= $2\frac{1}{2}$ वर्ष।

13. समय = 8 माह = $\frac{8}{12}$ वर्ष = $\frac{2}{3}$ वर्ष

साधारण ब्याज = $\frac{\text{मूलधन} \times \text{दर} \times \text{समय}}{100}$

= $\frac{2000 \times 2 \times 5}{3 \times 100} = \frac{200}{3}$ रुपये

मिश्रधन = मूलधन + साधारण ब्याज

= $\frac{2000}{1} + \frac{200}{3}$

= $\frac{6000 + 200}{3}$

= $\frac{6200}{3}$ रुपये

= 2066.66 रुपये।

14. 600 रुपये का 6% वार्षिक ब्याज से 5 वर्ष का ब्याज

= $\frac{600 \times 6 \times 5}{100} = 180$ रुपये

मिश्रधन = 600 + 180 = 780 रुपये

अत: उसको 780 रुपये लौटाने चाहिए थे, परन्तु 300 रु. की घड़ी उसने उसे दी तो उसका अतिरिक्त धन

= 780 – 300 = 480 रुपये।

15. 1000 रुपये का 5% दर से 3 वर्ष का ब्याज

= $\frac{1000 \times 5 \times 3}{100} = 150$ रुपये

मिश्रधन = मूलधन + ब्याज = 1000 + 150 = 1150 रुपये, अर्थात् उसको 1150 रुपये लौटाने चाहिए।

रेडियो सेट की कीमत = 1150 – 500 = 650 रुपये।

☆☆☆☆☆☆

10 चक्रवृद्धि ब्याज (Compound Interest)

ब्याज की वह गणना, जिसमें ब्याज को मूलधन में जोड़कर प्राप्त मिश्रधन पर ब्याज लगाया जाए, **चक्रवृद्धि ब्याज** कहलाती है।

महत्वपूर्ण सूत्र :

1. चक्रवृद्धि मिश्रधन = मूलधन $\left(1+\frac{\text{दर}}{100}\right)^{\text{समय वर्ष में}}$
2. चक्रवृद्धि ब्याज = चक्रवृद्धि मिश्रधन – मूलधन
   = मूलधन $\left[\left(1+\frac{\text{दर}}{100}\right)^{\text{समय}}-1\right]$
3. यदि चक्रवृद्धि ब्याज की दर प्रत्येक वर्ष में बदल रही हो तो —

   मिश्रधन = मूलधन $\left(1+\frac{(\text{दर})\ 1}{100}\right)\left(1+\frac{(\text{दर})\ 2}{100}\right)\left(1+\frac{(\text{दर})\ 3}{100}\right)$

   [∴ समय, प्रत्येक दर के लिए 1 वर्ष है]
4. (*i*) यदि ब्याज की गणना **अर्द्धवार्षिक** है तो दर आधी तथा समय दुगुना कर दिया जाता है।

   (*ii*) यदि ब्याज की गणना त्रैमासिक है तो दर को 4 से भाग तथा समय को 4 से गुणा करते हैं।

नोट : एक वर्ष के लिए साधारण ब्याज तथा चक्रवृद्धि ब्याज बराबर होते हैं, जबकि ब्याज की दर वार्षिक हो।

प्रश्नमाला

1. 400 रु. की राशि पर 5% प्रतिवर्ष की दर से 2 वर्ष का चक्रवृद्धि ब्याज कितना होगा?

A. 40 रु. B. 41 रु.
C. 42 रु. D. 43 रु.

2. किसी राशि पर 6% चक्रवृद्धि ब्याज की दर से पहले वर्ष का ब्याज 60 रु. है, तो दूसरे वर्ष का ब्याज कितना होगा?

A. 120 रु. B. 66.60 रु.
C. 63.60 रु. D. 63 रु.

3. वह धनराशि ज्ञात करो, जिसका 5% ब्याज की दर से 2 वर्ष का चक्रवृद्धि ब्याज तथा साधारण ब्याज का अन्तर 3 रु. हो?

A. 1400 रु. B. 1500 रु.
C. 1350 रु. D. 1200 रु.

4. किस धन का 10% प्रतिवर्ष चक्रवृद्धि ब्याज की दर से 3 वर्ष में मिश्रधन 1331 रु. होगा?

A. 2000 रु. B. 1500 रु.
C. 1000 रु. D. 800 रु.

5. 2500 रु. का 6% ब्याज की दर से 2 वर्ष का चक्रवृद्धि ब्याज कितना होगा?

A. 306 रु. B. 150 रु.
C. 309 रु. D. 300 रु.

6. कोई राशि चक्रवृद्धि ब्याज की दर से 2 वर्ष में चार गुनी हो जाती है, तो कितने वर्ष में वह राशि 8 गुनी हो जायेगी?

A. 4 वर्ष B. $2\frac{1}{2}$ वर्ष
C. 3 वर्ष D. $3\frac{1}{2}$ वर्ष

7. 2400 रुपये पर 5% प्रतिवर्ष ब्याज की दर से 2 वर्ष में साधारण ब्याज तथा चक्रवृद्धि ब्याज का अन्तर होगा?

A. 8 रु. B. 10 रु.
C. 9 रु. D. 6 रु.

8. 8000 रु. की राशि पर 5% प्रतिवर्ष ब्याज की दर से 3 वर्ष का चक्रवृद्धि ब्याज कितना होगा?

A. 1361 रु. B. 1261 रु.
C. 1141 रु. D. 1241 रु.

9. 2000 रु. का 2 वर्ष में किस चक्रवृद्धि ब्याज की दर से मिश्रधन 2205 रु. हो जायेगा?

A. 3% B. 4%
C. 5% D. 6%

10. 3200 रु. का 10% प्रतिवर्ष चक्रवृद्धि ब्याज की दर से कितने समय में चक्रवृद्धि ब्याज 672 रु. हो जायेगा?

A. $2\frac{1}{2}$ वर्ष B. $1\frac{1}{2}$ वर्ष

C. 2 वर्ष D. $3\frac{1}{2}$ वर्ष

11. किसी राशि का 6% वार्षिक ब्याज की दर से 2 वर्ष का साधारण ब्याज 300 रु. है, तो उसी राशि का उसी दर से उतने ही समय में चक्रवृद्धि ब्याज कितना होगा?

A. 306 रु. B. 309 रु.

C. 308 रु. D. 300 रु.

12. 3600 रु. का 2 वर्ष का साधारण ब्याज 216 रु. है। यदि ब्याज की दर 2% अधिक कर दी जाये तो इसी धनराशि पर इतने ही समय के लिए चक्रवृद्धि ब्याज क्या होगा?

A. 369 रु. B. 400 रु.

C. 380 रु. D. 375 रु.

13. किसी राशि पर 2 वर्ष का साधारण ब्याज 100 रु. तथा चक्रवृद्धि ब्याज 103 रु. है, तो उस राशि पर ब्याज की वार्षिक दर कितने प्रतिशत होगी?

A. 2% B. 8%

C. 6% D. 10%

14. यदि ब्याज छमाही देय हो तो 1500 रु. का 4% वार्षिक ब्याज की दर से एक वर्ष का चक्रवृद्धि ब्याज कितना होगा?

A. 60.60 रु. B. 62 रु.

C. 63 रु. D. 64 रु.

15. यदि किसी धनराशि का 5% चक्रवृद्धि ब्याज की दर से पहले वर्ष का ब्याज 400 रु. है, तो उस राशि का तीसरे वर्ष का ब्याज कितना होगा?

A. 1261 रु. B. 1461 रु.

C. 1562 रु. D. 1462 रु.

उत्तरमाला

1	2	3	4	5	6	7	8	9	10
B	C	D	C	C	C	D	B	C	C
11	**12**	**13**	**14**	**15**					
B	A	C	A	A					

व्याख्यात्मक उत्तर

1. मूलधन = 400 रु., दर = 5%, समय = 2 वर्ष

$$\therefore \text{चक्रवृद्धि ब्याज} = \text{मूलधन}\left[\left(1+\frac{\text{दर}}{100}\right)^{\text{समय}}-1\right]$$

$$\therefore \text{चक्रवृद्धि ब्याज} = 400\left[\left(1+\frac{5}{100}\right)^2-1\right]$$

$$= 400\left[\left(\frac{21}{20}\right)^2-1\right] = 400\left[\frac{21}{20}\times\frac{21}{20}-1\right]$$

$$= 400\times\frac{41}{400} = 41 \text{ रु.}$$

2. पहले वर्ष का साधारण ब्याज तथा चक्रवृद्धि ब्याज बराबर होगा

$$\therefore 60 = \frac{\text{मूलधन}\times 6\times 1}{100}$$

$\therefore$ मूलधन = 1000 रु.

$\therefore$ दूसरे वर्ष के लिए मूलधन = 1000 + 60 = 1060 रु.

$$\therefore \text{ब्याज} = \frac{1060\times 6\times 1}{100} = 63.60 \text{ रु.}$$

3. माना कि धनराशि x रु. है।

$\therefore$ 5% वार्षिक ब्याज की दर से 2 वर्ष का साधारण ब्याज

$$= \frac{x\times 5\times 2}{100} = \frac{x}{10} \text{ रु.}$$

तथा चक्रवृद्धि ब्याज

$$= x\left[\left(1+\frac{5}{100}\right)^2-1\right] = x\left[\left(\frac{21}{20}\right)^2-1\right]$$

$$= x\left[\frac{21}{20}\times\frac{21}{20}-1\right]=\frac{x\times 41}{400} \text{ रु.}$$

प्रश्नानुसार—

$$\frac{41x}{400}-\frac{x}{10}=3$$

$\therefore 41x - 40x = 400 \times 3$ या $x = 1200$ रु.

अत: वह धनराशि 1200 रु. है।

4. माना वह धनराशि x रु. है

$$\therefore \text{मिश्रधन} = \text{मूलधन}\left(1+\frac{\text{दर}}{100}\right)^{\text{समय}}$$

$$\text{या } 1331 = x\left(1+\frac{10}{100}\right)^3$$

$$\therefore 1331 = x\times\frac{11}{10}\times\frac{11}{10}\times\frac{11}{10}$$

$$\therefore x = \frac{1331\times 10\times 10\times 10}{11\times 11\times 11} = 1000 \text{ रु.}$$

5. $$\text{चक्रवृद्धि ब्याज} = 2500\left[\left(1+\frac{6}{100}\right)^2-1\right]$$

$$= 2500\left[\left(\frac{53}{50}\right)^2-1\right]$$

$$= 2500\left[\frac{53}{50}\times\frac{53}{50}-1\right]$$

$$= 2500\left[\frac{2809-2500}{2500}\right] = \frac{2500\times 309}{2500} = 309 \text{ रु.}$$

6. माना वह राशि x रु. है

$$\therefore \text{मिश्रधन} = \text{मूलधन}\left(1+\frac{\text{दर}}{100}\right)^{\text{समय}}$$

प्रश्नानुसार—

$$\therefore 4x = x\left(1+\frac{\text{दर}}{100}\right)^2 \text{ या } 4 = \left(1+\frac{\text{दर}}{100}\right)^2$$

$$\text{या } (2)^2 = \left(1+\frac{\text{दर}}{100}\right)^2 \text{ या } 2 = \left(1+\frac{\text{दर}}{100}\right)$$

$\therefore$ मिश्रधन को 8 गुना करने के लिए

$$\therefore (2)^3 = \left(1+\frac{\text{दर}}{100}\right)^3$$

$$\therefore 8 = \left(1+\frac{\text{दर}}{100}\right)^3$$

अत : स्पष्ट है कि मिश्रधन को 8 गुना होने में लगा समय = 3 वर्ष

7. $$\text{साधारण ब्याज} = \frac{2400\times 5\times 2}{100} = 240 \text{ रु.}$$

$$\text{चक्रवृद्धि ब्याज} = 2400\left[\left(1+\frac{5}{100}\right)^2-1\right]$$

$$= 2400\left[\frac{21}{20}\times\frac{21}{20}-1\right] = \frac{2400\times 41}{400} = 246 \text{ रु.}$$

$\therefore$ अन्तर = 246 – 240 = 6 रु.

8. $$\text{चक्रवृद्धि ब्याज} = 8000\left[\left(1+\frac{5}{100}\right)^3-1\right]$$

$$= 8000\left[\frac{21}{20}\times\frac{21}{20}\times\frac{21}{20}-1\right]$$

$$= 8000\left[\frac{9261-8000}{8000}\right] = \frac{8000\times 1261}{8000} = 1261 \text{ रु.}$$

9. $$2205 = 2000\left(1+\frac{\text{दर}}{100}\right)^2$$

$$\text{या } \frac{2205}{2000} = \left(1+\frac{\text{दर}}{100}\right)^2 \text{ या } \frac{441}{400} = \left(1+\frac{\text{दर}}{100}\right)^2$$

$$\text{या } \left(\frac{21}{20}\right)^2 = \left(1+\frac{\text{दर}}{100}\right)^2 \text{ या } \frac{21}{20} = 1+\frac{\text{दर}}{100}$$

$$\frac{\text{दर}}{100} = \frac{21}{20}-1 = \frac{1}{20} \text{ या दर } = \frac{100}{20} = 5\%$$

10. मूलधन = 3200 रु., चक्रवृद्धि ब्याज = 672 रु.

$\therefore$ चक्रवृद्धि मिश्रधन = मूलधन + चक्रवृद्धि ब्याज

= 3200 + 672 = 3872 रु.

$$\therefore \text{चक्रवृद्धि मिश्रधन} = \text{मूलधन}\left(1+\frac{\text{दर}}{100}\right)^{\text{समय}}$$

$$\therefore 3872 = 3200\left(1+\frac{10}{100}\right)^{\text{समय}}$$

या $\frac{3872}{3200} = \left(\frac{11}{10}\right)^{\text{समय}}$ या $\frac{121}{100} = \left(\frac{11}{10}\right)^{\text{समय}}$

या $\left(\frac{11}{10}\right)^2 = \left(\frac{11}{10}\right)^{\text{समय}}$

$\therefore$ समय = 2 वर्ष

11. माना वह धनराशि x रु. है

$\therefore 300 = \frac{x \times 6 \times 2}{100}$ या $x = 2500$ रु.

$\therefore$ चक्रवृद्धि ब्याज $= 2500 \left[\left(1+\frac{6}{100}\right)^2 - 1\right]$

$= 2500 \left[\frac{53}{50} \times \frac{53}{50} - 1\right]$

$= 2500 \left[\frac{2809 - 2500}{2500}\right]$

$= \frac{2500 \times 309}{2500} = 309$ रु.

12. $\therefore$ साधारण ब्याज $= \frac{\text{मूलधन} \times \text{दर} \times \text{समय}}{100}$

$\therefore 216 = \frac{3600 \times \text{दर} \times 2}{100}$

$\therefore$ दर $= \frac{216 \times 100}{3600 \times 2} = 3\%$

प्रश्नानुसार—

नयी दर $= (3 + 2)\% = 5\%$

$\therefore$ चक्रवृद्धि ब्याज $= 3600 \left[\left(1+\frac{5}{100}\right)^2 - 1\right]$

$= 3600 \left[\frac{21}{20} \times \frac{21}{20} - 1\right] = \frac{3600 \times 41}{400} = 369$ रु.

13. माना किसी राशि पर ब्याज की दर $x\%$ है

$\therefore$ 2 वर्ष का साधारण ब्याज = 100 रु.

$\therefore$ 1 वर्ष का साधारण ब्याज = 50 रु.

चूंकि पहले वर्ष का साधारण ब्याज तथा चक्रवृद्धि ब्याज बराबर होता है

$\therefore$ पहले वर्ष का चक्रवृद्धि ब्याज = 50 रु.

$\therefore$ दूसरे वर्ष का चक्रवृद्धि ब्याज = 103 – 50 = 53 रु.

$\therefore$ दूसरे वर्ष का चक्रवृद्धि ब्याज = पहले वर्ष का ब्याज + पहले वर्ष के ब्याज पर ब्याज

या 53 = 50 + 50 रु. का $x\%$

या $3 = \frac{50 \times x}{100}$ या $3 = \frac{x}{2}$

$\therefore x = 6$

अतः ब्याज की दर = 6% होगी।

14. दर $= \frac{4}{2}\% = 2\%$, समय = 1 वर्ष = 2 छमाही

$\therefore$ चक्रवृद्धि ब्याज $= 1500 \left[\left(1+\frac{2}{100}\right)^2 - 1\right]$

$= 1500 \left[\frac{51}{50} \times \frac{51}{50} - 1\right] = \frac{1500 \times 101}{50 \times 50} = 60.60$ रु.

15. $\therefore 400 = \frac{\text{मूलधन} \times 5 \times 1}{100}$

$\therefore$ मूलधन = 8000 रु.

$\therefore$ चक्रवृद्धि ब्याज $= 8000 \left[\left(1+\frac{5}{100}\right)^3 - 1\right]$

$= 8000 \left[\frac{21}{20} \times \frac{21}{20} \times \frac{21}{20} - 1\right]$

$= 8000 \left[\frac{9261 - 8000}{8000}\right] = \frac{8000 \times 1261}{8000} = 1261$ रु.

★★★★★★

11 लाभ तथा हानि (Profit and Loss)

लाभ और हानि शब्द साधारणतया व्यापार में इस्तेमाल किए जातं हैं। प्रत्येक व्यापार का उद्देश्य लाभ कमाना होता है। लाभ और हानि से संबंधित सभी तरह के प्रश्नों को हल करने से पहले निम्नलिखित बातों को जानना आवश्यक है।

1. कोई वस्तु जिस मूल्य पर खरीदी जाती है उसे उस वस्तु का **लागत मूल्य** या **क्रय मूल्य** (Cost Price) कहते हैं। इसे क्रय मूल्य (C.P.) द्वारा भी निर्दिष्ट किया जाता है।
2. कोई वस्तु जिस मूल्य पर बेची जाती है, उसे उस वस्तु का **विक्रय मूल्य** (Sale Price) कहते हैं। इसे विक्रय मूल्य (S.P.) द्वारा भी निर्दिष्ट किया जाता है।
3. यदि वस्तु का क्रय मूल्य (Cost Price), वस्तु के विक्रय मूल्य (Sale Price) से अधिक हो तो उस वस्तु पर हमेशा **हानि** होगी। अर्थात्
   हानि = क्रय मूल्य – विक्रय मूल्य
4. यदि किसी वस्तु का विक्रय मूल्य (Sale Price) वस्तु के क्रय मूल्य (Cost Price) से अधिक हो तो उस वस्तु पर हमेशा **लाभ** होगा। अर्थात्
   लाभ = विक्रय मूल्य – क्रय मूल्य
5. लाभ और हानि दो प्रकार से व्यक्त किए जाते हैं:
   (i) रुपयों में; *(ii)* प्रतिशत में।

उदाहरण : यदि किसी वस्तु का क्रय मूल्य 100 रु. तथा उसका विक्रय मूल्य 95 रु. हो तो वस्तु पर लाभ या हानि कितनी होगी?

हल : चूंकि वस्तु का क्रय मूल्य और उसके विक्रय मूल्य से अधिक है, इसलिए वस्तु पर हानि होगी। अर्थात् हानि = क्रय मूल्य – विक्रय मूल्य = 100 – 95 = 5 रु. हानि।

उपरोक्त उदाहरण में हमने वस्तु पर लाभ और हानि को रुपयों में समझाया है। अब हम लाभ-हानि को प्रतिशत में व्यक्त करते हैं। लाभ-हानि को प्रतिशत लाभ और प्रतिशत हानि में बदलने के लिए निम्नलिखित सूत्रों को याद रखें।

1. $\text{लाभ\%} = \dfrac{\text{लाभ} \times 100}{\text{क्रय मूल्य}}$

2. $\text{हानि\%} = \dfrac{\text{हानि} \times 100}{\text{क्रय मूल्य}}$

लाभ-हानि को **प्रतिशत लाभ** और **हानि** में बदलने के लिए नीचे कुछ उदाहरणों द्वारा समझाया गया है।

उदाहरण 1. यदि किसी वस्तु को 20 रु. में खरीदकर उसे 25 रु. में बेच दिया हो तो उस वस्तु पर कितने प्रतिशत लाभ या हानि होगी?

हल : चूंकि वस्तु का क्रय मूल्य वस्तु के विक्रय मूल्य से कम है इसलिए वस्तु पर लाभ होगा।

अर्थात्, लाभ = विक्रय मूल्य – क्रय मूल्य = 25 – 20 = 5 रु.

$$\therefore \text{ प्रतिशत लाभ} = \frac{\text{लाभ} \times 100}{\text{क्रय मूल्य}} = \frac{5 \times 100}{20} = 25\%$$

उदाहरण 2. एक किताब का अंकित मूल्य 64 रु. है। यदि उसे 48 रु. में बेचा जाता है तो कितने प्रतिशत हानि होगी?

हल : किताब का क्रय मूल्य = 64 रु.

तथा किताब का विक्रय मूल्य = 48 रु.

हानि = क्रय मूल्य – विक्रय मूल्य = 64 – 48 = 16 रु.

$$\text{हानि\%} = \frac{\text{हानि} \times 100}{\text{क्रय मूल्य}} = \frac{16 \times 100}{64} = 25\%$$

प्रश्नमाला

1. एक आदमी कोई वस्तु 25 रु. में खरीदकर 30 रु. में बेचता है। तो बताइये उसका लाभ क्या होगा?
A. 6 रु. B. 7.50 रु.
C. 5 रु. D. 8.10 रु.

2. यदि 15 रु. वाली कोई वस्तु 12 रु. में बेच दी जाए, तो कितने प्रतिशत हानि होगी?
A. 20% B. 16%
C. 22% D. 25%

3. यदि किसी वस्तु को 21 रु. में बेचने पर 12% का लाभ होता हो तो बताइये उस वस्तु का क्रय मूल्य कितना होगा?
A. 15.50 रु. B. 20.15 रु.
C. 18.75 रु. D. 17.50 रु.

4. यदि किसी वस्तु को 2040 रु. में बेचने पर 15% की हानि होती हो तो बताइये उस वस्तु का क्रय मूल्य कितना होगा?
A. 2300 रु. B. 2400 रु.
C. 2475 रु. D. 2800 रु.

5. एक वस्तु का क्रय मूल्य 150 रु. है। यदि इसे 13% लाभ पर बेचा जाए तो बताइये वस्तु का विक्रय मूल्य कितना होगा?
A. 170.75 रु. B. 169.50 रु.
C. 160.50 रु. D. 174.75 रु.

6. किसी वस्तु को 250 रु. में खरीदकर 300 रु. में बेच दिया गया। बताइये उस पर कितने प्रतिशत लाभ हुआ?
A. 16% B. 20%
C. 18% D. 17%

7. एक वस्तु को 38 रु. में बेचने पर 5% हानि होती है। यदि इसे 42 रु. में बेचा जाए तो कितने प्रतिशत लाभ या हानि होगी?
A. 6% लाभ B. 5% लाभ
C. 8% हानि D. 4% हानि

8. यदि किसी वस्तु को 5% हानि पर बेचने पर 3990 रु. मिले हों, तो उस वस्तु का क्रय मूल्य कितना होगा?
A. 4100 रु. B. 4200 रु.
C. 3890 रु. D. 4400 रु.

9. यदि 10 पेनों का क्रय मूल्य, 8 पेनों के विक्रय मूल्य के बराबर हो तो प्रतिशत लाभ कितना होगा?
A. 20% B. 16%
C. 25% D. 30%

10. राम ने एक टी.वी. 2475 रु. में खरीद कर उसे 3090 रु. में बेच दिया हो तो उसे कितने प्रतिशत लाभ हुआ?
A. 23.8% B. 34.5%
C. 37.6% D. 24.8%

11. एक फल विक्रेता ने 20 दर्जन केले 100 रुपये में खरीदकर 6 रुपये प्रति दर्जन के भाव से बेच दिए। उसका लाभ अथवा हानि ज्ञात करो।
A. 20 रु. B. 30 रु.
C. 25 रु. D. 35 रु.

12. एक ठेकेदार ने 7500 रुपये में एक खाली जमीन खरीदी और उस पर 2,65,000 रुपये खर्च कर मकान तैयार किया। यदि अब उस मकान को 3,25,000 रु. में बेच दिया तो उसका लाभ अथवा हानि ज्ञात करो।
A. 15550 रु. हानि B. 15550 रु. लाभ
C. 15000 रु. हानि D. 15000 रु. लाभ

13. सलमा ने एक मोटर साइकिल 25,250 रुपये में खरीदी। उस पर 750 का सामान लगाया। बाद में रकम की आवश्यकता पड़ने पर उसे 500 रुपये की हानि से बेच दिया। बताइये मोटर साइकिल कितने में बेची गयी?
A. 22550 रु. B. 22225 रु.
C. 22000 रु. D. 22500 रु.

14. एक दुकानदार ने 50 पुस्तकें 70 रुपये के हिसाब से खरीदीं। उसमें से 5 पुस्तकों में प्रकाशन की खामी के कारण बिक न सकी। शेष पुस्तकों को 80 रुपये के हिसाब से बेचने पर उसका लाभ या हानि ज्ञात करो।
A. 100 रु. हानि B. 100 रु. लाभ
C. 150 रु. लाभ D. 150 रु. हानि

15. सलमान ने एक पुरानी साइकिल 500 रुपये में खरीदी। उसे ठीक कराने में 20 रुपये खर्च किए तथा 50 रुपये का नया सामान डलवाया। सलमान ने वह साइकिल 600 रुपये में बेच दी तो उसे कितना लाभ अथवा हानि हुई?
A. 25 रु. B. 20 रु.
C. 30 रु. D. 35 रु.

उत्तरमाला

1	2	3	4	5	6	7	8	9	10
C	A	C	B	B	B	B	B	C	D
11	**12**	**13**	**14**	**15**					
A	C	D	B	C					

व्याख्यात्मक उत्तर

1. $\because$ वस्तु का विक्रय मूल्य, उसके क्रय मूल्य से अधिक है।

$\therefore$ लाभ = विक्रय मूल्य – क्रय मूल्य

= 30 – 25 = 5 रु.।

2. $\because$ वस्तु का क्रय मूल्य, उसके विक्रय मूल्य से अधिक है।

$\therefore$ हानि = क्रय मूल्य – विक्रय मूल्य

= 15 – 12 = 3 रु.

$$\therefore \text{ प्रतिशत हानि} = \frac{\text{हानि} \times 100}{\text{क्रय मूल्य}}$$

$$= \frac{3 \times 100}{15} = 20\%.$$

3. $\because$ वस्तु का विक्रय मूल्य = 21 रु. तथा लाभ % = 12%

$$\therefore \text{ क्रय मूल्य} = \text{विक्रय मूल्य} \left(\frac{100}{100 + \text{लाभ}\%}\right)$$

$$= 21\left(\frac{100}{100+12}\right) = \frac{21 \times 100}{112} = 18.75 \text{ रु.।}$$

4. $\because$ वस्तु का विक्रय मूल्य = 2040 रु.

तथा हानि % = 15%

$$\therefore \text{ क्रय मूल्य} = \text{विक्रय मूल्य} \left(\frac{100}{100 - \%\text{हानि}}\right)$$

$$= 2040 \left(\frac{100}{100-15}\right) = \frac{2040 \times 100}{85} = 2400 \text{ रु.।}$$

5. $\because$ वस्तु का क्रय मूल्य = 150 रु. तथा

लाभ % = 13%

$\therefore$ वस्तु का विक्रय मूल्य

$$= \text{क्रय मूल्य} \left(\frac{100 + \text{लाभ}\%}{100}\right)$$

$$= 150 \times \left(\frac{100+13}{100}\right)$$

$$= \frac{150 \times 113}{100} = 169.50 \text{ रु.।}$$

6. $\because$ वस्तु का क्रय मूल्य = 250 रु.

तथा वस्तु का विक्रय मूल्य = 300 रु.

$\therefore$ लाभ = 300 – 250 = 50 रु.

$$\therefore \text{ प्रतिशत लाभ} = \frac{\text{लाभ} \times 100}{\text{क्रय मूल्य}} = \frac{50 \times 100}{250} = 20\%.$$

7. पहली स्थिति में, वस्तु का विक्रय मूल्य = 38 रु., हानि % = 5%

$\therefore$ वस्तु का क्रय मूल्य

$$= \text{विक्रय मूल्य} \left(\frac{100}{100 - \text{हानि}\%}\right)$$

$$= 38\left(\frac{100}{100-5}\right) = \frac{38 \times 100}{95} = 40 \text{ रु.}$$

दूसरी स्थिति में, क्रय मूल्य = 40 रु.,

विक्रय मूल्य = 42 रु.

$\therefore$ लाभ = विक्रय मूल्य – क्रय मूल्य

= 42 – 40 = 2 रु.

$$\therefore \text{ प्रतिशत लाभ} = \frac{\text{लाभ} \times 100}{\text{क्रय मूल्य}} = \left(\frac{2 \times 100}{40}\right)$$

= 5%.

8. $\therefore$ वस्तु का विक्रय मूल्य = 3990 रु., तथा
हानि % = 5%

$\therefore$ वस्तु का क्रय मूल्य

$$= \text{विक्रय मूल्य} \left(\frac{100}{100-5}\right)$$

$$= 3990 \times \frac{100}{95} = 4200 \text{ रु.।}$$

9. माना कि 10 पेनों का क्रय मूल्य = x रु.
प्रश्नानुसार, 8 पेनों का विक्रय मूल्य = x रु.

$\therefore$ 1 पेन का क्रय मूल्य = $\frac{x}{10}$ रु.

तथा 1 पेन का विक्रय मूल्य = $\frac{x}{8}$ रु.

$\therefore$ लाभ = विक्रय मूल्य – क्रय मूल्य

$$= \frac{x}{8} - \frac{x}{10} = \frac{x}{40} \text{ रु.}$$

$$\therefore \text{प्रतिशत लाभ} = \frac{\text{लाभ} \times 100}{\text{क्रय मूल्य}} = \frac{\frac{x}{40} \times 100}{\frac{x}{10}} = 25\%.$$

10. $\because$ टी.वी. का खरीद मूल्य या क्रय मूल्य = 2475 रु.
तथा विक्रय मूल्य = 3090 रु.
लाभ = विक्रय मूल्य – क्रय मूल्य
= 3090 – 2475 = 615 रु.

$$\text{प्रतिशत लाभ} = \frac{\text{हानि} \times 100}{\text{क्रय मूल्य}}$$

$$= \frac{615 \times 100}{2475}$$

= 24.8%.

11. 20 दर्जन केलों का क्रय मूल्य = 100 रुपये
20 दर्जन केलों का विक्रय मूल्य
= 6 × 20 = 120 रुपये
लाभ = विक्रय मूल्य – क्रय मूल्य
= 120 – 100 = 20 रुपये लाभ।

12. ठेकेदार का वास्तविक क्रय मूल्य
= 75000 + 2,65,000
= 3,40,000 रुपये

$\because$ उसका विक्रय मूल्य उसके क्रय मूल्य से कम है अतः हानि होगी।

हानि = क्रय मूल्य – विक्रय मूल्य
= 3,40,000 – 3,25,000
= 15,000 रुपये हानि।

13. सलमा के लिए मोटर साईकिल का कुल क्रय मूल्य
= 22,250 + 750 = 23,000 रुपये

$\because$ 500 रुपये हानि पर मोटर साईकिल बेची जाती है अतः उसका विक्रय मूल्य क्रय मूल्य से 500 रुपये कम होगा।
विक्रय मूल्य = 23000 – 500 = 22500 रुपये।

14. दुकानदार का कुल क्रय मूल्य
= 50 × 70 = 3500 रुपये
शेष पुस्तकें = 50 – 5 = 45 पुस्तकें
45 पुस्तकों का विक्रय मूल्य = 45 × 80
= 3600 रुपये
लाभ = विक्रय मूल्य – क्रय मूल्य
= 3600 – 3500
= 100 रुपये लाभ।

15. साईकिल का वास्तविक क्रय मूल्य
= (500 + 20 + 50) रुपये
= 570 रुपये
साईकिल का विक्रय मूल्य = 600 रुपये
अतः लाभ = विक्रय मूल्य – क्रय मूल्य
= (600 – 570) रुपये = 30 रुपये।

☆☆☆☆☆☆

12 अनुपात एवं समानुपात (Ratio and Proportion)

अनुपात : अनुपात सदैव दो सजातीय राशियों में होता है। एक राशि का, दूसरी सजातीय राशि में भाग देने पर अनुपात ज्ञात होता है या जब हम एक ही प्रकार की दो वस्तुओं की तुलना करते हैं और यह देखते हैं कि एक वस्तु, दूसरी वस्तु का कौन-सा भाग है तो उन दोनों के बीच पारस्परिक सम्बन्ध को अनुपात कहते हैं।

समानुपात : जब दो अनुपात बराबर होते हैं तो उनकी बराबरी को समानुपात कहते हैं। जैसे $a : b = c : d$ हो तो इसका अर्थ यह है कि $\frac{a}{b}$ समानुपात में है $\frac{c}{d}$ के और इसे हम निम्न प्रकार से लिख सकते हैं।

अतः $a : b : : c : d$ में a, b, c तथा d को क्रमशः प्रथम, द्वितीय, तृतीय और चतुर्थ अनुपाती कहते हैं। इस प्रकार समानुपात में चार पद होते हैं।

नियम : समानुपात $a : b : : c : d$ में सिरे वाले दोनों पदों के गुणनफल, मध्य वाले दोनों पदों के गुणनफल के बराबर होता है। अर्थात् $a \times d = b \times c$

साझा : साझा दो प्रकार का होता है:

1. **साधारण साझा :** वह साझा जिसमें दो या दो से अधिक व्यापारी अपनी-अपनी पूंजी का इस्तेमाल एक समान अवधि के लिए करते हैं, उसे **साधारण साझा** कहते हैं।
2. **मिश्रित साझा :** वह साझा जिसमें दो या दो से अधिक व्यापारी अपनी-अपनी पूंजी का इस्तेमाल अलग-अलग अवधि के लिए करते हैं उसे **मिश्रित साझा** कहते हैं।

महत्त्वपूर्ण नोट : 1. साधारण साझे से सम्बन्धित प्रश्नों में व्यापार में हुए लाभ अथवा हानि को उनकी पूंजियों के अनुपात में विभाजित करते हैं। 2. मिश्रित साझे से सम्बन्धित प्रश्नों में व्यापार में हुए लाभ अथवा हानि को उनकी पूंजियों तथा समय के गुणनफलों के अनुपात में बांटा जाता है।

प्रश्नमाला

1. यदि $3 : 8 = 9 : x$, तो x का मान कितना होगा?
A. 20 B. 27
C. 24 D. 25

2. यदि $A : B = 3 : 4$ तथा $B : C = 5 : 6$, तो $A : B : C$ में क्या अनुपात होगा?
A. 20 : 15 : 24 B. 15 : 20 : 24
C. 15 : 24 : 20 D. 20 : 24 : 15

3. यदि $18 : x = x : 8$ हो, तो x किसके बराबर होगा?
A. 11 B. 10
C. 16 D. 12

4. 8 : 12 : 10 : : ? है तो प्रश्न चिन्ह् (?) के स्थान पर क्या मान होगा?
A. 14 B. 15
C. 16 D. 18

5. 5 और 125 का मध्य समानुपात कितना है?
A. 20 B. 25
C. 28 D. 27

6. 3, 4 और 15 का चौथा अनुपात होगा?
A. 16 B. 18
C. 20 D. 15

7. 12 और 30 का तृतीय समानुपात कितना होगा?
A. 75 B. 125
C. 60 D. 70

8. दो संख्याओं का अनुपात 3 : 4 है। यदि दोनों संख्याओं का योग 490 हो तो वे संख्याएं क्रमशः क्या होंगी?
A. 220, 270
B. 210, 280
C. 120, 160
D. 180, 290

9. यादि एक त्रिभुज के कोणों में 1 : 2 : 3 का अनुपात हो तो उस त्रिभुज के सबसे बड़े कोण का मान होगा।
A. 90° B. 70°
C. 105° D. 110°

10. यदि किसी अनुपात का दूसरा पद 15 तथा अनुपात का मान $\frac{3}{5}$ हो तो उस अनुपात का पहला पद क्या होगा?
A 8 B. 14
C. 9 D. 12

11. 1100 रुपये को सुधा, कमला और सलमा में इस प्रकार बांटो कि उनके धन में $\frac{1}{3}:\frac{2}{5}:\frac{1}{2}$ का अनुपात हो तो सुधा को मिलने वाला धन क्या है?
A. 300 रु. B. 350 रु.
C. 250 रु. D. 200 रु.

12. एक मिश्रधातु में तांबा, जस्ता और लोहा 7 : 6 : 9 के अनुपात में हैं। यदि मिश्रण में तांबे की मात्रा 560 ग्राम हो तो मिश्रधातु का कुल भार ज्ञात करो।
A. 1 किग्रा॰ 600 ग्रा॰ B. 2 किग्रा॰ 760 ग्रा॰
C. 1 किग्रा॰ 760 ग्रा॰ D. 1 किग्रा॰ 700 ग्रा॰

13. तीन संख्याओं का योग 16 है। दूसरी और तीसरी संख्याओं का अनुपात 9 : 16 है तथा प्रथम और तीसरी संख्याओं का अनुपात 1 : 4 है। दूसरी संख्या ज्ञात करो।
A. 38 B. 36
C. 40 D. 34

14. 1530 रुपये A, B, C में इस प्रकार वितरित किए गए कि यदि तीनों के हिस्सों में से क्रमशः 5, 10 और 15 कम कर दिए जाएं तो शेष भागों में 3 : 4 : 5 का अनुपात होगा। B का हिस्सा ज्ञात करो।
A. 505 रु. B. 500 रु.
C. 515 रु. D. 510 रु.

15. यदि A के पास B से 20% कम रुपये और B के पास C से 25% अधिक रुपये हों तो तीनों के धन का अनुपात ज्ञात करो।
A. 4 : 5 : 5 B. 4 : 5 : 4
C. 5 : 4 : 4 D. 4 : 4 : 5

उत्तरमाला

1	2	3	4	5	6	7	8	9	10
C	B	D	B	B	C	A	B	A	C
11	**12**	**13**	**14**	**15**					
A	C	B	D	B					

व्याख्यात्मक उत्तर

1. $\because 3 : 8 = 9 : x \Rightarrow \frac{3}{8} = \frac{9}{x} \Rightarrow x = \frac{8 \times 9}{3} = 24$
अतः x का मान = 24 होगा।

2. $\because$ दिया हुआ है : A : B = 3 : 4 तथा B : C = 5 : 6
दोनों अनुपातों में B को बराबर करने के लिए पहले अनुपात में 5 से तथा दूसरे अनुपात में 4 से गुणा करने पर,
$\therefore$ A : B = 3 : 4 = 3 × 5 : 4 × 5 = 15 : 20
तथा B : C = 5 : 6 = 5 × 4 : 6 × 4 = 20 : 24
$\therefore$ A : B : C = 15 : 20 : 24

3. $\because 18 : x = x : 8 \Rightarrow \frac{18}{x} = \frac{x}{8}$
$\Rightarrow x \times x = 18 \times 8 \Rightarrow x^2 = 144$
$\Rightarrow x = \sqrt{144} = 12$
अतः x, 12 के बराबर होगा।

4. चूंकि समानुपात में दोनों बाहरी संख्याओं का गुणनफल, मध्य की दोनों संख्याओं के गुणनफल के बराबर होता है।
$\because$ 8 : 12 : : 10 : ?
$\therefore 8 \times ? = 12 \times 10 \Rightarrow ? = \frac{12 \times 10}{8} = 15$
अतः प्रश्न चिन्ह् (?) के स्थान पर मान = 15 होगा।

5. माना कि 5 और 125 का मध्य समानुपात = x है
$\therefore 5 ; x : : x : 125$
$\therefore x \times x = 5 \times 125 \Rightarrow x^2 = 625$

$\Rightarrow \quad x = \sqrt{625} = 25$

अतः 5 और 125 का मध्य समानुपात = 25 है।

6. माना कि 3, 4 और 15 का चौथा अनुपात $= x$

$\therefore \quad 3 : 4 = 15 : x$

$\therefore \quad x \times 3 = 4 \times 15$

$\therefore \quad x = \frac{4 \times 15}{3} = 20$

अतः 3, 4 और 15 का चौथा अनुपात = 20 होगा।

7. माना कि 12 और 30 का तृतीय अनुपात $= x$

$\therefore 12 : 30 = 30 : x$

$\therefore 12 \times x = 30 \times 30 \Rightarrow x = \frac{30 \times 30}{12} = 75$

अतः 12 और 30 का तृतीय अनुपात = 75 होगा।

8. माना कि वे संख्याएं क्रमशः $3x$ व $4x$ हैं।

प्रश्नानुसार, $3x + 4x = 490 \Rightarrow 7x = 490$

$\Rightarrow \quad x = \frac{490}{7} = 70$

अतः वे संख्याएं क्रमशः $(3 \times 70 = 210)$ व $(4 \times 70 = 280)$ होंगी।

9. चूंकि त्रिभुज के कोणों में अनुपात = 1 : 2 : 3

$\therefore$ अनुपात संख्याओं का योग = 1 + 2 + 3 = 6

परन्तु त्रिभुज के तीनों कोणों का योग = 180°

$\therefore$ सबसे बड़े कोण का मान $= \frac{3}{6} \times 180° = 90°$

अतः सबसे बड़े कोण का मान = 90º होगा।

10. माना कि अनुपात का पहला पद $= x$

प्रश्नानुसार, $x : 15 = \frac{3}{5} = 3 : 5$ या, $\frac{x}{15} = \frac{3}{5}$

$\therefore \; x \times 5 = 15 \times 3 \Rightarrow x = \frac{15 \times 3}{5} = 9$

अतः अनुपात का पहला पद = 9 होगा।

11. सुधा : कमला : सलमा

$\frac{1}{3} : \frac{2}{5} : \frac{1}{2}$

सरल करने पर, अनुपात = 10 : 12 : 15

अनुपातों का योग = 10 + 12 + 15 = 37

$\therefore$ सुधा का भाग $= \frac{1110}{37} \times 10 = 300$ रुपये

कमला का भाग $= \frac{1110}{37} \times 12 = 360$ रुपये

सलमा का भाग $= \frac{1110}{37} \times 15 = 450$ रुपये।

12. तांबा : जस्ता : लोहा

अनुपातों का योग = 7 + 6 + 9 = 22

मिश्रधातु का कुल भार $= \frac{560}{7} \times 22$

= 1760 ग्राम

= 1 किलोग्राम 760 ग्राम।

13. $\because$ दूसरी संख्या : तीसरी संख्या = 9 : 16 ....(1)

और प्रथम संख्या : तीसरी संख्या = 1 : 4 ....(2)

(1) तथा (2) में तीसरी संख्या उभयनिष्ठ है अतः उसके मान को समान करने के लिए अनुपात (2) को 4 से गुणा करने पर,

प्रथम संख्या : तीसरी संख्या = 4 : 16

अतः प्रथम संख्या : दूसरी संख्या : तीसरी संख्या

= 4 : 9 : 16

अनुपातों का योग = 4 + 9 + 16 = 29

$\therefore$ दूसरी संख्या $= \frac{116}{29} \times 9 = 36.$

14. कुल धन = 1530 रुपये

तीनों के भागों में से कुल कम की गई राशि 5 + 10 + 15 = 30 रुपये

$\therefore$ शेष राशि = 1530 – 30 = 1500 रुपये

दिया गया अनुपात = 3 : 4 : 5

अनुपातों का योग = 3 + 4 + 5 = 12

शेष राशि में B का हिस्सा $= \frac{1500}{12} \times 4 = 500$ रुपये

$\therefore$ 1530 रुपये में B का हिस्सा = 500 + 10 = 510 रुपये

15. $\because$ A के पास B से 20% कम रुपये हैं

$\therefore \quad A : B = 80 : 100 = 4 : 5$ ....(1)

और B के पास C से 25% अधिक रुपये हैं,

$\therefore \quad B : C = 125 : 100 = 5 : 4$ ....(2)

$\therefore \quad A : B : C = 4 : 5 : 4$

नोट—यदि प्रश्न में कुल राशि दी गई होती तो उसे भी उक्त प्रक्रिया में बांटा जा सकता था।

☆☆☆☆☆☆

13 चाल, समय एवं दूरी (Speed, Time and Distance)

याद रखें :

(i) दूरी निकालने के लिए चाल में समय से गुणा करें, अर्थात् दूरी = चाल × समय

(ii) चाल निकालने के लिए दूरी में समय से भाग दें,

अर्थात् चाल = $\frac{\text{दूरी}}{\text{समय}}$

(iii) समय निकालने के लिए दूरी में चाल से भाग दें,

अर्थात् समय = $\frac{\text{दूरी}}{\text{चाल}}$

(iv) गाड़ी को खम्भा या वृक्ष पार करने में केवल अपनी लम्बाई पार करनी होती है।

(v) गाड़ी को पुल या प्लेटफार्म पार करने में अपनी लम्बाई और पुल या प्लेटफार्म की लम्बाई दोनों पार करनी होती है।

(vi) जब दो गाड़ियां एक ही दिशा में जा रही हों, तो उनकी आपेक्षिक गति (एक दूसरे को पार करने की गति) निकालने के लिए दोनों गाड़ियों की गति का अंतर निकाला जाता है।

(vii) जब दो गाड़ियां विपरीत दिशा में जा रही हों, तो उनकी आपेक्षिक गति (एक दूसरे को पार करने की गति) निकालने के लिए दोनों गाड़ियों की गति को जोड़ दिया जाता है।

प्रश्नमाला

1. एक गतिमान कार की चाल 36 कि॰मी॰ प्रति घंटा है। इसकी चाल मी॰/से॰ में है:

A. 10 मी॰/से॰ B. 15 मी॰/से॰
C. 20 मी॰/से॰ D. 25 मी॰/से॰

2. दो रेलगाड़ियां एक ही समय दो स्टेशनों X तथा Y से, जिनके मध्य 900 कि॰मी॰ की दूरी है, एक-दूसरे की ओर चलना शुरू करती हैं। यदि उनकी औसत चाल क्रमशः 38 तथा 22 कि॰मी॰/घं॰ हो तो वे एक-दूसरे को कितने समय बाद मिलेंगी?

A. 12 घण्टे B. 13 घण्टे
C. 14 घण्टे D. 15 घण्टे

3. 100 मी॰ लम्बी रेलगांड़ी 60 कि॰मी॰ प्रति घंटा की चाल से जा रही है। इसे एक तार चौकी को पार करने में समय लगेगा:

A. 4 सेकेण्ड B. 5 सेकेण्ड
C. 6 सेकेण्ड D. 8 सेकेण्ड

4. 150 मी॰ लम्बी एक रेलगाड़ी 90 कि॰मी॰ प्रति घंटा की चाल से जा रही है। इसे एक पेड़ को पार करने में समय लगेगा:

A. 3 सेकेण्ड B. 4 सेकेण्ड
C. 6 सेकेण्ड D. 8 सेकेण्ड

5. 100 मी॰ लम्बी एक रेलगाड़ी 65 कि॰मी॰ प्रति घंटा की चाल से जा रही है। यह एक व्यक्ति को जो 5 कि॰मी॰/घंटा की चाल से रेलगाड़ी की दिशा में जा रहा है, कितने समय में पार करेगी?

A. 8 सेकेण्ड B. 6 सेकेण्ड
C. 4 सेकेण्ड D. 2 सेकेण्ड

6. एक व्यक्ति नदी के बहाव की दिशा में 6 कि॰मी॰ प्रति/घं॰ तथा विपरीत दिशा में 3 कि॰मी॰ प्रति/घं॰ की चाल से नाव चलाता है। स्थिर पानी में नाव की चाल है:

A. 9 कि॰मी॰/घं॰ B. 4.5 कि॰मी॰/घं॰
C. 1.5 कि॰मी॰/घं॰ D. 1.0 कि॰मी॰/घं॰

7. प्रश्न 6 में नदी के बहाव की चाल है
A. 1.5 कि.मी./घं.
B. 2.5 कि.मी./घं.
C. 4.5 कि.मी./घं.
D. 18.0 कि.मी./घं.

8. एक साइकिल सवार 3 मिनट में 1.2 किलोमीटर दूरी तय करता है, तो उसकी गति प्रति घंटा क्या होगी?
A. 24 कि.मी./घंटा
B. 24 मी./घंटा
C. 24 मी./से.
D. 24 कि.मी./मिनट

9. एक 100 मीटर लम्बी गाड़ी 90 कि.मी./घ. की चाल से चल रही है। गाड़ी को पेड़ को पार करने में कितना समय लगेगा?
A. 4 से.
B. 8 से.
C. 11 से.
D. 11 से.

10. एक रेलगाड़ी जो 90 कि.मी./घं. की गति से चली जा रही है। एक खम्भे को पार करने में 10 सेकेण्ड का समय लेती है। बताइये उस रेलगाड़ी की लम्बाई (मीटर में) कितनी होगी?
A. 250
B. 240
C. 280
D. 270

11. 18 किमी प्रति घंटा की चाल को मीटर प्रति सेकेण्ड में बदलिए।
A. 7 मी./से.
B. 4 मी./से.
C. 6 मी./से.
D. 5 मी./से.

12. 3 मीटर प्रति सेकेण्ड की चाल को किमी प्रति घण्टा में बदलिए।
A. 10 किमी./घंटा
B. 10.8 किमी./घंटा
C. 8 किमी./घंटा
D. 8.10 किमी./घंटा

13. 500 मीटर लम्बी रेलगाड़ी 220 मीटर लम्बे प्लेटफार्म को 36 सेकेण्ड में पार कर लेती है, तो गाड़ी की चाल किमी प्रति घण्टा ज्ञात करो
A. 60 किमी./घंटा
B. 65 किमी./घंटा
C. 72 किमी./घंटा
D. 70 किमी./घंटा

14. एक आदमी 5 किमी प्रति घण्टा की चाल से P से Q स्थान तक जाता है और 3 किमी प्रति घण्टा की चाल से Q से P स्थान पर वापस आ जाता है। उसकी सारी यात्रा में औसत चाल क्या रही?
A. $4\frac{3}{4}$ किमी./घंटा
B. $3\frac{3}{4}$ किमी./घंटा
C. 4 किमी./घंटा
D. 3 किमी./घंटा

15. एक रेलगाड़ी 60 किमी की दूरी 45 मिनट में तय करती है, यदि इसकी गति 5 किमी/घण्टा कम कर दी जाए तो उसी दूरी को वह कितने समय में तय करेगी?
A. 42 मिनट
B. 40 मिनट
C. 45 मिनट
D. 48 मिनट

उत्तरमाला

1	2	3	4	5	6	7	8	9	10
A	D	C	C	B	B	A	A	A	A
11	**12**	**13**	**14**	**15**					
D	B	C	B	D					

व्याख्यात्मक उत्तर

1. चाल $= \frac{36 \text{ कि.मी.}}{\text{घंटा}} = \frac{36000 \text{ मी.}}{3600 \text{ से.}} = 10$ मी./से.

2. दो रेलगाड़ियों द्वारा 1 घंटे में तय की गई दूरी
$= 38 + 22 = 60$ कि.मी.
कुल दूरी = 900 कि.मी.

$$\text{समय} = \frac{900}{60} = 15 \text{ घंटे।}$$

3. दूरी = 100 मी.

$$\text{चाल} = \frac{60 \text{ कि.मी.}}{\text{घंटा}}$$

$$= \frac{60000 \text{ मी.}}{3600 \text{ से.}} = \frac{50}{3} \text{ मी./से.}$$

$$\text{समय} = \frac{\text{दूरी}}{\text{चाल}} = \frac{100}{50/3} = \frac{100 \times 3}{50} = 6 \text{ से.}$$

4. चाल = $\frac{90 \text{ कि॰मी॰}}{\text{घंटा}} = \frac{90000 \text{ मी॰}}{3600 \text{ से॰}}$

= 25 मी॰/से॰

दूरी = 150 मी॰

समय = $\frac{\text{दूरी}}{\text{चाल}} = \frac{150}{25} = 6$ से॰

5. वास्तविक चाल = रेलगाड़ी की चाल – व्यक्ति की चाल = 65 – 5 = 60 कि॰मी॰/घं॰

चाल = $\frac{60 \text{ कि॰मी॰}}{\text{घंटा}} = \frac{60000 \text{ मी॰}}{3600 \text{ से॰}}$

= $\frac{50}{3}$ मी॰/से॰

समय = $\frac{\text{दूरी}}{\text{चाल}} = \frac{100}{50/3} = \frac{100 \times 3}{50}$

= 6 से॰

6. स्थिर पानी में नाव की चाल = $\frac{6+3}{2} = \frac{9}{2}$

= 4.5 कि॰मी॰/घं॰

7. नदी के बहाव की चाल = $\frac{6-3}{2} = \frac{3}{2}$

= 1.5 कि॰मी॰/घंटा

8. गति = $\frac{\text{दूरी}}{\text{समय}}$, दूरी = 1.2 कि॰मी॰

समय = 3 मिनट = $\frac{3}{60}$ घंटा

गति = $\frac{\text{दूरी}}{\text{समय}} = \frac{1.2}{\frac{3}{60}} = \frac{1.2 \times 60}{3} = 24$ कि॰मी॰/घंटा

9. चूंकि रेलगाड़ी सिर्फ पेड़ को पार करती है।

∴ पेड़ को पार करने में लगा समय

= $\frac{100 \text{ मी॰}}{90 \text{ कि॰मी॰/ घं॰}} = \frac{100 \text{ मी॰}}{90 \times \frac{5 \text{ मी॰}}{18 \text{ से॰}}}$ = 4 सेकेण्ड

10. चूंकि रेलगाड़ी सिर्फ खम्भे को पार करती है।

∴ खम्भे को पार करने में लगा समय

= $\frac{\text{रेलगाड़ी की लम्बाई}}{\text{रेलगाड़ी की चाल}}$

∴ $10 = \frac{\text{रेलगाडी की लम्बाई}}{90 \times \frac{5}{18} \text{ मी॰/से॰}}$

∴ रेलगाड़ी की लम्बाई = $10 \times 90 \times \frac{5}{18} = 250$ मीटर।

11. ∵ 1 किमी = 1000 मीटर और

1 घण्टा = 3600 सेकेण्ड

∴ 18 किमी प्रतिघण्टा = $\frac{18 \times 1000}{3600} = 5$ मीटर/सेकेण्ड।

12. 3 मीटर/सेकेण्ड = $\frac{3 \times 3600}{1000} = 10.8$ किमी/घण्टा।

13. गाड़ी द्वारा प्लेटफार्म को पार करने में तय की गई दूरी = 500 + 220 = 720 मीटर, समय = 36 सेकेण्ड

∴ चाल = $\frac{\text{दूरी}}{\text{समय}}$

∴ गाड़ी की चाल = $\frac{720}{36}$ मीटर प्रति सेकेण्ड

= $\frac{720 \times 3600}{36 \times 1000} = 72$ किमी/घण्टा।

14. माना P से Q स्थान की दूरी 15 किमी

(3 और 5 का ल.स.प. 15 है, अत: गणना की सुविधा के लिए 15 किमी दूरी मानी है।)

∴ जाने में लगा समय = $\frac{15}{3} = 5$ घण्टे

और वापस आने में लगा समय = $\frac{15}{3} = 5$ घण्टे

कुल दूरी = 15 + 15 = 30 किमी

कुल समय = 3 + 5 = 8 घण्टे

औसत चाल $\frac{30}{8} = \frac{15}{4} = 3\frac{3}{4}$ किमी प्रति घण्टा।

15. ∴ दूरी = 60 किमी, समय = 45 मिनट = $\frac{3}{4}$ घण्टा

∴ चाल = $\frac{60 \times 4}{3}$ = 80 किमी प्र घण्टा

5 किमी/घण्टा, कम होने पर चाल = 75 किमी/घण्टा

∴ समय = $\frac{60}{75} = \frac{4}{5}$ घण्टा = 48 मिनट।

☆☆☆☆☆☆

14 समय एवं कार्य (Time and Work)

ऐकिक नियम के प्रश्नों में पहले इकाई वस्तु का मूल्य ज्ञात करके प्रश्न में दी गई संख्या का मूल्य निकालते हैं। उदाहरण के लिए प्रश्न है–

7 बकरियों की कीमत 630 रु॰ है, तो 20 बकरियों की कीमत क्या होगी?

ऐकिक नियम विधि से इस प्रश्न को हल करने में पहले एक बकरी की कीमत निकालनी होगी। उसके बाद 20 बकरियों की कीमत निकाली जायेगी।

ऐसे प्रश्नों को हल करते समय जो भाषा लिखी जाती है, उसमें जिस राशि या मद का उत्तर निकालना हो, उसे सबसे बाद में लिखा जाता है। जैसे–

नोटः

(i) यदि एक आदमी एक काम को 10 दिनों में करता है, तो उसका एक दिन का काम होगा = 1/10 भाग

(ii) यदि किसी आदमी का एक दिन का काम 1/10 हो, तो वह पूरा काम 10 दिनों में करेगा।

(iii) ऐसे प्रश्नों में पहले एक दिन का काम निकाला जाता है।

(iv) यदि काम करने वाले आदमी बढ़ जायें, तो काम कम समय (कम दिनों) में पूरा होगा और यदि काम करने वाले आदमी कम हो जायें, तो काम अधिक समय (अधिक दिनों) में पूरा होगा।

प्रश्नमाला

1. A एक काम को 6 दिन में तथा B उसे 10 दिन में कर सकता है। A तथा B मिलकर उसे पूरा करेंगे।

A. 10 दिन से कम तथा 6 दिन से अधिक दिनों में
B. 10 दिन से अधिक दिनों में
C. 6 दिन से कम दिनों में
D. 2 दिन में

2. A एक मेज को 3 दिन में तथा उसका मित्र उसे 6 दिन में बना सकता है। A और उसका मित्र मिलकर उसे पूरा बनाएंगेः

A. 3 दिन में B. 2 दिन में
C. 1 दिन में D. $\frac{1}{2}$ दिन में

3. X और Y मिलकर किसी कार्य को 10 दिन में कर सकते हैं। X अकेला उसे 15 दिन में कर सकता है तो Y उसे कितने दिन में करेगा?

A. 15 दिन B. 20 दिन
C. 25 दिन D. 30 दिन

4. 24 आदमी एक मशीन को 12 दिन में तैयार करते हैं तो 36 आदमी उसे कितने दिनों में तैयार करेंगे?

A. 8 दिन B. 12 दिन
C. 16 दिन D. 20 दिन

5. X, Y और Z किसी काम को क्रमशः 8, 10 और 8 दिन में कर सकते हैं। तीनों मिलकर उस कार्य को कितने दिनों में कर सकेंगे?

A. $2\frac{1}{7}$ दिन B. $2\frac{3}{7}$ दिन
C. $2\frac{5}{7}$ दिन D. $2\frac{6}{7}$ दिन

6. A एक काम को 5 दिन में तथा B उसी काम को 10 दिन में पूरा करता है तो बताइये (A + B) उस काम को कितने दिनों में पूरा करेंगे?

A. $2\frac{3}{4}$ दिन B. $3\frac{3}{4}$ दिन

C. $3\frac{1}{3}$ दिन D. $2\frac{1}{4}$ दिन

7. 3 पेन और 5 पैन्सिलों का मूल्य 14 रु. है। 12 पेन और 20 पेन्सिलों का क्या मूल्य होगा?

A. 42 रु. B. 56 रु.

C. 20 रु. D. 112 रु.

8. *x, y* और *z* मिलकर एक कार्य को 8 दिन में पूरा कर सकते हैं। यदि *x* और *z* मिलकर उस कार्य को 12 दिन में पूरा कर सकते हों तो बताइये *y* अकेला उस कार्य को पूरा कितने दिन में करेगा?

A. 22 दिन B. 24 दिन

C. $17\frac{1}{4}$ दिन D. 23 दिन

9. यदि 75 संतरों की एक पेटी का मूल्य 60 रु. है तो 50 संतरों का मूल्य होगाः

A. 30 रु. B. 40 रु.

C. 50 रु. D. 60 रु.

10. एक नल एक हौज को 4 घण्टे में तथा दूसरा नल उस हौज को 5 घण्टे में भर सकता है। यदि दोनों नल एक साथ खोल दिए जाएं तो हौज को भरने में कितने घण्टे लगेंगे?

A. $3\frac{2}{9}$ घण्टे B. $2\frac{2}{9}$ घण्टे

C. $2\frac{1}{9}$ घण्टे D. $3\frac{5}{9}$ घण्टे

11. यदि 210 रुपए में 6 बाल्टियां खरीदी जा सकती हैं तो 140 रुपए में कितनी बाल्टियां खरीदी जा सकेंगी।

A. 4 B. 3

C. 5 D. 6

12. गणित की 14 पुस्तकों का मूल्य 105 रुपए है तो बताइए ऐसी ही 24 पुस्तकों के लिए क्या मूल्य देना होगा?

A. 170 रु. B. 175 रु.

C. 180 रु. D. 185 रु.

13. यदि 3000 रुपए में 12 रेडियो सैट खरीदे जा सकते हों, तो बताओ 3750 रुपए में कितने रेडियो सैट खरीदे जा सकेंगे।

A. 12 B. 15

C. 10 D. 17

14. किसी परिवार के 6 सदस्यों के लिए 20 दिन की भोजन सामग्री है, तो बताओ 4 सदस्यों वाले परिवार के लिए यही भोजन सामग्री कितने दिनों के लिए पर्याप्त होगी।

A. 25 दिन B. 35 दिन

C. 20 दिन D. 30 दिन

15. 15 मजदूर एक खेत की गुड़ाई 6 घण्टे में कर सकते हैं तो बताइये 2 घण्टे में उस खेत की गुड़ाई करने के लिए कितने मजदूर चाहिए?

A. 40 B. 45

C. 50 D. 55

उत्तरमाला

1	2	3	4	5	6	7	8	9	10
C	B	D	A	D	C	B	B	B	B
11	**12**	**13**	**14**	**15**					
A	C	B	D	B					

व्याख्यात्मक उत्तर

1. A का 1 दिन का काम $= \frac{1}{6}$

B का 1 दिन का काम $= \frac{1}{10}$

(A + B) का 1 दिन का काम $= \frac{1}{6} + \frac{1}{10} = \frac{8}{30}$

$\therefore$ A + B मिलकर उसे $\frac{30}{8}$ दिन में करेंगे

$= 3\frac{6}{8}$ दिन $= 3\frac{3}{4}$ दिन

जो 6 दिन से कम है।

2. A तथा उसके मित्र द्वारा 1 दिन में किया गया कार्य

$= \frac{1}{3}+\frac{1}{6}=\frac{3}{6}$

$\therefore$ दोनों मिलकर उसे पूरा करेंगे $= \frac{6}{3} = 2$ दिन में।

3. X और Y का दिन का काम $= \frac{1}{10}$

अकेले X का 1 दिन का काम $= \frac{1}{15}$

अकेले Y का 1 दिन का काम $= \frac{1}{10}-\frac{1}{15}=\frac{1}{30}$

$\therefore$ Y अकेला उस काम को 30 दिन में करेगा।

4. $\because$ 24 व्यक्ति एक मशीन को बनाते हैं = 12 दिन में

$\therefore$ 1 व्यक्ति एक मशीन को बनाता है $= 24 \times 12$ दिन में।

$\therefore$ 36 व्यक्ति एक मशीन को बनाते हैं

$= \frac{24\times12}{36} = 8$ दिन में।

5. X + Y + Z का 1 दिन का काम

$= \frac{1}{8}+\frac{1}{10}+\frac{1}{8}=\frac{7}{20}$

$\therefore$ X + Y + Z उसे पूरा करेंगे $= \frac{20}{7}$ दिन

$= 2\frac{6}{7}$ दिन में

6. $\because$ A का 1 दिन का काम $= \frac{1}{5}$

तथा B का 1 दिन का काम $= \frac{1}{10}$

$\therefore$ (A + B) का 1 दिन का काम

$= \frac{1}{5}+\frac{1}{10}=\frac{2+1}{10}=\frac{3}{10}$

चूंकि $\frac{3}{10}$ काम (A + B) करते हैं = 1 दिन में

$\therefore$ पूरा काम (A + B) करेंगे $= \frac{10}{3} = 3\frac{1}{3}$ दिन में

7. $\because$ 3 पेन तथा 5 पेन्सिलों का मूल्य = 14 रु.

$\therefore$ 1 पेन तथा 1 पेन्सिल का मूल्य

$= \frac{14}{\text{3 पेन तथा 5 पेन्सिल}}$

$\therefore$ 4 × (3 पेन तथा 5 पेन्सिलों) का मूल्य

$= \frac{14\times4\times(\text{3 पेन तथा 5 पेंसिल})}{\text{3 पेन तथा 5 पेंसिल}} = 56$ रुपये।

8. $\because$ z(x + y + z) का 1 दिन का काम $= \frac{1}{8}$

तथा $(x + z)$ का 1 दिन का काम $= \frac{1}{12}$

$\therefore$ y का 1 दिन का काम $= \frac{1}{8}-\frac{1}{12}$

$= \frac{3-2}{24}=\frac{1}{24}$

चूंकि $\frac{1}{24}$ काम y करता है = 1 दिन में

$\therefore$ पूरा काम y करेगा 24 दिन में।

9. $\because$ 75 संतरों का मूल्य = 60 रु.

$\because$ 1 संतरे का मूल्य $= \frac{60}{75}$

$\therefore$ 50 संतरों का मूल्य $= \frac{60}{75}\times50 = 40$ रु.

10. पहले नल द्वारा 1 घण्टे में हौज का भरा भाग $= \frac{1}{4}$

तथा दूसरे नल द्वारा 1 घण्टे में हौज का भरा भाग

$= \frac{1}{5}$

$\therefore$ (पहले + दूसरे) नल द्वारा 1 घण्टे में हौज का भरा भाग

$= \frac{1}{4}+\frac{1}{5}=\frac{5+4}{20}=\frac{9}{20}$

चूंकि हौज का $\frac{9}{20}$ भाग (पहले + दूसरे) नल भरते हैं = 1 घण्टे में

$\therefore$ पूरा भाग (पहले + दूसरे) नल भरेंगे $\frac{20}{9} = 2\frac{2}{9}$ घण्टे में।

11.

रुपए	बाल्टियां
210	6
140	?

∵ 210 रुपए में खरीदी जाने वाली बाल्टियों की संख्या = 6

∴ 1 रुपए में खरीदी जाने वाली बाल्टियां = $\frac{6}{210}$

∴ 140 रुपए में खरीदी जाने वाली बाल्टियां

$= \frac{6}{210} \times 140 = 4$ बाल्टियां

अतः 140 रुपए में 4 बाल्टियां खरीदी जा सकेंगी।

12.

पुस्तक	**मूल्य**
14	105 रुपए
24	?

∵ गणित की 14 पुस्तकों का मूल्य = 105 रुपए

∴ गणित की 1 पुस्तक का मूल्य = $\frac{105}{14}$ रुपए

∴ गणित की 24 पुस्तकों का मूल्य

$= \frac{105}{14} \times 24$ रुपए

= **180 रुपए**

अतः गणित की 24 पुस्तकों का मूल्य = 180 रुपए होगा।

13.

रुपए	**रेडियो सैट**
3000	12
3750	?

∵ 3000 रुपए में खरीदे जा सकते हैं = 12 रेडियो सैट

∴ 1 रुपए में खरीदे जा सकते हैं = $\frac{12}{3000}$ रेडियो सैट

∴ 3750 रुपए में खरीदे जा सकते हैं

$= \frac{12}{3000} \times 3750$ रेडियो सैट = 15 रेडियो सैट

अतः 3750 रुपए में 15 रेडियो सैट खरीदे जा सकेंगे।

14.

सदस्य	**दिन**
6	20
4	?

∵ 6 सदस्यों के लिए भोजन सामग्री है = 20 दिनों के लिए

∴ 1 सदस्य के लिए भोजन सामग्री है = 20 × 6 दिनों के लिए

∴ 4 सदस्यों के लिए भोजन सामग्री है = $\frac{20 \times 6}{4}$ दिनों के लिए = 30 दिन के लिए

अतः 4 सदस्यों वाले परिवार के लिए यही भोजन सामग्री 30 दिन के लिए पर्याप्त होगी।

15. *(i)*

घंटे	**मजदूर**
6	15
2	?

(ii)

मजदूर	**घंटे**
15	6
20	?

(i) ∵ 6 घंटे में खेत की गुड़ाई करते है = 15 मजदूर

∴ 1 घंटे में खेत की गुड़ाई करेंगे = 15 × 6 मजदूर

∴ 2 घंटे में खेत की गुड़ाई करेंगे = $\frac{15 \times 6}{2}$ मजदूर

= 45 मजदूर

अतः 2 घंटे में उस खेत की गुड़ाई करने के लिए 45 मजदूर चाहिए।

☆☆☆☆☆☆

15 समय एवं दूरी (Time and Distance)

समय पर आधारित प्रश्नों के उत्तर देने के लिए निम्न बातें जानना आवश्यक हैं।

(i) 12 मध्यरात्रि से 12 मध्याह्न के समय पूर्वाह्न तथा 12 मध्याह्न से 12 मध्यरात्रि तक के समय को अपराह्न कहा जाता है।

(ii) 12 मध्यरात्रि को 24:00 बजे या 00:00 बजे लिखा जाता है।

(iii) 12 मध्यरात्रि को 12:00 बजे लिखा जाता है।

(iv) दाईं ओर के दो अंकों से बनने वाली संख्या मिनटों की संख्या दर्शाती है।
जैसे–10 : 15

(v) यदि बाईं ओर के दो अंकों से बनने वाली संख्या 12 से कम हो तो यह (मध्यरात्रि के बाद का समय) पूर्वाह्न कहलाती है। जैसे–
10:30 बजे = 10:30 पूर्वाह्न
11:45 बजे = 11:45 पूर्वाह्न

(vi) यदि बाईं ओर के दो अंकों से बनने वाली संख्या 12 से अधिक हो तो यह (दोपहर के बाद का समय) अपराह्न कहलाती है, जैसे–
18 : 15 बजे = 6 : 15 अपराह्न
20 : 30 बजे = 8 : 30 अपराह्न

उदाहरण 1. एक रेलगाड़ी सायं 5:40 बजे मुम्बई से चलती है और अगले दिन प्रातः 10:55 बजे नई दिल्ली पहुंचती है। रेलगाड़ी द्वारा तय यात्रा में लिया गया समय है।

हलः मुम्बई से प्रस्थान समय = 5:40
नई दिल्ली आगमन समय = 10:55 (अगले दिन)
कुल समय = 5:40 से 5:40 (अगले दिन) = 12 घंटा
तथा 5:40 से 10:55 तक
= 5 घंटे 15 मिनट
= 17 घंटे 15 मिनट

प्रश्नमाला

1. वैशाली सुपर फास्ट गाड़ी दिल्ली से 19:45 बजे रवाना होती है और अगले दिन 15:20 बजे मुज़फ्फरपुर पहुंचती है। बताओ यह मुज़फ्फरपुर पहुंचने में कितना समय लेती है?
A. 19 घंटा 25 मिनट B. 18 घंटा 35 मिनट
C. 19 घंटा 35 मिनट D. 18 घंटा 20 मिनट

2. मनु किसी सोमवार को रात में 9:30 पर सोया और अगले दिन 5:50 पर जागा। उसके सोने की अवधि कितनी थी?
A. 8 घंटे 20 मिनट B. 8 घंटे 10 मिनट
C. 7 घंटे 40 मिनट D. 7 घंटे 20 मिनट

3. इन्टरसिटी रेलगाड़ी रक्सौल से सुबह 9:15 पर चलती है तथा उसी दिन 11 बजे पीपरा पहुंचती है। रेलगाड़ी द्वारा यात्रा में लिया गया कुल समय है?
A. 1 घंटा 15 मिनट B. 10 घंटे 45 मिनट
C. 1 घंटा 45 मिनट D. 10 घंटे 15 मिनट

4. यदि किसी दिन सूर्य 6:20 पूर्वाह्न पर उदय हो तथा 6:57 अपराह्न पर अस्त हो तो उस दिन की लम्बाई होगी।
A. 12 घंटे 27 मिनट B. 12 घंटे 17 मिनट
C. 12 घंटे 37 मिनट D. 12 घंटे

5. 9 घंटे 30 मिनट बराबर है।
A. 0.90 बजे B. 9:30 पूर्व. के
C. 8 घंटे 90 मिनट के D. 9:30 अप. के

6. एक बस शिमला से दिल्ली के लिए 7:20 बजे प्रातः प्रस्थान करती है और दिल्ली पहुंचने में 9 घंटे का समय लेती है। बस कितने बजे दिल्ली पहुंचती है?
A. 4:20 बजे अप. B. 3:30 बजे अप.
C. 6:30 बजे अप. D. 7:30 बजे अप.

7. एक वायुयान मुम्बई से 7:50 बजे उड़ान भरता है। यह चेन्नई 10:30 बजे हवाई हड्डे पर उतरता है। यह चेन्नई पहुंचने में कितना समय लेता है।

A. 2 घंटे 30 मिनट B. 2 घंटे
C. 3 घंटे लगभग D. 2 घंटे 40 मिनट

8. एक लड़का रात्रि 8:30 बजे सोने के लिए गया तथा प्रातः 6:15 पर जागा। वह लड़का कितनी देर तक सोया?
A. 9 घंटे 45 मिनट B. 9 घंटे 15 मिनट
C. 2 घंटे 15 मिनट D. 4 घंटे 45 मिनट

9. एक छात्र अपने घर से विद्यालय के लिए प्रातः 8:30 बजे साईकिल से चला। वह विद्यालय से पढ़ाई करने के बाद सांय 4:50 बजे घर वापस आया। वह कितने समय तक घर से बाहर रहा।
A. 7 घंटे 20 मिनट B. 8 घंटे 20 मिनट
C. 9 घंटे 20 मिनट D. 7 घंटे 90 मिनट

10. एक स्कूल की वार्षिक परीक्षा 18 मार्च, 2002 को आरम्भ हुई और 23 मार्च, 2002 को समाप्त हुई। परीक्षा कितने दिन तक चली?
A. एक सप्ताह B. 8 दिन
C. 6 दिन D. 1 महीना

उत्तरमाला

1	2	3	4	5	6	7	8	9	10
C	A	C	C	B	A	D	A	B	C

व्याख्यात्मक उत्तर

1. दिल्ली से प्रस्थान का समय = 19:45
मुज़फ्फरपुर में आगमन समय = 15:20
कुल समय = 19:45 से 24:00 = 4 घंटे 15 मिनट
= 00:00 से 15:20 = 15 घंटे 20 मिनट
= 19 घंटे 35 मिनट

2. सोने का समय = 9:30, जागने का समय = 5:30
कुल समय = 9:30 से 12:00 बजे मध्य रात्रि तक
= 2 घंटे 30 मिनट
= 12:00 से 5:50 बजे सुबह तक = 5 घंटे 50 मिनट
अर्थात् 7 घंटे 80 मिनट = 8 घंटे 20 मिनट

3. रक्सौल से प्रस्थान समय = 9:15
पीपरा में आगमन समय = 11:00
कुल समय = आगमन समय – प्रस्थान समय
= 11:00 – 9:15 = 1 घंटा 45 मिनट

4. सूर्योदय होने का समय = 6:20
अस्त होने का समय = 6:57
कुल समय = प्रातः 6:20 से 6:20 शाम तक
= 12 घंटे = शेष 37 मिनट
कुल समय = 12 घंटे 37 मिनट

5. दो अंकों से बनने वाली संख्या 12 से कम हो, तो वह पूर्वाह्न कहलाती है।
इस प्रकार 9:30 दर्शाता है 9:30 पूर्वाह्न

6. शिमला से प्रस्थान का समय = 7:20 प्रातः
दिल्ली पहुंचने में लगा समय = 9 घंटे
= 7:20 से 7:20 तक = 12 घंटे
9 घंटे के लिए = 7:20 – 3 = 4 : 20 अप.

7. मुम्बई से उड़ान भरने का समय = 7:50
चेन्नई पहुंचने का समय = 10:30
कुल समय = आगमन का समय – प्रस्थान का समय
= 10:30 – 7:50 = 2 घंटे 40 मिनट

8. सोने का समय = 8:30 शाम
जागने का समय = 6:15 सुबह
कुल समय = 8:30 से 12 बजे रात तक = 3 घंटे 30 मिनट
= 12 बजे रात से 6:15 सुबह तक = 6 घंटे 15 मिनट
कुल समय = 9 घंटे 45 मिनट

9. विद्यालय जाने का समय = 8:30 प्रातः
वापस आने का समय = 4:50 शाम
= 8:30 से 12 बजे दिन तक = 3:30
= 12 बजे दिन से 4:50 बजे शाम तक = 4:50
अर्थात् 7:80 = 8 घंटे 20 मिनट

10. परीक्षा की शुरुआत = 18 मार्च, 2002
परीक्षा की समाप्ति = 23 मार्च, 2002
कुल समय = 23 मार्च,
2002 से — 18 मार्च, 2002 तक = 6 दिन

☆☆☆☆☆☆

16 क्षेत्रमिति : रेखीय आकृति एवं वृत्त (Mensuration : Plane Figures and Circles)

क्षेत्रमिति से सम्बंधित प्रश्नों को हल करने के लिए निम्नलिखित प्रमुख सूत्रों का जानना आवश्यक होता है :

1. आयतः

(*a*) आयत का क्षेत्रफल = लम्बाई × चौड़ाई

(*b*) आयत की परिमिति = 2 (लम्बाई + चौड़ाई)

(*c*) आयत का विकर्ण = $\sqrt{(\text{लं.})^2 + (\text{चौ.})^2}$

∴ AB = CD तथा BC = AD

2. वर्गः

(*a*) वर्ग का क्षेत्रफल = $(\text{भुजा})^2$

(*b*) वर्ग का परिमाप = 4 × भुजा

(*c*) वर्ग का विकर्ण = $\sqrt{2}$ × भुजा

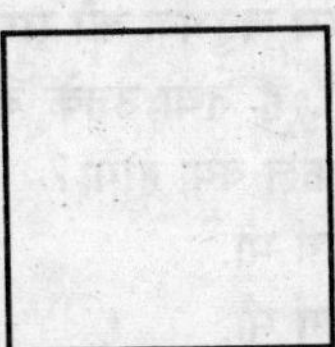

∴ AB = BC = CD = DA = भुजा

3. वृत्तः

(*a*) वृत्त का क्षेत्रफल = $\pi \times (\text{त्रिज्या})^2$

(*b*) वृत्त की परिधि = $2\pi \times (\text{त्रिज्या})$

(*c*) त्रिज्या = $\frac{\text{व्यास}}{2}$ या व्यास = 2 × त्रिज्या

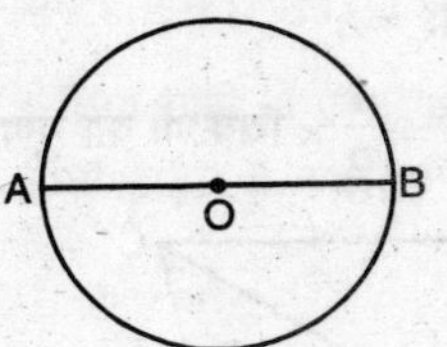

∴ OA = त्रिज्या, AB = व्यास

4. त्रिभुज :

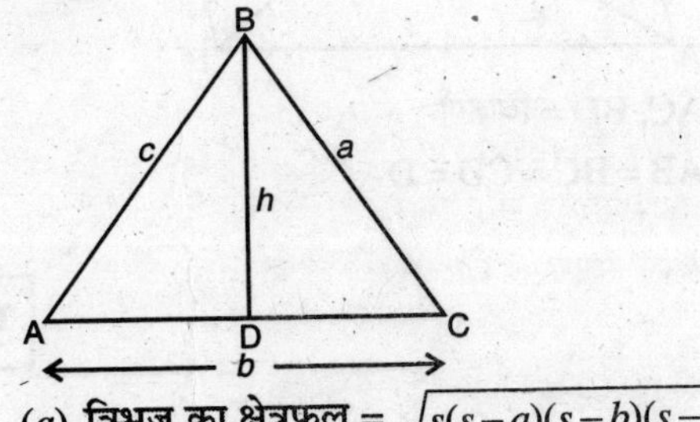

(*a*) त्रिभुज का क्षेत्रफल = $\sqrt{s(s-a)(s-b)(s-c)}$

जहां $s = \frac{a+b+c}{2}$

(*b*) यदि त्रिभुज समकोण हो तब

क्षेत्रफल = $\frac{1}{2}$ × आधार (*b*) × ऊंचाई (*h*)

(*c*) समबाहु त्रिभुज का क्षेत्रफल = $\frac{\sqrt{3}}{4} \times (\text{भुजा})^2$

5. चतुर्भुजः

(*a*) चतुर्भुज का क्षेत्रफल = $\frac{1}{2}$ × विकर्ण × (शीर्ष लम्बों का योग)

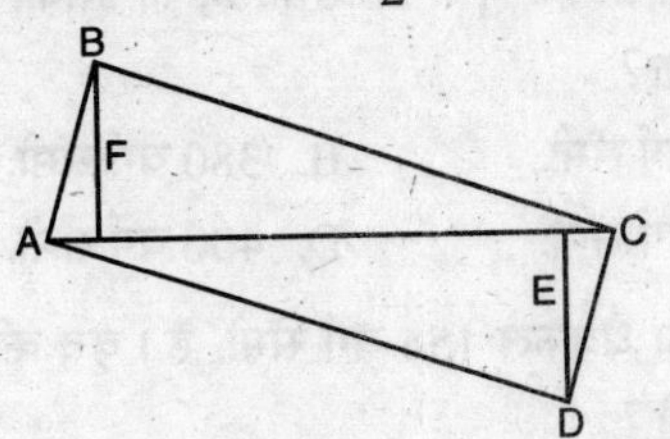

∴ AC = विकर्ण, BF व DE = शीर्ष लम्ब

(*b*) समान्तर चतुर्भुज का क्षेत्रफल = आधार × ऊंचाई

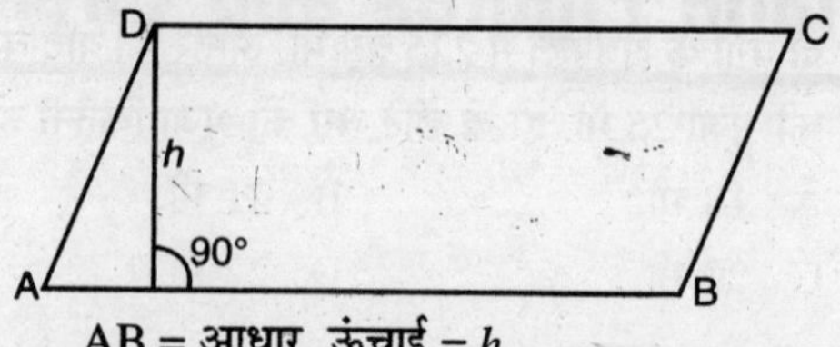

AB = आधार, ऊंचाई = h

(*c*) सम चतुर्भुज का क्षेत्रफल = $\frac{1}{2}$ × विकर्णों का गुणनफल

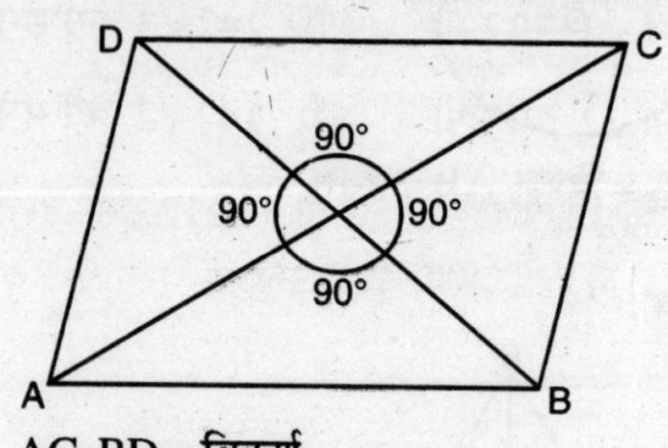

AC, BD = विकर्ण

AB = BC = CD = DA

(*d*) समलम्ब चतुर्भुज का क्षेत्रफल = $\frac{1}{2}$ × ऊंचाई × समान्तर भुजाओं का योग

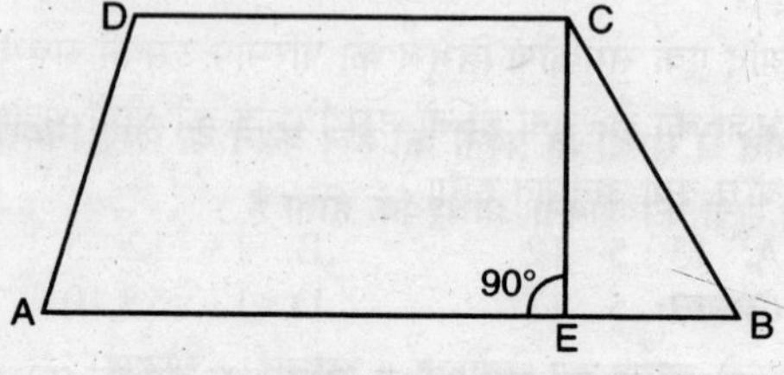

AB, CD = समान्तर भुजाएं, CE = ऊँचाई

6. चार दीवारों का:

(*a*) चार दीवारों का क्षेत्रफल = 2 × ऊंचाई (लम्बाई + चौड़ाई)

(*b*) ऊंचाई = $\dfrac{\text{क्षेत्रफल}}{2\ (\text{लम्बाई + चौड़ाई})}$

प्रश्नमाला

1. एक आयत की लम्बाई व चौड़ाई क्रमशः 50 सेंमी. व 25 सेंमी. है, तो उसका क्षेत्रफल कितना होगा?

A. 1150 वर्ग सेंमी. B. 1250 वर्ग सेंमी.
C. 1275 वर्ग सेंमी. D. 1280 वर्ग सेंमी.

2. एक वर्गाकार मैदान का परिमाप 580 मी. है, तो बताइये उस मैदान का क्षेत्रफल कितना होगा?

A. 21025 वर्ग मी. B. 20225 वर्ग मी.
C. 30025 वर्ग मी. D. 19975 वर्ग मी.

3. एक वर्ग की प्रत्येक भुजा 20 सेंमी. है, तो इसका क्षेत्रफल कितना होगा?

A. 300 वर्ग सेंमी. B. 380 वर्ग सेंमी.
C. 360 वर्ग सेंमी. D. 400 वर्ग सेंमी.

4. एक वृत्त का क्षेत्रफल 154 वर्ग सेंमी. है। वृत्त की परिधि कितनी होगी?

A. 44 सेंमी. B. 48 सेंमी.
C. 54 सेंमी. D. 68 सेंमी.

5. यदि किसी त्रिभुज का आधार 8 सेमी तथा ऊंचाई 10 सेंमी. हो तो उस त्रिभुज का क्षेत्रफल कितना होगा?

A. 40 वर्ग सेंमी. B. 20 वर्ग सेंमी.
C. 49 वर्ग सेंमी. D. 64 वर्ग सेंमी.

6. एक समलम्ब चतुर्भज की समान्तर भुजाएं क्रमशः 15 मी. तथा 25 मी. हैं तथा उनके बीच की दूरी 10 मी. है, तो इसका क्षेत्रफल क्या होगा?

A. 150 वर्ग मी. B. 225 वर्ग मी.
C. 200 वर्ग मी. D. 270 वर्ग मी.

7. एक आयताकार खेत का परिमाप 760 मी. है तथा उसकी लम्बाई व चौड़ाई में 11 : 8 का अनुपात है। तो बताइये आयताकार खेत का क्षेत्रफल क्या होगा?

A. 35200 वर्ग मी. B. 34700 वर्ग मी.
C. 35600 वर्ग मी. D. 45200 वर्ग मी.

8. यदि किसी वर्ग की भुजा में 50% की कमी कर दी जाये, तो उसका क्षेत्रफल कितने प्रतिशत घट जायेगा?

A. 50% B. 75%
C. 80% D. 60%

9. उस वर्ग की एक भुजा की लम्बाई क्या होगी जिसका क्षेत्रफल क्रमश: 6.4 मी. लम्बे तथा 2.5 मी. चौड़े आयत के क्षेत्रफल के बराबर हो ?

A. 8 मी. B. 5.4 मी.
C. 3.8 मी. D. 4 मी.

10. यदि एक समकोण त्रिभुज का परिमाप उसकी सबसे छोटी भुजा का छ: गुना हो तो उस त्रिभुज की तीनों भुजाओं के बीच क्या अनुपात होगा ?

A. 13 : 5 : 12 B. 13 : 12 : 5
C. 12 : 5 : 13 D. 13 : 5 : 10

11. एक वर्ग का परिमाप 24 मी. तथा दूसरे वर्ग का परिमाप 32 मी. है। तो उस वर्ग का परिमाप क्या होगा जिसका क्षेत्रफल दोनों वर्गों के क्षेत्रफल के बराबर है ?

A. 40 मी. B. 51 मी.
C. 37 मी. D. 42 मी.

12. यदि किसी वर्ग की भुजा को दुगुना कर दिया जाए तो उस वर्ग का क्षेत्रफल कितने गुना बढ़ जाएगा ?

A. दो गुना B. चार गुना
C. तीन गुना D. आठ गुना

13. दो वर्गों के क्षेत्रफल में 225 वर्ग मी. अन्तर है। यदि बड़े वर्ग की भुजा 25 मी. हो तो छोटे वर्ग की भुजा कितनी होगी ?

A. 18 मी. B. 21 मी.
C. 20 मी. D. 22 मी.

14. यदि एक समबाहु त्रिभुज का परिमाप 72 सेंमी. है तो उस समबाहु त्रिभुज का क्षेत्रफल क्या होगा ?

A. $144\sqrt{3}$ वर्ग सेंमी. B. $142\sqrt{3}$ वर्ग सेंमी.
C. $154\sqrt{2}$ वर्ग सेंमी. D. $144\sqrt{2}$ वर्ग सेंमी.

15. दो वृत्तों की त्रिज्या क्रमश: 5 सेंमी. तथा 12 सेंमी. हो तो उस नए वृत्त की त्रिज्या क्या होगी जिसका क्षेत्रफल दोनों वृत्तों के क्षेत्रफल के बराबर हो ?

A. 15 सेंमी. B. 13 सेंमी.
C. 10 सेंमी. D. 8 सेंमी.

उत्तरमाला

1	2	3	4	5	6	7	8	9	10
B	A	D	A	A	C	A	B	D	B
11	**12**	**13**	**14**	**15**					
A	B	C	A	B					

व्याख्यात्मक उत्तर

1. आयत का क्षेत्रफल = लम्बाई × चौड़ाई = 50 × 25
= 1250 वर्ग सेंमी.।

2. ∴ वर्गाकार मैदान का परिमाप = 4 × भुजा

प्रश्नानुसार, ∴ 4 × भुजा = 580 ⇒ भुजा = $\frac{580}{4}$

= 145 सेंमी.

∴ क्षेत्रफल = (भुजा)^2 = $(145)^2 = 21025$ वर्ग सेंमी.।

3. वर्ग का क्षेत्रफल = (भुजा)^2 = $(20)^2 = 400$ वर्ग सेंमी.

4. ∴ वृत्त का क्षेत्रफल = π × (त्रिज्या)^2

∴ π × (त्रिज्या)^2 = 154

⇒ (त्रिज्या)^2 = $\frac{154}{\pi} = \frac{154}{\frac{22}{7}}$

⇒ (त्रिज्या)^2 = $\frac{154 \times 7}{22} = 7 \times 7$ ⇒ त्रिज्या = 7 सेंमी.

∴ वृत्त की परिधि = 2π × (त्रिज्या)

= $2 \times \frac{22}{7} \times 7$

= 44 सेंमी.।

5. त्रिभुज का क्षेत्रफल = $\frac{1}{2}$ × आधार × ऊंचाई

= $\frac{1}{2} \times 8 \times 10 = 40$ वर्ग सेंमी.।

6. चूंकि समलम्ब चतुर्भुज का क्षेत्रफल = $\frac{1}{2}\times$ ऊंचाई $\times$ समानान्तर भुजाओं का योग

$\therefore$ क्षेत्रफल $= \frac{1}{2}\times 10\times(15+25)$

$= \frac{1}{2}\times 10\times 40 = 200$ वर्ग मी।

7. माना कि आयताकार खेत की लम्बाई व चौड़ाई क्रमशः $11x$ मी. व $8x$ मी. है

$\therefore$ खेत का परिमाप $= 2(11x+8x) = 2\times 19x = 38x$ मी.

प्रश्नानुसार, आयताकार खेत का परिमाप = 760 है

$\therefore 38x = 760 \Rightarrow x = \frac{760}{38} = 20$

$\therefore$ खेत की लम्बाई व चौड़ाई क्रमशः $(11\times 20 = 220$ मी.) व $(8\times 20 = 160$ मी.) होगी।

$\therefore$ आयताकार खेत का क्षेत्रफल $= 220\times 160$

$= 35200$ वर्ग मी.।

8. माना कि वर्ग की भुजा x मी. है

$\therefore$ **पहली स्थिति में,** वर्ग का क्षेत्रफल $= x^2$ वर्ग मी.

दूसरी स्थिति में, वर्ग की भुजा में 50% की कमी के कारण

नए वर्ग की भुजा $= x - x$ का $50\% = \frac{x}{2}$ मी.

$\therefore$ नए वर्ग का क्षेत्रफल $= \left(\frac{x}{2}\right)^2 = \frac{x^2}{4}$ वर्ग मी.

$\therefore$ वर्ग के क्षेत्रफल में कमी $= x^2 - \frac{x^2}{4} = \frac{3x^2}{4}$ वर्ग मी.

$\therefore$ प्रतिशत कमी $= \frac{\frac{3x^2}{4}}{x^2}\times 100 = 75\%$

अतः वर्ग का क्षेत्रफल 75% घट जायेगा।

9. $\therefore$ आयत का क्षेत्रफल $= 6.4\times 2.5 = 16.00$ वर्ग मी.

प्रश्नानुसार, वर्ग का क्षेत्रफल = आयत का क्षेत्रफल

$\therefore$ वर्ग का क्षेत्रफल = 16 वर्ग मी.

$\therefore$ वर्ग की भुजा $= \sqrt{16} = \sqrt{4\times 4} = 4$ मी.।

10. माना कि समकोण त्रिभुज की तीन भुजाओं a, b और c में से सबसे बड़ी व सबसे छोटी भुजा क्रमशः a व c हैं

$\therefore a^2 = b^2 + c^2$ ... (i)

तथा समकोण त्रिभुज का परिमाप $= a + b + c$

प्रश्नानुसार,

$(a + b + c) = c\times 6 \Rightarrow a + b = 5c$ ... (ii)

समीकरण (i) से,

$a^2 - b^2 = c^2 \Rightarrow (a+b)(a-b) = c^2$

$\Rightarrow 5c(a-b) = c^2 \Rightarrow a - b = \frac{c}{5}$ ... (iii)

$[\because a + b = 5c]$

समीकरण (ii) व (iii) से, $a + b = 5c$, $a - b = \frac{c}{5}$

$\Rightarrow \quad 2a = 5c + \frac{c}{5} = \frac{26c}{5}$

$\Rightarrow \quad a = \frac{13}{5}c \Rightarrow a : c = 13 : 5$

a का मान समीकरण (ii) में रखने पर,

$b = 5c - \frac{13c}{5} = \frac{12c}{5} \Rightarrow b : c = 12 : 5$

अतः समकोण त्रिभुज की तीनों भुजाओं में क्रमशः 13 : 12 : 5

11. $\because$ पहले वर्ग का परिमाप = 24 मी.

$\therefore$ पहले वर्ग की भुजा $= \frac{24}{4} = 6$ मी.

तथा दूसरे वर्ग की परिमाप = 32 मी.

$\therefore$ दूसरे वर्ग की भुजा $= \frac{32}{4} = 8$ मी.

प्रश्नानुसार, तीसरे वर्ग का क्षेत्रफल = दो वर्गों का क्षेत्रफल

$\therefore$ तीसरे वर्ग का क्षेत्रफल = पहले वर्ग का क्षेत्रफल + दूसरे वर्ग का क्षेत्रफल

$= (6)^2 + (8)^2 = 36 + 64 = 100$ वर्ग मी.

$\therefore$ तीसरे वर्ग की भुजा $= \sqrt{100} = 10$ मी.।

12. **पहली स्थिति मे,** वर्ग की भुजा $= x$ मी.

$\therefore$ वर्ग का क्षेत्रफल $= x^2$ वर्ग मी.

दूसरी स्थिति में, वर्ग की भुजा $= 2x$ मी.

$\therefore$ वर्ग का क्षेत्रफल $= (2x)^2 = 4x^2$ वर्ग मी.

अतः स्पष्ट है कि वर्ग की भुजा को दो गुना कर देने से उसका क्षेत्रफल चार गुना बढ़ जाएगा।

13. माना कि छोटे वर्ग की भुजा x मी. है

चूंकि बड़े वर्ग का क्षेत्रफल $= (25)^2 = 625$ वर्ग मी.

तथा छोटे वर्ग का क्षेत्रफल $= x^2$ वर्ग मी.

प्रश्नानुसार, दोनों वर्गों के क्षेत्रफल में अन्तर $= 225$ वर्ग मी.

$\therefore 625 - x^2 = 225 \Rightarrow x^2 = 625 - 225 = 400$

$\Rightarrow x = \sqrt{20 \times 20} = 20$ मी.

अत: छोटे वर्ग की भुजा 20 मी. होगी।

14. माना कि समबाहु त्रिभुज की भुजा $= x$ सेंमी.

$\therefore$ समबाहु त्रिभुज का परिमाप $= 3x$ सेंमी.

प्रश्नानुसार, $3x = 72 \Rightarrow x = \dfrac{72}{3} = 24$ सेंमी.

$\therefore$ समबाहु त्रिभुज का क्षेत्रफल $= \dfrac{\sqrt{3}}{4} \times (x)^2$

$= \dfrac{\sqrt{3}}{4} \times (24)^2 = 144\sqrt{3}$ वर्ग सेंमी.।

15. पहले वृत्त की त्रिज्या = 5 सेंमी.

$\therefore$ पहले वृत्त का क्षेत्रफल $= \pi \times (5)^2 = 25\pi$ वर्ग सेंमी.

तथा दूसरे वृत्त की त्रिज्या = 12 सेंमी.

$\therefore$ दूसरे वृत्त का क्षेत्रफल $= \pi \times (12)^2 = 144\pi$ वर्ग सेंमी.

प्रश्नानुसार,

नए वृत्त का क्षेत्रफल = दोनों वृत्तों का क्षेत्रफल

$\therefore$ नए वृत्त का क्षेत्रफल

$= 25\pi + 144\pi = 169\pi$ वर्ग सेंमी.

$\therefore$ नए वृत्त का क्षेत्रफल

$= \pi \times (13)^2$ वर्ग सेंमी.

अत: स्पष्ट है कि नए वृत्त की त्रिज्या 13 सेंमी. होगी।

☆☆☆☆☆☆

17 क्षेत्रमिति : ठोस आकृतियाँ (Mensuration : Solid Figures)

ठोस : कोई वस्तु जो स्थान घेरती है, भार रखती है तथा जिसका आकार निश्चित होता है, ठोस कहलाती है। इस प्रकार ठोस में तीन मापें होती हैं—1. लम्बाई 2. चौड़ाई 3. ऊंचाई (मोटाई)।

आयतन : ठोस के तलों द्वारा घिरी हुई जगह ठोस का आयतन कहलाती है।

घनाभ : एक ठोस जो 6 आयताकार तलों द्वारा घिरा होता है, घनाभ कहलाता है।

घन : एक ठोस जो 6 वर्गाकार तलों द्वारा घिरा होता है, घन कहलाता है।

ठोस आकृतियों से संबंधित समस्याओं को हल करने के लिए निम्नलिखित सूत्रों का जानना आवश्यक है :

1. गोला :

(*a*) गोले का आयतन $= \frac{4}{3}\pi r^3$ (जहां r गोले की त्रिज्या है)

(*b*) गोले के धरातल का क्षेत्रफल या वक्रपृष्ठ का क्षेत्रफल $= 4\pi r^2$

2. घनाभ :

(*a*) घनाभ का आयतन = लम्बाई × चौड़ाई × ऊंचाई

(*b*) घनाभ का पृष्ठ $= 2(l \times b + b \times h + h \times l)$ जहां l = लं., b = चौ., h = ऊं.

(*c*) किसी घनाभ का सबसे लम्बा विकर्ण $= \sqrt{l^2 + b^2 + h^2}$

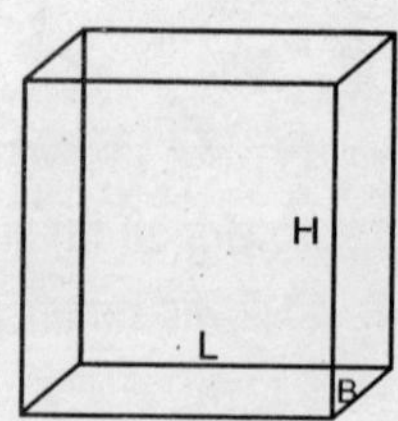

3. घन :

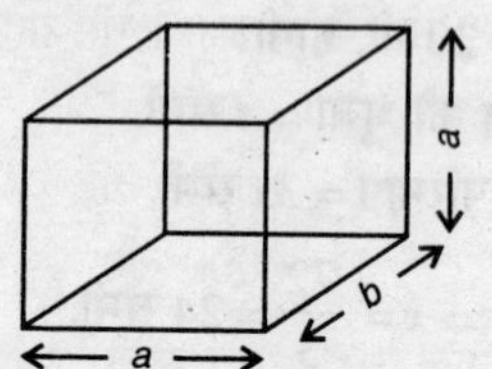

(*a*) घन का आयतन = (भुजा)^3 ∵ [भुजा = ल. = चौ = ऊं.]

(*b*) घन का पृष्ठ = 6 × (भुजा)^2

(*c*) किसी घन का सबसे लम्बा विकर्ण $= \sqrt{3}$ × भुजा

4. लम्ब वृत्तीय बेलन :

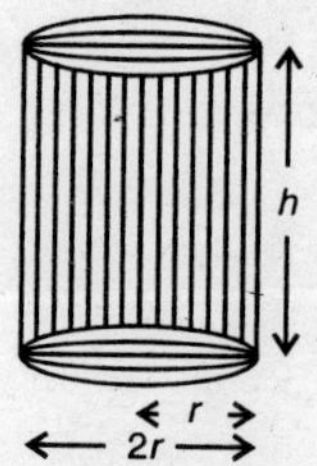

(*a*) बेलन का आयतन = आधार (वृत्त) का क्षेत्रफल × ऊँ. $= \pi r^2 \times h = \pi r^2 h$

(*b*) बेलन का वक्रपृष्ठ = आधार (वृत्त) की परिधि × ऊँचाई $= 2\pi r \times h = 2\pi rh$

(*c*) बेलन का सम्पूर्ण पृष्ठ = वक्र पृष्ठ + दोनों सिरों का क्षेत्रफल $= 2\pi rh + 2\pi r^2 = 2\pi r(h + r)$

5. शंकु :

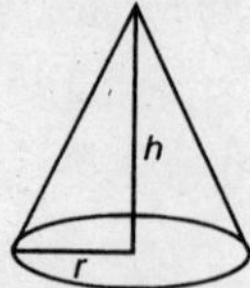

(*a*) शंकु का आयतन $= \frac{1}{3}\pi r^2 h$

(*b*) शंकु की तिर्यक ऊंचाई $= \sqrt{r^2 + h^2}$

(*c*) शंकु के वक्र पृष्ठ का क्षेत्रफल $= \pi r$ × तिर्यक ऊंचाई $= \pi r\sqrt{r^2 + h^2}$

प्रश्नमाला

1. एक घनाभ की कोरें क्रमशः 4 सेंमी., 3 सेंमी. तथा 2 सेंमी. हैं, तो उस घनाभ का आयतन कितना होगा?

A. 20 घन सेंमी. B. 22 घन सेंमी.
C. 28 घन सेंमी. D. 24 घन सेंमी.

2. एक टंकी 3 मी. लम्बी, 2 मी. चौड़ी तथा 1 मी. गहरी है। उसकी क्षमता (ली. में) क्या होगी?

A. 8000 ली. B. 10000 ली.
C. 6500 ली. D. 6000 ली.

3. एक घन का पृष्ठ क्षेत्रफल 1014 वर्ग सेंमी. है। इसका आयतन कितना होगा?

A. 2197 घन सेंमी. B. 2297 घन सेंमी.
C. 2179 घन सेंमी. D. 2117 घन सेंमी.

4. यदि दो घनाकृतियों के आयतन में 8 : 1 का अनुपात हो तो उनकी कोरों में क्या अनुपात होगा?

A. 1 : 2 B. 2 : 1
C. 4 : 1 D. 2 : 3

5. दो गोलों के पृष्ठ क्षेत्रफल में 9 : 16 का अनुपात है, तो बताइये उनके आयतनों में क्या अनुपात होगा?

A. 64 : 27 B. 27 : 64
C. 16 : 27 D. 11 : 27

6. एक कमरे की लं., चौ. व ऊँ. क्रमशः 12 मी., 9 मी. तथा 8 मी. है, तो बताइये उस छड़ की अधिक-से-अधिक लम्बाई क्या होगी जो कमरे में ठीक प्रकार रखी जो सके?

A. 17 मी. B. 18 मी.
C. 25 मी. D. 16 मी.

7. किसी लम्बवृत्तीय शंकु की त्रिज्या तथा ऊंचाई में 3 : 5 का अनुपात है। यदि शंकु का आयतन 120π घन मी. हो तो उसकी तिरछी ऊँचाई कितनी होगी?

A. $3\sqrt{34}$ मी. B. $2\sqrt{28}$ मी.
C. $2\sqrt{44}$ मी. D. $2\sqrt{34}$ मी.

8. यदि किसी बेलन के आधार की परिधि 88 सेंमी. तथा ऊंचाई 42 सेंमी. हो तो उस बेलन का आयतन कितना होगा?

A. 25872 घन सेंमी.
B. 28572 घन सेंमी.
C. 25870 घन सेंमी.
D. 22584 घन सेंमी.

9. 10 सेंमी. भुजा के दो घनों को आपस में सटाकर रखने से प्राप्त घनाभ का पृष्ठ क्या होगा?

A. 1200 वर्ग सेंमी. B. 5000 वर्ग सेंमी.
C. 1000 वर्ग सेंमी. D. 1250 वर्ग सेंमी.

10. एक आयताकार कागज के टुकडे की लम्बाई व चौड़ाई क्रमशः 30 सेंमी. तथा 20 सेंमी. है। यदि कागज को मोड़कर एक बेलन का वक्रपृष्ठ बनाया जाये तो बेलन कितने तरीके से बनाया जा सकता है?

A. तीन तरीके से B. दो तरीके से
C. एक तरीके से D. चार तरीके से

11. उपरोक्त प्रश्न में बने बेलनों के आयतनों में अनुपात क्या होगा।

A. 2 : 3 B. 3 : 1
C. 3 : 2 D. 2 : 1

12. यदि 3 सेंमी. त्रिज्या के एक ठोस गोले को पिघलाकर उसी त्रिज्या के आधार पर एक शंकु बनाया जाये तो शंकु की ऊंचाई कितनी होगी?

A. 8 सेंमी. B. 12 सेंमी.
C. 6 सेंमी. D. 5 सेंमी.

13. किसी रोलर का व्यास 2.4 मी. तथा लम्बाई 1.68 मी. है। यदि किसी मैदान को समतल करने में रोलर को 1000 पूर्ण चक्कर लगाने पड़े तो उस मैदान का क्षेत्रफल क्या होगा?

A. 12672 वर्ग मी. B. 12671 वर्ग मी.
C. 12762 वर्ग मी. D. 11768 वर्ग मी.

14. एक घन के किनारे की लम्बाई में 10% वृद्धि करने से घन के धरातल के क्षेत्रफल में कितने प्रतिशत वृद्धि हो जाएगी?

A. 21% B. 18%
C. 15% D. 20%

15. 14 मी. लम्बे तथा 4 मी. त्रिज्या वाले एक ठोस बेलन को पिघलाकर शंकु बनाया जाता है। यदि शंकु की त्रिज्या बेलन की त्रिज्या के बराबर हो तो शंकु की ऊंचाई कितनी होगी?

A. 21 मी. B. 42 मी.
C. 48 मी. D. 54 मी.

उत्तरमाला

1	2	3	4	5	6	7	8	9	10
D	D	A	B	B	A	D	A	C	B
11	12	13	14	15					
C	B	A	A	B					

व्याख्यात्मक उत्तर

1. $\because$ घनाभ का आयतन = लं. × चौ. × ऊं.

= 4 × 3 ×2 = 24 घन सेंमी.

2. टंकी का आयतन = लं. × चौ. × ऊं. = 3 × 2 × 1

= 6 घन मी.

($\because$ 1 घन मी. = 1000 ली.)

$\therefore$ टंकी की क्षमता = 6 × 1000 = 6000 ली.।

3. $\because$ घन का पृष्ठ क्षेत्रफल = 6 × (भुजा)^2

$\therefore$ 6 × (भुजा)^2 = 1014

$\Rightarrow$ (भुजा)$^2 = \frac{1014}{6} = 169$

$\therefore$ घन की भुजा = $\sqrt{169}$ = 13 सेंमी.

$\therefore$ घन का आयतन = (भुजा)^3

= $(13)^3$ सेंमी.

= 2197 घन सेंमी.

4. माना दो घनों की भुजा क्रमशः a_1 व a_2 है।

$\therefore$ दोनों घनों का आयतन क्रमशः a_1^3 व a_2^3 होगा

प्रश्नानुसार, $a_1^3 : a_2^3 = 8 : 1$

$$\therefore \frac{a_1^3}{a_2^3} = \frac{8}{1}$$

$$\therefore \left(\frac{a_1}{a_2}\right)^3 = \left(\frac{2}{1}\right)^3 \Rightarrow a_1 : a_2 = 2 : 1$$

अतः उनकी कोरों में 2 : 1 का अनुपात होगा।

5. माना कि दो गोलों की त्रिज्या क्रमशः r_1 व r_2 है

दोनों गोलों का पृष्ठ क्षेत्रफल क्रमशः $4\pi r_1^2$ व $4\pi r_2^2$

प्रश्नानुसार, $4\pi r_1^2 : 4\pi r_2^2 = 9 : 16 \Rightarrow r_1^2 : r_2^2 = 9 : 16$

$$\Rightarrow \frac{r_1^2}{r_2^2} = \frac{9}{16} \Rightarrow \left(\frac{r_1}{r_2}\right)^2 = \left(\frac{3}{4}\right)^2 \Rightarrow r_1 : r_2 = 3 : 4$$

$$\Rightarrow \left(\frac{r_1}{r_2}\right)^3 = \left(\frac{3}{4}\right)^3 \Rightarrow \frac{r_1^3}{r_2^3} = \frac{27}{64}$$

$\Rightarrow r_1^3 : r_2^3 = 27 : 64$

$\because$ उनके आयतनों का अनुपात = $\frac{4}{3}\pi r_1^3 : \frac{4}{3}\pi r_2^3$

$\Rightarrow r_1^3 : r_2^3 = 27 : 64$

6. $\because$ अधिक-से-अधिक लम्बाई की छड़ = घनाभ के विकर्ण की लम्बाई

$= \sqrt{}$

$= \sqrt{(12)^2 + (9)^2 + (8)^2}$

$= \sqrt{144 + 81 + 64} = \sqrt{289} = 17$ मी.

अतः उस छड़ की अधिक-से-अधिक लम्बाई जो ठीक प्रकार से कमरे में रखी जा सके 17 मी. होगी।

7. माना कि लम्बवृत्तीय शंकु की त्रिज्या व ऊंचाई क्रमशः $3x$ मी. व $5x$ मी. है

$\therefore$ शंकु का आयतन $= \frac{1}{3}\pi r^2 h = \frac{1}{3}\pi \times (3x)^2 \times 5x$ घन मी.

प्रश्नानुसार, शंकु का आयतन = 120π घन मी. (दिया है)

$$\therefore \frac{1}{3}\pi \times 9x^2 \times 5x = 120\pi \Rightarrow x^3 = \frac{120 \times 3}{9 \times 5}$$

$\Rightarrow x^3 = 8 \Rightarrow x^3 = (2)^3 \Rightarrow x = 2$ मी.

$\therefore$ लम्बवृत्तीय शंकु की त्रिज्या व ऊंचाई क्रमशः $3 \times 2 = 6$ मी. तथा $5 \times 2 = 10$ मी. होगी।

$\therefore$ तिर्यक ऊंचाई = $\sqrt{}$

$= \sqrt{(6)^2 + (10)^2} = \sqrt{36 + 100} = \sqrt{136} = 2\sqrt{34}$ मी.।

8. माना कि बेलन के आधार की त्रिज्या = r सेंमी.

$\therefore$ बेलन के आधार की परिधि = $2\pi r$ सेंमी.

प्रश्नानुसार, $2\pi r = 88$

$$\Rightarrow r = \frac{88}{2\pi} = \frac{88}{2\times\frac{22}{7}} = \frac{88\times 7}{2\times 22} = 14 \text{ सेंमी.}$$

$\therefore$ बेलन का आयतन $= \pi r^2 h = \frac{22}{7}\times(14)^2\times 42$

$= 22\times 2\times 14\times 42 = 25872$ घन सेंमी.।

9. विद्यार्थियों को इस प्रकार के प्रश्नों में हमेशा ध्यान रखना चाहिए कि दो घनों को आपस में सटाकर रखने पर प्राप्त घनाभ की भुजाओं में केवल लम्बाई में ही वृद्धि होगी। उसकी चौड़ाई तथा ऊंचाई घन की भुजा के ही बराबर होगी।

$\therefore$ घनाभ की लम्बाई = पहले घन की भुजा की लम्बाई + दूसरे घन की भुजा की लम्बाई

अर्थात् घनाभ की लम्बाई = 10 + 10 = 20 सेंमी. होगी।

$\therefore$ घनाभ का पृष्ठ $= 2(20\times 10 + 10\times 10 + 10\times 20)$

$= 2(200 + 100 + 200) = 2\times 500 = 1000$ वर्ग सेंमी.।

10. कागज के टुकड़े को दो तरीके से मोड़कर बेलन बनाया जा सकता है। **1.** आयताकार कागज को इस प्रकार मोड़ा जाए ताकि उसकी लम्बाई 30 सेंमी. तथा चौड़ाई 20 सेंमी. बेलन की क्रमशः वृत्तीय आधार की परिधि तथा ऊंचाई हो। **2.** पुनः आयताकार कागज को इस प्रकार से मोड़ा जाये ताकि उसकी लम्बाई 30 सेंमी. तथा चौड़ाई 20 सेंमी. बेलन की क्रमशः ऊंचाई व वृत्तीय आधार की परिधि हो।

11. पहली स्थिति में, $2\pi r = 30 \Rightarrow r = \frac{15}{\pi}$ सेंमी. तथा $h = 20$ सेंमी.

$\therefore$ आयतन $(v_1) = \pi r^2 h = \frac{15\times 15\times 20}{\pi}$

$= \frac{4500}{\pi}$ घन सेंमी.

दूसरी स्थिति में, $2\pi r = 20$

$\Rightarrow r = \frac{10}{\pi}$ सेंमी. तथा $h = 30$

$\therefore$ आयतन $(v_2) = \pi r^2 h$

$= \frac{10\times 10\times 30}{\pi} = \frac{3000}{\pi}$ घन सेंमी.

$\therefore$ अनुपात $v_1 : v_2 = \frac{4500}{\pi} : \frac{3000}{\pi} = 3 : 2.$

12. $\because$ 3 सेंमी. त्रिज्या वाले गोले का आयतन

$= \frac{4}{3}\pi\times(3)^3 = \frac{4}{3}\pi\times 27$ घन सेंमी.

माना कि शंकु की ऊंचाई h सेंमी. है

$\therefore$ उसी त्रिज्या के आधार पर शंकु का आयतन

$= \frac{1}{3}\pi(3)^2\times h$ घन सेंमी.

चूंकि शंकु का आयतन = गोले का आयतन

$\therefore \frac{1}{3}\pi\times(3)^2\times h = \frac{4}{3}\pi\times 27 \Rightarrow h = 12$ सेंमी.

अतः शंकु की ऊंचाई 12 सेमी होगी।

13. $\because$ रोलर का व्यास = 2.4 मी. $\therefore$ रोलर की त्रिज्या = 1.2 मी. तथा रोलर की लम्बाई (ऊंचाई) = 1.68 मी.

$\therefore$ रोलर की वक्रपृष्ठ $= 2\pi rh = 2\times\frac{22}{7}\times 1.2\times 1.68$

$= 12.672$ वर्ग मी.

$\therefore$ 1 चक्कर में रोलर मैदान पर चला = 12.672 वर्ग मी.

$\therefore$ 1000 चक्कर में मैदान पर चलेगा $= 12.672\times 1000$

$= 12672$ वर्ग मी.

अर्थात् मैदान का क्षेत्रफल = 12672 वर्ग मी. होगा।

14. $\because$ घन के धरातल के क्षेत्रफल दो कोरों में 10% की वृद्धि होती है। अर्थात् $x\% = y\% = 10\%$ तथा प्रतिशत वृद्धि की स्थिति में x, y के मान (+) धनात्मक होंगे।

$\therefore$ घन के धरातल के क्षेत्रफल में प्रतिशत वृद्धि

$$= \left(x + y + \frac{xy}{100}\right)\% = \left(10 + 10 + \frac{10\times 10}{100}\right)\% = 21\%$$

15. $\because$ ठोस बेलन का आयतन $= \pi r^2 h = \pi r^2\times 14$ घन मी.

प्रश्नानुसार,

शंकु की त्रिज्या = बेलन की त्रिज्या r मी = 4 मी.

चूंकि शंकु का आयतन = बेलन का आयतन

$\therefore \frac{1}{3}\pi r^2\times$ ऊंचाई $= \pi r^2\times 14$

$\therefore$ ऊंचाई $= 14\times 3 = 42$ मी.

अतः शंकु की ऊंचाई 42 मी. होगा।

☆☆☆☆☆☆

18 सारणी एवं ग्राफ (Tables and Graphs)

इस प्रकार के प्रश्नों में सारणी या ग्राफ दिया होता है, उससे सम्बन्धित प्रश्न पूछे जाते हैं। अतः अभ्यार्थियों को दिये गये प्रश्नों के सही उत्तर ज्ञात करने के लिए सारणी या ग्राफ का बहुत ही सावधानीपूर्वक अध्ययन करना चाहिए।

प्रश्नमाला

निर्देश (प्रश्न 1 से 4 तक) *निम्नांकित ग्राफ के अनुसार वर्ष 1998 में वर्षा ऋतु के दौरान हुई सड़क दुर्घटनाओं में मरने वालों की संख्या प्रदर्शित की गई है। ग्राफ पर आधारित ग्राफ के नीचे दिये गये प्रश्नों के उत्तर दीजिए।*

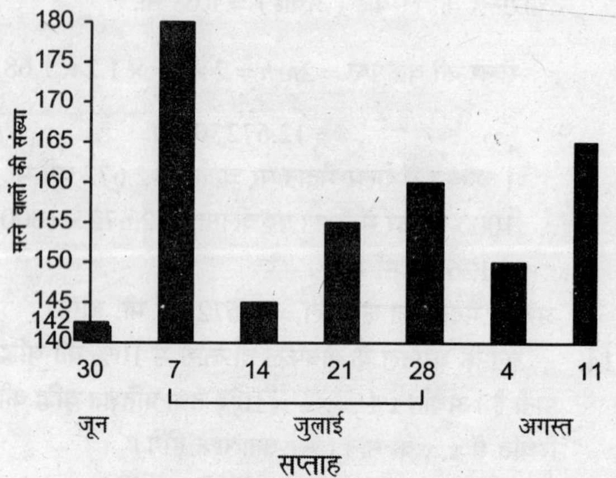

1. किन दो क्रमिक सप्ताहों के बीच मरने वालों की संख्या सबसे अधिक थी?

A. 4 अगस्त - 11 अगस्त
B. 14 जुलाई - 21 जुलाई
C. 30 जून - 7 जुलाई
D. 7 जुलाई - 28 जुलाई

2. कितने सप्ताहों में मरने वालों की संख्या 150 से अधिक थी?

A. 3
B. 2
C. 4
D. 1

3. कितने सप्ताहों में मरने वालों की संख्या 150 से कम थी?

A. 2 B. 0
C. 1 D. 3

4. किन दो क्रमिक सप्ताहों के बीच मरने वालों की संख्या में सबसे अधिक गिरावट थी?

A. 28 जुलाई – 4 अगस्त
B. 7 जुलाई – 14 जुलाई
C. 30 जून – 7 जुलाई
D. इनमें से कोई नहीं

निर्देश (प्रश्न 5 से 8 तक): *नीचे दी गई सारणी का सावधानी से अध्ययन कीजिए और उस पर आधारित नीचे दिये गये प्रश्नों के उत्तर दीजिए।*

किसी फैक्टरी के विविध विभागों में काम कर रहे कर्मचारियों की संख्या

विभाग / *वर्ष*	*उत्पादन*	*बिक्री*	*खरीद*	*प्रशासन एवं लेखा*	*अनुसंधान एवं विकास*
2001	150	25	50	45	75
2002	225	40	45	62	70
2003	450	65	30	90	73
2004	470	73	32	105	70
2005	500	80	35	132	74
2006	505	75	36	130	75

5. किस वर्ष उत्पादन में काम कर रहे कर्मचारियों की संख्या कुल कर्मचारियों के 50% से कम थी?

A. 2001 B. 2003
C. 2004 D. 2005

6. निम्न में से किस वर्ष प्रत्येक विभाग में काम कर रहे कर्मचारियों की संख्या प्रत्येक विभाग में उसके तुरन्त पिछले वर्ष के कर्मचारियों की संख्या से अधिक थी?

A. 2005 B. 2004
C. 2003 D. 2002

7. किस विभाग में वर्ष 2001 से 2006 तक कर्मचारियों की संख्या आसन्नतः समान रही है।

A. उत्पादन B. बिक्री
C. अनुसंधान एवं विकास D. प्रशासन एवं लेखा
E. खरीद

8. किस विभाग में वर्ष 2001 से 2006 तक लगातार कर्मचारियों की संख्या कुल कर्मचारियों की संख्या के 10% से कम रही है।

A. खरीद B. बिक्री
C. अनुसंधान एवं विकास D. प्रशासन एवं लेखा
E. बिक्री एवं खरीद

निर्देश (प्रश्न 9 से 12 तक): *नीचे दी गई पाई चार्ट किसी परिवार के विभिन्न मदों पर खर्च को दर्शाता है। इस पर आधारित नीचे दिये गये प्रश्नों के उत्तर दीजिए।*

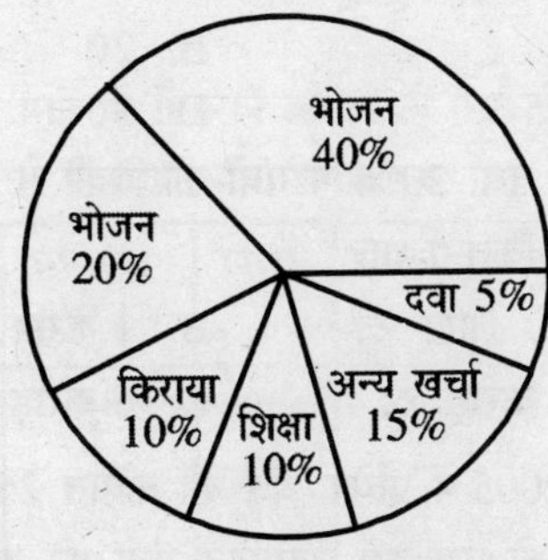

9. यदि शिक्षा पर 375 रु. खर्च होते हों, तो उतने ही रुपये निम्नलिखित में से किस पर खर्च होंगे?

A. दवा B. अन्य खर्च
C. किराया D. कपड़े

10. यदि भोजन पर खर्च 750 रु. प्रति माहवार हो, तो शिक्षा पर वार्षिक व्यय कितने रुपये होगा?

A. 2150 रु. B. 1022.50 रु.
C. 2250 रु. D. 1400 रु.

11. यदि परिवार का कुल खर्च 4500 रु. हो तो उस परिवार का कपड़े पर कितना खर्च होता है?

A. 800 रु. B. 900 रु.
C. 840 रु. D. 950 रु.

12. इस चार्ट में अन्य खर्च पर व्यय द्वारा केन्द्रीय कोण कितना होगा?

A. 40° B. 54°
C. 36° D. 15°

निर्देश (प्रश्न 13 से 16 तक): *निम्नलिखित आरेख का सावधानीपूर्वक अध्ययन करके उसे नीचे दिये गये प्रश्नों के उत्तर दीजिए।*

बिक्री तथा लाभ रिपोर्ट (1980-87)

बिक्री (लाख रुपयों में) आय रुपए दस हजार में

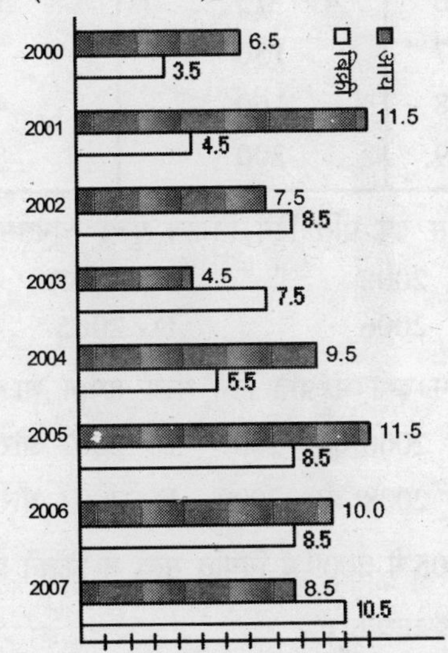

13. 2002 से 2007 तक बिक्री में वार्षिक बढ़ोत्तरी का माध्य (लाख रुपयों में) है–

A. 0.1 B. 0.2
C. 0.3 D. 0.4

14. स्टोर का वार्षिक माध्य लाभ (दस हजार रुपये में) निकटतम है–

A. 8.5 B. 8.6
C. 8.7 D. 9.0

15. किस वर्ष में लाभ का बिक्री से प्रतिशत अधिकतम था?

A. 2000 B. 2001
C. 2002 D. 2004

16. यदि 2000 के लाभ को आधार (100) माना जाए तो 2007 में कितना लाभ था?

A. 76 B. 105
C. 121 D. 131

निर्देश (प्रश्न 17 से 20 तक): *निम्नांकित तालिका किसी देश का विभिन्न वर्षों में बिस्कुटों का निर्यात प्रदर्शित करती है। तालिका का अध्ययन करके नीचे दिये गये प्रश्नों के उत्तर दीजिए।*

किसी देश का बिस्कुटों का कुछ वर्षों के लिए निर्यात

वर्ष	मात्रा (लाख टिनों में)	मूल्य (करोड़ रु. में)
2005	100	150
2006	75	150
2007	150	330
2008	160	400
2009	200	500

17. किस वर्ष प्रति टिन निर्यात मूल्य न्यूनतम था?

A. 2008 B. 2007
C. 2006 D. 2005

18. किन वर्षों में प्रति टिन मूल्य समान था?

A. 2006 और 2007 B. 2007 और 2008
C. 2008 और 2009 D. 2007 और 2009

19. 2005 से 2009 में निर्यात मूल्य में कितने प्रतिशत वृद्धि हुई?

A. 100 B. $116\frac{2}{3}$
C. $233\frac{1}{3}$ D. 350

20. 2008 से 2009 में निर्यात किये गये बिस्कुट टिनों की संख्या में कितना अन्तर था?

A. 40
B. 40,000
C. 4,00,000
D. 40,00,000

निर्देश (प्रश्न 21 से 25 तक): *निम्नलिखित आरेख का सावधानीपूर्वक अध्ययन करके उसे नीचे दिये गये प्रश्नों के उत्तर दीजिए।*

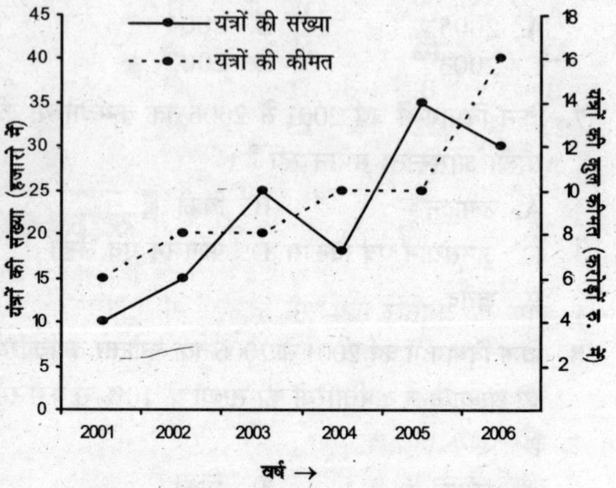

21. 2002 में प्रत्येक यंत्र की कीमत कितनी थी?

A. $5\frac{1}{3}$ हजार रु. B. 50 हजार रु.
C. 5103 रु. D. 3 हजार रु.

22. 2003 की अपेक्षा 2004 में यंत्रों के उत्पादन में कितने प्रतिशत कमी हुई?

A. 5 B. 20
C. 25 D. 30

23. 2004 तथा 2006 में यंत्रों की बिक्री से प्राप्त राजस्व में अन्तर कितना था?

A. 10 लाख रु. B. 1 करोड़ रु.
C. 4 करोड़ रु. D. 6 करोड़ रु.

24. यदि 2005 में प्रत्येक यंत्र की कीमत 25 प्रतिशत बढ़ाई जाती तो उस वर्ष उत्पादित यंत्रों की कुल कीमत क्या होती?

A. 32 करोड़ रु. B. 20 करोड़ रु.
C. 12.5 करोड़ रु. D. 15.5 करोड़ रु.

25. 2003 तथा 2004 में प्रत्येक यंत्र के मूल्य में कितना अन्तर था?

A. 1500 रु. B. 2500 रु.
C. 1800 रु. D. 3200 रु.

उत्तरमाला

1	2	3	4	5	6	7	8	9	10
A	C	D	B	A	A	C	B	C	C
11	**12**	**13**	**14**	**15**	**16**	**17**	**18**	**19**	**20**
B	B	D	C	B	D	D	C	C	D
21	**22**	**23**	**24**	**25**					
A	B	D	C	C					

व्याख्यात्मक उत्तर

1. ग्राफ के अनुसार दिये गये विकल्पों में 4 अगस्त – 11 अगस्त के दो क्रमिक सप्ताहों के बीच मरने वालों की संख्या में सबसे अधिक वृद्धि 165 – 150 = 15 थी।

2. चूँकि दिये गये ग्राफ में 7 जुलाई, 21 जुलाई, 28 जुलाई तथा 11 अगस्त के सप्ताहों में मरने वालों की संख्या 150 से अधिक थी अर्थात् सप्ताहों की गिनती = 4.

3. चूँकि ग्राफ से स्पष्ट है कि 30 जून, 14 जुलाई व 4 अगस्त के सप्ताहों में मरने वालों की संख्या 150 से कम थी। अर्थात् सप्ताहों की गिनती = 3.

4. ग्राफ के अनुसार 7 जुलाई से 14 जुलाई के दो क्रमिक सप्ताहों के बीच मरने वालों की संख्या में सबसे अधिक गिरावट आई थी।

5. 2001 में कुल कर्मचारियों की संख्या = 150 + 25 + 50 + 45 + 75 = 345

∴ उत्पादन में काम कर रहे कर्मचारियों की प्रतिशत संख्या

$$= \frac{150 \times 100}{345} = 43.48$$

2002 में कुल कर्मचारियों की संख्या = 225 + 40 + 45 + 62 + 70 = 442

∴ उत्पादन में काम कर रहे कर्मचारियों की प्रतिशत संख्या

$$= \frac{225 \times 100}{442} = 50.9$$

2003 में कुल कर्मचारियों की संख्या = 450 + 65 + 30 + 90 + 73 = 708

∴ उत्पादन में काम कर रहे कर्मचारियों की प्रतिशत संख्या

$$= \frac{450 \times 100}{708} = 63.56$$

2004 में कुल कर्मचारियों की संख्या = 470 + 73 + 32 + 105 + 70 = 750

∴ उत्पादन में काम कर रहे कर्मचारियों की प्रतिशत संख्या =

$$\frac{470 \times 100}{750} = 62.67$$

2005 में कुल कर्मचारियों की संख्या = 500 + 80 + 35 + 132 + 74 = 821

∴ उत्पादन में काम कर रहे कर्मचारियों की प्रतिशत संख्या =

$$\frac{500 \times 100}{821} = 60.9$$

2006 में कुल कर्मचारियों की संख्या = 505 + 75 + 36 + 130 + 75 = 821

∴ उत्पादन में काम कर रहे कर्मचारियों की प्रतिशत संख्या =

$$\frac{505 \times 100}{821} = 61.51$$

अतः 2001 में यह 50% से कम है।

6. सारणी से स्पष्ट है कि 2005 में प्रत्येक विभाग के कर्मचारियों की संख्या, पिछले वर्ष के प्रत्येक विभाग में कर्मचारियों की संख्या से अधिक थी।

7. सारणी के अनुसार अनुसंधान एवं विकास विभाग में वर्ष 2001 से 2006

9. ∵ केन्द्रीय कोण 36° शिक्षा तथा किराए के लिए एक ही है, अतः इन दोनों मदों पर खर्चा बराबर होगा। अर्थात् 375 रु. किराए पर खर्च होंगे।

10. ∵ भोजन पर खर्च = 750 रु.

∵ कुल खर्च $= \frac{100 \times 750}{40} = 1875$ रु.

∵ शिक्षा पर खर्च = 10%

∵ शिक्षा पर खर्च धनराशि $= 1875 \times \frac{10}{100}$

= 187.50 रु.

∴ शिक्षा पर वार्षिक खर्च = 187.50 × 12
= 2250.00 रु.

11. ∵ कपड़े पर खर्च = 20%

∴ कपड़े पर कुल खर्च = $\frac{20}{100} \times 4500 = 900$ रु.।

12. 15% के लिए केन्द्रीय कोण $\frac{15}{100} \times 360^\circ = 54^\circ$.

13. 2002 से 2007 तक बिक्री में बढ़ोत्तरी का माध्य (लाख रुपये में) = $\frac{10.5 - 8.5}{5} = .4$.

14. स्टोर का वार्षिक माध्य लाभ (दस हजार रुपये में)

$$= \frac{(6.5 + 11.5 + 7.5 + 4.5 + 9.5 + 11.5 + 10.0 + 8.5)}{8}$$

$= \frac{69.5}{8} = 8.7$ (निकटतम)

15. 2000 में लाभ का बिक्री से प्रतिशत

$$= \frac{6.5 \times 10000 \times 100}{3.5 \times 100000} = 1.86$$

2001 में लाभ का बिक्री से प्रतिशत

$$= \frac{11.5 \times 10000 \times 100}{4.5 \times 100000} = 25.56$$

2002 में लाभ का बिक्री से प्रतिशत

$$= \frac{7.5 \times 10000 \times 100}{8.5 \times 100000} = 8.82$$

तथा 2004 में लाभ का बिक्री से प्रतिशत

$$= \frac{9.5 \times 10000 \times 100}{5.5 \times 100000} = 17.27$$

∴ 2001 में लाभ का बिक्री से प्रतिशत अधिकतम था।

16. अभीष्ट लाभ = $\frac{100 \times 8.5}{6.5} = 131$.

17. 2005 में प्रति टिन निर्यात मूल्य = $\frac{150 \text{ करोड़}}{100 \text{ लाख}} = 150$ रु.

2006 में प्रति टिन निर्यात मूल्य = $\frac{150 \text{ करोड़}}{75 \text{ लाख}} = 200$ रु.

2007 में प्रति टिन निर्यात मूल्य = $\frac{330 \text{ करोड़}}{150 \text{ लाख}} = 220$ रु.

2008 में प्रति टिन निर्यात मूल्य = $\frac{400 \text{ करोड़}}{160 \text{ लाख}} = 250$ रु.

तथा 2009 में प्रति टिन निर्यात मूल्य

$$= \frac{500 \text{ करोड़}}{200 \text{ लाख}} = 250 \text{ रु.}$$

अतः स्पष्ट होता है कि 2005 में प्रति टिन निर्यात मूल्य न्यूनतम था।

18. उपरोक्त प्रश्न से स्पष्ट है कि 2008 तथा 2009 में प्रति टिन निर्यात मूल्य समान था।

19. 2005 व 2009 में निर्यात मूल्य में प्रतिशत वृद्धि

$$= \frac{(500 - 150)}{150} \times 100 = 233\frac{1}{3}.$$

20. अभीष्ट अन्तर = 200 – 160 = 40 लाख टिन या 40,00,000 टिन।

21. ∵ 2002 में यंत्रों की संख्या = 15000
तथा यंत्रों का मूल्य = 80000000 रु.

∴ 2002 में 1 यंत्र का मूल्य = $\frac{80000000}{15000}$

$= 5\frac{1}{3}$ हजार रु.।

22. 2003 की अपेक्षा 2004 में यंत्रों के उत्पादन में प्रतिशत कमी = $\frac{(25 - 20) \times 100}{25} = 20\%$

23. 2004 में 2006 में यंत्रों की बिक्री से प्राप्त राजस्व में अन्तर = 16 – 10 = 6 करोड़ रु. था।

24. 2004 में 25% कीमत बढ़ने पर उत्पादित यंत्रों की कुल कीमत = $\frac{10 \times 125}{100} = 12.5$ करोड़ रु.।

25. 2003 में प्रत्येक यंत्र का मूल्य = $\frac{80000000}{25000}$

= 3200 रु.

तथा 2004 में प्रत्येक यंत्र का मूल्य = $\frac{100000000}{20000}$

= 5000 रु.

∴ अभीष्ट अन्तर = 5000 – 3200 = 1800 रु.।

☆☆☆☆☆☆

19 प्रायिकता (Probability)

प्रयोग

सुपरिभाषित परिणाम देने वाली क्रिया प्रयोग कहलाती है। प्रयोग दो प्रकार के होते हैं :

(*i*) यादृच्छिक प्रयोग

(*ii*) निर्धारणात्मक प्रयोग

(*i*) **यादृच्छिक प्रयोग**—वह प्रयोग जो समान परिस्थितियों में दुहराने पर असमान परिणाम देता है, यादृच्छिक प्रयोग कहलाता है।

जैसे—एक पासे को उछालने पर 1 से 6 तक के अंकों में से कोई भी परिणाम आ सकता है। परन्तु प्रत्येक बार समान परिणाम आए यह निश्चित नहीं है।

(*ii*) **निर्धारणात्मक प्रयोग**—वह प्रयोग जो समान परिस्थितियों के अन्तर्गत दुहराने पर समान परिणाम देता है।

जैसे—विज्ञान या अभियांत्रिकी में समान परिस्थितियों में प्रयोग को दुहराने पर हमेशा समान परिणाम आता है।

प्रतिदर्श समष्टि : किसी प्रयोग के सभी संभव परिणामों के समुच्चय प्रतिदर्श समष्टि कहलाता है।

जैसे— $S = \{1, 2, 3, 4, 5, 6\}$

किसी पासे को उछालने पर सभी संभव परिणाम हैं।

घटना : प्रतिदर्श समष्टि के सभी उप-समुच्चय एक घटना है। यह दो प्रकार के होते हैं—

(*i*) **सरल घटना**—वह घटना जिसमें केवल एक प्रतिदर्श बिन्दु होता है, सरल घटना कहलाती है।

जैसे—दो सिक्कों के उछालने पर प्रतिदर्श समष्टि $S = \{HH, HT, TH, TT\}$

यदि घटना, E = दो शीर्ष प्राप्त करने की घटना $= \{HH\}$

तब E सरल घटना है

(*ii*) **संयुक्त घटना**—वे घटनाएँ, जो सरल घटना नहीं हैं संयुक्त घटना कहलाती है।

जैसे—दो सिक्कों को उछालने पर प्रतिदर्श समष्टि

$$S = \{HH, HT, TH, TT\}$$

तो E = कम-से-कम एक पुच्छ (Tail) प्राप्त करने की घटना

$$E = \{TT, TH, HT\}$$

समसम्भावी घटनाएँ : किसी प्रयोग में यदि प्रत्येक घटना के घटित होने की संभावना समान हो तो वह घटनाएँ समसंभावी घटनाएँ कहलाती है।

जैसे—किसी सिक्का को उछालने पर शीर्ष एवं पुच्छ (Head and Tail) आने की संभावना समान है।

परस्पर अपवर्जी घटनाएँ : किसी प्रतिदर्श समष्टि S की दो घटनाएँ परस्पर अपवर्जी होंगी यदि E_1 एवं E_2 साथ-साथ घटित ना हों अर्थात् $E_1 \cap E_2 = \phi$.

प्रायिकता : माना किसी यादृच्छिक प्रयोग में प्रतिदर्श समष्टि S तथा घटना $E \subseteq S$ है, तब घटना E के घटित होने की प्रायिकता $P(E) = \dfrac{n(E)}{n(S)}$ होगी।

यदि $P(E) = 1$ तब E को निश्चित घटना तथा यदि $P(E) = 0$ तब E को असंभव घटना कहते हैं। अतः प्रायिकता हमेशा 0 से 1 के मध्य होता है अर्थात् $0 \le P(E) \le 1$

- यदि यादृच्छिक प्रयोग से संबंधित घटनाएँ E_1 एवं E_2 हों तब,

$$P(E_1 \cup E_2) = P(E_1) + P(E_2) - P(E_1 \cap E_2)$$

- यदि E_1 एवं E_2 परस्पर अपवर्जी घटनाएँ हों तब

$$P(E_1 \cup E_2) = P(E_1) + P(E_2)$$

- यदि $\bar{A}$, A नहीं है को सूचित करता है तब

$$P(\bar{A}) = 1 - P(A) \quad \text{या} \quad P(A') = 1 - P(A)$$

$$\Rightarrow P(A) = 1 - P(\bar{A})$$

उदाहरण 1. दो सिक्कों को एक साथ उछाला जाता है तब (*i*) केवल एक शीर्ष (*ii*) कम-से-कम एक शीर्ष आने की प्रायिकता निकालें।

हल : दो सिक्कों को एक साथ उछालने पर प्रतिदर्श समष्टि की संख्या $= 2^2 = 4$

अतः S = {HH, HT, TH, TT}

माना E_1 केवल एक शीर्ष आने की घटना है तब

$$n(E_1) = \{HT, TH\} = 2$$

तथा E_2 = कम-से-कम एक शीर्ष आने की घटना

$$= \{HH, HT, TH\} = 3$$

अतः (*i*) $P(E_1) = \frac{n(E_1)}{n(S)} = \frac{2}{4} = \frac{1}{2}$

(*ii*) $P(E_2) = \frac{n(E_2)}{n(S)} = \frac{3}{4}$

उदाहरण 2. यदि दो पासे को एक साथ फेंका जाता है तो इसके पृष्ठ पर आने वाली अंकों का योग 7 से अधिक हो, की प्रायिकता ज्ञात करें।

हल : $n(3) = 6 \times 6 = 36$

माना E = पृष्ठ पर आने वाली अंकों का योग 7 से अधिक

= {(2, 6) (3, 5) (3, 6) (4, 4) (4, 5) (4, 6) (5, 3) (5, 4) (5, 5) (5, 6) (6, 2), (6, 3) (6, 4) (6, 5) (6, 6)}

= 15

$$\therefore P(E) = \frac{n(E)}{n(S)} = \frac{15}{36} = \frac{5}{12}$$

उदाहरण 3. ताश की किसी गड्डी से 2 पत्ते यादृच्छया निकाले जाते हैं तो इसके बादशाह होने की प्रायिकता ज्ञात करें।

हलः $n(S) = 52\,C_2 = \frac{52 \times 51}{2 \times 1} = 26 \times 51 = 1326$

यदि E = दो बादशाह आने की घटना।

तब $n(E) = 4C_2 = \frac{4 \times 3}{2} = 6$

अतः $P(E) = \frac{n(E)}{n(S)} = \frac{6}{1326} = \frac{1}{221}$

उदाहरण 4. किसी थैले में 4 लाल, 6 काली, 8 हरी गेंद हैं। यादृच्छया 2 गेंद निकाले जाते हैं तब दोनों के काली होने की प्रायिकता ज्ञात करें।

हल : थैले में कुल गेंदों की संख्या $= 4 + 6 + 8 = 18$

$$\therefore \quad n(S) = 18C_2$$

माना E = दो काली गेंद आने की घटना

$$n(E) = 6C_2$$

अतः $P(E) = \frac{n(E)}{n(S)} = \frac{6C_2}{18C_2}$

$$= \frac{\frac{6 \times 5}{2}}{\frac{18 \times 17}{2}} = \frac{6 \times 5}{18 \times 17} = \frac{5}{51}$$

$$\therefore \quad P(E) = \frac{5}{51}$$

उदाहरण 5. 1 से 20 तक की संख्याओं में से तीन संख्याओं को यादृच्छया चयन किया जाता है तो इसके लगातार (Consecutive) होने की प्रायिकता क्या होगी?

हल : 20 संख्याओं में से 3 संख्याओं को चयन करने के कुल तरीके $= 20C_3$

$$= \frac{20 \times 19 \times 18}{3 \times 2}$$

$$\therefore \quad n(S) = 20C3 = 1140$$

यदि E = तीन लगातार संख्याओं के चयन के तरीके

= {(1, 2, 3) (2, 3, 4) (3, 4, 5) .... (18, 19, 20)}

$n(E) = 18$

अतः $P(E) = \frac{n(E)}{n(S)} = \frac{18}{1140} = \frac{3}{190}$

उदाहरण 6. किसी थैला में 4 लाल, 5 हरी तथा 6 सफेद गेंद हैं। यदि यादृच्छया एक गेंद निकाली जाए तो इसके लाल या हरी होने की संभावना ज्ञात करें।

हल : कुल गेंदों की संख्या = 4 + 5 + 6 = 15

$\therefore \quad n(S) = 15$

माना $\quad E_1$ = लाल गेंद होने की घटना = 4

$\quad E_2$ = हरी गेंद होने की घटना = 5

तब $\quad E_1 \cap E_2 = \phi$

अतः $P(E_1$ या $E_2) = P(E_1) + P(E_2)$

$$= \left(\frac{4}{15} + \frac{5}{15}\right) = \frac{9}{15} = \frac{3}{5}$$

उदाहरण 7. एक थैले में 2 लाल, 3 हरी तथा 2 सफेद गेंद हैं। यादृच्छया दो गेंद निकाली जाती हैं तो उसकी सफेद न होने की प्रायिकता ज्ञात करें।

हल : कुल गेंदों की संख्या = (2 + 3 + 2) = 7

$$\therefore \quad n(S) = 7C_2 = \frac{7 \times 6}{2} = 21$$

माना $\quad E$ = 2 गेंद निकलने की घटना जो सफेद न हो = (2 + 3) = 5

$$\therefore \quad n(E) = 5C_2 = 10$$

$$\therefore \quad P(E) = \frac{n(E)}{n(S)} = \frac{10}{21}$$

उदाहरण 8. किसी ताश की गड्डी से यादृच्छया दो पत्ते निकाले जाएं तो इसकी क्या संभावना है कि दोनों या तो लाल हों या दोनों बादशाह?

हल : $\quad n(S) = 52C_2 = \dfrac{52 \times 51}{2} = 1326$

माना $\quad E_1$ = दोनों पत्ते को लाल होने की घटना

$$n(E_1) = 26C_2 = \frac{26 \times 25}{2} = 325$$

E_2 = दोनों पत्ते के बादशाह होने की घटना

$$n(E_2) = 4C_2 = \frac{4 \times 3}{2} = 6$$

तथा $\quad (E_1 \cap E_2)$ = दोनों पत्ते लाल का बादशाह

$$\therefore \quad n(E_1 \cap E_2) = 2C_2 = 1$$

$$\therefore \quad P(E_1 \cup E_2) = P(E_1) + P(E_2) - P(E_1 \cap E_2)$$

$$= \frac{325}{1326} + \frac{6}{1326} - \frac{1}{1326}$$

$$= \frac{330}{1326} = \frac{55}{221}$$

उदाहरण 9. किसी कक्षा में 15 छात्र एवं 10 छात्राएँ हैं। यदि इसमें से 3 विद्यार्थी को चुनना हो तो इसकी क्या संभावना है कि उसमें 1 छात्रा एवं 2 छात्र होंगे।

हल : $\quad n(S) = 25C_3 = \dfrac{25 \times 24 \times 23}{3 \times 2} = 2300$

यदि $\quad E$ = 1 छात्रा एवं 2 छात्र चुनने की घटना

$$\therefore \quad n(E) = 15\,C_2 \times 10\,C_1$$

$$= \frac{15 \times 14}{2} \times 10 = 1050$$

$$\therefore \quad P(E) = \frac{n(E)}{n(S)} = \frac{1050}{2300} = \frac{105}{230} = \frac{21}{46}$$

उदाहरण 10. यदि $P(A) = 0.25, P(B) = 0.50$ तथा $P(A \cap B) = 0.14$ तब $P(A \cap \bar{B})$ मान ज्ञात करें।

हल : दिया है, $\quad P(A) = 0.25,\ P(B) = 0.50$

तथा $\quad P(A \cap B) = 0.14$

अतः $\quad P(A \cap \bar{B}) = P(A) - P(A \cap B)$

$= 0.25 - 0.14$

$= 0.11$

प्रश्नमाला

निर्देश : निम्नलिखित प्रश्नों को हल करें :

1. एक बर्तन में 2 लाल, 3 नीली तथा 4 काली गेंद हैं। यादृच्छया तीन गेंद निकाली जाती हैं, तो सभी के एक ही रंग के होने की प्रायिकता है–

A. $\frac{5}{84}$ B. $\frac{3}{9}$

C. $\frac{3}{7}$ D. $\frac{7}{17}$

2. तीन पासे एक साथ फेंके जाते हैं। उन पर आने वाले अंकों का योग 17 या 18 होने की प्रायिकता है–

A. $\frac{1}{72}$ B. $\frac{1}{9}$

C. $\frac{1}{54}$ D. $\frac{4}{17}$

3. शब्द POSSESSIVE से एक अक्षर यादृच्छया चुना जाता है, तो इसके S होने की प्रायिकता है–

A. $\frac{3}{10}$ B. $\frac{4}{10}$

C. $\frac{3}{7}$ D. $\frac{4}{17}$

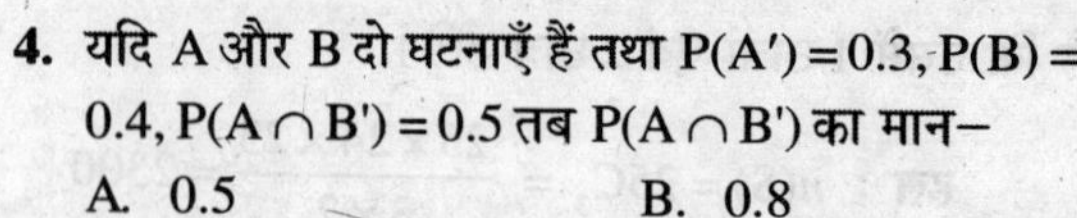

4. यदि A और B दो घटनाएँ हैं तथा $P(A') = 0.3, P(B) = 0.4, P(A \cap B') = 0.5$ तब $P(A \cap B')$ का मान–

A. 0.5 B. 0.8

C. 1 D. 0.1

5. किसी बक्से में 3 आम तथा 3 सेब हैं। यदि दो फल यादृच्छया चुने जाएँ तो एक आम तथा एक सेब होने की प्रायिकता–

A. $\frac{2}{3}$ B. $\frac{3}{5}$

C. $\frac{1}{3}$ D. $\frac{3}{4}$

6. छः (6) पुरस्कारों को तीन व्यक्ति में वितरण यादृच्छया किया जाता है, तो किसी एक व्यक्ति को सभी पुरस्कार नहीं मिलने की संभावना होगी।

A. $\frac{120}{216}$ B. $\frac{6}{216}$

C. $\frac{210}{216}$ D. $\frac{790}{216}$

7. 100 पत्तों की गड्डी जिन पर 1 से 100 तक संख्याएँ लिखी हैं, में से यादृच्छया एक पत्ता निकाला जाता है, तो पूर्ण वर्ग संख्या आने की प्रायिकता है–

A. $\frac{1}{5}$ B. $\frac{2}{5}$

C. $\frac{1}{10}$ D. $\frac{1}{15}$

8. तीन व्यक्ति एक समस्या पर स्वतंत्र रूप से कार्य करते हैं। उनके द्वारा समस्या का हल करने की प्रायिकताएँ क्रमशः $\frac{1}{3}, \frac{1}{4}$ एवं $\frac{1}{5}$ है तो किसी के द्वारा समस्या न हल होने की प्रायिकता है–

A. $\frac{1}{3}$ B. $\frac{3}{5}$

C. $\frac{2}{5}$ D. $\frac{1}{5}$

9. एक लॉटरी में 90 टिकट हैं, जिन पर 1 से 90 तक की संख्याएँ अंकित हैं। पाँच टिकट यादृच्छया चुने जाते हैं। इनमें से दो टिकटों पर 15 तथा 80 संख्या होने की प्रायिकता है–

A. $\frac{2}{801}$ B. $\frac{2}{623}$

C. $\frac{1}{267}$ D. $\frac{1}{623}$

10. A तथा B में से कम-से-कम एक के घटने की प्रायिकता 0.6 है। यदि A एवं B के साथ-साथ घटित होने की प्रायिकता 0.2 हो तब $P(A') + P(B')$ का मान–

A. 3.2 B. 1.5

C. 1.03 D. 1.2

11. किसी बक्से में 20 बल्ब हैं जिसमें से 4 खराब हैं। यादृच्छया दो बल्ब निकाले जाते हैं तो इसमें कम-से-कम 1 खराब होने की संभावना है–

A. $\frac{7}{19}$ B. $\frac{9}{19}$

C. $\frac{12}{19}$ D. $\frac{17}{19}$

12. दो पासे को फेंका जाता है तब इसके पृष्ठ पर आने वाले अंकों का योग अभाज्य संख्या होने की प्रायिकता–

A. $\frac{7}{9}$ B. $\frac{1}{12}$

C. $\frac{5}{12}$ D. $\frac{11}{12}$

13. किसी लॉटरी में 10 पुरस्कार एवं 25 खाली (पुरस्कार रहित) हैं। यदि एक टिकट यादृच्छया निकाला जाए तो पुरस्कार मिलने की प्रायिकता–

A. $\frac{1}{25}$ B. $\frac{1}{10}$

C. $\frac{1}{35}$ D. $\frac{2}{7}$

14. किसी बॉक्से में 5 हरी, 4 पीली एवं 3 सफेद शीशे की गोली हैं। तीन गोली यादृच्छया निकाले जाते हैं तब इसके एक ही रंग न होने की प्रायिकता–

A. $\frac{41}{44}$ B. $\frac{1}{44}$

C. $\frac{7}{55}$ D. $\frac{12}{55}$

15. यदि N = {1, 2, 3, ... 100} से यादृच्छया 3 विभिन्न संख्याएँ चुनी जाती हैं तो इन तीनों के 2 और 3 दोनों से विभाजित होने की प्रायिकता होगी–

A. $\frac{4}{25}$ B. $\frac{4}{35}$

C. $\frac{4}{33}$ D. $\frac{4}{1155}$

उत्तरमाला

1	2	3	4	5	6	7	8	9	10
A	C	B	B	B	C	C	C	A	D
11	**12**	**13**	**14**	**15**					
A	C	D	A	D					

व्याख्यात्मक उत्तर

1. कुल गेंद = 9

9 गेंद में से 3 गेंद निकालने के कुल तरीके = $9\,C_3$

$$\therefore \quad n(S) = \frac{9\times8\times7}{3\times2} = 84$$

E = सभी गेंद एक ही रंग के हों

$$\therefore \ n(E) = 3C_3 + 4C_3 = 1 + 4 = 5$$

($\because$ लाल गेंद 2 ही हैं)

अतः अभीष्ट प्रायिकता $= \frac{n(E)}{n(S)} = \frac{5}{84}$.

2. तीन पासे फेंकने के कुल तरीके $= 6\times6\times6 = 216$

अतः $n(S) = 216$

माना E = योगफल 17 या 18 आने की घटना

= (6, 5, 6) (5, 6, 6) (6, 6, 5) (6, 6, 6)

$n(E) = 4$

$$\therefore \quad P(E) = \frac{n(E)}{n(S)} = \frac{4}{216} = \frac{1}{54}.$$

3. कुल अक्षरों की संख्या = 10

$n(S) = 10$

E = S आने की घटना

$n(E) = 4$

$$\therefore \quad P(E) = \frac{n(E)}{n(S)} = \frac{4}{10}$$

4. योग के प्रमेय से

$$\begin{aligned} P(A\cup B') &= P(A) + P(B') - P(A\cap B') \\ &= 1 - P(A') + 1 - P(B) - P(A\cap B') \\ &= 1 - 0.3 + 1 - 0.5 - 0.4 \\ &= 0.8. \end{aligned}$$

5. 6 में से दो फल चुनने के कुल तरीके $= 6\,C_2$

$\therefore \quad n(S) = 6\,C_2 = \frac{6\times5}{2} = 15$

E = 1 आम तथा 1 सेब होने की घटना

$n(E) = 3\,C_1 \times 3\,C_1 = 3\times3$

$\therefore \quad P(E) = \frac{n(E)}{n(S)} = \frac{9}{15} = \frac{3}{5}.$

6. पुरस्कारों के वितरण करने के कुल तरीके $= 6\times6\times6$

अतः $n(S) = 216$

E = एक ही व्यक्ति को सभी पुरस्कार प्राप्त होने के तरीके

$n(E) = 6$

अतः किसी एक व्यक्ति को सभी पुरस्कार नहीं मिलने की प्रायिकता

= 1 – P (एक ही व्यक्ति को सभी पुरस्कार)

$= 1 - \frac{n(E)}{n(S)} = 1 - \frac{6}{216}$

$= \frac{210}{216}.$

7. एक पत्ता निकालने के कुल तरीके $= 100\,C_1 = 100$,

अतः $n(S) = 100$

E = पूर्ण वर्ग संख्या आने की घटना

$= 1^2, 2^2, 3^2, 4^2, 5^2, 6^2, 7^2, 8^2, 9^2, 10^2$

$n(E) = 10$

$\therefore \quad P(E) = \frac{n(E)}{n(S)} = \frac{10}{100} = \frac{1}{10}.$

8. माना प्रत्येक व्यक्ति द्वारा समस्या का हल करने की प्रायिकता $P(A) = \frac{1}{3}, P(B) = \frac{1}{4}$ तथा $P(C) = \frac{1}{5}$ है तब प्रत्येक के द्वारा समस्या हल न होने की प्रायिकता

$P(\overline{A}) = 1 - \frac{1}{3} = \frac{2}{3}, \quad P(\overline{B}) = 1 - \frac{1}{4} = \frac{3}{4}$ तथा

$P(\overline{C}) = 1 - \frac{1}{5} = \frac{4}{5}.$

अतः तीनों में से किसी के द्वारा समस्या का हल न होने की प्रायिकता

$P(\overline{A}\cap\overline{B}\cap\overline{C}) = P(\overline{A})\cdot P(\overline{B})\cdot P(\overline{C})$

$= \frac{2}{3}\times\frac{3}{4}\times\frac{4}{5} = \frac{2}{5}.$

9. पाँच टिकटों में से दो टिकट (जिनकी संख्या 15 तथा 80 है) होने चाहिए अब शेष 88 में से तीन टिकट

$n(E) =$ चुनने के प्रकार $= 88\,C_3$

$n(S) =$ कुल चुनने के तरीके $= 90\,C_5$

अतः अभीष्ट प्रायिकता $= \frac{88C_3}{90C_5}$

$= \frac{\frac{88\times87\times86}{3\times2}}{\frac{90\times89\times88\times87\times86}{5\times4\times3\times2}}$

$= \frac{5\times4}{90\times89} = \frac{20}{8010} = \frac{2}{801}.$

10. दिया गया है $P(A\cup B) = 0.6$

तथा $P(A\cap B) = 0.2$

अब $P(A') + P(B') = 1 - P(A) + 1 - P(B)$

$= 2 - [P(A) + P(B)]$

$= 2 - [P(A) + P(B) - P(A\cap B) + P(A\cap B)]$

$= 2 - [P(A\cup B) + P(A\cap B)]$

$= 2 - (0.6 + 0.2)$

$= 2 - 0.8$

$= 1.2.$

11. 20 बल्ब में से 2 बल्ब चुनने के कुल तरीके

$En(S) = 20\,C_2$

माना E = कोई खराब बल्ब नहीं

$n(E) = 16\,C_2$

किसी बल्ब के खराब नहीं होने की प्रायिकता

$P(E) = \frac{16C_2}{20C_2} = \frac{\frac{16\times15}{2}}{\frac{20\times19}{2}} = \frac{16\times15}{20\times19} = \frac{12}{19}$

अतः कम-से-कम 1 बल्ब खराब होने की प्रायिकता

$$= 1 - \frac{12}{19} = \frac{7}{19}.$$

12. $n(S) = 6 \times 6 = 36$

माना E = पासे पर आए अंकों का योग अभाज्य संख्या

E = {(1, 1) (1, 2) (1, 4) (1, 6) (2, 1) (2, 3) (2, 5) (3, 2) (3, 4) (4, 1) (4,3) (5, 2) (5, 6) (6, 1) (6, 5)}

$n(E) = 15$

$$P(E) = \frac{n(E)}{n(S)} = \frac{15}{36} = \frac{5}{12}.$$

13. कुल टिकट की संख्या = 25 + 10 = 35

$n(S) = 35$

E = पुरस्कार मिलने की घटना

$n(E) = 10$

$$\therefore \quad P(E) = \frac{n(E)}{n(S)} = \frac{10}{35} = \frac{2}{7}.$$

14. 12 गोली में से 3 गोली निकालने के कुल तरीके

$$n(S) = 12\,C_3 = \frac{12 \times 11 \times 10}{3 \times 2} = 220$$

माना E = एक ही रंग के 3 गोली निकलने के तरीके
= (5 में से 3) या (4 में से 3) या (3 में से 3)

$$n(E) = 5\,C_3 + 4\,C_3 + 3\,C_3$$
$$= 10 + 4 + 1 = 15$$

$$P(E) = \frac{n(E)}{n(S)}$$

$$= \frac{15}{220} = \frac{3}{44}$$

$$\therefore \text{ अभीष्ट प्रायिकता} = 1 - \frac{3}{44} = \frac{41}{44}.$$

15. 1 से 100 के बीच 6 से विभाज्य संख्याएँ 6, 12, 18 .... 96. यदि ऐसी n संख्याएं हैं तब $96 = 6 + (n-1) \times 6$

$\Rightarrow n = 16$

$$\text{अतः प्रायिकता} = \frac{16 C_3}{100 C_3} = \frac{4}{1155}.$$

☆☆☆☆☆☆

20 त्रिकोणमिति (Trigonometry)

त्रिकोणमितीय अनुपात

समकोण त्रिभुज ABC में यदि $\angle CAB = \theta$ हो, तो BC = कोण θ की सम्मुख भुजा = लंब = P (मान लें), AC = समकोण की सम्मुख भुजा = कर्ण = H (मान लें) और AB = B (मान लें)

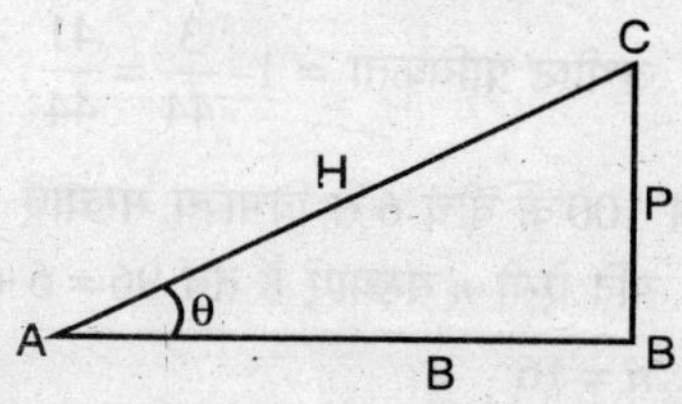

छः त्रिकोणमितीय अनुपात नीचे दिए गए हैं :

$$\sin\theta = \frac{p}{h}, \cos\theta = \frac{b}{h}, \tan\theta = \frac{p}{b}$$

$$\left(\text{और } \tan\theta = \frac{\sin\theta}{\cos\theta}\right), \operatorname{cosec}\theta = \frac{1}{\sin\theta} = \frac{h}{p},$$

$$\sec\theta = \frac{1}{\cos\theta} = \frac{h}{b}, \cot\theta = \frac{1}{\tan\theta} = \frac{b}{p}$$

त्रिकोणमितीय अनुपातों के चिह्न

प्रथम चतुर्थांश (वृत्तपाद) $0 < \theta < 90°$, सभी त्रिकोणमितीय अनुपात धनात्मक;

Y

sinθ, cosecθ + | सभी +

X' — O — X

tanθ cotθ + | cosθ secθ +

Y'

द्वितीय चतुर्थांश $90° < \theta < 180°$, केवल sin θ और cosec θ, धनात्मक;

तृतीय चतुर्थांश $180° < \theta < 270°$, केवल tan θ और cot θ, धनात्मक;

चतुर्थ चतुर्थांश $270° < \theta < 360°$, केवल cos θ और sec θ, धनात्मक।

त्रिकोणमितीय सर्वसमिकाएँ

(*i*) $\sin^2\theta + \cos^2\theta = 1$

(*ii*) $\cos^2\theta = 1 - \sin^2\theta$

(*iii*) $\sin^2\theta = 1 - \cos^2\theta$

(*iv*) $1 + \tan^2\theta = \sec^2\theta$

(*v*) $\sec^2\theta - \tan^2\theta = 1$

(*vi*) $\sec^2\theta - 1 = \tan^2\theta$

(*vii*) $1 + \cot^2\theta = \operatorname{cosec}^2\theta$

(*viii*) $\operatorname{cosec}^2\theta - \cot^2\theta = 1$

(*ix*) $\operatorname{cosec}^2\theta - 1 = \cot^2\theta$

त्रिकोणमितीय समीकरण व त्रिकोणमितीय सर्वसमिका में अंतर

1. त्रिकोणमितीय समीकरण चर θ के कुछ एक मानों के लिए ही सत्य होती हैं, अर्थात् इनको θ के एक-दो मान ही सन्तुष्ट करते हैं, (समीकरण की घात के अनुसार मूल ही सन्तुष्ट करते हैं) जबकि त्रिकोणमितीय सर्वसमिका θ के प्रत्येक मान के लिए सन्तुष्ट होती है।

2. त्रिकोणमितीय समीकरण को θ के लिए हल किया जा सकता है जबकि त्रिकोणमितीय सर्वसमिका को तो सत्यापित ही कर सकते हैं।

त्रिकोणमितीय अनुपातों के मानक कोणों के मान I

θ त्रिकोणमितीय अनुपात	0º	30º	45º	60º	90º	θ त्रिकोणमितीय अनुपात का मान
sin θ	0	$\frac{1}{2}$	$\frac{1}{\sqrt{2}}$	$\frac{\sqrt{3}}{2}$	1	$\frac{\text{लम्ब}}{\text{कर्ण}}$
cos θ	1	$\frac{\sqrt{3}}{2}$	$\frac{1}{\sqrt{2}}$	$\frac{1}{2}$	0	$\frac{\text{आधार}}{\text{कर्ण}}$
tan θ	0	$\frac{1}{\sqrt{3}}$	1	$\sqrt{3}$	अपरिभाषित	$\frac{\text{लम्ब}}{\text{आधार}}$
cosec θ	अपरिभाषित	2	$\sqrt{2}$	$\frac{2}{\sqrt{3}}$	1	$\frac{\text{कर्ण}}{\text{लम्ब}}$
sec θ	1	$\frac{2}{\sqrt{3}}$	$\sqrt{2}$	2	अपरिभाषित	$\frac{\text{कर्ण}}{\text{आधार}}$
cot θ	अपरिभाषित	$\sqrt{3}$	1	$\frac{1}{\sqrt{3}}$	0	$\frac{\text{आधार}}{\text{लम्ब}}$

त्रिकोणमितीय अनुपातों के मानककोणों (0º – 90º) के मान II

	0°	15°	18°	22.5°	30°	36°	45°	60°	67.5°	90°
sin	0	$\frac{\sqrt{6}-\sqrt{2}}{4}$	$\frac{\sqrt{5}-1}{4}$	$\frac{\sqrt{2-\sqrt{2}}}{2}$	$\frac{1}{2}$	$\frac{\sqrt{10-2\sqrt{5}}}{4}$	$\frac{1}{\sqrt{2}}$	$\frac{\sqrt{3}}{2}$	$\frac{\sqrt{\sqrt{2}+1}}{\sqrt{(2\sqrt{2})}}$	1
cos	1	$\frac{\sqrt{6}+\sqrt{2}}{4}$	$\frac{\sqrt{10+2\sqrt{5}}}{4}$	$\frac{\sqrt{\sqrt{2}+1}}{\sqrt{(2\sqrt{2})}}$	$\frac{\sqrt{3}}{2}$	$\frac{\sqrt{5}+1}{4}$	$\frac{1}{\sqrt{2}}$	$\frac{1}{2}$	$\frac{\sqrt{2-\sqrt{2}}}{2}$	0
tan	0	$2-\sqrt{3}$	$\frac{\sqrt{25-10\sqrt{5}}}{5}$	$\sqrt{2}-1$	$\frac{1}{\sqrt{3}}$	$\sqrt{5-2\sqrt{5}}$	1	$\sqrt{3}$	$\sqrt{2}+1$	अपरिभाषित

पूरक कोणों के त्रिकोणमितीय अनुपात

(*i*) $\sin(90º-\theta)=\cos\theta$

(*ii*) $\cos(90º-\theta)=\sin\theta$

(*iii*) $\tan(90º-\theta)=\cot\theta$

(*iv*) $\cot(90º-\theta)=\tan\theta$

(*v*) $\sec(90º-\theta)=\text{cosec}\,\theta$

(*vi*) $\text{cosec}(90º-\theta)=\sec\theta$

एक त्रिकोणमितीय अनुपात से अन्य सभी त्रिकोणमितीय अनुपातों के मान ज्ञात करना

sin θ के मान की सहायता से अन्य त्रिकोणमितीय अनुपातों के मान ज्ञात करना

माना कि $\sin\theta = x$

$\therefore$ $\cos\theta = \sqrt{1-\sin^2\theta}$

$\Rightarrow \quad \cos\theta = \sqrt{1-x^2}$

$\therefore \quad \tan\theta = \dfrac{\sin\theta}{\cos\theta} = \dfrac{x}{\sqrt{1-x^2}},$

$\cot\theta = \dfrac{1}{\tan\theta} = \dfrac{\sqrt{1-x^2}}{x},$

$\operatorname{cosec}\theta = \dfrac{1}{\sin\theta} = \dfrac{1}{x}$

तथा $\quad \sec\theta = \dfrac{1}{\cos\theta} = \dfrac{1}{\sqrt{1-x^2}}$

cos θ के मान की सहायता से अन्य त्रिकोणमितीय अनुपातों के मान ज्ञात करना

माना कि $\quad \cos\theta = x$

$\therefore \quad \sin\theta = \sqrt{1-\cos^2\theta}$

$\Rightarrow \quad \sin\theta = \sqrt{1-x^2}$

$\therefore \quad \tan\theta = \dfrac{\sin\theta}{\cos\theta} = \dfrac{\sqrt{1-x^2}}{x},$

$\cot\theta = \dfrac{1}{\tan\theta} = \dfrac{x}{\sqrt{1-x^2}}$

$\operatorname{cosec}\theta = \dfrac{1}{\sin\theta} = \dfrac{1}{\sqrt{1-x^2}},$

$\sec\theta = \dfrac{1}{\cos\theta} = \dfrac{1}{x}$

tan θ के मान की सहायता से अन्य त्रिकोणमितीय अनुपातों के मान ज्ञात करना

माना कि $\quad \tan\theta = x$

$\therefore \quad \sec\theta = \sqrt{1+\tan^2\theta}$

$\Rightarrow \quad \sec\theta = \sqrt{1+x^2}$

$\cot\theta = \dfrac{1}{\tan\theta} = \dfrac{1}{x},$

$\cos\theta = \dfrac{1}{\sec\theta} = \dfrac{1}{\sqrt{1+x^2}}$

$\sin\theta = \sqrt{1-\cos^2\theta} = \sqrt{1-\dfrac{1}{1+x^2}}$

$= \sqrt{\dfrac{1+x^2-1}{1+x^2}} = \dfrac{x}{\sqrt{1+x^2}}$

तथा $\quad \operatorname{cosec}\theta = \dfrac{1}{\sin\theta} = \dfrac{\sqrt{1+x^2}}{x}$

त्रिकोणमितीय अनुपातों के वर्धमान व ह्रासमान आचरण

यदि $-\pi/2 \le \theta \le \pi/2$, हो तो प्रथम और चतुर्थ वृत्तपादों में कोण में वृद्धि के साथ $\sin\theta$ के मान में वृद्धि होती है जबकि द्वितीय और तृतीय वृत्तपादों में $\sin\theta$ के मान में 1 से –1 की कमी होती है।

अत: $\theta_1 < \theta_2 \quad \Rightarrow \sin\theta_1 < \sin\theta_2$ ($\theta_1, \theta_2 \in$ प्रथम या चतुर्थ वृत्तपाद)

$\Rightarrow \sin\theta_1 > \sin\theta_2$ ($\theta_1, \theta_2 \in$ द्वितीय या तृतीय वृत्तपाद)

हम इसी प्रकार अन्य अनुपातों के आचरण का भी निर्णय कर सकते हैं। यदि वृद्धि के लिए ↑ संकेत का और ह्रास के लिए ↓ संकेत का प्रयोग किया जाए, तो हमें अग्रलिखित चार्ट प्राप्त होता है :

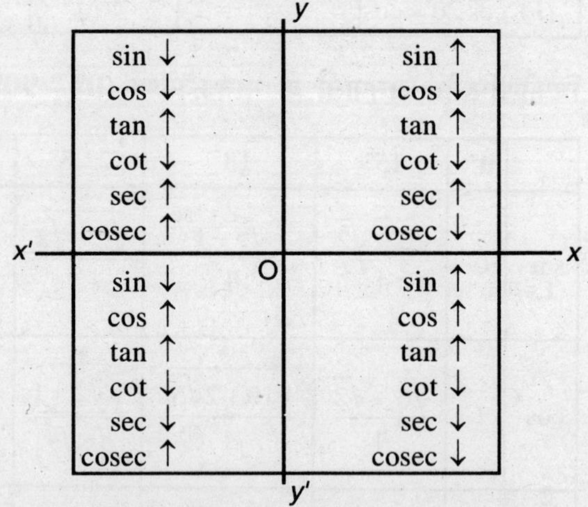

योग और व्यवकलन (घटाव) के सूत्र (Addition and Subtraction Formulae) :

(i) $\sin(A+B) = \sin A\cos B + \cos A\sin B$

(ii) $\sin(A-B) = \sin A\cos B - \cos A\sin B$

(iii) $\cos(A+B) = \cos A\cos B - \sin A\sin B$

(iv) $\cos(A-B) = \cos A\cos B + \sin A\sin B$

(v) $\tan(A+B) = \dfrac{\tan A + \tan B}{1-\tan A\tan B}$

(vi) $\tan(A-B) = \dfrac{\tan A - \tan B}{1+\tan A \tan B}$

(vii) $\cot(A+B) = \dfrac{\cot A \cot B - 1}{\cot A + \cot B}$

(viii) $\cot(A-B) = \dfrac{\cot A \cot B + 1}{\cot B - \cot A}$

(ix) $\sin(A+B)\sin(A-B) = \sin^2 A - \sin^2 B$ $= \cos^2 B - \cos^2 A$

(x) $\cos(A+B)\cos(A-B) = \cos^2 A - \sin^2 B$ $= \cos^2 B - \sin^2 A$

द्विकोणों से युक्त सूत्र (Formulae Involving Double Angles): उपर्युक्त *(i)*, *(iii)*, और *(v)* में $A = B = \theta$ प्रतिस्थापित करने पर निम्नलिखित सूत्र प्राप्त होते हैं :

(i) $\sin 2\theta = 2\sin\theta\cos\theta = \dfrac{2\tan\theta}{1+\tan^2\theta}$

(ii) $\cos 2\theta = \cos^2\theta - \sin^2\theta = 1 - 2\sin^2\theta$

$= 2\cos^2\theta - 1 = \dfrac{1-\tan^2\theta}{1+\tan^2\theta}$

(iii) $1 + \cos 2\theta = 2\cos^2\theta$, $1 - \cos 2\theta = 2\sin^2\theta$,

$\cos^2\theta = \dfrac{1}{2}(1+\cos 2\theta), \sin^2\theta = \dfrac{1}{2}(1-\cos 2\theta).$

(iv) $\tan 2\theta = \dfrac{2\tan\theta}{1-\tan^2\theta}$

अर्ध कोणों से संबंधित सूत्र (Formulae Involving Half Angles) : 2θ के स्थान पर θ प्रतिस्थापित करने पर निम्नलिखित सूत्र प्राप्त होते हैं :

(i) $\sin\theta = 2\sin\frac{1}{2}\theta\cos\frac{1}{2}\theta = \dfrac{2\tan\frac{1}{2}\theta}{1+\tan^2\frac{1}{2}\theta}$

(ii) $\cos\theta = \cos^2\frac{1}{2}\theta - \sin^2\frac{1}{2}\theta = 1 - 2\sin^2\frac{1}{2}\theta$

$= 2\cos^2\frac{1}{2}\theta - 1 = \dfrac{1-\tan^2\frac{1}{2}\theta}{1+\tan^2\frac{1}{2}\theta}$

(iii) $\tan\theta = \dfrac{2\tan\frac{1}{2}\theta}{1-\tan^2\frac{1}{2}\theta}$

प्रश्नमाला

1. यदि $\sec\theta - \tan\theta = k$ हो, तो $\sec\theta + \tan\theta$ का मान है:

A. $1-k$ B. $1+k$

C. $\dfrac{1}{k}$ D. $1-\dfrac{1}{k}$

2. यदि $5\tan\theta = 4$ हो, तो $\dfrac{5\sin\theta - 3\cos\theta}{5\sin\theta + 2\cos\theta}$ का मान है:

A. $\dfrac{1}{3}$ B. $\dfrac{1}{6}$

C. $\dfrac{4}{5}$ D. $\dfrac{2}{3}$

3. $\dfrac{1+\sin\theta}{\cos\theta} + \dfrac{\cos\theta}{1+\sin\theta}$ का मान है:

A. $2\sec\theta$ B. $\sec\theta$

C. $2\sin\theta$ D. $2\cos\theta$

4. $\sin^2\theta + \cos^2\theta$ का मान है:

A. 2 B. 1

C. 3 D. $\sqrt{3}$

5. यदि $\tan\theta = 2 - \sqrt{3}$ हो, तो $\tan(90-\theta)$ बराबर होगा:

A. $2+\sqrt{3}$ B. $2-\sqrt{3}$

C. $2-\sqrt{2}$ D. $3-\sqrt{2}$

6. यदि θ प्रथम चतुर्थांश में और $\cos\theta = \dfrac{3}{5}$ हो, तो $\dfrac{5\tan\theta - 4\operatorname{cosec}\theta}{5\sec\theta - 4\cot\theta}$ का मान होगा:

A. $\dfrac{5}{16}$ B. $\dfrac{7}{16}$

C. $\dfrac{11}{16}$ D. $-\dfrac{5}{16}$

7. यदि $\cos\theta = \frac{3}{5}$ हो, तो $\frac{\sin\theta\cdot\tan\theta+1}{2\tan^2\theta}$ का मान किसके बराबर है?

A. $\frac{88}{160}$ B. $\frac{91}{160}$

C. $\frac{92}{160}$ D. $\frac{93}{160}$

8. तालिका का उपयोग किए बिना मान निकालें:

$$\frac{\cos 80^\circ}{\sin 10^\circ}+\cos 59^\circ \operatorname{cosec} 31^\circ$$

A. 2 B. 1

C. 3 D. 4

9. तालिका का उपयोग किए बिना मान निकालें:

$$\left[\frac{\sin 35^\circ}{\cos 55^\circ}\right]^2+\left[\frac{\cos 55^\circ}{\sin 35^\circ}\right]^2-2\cos 60^\circ$$

A. 2 B. 0

C. 1 D. 3

10. मान निकालें:

$$\frac{\tan 45^\circ}{\operatorname{cosec} 30^\circ}+\frac{\sec 60^\circ}{\cot 45^\circ}-2\frac{\sin 90^\circ}{\cos 0^\circ}$$

A. $\frac{1}{2}$ B. 1

C. 2 D. 0

11. यदि $3\cot\theta = 4$ हो तो $\frac{5\cos\theta-2\sin\theta}{5\cos\theta+3\sin\theta}$ का मान ज्ञात करें।

A. $\frac{12}{29}$ B. $\frac{13}{29}$

C. $\frac{14}{29}$ D. $\frac{11}{29}$

12. यदि $\cos\theta = \frac{3}{5}$ हो तो $\cot\theta + \operatorname{cosec}\theta$ का मान ज्ञात करें।

A. 1 B. 2

C. 0 D. 3

13. यदि $\tan\theta + \cot\theta = 2$ हो तो $\tan^2\theta + \cot^2\theta$ का मान ज्ञात करें।

A. 1 B. 0

C. 2 D. $\frac{1}{2}$

14. यदि $\operatorname{cosec} A = \sqrt{2}$ हो तो $\frac{2\sin^2 A + 3\cot^2 A}{4\tan^2 A - \cos^2 A}$ का मान ज्ञात करें।

A. $\frac{8}{7}$ B. $\frac{5}{7}$

C. $\frac{4}{7}$ D. $\frac{6}{7}$

15. $\frac{1+\sec\theta}{\sec\theta}$ का मान है:

A. $\frac{\sin^2\theta}{1-\cos\theta}$ B. $\tan\theta$

C. $\sec\sqrt{x}$ D. $\frac{\cos^2\theta}{1-\cos\theta}$

16. $\frac{\cos 90^\circ + \sin 90^\circ}{\cot 30^\circ}$ का मान है:

A. $\frac{1}{2}$ B. 0

C. $\sqrt{3}$ D. $\frac{1}{\sqrt{3}}$

17. $\frac{\cos\frac{\pi}{4}+\sin\frac{\pi}{4}}{\tan\frac{\pi}{4}}$ का मान है:

A. $\sqrt{2}$ B. $\frac{1}{\sqrt{2}}$

C. 2 D. $\frac{1}{2}$

18. $\frac{\tan 30^\circ \times \tan 60^\circ}{\sec 60^\circ - \sin 90^\circ}$ का मान है:

A. $\frac{1}{\sqrt{3}}$ B. 0

C. $\sqrt{3}$ D. 1

19. $\dfrac{\sec 60^\circ + \operatorname{cosec} 60^\circ}{\tan 45^\circ}$ का मान है:

A. 1 B. $\dfrac{2\sqrt{3}+2}{\sqrt{3}}$

C. 2 D. $\dfrac{2\sqrt{2}+2}{\sqrt{3}}$

20. यदि $\tan\theta = \dfrac{a}{b}$, तो $\dfrac{a\sin\theta - b\cos\theta}{a\sin\theta + b\cos\theta} = ?$

A. $\dfrac{1}{a^2+b^2}$ B. $\dfrac{a^2+b^2}{a^2-b^2}$

C. $\dfrac{a^2-b^2}{a^2+b^2}$ D. $\dfrac{1}{a^2-b^2}$

उत्तरमाला

1	2	3	4	5	6	7	8	9	10
C	B	A	B	A	A	D	A	C	A
11	**12**	**13**	**14**	**15**	**16**	**17**	**18**	**19**	**20**
C	B	C	A	A	D	A	D	B	C

व्याख्यात्मक उत्तरमाला

1. $\sec\theta - \tan\theta = k$

$\sec^2\theta - \tan^2\theta = (\sec\theta + \tan\theta)(\sec\theta - \tan\theta)$

$1 = (\sec\theta + \tan\theta) \times k$

$\therefore \sec\theta + \tan\theta = \dfrac{1}{k}$

2. $5\tan\theta = 4$

$\tan\theta = 4/5$

$\Rightarrow$ MP = 4

तथा OM = 5

$\Rightarrow$ $OP^2 = OM^2 + MP^2 = (5)^2 + (4)^2 = 41$

$\therefore$ $OP = \sqrt{41}$

$\sin\theta = \dfrac{MP}{OP} = \dfrac{4}{\sqrt{41}}$

तथा $\cos\theta = \dfrac{MP}{OP} = \dfrac{5}{\sqrt{41}}$

$$\therefore \frac{5\sin\theta - 3\cos\theta}{5\sin\theta + 2\cos\theta} = \frac{5\times\frac{4}{\sqrt{41}} - 3\times\frac{5}{\sqrt{41}}}{5\times\frac{4}{\sqrt{41}} + 2\times\frac{5}{\sqrt{41}}}$$

$$= \frac{\frac{20}{\sqrt{41}} - \frac{15}{\sqrt{41}}}{\frac{20}{\sqrt{41}} + \frac{10}{\sqrt{41}}} = \frac{\frac{20-15}{\sqrt{41}}}{\frac{20+10}{\sqrt{41}}}$$

$$= \frac{\frac{5}{\sqrt{41}}}{\frac{30}{\sqrt{41}}} = \frac{5}{\sqrt{41}} \times \frac{\sqrt{41}}{30} = \frac{1}{6}$$

3. $\dfrac{1+\sin\theta}{\cos\theta} + \dfrac{\cos\theta}{1+\sin\theta}$

$$= \frac{(1+\sin\theta)^2 + \cos^2\theta}{\cos\theta(1+\sin\theta)}$$

$$= \frac{1 + 2\sin\theta + \sin^2\theta + \cos^2\theta}{\cos\theta(1+\sin\theta)}$$

$$= \frac{2 + 2\sin\theta}{\cos\theta(1+\sin\theta)}$$

$$= \frac{2(1+\sin\theta)}{\cos\theta(1+\sin\theta)} = 2\sec\theta.$$

4. $\sin^2\theta + \cos^2\theta$ का मान 1 होता है।

i.e. $\dfrac{p^2}{h^2} + \dfrac{b^2}{h^2} = \dfrac{p^2+b^2}{h^2} = \dfrac{h^2}{h^2} = 1$

5. $\because$ $\tan(90-\theta) = \cot\theta = \dfrac{1}{\tan\theta} = \dfrac{1}{2-\sqrt{3}}$

$$= \frac{2+\sqrt{3}}{(2+\sqrt{3})(2-\sqrt{3})} = \frac{2+\sqrt{3}}{4-3}$$

$$= 2+\sqrt{3}$$

6. $\cos\theta = \dfrac{\text{आधार (OM)}}{\text{कर्ण (OP)}}$

$\Rightarrow \dfrac{OM}{OP} = \dfrac{3}{5}$

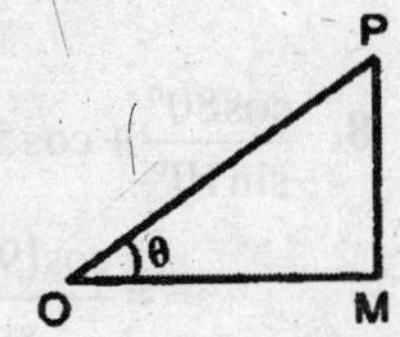

$\Rightarrow \quad OM = 3,\ OP = 5$

$\Rightarrow \quad MP^2 = OP^2 - OM^2$

$= (5)^2 - (3)^2 = 16$

$\therefore \quad MP = 4$

$\therefore \quad \tan\theta = \dfrac{MP}{OM} = \dfrac{3}{5} \Rightarrow \cot\theta = \dfrac{3}{4}$

$\sec\theta = \dfrac{1}{\cos\theta} = \dfrac{OP}{OM} = \dfrac{5}{4}$

$\text{cosec}\,\theta = \dfrac{1}{\sin\theta} = \dfrac{OP}{MP} = \dfrac{5}{4}$

$\therefore$ व्यंजक $\dfrac{5\tan\theta - 4\,\text{cosec}\,\theta}{5\sec\theta - 4\cot\theta}$ का मान

$$= \frac{5\times\frac{4}{3} - 4\times\frac{5}{4}}{5\times\frac{5}{3} - 4\times\frac{3}{4}} = \frac{\frac{20}{3} - 5}{\frac{25}{3} - 3} = \frac{5}{16}$$

7. $\cos\theta = \dfrac{3}{5}$

$\Rightarrow \quad = \dfrac{3}{5}$

$\Rightarrow \quad = 5$

$= (5)^2 - (3)^2 = 16$

$\therefore$

$\therefore \quad \tan\theta = \dfrac{\text{(MP)}}{\text{आधार (OM)}} = \dfrac{4}{3}$

तथा $\sin\theta = \dfrac{MP}{OP} = \dfrac{4}{5}$

$\therefore \quad \dfrac{\tan\theta + 1}{2\tan^2\theta}$ का मान

$$= \frac{\frac{4}{5}\times\frac{4}{3} + 1}{2\left(\frac{4}{3}\right)^2} = \frac{\frac{16}{15} + 1}{2\times\frac{16}{9}} = \frac{\frac{31}{15}}{\frac{32}{9}}$$

$$= \frac{31}{15}\times\frac{9}{32} = \frac{93}{160}$$

8. $\dfrac{\cos 80^\circ}{\sin 10^\circ} + \cos 59^\circ\,\text{cosec}\,31^\circ$

$$= \frac{\cos(90^\circ - 10^\circ)}{\sin 10^\circ} + \cos 59^\circ\,\text{cosec}\,(90^\circ - 59^\circ)$$

$$= \frac{\sin 10^\circ}{\sin 10^\circ} + \cos 59^\circ.\sec 59^\circ$$

$$= \frac{\sin 10^\circ}{\sin 10^\circ} + \frac{\cos 59^\circ}{\cos 59^\circ} = 1 + 1 = 2$$

9. $\left[\dfrac{\sin 35^\circ}{\cos 55^\circ}\right]^2 + \left[\dfrac{\cos 55^\circ}{\sin 35^\circ}\right]^2 - 2\cos 60^\circ$

$$= \left[\frac{\sin(90^\circ - 55^\circ)}{\cos 55^\circ}\right]^2 + \left[\frac{\cos(90^\circ - 35^\circ)}{\sin 35^\circ}\right]^2 - 2\cos 60^\circ$$

$$= \left[\frac{\cos 55^\circ}{\cos 55^\circ}\right]^2 + \left[\frac{\sin 35^\circ}{\sin 35^\circ}\right]^2 - 2\cos 60^\circ$$

[$\because \sin(90^\circ - \theta) = \cos\theta$ तथा $\cos(90^\circ - \theta) = \sin\theta$]

$$= (1)^2 + (1)^2 - 2\times\frac{1}{2} = 1 \qquad \left[\because \cos 60^\circ = \frac{1}{2}\right]$$

10. $\dfrac{\tan 45^\circ}{\text{cosec}\,30^\circ} + \dfrac{\sec 60^\circ}{\cot 45^\circ} - 2\dfrac{\sin 90^\circ}{\cos 0^\circ}$

$$= \frac{1}{2} + \frac{2}{1} - \frac{2\times 1}{1} = \frac{1}{2}$$

$$\left[\begin{array}{l}\because \tan 45^\circ = 1, \text{cosec}\,30^\circ = 2, \sec 60^\circ = 2\\ \cot 45^\circ = 1, \sin 90^\circ = 1 \text{ तथा } \cos 0^\circ = 1\end{array}\right]$$

11. दिया है कि $3\cot\theta = 4 \Rightarrow \cot\theta = 4/3$

अब $\dfrac{5\cos\theta - 2\sin\theta}{5\cos\theta + 3\sin\theta} = \dfrac{\dfrac{5\cos\theta - 2\sin\theta}{\sin\theta}}{\dfrac{5\cos\theta + 3\sin\theta}{\sin\theta}}$

[अंश व हर को $\sin\theta$ से भाग देने पर]

$$\Rightarrow \frac{\frac{5\cos\theta}{\sin\theta} - \frac{2\sin\theta}{\sin\theta}}{\frac{5\cos\theta}{\sin\theta} + \frac{3\sin\theta}{\sin\theta}} = \frac{5\cot\theta - 2}{5\cot\theta + 3}$$

$$= \frac{5\times\frac{4}{3} - 2}{5\times\frac{4}{3} + 3} = \frac{20 - 6}{20 + 9} = \frac{14}{29}$$

12. $\cos\theta = \frac{3}{5} \Rightarrow \sin\theta = \sqrt{1-\cos^2\theta}$

$$= \sqrt{1-\left(\frac{3}{5}\right)^2} = \sqrt{1-\frac{9}{25}} = \frac{4}{5}$$

$$\therefore \cot\theta = \frac{\cos\theta}{\sin\theta} = \frac{\frac{3}{5}}{\frac{4}{5}} = \frac{3}{4}$$

तथा $\operatorname{cosec}\theta = \frac{1}{\sin\theta} = \frac{5}{4}$

अतः $\cot\theta + \operatorname{cosec}\theta = \frac{3}{4} + \frac{5}{4} = \frac{8}{4} = 2$

13. $\tan\theta + \cot\theta = 2$

$\Rightarrow (\tan\theta + \cot\theta)^2 = 4$ [दोनों तरफ वर्ग करने पर]

$\Rightarrow \tan^2\theta + \cot^2\theta + 2\tan\theta\cot\theta = 4$

$\Rightarrow \tan^2\theta + \cot^2\theta + 2 = 4$ [$\because \tan\theta.\cot\theta = 1$]

$\Rightarrow \tan^2\theta + \cot^2\theta = 2$

14. $\operatorname{cosec} A = \sqrt{2} \Rightarrow \frac{1}{\sin A} = \sqrt{2} \Rightarrow \sin A = \frac{1}{\sqrt{2}}$

अब $\sin A = \frac{1}{\sqrt{2}} \Rightarrow \cos A = \sqrt{1-\sin^2 A}$

$$= \sqrt{1-\left(\frac{1}{\sqrt{2}}\right)^2} = \frac{1}{\sqrt{2}}$$

$$\therefore \tan A = \frac{\sin A}{\cos A} = \frac{\frac{1}{\sqrt{2}}}{\frac{1}{\sqrt{2}}} = 1$$

तथा $\cot A = \frac{1}{\tan A} = \frac{1}{1} = 1$

$$\therefore \frac{2\sin^2 A + 3\cot^2 A}{4\tan^2 A - \cos^2 A} = \frac{2\times\left(\frac{1}{\sqrt{2}}\right)^2 + 3(1)^2}{4(1)^2 - \left(\frac{1}{\sqrt{2}}\right)^2}$$

$$= \frac{2\times\frac{1}{2}+3}{4-\frac{1}{2}} = \frac{1+3}{7/2} = \frac{8}{7}$$

15. $$\frac{1+\sec\theta}{\sec\theta} = \frac{1+\frac{1}{\cos\theta}}{\frac{1}{\cos\theta}} = \frac{\frac{\cos\theta+1}{\cos\theta}}{\frac{1}{\cos\theta}}$$

$$= \frac{(1+\cos\theta)}{(1-\cos\theta)} \times (1-\cos\theta)$$

$$= \frac{1-\cos^2\theta)}{1-\cos\theta} = \frac{\sin^2\theta}{1-\cos\theta}$$

16. $$\frac{\cos 90^\circ + \sin 90^\circ}{\cot 30^\circ} = \frac{0+1}{\sqrt{3}} = \frac{1}{\sqrt{3}}$$

17. $$\frac{\cos\frac{\pi}{4} + \sin\frac{\pi}{4}}{\tan\frac{\pi}{4}} = \frac{\frac{1}{\sqrt{2}} + \frac{1}{\sqrt{2}}}{1}$$

$$= \frac{1+1}{\sqrt{2}} = \frac{2}{\sqrt{2}} = \sqrt{2}$$

18. $$\frac{\tan 30^\circ \times \tan 60^\circ}{\sec 60^\circ - \sin 90^\circ}$$

$$= \frac{\frac{1}{\sqrt{3}} \times \sqrt{3}}{2-1} = \frac{1}{1} = 1$$

19. $$\frac{\sec 60^\circ + \operatorname{cosec} 60^\circ}{\tan 45^\circ} = \frac{2+\frac{2}{\sqrt{3}}}{1} = \frac{2\sqrt{3}+2}{\sqrt{3}}$$

20. $\because \tan\theta = \frac{a}{b}$

$$\therefore \frac{a\sin\theta - b\cos\theta}{a\sin\theta + b\cos\theta}$$

$$= \frac{\frac{a\sin\theta}{\cos\theta} - \frac{b\cos\theta}{\cos\theta}}{\frac{a\sin\theta}{\cos\theta} + \frac{b\cos\theta}{\cos\theta}}$$

$$= \frac{a\tan\theta - b}{a\tan\theta + b} = \frac{a\times\frac{a}{b} - b}{a\times\frac{a}{b} + b}$$

$$= \frac{\frac{a^2-b^2}{b}}{\frac{a^2+b^2}{b}} = \frac{a^2-b^2}{a^2+b^2}$$

☆☆☆☆☆☆

21

ऊँचाई और दूरी (Height and Distance)

उन्नयन कोण

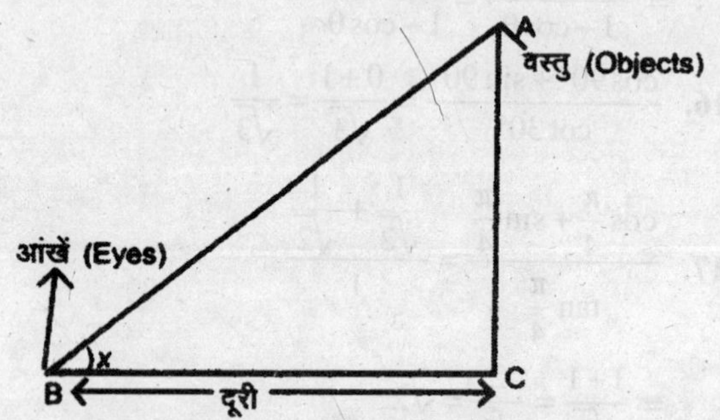

जब हम अपने सिर से ऊँची वस्तु को देखने के लिए ऊपर की ओर देखते हैं तो हमारी आँखें क्षैतिज रेखा से ऊपर की ओर जो कोण बनाती हैं उसे उन्नयन कोण कहते हैं।

अवनमन कोण

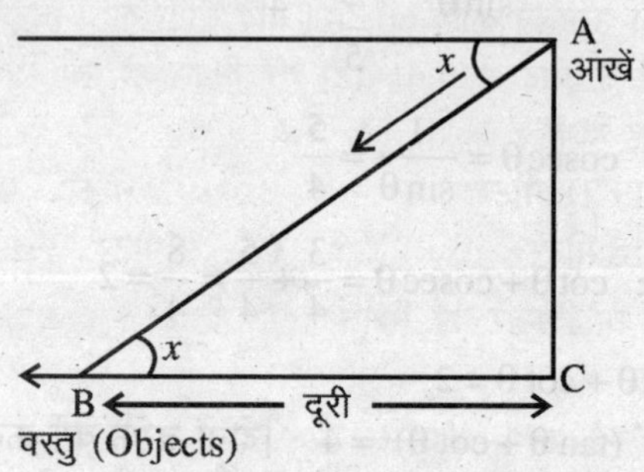

जब हम अपने सिर से नीची किसी वस्तु को देखने के लिए नीचे की ओर देखते हैं तो हमारी आँखें क्षैतिज रेखा से नीचे की ओर जो कोण बनाती हैं उसे अवनमन कोण कहते हैं।

प्रश्नमाला

1. मीनार से उत्तर की ओर एक बिन्दु A तथा दक्षिण दिशा की ओर एक अन्य बिन्दु B से मीनार की चोटी का उन्नयन कोण क्रमशः 60° तथा 45° है। यदि बिन्दु AB की लम्बाई 100 मी. हो तो मीनार की ऊँचाई ज्ञात करो।

A. $100\times\sqrt{3}\times(\sqrt{3}-1)$ B. $50\times\sqrt{3}\times(\sqrt{3}-1)$

C. $\frac{50}{\sqrt{3}}\times(\sqrt{3}-1)$ D. $\frac{100}{\sqrt{3}}\times(\sqrt{3}-1)$

2. किसी वृक्ष के आधार से 15 मी. दूरी से देखने पर वृक्ष की चोटी का उन्नयन कोण 60° हो तो वृक्ष की ऊँचाई ज्ञात करो।

A. $15\sqrt{3}$ मी. B. 20 मी.

C. $10\sqrt{3}$ मी. D. 10 मी.

3. यदि एक स्तम्भ की छाया उसकी कुल ऊँचाई की $\sqrt{3}$ गुनी लम्बी हो तो उस समय सूर्य का उन्नयन कोण क्या होगा?

A. 15° B. 30°

C. 45° D. 60°

4. 50 मी. ऊँचे एक जहाज के मस्तूल की चोटी से दो नावों को देखने पर उनका अवनमन कोण क्रमशः 45° और 30° है। यदि दोनों नाव मस्तूल की चोटी से एक समान दिशा पर हों तो नावों के बीच की दूरी ज्ञात करो।

A. $50\sqrt{3}$ मी. B. $50\sqrt{3+1}$ मी.

C. $50\sqrt{3-1}$ मी. D. $50\left(1-\frac{1}{\sqrt{3}}\right)$ मी.

5. एक 25 फुट लम्बी सीढ़ी एक उर्ध्वाधर दीवार के सहारे रखी हुई है जिसका निचला भाग (पाद) दीवार के आधार से 7 फुट दूर है। यदि सीढ़ी का ऊपरी भाग 4 फुट नीचे फिसल जाये तो सीढ़ी का निचला भाग (पाद) कितनी दूर फिसल जायेगा?

A. 8 फुट B. 9 फुट

C. 12 फुट D. 10 फुट

6. एक मीनार $100\sqrt{3}$ मीटर ऊँची है। इसके पाद (Foot) से 100 मीटर दूर स्थित किसी बिन्दु से इसके शिखर (Top) का उन्नयन कोण होगा :

A. 60° B. 30°
C. 45° D. 90°

7. एक सीढ़ी किसी दीवार के सहारे इस प्रकार झुकी हुई है कि उसका उन्नयन कोण 60° है। यदि सीढ़ी का निचला सिरा दीवार के पाद से 9.6 मीटर दूर स्थित हो, तो सीढ़ी की लम्बाई होगी :

A. 11.18 मीटर B. 19.2 मीटर
C. 18 मीटर D. 19 मीटर

8. समुद्र के किनारे पर स्थित 150 मीटर ऊँची एक सीधी चट्टान (cliff) से, समुद्र में चल रहे जहाज का किसी क्षण, अवनमन कोण 30° है। जहाज की चट्टान के पाद (तलहटी) से दूरी होगी :

A. 260 मीटर B. 220 मीटर
C. 423 मीटर D. 42.36 मीटर

9. एक पतंग की डोर 100 मीटर लम्बी है तथा यह आसमान में उड़ते समय क्षैतिज तल से 60° का कोण बनाती है। यह मानते हुए कि पतंग की डोर बिल्कुल सीधी तनी हुई है, पतंग की क्षैतिज तल से ऊँचाई होगी :

A. 80.6 मीटर B. 90.6 मीटर
C. 86.6 मीटर D. 80 मीटर

10. एक जैट हवाई जहाज (Jet Plane) का जमीनी सतह पर स्थित एक बिन्दु A से किसी क्षण उन्नयन कोण 60° है। यदि 15 सैकेण्ड पश्चात् हवाई जहाज का उन्नयन कोण 30° हो जाता हो तो हवाई जहाज की चाल होगी :

A. 300 कि.मी./घं B. 600 कि.मी./घं
C. 720 कि.मी./घं D. 800 कि.मी./घं

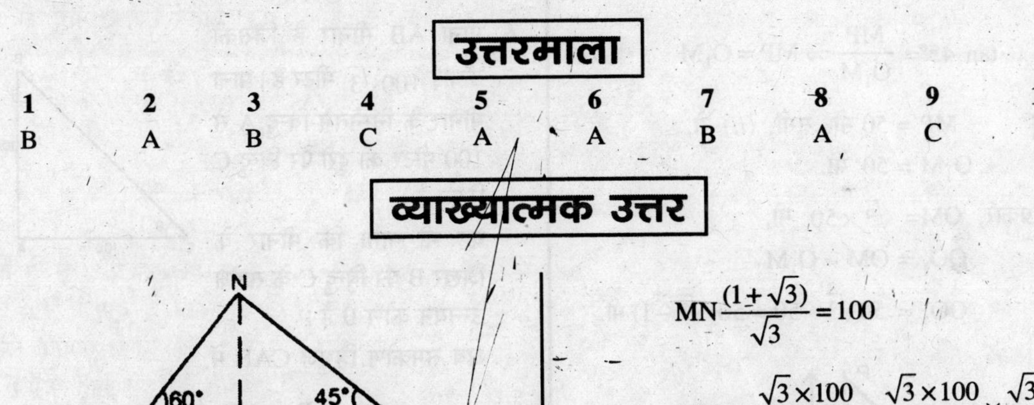

उत्तरमाला

1	2	3	4	5	6	7	8	9	10
B	A	B	C	A	A	B	A	C	C

व्याख्यात्मक उत्तर

1.

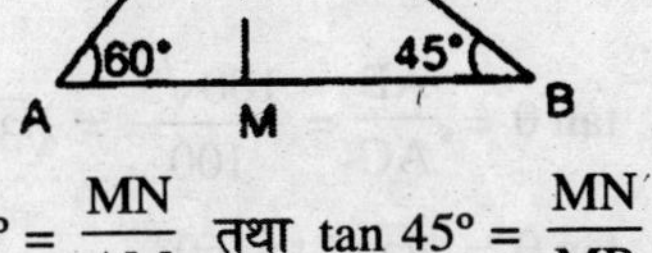

$\therefore \tan 60^\circ = \dfrac{MN}{AM}$ तथा $\tan 45^\circ = \dfrac{MN}{MB}$

$\therefore \dfrac{MN}{AM} = \sqrt{3} \Rightarrow AM = \dfrac{MN}{\sqrt{3}}$ ...(i)

तथा $\dfrac{MN}{MB} = 1 \Rightarrow MN = MB$ ...(ii)

$\because AB = AM + MB$

$\Rightarrow AM + MB = 100$ ...(iii)

समी. (i) व (ii) का मान समी. (iii) में रखने पर,

$$MN\left(\frac{1}{\sqrt{3}}+1\right) = 100$$

$$MN\frac{(1+\sqrt{3})}{\sqrt{3}} = 100$$

$$MN = \frac{\sqrt{3}\times 100}{\sqrt{3}+1} = \frac{\sqrt{3}\times 100}{\sqrt{3}+1}\times\frac{\sqrt{3}-1}{\sqrt{3}-1}$$

$$= \frac{\sqrt{3}\times(\sqrt{3}-1)\times 100}{3-1}$$

$$= 50\times\sqrt{3}\times(\sqrt{3}-1)$$

2. OM = 15 मी.

$\theta = 60^\circ$

P
θ
O M

$\therefore \dfrac{MP}{OM} = \tan 60^\circ$

$MP = OM \tan 60^\circ$

$= 15\times\sqrt{3}$ मी.

3. $\therefore$ $OM = \sqrt{3} \times MP$

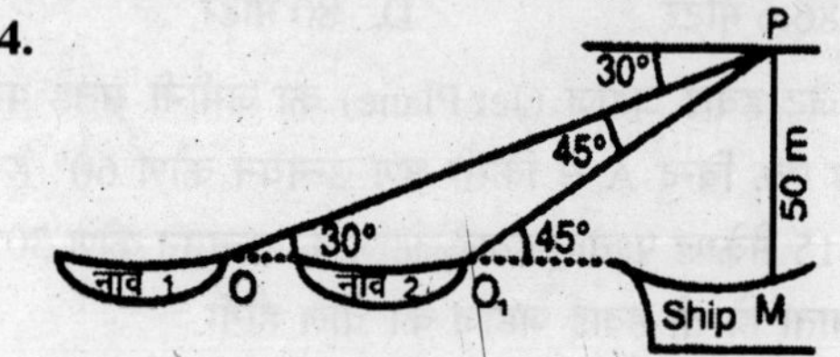

$$\tan \alpha = \frac{MP}{OM}$$

$$= \frac{MP}{\sqrt{3}\,MP} = \frac{1}{\sqrt{3}}$$

$$= \tan \alpha = \tan 30° \Rightarrow \alpha = 30°$$

4.

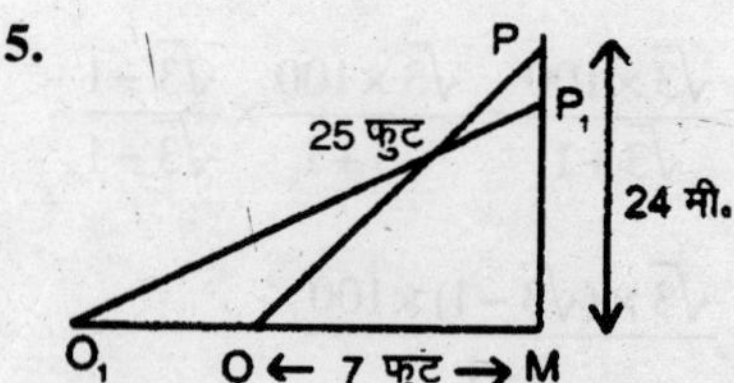

$\because$ $\tan 30° = \dfrac{MP}{OM} \Rightarrow OM = \sqrt{3}MP$ ...(*i*)

तथा $\tan 45° = \dfrac{MP}{O_1M} \Rightarrow MP = O_1M$ ...(*ii*)

परन्तु $MP = 50$ मी. समी. (*ii*) से,

$\therefore$ $O_1M = 50$ मी.

इसी प्रकार, $OM = \sqrt{3} \times 50$ मी.

चूँकि $OO_1 = OM - O_1M$

$\therefore$ $OO_1 = 50\sqrt{3} - 50 = 50(\sqrt{3} - 1)$ मी.

5.

$\therefore$ $OM = 7$ फुट तथा

$OP = 25$ फुट

$\therefore$ समकोण ΔOMP में,

$$OM^2 + MP^2 = OP^2$$

$\therefore$ $MP^2 = OP^2 - OM^2 = (25)^2 - (7)^2$

$= 625 - 49 = 576$

$\Rightarrow$ $MP = 24$ फुट

अब सीढ़ी दीवार से 4 फुट खिसक जाती है। तब,

$PP_1 = 4$ फुट

$\Rightarrow$ $MP_1 = MP - PP_1$

$= 24 - 4 = 20$ फुट

$\because$ $O_1P_1 = OP$

$= 25$ फुट

समकोण ΔO_1MP_1 में,

$$O_1M^2 + MP_1^{\,2} = O_1P_1^{\,2}$$

$\Rightarrow$ $O_1M^2 = O_1P_1^{\,2} - MP_1^{\,2}$

$= (25)^2 - (20)^2$

$= 625 - 400 = 225$

$\Rightarrow$ $O_1M = 15$ फुट

चूँकि $OO_1 = O_1M - OM$

$= 15 - 7 = 8$ फुट

अतः सीढ़ी 8 फुट दूर खिसक जायेगी।

6. माना AB मीनार है जिसकी ऊँचाई $100\sqrt{3}$ मीटर है। माना मीनार के निम्नतम बिन्दु A से 100 मीटर की दूरी पर बिन्दु C स्थित है।

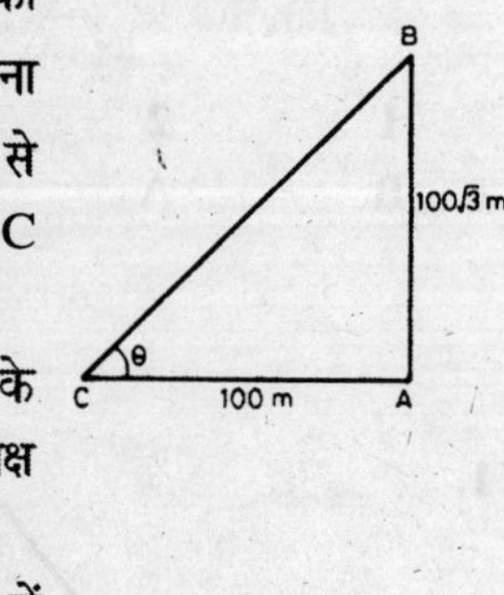

यह भी माना कि मीनार के शिखर B का बिन्दु C के सापेक्ष उन्नयन कोण θ है।

अब समकोण त्रिभुज CAB में,

$$\tan \theta = \frac{AB}{AC} = \frac{100\sqrt{3}}{100} = \sqrt{3}$$

$\Rightarrow$ $\tan \theta = \sqrt{3} = \tan 60°$

$\Rightarrow$ $\theta = 60°$

अतः मीनार के शिखर का उन्नयन कोण 60° होगा।

7. चित्र के अनुसार माना सीढ़ी AB दीवार OB के सहारे इस प्रकार झुकी है कि इसका उन्नतांश $\angle OAB = 60°$

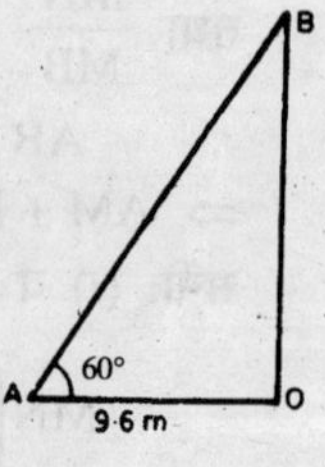

यह दिया गया है कि $OA = 9.6$ मीटर

अब हमें सीढ़ी की लम्बाई AB ज्ञात करनी है

माना $AB = x$

त्रिभुज AOB में

$$\cos 60° = \frac{AO}{AB}$$

$$\Rightarrow \quad AB = \frac{AO}{\cos 60°}$$

$$= \frac{9.6 \times 2}{1} \Rightarrow AB = 19.2 \text{ मीटर}$$

अतः सीढ़ी की लम्बाई = 19.2 मीटर

8. माना सीधी चट्टान OB है जिसकी ऊँचाई 150 मीटर है। A किसी क्षण (जब कि B से A का अवनमन कोण 30° हो) जहाज की स्थिति है, तो ∠OAB = 30°

ΔAOB में

$$\tan 30° = \frac{OB}{OA}$$

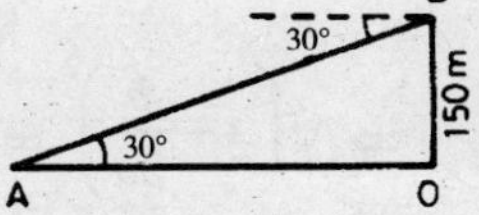

$$\Rightarrow \quad \tan 30° = \frac{150}{OA}$$

$$\Rightarrow \quad OA = \frac{150}{\tan 30°} = \frac{150}{1} \times \sqrt{3}$$

= 260 मीटर (लगभग)

अतः सीधी चट्टान के निचले सिरे से जहाज की क्षैतिज दूरी = 260 मीटर (लगभग)।

9. माना पतंग की स्थिति चित्र के अनुसार बिन्दु K पर है जिसके ठीक नीचे (ऊर्ध्वाधर दिशा में) बिन्दु A है। बिन्दु O व A दोनों एक ही तल (क्षैतिज तल) में इस प्रकार स्थित हैं कि OK = डोर की लम्बाई = 10 मीटर

माना AK = पतंग की ऊँचाई = h मीटर है तथा यह दिया गया है कि ∠AOK = 60°

अतः समकोण त्रिभुज OAK में

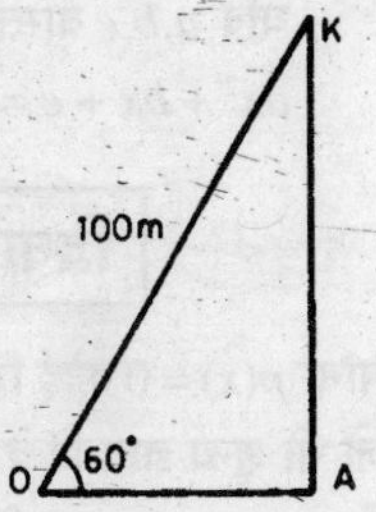

$$\Rightarrow \quad \sin 60° = \frac{AK}{OK}$$

$$\Rightarrow \quad \sin 60° = \frac{h}{100}$$

$$\Rightarrow \quad h = 100 \sin 60°$$

$$= 100\frac{\sqrt{3}}{2} = 50\sqrt{3} \text{ मीटर}$$

$$\Rightarrow \quad h = (50 \times 1.732) \text{ मीटर}$$

$$= 86.60 \text{ मीटर}$$

अतः पतंग की ऊँचाई = 86.60 मीटर

☆☆☆☆☆☆

22 द्विघातीय समीकरण (Quadratic Equation)

परिभाषाः यदि $p(x)$ कोई द्विघातीय व्यंजक हो तो $p(x)=0$ द्विघात समीकरण कहलाती है।

यदि a, b, c वास्तविक संख्याएँ हों तथा $a \neq 0$ तो $ax^2+bx+c=0$ द्विघात समीकरण का व्यापक रूप है।

द्विघात समीकरण के मूल

माना $p(x)=0$ कोई द्विघात समीकरण है, तो द्विघातीय व्यंजक के जो भी शून्य ज्ञात हों वे द्विघात समीकरण $p(x)=0$ के मूल कहलाते हैं। अतः $x=\alpha$, समीकरण $p(x)=0$ का मूल कहलायेगा यदि $p(\alpha)=0$ हो।

अर्थात् $x=\alpha$, द्विघात समीकरण $p(x)=0$ का मूल होगा $\Leftrightarrow p(\alpha)=0$.

द्विघात समीकरणों को गुणनखण्ड विधि से हल करना

माना द्विघात समीकरण $ax^2+bx+c=0$ है, (जहाँ $a \neq 0$) जिसके गुणनखण्ड करने हैं।

चरण 1. द्विघातीय व्यंजक ax^2+bx+c लेते हैं।

चरण 2. व्यंजक ax^2+bx+c के गुणनखण्ड उचित रीति लगाते हुए करते हैं। (मध्य पद को दो भागों में तोड़ते हुए या अन्य सामान्य सूत्रों का उपयोग करते हुए।) माना ये गुणनखण्ड $(px+q)$ तथा $(rx+s)$ हैं, जहाँ p, q, r व s वास्तविक संख्याएँ हैं तथा p व r अशून्य हैं।

चरण 3. इन गुणनखण्डों को पृथक-पृथक शून्य के बराबर रखते हुए x का मान ज्ञात करते हैं।
अर्थात् $px+q=0 \Rightarrow x=-q/p$

चरण 4. $x=-q/p$ तथा $x=-s/r$ (जहाँ $p, r \neq 0$) ही अभीष्ट हल हैं।

पूर्ण वर्ग बनाकर द्विघात समीकरण को हल करना

द्विघात समीकरण $ax^2+bx+c=0$ (जहाँ $a \neq 0$) में,

$$ax^2+bx+c=0 \qquad \text{....}(i)$$

$$\Rightarrow \quad x^2+\frac{b}{a}x+\frac{c}{a}=0$$

[समीकरण को a से विभाजित करने पर]

$$\Rightarrow \quad x^2+\frac{b}{a}x=-\frac{c}{a}$$

$$\Rightarrow \quad x^2+\frac{b}{a}x+\left(\frac{b}{2a}\right)^2=-\frac{c}{a}+\left(\frac{b}{2a}\right)^2$$

[दोनों तरफ $\left(\frac{b}{2a}\right)^2$ जोड़ने पर]

$$\Rightarrow \quad \left(x+\frac{b}{2a}\right)^2=\left[\frac{b^2-4ac}{4a^2}\right]$$

$$\Rightarrow \quad x+\frac{b}{2a}=\pm\frac{\sqrt{b^2-4ac}}{2a}$$

[दोनों तरफ वर्गमूल लेने पर, यह मानते हुए कि $b^2-4ac \geq 0$]

$$\Rightarrow \quad x=\frac{-b}{2a}\pm\frac{\sqrt{b^2-4ac}}{2a}$$

$$\Rightarrow \quad x=\frac{-b\pm\sqrt{b^2-4ac}}{2a}$$

$$\Rightarrow \quad \alpha=\frac{-b+\sqrt{b^2-4ac}}{2a}$$

$$\text{तथा } \beta=\frac{-b-\sqrt{b^2-4ac}}{2a}$$

यदि द्विघात समीकरण $ax^2+bx+c=0$ $(a \neq 0)$ है तो $D=b^2-4ac$ इसका विवेचक कहलाता है तथा यदि

(*i*) $D>0$ तो समीकरण के दो वास्तविक व असमान मूल होंगे जिनको α व β से निम्न प्रकार प्रदर्शित किया जा सकता है:

$$\alpha=\frac{-b+\sqrt{b^2-4ac}}{2a}=\frac{-b+\sqrt{D}}{2a}$$

तथा $\beta = \dfrac{-b-\sqrt{b^2-4ac}}{2a} = \dfrac{-b-\sqrt{D}}{2a}$

(*ii*) यदि $D = 0$ हो तो $\alpha = \dfrac{-b}{2a} = \beta$ अर्थात् समीकरण के मूल समान होंगे व प्रत्येक मूल $\dfrac{-b}{2a}$ के बराबर होगा।

(*iii*) यदि $D < 0$ हो तो समीकरण के मूल वास्तविक नहीं होंगे अर्थात् इस स्थिति में समीकरण के मूल काल्पनिक होंगे।

$ax^4 + bx^2 + c = 0$ के रूप वाले समीकरणों को हल करनाः

चरण 1 : $x^2 = y$ मानते हुए x^2 के स्थान पर y तथा x^4 के स्थान पर y^2 रखें ताकि y में द्विघात समीकरण प्राप्त हो।

चरण 2: विचर y में प्राप्त द्विघात समीकरण को गुणनखण्ड विधि का उपयोग कर हल करें।

चरण 3: चरण 2 से प्राप्त समीकरण के हलों में से y के वे मान लें जो कि धनात्मक (+ve) हों। माना ये α व β हैं।

चरण 4: समीकरण $x^2 = \alpha$ व $x^2 = \beta$ को हल करें।

समीकरण $a.\{p(x)\}^2 + b.\{p(x)\} + c = 0$ के रूप [जहाँ $p(x), x$ के पदों में कोई व्यंजक हैं तथा a, b, c वास्तविक संख्याएँ हैं] वाली समीकरण को हल करना।

चरण 1: माना समीकरण $a.\{p(x)\}^2 + b.\{p(x)\} + c = 0$ है जहाँ $p(x)$ कोई व्यंजक है तथा $a, b, c \in R$ हैं।

चरण 2: $p(x) = y$ मानें तथा $\{p(x)\}^2$ के स्थान पर y^2 रखें। इस प्रकार चरण 1 वाली समीकरण $ay^2 + by + c = 0$ के रूप में होगा।

चरण 3: द्विघात समीकरण $ay^2 + by + c = 0$ को द्विघात समीकरण हल करने की किसी भी विधि का उपयोग करते हुए हल करें। माना ये हल $y = \alpha$ व $y = \beta$ हैं।

चरण 4: y का मान रखते हुए समीकरण $p(x) = \alpha$ व $p(x) = \beta$ को हल करके x के मान ज्ञात करें।

$p(x) + \dfrac{b}{p(x)} = c,$ के रूप वाले समीकरणों को हल करना।

चरण 1: माना यह $a.p(x) + \dfrac{b}{p(x)} = c$ है।

चरण 2: समीकरण में $p(x) = y$ मानकर द्विघात समीकरण $ay^2 - cy + b = 0$ प्राप्त करें।

चरण 3: द्विघात समीकरण $ay^2 - cy + b = 0$ को किसी भी सूत्र की सहायता से हल करके इसके मूल (वास्तविक) ज्ञात करें। माना ये मूल $y = \alpha$ व $y = \beta$ हैं।

चरण 4: y का मान पुनः प्रतिस्थापित करते हुए समीकरण $p(x) = \alpha$ व $p(x) = \beta$ को हल करें।

$$a\left[x^2 + \frac{1}{x^2}\right] + b\left[x + \frac{1}{x}\right] + c = 0 \qquad ...(i)$$

$$\text{व} \quad a\left[x^2 + \frac{1}{x^2}\right] + b\left[x - \frac{1}{x}\right] + c = 0 \qquad ...(ii)$$

जैसे समीकरण को हल करना।

चरण 1: यदि दिये गए समीकरण b का गुणांक $x + \dfrac{1}{x}$ हो तो $x^2 + \dfrac{1}{x^2}$ के स्थान पर $\left(x + \dfrac{1}{x}\right)^2 - 2$ रखें तथा $x + \dfrac{1}{x} = y$ मानकर इसे द्विघात समीकरण में बदलें।

यदि समीकरण में b का गुणांक $x - \dfrac{1}{x}$ हो तो $x^2 + \dfrac{1}{x^2}$ के स्थान पर $\left(x - \dfrac{1}{x}\right)^2 + 2$ रखें। तत्पश्चात् $x - \dfrac{1}{x} = y$ मानकर इसे द्विघात समीकरण के रूप में बदलें।

चरण 2: चरण 1 से प्राप्त y के पदों में द्विघातीय समीकरण को हल करें।

चरण 3 : चरण 2 से प्राप्त y के मानों को $x + \dfrac{1}{x}$ या $x - \dfrac{1}{x}$ के बराबर (स्थिति के अनुसार) रखकर x के पदों में द्विघात समीकरण बनाएँ।

चरण 4: चरण 3 से प्राप्त द्विघात समीकरणों को हल करके x के मान ज्ञात करें।

$(x + a)(x + b)(x + c) = 0$ जैसे समीकरण को हल करना। जहाँ $a + b = c + d$

चरण 1: समीकरण $(x + a)(x + b)(x + c)(x + d) + k = 0$ लें।

चरण 2: इस समीकरण को $\{(x + a)(x + b)\}\{x + c)(x + d)\} + k = 0$ के रूप में लिखें।

चरण 3: $x^2 + x(a+b) = x^2 + x(c+d) = y$ रखकर इसे y के पदों में द्विघात समीकरण बनाएँ। जो कि इस प्रकार होगाः

$(y+ab)(y+cd)+k=0$

चरण 4: चरण 3 से प्राप्त द्विघात समीकरण को हल करें। माना इसके हल $y = y_1$ व $y = y_2$ हैं।

प्रश्न 5: अब $x^2 + x(a+b)$ को y_1 व y_2 के बराबर रखते हुए x के पदों में दो द्विघात समीकरण प्राप्त करके इन्हें हल करें।

$\sqrt{ax+b} = cx+d$ जैसे समीकरण को हल करनाः

चरण 1: दिया गया समीकरण लें, माना यह $\sqrt{ax+b} = cx+d$ है।

चरण 2: दोनों तरफ वर्ग करते हुए इसे $ax+b = (cx+d)^2$ के रूप में प्राप्त करें। जिसे आगे हल करते हुए निम्न प्रकार द्विघात समीकरण के रूप में लिखें।

$c^2x^2 + (2cd-a)x + d^2 - b = 0$

चरण 3: चरण 2 से प्राप्त द्विघात समीकरण को हल करके x के मान ज्ञात करें।

चरण 4: चरण 3 से प्राप्त समीकरण के उन मूलों को छोड़ दें जो कि $ax+b \geq 0$ व $cx+d \geq 0$ को सन्तुष्ट नहीं करते। x के शेष मान, अर्थात् समीकरण के बाकी मूल ही इसके हल होंगे।

$\sqrt{ax^2+bx} = dx+e$ जैसे समीकरण को हल करनाः

चरण 1: दिया गया समीकरण लें। माना यह समीकरण $\sqrt{ax^2+bx+c} = dx+e$ है।

चरण 2 : चरण 1 से प्राप्त समीकरण का दोनों तरफ वर्ग करें तथा निम्न प्रकार द्विघात समीकरण बनाएँ।

$$ax^2+bx+c = (dx+e)^2 = d^2x^2 + 2dex + e^2$$
$$\Rightarrow (a-d^2)x^2 + (b-2de)x + (c-e^2) = 0$$

चरण 3: चरण 2 से प्राप्त द्विघात समीकरण को सरलतम रीति से हल करें।

चरण 4: $ax^2+bx+c \geq 0$ व $dx+e \geq 0$ लेते हुए दो असमिकाएँ (Inequalities) बनाएँ।

चरण 5: चरण 3 से प्राप्त x के मानों के समुच्चय में से केवल उन मानों को चुनें जो कि चरण 4 में दी गई असमिकाओं को असन्तुष्ट करते हों। अर्थात् जो $ax^2+bx+c \geq 0$ व $dx+e \geq 0$ को सन्तुष्ट करते हों। शेष मानों का हल समुच्चय में शामिल नहीं करना है क्योंकि ये अतिरिक्तावर्ती मूल हैं।

चरण 6: चरण 5 से प्राप्त हल समीकरण का उचित हल समुच्चय है।

$\sqrt{ax+b} + \sqrt{cx+d} = e$ जैसे समीकरणों को हल करनाः

चरण 1: दिया गया समीकरण लें। माना समीकरण $\sqrt{ax+b} \pm \sqrt{cx-d} = e$ है।

चरण 2: दोनों से किसी एक व्यंजक को (जोकि वर्गमूल में है) बाईं तरफ से दाईं तरफ उचित चिह्न बदलते हुए स्थानान्तरित करें। अर्थात् $\sqrt{ax+b} = e \mp \sqrt{cx+d}$

चरण 3: चरण 2 से प्राप्त समीकरण को दोनों तरफ वर्ग करें तथा इस प्रकार सरल करें कि वर्गमूल वाला व्यंजक एक तरफ व शेष राशियाँ दूसरी तरफ रहें

अर्थात् $ax+b = \left(e \mp \sqrt{cx+d}\right)^2$

$$\Rightarrow \quad ax+b = e^2 + cx + d \mp 2e\sqrt{cx+d}$$
$$\Rightarrow (a-c)x + b - e^2 = \mp 2e\sqrt{cx+d}$$

चरण 4: चरण 3 से प्राप्त समीकरण को पुनः दोनों तरफ वर्ग करें तथा सरल करते हुए एक द्विघात समीकरण प्राप्त करें।

चरण 5: चरण 4 से प्राप्त द्विघात समीकरण को हल करें।

चरण 6: समीकरण के वे हल जो कि सम्बन्धों $ax+b \geq 0$ व $cx+d \geq 0$ को सन्तुष्ट नहीं करते उन्हें छोड़कर बाकी हल ज्ञात करें। जोकि $ax+b \geq 0$ व $cx+d \geq 0$ को संतुष्ट करते हों।

चरण 7: x के ये ही मान जो कि सम्बन्ध $ax+b \geq 0$ व $cx+d \geq 0$ को सन्तुष्ट करते हों, समीकरण का हल समुच्चय बनाते हैं।

कुछ उपयोगी परिणाम

(i) $ax - b > 0 \Rightarrow x > \frac{b}{a}$ यदि $a > 0$ तथा $x < \frac{b}{a}$ यदि $a < 0$

(ii) $x^2 - a^2 > 0 \Rightarrow x < a$ या $x > a$

(iii) $x^2 - a^2 \geq 0 \Rightarrow x \leq -a$ या $x \geq a$

(iv) $x^2 - a^2 < 0 \Rightarrow -a < x < a$

(v) $(x-a)(x-b) > 0, a < b \Rightarrow x < a$ या $x > b$

(vi) $(x-a)(x-b) < 0, a < b \Rightarrow a < x < b$

समीकरण के मूलों का सममित फलन

माना समीकरण $ax^2 + bx + c = 0$ के मूल α एवं β हैं तो $\alpha+\beta = -\frac{b}{a}$ तथा $\alpha\beta = \frac{c}{a}$.

(i) $\alpha^2+\beta^2=(\alpha+\beta)^2-2\alpha\beta$

(ii) $\alpha^3+\beta^3=(\alpha+\beta)^3-3\alpha\beta(\alpha+\beta)$

(iii) $\alpha^4+\beta^4=\left[(\alpha+\beta)^2-2\alpha\beta\right]^2-2(\alpha\beta)^2$

(iv) $\alpha-\beta=\sqrt{(\alpha+\beta)^2-4\alpha\beta}$

(v) $\alpha^2-\beta^2=\sqrt{(\alpha+\beta)^2-4\alpha\beta}.(\alpha+\beta)$

द्विघात समीकरण के मूलों व गुणांकों में सम्बन्ध

माना कि द्विघात समीकरण $ax^2+bx+c=0$ के मूल α व β हैं। जहाँ $a \neq 0$ तो

$$\alpha = \frac{-b+\sqrt{b^2-4ac}}{2a}$$

तथा $\beta = \frac{-b-\sqrt{b^2-4ac}}{2a}$ होंगे।

$\therefore$ मूलों का योग $= \alpha+\beta = \frac{-b+\sqrt{b^2-4ac}}{2a} + \frac{-b-\sqrt{b^2-4ac}}{2a}$

$$= \frac{-b+\sqrt{b^2-4ac}+(-b)-\sqrt{b^2-4ac}}{2a} = -\frac{2b}{2a} = -\frac{b}{a}$$

अर्थात् मूलों का योगफल $= -\left(\frac{x \text{ का गुणांक}}{x^2 \text{ का गुणांक}}\right)$

मूलों का गुणनफल

$$= \alpha\beta = \left(\frac{-b+\sqrt{b^2-4ac}}{2a}\right).\left(\frac{-b-\sqrt{b^2-4ac}}{2a}\right)$$

$$= \frac{\left(b-\sqrt{b^2-4ac}\right)\left(b+\sqrt{b^2-4ac}\right)}{4a^2}$$

$$= \frac{b^2-b^2+4ac}{4a^2} = \frac{4ac}{4a^2} = \frac{c}{a}$$

अर्थात् मूलों का गुणनफल $= \frac{c}{a} = \frac{\text{अचर पद}}{x^2 \text{ का गुणांक}}$

इस प्रकार यदि α व β द्विघात समीकरण $ax^2+bx+c=0$ के मूल हों, तोः

$$\alpha+\beta = \frac{-b}{a} = -\frac{x \text{ अचर पद}}{x^2 \text{ का गुणांक}}$$

तथा $\alpha\beta = \frac{c}{a} = \frac{\text{अचर पद}}{x^2 \text{ का गुणांक}}$

प्रश्नमाला

1. यदि समीकरणों $x^2 - bx + c = 0$ व $x^2 - cx + b = 0$ के मूलों का अन्तर समान हो, तो $b + c$ का मान है–

A. 4 B. 1
C. 0 D. –4

2. यदि x वास्तविक है, तो $x^2 - 8x + 17$ का न्यूनतम मान होगा–

A. –1 B. 0
C. 1 D. 2

3. k का वह मान जिसके लिए समीकरण $2x^2 - kx + x + 8 = 0$ के मूल वास्तविक एवं बराबर हों, है–

A. –9 व –7 B. 9 व 7
C. –9 व 7 D. 9 व –7

4. वह द्विघातीय समीकरण जिसके गुणांक वास्तविक हैं तथा जिसका एक मूल $7 + 5i$ है, होगा–

A. $x^2 - 14x + 74 = 0$ B. $x^2 + 14x + 74 = 0$
C. $x^2 - 14x - 74 = 0$ D. $x^2 + 14x - 74 = 0$

5. यदि $x^2 + bx + 1$, व्यंजक $ax^3 + bx + c$ का एक गुणनखण्ड हो, तो –

A. $a^2 + c^2 = -ab$ B. $a^2 - c^2 = -ab$
C. $a^2 - c^2 = ab$ D. इनमें से कोई नहीं

6. यदि l, m, n वास्तविक हों व $l \neq m$, तो समीकरण $(l - m)x^2 - 5(l + m)x - 2(l - m) = 0$ के मूल होंगे–

A. सम्मिश्र B. वास्तविक व भिन्न
C. वास्तविक व समान D. इनमें से कोई नहीं

7. यदि समीकरण $x^2 - 8x + (a^2 - 6a) = 0$ के मूल वास्तविक हों, तो

A. $-2 < a < 8$ B. $2 < a < 8$
C. $-2 \leq a \leq 8$ D. $2 \leq a \leq 8$

8. यदि समीकरणों $k(6x^2 + 3) + rx + 2x^2 - 1 = 0$ व $6k(2x^2 + 1) + px + 4x^2 - 2 = 0$ के दोनों मूल उभयनिष्ठ हों, तो $2r - p$ का मान होगा–

A. –1 B. 0
C. 1 D. 2

9. यदि समीकरण $x^2 + x + 1 = 0$ के मूल α, β तथा समीकरण $x^2 + px + q = 0$ के मूल $\frac{\alpha}{\beta}, \frac{\beta}{\alpha}$ हों तो p का मान–

A. –2 B. –1
C. 1 D. 2

10. यदि समीकरण $x^2 + 2mx + m^2 - 2m + 6 = 0$ के मूल बराबर हों, तो m का मान होगा–

A. 3 B. 0
C. 2 D. –1

11. यदि समीकरण $x^3 - 3x + 2 = 0$ के दो मूल बराबर हों, तो मूल होंगे–

A. 2, 2, 3 B. 1, 1, –2
C. –2, 3, 3 D. –2, 2, 1

12. यदि समीकरण $a(b - c)x^2 + (c - a)x + c(a - b) = 0$ का एक मूल 1 हो, तो दूसरा मूल होगा–

A. $\frac{a(b-c)}{b(c-a)}$ B. $\frac{b(c-a)}{a(b-a)}$
C. $\frac{c(a-b)}{a(b-c)}$ D. इनमें से कोई नहीं

13. यदि α, β द्विघातीय समीकरण $ax^2 + bx + c = 0$ के मूल हों और k कोई वास्तविक संख्या है, तो वह प्रतिबन्ध जिसके लिए $a < k < b$ है, होगा–

A. $ac > 0$ B. $ak^2 + bk + c = 0$
C. $ac < 0$ D. $a^2k^2 + abk + ac < 0$

14. यदि समीकरण $ix^2 - 2(i + 1)x + (2 - i) = 0$ का एक मूल $2 - i$, हो तो समीकरण का दूसरा मूल होगा–

A. $-i$ B. i
C. $2 + i$ D. $2 - i$

15. यदि $x^2 - hx - 21 = 0, x^2 - 3hx + 35 = 0$ $(h > 0)$ एक उभयनिष्ठ-मूल रखते हैं, तब h का मान है–

A. 1 B. 2
C. 3 D. 4

16. यदि $\left|\alpha^2 - \beta^2\right| = \frac{7}{4}$, जहाँ α, β समीकरण $2x^2 + 7x + c = 0$ के मूल हों, तो c का मान है–

A. 4 B. 0
C. 6 D. 2

17. यदि α और β, समीकरण $2x^2 - 7x + 6 = 0$ के मूल हों, तब समीकरण जिसके मूल α^2 और β^2 हैं, होगा–

A. $4x^2 + 73x + 36 = 0$ B. $4x^2 + 25x + 36 = 0$
C. $4x^2 - 25x + 36 = 0$ D. $4x^2 + 25x - 36 = 0$

18. यदि $x = \sqrt{6 + \sqrt{6 + \sqrt{6 + \ldots\ldots\infty}}}$ हो, तब–

A. x एक अपरिमेय संख्या है B. $2 < x < 3$
C. $x = 3$ D. इनमें से कोई नहीं

उत्तरमाला

1	2	3	4	5	6	7	8	9	10
D	C	D	A	C	B	C	B	C	A
11	**12**	**13**	**14**	**15**	**16**	**17**	**18**		
B	C	D	A	D	C	C	C		

व्याख्यात्मक उत्तर

1. माना समीकरण $x^2 - bx + c = 0$ के मूल α और β हैं, तब $\alpha + \beta = b; \alpha\beta = c$

$$\therefore \quad \alpha - \beta = \sqrt{(\alpha+\beta)^2 - 4\alpha\beta}$$

$$= \sqrt{b^2 - 4c} \quad ...(i)$$

दोबारा, माना समीकरण $x^2 - cx + b$ के मूल γ और δ हैं, तब $\gamma + \delta = c, \gamma\delta = b$

$$\therefore \quad \gamma - \delta = \sqrt{(\gamma+\delta)^2 - 4\gamma\delta}$$

$$= \sqrt{c^2 - 4b} \quad ...(ii)$$

दिया है: $\alpha - \beta = \gamma - \delta$

$\Rightarrow b^2 - 4c = c^2 - 4b$

$\Rightarrow b^2 - c^2 = 4c - 4b$

$\Rightarrow (b - c)(b + c) = 4(c - b)$

$\Rightarrow b + c = -4.$

2. $x^2 - 8x + 17 = (x - 4)^2 + 1 \geq 1$

[$\because (x - 4)^2 \geq 0$, x के सभी वास्तविक मानों के लिए]

3. वास्तविक एवं बराबर मूलों के लिए,

$$D = b^2 - 4ac = 0$$

$\Rightarrow (-k + 1)^2 - 4(2)(8) = 0$

$\Rightarrow k^2 - 2k - 63 = 0$

$\Rightarrow k = -7$ or 9.

4. हम जानते हैं कि $a + ib$ यदि एक मूल है तो दूसरा मूल $a - ib$ होगा। अतः दूसरा मूल $7 - 5i$ होगा।

$\therefore$ मूलों का योग $= (7 + 5i) + (7 - 5i) = 14$

मूलों का गुणनफल $= (7 + 5i)(7 - 5i)$

$= 49 + 25 = 74$

अतः अभीष्ट समीकरण निम्न है–

$x^2 - 14x + 74 = 0.$

5. $ax^3 + bx + c$

$= (x^2 + bx + 1)(ax - ab) + x(b - a + ab^2) + (c + ab)$

यदि $x^2 + bx + 1$, व्यंजक $ax^3 + bx + c$ का एक गुणनखण्ड हो, तो $x(b - a + ab^2) + c + ab = 0$

$\Rightarrow b - a + ab^2 = 0$

या $\quad c + ab = 0 \Rightarrow b = -\dfrac{c}{a}$

$$= -\frac{c}{a} - a + a\left(-\frac{c}{a}\right)^2 = 0$$

$\Rightarrow -c - a^2 + c^2 = 0$

$\Rightarrow ab - a^2 + c^2 = 0 \quad [\because c = -ab]$

$\Rightarrow a^2 - c^2 = ab.$

6. $D = b^2 - 4ac$

$= \{-5(l + m)\}^2 - 4\{(l - m)(-2)(l - m)\}$

$= 25(l + m)^2 + 8(l - m)^2$

चूँकि $l \neq m, D \geq 0$, अतः दिए गए समीकरण के मूल वास्तविक व भिन्न हैं।

7. वास्तविक मूल के लिए $D \geq 0 \Rightarrow b^2 - 4ac \geq 0$

$\Rightarrow (-8)^2 - 4(a^2 - 6a) \geq 0$

$\Rightarrow 4a^2 - 24a - 64 \leq 0$

$\Rightarrow (a - 8)(a + 2) \leq 0$

$\Rightarrow -2 \leq a \leq 8.$

8. दिए गए समीकरण इस प्रकार हैं–

$$(6k + 2)x^2 + rx + (3k - 1) = 0 \quad ...(i)$$

और $\quad (12k + 4)x^2 + px + (6k - 2) = 0$

$$\Rightarrow \quad (6k + 2)x^2 + \frac{p}{2}x + (3k - 1) = 0 \quad ...(ii)$$

समीकरण (i) और (ii) की तुलना करने पर,

$r = \dfrac{p}{2} \Rightarrow 2r - p = 0.$

9. $\alpha + \beta = -1; \alpha\beta = 1$

$$\therefore \frac{\alpha}{\beta} + \frac{\beta}{\alpha} = -p \ ; \ \frac{\alpha}{\beta}.\frac{\beta}{\alpha} = q = 1$$

$$\Rightarrow \frac{\alpha^2 + \beta^2}{\alpha\beta} = -p \Rightarrow \frac{(\alpha+\beta)^2 - 2\alpha\beta}{\alpha\beta} = -p$$

$$\Rightarrow \frac{(-1)^2 - 2(1)}{1} = -p \Rightarrow p = 1.$$

10. माना समीकरण $x^2 + 2mx + (m^2 - 2m + 6)$ के मूल α और α हैं।

$\alpha + \alpha = -2m; \alpha.\alpha = m^2 - 2m + 6$

$\Rightarrow \alpha = -m; \alpha^2 = m^2 - 2m + 6$

$\therefore m^2 = m^2 - 2m + 6 \Rightarrow m = 3.$

11. माना समीकरण $x^2 - 3x + 2 = 0$ के तीन मूल α, α और β हैं।

$$\alpha + \alpha + \beta = 0; \alpha\beta + \alpha\alpha + \beta\alpha = -3$$
$$\alpha\alpha\beta = -2$$
$$\Rightarrow \quad 2\alpha + \beta = 0; \alpha^2 + 2\alpha\beta = -3; \alpha^2\beta = -2$$
$$\Rightarrow \quad \beta = -2\alpha$$
$$\therefore \quad \alpha^2(-2\alpha) = -2 \Rightarrow \alpha = 1 \therefore \beta = -2$$

अतः 1, 1, –2 तीन मूल हैं।

12. माना समीकरण $a(b-c)x^2 + (c-a)x + c(a-b) = 0$ के दो मूल α और 1 हैं।

$$\alpha + 1 = -\frac{(c-a)}{a(b-c)}$$
$$\alpha \times 1 = \frac{c(a-b)}{a(b-c)} \Rightarrow \alpha = \frac{c(a-b)}{a(b-c)}.$$

13. दिया है, द्विघातीय समीकरण $ax^2 + bx + c = 0$ के दो मूल α और β हैं।

$$a\alpha^2 + b\alpha + c = 0 \qquad ...(i)$$
$$a\beta^2 + b\beta + c = 0 \qquad ...(ii)$$

समीकरण (*i*) और (*ii*) को हल करने पर,

$$a(\alpha + \beta) + b = 0.$$

यदि k कोई वास्तविक संख्या है,

$$a(ak^2 + bk + c) < 0$$
$$\Rightarrow \quad a^2k^2 + abk + ac < 0.$$

14. माना समीकरण $ix^2 - 2(i+1)x + (2-i) = 0$ के दो मूल α और $2 - i$ हैं।

$$\alpha + (2 - i) = \frac{2(i+1)}{i};$$
$$\alpha(2 - i) = \frac{(2-i)}{i} \Rightarrow \alpha = -i.$$

15. चूँकि दिए गए समीकरणों $x^2 - hx - 21 = 0$ तथा $x^2 - 3hx + 35 = 0$ का उभयनिष्ठ मूल A है, अतः

$$A^2 - hA - 21 = 0 \qquad ...(i)$$
$$A^2 - 3hA + 35 = 0 \qquad ...(ii)$$

समीकरण (*i*) व (*ii*) को वज्रगुणन विधि से हल करने पर,

$$\frac{A^2}{(-h)(35)-(-3h)(-21)} = \frac{A}{(-21)-(35)} = \frac{1}{(-3h)-(-h)}$$
$$\Rightarrow \quad \frac{A^2}{-98h} = \frac{A}{-56} = \frac{1}{-2h}$$
$$\therefore \quad A^2 = \frac{-98h}{-2h} \text{ तथा } A = \frac{-98h}{-56}$$
$$\Rightarrow \quad A = 7 \text{ तथा } A = \frac{7}{4}h$$
$$\therefore \quad h = 4.$$

16. $\alpha + \beta = -\frac{7}{2}$ तथा $\alpha\beta = \frac{c}{2}$

$$\therefore \quad \left|\alpha^2 - \beta^2\right| = \frac{7}{4}$$
$$\Rightarrow \quad \alpha^2 - \beta^2 = \pm\frac{7}{4}$$
$$\Rightarrow \quad (\alpha + \beta)(\alpha - \beta) = \frac{n}{2}[2\times 88° + (n-1)\times 10°]$$
$$\Rightarrow -\frac{7}{2}\left[\sqrt{\left(-\frac{7}{2}\right)^2 - 2c}\right] = \pm\frac{7}{4}$$
$$\Rightarrow \quad \sqrt{49-8c} = 1$$
$$\Rightarrow \quad c = 6.$$

17. $\alpha + \beta = \frac{7}{2}, \alpha\beta = \frac{6}{2} = 3$

$$\therefore \quad \alpha^2 + \beta^2 = (\alpha + \beta)^2 - 2\alpha\beta$$
$$= \frac{49}{4} - 6 = \frac{25}{4}$$
$$\alpha^2\beta^2 = (\alpha\beta)^2 = 9$$

अतः वह समीकरण जिसके मूल α^2 और β^2 हैं, है

$$x^2 - \frac{25}{4}x + 9 = 0$$
$$\Rightarrow \quad 4x^2 - 25x + 36 = 0.$$

18.
$$x = \sqrt{6 + \sqrt{6 + \sqrt{6 + ...}}}$$
$$\Rightarrow \quad x = \sqrt{6 + x}$$
$$\Rightarrow \quad x^2 - x - 6 = 0$$
$$\Rightarrow \quad x = 3, -2$$

लेकिन $x \neq -2, x = 3.$

☆☆☆☆☆☆

23 श्रेणियाँ (Progressions)

समान्तर श्रेणी

वह अनुक्रम जिसके किसी दो क्रमागत पदों का अन्तर सदैव अचर हो, समान्तर श्रेणी कहते हैं।
अनुक्रम के किसी एक पद एवं अगले पद के अन्तर को सार्वअन्तर (Common difference) कहते हैं।

जैसेः $a, a+d, a+2d, a+3d, ...$

अतः प्रथम पद $= a$

सार्वअन्तर $= d$

श्रेणी का nवाँ पद $T_n = a + (n-1)d$

श्रेणी के n पदों का योगफल $S_n = \frac{n}{2}[2a+(n-1)d]$

$$= \frac{n}{2}(a+l)$$

कुछ महत्त्वपूर्ण परिणाम

(*i*) यदि किसी समान्तर श्रेणी के n पदों का योग S_n से निरूपित हो तो श्रेणी का nवां पद $T_n = S_n - S_{n-1}$, जहाँ $n > 1$.

(*ii*) किसी n पदों के समान्तर श्रेणी में अन्त से kवाँ पद $= l + (k-1)(-d)$ जहाँ l अन्तिम पद और d सार्वअन्तर है।

(*iii*) समान्तर श्रेणी के प्रारम्भ और अन्त में समान दूरी वाले पदों का योगफल अचर होता है।

(*iv*) सम पदों वाली समान्तर श्रेणी में दो मध्य पद $(n/2)$वाँ पद एवं $\frac{n+2}{2}$ वाँ पद होगा।

(*v*) विषम पदों वाली समान्तर श्रेणी में एक मध्य पद $\frac{n+1}{2}$ वाँ पद होगा।

(*vi*) समान्तर श्रेणी में तीन पद क्रमशः $a-d, a$ एवं $a+d$ होते हैं।

(*vii*) समान्तर श्रेणी में चार पद क्रमशः $a-3d, a-d, a+d$ तथा $a+3d$ होते हैं।

(*viii*) समान्तर श्रेणी में पाँच पद क्रमशः $a-2d, a-d, a, a+d$ एवं $a+2d$ होते हैं।

समान्तर माध्य

(*i*) दो राशियों a एवं b के बीच समान्तर माध्य $= \frac{a+b}{2}$

(*ii*) यदि दो राशियों के बीच n समान्तर माध्य पद हो अर्थात् $a, A_1, A_2, A_3 \ldots\ldots\ldots A_n, b$

तो, $A_1 = \frac{an+b}{n+1}$, $A_2 = \frac{a(n-1)+2b}{n+1}$

$A_3 = \frac{a(n-2)+3b}{n+1}$ ..... $A_n = \frac{a+nb}{n+1}$ होंगे।

गुणोत्तर श्रेणी

यदि किसी अनुक्रम का कोई पद तथा इसके पूर्व पद का अनुपात सदैव अचर हो तब उसे गुणोत्तर श्रेणी कहते हैं, जैसेः $a_1, a_2, a_3, \ldots a_n$ गुणोत्तर श्रेणी हो तो,

$$\frac{a_2}{a_1} = \frac{a_3}{a_2} = \frac{a_4}{a_3} = \ldots\ldots = \frac{a_n}{a_{n-1}} = r$$

अचर पद अर्थात् r को श्रेणी का सार्वानुपात कहते हैं। गुणोत्तर श्रेणी a, ar, ar^2, ar^3 ...... में

प्रथम पद $= a$ एवं सार्वानुपात $= r$ है।

गुणोत्तर श्रेणी का n वाँ पद (n^{th} term of G.P.)

$$T_n = ar^{n-1}$$

यदि अन्तिम पद l हो तब, $l = ar^{n-1}$.

गुणोत्तर श्रेणी के n पदों का योगफल

$$S_n = \frac{a(r^n - 1)}{r - 1} \quad \text{जब } r > 1$$

$$S_n = \frac{a(1 - r^n)}{1 - r} \quad \text{जब } r < 1$$

गुणोत्तर श्रेणी के अनन्त पदों का योगफल

$$S_\infty = \frac{a}{1 - r} \quad \text{जहाँ } |r| < 1.$$

कुछ महत्वपूर्ण परिणाम

(*i*) किसी गुणोत्तर श्रेणी के n पदों का योग S हो, तो श्रेणी का n वाँ पद $t_n = S_n - S_{n-1}, n > 1$ तथा प्रथम पद $t_1 = S_1$ है।

(*ii*) गुणोत्तर श्रेणी के तीन क्रमागत पद $\frac{a}{r}, a, ar$ हैं।

(*iii*) गुणोत्तर श्रेणी के चार क्रमागत पद $\frac{a}{r^3}, \frac{a}{r}, ar, ar^3$ हैं।

(*iv*) गुणोत्तर श्रेणी के पांच क्रमागत पद क्रमशः

$\frac{a}{r^2}, \frac{a}{r}, a, ar, ar^2$ हैं।

गुणोत्तर माध्य

दो राशियों a और b के मध्य गुणोत्तर माध्य

$$G = \sqrt{ab}$$

(*a*) यदि दो राशियों a और b के मध्य n गुणोत्तर माध्य हो अर्थात्

$a, G_1, G_2, G_3, \ldots\ldots\ldots G_n\, b$

तो $G_1 = a\left(\frac{b}{a}\right)^{\frac{1}{n+1}}, \; G_2 = a\left(\frac{b}{a}\right)^{\frac{2}{n+1}} \ldots\ldots\ldots$

$$G_n = a\left(\frac{b}{a}\right)^{\frac{n}{n+1}}$$

(*b*) दो राशियों a व b के बीच n गुणोत्तर मध्य पदों का गुणनफल उन राशियों के गुणोत्तर माध्य की n वीं घात के बराबर होता है।

$$G_1, G_2, G_3 \ldots\ldots G_n = (ab)^{\frac{n}{2}} = (G)^n.$$

हरात्मक श्रेणी

वह श्रेणी जिसके पदों का व्युत्क्रम समान्तर श्रेणी में हो हरात्मक श्रेणी कहलाती है।

यदि $a_1, a_2, \ldots\ldots\ldots a_n$ हरात्मक श्रेणी में है, तब $\frac{1}{a_1}, \frac{1}{a_2}, \ldots\ldots \frac{1}{a_n}$ समान्तर श्रेणी में होंगे।

हरात्मक श्रेणी में n वाँ पद

$$T_n = \frac{a_1 a_2}{a_2 + (n-1)(a_1 - a_2)}$$

दो राशियों के बीच हरात्मक माध्य

यदि a एवं b दो राशि हैं तथा H हरात्मक माध्य है तो

$$\text{H} = \frac{2ab}{a + b}$$

समान्तर माध्य, गुणोत्तर माध्य एवं हरात्मक माध्य में संबंध : यदि a एवं b दो वास्तविक संख्या है तथा A, G, H क्रमशः स॰ मा॰, गुण मा॰ एवं ह॰ मा॰ हो तो

$$G^2 = AH \quad \text{तथा} \quad A > G > H$$

प्रश्नमाला

1. समान्तर श्रेणी : 2, 7, 12, ... का 10वाँ पद है :

A. 50
B. 40
C. 47
D. 49

2. वह समान्तर श्रेणी निर्धारित करें जिसका तीसरा पद 5 और 7 वाँ पद 9 है।

A. 1, 2, 3, ...
B. 2, 3, 4, ...
C. 3, 4, 5, 6, 7, ...
D. 9, 10, 11, 12, ...

3. समान्तर श्रेणी : 10, 7, 4, ..., –62 का अंतिम पद से (प्रथम पद की ओर) 11 वाँ पद ज्ञात करें।

A. –20 B. –32
C. –40 D. –10

4. एक प्रार्थना समारोह की पहली पंक्ति में 23 बच्चे हैं, दूसरी पंक्ति में 21 हैं, तीसरी पंक्ति में 19 बच्चे हैं, इत्यादि। उसकी अंतिम पंक्ति में 5 बच्चे हैं। इस प्रार्थना समारोह में बच्चों की कुल कितनी पंक्तियाँ हैं?

A. 5 B. 8
C. 10 D. 9

5. समान्तर श्रेणी : 8, 3, –2, ... के प्रथम 22 पदों का योग ज्ञात करें।

A. 980 B. –979
C. –991 D. 995

6. यदि किसी समान्तर श्रेणी के प्रथम 14 पदों का योग 1050 है तथा इसका प्रथम पद 10 हैं तो 20वाँ पद ज्ञात करें।

A. 100 B. 150
C. 200 D. 250

7. समान्तर श्रेणी : 24, 21, 18,... के कितने पद लिए जाएँ, ताकि उनका योग 78 हो?

A. 4, 13 B. 5, 12
C. 4, 9 D. 8, 13

8. 2 और 41 के बीच r समान्तर माध्य हैं। यदि चौथे और $(r-1)$ वें समान्तर माध्य का अनुपात 2:5 हो, तो r का मान क्या होगा?

A. 12 B. 13
C. 11 D. 10

9. किसी समान्तर श्रेणी का p वाँ पद $\frac{1}{q}$ है q वाँ पद $\frac{1}{p}$ है, तो $p\,q$ पदों का योगफल क्या होगा?

A. $\frac{pq}{2}$

B. $\frac{pq+1}{2}$

C. $\frac{pq-1}{2}$

D. 0

10. दो श्रेणियों के n पदों के योगफल में $(2n + 1) : (2n + 5)$ का अनुपात है, उनके चौथे पद का अनुपात क्या होगा?

A. $\frac{15}{19}$ B. $\frac{13}{19}$
C. $\frac{11}{19}$ D. $\frac{12}{19}$

11. किसी समान्तर श्रेणी के m पदों का योग वही है जो r पदों का है, तो $(m + r)$ पदों का योगफल प्राप्त करें।

A. 1 B. 2
C. 0 D. 3

12. 500 और 800 के बीच की उन संख्याओं का जो 6 से विभाज्य हैं, योगफल निकालें।

A. 32550 B. 32300
C. 25350 D. 10380

13. किसी चतुर्भुज के कोण समान्तर श्रेणी में हैं, उसका सार्वान्तर 10° है, तो चतुर्भुज का महत्तम कोण क्या होगा?

A. 120° B. 105°
C. 100° D. 110°

14. किसी सरल रेखीय आकृति के अन्तः कोण समान्तर श्रेणी में हैं, सबसे छोटा कोण 88° और सार्वान्तर 10° है। भुजाओं की संख्या निकालें।

A. 5 B. 6
C. 7 D. 4

15. एक गुणोत्तर श्रेणी में प्रथम तीन पदों के योग तथा प्रथम छः पदों के योग का अनुपात 125 : 152 है, तब सर्वानुपात क्या होगा?

A. $\frac{2}{5}$ B. $\frac{3}{5}$
C. $\frac{4}{5}$ D. $\frac{1}{5}$

16. यदि $1+6+11+...+x=148$ तब x का मान निकालें।

A. 15 B. 20
C. 36 D. 32

17. यदि $A = 1 + r^a + r^{2a} + ... \infty$ तब r का मान ज्ञात करें।

A. $\left(\frac{A-1}{A}\right)^{\frac{1}{a}}$ B. $\left(\frac{A+1}{A}\right)^{\frac{1}{a}}$

C. $\left(\frac{1}{A}\right)^{\frac{1}{a}}$ D. a

18. यदि a, b, c गुणोत्तर श्रेणी में हो तथा $a^x = b^y = c^z$ तब x, y, z किस श्रेणी में होगा?

A. समान्तर श्रेणी
B. गुणोत्तर श्रेणी
C. हरात्मक श्रेणी
D. कोई नहीं

उत्तरमाला

1	2	3	4	5	6	7	8	9	10
C	C	B	C	B	C	A	A	B	A
11	**12**	**13**	**14**	**15**	**16**	**17**	**18**		
C	A	B	A	B	C	A	C		

व्याख्यात्मक उत्तर

1. प्रश्नानुसार, $a = 2, d = 7-2 = 5$ और $n = 10$

चूँकि $a_n = a + (n-1)d$

इसलिए, $a_{10} = 2 + (10-1) \times 5$
$= 2 + 45 = 47$

अतः दी हुई समान्तर श्रेणी का 10वाँ पद 47 है।

2. प्रश्नानुसार,

$a_3 = a + (3-1)\,d = a + 2d = 5 \quad ...(i)$

और $a_7 = a + (7-1)\,d = a + 6d = 9 \quad ...(ii)$

समीकरणों (1) और (2) के युग्म को हल करने पर,

$a = 3, d = 1$

अतः वांछित समान्तर श्रेणी : 3, 4, 5, 6, 7, ... है।

3. प्रश्नानुसार,

$a = 10, d = 7-10 = -3, l = -62,$

जहाँ $l = a + (n-1)\,d$

अंतिम पद से 11वाँ पद ज्ञात करने के लिए, हमें इस समान्तर श्रेणी के कुल पदों की संख्या ज्ञात करनी होगी।

$\therefore \quad -62 = 10 + (n-1)(-3)$

$\Rightarrow \quad -72 = (n-1)(-3)$

अर्थात् $n - 1 = 24$

$\Rightarrow \quad n = 25$

अतः, दी हुई समान्तर श्रेणी में 25 पद हैं।

अंतिम पद से 11वाँ पद समान्तर श्रेणी का 15वाँ पद होगा।

अतः, $a_{15} = 10 + (15-1)(-3)$
$= 10 - 42 = -32$

इसलिए, अंतिम पद से 11वाँ पद –32 है।

4. पहली, दूसरी, तीसरी, ... पंक्तियों में बच्चों की संख्याएँ क्रमशः निम्नलिखित हैं :

23, 21, 19, ..., 5

ये एक समान्तर श्रेणी बनाती हैं, माना कि पंक्तियों की संख्या n है।

तब $a = 23, d = 21 - 23 = -2$ और $a_n = 5$ है।

$\because \quad a_n = a + (n-1)d$

$\therefore \quad 5 = 23 + (n-1)(-2)$

अर्थात् $-18 = (n-1)(-2)$

या $n = 10$

अतः, बच्चों की 10 पंक्तियाँ हैं।

5. प्रश्नानुसार $a = 8, d = 3 - 8 = -5$ और $n = 22$

सूत्र से,

$$S_n = \frac{n}{2}[2a + (n-1)d]$$

$$\therefore \quad S_n = \frac{22}{2}[16 + 21(-5)]$$

$= 11(16 - 105)$
$= 11(-89) = -979$

अतः दी हुई समान्तर श्रेणी के प्रथम 22 पदों का योग –979 है।

6. प्रश्नानुसार, $S_{14} = 1050, n = 14$ और $a = 10$

$\because \quad S_n = \frac{n}{2}[2a+(n-1)d]$

$\therefore \quad 1050 = \frac{14}{2}[20+13d] = 140+91d$

अर्थात् $\quad 910 = 91d$

या $\quad d = 10$

$\therefore \quad a_{20} = 10+(20-1)\times 10 = 200$

अर्थात् 20वाँ पद 200 है।

7. प्रश्नानुसार, $a = 24, d = 21-24 = -3$ और $S_n = 78$ है।

सूत्र से, $\quad S_n = \frac{n}{2}[2a+(n-1)d]$

अतः $\quad 78 = \frac{n}{2}[48+(n-1)(-3)]$

$= \frac{n}{2}[51-3n]$

या $3n^2 - 51n + 156 = 0$

$\Rightarrow \quad n^2 - 17n + 52 = 0$

$\Rightarrow \quad (n-4)(n-13) = 0$

$\therefore \quad n = 4$ या 13

n के ये दोनों मान संभव हैं और स्वीकार किए जा सकते हैं। अतः, पदों की वांछित संख्या या तो 4 है या 13 है।

8. पदों की संख्या $= r+2$

प्रश्नानुसार, $r+2$ वाँ पद $= 41 = 2+(r+2-1)d$

या $39 = (r+1)d$

$\therefore \quad d = \frac{39}{r+1}$

चौथा समान्तर माध्य $= 2+\frac{4\times 39}{r+1}$

$(r-1)$ वाँ समान्तर माध्य $= 2+\frac{(r-1)\times 39}{r+1}$

प्रश्नानुसार, $\frac{2(r+1)+156}{(r+1)}\times\frac{r+1}{41r-37} = \frac{2}{5}$

या, $\quad 10r + 790 = 82r - 74$

या $\quad 72r = 864$

$\therefore \quad r = \frac{864}{72} = 12.$

9. प्रश्नानुसार, $\frac{1}{q} = a+(P-1)d$ ...(*i*)

$\frac{1}{p} = a+(q-1)d$ ...(*ii*)

समीकरण (*i*)और (*ii*) को हल करने पर,

$a = d = B_{\frac{1}{pq}}, S_{pq} = \frac{pq}{2}\left[2\times\frac{1}{pq}+(pq-1)\times\frac{1}{pq}\right]$

$= \frac{pq}{2}\times\frac{pq+1}{pq} = \frac{1}{2}(pq+1)$

10. माना पहली श्रेणी का प्रथम पद a_1 तथा सार्वान्तर d_1, और दूसरी श्रेणी का प्रथम पद a_2 तथा सार्वान्तर d_2 है।

प्रश्नानुसार, $\frac{\frac{n}{2}[2a_1+(n-1)d_1]}{\frac{n}{2}[2a_2+(n-1)d_2]} = \frac{2n+1}{2n+5}$

या $\frac{2a_1+(n-1)d_1}{2a_2+(n-1)d_2} = \frac{2n+1}{2n+5},$

$\frac{n-1}{2} = 3$ या $n = 7$ रखने पर, $\frac{a_1+3d_1}{a_2+3d_2} = \frac{15}{19}$

11. प्रश्नानुसार,

$\frac{m}{2}[2a+(m-1)d] = \frac{r}{2}[2a+(r-1)d]$

$2am + m(m-1)d = 2ar + r(r-1)d$

$2am - 2ar = r(r-1)d - m(m-1)d$

$2a(m-r) = (r^2 - r - m^2 + m)d$

$= 2a(m-r)$

$= \left\{r^2 - m^2 + (m-r)\right\}d$

$2a(m-r) = (m-r)\left[-(m+r)+1\right]d$

$\therefore \quad 2a = \left[-md - rd + d\right]$

$(m+r)$ पदों का योगफल

$= \frac{m+r}{2}[2a+(m+r-1)d]$

$= \frac{m+r}{2}[-md-rd+d+md+rd-d]$

$= \frac{m+r}{2}\times 0 = 0$

12. 6 से विभाज्य संख्याएँ एक समान्तर श्रेणी बनाएंगी, जिसका प्रथम पद 504 और अन्तिम पद 798 तथा सार्वान्तर 6 होगा।

यदि पदों की संख्या n हो, तो

$$798 = 504 + (n-1)6 \Rightarrow n = 50$$

अतः अभीष्ट योगफल

$$= \frac{50}{2}[2\times504+(50-1)\times6]$$

$$= 32550.$$

13. माना चतुर्भुज के चार कोण $a°, (a+10)°, (a+20)°, (a+30°)$ हैं।

चारों कोणों का योग $= a + (a + 10) + (a + 20) + (a + 30) = 4a + 60$

अर्थात् $4a + 60 = 360$ या $4a = 300$

$\therefore a = 75$

अतः चतुर्भुज के चार कोण 75°, 85°, 95 तथा 105° हैं। अतः महत्तम कोण 105° होगा।

14. माना बहुभुज में भुजाओं की संख्या $= n$

बहुभुज के अन्तः कोणों का योगफल

$$= (n-2) \times 180°$$

प्रश्नानुसार,

$$(n-2)\times180° = \frac{n}{2}[2\times88°+(n-1)\times10°]$$

या $(n-2)\times180° = [88n+n(n-1)\times5]$

या $5n^2 + 88n - 5n - 180n + 360 = 0$

या $5n^2 - 97n + 360 = 0$

$\Rightarrow n = 5, \frac{72}{5}$ क्योंकि n पूर्णांक है, अतः $n = 5$

15. प्रश्नानुसार, $\frac{S_3}{S_6}=\frac{a(1-r^3)}{1-r}\cdot\frac{1-r}{a(1-r^6)}=\frac{125}{152}$

$$\Rightarrow \frac{1}{1+r^3} = \frac{125}{152} \Rightarrow r=\frac{3}{5}$$

16. यदि कुल पदों की संख्या n हो तो

$$148 = Sn = \frac{n}{2}\{2\times1+(n-1)5\}$$

$\Rightarrow \quad 296 = n(5n-3)$

$\Rightarrow 5n^2 - 3n - 296 = 0$

$\Rightarrow \quad n = 8 \therefore x = T_8 = 1+(8-1)5$

$\therefore \quad x = 36$

17. दिया है $A = 1 + r^a + r^{2a} + \ldots\ldots\infty$

$$\Rightarrow A = \frac{1}{1-r^a} \Rightarrow \frac{1}{A} = 1 - r^a$$

$$\Rightarrow \frac{1}{A} - 1 = -r^a \Rightarrow r^a = 1 - \frac{1}{A}$$

$$\Rightarrow r = \left(\frac{A-1}{A}\right)^{\frac{1}{a}}$$

18. $a^x = b^y = c^z = k$ (माना)

$$\Rightarrow \quad a = k^{\frac{1}{x}},\ b = k^{\frac{1}{y}},\ c = k^{\frac{1}{2}}$$

तथा $b^2 = ac$

($\because a, b, c$ गुणोत्तर श्रेणी में है)

अतः $\left(k^{\frac{1}{y}}\right)^2 = k^{\frac{1}{x}} \times k^{\frac{1}{2}} = k^{\frac{1}{x}+\frac{1}{2}}$

$$\Rightarrow k^{\frac{2}{y}} = k^{\frac{1}{x}+\frac{1}{2}}$$

$$\Rightarrow \frac{2}{y} = \frac{1}{x} + \frac{1}{2}$$

$\Rightarrow \frac{1}{x}, \frac{1}{y}, \frac{1}{2}$ समान्तर श्रेणी में है।

$\Rightarrow x, y, z$ हरात्मक श्रेणी में होगा।

☆☆☆☆☆☆

सामान्य सचेतता
(GENERAL AWARENESS)

भारतीय इतिहास

प्राचीन भारत

हड़प्पा सभ्यता

- सिंधु सभ्यता की खोज 1921 ई. में दयाराम साहनी ने की।
- सिंधु घाटी की सभ्यता का नामकरण, हड़प्पा नामक स्थान, जहाँ यह संस्कृति पहली बार खोजी गई थी, के नाम पर हड़प्पा संस्कृति भी किया गया है।
- हड़प्पा संस्कृति का काल निर्धारण लगभग 2600 और 1900 ई.पू. के बीच किया गया है।
- हड़प्पा संस्कृति का भौगोलिक विस्तार वृह्द था। यह उत्तर में कश्मीर के माण्डा से दक्षिण में ताप्ती नदी के मुहाने पर स्थित भगतराव तथा पश्चिम में बलूचिस्तान के सुत्कागेंडोर से पूर्व में पश्चिमी उत्तर प्रदेश के आलमगीरपुर तक विस्तृत है।
- भारत में हड़प्पा सभ्यता के सर्वाधिक क्षेत्र गुजरात, राजस्थान, हरियाणा तथा पंजाब में प्राप्त हुए हैं।
- हड़प्पा सभ्यता नगरीय सभ्यता थी जहाँ नियोजित जल-निकास प्रणाली भी विकसित थी।
- नगर दो भागों में विभाजित हैं–ऊपरी तथा निम्न भाग। ऊपरी भाग दुर्गीकृत है जिसमें राजकीय इमारतें, खाद्य भंडार गृह एवं स्नानागार आदि निर्मित हैं तथा निम्न भाग में सामान्य बस्ती अवस्थित थी।
- कालीबंगन से जुते हुए खेत का साक्ष्य मिला है जबकि बनावली (हरियाणा) से मिट्टी से बने हल के प्रतिरूप मिले हैं।
- अग्निकुंड लोथल एवं कालीबंगन से प्राप्त हुए हैं।
- अफगानिस्तान में शोर्तुघई नामक हड़प्पा स्थल से नहरों के कुछ अवशेष मिले हैं।
- धौलावीरा से जलाशय के अवशेष मिले हैं।
- मोहनजोदड़ो जिसका सिंधी भाषा में अर्थ 'मृतकों का टीला' है, की खोज सर्वप्रथम 1922 ई. में राखलदास बनर्जी ने की थी।
- हड़प्पा सभ्यता का प्रमुख स्थल लोथल गुजरात के काठियावाड़ में स्थित है। इसकी खोज डॉ. एस.आर. राव ने की थी। यह भोगबा नदी के तट पर स्थित था।
- लोथल एक प्रमुख बंदरगाह नगर था तथा यहाँ से फारस की मुहरें तथा युग्म शवाधान के साक्ष्य मिले हैं।
- हड़प्पा की मुहरों पर सबसे अधिक एकश्रृंगी पशु का अंकन मिलता है।
- मनका निर्माण की कर्मशाला चन्हुदड़ो और लोथल में प्राप्त हुई है।

वैदिक काल

- आर्यों की सामाजिक-सांस्कृतिक तथा आर्थिक व्यवस्था वैदिक संस्कृति के रूप में जानी जाती है। आर्यों के बारे में जानकारी मुख्यतः वेदों–ऋग्वेद, यजुर्वेद, सामवेद एवं अथर्ववेद से मिलती है।
- वैदिक काल को दो भागों में विभाजित किया जाता है–ऋग्वैदिक काल (1500-1000 ई.पू.) और उत्तर वैदिक काल (1000-600 ई.पू.)।
- आर्यों के निवास के विस्तृत क्षेत्र को 'सप्तसैन्धव' प्रदेश कहा गया। इस क्षेत्र में सात प्रमुख नदियाँ प्रवाहित हैं। ये नदियाँ हैं–सिंधु, सतलज, रावी, चिनाब, झेलम, व्यास तथा सरस्वती।
- आर्यों की प्रशासनिक इकाई आरोही क्रम से अग्रलिखित पाँच भागों में बंटी थी–कुल, ग्राम, विश, जन, राष्ट्र।
- सभा, समिति तथा विदथ जनप्रतिनिधि संस्थाएँ थीं। इन संस्थाओं में राजनीतिक, सामाजिक, धार्मिक तथा आर्थिक प्रश्नों पर विचार किया जाता था।
- इन्द्र ऋग्वैदिक आर्यों का सबसे महत्वपूर्ण देवता था जिसे पुरन्दर कहा गया है। वरुण, सूर्य, मित्र, अग्नि, इत्यादि अन्य प्रमुख देवता थे।
- गायत्री-मंत्र का उल्लेख ऋग्वेद में मिलता है।
- ऋग्वेद के 10वें मंडल के पुरुषसूक्त में चतुर्वर्ण–ब्राह्मण, क्षत्रिय, वैश्य और शूद्र की उत्पत्ति के उल्लेख मिलते हैं।
- आर्यो का मुख्य व्यवसाय कृषि एवं पशुपालन था।
- **उत्तर वैदिक काल** में आर्यो ने स्थायी जीवन व्यतीत करना प्रारंभ कर दिया था। इस समय आर्य मुख्य रूप से गंगा-यमुना दोआव में फैल गए थे।
- आर्यो ने पशुपालन की जगह कृषि कार्य को जीवन का प्रमुख आधार बनाया।
- चित्रित धूसर-मृद्भाण्ड तथा धातुओं में लोहा इस काल की प्रमुख विशिष्टता है।

- उत्तर वैदिक काल में राजा का पद वंशानुगत होने लगा। शासकों ने राजसूय, वाजपेय तथा अश्वमेध यज्ञों के माध्यम से अपनी शक्ति में वृद्धि की।
- गोत्र नामक संस्था का उदय उत्तर वैदिक काल में हुआ।

जैन धर्म

- जैन धर्म के संस्थापक ऋषभदेव थे।
- जैन परंपरा के अनुसार जैन धर्म में कुल 24 तीर्थंकर हुए।
- जैन धर्म के 23वें तीर्थंकर पार्श्वनाथ थे।
- जैन धर्म के मुख्य प्रवर्तक तथा 24वें तीर्थंकर महावीर स्वामी थे।
- महावीर ने तीस वर्ष की अवस्था में गृह त्याग दिया तथा 12 वर्षों की कठिन तपस्या के बाद ऋजुपालिका नदी के तट पर श्रम्भिक ग्राम में उन्हें ज्ञान प्राप्त हुआ, जिसके बाद उन्हें 'जिन', निर्ग्रंथ, अर्हत तथा केवलिन कहा गया।
- महावीर से पहले पार्श्वनाथ ने चार जैन-सिद्धांत दिए थे। ये हैं—सत्य, अहिंसा, अपरिग्रह तथा अस्तेय। महावीर ने इसमें पाँचवाँ सिद्धांत 'ब्रह्मचर्य' जोड़ा।
- महावीर की मृत्यु के बाद जैन संघ दो भागों में विभाजित हुआ—दिगम्बर (भद्रबाहु के समर्थक) तथा श्वेताम्बर (स्थूलभद्र के समर्थक)।
- जैन धर्म पुनर्जन्म एवं कर्मवाद में विश्वास करता था।
- जैन धर्म के अनुसार मोक्ष के लिए तीन तत्वों का होना जरूरी है। ये हैं–
  - ❑ सम्यक दर्शन
  - ❑ सम्यक ज्ञान
  - ❑ सम्यक कर्म या सम्यक आचरण
- जैन धर्म में ईश्वर की मान्यता नहीं है।

बौद्ध धर्म

- महात्मा बुद्ध का जन्म 563 ई.पू. में कपिलवस्तु के निकट लुम्बिनी में हुआ था।
- गौतम बुद्ध का विवाह 16 वर्ष की आयु में यशोधरा से हुआ था। इनके पुत्र का नाम राहुल था।
- पुत्र जन्म के कुछ समय पश्चात् ही 29 वर्ष की अवस्था में उन्होंने गृह त्याग दिया।
- आलार कलाम बुद्ध के प्रथम गुरू थे।
- निरंजना नदी (गया) के तट पर उरूवेला नामक स्थान पर वैशाख पूर्णिमा के दिन सिद्धार्थ को ज्ञान की प्राप्ति हुई जिसके बाद वे बुद्ध कहलाए।
- बुद्ध ने निर्वाण (मोक्ष) प्राप्ति के लिए निम्न अष्टांगिक मार्ग बताए–

  1. सम्यक दृष्टि
  2. सम्यक संकल्प
  3. सम्यक वाणी
  4. सम्यक कर्म
  5. सम्यक आजीविका
  6. सम्यक व्यायाम
  7. सम्यक स्मृति
  8. सम्यक समाधि
- बौद्ध ग्रंथों में सबसे महत्वपूर्ण त्रिपिटक है।

त्रिपिटक

- ❑ **सुत्तपिटक**—इसमें बौद्ध धर्म के सिद्धांतों का उल्लेख है।
- ❑ **विनयपिटक**—इसमें बौद्ध संघ के नियमों की व्याख्या की गई है।
- ❑ **अभिधम्मपिटक**—इसमें बौद्ध दर्शन पर प्रकाश डाला गया है।

- महात्मा बुद्ध के महापरिनिर्वाण के बाद बौध धर्म कई सम्प्रदायों में विभक्त हो गया। इनमें प्रमुख हैं—हीनयान तथा महायान।
- हीनयान महात्मा बुद्ध के दर्शन तथा सिद्धांतों में विश्वास करने वाला सम्प्रदाय था, जबकि महायान सम्प्रदाय को मानने वाले बुद्ध के साथ बोधिसत्वों के जीवन तथा सिद्धांतों में भी विश्वास रखते थे।
- कालान्तर में बौद्ध धर्म में तांत्रिक विचारधारा का भी प्रवेश हुआ जिसके प्रभाव में 'वज्रयान' सम्प्रदाय अस्तित्व में आया।

महाजनपद काल

- आरंभिक भारतीय इतिहास में छठी शताब्दी ई.पू. में 16 महाजनपदों का उदय हुआ। बौद्ध ग्रंथ अंगुत्तर निकाय में पहली बार 16 महाजनपदों की चर्चा मिलती है।
- अधिकांश महाजनपदों पर राजा का शासन होता था लेकिन गण और संघ के नाम से प्रसिद्ध राज्यों में कई लोगों का समूह शासन करता था, इस समूह का प्रत्येक व्यक्ति राजा कहलाता था। भगवान महावीर और भगवान बुद्ध इन्हीं गणों से सम्बन्धित थे।

महाजनपदों की स्थिति

क्र.स.	महाजनपद	राजधानी	क्र.स.	महाजनपद	राजधानी
1.	मगध	राजगृह	9.	वत्स	कौशाम्बी
2.	अवन्ति	उज्जयिनी	10.	कुरू	हस्तिनापुर
3.	वज्जि	वैशाली	11.	मत्स्य	विराटनगर
4.	कोसल	श्रावस्ती	12.	पांचाल	अहिच्छत्र
5.	काशी	वाराणसी	13.	शूरसेन	मथुरा
6.	अंग	चम्पा	14.	गान्धार	तक्षशिला
7.	मल्ल	कुशीनारा	15.	कम्बोज	राजपुर
8.	चेदि	शुक्तिमती	16.	अश्मक	पोतन

- छठी से चौथी शताब्दी ई.पू. में मगध सबसे शक्तिशाली महाजनपद बन गया।
- मगध पर शासन करने वाला शासकीय वंश हर्यक वंश था। इसके बाद शिशुनाग तथा नन्द वंश ने शासन किया। नन्दों को समाप्त कर मौर्य वंश ने शासन आरंभ किया।

मौर्य साम्राज्य

- 322 ई.पू. में चंद्रगुप्त मौर्य ने मौर्य साम्राज्य की स्थापना की।
- चन्द्रगुप्त मौर्य जैन धर्म का अनुयायी था।
- चंद्रगुप्त ने 305 ई.पू. में यूनानी शासक सेल्यूकस के साथ संधि की। संधि शर्तों के अनुसार सेल्यूकस ने 500 हाथियों के बदले चार प्रांत काबुल, कन्धार, हेरात एवं मकरान चंद्रगुप्त को दिए।
- सेल्यूकस ने चन्द्रगुप्त के दरबार में अपने राजदूत मेगस्थनीज की नियुक्ति की।
- मेगस्थनीज ने पाटलिपुत्र में रहते हुए इण्डिका की रचना की।
- चन्द्रगुप्त का उत्तराधिकारी बिन्दुसार बना।
- बिंदुसार के शासनकाल में तक्षशिला में दो विद्रोह हुए प्रथम को अशोक ने दबाया तथा दूसरे विद्रोह को सुसीम ने दबाया।

अशोक

- बिंदुसार का उत्तराधिकारी अशोक था जो 272 ई.पू. में मगध का शासक बना।
- अशोक शासक बनने से पूर्व उज्जयिनी तथा तक्षशिला का गवर्नर था।
- 261 ई.पू. में अशोक ने कलिंग पर आक्रमण किया। कलिंग युद्ध में व्यापक हिंसा से उसका मन द्रवित हो गया एवं उसने युद्ध विजय की जगह धम्म विजय की नीति अपनाई।
- अशोक बौद्ध धर्म का अनुयायी बन गया तथा उसके प्रचार-प्रसार में लग गया। अशोक ने अपने पुत्र महेंद्र तथा पुत्री संघमित्रा को बौद्ध धर्म के प्रचार के लिए श्रीलंका भेजा।
- अशोक ने 'धम्म' को नैतिकता से जोड़ा। इसके प्रचार-प्रसार के लिए उसने शिलालेखों को उत्कीर्ण कराया। इसकी प्रेरणा उसे ईरानी शासक देरियस प्रथम से मिली थी।
- अशोक के शिलालेख ब्राह्मी, ग्रीक, अरमाइक तथा खरोष्ठी लिपि में उत्कीर्ण हैं, जबकि सभी स्तम्भलेख प्राकृत भाषा में हैं।
- जेम्स प्रिंसेप ने 1837 ई. में अशोक के शिलालेखों को पढ़ने में सफलता प्राप्त की।
- धम्म का उल्लेख अशोक के भाब्रू शिलालेख में मिलता है।
- अशोक ने साँची, सारनाथ, तक्षशिला स्थित धर्म राजिका स्तूप का निर्माण करवाया था। उसने आजीवक संन्यासियों के लिए बाराबरी पहाड़ियों में सुदामा, कर्णचोपर व विश्व-झोपड़ी का निर्माण करवाया।

मौर्योत्तर काल

- मौर्योत्तर काल में कई विशिष्ट शासकों ने भारत के विभिन्न क्षेत्रों पर शासन किया, जिनमें पुष्यमित्र शुंग, खारवेल, गौतमीपुत्र शातकर्णी तथा कनिष्क प्रमुख थे।
- मौर्योत्तर काल में कला तथा संस्कृति का अत्यधिक विकास हुआ। मूर्तिकला की गान्धार, मथुरा तथा अमरावती शैली अस्तित्व में आई।
- मौर्य सेनापति **पुष्यमित्र शुंग** ने अंतिम मौर्य शासक वृहद्रथ की हत्या कर 184 ई.पू. में शुंग वंश की स्थापना की।
- शुंग वंश के शासनकाल में मनुस्मृति, विष्णुस्मृति तथा याज्ञवल्क्य स्मृति ग्रंथों की रचना हुई। इसी समय पतंजलि ने 'अष्टाध्यायी' पर टीका 'महाभाष्यम' लिखी।
- शुंग वंश का अन्तिम शासक देवभूति था, जिसकी हत्या कर उसके सेनापति वसुदेव ने कण्व वंश की स्थापना की।
- कण्व वंश के अंतिम शासक सुशर्मा को सातवाहन शासक सिमुक ने पराजित किया।

हिन्द-यूनानी शासक

- बैक्ट्रिया के शासक डेमेट्रियस ने भारत पर 190 ई.पू. में आक्रमण कर अफगानिस्तान, पंजाब, सिंध के बड़े भूभाग पर अधिकार कर शाकल को अपनी राजधानी बनाया। इसे हिन्द-यवन राज्य कहा गया।
- हिन्द-यूनानी शासकों में **मिनान्डर** का नाम प्रमुख है जिसने नागसेन से बौद्ध धर्म की दीक्षा ली जो मिलिन्दपन्हों ग्रंथ में संकलित है।
- भारत में सोने के सिक्के सर्वप्रथम 'हिन्द-यूनानी' शासकों ने ही जारी किए।

शक

- यूनानियों के बाद शक आए। शकों की पांच शाखाएं थीं और हर शाखा की राजधानी भारत और अफगानिस्तान में अलग-अलग भागों में थी।

- शकों का सबसे प्रतापी शासक **रूद्रदामन प्रथम** (130-150 ई.) था जिसका शासन गुजरात के बड़े भाग पर था। इसने काठियावाड़ की अर्धशुष्क सुदर्शन झील (मौर्यों द्वारा निर्मित) की मरम्मत करवाई।

कुषाण

- कुषाण वंश का संस्थापक कुजुल कडफिसस था। इसका उत्तराधिकारी विम कडफिसस था।
- विम कडफिसस ने कुषाण साम्राज्य का विस्तार किया तथा उत्तर भारत के वृहद क्षेत्र पर अधिकार स्थापित कर लिया।
- इस वंश का सबसे प्रसिद्ध शासक **कनिष्क** था। कुषाणों की एक राजधानी पुरूषपुर या पेशावर थी और दूसरी राजधानी मथुरा थी।
- कनिष्क ने 78 ई. अर्थात् अपने राज्याभिषेक के वर्ष में एक संवत् चलाया, जो शक संवत् कहलाता है, जिसे भारत सरकार द्वारा प्रयोग में लाया जाता है।

गुप्त साम्राज्य

- गुप्त वंश का संस्थापक श्रीगुप्त (240-280 ई.) को माना जाता है।
- चंद्रगुप्त प्रथम ने गुप्त सम्वत् की स्थापना 319-320 ई. में की थी।
- चंद्रगुप्त प्रथम के पश्चात् उसका पुत्र समुद्रगुप्त शासक बना। उसने स्वयं को लिच्छवी दौहित्र कहा।
- समुद्रगुप्त ने आर्यावर्त के 9 शासकों को और दक्षिणावर्त के 12 शासकों को पराजित किया। इन्हीं विजयों के कारण इसे भारत का नेपोलियन कहा जाता है।
- समुद्रगुप्त के बाद रामगुप्त शासक हुआ किन्तु वह एक दुर्बल शासक था। उसके बाद चन्द्रगुप्त द्वितीय शासक बना।
- चंद्रगुप्त द्वितीय (380-412 ई.) ने वैवाहिक सम्बन्धों और युद्ध विजय, दोनों प्रकार से गुप्त साम्राज्य का अत्यधिक विस्तार किया।
- चन्द्रगुप्त द्वितीय के शासन काल में उसकी प्रथम राजधानी पाटलिपुत्र और द्वितीय राजधानी उज्जयिनी थी।
- चंद्रगुप्त द्वितीय के शासनकाल में चीनी बौद्ध यात्री फाह्यान भारत आया था।
- चंद्रगुप्त द्वितीय के दरबार में नौरत्न थे–कालिदास, धनवन्तरि, क्षपणक, अमरसिंह, शंकु, बैताल भट्ट, घटकर्पर, वराहमिहिर और वररूचि।
- चंद्रगुप्त द्वितीय का उत्तराधिकारी कुमारगुप्त प्रथम था।
- कुमारगुप्त प्रथम (412-454 ई.) ने नालंदा विश्वविद्यालय की स्थापना की थी।
- स्कन्दगुप्त (454-467 ई.) गुप्त वंश का अंतिम महान शासक था।

गुप्तकाल में प्रशासन

- गुप्त साम्राज्य की सबसे बड़ी प्रादेशिक इकाई 'देश' थी, जिसके शासक को गोप्ता कहा जाता था। 'भुक्ति' एक दूसरी प्रादेशिक इकाई थी, जिसके शासक उपरिक कहलाते थे।
- भुक्ति के बाद विषय नामक प्रशासनिक इकाई होती थी, जिसके प्रमुख विषयपति कहलाते थे।
- पुलिस विभाग का मुख्य अधिकारी 'दण्डपाशिक' कहलाता था।
- कालिदास, हरिषेण, वीरसेन, विशाखदत्त आदि इस युग के प्रसिद्ध विद्वान थे। बौद्ध विद्वानों में असंग, वसुबन्धु, दिङ्नाग तथा धर्मपाल आदि प्रमुख थे।
- पुराणों की वर्तमान रूप में रचना गुप्तकाल में हुई थी। पंचतंत्र की रचना विष्णु शर्मा ने इसी युग में की।
- प्रशासन की सबसे छोटी इकाई ग्राम थी। ग्राम का प्रशासन ग्राम सभा द्वारा संचालित होता था। ग्राम-सभा का मुखिया ग्रामीक कहलाता था एवं अन्य सदस्य गहत्तर कहलाते थे।
- ग्राम समूहों की छोटी इकाई को पेठ कहा जाता था।
- संधि-विग्राहक सेना का मुख्य अधिकारी होता था।

विज्ञान

- गुप्तकाल में गणित, भौतिक विज्ञान, रसायन विज्ञान, धातु विज्ञान, ज्योतिष एवं चिकित्सा विज्ञान की बहुत उन्नति हुई।
- दशमलव तथा शून्य का अन्वेषण गुप्तकाल में ही हुआ।
- आर्यभट्ट इस युग के प्रख्यात गणितज्ञ एवं खगोलशास्त्री थे। आर्यभट्टीयम इनकी सुप्रसिद्ध रचना है, जिसमें अंकगणित, बीजगणित तथा रेखागणित की विवेचना की गई है। आर्यभट्ट ने सूर्य सिद्धांत नामक ग्रंथ में यह प्रमाणित किया कि पृथ्वी सूर्य का चक्कर लगाती है।
- ब्रह्मगुप्त का 'ब्रह्मसिद्धांत' खगोलशास्त्र का एक प्रसिद्ध ग्रंथ है।
- सुश्रुत और धनवन्तरि इस युग के प्रख्यात वैद्य थे।
- 'नवनीतकम' इस युग की प्रसिद्ध चिकित्सा पुस्तक है।

गुप्तोत्तर काल

- गुप्त वंश के पतन के बाद कई नये राजवंशों का उद्‌भव हुआ, उनमें मैत्रक, मौखरि, पुष्यभूति, परवर्ती गुप्त और गौड़ प्रमुख हैं। इन राजवंशों में पुष्यभूति सबसे प्रमुख थे।

पुष्यभूति वंश

- पुष्यभूति वंश का संस्थापक पुष्यभूति था। इनकी राजधानी थानेश्वर थी।
- राज्यवर्द्धन की मृत्यु के बाद 606 ई. में 16 वर्ष की अवस्था में **हर्षवर्द्धन** थानेश्वर का शासक बना। इसने 'परमभट्टारक' की उपाधि धारण की। हर्ष को शिलादित्य के नाम से भी जाना जाता है।
- हर्षवर्द्रन के शासन की जानकारी बाणभट्ट की रचना हर्षचरित से मिलती है।
- हर्ष और पुलकेशिन-II के बीच नर्मदा नदी के तट पर युद्ध हुआ जिसमें हर्ष की पराजय हुई। इस युद्ध का वर्णन पुलकेशिन-II के एहोल अभिलेख में मिलता है।
- चीनी यात्री ह्वेनसांग हर्षवर्द्धन के शासनकाल में भारत आया।
- हर्ष स्वयं एक श्रेष्ठ साहित्यकार था। उसने प्रियदर्शिका, रत्नावली तथा नागानंद नामक तीन संस्कृत नाटक ग्रंथों की रचना की थी।

दक्षिण भारत के प्रमुख राजवंश

पल्लव वंश

- पल्लव वंश का संस्थापक सिंहविष्णु (575-600 ई.) था। इनकी राजधानी कांची थी।
- प्रसिद्ध लेखक भारवि जिन्होंने किरातार्जुनीयम की रचना की थी, सिंहविष्णु के दरबार में रहते थे।
- नरसिंहवर्मन प्रथम ने वातापीकोण्ड की उपाधि ली थी। इसके शासनकाल में ह्वेनसांग कांची आया था।
- नरसिंहवर्मन द्वितीय ने कांची में कैलाशनाथ मंदिर तथा महाबलीपुरम का शोर मंदिर बनवाया था।
- दशकुमारचरित के लेखक दण्डी नरसिंहवर्मन द्वितीय के दरबार में रहते थे।

चालुक्य वंश (वातापी)

- जयसिंह ने वातापी के चालुक्य-वंश की स्थापना की जिसकी राजधानी वातापी थी।
- वातापी के चालुक्य वंश के प्रमुख शासक थे—पुलकेशिन प्रथम, कीर्तिवर्मन, पुलकेशिन द्वितीय, विक्रमादित्य, विनयादित्य एवं विजयादित्य। इनमें सबसे प्रतापी राजा पुलकेशिन द्वितीय था।
- पल्लववंशी शासक नरसिंह वर्मन प्रथम ने पुलकेशिन द्वितीय को लगभग 642 ई. में परास्त किया और उसकी राजधानी वातापी पर अधिकार कर लिया।

चालुक्य वंश (कल्याणी)

- कल्याणी के चालुक्य वंश की स्थापना तैलप द्वितीय ने की थी।
- इस वंश का सबसे प्रतापी शासक विक्रमादित्य-VI था।
- विल्हण एवं विज्ञानेश्वर विक्रमादित्य-VI के दरबार में ही रहते थे।
- विज्ञानेश्वर ने मिताक्षरा की रचना की थी।
- विल्हण ने विक्रमांकदेवचरित की रचना की थी।

राष्ट्रकूट

- राष्ट्रकूट राजवंश का संस्थापक दन्तिदुर्ग (752 ई.) था। इसकी राजधानी मान्यखेत थी।
- राष्ट्रकूट वंश के प्रमुख शासक थे : कृष्ण प्रथम, ध्रुव, गोविन्द तृतीय, अमोघवर्ष, कृष्ण द्वितीय, इन्द्र तृतीय एवं कृष्ण तृतीय।
- ध्रुव राष्ट्रकूट वंश का पहला शासक था, जिसने कन्नौज पर अधिकार करने हेतु त्रिपक्षीय संघर्ष में भाग लिया और प्रतिहार नरेश वत्सराज एवं पाल नरेश धर्मपाल को पराजित किया।
- ऐलोरा एवं ऐलिफेंटा में गुहामंदिरों का निर्माण राष्ट्रकूटों के समय में हुआ।

चोल

- नौवीं शताब्दी में चोल शक्ति का पुनरुत्थान विजयालय (850 ई.) ने किया। इसकी राजधानी तंजौर थी।
- आदित्य चोल ने पल्लव शासक अपराजित को हराकर तोण्डमण्डल पर अधिकार कर लिया और 'मदुरैकोण्ड' की उपाधि धारण की।
- परान्तक प्रथम ने श्रीलंका पर हमला किया तथा श्रीलंका के उत्तर-पूर्वी भाग पर आधिपत्य स्थापित किया।
- राजराज प्रथम ने श्रीलंका पर आक्रमण किया। वहाँ के राजा को पराजित कर एक नया प्रांत 'मुम्मिडचोलमंडलम' बनाया और पोलन्नरूवा को इसकी राजधानी बनाया।
- राजेन्द्र प्रथम ने बंगाल के पाल शासक महिपाल को पराजित करने के बाद गंगैकोण्ड चोल की उपाधि धारण की और नवीन राजधानी गंगैकोंडचोलपुरम के निकट चोलगंगम नामक विशाल तालाब का निर्माण करवाया।
- राजेन्द्र प्रथम ने शैलेंद्र शासक को पराजित कर जावा, सुमात्रा, मलय को जीता।
- चोल शासकों ने श्रेष्ठ नौ-सेना का निर्माण किया था।
- सम्पूर्ण चोल साम्राज्य 6 प्रांतों में विभक्त था। प्रांत को मंडलम कहा जाता था। मंडलम कोहम में, कोहम नाडु में एवं नाडु कई कुर्रमों में विभक्त था।
- **स्थानीय स्वशासन** चोल प्रशासन की मुख्य विशेषता थी।

पाल वंश

- पाल वंश का संस्थापक गोपाल था।

- गोपाल बौद्ध धर्म का अनुयायी था। इसने ओदन्तपुरी विश्वविद्यालय की स्थापना की।
- पालवंश का सबसे महान शासक धर्मपाल था जिसने विक्रमशिला विश्वविद्यालय की स्थापना की थी।
- कन्नौज के लिए त्रिपक्षीय संघर्ष पाल वंश, गुर्जर प्रतिहार वंश एवं राष्ट्रकूट वंश के बीच हुआ। इसमें पाल वंश की ओर से सर्वप्रथम धर्मपाल शामिल हुआ था।

सेन वंश

- बंगाल में सेनवंश की स्थापना सामन्त सेन ने राढ़ में की थी।
- सेन वंश की राजधानी नदिया (लखनौती) थी।
- सेन वंश के प्रमुख शासक विजय सेन, बल्लालसेन एवं लक्ष्मण सेन थे।
- सेन शासक बल्लालसेन ने दानसागर एवं अद्भुतसागर नामक ग्रंथ रचना की थी।
- लक्ष्मणसेन की राजसभा में गीतगोविन्द के लेखक जयदेव रहते थे।
- सेन राजवंश प्रथम राजवंश था, जिसने अपना अभिलेख सर्वप्रथम हिन्दी में उत्कीर्ण करवाया।

कश्मीर के राजवंश

- कश्मीर पर विभिन्न शासक वंशों ने क्रमानुसार शासन किया–कार्कोट वंश, उत्पल वंश, लोहार वंश।
- दुर्लभवर्द्धन ने 627 ई. में कश्मीर में कार्कोट वंश (हिंदू वंश) की स्थापना की। दुर्लभवर्द्धन के शासनकाल में ह्वेनसांग ने कश्मीर की यात्रा की थी।
- कार्कोट वंश का सबसे शक्तिशाली सजा ललितादित्य मुक्तापीड था। कश्मीर के मार्तण्ड मंदिर का निर्माण ललितादित्य ने करवाया था।
- कार्कोट वंश के बाद उत्पल वंश का शासन हुआ। अवन्तिवर्मन ने उत्पल वंश की स्थापना की थी।
- उत्पल वंश की रानी दिद्दा एक महत्वपूर्ण शासिका थी।
- लोहार वंश का संस्थापक संग्रामराज था।
- लोहार वंश का शासक हर्ष एक विद्वान साहित्यकार था। इसके दरबार में प्रख्यात कवि कल्हण रहता था।

राजपूत राजवंश

गुर्जर प्रतिहार वंश

- नागभट्ट प्रथम मालवा के गुर्जर प्रतिहार वंश का संस्थापक था।
- मिहिरभोज प्रतिहार वंश का सर्वाधिक शक्तिशाली एवं प्रतापी शासक था।
- मिहिरभोज की राजधानी कन्नौज थी।
- प्रसिद्ध कवि राजशेखर, प्रतिहार शासक महेन्द्रपाल के दरबार में रहते थे। राजशेखर ने काव्य मीमांसा लिखी थी।

चौहान वंश

- चौहान वंश का संस्थापक वासुदेव था। इनकी प्रारंभिक राजधानी अहिच्छत्र थी।
- अजयराज द्वितीय ने अजमेर नगर की स्थापना की और उसे राजधानी बनाया।
- चौहान वंश का सबसे शक्तिशाली शासक अर्णोराज का पुत्र विग्रहराज चतुर्थ वीसलदेव हुआ, जिसने हरिकेलि नामक संस्कृत नाटक की रचना की।
- पृथ्वीराज तृतीय इस वंश का अंतिम शासक था। चन्दबरदाई पृथ्वीराज तृतीय का राजकवि था, जिसकी रचना पृथ्वीराजरासो है।
- तराइन का प्रथम युद्ध 1191 में हुआ जिसमें पृथ्वीराज तृतीय की विजय एवं मुहम्मद गोरी की हार हुई।
- तराइन का द्वितीय युद्ध 1192 में हुआ, जिसमें गोरी की विजय एवं पृथ्वीराज तृतीय की हार हुई।

परमार वंश

- परमार वंश की स्थापना 9वीं शताब्दी में उपेन्द्र कृष्णराज ने की। इसकी राजधानी धारा नगरी (उज्जैन) थी।
- परमार वंश का सर्वाधिक शक्तिशाली शासक राजा भोज था।
- भोज ने चिकित्सा, गणित एवं व्याकरण पर अनेक ग्रंथ लिखे। भोजकृत युक्तिकल्पतरू में वास्तुशास्त्र के साथ-साथ विविध वैज्ञानिक यंत्रों व उनके उपयोग का उल्लेख है। इसने कविराज की उपाधि ग्रहण की थी।

चंदेल वंश

- 831 ई. में नन्नुक ने बुंदेलखंड में चंदेल वंश की स्थापना की थी। इसकी प्रारंभिक राजधानी कालिंजर (महोबा) थी।
- बुंदेलखण्ड का प्राचीन नाम जेजाकभुक्ति है।
- राजा धंग ने अपनी राजधानी कालिंजर से खजुराहो में स्थानान्तरित की थी। कंदरिया महादेव मंदिर का निर्माण धंग ने ही करवाया।
- चंदेल वंश का सबसे प्रतापी राजा यशोवर्मन था।
- यशोवर्मन ने कन्नौज पर आक्रमण कर प्रतिहार राजा देवपाल को हराया तथा उससे एक विष्णु की प्रतिमा प्राप्त की, जिसे उसने खजुराहो के विष्णु मंदिर में स्थापित किया।
- चंदेल शासक विद्याधर ही एकमात्र ऐसा भारतीय शासक था जिसने महमूद गजनवी की महत्वाकांक्षाओं का सफलतापूर्वक प्रतिरोध किया।
- आल्हा-ऊदल नामक दो सेनानायक परमर्दिदेव के दरबार में रहते थे, जिन्होंने पृथ्वीराज चौहान के साथ वीरतापूर्वक लड़ाई लड़ते हुए अपनी जान गँवाई थी।

मध्यकालीन भारत

- भारत पर आक्रमण करने वाला प्रथम मुस्लिम शासक मुहम्मद बिन कासिम था।
- मुहम्मद बिन कासिम के आक्रमण के समय सिन्ध का शासक दाहिर था। कासिम ने 712 ई. में सिंध पर विजय प्राप्त की। इसने मुल्तान को भी जीता।
- महमूद गजनवी खुरासान का शासक था।
- महमूद ने 1001 से 1027 ई. तक भारत पर 17 बार आक्रमण किए। उसके आक्रमण का उद्देश्य धन लूटना था।
- महमूद गजनवी का अंतिम आक्रमण 1027 ई. में जाटों के विरुद्ध था।
- महमूद गजनवी के दरबार में अलबरूनी, फिरदौसी, उत्बी तथा फारूखी आदि प्रसिद्ध कवि रहते थे।

मुहम्मद गोरी

- शिहाबुद्दीन मुहम्मद गोरी ने 1175 ई. में मुल्तान के विरुद्ध पहला आक्रमण किया।
- तराइन का प्रथम युद्ध 1191 में हुआ जिसमें मुहम्मद गोरी पृथ्वीराज चौहान से पराजित हुआ था।
- तराइन का द्वितीय युद्ध 1192 में हुआ, जिसमें मुहम्मद गोरी ने पृथ्वीराज चौहान को पराजित किया था।
- 1194 ई. में चन्दावर के युद्ध में मुहम्मद गोरी ने कन्नौज में गाहड़वाल शासक को पराजित किया था।
- बख्तियार खिलजी ने पूर्वी भारत पर आक्रमण किया तथा नालंदा एवं विक्रमशिला विश्वविद्यालयों को नष्ट किया।

दिल्ली सल्तनत

- 1206 से 1526 ई. तक भारत पर दिल्ली सल्तनत के शासकों ने शासन किया।

गुलाम वंश

- गुलाम वंश की स्थापना 1206 ई. में कुतुबुद्दीन ऐबक ने की।
- गुलाम वंश को इल्बरी, मामलूक तथा दासवंश के नाम से भी जाना जाता है।
- कुतुबुद्दीन ऐबक ने लाहौर को अपनी राजधानी बनाया।
- कुतुबुद्दीन को अपनी उदारता के कारण लाखबक्श कहा जाता था।
- कुतुबुद्दीन की मृत्यु के बाद उसका उत्तराधिकारी आरामशाह हुआ जो एक अयोग्य शासक साबित हुआ।
- आरामशाह की हत्या करके **इल्तुतमिश** 1211 ई. में दिल्ली की गद्दी पर बैठा।
- इल्तुतमिश इल्बरी तुर्क था। वह लाहौर से राजधानी को स्थानांतरित करके दिल्ली लाया।
- इल्तुतमिश ने चालीस तुर्क सरदारों का एक दल 'तुर्कान-ए-चहलगानी' बनाया।
- इल्तुतमिश ने कुतुबमीनार का निर्माण कार्य पूरा करवाया।
- इल्तुतमिश ने अपनी पुत्री **रजिया** को अपना उत्तराधिकारी नियुक्त किया था।
- रजिया एक योग्य शासक थी परन्तु गैर तुर्कों को सामंत बनाने के रजिया के प्रयासों से तुर्की अमीर उसके विरुद्ध हो गए तथा उसे सत्ता से हटा दिया गया।
- रजिया की हत्या 13 अक्टूबर, 1240 ई. को डाकुओं के द्वारा कैथल के पास कर दी गई।
- रजिया के बाद बहरामशाह, मसूदशाह तथा नासिरूद्दीन महमूद शासक बने।
- 1266 ई. में **ग्यासुद्दीन बलबन** दिल्ली की गद्दी पर बैठा। अपने विरोधियों के प्रति इसने 'लौह एवं रक्त' की नीति अपनाई।
- बलबन ने मंगोलों के आक्रमण से भारत की सफलतापूर्वक रक्षा की।

खिलजी वंश

- गुलाम वंश के शासन को समाप्त कर 1290 ई. में जलालुद्दीन फिरोज खिलजी ने खिलजी वंश की नींव डाली।
- जलालुद्दीन की हत्या कर 1296 ई. में अलाउद्दीन खिलजी ने शासन पर अधिकार कर लिया।
- अलाउद्दीन दिल्ली सल्तनत का सबसे प्रसिद्ध एवं सफल शासक था।
- अलाउद्दीन ने सैनिक एवं बाजार व्यवस्था में महत्वपूर्ण सुधार किए।

तुगलक वंश

- गाजी मलिक उर्फ गयासुद्दीन तुगलक ने 1320 ई. में दिल्ली में तुगलक वंश की स्थापना की।

- उसने दिल्ली के निकट तुगलकाबाद नामक नगर की स्थापना की।
- ग्यासुद्दीन प्रथम सुल्तान था जिसने नहरों का निर्माण करवाया।
- गयासुद्दीन की मृत्यु के बाद उसका पुत्र 'जूना खां' मुहम्मद-बिन-तुगलक' के नाम से सुल्तान बना।
- मुहम्मद-बिन-तुगलक के शासनकाल में योग्यता के आधार पर सरकारी पद प्रदान किए गए।
- मुहम्मद-बिन-तुगलक की मृत्यु के बाद तुर्की सरदारों ने फिरोजशाह तुगलक को सुल्तान बनाया। फिरोज की माता हिन्दू थी।
- फिरोज ने शरीयत के अनुसार स्वीकृत चार कर लगाए—खराज, खुम्स, जजिया तथा जकात।
- फिरोज ने ब्राह्मणों पर सर्वप्रथम जजिया कर लगवाया।
- उसने गरीबों की सहायता के लिए दीवान-ए-खैरात नामक दान विभाग की स्थापना की।
- फिरोज ने सिंचाई के लिए नहरों का निर्माण करवाया। उसने सिंचाई कर भी लगाया।
- फिरोज तुगलक ने लगभग 300 नये नगरों की स्थापना की जिनमें हिसार, फिरोजाबाद (दिल्ली), फतेहाबाद, फिरोजपुर आदि प्रमुख हैं।

सैय्यद वंश

- सैय्यद वंश का संस्थापक खिज्र खाँ था। इसने 1414 ई. में 'रैयत-ए-आला' की उपाधि के साथ शासन संभाला।
- सैय्यद वंश का प्रसिद्ध शासक मुबारकशाह था।
- मुबारक शाह के दरबार में याह्या अहमद सरहिन्दी रहते थे जिन्होंने तारीख-ए-मुबारक शाही की रचना की।
- सैय्यद वंश का अंतिम शासक अलाउद्दीन आलमशाह था।

लोदी वंश

- बहलोल लोदी ने 1451 ई. में लोदी वंश की स्थापना की। इसने गाजी की उपाधि ग्रहण की।
- बहलोल का पुत्र निजाम खाँ सिकन्दर लोदी के नाम से 1489 ई. में शासक बना।
- सिकन्दर लोदी ने 1504 ई. में आगरा शहर की स्थापना की।
- इसने आगरा को अपनी राजधानी बनाया।
- इसने भूमि की पैमाइश के लिए प्रामाणिक पैमाना 'गजे सिकन्दरी' का प्रचलन करवाया।
- 1517 ई. में सिकन्दर लोदी की मृत्यु के पश्चात् इब्राहिम लोदी शासक बना। वह दिल्ली सल्तनत का अंतिम शासक था।
- 21 अप्रैल, 1526 ई. में पानीपत की प्रथम लड़ाई में इब्राहिम लोदी बाबर से पराजित हुआ, जिसके पश्चात् लोदी वंश एवं दिल्ली सल्तनत का अंत हुआ।

प्रान्तीय राज्यों का उदय

जौनपुर

- जौनपुर की स्थापना फिरोजशाह तुगलक ने अपने भाई जौना खाँ की स्मृति में की थी।
- मलिक सरवर ने जौनपुर में शर्की वंश के शासन का आरंभ किया उसने मलिक-उस-शर्क की उपाधि ग्रहण की।

गुजरात

- जफरखाँ ने 1407 में सुल्तान मुजफ्फरशाह की उपाधि धारण कर स्वतन्त्र राज्य की स्थापना की।
- अहमदशाह ने 'अहमदाबाद' नगर बसाया एवं इसे अपनी राजधानी बनाया।
- महमूद बेगड़ा यहां का प्रसिद्ध शासक था।

विजयनगर (1336–1614 ई.)

- विजयनगर साम्राज्य की स्थापना हरिहर तथा बुक्का नामक दो भाइयों ने अपने गुरू विद्यारण्य की सहायता से की।
- हम्पी विजयनगर की राजधानी थी।
- विजयनगर पर चार वंशों ने शासन किया। ये हैं—संगम, सालुव, तुलुव तथा आरविडु।
- **कृष्णदेव राय** विजयनगर का सर्वाधिक प्रसिद्ध एवं सफल शासक था। वह 1509 ई. में शासक बना।
- कृष्णदेव राय ने तेलुगू भाषा में 'आमुक्तमाल्यद' की एवं संस्कृत में 'जाम्बवतीकल्याणम्' की रचना की। इसके दरबार में तेलुगू भाषा के आठ विद्वान जिन्हें 'अष्ट दिग्गज' कहा जाता था, रहते थे।
- 1565 ई. में अहमदनगर, बीजापुर, गोलकुण्डा तथा बीदर की संयुक्त सेना ने विजयनगर की सेना को तालीकोटा के युद्ध या 'राक्षसीतांगड़ी' के युद्ध में पराजित किया।

बहमनी साम्राज्य

- 1347 ई. में अलाउद्दीन बहमनशाह ने बहमनी साम्राज्य की स्थापना की तथा गुलबर्गा को अपनी राजधानी बनाया।
- अहमदशाह ने बीदर को बहमनी साम्राज्य की राजधानी बनाया।
- मुहम्मद तृतीय के शासनकाल में रूसी यात्री निकितिन बहमनी राज्य की यात्रा की थी।

- कालान्तर में बहमनी राज्य पांच स्वतंत्र राज्यों में विभक्त हो गया था जो निम्नलिखित हैं–

राज्य	स्थापना वर्ष	वंश	संस्थापक
बीजापुर	1489 ई.	आदिलशाही	युसुफ आदिलशाह
अहमदनगर	1490 ई.	निजामशाही	मलिक अहमद
बरार	1490 ई.	इमादशाही	फतेहउल्लाह इमादशाह
गोलकुण्डा	1512 ई.	कुतुबशाही	कुली कुतुबशाह
बीदर	1526 ई.	बरीदशाही	अमीर अली बरीद

धार्मिक आंदोलन

सूफी आंदोलन

- 1192 ई. में मुहम्मद गोरी के साथ ख्वाजा मुइनुद्दीन चिश्ती भारत आये। इन्होंने यहां 'चिश्तिया परंपरा' की स्थापना की।
- चिश्ती सिलसिला का प्रमुख केन्द्र अजमेर था।
- बख्तियार काकी, शेख सलीम चिश्ती तथा निजामुद्दीन औलिया चिश्ती संप्रदाय के प्रमुख संत थे।
- हजरत निजामुद्दीन औलिया ने अपने जीवनकाल में दिल्ली के सात सुल्तानों का शासन देखा।
- सूफियों के सुहरावर्दी सिलसिले की स्थापना शेख शिहाबुद्दीन उमर सुहरावर्दी ने की।
- बहाउद्दीन जकारिया सुहरावर्दी सिलसिले के प्रमुख संत थे।
- सत्तारी सिलसिले की स्थापना शेख अब्दुल सत्तारी ने की।
- मुहम्मद गौस भारत में कादरी सिलसिले के प्रवर्तक थे। ये संगीत के विरोधी थे।
- नक्शबंदी सिलसिले की स्थापना ख्वाजा उबेदुल्ला ने की थी। भारत में इसके प्रवर्तक बकी बिल्लाह थे।
- 'शेख अहमद सरहिन्दी' नक्शबंदी सिलसिले के प्रमुख संत थे।
- फिरदौसी सुहरावर्दी सिलसिले की एक शाखा थी। इस सिलसिले को शेख शरीफउद्दीन याह्‌या ने लोकप्रिय बनाया।

भक्ति आंदोलन

- मध्यकाल में भक्ति आंदोलन की शुरुआत सर्वप्रथम दक्षिण के आलवार भक्तों द्वारा की गई।
- उत्तर भारत में भक्ति आंदोलन को लाने का श्रेय 12वीं सदी में रामानंद को है।
- भक्ति आंदोलन का महत्वपूर्ण उद्देश्य हिन्दू धर्म एवं समाज में सुधार तथा इस्लाम एवं हिन्दू धर्म में समन्वय स्थापित करना था।
- रामानुजाचार्य ने विशिष्टाद्वैत दर्शन दिया।
- रामानंद ने जातिवाद पर कड़ा प्रहार किया। उनके शिष्यों में कबीर (जुलाहा), सेना (नाई), रैदास (चमार) आदि थे।
- गुरुनानक ने सिख धर्म की स्थापना की। इनकी वाणी 'गुरुग्रंथ साहिब' में संकलित हैं। इन्होंने बाह्य आडंबर, मूर्तिपूजा आदि का विरोध किया। नानक का दृष्टिकोण विशाल मानवतावादी था।
- चैतन्य ने बंगाल में भक्ति का प्रसार किया। यह सगुण भक्ति के उपासक थे एवं वैष्णव संत थे। चैतन्य ने संकीर्तन प्रथा का प्रचलन किया।
- वल्लभाचार्य ने पुष्टिमार्ग का प्रचलन किया। इनके अनुयायी अष्टछाप के नाम से विख्यात हुए।
- तुलसीदास ने अवधी में रामचरितमानस की रचना की तथा रामभक्ति को प्रसिद्धि प्रदान की।
- रैदास रामानंद के शिष्य थे। इन्होंने रैदासी सम्प्रदाय की स्थापना की।
- दादूदयाल ने निपरन सम्प्रदाय की नींव रखी।
- संत ज्ञानेश्वर महाराष्ट्र में भक्ति आंदोलन के जनक थे। इन्हें मराठी भाषा और साहित्य का संस्थापक माना जाता है। इनकी प्रमुख रचना ज्ञानेश्वरी है।
- नामदेव ने पंढरपुर के बिठोबा की उपासना की। इन्होंने वरकरी सम्प्रदाय की स्थापना की।
- एकनाथ ने रामायण पर 'भावार्थ रामायण' नामक टीका लिखी।
- तुकाराम ने 'अभंग' की रचना की।
- महाराष्ट्र के महान संत कवि रामदास थे। यह शिवाजी के आध्यात्मिक गुरु थे। 'दाशबोध' इनकी रचनाओं और उपदेशों का संकलन है।

मुगल साम्राज्य

- भारत में मुगल वंश की स्थापना बाबर ने 1526 ई. में की। बाबर ने पद-पादशाही की स्थापना की जिसके तहत शासक को बादशाह कहा जाता था।
- बाबर ने पानीपत के प्रथम युद्ध में तोपखाना का प्रयोग किया तथा युद्ध में 'तुलुगमा' नीति अपनाई।
- बाबर ने तुर्की भाषा में अपनी आत्मकथा 'तुजुक-ए-बाबरी' (बाबरनामा) लिखी।
- बाबर की मृत्यु 1530 ई. में आगरा में हुई।

हुमायूँ

- हुमायूँ 29 दिसम्बर, 1530 ई. को आगरा में सिंहासन पर बैठा।
- हुमायूँ ने अपने राज्य का बंटवारा अपने भाइयों में कर दिया। इसने कामरान को काबुल और कंधार, मिर्जा असकरी को संभल, हिन्दाल को अलवर एवं मेवाड़ की जागीरें दीं।

- 1533 ई. में हुमायूँ ने दीनपनाह नामक नगर की स्थापना दिल्ली में की।
- अफगान सरदार शेरशाह सूरी ने उसे चौसा (1539 ई.) एवं कन्नौज (बिलग्राम) के युद्ध में 1540 ई. में पराजित कर दिया। परिणामस्वरूप उसे भारत से बाहर शरण लेनी पड़ी।
- शेरशाह की मृत्यु के पश्चात् वह पुनः भारत आया और 1555 ई. में दिल्ली की सत्ता हासिल की।
- 1556 ई. में पुस्तकालय की सीढ़ियों से गिरने के कारण हुमायूँ की मृत्यु हो गई।
- हाजी बेगम ने दिल्ली में हुमायूँ का मकबरा बनवाया।
- हुमायूँ की बहन गुलबदन बेगम ने हुमायूँनामा की रचना की।

शेरशाह

- शेरशाह ने बिलग्राम युद्ध (1540) में हुमायूँ को पराजित कर सूर साम्राज्य की स्थापना की।
- शेरशाह की मृत्यु कलिंजर के किले को जीतने के क्रम में 22 मई, 1545 ई. को हो गई।
- शेरशाह का मकबरा सासाराम में है।
- शेरशाह ने 'पट्टा' एवं 'कबूलियत' प्रथा शुरू की।
- शेरशाह ने 'ग्रैंड ट्रंक रोड' की मरम्मत करवाई।

अकबर

- अकबर का जन्म 1542 ई. में हुमायूँ के निर्वासन के दौरान, अमरकोट में राणा बीरसाल के महल में हुआ। अकबर की माँ का नाम हमीदाबानो बेगम था।
- अकबर का राज्याभिषेक 14 फरवरी, 1556 ई. को पंजाब के कलानौर नामक स्थान पर हुआ। 1556 ई. में ही पानीपत के द्वितीय युद्ध में हेमू विक्रमादित्य को पराजित किया।
- बैरम खाँ 1556 से 1560 ई. तक अकबर का संरक्षक रहा।
- 1580 ई. में अकबर ने भू-राजस्व के लिए आइन-ए-दहशाला पद्धति लागू की। इसमें उसे राजा टोडरमल का सहयोग मिला।
- अकबर ने मनसबदारी प्रथा लागू की।
- 1605 ई. में अकबर की मृत्यु हो गई।
- अकबर का मकबरा सिकन्दरा में है।
- स्थापत्य कला के क्षेत्र में अकबर की महत्वपूर्ण कृतियां हैं– दिल्ली में हुमायूँ का मकबरा, आगरा का लाल किला, फतेहपुर सीकरी में शाहीमहल, दीवान-ए-खास, पंचमहल, बुलंद दरवाजा, जोधाबाई का महल, इबादतखाना, इलाहाबाद का किला और लाहौर का किला।
- अबुल फजल दीन-ए-इलाही धर्म का मुख्य पुरोहित था। इसने अकबरनामा ग्रंथ की रचना की।

जहाँगीर

- अकबर का उत्तराधिकारी जहाँगीर था जो 24 अक्टूबर, 1605 ई. को शासक बना।
- जहाँगीर ने फारसी में अपनी आत्मकथा तुजुक-ए-जहाँगीरी की रचना की।
- जहाँगीर के शासनकाल में 1613 ई. में अंग्रेजों ने सूरत में प्रथम व्यापार केन्द्र की स्थापना की।
- जहाँगीर के समय को चित्रकला का स्वर्णकाल कहा जाता है।
- जहाँगीर के दरबार के प्रमुख चित्रकार थे–आगा रजा, अबुल हसन, मुहम्मद नासिर, मुहम्मद मुराद, उस्ताद मंसूर, बिशनदास, मनोहर एवं गोवर्धन आदि।

शाहजहाँ

- शाहजहाँ 4 फरवरी, 1628 ई. को आगरे में सिंहासन पर बैठा।
- शाहजहाँ के शासनकाल को स्थापत्यकला का स्वर्णयुग कहा जाता है।
- शाहजहाँ द्वारा बनवायी गई प्रमुख इमारतें हैं–दिल्ली का लालकिला, दिल्ली की जामा मस्जिद, आगरा की मोती मस्जिद, ताजमहल इत्यादि।
- शाहजहाँ ने दिल्ली के निकट शाहजहाँनाबाद नगर की स्थापना की और आगरा से राजधानी को यहाँ स्थानांतरित किया।
- शाहजहाँ के पुत्रों में दारा शिकोह सर्वाधिक विद्वान था। इसने भगवद्गीता, योगवशिष्ट, उपनिषद् एवं रामायण का अनुवाद फारसी में करवाया।
- 1657 ई. में शाहजहाँ के अस्वस्थ होने के पश्चात् उसके पुत्रों–दारा, शुजा, मुराद एवं औरंगजेब के बीच उत्तराधिकार का संघर्ष प्रारंभ हो गया।
- उत्तराधिकार के युद्ध में औरंगजेब की विजय हुई।

औरंगजेब

- औरंगजेब ने आलमगीर की उपाधि से 31 जुलाई, 1658 को आगरा में प्रथम बार तथा 5 जून, 1659 को दिल्ली में दूसरी बार अपना राज्याभिषेक करवाया।
- औरंगजेब ने उलेमा वर्ग की सलाह के अनुसार इस्लामी ढंग से राज किया। इसने गैर मुस्लिम जनता पर (1679 ई.) जजिया कर लगा दिया।
- औरंगजेब ने 1686 ई. में बीजापुर तथा 1687 ई. में गोलकुण्डा को जीतकर मुगल साम्राज्य में मिला लिया।
- औरंगजेब के समय हिन्दू मनसबदारों की संख्या सबसे अधिक थी।
- 1665 ई. में औरंगजेब ने हिन्दू मंदिरों को तोड़ने का आदेश दिया। इसके शासनकाल में सोमनाथ एवं बनारस के काशी विश्वनाथ मंदिर को तोड़ा गया।

उत्तर मुगल शासक

- बहादुर शाह को शाहे बेखबर के नाम से जाना जाता है।
- मुहम्मदशाह के शासनकाल में 1739 ई. में ईरानी आक्रमणकारी नादिरशाह ने दिल्ली पर आक्रमण किया। नादिरशाह मयूर सिंहासन और कोहिनूर हीरा भारत से ले गया।
- शाहआलम द्वितीय ने, अवध के नवाब शुजाउद्दौला और बंगाल के नवाब मीर कासिम के साथ मिलकर 1764 ई. में अंग्रेजों के विरुद्ध बक्सर का युद्ध लड़ा था, परन्तु पराजित हुआ।
- शाह आलम द्वितीय के समय अहमदशाह अब्दाली एवं मराठों के बीच पानीपत का तीसरा युद्ध (1761 ई.) हुआ। इस युद्ध में मराठों की हार हुई।
- अंतिम मुगल सम्राट बहादुरशाह जफर ने 1857 ई. के विद्रोह का नेतृत्व किया। यह विद्रोह असफल रहा और उन्हें बर्मा निर्वासित कर दिया गया।

मराठा साम्राज्य

- शिवाजी के नेतृत्व में मराठा साम्राज्य की स्थापना 17वीं शताब्दी की एक महत्वपूर्ण घटना है।
- शिवाजी के पिता शाहजी भोंसले और माता जीजाबाई थीं।
- शिवाजी के आध्यात्मिक गुरु समर्थ रामदास थे।
- शिवाजी ने 1656 ई. में रायगढ़ को अपनी राजधानी बनाया।
- औरंगजेब के सेनापति जयसिंह ने शिवाजी को पुरन्दर की संधि (1664 ई.) करने के लिए विवश किया जिसमें शिवाजी के काफी दुर्ग मुगलों के पास चले गए।
- 1674 ई. में शिवाजी ने रायगढ़ के दुर्ग में स्वतंत्र मराठा शासक के रूप में अपना राज्याभिषेक कराया और छत्रपति की उपाधि ली।
- 12 अप्रैल, 1680 ई. को शिवाजी की मृत्यु हो गई।
- शिवाजी के प्रशासन की प्रमुख विशेषता उनके आठ मंत्री थे जिन्हें 'अष्ट प्रधान' कहा जाता था।
- शिवाजी की आय का मुख्य साधन चौथ था। यह आय का ¼ होता था। आय का दूसरा साधन 'सरदेशमुखी' था जो आय का 1/10 भाग होता था।
- शिवाजी के उत्तराधिकारी शम्भाजी की 1689 ई. में औरंगजेब ने हत्या करवा दी।
- शम्भाजी का उत्तराधिकारी राजाराम बना जिसने सतारा को अपनी राजधानी बनाया।
- 1707 ई. में शाहू ने स्वयं को मराठा राज्य का शासक घोषित कर दिया।
- शाहू ने बालाजी विश्वनाथ को पेशवा बनाया। पेशवा का पद आगे मराठा साम्राज्य में सर्वाधिक महत्वपूर्ण हो गया।
- बालाजी विश्वनाथ के बाद बाजीराव प्रथम पेशवा बना जिसने मराठा राज्य का अत्यधिक विस्तार किया।
- 1740 ई. में बाजीराव प्रथम का पुत्र बालाजी बाजीराव पेशवा बना।
- पानीपत का तृतीय युद्ध (1761 ई.) बालाजी बाजीराव के समय ही लड़ा गया था जिसमें अहमदशाह अब्दाली के द्वारा मराठे बुरी तरह पराजित हुए।

सिख शक्ति

- सिख सम्प्रदाय को राजनीतिक शक्ति के रूप में संगठित करने का श्रेय दसवें गुरु गुरु गोविंद सिंह को दिया जाता है।
- गुरु गोविंद सिंह ने आनन्दपुर में 1699 ई. में खालसा की स्थापना की। यह सिख धर्म के अंतिम गुरु थे।
- गुरु गोविंद सिंह के बाद बन्दा बहादुर सिखों का नेता हुआ जिसकी 1715 ई. में फर्रूखसियर ने हत्या करवा दी।
- रणजीत सिंह ने विभिन्न मिसलों में बंटे सिखों को संगठित किया तथा 1798-99 ई. में लाहौर का शासक बना।
- 25 अप्रैल, 1809 ई. को चार्ल्स मेटकॉफ और महाराजा रणजीत सिंह के बीच अमृतसर की संधि हुई।
- प्रथम आंग्ल-सिख युद्ध 1845-46 ई. में एवं द्वितीय आंग्ल-सिख युद्ध 1849 ई. में हुआ।
- अंग्रेजों एवं सिक्खों के बीच निम्नलिखित दो महत्वपूर्ण संधियां हुईं थीं–
  1. लाहौर की संधि 9 मार्च, 1846 ई.।
  2. भैरोंवाल की संधि 22 दिसम्बर, 1846 ई. में हुई जिसके तहत राजा दलीप सिंह के संरक्षण हेतु अंग्रेजी सेना का प्रवास पंजाब में स्वीकार कर लिया गया।

मैसूर राज्य

- 1761 ई. में हैदर अली मैसूर का शासक बना। इसने डिंडिगुल में आधुनिक शस्त्रागार की स्थापना की।
- हैदर अली ने प्रथम आंग्ल-मैसूर युद्ध (1767-1769 ई.) में अंग्रेजों को पराजित किया एवं मद्रास की संधि की।
- द्वितीय आंग्ल-मैसूर युद्ध में हैदर अली की लड़ते हुए मृत्यु हो गई।
- हैदर की मृत्यु के बाद टीपू सुल्तान शासक बना। इसने फ्रांसीसी पद्धति अपनाते हुए एक मजबूत सेना बनाई और प्रशासनिक सुधार के उपाय किए।
- तृतीय आंग्ल-मैसूर युद्ध (1789-1792 ई.) में अंग्रेज, निजाम और मराठों ने मिलकर टीपू को हरा दिया और उसे श्रीरंगपट्टनम की संधि करनी पड़ी।

- चतुर्थ आंग्ल-मैसूर युद्ध (1799 ई.) के दौरान टीपू सुल्तान की मृत्यु हुई और अंग्रेजों ने मैसूर पर नियंत्रण स्थापित कर लिया।

अवध

- अवध के स्वतंत्र राज्य की स्थापना 1722 ई. में सआदत खाँ बुरहानुल्मुल्क ने की थी।
- सफदरजंग मुगल सम्राट का वजीर बना।
- अवध के नवाब शुजाउद्दौला ने बक्सर के युद्ध (1764 ई.) में मीरकासिम तथा शाहआलम द्वितीय के साथ मिलकर अंग्रेजों के विरुद्ध संघर्ष किया।
- अवध का अंतिम नवाब वाजिद अली शाह था।

हैदराबाद

- 1724 ई. में निजामुल्मुल्क ने हैदराबाद के स्वतंत्र राज्य की स्थापना की।
- 1748 ई. में निजामुल्मुल्क की मृत्यु के पश्चात् हैदराबाद ने सर्वप्रथम 1778 में वेलेजली की सहायक संधि को स्वीकार कर लिया।

कर्नाटक

- सादुतुल्ला खाँ ने कर्नाटक के स्वतंत्र राज्य की स्थापना की एवं अर्काट को इसकी राजधानी बनाया। इसे लार्ड वेलेजली ने बलपूर्वक अधिगृहीत कर लिया।

बंगाल

- मुर्शीद कुली खाँ ने बंगाल के स्वतंत्र राज्य की स्थापना की थी। इसने 1717 ई. में बंगाल की राजधानी ढाका से स्थानांतरित कर मुर्शिदाबाद कर दी।
- 1739 ई. में अलीवर्दी खाँ शासक बना।
- 1757 ई. में प्लासी के युद्ध में अंग्रेजों ने क्लाइव के नेतृत्व में बंगाल के नवाब सिराजुद्दौला को पराजित कर दिया।
- प्लासी युद्ध के बाद मीर जाफर एवं मीर कासिम नवाब बने। कासिम ने मुर्शिदाबाद की जगह मुंगेर को राजधानी बनाया।
- 1764 ई. में बक्सर के युद्ध में मीर कासिम अंग्रेजों से पराजित हुआ।
- 1765 ई. में इलाहाबाद की संधि के साथ बंगाल पर ईस्ट इंडिया कम्पनी का प्रभुत्व हो गया।

आधुनिक भारत

यूरोपीय कम्पनियों का भारत आगमन

- 1498 ई. में वास्को-डि-गामा ने भारत के समुद्री मार्ग की खोज की और कालीकट के समुद्र तट पर उतरा।
- पुर्तगालियों का पहला गवर्नर द् अल्मीडा (1505-1509 ई.) था।
- नौसैनिक शक्ति के आधार पर पुर्तगालियों ने भारत में घोड़े के आयात पर एकाधिकार कायम किया था।
- पुर्तगालियों ने भारत में तम्बाकू की खेती तथा प्रिंटिंग प्रेस का काम आरंभ किया।
- पुर्तगालियों ने अपनी पहली व्यापारिक कोठी कोचीन में खोली।
- डचों ने 1605 ई. में मसुलीपट्टनम में अपनी पहली फैक्ट्री स्थापित की। इसके बाद पुलीकट, चिनसुरा, पटना, सूरत, नागपट्टनम, बालासोर तथा कासिम बाजार में डचों ने अपनी फैक्ट्री स्थापित की।
- 1759 ई. में बेदरा की लड़ाई में अंग्रेजों के हाथों पराजित होने के बाद डच कम्पनी का नियन्त्रण भारतीय क्षेत्रों से समाप्त हो गया।

भारत में यूरोपीय कम्पनियां

कम्पनी	*स्थापना वर्ष*
पुर्तगाली ईस्ट इण्डिया कम्पनी	1498 ई.
अंग्रेजी ईस्ट इण्डिया कम्पनी	1600 ई.
डच ईस्ट इण्डिया कम्पनी	1602 ई.
डैनिश ईस्ट इण्डिया कम्पनी	1616 ई.
फ्रांसीसी ईस्ट इण्डिया कम्पनी	1664 ई.

- इंग्लिश ईस्ट इण्डिया कम्पनी की स्थापना 1600 ई. में हुई थी। 1611 ई. में दक्षिण-पश्चिम में मसुलीपट्टम में व्यापारिक कोठी की स्थापना की।
- अंग्रेजों ने 1608 ई. में अपनी पहली फैक्ट्री सूरत में स्थापित की।
- 1664 ई. में फ्रेंच ईस्ट इंडिया कम्पनी की स्थापना हुई।
- 1668 ई. में भारत में फ्रांसीसियों की प्रथम कोठी सूरत में फ्रैंक कैरो के द्वारा स्थापित की गई।
- 1742 ई. में डूप्ले भारत में फ्रेंच गवर्नर बना।

- 1760 ई. में सर आयरकूट के नेतृत्व में अंग्रेजों ने वाण्डीवाश के युद्ध में फ्रांसीसियों को हराया।
- 1772 ई. में वारेन हेस्टिंग्स बंगाल का गवर्नर बना। इसने 1772 ई. में द्वैध शासन को समाप्त कर दिया।
- 1773 ई. में रेग्यूलेटिंग एक्ट के बाद हेस्टिंग्स बंगाल का गवर्नर-जनरल बना।
- वारेन हेस्टिंग्स ने प्रत्येक जिले में एक दीवानी तथा फौजदारी न्यायालय की स्थापना की।
- 1773 ई. में रेग्यूलेटिंग एक्ट के तहत कलकत्ता में सुप्रीम कोर्ट की स्थापना हुई।
- 1784 ई. में विलियम जोंस ने द एशियाटिक सोसायटी ऑफ बंगाल की स्थापना की।
- 1793 ई. में कार्नवालिस ने स्थायी बंदोबस्त लागू किया।
- कार्नवालिस ने प्रशासनिक एवं न्यायिक शक्तियों का पृथक्करण किया। इसे प्रशासनिक सेवा का जनक कहा जाता है। इसने पुलिस अधिकारियों की नियुक्ति की तथा पुलिस थाने बनवाए।
- सर जॉन शोर ने तटस्थता एवं अहस्तक्षेप की नीति अपनाई।
- लार्ड वेलेजली ने सहायक संधि की नीति अपनाई।
- सर जार्ज बार्लो ने 1807 ई. में दासों के व्यापार पर रोक लगा दी।
- लार्ड हेस्टिंग्स ने 1816 ई. में नेपाल के साथ सुगौली की संधि की।
- लार्ड हेस्टिंग्स ने पिण्डारियों का दमन किया।
- लार्ड हेस्टिंग्स के समय 1822 ई. में काश्तकारी अधिनियम लागू किया गया।
- लार्ड एमहर्स्ट के समय प्रथम आंग्ल-बर्मा युद्ध (1824-26 ई.) हुआ जो यन्दाबू की संधि के तहत खत्म हुआ।
- लार्ड विलियम बैंटिंक बंगाल का अंतिम गवर्नर-जनरल था। 1833 ई. के चार्टर एक्ट के अन्तर्गत बंगाल के गवर्नर-जनरल को भारत का गवर्नर-जनरल बनाया गया, इस प्रकार बैंटिंक भारत का प्रथम गवर्नर-जनरल भी बना।
- बैंटिंक ने 1829 ई. में सती प्रथा को प्रतिबन्धित किया।
- बैंटिंक ने 1835 ई. में कलकत्ता मेडिकल कॉलेज की स्थापना की।
- चार्ल्स मेटकॉफ को भारतीय प्रेस का मुक्तिदाता कहा जाता है।
- लार्ड एलेनबरो ने दास प्रथा का उन्मूलन किया था।
- लार्ड हार्डिंग ने नरबली प्रथा पर प्रतिबंध लगाया।
- डलहौजी ने व्यपगत सिद्धांत के द्वारा अंग्रेजी साम्राज्य का विस्तार किया तथा भारतीय राज्यों का विलय साम्राज्य के अंतर्गत किया।
- 1854 ई. में डलहौजी ने वुड डिस्पैच के द्वारा शिक्षा संबंधी सुधार लागू किए।
- 1857 ई. में कलकत्ता, मद्रास एवं बम्बई में एक-एक विश्वविद्यालय स्थापित किया गया।
- डलहौजी के समय में रेलवे परिवहन का आरंभ हुआ। 1853 ई. में बम्बई से थाने के बीच प्रथम रेल चली।
- 1854 ई. में नया पोस्ट ऑफिस एक्ट पारित हुआ और भारत में पहली बार डाक टिकट का प्रचलन प्रारंभ हुआ।
- 1853 ई. में कलकत्ता एवं आगरा के बीच पहली बार बिजली से संचालित तार सेवा प्रारंभ हुई।
- डलहौजी के काल में भारतीय नागरिक सेवा हेतु पहली बार प्रतियोगिता परीक्षा शुरू हुई।

1857 की क्रांति

- 1857 की क्रांति का प्रारंभ 29 मार्च, 1857 को मंगल पाण्डे ने बैरकपुर छावनी में किया। इसे सिपाही विद्रोह भी कहा गया।
- विद्रोहियों ने 11 मई, 1857 को बहादुरशाह जफर को भारत का बादशाह घोषित किया।
- 1857 का विद्रोह असफल रहा परन्तु इसका प्रभाव यह हुआ कि कम्पनी का शासन समाप्त करके ब्रिटिश सरकार ने भारत का शासन प्रत्यक्ष रूप से अपने हाथ में ले लिया। इसके लिए भारत शासन अधिनियम, 1858 पारित हुआ।
- लार्ड कैनिंग भारत में कम्पनी द्वारा नियुक्त अंतिम गवर्नर-जनरल तथा ब्रिटिश सम्राट के अन्तर्गत नियुक्त भारत का प्रथम वायसराय था।
- कैनिंग के समय इण्डियन हाई कोर्ट एक्ट पारित हुआ जिसके द्वारा बम्बई, कलकत्ता तथा मद्रास में एक-एक उच्च न्यायालय की स्थापना की गई।
- कैनिंग के समय में ही 1856 ई. में विधवा पुनर्विवाह अधिनियम पारित हुआ।
- लार्ड एल्गिन ने बहाबी आंदोलन का दमन किया।
- जॉन लारेंस के समय (1866 ई.) में उड़ीसा, बुन्देलखण्ड एवं राजस्थान में भीषण अकाल पड़ा। इसने जार्ज कैम्पवेल के नेतृत्व में एक अकाल आयोग का गठन किया।
- 1865 ई. में जॉन लारेंस के द्वारा भारत एवं यूरोप के बीच प्रथम समुद्री टेलीग्राफ सेवा शुरू की गई।
- लिटन ने 1 जनवरी, 1877 को ब्रिटेन की महारानी विक्टोरिया को कैसर-ए-हिन्द की उपाधि से सम्मानित करने के लिए दिल्ली दरबार का आयोजन किया।

- लिटन ने 1878 में वर्नाक्यूलर प्रेस एक्ट पारित कर भारतीय समाचार-पत्रों पर कठोर प्रतिबन्ध लगा दिए।
- लिटन के समय में 1878 ई. में भारतीय शस्त्र अधिनियम पारित हुआ।
- लार्ड रिपन ने 1882 ई. में वर्नाक्यूलर प्रेस एक्ट को समाप्त कर दिया।
- रिपन ने स्थानीय स्वशासन की शुरुआत की।
- रिपन के समय में 1881 ई. में सर्वप्रथम नियमित जनगणना करवाई गई।
- भारत में पहली बार जनगणना 1872 ई. में हुई थी।
- लार्ड डफरिन के समय तृतीय आंग्ल-बर्मा युद्ध (1885-88 ई.) हुआ और बर्मा को अंतिम रूप से अंग्रेजी राज्य में मिला लिया गया।
- लार्ड कर्जन ने 1901 ई. में सर कॉलिन स्कार्ट मॉनक्रीक की अध्यक्षता में सिंचाई आयोग, 1902 ई. में सर एण्ड्यूफ्रेजर की अध्यक्षता में पुलिस आयोग एवं सर टॉमस रैले की अध्यक्षता में विश्वविद्यालय आयोग की स्थापना की।
- 1904 ई. में भारतीय विश्वविद्यालय अधिनियम पास किया गया। भारतीय पुरातत्व विभाग की स्थापना भी 1904 में की गई।
- कर्जन के द्वारा राष्ट्रवादी शक्तियों को कमजोर करने के लिए 1905 ई. में बंगाल का विभाजन किया गया।
- लार्ड हार्डिंग द्वितीय के काल में 12 दिसम्बर, 1911 ई. में दिल्ली में एक भव्य दरबार का आयोजन किया गया।
- बंगाल विभाजन रद्द करने की घोषणा 1911 ई. में की गई।
- भारत की राजधानी कलकत्ता से दिल्ली स्थानांतरित करने की घोषणा 1911 ई. में की गई।
- लॉर्ड चेम्सफोर्ड के कार्यकाल में रौलट एक्ट पारित (1919 ई.) हुआ। जलियांवाला बाग कांड रौलट एक्ट के विरोध में हुआ था।
- लार्ड रीडिंग के काल में 1923 ई. से प्रशासनिक सेवाओं में उम्मीदवारों के चयन के लिए दिल्ली और लन्दन में एक साथ प्रतियोगिता परीक्षा के आयोजन की व्यवस्था की गई।
- लार्ड इर्विन के काल में 1928 ई. में 'साइमन कमीशन' भारत आया।
- इर्विन के समय में ही नवम्बर, 1930 में लन्दन में प्रथम गोलमेज सम्मेलन का आयोजन किया गया।
- गांधी-इर्विन समझौते पर 5 मार्च, 1931 ई. को हस्ताक्षर हुए और इसके साथ ही सविनय अवज्ञा आंदोलन को वापस लिया गया।
- भारतीय राष्ट्रीय कांग्रेस की स्थापना 1885 ई. में ए.ओ. ह्यूम ने बम्बई में की।
- 1885-1907 ई. के बीच कांग्रेस में उदारवादी नेताओं का प्रभाव रहा, लेकिन आगे गरमपंथी नेताओं की प्रमुखता रही।
- दादाभाई नौरोजी, सुरेन्द्रनाथ बनर्जी, फिरोजशाह मेहता, गोविन्द रानाडे, गोपाल कृष्ण गोखले आदि उदारवादी कांग्रेसी नेता थे।
- बाल गंगाधर तिलक, विपिन चन्द्र पाल तथा लाला लाजपत राय आदि गरमपंथी नेता थे।
- 1905 में बंगाल के विभाजन के विरोध में स्वदेशी आंदोलन प्रारंभ हुआ।
- 1906 ई. के कलकत्ता अधिवेशन में दादाभाई नौरोजी की अध्यक्षता में कांग्रेस ने स्वराज की मांग की।
- मुस्लिम लीग की स्थापना 1906 ई. में सलीमुल्ला खाँ एवं आगा खाँ के नेतृत्व में हुई।
- 1907 ई. में कांग्रेस के सूरत अधिवेशन में पार्टी का दो भागों में विभाजन हो गया। एक पक्ष उदारवादी नेताओं का और दूसरा उग्रवादी नेताओं का था।
- 1916 ई. में मुस्लिम लीग तथा कांग्रेस का संयुक्त अधिवेशन लखनऊ में हुआ। इसी अधिवेशन में उग्रवादी कांग्रेसी नेताओं को पुनः पार्टी में प्रवेश का अवसर दिया गया।
- कांग्रेस ने लखनऊ समझौते के द्वारा मुसलमानों के लिए पृथक निर्वाचन मंडल की मांग औपचारिक रूप से स्वीकार कर ली।
- बाल गंगाधर तिलक ने 28 अप्रैल, 1916 को पूना में होमरूल लीग की स्थापना की। सितम्बर 1916 में एनी बेसेण्ट ने भी होमरूल लीग की मद्रास में स्थापना की।
- गांधीजी ने सन् 1917 में चम्पारण के नील किसानों के समर्थन में सर्वप्रथम 'सत्याग्रह' का प्रयोग किया।
- गांधीजी ने 1918 ई. में किसानों की समस्याओं को लेकर खेड़ा में सत्याग्रह की शुरुआत की।
- 1919 ई. में मोहम्मद अली तथा शौकत अली ने अखिल भारतीय खिलाफत कमेटी का गठन किया।
- 1920 ई. में लाला लाजपत राय की अध्यक्षता में हुए कलकत्ता अधिवेशन में असहयोग आंदोलन का प्रस्ताव पारित किया गया।
- 5 फरवरी, 1922 को चौरी-चौरा की घटना के बाद गांधीजी ने असहयोग आंदोलन स्थगित करने की घोषणा की।
- मोतीलाल नेहरू तथा सी.आर. दास ने इलाहाबाद में 1923 ई. में स्वराज पार्टी का गठन किया तथा विधान परिषद् के चुनाव में भाग लिया एवं अच्छी सफलता प्राप्त की।

- साइमन कमीशन का गठन 1927 में हुआ तथा 3 फरवरी, 1928 को यह भारत पहुँचा। इस कमीशन के सभी सदस्य ब्रिटिश थे परिणामस्वरूप भारत में इसका व्यापक विरोध हुआ।
- साइमन कमीशन के विरोध में आयोजित आंदोलन का नेतृत्व करते हुए लाला लाजपत राय को पुलिस की लाठियां लगीं और वह गम्भीर रूप से घायल हो गए। बाद में उनकी मृत्यु हो गई।
- मोतीलाल नेहरू समिति ने अपनी रिपोर्ट 1928 में प्रकाशित की। इसमें केन्द्र में द्विसदनात्मक व्यवस्था तथा प्रान्तीय स्वायत्तता को स्वीकृति दी गई।
- सरदार वल्लभभाई पटेल ने 1928 ई. में बारदोली सत्याग्रह का नेतृत्व किया था।
- 1929 में कांग्रेस के लाहौर अधिवेशन में पूर्ण स्वराज की मांग की गई। इस अधिवेशन की अध्यक्षता जवाहरलाल नेहरू ने की थी।
- 12 मार्च, 1930 को गांधीजी ने साबरमती आश्रम से दाण्डी तट की यात्रा आरंभ की। इस यात्रा का उद्देश्य नमक कानून का उल्लंघन करना था।
- 5 अप्रैल, 1930 को नमक कानून तोड़कर गांधीजी ने सविनय अवज्ञा आंदोलन आरंभ किया।
- प्रथम गोलमेज सम्मेलन का आयोजन 12 नवम्बर, 1930 से 13 जनवरी, 1931 तक लन्दन में हुआ। इस सम्मेलन में कांग्रेस ने भाग नहीं लिया परन्तु बी.आर. अम्बेडकर ने दलित वर्ग का प्रतिनिधित्व किया।
- 5 मार्च, 1931 को गांधीजी तथा वायसराय इर्विन के मध्य एक समझौता हुआ। इसे गांधी-इर्विन समझौता कहा जाता है। समझौते के परिणामस्वरूप कांग्रेस ने सविनय अवज्ञा आंदोलन वापस ले लिया तथा गांधीजी ने द्वितीय गोलमेज सम्मेलन में भाग लेने का प्रस्ताव मान लिया।
- द्वितीय गोलमेज सम्मेलन का आयोजन दिसम्बर, 1931 में लन्दन में हुआ। गांधीजी ने कांग्रेस के प्रतिनिधि के रूप में इस सम्मेलन में भाग लिया। यह सम्मेलन विफल रहा।
- 1928 ई. में हिन्दुस्तान सोशलिस्ट रिपब्लिकन एसोसिएशन की स्थापना चंद्रशेखर आजाद तथा भगत सिंह के नेतृत्व में हुई।
- 23 मार्च, 1931 ई. को भगत सिंह, सुखदेव और राजगुरु को लाहौर जेल में फाँसी दे दी गई।
- 16 अगस्त, 1932 को तत्कालीन ब्रिटिश प्रधानमंत्री रैम्जे मैक्डोनाल्ड ने 'कम्युनल अवार्ड' जारी किया। इसमें मुसलमानों, सिखों, ईसाइयों के साथ दलित वर्गों के लिए भी पृथक निर्वाचन पद्धति लागू की गई।
- तृतीय गोलमेज सम्मेलन (17 नवम्बर, 1932-24 दिसम्बर 1932) में कांग्रेस ने भाग नहीं लिया। इस सम्मेलन में भारत सरकार अधिनियम, 1935 को अंतिम रूप दिया गया।
- 1937 ई. में प्रान्तीय विधानमण्डलों के चुनाव में कांग्रेस ने 6 राज्यों में बहुमत प्राप्त किया।
- 1939 ई. में कांग्रेस की प्रांतीय सरकारों ने द्वितीय विश्व युद्ध में भारत को शामिल करने के विरोध में इस्तीफा दे दिया।
- मुस्लिम लीग ने 22 दिसम्बर, 1939 को मुक्ति दिवस के रूप में मनाया।
- 1939 में सुभाषचंद्र बोस ने कांग्रेस के भीतर फॉरवर्ड ब्लॉक का गठन किया।
- गांधीजी ने 17 अक्टूबर, 1940 को व्यक्तिगत सत्याग्रह आरंभ किया। विनोबा भावे पहले सत्याग्रही थे।
- 8 अगस्त, 1940 को तत्कालीन वायसराय लॉर्ड लिनलिथगो ने अगस्त प्रस्ताव की घोषणा की। अगस्त प्रस्ताव के अन्तर्गत भारतीयों को वायसराय की कार्यकारिणी में प्रतिनिधित्व देने की बात कही गई।
- 23 मार्च, 1940 को मुस्लिम लीग के लाहौर अधिवेशन में पाकिस्तान की मांग की गई।
- क्रिप्स मिशन 1942 ई. में भारत आया। इसने युद्ध के उपरान्त भारत को डोमिनियन स्टेटस देने की बात प्रस्तावित की थी।
- गांधीजी के भारत छोड़ो प्रस्ताव को कांग्रेस कार्यसमिति ने 8 अगस्त, 1942 ई. को स्वीकार कर लिया। भारत छोड़ो आंदोलन की शुरुआत 9 अगस्त, 1942 ई. को हुई। इसी आंदोलन में गांधीजी ने 'करो या मरो' का नारा दिया।
- 4 जून, 1945 को वेवेल योजना का प्रस्ताव रखा गया। वेवेल योजना के अन्तर्गत वायसराय की कार्यकारिणी परिषद् को पुनर्गठित करने एवं इसमें सभी दलों को प्रतिनिधित्व देने का प्रस्ताव था तथा युद्ध के उपरान्त भारत को स्वयं संविधान बनाने की जिम्मेदारी दी जानी थी।
- 15 फरवरी, 1946 को कैबिनेट मिशन भारत आया। जुलाई 1946 में कैबिनेट मिशन योजना के अन्तर्गत संविधान सभा के सदस्यों का चुनाव हुआ।
- मुस्लिम लीग ने कैबिनेट मिशन योजना को अस्वीकार कर दिया तथा 16 अगस्त, 1946 को प्रत्यक्ष कार्रवाई दिवस की घोषणा की।
- लार्ड माउण्टबेटन ने 3 जून, 1947 को भारत विभाजन सम्बन्धी प्रस्ताव रखा, जिसे माउण्टबेटन प्लान कहा जाता है।

वस्तुनिष्ठ प्रश्नावली

1. हड़प्पा के निवासी–
A. ग्रामीण थे B. शहरी थे
C. यायावर (खानाबदोश) थे D. जनजातीय थे

2. हड़प्पा की सभ्यता के बारे में कौन-सी उक्ति सही है?
A. उन्हें 'अश्वमेध' की जानकारी थी
B. गाय उनके लिए पवित्र थी
C. उन्होंने 'पशुपति' का सम्मान आरंभ किया
D. उनकी संस्कृति सामान्यतः स्थिर नहीं थी

3. हड़प्पा के लोगों की सामाजिक पद्धति .... थी।
A. उचित समतावादी B. दास श्रमिक आधारित
C. वर्ण आधारित D. जाति आधारित

4. हड़प्पा की खोज किस वर्ष में हुई थी?
A. 1935 B. 1942
C. 1901 D. 1921

5. हड़प्पावासी किस वस्तु के उत्पादन में सर्वप्रथम थे?
A. मुद्राएँ B. कांसे के औजार
C. कपास D. जौ

6. हड़प्पा की सभ्यता किस युग की थी?
A. कांस्य युग B. नवपाषाण युग
C. पुरापाषाण युग D. लौह युग

7. सिंधु घाटी की खुदाई में मिले अवशेषों में तत्कालीन व्यापारिक और आर्थिक विकास में द्योतक निम्न में कौन है?
A. मिट्टी के बर्तन B. मुद्राएँ
C. नावें D. मकान

8. बिना दुर्ग के एक मात्र सिंधु नगर कौन-सा था?
A. कालीबंगन B. हड़प्पा
C. मोहनजोदड़ो D. चन्हुदाड़ो

9. 'अपवाह तंत्र' का निर्माण सबसे पहले निम्नलिखित में से किस सभ्यता के लोगों ने किया था?
A. मिस्र सभ्यता के लोगों ने
B. सिंधु घाटी सभ्यता के लोगों ने
C. चीनी सभ्यता के लोगों ने
D. मेसोपोटामिया सभ्यता के लोगों ने

10. निम्नलिखित विद्वानों में से हड़प्पा सभ्यता का सर्वप्रथम खोजकर्ता कौन था?
A. सर जॉन मार्शल B. आर.डी. बनर्जी
C. ए. कनिंघम D. दयाराम साहनी

11. इनमें से किस फसल का ज्ञान वैदिक लोगों को नहीं था?
A. जौ B. गेहूँ
C. चावल D. तम्बाकू

12. वैदिक गणित का महत्वपूर्ण अंग है
A. शतपथ ब्राह्मण B. अथर्ववेद
C. शुल्व सूत्र D. छान्दोग्य उपनिषद्

13. किस वेद में प्राचीन वैदिक युग की संस्कृति के बारे में सूचना दी गई है?
A. ऋग्वेद B. यजुर्वेद
C. अथर्ववेद D. सामवेद

14. 323 ई. पू. में सिकन्दर महान की मृत्यु हुई थी–
A. फारस में B. बेबीलोन में
C. मेसीडोनिया में D. तक्षशिला में

15. सिकन्दर महान एवं पोरस/पुरू की सेनाओं ने निम्नलिखित में से किस नदी के आमने-सामने वाले तटों पर पड़ाव डाला हुआ था?
A. रावी के B. झेलम के
C. सतलज के D. चेनाब के

16. किस प्रकार का मृदभाण्ड (पौटरी) भारत में द्वितीय नगरीकरण के प्रारंभ का प्रतीक माना गया?
A. गेरू रंग वाले मृदभाण्ड (OCP)
B. चित्रित धूसर मृदभाण्ड (PWG)
C. उत्तरी काले पॉलिशकृत बर्तन (NBPW)
D. काले और लाल बर्तन (BRW)

17. किस शासक ने बौद्धों के लिए विख्यात विक्रमशिला विश्वविद्यालय की स्थापना की थी?
A. महिपाल B. देवपाल
C. गोपाल D. धर्मपाल

18. किसके द्वारा तृतीय बौद्ध संगीति को संरक्षण प्रदान किया गया था?
A. कनिष्क B. अशोक
C. महाकस्सप D. उपालि

19. महावीर का जन्म किस क्षत्रिय गोत्र में हुआ था?
A. शाक्य B. ज्ञातृक
C. सल्लास D. लिच्छवि

20. निम्नलिखित में सम्राट अशोक की वह पत्नी कौन थी जिसने उसको प्रभावित किया था?

A. चंडालिका　B. चारूलता
C. गौतमी　D. कारूवाकी

21. बिन्दुसार ने विद्रोहियों को कुचलने के लिए अशोक को कहाँ भेजा था?

A. स्वर्णगिरि　B. तक्षशिला
C. उज्जैन　D. वैशाली

22. तक्षशिला के प्रसिद्ध स्थल होने का कारण था–

A. प्राचीन वैदिक कला　B. मौर्य कालीन कला
C. गंधार कला　D. गुप्त कला

23. निम्नलिखित में से कनिष्क के समकालीन कौन थे?

A. कंबन, बाणभट्ट, अश्वघोष
B. नागार्जुन, अश्वघोष, वसुमित्र
C. अश्वघोष, कालिदास, बाणभट्ट
D. कालिदास, कंबन, वसुमित्र

24. 'लाल चेर' के नाम से प्रसिद्ध वह चेर शासक कौन था, जिसने कण्णगी के मंदिर का निर्माण कराया था?

A. एलारा　B. कारिकाल
C. शेनगुट्टवन　D. नेदुन जेरल आदन

25. अजंता कलाकृतियाँ किससे संबंधित हैं?

A. हड़प्पा काल से　B. मौर्य काल से
C. बुद्ध काल से　D. गुप्त काल से

26. चालुक्य राजा पुलकेशिन II को किसने पराजित किया था?

A. महेन्द्रवर्मन I　B. नरसिंहवर्मन I
C. परमेश्वरवर्मन I　D. परांतक I

27. किस व्यक्ति को 'द्वितीय अशोक' कहा जाता है?

A. समुद्रगुप्त　B. चंद्रगुप्त मौर्य
C. स्कंदगुप्त　D. हर्षवर्धन

28. शून्य की खोज किसने की?

A. वराहमिहिर　B. आर्यभट्ट
C. भास्कर　D. इनमें से कोई नहीं

29. किस विदेशी यात्री ने भारत का दौरा सबसे पहले किया था?

A. ह्वेनसांग　B. मेगास्थनीज
C. इत्सिंग　D. फाह्यान

30. दिलवाड़ा मंदिर कहां पर स्थित हैं?

A. श्रवणबेलगोला　B. पारसनाथ पर्वत
C. इंदौर　D. आबू पर्वत

31. विरूपाक्ष मंदिर का निर्माण किसने करवाया था?

A. चालुक्य　B. पल्लव
C. वाकाटक　D. सातवाहन

32. पांड्य साम्राज्य की राजधानी कहां थी?

A. कांची　B. मदुरै
C. कावेरीपट्टनम　D. तिरूचि

33. कुव्वत-उल-इस्लाम मस्जिद का निर्माण किसके द्वारा किया गया था?

A. कुतुबुद्दीन ऐबक　B. अलाउद्दीन खिलजी
C. इल्तुतमिश　D. मोहम्मद आदिलशाह

34. 'इनाम' भूमि किसे दी जाती थी?

A. विद्वान और धार्मिक व्यक्ति
B. मनसबदार
C. पैतृक राजस्व संग्रोहक
D. कुलीन

35. दिल्ली के किस सुल्तान को इतिहासकारों ने 'विरोधों का मिश्रण' बताया है?

A. बलबन　B. अलाउद्दीन खिलजी
C. मुहम्मद बिन तुगलक　D. इब्राहिम लोदी

36. यात्री इब्नबतूता कहां से आया था?

A. मोरक्को　B. फारस
C. तुर्की　D. मध्य एशिया

37. विजय नगर का प्रथम शासक कौन था जिसने पुर्तगालियों के साथ संधि की?

A. हरिहर　B. बुक्का
C. देवराय II　D. कृष्णदेव राय

38. कृष्णदेव राय किसके समकालीन थे?

A. शेरशाह　B. हुमायूँ
C. बाबर　D. अकबर

39. संत कबीर का जन्म कहां हुआ था?

A. दिल्ली　B. मगहर/वाराणसी
C. मथुरा　D. हैदराबाद

40. महाराष्ट्र में भक्ति संप्रदाय निम्नलिखित में से किसकी शिक्षाओं द्वारा फैला था?

A. संत तुकाराम　B. संत ज्ञानेश्वर
C. समर्थ गुरु रामदास　D. चैतन्य महाप्रभु

41. वह सूफी संत कौन था जो यह मानता था कि भक्ति संगीत ईश्वर के निकट पहुँचने का मार्ग है?

A. मुइनुद्दीन चिश्ती　B. बाबा फरीद
C. सैय्यद मुहम्मद　D. शाह आलम बुखारी

42. गुजरात विजय की याद में अकबर ने किसका निर्माण कराया था?

A. बड़ा इमामबाड़ा B. बुलंद दरवाजा
C. जामा मस्जिद D. सिद्दी बशीर

43. पानीपत की दूसरी लड़ाई (5 अप्रैल, 1556) निम्नलिखित में से किसके बीच हुई थी?

A. अकबर और हेमू
B. राजपूत और मुगल
C. बाबर और इब्राहिम लोदी
D. सिकंदर और आदिलशाह

44. अपने काल के महान संगीतज्ञ तानसेन किसके दरबार में थे?

A. जहाँगीर B. अकबर
C. शाहजहाँ D. बहादुरशाह

45. मुगलकाल की राजभाषा कौन-सी थी?

A. उर्दू B. हिन्दी
C. अरबी D. फारसी

46. सती प्रथा की भर्त्सना करने बाला मुगल सम्राट था–

A. बाबर B. हुमायूँ
C. अकबर D. जहाँगीर

47. भारत में ग्रांड ट्रंक रोड बनवाई थी।

A. अशोक ने B. शेरशाह सूरी ने
C. अकबर ने D. हुमायूँ ने

48. अकबर के शासनकाल में भू-राजस्व सुधारों के लिए कौन उत्तरदायी था?

A. बीरबल B. टोडरमल
C. जयसिंह D. बिहारीमल

49. 'रामचरितमानस' के लेखक तुलसीदास किसके शासनकाल से संबंधित थे?

A. चन्द्रगुप्त विक्रमादित्य B. वाजिद अली शाह
C. हर्षवर्द्धन D. अकबर

50. निम्नलिखित में से गुरिल्ला युद्ध का पथ-प्रदर्शक कौन था?

A. औरंगजेब B. अकबर
C. शिवाजी D. बालाजी

51. शिवाजी के प्रशासन में 'पेशवा' कहा जाता था–

A. धार्मिक मामलों के मंत्री को
B. रक्षामंत्री को
C. प्रधानमंत्री को
D. न्यायमंत्री को

52. भारत में सबसे पहली सूती वस्त्र मिल किस शहर में स्थापित की गयी थी?

A. सूरत B. बम्बई
C. अहमदाबाद D. कोयम्बटूर

53. मुख्यतः किसके प्रयास से सती प्रथा का उन्मूलन हुआ?

A. ब्रिटिश B. राजा राममोहन राय
C. धर्म प्रचारक D. महर्षि कर्वे

54. अलीगढ़ में स्थित मुहम्मडन एंग्लो-ओरिएण्टल कॉलेज को किसने स्थापित किया?

A. सैय्यद अहमद खाँ B. बदरूद्दीन तैयब जी
C. अबुल कलाम आजाद D. मुहम्मद अली जिन्ना

55. वर्ष 1829 ई. में सती प्रथा का उन्मूलन किसके द्वारा किया गया था?

A. लार्ड कर्जन B. लार्ड वेलेस्ली
C. लार्ड लिटन D. लार्ड विलियम बैंटिंक

56. स्वामी विवेकानंद का मूल नाम था–

A. नरेन्द्रनाथ दत्त B. बटुकेश्वर दत्त
C. कृष्ण दत्त D. सुरेंद्र दत्त

57. आर्य समाज किसके विरुद्ध है?

A. ईश्वर के अस्तित्व B. मूर्ति पूजा
C. हिन्दुत्व D. इस्लाम

58. थियोसोफिकल सोसायटी ने भारत में कब और कहाँ अपना मुख्य कार्यालय संस्थापित किया?

A. 1882, अडयार B. 1885, बेलूर
C. 1890, आवडी D. 1895, वेल्लूर

59. किस वायसराय के शासनकाल में पहला फैक्ट्री अधिनियम पारित किया गया?

A. लार्ड कर्जन B. लार्ड लिटन
C. लार्ड रिपन D. लार्ड कैनिंग

60. बेगम हजरत महल ने 1857 के विद्रोह का नेतृत्व निम्नलिखित में किस शहर से किया था?

A. लखनऊ B. कानपुर
C. बनारस D. इलाहाबाद

61. 1857 के विद्रोह का नेतृत्व बिहार में किसने किया?

A. खान बहादुर खाँ B. कुँवर सिंह
C. तात्या टोपे D. रानी राम कुआंरि

62. 1857 के विद्रोह के समय भारत का गवर्नर-जनरल कौन था?

A. लार्ड डलहौजी B. लार्ड विलियम बैंटिंक
C. लार्ड कैनिंग D. लार्ड लिटन

63. भारतीय राष्ट्रीय कांग्रेस की पहली बैठक किस शहर में हुई थी?
A. कलकत्ता B. बंबई
C. अहमदाबाद D. इलाहाबाद

64. निम्नलिखित कांग्रेसी नेताओं में से किसको 'भारत का महान वृद्ध व्यक्ति' कहा जाता है?
A. महात्मा गांधी B. बाल गंगाधर तिलक
C. दादाभाई नौरोजी D. मदन मोहन मालवीय

65. किस गवर्नर-जनरल के कार्यकाल के दौरान भारतीय राष्ट्रीय कांग्रेस बनी थी?
A. लार्ड रिपन B. लार्ड विलियम बैंटिंक
C. लार्ड डफरिन D. लार्ड कर्जन

66. भारतीय सिविल सेवा (ICS) में चुने गए पहले भारतीय का नाम था–
A. सत्येन्द्रनाथ टैगोर B. सरोजिनी नायडू
C. लाला लाजपत राय D. सी.आर. दास

67. मार्ले-मिण्टो रिफॉर्म्स को किस वर्ष में प्रस्तुत किया गया था?
A. 1909 B. 1919
C. 1935 D. 1942

68. 'स्वराज मेरा जन्मसिद्ध अधिकार है और मैं उसे लेकर रहूँगा'–यह किसने कहा?
A. अरविंद घोष B. महात्मा गांधी
C. सुभाष चंद्र बोस D. बाल गंगाधर तिलक

69. 'जय हिन्द' का नारा किसने दिया?
A. सुभाष चंद्र बोस B. जवाहरलाल नेहरू
C. मोतीलाल नेहरू D. भगत सिंह

70. काकोरी ट्रेन डकैती कांड के नायक थे?
A. राम प्रसाद बिस्मिल B. भगत सिंह
C. बटुकेश्वर दत्त D. बरकतुल्ला

71. भारत की आजादी के समय कांग्रेस के अध्यक्ष कौन थे?
A. महात्मा गांधी B. जवाहरलाल नेहरू
C. जे.बी. कृपलानी D. सरदार पटेल

72. भारतीय मुसलमानों के पृथक राज्य के लिए 'पाकिस्तान' शब्द का प्रयोग सबसे पहले किसने किया?
A. मुहम्मद इकबाल B. आगा खाँ
C. एम.ए. जिन्ना D. चौधरी रहमत अली

73. मुस्लिम लीग ने 'मुक्ति दिवस' मनाया था–
A. 1939 में B. 1942 में
C. 1946 में D. 1947 में

74. भारत छोड़ो आंदोलन कब प्रारंभ हुआ?
A. 9 अगस्त, 1942 B. 10 अगस्त, 1942
C. 15 अगस्त, 1942 D. 16 अगस्त, 1942

75. वर्ष 1946 में गठित अंतरिम कैबिनेट की अध्यक्षता किसने की?
A. राजेन्द्र प्रसाद B. जवाहरलाल नेहरू
C. वल्लभभाई पटेल D. सी. राजगोपालाचारी

उत्तरमाला

1	2	3	4	5	6	7	8	9	10
B	C	A	D	C	A	B	D	B	D
11	12	13	14	15	16	17	18	19	20
D	C	A	B	B	C	D	B	B	D
21	22	23	24	25	26	27	28	29	30
B	C	B	C	D	D	D	B	B	D
31	32	33	34	35	36	37	38	39	40
A	B	A	A	C	A	D	C	B	B
41	42	43	44	45	46	47	48	49	50
A	B	A	B	D	C	B	B	D	C
51	52	53	54	55	56	57	58	59	60
C	A	B	A	D	A	B	A	C	A
61	62	63	64	65	66	67	68	69	70
B	C	B	C	C	A	A	D	A	A
71	72	73	74	75					
C	D	A	A	B					

★★★★★★

भूगोल

ब्रह्माण्ड (Universe)

- यूनानी विद्वान हिकेटियस को 'भूगोल का पिता' कहा जाता है क्योंकि इन्होंने सर्वप्रथम भौगोलिक वर्णनों को 'जेस पीरियोडिस' पुस्तक के माध्यम से क्रमबद्ध किया था।
- भूगोल शब्द का सर्वप्रथम प्रयोग ग्रीक विद्वान इरेटोस्थनीज ने किया। 'पृथ्वी की परिधि' का लगभग सही मापन इन्होंने दिया था।
- ब्रह्माण्ड का विकासवादी सिद्धांत महाविस्फोट (Big-Bang Theory) के नाम से प्रसिद्ध है। इसे प्रस्तुत करने का श्रेय बेल्जियम के विद्वान लिमैत्रे को है।
- ब्रह्माण्ड अति विशाल है। यह ग्रहों, तारों, धूल और गैसों के सम्पूर्ण समूह से बना है।
- तारों के एक विशाल समुदाय या तंत्र को मंदाकिनी कहते हैं।
- सूर्य एक तारा है। यह सौरमंडल के आठ ग्रहों और उनके उपग्रहों के मध्य स्थित है। सूर्य सौरमंडल का प्रमुख है तथा आठ अन्य ग्रह अर्थात् बुध, शुक्र, पृथ्वी, मंगल, बृहस्पति, शनि, यूरेनस और नेप्चून इसके चारों ओर घूमते हैं।
- सूर्य के अतिरिक्त सौरमंडल के किसी अन्य ग्रह में अपना प्रकाश और उष्मा नहीं है।
- सूर्य एक गैसीय गोला है, जिसमें 71% हाइड्रोजन, 26.5% हीलियम तथा 2% अन्य भारी तत्व जैसे–लीथियम व यूरेनियम आदि हैं।
- सूर्य का व्यास 13 लाख 92 हजार किमी है, जो पृथ्वी के व्यास का लगभग 110 गुना है।
- सूर्य का प्रकाश पृथ्वी तक पहुँचने में 8 मिनट 16.6 सेकण्ड लगते हैं।
- ग्रहों को दो भागों में विभाजित किया गया है–
  - (*i*) आन्तरिक या पार्थिव ग्रह संख्या में चार हैं। बुध, शुक्र, पृथ्वी एवं मंगल को पार्थिव ग्रह कहा जाता है क्योंकि ये पृथ्वी के समान हैं।
  - (*ii*) बृहस्पतीय या बाह्य ग्रहः बृहस्पति, शनि, अरुण एवं वरुण को बृहस्पतीय ग्रह कहा जाता है।

शुक्र एवं अरुण सूर्य के चारों ओर पूर्व से पश्चिम दिशा में परिभ्रमण करते हैं, जबकि अन्य सभी ग्रह पश्चिम से पूर्व दिशा में परिभ्रमण करते हैं।

बुध (Mercury)

- यह सूर्य का सबसे नजदीकी ग्रह है।
- इसका कोई उपग्रह नहीं है तथा यह सबसे छोटा ग्रह है।
- यह सूर्य की परिक्रमा सबसे कम समय में पूरी करता है।

शुक्र (Venus)

- बुध के बाद यह सूर्य से दूसरा सबसे निकटतम ग्रह है।
- यह पृथ्वी से सर्वाधिक नजदीकी ग्रह है।

पृथ्वी (Earth)

- यह आकार में पाँचवाँ सबसे बड़ा ग्रह है।
- जल की उपस्थिति के कारण इसे नीला ग्रह भी कहा जाता है।
- सूर्य से दूरी के अनुसार पृथ्वी सौरमंडल में तीसरे स्थान पर है।
- पृथ्वी अपने अक्ष पर पश्चिम से पूर्व की ओर 1610 कि.मी. प्रति घण्टा की चाल से 23 घण्टे 56 मिनट 4 सेकण्ड में एक पूरा चक्कर लगाती है। पृथ्वी की इस गति को घूर्णन या दैनिक गति कहते हैं। इसी घूर्णन गति के कारण दिन-रात होते हैं।
- पृथ्वी 365 दिन 5 घण्टे 48 मिनट 46 सेकण्ड में सूर्य का परिक्रमण करती है। सूर्य के चतुर्दिक पृथ्वी की इस परिक्रमा को पृथ्वी की वार्षिक गति या परिक्रमण गति कहते हैं।
- पृथ्वी द्वारा सूर्य की एक परिक्रमा करने में लगा समय सौर वर्ष कहलाता है।
- पृथ्वी पर ऋतु परिवर्तन, इसके अक्ष पर झुके होने के कारण तथा सूर्य के सापेक्ष इसकी स्थिति में परिवर्तन यानी वार्षिक गति के कारण होता है। वार्षिक गति के कारण ही पृथ्वी पर दिन-रात छोटे बड़े होते हैं।
- पृथ्वी का एकमात्र उपग्रह चंद्रमा है।
- पृथ्वी का एक-तिहाई भाग स्थल एवं दो-तिहाई भाग जल से घिरा हुआ है।

मंगल (Mars)

- इसे लाल ग्रह भी कहते हैं।
- मंगल, सूर्य का चौथा निकटतम ग्रह है।
- इस ग्रह पर वायुमण्डल पाया जाता है अतः यहाँ जीवन की संभावना व्यक्त की जा रही है।

बृहस्पति (Jupiter)

- यह सौर मंडल का सबसे बड़ा ग्रह है।
- इसे सूर्य की परिक्रमा करने में 11.86 वर्ष लगते हैं।

शनि (Saturn)

- यह सौरमण्डल का दूसरा सबसे बड़ा ग्रह है।
- इसकी प्रमुख विशेषता है कि इसके तल के चारों ओर वलय का होना।
- यह सूर्य की परिक्रमा 29.5 वर्ष में पूरी करता है।

अरुण (Uranus)

- यह सूर्य से सातवाँ और आकार में तृतीय ग्रह है।
- इसे सूर्य की परिक्रमा करने में 84 वर्ष लगते हैं।

वरुण (Neptune)

- यह सौरमण्डल का चौथा सबसे बड़ा तथा सूर्य से आठवाँ ग्रह है।
- यह सबसे ठंडा ग्रह है तथा यहाँ वर्ष दीर्घतम होता है।
- सूर्य की परिक्रमा करने में इसे 165 वर्ष लगते हैं।

सौरमण्डल के अन्य घटक

- **क्षुद्रग्रह (Asteroids)**: मंगल एवं बृहस्पति ग्रह की कक्षाओं के बीच छोटे-छोटे आकाशीय पिण्ड, जो सूर्य की परिक्रमा करते हैं क्षुद्रग्रह कहलाते हैं। सबसे बड़ा क्षुद्रग्रह सायरस है।
- **धूमकेतु (Comet)**: सौरमंडल के छोर पर बहुत ही छोटे-छोटे अरबों पिंड विद्यमान हैं, जो धूमकेतु या पुच्छल तारे कहलाते हैं।

उल्का (Meteor)

उल्काएँ, क्षुद्र ग्रहों के टुकड़े तथा धूमकेतु द्वारा पीछे छोड़े गए धूल के कण होते हैं। यह पृथ्वी के वायुमण्डल में पहुँचते ही जलने लगते हैं और टूटते तारे जैसे लगते हैं।

चन्द्रमा

- यह पृथ्वी का एकमात्र उपग्रह है।
- चन्द्रमा, पृथ्वी की परिक्रमा लगभग 27 दिन 8 घंटे में पूरी करता है और इतने ही समय में अपने अक्ष पर एक घूर्णन करता है।
- चन्द्रमा का घूर्णन और परिक्रमण अवधि समान है। इसी कारण चन्द्रमा का सदैव एक ही भाग दिखाई पड़ता है।
- चन्द्रमा पृथ्वी से लगभग 3.84 लाख किलोमीटर दूर है।

चन्द्रग्रहण

जब कभी चक्कर लगाते समय सूर्य और चंद्रमा के बीच पृथ्वी आ जाती है तो चन्द्रमा को सूर्य का प्रकाश प्राप्त नहीं होता। इसको चन्द्रग्रहण कहते हैं। सूर्य, चन्द्रमा और पृथ्वी तीनों पूर्णमासी को एक सीध में रहते हैं। अतः केवल पूर्णिमा को ही चंद्रग्रहण पड़ता है।

सूर्यग्रहण

भ्रमण करते हुए जब चंद्रमा अमावस्या के दिन पृथ्वी और सूर्य के बीच में आ जाता है तब चंद्रमा की छाया पृथ्वी पर पड़ती है। इसका फल यह होता है कि सूर्य का प्रकाश पृथ्वी पर नहीं पड़ता है। सूर्य की आकृति पर पड़ने वाले इस विक्षेप को ही सूर्य-ग्रहण कहते हैं। सूर्य-ग्रहण अमावस्या को ही पड़ता है।

पृथ्वी की संरचना

पृथ्वी की आन्तरिक संरचना को मुख्यतः तीन भागों में बाँटा गया है–

1. **भूपटल/भू-पर्पटी (Crust)**: पृथ्वी के ऊपरी भाग को भू-पर्पटी कहते हैं। यह अंदर की तरफ 8-40 किमी तक का क्षेत्र है। यह मुख्यतः बेसाल्ट चट्टानों से बना है। इसे सिआल (SIAL) भी कहते हैं।
2. **अनुपटल (Mantle):** इस अनुपटल का विस्तार 100 से 2,900 किमी की गहराई तक है। इसमें सिलिका और मैग्नेशियम की प्रधानता है। इसे सीमा भी कहते हैं। इसी परत से ज्वालामुखी के लिए लावा प्राप्त होता है।
3. **भू-क्रोड (Core):** इस परत को धात्विक क्रोड या गुरुमण्डल या अन्तरतम भी कहते हैं। यह 2900 किमी की गहराई से पृथ्वी के केन्द्र तक विस्तृत है। इसमें निकिल एवं फेरस की प्रधानता है। इसे निफे भी कहते हैं।

पृथ्वी की गतियां

1. **घूर्णन गति (Rotation)**: पृथ्वी अपने अक्ष पर पश्चिम से पूर्व की ओर चक्कर लगाती है जिसके कारण दिन और रात होते हैं। पृथ्वी की दैनिक गति के कारण समुद्र में ज्वार भाटा आता है।
2. **परिक्रमण गति (Revolution)**: पृथ्वी अपने अक्ष पर घूमने के साथ-साथ सूर्य के चारों ओर भी चक्कर लगाती है। पृथ्वी की इस परिक्रमा का मार्ग वामावर्त (Counterclockwise) है।

पृथ्वी की परिक्रमण गति के निम्न प्रभाव देखे जा सकते हैं–

(*i*) सूर्य की किरणों का सीधा और तिरछा चमकना,

(*ii*) वर्ष की अवधि का निर्धारण,

(*iii*) कर्क और मकर रेखाओं का निर्धारण,

(*iv*) ध्रुवों पर छः-छः माह के रात-दिन का होना,

(*v*) धरातल पर ताप-वितरण में भिन्नता,

(*vi*) कटिबन्धों का निर्धारण,

(*vii*) दिन-रात का छोटा-बड़ा होना,

(*viii*) ऋतु परिवर्तन।

- **कर्क संक्रांति**: 21 जून को सूर्य मकर रेखा पर लम्बवत् चमकता है। परिणामस्वरूप उत्तरी गोलार्द्ध में सबसे बड़ा दिन होता है और ग्रीष्म ऋतु होती है। दक्षिणी गोलार्द्ध में इस समय सूर्य-तिरछा चमकता है। इससे यहाँ रातें बड़ी और दिन छोटे होते हैं और गर्मी कम होने से जाड़े की ऋतु होती है।
- **मकर संक्रांति**: 22 दिसम्बर को दक्षिणी ध्रुव सूर्य के सम्मुख होता है और सूर्य मकर रेखा पर लम्बवत् चमकता है। जिससे यहाँ ग्रीष्म ऋतु होती है। इस समय उत्तरी गोलार्द्ध में सूर्य तिरछा चमकता है, जिससे दिन छोटे व रातें बड़ी होती हैं और गर्मी कम होने से जाड़े की ऋतु होती है।
- **विषुव**: यह पृथ्वी की वह स्थिति है जब सूर्य की किरणें भूमध्य रेखा पर लम्बवत् चमकती है जिससे सर्वत्र रात-दिन बराबर होते हैं।

  (*i*) बसन्त विषुव - 21 मार्च (*ii*) शरद विषुव - 23 सितम्बर
- ग्लोब पर खींची गई समानांतर रेखाओं को अक्षांश रेखा कहा जाता है।
- 0° की अक्षांश रेखा भूमध्य रेखा या विषुवत् रेखा कहलाती है। यह पृथ्वी के केन्द्र से गुजरती है एवं पृथ्वी को दो बराबर भागों में बाँटती है। भूमध्य रेखा पर दिन-रात बराबर होते हैं।
- भूमध्य रेखा से ऊपर 0° से 90° उत्तरी ध्रुव तक उत्तरी गोलार्द्ध और भूमध्य रेखा से नीचे 0° से 90° दक्षिणी ध्रुव तक दक्षिणी-गोलार्द्ध कहलाता है।
- **कर्क रेखा**: उत्तरी गोलार्द्ध में 23.5° N के दोनों बिन्दुओं को मिलाने वाली रेखा कर्क रेखा कहलाती है। कर्क रेखा अग्रलिखित देशों से होकर गुजरती है–मैक्सिको, पश्चिमी सहारा, मॉरीटानिया, माली, अल्जीरिया, लीबिया, चाड, मिस्र, सऊदी अरब, यू.ए.ई., ओमान, भारत, बांग्लादेश, म्यांमार, चीन तथा ताइवान।
- **मकर रेखा**: दक्षिण गोलार्द्ध में 23.5° S के दोनों बिन्दुओं को मिलाने वाली रेखा मकर रेखा कहलाती है। मकर रेखा अग्रलिखित देशों से होकर गुजरती है–ऑस्ट्रेलिया, नामीबिया, बोत्सवाना, द॰ अफ्रीका, मोजाम्बिक, मेडागास्कर, चिली, अर्जेन्टीना, पराग्वे, ब्राजील तथा मालागासी।
- **आर्कटिक रेखा**: उत्तरी गोलार्द्ध में 66.5° N के दोनों बिन्दुओं को मिलाने वाली रेखा को आर्कटिक रेखा कहते हैं।
- **अण्टार्कटिक रेखा**: दक्षिणी गोलार्द्ध में 66.5° S के दोनों बिन्दुओं को मिलाने वाली रेखा अण्टार्कटिक रेखा कहलाती हैं।
- **विषुवत् रेखा**: निम्नलिखित देशों से होकर गुजरती है–इक्वेडोर, कोलम्बिया, ब्राजील, गैबन, कांगो रिपब्लिक, कांगो डेमोक्रेटिक रिपब्लिक, युगांडा, केन्या, सोमालिया, इण्डोनेशिया।
- **देशान्तर रेखाएँ**: यह ग्लोब पर उत्तर से दक्षिण की ओर खींची जाने वाली काल्पनिक रेखाएँ हैं। ये रेखाएँ समानांतर नहीं होती हैं। ये रेखाएँ उत्तरी तथा दक्षिणी ध्रुव पर एक बिन्दु पर मिल जाती हैं।
- ध्रुवों से भूमध्य रेखा की ओर बढ़ने पर देशान्तरों के बीच की दूरी बढ़ती जाती है तथा भूमध्य रेखा पर इनके बीच की दूरी अधिकतम होती है।
- **ग्रीनविच वेधशाला**: यह लन्दन के निकट है। यहाँ से गुजरने वाली देशान्तर रेखा को प्रधान देशांतर रेखा कहा जाता है। इसका मान 0° देशांतर है।
- पृथ्वी की घूर्णन गति 15 अंश देशांतर प्रति घण्टा या प्रति चार मिनट में एक देशांतर है।
- भारत में माध्य प्रामाणिक समय (IST) 82°-30' पूर्व प्रयागराज के पास है। यह ग्रीनविच मध्याह्न से 5 घंटे 30 मिनट आगे है।
- पामीर के पठार को विश्व की छत भी कहा जाता है।
- तिब्बत का पठार विश्व में सबसे ऊँचा है।
- बोलीविया तथा पेरू का पठार अन्तःपर्वतीय पठार है।
- **झील**: कैस्पियन सागर खारे पानी की विश्व की सबसे बड़ी झील है।
- सुपीरियर झील ताजे पानी की सबसे बड़ी झील है।
- बैकाल झील सबसे गहरी झील है।
- टिटिकाका झील विश्व की सबसे ऊँची झील है।
- मृत सागर विश्व की सबसे नीची झील है।
- **मरुस्थल**: पृथ्वी का वह क्षेत्र जहाँ वार्षिक वर्षा 25 सेमी से कम होती है, उसे मरुस्थल कहा जाता है।
- विश्व का मरुस्थलविहीन प्रायद्वीप यूरोप है।
- दक्षिण एशिया का सबसे बड़ा मरुस्थल थार भारत में है।
- संसार का सबसे बड़ा मरुस्थल सहारा है।
- द्वीपः स्थल के ऐसे भाग जिनके चारों ओर जल का विस्तार पाया जाता है द्वीप कहलाते हैं।

पृथ्वी के प्रमुख परिमंडल

- पृथ्वी की सम्पूर्ण बाह्य परत, जिस पर महाद्वीप एवं महासागर स्थित हैं स्थलमंडल कहलाती है। पृथ्वी के कुल 29% भाग पर स्थल तथा 71% भाग पर जल है।
- पृथ्वी पर अधिकतम ऊँचाई माउण्ट एवरेस्ट (8848 मी.) की तथा अधिकतम गहराई मेरियाना गर्त (11,033 मी.) की है। इस प्रकार पृथ्वी की अधिकतम ऊँचाई एवं अधिकतम गहराई में लगभग 20 किमी. का अंतर है।
- ज्वालामुखी के द्वारा पृथ्वी का पिघला पदार्थ लावा, राख, भाप तथा अन्य गैसें बाहर निकलती हैं।
- विश्व का सबसे ऊँचा ज्वालामुखी पर्वत, कोटापैक्सी (इक्वेडोर) है।
- संसार का सर्वाधिक सक्रिय ज्वालामुखी किलायू है।
- **सिस्मोलॉजी:** यह भूगर्भशास्त्र की एक विशेष शाखा है जिसमें भूकम्पों का अध्ययन किया जाता है। भूकम्प की तीव्रता की माप रिक्टर पैमाने पर की जाती है।
- भूकम्पीय तरंगों को सिस्मोग्राफ नामक यंत्र द्वारा मापा जाता है।

वायुमण्डल

- वायुमण्डल अनेक गैसों का मिश्रण है। गैसों के अतिरिक्त वायुमण्डल में जलवाष्प तथा धूल के कण भी उपस्थित हैं। यह पृथ्वी के धरातल से 1600 किमी. की ऊँचाई तक फैली है।
- वायुमंडल की ऊपरी परत के अध्ययन को वायुविज्ञान (Aerology) और निचली परत के अध्ययन को ऋतु विज्ञान (Meterology) कहते हैं।

वायुमण्डल की संरचना

1. क्षोभमण्डल (Troposphere)

- यह वायुमण्डल की सबसे निचली परत है जिसमें मानव सहित अन्य जीव रहते हैं।
- इस परत में ऊँचाई के साथ-साथ तापमान घटता है। प्रत्येक 165 मी. पर 1°C तापमान की कमी हो जाती है।

2. समतापमण्डल (Stratosphere)

- क्षोभमंडल के ऊपर 32 किमी. तक अर्थात् पृथ्वी की सतह से 50 किमी. ऊपर तक समतापमंडल स्थित है।
- क्षोभ सीमा (Tropopause) ही समतापमंडल और क्षोभमंडल दोनों को अलग करती है। यहाँ पर तापमान स्थिर होता है। इसकी मोटाई 1.5 किमी. है।
- इसके ऊपर 50 किमी की ऊँचाई तक तापमान में वृद्धि होती है, जिसका कारण वहाँ उपस्थित ओजोन गैस है, जो सूर्य की पराबैंगनी किरणों का अवशोषण करती है इसलिए इसे पृथ्वी का सुरक्षा कवच कहते हैं।
- इसमें मौसमी घटनाएँ जैसे आँधी, बादलों की गरज, बिजली का कड़कना, धूलकण एवं जलवाष्प आदि कुछ नहीं होती है। परिणामस्वरूप इस मंडल में वायुयान उड़ाने की आदर्श दशा पाई जाती है।

3. मध्यमण्डल (Mesosphere)

- समताप सीमा के ऊपर मध्यमण्डल है, जिसका विस्तार 80 किमी की ऊँचाई तक है। इस परत में ऊँचाई के साथ तापमान गिरने लगता है।

4. आयनमण्डल (Ionosphere)

- मध्यमण्डल के ऊपर आयनमण्डल है जिसकी ऊँचाई 80-690 किमी तक है।
- यहाँ उपस्थित कण विद्युत आवेशित होते हैं, जिन्हें आयन कहते हैं। अतः इस परत का नाम आयनमण्डल है।
- आयनमण्डल में तीन परतें स्थित हैं जो पृथ्वी से प्रेषित रेडियो तरंगों को परावर्तित करके पृथ्वी पर वापस भेज देता है इससे रेडियो प्रसारण में सहायता मिलती है।
- संचार उपग्रह इसी मण्डल में स्थित होते हैं।

5. बाह्यमण्डल (Exosphere)

- आयनमंडल के ऊपर वायुमण्डल की यह सबसे ऊपरी परत है। यहाँ काफी विरल होती है।
- इस मंडल में हाइड्रोजन एवं हीलियम गैस की प्रधानता होती है।
- **समताप रेखा (Isotherm):** यह समान तापमान के स्थानों को मिलाने वाली रेखा है।
- **समदाब रेखा (Isobar):** सागर तल पर समान वायुदाब वाले क्षेत्रों को मिलाने वाली रेखा को समदाब रेखा कहते हैं।
- **पवन:** पृथ्वी के धरातल पर वायुदाब में क्षैतिज विषमताओं के कारण हवा उच्च वायुदाब क्षेत्र से निम्न वायुदाब क्षेत्र की ओर बहती है। क्षैतिज रूप से इस गतिशील हवा को पवन कहते हैं।
- **पछुआ पवन:** दोनों गोलार्द्धों में उपोष्ण उच्च वायुदाब कटिबंधों से उपध्रुवीय निम्न वायुदाब कटिबंधों की ओर चलने वाली स्थायी हवा को, इनकी पश्चिम दिशा के कारण, पछुआ पवन कहा जाता है।

- **व्यापारिक पवनः** लगभग 30° उत्तरी और दक्षिणी अक्षांशों के क्षेत्रों या उपोष्ण उच्च वायुदाब कटिबंधों के भूमध्य रेखीय निम्न वायुदाब कटिबंधों की ओर दोनों गोलार्द्धों में वर्ष भर निरन्तर प्रवाहित होने वाली पवन को व्यापारिक पवन कहा जाता है।
- **ध्रुवीय पवनः** ध्रुवीय उच्च वायुदाब की पेटियों से उपध्रुवीय निम्न वायुदाब की पेटियों की ओर प्रवाहित पवन को ध्रुवीय पवन के नाम से जाना जाता है।
- मानसून की उत्पत्ति कर्क और मकर रेखाओं के निकट होती है। मानसून शब्द का तात्पर्य है हवाओं के रूख का बदलना। मानसून का प्रभाव दक्षिण-पूर्वी एशिया में विशेष रूप से मिलता है।
- मानसूनी पवनें ग्रीष्म-ऋतु में समुद्र से स्थल की ओर चलती है और विस्तृत क्षेत्र पर वर्षा करती है।
- शीतकालीन मानसून पवनें स्थल से समुद्र की ओर चलती हैं तथा वर्षा नहीं करती है। इसका अपवाद तमिलनाडु के तटीय क्षेत्रों में देखा जाता है जहाँ शीतकालीन मानसून से वर्षा होती है।
- **स्थलीय समीर (Land Breeze):** रात्रि में हवाएँ स्थल से जल की ओर चलने लगती हैं जिसे स्थलीय समीर कहते हैं।
- **समुद्री समीर (Sea Breeze)**: तापमान में अन्तर होने के कारण दिन में समुद्र से हवाएँ स्थल की ओर चलती हैं जिसे समुद्री समीर कहते हैं।
- **चक्रवात (Cyclones):** चक्रवात के केन्द्र में कम वायुदाब होता है। इस कारण सभी दिशाओं में हवाएँ चक्रवात के केन्द्र की ओर चलती हैं। ये हवाएँ फेरल के नियमानुसार उत्तरी गोलार्द्ध में अपनी दाईं ओर तथा दक्षिणी गोलार्द्ध में अपनी बाईं ओर मुड़ जाती है जिससे चक्रवात के केन्द्र में हवाओं का भंवर बन जाती है। टारनेडो, टाइफून व हरिकेन चक्रवात के उदाहरण हैं।
- **प्रतिचक्रवात (Anti-Cyclones):** प्रति-चक्रवात अधिक वायुदाब का एक ऐसा क्षेत्र होता है जिसमें वायुदाब क्रमशः बाहर की ओर घटता जाता है। प्रति-चक्रवात में अधिक वायुदाब केन्द्र में होता है। अतः हवाएं केन्द्र से बाहर की ओर प्रवाहित होती हैं।

चक्रवातों के विभिन्न नाम एवं उनकी भौगोलिक स्थिति

चक्रवात	*भौगोलिक स्थिति*
टॉरनेडो	संयुक्त राज्य अमेरिका, चीन एवं जापान
टाइफून	दक्षिणी चीन सागर
हरिकेन	कैरीबियन द्वीप समूह
ट्विस्टर	अमेरिका
विली-विली	ऑस्ट्रेलिया

विश्व के प्राकृतिक प्रदेश

- **भूमध्यरेखीय प्रदेशः** इसे उष्णकटिबन्धीय वर्षा वन जलवायु क्षेत्र भी कहते हैं। यहाँ पर उष्णकटिबंधीय सदाबहार वन पाए जाते हैं। इस जलवायु का विस्तार कांगो बेसिन, अमेजन बेसिन, गिनी तट, पूर्वी द्वीप समूह, मलेशिया तथा इण्डोनेशिया में पाया जाता है।
- **सवाना प्रदेशः** उष्णकटिबंधीय घास प्रदेश, जिसका विस्तार दोनों गोलार्द्धों में 5° से 20° अक्षांशों तक पाया जाता है। इस जलवायु के अंतर्गत आने वाले प्रमुख देश दक्षिण अफ्रीका, सूडान, वेनेजुएला, ब्राजील, पराग्वे तथा कोलम्बिया हैं। उच्च ताप एवं साधारण वर्षा के कारण यहाँ लम्बी सवाना घास तथा कहीं-कहीं वृक्ष उगते हैं।
- **मानसूनी प्रदेशः** ये प्रदेश दोनों गोलार्द्धों में महाद्वीपों के पूर्वी भागों में 8° से 30° अक्षांशों के मध्य तक है। इसमें भारत, पाकिस्तान, बांग्लादेश, म्यांमार, थाइलैंड, इंडोनेशिया, फिलीपींस, श्रीलंका, उत्तरी ऑस्ट्रेलिया, मालागासी, पूर्वी अफ्रीका, पूर्वी ब्राजील व मध्य अमेरिका सम्मिलित किए जाते हैं।
- **उष्णकटिबन्धीय मरुस्थलीय जलवायुः** यह प्रदेश 20° से 30° अक्षांशों के मध्य महाद्वीपों के पश्चिमी भागों में विस्तृत है। इसका विस्तार सहारा, कालाहारी, एशिया में अरब, थार व पश्चिम ऑस्ट्रेलिया के मरुस्थल तक हैं। इस प्रदेश से कर्क या मकर रेखा गुजरती है। यहाँ पर कँटीली झाड़ियाँ, बबूल व कैक्टस के पेड़ पाए जाते हैं।
- **भूमध्यसागरीय प्रदेशः** यह महाद्वीपों के पश्चिमी किनारों पर 30°-45° अक्षांशों के मध्य दोनों गोलार्द्धों में विस्तृत है–भूमध्यसागर का तटीय प्रदेश पुर्तगाल, स्पेन, फ्रांस, सर्बिया, ग्रीस, तुर्किए, दक्षिणी अफ्रीका का केप प्रांत, कैलिफोर्निया घाटी, मध्य चिली, दक्षिणी-पश्चिमी व दक्षिणी-पूर्वी ऑस्ट्रेलिया तथा न्यूजीलैंड का उत्तरी द्वीप इस प्रदेश के अंग हैं। यहाँ अँगूर व नींबू की अच्छी फसल होती है। थोड़ी शुष्क झाड़ियाँ, जैतून, ओक, कार्क के वृक्ष मिलते हैं।
- **स्टैप प्रदेशः** यह शीतोष्ण प्रदेशीय घास का प्रदेश है, इसके अंतर्गत रूसी व चीनी तुर्किस्तान, साइबेरिया का स्टैप प्रदेश, उत्तरी अमेरिका के मध्यवर्ती मैदान में प्रेयरी प्रदेश, दक्षिणी अमेरिका में पम्पास, ऑस्ट्रेलिया में डाउन्स व दक्षिणी अफ्रीका का वेल्ड क्षेत्र सम्मिलित है।
- **टैगा प्रदेशः** कनाडा, यूरोप तथा एशिया में स्टैप प्रदेश के उत्तर में 55° अक्षांशों तक नुकीली पत्ती वाले कोणधारी वन पाए

जाते हैं। यहाँ चीड़ स्प्रूस के वृक्ष पाए जाते हैं। विश्व के सबसे ठंडे स्थानों में से एक बर्खोयास्क (रूस) यहीं पर स्थित है।

- **टुण्ड्रा प्रदेशः** यह प्रदेश यूरेशिया, अलास्का तथा कनाडा के उत्तरी तटीय भाग में 65°–80° उत्तरी अक्षांशों के मध्य विस्तृत है। आर्कटिक ध्रुव वृत्त के भीतर स्थित होने के कारण यह प्रदेश वर्ष के 8–9 महीने हिम से जमा रहता है। गर्मियों का तापमान 10°C तथा सर्दियों का तापमान –20°C से भी कम हो जाता है। इसे शीत मरुस्थल कहते हैं। यहाँ लाइकेन एवं मांस प्रायः मिलते हैं।

जलमण्डल

- भूमंडल के लगभग 71% भाग पर जल है।
- दक्षिणी गोलार्द्ध में 81% जल और 19% स्थल है जबकि उत्तरी गोलार्द्ध में 40% जल 60% स्थल भाग है।

महासागर

जलमंडल का वह बड़ा भाग जिसकी कोई निश्चित सीमा न हो, महासागर कहलाता है।

प्रशांत महासागर

- यह विश्व का सबसे बड़ा और गहरा महासागर है।
- जापान सागर, बेरिंग सागर, पीला सागर, सुण्डा सागर, बाण्डा सागर, अराफुरा सागर इसके तटवर्ती सागर हैं।
- प्रशांत महासागर में गुआम द्वीप (फिलीपीन्स) के समीप स्थित मेरियाना गर्त विश्व का सबसे गहरा गर्त है जिसे चैलेंजर गर्त भी कहते हैं।

अटलांटिक महासागर

- यह विश्व का दूसरा सबसे बड़ा महासागर है।
- इसमें बरमुडा प्रमुख प्रवाल द्वीप है जबकि सेंट हेलेना, ट्रिस्ता दी कन्हा, गुआ असेन्सन आदि प्रमुख ज्वालामुखी द्वीप हैं।
- यह संसार का सबसे व्यस्त जलमार्ग है।

हिन्द महासागर

- क्षेत्रफल और विस्तार की दृष्टि से यह पृथ्वी पर तीसरा सबसे बड़ा महासागर है।
- सुण्डा (जावा) गर्त हिन्द महासागर का सबसे गहरा गर्त है।
- यह प्रशांत महासागर और अटलाण्टिक महासागर से मिला है।
- इस महासागर में लक्षद्वीप एवं मालद्वीप प्रमुख प्रवाल द्वीप हैं जबकि मॉरीशस, अण्डमान निकोबार द्वीप समूह तथा टीयूनियन द्वीप ज्वालामुखी प्रक्रिया से निर्मित हैं।
- इसका सबसे बड़ा द्वीप मेडागास्कर है।

आर्कटिक महासागर

- यह सबसे छोटा महासागर है।
- इस महासागर पर बर्फ जमी होने के कारण इसे छिपता हुआ महासागर भी कहा जाता है।

विश्व के प्रमुख जलडमरूमध्य/जलसंधियाँ

जलडमरूमध्य	सम्बन्धित सागर	सम्बन्धित देश/क्षेत्र
• बेरिंग जलसंधि	बेरिंग सागर एवं चुकसी सागर	अलास्का-रूस
• डेविस जलसंधि	बेफिन खाड़ी एवं अटलांटिक महासागर	ग्रीनलैण्ड-कनाडा
• डेनमार्क जलसंधि	उत्तरी अटलांटिक एवं आर्कटिक महासागर	इंग्लैंड-फ्रांस
• डोवर जलसंधि	इंगलिश चैनल एवं उत्तरी सागर	इंग्लैंड-फ्रांस
• फ्लोरिडा जलसंधि	मैक्सिको की खाड़ी एवं अटलांटिक महासागर	सं.रा. अमेरिका-क्यूबा
• हॉरमुज जलसंधि	फारस की खाड़ी एवं ओमान की खाड़ी	ओमान-ईरान
• हडसन जलसंधि	हडसन की खाड़ी एवं अटलांटिक महासागर	कनाडा
• जिब्राल्टर जलसंधि	भूमध्य सागर एवं अटलांटिक महासागर	स्पेन-मोरक्को
• मलक्का जलसंधि	अण्डमान सागर एवं दक्षिण चीन सागर	इंडोनेशिया-मलेशिया
• पाक जलसंधि	मन्नार एवं बंगाल की खाड़ी	भारत-श्रीलंका
• सुण्डा जलसंधि	जावा सागर एवं हिंद महासागर	इंडोनेशिया
• नार्थ चैनल	आयरिश सागर एवं अटलांटिक महासागर	आयरलैंड-इंग्लैंड

विश्व के प्रमुख जल प्रपात

जल प्रपात	स्थान	ऊँचाई (मी॰)
• एंजिल	वेनेजुएला	979 (यह कैरो नदी पर स्थित संसार का सबसे ऊँचा जल प्रपात है।
• योसेमाइट	कैलिफोर्निया	739
• दक्षिण-मर्डाल्फोसेन	नार्वे	655
• तुगेला	द॰अफ्रीका	614
• कुकवेनन	वेनेजुएला	610
• सूथरलैंड	न्यूजीलैंड	580
• रिब्बोन	कैलिफोर्निया	491
• ग्रेट-कामारना	गुयाना	488
• कुंचिकल	भारत	455
• डेल्ला	कनाडा	440
• गवार्नी	फ्रांस	422
• नियाग्रा	कनाडा एवं अमेरिका की सीमा	120

विश्व की प्रमुख नहरें

नाम	स्थिति	स्थान
• ईरी	ईरी झील और मिशीगन झील को जोड़ती है।	अमेरिका
• सू नहर	सुपीरियर झील और ह्यूरन झील को जोड़ती है।	अमेरिका
• कील नहर	उत्तरी सागर को बाल्टिक सागर से जोड़ती है।	जर्मनी
• पनामा नहर	कैरीबियन सागर और प्रशांत महासागर	पनामा
• स्वेज नहर	लाल सागर और भूमध्य सागर	मिस्र
• मैनचेस्टर नहर	मैनचेस्टर एवं लिवरपूल के बीच	ग्रेट ब्रिटेन

विश्व की प्रमुख नदियाँ

नाम	उद्‍गम स्थल	गिरने का स्थान	लम्बाई (किमी)	प्रमुख स्थान
• नील (विश्व की सबसे लम्बी नदी)	विक्टोरिया झील	भूमध्य सागर	6650	आस्वान बाँध व नासिर झील स्थित है।
• अमेजन (आयतन की दृष्टि से विश्व की सबसे बड़ी नदी)	एण्डीज पर्वत	अटलांटिक महासागर	6428	
• मिसीसिपी मिसौरी	एलास्का झील	मैक्सिको की खाड़ी	6020	पक्षीपाद डेल्टा बनाती है।
• यांग्टिसीक्यांग	तिब्बत का पठार	चीन सागर	5494	
• ह्वांग हो	कुललुन पर्वत	चीन की खाड़ी	4344	
• कांगो/जायरे	लुआलिया और लुआपुआ का संगम	अटलाण्टिक महासागर	3700	विषुवत् रेखा को दो बार काटती है।

नाम	उद्गम स्थल	गिरने का स्थान	लम्बाई (किमी)	प्रमुख स्थान
• अमूर	शिल्का रूस, आरगून का संगम	टार्टई स्ट्रेट	4352	चीन और रूस की सीमा बनाती है।
• वोल्गा	बल्डाई पठार	कैस्पियन सागर	3690	यूरोप की सबसे लम्बी नदी
• डेन्यूब	ब्लैक फॉरेस्ट	काला सागर	2840	बेलग्रेड, बुखारेस्ट, बुडापेस्ट और वियना शहर स्थित है।
• सेंट लारेंस	आण्टेरियो झील	सेंट-लॉरेंस की खाड़ी	3058	नियाग्रा जल प्रपात स्थित है।
• कोलोरेडो	ग्रैण्ड कंट्री	कैलीफोर्निया की खाड़ी	2333	ह्यूबर बाँध स्थित
• नाइजर	गिनी	गिनी की खाड़ी	4180	तेल नदी कहलाती है।
• मेकांग	तिब्बत का पठार	दक्षिण चीन सागर	4023	द.पू. एशिया की सबसे लम्बी नदी।
• सिन्धु	मानसरोवर झील के पास	अरब सागर	2900	
• ब्रह्मपुत्र	मानसरोवर झील	बंगाल की खाड़ी	3058	
• डार्लिंग-मरे	ऑस्ट्रेलिया आल्पस	हिन्द महासागर	2740	ऑस्ट्रेलिया की सबसे बड़ी नदी।

विश्व की प्रमुख झीलें

झील का नाम	भौगोलिक क्षेत्र	क्षेत्रफल (वर्ग.किमी.)	विशेष तथ्य
• कैस्पियन सागर	पूर्व सोवियत संघ तथा ईरान	3,71,000	खारे पानी की सबसे बड़ी झील
• सुपीरियर झील	संयुक्त राज्य अमेरिका एवं कनाडा	82,100	ताजे पानी की सबसे बड़ी झील
• विक्टोरिया झील	केन्या, युगाण्डा तथा तंजानिया	69,000	
• अरल सागर झील	कजाकिस्तान एवं उज्बेकिस्तान	64,500	
• ह्यूरन झील	संयुक्त राज्य अमेरिका तथा कनाडा	59,600	
• मिशीगन झील	संयुक्त राज्य अमेरिका	57,800	
• बैकाल झील	रूस	31,500	यह सबसे गहरी (1940 मी.) झील है।
• ग्रेट बेरियर झील	कनाडा	31,200	
• ग्रेट स्लेव झील	कनाडा	28,438	
• विनीपेग झील	कनाडा	24,341	
• ओण्टेरियो झील	सं.रा. अमेरिका तथा कनाडा	19,529	
• टिटिकाका	पेरू-बोलीविया	9,065	यह विश्व की सबसे ऊँची (3811 मी.) झील है।
• आयर झील	ऑस्ट्रेलिया	9,583	

प्रमुख अंतर्राष्ट्रीय सीमाएँ

नाम	संबन्धित राष्ट्र
• डूरण्ड रेखा	पाकिस्तान एवं अफगानिस्तान
• मैकमेहोन रेखा	भारत एवं चीन
• रेडक्लिफ रेखा	भारत एवं पाकिस्तान
• मैगीनॉट रेखा	जर्मनी एवं फ्रांस
• हिण्डनबर्ग रेखा	जर्मनी और पोलैंड
• 17वीं समान्तर रेखा	उत्तरी और दक्षिणी वियतनाम
• 38वीं समान्तर रेखा	उत्तरी और दक्षिणी कोरिया
• 49वीं समान्तर रेखा	कनाडा और सं.रा. अमेरिका

विश्व के प्रमुख द्वीप

नाम	क्षेत्रफल (वर्ग किमी. में)
• ग्रीनलैण्ड	21,75,000
• न्यू गिनी	821,400
• बोर्नियो	7,51,000
• मेडागास्कर	5,87,041
• बेफिन द्वीप (कनाडा)	5,07,451
• सुमात्रा (इण्डोनेशिया)	4,22,200
• होन्शू (जापान)	2,30,092

विविध तथ्य

- **एल-निनो (El-Nino):** एलनिनो पेरू के पश्चिमी तट से 200 किमी दूरी पर उत्तर से दक्षिण दिशा में चलने वाली एक गर्म जलधारा है। एलनिनो के कारण पेरू में सामान्य से अधिक वर्षा होती है। इसका विस्तार जब प्रशांत महासागर से हिन्द महासागर तक हो जाता है तब हिन्द महासागर पर निम्न दाब और भारतीय प्रायद्वीप पर उच्चदाब का आविर्भाव हो जाता है जिससे हवाएँ भारत में हिन्द महासागर की ओर चलने लगती हैं, परिणामस्वरूप भारत में सूखे की स्थिति उत्पन्न हो जाती है।
- **लॉ-निना (La-Nina):** ला-निना का आविर्भाव पश्चिमी प्रशांत महासागर में उस समय होता है जबकि पूर्वी प्रशांत महासागर (पेरू तट) पर एल-निनो का प्रभाव समाप्त हो जाता है। इससे भारत में सामान्य से अधिक वर्षा होती है।
- ग्रेट-बैरियर रीफ विश्व की सबसे बड़ी प्रवाल भित्ति है। यह ऑस्ट्रेलिया के उत्तर-पूर्वी तट पर स्थित है। इसकी लम्बाई 1900 किमी. और चौड़ाई 160 किमी है।
- साइबेरियन शेल्फ विश्व का सबसे चौड़ा मग्नतट है।
- दक्षिणी चीन सागर क्षेत्रफल की दृष्टि से सबसे बड़ा सागर है।
- भारत एवं अफ्रीका के मध्य कार्ल्स वर्ग कटक (Ridges) पाया जाता है। यह कटक अरब सागर को दो बराबर भागों में काटता है।
- गल्फस्ट्रीम धारा की उत्पत्ति मैक्सिको की खाड़ी में होती है।
- हम्बोल्ट जलधारा दक्षिण अमेरिका के पश्चिमी तट पर बहती है। इसका दूसरा नाम पेरू जलधारा भी है।
- **पारिस्थितिकी (Ecology):** पर्यावरण तथा जीवों के बीच पारस्परिक क्रियाओं के अध्ययन को पारिस्थितिकी कहते हैं और किसी क्षेत्र के भौतिक पर्यावरण तथा उसमें रहने वाले जीवों के बीच होने वाली पारस्परिक जटिल व्यवस्था को पारिस्थितिकी तंत्र कहते हैं।
- **अम्ल वर्षा:** सल्फ्यूरिक अम्ल तथा नाइट्रिक अम्ल बूँदों के रूप में पृथ्वी पर पहुँचते हैं। इसे अम्ल वर्षा कहते हैं।
- ओजोन की परत हानिकारक पराबैंगनी किरणों को पृथ्वी पर पहुँचने से रोकती हैं। क्लोरो फ्लोरो कार्बन्स के कारण ओजोन की परत नष्ट हो रही है। इसे ओजोन छिद्र कहते हैं। ओजोन परत के ह्रास के कारण अधिक मात्रा में पराबैंगनी किरणें पृथ्वी पर पहुँचती है। इससे त्वचा का कैंसर होता है।
- **हरित गृह प्रभाव:** कार्बन डाइऑक्साइड की अधिक सान्द्रता के कारण वायुमंडल में एक मोटा आवरण बन जाता है, जो पृथ्वी से वापस लौटने वाली ऊष्मा को रोकता है। इसे हरित गृह प्रभाव कहते हैं। कार्बन डाइऑक्साइड, नाइट्रस ऑक्साइड और मीथेन आदि प्रमुख हरित गृह गैसें हैं।
- विश्व ओजोन दिवस 16 सितम्बर को मनाया जाता है।
- क्योटो प्रोटोकॉल ग्रीनहाउस गैसों के उत्सर्जन पर नियंत्रण करता है।
- मॉण्ट्रियल प्रोटोकॉल ओजोन परत को बचाने से सम्बन्धित है।
- **जैव-विविधता (Bio-Diversity):** जीवमण्डल में पाए जाने वाले विविध प्रकार के जीवों, वनस्पतियों तथा सूक्ष्म जीवों की उपस्थिति को जैव-विविधता कहते हैं। भारत में जैव विविधता के तीन क्षेत्र हैं—पश्चिमी घाट, पूर्वी हिमालय तथा इंडो-बर्मा क्षेत्र।

विश्व के महाद्वीप

एशिया

- यह विश्व का सबसे बड़ा महाद्वीप है। इसका क्षेत्रफल 30,938,605 वर्ग किमी. है।
- यहाँ विश्व की लगभग 60% जनसंख्या निवास करती है।
- एशिया में पामीर पठार स्थित है जिसे विश्व की छत भी कहा जाता है।
- यहाँ विश्व का सबसे बड़ा प्रायद्वीप अरब प्रायद्वीप है।
- विश्व की सबसे गहरी झील बैकाल झील (रूस) एशिया में अवस्थित है।
- यहाँ विश्व की सबसे अधिक ऊँचाई पर स्थित खारे पानी की झील (पैगांग झील) लद्दाख व तिब्बत में स्थित है।
- एशिया में सर्वाधिक वर्षा वाला क्षेत्र मासिनराम (मेघालय) भारत में है।
- एशिया में विश्व का सर्वाधिक प्राकृतिक रबड़ उत्पादक देश थाईलैंड है।
- एशिया में विश्व का सर्वाधिक जूट भारत में उत्पादित होता है।
- विश्व का सर्वाधिक दलहन उत्पादित करने वाला देश चीन है।
- एशिया में विश्व का सर्वाधिक चाय का उत्पादन चीन करता है।
- एशिया का सर्वाधिक स्वर्ण उत्खनित करने वाला देश चीन है।

अफ्रीका

- विश्व का दूसरा सबसे बड़ा प्रायद्वीप अफ्रीका है, जो जिब्राल्टर जलसंधि द्वारा यूरोप से पृथक होता है। इसका विस्तार सभी गोलार्द्धों में है और इसका क्षेत्रफल 29,805,695 वर्ग किमी. है।

- अफ्रीका को काला/अन्धमहाद्वीप भी कहा जाता है। इसे पठारी महाद्वीप भी कहते हैं।
- विषुवत् रेखा इस महाद्वीप को बराबर भागों में काटती है।
- यह सर्वाधिक देशों वाला महाद्वीप है। यहाँ 54 देश स्थित हैं।
- विश्व का सबसे बड़ा मरुस्थल सहारा और सबसे लम्बी नदी नील इसी महाद्वीप में स्थित है। सहारा मरुस्थल में स्थित प्रमुख झील चाड है।
- अफ्रीकी महाद्वीप को कर्क रेखा, मकर रेखा एवं भूमध्य रेखा तीनों ही काटती हैं।
- अफ्रीका में बुशमैन (कालाहारी), पिग्मी (कांगो बेसिन), बद्दू (सहारा मरुस्थल) जैसी प्रमुख मिलने वाली आदिम जातियाँ हैं।
- विश्व के सर्वाधिक गर्म स्थानों में से एक डलोल (इथियोपिया) अफ्रीका में ही स्थित है।
- अफ्रीका की कांगो नदी विषुवत् रेखा को और लिम्पोपो नदी मकर रेखा को दो बार काटती है।
- अफ्रीका के मूल निवासी नीग्रिटो हैं।
- अफ्रीका महाद्वीप के विषुवत् रेखा पर स्थित देश हैं—गैबोन, कांगो गणतंत्र, उगांडा, रवांडा, कीनिया तथा सोमालिया।

उत्तरी अमेरिका

- उत्तरी अमेरिका विश्व का तीसरा बड़ा महाद्वीप है। इसकी खोज 1492 ई॰ में कोलम्बस द्वारा की गई थी। इसका क्षेत्रफल 23,083,151 वर्ग किमी. है।
- 160° पश्चिमी देशांतर रेखा उत्तरी अमेरिका महादेश के मध्य से गुजरती है।
- पनामा नहर उत्तरी अमेरिका तथा दक्षिणी अमेरिका को जोड़ती है, जिससे अन्ध तथा प्रशांत महासागरों के बीच जहाजों का यातायात सुगमतापूर्वक होता है।
- रेड इंडियन तथा नीग्रो नामक प्रमुख जनजातियाँ यहाँ निवास करती हैं।
- 'ग्रेण्ड बैंक' उत्तरी अमेरिका के पूर्वी तट पर न्यूफाउण्डलैण्ड के दक्षिणी पश्चिमी तटीय भाग को कहते हैं। यह क्षेत्र मत्स्यपालन के लिए प्रसिद्ध है।
- संयुक्त राज्य अमेरिका विश्व का सर्वाधिक मक्का उत्पादित करने वाला राष्ट्र है।
- 'अमेरिकन म्यूजियम ऑफ नेचुरल हिस्ट्री' न्यूयॉर्क में स्थित है।
- 'सेंट लारेंस' नदी झीलों से मिलकर विश्व का सबसे लम्बा आन्तरिक जलमार्ग बनाती है।

यूरोप

- यूरोप सात महाद्वीपों में क्षेत्रफल की दृष्टि से छठा है। यह विश्व का सर्वाधिक नगरीकृत महाद्वीप है।
- यूराल एवं काकेशस पर्वत एशिया महाद्वीप को यूरोप से पृथक करते हैं।
- यूरोप महाद्वीप उत्तर में उत्तरी ध्रुव सागर, दक्षिण में भूमध्य सागर और काला सागर तथा पश्चिम में अंध महासागर से घिरा है।
- यूरोप की सर्वाधिक महत्वपूर्ण नदी डेन्यूब (2842 किमी) है जिसके तट पर बुडापेस्ट, बुखारेस्ट, वियाना और बेलग्रेड बंदरगाह स्थित हैं। यह काला सागर में गिरती है।
- यूरोप की सबसे लम्बी नदी वोल्गा नदी (3690 किमी.) है।
- यूरोप का सर्वोच्च शिखर 'एलबुर्ज' (5642 मी॰) रूस में स्थित है।
- फिनलैंड को 'झीलों का देश' कहते हैं।
- इंगलिश चैनल फ्रांस को यूनाइटेड किंगडम से अलग करता है।
- नीदरलैण्ड ने उत्तरी सागर के तट के साथ बड़े-बड़े तटबन्ध बनाकर समुद्र से भूमि प्राप्त की है। इन तटबंधों को 'डाइक' कहते हैं। इस प्रकार प्राप्त भूमि को पोल्डर कहते हैं।
- रूस में विश्व का सबसे ज्यादा मैग्नेसाइट का भंडार है।
- एण्टवर्प (बेल्जियम) विश्व का हीरा व्यापार का सबसे बड़ा केन्द्र है।
- यूरोप में मरुस्थल नहीं हैं।

दक्षिणी अमेरिका

- दक्षिणी अमेरिका विश्व का चौथा बड़ा महाद्वीप है। इसका अधिकांश विस्तार दक्षिणी गोलार्द्ध में है। इसका क्षेत्रफल 17,433,220 वर्ग किमी. है।
- इक्वेडोर, कोलम्बिया एवं ब्राजील भूमध्य रेखा पर स्थित दक्षिण अमेरिकी देश हैं।
- विश्व की सबसे ऊँची नौकायन झील 'टिटिकाका' दक्षिणी अमेरिका में पेरू-बोलिविया सीमा पर स्थित है।

- ब्राजील में बहने वाली 'अमेजन' नदी विश्व में अपवाह क्षेत्र की दृष्टि से प्रथम नदी है।
- 'एंजिल' विश्व का सबसे ऊँचा झरना है जो वेनेजुएला में कैरो नदी पर स्थित है।
- विश्व का सबसे ऊँचा ज्वालामुखी 'ओजेस-डेल सलाडो' एण्डीज पर्वतमाला में स्थित है।
- ब्राजील विश्व में सर्वाधिक कॉफी उत्पादित करने वाला देश है। ब्राजील के कहवा के बागों को 'फजेंडा' कहते हैं।
- 'पम्पास' अर्जेण्टीना में स्थित घास के मैदान हैं।

ऑस्ट्रेलिया

- ऑस्ट्रेलिया पूर्णतः दक्षिणी गोलार्द्ध में स्थित है। मकर रेखा इसके मध्य से होकर गुजरती है। यह प्रशांत तथा हिन्द महासागर से घिरा हुआ है। इसे द्वीपीय महाद्वीप भी कहते हैं। इसका क्षेत्रफल 8,426,635 वर्ग किमी. है।
- ऑस्ट्रेलिया में 22 देश हैं। यहाँ के मूल निवासियों को एबोर्जिन्स कहते हैं।
- ऑस्ट्रेलिया की प्रमुख पर्वत शृंखला ग्रेट डिवाइडिंग रेंज है। ऑस्ट्रेलिया का सर्वोच्च पर्वत शिखर 'कोस्यूस्को (2228 मी.)' इसी पर अवस्थित है।
- ऑस्ट्रेलिया और न्यूगिनी के बीच टॉरेस जलसंधि है।
- 'कालगूर्ली' और 'कूलगार्डी' ऑस्ट्रेलिया की विश्वविख्यात सोने की खानें हैं।
- ऑस्ट्रेलिया विश्व में सर्वाधिक ऊन का निर्यात करता है। विश्व प्रसिद्ध मैरिनो ऊन का यह प्रमुख उत्पादक है।
- ऑस्ट्रेलिया विश्व में सर्वाधिक बॉक्साइट उत्खनित करने वाला देश है।
- गिब्सन और विक्टोरिया इस महाद्वीप के प्रमुख मरुस्थल हैं।
- सिडनी ऑस्ट्रेलिया का सबसे बड़ा नगर और बन्दरगाह है।

अण्टार्कटिका

- अण्टार्कटिका महाद्वीप विश्व का पाँचवाँ सबसे बड़ा महाद्वीप है। यह दक्षिणी ध्रुव पर स्थित है तथा यहाँ सदैव बर्फ जमी रहती है।
- अण्टार्कटिका में 'क्रिल' नामक मछली भोजन का मुख्य स्रोत है।
- यहाँ पर पेंग्विन और सील जैसे पक्षी पाए जाते हैं।
- अण्टार्कटिका महाद्वीप का सर्वोच्च शिखर माउण्ट विन्सन मैसिफ है।
- पृथ्वी का दक्षिणी चुम्बकीय ध्रुव पूर्वी अण्टार्कटिका में स्थित है।
- 'दक्षिणी गंगोत्री', 'मैत्री' एवं 'भारती' भारत के तीन अनुसंधान केन्द्र अण्टार्कटिका में स्थित हैं।
- कैप्टन जेम्स क्लार्क रॉस ने 1911 ई. में अण्टार्कटिका महाद्वीप की खोज की थी।

विश्व के भू-आवेष्ठित देश

- भू-आवेष्ठित देश में समुद्री तट रेखा नहीं पाई जाती है। यह देश चारों ओर से अन्य देशों की भौगोलिक सीमा से घिरा होता है। विश्व में ऐसे देशों की कुल संख्या 44 है।
- सबसे बड़ा भू-आवेष्ठित देश कजाकिस्तान है।
- लिचेंस्टीन एवं उज्बेकिस्तान दोहरे भू-आवेष्ठित देश अर्थात् ये देश चारों ओर से उन देशों से घिरे हैं, जो स्वयं भी भू-आवेष्ठित हैं।

एशिया— अफगानिस्तान, नेपाल, मंगोलिया, लाओस, अजरबैजान, उज्बेकिस्तान, कजाकिस्तान, तुर्कमेनिस्तान, किर्गिस्तान, तजाकिस्तान, भूटान।

यूरोप— ऑस्ट्रिया, चेक गणराज्य, स्लोवाकिया, स्विट्ज़रलैंड, हंगरी, लक्जमबर्ग, मैसीडोनिया, सर्बिया, हंगरी, अर्मीनिया, बेलारूस, अंडोरा, लिचेंस्टीन, माल्डोवा, वेटिकन सिटी।

अफ्रीका— बुरूण्डी, लुआंडा, बोत्सवाना, मलाबी, माली, जिम्बाब्वे, स्वाजीलैंड, जाम्बिया, युगांडा, बुरकिना फासो, रवांडा, चाड़, लेसोथो, नाइजर।

द. अमेरिका— बोलीविया, पराग्वे।

विश्व की प्रमुख भौगोलिक खोजें

1. क्रिस्टोफर कोलम्बस : प. द्वीप समूह (1492), द. अमेरिका (1498 ई.)
2. जॉन कैवेट : न्यूफाउण्डलैण्ड (1497 ई.)
3. कोपरनिकस : सौरमंडल (1540 ई.)
4. केपलर : ग्रहों की गति नियम (1600 ई.)
5. मैगलन : विश्व का भ्रमण, अटलांटिक के दक्षिण से प्रशांत महासागर की खोज (1519 ई.)
6. वास्को-डि-गामा : केप ऑफ गुड होप होकर भारत आगमन (1498 ई.)
7. कैप्टन कुक : हवाई द्वीप समूह (1770 ई.)
8. फ्रिड्टजौफ नानसेन : ग्रीनलैंड एवं उत्तरी ध्रुव का पहाड़ी भाग (1888 ई.)
9. आर. एमण्डसन : दक्षिणी ध्रुव पर पहुँचने वाला प्रथम व्यक्ति (1911 ई.)
10. रॉबर्ट पियरे : उत्तरी ध्रुव की खोज (1909 ई.)

विश्व की प्रमुख फसलें एवं उत्पादक देश

फसल	उत्पादक देश
• चावल	चीन, भारत, इण्डोनेशिया, बांग्लादेश
• गेहूँ	चीन, भारत, रूस, सं.रा. अमेरिका, कनाडा
• मक्का	सं.रा. अमेरिका, चीन, ब्राजील, मैक्सिको, भारत
• मूंगफली	चीन, भारत, सं.रा. अमेरिका, इण्डोनेशिया
• कपास	चीन, भारत, सं.रा. अमेरिका, रूस
• सोयाबीन	सं.रा. अमेरिका, ब्राजील, अर्जेण्टीना, चीन
• चाय	चीन, भारत, श्रीलंका, केन्या, वियतनाम
• कहवा	घाना, दक्षिण अफ्रीका, वेस्टइंडीज
• रबड़	थाइलैण्ड, मलेशिया, इंडोनेशिया, श्रीलंका, वियतनाम
• तम्बाकू	चीन, सं.रा. अमेरिका, भारत, ब्राजील
• नारियल	मलेशिया, इंडोनेशिया, थाइलैण्ड, नाइजीरिया
• जूट	भारत, बांग्लादेश
• गन्ना	ब्राजील, भारत, क्यूबा, चीन, इंडोनेशिया
• तिलहन	ब्राजील, चीन, अर्जेण्टीना, भारत
• मोटे अनाज	सं.रा. अमेरिका, चीन, भारत, रोमानिया

विश्व के विनिर्माण उद्योग

उद्योग	उत्पादक देश
• सूती वस्त्र	चीन, भारत, रूस, ब्रिटेन
• लौह इस्पात	चीन, जापान, सं.रा. अमेरिका, रूस, भारत
• मोटरगाड़ी	जापान, चीन, सं.रा. अमेरिका, जर्मनी, दक्षिण कोरिया
• व्यापारिक पोत निर्माण	जापान, सं.रा. अमेरिका, दक्षिण कोरिया
• वायुयान निर्माण	सं.रा. अमेरिका, चीन, जापान
• रासायनिक उद्योग	सं.रा. अमेरिका, रूस, जापान, चीन
• कागज निर्माण	सं.रा. अमेरिका, रूस, चीन, भारत
• रेशमी वस्त्र उद्योग	चीन, जापान, रूस
• ऊनी वस्त्र उद्योग	रूस, चीन, जापान, सं.रा. अमेरिका, ऑस्ट्रेलिया
• सिगरेट	सं.रा. अमेरिका, जर्मनी
• कृत्रिम रबड़	सं.रा. अमेरिका, जापान
• तेलशोधन	सं.रा. अमेरिका, रूस, ईरान, भारत
• नाइट्रोजन उर्वरक	रूस, चीन, सं.रा. अमेरिका, भारत
• फास्फेट उर्वरक	सं.रा. अमेरिका, रूस, चीन
• पोटाश उर्वरक	रूस, कनाडा, जर्मनी, फ्रांस
• सीमेण्ट	चीन, भारत, सं.रा. अमेरिका
• एल्युमिनियम	सं.रा. अमेरिका, रूस
• तांबा	चिली, सं.रा. अमेरिका
• टिन	चीन, इंडोनेशिया, पेरू
• कृषि यंत्र	रूस, चीन, सं.रा. अमेरिका
• कृत्रिम रेशे एवं ऊन से बने वस्त्र	सं.रा. अमेरिका, ब्रिटेन, जापान

विश्व के प्रमुख खनिज उत्पादक देश

खनिज	उत्पादक देश
• लौह-अयस्क	चीन, ऑस्ट्रेलिया, ब्राजील
• बॉक्साइट	ऑस्ट्रेलिया, ब्राजील, चीन
• एल्युमिनियम	चीन, रूस, कनाडा
• एंटिमनी	चीन, ऑस्ट्रेलिया, सं.रा. अमेरिका
• सीसा	चीन, ऑस्ट्रेलिया, सं.रा. अमेरिका
• मैगनीज	चीन, द.अफ्रीका, ब्राजील, ऑस्ट्रेलिया
• अभ्रक	चीन, भारत, रूस, द. कोरिया
• जस्ता	चीन, ऑस्ट्रेलिया, पेरू
• निकेल	फिलीपींस, रूस, कनाडा
• प्लेटिनम	दक्षिण अफ्रीका, रूस, कनाडा
• चाँदी	पेरू, मैक्सिको, चीन
• टिन	चीन, इंडोनेशिया, पेरू
• टंगस्टन	चीन, रूस, ऑस्ट्रेलिया
• नमक	सं.रा. अमेरिका, चीन, जर्मनी
• एस्बेस्टस	रूस, कजाकिस्तान, चीन
• क्रोमाइट	द. अफ्रीका, कजाकिस्तान, भारत
• कोबाल्ट	कांगो, जाम्बिया, ऑस्ट्रेलिया
• तांबा	चिली, पेरू, सं.रा. अमेरिका
• हीरा	रूस, बोत्सवाना, कांगो
• सोना	चीन, ऑस्ट्रेलिया, सं.रा. अमेरिका
• ग्रेफाइट	चीन, भारत, ब्राजील
• जिप्सम	चीन, स्पेन, ईरान
• कोयला	चीन, सं.रा. अमेरिका, भारत
• खनिज तेल	सं.रा. अमेरिका, रूस, सउदी अरब

भारत का भूगोल

- भारत उत्तरी गोलार्द्ध में स्थित है। ग्लोब में यह 8°4'–37°6' उत्तरी अक्षांश और 68°7'–97°25' पूर्वी देशांतर के बीच स्थित है।
- भारत का क्षेत्रफल 32 लाख 87 हजार 263 वर्ग किमी. है। यह विश्व के क्षेत्रफल का 2.24% है।
- भारत की पूर्व से पश्चिम की लम्बाई 2933 किमी. तथा उत्तर से दक्षिण की लम्बाई 3214 किमी है।
- भारत का पूर्वी बिन्दु वांलुग (अरुणाचल प्रदेश) और पश्चिमी बिन्दु ओखा (गुजरात) है। इसका उत्तरी बिन्दु इंदिरा कोल (जम्मू-कश्मीर) तथा दक्षिणतम बिन्दु वृहत निकोबार द्वीप के पास स्थित इन्दिरा प्वाइंट है।
- भारत की स्थलीय सीमा सात देशों–चीन (3917 किमी.), नेपाल (1752 किमी), भूटान (587 किमी), बांग्लादेश (4096 किमी), म्यांमार (1458 किमी), अफगानिस्तान (80 किमी) एवं पाकिस्तान (3310 किमी) से मिलती है। जबकि जलीय सीमा, पाकिस्तान, श्रीलंका, बांग्लादेश, म्यांमार और मालदीव से जल और थल से मिलने वाली सीमा तीन देशों (बांग्लादेश, पाकिस्तान और म्यांमार) से मिलती है।
- भारत की स्थलीय सीमा की लम्बाई 15200 किमी तथा द्वीपों सहित जलीय सीमा की लम्बाई 7516.5 किमी तथा मुख्य धरातलीय भाग की समुद्री सीमा की लम्बाई 6200 किमी है।
- भारत भूमध्य रेखा के उत्तर में स्थित है और कर्क रेखा भारत के मध्य से होकर गुजरती है। कर्क रेखा पर भारत के कई राज्य स्थित हैं, जैसे–मिजोरम, त्रिपुरा, पं. बंगाल, झारखंड, छत्तीसगढ़, मध्य प्रदेश, राजस्थान और गुजरात।

क्र.सं.	पड़ोसी देश	सीमा पर अवस्थित भारतीय राज्य
1.	पाकिस्तान	गुजरात, राजस्थान, पंजाब, जम्मू और कश्मीर, लद्दाख
2.	अफगानिस्तान	लद्दाख
3.	चीन	हिमाचल प्रदेश, उत्तराखंड, सिक्किम, अरुणाचल प्रदेश, लद्दाख
4.	नेपाल	उत्तर प्रदेश, उत्तराखंड, बिहार, पश्चिम बंगाल, सिक्किम
5.	भूटान	सिक्किम, पश्चिम बंगाल, असम, अरुणाचल प्रदेश
6.	बांग्लादेश	पश्चिम बंगाल, असम, मेघालय, त्रिपुरा
7.	म्यांमार	अरुणाचल प्रदेश, नगालैंड, मणिपुर, मिजोरम

- भारत का मानक समय प्रयागराज के निकट नैनी मिर्जापुर से गुजरने वाली 82½° पूर्वी देशांतर रेखा को माना गया है, जो ग्रीनविच समय से 5½ घंटा आगे है। 82½° पूर्वी देशांतर रेखा 5 राज्यों–उत्तर प्रदेश, मध्य प्रदेश, छत्तीसगढ़, ओडिशा और आन्ध्र प्रदेश से गुजरती है।
- भौतिक रचना की दृष्टि से भारत को चार भागों में विभाजित किया गया है–
  - (*i*) उत्तर पर्वतीय प्रदेश
  - (*ii*) प्रायद्वीपीय पठार
  - (*iii*) विशाल मैदान
  - (*iv*) तटवर्ती मैदान एवं द्वीप समूह
- भू-वैज्ञानिकों के अनुसार जहाँ आज हिमालय पर्वत है वहाँ कभी टेथिस सागर नामक समुद्र था। हिमालय की उत्पत्ति का आधुनिक सिद्धान्त प्लेट विवर्तनिकी है। यह विश्व के नवीनतम मोड़दार पर्वतों में है।
- हिमालय पर्वत श्रेणी को तीन भागों में बाँटा जाता है–

1. वृहद हिमालय या हिमाद्रि

- यह हिमालय की सबसे ऊँची श्रेणी है जिसकी चौड़ाई 120 किमी से 190 किमी तथा ऊँचाई 6000 मी. है। माउण्ट एवरेस्ट या सागरमाथा (8848 मी.) इसकी सबसे ऊँची चोटी है।
- भारत में हिमालय की ऊँची चोटी कंचनजंघा है, जो सिक्किम और नेपाल की सीमा पर है।
- भारत का सर्वोच्च पर्वत शिखर माउण्ट K_2 (गॉडविन ऑस्टिन) है। यह कराकोरम श्रेणी में है।
- इस क्षेत्र में शिपकीला, जोजिला, नीतिला, लिपुलेखला, थागला एवं नाथूला दर्रा स्थित है।

2. लघु हिमालय या हिमाचल श्रेणी

- इसका विस्तार मुख्यतः हिमालय के दक्षिण क्षेत्र में है।
- इसकी औसत ऊँचाई 3700 मी. से 4500 मी. तथा चौड़ाई 80 से 100 किमी. है।
- पीरपंजाल, धौलाधार, नागटिब्बा, महाभारत आदि श्रेणियाँ एवं कश्मीर, काठमाण्डू, काँगड़ा और कुल्लू घाटियाँ इसी श्रेणी में हैं।
- शिमला, मसूरी, नैनीताल, चकराता, दार्जिलिंग एवं रानीखेत जैसे महत्वपूर्ण पर्यटन स्थल इसी श्रेणी में हैं।

- इसकी ढाल पर छोटे-छोटे घास के मैदान पाए जाते हैं जिन्हें कश्मीर में मर्ग (जैसे–गुलमर्ग, सोनमर्ग) एवं उत्तराखंड में बुग्याल या पयार कहा जाता है।

3. शिवालिक या बाह्य हिमालय

- यह हिमालय की सबसे दक्षिणी श्रेणी है तथा इसकी चौड़ाई 10-15 किमी. एवं ऊँचाई 900-1200 मी. है।
- यह हिमालय का नवीन भाग है। इसमें मिट्टी और कंकड़ के बने ऊँचे मैदान मिलते हैं जिन्हें पश्चिम में दून (देहरादून) तथा पूर्व में द्वार (हरिद्वार) कहते हैं।
- शिवालिक के निचले भाग को तराई कहते हैं, जो दलदली व वनाच्छादित प्रदेश है।
- बुर्जिल दर्रा श्रीनगर को गिलगिट से जोड़ता है। जबकि श्रीनगर से लेह को जोड़ने वाले दर्रे का नाम जास्कर श्रेणी में स्थित जोजिला दर्रा है।
- शिपकीला दर्रा शिमला को तिब्बत से जोड़ता है। बोमडीला दर्रे (अरुणाचल प्रदेश) से त्वांग घाटी होते हुए तिब्बत को जाने वाला रास्ता है।
- तुजू दर्रा मणिपुर में स्थित है, जिससे म्यांमार को जाने का मार्ग गुजरता है।

प्रायद्वीपीय पठार

- यह प्राचीन गोण्डवानालैंड का एक भाग, जिसका आकार त्रिभुजाकार है, प्रायद्वीपीय पठार कहलाता है। इसकी ऊँचाई 600 से 900 मी. तक होती है।
- नर्मदा तथा ताप्ती नदियों की घाटियों ने इस पठारी प्रदेश को दो असमान भागों में बाँट दिया है। उत्तरी भाग को मालवा का पठार तथा दक्षिणी भाग को दक्षिण का मुख्य पठार अथवा दक्कन ट्रेप कहते हैं।

मालवा का पठार

- यह पठार नर्मदा तथा ताप्ती नदियों एवं विन्ध्याचल पर्वत के उत्तर-पश्चिम में त्रिभुजाकार आकृति में फैला हुआ है। इसके उत्तर-पश्चिम में अरावली पर्वत तथा उत्तर-पूर्व में गंगा का मैदान स्थित है।
- इस पठारी भाग की नदियाँ उत्तर-पूर्व दिशा में प्रवाहित होकर यमुना नदी में मिल जाती है।

अरावली की पहाड़ियाँ

- यह विश्व का सबसे प्राचीन वलित पर्वतमाला है। पश्चिम में गुजरात तक है। राजस्थान के माउण्ट आबू की पहाड़ी पर स्थित 'गुरू शिखर' इसका सर्वोच्च शिखर है।

पश्चिमी घाट

- यह दक्षिणी पठार की पश्चिमी सीमा बनाता है। इसे सह्याद्रि पर्वत भी कहते हैं। यह उत्तर में ताप्ती नदी की घाटी से दक्षिण में कन्याकुमारी तक 1500 किमी. की लम्बाई तक विस्तृत है। पश्चिमी घाट की ऊँचाई 900 से 1100 मी. है।
- पश्चिमी घाट में उत्तर से दक्षिण की तरफ विद्यमान दर्रों के नाम क्रमशः थालघाट, भोरघाट, पालघाट तथा शेनकोटा गेप हैं। इन दर्रों से विभिन्न रेलमार्ग गुजरते हैं। थालघाट से मुम्बई-कोलकाता रेलमार्ग, भोरघाट दर्रे से मुम्बई-चेन्नई रेलमार्ग तथा पालघाट दर्रे से होकर कोचीन-चेन्नई रेलमार्ग गुजरते हैं।
- पश्चिमी घाट के दक्षिण में नीलगिरि, अन्नामलाई, पालनी तथा इलायची की पहाड़ियां स्थित हैं।
- अन्नामलाई पहाड़ियों में स्थित अनाईमुडी शिखर दक्षिणी भारत का सबसे ऊँचा पर्वत शिखर है।
- नीलगिरि का सर्वोच्च शिखर डोडाबेट्टा है जो दक्षिण भारत का दूसरा सर्वोच्च शिखर है।
- यह प्रायद्वीपीय पठार, पठार में प्रवाहित होने वाली अधिकांश बड़ी नदियों का स्रोत है।

पूर्वी घाट पर्वत

- यह ओडिशा के उत्तर-पूर्वी मार्ग से प्रारंभ होकर बंगाल की खाड़ी के तट के समानान्तर नीलगिरि की पहाड़ियों तक फैला है। इसकी औसत ऊँचाई 600 मी. है।
- पूर्वी घाट से किसी बड़ी नदी का उदय नहीं होता।

तटीय मैदान

दक्षिणी पठार के पूर्व तथा पश्चिम में दो संकरे मैदान हैं–

1. पश्चिमी तटीय मैदान, **2.** पूर्वी तटीय मैदान

1. पश्चिमी तटीय मैदानः यह मैदान पश्चिमी घाट तथा अरब सागर के तट के बीच गुजरात से कन्याकुमारी के मध्य फैला हुआ है। मुम्बई से गोवा तक इस प्रदेश को कोंकण तट, मध्य भाग को कन्नड़ तथा दक्षिण भाग को मालाबार तट कहते हैं। मालाबार तट पर स्थित कोचीन बंदरगाह लैगून पर स्थित है। यह तट अधिक कटा-फटा है। इस कारण से इस तट पर बंदरगाहों की संख्या अधिक है।

2. पूर्वी तटीय मैदान

- यह मैदान पूर्वी घाट तथा बंगाल की खाड़ी के उत्तर में गंगा के मुहाने से दक्षिण में कन्याकुमारी तक फैला हुआ है।
- यह मैदान महानदी, गोदावरी, कृष्णा तथा कावेरी नदियों के डेल्टाओं द्वारा निर्मित होने के कारण अत्यधिक उपजाऊ है।
- इसे महानदी एवं कृष्णा नदियों के बीच उत्तरी सरकार का तट एवं कृष्णा, कावेरी नदियों के बीच कोरोमंडल तट कहते हैं।

- इस मैदान के तट पर कई लैगून झीलें पायी जाती हैं जिनमें चिल्का झील तथा पुलीकट झील प्रमुख हैं।

मैदान

- हिमालय तथा प्रायद्वीपीय भारत से आने वाली नदियों के द्वारा बहाकर लाई गई मिट्टी के जमा होने से इस उपजाऊ मैदान का निर्माण हुआ है।
- मिट्टी की विशेषता के आधार पर इस मैदान को मुख्यतः चार भागों में बाँटा गया है–

1. **भाबर क्षेत्रः** यह हिमालय से निकली नदियों द्वारा लाई गई बजरी के निक्षेपण से बना है। इसे शिवालिक का जलोढ़ पंख भी कहा जाता है।
2. **तराई क्षेत्रः** अधिक आर्द्रता के कारण यहाँ की जमीन दलदली होती है। यह निम्न समतल मैदान है जहाँ नदियों का पानी बहकर दलदली क्षेत्रों का निर्माण करता है। यह भाबर क्षेत्र के दक्षिण में स्थित है।
3. **खादर क्षेत्रः** इसे 'कछारी प्रदेश' या 'बाढ़ का मैदान' भी कहा जाता है। यह नवीन जलोढ़ से निर्मित मैदान है। इसका भी निर्माण डेल्टा के मैदान के रूप में हुआ, जैसे–गंगा-ब्रह्मपुत्र का मैदान।
4. **बांगर क्षेत्रः** यह पुराने जलोढ़ों से निर्मित हुआ है, जो ऊँचा भाग होता है। यहाँ बाढ़ का पानी नहीं पहुँच पाता है, जैसे गंगा-यमुना का दोआब एवं सतलज का मैदान।

द्वीप समूह

भारत की समुद्र सीमा के अंतर्गत 1256 द्वीप हैं। ये मुख्यतः दो समूहों में हैं। जो निम्न हैं–

1. **बंगाल की खाड़ी के द्वीप समूहः** इसमें लगभग 572 द्वीप हैं। इसे अंडमान और निकोबार द्वीप समूह के नाम से जाना जाता है। इस द्वीप समूह को 10° चैनल दो भागों में बाँटती हैं। भारत का एकमात्र सक्रिय ज्वालामुखी 'बैरन' इसी द्वीप समूह में है। भारत का सबसे दक्षिणी बिन्दु 'इन्दिरा प्वाइन्ट' ग्रेट निकोबार में स्थित है।
2. **अरब सागर समूहः** इस समूह में 47 द्वीप हैं। इसमें तीन द्वीप मुख्य हैं–लक्षद्वीप, मिनीकॉय एवं कवारत्ती। मिनीकॉय लक्षद्वीप समूह का सबसे बड़ा द्वीप है।
   - 8° चैनल मालदीव व मिनीकॉय को अलग करता है।
   - 9° चैनल लक्षद्वीप व मिनीकॉय को अलग करता है।
   - ग्रैण्ड चैनल इण्डोनेशिया व भारत को अलग करता है।

भारत की महत्वपूर्ण झीलें

झीलें	राज्य/के.प्र.
• चिल्का	ओडिशा
• लोकटक	मणिपुर
• लोनार	महाराष्ट्र
• वुलर, डल	जम्मू-कश्मीर
• नैनीताल, भीमताल	उत्तराखंड
• अष्टमुदी	केरल
• कोलेरू, पुलीकट	आन्ध्र प्रदेश
• सुकना	चण्डीगढ़
• निजाम सागर	तेलंगाना
• उमियम झील	मेघालय
• पुल्ह झील	उत्तर प्रदेश
• परशुराम कुण्ड	अरुणाचल प्रदेश
• पोगांग शो	लद्दाख

- गंगा एवं ब्रह्मपुत्र नदी बंगाल की खाड़ी में गिरने से पूर्व एक विशाल डेल्टा का निर्माण करती हैं। इस डेल्टा का नाम 'सुन्दरवन' का डेल्टा है।
- चिल्का झील भारत की सबसे बड़ी झील है।
- चिल्का, पेरियार, पुलीकट झीलें लैगून झीलें हैं।
- वुलर झील भारत की मीठे पानी की सबसे बड़ी झील है।
- सांभर झील खारे पानी की सबसे बड़ी झील है।
- चोलामू झील (सिक्किम) भारत की सबसे अधिक ऊँचाई पर स्थित झील है।

भारत के महत्वपूर्ण जल प्रपात

जल प्रपात	ऊँचाई (मी.)	नदी	राज्य
• कुंचिकल	455	वरही	कर्नाटक
• शिवसमुद्रम	90	कावेरी	कर्नाटक
• गरसोप्पा	260	शरावती	कर्नाटक
• हुण्डरू	–	स्वणरिखा	झारखण्ड
• केवटी	98	महाना	मध्य प्रदेश
• रकीमकुण्ड	168	गायघाट	बिहार

भारत की प्रमुख नदियाँ

नदी	उद्गम	मुहाना	लम्बाई (किमी.)	विशेष तथ्य
सिन्धु	मानसरोवर झील (तिब्बत)	अरब सागर	2800 (भारत में 1114)	सतलज, रावी, व्यास, झेलम इसकी सहायक नदियाँ हैं। लद्दाख में यह नदी गिलगित गॉर्ज का निर्माण करती है।
सतलज	राक्षसताज	चिनाब	1500 (भारत में 1050)	भाखड़ा, नांगल व नाथपा झांकरी बाँध।
गंगा	गंगोत्री के पास गोमुख से	बंगाल की खाड़ी	2525	देव प्रयाग में भागीरथी अलकनंदा से मिलती है और संयुक्त धारा का नाम गंगा हो जाता है। फरक्का बाँध एवं भागीरथी पर टिहरी बाँध।
यमुना	यमुनोत्री के पास बंदरपूंछ से	गंगा	1376	चम्बल, बेतवा, केन सहायक नदियाँ हैं।
चम्बल	महूँ (जानपाव पहाड़ी)	यमुना	966	गाँधीनगर, राणासागर तथा जवाहर सागर बाँध स्थित है।
गण्डक	धौलाधार पर्वत	गंगा	300	त्रिवेणी के पास बाँध
सोन	अमरकंटक पहाड़ी	गंगा	784	बाणसागर व रिहन्द बाँध
ब्रह्मपुत्र	मानसरोवर झील (तिब्बत)	बंगाल की खाड़ी	2900 (भारत में 916)	ब्रह्मपुत्र नदी अरुणाचल प्रदेश में दिहांग, तिब्बत में शांग-पो और बांग्लादेश में 'जमुना' के नाम से प्रसिद्ध।
नर्मदा	अमरकंटक	अरब सागर	1312	इंदिरा सागर, महेश्वर, सरदार सरोवर बाँध। डेल्टा के बजाए एश्चुअरी बनाती है।
ताप्ती	मुलताई (बैतूल)	खम्भात की खाड़ी	724	काकरापार व ऊकाई बाँध/यह नदी डेल्टा के बजाए एश्चुअरी बनाती है।
महानदी	सिहावा के समीप	बंगाल की खाड़ी	857	हीराकुड, तिरकपाड़ा बाँध स्थित है, डेल्टा बनाती है।
कृष्णा	पश्चिमी घाट की पहाड़ी (महाबलेश्वर के पास)	बंगाल की खाड़ी	1400	शैलम तथा नागार्जुन सागर बाँध स्थित है। डेल्टा बनाती है।
गोदावरी	त्रयम्बक गाँव की पहाड़ी	बंगाल की खाड़ी	1450	दक्षिण की गंगा कहा जाता है। एनीकट बाँध स्थित है। डेल्टा बनाती है।
कावेरी	ब्रह्मगिरि की पहाड़ी	बंगाल की खाड़ी	800	शिवसमुद्रम जल प्रपात स्थित है। डेल्टा बनाती है।
तुंगभद्रा	कर्नाटक के पश्चिम घाट	कृष्णा	331	कुमुदवती, वर्धा, मगारी आदि सहायक नदियाँ हैं।
माही	विन्ध्याचल पर्वत	खम्भात की खाड़ी	533	वनकवोरी बाँध।

भारत की जलवायु

- भारत की जलवायु उष्णकटिबन्धीय मानसूनी है। भारत का उत्तरी भाग जो कर्क रेखा के उत्तर में है वहाँ शीतोष्ण कटिबन्धीय जलवायु और दक्षिणी भाग उष्णकटिबन्धीय जलवायु क्षेत्र में पड़ता है।
- भारतीय जलवायु को मानसून के अतिरिक्त प्रभावित करने वाले दो अन्य प्रमुख कारक हैं–
  1. **उत्तर में हिमालय पर्वतः** इसकी उपस्थिति के कारण मध्य एशिया से आने वाली शीतल हवाएँ भारत में नहीं आ पाती हैं।
  2. **दक्षिण में हिन्द महासागरः** इसकी उपस्थिति एवं भूमध्य रेखा की समीपता के कारण उष्णकटिबंधीय जलवायु अपने आदर्श रूप में पायी जाती है।
- भारत में चार प्रकार की ऋतुएँ पाई जाती हैं–
  1. **शीत ऋतुः** मध्य नवम्बर से मध्य मार्च तक।
  2. **ग्रीष्म ऋतुः** मध्य मार्च से मध्य जून तक।
  3. **वर्षा ऋतुः** मध्य जून से मध्य सितम्बर तक।
  4. **लौटती मॉनसून ऋतुः** मध्य सितम्बर से मध्य नवम्बर तक।
- उत्तर भारत के मैदानी भागों में शीत ऋतु में वर्षा पश्चिमी विक्षोभ या जेट स्ट्रीम के कारण होती है।

- उत्तर-पूर्वी मानसून के कारण जनवरी-फरवरी महीने में कोरोमंडल तट पर वर्षा होती है।
- उत्तर-पश्चिम भारत के शुष्क भागों में ग्रीष्म-ऋतु में चलने वाली गर्म एवं शुष्क हवाओं को लू कहा जाता है।

भारत की मिट्टी

मृदा विज्ञान (Pedology): मिट्टी के अध्ययन के विज्ञान को मृदा विज्ञान कहा जाता है। भारत में पाई जाने ग ` ्मुख मिट्टियां निम्नलिखित हैं–

1. जलोढ़ मिट्टी (Alluvial Soil)

- भारत में लगभग 22% क्षेत्र पर पाई जाती है।
- यह मिट्टी नदियों द्वारा लाई जाती है।
- इसमें नाइट्रोजन, फास्फोरस तथा ह्यूमस की मात्रा कम होती है तथा पोटाश की अधिकता होती है।
- यह दो प्रकार की होती है–*(i)* बांगर–पुरानी जलोढ़ मिट्टी तथा *(ii)* खादर–नई जलोढ़ मिट्टी।
- यह मिट्टी अत्यधिक उर्वर होती है। इसमें धान, गेहूँ, मक्का, तिलहन, दलहन आदि की फसलें होती हैं।

2. काली मिट्टी (Black Soil)

- भारत में लगभग 16.6% भाग पर पाई जाती है।
- इसमें आयरन, चूना, एल्युमिनियम एवं मैग्नेशियम की बहुलता होती है। इस मिट्टी का काला रंग टिटेनीफेरस मैग्नेटाइट एवं जीवांश की उपस्थिति के कारण होता है।
- इसे कपासी या रेगुर मिट्टी भी कहा जाता है। यह कपास की खेती के लिए उपयुक्त होती है।
- गुजरात, महाराष्ट्र, मध्य प्रदेश के पश्चिमी क्षेत्र, कर्नाटक के उत्तरी जिलों एवं आंध्र प्रदेश के क्षेत्रों में पाई जाती है।

3. लाल मिट्टी (Red Soil)

- यह अम्लीय प्रकृति की मिट्टी होती है। इसमें नाइट्रोजन, फास्फोरस एवं ह्यूमस की कमी होती है। यह मिट्टी उर्वरताविहीन एवं बंजर भूमि के रूप में पाई जाती है।
- भारत में यह मिट्टी आंध्र प्रदेश, मध्य प्रदेश के पूर्वी भाग, छोटा नागपुर के पठारी क्षेत्र एवं गारो, खासी, जयंतिया के पठारी क्षेत्रों में पाई जाती है।

4. लेटेराइट मिट्टी (Laterite Soil)

- इसमें आयरन, पोटाश एवं सिलिका की बहुलता होती है। इसकी उर्वरता कम होती है।
- लैटेराइट मिट्टी चाय की खेती के लिए सर्वाधिक उपयुक्त है।

भारत के वन

- राष्ट्रीय वन नीति के अनुसार देश के 33% भाग पर वन होने चाहिए। परन्तु वन रिपोर्ट 2023 के अनुसार वर्तमान में भारत के वनों का प्रतिशत 21.76 ही है।
- **मैंग्रोव वन**
  - समुद्रतटीय क्षेत्रों में डेल्टाई एवं दलदली प्रदेशों में पाये जाते हैं।
  - सुंदरी वृक्ष पाया जाता है जिनकी जड़ें पानी के ऊपर तक निकली होती हैं। ये वृक्ष गंगा, ब्रह्मपुत्र, महानदी, गोदावरी, कृष्णा एवं कावेरी के डेल्टाई भागों में तथा अंडमान निकोबार द्वीप समूह के अंदरूनी तटीय भागों में पाये जाते हैं।
  - सुंदरवन प्रदेश में रॉयल बंगाल टाइगर पाया जाता है।
- क्षेत्रफल की दृष्टि से वनाच्छादित प्रदेशों का घटता क्रम है–मध्य प्रदेश, अरुणाचल प्रदेश, छत्तीसगढ़, ओडिशा, महाराष्ट्र।
- प्रतिशत की दृष्टि से सर्वाधिक वन वाले राज्य/संघ शासित राज्य क्रमशः हैं–लक्षद्वीप (91.33%), मिजोरम (85.34%), अण्डमान व निकोबार द्वीप समूह (81.62%), अरुणाचल प्रदेश (78.67%) व मेघालय (75.65%)।
- प्रतिशत की दृष्टि से न्यूनतम वन वाले राज्य/संघ शासित क्षेत्र बढ़ते क्रम में क्रमशः हैं–लद्दाख (1.35%), हरियाणा (3.65%), पंजाब (3.67%), राजस्थान (4.84%), उत्तर प्रदेश (6.24%)।

भारतीय कृषि

- भारत चावल उत्पादन में विश्व में चीन के बाद दूसरे स्थान पर है।
- डॉ. एम.एस. स्वामीनाथन को भारत में हरित क्रांति का जनक माना जाता है। इसकी शुरुआत 1966-67 में हुई थी।

ऋतुओं के आधार पर भारत में फसलों का वर्गीकरण–

- **खरीफ फसल:** इसे दक्षिणी-पश्चिमी मानसून के आने पर जून-जुलाई के महीने में बोई जाती है एवं नवम्बर-दिसम्बर में काट ली जाती है। उदाहरणस्वरूप- ज्वार, बाजरा, धान, जूट, मक्का, तिल, गन्ना, मूंगफली, कपास आदि।
- **रबी की फसल:** यह नवम्बर में बोई जाती है एवं मार्च-अप्रैल में काटी जाती है। उदाहरणतः गेहूँ, सरसों, जौ, चना, मटर, राई आदि।
- **जायद की फसल:** यह फसल अप्रैल-मई में बोई जाती है तथा जून-जुलाई में काट ली जाती है। उदाहरणस्वरूप-उड़द, मूँग, राई, तरबूज, खीरा आदि।

भारत के प्रमुख राष्ट्रीय उद्यान एवं वन्य जीव अभ्यारण्य

राज्य/केन्द्र शासित प्रदेश	उद्यान व अभ्यारण्य
• असम	कांजीरंगा राष्ट्रीय उद्यान, मानस राष्ट्रीय उद्यान, डिब्रू सैखोवा राष्ट्रीय स्थल, सोनाई रूपा वन्य जीव अभ्यारण्य।
• आंध्र प्रदेश/तेलंगाना	श्री वैंकटेश्वर राष्ट्रीय उद्यान, महावीर हरिना वनस्थली, कासू ब्रह्मानंद रेड्डी राष्ट्रीय उद्यान, मरूगार्वान राष्ट्रीय उद्यान, परवाल वन्य जीव अभ्यारण्य, मालापट्टी पक्षी विहार।
• उत्तर प्रदेश	चन्द्रप्रभा अभ्यारण्य, दुधवा राष्ट्रीय उद्यान, नवाबगंज राष्ट्रीय उद्यान, सुल्तानपुर पक्षी विहार, कैम्पवेल राष्ट्रीय उद्यान।
• अरुणाचल प्रदेश	नामदफा वन्य जीव अभ्यारण्य, पक्कुई वन्य जीव अभ्यारण्य, मौलिका राष्ट्रीय उद्यान।
• जम्मू-कश्मीर	सलीम अली राष्ट्रीय उद्यान, डाचीगाम राष्ट्रीय उद्यान।
• कर्नाटक	बाँदीपुर राष्ट्रीय उद्यान, साइलेंट वैली राष्ट्रीय उद्यान, कुद्रेमुख राष्ट्रीय उद्यान, सोमेश्वर वन्य जीव अभ्यारण्य।
• अण्डमान निकोबार द्वीप समूह	महात्मा गाँधी राष्ट्रीय उद्यान, सैडल पीक राष्ट्रीय उद्यान, नार्थ बटन द्वीप राष्ट्रीय उद्यान।
• झारखण्ड	पलामू वन्य जीव अभ्यारण्य, बेतला राष्ट्रीय उद्यान।
• मध्य प्रदेश	तदोबा राष्ट्रीय उद्यान, बान्धवगढ़ राष्ट्रीय उद्यान, कान्हा किसली राष्ट्रीय उद्यान, माधव राष्ट्रीय उद्यान।
• राजस्थान	सरिस्का वन्य जीव अभ्यारण्य, रणथम्भौर वन्य जीव अभ्यारण्य, केवलादेव राष्ट्रीय उद्यान, दर्राह राष्ट्रीय उद्यान।
• उत्तराखंड	जिम कार्बेट राष्ट्रीय उद्यान।
• छत्तीसगढ़	कांगेर राष्ट्रीय उद्यान, इंद्रावती राष्ट्रीय उद्यान।
• बिहार	बाल्मीकि राष्ट्रीय उद्यान।
• हरियाणा	कलेसर राष्ट्रीय उद्यान।
• गुजरात	गिर राष्ट्रीय उद्यान, वेसन्दा राष्ट्रीय उद्यान।
• ओडिशा	भितरकणिका राष्ट्रीय उद्यान, सिमलीपाल राष्ट्रीय उद्यान।
• महाराष्ट्र	तदोबा राष्ट्रीय उद्यान, पेंच राष्ट्रीय उद्यान, नवेगांव राष्ट्रीय उद्यान।
• केरल	पारम्बिकलुम वन्य जीव अभ्यारण्य, पेरियार वन्य जीव अभ्यारण्य, इरविकुलम वन्य जीव अभ्यारण्य।
• नगालैंड	इन्टकी राष्ट्रीय उद्यान।
• तमिलनाडु	वेदान्तगल पक्षी विहार, मुदुमलाई वन्य जीव अभ्यारण्य, गल्फ ऑफ मन्नार राष्ट्रीय उद्यान, गिण्डी राष्ट्रीय उद्यान।
• हिमाचल प्रदेश	कुगती वन्य जीव अभ्यारण्य, ग्रेट हिमालय राष्ट्रीय उद्यान, पिन वैली राष्ट्रीय उद्यान, रोहला राष्ट्रीय उद्यान।
• मिजोरम	डाम्फा वन्य जीव अभ्यारण्य।
• पश्चिम बंगाल	सुन्दरवन टाइगर रिजर्व, जलदापाड़ा वन्य जीव अभ्यारण्य।

भारत की प्रमुख फसलें

1. चावल

- भारत में चावल के प्रमुख उत्पादक राज्य तेलंगाना, पश्चिम बंगाल, उत्तर प्रदेश, पंजाब, आन्ध्र प्रदेश हैं।
- चावल के उत्पादन के लिए 75 सेमी. से 200 सेमी. वर्षा तथा तापमान 20°C से 27°C होना चाहिए।

2. गेहूँ

- गेहूँ के उत्पादन के लिए 50 सेमी. से 75 सेमी. वर्षा की आवश्यकता होती है। हल्की दोमट मिट्टी इस फसल के लिए अनुकूल है।
- भारत गेहूँ के उत्पादन में चीन के बाद दूसरे स्थान पर है।
- गेहूँ के उत्पादन वाले प्रमुख राज्य हैं—उत्तर प्रदेश, मध्य प्रदेश, पंजाब, हरियाणा।

3. मक्का

- 50 से 100 सेमी. वर्षा एवं 25°C से 30°C तक तापमान अनुकूल है।
- गहरी दोमट मिट्टी उपयुक्त है।
- मक्का उत्पादन वाले प्रमुख राज्य हैं–कर्नाटक, बिहार, मध्य प्रदेश, महाराष्ट्र, आंध्र प्रदेश।

4. कपास

- काली मिट्टी उपयुक्त होती है।
- 80 सेमी वर्षा तथा 20°C-35°C तापमान सर्वाधिक उपयुक्त है।
- प्रमुख उत्पादक राज्य हैं–गुजरात, महाराष्ट्र, तेलंगाना।

5. गन्ना

- 100-150 सेमी. वर्षा तथा 30°-35°C तापमान उपयुक्त है।
- प्रमुख उत्पादक राज्य हैं–उत्तर प्रदेश, महाराष्ट्र, कर्नाटक।

6. तिलहन

- इसके लिए कम वर्षा वाले क्षेत्र की आवश्यकता है।
- सोयाबीन (मध्य प्रदेश), सरसों (राजस्थान), मूँगफली (गुजरात), नारियल तेल (केरल) का प्रथम स्थान है।

7. चाय

- चाय के लिए 200-300 सेमी. वर्षा तथा 24-30°C तापमान उपयुक्त है।
- भारत विश्व में चाय का दूसरा सबसे बड़ा उत्पादक व उपभोक्ता है।
- चाय के प्रमुख उत्पादक राज्य हैं–असम, पश्चिम बंगाल, तमिलनाडु, केरल आदि।

8. कहवा

- 150-250 सेमी. वर्षा तथा 15-20°C तापमान उपयुक्त है।
- प्रमुख उत्पादक राज्य हैं–कर्नाटक, तमिलनाडु, केरल।

9. रबड़

- 200 सेमी. वर्षा तथा 25°C-35°C तापमान उपयुक्त है।
- प्रमुख उत्पादक राज्य हैं–केरल, तमिलनाडु, कर्नाटक आदि।

सम्बन्धित क्रांतियाँ

• हरित क्रांति	खाद्यान्न
• श्वेत क्रांति	दुग्ध
• नीली क्रांति	मछली
• सुनहरी क्रांति	फलों के उत्पादन
• पीली क्रांति	तिलहन
• भूरी क्रांति	उर्वरक

- झूम खेतीः इसमें जंगलों को काटकर भूमि साफ की जाती है। तत्पश्चात इस भूमि पर खेती की जाती है। कुछ दिनों बाद भूमि की उर्वरता समाप्त हो जाने पर यह भूमि त्याग दी जाती है। इस प्रकार की खेती असम, अरुणाचल प्रदेश, मिजोरम, नगालैंड आदि पूर्वोत्तर राज्यों में की जाती है।

भारत में खनिज उत्पादन

खनिज पदार्थ	उत्पादक राज्य	विशेष तथ्य
• लौह अयस्क	कर्नाटक, छत्तीसगढ़, ओडिशा, गोवा, झारखंड	कर्नाटक भारत का लगभग एक-चौथाई लोहा उत्पादन करता है। हेमाटाइट (68%) सर्वोत्कृष्ट लौह अयस्क है।
• कोयला	झारखंड, छत्तीसगढ़, ओडिशा, महाराष्ट्र, मध्य प्रदेश, प. बंगाल	झारखंड कोयला उत्पादन की दृष्टि से भारत में प्रथम स्थान पर है। ऐंथ्रासाइट (90%) सर्वोच्च कोटि का कोयला है।
• मैंगनीज	ओडिशा, मध्य प्रदेश, महाराष्ट्र, कर्नाटक	मैंगनीज का सबसे बड़ा (20%) संचित भंडार है। ओडिशा भारत में मैगनीज के उत्पादन में अग्रणी राज्य है।
• बॉक्साइट	ओडिशा, गुजरात, झारखंड, महाराष्ट्र, छत्तीसगढ़	ओडिशा भारत के कुल उत्पादन का 42 प्रतिशत बॉक्साइट उत्पादन करता है।
• तांबा	झारखंड, राजस्थान, मध्य प्रदेश, छत्तीसगढ़, आंध्र प्रदेश, कर्नाटक	झारखंड के पूर्वी एवं पश्चिमी सिंहभूम जिले ताँबे के सबसे बड़े उत्पादक हैं।
• अभ्रक	आंध्र प्रदेश, बिहार, झारखंड, राजस्थान	आन्ध्र प्रदेश में सबसे ज्यादा अभ्रक का उत्पादन होता है।
• चूना-पत्थर	मध्य प्रदेश, छत्तीसगढ़, आंध्र प्रदेश, गुजरात, राजस्थान	देश का 35 प्रतिशत चूना-पत्थर मध्य प्रदेश में पाया जाता है।
• पेट्रोलियम	असम, गुजरात, महाराष्ट्र	भारत विश्व का मात्र 1 प्रतिशत पेट्रोलियम उत्पादन करता है।
• थोरियम	राजस्थान	
• यूरेनियम	झारखंड	
• हीरा	मध्य प्रदेश	
• जस्ता	राजस्थान, ओडिशा, जम्मू-कश्मीर	

यूनेस्को द्वारा घोषित भारत के प्रमुख विरासत स्थल

स्थल का नाम	राज्य	स्थल का नाम	राज्य
• एलीफैण्टा की गुफाएँ	महाराष्ट्र	• हम्पी स्मारक समूह	कर्नाटक
• एलोरा की गुफाएँ	महाराष्ट्र	• पट्टदकल स्मारक समूह	कर्नाटक
• अजन्ता की गुफाएँ	महाराष्ट्र	• विट्ठल स्वामी मंदिर	कर्नाटक
• छत्रपति शिवाजी टर्मिनल	महाराष्ट्र	• होयसल के पवित्र मंदिर समूह	कर्नाटक
• भीमबेटका गुफा	मध्य प्रदेश	• ताजमहल, आगरा का किला	उत्तर प्रदेश
• साँची स्तूप	मध्य प्रदेश	• फतेहपुर सीकरी	उत्तर प्रदेश
• खजुराहो के मंदिर	मध्य प्रदेश	• सुन्दरवन राष्ट्रीय उद्यान	पश्चिम बंगाल
• महाबोधि मंदिर	बिहार	• दार्जिलिंग हिमालय रेलवे	पश्चिम बंगाल
• कोणार्क का सूर्य मंदिर	ओडिशा	• शांति निकेतन	पश्चिम बंगाल
• हुमायूँ का मकबरा	दिल्ली	• वृहदेश्वर मंदिर	तमिलनाडु
• कुतुबमीनार	दिल्ली	• महाबलीपुरम मंदिर	तमिलनाडु
• लाल किला	दिल्ली	• पुराने गोवा के चर्च	गोवा
• नंदा देवी राष्ट्रीय उद्यान	उत्तराखंड	• विक्टोरियन गोथिक और आर्ट डेको	मुंबई
• रानी की वाव	गुजरात	• धौलावीराः एक हड़प्पाकालीन शहर	गुजरात
• काजीरंगा राष्ट्रीय उद्यान	असम	• काकतीय रुद्रेश्वर (रामप्पा) मंदिर	तेलंगाना
• मानस वन्यजीव अभयारण्य	असम	• असम में चराइदेव जिले में स्थित अहोम राजवंश की टीलेनुमा दफन प्रणाली (मैदाम)	असम
• केवलादेव राष्ट्रीय उद्यान	राजस्थान		

वस्तुनिष्ठ प्रश्नावली

1. 'भूगोल का जनक' किसे कहा जाता है?
A. हेरोडोट्स B. एनक्जीमेण्डर
C. इरैटोस्थनीज D. हिकैटिमस

2. सर्वप्रथम सौरमण्डल के बारे में विश्व के समक्ष जानकारी प्रस्तुत करने का श्रेय किस विद्वान को है?
A. स्ट्रैबो B. केप्लर
C. गैलीलियो D. कॉपरनिकस

3. कौन-सा ग्रह सूर्य की परिक्रमा 88 दिनों में पूरी करता है?
A. बुध B. शनि
C. बृहस्पति D. मंगल

4. सुपरनोवा क्या है?
A. पुच्छल तारा B. ग्रहिका
C. विस्फोटी तारा D. ब्लैक होल

5. तारे पूर्व से पश्चिम किस कारण ज्यादा दिखते हैं?
A. पूरा ब्रह्माण्ड पूर्व से पश्चिम की ओर घूम रहा है
B. पृथ्वी सूर्य की परिक्रमा कर रही है
C. पृथ्वी पूर्व से पश्चिम को घूम रही है
D. पृथ्वी पश्चिम से पूर्व को घूम रही है

6. पृथ्वी सूर्य से अपनी अधिकतम दूरी पर होती है–
A. 30 जनवरी को B. 22 दिसम्बर को
C. 22 सितम्बर को D. 4 जुलाई को

7. निम्नलिखित में किन देशों के समूह से भूमध्य रेखा गुजरती है?
A. ब्राजील, जाम्बिया तथा मलेशिया
B. कोलम्बिया, केन्या तथा मलेशिया
C. ब्राजील, सूडान तथा मलेशिया
D. वेनेजुएला, इथोपिया तथा इण्डोनेशिया

8. अन्तर्राष्ट्रीय तिथि रेखा कहलाती है–
A. 0° अक्षांश B. 0° देशांतर
C. 66½° अक्षांश D. 180° देशान्तर

9. भू-गर्भ में जिस स्थान पर भूकम्पीय तरंगों की उत्पत्ति होती है, उस स्थान को क्या कहा जाता है?
A. अधिकेन्द्र B. भूकम्प अधिकेन्द्र
C. भूकम्प केन्द्र D. इक्लोजाइट

10. पर्वतों के उन प्राकृतिक अंतरालों को क्या कहा जाता है, जो मार्ग बन जाते हैं?
A. शिखर B. टिब्बा
C. पठार D. दर्रा

11. पृथ्वी के वायुमण्डल में सर्वाधिक घनत्व कहाँ पर होता है?
A. क्षोभ मंडल B. समताप मंडल
C. मध्य मंडल D. आयन मंडल

12. क्षोभ मंडल वायुमण्डल का सबसे तप्त परत है, क्योंकि–
A. यह सूर्य के निकटतम है
B. इसमें आवेशित कण हैं
C. यह पृथ्वी के पृष्ठ से तप्त हो जाती है
D. इसमें ऊष्मा पैदा होती है

13. क्षोभ मंडल एवं समताप मंडल के बीच स्थित संक्रमण क्षेत्र को क्या कहा जाता है?
A. समताप सीमा B. क्षोभ सीमा
C. मध्य सीमा D. बाह्य सीमा

14. वायुमंडल में दैनिक मौसम परिवर्तन निम्नलिखित में से किसके कारण होता है?
A. क्षोभ मंडल B. मध्य मंडल
C. आयन मंडल D. समताप मंडल

15. ओजोन परत पायी जाती है–
A. प्रकाश मंडल में B. क्षोभ मंडल में
C. क्षोभ सीमा में D. समताप मंडल में

16. दीर्घ रेडियो तरंगें पृथ्वी की किस सतह से परावर्तित होती हैं?
A. क्षोभ मंडल B. आयन मंडल
C. क्षोभ सीमा D. समताप मंडल

17. वायुमंडलीय हवा पृथ्वी पर पहुँचती है–
A. गुरुत्व द्वारा B. पतनों द्वारा
C. बादलों द्वारा D. पृथ्वी के घूर्णन द्वारा

18. फ्रंटल वर्षा किस कारण से होती है?
A. संवहनी धारा
B. समुद्री हवा
C. चक्रवातीय गतिविधि
D. पर्वतों से वाष्पित जल का संघनन

19. निम्नलिखित में से वह सागर कौन-सा है जो भू-बद्ध है?
A. लाल सागर B. तिमोर सागर
C. उत्तरी सागर D. अरल सागर

20. झीलों के अध्ययन को कहते हैं–
A. लिम्नोलॉजी B. पोटोमोलॉजी
C. टोपोलॉजी D. हाइड्रोलॉजी

21. निम्नलिखित में से किस महाद्वीप को 'महाद्वीपों का महाद्वीप' कहा जाता है?
A. एशिया B. यूरोप
C. अफ्रीका D. अंटार्कटिका

22. निम्नलिखित में किसे 'द्वीपीय महाद्वीप' के नाम से जाना जाता है?
A. एशिया B. यूरोप
C. ऑस्ट्रेलिया D. अंटार्कटिका

23. संसार का सबसे आर्द्र महाद्वीप है–
A. एशिया B. यूरोप
C. उत्तरी अमेरिका D. दक्षिणी अमेरिका

24. श्रीहरिकोटा द्वीप स्थित है–
A. चिल्का झील के समीप
B. महानदी के मुहाने के समीप
C. पुलीकट झील के समीप
D. गोदावरी के मुहाने के समीप

25. समुद्र में बहिर्विष्ट भूमि कहलाती है–
A. स्थल संयोजक द्वीप B. द्वीप
C. जलडमरूमध्य D. प्रायद्वीप

26. पृथ्वी के स्थल पृष्ठ का कितना भाग रेगिस्तान है?
A. 10वाँ B. 5वाँ
C. एक-तिहाई D. छठवाँ

27. विश्व का सबसे बड़ा शीत मरुस्थल है–
A. गोबी B. लुत
C. काविर D. तकला माकन

28. तकला-माकन मरुस्थल किस देश में स्थित है?
A. कजाकिस्तान B, तुर्कमेनिस्तान
C. उज्बेकिस्तान D. चीन

29. कालाहारी मरुस्थल किस देश में स्थित है?
A. जाम्बिया B. दक्षिण अफ्रीका
C. नामीबिया D. बोत्सवाना

30. आकस्मिक बाढ़ का सम्बन्ध किससे है?
A. झुंडर तूफान B. चक्रवाती तूफान
C. सुनामी D. टॉरनेडो

31. कौन-सा जलाशय अण्डमान और निकोबार द्वीप समूहों को अलग करता है?
A. टेन डिग्री चैनल B. इलेवन डिग्री चैनल
C. अण्डमान समुद्र D. बंगाल की खाड़ी

32. पाक स्ट्रेट किनके बीच स्थित है?
A. बंगाल की खाड़ी और मन्नार की खाड़ी
B. अण्डमान और निकोबार द्वीप समूह
C. रन ऑफ कच्छ और गल्फ ऑफ खम्भात
D. लक्षद्वीप और मालदीव

33. कौन-सी जल संयोजी यूरोप को अफ्रीका से पृथक करती है?
A. बास पोरस B. जिब्राल्टर
C. डोवर D. बेरिंग

34. डोवर जलसंधि जोड़ती है–
A. बाल्टिक सागर एवं बोथनियार की खाड़ी को
B. बिस्के की खाड़ी एवं इंगलिश चैनल को
C. इंगलिश चैनल एवं उत्तरी सागर को
D. सेल्टिक सागर एवं आइरिश सागर को

35. विश्व की सबसे तेज बहने वाली महासागरीय जलधारा है–
A. गल्फस्ट्रीम जलधारा B. लेब्रोडोर जलधारा
C. बेंगुएला जलधारा D. क्यूराइल जलधारा

36. निम्नलिखित में से कौन महासागरीय धारा अटलांटिक महासागर में नहीं पायी जाती है?
A. गल्फ स्ट्रीम B. ब्राजील धारा
C. पेरू धारा D. कैनेरी धारा

37. गल्फस्ट्रीम धारा की उत्पत्ति होती है–
A. बिस्के की खाड़ी में B. मैक्सिको की खाड़ी में
C. हडसन की खाड़ी में D. इनमें से कोई नहीं

38. निम्नलिखित में किस जलधारा को 'क्रिसमस के बच्चे की धारा' कहते हैं?
A. पेरू जलधारा B. कैलिफोर्निया जलधारा
C. अलनिनो जलधारा D. गल्फस्ट्रीम जलधारा

39. निम्नलिखित में से किस जलधारा को 'हम्बोल्ट की जलधारा' के नाम से भी जाना जाता है?
A. पेरू की धारा B. ब्राजील की धारा
C. फॉकलैंड की धारा D. एलनिनो धारा

40. विक्टोरिया जलप्रपात किस नदी से संबंधित है?
A. अमेजन B. मिस्सोरी
C. सेंट लारेन्स D. जैम्बेंजी

41. सागरीय लवणता का स्रोत है–
A. नदियाँ B. भूमि
C. पवन D. ज्वालामुखी से निसृप्त राख

42. प्रवाल भित्तियाँ समुद्री प्रतिरूप हैं–
A. शीतोष्ण वनों की
B. उष्णकटिबंधीय वर्षा वनों की
C. सवाना की
D. शुष्क भूमि की

43. महाद्वीपीय मग्न तट का सर्वाधिक विस्तार किस महासागर में पाया जाता है?
A. प्रशांत महासागर B. अटलांटिक महासागर
C. हिन्द महासागर D. आर्कटिक महासागर

44. सुण्डा गर्त स्थित है–
A. सुमात्रा के दक्षिण B. सुमात्रा के उत्तर
C. चागोस द्वीप के उत्तर D. चागोस द्वीप के दक्षिण

45. निम्नलिखित में से कौन-सी नदी भ्रंश घाटी से होकर बहती है?
A. अमेजन B. सिन्धु
C. वोल्गा D. राइन

46. यूरोप की कौन-सी नदी 'कोयला नदी' के नाम से जानी जाती है?
A. राइन B. रोन
C. टेम्स D. एल्ब

47. बांग्लादेश में किस नदी को पद्मा के नाम से पुकारा जाता है?
A. ब्रह्मपुत्र B. गंगा
C. तिस्ता D. हुगली

48. किसके गुरुत्वाकर्षण के कारण ज्वार-भाटा आता है?
A. पृथ्वी का चंद्रमा पर
B. पृथ्वी का सूर्य पर
C. पृथ्वी पर सूर्य और चन्द्रमा का
D. चन्द्रमा का पृथ्वी पर

49. दैनिक ज्वार-भाटा के मध्य समयान्तर होता है–
A. 12 घण्टे 16 मिनट B. 24 घण्टे 32 मिनट
C. 12 घण्टे 26 मिनट D. 24 घण्टे 52 मिनट

50. किस नदी को 'चीन का शोक' कहा जाता है?
A. यांग्स-क्यांग B. ह्वांगहो
C. आमुर D. साल्वीन

51. क्षेत्रफल की दृष्टि से विश्व का सबसे बड़ा नदी डेल्टा कौन-सा है?
A. नील नदी का डेल्टा B. अमेजन नदी का डेल्टा
C. सुन्दरवन डेल्टा D. मिसीसिपी नदी का डेल्टा

52. परित्यक्त डेल्टा का उदाहरण निम्न में से किस नदी द्वारा प्रस्तुत किया जाता है?
A. नील B. गंगा
C. ह्वांगहो D. अमेजन

53. निम्नलिखित में से कौन-सी नदी ज्वारनदमुख का निर्माण करती है?
A. यांग्टिसीक्यांग B. नील
C. मेनाम D. नर्मदा

54. रेड रिवर (लाल नदी) के डेल्टा क्षेत्र में कौन-सा नगर स्थित है?
A. सिओल B. ह्नोई
C. हैंकाऊ D. बैंकाक

55. एक ही तापमान वाले स्थानों को जोड़ने वाली काल्पनिक रेखाएँ कहलाती हैं–
A. आइसोबार B. आइसोहाइट
C. आइसो हैलाइन D. आइसोथर्म

56. आइसोहेल रेखाओं द्वारा क्या प्रदर्शित किया जाता है?
A. समान वर्षा B. समान ऊँचाई
C. समान धूप D. समान हिमपात

57. एक ही समय में, कम्पन करने वाले स्थानों को जोड़ने वाली रेखाओं की श्रृंखला कहलाती है–
A. कोसीस्मल लाइन्स B. आइसोसीस्मल लाइन्स
C. होमोसीस्मल लाइन्स D. सीस्मोलाइन्स

58. आइसोबार मानचित्र पर उन स्थानों को दर्शाने के लिए खींची गई रेखाएँ हैं, जहाँ पर–
A. एक जैसा तापमान है
B. एक जैसा वायुमंडलीय दाब है
C. एक जैसी ऊँचाई है
D. समान लवणता है

59. समान मेघाच्छन्नता को मिलाने वाली रेखा कहलाती है?
A. आइसोनिफ B. आइसोनेफ
C. आइसोराइम D. आइसोफेन

60. समान वर्षा होने वाले क्षेत्र को जोड़ने वाली रेखा कही जाती है–
A. आइसोबार B. आइसोहाइट
C. आइसोथर्म D. आइसो हैलाइन

61. समुद्र के अन्दर समान गहराई वाले स्थानों को मिलाने वाली रेखा कहलाती है–
A. आइसोबार B. आइसोथर्म
C. आइसोबाथ D. आइसोक्रोन

62. क्षेत्रफल की दृष्टि से विश्व का सबसे बड़ा भू-आवेष्ठित देश कौन-सा है?
A. कांगो रिपब्लिक B. युगाण्डा
C. कजाकिस्तान D. तंजानिया

63. निम्नलिखित में से कौन-सा बन्दरगाह 'यूरो पोर्ट' के नाम से जाना जाता है?
A. लिस्बन B. रॉटरडम
C. लन्दन D. हैम्बर्ग

64. 'पाँच सागरों का पत्तन' किसे कहा जाता है?
A. लेनिनग्राड B. मास्को
C. राटरडम D. ब्लडीवोस्टक

65. ओपीसोमीटर का प्रयोग किस कार्य में किया जाता है?
A. क्षेत्रफल मापन में B. दूरी मापन में
C. दिशा मापन में D. प्रवणता मापन में

66. सापेक्षिक आर्द्रता के मापन हेतु किस उपकरण का प्रयोग किया जाता है?
A. हाइग्रोमीटर B. हाइड्रोमीटर
C. बैरोमीटर D. मैनोमीटर

67. आकाश के नीलापन का मापन किस भौगोलिक यंत्र द्वारा किया जाता है?
A. क्लाइनोमीटर B. पायरोमीटर
C. एक्टिनोमीटर D. साइनोमीटर

68. मोंगिया पत्तन किस राष्ट्र में स्थित है?
A. श्रीलंका B. बांग्लादेश
C. भूटान D. भारत

69. कैलोरीमीटर से क्या मापा जाता है?
A. तापमान B. अवशोषण
C. उष्मा की मात्रा D. रंग

70. नैफोमीटर से निम्नलिखित में से किसका मापन किया जाता है?
A. वर्षा की मात्रा
B. बादलों की दिशा एवं गति
C. सागरीय लवणता की मात्रा
D. प्रवणता की माप

71. भूमध्य रेखा के निकट किस तरह के वन पाए जाते हैं?
A. पतझड़ी वन B. शंकुधारी वन
C. घास स्थल वन D. उष्णकटिबंधीय वन

72. पैडंग क्या है?
A. द.पू. एशियाई उष्णकटिबंधीय घास भूमि
B. ऑस्ट्रेलिया के घास के मैदान
C. स्थानान्तरणशील कृषि पद्धति
D. अमेजन की सहायक नदी

73. किसी प्राकृतिक प्रदेश में समरूपता होती है–
A. जलवायु और प्राकृतिक वनस्पति की
B. जलवायु और व्यवसाय की
C. मृदा और जल निकास की
D. आर्थिक और प्रजातियों की

74. किस प्रदेश में पूरे साल वर्षा होती है?
A. भूमध्यसागरीय B. विषुवतीय
C. मानसूनी D. शीतोष्ण

75. सेल्वा वन कहाँ मिलते हैं?
A. मानसूनी प्रदेश B. भूमध्यसागरीय प्रदेश
C. विषुवतीय प्रदेश D. टैगा प्रदेश

76. 'विकास का प्रदेश' किसे कहा जाता है?
A. मानसूनी प्रदेश B. विषुवतीय प्रदेश
C. भूमध्यसागरीय प्रदेश D. सवाना प्रदेश

77. 'प्रयास का प्रदेश' किसे कहा जाता है?
A. भूमध्यसागरीय प्रदेश B. पश्चिमी यूरोपीय प्रदेश
C. विषुवतीय प्रदेश D. मानसूनी प्रदेश

78. विश्व का सबसे बड़ा दुग्ध उत्पादक है–
A. ब्राजील B. अमेरिका
C. भारत D. जापान

79. विश्व में तम्बाकू का सबसे बड़ा उत्पादक देश है–
A. भारत B. संयुक्त राज्य अमेरिका
C. चीन D. ब्राजील

80. विश्व में इलायची का सर्वाधिक उत्पादन कहाँ होता है?
A. चीन B. ग्वाटेमाला
C. ब्राजील D. कोलम्बिया

81. विश्व में अफीम का सबसे बड़ा उत्पादक देश कौन है?
A. अफगानिस्तान B. बोलीविया
C. पाकिस्तान D. केन्या

82. विश्व में आलू का सर्वाधिक उत्पादन कहाँ होता है?
A. भारत B. रूस
C. ब्राजील D. चीन

83. सर्वाधिक सघन खेती प्रचलित है–
A. चीन में B. भारत में
C. इण्डोनेशिया में D. जापान में

84. सोपान कृषि कहाँ की जाती है?
A. पहाड़ों के ढलानों पर
B. शुष्क क्षेत्रों में
C. छतों पर पहाड़ों के ढलानों पर
D. पहाड़ों की चोटी पर

85. झूम कृषि कहाँ पर की जाती है?
A. उत्तर-पूर्व भारत B. दक्षिण-पश्चिम भारत
C. दक्षिण-पूर्व भारत D. उत्तर भारत

86. प्रसिद्ध मत्स्य क्षेत्र 'ग्रैंड बैंक' स्थित है–
A. प्रशांत महासागर में
B. आर्कटिक महासागर में
C. अटलांटिक महासागर में
D. हिन्द महासागर में

87. प्रमुख मत्स्यन क्षेत्र 'डॉगर बैंक' कहाँ स्थित है?
A. उत्तरी सागर B. बोथनिया की खाड़ी
C. इंगलिश चैनल D. हिन्द महासागर

88. संसार में ताँबा का अग्रणी उत्पादक है–
A. ऑस्ट्रेलिया B. चीन
C. भारत D. चिली

89. संसार में टाइटेनियम का सबसे बड़ा उत्पादक है–
A. भारत B. जापान
C. चीन D. सं.रा. अमेरिका

90. निम्नलिखित में से किस देश में निकेल का सबसे अधिक उत्पादन होता है?
A. इंडोनेशिया B. रूस
C. सं.रा. अमेरिका D. क्यूबा

91. भारत की कौन-सी नदी अरब सागर में गिरती है?
A. महानदी B. कृष्णा
C. नर्मदा D. कावेरी

92. विश्व के विशालतम स्वर्ण क्षेत्र दक्षिण अफ्रीका की निम्नलिखित में से कौन-सी पर्वत श्रेणियों में अवस्थित है?
A. रोगेवेल्डबर्ग B. ग्रूट स्वार्ट बर्ग
C. विटवाटसरैण्ड D. ड्रेकेन्सबर्ग

93. ऑस्ट्रेलिया में स्थित कालगुर्ली किसके लिए विख्यात है?
A. स्वर्ण उत्पादन B. उत्तम जलवायु
C. शिक्षा केन्द्र D. मुर्गी पालन

94. पृथ्वी से प्राप्त की जाने वाली ऊर्जा को क्या कहते हैं?
A. ज्वारीय ऊर्जा B. भूतापीय ऊर्जा
C. पवन ऊर्जा D. बायो गैस

95. विश्व में पवन ऊर्जा का सबसे बड़ा उत्पादक देश है–
A. चीन B. जर्मनी
C. नीदरलैण्ड D. भारत

96. विश्व में यूरेनियम का सर्वाधिक उत्पादन होता है–
A. भारत में B. कजाकिस्तान में
C. सं.रा.अमेरिका में D. चीन में

97. विश्व के एक-तिहाई से अधिक कच्चे इस्पात का उत्पादन प्राप्त होता है–
A. चीन से B. जापान से
C. रूस से D. सं.रा. अमेरिका से

98. जो ऊर्जा पृथ्वी की सतह के नीचे संचित ऊर्जा को काम में ला सकती है, उसे क्या कहा जाता है?

A. ऊष्मीय ऊर्जा B. परमाणुक ऊर्जा
C. ज्वारीय ऊर्जा D. भू-तापीय ऊर्जा

99. ऊन का सबसे बड़ा उत्पादक देश कौन-सा है?

A. चीन B. अमेरिका
C. ऑस्ट्रेलिया D. ब्रिटेन

100. विश्व में रेशमी वस्त्र का सबसे बड़ा उत्पादक देश है–

A. चीन B. भारत
C. सं.रा. अमेरिका D. जापान

101. विश्व का सबसे बड़ा चावल उत्पादक देश कौन-सा है?

A. चीन B. भारत
C. अमेरिका D. पाकिस्तान

102. प्राचीनतम अन्तर्राष्ट्रीय एयरलाइन है–

A. डच के.एल.एम. B. एयर कनाडा
C. क्वांटास एयरवेज D. एयर सहारा

103. जनसंख्या के अध्ययन को कहते हैं–

A. जल विज्ञान B. जनांकिकी
C. जलवायु विज्ञान D. शैल विज्ञान

104. मानव जातियों के वर्गीकरण के लिए निम्न में से किस कसौटी का प्रयोग नहीं किया जाता है?

A. आँख B. कान
C. नाक D. बाल

105. अफ्रीका की मूलभूत जनजाति 'पिग्मी' किस नदी घाटी में पायी जाती है?

A. नाइजर B. कांगो
C. नील D. जाम्बेजी

106. किस देश को 'वनों का देश' कहा जाता है?

A. ब्राजील
B. कांगो प्रजातांत्रिक गणतंत्र
C. केन्या
D. दक्षिण अफ्रीका

107. निम्नलिखित में से किसे 'यूरोप का मरीज' कहा जाता है?

A. पुर्तगाल B. तुर्किए
C. ग्रीस D. इटली

108. 'डूबते सूर्य का देश' किसे कहा जाता है?

A. जापान B. ब्रिटेन
C. नार्वे D. भारत

109. निम्नलिखित में से किसे 'सूर्योदय का देश' कहा जाता है?

A. ब्रिटेन B. जापान
C. नार्वे D. नीदरलैण्ड

110. 'प्रातः कालीन शांति की भूमि' निम्नलिखित में से किसे कहा जाता है?

A. जापान B. कोरिया
C. ब्रिटेन D. फिनलैण्ड

111. भारत के किस नगर को 'भारत की सिलिकन वैली' कहा जाता है?

A. बेंगलुरू B. चेन्नई
C. मुम्बई D. हैदराबाद

112. किसे दक्षिण भारत का मैनचेस्टर कहा जाता है?

A. कोयम्बटूर B. मदुरै
C. बेंगलुरू D. चेन्नई

113. निम्नलिखित में से किसे 'भारत की श्रिम्फ राजधानी' कहा जाता है?

A. मेंगलूर B. नागपट्टनम
C. कोच्चि D. नेल्लूर

114. निम्न में से किसको 'पर्ल सिटी' कहा जाता है?

A. काण्डला B. तूतीकोरिन
C. कोच्चि D. हैदराबाद

115. निम्नलिखित में से किसको प्रशांत महासागर की पार सड़क कहा जाता है?

A. टोंगा B. फिजी
C. हवाई D. एलिस

116. 'दीव' एक द्वीप है–

A. दमन के तट पर
B. गोवा के तट पर
C. गुजरात के तट पर
D. महाराष्ट्र के तट पर

117. डंकन पास किसके बीच स्थित है?

A. उत्तरी अंडमान एवं मध्य अंडमान
B. दक्षिणी अंडमान एवं मध्य अंडमान
C. दक्षिणी अंडमान एवं छोटा अंडमान
D. कार निकोबार एवं छोटा निकोबार

118. लद्दाख को किस वर्ष एक केन्द्रशासित प्रदेश बनाया गया?

A. सन् 2018 में B. सन् 2019 में
C. सन् 2020 में D. सन् 2017 में

119. भारत के भौगोलिक मानचित्र कौन तैयार करता है?
A. भारतीय भूवैज्ञानिक सर्वेक्षण
B. भारतीय सर्वेक्षण
C. रक्षा मंत्रालय
D. भारतीय भौगोलिक सर्वेक्षण

120. कुल्लूघाटी निम्नलिखित पर्वत श्रेणियों के बीच अवस्थित हैं–
A. धौलाधर तथा पीरपंजाल
B. रणज्योति तथा नागटिब्बा
C. लद्दाख तथा पीरपंजाल
D. मध्य हिमालय तथा शिवालिक

121. हिमाचल प्रदेश में स्थित दर्रा है–
A. शिपकी ला B. जोजिला
C. नाथुला D. जेलेप्ला

122. जोजिला दर्रा जोड़ता है–
A. श्रीनगर और लेह को
B. कलिम्पोंग और ल्हासा को
C. चम्बा और स्पीति को
D. अरुणाचल प्रदेश और ल्हासा को

123. विश्व में किन्हीं दो देशों के मध्य सबसे लम्बी सीमाएं निम्नलिखित में से किनके मध्य है?
A. चिली और अर्जेंटीना
B. चीन और भारत
C. कनाडा और संयुक्त राज्य अमेरिका
D. भारत और पाकिस्तान

124. प्रायद्वीपीय भारत की सबसे बड़ी नदी कौन-सी है?
A. नर्मदा B. गोदावरी
C. महानदी D. कावेरी

125. चम्बल नदी किन राज्यों में से होकर बहती है?
A. उत्तर प्रदेश, मध्य प्रदेश, राजस्थान
B. मध्य प्रदेश, गुजरात, उत्तर प्रदेश
C. राजस्थान, मध्य प्रदेश, बिहार
D. गुजरात, मध्य प्रदेश, छत्तीसगढ़

126. भारत में सबसे लम्बा बांध है–
A. भाखड़ा बांध B. नागार्जुन सागर बांध
C. हीराकुड बांध D. कोसी बांध

127. रिहन्द बांध परियोजना से किन राज्यों की सिंचाई होती है?
A. गुजरात और महाराष्ट्र
B. ओडिशा और पश्चिम बंगाल
C. उत्तर प्रदेश और झारखंड
D. केरल और कर्नाटक

128. गिरना परियोजना कहाँ स्थित है?
A. आंध्र प्रदेश B. महाराष्ट्र
C. ओडिशा D. छत्तीसगढ़

129. अक्टूबर और नवम्बर में कहाँ अधिक वर्षा होती है?
A. मालवा का पठार B. छोटानागपुर का पठार
C. पूर्वी पहाड़ियाँ D. कोरोमण्डल तट

130. भारत में वन अनुसंधान संस्थान कहाँ स्थित हैं?
A. दिल्ली B. भोपाल
C. देहरादून D. लखनऊ

131. वनरोपन प्रक्रिया है–
A. वन साफ करने की
B. और पेड़ लगाने की
C. पेड़ काटने की
D. वन संसाधनों को एकत्र करने की

132. भारत में अधिकांश वन संपदा का मालिक कौन है?
A. निगमित निकाय B. गैर-सरकारी व्यक्ति
C. जनजातियाँ D. राज्य

133. नीलगिरि पहाड़ियों में पेड़ की सामान्य जाति है–
A. साल B. चीड़
C. यूकेलिप्टस D. टोंक (सागौन)

134. अपने प्राकृतिक परिवेश में वन्य जीवन के लिए कानूनी तौर पर आरक्षित क्षेत्र हैं–
A. बायोस्फीयर रिजर्व B. सेंक्चुअरी
C. सामाजिक वन D. नेशनल पार्क

135. वह राज्य जहाँ सुल्तानपुर पक्षी विहार स्थित है–
A. उत्तर प्रदेश B. राजस्थान
C. हरियाणा D. गुजरात

136. विश्व का एकमात्र प्लावी राष्ट्रीय पार्क स्थित है–
A. मणिपुर में B. कुआलालम्पुर में
C. बिलासपुर में D. दिसपुर में

137. काजीरंगा किसलिए जाना जाता है?
A. गैंडा के लिए B. बाघ के लिए
C. पक्षी के लिए D. गौरेया के लिए

138. मदुमलाई पशु विहार प्रसिद्ध है–
A. व्याघ्रों के लिए B. गवलों (बाइसन) के लिए
C. पक्षियों के लिए D. हाथियों के लिए

139. जीवमण्डल आरक्षित क्षेत्रों की पहली परियोजना स्कीम कौन-सी थी?
A. सुन्दरवन जीवमण्डल आरक्षित क्षेत्र
B. नीलगिरि जीवमण्डल आरक्षित क्षेत्र
C. नन्दादेवी जीवमण्डल आरक्षित क्षेत्र
D. मन्नार की खाड़ी जीवमण्डल आरक्षित क्षेत्र

140. भारत के उत्तरी मैदान की मृदा सामान्यतः कैसे बनी है?
A. तलावचन से
B. तलोच्चन से
C. स्वस्थाने अपचयन द्वारा
D. अपरदन द्वारा

141. प्रायद्वीपीय भारत में क्षेत्रीय मृदा के निम्न प्रकारों में से कौन-सा है?
A. जलोढ़ मृदा B. लाल और पीली मृदा
C. वन मृदा D. खारी मृदा

142. भारत के किस क्षेत्र में अत्यधिक असिंचित खेती की जाती है?
A. कनेरा के मैदान B. दक्कन के पठार
C. कोरोमण्डल मैदान D. गंगा के मैदान

143. भारत में कृषि को दुष्प्रभावित करने वाला मौसम का सबसे महत्वपूर्ण तत्व है–
A. तापमान B. आर्द्रता
C. पवन D. वृष्टि

144. भारत में अधिकतम कृषि योग्य क्षेत्र घेरने वाली फसल है–
A. चावल B. गेहूँ
C. चना D. अलसी

145. उस खाद्य फसल का नाम बताइए जो भारत में सबसे अधिक उपज देती है–
A. गेहूँ B. ज्वार
C. मक्का D. चावल

146. मध्य प्रदेश विशालतम उत्पादक है–
A. कपास का B. तिलहन का
C. दालों का D. मक्का का

147. भारत का कॉफी अनुसंधान संस्थान कहाँ स्थित है?
A. येरकाड B. वायनाड
C. कुर्ग D. कोयम्बटूर

148. भारत में श्वेत क्रांति के जनक माने जाते हैं–
A. डॉ वी. कुरियन B. श्री एस.एस. राव
C. श्री एस.के. भारद्वाज D. श्री मोरारजी देसाई

149. भारत में ऊर्जा का मुख्य स्रोत क्या है?
A. आण्विक B. तापीय
C. जल-विद्युत D. सौर

150. भारत में विद्युत आपूर्ति सबसे पहले कहाँ शुरू हुई?
A. कोलकाता B. दार्जिलिंग
C. मुम्बई D. चेन्नई

151. भारत में सबसे ज्यादा ताप-विद्युत उत्पन्न करने वाला राज्य कौन-सा है?
A. तमिलनाडु B. महाराष्ट्र
C. बिहार D. छत्तीसगढ़

152. निम्न में से किस स्थान पर विद्युत जलशक्ति से पैदा की जाती है?
A. न्येवली B. एन्नौर
C. तूतीकोरिन D. मेट्टूर

153. आन्ध्र प्रदेश के तुमालापल्ली में कौन-सा सर्वाधिक निक्षेप पाया जाता है?
A. यूरेनियम निक्षेप B. टंग्स्टन निक्षेप
C. कोयला निक्षेप D. बॉक्साइट निक्षेप

154. भारत का सबसे महत्वपूर्ण लघु उद्योग है–
A. इलेक्ट्रॉनिकी उद्योग
B. हथकरघा उद्योग
C. शर्करा उद्योग
D. इंजीनियरी उद्योग

155. क्षेत्रफल की दृष्टि से विश्व का सबसे बड़ा देश कौन-सा है?
A. रूस B. चीन
C. अमेरिका D. भारत

156. केन्द्रीय चर्म अनुसंधान संस्थान कहाँ स्थित है?
A. पुणे B. गुवाहाटी
C. चेन्नई D. श्रीनगर

157. शेरशाह द्वारा निर्मित ग्रैंड ट्रंक रोड पंजाब को किसके साथ जोड़ती थी?
A. लाहौर B. मुल्तान
C. आगरा D. पूर्वी बंगाल

158. भारत में सर्वप्रथम जनगणना कब हुई थी?
A. 1861 ई. B. 1881 ई.
C. 1872 ई. D. 1851 ई.

159. भारत के जनसंख्या इतिहास में जनांकिकीय विभाजन वर्ष कहा जाता है–
A. 1921 ई. B. 1941 ई.
C. 1931 ई. D. 1951 ई.

160. जनगणना 2011 के अनुसार भारत का सबसे बड़ा जनजातीय समूह है–
A. गोंड B. भील
C. संथाल D. थारू

उत्तरमाला

1	2	3	4	5	6	7	8	9	10
D	D	A	C	D	D	D	D	B	D
11	12	13	14	15	16	17	18	19	20
A	C	B	A	D	B	D	C	D	A
21	22	23	24	25	26	27	28	29	30
A	C	D	C	D	B	A	D	D	C
31	32	33	34	35	36	37	38	39	40
A	A	B	C	A	C	B	C	A	D
41	42	43	44	45	46	47	48	49	50
A	B	B	A	D	A	B	C	D	B
51	52	53	54	55	56	57	58	59	60
C	C	D	B	D	C	B	B	B	B
61	62	63	64	65	66	67	68	69	70
C	C	B	B	B	A	D	B	C	B
71	72	73	74	75	76	77	78	79	80
D	A	A	B	C	A	B	C	C	B
81	82	83	84	85	86	87	88	89	90
A	D	D	A	A	C	A	D	C	A
91	92	93	94	95	96	97	98	99	100
C	C	A	B	A	B	A	D	C	A
101	102	103	104	105	106	107	108	109	110
A	A	B	B	B	B	B	B	B	B
111	112	113	114	115	116	117	118	119	120
A	A	D	B	C	C	C	B	B	A
121	122	123	124	125	126	127	128	129	130
A	A	C	B	A	C	C	B	B	C
131	132	133	134	135	136	137	138	139	140
B	D	D	A	C	A	A	A	B	B
141	142	143	144	145	146	147	148	149	150
B	B	D	A	D	C	C	A	B	B
151	152	153	154	155	156	157	158	159	160
B	D	A	B	A	C	D	C	A	B

☆☆☆☆☆☆

भारतीय अर्थव्यवस्था

- अर्थव्यवस्था एक ऐसा तंत्र या ढाँचा है जिसके अन्तर्गत विभिन्न प्रकार की आर्थिक क्रियाएँ सम्पादित की जाती हैं, जैसे–कृषि, उद्योग, व्यापार, बैंकिंग, बीमा, परिवहन तथा संचार आदि। दूसरे शब्दों में, अर्थव्यवस्था आर्थिक क्रियाओं का एक ऐसा संगठन है जिसके अन्तर्गत लोग कार्य करके अपनी आजीविका चलाते हैं।
- आर्थिक क्रियाओं को तीन भागों में बाँटा जाता है–
  (i) प्राथमिक क्षेत्र (Primary Sector)
  (ii) द्वितीयक क्षेत्र (Secondary Sector)
  (iii) तृतीयक क्षेत्र या सेवा क्षेत्र (Tertiary Sector or Service Sector)

  (i) **प्राथमिक क्षेत्र (Primary Sector):** प्राथमिक क्षेत्र को कृषि क्षेत्र भी कहा जाता है। इसके अन्तर्गत कृषि, पशु पालन, मछली पालन, जंगलों से वस्तुओं को प्राप्त करना जैसे व्यवसाय आते हैं।

  (ii) **द्वितीयक क्षेत्र (Secondary Sector):** द्वितीयक क्षेत्र को औद्योगिक क्षेत्र भी कहा जाता है। इसके अन्तर्गत खनिज व्यवसाय, निर्माण कार्य, जनोपयोगी सेवाएँ, जैसे–गैस और बिजली आदि के उत्पादन आते हैं।

  (iii) **तृतीयक क्षेत्र (Tertiary Sector):** तृतीयक क्षेत्र को सेवा क्षेत्र भी कहा जाता है। इसके अन्तर्गत बैंक एवं बीमा, परिवहन, संचार एवं व्यापार आदि क्रियाएँ सम्मिलित होती हैं। ये क्रियाएँ प्राथमिक एवं द्वितीयक क्षेत्रों की क्रियाओं को सहायता प्रदान करती हैं। इसलिए इसे सेवा क्षेत्र कहा जाता है।
- आजादी के समय प्राथमिक क्षेत्र का योगदान 58.7 प्रतिशत था जो घटकर 2023-24 तक अब केवल 17.66 प्रतिशत रह गया है। द्वितीयक क्षेत्र का योगदान 1947 में 14.3 प्रतिशत था जो 2023-24 तक बढ़कर 27.63 प्रतिशत हो गया है। तृतीयक क्षेत्र का योगदान 1947 में 27 प्रतिशत था जो वर्ष 2023-24 तक बढ़कर 54.71 प्रतिशत हो गया है।

अर्थव्यवस्था के प्रकार (Types of Economy)

विश्व में तीन प्रकार की अर्थव्यवस्था पाई जाती है–

1. **पूँजीवादी अर्थव्यवस्था (Capitalist Economy):** पूँजीवादी अर्थव्यवस्था वह अर्थव्यवस्था है जहाँ उत्पादन के साधनों का स्वामित्व निजी व्यक्तियों के पास होता है जो इसका उपयोग अपने निजी लाभ के लिए करते हैं। जैसे–अमेरिका, जापान, फ्रांस आदि।
2. **समाजवादी अर्थव्यवस्था (Socialist Economy):** समाजवादी अर्थव्यवस्था वह अर्थव्यवस्था है जहाँ उत्पादन के साधनों का स्वामित्व एवं संचालन देश की सरकार के पास होता है जिसका उपयोग सामाजिक कल्याण के लिए किया जाता है। चीन, क्यूबा, रूस आदि देशों में समाजवादी अर्थव्यवस्था है।
3. **मिश्रित अर्थव्यवस्था (Mixed Economy):** मिश्रित अर्थव्यवस्था पूँजीवादी तथा समाजवादी अर्थव्यवस्था का मिश्रण है। मिश्रित अर्थव्यवस्था वह अर्थव्यवस्था है जहाँ उत्पादन के साधनों का स्वामित्व सरकार तथा निजी व्यक्तियों के पास होता है।

राष्ट्रीय विकास परिषद् (National Development Council)

- भारत में राष्ट्रीय विकास परिषद् का गठन 6 अगस्त, 1952 को किया गया था। इसका गठन आर्थिक नियोजन हेतु राज्य सरकारों तथा योजना आयोग के बीच तालमेल तथा सहयोग का वातावरण बनाने के लिए किया गया था।
- राष्ट्रीय विकास परिषद् में सभी राज्यों के मुख्यमंत्री इसके पदेन सदस्य होते हैं।
- प्रत्येक योजना अन्त में राष्ट्रीय विकास परिषद् द्वारा अनुमोदित होती है।

योजना आयोग

- योजना आयोग का भारतीय संविधान में कोई उल्लेख नहीं है। अतः इसका गठन 15 मार्च, 1950 को परामर्शदात्री निकाय के रूप में किया गया था।
- 1 जनवरी, 2015 से भारत में योजना आयोग का अस्तित्व समाप्त कर दिया गया है तथा इसके स्थान पर 'नीति आयोग' संस्था बनाई गई है।

नीति आयोग

- मंत्रिमण्डल के एक प्रस्ताव के तहत यह नई संस्था 1 जनवरी, 2015 से अस्तित्व में आ गई है। इस नई संस्था को 'राष्ट्रीय भारत परिवर्तन संस्थान' नाम दिया गया है तथा आमतौर पर 'नीति आयोग' के नाम से इसे जाना जा रहा है।
- प्रधानमंत्री की अध्यक्षता वाला यह आयोग सरकार के थिंक टैंक (बौद्धिक संस्थान) के साथ-साथ राज्य सरकारों के लिए भी नीति निर्माण करने वाले संस्थान की भूमिका निभाएगा।
- केन्द्र व राज्य सरकारों को राष्ट्रीय व अन्तर्राष्ट्रीय महत्व के महत्वपूर्ण मुद्दों पर रणनीतिक व तकनीकी सलाह भी यह देगा। योजनाओं के भावी स्वरूप आदि के सम्बन्ध में सरकार को सलाह भी यह आयोग देगा।
- सभी राज्यों के मुख्यमंत्रियों तथा केन्द्रशासित क्षेत्रों के उपराज्यपालों को नीति आयोग की अधिशासी परिषद्(Governing Council) में शामिल किया गया है। इस प्रकार नीति आयोग का स्वरूप योजना आयोग की तुलना में अधिक संघीय बनाया गया है।
- प्रधानमंत्री की अध्यक्षता वाले इस आयोग में एक उपाध्यक्ष व एक मुख्य कार्यकारी अधिकारी (Chief Executive Officer—CEO) का प्रावधान किया गया।

पंचवर्षीय योजनाएँ

- 1 अप्रैल, 1951 से भारत की प्रथम पंचवर्षीय योजना की शुरुआत की गई। तत्पश्चात् अब तक बारह पंचवर्षीय योजनाएँ लागू की जा चुकी हैं।
- **15 वर्षीय दृष्टिकोण :** भारत की 12वीं पंचवर्षीय योजना 31 मार्च, 2017 को पूरी होने के साथ ही देश में पंचवर्षीय योजनाओं की व्यवस्था समाप्त हो गई है। इसके स्थान पर 15 वर्षीय दृष्टिकोण, सात वर्षीय रणनीति व तीन वर्षीय कार्य योजना नीति आयोग द्वारा तैयार की गई है। 15 वर्षीय दृष्टिकोण (Vision) 2031-32 में ऐसे भारत की कल्पना की गई है, जिसमें पूरी तरह शिक्षित समाज हो तथा सभी को स्वास्थ्य सुविधा उपलब्ध हो।

पंचवर्षीय योजनाएँ

योजना क्रम	योजना अवधि	लक्षित विकास दर	वास्तविक विकास दर	सर्वोच्च प्राथमिकता वाले क्षेत्र
• प्रथम योजना	1951-56	2.1	3.6	कृषि
• द्वितीय योजना	1956-61	4.5	4.27	भारी उद्योग
• तृतीय योजना	1961-66	5.6	2.84	खाद्यान्न एवं कृषि
• चतुर्थ योजना	1969-74	5.5	3.30	कृषि एवं सिंचाई
• पंचम योजना	1974-78	4.4	5.00	जनस्वास्थ्य एवं समाज कल्याण
• षष्टम योजना	1980-85	5.2	5.66	कृषि उद्योग एवं ऊर्जा
• सप्तम योजना	1985-90	5.4	5.8	ऊर्जा, खाद्यान्न एवं मानव संसाधन
• अष्टम योजना	1992-97	5.6	6.50	मानव संसाधन
• नवम योजना	1997-2002	6.5	5.40	सामाजिक न्याय एवं ग्रामीण विकास
• दशम योजना	2002-07	8.0	7.8	रोजगार एवं ऊर्जा
• एकादश योजना	2007-12	9.0	8.2	व्यापक तथा समावेशी विकास
• द्वादश योजना	2012-17	8.0		त्वरित, सतत् और समावेशी विकास

नई आर्थिक नीति

- भारत में आर्थिक सुधारों का मतलब उन नीतियों से है जिनका प्रारंभ 1991 से अर्थव्यवस्था में कुशलता, उत्पादकता, लाभदायकता एवं प्रतियोगिता की शक्ति के स्तरों में वृद्धि करने के दृष्टिकोण से किया गया है।
- नई आर्थिक नीति के तीन प्रमुख घटक हैं–उदारीकरण, निजीकरण तथा वैश्वीकरण। उदारीकरण का अर्थ सरकार द्वारा लगाए गए सभी अनावश्यक नियंत्रणों तथा प्रतिबंधों जैसे–लाइसेंस, कोटा आदि को हटाना है। निजीकरण का अभिप्राय, निजी क्षेत्र द्वारा सार्वजनिक क्षेत्र के उद्यमों पर पूर्ण रूप से या आंशिक रूप से स्वामित्व प्राप्त करना तथा उनका प्रबंध करना है।

- वर्तमान में नई औद्योगिक नीति के अन्तर्गत आरक्षित उद्योगों की संख्या 3 है– *(i)* परमाणु ऊर्जा *(ii)* रेल परिवहन एवं *(iii)* परमाणु ऊर्जा की अनुसूची में निर्दिष्ट खनिज।
- 100% निर्यात मूलक इकाइयों में 100% विदेशी पूँजी निवेश की स्वीकृति दी गई है।
- वैश्वीकरण वह प्रक्रिया है जिसके द्वारा विश्व की विभिन्न अर्थव्यवस्थाओं का समन्वय या एकीकरण किया जाता है ताकि वस्तुओं एवं सेवाओं, प्रौद्योगिकी, पूँजी और श्रम या मानवीय पूँजी का भी निर्बाध प्रवाह हो सके।

विभिन्न योजनाएँ एवं उनके उद्देश्य

कार्यक्रम का नाम	वर्ष	उद्देश्य
• सम्पूर्ण ग्रामीण रोजगार योजना	2001	रोजगार आश्वासन योजना और जवाहर ग्राम समृद्धि योजना को इसमें मिलाकर ग्रामीण क्षेत्रों में रोजगार का सृजन करना व खाद्यान्न उपलब्ध कराना।
• राष्ट्रीय राजमार्ग योजना	2001	समुचित गुणवत्ता वाले राष्ट्रीय राजमार्गों को विकसित करने के साथ-साथ रोजगार के अवसर उपलब्ध कराना।
• सर्वशिक्षा अभियान	2001	6-14 वर्ष के सभी बच्चों को 2010 तक आठवीं तक की निःशुल्क एवं गुणवत्तायुक्त प्राथमिक शिक्षा उपलब्ध कराना।
• स्वजल धारा योजना	2002	ग्राम पंचायतों के माध्यम से कुएँ, बावड़ी व हैण्डपम्प लगाने की सुविधा उपलब्ध कराना।
• निर्मल भारत योजना	2002	मलिन बस्तियों में सामुदायिक शौचालयों की सुविधा का विस्तार।
• अंशदायी बीमा योजना	2002	10 लाख बुनकरों व शिल्पकारों को बीमा सुरक्षा।
• जनरक्षा बीमा योजना	2002-03	₹ 1 प्रतिदिन भुगतान से चयनित व्यक्ति का निर्धारित अस्पताल में ₹ 30 हजार तक का उपचार।
• जयप्रकाश नारायण रोजगार गारण्टी योजना	2002-03	देश के पिछड़े ग्रामीण क्षेत्रों में गरीबों व जरूरतमंदों को रोजगार उपलब्ध कराने हेतु।
• वन्दे मातरम योजना	2004	गरीब एवं पिछड़े वर्ग की गर्भवती महिलाओं को स्वास्थ्य सम्बन्धी सुविधाएँ उपलब्ध कराना।
• जननी सुरक्षा योजना	2003	गर्भवती महिलाओं को शिशु जन्म तथा आवश्यक चिकित्सा सुविधाएँ उपलब्ध कराते हुए बच्चे के जन्म पर नकद सहायता उपलब्ध कराना।
• निर्मल ग्राम पुरस्कार योजना	2003	स्वच्छता के क्षेत्र में अच्छा कार्य करने वाली त्रिस्तरीय पंचायतों को पुरस्कृत कर प्रोत्साहित करना।

भारत सरकार की प्रमुख कल्याणकारी योजनाएँ

कार्यक्रम का नाम	वर्ष	उद्देश्य
• मिड-डे-मील योजना	1995	स्कूली बच्चों को दोपहर का भोजन उपलब्ध कराना।
• स्वर्ण जयंती शहरी रोजगार योजना	1997	शहरी क्षेत्रों में निर्धनता निवारण योजना।
• स्वर्ण जयन्ती ग्राम स्वरोजगार	1999	सामूहिक प्रयास पर बल। सहायता प्राप्त गरीब व्यक्ति को 3 वर्ष में BPL के ऊपर लाना। इसमें छः कार्यक्रमों का विलय कर दिया गया। *(i)* IRDP *(ii)* TRYSEM *(iii)* DWCRA *(iv)* SITRA *(v)* MWS *(vi)* GKY
• जनश्री बीमा योजना	2000	BPL लोगों को बीमा सुरक्षा कवच देना।

कार्यक्रम का नाम	वर्ष	उद्देश्य
• आश्रय बीमा योजना	2001	रोजगार छूटे कर्मचारियों को सुरक्षा कवच प्रदान करना।
• जवाहरलाल नेहरू राष्ट्रीय शहरी नवीनीकरण योजना	2005	शहरी अवस्थापना विकास।
• भारत निर्माण योजना	2006	ग्रामीण अवस्थापना, सर्वांगीण तथा व्यापक विकास योजना।
• महात्मा गांधी रोजगार गारंटी योजना	2006	1 वर्ष में 100 दिन का रोजगार उपलब्ध कराना।
• राष्ट्रीय ग्रामीण पेयजल योजना	2009	ग्रामीण क्षेत्रों में पेयजल सुविधा उपलब्ध कराना।
• प्रधानमंत्री जनधन योजना	2014	आमजन को बैंकिंग सुविधा उपलब्ध करवाने हेतु।
• अटल पेंशन योजना	2015	सामाजिक क्षेत्र योजना पेंशन क्षेत्र से संबंधित।
• दीनदयाल उपाध्याय ग्राम ज्योति योजना	2015	इस कार्यक्रम का उद्देश्य ग्रामीण भारत में सभी घरों को 24 × 7 निर्बाध विद्युत आपूर्ति उपलब्ध कराने है।
• डिजिटल भारत कार्यक्रम	2015	सरकारी सेवाओं को इलेक्ट्रॉनिक रूप में नागरिकों के लिए उपलब्ध कराना हैं और लोगों को नवीनतम सूचना और संचार प्रौद्योगिक से लाभ सुनिश्चित करना है।
• प्रधानमंत्री सुरक्षा बीमा योजना	2015	₹ 20 के वार्षिक प्रीमियम के साथ दुर्घटना बीमा।
• प्रधानमंत्री जीवन ज्योति बीमा योजना	2015	यह मूल रूप से एक वार्षिक आधार पर या समय की एक लम्बी अवधि के लिए होता है। यह पॉलिसी धारक के मृत्यु पर जीवन बीमा कवरेज प्रदान करता है।
• कौशल भारत कार्यक्रम (राष्ट्रीय कौशल विकास मिशन)	2015	2022 तक कम से कम 40 करोड़ कुशल लोगों को प्रशिक्षित करने के लिए संस्थागत क्षमता प्रदान करना है।
• प्रधानमंत्री उज्जवला योजना	2016	ऐसी महिलाएँ जो गरीबी रेखा से नीचे जीवनयापन करती हैं, उन्हें मुफ्त एलपीजी कनेक्शन प्रदान करना है।
• 'सौभाग्य' योजना	2017	प्रधानमंत्री-सहज बिजली हर घर योजना व (SAUBHAGY) का शुभारम्भ
• जीरो हंगर कार्यक्रम	2017	गोरखपुर (उ.प्र.), थाणे (महाराष्ट्र) तथा कोरापुट (ओडिशा) में सन् 2030 तक भुखमरी को समाप्त करने की पायलट योजना।
• प्रधानमंत्री गरीब कल्याण योजना	2020	'कोरोना वायरस' के खिलाफ लड़ाई लड़ने में मदद करना।
• मिशन अमृत सरोवर	2022	भविष्य की पीढ़ी के लिए जल संग्रहण और संरक्षण
• पीएम विश्वकर्मा योजना	2023	बढ़ई, सुनार, लोहार सहित 18 विभिन्न श्रेणियों के लोगों के लिए आर्थिक उन्नयन हेतु रियायती ब्याज पर ₹ 3 लाख तक का ऋण।
• प्रधानमंत्री विद्यालक्ष्मी योजना	2024	प्रतिभावान छात्रों को विशेष छात्रवृत्ति।
• परमाणु ऊर्जा मिशन	2025	लघु मॉड्यूलर रिएक्टरों का अनुसंधान एवं विकास।

कृषि

- कृषि भारतीय अर्थव्यवस्था का एक आधार स्तंभ है। निजी क्षेत्र का यह सबसे प्रमुख व्यवसाय है।
- स्थिर कीमतों (2011-12) पर सकल मूल्यवर्द्धन में वर्ष 2015-16 में कृषि एवं सहायक क्रियाएं क्षेत्रक का हिस्सा 17.7% था, जो 2024-25 में घटकर 16% रह गया है। जबकि यह क्षेत्र कुल जनसंख्या के 45.5% लोगों को रोजगार उपलब्ध कराता है।
- हरित क्रांति का अर्थ आधुनिक कृषि तकनीकी उन्नत बीजों, खाद, सिंचाई तथा जैवकीय प्रबन्ध का कृषि क्षेत्र में प्रयोग करने से है। हरित क्रांति की शुरुआत 1966 में हुई। हरित क्रांति का विचार नॉरमन बोरलॉग ने दिया था। भारत में हरित क्रांति को डॉ. एम.एस. स्वामीनाथन ने सफल बनाया।
- हरित क्रांति का सर्वाधिक सकारात्मक प्रभाव गेहूँ पर पड़ा है, जिसकी पैदावार में 500% की वृद्धि हुई।
- राष्ट्रीय कृषि तथा ग्रामीण विकास बैंक (नाबार्ड) की स्थापना जुलाई, 1982 में की गई थी। इसका मुख्यालय मुम्बई में है।
- नाबार्ड ग्रामीण क्षेत्रों में कृषिगत ऋण तथा उत्पादन बढ़ाने के लिए ऋण प्रदान करता है।
- राष्ट्रीय कृषि सहकारी विपणन भारतीय संघ (नेफेड) राष्ट्रीय स्तर पर एक शीर्ष सहकारी संगठन है।

कृषि क्षेत्र की विभिन्न क्रांतियाँ

क्रांति	सम्बन्धित क्षेत्र
• श्वेत क्रांति	दुग्ध उत्पादन
• नीली क्रांति	मछली उत्पादन
• पीली क्रांति	तिलहन उत्पादन
• ग्रे क्रांति	ऊन उत्पादन
• इन्द्रधनुषी क्रांति	समग्र कृषि उत्पादन
• सिल्वर क्रांति	अण्डा एवं पोल्ट्री उत्पादन
• सुनहरी क्रांति	बागवानी उत्पादन

उद्योग

- सन् 1948 ई. की प्रथम औद्योगिक नीति में सार्वजनिक तथा निजी क्षेत्र दोनों के ही महत्व को स्वीकार किया गया था परन्तु मूल उद्योगों के विकास का दायित्व सार्वजनिक क्षेत्र को सौंपा गया।
- 1956 ई. में दूसरी औद्योगिक नीति घोषित की गई। इस नीति में सार्वजनिक क्षेत्र द्वारा अर्थव्यवस्था के विकास पर जोर दिया गया।
- 1991 ई. में तीसरी औद्योगिक नीति में अर्थव्यवस्था में व्यापक स्तर पर उदारवादी कार्यक्रमों की घोषणा की गई। यह उदारीकरण और निजीकरण पर आधारित था।
- सार्वजनिक क्षेत्र के उपक्रमों को वाणिज्य एवं प्रबंधन की स्वायत्तता देने के लिए नवरत्न एवं मिनीरत्न की संकल्पना सन् 1997 ई. में शुरू की गई थी। यह दर्जा 'केन्द्रीय लोक उद्यम विभाग' द्वारा दिया जाता है।
- 21 दिसम्बर, 2009 को केन्द्रीय मंत्रिमंडल ने सार्वजनिक क्षेत्र की कम्पनियों के लिए महारत्न क्षेत्रों का सृजन किया।
- महारत्न का दर्जा प्राप्त कम्पनियाँ अपनी कुल निवल मूल्य के 15% तक का निवेश करने के लिए स्वतंत्र है।
- कपड़ा उद्योग भारत का कृषि के बाद दूसरा सबसे बड़ा, रोजगार प्रदान करने वाला उद्योग है, जो देश के औद्योगिक उत्पादन का 13%, सकल घरेलू उत्पाद का लगभग 2.3% व कुल निर्यातों के 12% की आपूर्ति करता है। यह उद्योग लगभग 45 मिलियन लोगों को रोजगार प्रदान करता है।
- लघु उद्योग को वित्त प्रदान करने के उद्देश्य से सन् 1990 ई. में SIDBI अर्थात् भारतीय लघु उद्योग विकास बैंक की स्थापना की गई।

नवरत्न कम्पनियाँ (जून 2025 तक)

- भारत इलेक्ट्रॉनिक्स लिमिटेड (BEL)
- शिपिंग कॉर्पोरेशन ऑफ इण्डिया लिमिटेड (SCIL)
- निवेली लिग्नाइट लिमिटेड (NLL)
- महानगर टेलीफोन निगम लिमिटेड (MTNL)
- राष्ट्रीय खनिज विकास निगम (NMDC)
- राष्ट्रीय इस्पात निगम लिमिटेड (RINL)
- नेशनल एल्यूमिनियम कंपनी (NALCO)
- इंजीनियर्स इंडिया लिमिटेड (EIL)
- नेशनल बिल्डिंग कंस्ट्रक्शन कॉर्पोरेशन लि. (NBCCL)
- कन्टेनर कॉर्पोरेशन ऑफ इंडिया लि. (CONCOR)
- रेल विकास निगम लिमिटेड
- ओएनजीसी विदेश लिमिटेड
- राष्ट्रीय केमिकल्स एंड फर्टिलाइजर्स लिमिटेड
- IRCON इन्टरनेशनल लिमिटेड
- RITES लिमिटेड
- नेशनल फर्टिलाइजर्स लि. (NFL)
- सेन्ट्रल वेयर हाउसिंग कॉर्पोरेशन
- हाउसिंग एण्ड अर्बन डेवलपमेंट कॉर्पोरेशन (HUDCO)
- इंडियन रिन्यूएबल एनर्जी डेवलपमेंट एजेंसी लि. (IREDA)
- मझगाँव डॉक शिपबिल्डर्स लि.
- रेलटेल कॉर्पोरेशन ऑफ इंडिया लि.
- सोलर एनर्जी कॉर्पोरेशन ऑफ इंडिया (SECI) लि.
- एनएचपीसी लि.
- एसजेवीएन लि.
- आईआरसीटीसी (IRCTC)
- आईआरएफसी (IRFC)

महारत्न कम्पनियाँ (जून 2025 तक)

- भारतीय तेल निगम (IOC)
- राष्ट्रीय ताप विद्युत निगम (NTPC)
- भारतीय इस्पात प्राधिकरण लिमिटेड (SAIL)
- कोल इण्डिया लिमिटेड (CIL)
- तेल एवं प्राकृतिक गैस निगम (ONGC)
- भारतीय गैस प्राधिकरण लिमिटेड (GAIL)
- भारत हैवी इलेक्ट्रिकल्स लिमिटेड (BHEL)
- भारत पेट्रोलियम कॉर्पोरेशन लिमिटेड (BPCL)
- पॉवर ग्रिड कॉर्पोरेशन ऑफ इण्डिया लिमिटेड (PGCIL)
- हिन्दुस्तान पेट्रोलियम कॉर्पोरेशन लिमिटेड (HPCL)
- पॉवर फाइनेंस कॉर्पोरेशन (PFC)
- ग्रामीण विद्युतीकरण निगम (REC)
- ऑयल इण्डिया लिमिटेड (OIL)
- हिन्दुस्तान एयरोनॉटिक्स लिमिटेड (HAL)

- वर्ष 2006 में सूक्ष्म, लघु एवं मध्यम उद्यम विकास अधिनियम (MSMED) लाया गया।
- आबिद हुसैन समिति लघु उद्योगों में सुधार से सम्बद्ध है।
- भारतीय मानक ब्यूरो (बी.आई.एस.) की स्थापना 1947 में की गई थी।
- बी.आई.एस. विभिन्न उत्पादों पर गुणवत्ता चिह्न अर्थात् आई. एस.आई. चिह्न आवंटित करती है।

सूक्ष्म, लघु, एवं मध्यम उद्योगों का विकास

भारत के औद्योगिक परिदृश्य में एक महत्वपूर्ण यागदानकर्ता के तौर पर, एमएसएमई क्षेत्र विनिर्माण, निर्यात और रोजगार में महत्वपूर्ण भूमिका निभाता है। 25 करोड़ से अधिक लोगों को रोजगार देने वाले 5.93 करोड़ पंजीकृत एमएसएमई के साथ, ये उद्यम देश के आर्थिक उत्पादन का एक महत्वपूर्ण हिस्सा निर्माण करते हैं। 2023-24 में, एमएसएमई से संबंधित उत्पादों का भारत के कुल निर्यात में 45.73% हिस्सा था, जो देश को विनिर्माण केन्द्र के रूप में स्थापित करने में उनकी भूमिका को मजबूत करता है। इस क्षेत्र में पूरी क्षमता है कि यह देश में व्याप्त बेरोजगारी, क्षेत्रीय असन्तुलन, राष्ट्रीय आय और सम्पत्ति के असमान वितरण जैसी ढाँचागत समस्याओं का समाधान करने के लिए रामबाण का काम कर सके। तुलनात्मक रूप से कम पूँजी लागत और अन्य क्षेत्रों के साथ विनिर्माण और विपणन संबंध होने के चलते, सूक्ष्म, लघु और मध्यम उद्यम क्षेत्र देश के मेक इन इंडिया कार्यक्रम को सफल बनाने में महत्वपूर्ण भूमिका निभाएगा।

सार्वजनिक क्षेत्र के प्रमुख औद्योगिक उपक्रम

नाम	स्थान
• भारतीय उर्वरक निगम लि॰	सिन्दरी (झारखंड), नांगल (पंजाब), ट्राम्बे (महाराष्ट्र), गोरखपुर (उत्तर प्रदेश), नामरूप (असम), दुर्गापुर (पश्चिम बंगाल)
• हिन्दुस्तान एण्टीबायोटिक लि॰	पिम्परी (महाराष्ट्र)
• भारी जल संयन्त्र	नेवेली (तमिलनाडु), नाहर-कटिया (असम), राउरकेला (ओडिशा), ट्रॉम्बे (महाराष्ट्र)
• भारत डायनामिक्स लिमिटेड	हैदराबाद
• भारत इलेक्ट्रॉनिक्स लिमिटेड	जलाहाली (कर्नाटक), गाजियाबाद (उ.प्र.)।
• भारत हैवी इलेक्ट्रिकल्स लि॰	रानीपुर (उत्तराखंड), रामचंद्रपुर (आंध्र प्रदेश), तिरूचिरापल्ली (तमिलनाडु), भोपाल (मध्य प्रदेश)
• भारत हैवी प्लेट एवं वैसेल्स लि.	विशाखापत्तनम (आन्ध्र प्रदेश)
• सेन्ट्रल मशीन टूल्स	बेंगलुरू (कर्नाटक)
• चितरंजन लोकोमोटिव वर्क्स	चितरंजन (पश्चिम बंगाल)
• कोचीन शिपयार्ड	कोच्चि
• डीजल लोकोमोटिव वर्क्स	मरवाडीह, वाराणसी (उ.प्र.)
• गार्डेन रीच वर्कशॉप लि॰	कोलकाता
• हैवी इलेक्ट्रिकल्स लिमिटेड	बेंगलुरू
• भारी इंजीनियरिंग निगम लि॰	राँची
• भारी वाहन कारखाना	अवाड़ी (तमिलनाडु)
• हिन्दुस्तान केबल्स कारखाना	रूपनारायणपुर (पश्चिम बंगाल)
• हिन्दुस्तान शिपयार्ड	विशाखापत्तनम एवं कोच्चि
• हिन्दुस्तान कार्बनिक रसायन लिमिटेड	रसायनी (महाराष्ट्र)
• भारतीय दवा एवं औषधि लिमिटेड (एण्टीबायोटिक संयंत्र, I.D.P.L.)	ऋषिकेश
• संश्लेषित दवा परियोजना	हैदराबाद
• इंटीग्रल कोच फैक्ट्री	पेराम्बूर (तमिलनाडु), कोटकपूरा (पंजाब)
• भारतीय मशीन टूल निगम	अजमेर
• मझगाँव डॉक्स लिमिटेड	मुम्बई
• खनन एवं सम्बद्ध उपकरण निगम लिमिटेड	दुर्गापुर
• राष्ट्रीय खनिज विकास निगम	हैदराबाद
• हिंदुस्तान जिंक लिमिटेड	उदयपुर (राजस्थान)
• भारत एल्युमीनियम कम्पनी लिमिटेड	कोरबा (छत्तीसगढ़), रत्नागिरी (महाराष्ट्र)
• हिंदुस्तान कॉपर लिमिटेड	अग्निगुडला (आंध्र प्रदेश), दारिबा (राजस्थान), मलाजखण्ड (म.प्र.), राखा (झारखंड)
• भारत गोल्ड माइन्स लिमिटेड	कोलार (कर्नाटक)
• नेवेली लिग्नाइट निगम	नेवेली (तमिलनाडु)
• भारतीय तेलशोधक लिमिटेड	बरौनी (बिहार), नूनमाटी (असम)
• भारतीय विस्फोटक कारखाना	गोमिया, हजारीबाग (झारखंड)
• राष्ट्रीय अखबारी कागज कारखाना लिमिटेड	नेपानगर (म॰प्र॰)

भारत के प्रमुख वित्तीय संस्थान

वित्तीय संस्थान	स्थापना वर्ष	मुख्यालय	उद्देश्य
• भारतीय औद्योगिक वित्त निगम लि. (IFCI)	1948	नई दिल्ली	देश के औद्योगिक प्रतिष्ठानों के लिए मध्यावधि एवं दीर्घावधि साख की व्यवस्था करना।
• भारतीय औद्योगिक ऋण तथा निवेश निगम लिमिटेड (ICICI)	1955	मुम्बई	निजी क्षेत्रों के लघु तथा मध्यम उद्योगों का विकास।
• जीवन बीमा निगम (LIC)	1956	मुम्बई	बीमा सुविधा उपलब्ध कराना।
• भारतीय औद्योगिक विकास बैंक लि. (IDBI)	1964	मुम्बई	औद्योगिक उद्यमों को वित्तीय सहायता प्रदान करना।
• भारतीय यूनिट ट्रस्ट (UTI)	1964	मुम्बई	लघु एवं मध्यम उद्योगों में निवेश।
• भारतीय आयात-निर्यात बैंक (EXIM Bank)	1982	मुम्बई	आयात-निर्यात की वित्तीय आवश्यकताओं की पूर्ति करना।
• राष्ट्रीय कृषि तथा ग्रामीण विकास बैंक (NABARD)	1982	मुम्बई	कृषि एवं ग्रामीण विकास के लिए वित्त उपलब्ध कराना।
• भारतीय औद्योगिक निवेश बैंक लि. (IIBIL)	1985	–	रूग्ण तथा बन्द पड़े उद्यमों का पुनर्निर्माण।
• राष्ट्रीय आवास बैंक (NHB)	1988	नई दिल्ली	आवास सम्बन्धी वित्त की व्यवस्था करना।
• भारतीय लघु उद्योग विकास बैंक (SIDBI)	1990	लखनऊ	छोटे उद्योगों का वित्त पोषण करना।

वित्त आयोग के अध्यक्ष

प्रथम वित्त आयोग	:	के॰ सी॰ नियोगी
द्वितीय वित्त आयोग	:	के॰ संतानम
तृतीय वित्त आयोग	:	ए॰ के॰ चंदा
चतुर्थ वित्त आयोग	:	डॉ. राजमन्नार
पंचम वित्त आयोग	:	महावीर त्यागी
छठा वित्त आयोग	:	ब्रह्मानंद रेड्डी
सातवां वित्त आयोग	:	न्या॰ शेलात
आठवां वित्त आयोग	:	वाई॰ वी॰ चव्हाण
नवां वित्त आयोग	:	एन॰ के॰ पी॰ साल्वे
दसवां वित्त आयोग	:	के॰ सी॰ पंत
ग्यारहवां वित्त आयोग	:	प्रो॰ ए॰ एम॰ खुसरो
बारहवां वित्त आयोग	:	सी॰ रंगराजन
तेरहवां वित्त आयोग	:	विजय केलकर
चौदहवां वित्त आयोग	:	वाई॰ वी॰ रेड्डी
पन्द्रहवां वित्त आयोग	:	एन॰ के॰ सिंह
सोलहवाँ वित्त आयोग	:	अरविंद पनगढ़िया

भारत का विदेश व्यापार

- भारत का विश्व व्यापार में कुल हिस्सा मात्र 1.4% है।
- भारत के आयात में सर्वाधिक हिस्सा पेट्रोलियम उत्पादों का है।
- भारत का प्रथम निर्यात संवर्धन औद्योगिक पार्क सीतापुर (जयपुर) में स्थापित किया गया है।
- एशिया का प्रथम निर्यात प्रसंस्करण केन्द्र काण्डला (गुजरात) में 1965 ई॰ में स्थापित किया गया था।
- सेज (SEZ) अधिनियम, 2005 के प्रमुख प्रावधान निम्नलिखित हैं-
  - कर मुक्त आयात की स्वतंत्रता।
  - एकल खिड़की योजना के अन्तर्गत सेज स्थापित करने की नीति।
  - केन्द्रीय व्यापार कर एवं सेवा कर में छूट।
  - सेज द्वारा किए जाने वाले निर्यात पर 100% की कर छूट।
- भुगतान संतुलन का अभिप्राय किसी देश का अन्य देश के निवासियों के साथ एक वर्ष की अवधि में समस्त लेन-देन होता है। भुगतान संतुलन खाते के दो भाग होते हैं–
  - चालू खाता (Current Account)
  - पूँजी खाता (Capital Account)
- चालू खाते के अन्तर्गत वस्तुगत व्यापार के साथ-साथ अदृश्य मदों (परिवहन, पर्यटन, बीमा, उपहार आदि) की लेनदारियों व देनदारियों को सम्मिलित किया जाता है।
- पूँजी खाते में पूँजीगत लेन-देन जैसे–ऋणों की प्राप्तियां व अदायगियाँ, करेन्सी लदान, स्वर्ण हस्तान्तरण आदि की प्रविष्टियाँ की जाती हैं।

- पूँजी खाते में रुपये की पूर्ण परिवर्तनीयता हेतु एस.तारापोर समिति का गठन किया गया।
- विदेशी मुद्रा भण्डार की दृष्टि से भारत, चीन, जापान एवं रूस के बाद चौथा सबसे बड़ा विदेशी मुद्रा भण्डार वाला देश है।
- **विदेश व्यापार नीति (2023):**
केन्द्रीय वाणिज्य और उद्योग, उपभोक्ता मामले, खाद्य और सार्वजनिक वितरण और कपड़ा मंत्री श्री पीयूष गोयल ने 31 मार्च, 2023 को विदेश व्यापार नीति 2023 लॉन्च की। नीति का मुख्य दृष्टिकोण 4 स्तंभों पर आधारित है–
   (*i*) छूट के लिए प्रोत्साहन,
   (*ii*) सहयोग के माधयम से निर्यात प्रोत्साहन–निर्यातक, राज्य, जिले, भारतीय मिशन।
   (*iii*) व्यापार करने में आसानी, लेनदेन लागत में कमी और ई-पहल और
   (*iv*) उभरते क्षेत्र–ई-कॉमर्स निर्यात हब के रूप में विकासशील जिले और SCOMET नीति को सुव्यवस्थित करना।
- **राष्ट्रीय आय (National Income):** किसी देश में एक वर्ष की अवधि में उत्पादित सभी वस्तुओं एवं सेवाओं के मौद्रिक मूल्य के योग को राष्ट्रीय आय कहा जाता है।
- **सकल घरेलू उत्पाद (Gross Domestic Product):** किसी देश की सीमा के अन्दर किसी भी दी गई समयावधि, प्रायः एक वर्ष में उत्पादित समस्त अंतिम वस्तुओं तथा सेवाओं का कुल बाजार या मौद्रिक मूल्य उस देश का सकल घरेलू उत्पाद (GDP) कहा जाता है।
- **सकल राष्ट्रीय उत्पाद (Gross National Product):** किसी देश में एक साल के अन्तर्गत जितनी वस्तुओं तथा सेवाओं का उत्पादन होता है उनके मौद्रिक मूल्य को कुल राष्ट्रीय उत्पाद कहते हैं। कुल राष्ट्रीय उत्पाद को निकालने के लिए सकल घरेलू उत्पादन में देशवासियों द्वारा विदेशों में उत्पादित वस्तुओं और सेवाओं के मूल्य को जोड़ दिया जाता है तथा विदेशियों द्वारा देश में उत्पादित वस्तुओं के मूल्य को घटा दिया जाता है।
- **शुद्ध राष्ट्रीय उत्पाद (Net National Product):** सकल राष्ट्रीय उत्पाद में से मूल्यह्रास की राशि घटा देने के उपरान्त शुद्ध राष्ट्रीय उत्पाद ज्ञात किया जाता है।
- **प्रति व्यक्ति आय (Per Capita Income):** राष्ट्रीय आय में देश की कुल जनसंख्या से भाग देने पर जो राशि प्राप्त होती है उसे प्रतिव्यक्ति आय कहते हैं।
- केन्द्रीय सांख्यिकीय संगठन नियमित रूप से आय के राष्ट्रीय आँकड़े प्रकाशित करता है।
- **भारतीय कर प्रणाली–**
   – कुछ कर ऐसे होते हैं जो केन्द्र सरकार द्वारा लगाए जाते हैं, एकत्र किए जाते हैं एवं उपयोग भी किए जाते हैं। सीमा शुल्क, निगम कर, पूँजी कर आदि इसके प्रमुख उदाहरण हैं।
   – कुछ कर ऐसे होते हैं जो केन्द्र सरकार द्वारा लगाए जाते हैं परन्तु उससे प्राप्त राजस्व में केन्द्र व राज्य दोनों ही भागीदार होते हैं। केन्द्रीय उत्पाद शुल्क एवं आय कर इसके अन्तर्गत आते हैं।
   – कुछ कर ऐसे होते हैं जिसे केन्द्र सरकार द्वारा लगाया जाता है परन्तु राज्य सरकार द्वारा एकत्र किया जाता है। इसमें एकत्र करों से प्राप्त राजस्व का उपभोग राज्य सरकार ही करती है। स्टाम्प शुल्क, दवाइयों तथा शृंगार के सामान पर उत्पादन शुल्क इसके अन्तर्गत आते हैं।
   – करों का एक समूह ऐसा होता है जो केन्द्र सरकार द्वारा लगाया जाता है तथा एकत्र किया जाता है परन्तु उससे प्राप्त राजस्व राज्य सरकारों में बाँट दिया जाता है। इसके अन्तर्गत रेल किराया एवं भाड़े पर शुल्क, समुद्री पोत एवं वायुयान से यात्रा पर कर, समाचार-पत्रों पर कर, विज्ञापन पर कर तथा कृषि भूमि के अलावा अन्य सभी सम्पदा शुल्क आदि आते हैं।
   – कुछ कर ऐसे होते हैं जिन्हें राज्यों द्वारा लगाया जाता है तथा उन्हीं के द्वारा एकत्र किया जाता है और उनसे प्राप्त राजस्व का उपयोग भी किया जाता है। भू-राजस्व, कृषि आय पर कर, बिक्री कर, मनोरंजन कर, प्रलेखों पर स्टॉम्प शुल्क इत्यादि इसके अन्तर्गत आते हैं।
- वस्तु एवं सेवा कर (जीएसटी) भारत में 1 जुलाई, 2017 से लागू होने वाली एक महत्वपूर्ण अप्रत्यक्ष कर व्यवस्था है जिसे सरकार व कई अर्थशास्त्रियों द्वारा इसे स्वतंत्रता के पश्चात् सबसे बड़ा आर्थिक सुधार बताया गया है। इससे केन्द्र एवं विभिन्न राज्य सरकारों द्वारा भिन्न-भिन्न दरों पर लगाए जा रहे विभिन्न करों को हटाकर पूरे देश के लिए एक ही अप्रत्यक्ष कर प्रणाली लागू की गई है।

प्रत्यक्ष कर		अप्रत्यक्ष कर	
• आय कर	• धन कर	• केन्द्रीय उत्पाद शुल्क	
• निगम कर	• एस्टेट ड्यूटी	• सीमा शुल्क	• सेवा कर
• व्यय कर	• ब्याज कर	• बिक्री कर	

- **रिजर्व बैंक ऑफ इण्डिया:** इसकी स्थापना 1 अप्रैल, 1935 को की गई थी तथा इसका राष्ट्रीयकरण 1 जनवरी, 1949 को किया गया। इसका मुख्यालय मुम्बई में स्थित है।
- भारतीय रिजर्व बैंक के दो प्रकार के कार्य हैं–
सामान्य केन्द्रीय बैंकिंग कार्य तथा विकास सम्बन्धी कार्य।
- सामान्य केन्द्रीय बैंकिंग कार्य के अधीन भारतीय रिजर्व बैंक के निम्नलिखित कार्य हैं–
  – करेंसी नोटों का निर्गमन।
  – सरकारी बैंकर का काम।
  – बैंकों के बैंक का काम।
  – विदेशी विनिमय को नियंत्रित करना।
  – साख नियंत्रण का कार्य।
  – आँकड़ों का संग्रहण और प्रकाशन।
- विकास सम्बन्धी या प्रवर्तन कार्य के अन्तर्गत भारतीय रिजर्व बैंक के निम्नलिखित कार्य हैं–
  – मुद्रा बाजार पर प्रतिबन्धात्मक नियंत्रण।
  – बचतों को बैंकों व अन्य वित्तीय संस्थाओं के माध्यम से उत्पादन के लिए उपलब्ध कराना।
  – लोगों में बैंकिंग की आदत बढ़ाने के लिए प्रयास करना।
- सिक्के एवं एक रुपये का नोट भारत सरकार निर्गत करती है, जबकि ₹ 10, 20, 50, 100, 200 तथा 500 के करेन्सी नोट भारतीय रिजर्व बैंक निर्गत करता है।
- भारत में वित्तीय वर्ष 1 अप्रैल से 31 मार्च तक होता है।
- इम्पीरियल बैंक ऑफ इण्डिया का राष्ट्रीयकरण 1 जुलाई, 1955 को किया गया था। राष्ट्रीयकरण के बाद इसको स्टेट बैंक ऑफ इण्डिया के नाम से जाना जाता है।
- **सहकारी बैंक (Co-operative Bank):** आपसी सहयोग और सद्भावना के आधार पर जो वित्तीय संस्थाएँ कार्यशील हैं उसे सहकारी बैंक कहते हैं, यद्यपि ये राज्य सरकारों के द्वारा रिजर्व बैंक ऑफ इण्डिया के दिशा निर्देशों पर कार्य करती हैं।
- भारत में प्रथम ग्रामीण बैंक की स्थापना 2 अक्टूबर, 1975 ई. को हुई। सिक्किम और गोवा को छोड़कर देश के सभी राज्यों में क्षेत्रीय ग्रामीण बैंक कार्यरत हैं।
- बैंकिंग प्रणाली की पुनर्संरचना के सम्बन्ध में सुझाव देने हेतु 1991 ई. में नरसिम्हन समिति का गठन किया गया।
- **भूमि-विकास बैंक (Land Development Bank):** यह किसानों की भूमि को बंधक रखकर कृषि में स्थायी सुधार एवं विकास के लिए दीर्घकालीन ऋण प्रदान करता है।
- 50 करोड़ से अधिक पूँजी वाले 14 बड़े व्यावसायिक बैंकों का राष्ट्रीयकरण 19 जुलाई, 1969 को किया गया था।

प्रथम चरण में राष्ट्रीयकृत बैंक

1. बैंक ऑफ बड़ौदा
2. बैंक ऑफ इंडिया
3. यूनियन बैंक ऑफ इण्डिया
4. बैंक ऑफ महाराष्ट्र
5. सेंट्रल बैंक ऑफ इण्डिया
6. केनरा बैंक
7. पंजाब नेशनल बैंक
8. देना बैंक
9. यूनाइटेड बैंक ऑफ इंडिया
10. सिंडिकेट बैंक
11. इलाहाबाद बैंक
12. यूनाइटेड कमर्शियल बैंक
13. इण्डियन बैंक
14. इण्डियन ओवरसीज बैंक

- 200 करोड़ से अधिक पूँजी वाले 6 अनुसूचित बैंकों का राष्ट्रीयकरण 15 अप्रैल, 1980 को किया गया।

द्वितीय चरण में राष्ट्रीयकृत बैंक

1. आंध्रा बैंक
2. विजया बैंक
3. कॉर्पोरेशन बैंक
4. न्यू बैंक ऑफ इण्डिया
5. ओरियण्टल बैंक ऑफ कॉमर्स
6. पंजाब तथा सिंध बैंक

बैंकों का विलय

वर्ष 1993 में न्यू बैंक ऑफ इंडिया का पंजाब नेशनल बैंक में तथा वर्ष 2019 में विजया बैंक और देना बैंक का बैंक ऑफ बड़ौदा में विलय हो गया है। वर्ष 2020 में ओरिएंटल बैंक ऑफ कॉमर्स और यूनाइटेड बैंक ऑफ इंडिया का पंजाब नेशनल बैंक में, सिंडीकेट बैंक का केनरा बैंक में, आन्ध्रा बैंक और कॉर्पोरेशन बैंक का यूनियन बैंक ऑफ इंडिया में तथा इलाहाबाद बैंक का इंडियन बैंक में विलय हो गया। इस विलय के पश्चात् अब देश में एसबीआई सहित सार्वजनिक क्षेत्र के बैंकों की संख्या घटकर 12 रह गई है।

भारत में प्रतिभूति मुद्रण संस्थान

छापेखाने व टकसाल	छपाई	स्थान
• इण्डिया सिक्योरिटी प्रेस	डाक सम्बन्धी लेखन सामग्री, बैंकों के बॉण्ड, राष्ट्रीय बचत पत्र व सरकारी प्रतिभूतियाँ	नासिक (महाराष्ट्र)
• बैंक नोट प्रेस	20, 50, 100, 200 व 500 मूल्य वर्ग के नोट	देवास (म॰प्र॰)
• सिक्योरिटी प्रिन्टिंग प्रेस	भारत प्रतिभूति मुद्रणालय, नासिक प्रेस के उत्पादन की अनुपूर्ति हेतु डाक लेखन सामग्री	हैदराबाद
• करेन्सी नोट प्रेस	करेन्सी नोट छापे जाते हैं	मैसूर (कर्नाटक)
• सिक्योरिटी पेपर मिल	बैंक और करेन्सी नोट कागज तथा नॉन-ज्यूडिशियल स्टाम्प	नर्मदापुरम (म॰प्र॰)
• करेन्सी नोट प्रेस	10, 50, 100, 200 तथा 500 मूल्य वर्ग के नोट	नासिक (महाराष्ट्र)
• टकसालें (Mints)	सिक्के एवं विभिन्न प्रकार के पदकों का उत्पादन	मुम्बई, नोएडा, कोलकाता, हैदराबाद

भारत में गठित प्रमुख आर्थिक समितियाँ

समिति का नाम	उद्देश्य
• नरसिम्हन समिति	बैंकिंग क्षेत्र में सुधार हेतु
• डी. सुब्बाराव समिति	मौद्रिक नीति पर सलाह हेतु
• राजा चेलैया समिति	कर-सुधार पर सलाह हेतु
• रघुराजन समिति	वित्तीय क्षेत्र में सुधार
• रामनंदन प्रसाद समिति	सर्वोच्च न्यायालय के आदेशानुसार क्रिमीलेयर की पहचान के लिए गठित विशेष समिति
• स्वामीनाथन समिति	समुद्रतटीय संसाधनों का पर्यावरणीय दृष्टि से दीर्घकालीन उपयोग सम्भव होने से सम्बन्धित
• प्रो॰ सी.पी. चन्द्रशेखर समिति	सेवा मूल्य सूचकांक के निर्माण हेतु। रिपोर्ट में निर्धनता की पहचान के लिए 'कास्ट ऑफ लिविंग' सूचकांक को आधार बनाया।
• चन्द्रशेखर समिति	पूर्व सैनिकों की 'एक रैंक, एक पेंशन' की माँग पर गठित
• सुरेश तेंदुलकर समिति	गरीबी रेखा से नीचे की जनसंख्या के आकलन हेतु मानकों के पुनर्निर्धारण के लिए
• प्रवर सेनगुप्ता समिति	निजी क्षेत्र की कुछ स्वदेशी-कम्पनियों को 'रक्षा उद्योग रत्न' का दर्जा प्रदान करने से सम्बन्धित
• रंगराजन समिति	भारतीय अर्थव्यवस्था के लिए बचत और निवेश का आकलन करने और इसमें सुधार के उपायों को सुझाने हेतु
• मदन मोहन पुंछी आयोग	केन्द्र राज्य सम्बन्ध पर
• जे.जे. ईरानी समिति	नए कम्पनी विधेयक के लिए सुझाव हेतु
• वाई.एस.पी. थोराट	चीनी उद्योग की स्थिति की समीक्षा हेतु
• अभिजीत सेन समिति	कृषिगत वस्तुओं के वायदा कारोबार से सम्बन्धित
• बी॰के॰ चतुर्वेदी समिति	सार्वजनिक क्षेत्र की तेल कम्पनियों की वित्तीय स्थिति की समीक्षा हेतु
• राकेश मोहन समिति	सरकार व रिजर्व बैंक ऑफ इण्डिया द्वारा देश के वित्तीय क्षेत्रक की पूर्ण जाँच हेतु
• के.आर. वेणुगोपाल समिति	सार्वजनिक वितरण प्रणाली के तहत केन्द्रीय निर्गम मूल्य निर्धारण हेतु
• महाजन समिति	चीनी उद्योग
• टी॰ कन्नन समिति	कपड़ा उद्योग

समिति का नाम	उद्देश्य
• महालनोबिस समिति	राष्ट्रीय आय
• खुसरो समिति	कृषि साख
• मल्होत्रा समिति	बीमा क्षेत्र में सुधार
• भण्डारी समिति	क्षेत्रीय ग्रामीण बैंकों की पुनर्संरचना
• भूरेलाल समिति	मोटरवाहन करों में वृद्धि
• गोइपोरिया समिति	बैंक सेवा सुधार
• एस. तारापोर समिति	रुपये की पूँजी खाते पर परिवर्तनीयता
• आबिद हुसैन समिति	लघु उद्योग
• बी.एस. व्यास समिति	कृषि एवं ग्रामीण साख विस्तार
• गोस्वामी समिति	औद्योगिक रूग्णता
• रेखी समिति	अप्रत्यक्ष कर
• स्वामीनाथन समिति	जनसंख्या नीति
• दांतवाला समिति	बेरोजगारी के अनुमान

मुद्रा एवं पूँजी बाजार

- मुद्रा बाजार अल्पावधि की वित्तीय व्यवस्था का बाजार है, जबकि पूँजी बाजार में मध्यम तथा दीर्घकाल के कोषों का आदान-प्रदान किया जाता है।
- डिस्काउन्ट एंड फाइनेन्स हाउस ऑफ इण्डिया लिमिटेड (DFHI), मुद्रा बाजार की एक संस्था है जिसकी स्थापना सन् 1988 ई. में की गई तथा इसका कार्य बैंकों तथा वित्तीय संस्थानों की कटौती और फिर कटौती की आवश्यकताओं को पूरा करना है।
- पूँजी बाजार को मोटे तौर पर दो भागों में बाँटा जाता है–गिल्ट एज्ड बाजार और औद्योगिक प्रतिभूति बाजार।
- गिल्ट एज्ड बाजार में रिजर्व बैंक के माध्यम से सरकारी और अर्द्धसरकारी प्रतिभूतियों का क्रय-विक्रय किया जाता है।
- औद्योगिक प्रतिभूति बाजार में पहले से स्थापित औद्योगिक उपक्रमों या नए स्थापित होने वाले उपक्रमों के शेयरों व डिबेन्चरों का क्रय-विक्रय किया जाता है।
- शेयरों व अंशपत्रों का क्रय-विक्रय जिस बाजार में होता है उसे शेयर बाजार कहते हैं। इस प्रकार के क्रय-विक्रय की सुविधा विभिन्न स्टॉक एक्सचेंज उपलब्ध कराते हैं।
- बॉम्बे स्टॉक एक्सचेंज (BSE) एशिया का सबसे पुराना स्टॉक एक्सचेंज है। इसकी स्थापना 1875 में की गई थी।
- **राष्ट्रीय शेयर बाजार (National Stock Exchange):** फेरवानी समिति की अनुशंसा पर राष्ट्रीय शेयर बाजार (NSE) की स्थापना की गई थी।
- NCDEX भारत का पहला कमोडिटी एक्सचेंज है। कुछ अन्य प्रमुख कमोडिटी एक्सचेंज निम्नलिखित हैं–
- मल्टी कमोडिटी एक्सचेंज (मुम्बई)
- नेशनल मल्टी कमोडिटी एक्सचेंज (अहमदाबाद)
- इण्डिया कमोडिटी एक्सचेंज (गुरुग्राम)
- नेशनल स्पॉट एक्सचेंज लिमिटेड (मुम्बई)

विश्व के प्रसिद्ध शेयर बाजारों के प्रमुख शेयर मूल्य सूचकांक

शेयर मूल्य सूचकांक	सम्बन्धित देश
1. सी.एन.एक्स. निफ्टी	भारत (NSE)
2. सेन्सेक्स	भारत (BSE)
3. नैस्डैक	सं.रा. अमेरिका
4. हैंगसैंग	हांगकांग
5. कैक	फ्रांस
6. डैक्स	जर्मनी
7. एफटीएसइ (100)	ब्रिटेन
8. कोस्पी	कोरिया
9. निक्की	जापान
10. स्ट्रेट्स	सिंगापुर
11. शंघाई	चीन
12. सियोल कम्पोजिट	दक्षिण कोरिया
13. सेट	थाइलैंड

14. डो जोन्स	सं.रा. अमेरिका
15. तेन	ताइवान
16. KLSE कम्पोजिट	मलेशिया
17. जकार्ता कम्पोजिट	इण्डोनेशिया

भारतीय प्रतिभूति एवं विनिमय बोर्ड (SEBI)

- सेबी की स्थापना 12 अप्रैल, 1988 को की गई थी परन्तु इसे वैधानिक दर्जा 30 जनवरी, 1992 को दिया गया।
- भारतीय पूँजी बाजार को विनियमित करने का वैधानिक अधिकार सेबी के पास है।
- म्यूचुअल फंड इंडस्ट्री का नियामक भी सेबी है।
- किसी भी स्टॉक एक्सचेंज को मान्यता प्रदान करने का अधिकार सेबी को है।
- सेबी भारतीय पूँजी बाजार में निवेशकों के हितों का संरक्षण करने का कार्य करती है।
- सेबी का प्रबन्ध 6 सदस्यों द्वारा किया जाता है, जिनमें एक चेयरमैन होता है जो केन्द्र सरकार द्वारा नामित होता है।

महत्वपूर्ण आर्थिक शब्दावली

- **रेपो दरः** अल्पकालिक आवश्यकताओं की पूर्ति हेतु जिस ब्याज दर पर कॉमर्शियल बैंक रिजर्व बैंक से नकदी ऋण प्राप्त करते हैं, 'रेपो दर' कहलाता है।
- **बैंक रेटः** जिस सामान्य ब्याज दर पर रिजर्व बैंक द्वारा वाणिज्यिक बैंकों को पैसा उधार दिया जाता है, बैंक दर कहलाता है। इसके माध्यम से रिजर्व बैंक द्वारा साख नियंत्रण/क्रेडिट कन्ट्रोल किया जाता है।
- **रिवर्स रेपो दरः** बैंकों द्वारा अपनी अतिरिक्त राशि को रिजर्व बैंक में जमा करने पर रिवर्स रेपो दर से ब्याज मिलता है।
- **प्राइम लैंडिंग रेट (पी.एल.आर.):** प्राइम लैंडिंग रेट वह ब्याज दर है, जिस पर बैंक उस ग्राहक को जिसके संबंध में जोखिम शून्य है, को ऋण देने को तैयार है। यह दर एक प्रकार से आधारित ब्याज दर के रूप में कार्य करती है।
- **नकद आरक्षित अनुपात (सी.आर.आर.):** नकद आरक्षित अनुपात किसी वाणिज्यिक बैंक में कुल जमा राशि का वह भाग है जिसे रिजर्व बैंक के पास अनिवार्य रूप से जमा करना पड़ता है। इसकी दर जितनी ऊँची होती है बैंकों की साख सृजन क्षमता उतनी ही कम होती है।
- **वैधानिक तरलता अनुपात (एस.एल.आर.):** किसी वाणिज्यिक बैंक में कुल जमा राशि का वह भाग जो नकद स्वर्ण व विदेशी मुद्रा के रूप में उसे अपने पास अनिवार्य रूप से रखना पड़ता है, 'वैधानिक तरलता अनुपात' कहलाता है। बैंकों को वित्तीय संकट का सामना करने हेतु रिजर्व बैंक द्वारा ऐसी व्यवस्था की गयी है।
- **क्रेडिट कार्डः** यह एक प्लास्टिक मुद्रा है। क्रेडिट कार्ड के अन्तर्गत ग्राहक की वित्तीय स्थिति को देखते हुए बैंक उसकी साख की एक राशि निर्धारित कर देती है जिसके अन्तर्गत वह अपने क्रेडिट कार्ड के माध्यम से निर्धारित धनराशि के अन्दर वस्तुओं और सेवाओं को खरीद सकता है। विश्व में प्रचलित क्रेडिट कार्डों में VISA, मास्टर कार्ड, अमेरिकन एक्सप्रेस आदि प्रसिद्ध हैं।
- **डेबिट कार्डः** डेबिट कार्ड भी एक प्रकार की प्लास्टिक मुद्रा है। इसे बैंक कार्ड के नाम से भी जाना जाता है। यह खरीददारी करते समय भुगतान की वैकल्पिक पद्धति प्रदान करता है।
- **किसान क्रेडिट कार्डः** इसे भारतीय रिजर्व बैंक एवं नाबार्ड की योजना के अन्तर्गत 1998 ई. में लागू किया गया। किसान इसे बैंक को उपलब्ध कराकर अपनी फसल के लिए आवश्यक ऋण ले सकता है।
- **बजट (Budget):** किसी संस्था या सरकार के एक वर्ष की अनुमानित आय-व्यय का लेखा-जोखा बजट कहलाता है।
- **बूमः** अर्थव्यवस्था में जब आर्थिक क्रियाओं का तेजी से विस्तार होता है तब बूम की स्थिति कही जाती है। यह मंदी अथवा रिसेशन की विपरीत स्थिति है, माँग में वृद्धि के परिणामस्वरूप किसी उद्योग विशेष में भी बूम की स्थिति उत्पन्न हो सकती है।
- **बफर स्टॉकः** आपातकालीन स्थिति में किसी वस्तु की कमी को पूरा करने के लिए वस्तु का तैयार स्टॉक बफर स्टॉक कहलाता है।
- **एटीएम (ATM):** एटीएम स्वचालित टेलर मशीन (Automated Teller Machine) को कहते हैं। यह मशीन 24 घंटे रुपये निकालने तथा जमा करने की सेवा प्रदान करती है।
- **कोर बैंकिंग (Core Banking):** कोर बैंकिंग के द्वारा कुछ ही क्षणों में देश या विदेश के एक से दूसरे भाग में मुद्रा का हस्तांतरण बिना किसी कठिनाई के किया जाता है।
- **IFSC कोडः** यह 'इण्डियन फाइनेंशियल सिस्टम कोड' है जो सामान्यतः 11 अंकों का होता है। इसमें पहले के 4 अक्षरों में बैंक का नाम, एक शून्य तथा अन्तिम 6 अंकों में बैंक ब्रॉन्च से सम्बन्धित विवरण रहता है।
- **NEFT प्रणालीः** इंटरनेट के माध्यम से नेशनल इलेक्ट्रॉनिक फण्ड ट्रान्सफर के द्वारा धनराशि को एक बैंक से उसी तथा

अन्य बैंक के खाते में खाताधारक द्वारा स्वयं ही हस्तान्तरित किया जा सकता है।

- **RTGS प्रणाली:** सामान्यतः धनराशि को खाताधारक द्वारा इण्टरनेट के माध्यम से रियल टाइम ग्रॉस सेटलमैंट विधि से किसी भी खाताधारक के किसी भी बैंक के खाते में त्वरित रूप में भेजा जा सकता है।
- **नेट बैंकिंग:** बैंकिंग की इस प्रणाली में इन्टरनेट के माध्यम से सभी प्रकार के बैंकिंग कार्यों का संचालन किया जाता है। इसमें किसी तरह का भुगतान अपने एकाउण्ट में ऑनलाइन प्राप्त कर सकते हैं तथा दूसरों को भुगतान भी कर सकते हैं। जैसे–मोबाइल का बिल, बिजली का बिल आदि का भुगतान।
- **ब्रिज:** किसी परियोजना या प्रोजेक्ट की अस्थायी वित्त व्यवस्था को ब्रिज ऋण कहते हैं।
- **एग्रोनमिक्स:** यह किसी श्रमिक की कार्यक्षमता एवं उसके द्वारा किए जाने वाले वास्तविक कार्य के मध्य सम्बन्ध का अध्ययन करता है।
- **मन्दी:** मन्दी की स्थिति में वस्तुओं की माँग उसकी आपूर्ति की तुलना में कम हो जाती है। फलस्वरूप कम्पनियाँ उत्पादन कम कर देती हैं तथा अपने कर्मचारियों की छँटनी कर देती है और बेरोजगारी एवं क्रयशक्ति में ह्रास की स्थिति उत्पन्न हो जाती है।
- **जनांकिकी:** किसी देश की जनसंख्या वृद्धि, जनसंख्या का भौगोलिक वितरण, जन्म दर, मृत्यु दर, प्रवजन दर, लिंग, शिक्षा स्तर, आय स्तर इत्यादि का सांख्यिकी माध्यम से अर्थशास्त्र के अन्तर्गत अध्ययन करना ही जनांकिकी कहलाता है।
- **क्रेता बाजार:** क्रेता बाजार में किसी वस्तु की माँग कम तथा आपूर्ति अधिक होती है। यह स्थिति क्रेता को विक्रेता से बेहतर स्थिति में रखती है।
- **विमुद्रीकरण:** जब काला धन अर्थव्यवस्था के लिए खतरा बन जाता है, तो इसे दूर करने के लिए विमुद्रीकरण की विधि अपनाई जाती है। इसके अन्तर्गत सरकार पुरानी मुद्रा को समाप्त कर देती है और नई मुद्रा चालू कर देती है। इस प्रक्रिया में जिनके पास काला धन होता है, वह उसके बदले में नई मुद्रा लेने का साहस नहीं जुटा पाते हैं और काला धन स्वयं ही नष्ट हो जाता है।
- **फ्लोटिंग ऑफ करेन्सी:** इसके अन्तर्गत किसी मुद्रा की विनिमय दर को स्वतंत्र छोड़ दिया जाता है ताकि माँग और पूर्ति की दशाओं के आधार पर वह अपना नया मूल्य स्वयं तय कर सके।
- **अवमूल्यन:** इसमें किसी मुद्रा का विनिमय मूल्य अन्य मुद्राओं की तुलना में जानबूझकर कम कर दिया जाता है। इन परिस्थितियों के अनुसार सरकारें देश में निर्यात को बढ़ावा देने के लिए करती हैं।
- **मुद्रा संकुचन:** जब बाजार में मुद्रा की कमी के कारण कीमतें गिर जाती है, उत्पादन व व्यापार गिर जाता है और बेरोजगारी बढ़ती है, वह अवस्था मुद्रा संकुचन कहलाती है।
- **मुद्रास्फीति:** अर्थव्यवस्था में जब मुद्रा की आपूर्ति बढ़ जाती है तो वह वस्तुओं की माँग को बढ़ा देती है। लेकिन संसाधन सीमित एवं पूर्ण रूप से रोजगारयुक्त होने के कारण वस्तुओं की पूर्ति मुद्रा की पूर्ति के अनुपात में नहीं बढ़ पाती, परिणामस्वरूप वस्तुओं की कीमतें बढ़ जाती है। दूसरे शब्दों में, मुद्रा प्रसार या मुद्रास्फीति वह अवस्था है, जिससे मुद्रा का मूल्य गिर जाता है और कीमतें बढ़ जाती हैं।
- **कार्बन कर:** कार्बन कर की अवधारणा वैश्विक तापन के कारण अवतरित हुई। इसके अन्तर्गत उन ऊर्जा स्रोतों पर कर लगता है जो वायुमंडल में कार्बन-डाइऑक्साइड का उत्सर्जन करते हैं।
- **उपहार कर:** किसी व्यक्ति को उपहार दिए जाने पर जो कर लगाया जाता है, उसे उपहार कर कहते हैं।
- **प्रगामी कर:** यह क्रमबद्ध कर व्यवस्था है जिसमें अधिक आय श्रेणी वाले ऊँची दर पर कर अदा करते हैं अर्थात् आय में वृद्धि के साथ-साथ कर में भी समानुपातिक वृद्धि होती रहती है।
- **दुर्लभ मुद्रा:** अन्तर्राष्ट्रीय व्यापार में अनुकूल संतुलन की स्थिति वाली मुद्रा, जिसको प्राप्त करना कठिन होता है, को 'दुर्लभ मुद्रा' (Hard Currency) कहा जाता है।
- **रिसेशन:** रिसेशन मन्दी की अवस्था है जिसमें वस्तुओं की आपूर्ति की तुलना में उनकी माँग कम हो जाती है।
- **राजस्व घाटा:** कुल राजस्व प्राप्तियों की तुलना में जब कुल राजस्व व्यय अधिक होता है तो इसे राजस्व घाटा कहा जाता है।
- **प्राथमिक घाटा:** जब राजकोषीय घाटे में से ब्याज भुगतान को घटा दिया जाता है तो बचे अवशेष को प्राथमिक घाटा कहते हैं। प्राथमिक घाटा वर्तमान वर्ष के घाटे की माप करता है। इसे शुद्ध राजकोषीय घाटा भी कहते हैं।
- **लॉरेन्ज वक्र:** इस पद्धति के द्वारा लोगों के बीच आय में विषमता को ज्ञात किया जाता है।
- **लैफर वक्र:** यह वक्र कर से राजस्व की प्राप्ति तथा कर दर के बीच सम्बन्ध को व्यक्त करता है। यह वक्र बताता है कि एक सीमा तक कर में कमी या वृद्धि करने से कुल राजस्व में वृद्धि होती है परन्तु जब कर इष्टतम स्तर पर होता है तो उसमें कमी या वृद्धि सरकार के कुल राजस्व में कमी करती है।
- **माँग का नियम:** अन्य बातों के समान रहने पर वस्तु की कीमत तथा माँग के बीच विपरीत सम्बन्ध होते हैं अर्थात् वस्तु की कीमत में कमी वस्तु की माँग में वृद्धि करेगी तथा इसके विपरीत कीमत में वृद्धि वस्तु की माँग में कमी करेगी और यही माँग का नियम है।

- **भुगतान संतुलनः** किसी देश द्वारा अन्य देशों या अन्तर्राष्ट्रीय संस्थाओं के साथ होने वाले लेन-देन में आगत-निर्गत का वह लेखा-जोखा, जो दो खण्डों–चालू खाता और पूँजी खाता में विभाजित होता है, भुगतान संतुलन कहलाता है।
- **कराघातः** जिस व्यक्ति पर सर्वप्रथम कर लगाया जाता है, और जिस पर कर का प्रत्यक्ष मौद्रिक भार पड़ता है तथा सरकार जिससे कर वसूल करती है, उस पर कराघात माना जाता है।
- **ले ऑफः** जब किसी वस्तु की माँग में कमी होने से औद्योगिक संस्थानों द्वारा उत्पादन कम किए जाने के कारण, कर्मचारियों की नौकरी से छँटनी की जाती है तो इसे ले ऑफ कहा जाता है।
- **गैर-निष्पादनकारी परिसम्पत्तियाँः** बैंकों द्वारा प्रदान किए गए ऐसे ऋण और उस पर देय ब्याज जिनका किसी वित्तीय वर्ष में मूलधन का भुगतान 90 दिनों तक रोक लिया जाता है गैर-निष्पादनकारी परिसम्पत्तियाँ मानी जाती हैं।
- **नकद साख (Cash Credit):** इस प्रकार की व्यवस्था के अन्तर्गत बैंक अपने ग्राहकों को ऋण पत्र, व्यापारिक माल अथवा अन्य स्वीकृत प्रतिभूतियों के आधार पर ऋण देते हैं।
- **अधिविकर्ष (Overdraft):** जब कोई व्यावसायिक बैंक अपने ग्राहकों को उसके खाते में जमा रकम से अधिक रकम निकालने की सुविधा देता है तो उसे अधिविकर्ष की सुविधा कहते हैं।
- **सूक्ष्म-वित्तीय संस्थाएँ (Micro Financial Institutions):** छोटे पैमाने पर गरीब जरूरतमंद लोगों को स्वयंसेवी संस्था के माध्यम से कम ब्याज पर साख अथवा ऋण की व्यवस्था करने वाली संस्था को सूक्ष्म-वित्तीय संस्थाएँ कहते हैं।
- **चेक (Cheque):** चेक एक प्रकार का साख पत्र है। यह एक प्रकार का लिखित आदेश है जो बैंक में रुपया जमा करने वाला अपने बैंक को देता है कि उसमें लिखित रकम उसमें लिखित व्यक्ति को दे दी जाए।
- **बैंक ड्राफ्ट (Bank Draft):** बैंक ड्राफ्ट वह पत्र है जो एक बैंक अपनी किसी शाखा या अन्य किसी बैंक को आदेश देता है कि उस पत्र में लिखी हुई रकम उसमें अंकित व्यक्ति को दे दी जाए।
- **यात्री चेकः** यात्रियों की सुविधा के लिए यात्री चेक बैंकों द्वारा जारी किये जाते हैं। कोई भी यात्री बैंक में निश्चित रकम जमा कर देने पर यात्री चेक प्राप्त कर सकता है। यात्री बैंक की किसी भी शाखा में यात्री चेक प्रस्तुत कर मुद्रा प्राप्त कर सकता है।
- **प्रतिज्ञा पत्र (Promissory):** यह एक प्रकार का साख पत्र होता है। इस पत्र में ऋणी की माँग पर या एक निश्चित अवधि के बाद उसमें अंकित रकम ब्याज सहित देने का वादा किया जाता है।
- **आर्बिट्रेजः** विभिन्न मुद्रा विनिमय बाजारों में जब किसी बाजार में मुद्रा का क्रय कम मूल्य पर किया जाए तथा उसे तुरंत दूसरे बाजारों में अधिक कीमतों पर विक्रय कर दिया जाए, तो इस क्रिया को आर्बिट्रेज कहते हैं।
- **एमोर्टाइजेशनः** किसी ऋण के निर्धारित ब्याज का जब पूर्ण भुगतान किया जाता है, तो उसे एमोर्टाइजेशन कहा जाता है।
- **स्टैगफ्लेशनः** यह अर्थव्यवस्था की वह अवस्था है जिसमें मुद्रास्फीति के साथ-साथ मंदी एवं बेरोजगारी की स्थिति होती है।
- **रिफ्लेशनः** आर्थिक मंदी की अवस्था में सरकार द्वारा कुछ ऐसे कदम उठाए जाते हैं जिससे लोगों की क्रयशक्ति में वृद्धि हो ताकि वस्तुओं की माँग बढ़े, इसके परिणामस्वरूप मूल्य स्तर में जो वृद्धि होती है उसे रिफ्लेशन कहा जाता है।
- **ब्लूचिप शेयरः** ब्लूचिप शेयर ऐसी कम्पनियों के शेयर होते हैं जिनका बाजार पूँजीकरण बहुत अधिक होता है और इनके बाजार मूल्यों में अपेक्षाकृत स्थिरता होती है।
- **ऐक्टिव शेयर (Active Share):** वैसे शेयर जिनका क्रय-विक्रय नियमित रूप से प्रतिदिन शेयर बाजार में होता है एक्टिव शेयर होते हैं।
- **डिफेंसिव शेयरः** इन शेयरों के मूल्यों में भारी उतार-चढ़ाव नहीं होता है। डिफेंसिव शेयरों पर वर्तमान लाभ तथा पूँजीगत लाभ सामान्य दर से बढ़ता है।
- **राइट शेयरः** किसी कंपनी द्वारा जारी नए शेयरों को क्रय करने का पहला अधिकार वर्तमान शेयरधारक का होता है। वर्तमान शेयरधारक के इस अधिकार को पूर्ण क्रय का अधिकार कहा जाता है तथा इस अधिकार के कारण उनको जो शेयर प्राप्त होता है, उसे राइट शेयर कहा जाता है।
- **बोनस शेयरः** जब किसी कम्पनी द्वारा अपने अर्जित लाभों में से रखे नये रिजर्व को शेयर के रूप में वर्तमान शेयरधारकों के मध्य आनुपातिक रूप से बाँट दिया जाता है तो इसे बोनस शेयर कहा जाता है।
- **पूर्वाधिकार शेयर (Preferencial Share):** पूर्वाधिकार शेयरों को कम्पनी द्वारा सर्वप्रथम लाभांश का भुगतान किया जाता है तथा लाभांश की दर निश्चित होती है। इसके अतिरिक्त यदि भविष्य में कंपनी का समापन होता है तो लेनदारों का भुगतान करने के बाद कम्पनी की सम्पत्तियों से वसूली गई राशि में से इस श्रेणी में शेयरधारक को अपनी पूँजी अन्य शेयरधारक की तुलना में पहले प्राप्त करने का अधिकार होता है।

- **कंट्रेरियन शेयर:** ऐसे शेयर बाजार की सामान्य प्रकृति के विपरीत व्यापार करते हैं अर्थात् बाजार में शेयरों के भाव में वृद्धि हो रही है तो इन शेयरों के भाव कम हो जाते हैं और यदि बाजार का रूख गिरावट का है तो इन शेयरों का मूल्य बढ़ जाता है।
- **इनसाइडर ट्रेडिंग:** कम्पनी की गुप्त सूचना के आधार पर अतिरिक्त मुनाफा कमाने के लिए सम्बन्धित कम्पनी के शेयरों में की गई खरीद-बिक्री इनसाइडर ट्रेडिंग कहलाती है।
- **फ्लोटिंग स्टॉक:** किसी कम्पनी की चुकता पूँजी का वह भाग फ्लोटिंग स्टॉक कहलाता है जो शेयर बाजार में क्रय-विक्रय के लिए उपलब्ध रहता है।
- **स्टैग:** स्टैग उन व्यक्तियों को कहा जाता है जो नई कंपनियों के इश्युओं में भारी मात्रा में शेयरों के लिए आवेदन करते हैं
- **शार्ट सेलिंग:** जब किसी शेयर कारोबारी द्वारा बाजार में उतनी मात्रा में शेयर बेच दिए जाते हैं जितना उसके पास वह शेयर पूर्व से होता नहीं है तब यह प्रक्रिया शार्ट सेलिंग कहलाती है।
- **तेजड़िया और मंदरिया (Bulls and Bears):** यह शेयर कारोबार से संबंधित शब्द हैं। स्टॉक एक्सचेंजों में तेजड़िया उस व्यक्ति को कहा जाता है जो स्टॉक की कीमत बढ़ाना चाहता है तथा मंदरिया उसे जो स्टॉक की कीमत घटाना चाहता है।
- **भागीदारी नोट्स:** विदेशी संस्थागत निवेशकों (FIIs) द्वारा उन निवेशकों को निर्गत किए जाते हैं जो भारतीय पूँजी बाजार में निवेश करना चाहते हैं, किन्तु अपना निबन्धन सेबी के साथ नहीं करना चाहते हैं।

वस्तुनिष्ठ प्रश्नावली

1. मिश्रित अर्थव्यवस्था किसका उल्लेख करती है?
A. भारी, लघु और कुटीर उद्योगों का सहअस्तित्व
B. कृषि के साथ-साथ कुटीर उद्योगों का संवर्द्धन
C. धनी और निर्धन दोनों का सहअस्तित्व
D. सार्वजनिक और निजी क्षेत्र दोनों का सहअस्तित्व

2. आर्थिक विकास के दृष्टिकोण से भारत की गिनती होती है–
A. पिछड़े राष्ट्र के रूप में
B. विकसित राष्ट्र के रूप में
C. विकासशील राष्ट्र के रूप में
D. अर्द्धविकसित राष्ट्र के रूप में

3. भारतीय अर्थव्यवस्था का कौन-सा क्षेत्र सकल राष्ट्रीय उत्पाद में सबसे अधिक योगदान करता है?
A. प्राथमिक क्षेत्र B. द्वितीयक क्षेत्र
C. तृतीयक क्षेत्र D. सार्वजनिक क्षेत्र

4. बन्द अर्थव्यवस्था (Closed economy) वह अर्थव्यवस्था है, जिसमें–
A. मुद्रापूर्ति पूर्णतः नियंत्रित होती है
B. घाटे की वित्त व्यवस्था होती है
C. केवल निर्यात होता है
D. न तो निर्यात, न ही आयात होता है

5. कपार्ट (CAPART) का मुख्यालय कहाँ स्थित है?
A. नई दिल्ली B. मुंबई
C. कोलकाता D. बेंगलुरु

6. सेल (SAIL) की स्थापना कब की गई थी?
A. 1984 में B. 1974 में
C. 1990 में D. 1964 में

7. निम्नलिखित में से कौन-सा मानव विकास सूचकांक का हिस्सा नहीं है?
A. स्वास्थ्य एवं पोषण
B. प्रतिव्यक्ति आय
C. जन्म के समय जीवन प्रत्याशा
D. सकल नाम निवेश दर

8. राज्य स्तरीय मानव विकास रिपोर्ट जारी करने वाला प्रथम राज्य है–
A. केरल B. मध्य प्रदेश
C. मिजोरम D. तमिलनाडु

9. प्रधानमंत्री जन आरोग्य योजना अधिकृत तौर पर कब प्रारम्भ हुई?
A. 25 सितम्बर, 2018
B. 1 अप्रैल, 2018
C. 15 अगस्त, 2018
D. 2 अक्टूबर, 2018

10. भारत में प्रच्छन्न बेरोजगारी सामान्यतः दिखती है–
A. कृषि क्षेत्र में B. फैक्टरी क्षेत्र में
C. सेवा क्षेत्र में D. इन सभी क्षेत्रों में

11. किसी देश का आर्थिक विकास किस पर निर्भर करता है?
A. प्राकृतिक संसाधन B. पूँजी निर्माण
C. बाजार का आकार D. उपर्युक्त सभी

12. मानव विकास सूचकांक किसने बनाया था?
A. UNCTAD B. ASEAN
C. IBRD D. UNDP

13. तेंदुलकर समिति ने भारत में गरीबी रेखा के नीचे की जनसंख्या का प्रतिशत कितना आकलित किया है?
A. 27.2% B. 37.2%
C. 22.2% D. 32.7%

14. किसी अर्थव्यवस्था में क्षेत्रों को सार्वजनिक और निजी में किस आधार पर वर्गीकृत किया जाता है?
A. कच्ची सामग्रियों का प्रयोग
B. आर्थिक गतिविधियों का स्वरूप
C. उद्यमों का स्वामित्व
D. रोजगार की शर्तें

15. 'ड्रेन का सिद्धान्त' (The Theory of Drain) किसने प्रतिपादित किया था?
A. बाल गंगाधर तिलक B. दादाभाई नौरोजी
C. गोपालकृष्ण गोखले D. गोविन्द राणाडे

16. भारत में राष्ट्रीय आय का आकलन सबसे पहले किसने किया था?
A. महालनोबिस B. दादाभाई नौरोजी
C. वी.के.आर.वी. राव D. सरदार पटेल

17. राष्ट्रीय आय है–
A. बाजार मूल्य पर निबल राष्ट्रीय उत्पाद
B. उत्पादन लागत पर निबल राष्ट्रीय उत्पाद
C. बाजार मूल्य पर निबल देशीय उत्पाद
D. उत्पादन लागत पर निबल देशीय उत्पाद

18. प्रतिव्यक्ति आय निकालने के लिए राष्ट्रीय आय को भाग दिया जाता है–
A. देश की कुल जनसंख्या से
B. कुल कार्यशील जनसंख्या से
C. देश के क्षेत्रफल से
D. प्रयुक्त पूँजी के परिमाण से

19. भारत में राष्ट्रीय आय का आकलन करने के लिए उत्तरदायी सरकारी एजेंसी है–
A. भारतीय सांख्यिकीय संगठन
B. भारतीय रिजर्व बैंक
C. राष्ट्रीय सांख्यिकीय संगठन
D. राष्ट्रीय अनुप्रयुक्त अर्थशास्त्र अनुसंधान परिषद्

20. निम्नलिखित में से आर्थिक विकास की बेहतर माप कौन-सी है?
A. सकल घरेलू उत्पाद B. प्रयोज्य आय
C. निबल राष्ट्रीय उत्पाद D. प्रतिव्यक्ति आय

21. मूल्यह्रास किसके बराबर होता है?
A. सकल राष्ट्रीय उत्पाद – निबल राष्ट्रीय उत्पादन
B. निबल राष्ट्रीय उत्पादन – सकल राष्ट्रीय उत्पादन
C. सकल राष्ट्रीय उत्पाद – वैयक्तिक आय
D. वैयक्तिक आय – वैयक्तिक कर

22. निम्नलिखित में से कौन-सी राष्ट्रीय आय के मापन की विधि नहीं है?
A. मूल्य वर्द्धित विधि B. आय विधि
C. निवेश विधि D. व्यय विधि

23. राष्ट्रीय आय निकालने के लिए NNP में से किसे घटाया जाता है?
A. अप्रत्यक्ष कर B. पूँजी उपभोग छूट
C. इमदाद (Subsidy) D. ब्याज

24. GNP और NNP निकालने के लिए निम्न में से किसे घटाया जाता है?
A. ह्रास B. ब्याज
C. कर D. इमदाद

25. प्रतिव्यक्ति आय–
A. $\frac{\text{निबल राष्ट्रीय उत्पाद}}{\text{कुल जनसंख्या}}$ B. $\frac{\text{कुल जनसख्या}}{\text{राष्ट्रीय आय}}$
C. $\frac{\text{सकल राष्ट्रीय उत्पाद}}{\text{कुल जनसख्या}}$ D. $\frac{\text{राष्ट्रीय आय}}{\text{कुल जनसख्या}}$

26. किसी देश का निबल राष्ट्रीय उत्पाद (NNP) होती है–
A. सकल घरेलू उत्पाद में मूल्य ह्रास भत्ते घटाकर
B. सकल घरेलू उत्पाद में विदेशों से निबल आय जोड़कर
C. सकल घरेलू उत्पाद में विदेशों से निबल आय घटाकर
D. सकल राष्ट्रीय उत्पाद में मूल्य ह्रास भत्ते घटाकर

27. निम्न में से किस क्षेत्र से भारत में सकल घरेलू उत्पाद (GDP) का सबसे बड़ा भाग प्राप्त होता है?
A. कृषि तथा संबंधित क्षेत्रों से
B. रक्षा तथा लोक प्रशासन से
C. सेवा क्षेत्र से
D. विनिर्माण, निर्माण, बिजली तथा गैस से

28. आय विधि से राष्ट्रीय आय का आकलन करते समय निम्नलिखित में से किसको शामिल नहीं किया जाता है?
A. किराया B. मिश्रित आय
C. पेंशन D. अवितरित आय

29. सकल घरेलू उत्पाद इसका मुद्रा मूल्य है–
A. वस्तुओं और सेवाओं के स्टॉक का
B. एक वर्ष में उत्पादित सभी अंतिम वस्तुओं और सेवाओं का
C. केवल बाजार के लिए उत्पादित वस्तुओं का
D. बाजार के लिए और अपने उपयोग के लिए उत्पादित वस्तुओं का

30. व्यय विधि के माध्यम से GNP की गणना में क्या शामिल नहीं किया जाता?
A. सकल घरेलू निजी निवेश
B. निबल विदेशी निवेश
C. मूल्यह्रास व्यय
D. निजी उपभोग व्यय

31. सॉफ्ट करेन्सी से तात्पर्य है–
A. वह मुद्रा जिसकी आपूर्ति मांग की अपेक्षा अधिक हो
B. वह मुद्रा जिसकी आपूर्ति मांग की अपेक्षा कम हो
C. वह मुद्रा जिसकी मांग और आपूर्ति दोनों स्थिर हो
D. उपर्युक्त में से कोई नहीं

32. बाजार के नियम के प्रस्तुतकर्ता थे–
A. जे.बी. से B. रिकार्डो
C. ए.सी. पिगाओ D. माल्थस

33. निम्नलिखित में वह वर्ग कौन है, जिसको मुद्रास्फीति के कारण सबसे अधिक हानि होती है?
A. देनदार
B. लेनदार
C. व्यापारी वर्ग
D. वास्तविक परिसम्पत्तियों के धारक

34. भारत में मुद्रास्फीति मापी जाती है–
A. थोक मूल्य सूचकांक द्वारा
B. शहरी और कामगारों के लिए उपभोक्ता मूल्य सूचकांक द्वारा
C. कृषि श्रमिकों के लिए उपभोक्ता मूल्य सूचकांक द्वारा
D. राष्ट्रीय आय अवस्फीति द्वारा

35. गिल्ट एज्ड बाजार किससे सम्बन्धित है?
A. कटे-फटे पुराने करेंसी नोट
B. सोना-चाँदी/सर्राफा
C. सरकारी प्रतिभूतियाँ
D. निगम ऋण-पत्र

36. भारतीय रिजर्व बैंक है–
A. वाणिज्यिक बैंक B. केन्द्रीय बैंक
C. सहकारी बैंक D. अग्रणी बैंक

37. आर.बी.आई. का मुख्यालय कहाँ पर स्थित है?
A. दिल्ली B. कोलकाता
C. मुम्बई D. चेन्नई

38. बैंक की नई शाखाएँ खोलने के लाइसेंस किसके द्वारा दिये जाते हैं?
A. वित्त मंत्रालय B. भारतीय बैंक संघ
C. आर.बी.आई. D. राज्यस्तरीय बैंकर समिति

39. भारतीय मुद्रा को पूर्ण परिवर्तनीय बनाया गया–
A. 1992-93 के केन्द्रीय बजट में
B. 1993-94 के केन्द्रीय बजट में
C. 1994-95 के केन्द्रीय बजट में
D. 1995-96 के केन्द्रीय बजट में

40. निम्नलिखित में से कौन मुद्रास्फीति के नियंत्रण की विधि नहीं है?
A. माँग पर नियंत्रण B. मुद्रा की पूर्ति पर नियंत्रण
C. ब्याज दर में कमी D. वस्तुओं की राशनिंग

41. मुद्रास्फीति से बाजार की वस्तुएँ–
A. सस्ती हो जाती हैं B. महँगी हो जाती हैं
C. बिल्कुल नहीं मिलती हैं D. प्रचुरता से मिलती हैं

42. भारतीय रिजर्व बैंक का लेखा वर्ष होता है–
A. अप्रैल-मार्च B. जुलाई-जून
C. अक्टूबर-सितम्बर D. जनवरी-दिसम्बर

43. दुर्गापुर इस्पात संयंत्र किसके सहयोग से बनाया गया था?
A. फ्रांस B. ब्रिटेन
C. अमेरिका D. जापान

44. निम्नलिखित में से एक भारतीय मौद्रिक नीति के बारे में निर्णय लेता है–
A. भारत के वित्त मंत्री B. भारतीय रिजर्व बैंक
C. भारत के प्रधानमंत्री D. अन्तर्राष्ट्रीय मौद्रिक कोष

45. बैंक नोट प्रेस कहाँ स्थित है?
A. नासिक B. देवास
C. नोएडा D. मुम्बई

46. भारत का सबसे बड़ा व्यावसायिक बैंक है–
A. पंजाब नेशनल बैंक B. आईसीआईसीआई बैंक
C. भारतीय स्टेट बैंक D. एचडीएफसी बैंक

47. भारत में सबसे अधिक ईंधन रिजर्व किसका है?
A. तेल B. गैस
C. कोयला D. जल

48. विश्व में आम तथा केले के उत्पादन में किस देश का प्रथम स्थान है?
A. भारत

B. अमेरिका
C. सिंगापुर
D. मलेशिया

49. राष्ट्रीय कृषि एवं ग्रामीण विकास बैंक की स्थापना किस पंचवर्षीय योजनावधि में की गई थी?
A. चौथी पंचवर्षीय योजना B. पाँचवीं पंचवर्षीय योजना
C. छठी पंचवर्षीय योजना D. सातवीं पंचवर्षीय योजना

50. राष्ट्रीय आवास बैंक किसका नियंत्रित उपक्रम है?
A. भारतीय रिजर्व बैंक
B. नाबार्ड
C. भारतीय यूनिट ट्रस्ट
D. भारतीय जीवन बीमा निगम

51. भारतीय लघु उद्योग विकास बैंक (SIDBI) का मुख्यालय कहाँ है?
A. लखनऊ B. मुम्बई
C. दिल्ली D. कोलकाता

52. केन्द्र सरकार द्वारा लाँच की गई प्रधानमंत्री वय वंदना योजना किससे संबंधित योजना है?
A. बैंकिंग B. पेंशन
C. बीमा D. दूरसंचार

53. भारतीय यूनिट ट्रस्ट (U.T.I.) की स्थापना किस वर्ष की गई?
A. 1961 में B. 1962 में
C. 1963 में D. 1964 में

54. भारत की सबसे बड़ी म्यूचुअल फण्ड संस्था है–
A. L.I.C. B. U.T.I.
C. Reliance D. S.B.I.

55. भारतीय जीवन बीमा निगम (L.I.C.) की स्थापना किस वर्ष की गई?
A. 1949 में B. 1956 में
C. 1952 में D. 1964 में

56. भारत में सर्वप्रथम म्यूचुअल फंड किसने प्रारंभ किया?
A. G.I.C. B. Tata Capital
C. U.T.I. D. L.I.C.

57. बीमा नियामक एवं विकास प्राधिकरण (I.R.D.A.) का मुख्यालय कहाँ हैं?
A. नई दिल्ली B. मुम्बई
C. हैदराबाद D. कोलकाता

58. आर.एन. मल्होत्रा समिति किस क्षेत्र में सुधारों से सम्बन्धित थी?
A. कर सुधार B. बीमार उद्योग
C. बीमा क्षेत्र D. चीनी उद्योग

59. भारत में प्रतिभूति बाजार का नियमन करने वाली संस्था कौन है?
A. सेबी B. इरडा
C. भारतीय रिजर्व बैंक D. एन.एस.ई.

60. भारतीय प्रतिभूति एवं विनिमय बोर्ड की स्थापना कब की गई?
A. 1988 में B. 1992 में
C. 1982 में D. 1984 में

61. 'बोवेस्पा' किस देश का स्टॉक एक्सचेंज है?
A. ब्राजील B. इटली
C. चीन D. जापान

62. भारत का सबसे पुराना स्टॉक एक्सचेंज कौन-सा है?
A. नेशनल स्टॉक एक्सचेंज
B. अहमदाबाद स्टॉक एक्सचेंज
C. बॉम्बे स्टॉक एक्सचेंज
D. दिल्ली स्टॉक एक्सचेंज

63. बॉम्बे स्टॉक एक्सचेंज का सूचकांक है–
A. सीएनएक्स निफ्टी B. सेन्सेक्स
C. DOLEX D. नैस्डैक

64. सी.एन.एक्स. निफ्टी किस स्टॉक एक्सचेंज का संवेदी सूचकांक है?
A. बॉम्बे स्टॉक एक्सचेंज
B. नेशनल स्टॉक एक्सचेंज
C. दिल्ली स्टॉक एक्सचेंज
D. अहमदाबाद स्टॉक एक्सचेंज

65. क्रिसिल (CRISIL) है
A. बैंक B. बीमा कम्पनी
C. डिपॉजिटरी D. क्रेडिट रेटिंग

66. 'ऑपरेशन फ्लड' कार्यक्रम का प्रारंभ कब हुआ था?
A. 1951 में B. 1975 में
C. 1970 में D. 1985 में

67. सस्ती मुद्रा का अर्थ है–
A. ब्याज की कम दर B. बचत का निम्न स्तर
C. आय का निम्न स्तर D. निम्न जीवन स्तर

68. भारतीय रिजर्व बैंक की खुला बाजार कार्यवाही का अर्थ है, क्रय और विक्रय–
A. वाणिज्यिक बिलों का B. विदेशी मुद्रा का
C. स्वर्ण का D. सरकारी बॉण्डों का

69. मुद्रा के अवमूल्यन के फलस्वरूप होता है–
A. निर्यात व्यापार का प्रसार
B. आयात व्यापार का संकुचन

C. आयात स्थानापत्ति का प्रसार
D. उपर्युक्त सभी

70. भारतीय रिजर्व बैंक का राष्ट्रीयकरण किया गया था?
A. 1947 में B. 1948 में
C. 1949 में D. 1951 में

71. भारत में कागजी नोट मुद्रा को जारी करने का पूर्ण अधिकार किसके पास है?
A. भारत सरकार B. वित्त आयोग
C. रिजर्व बैंक D. सेन्ट्रल बैंक ऑफ इंडिया

72. भारत में पहला ऋण वसूली न्यायाधिकरण किस शहर में स्थापित किया गया था?
A. दिल्ली B. जयपुर
C. कोलकाता D. बैंगलुरु

73. आई.एम.एफ. (IMF) के अनुसार हर सदस्य को अपनी वैध मुद्रा का सममूल्य घोषित करना होता है अमेरिकी डॉलर के रूप में और–
A. सिल्वर के रूप में
B. स्वर्ण के रूप में
C. पाउण्ड-स्टर्लिंग के रूप में
D. हीरे के रूप में

74. यदि धन (मुद्रा) बहुत अधिक हो और माल अथवा वस्तु बहुत कम हो तो वह स्थिति होती है–
A. अवस्फीति B. मुद्रास्फीति
C. मंदी D. गतिरोध

75. बैंक दर में परिवर्तन से प्रभावित होता है–
A. ब्याज की बाजार दर
B. निवेश के लिए चुनिंदा उद्योग
C. ऋण देने वाले बैंक
D. नकदी आरक्षण अनुपात

76. बैंक दर ब्याज की वह दर है, जिस पर–
A. वाणिज्यिक बैंक जनता से जमा लेते हैं
B. केन्द्रीय बैंक वाणिज्यिक बैंकों को ऋण देते हैं
C. सरकारी ऋण जारी किए जाते हैं
D. वाणिज्यिक बैंक अपने ग्राहकों को ऋण देते हैं

77. जिस विदेशी मुद्रा में शीघ्र देशांतरण की प्रवृत्ति हो, उसे कहते हैं–
A. दुर्लभ मुद्रा B. सुलभ मुद्रा
C. स्वर्ण मुद्रा D. गरम मुद्रा

78. सरकार अर्थोपाय ऋण (Ways and means advances) लेती है–
A. RBI से B. IDBI से
C. SBI से D. ICICI से

79. निम्नलिखित में से किसको वास्तविक मजदूरी (वेतन) का प्रमुख निर्धारक माना जाता है?
A. अतिरिक्त आमदनी B. कार्य की प्रकृति
C. पदोन्नति की संभावना D. मुद्रा की क्रय-शक्ति

80. निम्नलिखित भारतीय बैंकों में से कौन-सा एक राष्ट्रीयकृत बैंक नहीं है?
A. पंजाब नेशनल बैंक B. बैंक ऑफ बड़ौदा
C. फेडरल बैंक D. इंडियन बैंक

81. सहभागित नोट निम्नलिखित में से किस एक से सम्बन्धित है?
A. भारतीय संचित निधि
B. विदेशी संस्थागत निवेशक
C. संयुक्त राष्ट्र विकास कार्यक्रम
D. क्योटो प्रोटोकॉल

82. एमसीएक्स–एसएक्स (MCX-SX) क्या है?
A. एक तरह का सुपर कम्प्यूटर
B. चंद्रमा संबद्ध अन्वेषी का नाम
C. ऑनलाइन स्टॉक एक्सचेंज
D. नाभिकीय शक्तियुक्त पनडुब्बी

83. भारतीय रिजर्व बैंक के द्वारा नकद कोष अनुपात में कमी की जाती है, तो इसका साख सृजन पर प्रभाव होगा–
A. वृद्धि B. कमी
C. कोई प्रभाव नहीं D. कोई अन्य नहीं

84. एक रुपये के नोट पर हस्ताक्षर होते हैं–
A. वित्त मंत्रालय के सचिव के
B. गवर्नर, भारतीय रिजर्व बैंक के
C. वित्त मंत्री के
D. इनमें से किसी के नहीं

85. बैंक दर वह दर है, जिस पर–
A. एक बैंक पब्लिक को उधार देता है
B. RBI पब्लिक को उधार देता है
C. RBI वाणिज्यिक बैंकों को उधार देता है
D. भारत सरकार अन्य देशों को उधार देती है

86. वह कौन-सा बैंक है, जिसने कृषकों के पास पहुँचने के लिए 'किसान क्लब' बनाए हैं?
A. क्षेत्रीय ग्रामीण बैंक B. पंजाब नेशनल बैंक
C. भारतीय स्टेट बैंक D. इलाहाबाद बैंक

87. भारत में रुपए का अवमूल्यन पहली बार जिस वर्ष किया गया था, वह था–
A. 1949 B. 1966
C. 1972 D. 1990

88. नई मुद्रा 'यूरो' किस वर्ष में प्रारंभ की गई?
A. 1996 में B. 1997 में
C. 1998 में D. 1999 में

89. किसी अर्थव्यवस्था में मुद्रा के मूल्य और कीमत स्तर के बीच सम्बन्ध होता है–
A. अनुलोम B. प्रतिलोम
C. समानुपातिक D. स्थिर

90. भारत में सिक्के जारी करने के लिए कौन अधिकृत है?
A. भारतीय रिजर्व बैंक B. वित्त मंत्रालय
C. इण्डियन ओवरसीज बैंक D. भारतीय स्टेट बैंक

91. भारतीय रिजर्व बैंक करेंसी नोट जारी करता है–
A. नियत प्रत्ययी प्रणाली के अंतर्गत
B. अधिकतम प्रत्ययी प्रणाली के अंतर्गत
C. नियत न्यूनतम आरक्षण प्रणाली के अन्तर्गत
D. अनुपाती आरक्षण प्रणाली के अन्तर्गत

92. स्टैगफ्लेशन की स्थिति है–
A. गतिरोध और अवस्फीति की
B. गतिरोध और मंदी की
C. गतिरोध और मुद्रास्फीति की
D. गतिरोध और पुनरूत्थान की

93. किस वर्ष नाबार्ड की स्थापना हुई?
A. 1992 B. 1982
C. 1962 D. 1952

94. मुद्रा आपूर्ति किसके द्वारा नियंत्रित की जाती है?
A. नीति आयोग B. वित्त आयोग
C. आर.बी.आई. D. व्यापारिक बैंक

95. भारत में ग्रामीण अवस्थापना विकास कोष कार्यक्रम को क्रियान्वित करने वाली मुख्य संस्था है–
A. नाबार्ड B. राज्य सहकारी बैंक
C. आर.बी.आई. D. एस.बी.आई.

96. ग्रामीण बैंकों की कार्यकारी समूह की सिफारिशों के फलस्वरूप शुरू में 5 ग्रामीण प्रादेशिक बैंक स्थापित किये गये थे, वर्ष–
A. 1973 में B. 1974 में
C. 1975 में D. 1976 में

97. फेडरल रिजर्व निम्नलिखित में से किस देश का एक वित्तीय संगठन है?
A. यू.एस.ए. B. ब्रिटेन
C. जर्मनी D. ग्रीस

98. भारत में ट्रेजरी बिल बेचे जाते हैं–
A. आर.बी.आई. द्वारा B. राज्य सरकारों द्वारा
C. व्यापारिक बैंकों द्वारा D. सेबी द्वारा

99. निम्नलिखित में कौन माल के आयात हेतु विदेशी विनिमय को स्वीकृति देता है?
A. कोई भी राष्ट्रीयकृत बैंक
B. विनिमय बैंक
C. भारतीय रिजर्व बैंक
D. वित्त मंत्रालय

100. अल्पकालिक सरकारी प्रतिभूति पत्र को क्या कहा जाता है?
A. शेयर B. डिबेंचर
C. म्यूचुअल फंड D. ट्रेजरी बिल

101. भारत में व्यापारिक बैंकों की देनदारी के घटकों में निम्नलिखित में से सबसे महत्वपूर्ण कौन है?
A. सावधि जमा धनराशि B. माँग जमा धनराशि
C. अन्तर बैंक देनदारियाँ D. अन्य उधार

102. मुद्रास्फीति की उच्च दर और बेरोजगारी की उच्च दर की एक साथ उपस्थिति को क्या कहते हैं?
A. गतिरोध B. स्टैग्फ्लेशन
C. चलस्फीति D. अवस्फीति

103. दुर्लभ मुद्रा किसे कहते हैं?
A. ऐसी मुद्रा जो ऋण के बदले चुकायी जाती है
B. ऐसी मुद्रा जो सोने के रूप में हो
C. ऐसी मुद्रा जो आसानी से सुलभ हो
D. ऐसी मुद्रा जो आसानी से सुलभ न हो

104. वाणिज्यिक बैंकों द्वारा भारतीय रिजर्व बैंक के पास रखे हुए सांविधिक न्यूनतम से अधिक रिजर्व कहलाते हैं–
A. नकदी रिजर्व B. जमा रिजर्व
C. बेसिक रिजर्व D. क्षणिक रिजर्व

105. किसी अर्थव्यवस्था में निम्न में से कौन-सा ऐसा कार्य है, जो केन्द्रीय बैंक के कार्यों में शामिल नहीं है?
A. विदेशी मुद्रा विनिमय का कार्य
B. मौद्रिक नीति पर नियंत्रण
C. सरकारी खर्च पर नियंत्रण
D. बैंकर का बैंक के रूप में कार्य

106. निम्नलिखित में से कौन-सी मुद्रा/मुद्राएँ कृत्रिम समझी जाती है?
A. ADR B. GDR
C. SDR D. AAR व SCR दोनों

107. भारत में सभी राष्ट्रीयकृत बैंकों में बचत खातों पर दी जाने वाली ब्याज दर किसके द्वारा निर्धारित की जाती है?
A. केन्द्रीय वित्त मंत्रालय B. केन्द्रीय वित्त आयोग
C. भारतीय बैंक संघ D. इनमें से कोई नहीं

108. आर्थिक विकास सामान्यतः युग्मित होता है–
A. अवस्फीति के साथ B. स्फीति के साथ
C. स्टैगफ्लेशन के साथ D. अतिस्फीति के साथ

109. भारतीय रिजर्व बैंक की बैंक दर कम करने के फलस्वरूप–
A. बाजार की तरलता बढ़ जाती है
B. बाजार की तरलता घट जाती है
C. बाजार की तरलता पर कोई प्रभाव नहीं पड़ता है
D. वाणिज्यिक बैंक अधिक जमा पूँजी संगृहीत कर लेते हैं

110. निम्नलिखित में से कौन-सी वाणिज्यिक शब्दावली उस क्रियाविधि को इंगित करती है जिसके माध्यम से वाणिज्यिक बैंक सरकार को उधार देता है?
A. नकदी रिजर्व अनुपात (CRR)
B. ऋण सेवा दायित्व (DSO)
C. तरलता समायोजन सुविधा
D. सांविधिक तरलता अनुपात (SLR)

111. जब भारतीय रिजर्व बैंक नकदी रिजर्व अनुपात (CRR) में वृद्धि की घोषणा करता है, तो उसका तात्पर्य क्या है?
A. वाणिज्यिक बैंकों के पास उधार देने के लिए कम मुद्रा होगी
B. भारतीय रिजर्व बैंक के पास उधार देने के लिए मुद्रा होगी
C. केन्द्र सरकार के पास उधार देने के लिए कम मुद्रा होगी
D. वाणिज्यिक बैंकों के पास उधार देने के लिए अपेक्षाकृत अधिक मुद्रा होगी

112. इनसाइडर ट्रेडिंग सम्बन्धित है–
A. सार्वजनिक व्यय से B. करारोपण से
C. शेयर बाजार से D. हवाला से

113. निम्नलिखित में से कौन-सा वैकल्पिक धन का उदाहरण है?
A. करेंसी नोट B. सिक्के
C. चेक D. बॉण्ड

114. भारत में निम्नलिखित में से कौन-सा वायदा बाजार आयोग द्वारा विनियमित होता है?
A. मुद्रा फ्यूचर्स व्यापार
B. जिंस फ्यूचर्स व्यापार
C. इक्विटी फ्यूचर्स व्यापार
D. जिंस फ्यूचर्स एवं इक्विटी फ्यूचर्स व्यापार दोनों

115. सेंट्रल बैंक (केन्द्रीय बैंक) के परिमाणात्मक उधार नियंत्रण उपाय में निम्नलिखित में से क्या शामिल नहीं है?
A. बैंक दर नीति B. खुला बाजार प्रचलन
C. नकदी रिजर्व अनुपात D. नैतिक दबाव

116. सरकारी विमानन कंपनी एयर इंडिया का निम्नलिखित में से किसके द्वारा अधिग्रहण कर लिया गया है?
A. रिलायंस B. टाटा
C. गोयनका D. भारती

117. भारत में वर्तमान मुद्रा प्रणाली का प्रबंधकर्ता है–
A. केन्द्रीय वित्त मंत्रालय B. भारतीय रिजर्व बैंक
C. राष्ट्रीयकृत बैंक D. सेबी

118. निम्नलिखित में से कौन-सी समिति बैंकिंग क्षेत्र में सुधारों से सम्बन्धित है?
A. एल.सी. गुप्ता B. नरसिम्हन
C. चक्रवर्ती D. केलकर

119. भारत में मौद्रिक नीति किसके द्वारा बनायी और लागू की जाती है?
A. केन्द्र सरकार
B. एसोचैम
C. भारतीय रिजर्व बैंक
D. फिक्की

120. केन्द्र सरकार का पहला डिजिटल बजट किस वर्ष लोकसभा में पेश किया गया?
A. 2019–20 B. 2020–21
C. 2021–22 D. 2022–23

121. भारत में विदेशी विनिमय संचय का रख-रखाव किसके द्वारा किया जाता है?
A. भारतीय रिजर्व बैंक
B. भारतीय स्टेट बैंक
C. वित्त मंत्रालय, भारत सरकार द्वारा
D. भारतीय आयात-निर्यात बैंक द्वारा

122. निम्नलिखित में से कौन-सी संस्था भारत में कृषि एवं ग्रामीण विकास के लिए ऋण से सम्बन्धित कार्य करती है?
A. IDBI B. NABARD
C. SIDBI D. ICICI

123. निम्नलिखित में से किस पद का सम्बन्ध RBI के कार्य से नहीं है?
A. खुला बाजार परिचालन
B. आरक्षित नकदी निधि अनुपात
C. SENSEX
D. चलनिधि समायोजन सुविधा

124. बैंकों की निम्नलिखित में से कौन-सी सेवा/उत्पाद विशेषत: छात्रों की सहायता के लिए तैयार किया गया है?
A. वैयक्तिक ऋण B. कॉर्पोरेट ऋण
C. शिक्षा ऋण D. कारोबार ऋण

125. भारत में बैंकों का पहली बार राष्ट्रीयकरण कब हुआ था?
A. 1950 में B. 1960 में
C. 1969 में D. 1979 में

126. विशेष आर्थिक क्षेत्र की अवधारणा सबसे पहले कहाँ शुरू की गई थी?
A. चीन में
B. भारत में
C. जापान में
D. पाकिस्तान में

127. भारत में वस्तुओं को पेटेंट कितने वर्षों की अवधि के लिए जारी किया जाता है
A. 10
B. 15
C. 20
D. 25

128. देश में जीएसटी का प्रावधान किस संविधान संशोधन अधिनियम के तहत किया गया है?
A. 115 वाँ
B. 122 वाँ
C. 101 वाँ
D. 123 वाँ

129. केन्द्र सरकार की नई 'स्टैण्ड अप इंडिया' योजना निम्नलिखित में से किस वर्ग के लाभार्थ है?
A. अनु. जाति
B. अनु. जनजाति
C. महिलाएं
D. इनमें से सभी के

130. निम्नलिखित में से कौन-सा स्टील संयंत्र भारत में 1965 में प. जर्मनी के सहयोग से शुरू हुआ था?
A. जमशेदपुर टाटा स्टील संयंत्र
B. राउरकेला स्टील संयंत्र
C. दुर्गापुर स्टील संयंत्र
D. बोकारो स्टील संयंत्र

131. एग्मार्क किसके मानक की गारंटी है?
A. गुणवत्ता
B. मात्रा
C. वजन
D. आकार

132. भारत में थोक मूल्य सूचकांक का आधार वर्ष अब क्या है?
A. 2004-05
B. 2011-12
C. 2009-10
D. 2010-11

133. भारत में रासायनिक उर्वरकों के दो बड़े उपभोक्ता हैं–
A. आंध्र प्रदेश एवं महाराष्ट्र
B. पंजाब एवं हरियाणा
C. पंजाब एवं उत्तर प्रदेश
D. उत्तर प्रदेश एवं आंध्र प्रदेश

134. शर्करा फैक्ट्रियों की अधिकतम संख्या कहाँ पर है?
A. उत्तर प्रदेश
B. बिहार
C. तमिलनाडु
D. असम

135. भारत में पूँजी प्रधान उद्योग का सर्वोत्तम उदाहरण है–
A. वस्त्र उद्योग
B. इस्पात उद्योग
C. पर्यटन उद्योग
D. खेलकूद के सामान का उद्योग

136. बहुराष्ट्रीय कंपनी से क्या तात्पर्य है?
A. ऐसा व्यक्ति जो कई देशों में जा चुका हो
B. ऐसी कंपनी जो कई देशों में अपना कार्य संचालन करती है
C. ऐसा व्यक्ति जिसके पास कई देशों की नागरिकता है
D. विकासशील देशों की सहायता के लिए स्थापित संगठन

137. 16वें वित्त आयोग के अध्यक्ष कौन हैं?
A. डॉ. अरविन्द पनगढ़िया
B. वाई.वी. रेड्डी
C. डॉ. राजीव कुमार
D. नितिन गुप्ता

138. निम्नलिखित में से कौन-सी एक भारत की सबसे बड़ी सॉफ्टवेयर कंपनी है?
A. इन्फोसिस
B. टी.सी.एस.
C. विप्रो
D. एच.सी.एल. टेक

139. इस समय भारत का सबसे बड़ा तेलशोधक कारखाना निम्न में से कौन-सा है?
A. रिलायंस, जामनगर रिफाइनरी
B. IOC, मथुरा
C. HPCL, विशाखापत्तनम
D. BPCL, मुम्बई

140. भारत के किस राज्य को 'चीनी का कटोरा' कहा जाता है?
A. उत्तर प्रदेश
B. पंजाब
C. आंध्र प्रदेश
D. बिहार

141. भारत में मिल निर्मित कपड़े का सर्वाधिक उत्पादन प्राप्त होता है–
A. मध्य प्रदेश से
B. गुजरात से
C. महाराष्ट्र से
D. पंजाब से

142. नवरत्न स्टेटस सम्बन्धित है–
A. संयुक्त उद्यम कंपनी से
B. निजी कंपनी से
C. सार्वजनिक कंपनी से
D. पावर सेक्टर कम्पनी से

143. भारत निर्माण योजना का सम्बन्ध है–
A. अवस्थापन विकास से
B. खाद्यान्न उत्पादन आत्मनिर्भरता से
C. परिवार कल्याण कार्यक्रम से
D. उपर्युक्त में से कोई नहीं

144. निम्नलिखित में से किसकी दृष्टि से भारतीय अर्थव्यवस्था में कुटीर तथा लघु उद्योग आवश्यक है?
A. आय सृजन
B. बड़े पैमाने पर उत्पादन
C. अल्प लागत प्रौद्योगिकी
D. रोजगार सृजन

145. निम्नलिखित में से उत्पादन का सर्वाधिक गतिशील कारक कौन-सा है?

A. भूमि B. श्रम
C. पूँजी D. संगठन

146. निम्नलिखित में से कौन-सा भारतीय अर्थव्यवस्था का प्रमुख लक्षण है?

A. पूँजीवादी अर्थव्यवस्था B. समाजवादी अर्थव्यवस्था
C. मिश्रित अर्थव्यवस्था D. उपर्युक्त में से कोई नहीं

147. विश्व बैंक से आशय है–

A. IBRD
B. IBRD & IDA
C. IBRD, IDA, IFC & MIGA
D. IBRD, IDA, IFC, MIGA & ICSID

148. भारत में श्वेत क्रांति के जनक माने जाते हैं–

A. डॉ. वी. कुरियन B. श्री एस.एच. राव
C. श्री एस.के. भारद्वाज D. श्री मोरारजी देसाई

149. भारत में हरित क्रांति का जनक किसे माना जाता है?

A. नॉर्मन अर्नेस्ट बॉरलोग B. एम.एस. स्वामीनाथन
C. जे.एस. थॉमसन D. इनमें से कोई नहीं

150. ऑपरेशन फ्लड किस कार्य से सम्बन्धित है?

A. दुग्ध उत्पादन B. गेहूँ उत्पादन
C. बाढ़ नियंत्रण D. जल संचयन

उत्तरमाला

1	**2**	**3**	**4**	**5**	**6**	**7**	**8**	**9**	**10**
D	C	C	D	A	B	A	B	A	A
11	**12**	**13**	**14**	**15**	**16**	**17**	**18**	**19**	**20**
D	D	B	C	B	B	B	A	C	D
21	**22**	**23**	**24**	**25**	**26**	**27**	**28**	**29**	**30**
A	C	A	A	C	D	C	D	B	C
31	**32**	**33**	**34**	**35**	**36**	**37**	**38**	**39**	**40**
A	A	B	A	B	B	C	C	B	C
41	**42**	**43**	**44**	**45**	**46**	**47**	**48**	**49**	**50**
B	B	B	B	B	C	C	A	C	A
51	**52**	**53**	**54**	**55**	**56**	**57**	**58**	**59**	**60**
A	B	D	B	B	C	C	C	A	A
61	**62**	**63**	**64**	**65**	**66**	**67**	**68**	**69**	**70**
A	C	B	B	B	C	A	D	D	C
71	**72**	**73**	**74**	**75**	**76**	**77**	**78**	**79**	**80**
C	C	C	B	A	B	D	A	D	C
81	**82**	**83**	**84**	**85**	**86**	**87**	**88**	**89**	**90**
B	C	A	A	C	A	A	D	B	B
91	**92**	**93**	**94**	**95**	**96**	**97**	**98**	**99**	**100**
C	C	B	C	A	C	A	A	C	D
101	**102**	**103**	**104**	**105**	**106**	**107**	**108**	**109**	**110**
A	B	D	A	C	C	D	B	A	D
111	**112**	**113**	**114**	**115**	**116**	**117**	**118**	**119**	**120**
A	C	C	B	D	B	B	B	C	C
121	**122**	**123**	**124**	**125**	**126**	**127**	**128**	**129**	**130**
A	B	A	C	C	A	C	C	D	B
131	**132**	**133**	**134**	**135**	**136**	**137**	**138**	**139**	**140**
A	B	B	A	B	B	A	B	A	A
141	**142**	**143**	**144**	**145**	**146**	**147**	**148**	**149**	**150**
B	C	A	D	C	C	D	A	B	A

☆☆☆☆☆☆

भारतीय राजव्यवस्था

भारत का संविधान

- संविधान का निर्माण भारतीय जनता द्वारा चुने गए प्रतिनिधियों की संविधान सभा द्वारा किया गया।
- संविधान सभा का प्रथम अधिवेशन 9 दिसम्बर, 1946 को दिल्ली में हुआ जिसकी अध्यक्षता डॉ. सच्चिदानंद सिन्हा ने की थी।
- 11 दिसम्बर, 1946 को डॉ. राजेन्द्र प्रसाद को संविधान सभा का स्थायी अध्यक्ष नियुक्त किया गया।
- डॉ. भीमराव अम्बेडकर की अध्यक्षता में सात सदस्यों वाली प्रारूप समिति ने संविधान का अन्तिम रूप से निर्माण किया।
- 26 नवम्बर, 1949 को संविधान अंगीकृत किया गया तथा 26 जनवरी, 1950 से इसे सम्पूर्ण भारत में लागू किया गया। इसी कारण 26 जनवरी को गणतंत्र दिवस मनाया जाता है।
- 26 नवम्बर, 1949 को पारित भारतीय संविधान में 22 भाग, 395 अनुच्छेद तथा 8 अनुसूचियां थी।
- भारतीय संविधान का लगभग दो-तिहाई भाग 'भारत शासन अधिनियम 1935' से लिया गया था।
- संविधान की प्रस्तावना को संविधान की कुंजी कहा जाता है।
- संविधान के 42वें संशोधन अधिनियम 1976 के द्वारा इसमें 'पन्थ निरपेक्ष' तथा 'समाजवादी' एवं 'अखंडता' शब्द जोड़े गए।
- भारतीय संविधान के निर्माण में विभिन्न देशों के संविधान से उनके महत्वपूर्ण तत्व समावेशित किए गए थे।

भारतीय संविधान में विदेशी तत्व

राष्ट्र	विविध स्रोत
• संयुक्त राज्य अमेरिका	मौलिक अधिकार, न्यायिक पुनर्विलोकन, संविधान की सर्वोच्चता, न्यायपालिका की स्वतंत्रता, निर्वाचित राष्ट्रपति एवं उस पर महाभियोग, उपराष्ट्रपति का पद, उच्चतम एवं उच्च न्यायालयों के न्यायाधीशों को हटाने की विधि एवं वित्तीय आपात।
• ब्रिटेन	संसदीय शासन प्रणाली; एकल नागरिकता व विधि निर्माण प्रक्रिया।
• आयरलैंड	नीति निर्देशक तत्व, राष्ट्रपति के निर्वाचक मंडल की व्यवस्था, आपातकालीन उपबंध।
• ऑस्ट्रेलिया	प्रस्तावना की भाषा, समवर्ती सूची का प्रावधान, केन्द्र व राज्यों के बीच संबंध तथा शक्तियों का विभाजन।
• सोवियत संघ (रूस)	मौलिक कर्त्तव्य।
• जापान	विधि द्वारा स्थापित प्रक्रिया।
• फ्रांस	गणतंत्रात्मक शासन पद्धति।
• कनाडा	संघात्मक शासन व्यवस्था एवं अवशिष्ट शक्तियों का केन्द्र के पास होना।
• द. अफ्रीका	संविधान संशोधन की प्रक्रिया का प्रावधान।
• जर्मनी	आपातकाल के प्रवर्तन के दौरान राष्ट्रपति को मौलिक अधिकारों से संबंधित शक्तियां।

भारतीय संविधान की अनुसूचियाँ

- **पहली अनुसूचीः** इसमें भारतीय संघ के घटक राज्यों एवं संघ शासित क्षेत्रों का उल्लेख है।
- **दूसरी अनुसूचीः** इसमें भारतीय राजव्यवस्था के विभिन्न पदाधिकारियों को प्राप्त होने वाले वेतन, भत्ते और पेन्शन आदि का उल्लेख है।
- **तीसरी अनुसूचीः** इसमें विभिन्न पदाधिकारियों द्वारा पद-ग्रहण के समय लिये जाने वाले शपथ का उल्लेख है।

- **चौथी अनुसूचीः** इसमें विभिन्न राज्यों तथा संघीय क्षेत्रों की राज्य सभा में प्रतिनिधित्व का विवरण दिया गया है।
- **पाँचवीं अनुसूचीः** इसमें विभिन्न अनुसूचित क्षेत्रों और अनुसूचित जनजाति के प्रशासन और नियंत्रण के बारे में उल्लेख है।
- **छठी अनुसूचीः** इसमें असम, मेघालय, त्रिपुरा और मिजोरम राज्यों के जनजाति क्षेत्रों के प्रशासन का प्रावधान है।
- **सातवीं अनुसूचीः** इसमें केन्द्र और राज्यों के बीच शक्तियों के बँटवारे के बारे में उल्लेख है। इसके अन्तर्गत तीन सूचियाँ हैं–संघ सूची, राज्य सूची और समवर्ती सूची।
- **आठवीं अनुसूचीः** इसमें भारत की 22 भाषाओं का उल्लेख है।
- **नौवीं अनुसूचीः** संविधान में यह अनुसूची प्रथम संविधान संशोधन अधिनियम, 1951 द्वारा जोड़ी गई। इसके अन्तर्गत राज्य द्वारा सम्पत्ति के अधिग्रहण की विधियों का उल्लेख है।
- **दसवीं अनुसूचीः** यह संविधान में 52वें संशोधन (1985), द्वारा जोड़ी गई। इसमें दल-बदल से सम्बन्धित प्रावधानों का उल्लेख है।
- **ग्यारहवीं अनुसूचीः** यह अनुसूची 73वें संवैधानिक संशोधन (1993) द्वारा जोड़ी गई। इसमें पंचायती राज संस्थाओं को कार्य करने के लिए 29 विषय प्रदान किए गए हैं।
- **बारहवीं अनुसूचीः** यह अनुसूची 74वें संवैधानिक संशोधन (1993) द्वारा जोड़ी गई। इसमें शहरी क्षेत्र की स्थानीय स्वशासन संस्थाओं को कार्य करने के लिए 18 विषय दिए गए हैं।

भारतीय संविधान के कुछ महत्वपूर्ण अनुच्छेद

अनुच्छेद	*प्रावधान*
• अनुच्छेद 1	संघ का नाम और उसका राज्य क्षेत्र
• अनुच्छेद 2	नये राज्यों का प्रवेश व स्थापना
• अनुच्छेद 3	नये राज्यों का निर्माण और वर्तमान राज्यों के क्षेत्रों, सीमाओं और नामों में परिवर्तन
• अनुच्छेद 5-11	नागरिकता के प्रावधान
• अनुच्छेद 12-35	मौलिक अधिकारों का प्रावधान
• अनुच्छेद 36-51	राज्य के नीति-निदेशक तत्व
• अनुच्छेद 51(क)	मौलिक कर्त्तव्य
• अनुच्छेद 52-73	भारत के राष्ट्रपति एवं उपराष्ट्रपति
• अनुच्छेद 74-75	मंत्रिपरिषद् की व्यवस्था एवं उसके कार्य
• अनुच्छेद 76	भारत का महान्यायवादी
• अनुच्छेद 79	संसद का गठन
• अनुच्छेद 80	राज्य सभा की संरचना
• अनुच्छेद 81	लोक सभा की संरचना
• अनुच्छेद 89	राज्य सभा का सभापति एवं उपसभापति
• अनुच्छेद 93	लोक सभा का अध्यक्ष एवं उपाध्यक्ष
• अनुच्छेद 108	कुछ दशाओं में दोनों सदनों की संयुक्त बैठक
• अनुच्छेद 109	धन विधेयक के सम्बन्ध में विशेष प्रक्रिया
• अनुच्छेद 110	धन विधेयक की परिभाषा
• अनुच्छेद 112	वार्षिक वित्तीय विवरण

अनुच्छेद	*प्रावधान*
• अनुच्छेद 124	उच्चतम न्यायालय की स्थापना और गठन
• अनुच्छेद 143	उच्चतम न्यायालय से परामर्श करने की राष्ट्रपति की शक्ति
• अनुच्छेद 148	भारत का नियंत्रक महालेखा परीक्षक
• अनुच्छेद 149	नियंत्रक एवं महालेखा परीक्षक के कर्त्तव्य और शक्तियाँ
• अनुच्छेद 153-162	राज्यपाल की नियुक्ति व अधिकार
• अनुच्छेद 163-164	राज्य की मंत्रिपरिषद्
• अनुच्छेद 165	राज्य का महाधिवक्ता
• अनुच्छेद 168-177	राज्य का विधानमंडल
• अनुच्छेद 178-187	राज्य विधानमंडल के अधिकारी
• अनुच्छेद 188-193	राज्य विधानमंडल का कार्य संचालन
• अनुच्छेद 216	उच्च न्यायालय का गठन
• अनुच्छेद 226	कुछ रिट निकालने की उच्च न्यायालय की शक्ति
• अनुच्छेद 233	जिला न्यायाधीशों की नियुक्ति
• अनुच्छेद 239-241	संघ राज्य क्षेत्र
• अनुच्छेद 243-243(ण)	पंचायती राज का गठन व इसके अन्य उपबन्ध
• अनुच्छेद 243(त) से 243(य, छ)	नगरपालिकाएँ व इसके अन्य उपबंध

अनुच्छेद	प्रावधान
• अनुच्छेद 248	अवशिष्ट विधायी शक्तियां
• अनुच्छेद 249	राज्य की सूची के विषयों के संबंध में राष्ट्रीय हित में विधि बनाने की संसद की शक्ति
• अनुच्छेद 250	यदि आपात की उद्घोषणा प्रवर्तन में हो तो राज्यसूची के विषय के संबंध में विधि बनाने की संसद की शक्ति
• अनुच्छेद 253	अन्तर्राष्ट्रीय करारों को प्रभावी करने के लिए विधान
• अनुच्छेद 262	अन्तरार्ज्यिक नदियों या नदी के जल संबंधी विवादों का न्यायनिर्णयन
• अनुच्छेद 263	अन्तर्राज्य परिषद् के संबंध में उपबंध
• अनुच्छेद 266	भारत और राज्यों की संचित निधियां और लोक लेखा
• अनुच्छेद 267	आकस्मिक निधि
• अनुच्छेद 280	वित्त आयोग का गठन
• अनुच्छेद 300(क)	विधि के प्राधिकार के बिना व्यक्तियों को सम्पत्ति से वंचित न किया जाना
• अनुच्छेद 312	अखिल भारतीय सेवाएं
• अनुच्छेद 315	संघ और राज्यों के लिए लोक सेवा आयोग
• अनुच्छेद 324	भारत का निर्वाचन आयोग
• अनुच्छेद 326	लोक सभा और राज्यों की विधान सभाओं के लिए निर्वाचन में वयस्क मताधिकार का होना
• अनुच्छेद 330	लोक सभा में अनुसूचित जातियों और जनजातियों के लिए स्थानों का आरक्षण
• अनुच्छेद 331	लोक सभा में आंग्ल-भारतीय समुदाय का प्रतिनिधित्व
• अनुच्छेद 332	राज्यों की विधान सभा में अनुसूचित जातियों और अनुसूचित जनजातियों के लिए स्थानों का आरक्षण
• अनुच्छेद 333	राज्य की विधानसभाओं में आंग्ल- भारतीय समुदाय का प्रतिनिधित्व
• अनुच्छेद 343	संघ की भाषा
• अनुच्छेद 344	राजभाषा के संबंध में आयोग और संसद की समिति
• अनुच्छेद 348	उच्चतम न्यायालय और उच्च न्यायालयों में और अधिनियमों, विधेयकों आदि के लिए प्रयोग की जाने वाली भाषा
• अनुच्छेद 350 (क)	प्राथमिक स्तर पर मातृभाषा में शिक्षा की सुविधाएं
• अनुच्छेद 351	हिन्दी भाषा के विकास के लिए निर्देश
• अनुच्छेद 352	आपात की उद्घोषणा
• अनुच्छेद 356	राज्यों में सांविधिक तंत्र के विफल हो जाने की दशा में उपबंध
• अनुच्छेद 358	आपात के दौरान अनुच्छेद 19 के उपबंधों का निलंबन
• अनुच्छेद 360	वित्तीय आपात के बारे में उपबंध
• अनुच्छेद 368	संविधान का संशोधन करने की संसद की शक्ति और उसके लिए प्रक्रिया

नागरिकता (भाग-2, अनुच्छेद 5 से 11)

- भारत में एकल नागरिकता का प्रावधान किया गया है।
- भारतीय नागरिकता अधिनियम, 1955 के अनुसार निम्नलिखित में से किसी एक आधार पर नागरिकता प्राप्त की जा सकती है–

1. **जन्मजातः** इसके अन्तर्गत 26 जनवरी, 1950 तथा उसके बाद भारत में जन्म लेने वाला व्यक्ति भारत का जन्मजात नागरिक होगा। इस नियम के दो अपवाद हैं– प्रथम, विदेशी राजनयिकों के भारत में जन्मे बच्चे। द्वितीय, शत्रुओं के अधीन भारत के किसी भाग में उत्पन्न बच्चे।
2. **वंशानुगतः** 26 जनवरी, 1950 तथा उसके उपरान्त भारत के बाहर जन्म लेने वाला बच्चा वंशानुक्रम से भारत का ही नागरिक कहलाएगा, यदि उसके जन्म के समय उसका पिता भारत का नागरिक हो।
3. **देशीयकरण द्वाराः** भारत सरकार से देशीयकरण का प्रमाण-पत्र प्राप्त कर भारत की नागरिकता प्राप्त की जा सकती है।
4. **पंजीकरण द्वाराः** पंजीकरण के द्वारा भारत की नागरिकता प्राप्त की जा सकती है।
5. **भूमि विस्तार द्वाराः** राज्य भू-भाग का अगर विस्तार होता है तब उस अधिगृहीत क्षेत्र के निवासियों को भारत की नागरिकता मिल जाती है।

मौलिक अधिकार (भाग-3, अनुच्छेद 12 से 35 तक)

- जब संविधान का प्रवर्तन किया गया, उस समय मूल अधिकारों की संख्या 7 थी। लेकिन 44वें संविधान संशोधन, 1976 के द्वारा सम्पत्ति के मूल अधिकार को समाप्त करके इस अधिकार को विधिक अधिकार बना दिया गया।
- भारतीय नागरिकों को निम्नलिखित छः प्रकार के मौलिक अधिकार प्राप्त हैं–

1. समता का अधिकार

- **अनुच्छेद 14:** विधि के समक्ष समता का अधिकार।
- **अनुच्छेद 15:** धर्म, नस्ल, जाति, लिंग या जन्म-स्थान के आधार पर भेदभाव का निषेध।
- **अनुच्छेद 16:** लोक नियोजन के विषय में अवसर की समता।
- **अनुच्छेद 17:** अस्पृश्यता का अंत।
- **अनुच्छेद 18:** उपाधियों का अंत।

2. स्वतंत्रता का अधिकार

- **अनुच्छेद 19:** संविधान में छः प्रकार की स्वतंत्रता का अधिकार है–
  - *(i)* बोलने की स्वंतत्रता,
  - *(ii)* शांतिपूर्वक बिना हथियारों के एकत्रित होने और सभा करने की स्वतंत्रता,
  - *(iii)* संघ बनाने की स्वतंत्रता,
  - *(iv)* देश के किसी भी क्षेत्र में आवागमन की स्वतंत्रता,
  - *(v)* देश के किसी भी क्षेत्र में निवास करने और बसने की स्वतंत्रता,
  - *(vi)* सम्पत्ति का अधिकार।
- **अनुच्छेद 20:** अपराधों के लिए दोष-सिद्धि के संबंध में संरक्षण।
- **अनुच्छेद 21:** प्राण एवं दैहिक स्वतंत्रता का संरक्षण।
- **अनुच्छेद 21 (क):** राज्य 6 से 14 वर्ष की आयु के समस्त बच्चों को इस ढंग से जैसा कि राज्य, विधि द्वारा अवधारित करें, निःशुल्क तथा अनिवार्य शिक्षा उपलब्ध करेगा। (86वाँ संशोधन-2002 के द्वारा।)
- **अनुच्छेद 22:** कुछ दशाओं में गिरफ्तारी और निरोध में संरक्षण।

3. शोषण के विरूद्ध अधिकार

- **अनुच्छेद 23:** मानव के दुर्व्यापार और बलात् श्रम का प्रतिषेध।
- **अनुच्छेद 24:** बालकों के नियोजन का प्रतिषेध।

4. धार्मिक स्वतंत्रता का अधिकार

- **अनुच्छेद 25:** अंतःकरण की और धर्म के अबाध रूप से मानने, आचरण और प्रचार करने की स्वतंत्रता।
- **अनुच्छेद 26:** धार्मिक कार्यों के प्रबंध की स्वतंत्रता।
- **अनुच्छेद 27:** राज्य किसी भी व्यक्ति को ऐसे कर देने के लिए बाध्य नहीं कर सकता है, जिसकी आय किसी विशेष धर्म अथवा धार्मिक सम्प्रदाय की उन्नति या पोषण में व्यय करने के लिए विशेष रूप से निश्चित कर दी गई है।
- **अनुच्छेद 28:** राज्य-विधि से पूर्णतः पोषित किसी शिक्षा संस्था में कोई धार्मिक शिक्षा नहीं दी जाएगी।

5. संस्कृति एवं शिक्षा संबंधी अधिकार

- **अनुच्छेद 29:** अल्पसंख्यक वर्गो के हितों का संरक्षण।
- **अनुच्छेद 30:** शिक्षा संस्थाओं की स्थापना और प्रशासन करने का अल्पसंख्यक वर्गों को अधिकार।

6. संवैधानिक उपचारों का अधिकारः

- **अनुच्छेद 32:** इसके अन्तर्गत मौलिक अधिकारों को प्रवर्तित कराने के लिए समुचित कार्रवाइयों द्वारा उच्चतम न्यायालय में आवेदन करने का अधिकार प्रदान किया गया है। इस सन्दर्भ में सर्वोच्च न्यायालय को पाँच तरह के रिट (writ) निकालने की शक्ति प्रदान की गयी है। ये रिट निम्नलिखित हैं–
  - *(i)* बन्दी प्रत्यक्षीकरण, *(ii)* परमादेश,
  - *(iii)* प्रतिषेध-लेख, *(iv)* उत्प्रेषण,
  - *(v)* अधिकार पृच्छा-लेख।

राज्य के नीति निदेशक सिद्धांत

(भाग-4, अनुच्छेद 36 से 51 तक)

- नीति निदेशक सिद्धांत राष्ट्र के प्रशासकों के लिए एक आचार संहिता है।
- इसे न्यायालय द्वारा लागू नहीं किया जा सकता अर्थात् इसे वैधानिक शक्ति प्राप्त नहीं है।
- राज्य के नीति निर्देशक सिद्धांत निम्न हैं–
  - **अनुच्छेद 38:** राज्य लोक कल्याण की अभिवृद्धि के लिए सामाजिक व्यवस्था बनायेगा।
  - **अनुच्छेद 39:** राज्य का यह कर्त्तव्य है कि वह समान कार्य के लिए समान वेतन प्रदान करे।
  - **अनुच्छेद 40:** ग्राम पंचायतों का गठन।
  - **अनुच्छेद 41:** कुछ दशाओं में काम, शिक्षा और लोक सहायता पाने का अधिकार।

- **अनुच्छेद 42:** काम की न्याय संगत और मानवोचित दशाओं तथा प्रसूति सहायता का उपबंध।
- **अनुच्छेद 43:** कर्मकारों के लिए निर्वाहन मजदूरी एवं कुटीर उद्योग को प्रोत्साहन।
- **अनुच्छेद 44:** नागरिकों के लिए एक समान सिविल संहिता।
- **अनुच्छेद 45:** बालकों के लिए निःशुल्क और अनिवार्य शिक्षा का उपबन्ध।
- **अनुच्छेद 46:** राज्य की अनुसूचित जातियों, अनुसूचित जनजातियों और अन्य दुर्बल वर्गों की शिक्षा और अर्थ संबंधी हितों की अभिवृद्धि।
- **अनुच्छेद 47:** पोषाहार स्तर और जीवन स्तर को ऊंचा करने तथा लोक स्वास्थ्य का सुधार करने का राज्य कर्त्तव्य।
- **अनुच्छेद 48:** कृषि और पशुपालन का संगठन।
- **अनुच्छेद 48 (क):** पर्यावरण का संरक्षण तथा संवर्धन और वन्य जीवों की रक्षा का प्रयास करेगा।
- **अनुच्छेद 49:** राष्ट्रीय महत्व के संस्मारकों, स्थानों और वस्तुओं का संरक्षण।
- **अनुच्छेद 50:** कार्यपालिका से न्यायपालिका का पृथक्करण।
- **अनुच्छेद 51:** अन्तर्राष्ट्रीय शांति और सुरक्षा की अभिवृद्धि।

मौलिक कर्त्तव्य [भाग-4 (क) में अनुच्छेद 51 (क)]

- मौलिक कर्त्तव्य संविधान के 42वें संशोधन अधिनियम द्वारा अंतःस्थापित किये गये।
- मौलिक कर्त्तव्यों की संख्या 11 है, जो इस प्रकार हैं: प्रत्येक नागरिक का यह कर्त्तव्य होगा कि–
  1. संविधान का पालन करे और उसके आदर्शों, संस्थाओं, राष्ट्रध्वज और राष्ट्रगान का आदर करें।
  2. स्वतंत्रता के लिए हमारे राष्ट्रीय आन्दोलन को प्रेरित करने वाले उच्च आदर्शों को हृदय में संजोये रखे और उनका पालन करे।
  3. भारत की प्रभुता, एकता और अखण्डता की रक्षा करे और उसे अक्षुण्ण रखे।
  4. देश की रक्षा करें और आह्वान किये जाने पर राष्ट्र की सेवा करे।
  5. भारत के सभी लोगों में समरसता और समान भ्रातृत्व की भावना का निर्माण करे।
  6. हमारी सामाजिक संस्कृति की गौरवशाली परंपरा का महत्व समझें और उसका परिरक्षण करे।
  7. प्राकृतिक पर्यावरण की रक्षा और उसका संवर्द्धन करे।
  8. वैज्ञानिक दृष्टिकोण और ज्ञानार्जन की भावना का विकास करे।
  9. सार्वजनिक संपत्ति को सुरक्षित रखें।
  10. व्यक्तिगत और सामूहिक गतिविधियों के सभी क्षेत्रों में उत्कर्ष की ओर बढ़ने का सतत् प्रयास करें।
  11. 6 से 14 साल तक की आयु के बच्चे के माता-पिता या अभिभावक अपने बच्चे को शिक्षा दिलाने के लिए अवसर उपलब्ध कराने का प्रयास करेंगे।

संघीय कार्यपालिका

- भारत में संसदीय शासन प्रणाली को अपनाया गया है। संसद के अन्तर्गत राष्ट्रपति, राज्य सभा और लोक सभा आते हैं।
- राष्ट्रपति देश का संवैधानिक प्रधान होता है।
- अनुच्छेद 58 के अनुसार कोई व्यक्ति राष्ट्रपति होने योग्य तब होगा, जब वह–
  1. भारत का नागरिक हो।
  2. 35 वर्ष की आयु पूरी कर चुका हो।
  3. लोक सभा का सदस्य निर्वाचित किए जाने योग्य हो।
  4. चुनाव के समय लाभ का पद धारण नहीं किया हो।

राष्ट्रपति

- राष्ट्रपति का निर्वाचन एक निर्वाचक मंडल के द्वारा होता है।
- निर्वाचक मंडल में राज्य सभा, लोक सभा और राज्यों की विधानसभाओं में निर्वाचित सदस्य शामिल होते हैं।
- राष्ट्रपति का निर्वाचन समानुपातिक प्रतिनिधित्व प्रणाली और एकल संक्रमणीय मत पद्धति के द्वारा होता है।
- राष्ट्रपति के निर्वाचन से संबंधित विवादों का निपटारा उच्चतम न्यायालय द्वारा किया जाता है।
- राष्ट्रपति का कार्यकाल 5 वर्षों का होता है। अपने पद की समाप्ति के बाद भी वह पद पर तब तक बना रहेगा जब तक उसका उत्तराधिकारी पद ग्रहण नहीं कर लेता है।
- उच्चतम न्यायालय का प्रधान न्यायाधीश राष्ट्रपति को शपथ दिलाता है।
- राष्ट्रपति अपना पदत्याग उपराष्ट्रपति को संबोधित अपने त्यागपत्र के द्वारा कर सकता है।

- राष्ट्रपति द्वारा संविधान के प्रावधानों के उल्लंघन पर संसद में उस पर महाभियोग चलाया जा सकता है।
- **राष्ट्रपति के अधिकार एवं कर्त्तव्यः** राष्ट्रपति संविधान के अधीन निम्नलिखित अधिकारियों एवं आयोगों को नियुक्त करने की शक्ति रखता है–

1. भारत का प्रधानमंत्री
2. संघीय मंत्रिपरिषद् के अन्य मंत्री
3. भारत का महान्यायवादी
4. नियंत्रक एवं महालेखा परीक्षक
5. उच्चतम न्यायालय के न्यायाधीश
6. उच्च न्यायालय के न्यायाधीश
7. राज्यों के राज्यपाल
8. केन्द्रशासित प्रदेशों के प्रशासक
9. भारत के विदेशों में राजदूत एवं उच्चायुक्त
10. जल प्रदाय से संबंधित आयोग
11. वित्त आयोग
12. संघ लोक सेवा आयोग के अध्यक्ष तथा सदस्य
13. राज्यों के समूहों के लिए संयुक्त आयोग
14. मुख्य निर्वाचन आयुक्त तथा निर्वाचन आयोग के अन्य सदस्य
15. अनुसूचित जाति तथा अनुसूचित जनजातियों के लिए विशेष अधिकारी/आयोग
16. अनुसूचित क्षेत्रों के प्रशासन पर प्रतिवेदन देने के लिए आयोग
17. पिछड़े वर्गों का अध्ययन करने के लिए आयोग
18. राजभाषा आयोग
19. भाषायी अल्पसंख्यक आयोग

विधायी शक्तियां

1. संसद का सत्रावसान तथा विघटन।
2. राष्ट्रपति का अभिभाषण तथा संदेश भेजना।
3. राज्य सभा के सदस्यों का मनोनयन – राज्य सभा के लिए कला, साहित्य, विज्ञान, समाज सेवा या सहकारिता क्षेत्र के 12 सदस्यों को मनोनीत कर सकता है।
4. संसद द्वारा पारित विधेयक राष्ट्रपति के अनुमोदन के बाद ही कानून बनते हैं।
5. संसद में निम्न विधेयकों को प्रस्तुत करने से पूर्व राष्ट्रपति की अनुमति आवश्यक है–
   (*i*) नये राज्यों का निर्माण और वर्तमान राज्य के क्षेत्रों, सीमाओं या नामों में परिवर्तन संबंधी विधेयक।
   (*ii*) धन विधेयक (अनुच्छेद 110)।
   (*iii*) संचित निधि में व्यय करने वाले विधेयक।
   (*iv*) ऐसे कराधान पर, जिसमें राज्य-हित जुड़े हैं, प्रभाव डालने वाले विधेयक।
   (*v*) राज्यों के बीच व्यापार, वाणिज्य और समागम पर निर्बन्धन लगाने वाले विधेयक।
6. अनुच्छेद 123 के अन्तर्गत अध्यादेश जारी करने की शक्ति।
7. राष्ट्रपति भारतीय सेना का सर्वोच्च कमांडर होता है।
8. संविधान के अनुच्छेद 72 के अन्तर्गत राष्ट्रपति को किसी अपराध के लिए दोषी ठहराए गए किसी व्यक्ति के दण्ड को क्षमा करने, उसका प्रविलम्बन, परिहार और लघुकरण की शक्ति प्राप्त है।
9. राष्ट्रपति अनुच्छेद 143 के अधीन किसी सार्वजनिक महत्व के प्रश्न पर उच्चतम न्यायालय से परामर्श ले सकता है, लेकिन वह यह परामर्श मानने के लिए बाध्य नहीं है।
10. **राष्ट्रपति की आपातकालीन शक्तियाँः** संविधान में अनुच्छेद 352 से अनुच्छेद 360 तक आपातकालीन उपबंध किए गए हैं। केन्द्रीय मंत्रिपरिषद् के परामर्श से राष्ट्रपति तीन प्रकार के आपात लागू कर सकता है–
   (i) युद्ध या बाह्य आक्रमण या सशस्त्र विद्रोह के कारण लगाया गया आपात (अनु॰ 352)। (ii) राज्यों में सांविधानिक तंत्र के विफल होने से उत्पन्न आपात (अनु॰ 356)। (iii) वित्तीय आपात (अनु॰ 360)।

उपराष्ट्रपति

- संविधान के अनुच्छेद 63 के अनुसार, भारत का एक उपराष्ट्रपति होगा। इसका कार्यकाल 5 वर्षों का होता है।
- उपराष्ट्रपति राज्य सभा का पदेन सभापति होता है।
- उपराष्ट्रपति का निर्वाचन संसद के दोनों सदनों के सदस्यों से मिलकर बनने वाले निर्वाचक मंडल द्वारा आनुपातिक प्रतिनिधित्व पद्धति के अनुसार एकल संक्रमणीय मत द्वारा होगा तथा ऐसा निर्वाचन गुप्त होगा। कोई व्यक्ति उपराष्ट्रपति निर्वाचित होने का पात्र तभी होगा जब वह–

(*i*) भारत का नागरिक हो,
(*ii*) पैंतीस वर्ष की आयु पूरी कर चुका हो,
(*iii*) राज्य सभा का सदस्य निर्वाचित होने के योग्य हो।

मंत्रिपरिषद्

- अनु॰ 74 के अनुसार, राष्ट्रपति को सहायता और सलाह देने के लिए मंत्रिपरिषद् होगी, जिसका प्रमुख **प्रधानमंत्री** होगा।
- प्रधानमंत्री की नियुक्ति राष्ट्रपति करता है तथा अन्य मंत्रियों की नियुक्ति राष्ट्रपति प्रधानमंत्री की सलाह पर करता है।
- मंत्री राष्ट्रपति के प्रसादपर्यंत अपने-अपने पद धारण करते हैं।
- मंत्रिपरिषद् लोक सभा के प्रति सामूहिक रूप से उत्तरदायी होती है।
- राष्ट्रपति मंत्रियों को पद एवं गोपनीयता की शपथ दिलाता है।
- किसी भी गैर संसद सदस्य को मंत्री बनाया जा सकता है, लेकिन उसे 6 मास की अवधि तक संसद का सदस्य हो जाना चाहिए।
- प्रधानमंत्री नीति (NITI) आयोग का पदेन अध्यक्ष होता है।
- सवैधानिक रूप से देश की समस्त शक्तियाँ राष्ट्रपति के हाथों में होती हैं किन्तु उसकी समस्त शक्तियों का उपयोग मंत्रिपरिषद् प्रधानमंत्री के नेतृत्व में संचालित करती है।

संसद

- भारत की केन्द्रीय व्यवस्थापिका को संसद कहा जाता है। भारतीय संसद के तीन अंग हैं–राष्ट्रपति, राज्य सभा और लोक सभा।
- संसद के उच्च सदन को राज्य सभा तथा निम्न सदन को लोक सभा कहा जाता है।

राज्य सभा

- संविधान के अनुच्छेद 80 के अनुसार, राज्य सभा का गठन 250 सदस्यों द्वारा होता है। इनमें 12 सदस्य राष्ट्रपति द्वारा नाम निर्देशित किये जाते हैं तथा शेष 238 का चुनाव राज्य तथा संघ राज्य क्षेत्रों की विधानसभाओं द्वारा किया जाता है।
- राज्य सभा की वर्तमान सदस्य संख्या 245 है।
- राज्य सभा का कभी विघटन नहीं होता, लेकिन इसके सदस्य 6 वर्ष के लिए चुने जाते हैं।
- राज्य सभा पहली बार 3 अगस्त, 1952 को विधिवत गठित हुई थी।
- राज्य सभा का कोई सदस्य यदि सदन की अनुमति के बिना सदन से 60 दिनों से अधिक अनुपस्थित रहता है, तो सदन में उसका स्थान समाप्त हो सकता है।
- राज्य सभा के सदस्यों का चुनाव अप्रत्यक्ष रूप से होता है।
- राज्य सभा का सदस्य होने के लिए अर्हता–
  1. वह भारत का नागरिक हो।
  2. उसकी आयु सीमा 30 वर्ष या उससे अधिक हो।
  3. संसदीय विधि द्वारा निर्धारित सभी योग्यताएँ रखता हो।
- राज्य सभा का अधिवेशन वर्ष में कम-से-कम दो बार राष्ट्रपति द्वारा बुलाया जाता है। संविधान में यह प्रावधान है कि राज्य सभा के दो अधिवेशनों के बीच 6 महीने से अधिक का अन्तराल नहीं हो सकता।
- राज्य सभा को यह अधिकार प्राप्त है कि वह संविधान के अनुच्छेद 249 के तहत राज्य सूची के किसी विषय को राष्ट्रीय महत्व का घोषित कर सके।

लोक सभा

- अनुच्छेद 81 के अनुसार, लोक सभा का गठन 5 वर्ष के लिए किया जाता है। वर्तमान में इसकी सदस्य संख्या 543 है। (संविधान के 104वें संशोधन द्वारा लोकसभा में दो एंग्लो इंडियन सदस्यों के राष्ट्रपति द्वारा मनोनयन की व्यवस्था को वर्ष 2020 में समाप्त कर दिया गया है।)
- लोक सभा के सदस्यों का चुनाव गुप्त मतदान के द्वारा वयस्क मताधिकार (18 वर्ष) के आधार पर होता है।
- लोक सभा की सदस्यता के लिए अनिवार्य योग्यताएँ निम्नलिखित हैं–
  (*i*) भारत का नागरिक हो,
  (*ii*) उसकी आयु 25 वर्ष या इससे अधिक हो,
  (*iii*) भारत सरकार अथवा किसी राज्य सरकार के अन्तर्गत वह कोई लाभ के पद पर नहीं हो,
  (*iv*) वह पागल तथा दिवालिया न हो।
- प्रधानमंत्री के परामर्श के आधार पर राष्ट्रपति के द्वारा लोक सभा को समय से पूर्व भी भंग किया जा सकता है।
- आपातकाल की घोषणा लागू होने पर विधि द्वारा संसद लोक सभा के कार्यकाल में वृद्धि कर सकती है, जो एक बार में एक वर्ष से अधिक नहीं होगी।
- लोक सभा की दो बैठकों में 6 माह से अधिक का अन्तर नहीं होना चाहिए।
- लोक सभा की गणपूर्ति या कोरम कुल सदस्य संख्या का दसवाँ भाग होता है।
- संविधान के अनुच्छेद 108 में संसद के संयुक्त अधिवेशन की व्यवस्था है। संयुक्त अधिवेशन की अध्यक्षता लोक सभा अध्यक्ष करता है।

- धन विधेयक के सम्बन्ध में लोक सभा का निर्णय अंतिम होता है। इस संबंध में संयुक्त अधिवेशन की व्यवस्था नहीं है।
- संविधान के अनुच्छेद 93 के अनुसार, लोक सभा स्वयं ही अपने सदस्यों में से एक अध्यक्ष और एक उपाध्यक्ष का निर्वाचन करेगी।
- प्रथम लोक सभा अध्यक्ष जी.वी. मावलंकर एवं उपाध्यक्ष श्री अनंतशयनम आयंगर थे।
- किसी संसद सदस्य की योग्यता अथवा अयोग्यता से सम्बन्धित प्रश्न का अंतिम विनिश्चय चुनाव आयोग की सलाह से राष्ट्रपति करता है।
- यदि कोई सदस्य सदन की अनुमति के बिना 60 दिनों की अवधि से अधिक समय के लिए सदन के सभी बैठकों से अनुपस्थित रहता है तो सदन उसकी सदस्यता समाप्त कर सकता है।
- संविधान के अनुच्छेद 110 में धन विधेयक एवं अनु॰ 112 में वार्षिक वित्तीय विवरण (बजट) का उल्लेख है।

संसद की समितियां

- **लोक लेखा समितिः** इस समिति में लोकसभा के 15 तथा राज्यसभा के 7 सदस्य होते हैं। इसका कार्यकाल एक वर्ष का होता है तथा लोकसभा में विपक्ष का नेता इसका अध्यक्ष होता है। यह समिति मुख्य रूप से सरकार के अर्थव्यय के लेखा जोखा का जांच करती है।
- **प्राक्कलन समितिः** इस समिति में लोकसभा के 30 सदस्य होते हैं। इसका मुख्य कार्य विभिन्न मंत्रालयों व विभागों के प्रस्तावित अर्थ व्यय की जांच होता है।
- **सार्वजनिक उद्यम समितिः** इस समिति में लोकसभा के 15 और राज्यसभा के 7 सदस्य होते हैं। इसका कार्यकाल एक वर्ष होता है। यह सार्वजनिक उपक्रम से संबंधित उन मुद्‌दों की जांच करती है जो लोकसभा अध्यक्ष द्वारा समय-समय पर उन्हें सौंपे जाते हैं।
- **याचिका संबंधी समितिः** यह समिति सांसदों द्वारा दाखिल की गई याचिकाओं पर विचार करती है तथा उपचारात्मक उपाय सुझाती है।
- **विशेषाधिकार समितिः** यह समिति सदस्यों के विशेषाधिकारों की सुरक्षा करती है।
- **सरकारी आश्वासन समितिः** यह समिति यह सुनिश्चित करती है कि सरकार द्वारा किए गए वायदे और दिए गए आश्वासन पूरे हों।

भारत का महान्यायवादी

- अनु॰ 76 के अनुसार, भारत का एक महान्यायवादी होता है। यह भारत सरकार का सर्वोच्च विधि अधिकारी होता है।
- महान्यायवादी संसद का सदस्य नहीं होता परन्तु वह किसी भी सदन में अथवा उसकी समितियों में बोल सकता है और उसकी कार्यवाही में भाग ले सकता है, यद्यपि उसे मत देने का अधिकार नहीं होता है।
- भारत का महान्यायवादी राष्ट्रपति के प्रसादपर्यंत पद धारण करता है।

भारत का नियंत्रक एवं महालेखा परीक्षक (CAG)

- भारतीय संविधान के अनुच्छेद 148 के अन्तर्गत नियंत्रक एवं महालेखा परीक्षक के पद का प्रावधान किया गया है।
- नियंत्रक एवं महालेखा परीक्षक की नियुक्ति राष्ट्रपति द्वारा की जाती है। यह देश की समस्त वित्तीय प्रणाली का लेखा परीक्षण करता है।
- संविधान के अनुच्छेद 151 के अन्तर्गत कैग अपनी रिपोर्ट केन्द्र के सम्बन्ध में राष्ट्रपति को तथा राज्यों के सन्दर्भ में राज्यपाल को सौंपता है।
- यह लोक लेखा समिति के समीप रहकर कार्य करता है।

संविधान में संशोधन

- अनुच्छेद 368 में संविधान संशोधन की प्रक्रिया का उल्लेख है। इसमें संशोधन की तीन विधियों को अपनाया गया है–
  (*i*) साधारण विधि द्वारा संशोधन।
  (*ii*) संसद के विशेष बहुमत द्वारा संशोधन।
  (*iii*) संसद के विशेष बहुमत और राज्य के विधानमंडलों की स्वीकृति से संशोधन।

न्यायपालिका

उच्चतम न्यायालय

- अनुच्छेद 124 में उच्चतम न्यायालय के गठन संबंधी प्रावधान किये गये हैं।
- उच्चतम न्यायालय में एक मुख्य न्यायाधीश तथा 33 अन्य न्यायाधीश होते हैं।
- उच्चतम न्यायालय के मुख्य न्यायाधीश तथा अन्य न्यायाधीशों की नियुक्ति राष्ट्रपति द्वारा की जाती है।

- उच्चतम न्यायालय के न्यायाधीश के लिए योग्यताएँ हैं–
  (*i*) वह भारत का नागरिक हो।
  (*ii*) वह किसी उच्च न्यायालय अथवा दो या दो से अधिक न्यायालयों में लगातार कम-से-कम 5 वर्षों तक न्यायाधीश के रूप में कार्य कर चुका हो।

  या

  किसी उच्च न्यायालय या न्यायालयों में लगातार 10 वर्षों तक अधिवक्ता रह चुका हो।

  या

  राष्ट्रपति की राय में पारंगत विधिवेत्ता हो।
- उच्चतम न्यायालय का प्रत्येक न्यायाधीश तब तक पद धारण करेगा जब तक वह 65 वर्ष की आयु प्राप्त नहीं कर लेता। इससे पूर्व उसे उसके पद से साबित कदाचार या असमर्थता के आधार पर हटाया जा सकता है।
- कदाचार या असमर्थता के आधार पर हटाये जाने के लिए संसद के प्रत्येक सदन द्वारा अपनी कुल सदस्य संख्या के बहुमत द्वारा तथा उपस्थित और मत देने वाले सदस्यों के कम-से-कम दो-तिहाई बहुमत द्वारा पारित प्रस्ताव को राष्ट्रपति के समक्ष उसी सत्र में रखा जाता है, तब राष्ट्रपति के आदेश से न्यायाधीश को हटाया जाता है।

उच्चतम न्यायालय का क्षेत्राधिकार

1. प्रारंभिक क्षेत्राधिकार

(*i*) भारत संघ तथा एक या एक से अधिक राज्यों के मध्य उत्पन्न विवादों में।
(*ii*) भारत संघ तथा कोई एक राज्य या अनेक राज्यों और एक या एक से अधिक राज्यों के बीच विवादों में।
(*iii*) दो या दो से अधिक राज्यों के बीच ऐसे विवाद में जिसमें अनेक वैधानिक अधिकारों का प्रश्न निहित है।

- प्रारंभिक क्षेत्राधिकार के अन्तर्गत उच्चतम न्यायालय उसी विवाद को निर्णय के लिए स्वीकार करेगा, जिसमें किसी तथ्य या विधि का प्रश्न शामिल है।

2. अपीलीय क्षेत्राधिकार: देश का सबसे बड़ा अपीलीय न्यायालय उच्चतम न्यायालय है। भारत के राज्य क्षेत्र के किसी उच्च न्यायालय के निर्णय के विरुद्ध अपील सुनने का अधिकार है।

3. परामर्शदात्री क्षेत्राधिकार: यदि किसी समय राष्ट्रपति को ऐसा प्रतीत होता है, किसी व्यापक विधि या तथ्य का प्रश्न है या उत्पन्न होने वाला है तथा वह उच्चतम न्यायालय से राय लेना समीचीन समझता है, तो उच्चतम न्यायालय से राय ले सकता है तथा उच्चतम न्यायालय उस पर अपनी राय देगा।

4. पुनर्विचार सम्बन्धी क्षेत्राधिकार: अनु॰ 137 के अनुसार, उच्चतम न्यायालय स्वयं के दिए गए आदेश या निर्णय पर पुनर्विचार कर सकता है तथा यदि उचित समझें तो उसमें आवश्यक परिवर्तन कर सकता है।

5. अभिलेख न्यायालय: अनु॰ 129 उच्चतम न्यायालय को अभिलेख न्यायालय का स्थान प्रदान करता है। इसका अभिप्राय यह है कि इस न्यायालय के निर्णय सब जगह साक्षी के रूप में स्वीकार किए जाएंगे और इसकी प्रामाणिकता के विषय में प्रश्न नहीं किया जाएगा।

6. मौलिक अधिकारों का रक्षक: भारत का उच्चतम न्यायालय नागरिकों के मौलिक अधिकारों का रक्षक है। अनु॰ 32 सर्वोच्च न्यायालय को विशेष रूप से उत्तरदायी ठहराता है कि वह मौलिक अधिकारों को लागू करने के लिए आवश्यक कार्यवाई करें। न्यायालय मौलिक अधिकारों की रक्षा के लिए बन्दी प्रत्यक्षीकरण, परमादेश, प्रतिषेध, अधिकार पृच्छा और उत्प्रेषण के लेख जारी कर सकता है।

- भारत में संविधान की सर्वोच्चता की रक्षा करने का उत्तरदायित्व उच्चतम न्यायालय का है। अतः उच्चतम न्यायालय संघीय या राज्यों के विधानमण्डलों के द्वारा अतिक्रमण किये जाने पर उनके द्वारा बनाये गये कानूनों को रद्द कर सकता है। यह शक्ति न्यायिक पुनरावलोकन के रूप में समझी जाती है।

उच्च न्यायालय

- संविधान के अनुच्छेद 214 में यह उपबंध है कि प्रत्येक राज्य में एक उच्च न्यायालय होगा।
- प्रत्येक उच्च न्यायालय में एक मुख्य न्यायाधीश सहित अन्य अनेक न्यायाधीश होते हैं जो समय-समय पर राष्ट्रपति द्वारा नियुक्त किये जाते हैं।
- संविधान के अनुच्छेद 217 में उच्च न्यायालय के न्यायाधीशों के लिए निम्नलिखित शर्तें हैं–
  (*i*) वह भारत का नागरिक हो।
  (*ii*) भारत में कम-से-कम 10 वर्ष तक न्यायाधीश के पद पर कार्य कर चुका हो अथवा किसी उच्च न्यायालय अथवा दो या दो से अधिक न्यायालयों में लगातार कम-से-कम 10 वर्ष तक अधिवक्ता रहा हो।

  या

  राष्ट्रपति की दृष्टि में प्रतिष्ठित विधिवेत्ता हो।
  (*iii*) जिसकी आयु 62 वर्ष से अधिक न हो।
- **उच्च न्यायालय के कार्य एवं क्षेत्राधिकार–**
  1. प्रारंभिक क्षेत्राधिकार

2. अपीलीय क्षेत्राधिकार
3. रिट जारी करने का अधिकार
4. अधीनस्थ न्यायालयों पर नियंत्रण

राज्य की कार्यपालिका

- राज्य की कार्यपालिका का प्रधान **राज्यपाल** होता है, जो मंत्रिपरिषद् की सलाह के अनुसार कार्य करता है।
- अनुच्छेद 153 के अन्तर्गत सामान्यतया प्रत्येक राज्य के लिए एक राज्यपाल होगा, किन्तु 1956 में किये गये संशोधन के अनुसार एक ही व्यक्ति को दो या दो से अधिक राज्यों का राज्यपाल नियुक्त किया जा सकता है।
- राज्यपाल की नियुक्ति राष्ट्रपति करता है। इस पद पर नियुक्ति हेतु निम्नलिखित योग्यताएँ होनी चाहिए–
  1. वह भारत का नागरिक हो,
  2. वह 35 वर्ष की आयु पूरी कर चुका हो,
  3. वह राज्य सरकार या केन्द्र सरकार या राज्यों के नियंत्रण के अधीन किसी सार्वजनिक उपक्रम में लाभ के पद पर न हो, तथा
  4. वह राज्य विधान सभा का सदस्य चुने जाने की योग्यता रखता हो।
- राज्यपाल की नियुक्ति 5 वर्षों के लिए होती है। पाँच वर्ष की अवधि से पूर्व भी उसे राष्ट्रपति के द्वारा हटाया जा सकता है।
- राज्यपाल अपने कार्यकाल की समाप्ति के पूर्व भी राष्ट्रपति को अपना त्यागपत्र भेज सकता है।

राज्यपाल के कार्य तथा अधिकार

कार्यपालिका संबंधी

- राज्य के समस्त कार्यपालिका संबंधी कार्य राज्यपाल के नाम से किए जाते हैं।
- राज्यपाल मुख्यमंत्री की नियुक्ति करता है तथा मुख्यमंत्री की सलाह पर मंत्रिपरिषद् के अन्य सदस्यों की नियुक्ति करता है।
- राज्य के महाधिवक्ता तथा राज्य के लोक सेवा आयोग के सदस्यों की नियुक्ति करता है।
- राज्यपाल का अधिकार है कि वह राज्य के प्रशासन के संबंध में मुख्यमंत्री से सूचना प्राप्त करे।
- राज्यपाल राज्य के विश्वविद्यालयों का कुलाधिपति होता है तथा उपकुलपतियों को भी नियुक्त करता है।
- राज्यपाल संवैधानिक तंत्र की विफलता की स्थिति में राष्ट्रपति से राज्य में राष्ट्रपति शासन की सिफारिश करता है।
- अध्यादेश जारी करने का अधिकार।

विधायी शक्तियां

- राज्यपाल राज्य विधान मंडल का अंग होता है।
- राज्य विधान मंडल का सत्रावसान करने, सत्र बुलाने तथा विधान सभा को विघटित करने का अधिकार है।
- राज्यपाल को विधान मंडल में अभिभाषण करने व संदेश भेजने का अधिकार है।
- जिन राज्यों में विधानपरिषद् है, वहां पर राज्यपाल ऐसे कुछ व्यक्तियों को, जिन्हें साहित्य, विज्ञान, कला, समाज सेवा तथा सहकारिता आन्दोलन के संबंध में विशेष ज्ञान या व्यावहारिक अनुभव होता है, मनोनीत कर सकता है।
- राज्य विधान मंडल के समक्ष राज्यपाल वार्षिक वित्तीय विवरण (बजट) प्रस्तुत करवाता है।
- विधान सभा में धन विधेयक राज्यपाल की पूर्व अनुमति से ही पेश किया जाता है।

राज्यपाल की न्यायिक शक्तियां

- राज्यपाल को उस विषय संबंधी, जिस विषय पर उस राज्य की कार्यपालिका शक्ति का विस्तार है, किसी विधि के विरुद्ध, किसी अपराध के लिए सिद्ध दोष ठहराये गए किसी व्यक्ति के दंड को क्षमा, उसका प्रविलंबन, लघुकरण या परिहार कर सकता है।

महाधिवक्ता

- प्रत्येक राज्य का एक महाधिवक्ता होगा (अनु. 165)। वह भारत के महान्यायवादी के समान राज्य का अधिकारी होगा और राज्य में उसके महान्यायवादी के कार्यों के समान ही कृत्य होंगे।
- महाधिवक्ता राज्य के राज्यपाल द्वारा नियुक्त किया जायेगा और राज्यपाल के प्रसादपर्यंत पद धारण करेगा।
- महाधिवक्ता को राज्य के विधानमंडल के सदनों की कार्यवाहियों में भाग लेने और बोलने का अधिकार है, किंतु मतदान का अधिकार नहीं है। (अनु. 177)

राज्य मंत्रिपरिषद्

- अनुच्छेद 163 के अन्तर्गत राज्यपाल की सहायता और सलाह देने के लिए एक मंत्रिपरिषद् होती है जिसका प्रधान **मुख्यमंत्री** होता है।

- अनुच्छेद 164 के अनुसार, मुख्यमंत्री की नियुक्ति राज्यपाल करता है तथा अन्य मंत्रियों की नियुक्ति राज्यपाल, मुख्यमंत्री की सलाह पर करता है।
- मंत्रिपरिषद् राज्य की विधान सभा के प्रति सामूहिक रूप से उत्तरदायी होता है। सामान्यतः मुख्यमंत्री अपने पद पर तब तक बना रहता है जब तक उसे विधान सभा का विश्वास प्राप्त होता है।

विधानपरिषद्

- संविधान के अनुच्छेद 168 में प्रत्येक राज्य के लिए विधानमण्डल की व्यवस्था की गई है, जो कि राज्यपाल तथा जहाँ दो सदन हैं वहां दो सदनों से और जहां एक सदन है वहां एक सदन से मिलकर बनेगा।
- राज्य विधान सभा की (दो-तिहाई बहुमत) अनुशंसा पर संसद सम्बन्धित राज्य में विधान परिषद् का उत्सादन एवं गठन कर सकती है।
- विधान परिषद् के सदस्यों की संख्या उस राज्य के विधानसभा के सदस्यों की संख्या से 1/3 से अधिक नहीं हो सकती। किन्तु, वह संख्या 40 से कम नहीं होनी चाहिए।
- विधान परिषद् एक स्थायी सदन है। इसका विघटन नहीं होता।
- इसके सदस्यों का कार्यकाल 6 वर्ष का होता है। इसके 1/3 सदस्य प्रत्येक दो वर्ष की समाप्ति पर अपना पद त्याग करते हैं और उनके स्थान पर नए सदस्यों का चुनाव होता है।
- विधान परिषद् का सत्र एक वर्ष में दो बार अवश्य होना चाहिए।
- निम्नलिखित छह राज्यों में विधान परिषद् विद्यमान हैं–

1. उत्तर-प्रदेश	2. कर्नाटक	3. महाराष्ट्र
4. आंध्र प्रदेश	5. बिहार	6. तेलंगाना

विधान सभा

- अनुच्छेद 170 के अनुसार, विधान सभा के सदस्यों की संख्या अधिकतम 500 और न्यूनतम 60 होगी। अपवादस्वरूप सिक्किम (32), गोवा (40) मिजोरम (40) एवं पुडुचेरी (30) हैं।
- विधान सभा में निर्वाचित होने के लिए न्यूनतम आयु सीमा 25 वर्ष है।
- किसी विधेयक को धन विधेयक माना जाए अथवा नहीं, इसका निर्णय विधान सभा अध्यक्ष ही करता है।
- सदन की कार्यवाही आयोजित करने के लिए गणपूर्ति के रूप में एक-दहाई सदस्यों की आवश्यकता होती है।
- विधान सभा का कार्यकाल 5 वर्ष है, किन्तु राज्य मंत्रिपरिषद् की सिफारिश पर इसे समय से पूर्व भी भंग किया जा सकता है।
- **विधान सभा के अधिकार एवं कार्य–**
  1. **विधायी:** विधान सभा को संविधान द्वारा विधित राज्य सूची के विषय पर कानून बनाने का अधिकार प्राप्त है।
  2. **वित्तीय:** विधान सभा को राज्य बजट पारित करने का अधिकार है। राज्य विधानमंडल राज्य सरकार की वित्तीय अवस्था को पूर्णतया नियंत्रित करता है। कोई धन विधेयक प्रारंभ में विधान सभा में ही प्रस्तुत किया जा सकता है। जब विधान सभा किसी धन विधेयक को पारित कर देती है, तब वह विधानपरिषद् के पास भेज दिया जाता है। विधानपरिषद् को 14 दिनों के भीतर इसे विधान सभा को लौटाना पड़ता है। विधान परिषद् उस विधेयक के संबंध में संस्तुतियाँ तो दे सकती हैं, किन्तु वह न तो उसे अस्वीकार कर सकती है और न उसमें संशोधन कर सकती है।
  3. **कार्यपालिका पर नियंत्रण:** मंत्रिपरिषद् सामूहिक रूप से विधान सभा के प्रति उत्तरदायी होती है। विधान सभा में मंत्रिपरिषद् के विरुद्ध अविश्वास प्रस्ताव पारित हो जाने के बाद समूची मंत्रिपरिषद् को त्यागपत्र देना पड़ता है।

अन्तर्राज्य परिषद्

- संविधान के अनुच्छेद 263 के अन्तर्गत केन्द्र एवं राज्यों के बीच समन्वय स्थापित करने के लिए राष्ट्रपति एक अन्तर्राज्य परिषद् की स्थापना कर सकता है।
- अन्तर्राज्य परिषद् में प्रधानमंत्री तथा उनके द्वारा मनोनीत छह कैबिनेट स्तर के मंत्री, सभी राज्यों एवं संघ राज्य क्षेत्रों के मुख्यमंत्री एवं संघ राज्य क्षेत्रों के प्रशासक इसके सदस्य होते हैं।
- अन्तर्राज्य परिषद् की बैठक वर्ष में तीन बार की जाएगी जिसकी अध्यक्षता प्रधानमंत्री या उनकी अनुपस्थिति में प्रधानमंत्री द्वारा नियुक्त कैबिनेट स्तर का मंत्री करता है।
- अंतर्राज्य परिषद् का प्राथमिक उद्देश्य समन्वय और परिसंघीय घनिष्ठता स्थापित करना है।

वित्त आयोग

- अनुच्छेद 280 के अनुसार, राष्ट्रपति प्रत्येक पाँचवें वर्ष की समाप्ति पर या ऐसे पूर्वत्तर समय पर, जिसे वह आवश्यक समझे वित्त आयोग का गठन करेगा।
- वित्त आयोग में एक अध्यक्ष तथा चार अन्य सदस्य होते हैं।

- वित्त आयोग की सिफारिशों पर विचार करने के बाद ही करां एवं प्राप्तियों का वितरण संघ एवं राज्यों के बीच किया जाता है।

लोक सेवा आयोग

- संविधान के अनुच्छेद 315 के अनुसार, संघ एवं राज्यों के लिए एक लोक सेवा आयोग होंगे।
- अनुच्छेद 316 के अनुसार, संघ लोक सेवा आयोग के अध्यक्ष एवं अन्य सदस्यों की नियुक्ति राष्ट्रपति करता है तथा राज्य लोक सेवा आयोग के अध्यक्ष एवं अन्य सदस्यों की नियुक्ति राज्यपाल करता है।
- संघ लोक सेवा आयोग के अध्यक्ष एवं अन्य सदस्यों की नियुक्ति 6 वर्षों के लिए की जाती है। यदि वह 6 वर्षों के अन्दर 65 वर्ष की आयु पूरी कर लेता है तो वह पदमुक्त हो जाता है। राज्य लोक सेवा आयोग के सम्बन्ध में यह आयु सीमा 62 वर्ष है।
- लोक सेवा आयोग संघ तथा राज्यों में सेवाओं में नियुक्तियों के लिए परीक्षाओं का संचालन करते हैं।

निर्वाचन आयोग

- अनुच्छेद 324 के अनुसार, निर्वाचनों के अधीक्षण, निदेशन और नियंत्रण के लिए एक निर्वाचन आयोग होगा।
- निर्वाचन आयोग का गठन मुख्य निर्वाचन आयुक्त एवं अन्य निर्वाचन आयुक्तों से किया जाता है, जिनकी नियुक्ति राष्ट्रपति द्वारा की जाती है।
- मुख्य चुनाव आयुक्त का कार्यकाल 6 वर्ष या 65 वर्ष की आयु, जो भी पहले हो, तक होगा। अन्य चुनाव आयुक्तों का कार्यकाल 6 वर्ष या 62 वर्ष की आयु जो पहले हो, तक रहता है।
- अनुच्छेद 326 के अनुसार, लोक सभा और प्रत्येक विधान सभा के लिए निर्वाचन वयस्क मताधिकार के आधार पर होते हैं।
- मुख्य निर्वाचन आयुक्त को महाभियोग जैसी प्रक्रिया से ही हटाया जा सकता है।

निर्वाचन आयोग के मुख्य कार्य

- मतदाता सूचियों को तैयार करना।
- चुनाव क्षेत्रों का परिसीमन।
- राजनीतिक दलों को मान्यता प्रदान करना।
- राजनीतिक दलों को चुनाव चिह्न प्रदान करना।
- संसद एवं विधानमंडल के सदस्यों तथा राष्ट्रपति एवं उपराष्ट्रपति का समयानुसार चुनाव करवाना।
- राजनीतिक दलों के लिए आचारसंहिता का निर्माण करना।

राजभाषा

- अनुच्छेद 343 के अनुसार, संघ की राजभाषा हिन्दी और लिपि देवनागरी होगी।
- अनुच्छेद 344 में राष्ट्रपति को राजभाषा से सम्बन्धित कुछ विषयों में सलाह देने के लिए एक आयोग की नियुक्ति का प्रावधान है।
- संविधान के अनुच्छेद 345 के अधीन प्रत्येक राज्य के विधानमंडल को यह अधिकार दिया गया है कि वह आठवीं अनुसूची में अन्तर्विष्ट भाषाओं में से किसी एक या अधिक को सरकारी कार्यों के लिए राज्य की सरकारी भाषा के रूप में अंगीकार कर सकता है। किन्तु राज्यों में परस्पर संबंधों में तथा संघ एवं राज्यों के परस्पर संबंधों में संघ की राजभाषा को ही प्राधिकृत भाषा माना जाएगा।

स्थानीय प्रशासन

पंचायती राज

- अनुच्छेद 40 के अनुसार, 'राज्य ग्राम पंचायतों का संगठन करने के लिए कदम उठायेगा और उनको ऐसी शक्तियाँ और प्राधिकार प्रदान करेगा, जो उन्हें स्वायत्त शासन की इकाइयों के रूप में कार्य करने योग्य बनाने के लिए आवश्यक हों।
- 73वाँ संविधान संशोधन पंचायती राज से संबंधित है। इसके मुख्य प्रावधान निम्नलिखित हैं–
  1. पंचायती राज का ढाँचा त्रिस्तरीय होगा। ग्राम स्तर पर ग्राम पंचायत, प्रखण्ड स्तर पर पंचायत समिति तथा जिला स्तर पर जिला परिषद् के गठन की व्यवस्था की गई है।
  2. इसका निर्वाचन पाँच वर्षों के लिए होता है। समय पूर्व पंचायत के भंग होने पर 6 माह के अन्दर निर्वाचन होंगे।
  3. पंचायती राज संस्था के प्रत्येक स्तर में महिलाओं को एक-तिहाई स्थानों पर आरक्षण का प्रावधान है।

नगरपालिकाएँ

- 74वां संविधान संशोधन अधिनियम, 1993 के तहत भारतीय संविधान के अनुच्छेद 243(त) से 243(य)(छ) तक इसका विशेष उल्लेख है।
- इसके अन्तर्गत तीन प्रकार की नगरीय व्यवस्था का उल्लेख है– (1) नगर पंचायत (2) नगरपालिका परिषद् (3) नगर निगम
- नगरपालिकाओं में महिलाओं के लिए एक-तिहाई भाग स्थान आरक्षित है।
- नगरीय संस्थाओं का कार्यकाल पाँच वर्ष का होगा। विघटन की स्थिति में छह माह के अन्दर चुनाव अनिवार्य होते हैं।

महत्वपूर्ण संविधान संशोधन

संविधान संशोधन	प्रावधान
• प्रथम संविधान संशोधन अधिनियम, 1951	• मौलिक अधिकारों में समानता, स्वतंत्रता तथा सम्पत्ति के अधिकार को सीमित किया गया।
• द्वितीय संविधान संशोधन अधिनियम, 1952	• लोक सभा चुनाव के लिए प्रतिनिधित्व के अनुपात को पुनः समायोजित किया गया।
• सातवां संविधान संशोधन अधिनियम, 1956	• लोक सभा एवं राज्य सभा में सीटों का पुनर्वितरण। • राज्यों का पुनर्गठन-14 राज्य तथा 6 केन्द्रशासित प्रदेश। • संघ राज्य क्षेत्र का प्रावधान।
• 10वाँ संविधान संशोधन अधिनियम, 1961	• दादरा तथा नगर हवेली को भारत का अंग बनाया गया।
• 12वाँ संविधान संशोधन अधिनियम, 1962	• गोवा, दमन एवं दीव को भारत का अंग बनाया गया।
• 13वाँ संविधान संशोधन अधिनियम, 1962	• कुछ विशेष उपबन्धों के साथ नगालैंड को नया राज्य बनाया गया।
• 14वाँ संविधान संशोधन अधिनियम, 1962	• पुडुचेरी को भारत का अंग बनाया गया।
• 21वाँ संविधान संशोधन अधिनियम, 1967	• सिंधी भाषा को आठवीं अनुसूची में सम्मिलित किया गया।
• 22वाँ संविधान संशोधन अधिनियम, 1969	• मेघालय को नया राज्य बनाया गया।
• 26वाँ संविधान संशोधन अधिनियम, 1971	• भूतपूर्व देशी राज्यों के शासकों की विशेष उपाधियों एवं उनके प्रिवी-पर्स को समाप्त कर दिया गया।
• 31वाँ संविधान संशोधन अधिनियम, 1973	• इसके द्वारा लोक सभा के सदस्यों की संख्या 525 से 545 कर दी गई तथा केन्द्रशासित प्रदेशों का प्रतिनिधित्व 25 से घटाकर 20 कर दिया गया।
• 36वाँ संविधान संशोधन अधिनियम, 1975	• सिक्किम को भारत का 22वाँ राज्य बनाया गया।
• 39वाँ संविधान संशोधन अधिनियम, 1975	• राष्ट्रपति, उपराष्ट्रपति, प्रधानमंत्री एवं लोक सभाध्यक्ष के निर्वाचन संबंधी विवादों को न्यायिक पुनर्विचार से मुक्त रखा गया।
• 42वाँ संविधान संशोधन अधिनियम, 1976	• संविधान की प्रस्तावना में पन्थनिरपेक्ष, समाजवादी तथा अखण्डता जैसे शब्द जोड़े गए। • नीति निदेशक सिद्धांतों को मूल अधिकारों पर वरीयता दी गई। • संविधान में अनु. 51 'क' के अन्तर्गत 10 मौलिक कर्तव्य जोड़े गए। • राष्ट्रपति को मंत्रिमंडल की सलाह को मानना अनिवार्य कर दिया गया। • लोक सभा एवं विधानसभाओं की अवधि को 5 वर्ष से बढ़ाकर 6 वर्ष कर दिया गया।
• 44वाँ संविधान संशोधन अधिनियम, 1978	• राष्ट्रीय आपात की उद्घोषणा 'आंतरिक अशांति' के आधार पर नहीं की जा सकती, बल्कि सशस्त्र विद्रोह के कारण की जा सकेगी। • संपत्ति के मूल अधिकार को विधिक अधिकार में परिवर्तित कर दिया गया। • लोकसभा तथा विधान सभाओं की अवधि को 6 वर्ष से घटाकर 5 वर्ष किया गया। • व्यक्तिगत स्वतंत्रता के अधिकार को शक्तिशाली बनाया गया।
• 52वाँ संविधान संशोधन अधिनियम, 1985	• संविधान में दसवीं अनुसूची को जोड़कर दल-बदल को रोकने के लिए कानून बनाया गया।

संविधान संशोधन	प्रावधान
• 61वाँ संविधान संशोधन अधिनियम, 1989	• मतदान करने की न्यूनतम आयु 21 वर्ष से घटाकर 18 वर्ष कर दी गई।
• 71वाँ संविधान संशोधन अधिनियम, 1992	• कोंकणी, मणिपुरी तथा नेपाली भाषाओं को 8वीं अनुसूची में शामिल किया गया।
• 73वाँ संविधान संशोधन अधिनियम, 1993	• पंचायती राज सम्बन्धी प्रावधान किये गए। • 11वीं अनुसूची जोड़ी गई।
• 74वाँ संविधान संशोधन अधिनियम, 1993	• 12वीं अनुसूची जोड़ी गई तथा नगरपालिकाओं के गठन सम्बन्धी प्रावधान किये गए।
• 86वाँ संविधान संशोधन अधिनियम, 2002	• संविधान में अनुच्छेद-21 (क), 45 तथा 51 (क) (ञ) जोड़ा गया। • राज्य द्वारा 6 से 14 वर्ष के सभी बच्चों को निःशुल्क और अनिवार्य सेवा का प्रावधान किया गया।
• 91वाँ संविधान संशोधन अधिनियम, 2003	• दल-बदल व्यवस्था में संशोधन किया गया। अब केवल सम्पूर्ण दल के विलय को मान्यता है। • केन्द्र तथा राज्यों में मंत्रिपरिषद् की संख्या क्रमशः लोक सभा तथा विधान सभा की सदस्य संख्या का 15% से अधिक नहीं होगी।
• 92वाँ संविधान संशोधन अधिनियम, 2003	• डोगरी, मैथिली, बोडो और सन्थाली भाषाओं को संविधान की आठवीं अनुसूची में शामिल किया गया।
• 96वाँ संविधान संशोधन अधिनियम, 2011	• 'उडिया' भाषा का 'ओडिया' में परिवर्तन किया गया।
• 98वाँ संविधान संशोधन अधिनियम, 2012	• संविधान में अनुच्छेद 371(J) शामिल किया गया। इसका उद्देश्य कर्नाटक के राज्यपाल को हैदराबाद-कर्नाटक क्षेत्र के विकास हेतु कदम उठाने के लिए सशक्त करना था।
• 99वाँ संविधान संशोधन अधिनियम, 2013	• यह अधिनियम प्रस्तावित राष्ट्रीय न्यायिक नियुक्ति आयोग (NJAC) की संरचना एवं कामकाज हेतु संविधान की विभिन्न अनुच्छेद 124(2), 127(1), 128, 217(1) व (2) तथा 224(क) में संशोधन किया गया।
• 100वाँ संविधान संशोधन अधिनियम, 2014	• इस विधेयक का उद्देश्य भारत एवं बांग्लादेश के मध्य 41 वर्ष पुराने भू-सीमा समझौता—LBA 1974 को प्रभाव में लाना है।
• 101वाँ संविधान संशोधन अधिनियम, 2016	• इस अधिनियम द्वारा "वस्तु एवं सेवा कर (जीएसटी)" लागू करने के लिए संविधान की धाराएं 248, 249, 250, 268, 269, 270, 271, 286, 366, एवं 368 में संशोधन किया गया है।
• 103वाँ संविधान संशोधन अधिनियम, 2019	• आर्थिक रूप से पिछड़े वर्ग के लोगों के लिए 10% आरक्षण का प्रावधान।
• 104वाँ संविधान संशोधन अधिनियम, 2019	• लोक सभा और विधान सभाओं में अनुसूचित जातियों एवं जनजातियों के लिए आरक्षण की अवधि को 10 वर्ष और बढ़ाया गया तथा आंग्ल-भारतीयों के लिए सीटों के आरक्षण को समाप्त किया गया।
• 105वाँ संविधान संशोधन अधिनियम, 2021	• सामाजिक और आर्थिक रूप से पिछड़े वर्गों की पहचान और चिह्नित करने के लिए राज्य सरकारों की शक्तियों को बहाल किया गया।
• 106वाँ संविधान संशोधन अधिनियम, 2023	• लोकसभा एवं राज्य विधानसभाओं में महिलाओं के लिए 33 प्रतिशत सीटें आरक्षित करने का प्रावधान किया गया।

महत्वपूर्ण राजनैतिक शब्दावली

- **आकस्मिक निधिः** संविधान के अनुच्छेद 267 के अनुसार, भारत सरकार एक आकस्मिक निधि की स्थापना करेगी। इसमें जमा धनराशि का व्यय विधि द्वारा स्थापित प्रक्रिया के अनुसार किया जाता है। संसद की स्वीकृति से इस मद से धन निकाला जा सकता है। राष्ट्रपति विशिष्ट परिस्थितियों में अग्रिम रूप से इस निधि से धन निकाल सकता है।
- **संचित निधिः** अनुच्छेद 266 में संचित निधि का प्रावधान है। संचित निधि से धन संसद में प्रस्तुत अनुदान माँगों के द्वारा ही व्यय किया जाता है। राज्यों को करों एवं शुल्कों में से उनका अंश देने के बाद जो धन बचता है, निधि में डाल दिया जाता है। राष्ट्रपति, उपराष्ट्रपति, नियंत्रक एवं महालेखा परीक्षक आदि के वेतन तथा भत्ते इसी पर भारित होते हैं।
- **अध्यादेशः** जब संसद का अधिवेशन नहीं चल रहा हो और किसी उद्देश्य विशेष के लिए कानून की आवश्यकता हो, तो राष्ट्रपति अध्यादेश जारी कर सकता है। इस अध्यादेश का प्रभाव संसद द्वारा निर्मित विधि के जैसा ही होता है।

- **अविश्वास प्रस्तावः** यह प्रस्ताव लोक सभा में विपक्ष के द्वारा प्रस्तुत किया जाता है। इसकी प्रस्तुति के लिए लोक सभा के कम-से-कम 50 सदस्यों के प्रस्ताव का समर्थन आवश्यक होता है। अविश्वास प्रस्ताव अगर लोक सभा में बहुमत से पास हो जाए तो मंत्रिपरिषद् को त्याग-पत्र देना पड़ता है।
- **कार्यस्थगन प्रस्तावः** जब संसद के सदस्यों को लगता है कि देश में कोई विशेष घटना हुई है, तो उस पर चर्चा करने के लिए संसद सदस्य प्रस्ताव पारित कर सदन की कार्यवाही को स्थगित कर उस घटना पर चर्चा करने की माँग करते हैं, इसलिए इसे कार्यस्थगन या 'काम रोको प्रस्ताव' कहा जाता है।
- **ध्यानाकर्षण प्रस्तावः** अध्यक्ष की अनुमति से जब कोई संसद सदस्य किसी मंत्री का ध्यान सार्वजनिक हित की दृष्टि से अति आवश्यक विषय की ओर आकर्षित करना चाहते हैं तो उसे ध्यानाकर्षण प्रस्ताव कहते हैं।
- **विश्वास प्रस्तावः** बहुमत का समर्थन प्रदर्शित करने के लिए मंत्रिपरिषद् द्वारा संसद में यह लाया जाता है। विश्वास प्रस्ताव के पारित न होने की दशा में सरकार को त्याग-पत्र देना पड़ता है।
- **विशेषाधिकार प्रस्तावः** यह प्रस्ताव संसद के किसी सदस्य द्वारा पेश किया जाता है, जब उसे ये प्रतीत होता है कि मंत्रिपरिषद् के किसी सदस्य ने संसद में झूठा तथ्य प्रस्तुत करके सदन के विशेषाधिकार का उल्लंघन किया है।
- **लेखानुदानः** अनुच्छेद 116(क) के अन्तर्गत लोक सभा लेखाअनुदान पारित कर सरकार के लिए एक अग्रिम राशि मंजूर कर सकती है, जिसके बारे में बजट-विवरण देना सरकार के लिए सम्भव नहीं हो।
- **विनियोग विधेयकः** विनियोग विधेयक में भारत की संचित निधि पर भारित व्यय की पूर्ति के लिए अपेक्षित धन तथा सरकार के खर्च हेतु अनुदान की माँग शामिल होती है। भारत की संचित निधि में से कोई भी धन विनियोग विधेयक के द्वारा ही निकाला जा सकता है।
- **वित्त विधेयकः** संविधान का अनुच्छेद 112 वित्त विधेयक को परिभाषित करता है। जिन वित्तीय प्रस्तावों को सरकार आगामी वर्ष के लिए सदन में प्रस्तुत करती है, उन वित्तीय प्रस्तावों को मिलकर वित्त विधेयक की रचना होती है।
- **धन विधेयकः** संसद में राजस्व एकत्र करने अथवा अन्य प्रकार से धन से संबद्ध विधेयक को धन विधेयक कहते हैं। संविधान के अनुच्छेद 110(1) के उपखण्ड (क) से (छ) तक में उल्लिखित विषयों से सम्बन्धित विधेयकों को धन विधेयक कहा जाता है। धन विधेयक केवल लोक सभा में ही पेश किया जाता है।
- **शून्य कालः** संसद के दोनों सदनों में प्रश्नकाल के ठीक बाद के समय को शून्य काल कहा जाता है। यह 12 बजे प्रारंभ होता है इस वजह से इसे 'जीरो आवर' या 'शून्य काल' कहा जाता है। इस अवधि में सांसद अविलम्बनीय महत्व के मामले सदन में उठाते हैं।
- **अनुपूरक प्रश्नः** सदन में किसी सदस्य द्वारा अध्यक्ष की अनुमति से किसी विषय, जिसके सम्बन्ध में उत्तर दिया जा चुका है, के स्पष्टीकरण हेतु अनुपूरक प्रश्न पूछने की अनुमति प्रदान की जाती है।
- **तारांकित प्रश्नः** जिन प्रश्नों का उत्तर सदस्य तुरंत सदन में चाहता है उसे तारांकित प्रश्न कहा जाता है। तारांकित प्रश्नों का उत्तर मौखिक दिया जाता है।

वस्तुनिष्ठ प्रश्नावली

1. केन्द्र में द्वैध शासन किस अधिनियम के अन्तर्गत स्थापित किया गया?

A. 1909 के अधिनियम
B. भारत सरकार अधिनियम, 1919
C. भारत सरकार अधिनियम, 1935
D. भारतीय स्वतंत्रता अधिनियम, 1947

2. किस अधिनियम की प्रमुख विशेषता प्रांतीय स्वायत्तता थी?

A. 1935 B. 1919
C. 1904 D. 1858

3. संघीय प्रणाली का पहला प्रयास भारत सरकार अधिनियम .... द्वारा किया गया था।

A. 1909 B. 1919
C. 1935 D. इनमें से कोई नहीं

4. भारत की संविधान सभा गठित करने का आधार क्या था?

A. भारतीय राष्ट्रीय कांग्रेस का प्रस्ताव
B. कैबिनेट मिशन प्लान, 1946

C. भारतीय स्वतंत्रता अधिनियम, 1947
D. भारतीय डोमिनियन के प्रान्तीय/राज्य विधानमण्डल के प्रस्ताव

5. संविधान की प्रारूप समिति के समक्ष प्रस्तावना का प्रस्ताव किसने रखा?
A. डॉ. बी.आर. अम्बेडकर B. बी.एन. राव
C. महात्मा गाँधी D. जवाहरलाल नेहरू

6. भारतीय संविधान सभा की संघीय शक्ति समिति के अध्यक्ष कौन थे?
A. सरदार पटेल
B. डॉ. बी.आर. अम्बेडकर
C. अल्लादी कृष्णा स्वामी अय्यर
D. पं. जवाहर लाल नेहरू

7. भारत का संविधान लागू हुआ था–
A. 26 जनवरी, 1950 को B. 26 जनवरी, 1952 को
C. 15 अगस्त, 1948 को D. 26 नवम्बर, 1949 को

8. संविधान सभा ने भारत के संविधान को कब स्वीकृत किया था?
A. 12 दिसम्बर, 1946 B. 15 अगस्त, 1947
C. 26 नवम्बर, 1949 D. 26 जनवरी, 1950

9. भारतीय संविधान सभा ने भारतीय राष्ट्रीय ध्वज की रूपरेखा को कब अंगीकार किया?
A. 23 अगस्त, 1947 B. 13 सितम्बर, 1947
C. 15 अगस्त, 1947 D. 22 जुलाई, 1947

10. भारतीय संविधान में समवर्ती सूची किसके संविधान से ली गई है?
A. यू.एस.ए. B. कनाडा
C. जर्मनी D. ऑस्ट्रेलिया

11. अब तक भारत के संविधान की उद्देशिका में कितनी बार संशोधन किया जा चुका है?
A. एक बार B. दो बार
C. तीन बार D. कभी नहीं

12. भारतीय संविधान की उद्देशिका में परिवर्तन किस संशोधन अधिनियम में किए गए थे?
A. 38वाँ संशोधन अधिनियम, 1975
B. 40वाँ संशोधन अधिनियम, 1976
C. 42वाँ संशोधन अधिनियम, 1976
D. 44वाँ संशोधन अधिनियम, 1978

13. भारतीय संविधान के किस संशोधन द्वारा प्रस्तावना में दो शब्द 'समाजवादी' और 'धर्मनिरपेक्ष' जोड़े गए थे?
A. 28वें B. 40वें
C. 42वें D. 52वें

14. भारत में वैध प्रभुसत्ता निहित है–
A. राष्ट्रपति में B. न्यायपालिका में
C. मन्त्रिमंडल में D. संविधान में

15. निम्नलिखित में से कौन-सी विशेषता भारतीय संघ और अमेरिकी संघ दोनों में साझी है?
A. एकल नागरिकता
B. दोहरी नागरिकता
C. संविधान में तीन सूचियाँ
D. संविधान की व्याख्या के लिए संघीय उच्चतम न्यायालय

16. भारतीय संविधान में सम्मिलित नीति निदेशक तत्वों की प्रेरणा हमें किस संविधान से प्राप्त हुई है?
A. ऑस्ट्रेलिया B. अमेरिका
C. फ्रांस D. आयरलैंड

17. भारतीय संविधान में मौलिक अधिकारों का उल्लेख करते हुए निम्नलिखित में से किस देश का अनुसरण किया गया है?
A. ब्रिटेन B. अमेरिका
C. फ्रांस D. ऑस्ट्रेलिया

18. भारत की संसदीय प्रणाली प्रभावित है–
A. इंग्लैंड से B. USA से
C. जर्मनी से D. आयरलैंड से

19. भारत के राष्ट्रपति की आपातकालीन शक्तियाँ निम्नलिखित में से किस देश की देन है?
A. कनाडा के संविधान की
B. ऑस्ट्रेलिया के संविधान की
C. जर्मनी के वीमर संविधान की
D. अमेरिका के संविधान की

20. भारतीय संविधान में कुल कितने भाग हैं?
A. 12 B. 18
C. 22 D. 24

21. दल-बदल के आधार पर निर्वाचित सदस्यों की अयोग्यता सम्बन्धी विवरण संविधान की किस अनुसूची में दिया गया है?
A. 8वीं B. 9वीं
C. 10वीं D. 11वीं

22. भारतीय संविधान की अनुसूचियों में से कौन-सी एक राज्य के नामों की सूची तथा उसके राज्य क्षेत्रों का ब्यौरा देती है?

A. पहली B. दूसरी
C. तीसरी D. चौथी

23. भारतीय संविधान में 9वीं अनुसूची परिवर्तित हुई–

A. प्रथम संशोधन द्वारा B. आठवें संशोधन द्वारा
C. नौवें संशोधन द्वारा D. 42वें संशोधन द्वारा

24. भारत के संविधान की किस अनुसूची में विभिन्न राज्यों में अनुसूचित क्षेत्रों के प्रशासन और नियंत्रण के लिए विशेष उपबन्ध हैं?

A. तीसरी B. पाँचवीं
C. सातवीं D. नौवीं

25. सर्वसम्मति से निर्वाचित भारत के राष्ट्रपति थे–

A. एस. राधाकृष्णन
B. वी.वी. गिरि
C. ज्ञानी जैल सिंह
D. एन. संजीवा रेड्डी

26. संविधान के अनुच्छेद-1 में भारत को क्या कहा गया है?

A. परिसंघ
B. महासंघ
C. परिसंघ प्रबल एकात्मक आधार पर
D. राज्यों का संघ

27. भारतीय संविधान के किस अनुच्छेद में 'प्रेस की स्वतंत्रता दी गई है?

A. अनुच्छेद 14 B. अनुच्छेद 25
C. अनुच्छेद 21A D. अनुच्छेद 19(i)

28. मौलिक अधिकार के अंतर्गत कौन-सा अनुच्छेद बच्चों के शोषण से सम्बन्धित है?

A. अनुच्छेद 17 B. अनुच्छेद 19
C. अनुच्छेद 23 D. अनुच्छेद 24

29. भारतीय संविधान का कौन-सा अनुच्छेद संसद को अंतर्राष्ट्रीय समझौतों को लागू करने के लिए विधि निर्माण करने की शक्ति प्रदान करता है?

A. अनुच्छेद 249 B. अनुच्छेद 250
C. अनुच्छेद 252 D. अनुच्छेद 253

30. भारतीय संविधान का कौन-सा अनुच्छेद संवैधानिक प्रावधानों की संघीय संसद/राज्य विधानपालिकाओं द्वारा बनाये गए नियमों/कानूनों पर प्राथमिकता प्रदान करती है?

A. अनुच्छेद 13 B. अनुच्छेद 32
C. अनुच्छेद 245 D. अनुच्छेद 326

31. भारतीय संविधान के किस अनुच्छेद में अनुसूचित-जनजातियों के लिए एक राष्ट्रीय आयोग का प्रावधान है?

A. अनुच्छेद 338A B. अनुच्छेद 341
C. अनुच्छेद 16 D. अनुच्छेद 82

32. संविधान के किस अनुचछेद में यह व्यवस्था की गई है कि प्रत्येक राज्य शिक्षा के प्राथमिक स्तर पर मातृभाषा में शिक्षा की पर्याप्त सुविधाओं की व्यवस्था करने का प्रयास करेगा?

A. अनुच्छेद 349 B. अनुच्छेद 35
C. अनुच्छेद 350 D. अनुच्छेद 351

33. संघ का यह कर्त्तव्य होगा कि वह बाह्य तथा आंतरिक गड़बड़ी से प्रत्येक राज्य की रक्षा करें–ऐसा प्रावधान भारतीय संविधान के निम्न अनुच्छेदों में से किस एक में है?

A. अनु॰ 215 B. अनु॰ 275
C. अनु॰ 325 D. अनु॰ 355

34. भारतीय संविधान के किस अनुच्छेद में भारतीय नागरिकों के मूल कर्त्तव्य शामिल हैं?

A. अनु॰ 50 क B. अनु॰ 50 ख
C. अनु॰ 51 क D. अनु॰ 51 ख

35. भारतीय संविधान के अनुच्छेद 17 में उपबंध किया गया है–

A. कानून के समक्ष समता का
B. सरकारी नौकरी के मामलों में अवसर की समता का
C. पदवियों के उन्मूलन का
D. अस्पृश्यता उन्मूलन का

36. निम्नलिखित में से किस वर्ष सिक्किम को राज्य का दर्जा दिया गया था?

A. 1973 में B. 1974 में
C. 1975 में D. 1976 में

37. भारतीय राज्यों का भाषायी आधार पर पुनर्गठन किस वर्ष किया गया था?

A. 1947 B. 1951
C. 1956 D. 1996

38. हरियाणा कब राज्य बना?

A. 1 नवम्बर, 1966 B. 1 अक्टूबर, 1966
C. 1 सितम्बर, 1966 D. 1 नवम्बर, 1965

39. भारत में एकल नागरिकता की अवधारणा अपनाई गई है–

A. इंग्लैड से B. यू.एस.ए. से
C. कनाडा से D. फ्रांस से

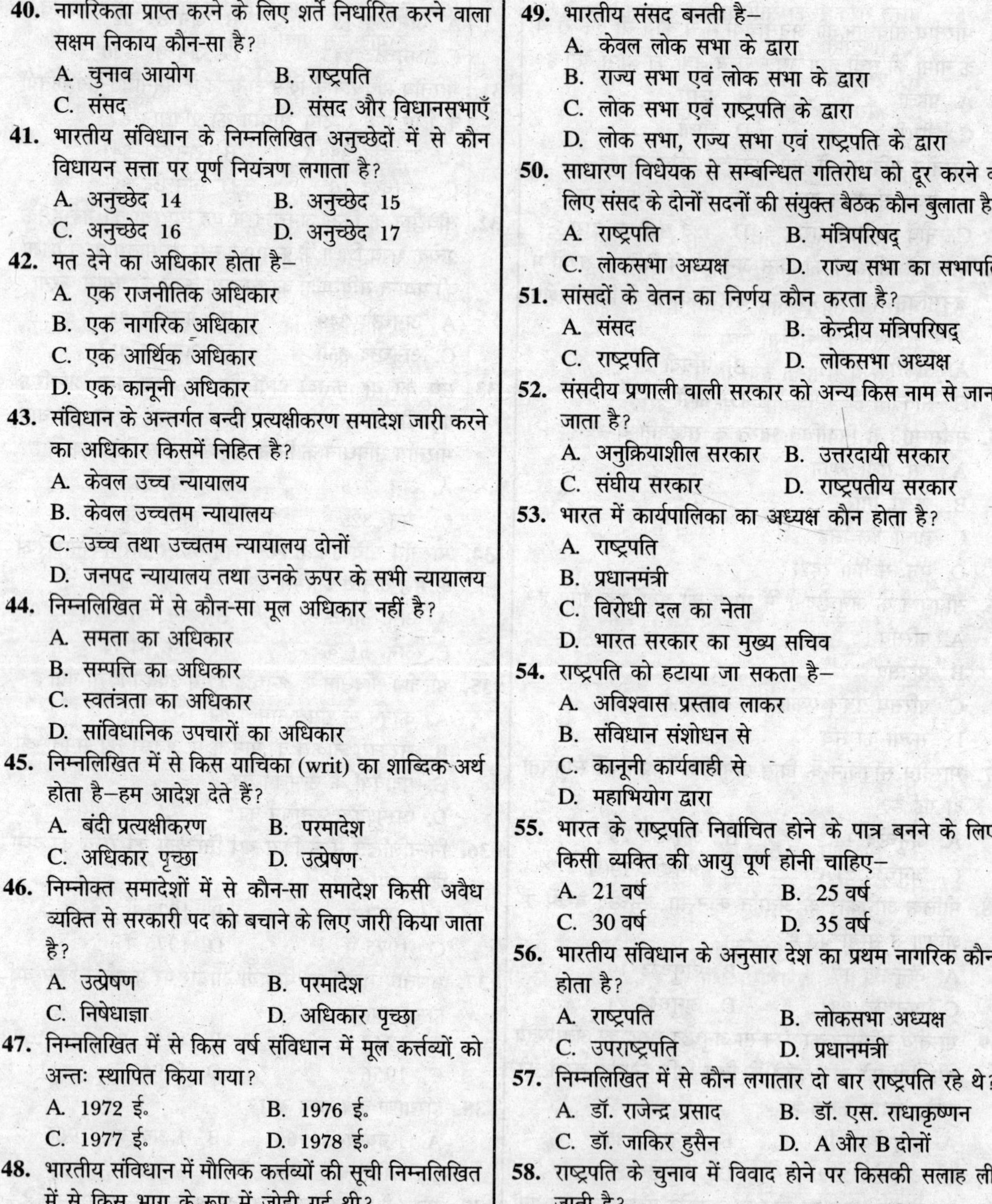

40. नागरिकता प्राप्त करने के लिए शर्तें निर्धारित करने वाला सक्षम निकाय कौन-सा है?

A. चुनाव आयोग B. राष्ट्रपति
C. संसद D. संसद और विधानसभाएँ

41. भारतीय संविधान के निम्नलिखित अनुच्छेदों में से कौन विधायन सत्ता पर पूर्ण नियंत्रण लगाता है?

A. अनुच्छेद 14 B. अनुच्छेद 15
C. अनुच्छेद 16 D. अनुच्छेद 17

42. मत देने का अधिकार होता है–

A. एक राजनीतिक अधिकार
B. एक नागरिक अधिकार
C. एक आर्थिक अधिकार
D. एक कानूनी अधिकार

43. संविधान के अन्तर्गत बन्दी प्रत्यक्षीकरण समादेश जारी करने का अधिकार किसमें निहित है?

A. केवल उच्च न्यायालय
B. केवल उच्चतम न्यायालय
C. उच्च तथा उच्चतम न्यायालय दोनों
D. जनपद न्यायालय तथा उनके ऊपर के सभी न्यायालय

44. निम्नलिखित में से कौन-सा मूल अधिकार नहीं है?

A. समता का अधिकार
B. सम्पत्ति का अधिकार
C. स्वतंत्रता का अधिकार
D. सांविधानिक उपचारों का अधिकार

45. निम्नलिखित में से किस याचिका (writ) का शाब्दिक अर्थ होता है–हम आदेश देते हैं?

A. बंदी प्रत्यक्षीकरण B. परमादेश
C. अधिकार पृच्छा D. उत्प्रेषण

46. निम्नोक्त समादेशों में से कौन-सा समादेश किसी अवैध व्यक्ति से सरकारी पद को बचाने के लिए जारी किया जाता है?

A. उत्प्रेषण B. परमादेश
C. निषेधाज्ञा D. अधिकार पृच्छा

47. निम्नलिखित में से किस वर्ष संविधान में मूल कर्त्तव्यों को अन्तः स्थापित किया गया?

A. 1972 ई॰ B. 1976 ई॰
C. 1977 ई॰ D. 1978 ई॰

48. भारतीय संविधान में मौलिक कर्त्तव्यों की सूची निम्नलिखित में से किस भाग के रूप में जोड़ी गई थी?

A. चार B. पाँच
C. दो D. तीन

49. भारतीय संसद बनती है–

A. केवल लोक सभा के द्वारा
B. राज्य सभा एवं लोक सभा के द्वारा
C. लोक सभा एवं राष्ट्रपति के द्वारा
D. लोक सभा, राज्य सभा एवं राष्ट्रपति के द्वारा

50. साधारण विधेयक से सम्बन्धित गतिरोध को दूर करने के लिए संसद के दोनों सदनों की संयुक्त बैठक कौन बुलाता है?

A. राष्ट्रपति B. मंत्रिपरिषद्
C. लोकसभा अध्यक्ष D. राज्य सभा का सभापति

51. सांसदों के वेतन का निर्णय कौन करता है?

A. संसद B. केन्द्रीय मंत्रिपरिषद्
C. राष्ट्रपति D. लोकसभा अध्यक्ष

52. संसदीय प्रणाली वाली सरकार को अन्य किस नाम से जाना जाता है?

A. अनुक्रियाशील सरकार B. उत्तरदायी सरकार
C. संघीय सरकार D. राष्ट्रपतीय सरकार

53. भारत में कार्यपालिका का अध्यक्ष कौन होता है?

A. राष्ट्रपति
B. प्रधानमंत्री
C. विरोधी दल का नेता
D. भारत सरकार का मुख्य सचिव

54. राष्ट्रपति को हटाया जा सकता है–

A. अविश्वास प्रस्ताव लाकर
B. संविधान संशोधन से
C. कानूनी कार्यवाही से
D. महाभियोग द्वारा

55. भारत के राष्ट्रपति निर्वाचित होने के पात्र बनने के लिए किसी व्यक्ति की आयु पूर्ण होनी चाहिए–

A. 21 वर्ष B. 25 वर्ष
C. 30 वर्ष D. 35 वर्ष

56. भारतीय संविधान के अनुसार देश का प्रथम नागरिक कौन होता है?

A. राष्ट्रपति B. लोकसभा अध्यक्ष
C. उपराष्ट्रपति D. प्रधानमंत्री

57. निम्नलिखित में से कौन लगातार दो बार राष्ट्रपति रहे थे?

A. डॉ. राजेन्द्र प्रसाद B. डॉ. एस. राधाकृष्णन
C. डॉ. जाकिर हुसैन D. A और B दोनों

58. राष्ट्रपति के चुनाव में विवाद होने पर किसकी सलाह ली जाती है?

A. उपराष्ट्रपति B. चुनाव आयोग
C. सर्वोच्च न्यायालय D. लोकसभा अध्यक्ष

59. भारत सरकार का सांविधानिक अध्यक्ष कौन है?
A. राष्ट्रपति
B. प्रधानमंत्री
C. भारत का मुख्य न्यायाधीश
D. महान्यायवादी

60. भारत के पहले राष्ट्रपति के रूप में डॉ. राजेन्द्र प्रसाद का चुनाव किया गया था–
A. निर्वाचकमंडल द्वारा B. भारत की जनता द्वारा
C. संविधान सभा द्वारा D. संसद द्वारा

61. भारत के उपराष्ट्रपति का चुनाव किया जाता है–
A. संसद के सदस्यों द्वारा
B. राज्य सभा के सदस्यों द्वारा
C. संसद के निर्वाचित सदस्यों द्वारा
D. संसद और राज्य विधानसभाओं के सदस्यों द्वारा

62. राष्ट्रपति द्वारा राज्य सभा में कितने व्यक्ति मनोनीत किये जाते हैं?
A. 10 B. 15
C. 12 D. 20

63. राज्य सभा के सदस्यों के लिए न्यूनतम आयु .... है।
A. 21 वर्ष B. 25 वर्ष
C. 30 वर्ष D. 35 वर्ष

64. निम्नलिखित में से किसके सम्बन्ध में राज्य सभा को लोक सभा के अपेक्षाकृत अधिक अधिकार प्राप्त हैं?
A. धन विधेयक
B. धनेतर विधेयक
C. नई अखिल भारतीय सेवाओं का गठन करना
D. संविधान का संशोधन

65. राज्य सभा को भंग करने में कौन सक्षम है?
A. अध्यक्ष राज्य सभा B. राष्ट्रपति
C. संसद का संयुक्त सत्र D. उपर्युक्त में से कोई नहीं

66. वर्तमान में लोक सभा सदस्यों की प्रभावी संख्या कितनी है?
A. 540 B. 543
C. 548 D. 552

67. निम्न में से किस राज्य में विधान परिषद है।
A. राजस्थान B. उत्तर प्रदेश
C. ओडिशा D. पश्चिम बंगाल

68. किसी विशेष दिन लोक सभा में अधिकतम कितने तारांकित प्रश्न पूछे जा सकते हैं?
A. 15 B. 20
C. 25 D. कोई सीमा नहीं

69. लोक सभा चुनाव में कोई प्रत्याशी अपनी जमानत खो देता है यदि उसे प्राप्त न हो सके–
A. वैध मतों का 1/3 B. वैध मतों का 1/4
C. वैध मतों का 1/5 D. इनमें से कोई नहीं

70. उत्तर प्रदेश के अतिरिक्त लोक सभा में किन दो राज्यों का प्रतिनिधित्व सबसे अधिक है?
A. बिहार और आन्ध्र प्रदेश
B. महाराष्ट्र और पश्चिम बंगाल
C. कर्नाटक और आन्ध्र प्रदेश
D. तमिलनाडु और राजस्थान

71. लोक सभा के निर्वाचन क्षेत्रों का सीमा निर्धारण पहली बार निम्नलिखित में से किस ई॰ सन् में किया गया था?
A. 1970 B. 1972
C. 1976 D. 1977

72. संसद के दोनों सदनों की संयुक्त बैठक को भेजा गया विधेयक का पारित होना होता है–
A. उपस्थित सदस्यों के साधारण बहुमत से
B. कुल सदस्यों के पूर्ण बहुमत से
C. उपस्थित सदस्यों के दो-तिहाई बहुमत से
D. उपस्थित सदस्यों के तीन-चौथाई बहुमत से

73. निम्नलिखित में से कौन-सा एक लोक सभा का सर्वाधिक बड़ा (क्षेत्रफल के अनुसार) निर्वाचन क्षेत्र है?
A. काँगड़ा B. लद्दाख
C. कच्छ D. भीलवाड़ा

74. मंत्रिमंडल (संघीय) की बैठक की अध्यक्षता कौन करता है?
A. राष्ट्रपति B. उपराष्ट्रपति
C. लोकसभा अध्यक्ष D. प्रधानमंत्री

75. भारत के प्रधानमंत्री–
A. राष्ट्रपति द्वारा चुने जाते हैं
B. राज्यों के मुख्यमंत्री द्वारा चुने जाते हैं
C. लोक सभा में बहुमत दल के नेता होते हैं
D. चुने नहीं जाते, बल्कि वंशगत होते हैं

76. भारतीय संविधान के अनुसार तथ्यात्मक सम्प्रभुता निवास करती है–
A. संसद में B. राष्ट्रपति में
C. प्रधानमंत्री में D. जनता में

77. भारतीय संविधान के अनुच्छेद 74 और 75 किन विषयों पर विचार करते हैं?
A. मंत्रिपरिषद् B. लोक सभा के सदस्य
C. राष्ट्रपति D. मंत्रिमंडल के सदस्य

78. भारत सरकार का वह मंत्री जो संसद के दोनों में से किसी सदन का सदस्य नहीं है, उसे मंत्री के पद से मुक्त हो जाना पड़ता है–

A. 6 मास बाद B. 1 वर्ष बाद
C. 2 वर्ष बाद D. 3 वर्ष बाद

79. संघीय मंत्रिपरिषद् अपने आचरण के लिए किसके प्रति उत्तरदायी होता है?

A. राष्ट्रपति B. लोक सभा
C. राज्य सभा D. संसद

80. मंत्रिपरिषद् व्यक्तिगत रूप से उत्तरदायी होता है–

A. राष्ट्रपति केप्रति
B. प्रधानमंत्री के प्रति
C. लोकसभा अध्यक्ष के प्रति
D. संसद के प्रति

81. सामूहिक रूप से मंत्रिपरिषद् किसके प्रति उत्तरदायी होता है?

A. राष्ट्रपति B. प्रधानमंत्री
C. लोक सभा D. संसद

82. भारतीय गणराज्य में वास्तविक कार्यकारी प्राधिकार निम्नलिखित में से किसके पास होता है?

A. प्रधानमंत्री B. राष्ट्रपति
C. नौकरशाही D. मंत्रिपरिषद्

83. निम्नलिखित में से कौन भारत के उपप्रधानमंत्री नहीं रहे हैं?

A. सरदार पटेल B. एल.के. आडवाणी
C. चरण सिंह D. बी.डी. जत्ती

84. लोक सभा में विरोधी दल के नेता के रूप में मान्यता देने के लिए उसके दल के सदस्यों की संख्या कुल सदस्यों की संख्या के कम-से-कम कितने प्रतिशत होनी चाहिए?

A. 10% B. 15%
C. 25% D. 50%

85. लोक सभा में विरोधी दल के पहले मान्यता प्राप्त नेता थे–

A. श्यामा प्रसाद मुखर्जी B. इन्दिरा गाँधी
C. रामसुभग सिंह D. वाई.बी. चौहान

उत्तरमाला

1	2	3	4	5	6	7	8	9	10
C	A	C	B	C	D	A	C	D	D
11	**12**	**13**	**14**	**15**	**16**	**17**	**18**	**19**	**20**
A	C	C	D	D	D	B	A	C	C
21	**22**	**23**	**24**	**25**	**26**	**27**	**28**	**29**	**30**
C	A	A	B	D	D	D	D	D	C
31	**32**	**33**	**34**	**35**	**36**	**37**	**38**	**39**	**40**
A	C	D	C	D	C	C	A	A	C
41	**42**	**43**	**44**	**45**	**46**	**47**	**48**	**49**	**50**
A	B	C	B	A	D	B	A	D	A
51	**52**	**53**	**54**	**55**	**56**	**57**	**58**	**59**	**60**
A	C	A	D	D	A	A	C	A	C
61	**62**	**63**	**64**	**65**	**66**	**67**	**68**	**69**	**70**
A	C	C	C	D	B	B	B	D	B
71	**72**	**73**	**74**	**75**	**76**	**77**	**78**	**79**	**80**
B	A	B	D	C	A	A	A	B	A
81	**82**	**83**	**84**	**85**					
C	D	D	A	D					

☆☆☆☆☆☆

सामान्य विज्ञान

विज्ञान की विविध शाखाएं

नाम	अध्ययन	नाम	अध्ययन
एरोनॉटिक्स	वैमानिकी का अध्ययन	फिलाटेली	टिकट संग्रह कला
एनाटोमी	मानव शरीर की रचना	हार्टीकल्चर	बागवानी
आर्कियोलॉजी	पुरातत्व अध्ययन	सीस्मोलॉजी	भूकंप का अध्ययन
एकॉस्टिक	ध्वनि से संबंधित अध्ययन	ऑस्टोलॉजी	हड्डियों का अध्ययन
एस्ट्रोनामी	खगोल अध्ययन	जेनेटिक्स	आनुवंशिकी का अध्ययन
एण्टोमोलॉजी	कीटाणुओं का अध्ययन	जूलॉजी	जन्तु विज्ञान
एस्ट्रोफिजिक्स	ग्रह-मंडल का अध्ययन	बायलॉजी	प्राणी विज्ञान
कैलिस्थेनिक्स	व्यायाम विद्या का अध्ययन	जिओलॉजी	भूगर्भ की बनावट का अध्ययन
क्रोनोलॉजी	ऐतिहासिक क्रम का अध्ययन	पैथॉलाजी	रोगों का अध्ययन
बॉटनी	वनस्पति का अध्ययन	फिजिक्स	भौतिक विज्ञान
केमिस्ट्री	रसायन का अध्ययन	बायोकेमिस्ट्री	प्राणी का रासायनिक अध्ययन
सेरामिक्स	चीनी के बर्तनों के निर्माण का अध्ययन	युजेनिक्स	नस्ल सुधार का अध्ययन
इकोलॉजी	जीव एवं पर्यावरण संबंधों का अध्ययन	एटिमोलॉजी	शब्द व्युत्पत्ति का अध्ययन
एन्टोमोलॉजी	कीट-पतंगों का अध्ययन		

आविष्कार और आविष्कारक

आविष्कार	आविष्कारक	देश	सन्
वायुयान	ओरविल और विलबर राइट	अमेरिका	1903
बॉल-पाइंट	जॉन जे॰ लाउड	अमेरिका	1888
बैरोमीटर	इवेंजलिस्ता टौरीसेली	इटली	1644
बाईसिकिल	कर्कपैट्रिक मैकमिलन	इंग्लैंड	1839-40
बाईफोकल लेंस	बेन्जामिन फ्रैंकलिन	अमेरिका	1780
बनसेन बर्नर	आर॰ विल्हेम वोन बनसेन	जर्मनी	1855
कार (पेट्रोल)	कार्ल बेन्ज	जर्मनी	1888
सीमेंट (पोर्टलैंड)	जोसेफ एस्पडिन	इंग्लैंड	1824
सिनेमा	निकोलस और जीन लूमियर	फ्रांस	1895
क्लॉक (मैकेनिकल)	आई.सिंग और लियांग लिंग-तसान	चीन	1725
डीजल इंजन	रूडोल्फ डीजल	जर्मनी	1895
डायनेमो	हाइपोलाइट पिक्सी	फ्रांस	1832
इलैक्ट्रिक लैम्प	थॉमस अल्वा एडिसन	अमेरिका	1879
सेफ्टी पिन	वाल्टर हन्ट	अमेरिका	1849
सिलाई मशीन	बार्थलेमी थिम्मोनियर	फ्रांस	1829
जहाज (भाप)	जे.सी॰ पेरियर	फ्रांस	1775

जहाज (टरबाइन)	होन॰ सर सी॰ पारसंस	इंग्लैंड	1894
स्लाइड रूल	विलियम ऑग्ट्रेड	इंग्लैंड	1621
भाप का इंजन	जेम्स वॉट	इंग्लैंड	1765
स्टेनलेस स्टील	हेरि ब्रियरले	इंग्लैंड	1913
समुद्री जहाज	डेविड बुशनेल	अमेरिका	1776
टैंक	सर अर्नस्ट स्विनटन	इंग्लैंड	1914
टेलीग्राफ	एम॰ लम्मोंड	फ्रांस	1787
टेलीग्राफ कोड	सैमुअल एफ॰ बी॰ मोर्स	अमेरिका	1837
टेलीफोन (परफैक्टेड)	अलेक्जैण्डर ग्राहम बेल	अमेरिका	1876
टेलीस्कोप	हेन्स लिप्परशे	नीदरलैंड्स	1608
टेलीविजन (मैकेनिकल)	जे.एल॰ बेयर्ड	इंग्लैंड	1926
टेलीविजन (इलेक्ट्रॉनिक)	पी॰टी॰ फार्न्सवर्थ	अमेरिका	1927
थर्मामीटर	गैलिलियो गैलिली	इटली	1593
ट्रांसफार्मर	माइकल फैराडे	इंग्लैंड	1831
ट्रांजिस्टर	बरडीन, शोकले तथा ब्राट्टेन	अमेरिका	1948
टाइपराइटर	पेलेग्रिन टेर्री	इटली	1808
कपड़ा धोने की मशीन (विद्युत)	हर्ले मशीन कम्पनी	अमेरिका	1907
घड़ी	बारथोलोम्यू मैनफ्रेडी	इटली	1462

माप/तौल की इकाइयां

वॉट	बिजली की शक्ति की इकाई
ओम	विद्युत प्रतिरोध
हर्ट्ज	तरंगों की आवृत्ति
डाइन	बल की सापेक्ष इकाई
कैलोरी	ऊष्मा की इकाई
कूलम्ब	विद्युत की मात्रा
एम्पियर	विद्युत धारा
नॉट	समुद्र पोतों की गति
बार	वायुमंडलीय दाब की इकाई
डेसीबल	सापेक्ष ध्वनि की तीव्रता
एंगस्ट्रम	प्रकाश तरंगों की लम्बाई
कैरेट	बहुमूल्य पत्थर की तौल
फैदम	समुद्र की गहराई की इकाई
न्यूटन	बल
कैन्डला	ज्योति तीव्रता
प्रकाश वर्ष	आकाश के ग्रहों आदि की दूरी की इकाई

चिकित्सा विज्ञान संबंधी आविष्कार

फ्रेडरिक-बैटिन	इन्सुलिन (डायबिटीज के उपचार के लिए)
ब्रह्मचारी यू.एन.	काला-ज्वर बुखार की चिकित्सा
डॉ. क्रिश्चियन बर्नार्ड	हृदय प्रत्यारोपण
जी. डोमाग	सल्फा ड्रग्स
राबर्ट कोच	हैजे का टीका
डॉ. पाल मुलर	डी.डी.टी.
आइजकमेन	बेरी-बेरी की चिकित्सा
आर्थर बर्ग तथा जेम्स वाटसन	आर.एन.ए.
जेम्स वाटसन तथा क्रिक	डी.एन.ए.
ड्रेसर	एस्प्रिन
रेबी	क्लोरोक्वीन (कुनैन)
हरगोविन्द खुराना	कृत्रिम जीन
फिनले	टेरामाइसिन
ल्यूवेनहॉक	बैक्टीरिया
रोबर्थ	टायफायड के जीवाणु
रीड	पीले बुखार की चिकित्सा
फिन्सेन	अल्ट्रा वायलेट रेंज द्वारा चिकित्सा
पाल एरिक	सिफलिस की चिकित्सा
सर अलेक्जेंडर फ्लेमिंग और फ्लोरे	पेन्सिलिन
विलियम हार्वे	रक्त परिवहन (संचरण)
कार्ल लैंडस्टीनर	रक्त-आधान

हैनीमेन	होम्योपैथी की स्थापना
फंक	विटामिन
मैकुलन	विटामिन 'ए'
मैकुलन	विटामिन 'बी'
यूजोक्ट होल्कट	विटामिन 'सी'
एफ.जी. हॉपकिन्स	विटामिन 'डी'
एडवर्ड जेनर	चेचक का टीका
राबर्ट कोच	टी.बी. की चिकित्सा
लेनेक	स्टेथॉस्कोप
लार्डजोसेफ लिस्टर	एण्टीसेप्टिक द्वारा चिकित्सा
लुई पाश्चर	हाइड्रोफोबिया की चिकित्सा
डॉ. रोनेल्ड रॉस	मलेरिया की चिकित्सा
डॉ. जोन्स इ. साल्क	एण्टी पोलियो वैक्सीन
सर जेम्स हैरीसन	क्लोरोफार्म की खोज
वैक्समैन	स्ट्रेप्टोमाइसिन

विटामिन की कमी से होने वाले रोग

विटामिन	रोग	स्रोत
विटामिन A	रतौंधी	गाजर, दूध, अंडा
विटामिन B_{12}	अरक्तता	कलेजी, अंडा
विटामिन B_1	बेरी-बेरी	दाल, अंडा, मूंगफली
विटामिन C	स्कर्वी	संतरा, टमाटर
विटामिन B_2	मुँह की त्वचा	कलेजी, दूध, मांस
विटामिन D	सूखा रोग	सूर्य का प्रकाश,
विटामिन B_6	एनीमिया और होंठ फटना	कलेजी, दूध, मांस, मछली का तेल
विटामिन E	बांझपन	हरी सब्जियाँ, दूध, कलेजी
विटामिन B_7	पेलाग्रा	मछली, अंडा
विटामिन K	रक्त का थक्का जमने में कमी	हरी सब्जी

प्रमुख बीमारियों द्वारा प्रभावित अंग

बीमारी	प्रभावित अंग
निमोनिया	फेफड़े
टायफाइड	आँत
डिप्थीरिया	श्वसन नलिका
सिफलिस	जनन अंग
मेनिनजाइटिस	मस्तिष्क
आर्थ्राइटिस	जोड़ों की सूजन
एग्जीमा	चमड़ी
पीलिया	यकृत
अतिसार	आँत का अग्रभाग
सुजाक, श्वेत प्रदर	मूत्र मार्ग
प्लूरिसी	छाती
पायरिया	दाँत तथा मसूड़े
गठिया या ट्यूमैटिज्म	जोड़ों में
टिटनेस	तंत्रिका तंत्र, मांसपेशी
कुष्ठ	त्वचा, तंत्रिकाएं
हैजा	आँत, आहार नाल
रिकेट्स	हड्डियाँ
गोइटर (गण्डमाला)	थाइराइड ग्रंथि
काली खाँसी	श्वसन तंत्र
बॉट्यूलिज्म	तंत्रिका-तंत्र
एड्स	सम्पूर्ण शरीर
प्लेग	फेफड़े, लाल रक्त कणिकाएं
रेबीज या हाइड्रोफोबिया	तंत्रिका तंत्र
खसरा	सम्पूर्ण शरीर
कालाजार	रुधिर, प्लीहा व अस्थि मज्जा
हरपीस	त्वचा, श्लेष्मकला
क्षय रोग	शरीर का कोई भी अंग, विशेषकर फेफड़े
केटेरेक्ट, ग्लाइकोमा, ट्रेकोमा, मायोपिया	आँख
चेचक	सम्पूर्ण शरीर, विशेषकर चेहरा तथा हाथ-पैर

प्रमुख पाचक एन्जाइम एवं उनके कार्य

पाचक एन्जाइम	स्रोत	कार्य
टाइलिन	लार ग्रन्थि	स्टार्च का माल्टोस में परिवर्तन
एमाइलेज	लार ग्रन्थि, अग्न्याशय	पॉलीसैकेराइड का डाइसैकेराइड में परिवर्तन
पेप्सिन	आमाशय	प्रोटीन को पेप्टाइड खण्डों में तोड़ना
ट्रिप्सिन एवं काइमोट्रिप्सिन	अग्न्याशय	प्रोटीन एवं पॉलीपेप्टाइड को पेप्टाइड खण्डों में तोड़ना
लाइपेस	अग्न्याशय	ट्राइग्लिसराइड को वसीय अम्ल एवं मोनोग्लिसराइड में तोड़ना

मानव शरीर से सम्बन्धित महत्वपूर्ण तथ्य

तथ्य	स्थिति/मात्र
अस्थियों की कुल संख्या	206
सबसे छोटी अस्थि	स्टेपीज (मध्य कर्ण में)
सबसे लम्बी अस्थि	फीमर (जंघा में)
कशेरुकाओं की कुल संख्या	33
पेशियों की कुल संख्या	+639
सबसे लम्बी पेशी	सारटोरियस
बड़ी आँत की लम्बाई	1.5 मी (4.9 फीट)
छोटी आँत की लम्बाई	6.25 मी (20 फीट)
यकृत का भार (पुरुष में)	1.4-1.8 किग्रा
यकृत का भार (महिला में)	1.2-1.4 किग्रा
सबसे बड़ी ग्रन्थि	यकृत
सर्वाधिक पुनरुद्भवन की क्षमता	यकृत में
सबसे कम पुनरुद्भवन की क्षमता	मस्तिष्क में
शरीर का सबसे कठोर भाग	दाँत का इनेमल
सबसे बड़ी लार ग्रन्थि	पैरोटिड ग्रन्थि
शरीर का सामान्य तापमान	98.4°F (37°C)
शरीर में रुधिर की मात्रा	5.5 ली
हीमोग्लोबिन की औसत मात्रा (पुरुष में)	13.16 g/dl
हीमोग्लोबिन की औसत मात्रा (महिला में)	11.5-14 g/dl
श्वेत रुधिर कोशिकाओं (WBCs) की संख्या	5000-10000/cu mm
सबसे छोटी श्वेत रुधिर कोशिका	लिम्फोसाइट
सबसे बड़ी श्वेत रुधिर कोशिका	मोनोसाइट कोशिका
श्वेत रुधिर कोशिकाओं का जीवनकाल	120 दिन
लाल रुधिर कोशिकाओं (RBCs) का जीवनकाल	2-5 दिन
रुधिर का थक्का बनने का समय	3-6 मिनट
सर्वग्राही रुधिर वर्ग	AB
सर्वदाता रुधिर वर्ग	O
सामान्य रुधिर दाब	120/80 Hg
वयस्क में हृदय गति	72 बार प्रति मिनट

श्वसन अंग और उसके उदाहरण

श्वसन अंग	उदाहरण
फेफड़े	मनुष्य, मेंढक, पक्षी, छिपकली, पशु इत्यादि
त्वचा	मेंढक, केंचुआ
गिल्स	टैडपोल, मछली प्रॉन
श्वसन नाल	कीट
शरीर सतह	अमीबा, युग्लीना

जन्तु विज्ञान से सम्बन्धित महत्वपूर्ण तथ्य

विशेषता — **नाम**

- सबसे बड़ी स्तनी—**नीली व्हेल**
- सबसे विशाल स्थलीय स्तनी—**हाथी**
- सबसे बड़ी अस्थि—**फीमर (जंघा में)**
- सबसे बड़ा अण्डा—**शतुरमुर्ग**
- सबसे बड़ा शिरा—**इन्फीरियर वेना केवा**
- सबसे बड़ा स्थलीय पक्षी—**शतुरमुर्ग**
- विशालतम जीवित सरीसृप—**टर्टिल**
- विश्व में सबसे विषैला सर्प—**ऑस्ट्रेलिया का पेनिन्सुलर टाइगर सर्प**
- सबसे लम्बा स्तनी—**जिराफ**
- सबसे छोटी चिड़िया—**हमिंग बर्ड**
- दाँत रहित स्तनी—**चींटीखोर**
- शरीर का सबसे व्यस्त अंग—**यकृत**
- शरीर का सबसे भारी अंग—**यकृत**
- सबसे भारी कशेरुका—**लुम्बर**
- सबसे मजबूत पेशी—**जबड़े की पेशी**
- सबसे पुराना प्राइमेट—**लीमर**
- सबसे पुरानी स्तनी—***एकिडना***
- सबसे पुराना कपि—**गिब्बन**
- सबसे विषैला भारतीय सर्प—**किंग कोबरा**
- विषैली छिपकली—***हीलोडर्मा***
- विषैली मछली—**स्टोन मछली**
- अण्डा देने वाली स्तनी—***एकिडना,* डक बिल्ड प्लेटीपस**
- सबसे छोटा स्तनी—**छछुँदर**
- सबसे तेज दौड़ने वाला जन्तु—**चीता**
- सबसे बड़ा सर्प—**पाइथन**
- घोंसला बनाने वाला साँप—**किंग कोबरा**

✧✧✧✧✧

विश्व : विविध

विश्व की धार्मिक जनसंख्या (2022)

धर्मावलम्बी	मानने वालों की संख्या
ईसाई	2.5 अरब
इस्लाम	1.9 अरब
नास्तिक (atheism)	1.4 अरब
हिंदू	107.0 करोड़
बौद्ध	54.5 करोड़
चीनी लोक धर्म	47.6 करोड़
एनीमिस्ट	13.6 करोड़
अफ्रीकन लोक धर्म	10.0 करोड़
सिक्ख	2.7 करोड़
जुचे	1.9 करोड़
स्पीरिटिज्म	1.4 करोड़
यहूदी	1.4 करोड़
बहाई	89 लाख
जैन	64 लाख
शिन्टो	28 लाख
जरथुस्ट	1.9 लाख
टेनरिक्यो	20 लाख
एकल विश्ववादी	8 लाख

विदेशी लेखक

पुस्तकें	लेखक
ए चाइना पैसेज	जे.के. गेलब्रेथ
ए डेंजरस प्लेस	डेनिस पैट्रिक मोमनिहन
ए डॉल्स हाउस	इप्सन
ए फेयरवेल टू आर्म्स	अर्नेस्ट हैमिंग्वे
ए मिड समर नाईट्स ड्रीम	शेक्सपीयर
ए पेयर ऑफ ब्लू आईज	थॉमस हार्डी
ए पैसेज टू इंडिया	ई. एम. फोस्टर
बेबिट	सिनक्लेयर लिविस
बेनहुर	लिविस वैलेस
बैरी पैचेज	येवगेनि येव्लुशेंको
बर्थ एंड डेथ ऑफ सन	जार्ज गैमोव
बिटर स्वीट	नील कोवार्ड
द ब्लाइंड ब्यूटी	बेरिस पेस्त्रनक
ब्लू बर्ड	मौरिस मैक्टरलिंक
बोस्तां	जाय एडम्सन
ब्रेझनेव–द मास्क्स ऑफ पावर	जान डार्नवर्ग
सीजर एंड क्लियोपेट्रा	जार्ज बर्नार्ड शा
कैंसर वार्ड	एलेक्जेंडर सोलझेनिस्तिन
चार्जिंग	लियो विलमन
चैरी आर्कड	एंटन चेखोव
चिल्ड्रन ऑफ गेबेल्वी	नकीब महफूज
कामेडी ऑफ इटर्स	शेक्सपीयर
क्राइम एंड पनिसमेंट	फिदूर दोस्तोवस्की
क्रिटिकल मास	बिलयम ई. बूरोअज और राबर्ट विड्रेम
क्रासिंग द थ्रेसहोल्ड ऑफ होप	पोप जान पॉल II
द क्राउन ऑफ वाइल्ड ओलिव	जान रस्किन
कास्मोस	कार्ल सगन
डार्कनेस एट नून	आर्थर कोएस्लर
दास कैपिटल	कार्ल मार्क्स

पुस्तकें	लेखक
डेविड कापरफील्ड	चार्ल्स डिकेन्स
डेज ऑफ हिज ग्रेस	इर्विंद जानसन
डेथ ऑफ ए प्रेसिडेंट	बिलियम मैनचेस्टर
एम्मा	जेन आस्टिन
इंड्स एंड मींस	एलडोअस हक्सले
एस्केप	जान फोरस्टायल
इरहॉन	सेमुअल बटलर
एस्से ऑफ इलिया	चार्ल्स लैंब
आई ऑफ द स्ट्रौम	पैट्रिक ह्वाइट
एक्सपेंडिंग यूनिवर्स	आर्थर स्टेनले इडिंग्डन
एक्सपेरिमेंट विद अनट्रुथ	माइकल एंडरसन
फर्स्ट सर्किल	एलेक्जेंडर सोलझेनिस्तिन
फेस टू फेस	लिसे और लिसा बे
फैन्ट्स आर फैक्ट्स	खान अब्दुल वली खान
ग्रामर ऑफ पॉलिटिक्स	हेराल्ड जोसफ लास्की
ग्रेट एक्सपैक्टेशन	चार्ल्स डिकिन्स
द ग्रेट इलयूजन	नार्मल एंजेल
ग्रे इमिनेंस	एलडोअस हक्सले
गुलग आर्किप्लेगो	अलेक्जेंडर सोल्फेनिस्तिन
गुलिवर्स ट्रेवल	जोनाथन स्विफ्ट
जिप्सी	पुश्किन
हेमलेट	विलियम शेक्सपीयर
हैप्पी वैली	पैट्रिक ह्वाइट
हीट एंड डस्ट	रुथ परावर झबवाला
इनसाइड एशिया	जॉन गुन्थर
इनसाइड द थर्ड राइट	एलबर्ट स्पेंसर
द इनविजिवल मैंन	एच. जी. वेल्स
इसेबेला	जान कीट्स
इवानहो	सर वॉल्टर स्काट
जेन आयर	शारलोटि ब्रान्टे
जेन क्रिस्टोफर	रोमेन रोलेण्ड
जंगल बुक	रूडयार्ड किपलिंग
जुलियस सीजर	विलियम शेक्सपीयर
जुरासिक पार्क	मिशेल क्रिकटन
केन एंड अवेल	जेफ्री आर्कर
केन अटेंडेंट गॉडोट	सैमुअल बेकेट

पुस्तकें	लेखक
कैनिल बर्थ	सर वॉल्टर स्काट
किडनैप्ड	राबर्ट लुईस स्टीवेंसन
क्रिम	रूडयार्ड किपलिंग
लेस मिजरेबल्स	विक्टर ह्यूगो
लाईफ ऑफ डाक्टर सेमुअल जॉन्सन	जेम्स बॉस्वेल
लिविंग रूम	ग्राहम ग्रीन
लोलिता	बी. नाबाकोव
लार्ड ऑफ द फाइल्स	विलियम गोल्डिंग
नाइन डेज वंडर	जान मैंसफील्ड
नाइंटिन एटीफोर	जार्ज आरवेल
नाइन्थ सिंफनी	ली बेथोवन
ओ येरूशलम	लैरी कालिन्स
ओडिसी	होमर
ऑफ ह्यूमन बान्डेज	सोमरसेट मॉम
ओह, कैलकटा	कीनथ टिनन
ओह, लिबॉक्स जोर्स	सैमुअल बेकेट
द ओल्ड मैन एंड सी	अर्नेस्ट हैमिंग्वे
ओलिवर ट्विस्ट	चार्ल्स डिकिन्स
आन कंट्राडिक्शन	माओत्से तुंग
वन हंर्डेड इयर्स ऑफ सॉलिट्रयूड	अक्तावियो प्रेज
वार एण्ड पीस	लियो टालस्टाय
वन लाइफ	क्रिश्चन बर्नार्ड
ओनली वन इयर	स्वेतलाना
ऑरिजिन ऑफ स्पीसेज	चार्ल्स डार्विन
द ओरियन	रिचर्ड हेनरी हार्न
द प्रिंस	निकोलो मैक्यिावली
प्राइड एंड प्रेजूडिस	जेन ऑस्टिन
प्रिंसीपिया	आइजक न्यूटन ब्रोन्टे
द प्रोफेसर	चेरियट ब्रान्टे
पिगमेलियन	जार्ज बर्नार्ड शा
रेन्स केम	लुईस ब्रोमफील्ड
रेप ऑफ बांग्लादेश	एंथोनी मेक्रेहेंस
रेजर्स एज	डब्ल्यू. सोमरसेट मौम
रेड गॉनलेट	वाल्टर स्कॉट
रेड स्टार ओवर चायना	एजर स्नो

पुस्तकें	लेखक
रिफ्लेक्शन आन द फ्रेंच रिवोल्यूशन	एडमंड बर्क
रिप्रीव	जीन पॉल सार्थ
रिपब्लिक	प्लेटो
द राइबल्स	आर.बी. शेरिडन
रॉबिन्सन क्रूसो	डेनियल डिफो
स्पाई कैयर	पीटर राइट
सेंट जॉन	जार्ज बर्नार्ड शा
स्ट्रेंजर एंड ब्रदर्स ओमिनीबस	सी.पी. स्नो
सरवाइविंग डूम्स डे	ब्रूस सिवले
टेल्स फ्राम शेक्सपीयर	चार्ल्स लैम्ब
तिलिस्म	सर वाल्टर स्कॉट
टार्जन ऑफ द एप्पूस	एडगर राइस बूरोग्ध्स
द टेम्पेस्ट	विलियम शेक्सपीयर
टेस ऑफ द डी अरबरविलिस	थामस हार्डी
टेस्टामेंट ऑफ ब्यूटी	राबर्ट ब्रिजेज
थैंक यू जीब्स	पी.जी. वोडहाउस
दि ट्रीटाइजेज ऑफ गवर्नमेंट	जॉन लॉक
ट्रॉपिक ऑफ कैंसर	हेनरी मिलर
द ट्रम्पेट मेजर	थामस हार्डी
टुवैल्थ नाइट	विलियम शेक्सपीयर
द रेप ऑफ द लॉक	एलेक्जेंडर पोप
द कॉकर्र	पी.जी. वूडहाउस
द कोड	पी.जी. वूडहाउस
यूलीसेस	जेम्स ज्वाइस
अंकल टॉम्स केबिन	हैरिट बी. स्टोव
द यूनिवर्स अराउंड अस	जेम्स जींस
अनटू दिस लास्ट	जान रस्किन
द अपटर्न्ड स्वॉयल	मिखैल सोलोवोक
यूटोपिया	थामस मूर
वैली ऑफ डॉल्स	जैक्वेलिन सुसान
वॉयसरायज जर्नल	पेंडेरल मूल
विकार ऑफ वेकफील्ड	ओलिवट गोल्डस्मिथ
वेटिंग फॉर गोडाट	थामस बेकेट
वेक अप इंडिया	एनी बेसेंट
वार एंड पीस	लियो टॉलस्टाय
द वेस्ट लैंड	टी.एस. इलियट
वे टू आफ आल फ्लेस	सेमुअल ब्रटलर
गॉड इज ए बुलेट	बोस्टम तेरान
हैरी पाटर श्रृंखला की 7 पुस्तकें	जे.के. रोलिंग
द ब्लाइंड एसेसिन (वर्ष 2000 के लिए बुकर पुरस्कार से सम्मानित)	मारग्रेट एटवुड
राइडिंग दि बुलेट (इंटरनेट पर विश्व का प्रथम उपन्यास)	स्टीफन किंग
महादेवी वर्मा	कैरीन शोमर
द डे डायना डाइड	क्रिस्टोफर एण्डरसन
द नेक्स्ट वर्ल्डवार	जेम्स एडम्स
विजनेश @ द स्पीड ऑफ थॉट	बिल गेट्स
द टेस्टामेंट	जॉन ग्रीशम
ग्रेट वनडे इंटरनेशनल	गुलु एजेकील
ब्लाइंडनेस	जोस सरमागो
ऑल द नेम्स	जोस सरमागो
मैनुअल ऑफ पेंटिंग्स एंड कैलीग्राफी	जोस सरमागो
एम्सटर्डम (वर्ष 1998 के लिए बुकर पुरस्कार से सम्मानित)	इयान मैकेवन
मास्टर जार्जी	बेरिल बाइनब्रिज
इंगलैंड, इंगलैंड	जूलियन बार्नेस
द इंडस्ट्री ऑफ सोल्स	मार्टिन बूथ
ब्रेकफास्ट आन प्लूटो	पैट्रिक मैक्वे
द रेस्ट्रेन ऑफ वीट्स	मेंग्नस मिल्स
1998 : ए लव स्टोरी (मोनिका-क्लिंटन यौन संबंधों पर आधारित रिपोर्ट)	केनेथ स्टार
वूमन इन माडर्न इण्डिया	जेराल्डीन फोरवेस
सराह, द डचेज ऑफ यार्क : माई स्टोरी	साराह फार्ग्यूसन
द वेल्थ ऑफ नेशंस	एडम स्मिथ
विलहेम मिस्टर	जे.डब्ल्यू. वान गोथे
विटनेस टू एन इरा	फ्रैंक मोरिस
वूथेरिंग हाईट्स	इमिली ब्रोन्टे

संयुक्त राष्ट्र संघ (UNO)

संयुक्त राष्ट्र संघ (यूएनओ) : 'संयुक्त राष्ट्र' शब्द का प्रयोग सर्वप्रथम यू.एस.ए. के राष्ट्रपति फ्रैंकलिन डी. रूजवेल्ट द्वारा किया गया। संयुक्त राष्ट्र के चार्टर के निर्माण में 50 देशों के प्रतिनिधियों ने भाग लिया और इसकी घोषणा पर 26 जून, 1945 को हस्ताक्षर किए गए। लेकिन आधिकारिक रूप से यह 24 अक्टूबर, 1945 को अस्तित्व में आया। संयुक्त राष्ट्र के घोषणा पत्र में 19 अध्यायों में वर्गीकृत 111 अनुच्छेद हैं तथा एक प्रस्तावना है।

मुख्यालय/भाषाएंः संयुक्त राष्ट्र का मुख्यालय न्यूयॉर्क (अमेरिका) में है तथा इसका यूरोपीय कार्यालय ज़िनेवा में है। अरबी, चीनी, अंग्रेजी, फ्रेंच, रूसी और स्पेनिश संयुक्त राष्ट्र की आधिकारिक भाषाएं हैं। स्पेनिश महासभा तथा आर्थिक और सामाजिक परिषद् की भी आधिकारिक भाषा है।

ध्वजः संयुक्त राष्ट्र के ध्वज की पृष्ठभूमि हल्की नीली है तथा इसका मध्य भाग सफेद है, ध्वज पर विश्व का मानचित्र अंकित है जो उत्तरी ध्रुव की ओर से ऊपर उठा हुआ दिखाई देता है। मानचित्र पर फैली हुई जैतून की शाखाओं का एक युग्म (शांति के प्रतीक) भी अंकित हैं। इस ध्वज को महासभा द्वारा 20 अक्तूबर, 1947 को अपनाया गया था।

संयुक्त राष्ट्र संघ के अंगः इसके छह प्रमुख अंग हैं–साधारण सभा, सुरक्षा परिषद्, अन्तर्राष्ट्रीय न्यायालय, आर्थिक तथा सामाजिक परिषद्, न्यासी परिषद् तथा सचिवालय।

साधारण सभाः यह संयुक्त राष्ट्र की संसद है। संयुक्त राष्ट्र के सभी सदस्य इसके सदस्य होते हैं। प्रत्येक सदस्य राष्ट्र को इसमें 5 सदस्य भेजने का अधिकार है। 193 सदस्यों वाली यह महासभा विश्व शांति, अन्तर्राष्ट्रीय सहयोग तथा निरस्त्रीकरण पर विचार करती है।

सुरक्षा परिषद् (Security Council)

सुरक्षा परिषद् संयुक्त राष्ट्र का कार्यकारी अंग है। इसमें दो प्रकार के सदस्य होते हैं—स्थायी तथा अस्थायी। स्थायी सदस्यों : चीन, फ्रांस, ग्रेट ब्रिटेन, संयुक्त राज्य अमेरिका और रूस (पहले सोवियत संघ); के नाम घोषणा पत्र में ही उल्लिखित हैं। महासभा 2 वर्षों के कार्यकाल के लिए 10 अस्थायी सदस्यों का चुनाव करती है जिसमें से 5 सदस्य अफ्रीका और एशिया महादेश से, दो लैटिन अमेरिकी देशों से, दो पश्चिमी यूरोप व अन्य महादेश से और एक सदस्य पूर्वी यूरोपीय देशों में से चुना जाता है। 5 स्थायी सदस्यों को किसी कार्रवाई पर वीटो का अधिकार प्राप्त है।

अन्तर्राष्ट्रीय न्यायालय (International Court)

न्यायालय एक स्वायत्त संस्था है जो अपने सभापति, उपसभापति और रजिस्ट्रार की नियुक्ति करती है। इसका मुख्यालय हेग, नीदरलैंड में है परन्तु आवश्यकता पड़ने पर अन्य स्थानों पर भी इसकी बैठक हो सकती है। संयुक्त राष्ट्र के सभी सदस्य अन्तर्राष्ट्रीय न्यायालय के स्वयंमेव सदस्य हैं।

इस न्यायालय में महासभा तथा सुरक्षा परिषद् द्वारा 9 वर्ष की अवधि के लिए निर्वाचित 15 स्वतंत्र न्यायाधीश होते हैं। उनकी नियुक्ति का आधार उनका 'उच्च नैतिक चरित्र' तो होता ही है, उनकी योग्यता इतनी होनी चाहिए कि वे अपने-अपने देश में सर्वोच्च न्यायिक पद पर नियुक्ति के योग्य माने जा सकें।

सचिवालय (Secretariat)

स्थायी रूप से निरंतर कार्य करने वाला एक ऐसा निकाय है जो संयुक्त राष्ट्र को सभा तथा परिषद् की सामाजिक बैठकों की श्रेणी से उठाकर एक स्थायी एवं सुसंबद्ध संगठन का स्वरूप प्रदान करता है। सचिवालय में एक महासचिव होता है जिसकी नियुक्ति सुरक्षा परिषद् की सिफारिश पर महासभा द्वारा की जाती है तथा न्यूयॉर्क और जिनेवा में कार्य करने वाले 10,000 से अधिक कर्मचारीगण होते हैं।

महासचिव का निर्वाचन 5 वर्षों के लिए होता है तथा अवकाश प्राप्ति के तत्काल बाद उसका फिर से निर्वाचन किया जा सकता है।

संयुक्त राष्ट्र के महासचिवों की सूची

1.	त्रिग्वेली (नार्वे)	1946-1953
2.	डॉ. डैग एच.ए.सी. हैमरशोल्ड (स्वीडन)	1953-1961
3.	ऊ थांट (म्यांमार)	1961-1971
4.	डॉ. कुर्त वाल्दहीम (ऑस्ट्रिया)	1972-1981
5.	पैरेज द कुइयार (पेरू)	1982-1991
6.	बुतरस बुतरस घाली (मिस्र)	1992-1996
7.	कोफी अन्नान (घाना)	1997-2006
8.	बान की-मून (दक्षिण कोरिया)	2007-2016
9.	एंटोनियो गुटेरस (पुर्तगाल)	2017 से —

संयुक्त राष्ट्र से संबद्ध विशिष्ट अभिकरण

1. अंतर्राष्ट्रीय आण्विक ऊर्जा अभिकरण (आईएईए) : संपूर्ण विश्व में अणुशक्ति का अधिक से अधिक उपयोग शांति, स्वास्थ्य तथा समृद्धि के लिए हो, इसे सुनिश्चित करने हेतु इस अभिकरण की स्थापना 29 जुलाई, 1957 को की गई। इसका मुख्यालय वियना में है।

2. अंतर्राष्ट्रीय श्रमिक संगठन (आईएलओ) : इसकी स्थापना 1919 में गई। यह मजदूरी, काम के घंटों के निर्धारण, नौकरी करने की न्यूनतम आयु, औद्योगिक सुरक्षा, सामाजिक सुरक्षा, संगठन बनाने की स्वतंत्रता जैसे विषयों पर न्यूनतम अंतर्राष्ट्रीय मानकों का निर्धारण करता है। इसका मुख्यालय जिनेवा, स्विट्जरलैण्ड में है।

3. अंतर्राष्ट्रीय पुनर्निर्माण एवं विकास बैंक (आईबीआरडी) : इसका लोकप्रिय नाम विश्व बैंक है। इसकी स्थापना राष्ट्रों को निवेश संबंधी पूंजी उपलब्ध करा कर उनके पुनर्निर्माण और विकास में सहायता उपलब्ध कराने हेतु 1945 में की गई थी। इसका मुख्यालय वाशिंगटन, संयुक्त राज्य अमेरिका में है।

4. अंतर्राष्ट्रीय वित्त परिषद् (आईएफसी) : इसकी स्थापना 1956 में की गई थी। इसका उद्देश्य सदस्य राष्ट्रों खासतौर से अल्प विकसित क्षेत्रों के आर्थिक विकास के लिए निजी उत्पादक उद्यमों को बढ़ावा देना है। इसका मुख्यालय वाशिंगटन, यूएसए में है।

5. अंतर्राष्ट्रीय मुद्राकोष (आईएमएफ) : अंतर्राष्ट्रीय स्तर पर मौद्रिक सहयोग तथा व्यापार को बढ़ावा देने के लिए 27 दिसम्बर, 1945 को इस अभिकरण की स्थापना की गई थी। इसका मुख्यालय वाशिंगटन, यूएसए में है।

6. अंतर्राष्ट्रीय नागरिक उड्डयन संगठन (आईसीएओ) : अंतर्राष्ट्रीय उड्डयन की समस्याओं का अध्ययन करने तथा नागरिक उड्डयन के संदर्भ में अंतर्राष्ट्रीय मानकों और नियमन की स्थापना के लिए इस अभिकरण की स्थापना 4 अप्रैल, 1944 को हुई। यह सुरक्षा उपायों, प्रचालन हेतु एकसमान नियमों व अंतर्राष्ट्रीय सीमाओं के लिए सरलतम प्रक्रियाओं को बढ़ावा देता है। इसका मुख्यालय मांट्रियल, कनाडा में है।

7. अंतर्राष्ट्रीय तार संवाद संघ (आईटीयू) : इसकी स्थापना 1865 में अंतर्राष्ट्रीय तार संघ के नाम से की गई थी। परंतु 1934 में इसका नाम बदलकर अंतर्राष्ट्रीय तार संवाद संघ कर दिया गया। 1947 में इसका पुनर्गठन किया गया। यह सभी प्रकार के दूरसंचार के सुधार तथा तर्कसंगत इस्तेमाल के संदर्भ में अंतर्राष्ट्रीय सहयोग को बढ़ावा देता है। इसका मुख्यालय जिनेवा, स्विट्जरलैंड में है।

ITU

8. अंतर्राष्ट्रीय विकास संगठन (आईडीए) : विश्व बैंक से संबद्ध एक अभिकरण के रूप में इसकी स्थापना 1960 में की गई थी। यह अभिकरण अल्पविकसित देशों को महत्त्वपूर्ण परियोजनाओं हेतु बहुत ही कम ब्याज पर लम्बी अवधि के लिए ऋण उपलब्ध कराता है। इसका मुख्यालय वाशिंगटन, यूएसए में है।

9. अंतर्राष्ट्रीय मेरीटाइम संगठन (आईएमओ): समुद्र के संदर्भ में सरकारी नियमनों तथा कार्यों के क्षेत्र में सदस्य राष्ट्रों के बीच सहयोग बढ़ाने की एक मशीनरी के रूप में, इसका गठन 1948 में किया गया था। इसका मुख्यालय लंदन, यूके में है।

10. अंतर्राष्ट्रीय कृषि विकास कोष (आईएफएडी) : विकासशील देशों में कृषि विकास के लिए रियायती दरों पर अतिरिक्त संसाधनों को जुटाने के लिए इस अभिकरण की स्थापना 1977 में की गई थी। इसका मुख्यालय रोम, इटली में है।

IFAD

11. व्यापार एवं प्रशुल्क पर सामान्य समझौता (गैट) : सदस्यों के बीच प्रशुल्कों को कम करने और उसे स्थिर बनाए रखने के लिए 'गैट' नामक एक समझौता किया गया। समझौते में विवादों का समाधान करने का प्रावधान है। अंततः 1 जनवरी, 1995 को गैट का अधिकार विश्व व्यापार संगठन (डब्ल्यूटीओ) के हाथ में आ गया।

12. खाद्य और कृषि संगठन (एफएओ) : पोषण स्तर तथा लोगों का जीवन स्तर ऊपर उठाने के उद्देश्य से इसकी स्थापना 1945 में की गई थी। यह आधारभूत भूमि एवं जन संसाधनों के विकास को बढ़ावा देता है तथा प्राथमिक वस्तुओं के लिए स्थिर अंतर्राष्ट्रीय बाजार की स्थापना करता है। इसका मुख्यालय रोम, इटली में है।

13. संयुक्त राष्ट्र शैक्षिक, वैज्ञानिक और सांस्कृतिक संगठन (यूनेस्को) : इसकी स्थापना 1946 में की गई थी। इसका लक्ष्य शिक्षा एवं समृद्ध सांस्कृतिक परम्पराओं तक लोगों की पहुंच बनाकर, वैज्ञानिक प्रयासों को संगठित कर, कलाकारों, शिक्षाविदों और बुद्धिजीवियों को एकजुट कर अंतर्राष्ट्रीय समझदारी में विकास की उपयुक्त परिस्थितियों का निर्माण करना है। इसका मुख्यालय पेरिस, फ्रांस में है।

14. संयुक्त राष्ट्र आपातकालीन बाल कोष (यूनिसेफ) : युद्ध का शिकार बने बच्चों के पुनर्वास तथा बच्चों के स्वास्थ्य की देखभाल करने के लिए 1946 में इसकी स्थापना की गई। बाढ़, भूकंप जैसी अन्य आपदाएं, जो बच्चों और माताओं को प्रभावित करती हैं, के समय यूनिसेफ ने आपातकालीन राहत कार्रवाइयां की हैं। इसका मुख्यालय न्यूयार्क, यूएसए में है।

15. संयुक्त राष्ट्र शरणार्थी उच्चायोग (यूएनएचसीआर) : इसकी स्थापना 1951 में की गई थी। यह अभिकरण अंतर्राष्ट्रीय सहायता की उम्मीद कर रहे शरणार्थियों की देखभाल के संदर्भ में अंतर्राष्ट्रीय सहयोग को संगठित करता है तथा इसका संयोजन और सर्वेक्षण करता है। इसका मुख्यालय जिनेवा (स्विटजरलैंड) में है।

16. संयुक्त राष्ट्र पर्यावरण कार्यक्रम (यूएनईपी) : प्राकृतिक पर्यावरण की सुरक्षा, वायु और ध्वनि प्रदूषण की रोकथाम, मिट्टी के क्षरण तथा मरुस्थलीकरण के विस्तार को रोकने आदि के संदर्भ में राष्ट्रों को सहयोग प्रदान करने हेतु इसकी स्थापना 1972 में की गई थी। इसका मुख्यालय नैरोबी, केन्या में है।

17. विश्व डाक संघ (यूपीयू) : इसकी स्थापना 1875 में ही हुई थी । 1949 में इसे संयुक्त राष्ट्र का अंग बना लिया गया। इसकी स्थापना सभी सदस्य देशों के बीच बेहतर संवाद व्यवस्था कायम करने हेतु एकल स्थलीय डाक व्यवस्था का निर्माण करने तथा डाक सेवा में सुधार करने हेतु किया गया था। इसका मुख्यालय बर्न, स्विट्जरलैंड में है।

18. संयुक्त राष्ट्र औद्योगिक विकास संगठन (यूनिडो) : यह अभिकरण 1967 में अस्तित्व में आया, परंतु 1979 में एक नए संविधान को स्वीकृत किया गया। इसका उद्देश्य नई अंतर्राष्ट्रीय आर्थिक व्यवस्था की स्थापना में सहयोग करने को ध्यान में रखते हुए विकासशील देशों में औद्योगिक विकास को बढ़ावा देना है। इसका मुख्यालय वियेना, आस्ट्रिया में है।

19. व्यापार और विकास पर संयुक्त राष्ट्र सम्मेलन (अंकटाड) : विकासशील देशों में आर्थिक विकास को बढ़ावा देकर उन्हें विकसित देशों की श्रेणी में खड़ा करने के उद्देश्य से तथा अंतर्राष्ट्रीय व्यापार को बढ़ावा देने के उद्देश्य से इसकी स्थापना 1964 में की गई थी। इसका मुख्यालय जिनेवा (स्विटजरलैंड) में है।

20. संयुक्त राष्ट्र जनसंख्या कोष (यूएनएफपीए) : इसकी स्थापना 1969 में की गई। यह विश्व जनसंख्या की समस्याओं का समाधान करता है तथा परिवार कल्याण से संबंधित परियोजनाओं के लिए वित्त प्रदान करता है। इसका मुख्यालय न्यूयार्क (यू.एस.ए.) में है।

21. वैश्विक बौद्धिक संपत्ति अधिकार संगठन (डब्ल्यूआईपीओ): स्टाकहोम में एक समझौते पर हस्ताक्षर किए जाने के बाद, इसकी स्थापना 1967 में की गई। इसका मुख्यालय जिनेवा में है। यह वैश्विक आधार पर औद्योगिक संपदा (आविष्कार, खोजों, ट्रेडमार्क और डिजायन) तथा कापीराइट सामग्री (साहित्यिक लेखों, कलाकृतियों, तस्वीरों अथवा अन्य कलात्मक उपलब्धियों) को सुरक्षा प्रदान करता है।

22. विश्व मौसम विज्ञान संगठन (डब्ल्यूएमओ) : मौसम और अंतरिक्ष संबंधी सर्वेक्षण करने और इनसे संबंधित अन्य भू-भौतिक सर्वेक्षणों के लिए स्टेशनों का नेटवर्क स्थापित

करने के लिए विश्वव्यापी सहयोग को संगठित करने के उद्देश्य से यह अभिकरण 1951 में अस्तित्व में आया। यह मौसम विज्ञान के क्षेत्र में अनुसंधान और प्रशिक्षण को बढ़ावा देता है। इसका मुख्यालय जिनेवा, स्विट्ज़रलैंड में है।

23. विश्व स्वास्थ्य संगठन (डब्ल्यूएचओ) : इसकी स्थापना 1948 में की गई। इसका लक्ष्य सभी लोगों के लिए स्वास्थ्य के सर्वोच्च मानकों की प्राप्ति है। यह औषधियों के लिए जैविक मानक तैयार करने, रोगों के बारे में सूचनाओं को एकत्र करने एवं उनका प्रसारण करने तथा तकनीकी और वैज्ञानिक कार्यों के संबंध में विशिष्ट अंतर्राष्ट्रीय अनुसंधान कराने और उनका प्रकाशन करने जैसे कार्यों से संलग्न है। इसका मुख्यालय जिनेवा, स्विट्ज़रलैंड में है।

24. विश्व व्यापार संगठन (डब्ल्यूटीओ) : गैट के स्थान पर इस अभिकरण की स्थापना 1995 में की गई। यह 120 देशों के बीच 8 वर्षों तक चली लम्बी चर्चा का प्रतिफल था। इसका लक्ष्य सदस्य देशों के बीच व्यापार को बढ़ावा देना है तथा सभी प्रकार की प्रत्यक्ष-अप्रत्यक्ष बाधाओं को दूर करना है। इसका मुख्यालय जिनेवा में है।

प्रमुख अन्तर्राष्ट्रीय सहयोग संगठन

संगठन	स्थापना वर्ष	मुख्यालय	प्रमुख उद्देश्य
• राष्ट्रमंडल	1949	लंदन	भूतपूर्व ब्रिटिश उपनिवेशों के परस्पर (Commonwealth) हितों की रक्षा।
• गुट निरपेक्ष आंदोलन (NAM)	1961	जकार्ता	शांति एवं निरस्त्रीकरण।
• दक्षिण एशियाई क्षेत्रीय सहयोग संघ (SAARC)	1985	काठमांडू	दक्षिण एशियाई क्षेत्र के देशों में परस्पर सहयोग।
• आसियान	1967	जकार्ता	दक्षिण पूर्व एशिया में आर्थिक प्रगति को त्वरित करना तथा स्थायित्व को बनाए रखना।
• एपेक	1989	सिंगापुर	प्रशांत तटीय देशों में क्षेत्रीय सहयोग एवं मुक्त व्यापार।
• बिम्सटेक	1997	ढाका	आपसी सहयोग के लिए व्यापार निवेश, उद्योग एवं विज्ञान तकनीक को बढ़ावा देना।
• उत्तर अटलांटिक संगठन (NATO)	1949	ब्रुसेल्स	परस्पर सैनिक शक्ति संतुलन बनाए रखना।
• यूरोपीय संघ	1958 में स्थापित EEC का परिवर्तित रूप	ब्रुसेल्स	यूरोप के आर्थिक सामाजिक मुद्दों पर विचार करना, जनवरी 2002 से यूरो मुद्रा का यूरोप के 17 देशों में चलन, 1998 में फ्रेंकफर्ट (जर्मनी) में 'यूरोपीय सेन्ट्रल बैंक' की स्थापना, 27 सदस्यीय यूरोपीय संघ के 8 देश यूरो मुद्रा संघ के सदस्य नहीं हैं।
• ओपक (OPEC)	1960	वियना	तेल निर्यातक देशों का संगठन सदस्य राष्ट्रों के हितों की सुरक्षा एवं गला काट स्पर्धा उत्पन्न होने से रोकता है।
• शंघाई सहयोग संगठन (SCO)	2001	बीजिंग	चीन, रूस, कजाखस्तान, किर्गिस्तान, ताजिकिस्तान, उज्बेकिस्तान, भारत एवं पाकिस्तान इसके सदस्य राष्ट्र हैं।
• ब्रिक्स (BRICS)	2008	–	ब्राजील, रूस, भारत, चीन, दक्षिण अफ्रीका, मिस्र, इथोपिया, ईरान, संयुक्त अरब अमीरात और सऊदी अरब इसके सदस्य राष्ट्र हैं।
• स्वतंत्र देशों का राष्ट्रकुल (CIS)	1991	मिंस्क (बेलारूस)	यह सोवियत संघ से पृथक हुए देशों का संगठन है। इसका मुख्य उद्देश्य सदस्य राष्ट्रों के बीच सहयोग व समन्वय है।
• एशियाई विकास बैंक (ADB)	1967	मनीला	इसका मुख्यालय मनीला, फिलीपीन्स में है। संयुक्त राष्ट्र इसका प्रायोजक है।
• इंटरपोल	1923	लियोन (फ्रांस)	इसकी स्थापना का उद्देश्य सदस्य देशों के बीच पुलिस गतिविधियों में बेहतर संयोजन स्थापित करना है।

★★★★★★

भारत : विविध

भारत एक संक्षिप्त परिचय

✦ जनसंख्या	:	1,21,08,54,977 (1.21 अरब)
✦ क्षेत्रफल	:	32,87,263 वर्ग कि.मी.
✦ भौगोलिक स्थिति	:	8°4' और 37°6' उत्तरी अक्षांश के बीच
	:	68°7' और 97°25' पूर्वी देशांतर के बीच
✦ तटरेखा की लम्बाई	:	7,516.6 कि.मी.
✦ प्रमुख भाषाएं	:	22
✦ राष्ट्र गान	:	जन-गण-मन
✦ राष्ट्र गीत	:	वंदे मातरम्
✦ राष्ट्रीय मुद्रा	:	रुपया (₹) (1 रुपया = 100 पैसे)
✦ राष्ट्रीय पशु	:	बाघ
✦ राष्ट्रीय पक्षी	:	मोर
✦ भारत की चारित्रिक विशेषताएँ	:	समाजवादी, पंथनिरपेक्ष, लोकतांत्रिक, गणराज्य
✦ विधान मण्डल	:	केन्द्र में द्विसदनीय संसद तथा राज्यों में एकल, द्विसदनीय विधान मण्डल
✦ कार्यकारी कार्यपालिका	:	केन्द्र में राष्ट्रपति, उपराष्ट्रपति और मंत्रिपरिषद्, राज्य में राज्यपाल और मंत्रिपरिषद्
✦ विधायिका	:	राष्ट्रपति और लोकसभा एवं राज्य सभा
✦ न्यायपालिका	:	कार्यपालिका से स्वतंत्र, सर्वोच्च न्यायालय सबसे बड़ी न्यायिक संस्था
✦ सड़क मार्ग की लम्बाई	:	63.45 लाख कि.मी.
✦ खाद्यान्न उत्पादन	:	332.29 मिलियन टन (2023-2024)
✦ प्रति व्यक्ति आय	:	₹ 2,00,162 (2024-2025 के चालू मूल्यों पर अनुमानित)

वैज्ञानिक गतिविधियां

परमाणु ऊर्जा

भारत में परमाणु ऊर्जा कार्पोरेशन लिमिटेड के अधीन सात परमाणु निर्माण केन्द्र (अणु ऊर्जा बिजलीघर) चल रहे हैं।

(i) तारापुर–महाराष्ट्र
(ii) रावतभाटा–राजस्थान
(iii) कल्पक्कम–तमिलनाडु
(iv) नरौरा–उत्तर प्रदेश
(v) काकरापारा–गुजरात
(vi) कुडनकुलम–तमिलनाडु, और
(vii) कैगा–कर्नाटक।

प्रमुख ऊर्जा परियोजनाएं

1. ताप बिजलीघर (थर्मल परियोजनाएं)

क्र.	परियोजना	राज्य	क्र.	परियोजना	राज्य
1.	कोठागुंडम परियोजना	: आन्ध्र प्रदेश	14.	एन्नोर परियोजना	: तमिलनाडु
2.	नहरकटिया परियोजना	: असम	15.	नैवेली परियोजना	: तमिलनाडु
3.	बरौनी परियोजना	: बिहार	16.	हरदुआगंज परियोजना	: उत्तर प्रदेश
4.	पतरातू परियोजना	: झारखण्ड	17.	पनकी परियोजना	: उत्तर प्रदेश
5.	बदरपुर परियोजना	: दिल्ली	18.	सिंगरौली परियोजना	: उत्तर प्रदेश
6.	धुवारन परियोजना	: गुजरात	19.	रामगुंडम परियोजना	: आन्ध्र प्रदेश
7.	उकाई परियोजना	: गुजरात	20.	फरक्का परियोजना	: प. बंगाल
8.	कोरबा परियोजना	: छत्तीसगढ़	21.	रिहन्द परियोजना	: उत्तर प्रदेश
9.	विन्ध्याचल परियोजना	: मध्य प्रदेश	22.	कहलगांव परियोजना	: बिहार
10.	सन्थालडीह परियोजना	: प. बंगाल	23.	सतपुड़ा परियोजना	: मध्य प्रदेश–राजस्थान
11.	कोराडी परियोजना	: महाराष्ट्र	24.	ट्राम्बे परियोजना	: महाराष्ट्र
12.	तालचर परियोजना	: ओडिशा	25.	बंडेल परियोजना	: प. बंगाल
13.	नानक परियोजना	: पंजाब	26.	दहानू परियोजना	: महाराष्ट्र

2. पनबिजली घर (हाइड्रो इलेक्ट्रिक परियोजनाएं)

क्र.	परियोजना	राज्य	क्र.	परियोजना	राज्य
1.	मचकुंड परियोजना	: आन्ध्र प्रदेश	12.	दूलहस्ती परियोजना	: जम्मू व कश्मीर
2.	श्री सैलम परियोजना	: आन्ध्र प्रदेश	13.	उरी परियोजना	: जम्मू व कश्मीर
3.	सिलेरू परियोजना	: आन्ध्र प्रदेश	14.	चमेरा परियोजना	: हिमाचल प्रदेश
4.	सलाल परियोजना	: जम्मू व कश्मीर	15.	टनकपुर परियोजना	: उत्तराखंड
5.	शरावती परियोजना	: कर्नाटक	16.	बैरा सियुल परियोजना	: हिमाचल प्रदेश
6.	इडुकी परियोजना	: केरल	17.	भाखड़ा परियोजना	: पंजाब
7.	कोयना परियोजना	: महाराष्ट्र	18.	यमुना परियोजना	: उत्तराखंड
8.	लोकटक परियोजना	: मणिपुर	19.	नाथपा झाकरी परियोजना	: हिमाचल प्रदेश
9.	हीराकुड परियोजना	: ओडिशा	20.	दोयांग परियोजना	: नगालैण्ड
10.	यमुना परियोजना	: उत्तर प्रदेश	21.	रंगानदी परियोजना	: अरुणाचल प्रदेश
11.	मनेरी परियोजना	: उत्तराखंड			

भारी जल

प्रेशराइज्ड हैवी वाटर रिएक्टरों को चलाने के लिए भारी जल की आवश्यकता अनिवार्य है : यह कूलैंट और मॉडरेटर का काम करता है। भारी जल का पहला कारखाना 1961 में नंगल में बना था। बाद में 7 अन्य कारखाने (i) वडोदरा, (ii) तूतीकोरिन, (iii) कोटा, (iv) तालचेर, (v) थाल, (vi) हजीरा और (vii) मानगुरु में स्थापित किए गए हैं।

अनुसंधान एवं विकास केन्द्र

परमाणु ऊर्जा और उससे जुड़े विषयों में अनुसंधान के प्रमुख केन्द्र हैं : (i) भाभा एटॉमिक रिसर्च सेन्टर, ट्रॉम्बे (महाराष्ट्र), (ii) इन्दिरा गांधी सेन्टर फॉर एटॉमिक रिसर्च, कलपक्कम (तमिलनाडु), (iii) सेन्टर फॉर एडवान्स्ड टेक्नॉलोजी इन्दौर (मध्य प्रदेश), (iv) वेरिएबल एनर्जी साइक्लोट्रॉन सेन्टर, कोलकाता (पश्चिम बंगाल) और (v) एटॉमिक मिनरल्स डायरेक्टोरेट फॉर एक्सप्लोरेशन एण्ड रिसर्च, हैदराबाद (तेलंगाना)।

परमाणु ऊर्जा विभाग के अधीन सरकारी क्षेत्र के चार उपक्रम हैं : (i) न्यूक्लियर पावर कार्पोरेशन ऑफ इण्डिया लिमिटेड, (ii) यूरेनियम कार्पोरेशन ऑफ इण्डिया लिमिटेड, (iii) इण्डियन रेयर अर्थ्स लिमिटेड, (iv) इलेक्ट्रॉनिक्स कार्पोरेशन ऑफ इण्डिया लिमिटेड।

अन्तरिक्ष अनुसंधान

भारतीय अन्तरिक्ष अनुसंधान संगठन 1969 में स्थापित हुआ, लेकिन भारत में औपचारिक ढंग से अन्तरिक्ष कार्यक्रम 1972 में अन्तरिक्ष आयोग और अन्तरिक्ष विभाग की स्थापना के बाद प्रारंभ हुआ। भारत के अंतरिक्ष कार्यक्रम का प्रमुख लक्ष्य अंतरिक्ष आधारित सेवाओं का प्रयोग, संचार, मौसम विज्ञान, संसाधनों के सर्वे जैसे कामों को करना है और इस प्रयोजन की पूर्ति के लिए उपग्रह तैयार करना, उन्हें कक्षा में पहुंचाने हेतु यान और इससे संबंधित प्रणालियों का विकास करना है।

उपग्रह प्रक्षेपण

(1) **आर्यभट्ट :** 19 अप्रैल, 1975 को दोपहर 1 बजे भारत ने अपना पहला उपग्रह आर्यभट्ट कक्षा में स्थापित किया। इसके साथ ही भारत अंतरिक्ष युग में प्रवेश करने वाला ग्यारहवां देश बन गया।

(2) **भास्कर :** भारत का दूसरा उपग्रह भास्कर 7 जून, 1979 को सायं 4 बजे सोवियत कास्मोड्रम से अंतरिक्ष की कक्षा में स्थापित किया गया। 444 किलोग्राम वजन वाले इस उपग्रह का निर्माण बंगलूर स्थित उपग्रह-निर्माण केन्द्र में भारतीय वैज्ञानिकों ने किया था।

(3) **रोहिणी :** 10 अगस्त, 1979 को प्रात: 8.30 बजे भारत ने एस.एल.वी. 3 (उपग्रह प्रक्षेपक वाहन) नामक राकेट द्वारा 35 किलोग्राम भार वाले रोहिणी उपग्रह को कक्षा में स्थापित किया। इस राकेट का निर्माण-कार्य विक्रम साराभाई अंतरिक्ष केन्द्र में पूरा हुआ था।

(4) **रोहिणी II :** भारत के चतुर्थ उपग्रह रोहिणी II को 18 जुलाई, 1980 को श्रीहरिकोटा से एस.एल.वी. 3 वाहन द्वारा अंतरिक्ष में भेजा गया।

(5) **एपल (APPLE) :** भारतीय 'एपल' उपग्रह 19 जून, 1981 को फ्रांसीसी गयाना के कोरू अंतरिक्ष केन्द्र से यूरोपीय प्रक्षेपण रॉकेट 'एरियन' की सहायता से अंतरिक्ष में प्रक्षेपित किया गया था। एपल एक संचार उपग्रह था।

(6) **भास्कर II :** भारत ने अपना पांचवां उपग्रह भास्कर II, 20 नवम्बर, 1981 को रूस के वोल्गाग्राद अंतरिक्ष केन्द्र से रूस द्वारा प्रदत्त उत्थापक रॉकेट द्वारा अंतरिक्ष कक्षा में प्रस्थापित किया।

(7) **इन्सेट-1A :** भारत का प्रथम बहुप्रयोजनीय संचार उपग्रह इन्सेट-1A, 10 अप्रैल, 1982 को अमेरिका के केनेडी स्पेस सेन्टर से अंतरिक्ष में स्थापित किया गया।

(8) **इन्सेट-1 B :** भारत का दूसरा बहुप्रयोजनीय उपग्रह इन्सेट-1 B अमरीकी स्पेस शटल द्वारा 31 अगस्त, 1983 को कक्षा में पहुंचाया गया। यह एक साथ तीन सेवायें देता है—दूर संचार, जन संचार एवं मौसम संबंधी जानकारी।

(9) **IRS-1A :** 17 मार्च, 1988 को भारत का 980 कि.ग्रा. का दूर संवेदी उपग्रह IRS-1A पूर्व सोवियत रूस के बैकानूर अंतरिक्ष केन्द्र से रूसी राकेट की सहायता से अंतरिक्ष में भेजा गया।

(10) **IRS-1B :** भारत का दूसरा संवेदी उपग्रह IRS-1B एक सोवियत राकेट की सहायता से 29 अगस्त, 1991 को अंतरिक्ष में पहुंचाया गया।

(11) **INSAT- 2B :** यह उपग्रह 23 जुलाई, 1993 को फ्रेंच गयाना, के कोरू अंतरिक्ष केन्द्र से छोड़ा गया।

(12) **INSAT-2C :** दक्षिणी अमेरिका में फ्रेंच गयाना के कोरू अंतरिक्ष केन्द्र से यूरोपियन स्पेस एजेन्सी के एरियन रॉकेट से 7 दिसम्बर, 1995 को INSAT-2C को सफलतापूर्वक अंतरिक्ष में पहुंचाया गया।

(13) **IRS-1C :** विश्व का सबसे समुन्नत दूरसंवेदी उपग्रह भारत का IRS-1C उपग्रह 28 दिसम्बर 1995 को बैकानूर अंतरिक्ष केन्द्र से एक रूसी रॉकेट की सहायता से सफलतापूर्वक अंतरिक्ष में छोड़ा गया।

(14) **INSAT-2D :** भारत के चौथे दूरसंचार उपग्रह INSAT-2D को 4 जून, 1997 को फ्रेंच गयाना के कोरू अंतरिक्ष से यूरोपियन रॉकेट एरियन की मदद से सफलतापूर्वक अंतरिक्ष में पहुंचाया गया।

(15) **IRS-1D :** 7 अक्टूबर, 1997 को इस उपग्रह को पी.एस.एल.वी-डी4 की सहायता से अंतरिक्ष में पहुंचाया गया।

(16) **INSAT-2E :** INSAT-2 श्रृंखला का अंतिम उपग्रह INSAT- 2E 3 अप्रैल, 1999 को फ्रेंच गुयाना में कौरू से यूरोपियन एरियन 42P रॅकेट की सहायता से सफलतापूर्वक अंतरिक्ष में पहुंचाया गया।

(17) **INSAT-3B :** INSAT 3 श्रृंखला का पहला उपग्रह INSAT-3B 22 मार्च, 2000 को फ्रेंच गयाना के कोरू अंतरिक्ष केन्द्र से एरियन-5 रॉकेट की सहायता से सफलतापूर्वक अंतरिक्ष में पहुंचाया गया। इस पर 429 करोड़ रुपए (लान्च एवं बीमा सहित) की लागत आई है।

(18) **INSAT-3C :** INSAT 3 श्रृंखला का दूसरा उपग्रह INSAT-3C 24 जनवरी, 2002 को कौरू से सफलतापूर्वक छोड़ा गया।

(19) **MET SAT:** देश के पहले विशिष्ट मौसम उपग्रह 'मेट सैट' (MET SAT) का सफल प्रक्षेपण 12 सितम्बर, 2002 को PSLV-C4 के जरिए श्रीहरिकोटा से किया गया।

(20) **INSAT-3A:** बहुउद्देश्यीय उपग्रह INSAT-3A का 10 अप्रैल, 2003 को फ्रेंच गुयाना के कौरू प्रक्षेपण स्थल से सफल प्रक्षेपण किया गया।

(21) **INSAT-3E:** बहुउद्देश्यीय संचार उपग्रह INSAT-3E का 28 सितम्बर, 2003 को फ्रेंच गुयाना के कौरू प्रक्षेपण स्थल से सफल प्रक्षेपण किया गया।

(22) PSLV-C6 : पांच मई 2005 को बंगाल की खाड़ी के तट पर स्थित श्री हरिकोटा के सतीश धवन अंतरिक्ष केन्द्र से अत्याधुनिक दूर संवेदी उपग्रह 'कार्टोसेट-1' और हैमसेट को सफलतापूर्वक ध्रुवीय और समस्थैतिक कक्षा में स्थापित किया गया।

(23) INSAT-4B : चौथी पीढ़ी के संचार उपग्रह INSAT-4B का 12 मार्च, 2007 को फ्रेंच गुयाना के कौरू प्रक्षेपण स्थल से सफल प्रक्षेपण किया गया।

(24) PSLV-C7 : PSLV-C7 द्वारा 10 जनवरी, 2007 को श्री हरिकोटा से चार उपग्रहों को सफलतापूर्वक प्रक्षेपण किया गया।

(25) PSLV-C8 : PSLV-C8, द्वारा 23 अप्रैल, 2007 को इटली के उपग्रह 'एजाइल' को सफलतापूर्वक अंतरिक्ष की कक्षा में स्थापित किया गया।

(26) INSAT-4CR: संचार उपग्रह इनसैट-4 सीआर का 2 सितम्बर, 2007 को श्री हरिकोटा से जिओसिनक्रोनस सैटलाइट लॉन्च वीइकल (जीएसएलवीएफ-04) द्वारा सफल प्रक्षेपण किया गया।

(27) PSLV-C14: भारतीय अंतरिक्ष अनुसंधान संगठन (इसरो) ने 23 सितम्बर, 2009 को देश के 16वें दूरसंवेदी उपग्रह ओशनसेट-2 सहित सात उपग्रहों को पीएसएलवी-C14 की सहायता से महज 20 मिनट में सफलतापूर्वक कक्षा में स्थापित कर दिया।

(28) PSLV-C15: 12 जुलाई, 2010 को कार्टोसेट-2B सहित पांच उपग्रहों का सफल प्रक्षेपण किया गया।

(29) PSLV-C16: 20 अप्रैल, 2011 को तीन स्वदेशी उपग्रहों को उनकी कक्षा में स्थापित किया गया।

(30) PSLV-C17: 15 जुलाई, 2011 को संचार उपग्रह जीसैट-12 को उसकी कक्षा में स्थापित किया गया।

(31) PSLV-C18: 12 अक्टूबर, 2011 को 'मेघा-ट्रॉपिक्स' सहित चार उपग्रहों को कक्षा में स्थापित किया गया।

(32) PSLV-C19: 26 अप्रैल, 2012 को राडार इमेजिंग सेटेलाइट रीसैट-1 को उसकी कक्षा में स्थापित किया गया।

(33) PSLV-C21: 9 सितंबर, 2012 को दो विदेशी उपग्रहों स्पॉट-6 (फ्रांस) और प्राइटेरेस (जापान) को उनकी कक्षा में स्थापित किया गया।

(34) एरियन-5: 29 सितम्बर 2012 को संचार उपग्रह जी सैट-10 वीं उसकी कक्षा में स्थापित किया गया।

(35) PSLV-C20: 25 फरवरी 2013 को मौसम संबंधी उपग्रह 'सरल' को उसकी कक्षा में स्थापित किया गया।

(36) PSLV-C26: 16 अक्टूबर 2014 को आइआरएनएसएस 1 सी नौवहन उपग्रह को उसकी कक्षा में स्थापित किया गया।

(37) PSLV-C27: 28 मार्च 2015 को आइआरएनएसएस 1 डी का सफल प्रक्षेपण किया गया।

(38) PSLV-C38: 23 जून, 2017 को कार्टोसेट-2 सहित 31 उपग्रहों का सफल प्रक्षेपण किया गया।

(39) IRNSS-1E : इसरो ने पीएसएलवी सी-31 के द्वारा 20 जनवरी, 2016 को 1425 किलोग्राम वजनी दिशासूचक उपग्रह आईआरएनएसएस-1ई को सफलतापूर्वक अंतरिक्ष में प्रक्षेपित किया।

(40) GSLV-F05 : इसरो ने भूस्थैतिक प्रक्षेपण यान जीएसएलवी एफ 05 से मौसम उपग्रह इनसैट 3डीआर का सफल प्रक्षेपण श्रीहरिकोटा से 8 सितम्बर, 2016 को किया।

(41) GSLV-III : देश का सबसे भारी और शक्तिशाली स्वदेशी रॉकेट जीएसएलवी मार्क-III को 5 जून, 2017 को अंतरिक्ष में सफलतापूर्वक प्रक्षेपित किया गया।

(42) PSLV-C37 : इसरो ने 15 फरवरी, 2017 को सतीश धवन अंतरिक्ष केन्द्र, श्री हरिकोटा से कार्टोसेट-2 सीरीज उपग्रह के साथ 103 अन्य उपग्रहों का सफलतापूर्वक प्रक्षेपण किया।

(43) PSLV-C50 : 17 दिसम्बर, 2020 को संचार उपग्रह CMS-01 का सफल प्रक्षेपण किया गया।

(44) PSLV-C51 : 28 फरवरी, 2021 को संचार उपग्रह एमेजोनिया एवं 19 अन्य का सफल प्रक्षेपण किया गया।

(45) PSLV-C52 : 14 फरवरी, 2022 को अर्थ ऑबजर्वेशन उपग्रह EOS-04 एवं अन्य का सफल प्रक्षेपण किया गया।

(46) PSLV-C53 : 30 जून, 2022 को DS-EO और अन्य का सफल प्रक्षेपण किया गया।

(47) SSLV-02 : 10 फरवरी, 2023 को पृथ्वी अवलोकन उपग्रह EOS-07 का सफल प्रक्षेपण किया गया।

(48) LVM-3 : 14 जुलाई, 2023 को चंद्रमिशन चंद्रयान-3 का सफल प्रक्षेपण किया गया।

(49) PSLV-C57 : 02 सितम्बर, 2023 को सूर्य के अध्ययन हेतु आदित्य-एल 1 का सफल प्रक्षेपण किया गया।

(50) PSLV-C58 : 01 जनवरी, 2024 मानचित्र व खोज के लिए एक्सपोसैट का सफल प्रक्षेपण किया गया।

(51) GSLV-F14 : 17 फरवरी, 2024 मौसम अवलोकन के लिए इनसैट-3 डीएस का सफल प्रक्षेपण किया गया।

(52) SSLV-D3 : 16 अगस्त, 2024 को पृथ्वी अवलोकन उपग्रह EOS-08 का सफल प्रक्षेपण किया गया।

(53) PSLV-C59 : 05 दिसम्बर, 2024 को इसरो ने सूर्य के अध्ययन के लिए प्रौबा-3 उपग्रह का सफल प्रक्षेपण किया।

(54) PSLV-C60 : 30 दिसम्बर, 2024 को इसरो ने स्पेस डॉकिंग एक्सपेरिमेंट के लिए एसडीएक्स-01 और एसडीएक्स-02 उपग्रह का सफल प्रक्षेपण किया।

(55) GSLV-F15 : 29 जनवरी, 2025 को इसरो ने पृथ्वी अवलोकन उपग्रह NVS-02 का सफल प्रक्षेपण किया।

भारत का प्रथम अंतरिक्ष यात्री

3 अप्रैल, 1984 को प्रथम भारतीय अंतरिक्ष में गया। इस प्रकार भारत मानव को अंतरिक्ष में भेजने वाला 14वां देश बन गया। भारत के स्क्वाड्रन लीडर राकेश शर्मा दो अन्य रूसी अंतरिक्ष यात्रियों के साथ सोयुज–T-11 में बैठकर अंतरिक्ष की 9 दिन की यात्रा पर गए। उनकी यात्रा 11 अप्रैल, 1984 को सफलतापूर्वक समाप्त हुई।

भारत में अंतरिक्ष से जुड़ी संस्थाएं

1. **विक्रम साराभाई अंतरिक्ष केन्द्र (वीएसएससी), तिरुवनंतपुरम :** यह अंतरिक्ष अनुसंधान और अंतरिक्ष मामलों से संबद्ध प्रमुख संस्थान है। थुम्बा इक्वेटोरियल रॉकेट लांचिंग केन्द्र वह स्थल है जहां से छोटे रॉकेटों की प्रयोगात्मक उड़ानें आरंभ हुईं। यहां विभिन्न प्रौद्योगिकियों का विकास किया जाता है।
2. **भारतीय अंतरिक्ष अनुप्रयोग केन्द्र (आइएसएसी), बंगलौर :** यह केन्द्र भारतीय उपग्रहों के लिए योजना बनाने, डिजायन करने, फैब्रीकेशन, इंटीग्रेशन और परीक्षण करने के मुख्य उत्तरदायित्व का वहन करता है। भविष्य की स्पेसक्राफ्ट परियोजना के लिए यहां प्रौद्योगिकी का विकास किया जाता है।
3. **श्रीहरिकोटा केन्द्र (एसएचएआर) :** यह केन्द्र आंध्र प्रदेश के तट पर एक द्वीप में स्थित है। सभी रॉकेटों और उपग्रहों का यहां परीक्षण किया जाता है तथा यहीं से उन्हें लांच भी किया जाता है।
4. **अंतरिक्ष अनुप्रयोग केन्द्र (एसएसी), अहमदाबाद :** इस केन्द्र में अनुसंधान, अवधारणा निर्माण, योजना निर्माण और परियोजनाओं का निष्पादन किया जाता है ताकि अंतरिक्ष तकनीक के व्यावहारिक अनुप्रयोग को सफल बनाया जा सके। यहां उपग्रह आधारित दूरसंचार, टेलीविजन सिगनलों की बीजिंग, प्राकृतिक संसाधनों के लिए रिमोट सेंसिंग, उनका सर्वेक्षण और प्रबंधन तथा मौसम की भविष्यवाणी जैसे मामलों का कार्य-व्यवहार किया जाता है।
5. **मास्टर कंट्रोल फैसिलिटी (एमएफसी), हासन :** कर्नाटक स्थित यह स्थल उपग्रहों का पता लगाने और उनका नियंत्रण करने का कार्य करता है।
6. **नेशनल रिमोट सेंसिंग एजेंसी (एनआरएसए), सिकंदराबाद :** रिमोट सेंसिंग उपग्रह पर आधारित देश के संसाधनों की योजना और प्रबंधन के संदर्भ में यहां कार्य-व्यवहार किया जाता है। यह अपने प्रयोगकर्ता को व्यावहारिक सहायता भी प्रदान करता है।

फिजीकल रिसर्च लेबोरेटरी, अहमदाबाद, इसरो टेलीमैट्री, ट्रेकिंग एंड कमांड नेटवर्क (ISTRAC), बंगलौर, सैटेलाइट ट्रैकिंग एंड रैंजिंग स्टेशन (स्टार्स), केवालुर और बंगलौर तथा तिरुवनंतपुरम में स्थित लिक्विड प्रपल्सन सिस्टम्स केन्द्र अंतरिक्ष कार्यक्रम से जुड़े कुछ अन्य महत्त्वपूर्ण केन्द्र हैं।

भारत की मिसाइल शक्ति

पृथ्वी	(जमीन से जमीन पर मार करने वाली थलसैनिक किस्म : 150 किमी. सेना में तैनात)
पृथ्वी	(जमीन से जमीन पर मार करने वाली वायुसैनिक किस्म : 250 किमी. वायुसेना में तैनात)
धनुष	(पृथ्वी की नौसैनिक किस्म युद्धपोत से जमीन पर मार करने वाली : 350 किमी. नौसेना में तैनात)
अग्नि-1	(जमीन से जमीन पर मार करने वाली : 700 किमी : सेना में तैनात)
अग्नि-2	(जमीन से जमीन पर मार करने वाली इंटरमीडिएट रेंज बलिस्टिक मिसाइल: 2000 किमी. सेना में तैनात)
अग्नि-3	(जमीन से जमीन पर मार करने वाली इंटरमीडिएट रेंज बलिस्टिक मिसाइल: 3500-4000 किमी. : थलसेना में तैनात)
अग्नि-4	(जमीन से जमीन पर मार करने वाली इंटरमीडिएट रेंज बलिस्टिक मिसाइल: 3500 किमी. : 2011 एवं 2014 में सफल परीक्षण)
अग्नि-5	जमीन से जमीन पर मार करने वाली अंतरमहाद्वीपीय बैलिस्टिक मिसाइल: 5000 किमी. : 2012 से कई सफल परीक्षण
ब्रह्मोस क्रूज मिसाइल	जमीन से जमीन पर मार करने वाली : 290 किमी. : थलसेना में तैनात
ब्रह्मोस क्रूज मिसाइल	युद्धपोत से युद्धपोत या जमीन पर मार करने वाली : 290 किमी. : नौसेना में तैनात
ब्रह्मोस क्रूज मिसाइल	विमान से छोड़ी जाने वाली 290 किमी क्रूज मिसाइल
ब्रह्मोस क्रूज मिसाइल	पनडुब्बी से छोड़ी जाने वाली 290 किमी क्रूज मिसाइल
आकाश	जमीन से हवा में विमान भेदी : 25 किमी. वायुसेना में शामिल

प्रतिरक्षा

भारत का राष्ट्रपति देश की सशस्त्र सेनाओं का सर्वोच्च कमांडर होता है हालांकि प्रकार्यात्मक और प्रशासनिक नियंत्रण रक्षा मंत्रालय और संबंधित सेवाओं के मुख्यालय के हाथों में रहता है। प्रतिरक्षा प्रत्यक्ष रूप से केन्द्र सरकार के अधिकार क्षेत्र में आती है। प्रतिरक्षा से संबद्ध सभी मामलों के लिए संसद के समक्ष रक्षामंत्री जवाबदेह होता है। इससे यह पता चलता है कि देश में सशस्त्र सेनाएं विधानमंडल के नियंत्रण में आती हैं। प्रतिरक्षा सेवाओं के संदर्भ में तीन तरह की सेवाएं मौजूद हैं। सेना, नौसेना और वायु सेना। इन तीनों सेनाओं का एक-एक मुखिया होता है। वर्ष 2019 में एक चीफ ऑफ डिफेंस स्टाफ (CDS) पद का सृजन किया गया है। इन तीनों सेनाओं में कमीशन की गई विभिन्न श्रेणियां (पद) इस प्रकार हैं :

थल सेना	नौ सेना	वायु सेना
जनरल	एडमिरल	एयर चीफ मार्शल
लेफ्टिनेंट-जनरल	वाइस-एडमिरल	एयर मार्शल
मेजर जनरल	रियर-एडमिरल	एयर वाइस मार्शल
ब्रिगेडियर	कमोडोर	एयर कमोडोर
कर्नल	कैप्टन	ग्रुप कैप्टन
लेफ्टिनेंट कर्नल	कमाण्डर	विंग कमाण्डर
मेजर	लेफ्टिनेंट कमाण्डर	स्क्वाड्रन लीडर
कैप्टन	लेफ्टिनेंट	फ्लाइट लेफ्टिनेंट
लेफ्टिनेंट	सब-लेफ्टिनेंट	फ्लाइंग आफिसर

थल सेना: थल सेना को एक प्रशिक्षण कमांड और 6 ऑपरेशन कमांड में संगठित किया गया है। ये हैं दक्षिणी, पूर्वी, पश्चिमी, मध्य, उत्तरी और दक्षिणी पश्चिमी कमांड। सेना में अनेकों सशस्त्र तथा सेवा-समूह होते हैं जैसे कि आर्मर्ड कार्प्स, रेजिमेंट ऑफ आर्टिलरी, कार्प्स ऑफ एयर डिफेंस आर्टिलरी, आर्मी एविएशन कार्प्स, कार्प्स ऑफ इंजीनियर्स, कार्प्स ऑफ सिगनल्स, मैकेनाइज्ड इंफैन्ट्री, इंफैन्ट्री, आर्मी सर्विस कार्प्स, आर्मी मेडिकल कार्प्स, मिलिट्री नर्सिंग सर्विसेज, आर्मी ऑर्डिनेंस कार्प्स, कार्प्स ऑफ इलेक्ट्रिकल एंड मैकेनिकल इंजीनियर्स, रिमाऊंट एंड वेटरनरी कार्प्स, मिलिट्री फार्म सर्विस, आर्मी एजूकेशन कार्प्स, इंटेलीजेंस कार्प्स, कार्प्स ऑफ मिलिट्री पुलिस, आर्मी पोस्टल सर्विस, जज एडवोकेट जनरल डिपार्टमेंट, आर्मी फिजिकल ट्रेनिंग कार्प्स, पॉयोनियर कार्प्स, टेरिटोरियल आर्मी कार्प्स और डिफेंस सिक्योरिटी कार्प्स।

नौसेना: भारतीय नौसेना जो देश की समुद्री सीमा और परिसंपत्तियों की प्रतिरक्षा और सुरक्षा के लिए उत्तरदायी है, को तीन कमांडों में विभाजित किया गया है—पश्चिमी, पूर्वी और दक्षिणी तथा इनके मुख्यालय क्रमशः मुम्बई, विशाखापट्टनम और कोच्चि में स्थित हैं। पश्चिमी और पूर्वी कमाण्ड के पास ऑपरेशनल जहाजी बेड़े हैं जिनमें युद्धपोत, पनडुब्बियां, फ्रिगेट्स और अन्य बेड़े शामिल हैं। दक्षिणी कमांड भारतीय नौसेना की प्रशिक्षण गतिविधियों के लिए उत्तरदायी है।

वायु सेना: देश की वायु सीमा की सुरक्षा करने वाली भारतीय वायुसेना में 5 ऑपरेशनल कमांड हैं तथा 2 फंक्शनल कमांड। ऑपरेशनल कमांड भौगोलिक आधार पर विभाजित हैं यथा पश्चिमी, दक्षिण-पश्चिम, मध्य, पूर्वी और दक्षिणी एयर कमांड। फंक्शनल कमांड मेंटेनेंस और प्रशिक्षण कमांड हैं।

तटरक्षक बल: भारतीय तटरक्षक बल 19 अगस्त, 1978 को अस्तित्व में आया। देश की सबसे युवा सशक्त सेना के कर्तव्य निम्नवत् हैं :

1. तटों पर स्थापित संरचनाओं और कृत्रिम द्वीपों की सुरक्षा, ***2.*** संकट में फंसे मछुआरों की सुरक्षा करना, ***3.*** समुद्री पर्यावरण की सुरक्षा, ***4.*** तस्करी के खिलाफ अभियानों में कस्टम विभाग की सहायता करना और ***5.*** समुद्र में जीवन और संपत्ति की सुरक्षा। तटरक्षक बल के पास तीन अत्यन्त विकसित तटीय गश्ती जहाज (AOPVs), नौ तटीय गश्ती जहाज (OPVs), 23 अति तीव्र गश्ती जहाज (FPVs), 24 इंटरसेप्टर बोट (IBs) ओर इंटरसेप्टर क्रॉफ्ट्स (ICs), 17 डेनियर एयरक्रॉफ्ट और 17 चेतक हैलीकॉप्टर मौजूद हैं। तटरक्षक की कमान और नियंत्रण तटरक्षक महानिदेशक में निहित है। इसका मुख्यालय नई दिल्ली है। इसके तीन क्षेत्रीय मुख्यालय मुंबई, चेन्नई और पोर्ट ब्लेयर में हैं। अपने 11 तटरक्षक जिलों और 6 तटरक्षक स्टेशनों के जरिए ये क्षेत्रीय मुख्यालय संगठन की कमान संभालते हैं।

सेना के लिए प्रशिक्षण केन्द्र

दूरसंचार अभियांत्रिकी सेना कॉलेज, म्हो; सेना इंजीनियरिंग कालेज, किरकी; आर्मर्ड कार्प्स सेंटर एंड स्कूल, अहमदनगर; द कॉलेज ऑफ कॅम्बैट, म्हो; प्रतिरक्षा प्रबंधन संस्थान, सिकंदराबाद; द स्कूल आर्टिलरी, देओराली; द इन्फैंट्री स्कूल, म्हो और बेलगाम; द आर्मी ऑर्डिनेंस स्कूल, जबलपुर; द आर्मी सर्विसेज कार्प्स स्कूल, बरेली; द आर्मी एंड एयर ट्रांसपोर्ट स्कूल, आगरा; द कार्प्स ऑफ मिलिट्री पुलिस सेंटर एंड स्कूल, बेंगलुरु; द इलेक्ट्रिकल एण्ड मैकेनिकल इंजीनियरिंग स्कूल, बड़ोदरा; मिलिट्री कॉलेज ऑफ इलेक्ट्रॉनिक्स एंड मैकेनिकल इंजीनियरिंग, सिकंदराबाद; रिमाउंट

वेटेरिनरी कार्प्स सेंटर एंड स्कूल, मेरठ; इंटेलीजेंस ट्रेनिंग स्कूल एंड डिपो, पुणे।

वायुसेना के लिए प्रशिक्षण केन्द्र

फ्लांइग स्कूल, बिदर; एयरफोर्स फ्लांइग स्कूल, जोधपुर; कॉलेज ऑफ एयर वारफेयर, सिकंदराबाद; एयर फोर्स एडमिनिस्ट्रेटिव कॉलेज, कोयम्बटूर; नेविगेशन एंड सिगनल्स स्कूल, हैदराबाद; एयरफोर्स टेक्निकल कॉलेज, जालाहाली; आइएएफ पाराट्रूपर्स ट्रेनिंग स्कूल, आगरा; एयरफोर्स अकादमी, हैदराबाद; फाइटर ट्रेनिंग विंग एंड हैलीकॉप्टर ट्रेनिंग स्कूल, हकीमपेट।

नौसेना के लिए प्रशिक्षण केन्द्र

आइएनएस वेनदुरुत्ती, कोचीन; आइएनएस गरुड़, कोचीन; आइएनएस शिवाजी, लोनावाला; आइएनएस वलसुरा, जामनगर; आइएनएस सरकार्स, विशाखापट्टनम; आइएनएस हमाला, मुम्बई; आइएनएस किस्तना (प्रशिक्षण पोत); आइएनएस अंगरका, मुंबई; नौसेना अकादमी, कोचीन; सेलर्स ट्रेनिंग एस्टेब्लिशमेंट, डेबोलिन।

प्रतिरक्षा सेवाओं के लिए संयुक्त प्रशिक्षण संस्थान

राष्ट्रीय रक्षा अकादमी, खड़गवासला
भारतीय सैन्य अकादमी, देहरादून
नेशनल डिफेंस कॉलेज, नई दिल्ली
डिफेंस सर्विसेज स्टॉफ कॉलेज, वेलिंगटन
राष्ट्रीय इंडियन मिलिट्री कॉलेज, देहरादून
आर्म्ड फोर्स मेडिकल कॉलेज, पुणे

उत्पादन और अनुसंधान

देश की प्रतिरक्षा आवश्यकताओं के पर्याप्त अंशों का विकास और उत्पादन देश में ही किया जाता है। रक्षा मंत्रालय के अंतर्गत आठ पब्लिक अंडरटेकिंग कार्यरत हैं :

(क) हिन्दुस्तान एयरोनॉटिक्स लिमिटेड (HAL); ***(ख)*** भारत इलेक्ट्रॉनिक्स लिमिटेड (BEL); ***(ग)*** भारत अर्थ मूवर्स लिमिटेड (BEML); ***(घ)*** मझगांव डॉक लिमिटेड (MDL); ***(ङ)*** गार्डन रीच शिप-बिल्डर्स एंड इंजीनियर्स लिमिटेड (GRSE); ***(च)*** गोवा शिपयार्ड लिमिटेड (GSL); ***(छ)*** मिश्र धातु निगम लिमिटेड (MIDHANI); ***(ज)*** भारत डायनामिक्स लिमिटेड (BDL)

देश की आन्तरिक सुरक्षा हेतु स्थापित संगठन

संगठन	स्थापना वर्ष
इंटेलीजेंस ब्यूरो (IB)	1920
राष्ट्रीय कैडेट कोर (NCC)	1948
प्रादेशिक सेना (Territorial Army)	1948
केन्द्रीय रिजर्व पुलिस बल (CRPF)	1939
असम राइफल्स	1835
नेशनल क्राइम रिकॉर्डस् ब्यूरो	1986
केन्द्रीय जाँच ब्यूरो (CBI)	1953
इंडो-तिब्बती सीमा पुलिस	1962
होम गार्डस्	1962
सीमा सुरक्षा बल (BSF)	1965
केन्द्रीय औद्योगिक सुरक्षा बल (CISF)	1969
तट रक्षा बल (Coast Guards)	1978
राष्ट्रीय सुरक्षा गार्ड (NSG)	1984
रैपिड एक्शन फोर्स (RAF)	1992
रक्षा गुप्तचर एजेंसी (DIA)	2002

प्रादेशिक सेना : इसका गठन सन् 1949 में दूसरी रक्षा पंक्ति के रूप में किया गया था। इसमें 18 से 42 वर्ष तक की आयु के सक्षम शरीर वाले और अपेक्षित योग्यताओं वाले व्यक्तियों को अंशकालिक सैन्य प्रशिक्षण देने के लिए भर्ती किया जाता है।

सीमा सुरक्षा बल : सन् 1965 में गठित यह संगठन एक अर्द्धसैन्य बल के समान है। इसका कार्य सीमा पर चौकसी रखना तथा राज्य सरकारों को शांति और सुव्यवस्था बनाए रखने के लिए सहयोग देना है।

होम गार्डस : आन्तरिक सुरक्षा बनाए रखने में पुलिस की सहायता करने, सुरक्षा सेवाओं में सहायता करने और महामारी फैलने पर स्थानीय प्राधिकारियों की सहायता करने के लिए इसका गठन सन् 1962 में किया गया था।

राष्ट्रीय सेवा कोर (एन.एस.सी.) : इसे सन् 1968 में इस उद्देश्य से गठित किया गया था कि विद्यार्थियों को वास्तविक जीवन के समीप लाया जा सके और उनमें उत्तरदायी नेतृत्व के आदर्शों का विकास किया जा सके।

राष्ट्रीय कैडेट कोर (एन.सी.सी.) : इसकी स्थापना 1948 में हुई है। इसमें तीन प्रभाग हैं-(1) वरिष्ठ, (2) कनिष्ठ, (3) छात्रायें (बालिकायें)। वरिष्ठ और कनिष्ठ प्रभागों के तीन स्कंध (विंग) हैं, जिन्हें थल सेना विंग, नौ सेना विंग तथा वायु सेना विंग कहा जाता है। वरिष्ठ प्रभाग में कॉलेज के विद्यार्थी भाग लेते हैं तथा कनिष्ठ प्रभाग उच्च माध्यमिक कक्षाओं के छात्र-छात्राओं के लिए हैं। इसका उद्देश्य नवयुवकों के व्यक्तित्व का विकास करना और उनमें नेतृत्व, चरित्र और सहयोग जैसे गुणों का निर्माण करना है।

परिवहन

रेलवे

भारतीय रेलवे देश में सबसे बड़ा राष्ट्रीय उपक्रम है। विश्व रेलवे में इसका महत्वपूर्ण स्थान है।31 मार्च, 2024 तक स्टेशनों की संख्या 7,461 तथा रेलमार्ग की कुल लंबाई 69,181 किलोमीटर थी। भारतीय रेल के पास 15,110 रेल इंजन, 91,948 यात्री डिब्बे और 3,27,991 माल डिब्बे थे। रेलवे ने अपनी 170 वर्ष की अवधि में असाधारण प्रगति की है। इसने देश के सामाजिक-आर्थिक और औद्योगिक विकास में महत्त्वपूर्ण भूमिका अदा की है। विभिन्न गेज वाली रेल प्रणाली के तहत कुल 69,181 किलोमीटर लंबे रेलमार्गों पर अनेक रेलें चलाई जाती हैं।

जोन (मुख्यालय)

मध्य रेलवे (मुंबई सेंट्रल)	पूर्व रेलवे (कोलकाता)	उत्तर रेलवे (नई दिल्ली)
उत्तर-पूर्व रेलवे (गोरखपुर)	उत्तर-पूर्व सीमांत रेलवे (मालेगांव, गुवाहाटी)	दक्षिण रेलवे (चेन्नई)
दक्षिण मध्य रेलवे (सिकंदराबाद)	दक्षिण पूर्व रेलवे (कोलकाता)	पश्चिम रेलवे (चर्चगेट, मुंबई)
पूर्व मध्य रेलवे (हाजीपुर)	पूर्व तटवर्ती रेलवे (भुवनेश्वर)	उत्तर मध्य रेलवे (प्रयागराज)
उत्तर पश्चिम रेलवे (जयपुर)	दक्षिण पूर्व मध्य रेलवे (विलासपुर)	कोलकाता मेट्रो रेलवे (कोलकाता)
पश्चिम मध्य रेलवे (जबलपुर)	दक्षिण पश्चिम रेलवे हुब्बल्लि (हुबली)	दक्षिण तटीय रेलवे (विशाखापत्तनम), (प्रस्तावित)

जहाजरानी

परिवहन क्षेत्र में देश की अर्थव्यवस्था को मजबूत करने में जहाजरानी की प्रमुख भूमिका है। देश का लगभग 95 प्रतिशत (मूल्य स्तर पर 70 प्रतिशत) व्यापार समुद्री मार्ग से होता है। विकासशील देशों में भारत के पास व्यापारिक जहाजों का सबसे बड़ा बेड़ा है। व्यापारिक जहाजरानी बेड़े की दृष्टि से भारत विश्व में 16वें स्थान पर है। इसके बेड़े की सकल पंजीकृत क्षमता (जी.टी) 108.8 लाख टन है और बेड़े की औसत आयु 18. 03 वर्ष है। भारतीय जहाजरानी क्षेत्र न केवल राष्ट्रीय तथा अंतर्राष्ट्रीय माल की ढुलाई करता है, बल्कि कई तरह की अन्य सेवाएं भी प्रदान करता है, जैसे–माल लादने-उतारने की सेवाएं, पोतों का निर्माण व रखरखाव, माल अंग्रेषण (फ्रेट फॉरवर्डिंग), प्रकाश स्तंभ व्यवस्था, तटवर्ती कर्मचारियों का प्रशिक्षण, आदि। विदेशी मुद्रा अर्जित करने में राष्ट्रीय जहाजरानी का महत्त्वपूर्ण योगदान है।

बंदरगाह

भारतीय समुद्र तट पर 12 बड़े बन्दरगाह और 200 छोटे बन्दरगाह हैं। बड़े बन्दरगाह केन्द्र सरकार के अधीन हैं और छोटे बन्दरगाहों की जिम्मेदारी राज्य सरकारों के ऊपर है।

मुम्बई : यह महाराष्ट्र की राजधानी है, यह एक टापू है जिसे भारत का द्वार भी कहते हैं। व्यापारिक दृष्टि से यह बहुत अच्छा बन्दरगाह है जो सूती कपड़ा उद्योग का केन्द्र है और अपनी अच्छी पृष्ठभूमि रखता है।

जवाहरलाल नेहरू (न्हावा शेबा) : यह मुम्बई का नया बन्दरगाह है, जिस पर लगभग 985 करोड़ रुपया व्यय किया गया है। इसमें तीन महत्त्वपूर्ण रूप से यंत्रीकृत कंटेनर घाट, बड़े आकार के शुष्क मालवाही जहाजों को सम्भालने के लिए दो यंत्रीकृत घाट और एक घाट जहाजों के रख रखाव के लिए बनाया गया है।

श्यामा प्रसाद मुखर्जी (कोलकाता) : कोलकाता पश्चिम बंगाल की राजधानी है। हुगली नदी पर बसा यह ज्वारीय बन्दरगाह बंगाल की खाड़ी से 144 कि.मी. दूर स्थित है।

हल्दिया : यह बन्दरगाह हुगली की एस्चुअरी पर विकसित किया गया है, यह कोलकाता का सहायक बन्दरगाह है, इसके निकट तेलशोधनशाला, लोहा-इस्पात, रेल के डिब्बे, खाद आदि के कारखाने विकसित करने की सम्भावनाएं हैं, यहां से कोयला, कच्चा तेल, पेट्रोलियम पदार्थ, उर्वरक व अन्य शुष्क माल ले जाया जाता है।

गोवा : पश्चिमी तट पर यह एक बड़ा बन्दरगाह है, यहां पर्यटक अधिक आते हैं और विदेशी व्यापार अधिक होता है।

कोच्चि : यह भी केरल राज्य में पश्चिमी तट पर मुम्बई से 928 कि.मी. दूर दक्षिण में स्थित है, यह प्राकृतिक बन्दरगाह है।

दीनदयाल (कांडला) : गुजरात राज्य में कच्छ की खाड़ी में कांडला एक बन्दरगाह के रूप में निर्मित किया गया है। यह ज्वारीय बन्दरगाह है।

चेन्नई (मद्रास) : यह तमिलनाडु की राजधानी है और भारत का तीसरा बड़ा बन्दरगाह है। यह एक व्यापारिक नगर भी है जो सूती कपड़ा उद्योग, चमड़ा उद्योग आदि के लिए विख्यात है।

न्यू मंगलौर : यह कर्नाटक में पश्चिमी तट पर स्थित है। यह ज्वार-भाटा के द्वारा चल पाता है।

पारादीप : बंगाल की खाड़ी में स्थित, कटक से 96 कि.मी. दूर, ओडिशा राज्य में यह बन्दरगाह है। यह सबसे गहरा तथा हर मौसम में कार्य करने वाला बन्दरगाह है।

वी.ओ. चिदंबरनार (तूतीकोरिन) : यह दक्षिणतम बिन्दु पर तमिलनाडु में स्थित है, इसका समुद्र अधिक उथला होने के कारण जहाज पांच मील दूर खड़े होते हैं।

विशाखापत्तनम : यह आंध्र प्रदेश में पूर्वी तट पर कोलकाता और चेन्नई के बीच स्थित है। यह जलयान निर्माण करने वाला बन्दरगाह है। यहां तेलशोधक कम्पनी भी है। यह देश का सबसे गहरा बन्दरगाह है।

मझगांव : यह बन्दरगाह जलयानों की मरम्मत करने के लिए विख्यात है। यहां 12 हजार टन तक के जलयान बनाए जाते हैं। मझगांव, कुल माल लादने की दृष्टि से भारत का पांचवां बड़ा बन्दरगाह है। इस बन्दरगाह से उर्वरक, शीरा, पेट्रोलियम पदार्थ, ग्रेनाइट पत्थर व आम का परिवहन होता है।

अलेप्पी : कोचीन से 48 किलोमीटर दूर पश्चिमी तट पर, केरल राज्य का यह मुख्य बन्दरगाह है।

भत्कल : पश्चिमी तट पर कर्नाटक का प्रसिद्ध बन्दरगाह है।

भावनगर : पश्चिमी तट पर खम्भात की खाड़ी पर, गुजरात का मुख्य बन्दरगाह है।

कोजीकोड (कालीकट) : इसका नया नाम कोजीकोड है। यह पश्चिमी तट पर केरल राज्य में कोचीन से 145 कि.मी. दूर स्थित है। यहां लकड़ी का व्यापार होता है।

काकीनाडा : यह पूर्वी तट पर गोदावरी के उत्तर में आंध्र प्रदेश में स्थित है। व्यापारिक दृष्टि से यह अच्छा बन्दरगाह है, इसे एशिया विकास बैंक की वित्तीय सहायता से विकसित किया जा रहा है।

कुडलोर : यह पूर्वी तट पर तमिलनाडु का बन्दरगाह है।

धनुषकोडी : रामेश्वरम् की दक्षिणी-पूर्वी नोंक पर यह बन्दरगाह स्थित है। यह दक्षिणी रेलवे का टर्मिनल है।

ओखा : यह गुजरात राज्य का मुख्य बन्दरगाह है, यह सौराष्ट्र की उत्तरी-पश्चिमी सीमा पर स्थित है। यहां से तिलहन, नमक तथा सीमेंट का निर्यात किया जाता है तथा विदेशों से कोयला, पेट्रोलियम, रासायनिक पदार्थ और मशीनें आयात की जाती हैं।

पोरबन्दर : यह गुजरात का महत्त्वपूर्ण बन्दरगाह है और पूर्वी अफ्रीका से इसका अधिकतर व्यापार होता है। वर्षा के दिनों में बन्दरगाह अधिकतर बन्द रहता है, क्योंकि यह बिल्कुल खुला है।

बेदी बन्दरगाह : यह कच्छ की खाड़ी में स्थित है। इसका समुद्र तट जहाजों के लिए बहुत उपयुक्त है, यह वर्ष के सभी मौसमों में खुला रहता है।

नागरिक उड्डयन

भारतीय विमानपत्तन प्राधिकरण 1 अप्रैल, 1995 को अस्तित्व में आया। इसका मुख्य कार्य हवाई अड्डों पर बुनियादी सुविधाओं का निर्माण करना है। यह वायुपत्तनों का प्रबंधन करता है। सार्वजनिक क्षेत्र की इकलौती विमान सेवा कम्पनी एयर इंडिया का जनवरी, 2022 में पूर्ण निजीकरण कर दिया गया है। इसे टाटा संस ने खरीद लिया है। देश की अन्य निजी क्षेत्र की प्रमुख विमान सेवा कम्पनियाँ डेकन विमानन, गो एअरवेज, विस्तारा तथा स्पाइस एयरजेट आदि हैं।

सड़कें

भारत संसार के ऐसे देशों में से एक है जिनमें सड़कों का लम्बा-चौड़ा जाल बिछा हुआ है। हमारा देश विश्व की सबसे बड़ी सड़क प्रणाली वाले देशों में से एक है। 31 दिसम्बर 2023 तक देश की कुल सड़कों की लंबाई 63.45 लाख किलोमीटर है। देश के सड़क नेटवर्क

में राष्ट्रीय राजमार्ग, राज्य राजमार्ग, प्रमुख/अन्य जिला सड़कें और ग्रामीण/देहाती सड़कें शामिल हैं। इनमें राष्ट्रीय राजमार्गों की कुल लंबाई 1,46,145 किलोमीटर, राज्य राजमार्गों की 1,79,535 किमी तथा अन्य सड़कों की लम्बाई 60,19,723 किमी. है। राष्ट्रीय राजमार्ग सड़कों की कुल लंबाई का मात्र 2.08 प्रतिशत है, लेकिन कुल यातायात का 40 प्रतिशत इन्हीं राष्ट्रीय राजमार्गों के जरिए होता है। सीमा सड़क संगठन सड़कों का निर्माण करता है।

आकाशवाणी (ऑल इण्डिया रेडियो)

भारत में सर्वप्रथम रेडियो प्रसारण बम्बई (मुम्बई) और कलकत्ता (कोलकाता) से दो निजी ट्रांसमीटरों द्वारा 1927 में आरम्भ हुआ। भारत सरकार ने 1930 में दोनों को अपने हाथ में ले लिया और उन्हें मिलाकर उसका नाम इण्डियन ब्रॉडकास्टिंग सर्विस रखा। 1936 में उसका नाम बदलकर ऑल इण्डिया रेडियो रखा गया और 1957 में इसे आकाशवाणी कहा जाने लगा।

स्वतंत्रता प्राप्ति के समय देश में छह आकाशवाणी केंद्र और 18 ट्रांसमीटर थे। ये देश के 2.5 प्रतिशत क्षेत्र में फैले थे और 11 प्रतिशत जनसंख्या तक इनकी पहुंच थी। इस समय (मार्च 2024) आकाशवाणी विश्व का सबसे बड़ा प्रसारण तंत्र है। मार्च, 2024 तक 591 आकाशवाणी केंद्र और 754 ट्रांसमीटर हैं जिनकी पहुंच देश के 92 प्रतिशत क्षेत्र में 98 प्रतिशत जनसंख्या तक है।

दूरदर्शन (टेलीविजन)

भारत में दूरदर्शन का आरंभ 15 सितम्बर, 1959 से आकाशवाणी के दिल्ली केन्द्र से हुआ। आकाशवाणी के भाग के रूप में टेलीविजन सेवा की नियमित शुरुआत दिल्ली (1965), मुंबई (1972), कोलकाता (1975), चेन्नई (1975) में हुई।

दूरदर्शन 15 सितंबर, 1976 को स्वतंत्र रूप से अस्तित्व में आया। उसके बाद रंगीन प्रसारण की शुरुआत नई दिल्ली में 1982 के एशियाई खेलों के दौरान हुई, जिसके साथ देश में प्रसारण क्षेत्र में बड़ी क्रांति आ गई। वर्तमान में दूरदर्शन के 30 से ज्यादा चैनल हैं। डीडी नेशनल चैनल दुनिया का सबसे बड़ा स्थलीय नेटवर्क है जो देश की लगभग 92 प्रतिशत जनसंख्या और 81 प्रतिशत भूभाग तक पहुंचता है।

प्रमुख समाचार पत्र

समाचार पत्र	शहर	भाषा
अमृत बाजार पत्रिका	कोलकाता	अंग्रेजी
स्टेट्समैन	नई दिल्ली/कोलकाता	अंग्रेजी
आनंद बाजार पत्रिका	कोलकाता	बंगला
युगांतर	कोलकाता	बंगला
नूतन असमिया	गुवाहाटी	असमिया
विश्वमित्र	कोलकाता/मुंबई/कानपुर	हिंदी
प्रताप	नई दिल्ली/जालंधर	उर्दू
हिन्दुस्तान टाइम्स	नई दिल्ली/पटना/लखनऊ/भोपाल	अंग्रेजी
केशरी	पुणे	मराठी
नई दुनिया	इंदौर/नई दिल्ली	हिन्दी
बाम्बे समाचार	मुम्बई	गुजराती
आन्ध्र पत्रिका	विजयवाड़ा	तेलगु
कन्नड़ प्रभा	बेंगलुरु	कन्नड़
हिन्दुस्तान	नई दिल्ली/पटना	हिन्दी
वीर अर्जुन	नई दिल्ली	हिन्दी
ट्रिब्यून	चंड़ीगढ़	अंग्रेजी/हिन्दी
अकाली पत्रिका	जालंधर	पंजाबी
फाइनेंसियल एक्सप्रेस	मुम्बई/दिल्ली	अंग्रेजी
इण्डियन एक्सप्रेस	नई दिल्ली/मुंबई/अहमदाबाद/चण्डीगढ़/नागपुर/पुणे/बड़ोदरा	अंग्रेजी

समाचार पत्र	शहर	भाषा
आज	वाराणसी/कानपुर/पटना/आगरा/गोरखपुर	हिन्दी
टेलीग्राफ	कोलकाता	अंग्रेजी
टाइम्स ऑफ इंडिया	नई दिल्ली/मुंबई/अहमदाबाद/पटना/लखनऊ/बेंगलुरु	अंग्रेजी
नवभारत टाइम्स	नई दिल्ली/मुंबई/	हिन्दी
जनसत्ता	नई दिल्ली/चण्डीगढ़	हिन्दी
डकन हेराल्ड	बेंगलुरु	अंग्रेजी
डकन क्रॉनिकल	हैदराबाद	अंग्रेजी
बिजनेस स्टैण्डर्ड	कोलकाता	अंग्रेजी
इकोनॉमिक टाइम्स	मुंबई/नई दिल्ली	अंग्रेजी
महाराष्ट्र टाइम्स	मुंबई	मराठी
हिन्दू	चेन्नई/नई दिल्ली	अंग्रेजी
दिनामनि	मदुरै	तमिल
मथरूभूमि	कोझिकोड	मलयालम
पायनियर	नई दिल्ली/लखनऊ/कानपुर	अंग्रेजी
कौमी आवाज	नई दिल्ली	उर्दू
अवाम	नई दिल्ली	उर्दू

समाचार पत्र	शहर	भाषा
राष्ट्रीय सहारा	नई दिल्ली/लखनऊ	हिन्दी
दैनिक जागरण	कानपुर/वाराणसी/आगरा/मेरठ/झांसी/नई दिल्ली/लखनऊ/गोरखपुर/देहरादून/बरेली/जालंधर/पटना	हिन्दी
अमर उजाला	आगरा/अलीगढ़/मेरठ/कानपुर/मुरादाबाद/बरेली/जालंधर	हिन्दी
पंजाब केसरी	नई दिल्ली/जालंधर	हिन्दी
हिन्द समाचार	नई दिल्ली/जालंधर	उर्दू
मलयाला मनोरमा	कोझिकोड	मलयालम
राजस्थान पत्रिका	जयपुर/अजमेर/कोटा	हिन्दी

प्रमुख पत्रिकाएं

साप्ताहिक

पत्रिका	भाषा	पत्रिका	भाषा
बिल्ट्ज	अंग्रेजी	सण्डे	अंग्रेजी
मलयाला मनोरमा	मलयालम	द वीक	अंग्रेजी
मातृभूमि	मलयालम	इंडिया टुडे	अंग्रेजी, हिन्दी, तमिल
देश	बंगला		
कुमुदम	तमिल	आउट लुक	अंग्रेजी, हिन्दी
सुधा	कन्नड़	नई दुनिया	उर्दू
स्वराज	मराठी	रोजगार समाचार	अंग्रेजी, हिन्दी, उर्दू

पाक्षिक

पत्रिका	भाषा
फेमिना	अंग्रेजी, हिंदी
फ्रंटलाइन	अंग्रेजी
माधुरी	हिन्दी
सरिता	हिन्दी
बिजनेस वर्ल्ड	अंग्रेजी
जन कल्याण	गुजराती
सरस सलिल	हिन्दी

मासिक

पत्रिका	भाषा
न्यूज एंड इवेन्ट्स	अंग्रेजी/हिन्दी
फिल्म फेयर	अंग्रेजी
मनोरमा	हिन्दी
योजना	अंग्रेजी/हिन्दी
नंदन	हिन्दी
कादम्बिनी	हिन्दी
आजकल	हिन्दी, उर्दू
विकास सेतु	हिन्दी

रोजगार समाचार

यह साप्ताहिक समाचार पत्र है जो भारत सरकार द्वारा हिन्दी, अंग्रेजी व उर्दू भाषाओं में प्रकाशित होता है। यह अपने ढंग का पहला समाचार पत्र है, जिसमें केन्द्र सरकार, राज्य सरकारों, सरकारी विभागों और सरकारी उपक्रमों में रोजगार के अवसरों (नौकरियों) के बारे में पूरी जानकारी और विज्ञापन होते हैं। यह नई दिल्ली से निकलता है।

समाचार अभिकरण (एजेन्सी)

भारतीय : (1) प्रेस ट्रस्ट ऑफ इण्डिया (पी.टी.आई.)—पी.टी.आई. की हिन्दी में 'भाषा' नाम से न्यूज एजेन्सी है (2) यूनाइटेड न्यूज ऑफ इण्डिया (यू.एन.आई.)—यू.एन.आई. की 'वार्ता' के नाम से हिन्दी सेवा है ; (3) हिन्दुस्तान समाचार एवं (4) समाचार भारती; इंडियन न्यूज सर्विस, इंडियन न्यूज एंड फीचर एयरलाइंस।

विदेशी : नियर एण्ड फॉर ईस्ट न्यूज (नाफेन); रायटर्स (ब्रिटेन); एसोसिएटेड प्रेस ऑफ अमेरिका; यूनाइटेड प्रेस ऑफ अमेरिका (यू. एस. ए.); तास (रूस); ग्लोब न्यूज एजेन्सी, फ्रांस; किंग फीचर्स सिंडिकेट ऑफ यू.एस.ए.; एजेन्सी फ्रांस प्रेस, फ्रांस; इंटरनेशनल न्यूज सर्विस, अमेरिका; अंतारा, इंडोनेशिया; अरब न्यूज एजेन्सी; अरब देश, सेतका, स्लोवाकिया; न्यू चाइना न्यूज एजेन्सी, चीन।

☆☆☆☆☆☆

कला एवं साहित्य

भारत में कला और संस्कृति की समृद्ध परंपरा रही है। भारतीय राजे-महाराजे कला और संस्कृति के बड़े पारखी और हितैषी थे। उन्होंने न सिर्फ कला की विविध शाखाओं को आश्रय दिया, उनके फूलने-फलने में मदद की बल्कि कलाकारों, फनकारों को भी भरपूर समर्थन एवं पुरस्कार प्रदान किया।

संस्कृति विचारने और क्रिया करने की पद्धति है जो सीखी जाती है अपनायी जाती है। इनमें मूल्य, रहन-सहन के तौर-तरीके, विचारने की पद्धतियां, भाषा, शिक्षा, कलाकारिता, सामाजिक संरचना की संस्थाएं आदि शामिल हैं।

ललित कला

विजुअल आर्ट के जरिए चित्रों को उकेरने, कर्मकांडों को सामने रखने और भावनाओं को अभिव्यक्त करने की परंपराएं उतनी ही पुरानी हैं जितनी कि प्राचीन भारत की सभ्यता। पत्थरों पर नक्काशी करने और चिकनी मिट्टी के नमूने तैयार करने का कार्य आरंभिक दिनों में विकसित हुआ। बाद में धातु की मूर्तियां बनाने, धातु की वस्तुएं बनाने, चित्रकारी करने और बेल-बूटों की कढ़ाई करने का कार्य विकसित हुआ।

भारत के प्रमुख चित्रकार एवं उनकी कृतियां

अवनीन्द्र नाथ टैगोर	शाहजहाँ का ताज को देखना, बुद्ध और सुजाता, कमल के पत्ते पर अश्रुकण, वन साम्राज्ञी, औरंगजेब का बुढ़ापा, भारतमाता आदि।
गगनेन्द्र नाथ टैगोर	माँ से विदा लेते चैतन्य, कल्कि अवतार आदि।
राजा रवि वर्मा	दुष्यन्त को प्रेम पत्र लिखती शकुन्तला, नायर लेडी, शकुन्तला वियोग आदि।
नन्द लाल बोस	उमा की तपस्या, घायल बकरी को ले जाते भगवान बुद्ध, कृष्णार्जुन, उड़ीसा की एक दुकान, प्रणाम, बसन्त, गोपिनी आदि।
के॰ वेंकटप्पा	हनुमान द्वारा लंका दहन, स्वर्ण मृग, राम और मृग तृष्णा आदि।
जॉर्ज कीट	कृष्ण जन्म, कर्ण जन्म, यम मार्कण्डेय निराभरण गोपियाँ आदि।
भवेश चन्द्र सन्याल	आश्रयहीन लड़की, गोल मार्केट के भिखारी आदि।
मनीषी डे	नारीश्रृंगार, पनघट की ओर, बंगाली शरणार्थी
अमृता शेरगिल	एलिफेन्ट्स बाथिंग इन ग्रीन पुल, हिल साईड भारतीय लड़कियाँ आदि।
नारायण श्रीधर बेन्द्रे	स्टेशन पर यात्री, बुद्ध पूजा आदि।
देवी प्रसाद राय चौधरी	लेपचा कुमारी, भौटिया आदि।
शोभा सिंह	हीर रांझा
सतीश गुजराल	काला चांद

संगीत

भारत में चार प्रकार के संगीत साज मिलते हैं—तंतु या तार वाले, समीर या वायु वाले, अवनाद अथवा थाप से संचालित होने वाले और घन जिसमें घंटियां, मंजीरे, घड़ियाल आदि शामिल हैं। तंतु या तार वाले सामान्य साज हैं जैसे—वीणा, सितार, सारंगी, सरोद, दिलरुबा, इसराज, एकतारा, तानपुरा और मयूरी। वायु संचालित साज हैं शहनाई, बांसुरी, नादस्वरम, निनकिर्नस और पोंगी। थाप अथवा संघात से संचालित होने वाले साज हैं तबला, मृदंग, ढोलक, पखावज, घटाम तथा कंजीरा-मंजीरा। करतल, जल तरंग आदि अन्य भारतीय साज हैं।

गायन के क्षेत्र में विष्णु नारायण भातखण्डे, बेगम अख्तर, बड़े गुलाम अली, हीराभाई बरोडकर, भीमसेन जोशी, केसरभाई केलकर, ओंकारनाथ ठाकुर, सिद्धेश्वरी देवी, त्यागराज, विष्णु दिगंबर पलुसकर, पंकज मलिक, एम.एस. सुब्बालक्ष्मी, पंडित जसराज, गंगूभाई हंगल, मल्लिकार्जुन मंसूर, डागर बंधु, डी.के. जयरामन, के.जे. यशुदास, गुलाम मुस्तफ़ा खान, कुमार गंधर्व, के.एल. वसंधा कुमारी, किशोरी अमोनकर, गिरिजा देवी, वी.के. नारायण स्वामी दीक्षितर, तानसेन, श्यामा शास्त्री, स्वाति तरूनिल आदि साजपरक संगीत के कुछ दिग्गज कलाकार रहे हैं।

साजपरक संगीत के कुछ दिग्गज कलाकार निम्न हैं:–

बांसुरी	हरि प्रसाद चौरसिया, पन्नालाल घोष, टी.आर. महालिंगम, एन. रमानी, विजय राघव राव, रघुनाथ सेठ, राजेन्द्र कुलकर्णी
जंजीरा	वी. नागराजन
घटाम	टी.एच. विनयाकरम
गिटार	पंडित विष्णु मोहन भट्ट, मोहन्र भट्ट, बृजभूषण कालरा, श्रीकृष्ण नलिन
हारमोनियम	पुरुषोत्तम वालावाकर, एम. धौलपुरी
मृदंग	पालघात आर. रघु, यू.एस. वर्मन
पखावज	गोविन्द राव, अनोखे लाल, कंठी महाराज
रूद्रवीणा	जिया मोहिउद्दीन डागर, असद अली खान
संतूर	शिव कुमार शर्मा, तरूण भट्टाचार्य
सितार	पंडित रविशंकर, बिलायत खान, देबू चौधरी, अब्दुल हलीम जफर खान
सरोद	अली अकबर खान, अमजद अली खान, अलाउद्दीन खान, सरेन रानी, बृ ज नारायण, मुकेश शर्मा, चंदन राय
शहनाई	बिस्मिल्ला खान, सुरबहार इमरत खान, दयाशंकर जगन्नाथ
वायलिन	लालगुडी जयारमण, एल. सुब्रह्मण्यम, एम.एस. गोपालकृष्णन, एस. सुब्रह्मण्यम, वी.जी. जोग, एन. राजन
तबला	अल्लारखा, गुदई महाराज, जाकिर हुसैन, लतीफ़ खां, किशन महाराज आदि।

नृत्य

भारतीय नृत्य की दो शाखाएं हैं—शास्त्रीय तथा लोकनृत्य। नृत्य शैली की विशिष्टता और जटिल पद्धति को देखते हुए नृत्य की छह शैलियों को शास्त्रीय अथवा कलानृत्य के रूप में रखा गया है। इनमें से प्रत्येक का प्राचीन अथवा मध्यकालीन भारत के विशिष्ट क्षेत्रों, साहित्य तथा संगीत की पुरातन परंपराओं से संबंध रहा है।

भरतनाट्यम : इस नृत्य शैली का ताल्लुक तमिलनाडु से है। यह कर्नाटक संगीत के साथ किया जाने वाला एकांतिक नृत्य है। अपने शुद्ध रूप में यह नृत्य शरीर की विभिन्न हलचलों, कोणों व घुमाव के जरिए लय-ताल का एक बेहतरीन नमूना पेश करता है।

ओडिसी : इसकी उत्पत्ति ओडिशा में हुई है। यह नृत्य भरतनाट्यम के समानांतर है। 'गीत-गोविन्द' नामक काव्य की संरचना इस नृत्य शैली के काव्य तथा संगीत घटकों पर हावी रही है।

मणिपुरी : यह मणिपुर का लयबद्ध नृत्य है। यह राधा-कृष्ण और गोपियों की अवधारणा के इर्द-गिर्द संकेद्रित रही है। नगाड़ों और मंजीरों पर बजने वाले कई प्रकार के ताल इस नृत्य के साथ-साथ चलते हैं।

कत्थक : यह उत्तरी भारत का एक विशिष्ट शहरी नृत्य है। पूर्व में इसे दरबारों से जुड़ी नृत्य परंपरा के रूप में लिया जाता था। इस नृत्य के दौरान गायन चलता रहता है, मृदंग बजते रहते हैं तथा एक और कलाकार एक साज बजाता रहता है। कलाकारों का यह समूह सुर-ताल का आकर्षक नजारा पेश करता है।

कथकली : यह केरल की शास्त्रीय नृत्य नाटिका है। अपने स्वरूप में यह नृत्य वर्णात्मक होने के बजाय नाट्यरूप में होता है। यह नृत्य महाकाव्यों के मिथकीय घटनाओं पर आधारित होता है जिसे अतिनाटकीय अंदाज में प्रस्तुत किया जाता है। नाटकीय कथा आंखों और भौहों के संचालन से, हाथों की भाव-भंगिमाओं से तथा शरीर के विशिष्ट संचालन से आगे बढ़ती है।

कुचिपुड़ी : इस नृत्य का अभ्युदय आंध्र प्रदेश में हुआ माना जाता है। पारंपरिक रूप से यह नृत्य नाटिका मंदिरों से संबद्ध रही है।

लोकनृत्य काफी मनभावन होते हैं और उसमें लोक-संस्कृति की झलक मिलती है। नृत्य के दौरान ढोल, मृदंग, आदि बजते रहते हैं।

विभिन्न राज्यों के कुछ महत्त्वपूर्ण लोक-नृत्य निम्नलिखित हैं:

- **महाराष्ट्र :** तमाशा, दही हण्डी, गोफ, दीपक, डिंडी
- **गुजरात :** गरबा, रासलीला, तिप्पनी, डांडिया
- **ओडिशा :** छऊ, माया शवरी, दलचाई
- **राजस्थान :** घूमर, कठपुतली, तेरा ताली
- **मध्य प्रदेश :** लोटा नृत्य, जवारा
- **हिमाचल प्रदेश :** दशहरा नृत्य, हिकत, नेतियो

- **पंजाब :** गिद्धा, भांगड़ा, पणिहारी
- **उत्तर प्रदेश :** रासलीला, नौटंकी, थाली, धुरंग, झुमेला, हुड़का बोल, कजरी
- **नगालैण्ड :** बांस नृत्य, केदोहोह
- **असम :** बिहू, केली गोपाल, सतरिया
- **पश्चिम बंगाल :** कीर्तन, कालत्री, असुरबध, वृता, काली नाच
- **बिहार :** छऊ, मगही, दुर्गा नृत्य
- **तमिलनाडु :** तेरुकलथु, कबलतम, कर्गम, पुली वेशम
- **केरल :** मोहिनी अट्टम, पदायुनी
- **कर्नाटक :** यक्षगान, कुजीता, कोडवास
- **जम्मू एवं कश्मीर :** दुम्हल, हिकत, चाकरी
- **त्रिपुरा :** हजागिरि
- **आंध्र प्रदेश :** डंडारिया, बंजारा, घण्टा मरदाला
- **गोवा :** गोडे मोदनी, ढकनी
- **मेघालय :** नोंगकरेम, बांग्ला
- **मणिपुर :** ढोल चोलम, बसंत रस
- **हरियाणा :** धमचाल, लहूर, भांगड़ा, गिद्दा
- **झारखंड :** सरहुल, सोहराई

शास्त्रीय नृत्य के प्रख्यात कलाकार हैं:

- **भरतनाट्यम :** यामिनी कृष्णमूर्ति, रुक्मिणी देवी अरुणडेल, स्वप्न सुन्दरी, सोनल मानसिंह, वैजयंती माला, मृणालिनी साराभाई, चंद्रलेखा, इंद्राणी, राम गोपाल, बाल सरस्वती
- **कथकली :** गोपीनाथ, के.के. नायर, कुंजुकुरुप, टी.के. चंदू, शांताराव, उदयशंकर
- **कुचिपुड़ी :** स्वप्न सुंदरी, राजा रेड्डी, राधा रेड्डी, शोभा नायर, वेदांतम सत्यनारायण, विम्पत्ति चिन्ना सत्यम
- **कत्थक :** बिरजू महराज, गोपीकृष्ण, शंभू महाराज, सितारा देवी, उमा शर्मा, दुर्गा लाल, शोभना नारायण
- **मणिपुरी :** उदय शंकर, दरोहरा झावेरी, चैतम्बि सिंह, बिपिन सिंह, सूर्यमुखी
- **ओडिसी :** केलुचरण महापात्र, इंद्राणी रहमान, माधवी मुद्‌गल, प्रोतिमा बेदी, संयुक्ता पाणिग्रही, सोनल मानसिंह, देवू दास, प्रियवंदा मोहन्ती, मिनाती दास

सिनेमा

भारत में सबसे पहली चलती-फिरती लेकिन मूक फिल्म 1896 में एक फ्रांसीसी कम्पनी द्वारा मुम्बई में दिखाई गई। हरिश्चन्द्र, भाटवाडेकर पहले भारतीय थे, जिन्होंने 1899 में चलती-फिरती मूक फिल्म बनाई। भारतीय कहानी पर आधारित पहली भारतीय मूक फिल्म 'पुण्डलीक' थी जिसे 1912 में आर.जी. टोनी और एन.सी. चित्रा ने बनाया और उसके बाद 1913 में दादा साहब फाल्के ने 'राजा हरिश्चंद्र' नामक फिल्म बनाई। दादा फाल्के की अन्य फिल्में 'मोहिनी भस्मासुर', 'सत्यवान सावित्री' और 'लंका दहन' सभी मूक थीं। भारत का पहला सिनेमा हाउस 1907 में कोलकाता में बना।

भारत में बनी पहली बोलती फिल्म 'आलमआरा' थी, जिसका निर्माण 1931 में आर्देशिर ईरानी ने बम्बई में किया था।

भारत में पहली रंगीन फिल्म 'किसान कन्या' थी, जो 1937 में बनी थी। पहली सिनेमास्कोप फिल्म गुरुदत्त की 'कागज के फूल' थी, जो 1959 में बनी और पहली 3-D फिल्म 'माई डियर कुट्टीचाथन' (मलयालम) थी, जो 1984 में बनी।

1952 में सेण्ट्रल बोर्ड ऑफ फिल्म सर्टिफिकेशन बना। इस बोर्ड की स्वीकृति मिलने के बाद ही फिल्में प्रदर्शित की जाती हैं।

भारत सरकार द्वारा 1948 में स्थापित फिल्म डिवीजन फिल्म डाक्यूमेंटरी बनाता है। नेशनल फिल्म डेवलपमेंट कार्पोरेशन देश में फिल्मों के विकास में सहायता करता है। चिल्ड्रन्स फिल्म्स सोसाइटी की स्थापना बच्चों और नवयुवकों के लिए स्वस्थ फिल्में बनाने के उद्देश्य से 1955 में की गई थी।

मई 1982 में भारतीय फिल्म उद्योग की स्वर्ण जयंती, 1989 में भारतीय सिनेमा की प्लेटिनम जुबली तथा 2012 में भारतीय सिनेमा का शताब्दी वर्ष मनाया गया।

संस्कृति से संबद्ध अकादमी और संस्थाएं

ललित कला अकादमी : वर्ष 1954 में सरकार ने देश के अंदर और विदेशों में भारतीय कला को बढ़ावा देने और उसका विस्तार करने के उद्देश्य से इस अकादमी की स्थापना की। इसका मुख्यालय दिल्ली में है तथा क्षेत्रीय केंद्र लखनऊ, कोलकाता, चेन्नई और भुवनेश्वर में स्थित है।

संगीत नाटक अकादमी : यह संगीत, नृत्य और नाट्यकला की राष्ट्रीय अकादमी है। 1953 में स्थापित की गई यह अकादमी राज्य सरकारों और स्वैच्छिक संस्थाओं की सहायता से कला के निष्पादन को प्रोत्साहित करती है। यह अकादमी सेमिनार और उत्सवों का आयोजन करती है।

साहित्य अकादमी : साहित्य के संवर्द्धन को समर्पित यह एक राष्ट्रीय निकाय है। 1954 में स्थापित यह अकादमी साहित्य के निरंतर विकास हेतु शिक्षा प्रदान करती है तथा साहित्यिक सृजन को प्रोत्साहित करती है। इसका मुख्यालय दिल्ली में है।

नेशनल स्कूल ऑफ ड्रामा : यह भारत में अपनी तरह का इकलौता नाट्य विद्यालय है जिसकी गिनती विश्व के सर्वश्रेष्ठ थियेटर प्रशिक्षण संस्थाओं में की जाती है। इसे 1959 में संगीत नाटक अकादमी के अंतर्गत स्थापित किया गया था परंतु 1975 में यह एक स्वायत्तशासी संगठन बन गया जिसे केन्द्र सरकार का संस्कृति विभाग वित्त प्रदान करता है।

भारतीय पुरातत्त्व सर्वेक्षण : सरकार के संस्कृति विभाग से संबद्ध इस संस्था की स्थापना 1861 में की गई थी। इसका मुख्य कार्य संरक्षित स्मारकों/स्थलों की देखभाल करना तथा संरक्षण परिरक्षण करना है।

भारत का राष्ट्रीय अभिलेखागार : 1891 में स्थापित यह संस्था सरकार तथा उसकी पूर्ववर्ती संस्थाओं/ निकायों के लिए स्थायी महत्त्व के प्राचीन रिकॉर्डों की संरक्षक है। इसका मुख्यालय नई दिल्ली में है। मुख्यालय दिल्ली के अलावा चार क्षेत्रीय संग्रहणालयों भोपाल, भुवनेश्वर, जयपुर और पांडिचेरी (पुडुचेरी) में प्रमुख अभिलेखों का संग्रह किया गया है। ये केंद्र रिकॉर्डों की देखभाल कर रहे हैं।

अजायबघर : अजायबघर सांस्कृतिक विरासत के संग्रह केंद्र हैं जहां ऐतिहासिक महत्त्व की वस्तुओं, तकनीकों का संरक्षण किया जाता है ताकि उन्हें नष्ट होने से बचाए रखा जा सके और इतिहास के तत्वों को उसी स्वरूप में सामने रखा जा सके।

साहित्य

पुस्तकें और उनके लेखक

पुस्तकें	लेखक
आधे अधूरे	मोहन राकेश
आग का दरिया	कुर्रतुल-एन-हैदर
ए मिलियन म्युटिनीज नाऊ	वी.एस. नाइपॉल
ए सूटेबल ब्वाय	विक्रम सेठ
ए पैसेज टू इंग्लैंड	नीरद सी चौधरी
ए वॉयस ऑफ फ्रीडम	नयनतारा सहगल
एक्सेशन टू इंस्टिंक्शन	डॉ. आर. मनेकर
आदि ग्रंथ	गुरु अर्जुन देव
बिट्विन द लाइंस	कुलदीप नैयर

पुस्तकें	लेखक
भगवत गीता, महाभारत	वेदव्यास
भारत भारती	मैथिलीशरण गुप्त
विसर्जन	रवीन्द्रनाथ टैगोर
ब्रोकन विंग	सरोजिनी नायडू
बुद्ध चरित	अश्वघोष
बाय गाड्स डिक्री	कपिल देव
चंडालिका	रवीन्द्रनाथ टैगोर
चैमिन	शिवशंकर पिल्लाई
चिदंबरा	सुमित्रानंदन पंत
चिकवीरा राजेन्द्र	मस्ती वेंकटेश अयंगर 'श्री निवास'
देवदास	शरत चंद्र
डिस्कवरी ऑफ इंडिया	जवाहरलाल नेहरू
डिवाइन लाइफ	शिवानंद
दुर्गेश नन्दिनी	बंकिम चन्द्र चटर्जी
गीत गोविन्द	जयदेव
घासीराम कोतवाल	विजय तेंदुलकर
गीतांजलि	रवीन्द्रनाथ टैगोर
ग्लिम्पसेज ऑफ वर्ल्ड हिस्ट्री	जवाहरलाल नेहरू
गोदान	मुंशी प्रेमचंद
द गॉड ऑफ स्माल थिंग्स	अरुंधति राय
गोल्डन गेट	विक्रम सेठ
गोरा	रवीन्द्र नाथ टैगोर
द गाइड	आर.के. नारायण
गुल-ए-नग्मा	रघुपति सहाय ''फिराक''
हर्ष चरित	बाणभट्ट
हिंदू व्यू ऑफ लाइफ	राधाकृष्णन
हिन्दुइज्म	नीरद सी. चौधरी
हितोपदेश	नारायण भट्ट
हंग्री स्टोन्स	रवीन्द्र नाथ टैगोर
आई एम नॉट एन आइलैंड	ख्वाजा अहमद अब्बास
आईडोल्स	सुनील गावस्कर
लौरिंगन	वी.के. भट्टाचार्य
जस्टिस ऑफ पीस के आंसू	जनार्दन प्रसाद सिंह
जूही की कली	सूर्यकांत त्रिपाठी ''निराला''
जुग बदल गया	सोहन सिंह शीतल
जाब्स फॉर मिलियंस	वी.वी.गिरि
कादंबरी	बाणभट्ट
कामसूत्र	वात्स्यायन
कामायनी	जयशंकर प्रसाद
कपाल-कुंडला	बंकिम चंद्र चटर्जी
कर्पूर मंजरी	राजशेखर
खाक-ए-दिल	जां निसार अख्तर
किरातार्जुनीयम्	भारवि

पुस्तकें	लेखक
द लास्ट फेज	प्यारेलाल
लाइफ डिवाइन	अरविंदो घोष
मिडनाइट्स चिल्ड्रन	सलमान रुश्दी
नैकेड ट्राइएंगल	बलवंत गार्गी
नाकू थंथी	दत्तात्रेय रामचद्र बेंद्रे
नेताजी डेड ऑर अलाइव	समर गुहा
निशीथ	उमाशंकर जोशी
नीति शतक	भर्तृहरि
ओडाकूजाल	जी शंकर कुरुप
आवर इंडिया	मीनू मसानी
आवर प्रेसिडेंट्स	एम.ए. नायडू
पदमावत	मलिक मोहम्मद जायसी
पंचग्राम	ताराशंकर बंद्योपाध्याय
पंचतंत्र	विष्णु शर्मा
पाथेर पांचाली	विभूति भूषण बंद्योपाध्याय
रामचरित मानस	तुलसीदास
रंगभूमि	मुंशी प्रेमचंद
रंती-अंगझी	टी.एस. पिल्लई
रत्नावली	हर्षवर्धन
रेड लेप एंड ह्वाइट कैप	पी.वी.आर.राव
रेमिनिसेंस ऑफ द नेहरू एज	एम.ओ. मथाई
रिटर्न ऑफ रेड रोज	के.ए. अब्बास
ऋतु सम्हार	कालिदास
साकेत	मैथिलीशरण गुप्त
संस्कृति के चार अध्याय	रामधारी सिंह "दिनकर"
सत्यार्थ प्रकाश	स्वामी दयानंद
स्कॉलर एक्स्ट्रा आर्डेनरी	नीरद सी. चौधरी
द स्कोप ऑफ हैप्पीनेस	विजय लक्ष्मी पंडित
सेवन समर्स	मुल्कराज आनंद
शैडो फ्राम लद्दाख	भवानी भट्टाचार्य
नेहरू टु वाजपेयी : प्राइम मिनिस्टर्स	जनार्दन ठाकुर
नए इलाके में	अरुण कमल
विंग्स ऑफ फायर	ए.पी.जे. अब्दुल कलाम
रागमाला	पंडित रविशंकर
मजमीन-ए-गुजराल	आई.के. गुजराल
जत दूर मन पूरे (आत्मकथा)	ज्योति बसु
सूरसागर	सूरदास
तपस्यी ओ तरंगिणी	बुद्धदेव बोस
थिरुकुरल	तिरुवल्लूवर
द नेशंस वॉयस	सी. राज-गोपालाचारी
द सिक्ख टुडे	खुशवंत सिंह
टुवर्ड्स टोटल रिवोल्यूशन	जयप्रकाश नारायण
तुलसी का ज्ञानबोध	सूर्यकांत त्रिपाठी "निराला"

भारतीय भाषाओं के प्रसिद्ध लेखक

असमिया : हेम चन्द्र बरुआ, हेम चन्द्र गोस्वामी, योगेश दास, वीरेन्द्र कुमार भट्टाचार्य, इन्दिरा गोस्वामी।

ओडियाः गोपीनाथ मोहन्ती, राधा नाथराय, गोपाबंधुदास, सच्चिदानंद राउत्रे, कालिन्दी चरण पटनायक, सुरेन्द्र महन्ती, डा. सीताकान्त महापात्र।

बंगला : बंकिम चन्द्र चटर्जी, विभूति भूषण बंद्योपाध्याय, तारा शंकर बंद्योपाध्याय, शरत चन्द्र चटर्जी, रवीन्द्र नाथ ठाकुर, आर.सी. दत्त, प्रेमेन्द्र मित्र, माइकेल मधुसुदन दत्त, काजी नजरूल इस्लाम, विष्णु दे, आशापूर्णा देवी, महाश्वेता देवी, सुभाष मुखोपाध्याय, विमल मित्र।

गुजराती : मीराबाई, नरसिंह मेहता, परमानंद (कवि), के.एम. मुंशी, गोवर्धन राम, नर्मदा सागर, उमाशंकर जोशी, पन्नालाल पटेल, मनभाई पंचौली 'दर्शक', निरंजन भगत, राजेन्द्र केशवलाल साह।

हिन्दी : सूरदास, तुलसीदास, केशव, बिहारी, कबीर, जायसी, मुंशी प्रेमचंद, सुदर्शन, उपेन्द्र नाथ अश्क, जैनेन्द्र कुमार जैन, भारतेन्दु हरिश्चन्द्र, मैथिलीशरण गुप्त, सूर्यकान्त त्रिपाठी 'निराला' महादेवी वर्मा, जयशंकर प्रसाद, सुमित्रानंदन पंत, हरिवंश राय बच्चन, रामधारी सिंह दिनकर, वात्स्यायन अज्ञेय, नरेश मेहता।

कन्नड़ : के.बी. पुटप्पा, रान्ना, पुरन्दर दास, बी.एम. श्रीकान्त, दत्तात्रेय रामचन्द्र बेन्द्रे, के. शिवराम कारन्थ, मस्ति वेंकटेश आयंगर, वी. के. गोकाक, यू.आर. अनंतमूर्ति, गिरिश कर्नाड।

मलयालम : जी. शंकर कुरूप, तझाकी शिवशंकर पिल्लई, सी.बी. रमन पिल्लई, ओ. चन्दु मेनन, कुमारन आसन, वल्लाथोल, नारायण मेनन, एस.के. पोट्टेकर, नलन्कल कृष्ण पिल्ल्ई, एम. टी. वासुदेवन नायर, सी. वी. श्रीरमण, डॉ. एम. लीलावती।

मराठी : तुकाराम, टीकाराम सहाय, हरि नारायण आप्टे, वी. एस. खाण्डेकर, वी.वी. शिरवाडकर, रंगनाथ ठाकरे, बिन्दा करांदीकर, प्रह्लाद केशव अत्रे, श्रीपाद नारायण वेंडसे, एन. सी. फड़के।

पंजाबी : भाई वीरसिंह, वारिस शाह, धनीराम चैत्रिक, अमृता प्रीतम, नानक सिंह, बलवंत गार्गी, के.एस. दुग्गल, डॉ. हरभजन सिंह, निरंजन तसनीम, गुरुदयाल सिंह, सुरजीत दत्तर।

संस्कृत : वाल्मीकि, व्यास, कालिदास, बाणभट्ट, भर्तृहरि, कल्हण, भवभूति, श्री निवास रथ, प्रो. रसिक बिहारी जोशी, प्रो. सुषमा कुलश्रेष्ठ, सत्यव्रत शास्त्री।

तमिल : सुब्रह्मण्यम भारती, रामलिंगम, पी. वी. अकिलंदम, बाल सुन्दरम्, अब्दुल रहमान, डॉ. इन्दिरा पार्थसारथी, डी. जयकांतन।

तेलुगु : लक्ष्मी नरसिंघम, त्रिपुती, विश्वनाथ सत्यनारायण, डॉ. सी. नारायण रेड्डी, गुर्रम जोशुआ बल्लमपती वेंकटसुवैया, डॉ. वलीरेड्डी सीतादेवी।

उर्दू : मिर्जा गालिब, मो. इकबाल, हाली, जोश मलीहाबादी, जिगर मुरादाबादी, साहिर लुधियानवी, रघुपति सहाय "फिराक" गोरखपुरी, राजेन्द्र सिंह बेदी, कृश्न चन्दर, मन्टो, पं. ब्रज नारायण 'चकबस्त', पं. आनन्द नारायण 'मुल्ला', श्रीमती कुर्रतुल एन. हैदर, जोगिन्दर पाल, कुंवर मोहिन्द्र सिंह 'बेदी', अली सरदार जाफरी।

मैथिली : विद्यापति, ज्योतिरीश्वर ठाकुर, नागार्जुन, जीवकान्त, मायानन्द मिश्र, दीना नाथ पाठक 'बन्धु', सुरेन्द्र झा 'सुमन', धीरेन्द्र, बाल गोविन्द झा 'व्यथित'।

☆☆☆☆☆☆

पुरस्कार एवं सम्मान

प्रमुख पुरस्कार एवं सम्मान

- **नोबेल पुरस्कारः** नोबेल पुरस्कार स्वीडन के वैज्ञानिक अल्फ्रेड बर्नहर्ड नोबेल की स्मृति में दिए जाते हैं। भौतिक शास्त्र, रसायन विज्ञान, चिकित्सा, साहित्य तथा शांति के क्षेत्र में उत्कृष्ट योगदान के लिए नोबेल पुरस्कार दिए जाते हैं। अर्थशास्त्र के लिए नोबेल पुरस्कार दिए जाने की शुरुआत 1969 ई. से हुई। इसे अर्थशास्त्र में नोबेल स्मृति पुरस्कार भी कहते हैं।
- **पुलित्जर पुरस्कारः** न्यूयॉर्क वर्ल्ड के प्रकाशक 'जोसेफ पुलित्जर' की स्मृति में 1917 से अमेरिका के कोलम्बिया विश्वविद्यालय द्वारा पत्रकारिता एवं साहित्य के क्षेत्र में दिया जाता है।
- **रेमन मैग्सेसे पुरस्कारः** यह पुरस्कार फिलीपींस के पूर्व राष्ट्रपति रेमन मैग्सेसे की स्मृति में वर्ष 1957 से प्रदान किया जाता है। इस पुरस्कार को एशिया का नोबेल भी कहा जाता है। यह पुरस्कार प्रत्येक वर्ष –जनसेवा, सरकारी सेवा, पत्रकारिता, सामुदायिक नेतृत्व एवं अंतर्राष्ट्रीय सद्भाव के लिए प्रदान किया जाता है।
- **गाँधी शांति अन्तर्राष्ट्रीय पुरस्कारः** विश्व शांति में उल्लेखनीय भूमिका निभाने वाले व्यक्ति को भारत सरकार द्वारा 1995 से दिया जाता है।
- **जवाहरलाल नेहरू अन्तर्राष्ट्रीय सद्भावना पुरस्कारः** भारत सरकार द्वारा यह पुरस्कार अन्तर्राष्ट्रीय शांति, विभिन्न देशों के मध्य मेलमिलाप व मित्रता के क्षेत्र में उल्लेखनीय योगदान हेतु प्रदान किया जाता है।
- **इन्दिरा गाँधी अन्तर्राष्ट्रीय शांति, निरस्त्रीकरण एवं विकास पुरस्कारः** भारत सरकार के द्वारा यह पुरस्कार प्रतिवर्ष अन्तर्राष्ट्रीय शांति, निरस्त्रीकरण एवं विकास के क्षेत्र में विशिष्ट योगदान के लिए दिया जाता है।
- **कलिंग पुरस्कारः** विज्ञान को लोकप्रिय बनाने के लिए यह पुरस्कार कलिंग फाउण्डेशन द्वारा दिया जाता है।
- **ग्रेमी पुरस्कारः** यह पुरस्कार नेशनल एकेडमी फॉर रिकार्डिंग आर्ट्स एण्ड साइंसेज द्वारा पश्चिमी संगीत की विभिन्न विधाओं में विशिष्ट योगदान हेतु प्रदान किया जाता है।
- **ऑस्कर पुरस्कारः** संयुक्त राज्य अमेरिका की नेशनल एकेडमी ऑफ मोशन पिक्चर्स द्वारा फिल्म जगत के क्षेत्र में दिया जाता है।
- **मैन बुकर पुरस्कारः** यह पुरस्कार बुकर कंपनी एवं ब्रिटिश प्रकाशक संघ द्वारा संयुक्त रूप से साहित्य के क्षेत्र में उत्कृष्ट कार्य करने के लिए दिया जाता है।
- **भारत रत्नः** यह कला, साहित्य, खेल तथा विज्ञान या बड़े पैमाने पर जनसेवा में उत्कृष्ट कार्य करने के लिए देश का सर्वोच्च राष्ट्रीय पुरस्कार है।
- **पद्म पुरस्कारः** यह भारत रत्न के बाद दूसरा बड़ा सम्मान है। यह पुरस्कार तीन प्रकार के हैं–
  (i) पद्म विभूषण, *(ii)* पद्म भूषण, *(iii)* पद्मश्री।
- **परमवीर चक्रः** भारत में वीरता के लिए दिया जाने वाला सर्वोच्च पुरस्कार जिसे थल सेना, वायु सेना, जल सेना में दुश्मन के सामने बहादुरी के सर्वोत्कृष्ट प्रदर्शन या आत्मबलिदान के लिए दिया जाता है।
- **महावीर चक्रः** देश का यह द्वितीय सर्वोच्च शौर्य पुरस्कार उस बहादुर सैनिक को प्रदान किया जाता है, जिसने शत्रु के दमन में अद्वितीय पराक्रम प्रदर्शित किया है।
- **वीर चक्रः** शौर्य एवं वीरता का तीसरा सर्वोच्च पुरस्कार उसे प्रदान किया जाता है, जिसने शत्रुओं का सामना अदम्य साहस करके उसे पीछे धकेला हो अथवा मौत के घाट उतार दिया हो।
- **अशोक चक्रः** यह देश का सर्वोच्च शान्तिकालीन शौर्य पुरस्कार है। यह पुरस्कार भी शौर्य प्रदर्शन में उल्लेखनीय भूमिका निभाने वाले बहादुर कर्मी को प्रदान किया जाता है।
- **कीर्ति चक्रः** यह पुरस्कार उस वीर सैनिक को प्रदान किया जाता है, जिसने शत्रु के मुकाबले में अभूतपूर्व साहस का प्रदर्शन किया हो।
- **शौर्य चक्रः** युद्ध की परिस्थितियों में अद्भुत शौर्य प्रदर्शित करने वाले शूरवीरों को यह पुरस्कार प्रदान किया जाता है।
- **दादा साहेब फाल्के पुरस्कारः** दादा साहेब फाल्के की स्मृति में स्थापित यह पुरस्कार सूचना एवं प्रसारण मंत्रालय, भारत सरकार द्वारा उस व्यक्ति को दिया जाता है, जिसने भारतीय सिनेमा के विकास में उल्लेखनीय योगदान दिया हो।

- **भारतीय ज्ञानपीठ पुरस्कार:** संविधान की 8वीं अनुसूची में उल्लिखित 22 भाषाओं और अंग्रेजी में से किसी भी भाषा में उत्कृष्ट साहित्य के सृजन के लिए दिया जाता है।
- **साहित्य अकादमी पुरस्कार:** अंग्रेजी सहित 24 भाषाओं में गत् पाँच वर्षों में प्रकाशित उत्कृष्ट रचना के लिए साहित्य अकादमी पुरस्कार, भारत सरकार द्वारा दिया जाता है।
- **मूर्तिदेवी पुरस्कार:** भारतीय जीवन के शाश्वत मूल्यों को उभारने के लिए किसी भी भारतीय भाषा या अंग्रेजी साहित्य में भारतीय ज्ञानपीठ ट्रस्ट द्वारा दिया जाता है।
- **भारत-भारती सम्मान:** उत्तर प्रदेश हिन्दी संस्थान द्वारा साहित्य सृजन व हिन्दी की अनवरत सेवा हेतु प्रदान किया जाता है।
- **व्यास सम्मान:** हिन्दी लेखन के क्षेत्र में अविस्मरणीय योगदान हेतु के.के. बिरला फाउण्डेशन द्वारा दिया जाता है।
- **वाचस्पति पुरस्कार:** संस्कृत साहित्य में विशिष्ट एवं उल्लेखनीय योगदान के लिए के.के. बिरला फाउण्डेशन द्वारा प्रदान किया जाता है।
- **सरस्वती सम्मान:** संविधान की 8वीं अनुसूची में शामिल किसी भी भाषा में गत दस वर्षों में प्रकाशित उत्कृष्ट साहित्यिक कृति के लिए दिया जाता है।
- **जमनालाल बजाज पुरस्कार:** सामाजिक कार्यक्षेत्र में महत्वपूर्ण योगदान, ग्रामीण विकास, विज्ञान एवं प्रौद्योगिकी के उपयोग तथा महिलाओं एवं बच्चों के उत्थान एवं कल्याण कार्यों हेतु जमनालाल बजाज फाउंडेशन के द्वारा प्रदान किया जाता है।
- **शांतिस्वरूप भटनागर पुरस्कार:** विज्ञान के क्षेत्र में उल्लेखनीय योगदान के लिए प्रदान किया जाता है।
- **धन्वन्तरि पुरस्कार:** चिकित्सा के क्षेत्र में।
- **अर्जुन पुरस्कार:** खेल के क्षेत्र में।
- **द्रोणाचार्य पुरस्कार:** खेल प्रशिक्षण के क्षेत्र में।
- **ध्यानचंद पुरस्कार:** खेलों में जीवन भर की उपलब्धियों के लिए।
- **मेजर ध्यानचंद खेल रत्न पुरस्कार:** खेलों में सराहनीय प्रदर्शन हेतु प्रदान किया जाता है।

नोबेल पुरस्कार विजेता भारतीय

यह पुरस्कार अब तक पाँच भारतीयों को प्राप्त हुआ है—

(i) डॉ. रवीन्द्रनाथ ठाकुर को साहित्य के लिए उनकी कृति 'गीतांजलि' पर सन् 1913 में

(ii) डॉ. सी.बी. रमन को भौतिकी में महत्त्वपूर्ण योगदान के लिए सन् 1930 में

(iii) मदर टेरेसा को सन् 1979 में शान्ति के लिए,

(iv) प्रो. अमर्त्य सेन को 1998 में अर्थशास्त्र के लिए, और

(v) कैलाश सत्यार्थी को 2014 में शांति के लिए

इसके अलावा भारतीय मूल के चार लोगों सुब्रमण्यन चंद्रशेखर (भौतिक विज्ञान), हर गोविंद खुराना (चिकित्सा विज्ञान) वेंकटरामन रामकृष्णन (रसायन विज्ञान)और अभिजीत बनर्जी (अर्थशास्त्र) को भी यह पुरस्कार मिल चुका है।

विश्व के प्रमुख देशों की राजधानी एवं मुद्रा

देश	राजधानी	मुद्रा	देश	राजधानी	मुद्रा
भारत	नई दिल्ली	रुपया	अफगानिस्तान	काबुल	अफगानी
बांग्लादेश	ढाका	टका	चीन	बीजिंग	युआन
भूटान	थिम्पू	न्गुलट्रम	श्रीलंका	कोलम्बो	रुपया
नेपाल	काठमांडू	रुपया	ईरान	तेहरान	रियाल
म्यांमार	ने पी ता	क्यात	इराक	बगदाद	दीनार
पाकिस्तान	इस्लामाबाद	रुपया	इंडोनेशिया	जकार्ता	रुपिया

देश	राजधानी	मुद्रा
बहरीन	मनामा	दीनार
मंगोलिया	उलानबटोर	तुगरिक
मलेशिया	क्वालालंपुर	रिंगगिट
मालदीव	माले	रुफिया
लेबनान	बेरुत	पाउंड
लाओस	वियन्तियान	न्यूकिपलाओ
कुवैत	कुवैत सिटी	दीनार
वियतनाम	हनोई	डाग
थाईलैण्ड	बैंकाक	बहत
सं.अ. अमीरात	अबुधाबी	दिरहम
ताइवान	ताइपे	डॉलर
कतर	दोहा	रियाल
कम्बोडिया	न्होमपेन्ह	रिएल
उत्तर कोरिया	प्योंगयांग	युआन
दक्षिण कोरिया	सिओल	वॉन
जापान	टोक्यो	येन
ओमान	मस्कट	रियाल
फिलीपींस	मनीला	पीसो
सीरिया	दमिश्क	पाउंड
सऊदी अरब	रियाद	रियाल
सिंगापुर	सिंगापुर	डॉलर
उ[illegible]न	ताशकंद	सुम
[illegible]ान	अस्टाना	टेनगे
[illegible]	साना	रियाल
[illegible]	पोर्ट लुईस	रुपया
[illegible]	रबात	दिरहम
[illegible]या	विंडहॉक	रैंड
[illegible]र	नियामी	फ्रैंक
[illegible]जीरिया	लागोस	नैरा
[illegible]डा	किगाली	फ्रैंक
[illegible]ामालिया	मोगाडिशू	शिलिंग
द. अफ्रीका	प्रिटोरिया	रैंड
सूडान	खारतूम	पाउंड
तंजानिया	डोडोमा	शिलिंग
ट्यूनीशिया	ट्यूनिश	दीनार
युगांडा	कंपाला	शिलिंग
जांबिया	लुसाका	क्वाचा
जिम्बाब्वे	हरारे	डॉलर
कांगो (लो.ग.)	किंशासा	फ्रेंक (CDF)
मिस्र	काहिरा	पाउंड
घाना	अक्रा	केडी
गिनी	कोनाक्रे	फ्रैंक

देश	राजधानी	मुद्रा
केन्या	नैरोबी	शिलिंग
स्वाजीलैण्ड	म्बाबने	लिलान्गनी
लेसोथा	मसेरू	लोति
लाइबेरिया	मोनरोविया	फ्रैंक
गेबोन	लिब्रेविले	फ्रैंक (CFA)
जिबूती	जिबूती	फ्रैंक
गुयाना	मालाबो	फ्रैंक
कनाडा	ओटावा	डॉलर
क्यूबा	हवाना	पीसो
पनामा	पनामा सिटी	बाल बोआ
बरमूडा	हेमिल्टन	डॉलर
बहामाज	नसाऊ	डॉलर
कोस्टारिका	सान जोस	कोलन
ग्वाटेमाला	ग्वाटेमाला सिटी	क्वाट्जाल
निकारागुआ	मनागुआ	न्यू कोरडोवा
जमैका	किंगस्टन	डॉलर
ग्रेनाडा	सेंट जॉर्ज	डॉलर
ग्रीनलैण्ड	नूक	क्रोन
मैक्सिको	मैक्सिको सिटी	पीसो
सं.रा. अमेरिका	वाशिंगटन (डी.सी.)	डॉलर
डोमीनिक	रोसेऊ	डॉलर
डोमीनियन गणतंत्र	सैंटो डोमिंगो	पीसो
हैती	पोर्ट-ओ-प्रिंस	गोर्डे
ब्राजील	साओ पाउलो	रिएल
चिली	सांतियागो	पीसो
इक्वाडोर	क्वेटो	सुक्रे
वेनेजुएला	काराकस	बोलिवर
अर्जेंटीना	ब्यूनस आयर्स	अर्जेण्टीनो
त्रिनिदाद व टोबैगो	पोर्ट ऑफ स्पेन	डॉलर
पेरू	लीमा	न्यू सोल
कोलम्बिया	बोगोटा	पीसो
गुयाना	जॉर्ज टाउन	डॉलर
पराग्वे	असनश्यान	गुआरानी
उरुग्वे	मोंटेवीडिओ	पीसो
फ्रेंच गुयाना	कोयेन्ने	फ्रैंक
रूस	मास्को	रूबल
स्पेन	मैड्रिड	यूरो
पोलैण्ड	वारसा	ज्लोती
नार्वे	ओस्लो	क्रोन
पुर्तगाल	लिस्बन	यूरो
फ्रांस	पेरिस	यूरो
जर्मनी	बर्लिन	यूरो
यूनान	एथेंस	यूरो